D1684040

Irmgard Weth

Neukirchener Bibel – Das Alte Testament
neu erzählt und kommentiert

Irmgard Weth

NEUKIRCHENER BIBEL
DAS ALTE TESTAMENT

neu erzählt und kommentiert

neukirchener kalenderverlag

Die Autorin:
Irmgard Weth, geb. 1943
Theologin, Pädagogin und Dozentin für Biblische Theologie

Dieses Buch wurde auf FSC®-zertifiziertem Papier gedruckt.
FSC® (Forest Stewardship Council®) ist eine nichtstaatliche,
gemeinnützige Organisation, die sich für eine ökologische und sozialverantwortliche
Nutzung der Wälder unserer Erde einsetzt.

Bibliografische Information der Deutschen Nationalbibliothek

Die Deutsche Nationalbibliothek verzeichnet diese Publikation in der Deutschen
Nationalbibliografie; detaillierte bibliografische Daten sind im Internet über
http://dnb.d-nb.de abrufbar.

© 2014 Neukirchener Kalenderverlag, Neukirchen-Vluyn
Alle Rechte vorbehalten
Umschlaggestaltung + Satzlayout: JoussenKarliczek GmbH, Schorndorf
Lektorat: Birgit Schubert / Nicole Rupschus
Karten und Zeittafel: Andreas Sonnhüter, Niederkrüchten
DTP: Breklumer Print-Service, Breklum
Verwendete Schriften: Scala, Scala Sans
Gesamtherstellung: Druckerei C.H.Beck, Nördlingen
Printed in Germany
ISBN 978-3-920524-81-8 Print
ISBN 978-3-7615-6079-2 E-Book

www.neukirchener-verlage.de

VORWORT

> *„Nachdem Gott vorzeiten vielfach und auf vielerlei Weise*
> *geredet hat zu den Vorfahren durch die Propheten,*
> *hat er in diesen letzten Tagen zu uns geredet durch den Sohn."*
> Hebr 1,1

Was ist das Geheimnis der Bibel? Worin liegt ihre eigentümliche Faszination? Warum werden Menschen bis heute von ihrer Botschaft ergriffen? Es ist das Zeugnis von dem Einen Gott, der auf vielfache Weise zu Menschen gesprochen hat und spricht. Es ist das eine Wort Gottes, das verborgen die ganze Geschichte der Menschheit durchzieht und in Jesus Christus seine Mitte hat. Alle Erfahrungen der Menschen, Freude und Leid, Hoffnung und Enttäuschung, Zeiten der Gottesnähe und Zeiten der Gottesferne, sind von diesem Wort umschlossen.

Das ist die verheißungsvolle Botschaft, die das Alte Testament für uns bereithält. Zu Unrecht trägt dieser Teil der Bibel den Namen „Altes" Testament. Er ist durch das Neue Testament weder überholt noch widerlegt. Vielmehr führt er uns an den Anfang und auf den Grund unseres Glaubens zurück und lädt dazu ein, die Botschaft der Bibel ganz neu und von Anfang an zu buchstabieren. Dabei werden wir die überraschende Entdeckung machen, dass der Gott des Alten Testaments – entgegen vielen Vorurteilen gegenüber dem sog. „alttestamentarischen Gott" – ein Gott der Liebe ist. „Wo ist solch ein Gott, wie du bist?", ruft der Prophet Micha aus, überwältigt von Gottes vergebender Liebe (Mi 7,18). Und staunend bekennt die Gemeinde in den Psalmen: „Wer ist wie der Herr, unser Gott, der oben thront in der Höhe und der den Geringen aufrichtet aus dem Staub?" (Ps 113,5–7). Es ist das Staunen über den Weg Gottes, der in die Tiefen der Menschheit herabsteigt und den Menschen nahekommt. Das ist die gute Nachricht, das „Evangelium" des Alten Testaments, das zu Recht auch das „Erste Testament" genannt wird. Es ist der verborgene Schatz, den es in diesem alten Buch neu zu entdecken gilt. Der Vater Jesu Christi ist kein anderer Gott als der, „der Himmel und Erde geschaffen hat", und der sich seinem Volk als „der Herr, dein Gott" offenbart hat (Ex 20,2).

Der vorliegende Band möchte die Leserinnen und Leser mit auf den Weg nehmen, den die Schriften des Alten Testaments selbst vorgeben. Auf diesem langen, aber lohnenden Weg will er uns die Botschaft dieses alten Buchs neu erschließen. In Entsprechung zu den drei großen Kapiteln des Alten Testaments – Geschichtsbücher, Prophetische Bücher und Lehrbücher – beschreibt er den Weg des Wortes Gottes in drei Schritten: (1) Gottes Wort in der Geschichte seines Volkes, (2) Gottes Wort im Wort der Propheten, (3) Gottes Wort in der vielstimmigen Antwort der Gemeinde auf sein Wort.

Dabei sind vorweg zwei grundlegende Fragen zu klären:
(1) Wie soll in diesem Band von Gott geredet werden? Gott hat sich Mose mit seinem Namen offenbart (Ex 3,14) und bleibt doch der Unfassbare, der sich dem Zugriff des Menschen entzieht. In jüdischer und auch in christlicher Tradition wird dem dadurch Rechnung getragen, dass der Gottesname JHWH nicht ausgesprochen, sondern durch die Anrede „Herr" (hebr. „adonaj") ersetzt wurde. Als Ausdruck der Ehrerbie-

tung gegenüber dem heiligen Gott wird sie in dieser Ausgabe bewusst beibehalten und nicht durch andere Gottesnamen ersetzt.

(2) Wie können die Texte der Bibel in die Sprache unserer Zeit übersetzt werden und dennoch ihrem eigenen Anspruch als verbindliches Wort gerecht werden? Voraussetzung dafür ist, dass wir den Texten zutrauen, dass sie in jeder Zeit und zu allen Menschen sprechen, dass wir sie ausreden lassen und ihnen nicht ins Wort fallen. Dies gilt auch für die Textfassungen in diesem Band. Sie sind aus dem ständigen Dialog mit den biblischen Originaltexten hervorgegangen und möchten diese in unserer Zeit neu zum Klingen bringen.

Dabei folgt die vorliegende Ausgabe des Alten Testaments nachstehenden Leitlinien:

Alle Bücher des Alten Testaments
kommen in ihrer Vielstimmigkeit zur Sprache. Die Auswahl und der Umfang der Texte richtet sich nach ihrem jeweiligen Inhalt. Durch sie soll sich ein repräsentatives Bild des Ersten Testaments und seiner besonderen Botschaft ergeben. Ergänzende Texte aus den apokryphen Schriften konnten nur in Ausnahmen berücksichtigt werden.

Der jeweiligen Textfassung
liegen neben der hebräischen Textvorlage verschiedene Übersetzungen zu Grunde. Die Texte orientieren sich aber vorzugsweise an der revidierten Fassung der Lutherbibel (1984). Zum einen, weil die Sprache Martin Luthers in ihrer Dichte, in ihrer Ausdruckskraft und in ihrem Sprachrhythmus Maßstäbe gesetzt hat, an der sich die eigene Textfassung zu messen hat. Zum andern, weil sich die Neukirchener Bibel in der Tradition Martin Luthers versteht und vertraute Texte auch bei behutsamen Veränderungen wiedererkennbar bleiben sollten. Bei der Gestaltung der Texte wurde vor allem auf den Sprachfluss und auf den Rhythmus der Sprache geachtet. Dabei war die eigene Erfahrung leitend, dass sich die Texte der Bibel oft erst bei lautem Lesen und bei fortlaufender Lesung voll erschließen.

Die Einführungen
zu den einzelnen Büchern stellen den jeweiligen geschichtlichen Zusammenhang her und zeigen die inhaltlichen Schwerpunkte ihrer Botschaft auf. Sie sind vor allem als Hilfe zum eigenen Bibelstudium zu verstehen.

Die Kommentare
im Anschluss an die biblischen Texte möchten einen eigenen Zugang zu den Textaussagen erschließen. Dies gilt insbesondere für jene Texte, die uns fremd und widersprüchlich erscheinen.

Die Psalmen
bilden einen eigenen Schwerpunkt in dieser Ausgabe. Zum einen sind sie den Erzähltexten zugeordnet, wo immer es die Psalmtexte selbst nahelegen. Zum anderen werden am Ende des Buches ausgewählte Psalmgebete aus dem Psalter vorgestellt. Die dazugehörigen Meditationen möchten dazu anregen, eine eigene Antwort auf die Psalmen zu formulieren.

Dieser Band wäre ohne intensive Begleitung nicht zustande gekommen. Zuerst danke ich meinem Mann, Dr. Rudolf Weth, der das Projekt von Anfang an unterstützt, beraten und begleitet hat. Ferner danke ich dem Verlag für seine vielfache Unterstützung, und stellvertretend für viele andere danke ich Nicole Rupschus für die sorgfältige und theologisch fundierte Durchsicht des Manuskripts. Mein Dank gilt aber vor allem Birgit Schubert, Mitarbeiterin im Neukirchener Kalenderverlag. Durch ihren unschätzbaren Einsatz, ihre kontinuierliche Begleitung und kompetente Beratung hat sie entscheidenden Anteil an der Gestaltung und Fertigstellung dieser Buchausgabe.

Allen, die sich auf den Weg machen wollen, das Alte Testament neu zu entdecken, wünsche ich, dass sie sich von dessen einzigartiger Botschaft fesseln lassen. Denn:

> *„Unwiderlegbar, unzerstörbar, nie abgenutzt durch die Zeit wandert die Bibel durch die Zeitalter. Ohne Zögern schenkt sie sich allen Menschen. In 3000 Jahren ist sie nicht um einen Tag gealtert. Ihre Kraft wird nicht geringer. Tatsächlich steht sie erst am Anfang ihrer Wirksamkeit. Noch heute ist es, als sei sie nie angerührt worden, als hätten wir nicht einmal damit begonnen, sie zu lesen."*
> *Abraham Joshua Heschel*

Neukirchen-Vluyn, im September 2014 Irmgard Weth

I. DIE BOTSCHAFT DER GESCHICHTSBÜCHER 19

DER ANFANG 21

IM ANFANG
DAS 1. BUCH MOSE / GENESIS 1 — 23

VOM URSPRUNG DER MENSCHHEIT
GENESIS 2–11 — 26

Mann und Frau (Gen 2)	26	Noah (Gen 6–9)	32
Der Fall des Menschen (Gen 3)	26	Der Turm (Gen 11)	35
Kain und Abel (Gen 4)	30		

VOM URSPRUNG DES VOLKES GOTTES
DAS 1. BUCH MOSE / GENESIS 12–50 — 39

Abraham – *Vater vieler Völker (Gen 12–25)*

Abram und Sarai (Gen 12)	41	Sodom (Gen 19)	53
In Ägypten (Gen 12)	42	Abimelech (Gen 20)	55
Lot (Gen 13)	44	Ismael (Gen 21)	57
Melchisedek (Gen 14)	45	Isaak (Gen 22)	58
Nacht (Gen 15)	46	Hebron (Gen 23)	61
Hagar (Gen 16)	48	Isaak und Rebekka (Gen 24)	62
Der Bund (Gen 17)	49	Isaak und die Philister (Gen 26)	65
Der Besuch (Gen 18)	51		

Jakob – *Stammvater Israels (Gen 25–50)*

Jakob und Esau (Gen 25)	67	Jakobs Söhne (Gen 29,31ff)	73
Der Betrug (Gen 27)	68	Israel (Gen 32f)	74
Bethel (Gen 28)	70	Dina (Gen 34)	77
Rahel und Lea (Gen 29)	71	Juda und Tamar (Gen 38)	78

Josef *und seine Brüder (Gen 37–50)*

Josef (Gen 37)	80	Die Versöhnung (Gen 43ff)	89
In Ägypten (Gen 39)	82	Josef lebt! (Gen 46)	92
Im Gefängnis (Gen 40)	84	Jakob in Ägypten (Gen 47)	93
Vor Pharao (Gen 41)	85	Jakobs Segen (Gen 48f)	94
Die Brüder (Gen 42)	87	Jakobs Tod (Gen 50)	96

Inhaltsverzeichnis

DER WEG IN DIE FREIHEIT 99

DER AUSZUG
DAS 2. BUCH MOSE / EXODUS 1–15 100

Israel in Ägypten (Ex 1) 101	Mose und Aaron (Ex 4ff) 108
Moses Geburt (Ex 2) 103	Die Plagen (Ex 7ff) 110
Mose in der Wüste (Ex 2) 104	Passa (Ex 11ff) 114
Moses Berufung (Ex 3f) 106	Durch das Schilfmeer (Ex 14/15) 116

DER BUND AM SINAI
DAS 2. BUCH MOSE / EXODUS 15–40 119

(Auf dem Weg zum Sinai)

Mara (Ex 15,22ff) 121	Feinde (Ex 17) 124
Manna (Ex 16) 122	Jitro (Ex 18) 126

(Am Berg Sinai)

„Ich bin der Herr, dein Gott" (Ex 19–24) 127	Moses Fürbitte (Ex 33–34) 133
Das goldene Kalb (Ex 32) 131	Das Zelt (Ex 25ff / 35ff) 136

RECHTE UND ORDNUNGEN
DAS 3. BUCH MOSE / LEVITIKUS 139

Das Priesteramt (Lev 8ff) 141	„Ihr sollt heilig sein!"(Lev 19/25) 144
Der Versöhnungstag (Lev 10/16) 142	„Ich will unter euch wohnen" (Lev 26) 146

IN DER WÜSTE
DAS 4. BUCH MOSE / NUMERI 147

Aarons Segen (Num 6,22ff) 149	Kadesch (Num 20) 157
Aufbruch (Num 10,11ff) 149	Schlangen (Num 21) 158
Das verdrossene Volk (Num 11) 150	Bileam (Num 22) 160
Aufstand (Num 13f) 152	Bileams Segen (Num 23f) 162
Korach (Num 16f) 154	

MOSES VERMÄCHTNIS
DAS 5. BUCH MOSE / DEUTERONOMIUM 165

Rückblick (Dtn 1ff) 167	Heute! (Dtn 26ff) 171
Ausblick (Dtn 12ff) 169	Moses Segen und Tod (Dtn 31–34) 172

DIE FRÜHZEIT ISRAELS

EINZUG INS LAND
DAS BUCH JOSUA

Josua (Jos 1) 179
Rahab (Jos 2) 180
Durch den Jordan (Jos 3ff) 182
Jericho (Jos 6) 183
Ai (Jos 7f) 185
Gibeon (Jos 9f) 187
Die zwölf Stämme (Jos 12ff) 188
Josuas Vermächtnis (Jos 23/24) 190

DIE ZEIT DER RICHTER
DAS BUCH DER RICHTER

Die Richter (Ri 1f) 195
Debora (Ri 5f) 196
Gideon (Ri 6ff) 198
Gideon und die Midianiter (Ri 7–8) ... 200
Jotam (Ri 9) 202
Jeftah (Ri 10) 204
Simson (Ri 13) 206
Simson und die Philister (Ri 14f) 208
Simsons Fall (Ri 16) 211
Simsons Ende (Ri 16) 213

ENDE UND NEUANFANG
DAS BUCH RUT

Noomi (Rut 1) 217
Rut und Boas (Rut 2/3) 218
Die Lösung (Rut 4) 220

DIE ANFÄNGE DES KÖNIGTUMS

DAS 1. BUCH SAMUEL

Samuel – *Wegbereiter der Könige (1. Sam 1–15)*
Samuels Geburt (1. Sam 1) 227
Das Lied der Hanna (1. Sam 2) 229
Samuel in Silo (1. Sam 2) 230
Samuels Berufung (1. Sam 3) 231
„Ikabod" (1. Sam 4) 233
Die Bundeslade (1. Sam 5f) 235
Eben–Ezer (1. Sam 7) 237
„Gib uns einen König!" (1. Sam 8) ... 239

Saul – *der erste König (1. Sam 9–31)*
Die Salbung (1. Sam 9f) 241
Die Wahl (1. Sam 10) 242
Sauls erster Sieg (1. Sam 11) 244
Samuels Vermächtnis (1. Sam 12) ... 245
Saul und die Philister (1. Sam 13) ... 247
Saul und Jonatan (1. Sam 14) 248
Sauls Fall (1. Sam 15) 251

David – *der künftige König (1. Sam 16–31)*
Die Salbung (1. Sam 16) 253
David bei Saul (1. Sam 16) 255
David und Goliat (1. Sam 17) 256
David am Hof des Königs (1. Sam 18f) 259
David und Jonatan (1. Sam 20) 261
David auf der Flucht (1. Sam 21f) ... 263
David in der Höhle (1. Sam 24) 266
David und Abigajil (1. Sam 25) 268
Letzte Begegnung (1. Sam 26) 270
Sauls Ende (1. Sam 28–31) 272

DAS KÖNIGREICH DAVIDS

König David (2. Sam 1–5)	277	David und Nathan (2. Sam 12)	287
Die Bundeslade (2. Sam 6)	279	Amnon und Tamar (2. Sam 13)	289
Der Davidbund (2. Sam 7)	281	Absalom (2. Sam 15)	291
David und Mefi-Boschet (2. Sam 8)	283	Absaloms Ende (2. Sam 16–19)	294
David und Batseba (2. Sam 11)	284	Neuanfang (2. Sam 24)	297

DIE GESCHICHTE DER KÖNIGE   299

DAS KÖNIGREICH SALOMOS
1. KÖNIGE 1–11

König Salomo (1. Kön 1–3)	301	Der Bau des Tempels (1. Kön 5–8)	306
Salomos Weisheit (1. Kön 3,16ff)	302	Salomos Ende (1. Kön 9/11)	308
Salomos Friedensreich (1. Kön 4f/10)	304		

DAS GETEILTE KÖNIGREICH
1. KÖNIGE 12 – 2. KÖNIGE 17

Die Reichsteilung (1. Kön 11f)	310	Ahab (1. Kön 16/18)	314
Jerobeam (1. Kön 12–14)	311		

Der Prophet ELIA *(1. Kön 17 – 2. Kön 2)*

„Dein Sohn lebt!"(1. Kön 17)	316	Nabot (1. Kön 21)	323
„Der Herr ist Gott!" (1. Kön 18)	318	Ahabs Ende (1. Kön 22)	325
In der Wüste (1. Kön 19)	321		

Der Prophet ELISA *(2. Kön 2–9)*

Elisa (2. Kön 2)	328	Samaria (2. Kön 6,24ff)	337
Die Witwe (2. Kön 4,1ff)	330	Jehu (2. Kön 9–10)	340
Die Frau aus Schunem (2. Kön 4,8ff)	332	Das Ende	
Naaman (2. Kön 5)	333	des Königreichs Israel (2. Kön 11–17)	342
Das Friedensmahl (2. Kön 6,1ff)	336		

DIE KÖNIGE JUDAS
DAS 1./2. BUCH DER CHRONIK   345

Abija (2. Chron 13)	347	Hiskia (2. Chron 29ff)	355
Asa (2. Chron 14ff)	348	Josia (2. Chron 33ff)	358
Joschafat (2. Chron 17ff)	349	Das Ende	
Atalja und Joasch (2. Chron 22ff)	353	des Königreichs Juda (2. Chron 36)	360

UNTER PERSISCHER HERRSCHAFT

ESRA / NEHEMIA / ESTER 363

DAS BUCH ESRA 365

Heimkehr (Esra 1–2) 367
Der neue Tempel (Esra 3–5) 369
Esras Reform (Esra 7–10) 372

DAS BUCH NEHEMIA 375

Nehemia (Neh 1–2,10) 377
Die Mauer (Neh 2f) 378
Widerstand (Neh 4–6) 380
Das Fest (Neh 8–13) 382
Das Bußgebet der Gemeinde (Neh 9) . 384

DAS BUCH ESTER 387

Das Fest des Königs (Est 1) 389
Ester (Est 2–3) 390
Esters Bitte (Est 4) 393
Die Wende (Est 5–7) 395
Das Purimfest (Est 8–10) 398

II. DIE BOTSCHAFT DER PROPHETISCHEN BÜCHER 401

DIE PROPHETEN IM 8. JAHRHUNDERT v.Chr.

DER PROPHET AMOS 405

Die Visionen des Amos (Am 7) 407
Amos in Samaria (Am 1–3) 408
Amos in Bethel (Am 4–6) 410
Ausblick (Am 8–9) 413

DER PROPHET HOSEA 415

Hurenkinder (Hos 1–2) 417
Treuebruch (Hos 2,7ff) 418
Reuige Rückkehr (Hos 3) 419
Gottes Klage (Hos 4–10) 420
Durchbruch der Liebe:
„Wie kann ich die preisgeben?"(Hos 11ff) 423

DER PROPHET MICHA 425

„Klagen muss ich" (Mi 1–3) 427
„Er wird der Friede sein" (Mi 4–5) 429
„Es ist dir gesagt, Mensch" (Mi 6) 430
„Wo ist ein Gott wie du?" (Mi 7) 432

DER PROPHET JESAJA
JESAJA 1–39   433

Texte aus der Frühzeit (Jes 1–12)
- „Hört, der Herr redet!" (Jes 1) 435
- Der Weinberg (Jes 5) 437
- Die Berufung (Jes 6) 440
- „Immanuel" (Jes 7) 442
- „Uns ist ein Kind geboren" (Jes 8–9) .. 444
- Der Friedenskönig (Jes 10–11) 446
- Danklied der Befreiten (Jes 12) 447

Texte aus der Spätzeit (Jes 13–39)
- Barfuß und nackt (Jes 20) 448
- Der Drohbrief (Jes 36–37) 449
- Schonfrist (Jes 38–39) 452

Visionen der Heilszeit 454
- Das neue Gottesvolk (Jes 2) 455
- Das Friedensreich des Messias (Jes 11) 456
- Heilung der Völker (Jes 19) 457
- Festmahl auf dem Zion (Jes 25f) 458
- Heimkehr nach Zion (Jes 35) 459

DIE PROPHETEN IM 7./6. JAHRHUNDERT v.Chr.

DER PROPHET JEREMIA   461

- Die Berufung (Jer 1) 465
- „Ich denke an deine Liebe" (Jer 2–4) .. 466
- Der Prüfer (Jer 5–6) 469
- Die Tempelrede (Jer 7 und 26) 470
- „Was kann mich noch trösten?" (Jer 7–9) 472
- In Anatot (Jer 11–12) 474
- Der Gürtel (Jer 13–15) 476
- Der Krug (Jer 18–20) 478
- Die Schriftrolle (Jer 36 / 22f) 481
- Das Joch (Jer 27–28) 483
- Der Brief (Jer 29) 485
- Gefangen (Jer 21/37) 486
- In der Zisterne (Jer 38) 488
- Der Acker (Jer 32/38) 490
- Nach Ägypten (Jer 39–45) 492

Die künftige Heilszeit (Jer 30–33)
- Die Wende (Jer 30,1ff) 496
- Heimkehr nach Israel (Jer 31,1–22) 496
- Der neue Bund (Jer 31,31–34) 497
- Das neue Jerusalem (Jer 33,10ff) 497
- Der neue König (Jer 33,14ff) 497

ZEITGENOSSEN JEREMIAS   499

- Der Prophet Zefanja 1–3 501
- Der Prophet Nahum 1–3 503
- Der Prophet Habakuk 1–3 505
- Der Prophet Obadja 507

DIE KLAGELIEDER   509

- „Wie verlassen liegt die Stadt!" (Klgl 1) 511
- „Gottes Güte hat kein Ende" (Klgl 3/5) 512

DIE PROPHETEN IN DER EXILSZEIT

HESEKIEL (EZECHIEL) — 515

- Die Berufung (Hes 1–3) 519
- Der Wächter (Hes 3) 521
- Die Zeichen (Hes 4–5) 523
- „Du sollst leben!" (Hes 16) 525
- „Kehrt um!" (Hes 18) 526
- „Ich bin der Herr, euer Gott!" (Hes 20) 528
- Der Hirte (Hes 34) 530
- Ein neues Herz (Hes 36) 532
- Neues Leben (Hes 37) 533
- Die neue Stadt (Hes 40–48) 534

JESAJA 40–55 — 537

- „Tröstet, tröstet mein Volk!" (Jes 40,1–11) 541
- „Er gibt dem Müden Kraft" (Jes 40,12–31) 543
- „Fürchte dich nicht!" (Jes 41) 545
- „Ich habe dich erlöst" (Jes 43) 547
- „Ihr seid meine Zeugen" (Jes 44,1–23) 548
- „Ich, ich bin der Herr" (Jes 44,24–48,22) 550
- „Der Herr tröstet Zion" (Jes 49–54) ... 551
- Ein „ewiger Bund" (Jes 55) 554

Die Lieder vom Knecht Gottes 556
- Erwählt (Jes 42) 557
- Berufen (Jes 49) 558
- Angefeindet (Jes 50,4ff) 559
- Erniedrigt und erhöht (Jes 52,13–53,12) 560

DIE PROPHETEN IN NACHEXILISCHER ZEIT — 563

JESAJA 56–66 — 565

- „Macht Bahn! Macht Bahn!" (Jes 57) .. 567
- „Steh auf! Werde licht !" (Jes 58/60) ... 568
- „Frohe Botschaft für die Armen!" (Jes 61) 570
- „Reiß den Himmel auf!" (Jes 62 /63) ... 571
- Ausblick (Jes 65 / 66) 573

DIE PROPHETEN HAGGAI UND SACHARJA — 575

- „Mein Geist soll unter euch bleiben" (Hag 1f) 577
- „Ich will bei dir wohnen" (Sach 1ff) 579
- Ausblick (Sach 8) 582

DER PROPHET MALEACHI — 585

- „Ich habe euch lieb" (Mal 1–2) 587
- „Siehe, er kommt!" (Mal 3) 589
- Epilog (Mal 3,22ff) 590

DER PROPHET JOEL — 591

- Der „Tag des Herrn" (Joel 1–4) 593

DAS BUCH JONA 595

Der Prophet Jona (Jona 1–2) 597   Jona in Ninive (Jona 3–4) 599

DAS BUCH DANIEL 601

Daniel in Babylon (Dan 1)............ 603   Wahnsinn (Dan 4) 608
Der Traum des Königs (Dan 2) 604   Mene Tekel (Dan 5) 610
Das Standbild des Königs (Dan 3) 606   In der Löwengrube (Dan 6) 613

Visionen der Zukunft
Der Menschensohn (Dan 7) 615   Ausblick (Dan 11/12) 618
Daniels Bußgebet (Dan 9) 616

III. DIE BOTSCHAFT DER LEHRBÜCHER 619

LEBENSWEISHEIT

DAS BUCH DER SPRÜCHE 621

Wege zur Weisheit (Spr 1–7) 623   Lebensweisheiten (Spr 10–22) 627
Vom Geheimnis der Weisheit (Spr 8)... 625   Am Ende (Spr 30/31) 630

LEBENSERFAHRUNG

DAS BUCH KOHELET (DER PREDIGER) 633

Alles Leben ist nichtig (Koh 1–2) 635   Was ist Weisheit? (Koh 6–8) 638
Alles hat seine Zeit (Koh 3–4) 636   Freue dich am Leben! (Koh 9–12) 641

DAS HOHELIED 643

Hochzeitslied (Hld 4–5) 645

LEBENSKRISE

DAS BUCH HIOB 647

Hiob (Hiob 1) 649
Hiobs Leiden (Hiob 2) 651
Hiobs Klage (Hiob 3) 653
Hiob und die Freunde (Hiob 4–19) 654
Hiobs letzte Rede (Hiob 27–31) 658
Die Antwort (Hiob 38–42) 661

LOB UND ANBETUNG

DER PSALTER 665

Psalmtexte und Meditationen:

Psalm 1:
Glückwunsch 670
Psalm 22:
Mein Gott, warum? 672
Psalm 27:
Der Herr ist mein Licht 674
Psalm 31:
Meine Zeit in deinen Händen 676
Psalm 34:
Ich will den Herrn loben allezeit 678
Psalm 42/43:
Wo ist nun dein Gott? 680
Psalm 71:
Herr, ich vertraue auf dich 684
Psalm 84:
Wie liebe ich deine Wohnung 686

Psalm 92:
Köstlich ist es, dem Herrn zu danken . 688
Psalm :103:
Lobe den Herrn, meine Seele! 690
Psalm 118:
Dankt dem Herrn, denn er ist gut! 692
Psalm 121:
Reisesegen 696
Psalm 138:
Du erhörst mein Gebet 698
Psalm 139:
Deine Hand hält mich 700
Psalm 145:
Dich will ich loben immer und ewig ... 702
Psalm 150:
Halleluja 704
Psalm 119:
Freude an Gottes Wort 706

Psalmen, die den Texten in diesem Buch zugeordnet sind:

Psalm 2	36	Psalm 72	303/305
Psalm 8	27	Psalm 74	381
Psalm 10	258	Psalm 75	352
Psalm 11	262	Psalm 79	361
Psalm 14	269	Psalm 81	359
Psalm 21	301	Psalm 89	282
Psalm 23	254	Psalm 95	125
Psalm 48	383	Psalm 100	280
Psalm 51	288	Psalm 103	135
Psalm 55	293	Psalm 104	24
Psalm 56	265	Psalm 105	97
Psalm 57	267	Psalm 106	343
Psalm 59	260	Psalm 107	123
Psalm 69	489	Psalm 111	115

Psalm 113 228
Psalm 115 236
Psalm 116 284
Psalm 118 371
Psalm 122 307
Psalm 124 399
Psalm 126 368
Psalm 132 278
Psalm 139 . . . . 29/31
Psalm 146 222

KARTEN 709

ZEITTAFEL 715

I. DIE BOTSCHAFT DER GESCHICHTSBÜCHER

*„Was wir gehört und erfahren haben,
und unsere Vorfahren uns erzählt haben,
das wollen wir ihren Nachkommen
nicht verschweigen.
Wir verkünden ihnen die großen Taten,
die Gott getan hat."*
nach Psalm 78,3ff

Die Geschichtsbücher des Alten Testaments enthalten das vielstimmige Zeugnis von der Geschichte Gottes mit seinem Volk. Sie umfassen einen Zeitraum von über 1000 Jahren, der von den ältesten überlieferten Texten bis zur endgültigen Festlegung der Bücher des Alten Testaments reicht. Ihr verbindendes Thema ist die Geschichte Israels im Horizont der Weltgeschichte. Im Unterschied zu profaner Geschichtsschreibung erfassen die Geschichtsbücher des Alten Testaments nur einen verschwindend kleinen Ausschnitt der Weltgeschichte. Und doch haben ihre Zeugnisse die Geschichte der Menschheit bleibend geprägt, weil in ihnen Gott als der Herr aller Geschichte bezeugt wird.

Das macht die Eigenart der Geschichtsbücher des Alten Testaments aus: Sie sind ganz in der Geschichte verwurzelt – und gehen doch in ihr nicht auf. Sie konzentrieren sich in ihrer Darstellung auf einen begrenzten Raum in der Geschichte – und doch sprengt ihre Geschichte Raum und Zeit, weil sie sich zu dem einen Gott als dem Herrn aller Menschen bekennen, dem Vergangenheit, Gegenwart und Zukunft gehören. Sie enthalten Zeugnisse aus vielen Jahrhunderten – und doch wollen sie nicht nur als historische und literarisch wertvolle Zeugnisse wahrgenommen werden, sondern als Gottes Wort, vermittelt durch Menschen, die sein Wort und Wirken in der Geschichte erfahren haben. Sie alle stehen in einer Kette von Zeugen, an deren Anfang nicht nur ein Name steht. Vielmehr sind sie Ausdruck des vielstimmigen Chors der Gemeinde aus vielen Jahrhunderten.

Dies gilt insbesondere für die 5 Bücher Mose, die in den christlichen Bibeln nüchtern als „Pentateuch" (wörtl. die in fünf Krügen aufbewahrten Schriftrollen) bezeichnet werden. Ganz anders dagegen die Hebräische Bibel: Nach jüdischem Verständnis sind sie nicht nur als Geschichtsbücher zu verstehen. Sie enthalten vielmehr das Herzstück der Bibel, die Tora, Gottes Weisung und Wort, wie sie im Ersten Gebot zusammengefasst ist: „ICH bin der Herr dein Gott. Du sollst keine anderen Götter neben mir haben" (Ex 20,1). Dieses Wort bildet die heimliche Mitte der 5 Bücher Mose. Von dieser Mitte aus wird die Geschichte des Volkes Gottes von seinen Anfängen bis zum Einzug ins Land Kanaan entfaltet.

Auf dieser Grundlage bauen auch die folgenden Bücher auf. Sie werden in den christlichen Bibelausgaben, abweichend von der Hebräischen Bibel, als zweiter Teil der Geschichtsbücher bezeichnet. Zu ihnen gehören die Bücher Josua, Richter, das 1. und 2. Buch Samuel und die beiden Bücher der Könige. Alle diese Bücher sind Teil eines großen Geschichtswerks, das den Aufstieg und Niedergang des Königtums in Israel, einschließlich ihrer Vorgeschichte beschreibt. Ihre Leitfrage lautet: Wie hat das Volk Gottes im Lauf seiner Geschichte seinen Glauben in der Auseinandersetzung mit anderen Völkern bewahrt?

Die letzten Geschichtsbücher Esra, Nehemia und Ester. beschreiben die Zeit nach der Heimkehr des Volkes aus dem babylonischen Exil. An ihnen wird die Treue Gottes erkennbar, der trotz Israels Versagen an seinem Volk und an seiner Zusage festhält und seinem Volk im Land der Verheißung einen Neuanfang schenkt.

DAS 1. BUCH MOSE / GENESIS

Der Anfang

„Im Anfang schuf Gott Himmel und Erde." So vielsagend beginnt das erste Buch der Bibel. Damit bekundet es gleich zu Anfang, von wem in diesem Buch die Rede sein soll. Es ist der Eine Gott, der schon vor allem Anfang an da war, noch ehe die Welt geschaffen war, der Anfang und Ende Zeit umschließt und der darum auch am Anfang allen Nachdenkens über Gott und die Welt steht. Er ist es, der durch sein Wort alles geschaffen hat und sich in der Geschichte der Menschheit auf vielfache Weise offenbart hat.

Das ist das große Thema, das sich von Anfang bis Ende durch alle Bücher der Bibel zieht. Es ist aber in besonderer Weise das Thema des ersten Buches. Wie schon sein Name „Genesis" anzeigt (dt. Ursprung, Anfang), erzählt es von den Anfängen der Welt, der Menschheit und des Volkes Gottes, die alle ihren Ursprung in Gott haben. Durch sein Wort ist die Welt und der Mensch geschaffen. Durch dasselbe Wort wurde Gottes Volk ins Leben gerufen und zum Segen für die ganze Menschheit gemacht.

Mit diesem Bekenntnis zu Gott als dem alleinigen Ursprung allen Lebens begegnet das Genesisbuch gleich zu Anfang dem Missverständnis, als enthalte dieses erste Buch nur Mythen und alte Geschichten aus grauer Vorzeit. Vielmehr befasst es sich mit den grundlegenden und bleibend aktuellen Menschheitsfragen: Wer bin ich? Woher komme ich? Wozu lebe ich? Wohin treibt unsere Welt? Das Genesisbuch entfaltet diese Fragen in Form einer fortlaufenden Erzählung. In ihr verdichtet sich eine Fülle menschlicher Erfahrungen, die in ihrer ungeschönten Menschlichkeit alle Höhen und Tiefen des Menschseins ausloten. Aber gerade als solche gibt sie Zeugnis von Gottes offenbarem und verborgenen Wirken in, mit und durch Menschen.

Diese Erzählung ist das Ergebnis eines langen mündlichen und schriftlichen Überlieferungsprozesses. Ursprünglich selbständige Überlieferungen, meist an bestimmte Orte gebunden und dort über Jahrhunderte mündlich überliefert, sind mit frühen schriftlichen Zeugnissen zusammengewachsen und stellen in ihrer Endgestalt eine einzigartige Gesamtkomposition dar, die auf vielfache Weise Gottes Wort und Wirken in der Geschichte bezeugt. Aber alle Geschichten des Genesisbuches kreisen letztlich um das eine große Thema: Gottes Volk im Horizont der Völkerwelt. In den ersten 11 Kapiteln entwirft es zunächst ein umfassendes Bild der Welt- und Menschheitsgeschichte, das mit dem gängigen Begriff „Urgeschichte" nur unzureichend beschrieben ist. In diesem weiten Horizont beschreibt es im zweiten Teil (12-50) den Anfang der Geschichte des Volkes Gottes, der wiederum mit dem Begriff „Vätergeschichte" nur unzureichend erfasst ist. Es zeigt vielmehr den Weg auf, den Gott mit Abraham und seinen Nachkommen zum Heil der ganzen Welt begann.

GENESIS 1–11

Die Urgeschichte

(1) Das erste Kapitel lenkt zuallererst den Blick auf Gott und sein Schöpfungswerk, das den ganzen Kosmos umfasst. Der Mensch ist in ihm nur Teil der Schöpfung, mit allen anderen Geschöpfen zu Gottes Lob geschaffen.
(2) Erst im 2. und 3. Kapitel steht der Mensch als Geschöpf Gottes im Fokus. Auf die uralte Menschheitsfrage: Was ist der Mensch? wird in diesen Kapiteln eine zweifache Antwort gegeben:
Der Mensch – ein Meisterwerk Gottes, geschaffen zu seinem Bild (1,27) und von Gott mit allen Gaben ausgestattet (2,7ff);
Der Mensch – ein Rebell gegen Gott, der gleich zu Anfang aus seiner ursprünglichen Beziehung zu Gott heraus fällt und eigene Wege geht.
(3) Die folgenden Kapitel beschreiben die fatalen Folgen des „Sündenfalls" und den Weg der Menschheit, der zunehmend zur Entfremdung gegenüber Gott und den Mitmenschen führt und in der Sintflutkatastrophe endet.

Das negative Bild, das die Urgeschichte von den Anfängen der Menschheit zeichnet, hebt die Notwendigkeit eines radikalen Neuanfangs hervor. Der Grund zum Neuanfang wird durch Gottes Bund mit Noah gelegt. Er bildet das Herzstück der Urgeschichte und zugleich die Voraussetzung für Gottes Geschichte mit Abraham und seinen Nachkommen, die einen radikalen Neuanfang in der Geschichte der Menschheit markiert. Sie ist das große Thema im zweiten Teil des Genesisbuches.

IM ANFANG
Genesis 1–2,4

Im Anfang schuf Gott Himmel und Erde.
Aber die Erde war öde und ohne Leben.
Dunkelheit bedeckte die Erde.
Und Gottes Geist
schwebte über den Wassern. 1,1f

Und Gott sprach:
„Es werde Licht!"
Da geschah es, wie Gott gesagt hatte:
Licht brach aus dem Dunkel hervor
und erhellte die Erde.
Und Gott sah das Licht an
und sah, dass es gut war.
Da trennte er das Licht von dem Dunkel
und nannte das Licht Tag.
Das Dunkel aber nannte er Nacht.
So wurde aus Abend und Morgen
der *erste* Tag. 1,3ff

Und Gott sprach:
„Über der Erde
soll ein Gewölbe entstehen."
Da geschah es, wie Gott gesagt hatte:
Gott spannte ein Dach über die Erde
und nannte es Himmel.
So wurde aus Abend und Morgen
der *zweite* Tag. 1,6ff

Und Gott sprach:
„Alles Wasser auf der Erde soll weichen!"
Da geschah es, wie Gott gesagt hatte:
Auf der Erde floss das Wasser zusammen
und trockenes Land
trat aus dem Wasser hervor.
Und Gott nannte das Trockene Land.
Das Wasser aber nannte er Meer.
Und Gott sah an, was er gemacht hatte,
und sah, dass es gut war. 1,9f

Und Gott sprach:
„Die Erde bringe
Gras und Kräuter hervor!"
Da geschah es, wie Gott gesagt hatte:
Aus der Erde wuchsen Pflanzen hervor,
die Samen trugen in ihren Früchten.
Und Gott sah an, was da wuchs,
und sah, dass es gut war.
So wurde aus Abend und Morgen
der *dritte* Tag. 1,11ff

Und Gott sprach:
„Lichter sollen am Himmel leuchten,
die Tag und Nacht scheiden
und die Zeiten bestimmen."
Da geschah es, wie Gott gesagt hatte:
Gott setzte Lichter an den Himmel,
ein großes Licht für den Tag
und ein kleines Licht für die Nacht,
dazu viele Sterne.
Und Gott sah an, was er gemacht hatte,
und sah, dass es gut war.
So wurde aus Abend und Morgen
der *vierte* Tag. 1,14ff

Und Gott sprach:
„Das Wasser und die Luft
sollen mit Leben erfüllt sein."
Da geschah es, wie Gott gesagt hatte:
Gott schuf mächtige Meerestiere
und alles,
was im Wasser wimmelt und lebt,
dazu auch alle gefiederten Vögel,
alle Tiere nach ihrer Art.
Und Gott sah an, was er gemacht hatte
und sah, dass es gut war.
Da segnete Gott die Tiere und sprach:
„Seid fruchtbar und mehrt euch!
Erfüllt alles mit Leben,
die Luft und das Meer."
So wurde aus Abend und Morgen
der *fünfte* Tag. 1,20ff

Und Gott sprach:
„Das Land soll mit Leben erfüllt sein."
Und so geschah es, wie Gott gesagt hatte:
Gott schuf die Landtiere,
wilde und zahme,
jedes Tier nach seiner Art.
Und Gott sah an, was er gemacht hatte,
und sah, dass es gut war. 1,24f

1. Mose / Genesis

Zuletzt aber sprach Gott:
„Ich will Menschen machen, mir gleich.
Über alle Tiere will ich sie setzen." 1,26
*Und Gott schuf den Menschen
nach seinem Bild.
Nach Gottes Bild schuf er ihn
und schuf sie als Mann und Frau.* 1,27
Und Gott segnete sie und sprach:
„Seid fruchtbar und mehrt euch!
Breitet euch aus
und macht euch die Erde zu Eigen!
Alles auf dieser Erde
vertrau ich euch an:
die Feldfrüchte,
die Fische und Vögel
und auch die Landtiere.
Alles soll euch gehören.
Aber ihr sollt mir gehören." 1,28ff

Und Gott sah alles an,
was er gemacht hatte:
Es war alles sehr gut.
So wurde aus Abend und Morgen
der *sechste* Tag. 1,31

Am *siebten* Tag aber ruhte Gott
von seinen Werken.
Und Gott segnete den siebten Tag
und er sprach:
„Dieser Tag soll mein Tag sein.
Mir allein soll er gehören.
Solange die Erde besteht,
soll man den siebten Tag ehren.
Alle Arbeit soll ruhen an diesem Tag." 2,1ff

So schuf Gott Himmel und Erde
durch sein mächtiges Wort.
Alles, was in dieser Welt lebt,
kommt von ihm
und ist zu seinem Lob geschaffen. 2,4

– – –

*L*obe den Herrn, meine Seele,
*Herr, mein Gott, Schöpfer des Lichts,
Ursprung des Lebens,
wie groß und mächtig bist du!*

*Licht ist dein Kleid, das du anhast.
Du breitest den Himmel aus
wie einen Teppich.
Du hast das Erdreich gegründet,
dass es fest bleibt, immer und ewig.*

*Du lässt Wasser quellen in Tälern.
Alle Tiere kommen und trinken sich satt.
Darüber fliegen die Vögel des Himmels
und singen unter den Zweigen ihr Lied.*

*Du feuchtest die Berge von oben
und füllst mit Früchten das Land.
Du hast den Mond geschaffen,
der die Zeiten bestimmt
und die Sonne,
die ihren Auf- und Untergang kennt.*

*Herr, mein Gott,
wie groß sind deine Werke!
Du hast ihnen allen
eine Ordnung gegeben.
Himmel, Erde, Meer und was darin lebt,
das hast du alles geschaffen.
Halleluja!*
aus Psalm 104

So überraschend anders als erwartet setzt das erste Kapitel ein: Nicht mit einem Schöpfungs- „bericht", sondern mit einem großartigen Schöpfungsgedicht, das in sieben Strophen Gott als den alleinigen Schöpfer und Urheber allen Lebens preist. Sein Thema lautet nicht, wie die Welt entstanden ist, sondern wer sie geschaffen hat und wem sich alles Leben auf dieser Erde allein verdankt. Genau betrachtet, handelt es sich um einen Hymnus, den großen Schöpfungshymnen im Psalter vergleichbar (Ps 8 / 19 / 104 / 148). Durch ihn werden wir gleich zu Anfang aufgerufen, an erster Stelle dem die Ehre zu geben, der „Himmel und Erde gemacht hat".

Unüberhörbar ist der feierliche Ton dieses Gedichts. Die litaneiartig wiederkehrenden Aussagen erinnern an eine gottesdienstliche Liturgie. Sie schaffen einen „Raum der Ehrfurcht", der sich erst im lauten bzw. lauschenden Lesen erschließt. Dabei fällt die strenge Form auf, in der das Sieben-Tage-Werk in Strophen entfaltet wird. Da ist kein Wort überflüssig. Jeder Satz verrät dichte Reflexion im Staunen über Gottes weise Schöpfungsordnung – in bewusster Konzentration auf Gott selbst und sein schöpferisches Tun:

- Gott „*spricht*" – und es geschieht. Damit wird ausgesagt: Die Welt ist allein durch sein wirkmächtiges Wort „geschaffen" (hebr. bara – ein Wort, das einzig für Gottes Schaffen steht).
- Gott „*trennt*" Licht und Dunkel, Tag und Nacht, Land und Meer und schafft damit einen Lebensraum für seine Geschöpfe.
- Aber auch die Bereiche, die bedrohlich erscheinen, wie z.B. die Nacht oder das Meer, unterstehen seiner Schöpfermacht. Gott „*nennt*" sie mit Namen und bekundet damit seine Herrschaft über sie.
- Gott „*ordnet*" sein Schöpfungswerk. Er verwandelt das Chaos in einen wohl geordneten Kosmos und gibt ihm für alle Zeit eine feste Ordnung.
- Gott „*baut*" sein Schöpfungswerk in klar gegliederter Abfolge der „Schöpfungstage". Das heißt: Seine Schöpfung ist das Ergebnis eines Prozesses, an dessen Ende die Erschaffung des Menschen steht.
- Gott „*sieht an*", was er gemacht hat, und befindet es für „gut". Das bedeutet: Gott bleibt seiner Schöpfung zugewandt und spricht mit seinem „Es war gut" sein JA über ihr aus.

Dieses Ja Gottes bildet den Grundton des Schöpfungshymnus in Gen 1. Es beinhaltet zugleich auch ein klares Nein gegenüber allen anderen Mächten, die die alleinige Schöpfermacht Gottes infrage stellen wollen, seien es Fruchtbarkeitsgötter wie Baal oder die Gestirngottheiten im babylonischen Weltreich. Nicht Baal lässt Wachstum aus der Erde sprießen, sondern Gottes Schöpferwort (1,11). Und nicht die Gestirne bestimmen über das Schicksal der Menschen. Vielmehr sagt ihnen der Schöpfungshymnus ausdrücklich den Kampf an, indem er sie erst am vierten Schöpfungstag erwähnt und sie zu schlichten Leuchtkörpern am Himmel degradiert (1,17). Dies ist zum Trost für alle gesagt, die sich anderen Mächten ausgeliefert sehen.

Als Krönung der Schöpfung beschreibt Gen 1 die Erschaffung des Menschen. Auf ihn zielt Gottes Schöpferhandeln von Anfang an. Aber nicht sein hoher Rang hebt den Menschen aus der übrigen Schöpfung heraus, sondern allein die Würde, die Gott ihm verleiht, verbunden mit seinem besonderen Schöpfungsauftrag. Als Gottes „Gegenüber" und in der Ausrichtung auf ihn darf er seinen Auftrag in dieser Welt wahrnehmen, als Sachwalter Gottes und seiner Schöpfung, die er dem Menschen anvertraut hat (1,27ff).

1. Mose / Genesis

VOM URSPRUNG DER MENSCHHEIT — GENESIS 2–11

MANN UND FRAU
Genesis 2

So schuf Gott den Menschen:
Er formte ihn aus Erde
und hauchte ihm
den Atem des Lebens ein.
Darum heißt der Mensch Adam,
das heißt Erdling,
weil er aus Erde gemacht ist.
Durch Gottes Lebensatem
wurde er ein lebendiger Mensch.   2,7

Und Gott pflanzte für den Menschen
einen Garten im Land Eden.
Darin wuchsen vielerlei Bäume
mit köstlichen Früchten.
Der Mensch durfte ihn pflegen
und seine Früchte ernten.
Und vom Garten ging ein Strom aus,
der teilte sich in vier Arme
und machte das ganze Land fruchtbar.
In diesem Garten
durfte der Mensch leben.   2,8ff

Aber mitten im Garten stand ein Baum,
der gehörte allein Gott:
der Baum der Erkenntnis.
Wer von diesem Baum aß,
wusste, was gut und was böse ist.
Darum sprach Gott zum Menschen:
„Von allen Bäumen darfst du essen.
Aber vom Baum der Erkenntnis
sollst du nichts essen.
Denn wenn du davon isst,
wirst du sterben."   2,16f

Und weiter sprach Gott:
„Es ist nicht gut,
dass der Mensch allein bleibt.
Ich will ihm ein Gegenüber schaffen,
das ihm entspricht,
das ihn versteht und mit ihm spricht."   2,18

Darauf brachte Gott die Tiere zu ihm,
die er geschaffen hatte.
Und der Mensch gab ihnen Namen,
jedem Tier seinen eigenen Namen.
Aber unter allen Tieren
fand sich kein Tier,
das dem Menschen entsprach.
Mit keinem konnte er sprechen.
Und keines
konnte den Menschen verstehen.   2,19f

Da ließ Gott den Menschen
in einen tiefen Schlaf sinken.
Und als er aufwachte, sah er:
Eine Frau stand vor ihm.
Gott hatte sie ihm
als sein Gegenüber gegeben,
ihm gleich, aus seiner Rippe geformt,
und dennoch ein eigener Mensch,
von Gottes Händen geschaffen.   2,21f

„Da ist sie ja", rief der Mensch froh,
„sie, die zu mir gehört!
Der Mensch, der mir gefehlt hat!"
Und Adam nannte sie Eva,
das heißt: Leben.   3,20

Darum wird ein Mann
Vater und Mutter verlassen
und seiner Frau angehören.
Und sie werden eins sein,
Mann und Frau, Frau und Mann.
Gott hat sie füreinander geschaffen.   2,24

— — —

1. Mose / Genesis

Herr, unser Herrscher,
wie herrlich ist dein Name!
Wenn ich den Himmel betrachte,
das Werk deiner Hände,
den Mond und die Sterne,
die du gemacht hast:
Was ist der Mensch,
dass du an ihn denkst,
und was ist des Menschen Kind,
dass du dich seiner annimmst?
Du hast ihn wenig niedriger
als Gott gemacht.

Mit Ehre und Schmuck
hast du ihn gekrönt.
Du hast den Menschen
über das Werk deiner Hände gesetzt.
Alles hast du ihm unterstellt:
Schafe und Rinder,
dazu auch die wilden Tiere,
die Vögel unter dem Himmel
und die Fische im Meer.
Herr, unser Herrscher,
wie herrlich ist dein Name!
aus Psalm 8

Was ist der Mensch? Sobald der Mensch ins Blickfeld rückt, fängt das Genesisbuch an zu erzählen. Es erzählt vom ursprünglichen Einssein des Menschen mit Gott und seiner Schöpfung, von seinem Schöpfungsauftrag und von seiner geschöpflichen Bestimmung als Mann und als Frau. Im Unterschied zum einleitenden Schöpfungshymnus wird hier ganz schlicht und ganz menschlich von Gott erzählt und von den Gaben und Aufgaben, die er dem Menschen zugeteilt hat. Aber gerade darin ist diese scheinbar so altertümliche Erzählung zeitlos. Sie zeigt auf, wodurch aus biblischer Sicht der Mensch seine einzigartige Würde, aber auch seine Begrenzung erfährt:

- Gott formt den Menschen aus Erde, d.h. aus einem Klumpen Lehm. Das bedeutet: Der Mensch ist ein Meisterwerk Gottes, jeder einzelne Mensch ein Unikat, geformt von Gottes Hand, kein namenloses Massenprodukt. Aber auch das andere gilt: Der Mensch, ein „Erdmensch" (das bedeutet der Name Adam, abgeleitet von adamah = Ackerboden), ist aus vergänglichem Material geschaffen (vgl. 3,19: „Staub bist du und zum Staub wirst du zurückkehren"). Daraus folgt für den Menschen ein klares Ja zu seiner Leiblichkeit, aber zugleich auch die Einsicht in seine Vergänglichkeit.
- Gott haucht den Odem des Lebens in seine Nase. Das heißt: Der Mensch erhält sein Leben nicht aus sich selbst, sondern aus dem Lebensgeist Gottes. So erfährt sich der Mensch, wie auch alle anderen Lebewesen, mit jedem Atemzug von Gott abhängig. So drückt es auch der 104. Psalm aus. „Du sendest aus deinen Lebensgeist, so werden sie geschaffen. Nimmst du weg ihren Lebensgeist, so kommen sie um und werden wieder Staub" (104,30.29).
- Gott gibt dem Menschen Lebensraum und Arbeit. Er setzt ihn in den Garten Eden, den er bewohnen und bearbeiten darf. Der Garten ist kein Schlaraffenland, sondern ein Ort, den der Mensch durch seiner Hände Arbeit pflegen und gestalten kann. Er wird auch nicht als jenseitiges Paradies vorgestellt, sondern als ein besonderer Ort mitten in unserer Welt, der von Gott für den Menschen geschaffen ist, ein Ort, von dem alles Leben auf dieser Erde ausgeht. Dies zeigen die vier Paradiesströme an: Sie kommen von Gott und bewässern unsere Erde. Bei ihm ist die Quelle des Lebens (Ps 36,10). Ohne dieses Wasser gäbe es kein Leben auf der Erde.
- Gott überträgt dem Menschen die Verantwortung für die Tierwelt. Er darf die Tiere „benennen", das heißt: Er darf über sie bestimmen, aber er hat kein Recht, sie auszubeuten oder sie nur auf ihren Nutzwert hin zu betrachten. Die Tiere sind dem Menschen vielmehr als eigenständige Geschöpfe Gottes an die Seite gestellt (vgl. auch Ps 8,7ff).
- Aber das kostbarste Geschenk ist der Mitmensch, den Gott dem Menschen an die Seite stellt. Gott schafft ihm ein „Gegenüber", sein Ebenbild, das ihm entspricht (2,18). Erst im Du, in der Gleichheit und Verschiedenheit von Mann und Frau, findet der Mensch zu seiner wahren Identität (hebr. isch und ischah). Ein großes Geheimnis liegt über der Erzählung von der Erschaffung der Frau. Feinsinnig vermeidet sie jeden Verdacht auf männliche Vorherrschaft, wie sie in patriarchalischen Gesellschaftsformen üblich war. Stattdessen heißt es: Gott lässt den

Menschen in einen tiefen Schlaf fallen (2,21). Damit wird ausgedrückt: Der Mensch ist bei der Erschaffung seines Gegenübers selbst nicht beteiligt. Sein Gegenüber ist zwar aus seiner Rippe genommen – Zeichen der Gleichwertigkeit –, aber es ist Gottes ureigenes Schöpfungswerk und nicht nur seine Kopie (2,22). Hochzeitliche Freude liegt über dieser Szene: Wie der Brautvater die Braut dem Bräutigam zuführt, so führt Gott die Frau dem Mann entgegen (2,22b). Beide, Mann und Frau, dürfen einander als Gottes Gabe annehmen.

• Doch über allem steht das Gebot Gottes, das dem Menschen eine klare Grenze setzt: Alles ist dem Menschen von Gott übergeben. Nur eines ist ihm verwehrt: Er darf sich nicht an Gottes Stelle setzen und sich anmaßen, über gut und böse zu entscheiden, was allein Gott zusteht. Daran erinnert der „Baum der Erkenntnis". Das Verbot Gottes, von diesem Baum zu essen, ist aber nicht als Einschränkung des Menschen zu verstehen, sondern als Ausdruck seiner besonderen Stellung innerhalb der Schöpfung: Als mündiger Mensch ist er aufgerufen, in Freiheit sein Ja zu Gottes Gebot zu sagen.

Damit unterstreicht dieses Kapitel: Am Anfang allen Nachdenkens über den Menschen steht Gottes Ja zu seinem Geschöpf. Die Antwort des Menschen auf die ihm verliehene Würde kann nur dankbares Staunen sein, wie es in Psalm 8 ausgedrückt wird: „Was ist der Mensch, dass du seiner gedenkst? ... Du hast ihn wenig niedriger gemacht als Gott, mit Ehre und Hoheit hast du ihn gekrönt" (Ps 8,5f).

DER FALL DES MENSCHEN
Genesis 3

Adam und Eva wohnten im Garten Eden.
Sie lebten dort im Frieden
mit Gott und seinen Geschöpfen.
Aber unter den Tieren,
die Gott geschaffen hatte,
war auch die Schlange.
Sie war listiger als alle anderen Tiere,
die Gott geschaffen hatte.
Heimlich machte sie sich
an die Frau heran und flüsterte ihr zu:
„Wie? Hat Gott wirklich gesagt:
Von allen Bäumen im Garten
dürft ihr nichts essen?" 3,1

„Nein!", entgegnete Eva.
„Von allen Bäumen des Gartens
dürfen wir essen.
Nur von dem Baum in der Mitte
dürfen wir keine Frucht essen.
Gott hat uns geboten:
Esst ja nichts davon!
Rührt auch keine Frucht an!
Sonst werdet ihr sterben." 3,2f

Doch die Schlange erwiderte:
„Nein, nein! Ihr werdet nicht sterben.
Gott weiß genau, warum er das sagt.
Denn wenn ihr davon esst,
werdet ihr sein wie Gott
und erkennen, was gut und böse ist." 3,4f

Da sah die Frau den Baum an.
Seine Früchte lachten sie an.
Sie streckte die Hand aus,
pflückte eine Frucht, biss hinein
und gab sie ihrem Mann.
Der nahm die Frucht
und aß auch davon. 3,6

Da gingen den beiden die Augen auf.
Mit Schrecken erkannten sie,
dass sie nackt waren.
Schnell rissen sie sich
ein paar Feigenblätter vom Baum
und flochten Lendenschurze daraus. 3,7

Schon kam der Abend heran.
Da hörten die beiden Gott kommen.
Erschrocken versteckten sie sich
unter den Bäumen im Garten.
Aber Gott rief Adam: „Wo bist du?"
Zitternd kam Adam aus seinem Versteck.

„Ich hörte dich kommen", stammelte er.
„Ich fürchtete mich und versteckte mich,
weil ich nackt bin." 3,10

„Adam", fragte Gott,
„wer hat dir gesagt, dass du nackt bist?
Hast du von der Frucht gegessen?"
„Ja", gestand Adam, „ich habe es getan.
Aber die Frau, die du mir gabst,
die war schuld daran.
Sie gab mir die Frucht." 3,11f

„Was hast du getan?",
sprach Gott, zu Eva gewandt.
Die aber wich aus:
„Ich war nicht schuld daran!
Die Schlange war schuld.
Sie hat mich betrogen." 3,13

Da sprach Gott zu der Schlange:
„Verflucht sollst du sein
und verstoßen von allen Tieren,
weil du solches getan hast.
Kriechen sollst du auf der Erde,
und ewige Feindschaft soll sein
zwischen dir und den Menschen." 3,14f

Und zu Eva sprach Gott:
„Du wirst Kinder bekommen,
aber sie werden dir viel Kummer
und Schmerzen bereiten.
Du wirst dich nach deinem Mann sehnen.
Er aber wird dich beherrschen." 3,16

Und zu Adam sprach Gott:
„Du hast getan,
was dir verboten war,
darum sei dein Acker verflucht.
Nur mit Mühe wirst du dich
von ihm ernähren.
Dornen und Disteln
werden dort wuchern.

Und deine Arbeit
wird dich viel Schweiß kosten,
bis du wieder zur Erde wirst,
aus der du gemacht bist.
Denn du bist Erde
und sollst wieder zu Erde werden." 3,17ff

So sprach Gott zu Adam und Eva.
Darauf wies er sie aus dem Garten.
Kein Weg führte dorthin zurück.
Engel mit feurigen Schwertern
bewachten den Zugang zum Garten. 3,23f

Aber auch in Zukunft
ließ Gott seine Menschen nicht los.
Er erhielt sie am Leben und gab ihnen,
was sie zum Leben brauchten:
Kleider aus Fellen,
die sie vor Kälte schützten, 3,21
und Früchte des Feldes, 1,29
die ihren Hunger stillten.
Gott sorgte für sie
wie ein Vater für seine Kinder.

– – –

Herr, du siehst mich und kennst mich
Ob ich sitze oder aufstehe –
du weißt es.
Du kennst meine Gedanken von ferne.
Ob ich am Boden liege
oder weglaufe vor dir,
du bleibst mir auf der Spur.
Du siehst alle meine Wege.
Du weißt alles, was ich rede und denke.
Von allen Seiten umgibst du mich.
Ich kann deiner Hand nicht entkommen.
Herr, du siehst mich und kennst mich.
Sieh, ob ich auf verkehrtem Weg gehe
und leite mich auf dem Weg,
der zurück führt zu dir.
nach Psalm 139

Was ist der Mensch? Die Antwort dieser Geschichte verschlägt einem fast den Atem: der Mensch – ein Rebell gegen Gott. Kaum ist er geschaffen, löst er sich von seinem Ursprung und verfehlt seine geschöpfliche Bestimmung, einer, der sich über Gottes Gebot hinwegsetzt, der selbst sein will „wie Gott" und sich dabei immer mehr von Gott entfernt. Das ist das Drama, von dem diese Geschichte erzählt, in dem der Mensch zum Täter und Opfer seiner Tat wird, scheinbar ein alter Mythos aus grauer Vorzeit und doch so erschreckend realistisch und unheimlich nah, dass man sich selbst in diesem Drama wiedererkennt. Es ist der „Fall" des Menschen schlechthin, der hier in zwei Akten aufgerollt wird:

- Der erste Akt beschreibt den Einbruch der Sünde (3,1–6) als einen Prozess, der sich schleichend im Innern des Menschen abspielt. Damit wird deutlich: Der Mensch ist für sein Tun allein verantwortlich. Er kann die Schuld für seinen Absturz weder Gott noch einer anderen Macht zuschreiben. (Die Schlange wird auffällig zurückhaltend nur als „listiges" Geschöpf, nicht aber als teuflische Gegenmacht vorgestellt.)

Subtil und psychologisch einfühlsam entfalten die ersten Verse, wie es aus dem anfänglichen bloßen Gedanken am Ende zur Tat kommt. Es ist vor allem der verführerische Gedanke „Ihr werdet sein wie Gott", der in beiden, Mann und Frau, das Verlangen weckt, sich über Gottes Gebot zu stellen, und sie am Ende zur gemeinsamen Tat verführt.

- Der zweite Akt zeigt die unwiderruflichen Folgen der Tat auf (3,7ff). Kaum ist die Entscheidung gegen Gottes Gebot gefallen, müssen die beiden erkennen, dass sich ihre Absicht ins Gegenteil verkehrt hat:

– Sie wollten sein wie Gott. Aber ihr Streben treibt sie immer weiter von Gott weg. Auf ihr Versteckspiel folgt am Ende die Trennung von Gott.

– Sie suchten Gemeinschaft als Mann und als Frau. Aber schon ihre erste gemeinsame Aktion führt zur schleichenden Entfremdung zwischen beiden. Der Mann gibt der Frau die Schuld (mit dem vielsagenden Zusatz „die Frau, die du mir gabst"). Und diese wälzt wiederum die Schuld auf die Schlange ab. Erste Machtansprüche zeichnen sich ab. (Bezeichnend wird erst an dieser Stelle – abweichend von Gen 2,23f – die Herrschaft des Mannes über die Frau erwähnt!) Menschlich betrachtet, ein hoffnungsloser Fall mit katastrophalen Folgen!

Aber mitten in dieser dunklen Geschichte leuchtet Gottes Erbarmen mit seinen Geschöpfen auf: Gott überlässt die Menschen nicht sich selbst. Er geht ihnen nach, er ruft sie aus ihrem Versteck und stellt sie als ihr Richter zur Rede (3,11). Sein richterliches Urteil hört sich hart an, aber in Wahrheit will es die Menschen vor noch größerem Unheil bewahren. Trotz seiner Ankündigung „Ihr werdet sterben" (2,17) erhält Gott sie am Leben und gibt ihnen Zukunft, wenn auch unter Mühsal und Schmerzen (3,16ff). Und schließlich versorgt Gott sogar seine Menschen mit Kleidung und Nahrung. Am Ende steht das Bild eines fürsorglichen Vaters, der seine rebellischen Kinder nicht preisgibt.

Die Geschichte vom Fall des Menschen hat immer wieder Menschen dazu veranlasst, über den Ursprung des Bösen und das Wesen der Schlange zu spekulieren. Aber in Wahrheit verweigert sich diese Erzählung solchen Spekulationen. Stattdessen ruft sie den Menschen auf, zu Gott umzukehren und ihn, wie in Psalm 139, im Gebet zu suchen.

KAIN UND ABEL
Genesis 4

Adam und Eva hatten zwei Söhne.
Der ältere hieß Kain,
der jüngere Abel.
Kain wurde ein Bauer,
Abel aber wurde ein Hirte.
Von Zeit zu Zeit brachten beide
Gott ein Dankopfer dar.
Dazu wählte Abel ein Lamm
aus seiner Schafherde aus
und verbrannte es auf dem Altar.
Und Gott sah sein Opfer gnädig an.
Kain aber nahm von seinen Feldfrüchten,
legte sie auf den Altar
und zündete sie an.
Aber es schien,
als sehe Gott sein Opfer nicht an.   4,1–4

Da verfinsterte sich Kains Gesicht.
Grimmig sagte er sich:
„Gott liebt nur Abel.
Mich liebt er nicht."
Aber Gott sprach zu Kain:
„Warum bist du erzürnt?
Warum weichst du mir aus
und senkst deinen Blick?
Ist es nicht so:
Hast du Gutes vor,
dann kannst du deinen Blick frei erheben.
Hast du aber Böses im Sinn,
dann gib acht, dass du nicht sündigst." 4,6f

Doch Kain hörte nicht mehr auf Gott.
Er lockte seinen Bruder aufs Feld.
Dort fiel er über ihn her
und schlug auf ihn ein,
bis er tot war. 4,8

Auf einmal war es totenstill
auf dem Feld.
Reglos lag Abel in seinem Blut.
Da hörte Kain, wie Gott rief:
„Kain, wo ist Abel, dein Bruder?"
„Wie soll ich das wissen?",
gab Kain trotzig zurück.
„Soll ich denn meinen Bruder hüten?" 4,9
Aber Gott sprach zu ihm:
„Was hast du getan?
Das Blut deines Bruders
schreit zum Himmel.
Es klagt dich an.
Verflucht seist du auf der Erde,
die du mit seinem Blut getränkt hast.
Dein Acker wird dir künftig
keinen Ertrag geben.
Du kannst nicht länger hier leben.
Fliehen musst du.
Doch wohin du auch fliehst,
nirgendwo kannst du bleiben." 4,10ff

Da begriff Kain erst,
was er getan hatte.
Seinen eigenen Bruder
hatte er umgebracht!
Nicht Abel, er hätte den Tod verdient!
Erschrocken antwortete er:
„Die Strafe ist mir zu schwer.
Ich kann sie nicht tragen.
Du vertreibst mich von hier.
Ich muss vor dir fliehen.
Ruhelos muss ich
von Ort zu Ort ziehen.
Doch nirgendwo bin ich sicher." 4,13f

Aber Gott sprach zu Kain:
„Nein! Sondern wer Kain tötet,
wird siebenfache Strafe empfangen."
Und Gott machte ein Zeichen an Kain.
das ihn vor Rache schützte,
sodass niemand wagte,
Hand an ihn zu legen. 4,15

So zog Kain weg
und wohnte im Osten,
jenseits von Eden. 4,16

– – –

Herr, du siehst mich und kennst mich.
Wohin soll ich fliehen vor dir?
Ich kann dir nirgends entkommen.
Steige ich in Himmelshöhen hinauf,
so bist du da.
Verstecke ich mich tief unten im Grab,
so bist du auch da.
Fliege ich mit der Morgenröte
und bleibe am fernsten Meer,
so wird auch dort deine Hand
mich führen und halten.
Herr, du siehst in mein Herz.
Sieh, was ich plane und denke.
Und lass mich nicht weglaufen von dir.
nach Psalm 139

Der Stein ist ins Rollen geraten. Das Unheil nimmt seinen Lauf und immer schlimmere Ausmaße an. Unmittelbar auf die Geschichte vom „Sündenfall" folgt die Geschichte vom Brudermord. Sie zeigt, wie das maßlose Streben des Menschen, „sein zu wollen wie Gott", in der nächsten Generation noch eskaliert, indem sich der Mensch zum Herrn über Leben und Tod macht. Und wie in Gen 3, so geht auch hier der Tat eine innere Geschichte voraus:

Ausgangspunkt ist das Opfer beider Brüder. Ausgerechnet an dieser frommen Handlung entzündet sich die Sünde, die zunächst nur im Innern des Menschen schwelt. Aus dem Vergleich beider Opfer folgt Eifersucht und Hass, der am Ende zum Brudermord führt. Kain sieht sich von Gott nicht geliebt. Er kann nicht anerkennen, dass seine Verbindung zu Gott gar nicht abgerissen ist, solange Gott noch zu ihm spricht. Stattdessen kündigt er eigenmächtig die Beziehung zu Gott auf. Er wendet sich von ihm ab („senkt" den Blick) und beseitigt den Bruder, Gottes Warnung zum Trotz. Und als Gott ihn zur Rede stellt, verweigert er jede Verantwortung gegenüber seinem Bruder: „Soll ich denn meinen Bruder hüten?" Aus anfänglicher Rivalität zwischen den Brüdern ist offene Rebellion gegen Gott geworden. Sie treibt Kain immer weiter von Gott weg („jenseits von Eden", 4,16). Aber auch diese Geschichte durchzieht Gottes bewahrende Gnade, die hier sowohl dem Täter wie auch dem Opfer gilt: Gott tritt für Abel ein, der selbst nicht mehr für sich sprechen kann. Das Blut Abels, das die Erde aufgesogen hat, „schreit" zu ihm. Als Anwalt des Ermordeten und Richter des Mörders stellt er Kain zur Rede. Aber er fordert nicht den Tod des Mörders als Sühne, sondern erhält ihn am Leben und gibt ihm sogar ein Zeichen, das ihn vor der Rache der Menschen bewahren soll.

Das Kapitel endet mit dem Ausblick auf Kains Nachkommen. Dabei wird deutlich: Die Spirale der Gewalt dreht sich immer weiter. Sie findet ihren Ausdruck in dem Lied des Lamech: „Einen Mann erschlug ich für meine Wunde ... Kain soll siebenmal gerächt werden und Lamech siebenundsiebzigmal" (4,23f). Das anfängliche Familiendrama weitet sich zunehmend zum Drama der ganzen Völkerfamilie aus. Der Teufelskreis von Gewalt und Gegengewalt nimmt immer drastischere Ausmaße an. Er kann vom Menschen nicht mehr durchbrochen werden. Aber die gute Nachricht am Ende des Kapitels lautet: Gott schafft im Verborgenen die Voraussetzung für einen Neuanfang durch die Geburt Sets, der nun die Stelle des ermordeten Bruders einnimmt (4,25). Sets Nachkommenschaft lässt neue Hoffnung aufkommen (5,1ff). Aus ihr geht am Ende Noah hervor (5,29). Mit ihm setzt Gott einen Neuanfang in der Geschichte.

NOAH
Genesis 6–9

Bald erfüllte sich,
was Gott den Menschen zugesagt hatte.
Sie mehrten sich und füllten die Erde.
Aber je mehr sie an Zahl wuchsen,
desto größere Schuld häuften sie auf.
Kains Kinder trieben es noch schlimmer
als ihr Ahnvater Kain,
der seinen Bruder ermordet hatte.
Sie schmiedeten Waffen aus Eisen   4,22
und säten Feindschaft unter den Völkern.   4,23
Sie scheuten auch nicht
vor Kriegen zurück.
Und als Held galt,
wer die andern besiegte.   6,4b

Als aber Gott sah,
dass die Menschheit von Grund auf
verdorben war und auch alles,
was sie in ihrem Herzen erdachte,
da war es ihm leid,
dass er die Menschen geschaffen hatte.
Und tief bekümmert sprach er
zu sich selbst: „Es reut mich,
dass ich die Menschen gemacht habe.
Ich will sie wieder von der Erde nehmen,
mitsamt allen Tieren."   6,5ff

Nur einer, Noah, fand Gnade bei Gott.
Er hielt sich zu Gott und hörte auf ihn.
Ihn wollte Gott am Leben erhalten.   6,8f
Er sprach zu Noah:
„Bau dir ein Schiff!
Denn bald wird eine Flut
die ganze Erde heimsuchen.

1. Mose / Genesis

Und alles, was lebt,
wird in den Fluten ertrinken.
Aber dich will ich am Leben erhalten.
Mit dir will ich meinen Bund schließen." 6,14ff

Da hörte Noah auf Gott.
Und er baute die Arche,
einen riesigen Kasten,
drei Stockwerke hoch,
mit zahllosen Kammern,
mit Tür und Fenster
und darüber mit einem Dach, 6,15f
wie Gott ihm geboten hatte. 6,22

Und Gott sprach zu Noah:
„Nun geh in die Arche mit deiner Frau,
deinen drei Söhnen und ihren Frauen.
Und wähle von allen Tieren ein Paar aus.
Bringe sie in die Arche hinein!
Auch sie will ich am Leben erhalten." 6,18f

Da hörte Noah auf Gott.
Er wählte von allen Tieren ein Paar aus
und brachte sie in die Arche.
Und Noah schaffte für sie
gewaltige Mengen an Futter herbei.
Darauf ging er selbst in die Arche,
mit seiner Frau, mit seinen drei Söhnen
und ihren Frauen.
Und Gott schloss die Tür hinter ihm zu. 7,7ff

Sieben Tage lang
blieb es noch still auf der Erde.
Danach verschwand die Sonne
hinter den Wolken.
Der Himmel wurde ganz schwarz.
Ein furchtbarer Regen brach los.
Es schüttete. Es goss in Strömen.
Sogar aus den Tiefen der Erde
stieg das Wasser empor. 7,10f
Die Fluten überschwemmten das Land.
Bald stand das ganze Land unter Wasser.
Menschen und Tiere ertranken.
Und immer noch goss es in Strömen.
Das Wasser stieg höher und höher,
bis zu den höchsten Bergen empor.
Schließlich war nichts mehr zu sehen,
nur Wasser – ein endloses Meer.
Aber die Arche trieb ruhig
auf dem Wasser dahin. 7,17ff

Hundertundfünfzig Tage lang
hielt der gewaltige Regen an. 7,24
Da dachte Gott an Noah
und setzte dem Regen ein Ende.
Aber noch war alles Land
von den Fluten bedeckt. 8,1

Tage und Wochen vergingen.
Das Wasser sank nur ganz langsam.
Die Arche trieb immer noch ziellos
auf dem Wasser dahin.

Endlich, nach Wochen, stieß die Arche
unter Wasser an eine Bergspitze.
Und bald darauf traten
auch die Berge wieder hervor. 8,3f
Da öffnete Noah das Fenster der Arche
und ließ eine Taube hinausfliegen.
Aber die Taube kam am Abend zurück.
Sie hatte kein Futter gefunden. 8,8f

Da wartete Noah noch eine Woche.
Danach ließ er die Taube
noch einmal hinausfliegen.
Und wieder kam sie zurück.
Doch diesmal hielt sie ein Blatt
vom Ölbaum im Schnabel,
als wollte sie sagen: Seht doch,
die Bäume tragen schon wieder Blätter! 8,10f

Noch eine Woche verging.
Danach ließ Noah die Taube
noch einmal hinausfliegen.
Doch nun kam sie nicht mehr zurück.
Da deckte Noah das Dach ab und sah:
Das Land war überall trocken! 8,12f

„Noah", sprach Gott,
„nun geht aus der Arche,
du und deine Frau, deine drei Söhne
mit ihren Frauen, dazu alle Tiere!"
Da machte Noah die Tür weit auf.
Menschen und Tiere stürmten hinaus.
Noah aber baute zuerst einen Altar.
Darauf brachte er ein Dankopfer dar.
Gott hatte sein Versprechen gehalten.
Er hatte alle, Menschen und Tiere,
am Leben erhalten.
Aber noch lag ihre Zukunft im Dunkeln. 8,15ff

1. Mose / Genesis

Da sprach Gott zu Noah:
„Ich will in Zukunft nie mehr
die Erde verfluchen.
Und wenn die Menschen künftig
alles Leben auf der Erde zerstören,
so will ich dennoch die Erde erhalten.
Solange die Erde steht,
soll nicht aufhören
Saat und Ernte, Frost und Hitze,
Sommer und Winter, Tag und Nacht." 8,21ff

Und Gott sprach weiter zu Noah
und seinen Söhnen:
„Heute schließe ich meinen Bund
mit euch und euren Nachkommen:
Nie mehr soll eine Sintflut wie diese
die Erde heimsuchen.
Seht, meinen Bogen habe ich
in die Wolken gesetzt.
Der soll das Zeichen des Bundes sein
zwischen mir und der Erde.
Und wenn in Zukunft wieder
ein schweres Unwetter kommt,
dann blickt auf zum Himmel!
Dort steht in den Wolken mein Bogen.
Niemals will ich vergessen,
was ich euch zugesagt habe.
Mein Bund mit euch
und mit allen Geschöpfen
bleibt ewig bestehen." 9,8ff

Da schöpfte Noah Mut und fing an,
das verwüstete Land neu zu bestellen.
Er säte und pflanzte,
legte Äcker und Weinberge an.
Und Gott ließ wachsen und reifen,
was er gepflanzt hatte. 9,20

— — —

Gott spricht:

Ich habe dich
einen kleinen Augenblick verlassen,
aber mit großer Barmherzigkeit
will ich dich sammeln.
Ich habe mein Angesicht
im Augenblick des Zorns
ein wenig vor dir verborgen,
aber mit ewiger Gnade
will ich mich über dich erbarmen.
Ich halte es wie zur Zeit Noahs.
Damals schwor ich,
dass die Wasser nicht mehr
über die Erde kommen sollten.
Denn Berge mögen einstürzen
und Hügel einfallen,
aber meine Gnade
soll nicht von dir weichen
und mein Friedensbund
soll nicht zerstört werden.

aus Jesaja 54

Gottes Bund mit Noah bildet das Herzstück der Urgeschichte. Es ist die Antwort Gottes auf die verhängnisvolle Entwicklung der Menschheit, die unausweichlich zur globalen Katastrophe führt. Mit der Sintflut droht Gottes gute Schöpfung gleich zu Anfang wieder ins Chaos zurückzufallen. Ihr geht in den vorangehenden Kapiteln ein langer Prozess voraus, der durch die Verkettung einzelner Geschichten zunehmend an Schärfe gewinnt und mit dem Menschen die ganze Schöpfung in den Abgrund zu reißen droht. Was anfänglich mit einer einzelnen Tat zweier Menschen begonnen hat (3,1ff), zieht mit Kains Nachkommenschaft immer weitere Kreise (4,17ff) und übersteigt am Ende alle menschliche Vorstellungskraft. (So z.B. in 6,1ff, wo, gleichsam als Auftakt zur Sintfluterzählung, die übermenschlichen Folgen menschlicher Maßlosigkeit aufgezeigt werden.) Je mehr Menschen auf der Erde leben, desto mehr Schuld häufen sie an und verwandeln so Gottes Segen (s. 1,28: „Seid fruchtbar und mehrt euch!") ins Gegenteil. Nun lässt sich die Sünde des Menschen nicht mehr an einzelnen Taten auflisten, vielmehr gilt ganz grundsätzlich: „Das Dichten und Trachten des Menschen" ist von Grund auf verdorben (6,5; 6,11ff). Insofern muss sich der Mensch auch selbst die Schuld an der Zerstörung der Schöpfung zuschreiben. Was sich auf den ersten Blick als gnadenloses Strafgericht Gottes liest, erweist sich in Wahrheit als unerbittliche Konsequenz dessen, was die Menschen auf der Erde angerichtet haben.

Umso erstaunlicher, was die Sintfluterzählung über Gott aussagt! Schon die einleitenden Verse in 6,4ff zeigen an: Gott ist kein Despot, der aus sicherer Distanz gnadenlos mit seinen Menschen verfährt, sondern selbst im Gericht bleibt er seinen Menschen ganz nah. Es ist ihm nicht gleichgültig, was aus seinen Geschöpfen wird, sondern es „bekümmert ihn in seinem Herzen", ja, es „reut" ihn, dass er die Menschen gemacht hat (6,6). Mit ganz menschlichen Zügen wird Gottes Schmerz über den Irrweg seiner Geschöpfe beschrieben. Damit wird bereits in der Einleitung angezeigt: Nicht Vernichtung, sondern Bewahrung seiner Schöpfung ist das Ziel der Wege Gottes, auch durch das Gericht hindurch.

Das ist die frohe Botschaft dieser sonst so bedrückenden Geschichte. Sie findet ihren sichtbaren Ausdruck in dem Bild der Arche (in Wirklichkeit nichts anderes als ein riesiger schwimmender „Kasten"), die mitten in der Zerstörung die Hoffnung auf Gottes Neuanfang wachhält. Diese Hoffnung wird im Verlauf der Erzählung immer wieder durch Sätze wie diese erinnert: „Aber Noah fand Gnade bei Gott" (6,8). „Der Herr schloss (die Arche) hinter ihm zu" (7,16b). „Gott gedachte an Noah" (8,1). Damit wird der Ernst des Gerichtes, das mit der Sintflut ergeht, nicht aufgehoben. Aber mitten im Gericht leuchtet Gottes Gnade und Fürsorge auf. Sie ist allein in Gottes Treue begründet.

Dass Gott dennoch am Menschen festhält, trotz seines Versagens, das ist das Wunder, von dem auch das Ende der Geschichte erzählt: Gott schenkt der Menschheit einen Neuanfang und besiegelt ihn durch seinen Bund mit Noah und dessen Nachkommen. In diesen Bund ist die ganze Schöpfung mit eingeschlossen. Als sichtbares Zeichen seines Bundes setzt Gott seinen Bogen in die Wolken. Der Bogen erinnert viele Ausleger an einen Kriegsbogen. Als solcher hat er ein für allemal ausgedient. Gott erklärt mit diesem Zeichen seiner Schöpfung für immer den Frieden. Als Regenbogen wird er in Verbindung mit Gottes Zusage zum Zeichen der Hoffnung über einer zerstörten Erde. Durch ihn sollen nicht nur die Menschen an Gottes Versprechen erinnert werden, sondern Gott bindet sich selbst an dieses Zeichen seiner unverbrüchlichen Treue. Er „gedenkt" an seinen Bund (hebr. sachar, 9,15). Das bedeutet im Klartext: Mögen auch die Menschen vergessen, was Gott versprochen hat – Gott vergisst nicht und hebt niemals auf, was er ein für allemal zugesagt hat!

DER TURM
Genesis 11

Dies sind die Namen der Söhne Noahs:
Sem, Ham und Jafet.
Ihre Nachkommen breiteten sich
über die ganze Erde aus.
Sie entwickelten mit der Zeit
verschiedene Kulturen und Sprachen. 10,1ff
Doch zu Anfang zogen sie
gemeinsam von Ort zu Ort
und sprachen alle
ein und dieselbe Sprache.

In jenen Tagen, so erzählt man,
trug es sich zu, dass die Menschen
im Osten ein Land fanden,
Schinar genannt,
ein weites und ebenes Land.
Da sagten sie zueinander.
„Hier wollen wir bleiben.
Auf! Lasst uns aus Lehm
Ziegel formen und brennen
und daraus Häuser bauen!"
Und so nahmen sie Ziegel als Steine
und fügten sie mit Erdharz zusammen. 11,3

Aber die Menschen wollten noch mehr:
Sie riefen: „Auf! Lasst uns
eine große Stadt bauen!
Dann bleiben wir für immer zusammen.
Sonst werden wir
in alle Länder zerstreut."

1. Mose / Genesis

Und sogleich fingen sie an
und bauten die große Stadt Babel
mit einer mächtigen Mauer ringsum.   11,4

Aber die Menschen wollten noch mehr.
Sie riefen: „Auf! Lasst uns
einen hohen Turm bauen,
dessen Spitze bis an den Himmel reicht.
Dann sind wir die Größten.
Und alle Welt rühmt unseren Namen."
Und sogleich fingen sie an,
und setzten einen Stein auf den andern.
Der Turm wuchs von Tag zu Tag.
Er wurde höher und höher.
Bald ragte er über die ganze Stadt.
Aber die Menschen riefen:
„Höher! Viel höher!
So hoch wie der Himmel!"   11,4

Doch Gott im Himmel
sah auf den Turm herab.
Und er sprach zu sich selbst:
„So sind die Menschen.
Sie kennen keine Grenzen
und wollen immer höher hinaus.
Und dies ist erst der Anfang
ihrer Vorhaben.
Bald wird ihnen nichts mehr
unmöglich erscheinen.
Auf! Lasst uns herabfahren
und ihre Sprache vermischen,
sodass keiner mehr den andern versteht."   11,5ff

Und so geschah es.
Bald verstanden sich
die Menschen nicht mehr.
Sie hörten nicht mehr aufeinander
und sprachen nicht mehr miteinander.
Bald sprachen sie nur noch
ihre eigene Sprache.

Da ließen die Menschen
von ihrem gemeinsamen Vorhaben ab.
Nach und nach verließen alle die Stadt
und zerstreuten sich über die Erde.
Der Turm aber blieb unvollendet zurück,
als Mahnmal für künftige Zeiten.
Babel – Verwirrung,
so lautet der Name der Stadt.
Er erinnert bis heute daran,
wie Gott dem Wahn der Menschen
für alle Zeit eine Grenze gesetzt hat.   11,9

– – –

*W*arum treten die Völker
zum Aufstand gegen Gott an?
*Warum schmieden sie gemeinsam
vergebliche Pläne?
Ihr Tun führt doch am Ende zu nichts.
Die Herrscher dieser Welt
verschwören sich und lehnen sich auf.
Sie sprechen zueinander:
Auf! Wir wollen
die Fesseln zerreißen
und die Stricke,
die uns angelegt wurden!
Aber Gott im Himmel
lacht über ihre nichtigen Pläne.
Er hält seinen Spott nicht zurück.
So nehmt endlich Verstand an,
ihr Mächtigen auf Erden,
Lasst euch warnen!
Ihr haltet über andere Gericht.
Aber Gott ist Richter auf Erden.
Beugt euch vor ihm
und seid ihm in Ehrfurcht ergeben,
damit sein Zorn
nicht über euch kommt!
Wer auf ihn baut,
ist glücklich zu preisen.*
aus Psalm 2

Die Geschichte vom Turmbau zu Babel bildet den Abschluss der Urgeschichte. Sie erzählt von dem gescheiterten Versuch der Menschheit, einen gemeinsamen Neuanfang aus eigener Kraft zu schaffen. Statt des erwarteten Neuanfangs, zeigt sie an einem letzten Beispiel auf, wohin die Menschheit steuert, wenn ihr nicht Einhalt geboten wird.

Ausgangspunkt ist die Erfindung des Ziegelsteins als Voraussetzung für den Städtebau. Damit ist auch der Übergang vom Nomadentum zur Sesshaftwerdung und zur Gründung von weltlichen Machtzentren angezeigt. Mit ihnen ist eine höhere kulturelle Stufe der Menschheit erreicht. Das Streben des Menschen nach mehr Wissen und Können hat ihm tatsächlich erkennbare Fortschritte beschert (vgl. dazu auch 4,21.22; 9,20). Aber es fördert zugleich auch seinen Allmachtswahn und sein Verlangen, sich selbst an Gottes Stelle zu setzen. Dies wird hier eindrucksvoll am Beispiel der Stadt Babel aufgezeigt. Babel gilt in der Bibel als Inbegriff einer gottlosen und selbstherrlichen Stadt, deren Herrscher sich gottgleich über andere Völker hinweggesetzt haben (vgl. z.B. Ps 2 und Dan 4,27). In dem gigantischen Projekt des Turmbaus von Babel kommt das grenzenlose Verlangen des Menschen zum Ausdruck, sich selbst an Gottes Stelle ein Denkmal zu setzen (wörtl. „sich einen Namen machen", 11,4). Aber die Erzählung in Gen 11 zeigt: Das Projekt des Menschen kann nicht gelingen, auch nicht mit gewaltigen gemeinsamen Anstrengungen. Im Gegenteil: Der Himmel – hier ein Bild für die Welt Gottes – bleibt für den Menschen unerreichbar. Die Tatsache, dass bei diesem Turm auch die Erinnerung an den berühmten babylonischen Tempelturm (Zikkurat) mitschwingt, verschärft noch die Aussage dieser Erzählung: Auch die größten gemeinsamen Leistungen der Menschheit, und seien es Tempeltürme oder andere sakrale Monumente, verfehlen letztlich ihr Ziel, wenn sie den Menschen dazu dienen, sich selbst „einen Namen" zu machen.

Die stilisierte Form der Erzählung unterstreicht deren Dynamik noch zusätzlich. Im ersten Teil ist es der dreifache Selbstaufruf der Menschen, der ihr Vorhaben und ihre ungeheuerliche Vermessenheit von Satz zu Satz steigert, wobei Gott nicht einmal erwähnt wird. Ein Ausdruck extremer Gottvergessenheit!

Erst im zweiten Teil wird der Blick auf Gott gelenkt. Analog zum Selbstaufruf der Menschen spricht Gott: „Auf, lasst uns herabfahren." Sein Wort beschreibt die gegenläufige Richtung: So tief muss sich Gott herabbeugen, um den Turm überhaupt wahrzunehmen. So lächerlich und verschwindend klein ist das menschliche Machwerk aus göttlicher Perspektive!

Am Ende erreichen die Menschen genau das, was sie befürchtet haben: Sie können nicht zusammen bleiben. Die Urgeschichte endet mit einer unausgesprochenen Frage: Kann es für diese zerrissene Menschheit überhaupt noch Zukunft und Hoffnung geben?

DAS 1. BUCH MOSE / GENESIS 12–50

Vom Ursprung des Volkes Gottes

Mit der Geschichte von Abraham und seinen Nachkommen beginnt eine neue Phase in der Geschichte der Menschheit. Sie erzählt von Gottes Weg mit Abraham, Isaak, Jakob und seinen Söhnen, den „Vätern" und Müttern des Volkes Israel. Ganz im Verborgenen beginnt diese Geschichte mit dem Auszug eines einzelnen Menschen aus seiner Sippe. Aber am Anfang dieser Geschichte steht Gottes Segensverheißung: „Ich will dich segnen ... und du sollst ein Segen sein. ... Und durch dich sollen alle Völker der Erde gesegnet werden" (12,2f). Diese Segenszusage bildet das Kontinuum durch alle Erzählungen hindurch, angefangen vom Auszug Abrahams bis hin zum Segen Jakobs, den er am Ende des Genesisbuches (49,1ff) an seine Söhne weitergibt. Mit dieser Segenszusage ist ein Zweifaches ausgesagt:

(1) **„Ich will dich segnen und du sollst ein Segen sein."**
Das heißt: Gott segnet ohne Vorleistung. Sein Segen entspringt allein aus Gottes freiem Willen. Gott verheißt Abraham Land und Nachkommen. Aber der verheißene Segen beinhaltet für Abraham und seine Nachkommen nicht nur das Privileg der Erwählung, sondern vor allem einen Auftrag. Im Vertrauen auf Gottes Verheißung soll Abraham den Weg wagen, auf den Gott ihn gerufen hat, obwohl die Erfüllung der Verheißung noch aussteht und Abraham auf seinem Weg in immer neue Glaubenskrisen geraten wird. Wird Gott seine Verheißung erfüllen? Und wenn ja, wann und wie wird er es tun? Das ist die Frage, die sich verborgen durch die ganze Geschichte Abrahams und seiner Nachkommen zieht. Es ist eine Geschichte voller Ungewissheit und Hindernisse. Abraham muss viele Umwege gehen. Er wartet mit Sara viele Jahre vergeblich auf den verheißenen Nachkommen und bleibt sein Leben lang ein Fremder im Land der Verheißung. Und dennoch zweifelt er nicht daran: „Was er (Gott) verheißen hat, kann er auch tun" (Röm 4,21). So segnet Gott seinen Erwählten und macht ihn durch Leid und Entbehrung zum Segen für andere.

(2) **„In dir sollen alle Völker gesegnet werden."**
Gottes Segensverheißung an Abraham und seine Nachkommen schließt von Anfang an auch die Geschichte der ganzen Menschheit mit ein. Das drückt sich schon im Namen „Abraham" aus (das bedeutet: Vater vieler Völker), der ihm von Gott verliehen wird (17,5), während sein ursprünglicher Name „Abram" lautet. Mit ihm ist schon das Ziel der Wege Gottes angezeigt: Zwischen den Völkern soll nicht ewig Feindschaft herrschen, Gott wird sich am Ende sein Volk aus all den vielen Völkern sammeln, die jetzt noch als Feinde des Volkes Gottes betrachtet werden. Die ganze Völkerwelt ist in den Segen Abrahams mit eingebunden. Diese Hoffnung klingt schon innerhalb der „Vätergeschichte" an. Meist sind es die eher unbekannten Erzählungen im Genesisbuch, die uns den Blick für Gottes universalen Heilsweg öffnen können, der schon in der Geschichte Abrahams und seiner Nachkommen aufleuchtet.

Überblick über Genesis 12–50:

Die Geschichte der Väter und Mütter Israels

(1) Abraham – Vater vieler Völker
Sein Weg im Glauben an die Verheißung (12–25)

(2) Jakob – Stammvater Israels
Sein Weg im Ringen um die Verheißung (25–36)

(3) Josef und seine Brüder
Ihr Weg nach Ägypten – Gefährdung der Verheißung (37–50)

ABRAHAM – VATER VIELER VÖLKER GENESIS 12–24

ABRAM UND SARAI
Genesis 12

Dies ist die Geschichte von Abram
und seiner Frau Sarai.
Abram stammte aus Ur in Chaldäa.
Von dort war er mit seiner Sippe
nach Haran gezogen,
das auf halbem Weg nach Kanaan liegt.

Abram und Sarai waren sehr reich.
Sie hatten Knechte und Mägde
dazu viele Schafe, Ziegen und Rinder.
Aber Kinder hatten sie nicht. 11,27ff

Da kam Gottes Wort zu Abram:
„Geh, Abram, geh!
Verlass deine Heimat!
Verlass deine Sippe
und das Haus deines Vaters!
Und zieh in ein Land,
das ich dir zeigen werde.
Dort will ich ein großes Volk
aus dir machen.
Ich will dich segnen
und will dir einen Namen machen.
Und du sollst ein Segen sein.
Gesegnet soll sein,
wer dich segnet,
und verflucht, wer dir flucht.
Und durch dich sollen alle Völker
dieser Erde gesegnet werden." 12,1ff

Da machte sich Abram auf,
mit seiner Frau Sarai,
mit Knechten und Mägden
und mit all seinem Vieh.
Lot, der Sohn seines Bruders,
begleitete sie. 12,4f

Wochenlang waren sie unterwegs,
bis sie in das Land Kanaan kamen,
ein weites und fruchtbares Land.
In Sichem, im Herzen des Landes,
schlugen sie ihre Zelte auf.
Dort sprach Gott zu Abram:
„Sieh, dieses ganze Land will ich
deinen Nachkommen geben."
Da baute Abram einen Altar,
und dankte seinem Gott,
der ihm in Sichem erschienen war. 12,7

Aber Abram war schon 75 Jahre alt,
zu alt, um noch auf Kinder zu hoffen.
Und seine Frau war auch schon alt.
Außerdem war das Land schon
von Kanaanitern bewohnt.
Diese lebten in befestigten Städten.
Von dort aus herrschten sie
über das ganze Land. 12,4.6

Doch Abram hörte auf Gott.
Er machte sich auf
und zog weiter nach Süden,
bis er nach Bethel kam.
Auch dort baute er
für Gott einen Altar.
Im heißen Südland
schlug er sein Zelt auf
und wartete darauf,
dass sich Gottes Verheißung erfüllte. 12,8f

So leise und unspektakulär beginnt die Geschichte von Abram, die doch den Anfang der Geschichte Gottes mit seinem Volk markiert. Sie liest sich wie ein Gegenentwurf zum Turmbau von Babel, dem Finale der Urgeschichte. Dort schloss sich die Masse der Menschen zu einer gemeinsamen Aktion zusammen, hier ist es ein einzelner Mensch, zudem ein Nomade, den Gott aus der Gemeinschaft seiner Sippe herausruft. Dort hieß es von den Menschen selbstherrlich: *„Wir* wollen ... uns einen Namen machen."* Hier ist es Gott, der Abram verheißt:

„Ich will ein großes Volk aus dir machen ... und dir einen großen Namen (d.h. dich berühmt) machen." Dort wollten die Menschen um jeden Preis zusammenbleiben, hier wagt ein Mensch auf Gottes Wort hin den Aufbruch in Neuland, ohne den Rückhalt und Schutz seiner Sippe. Dort wollten die Menschen einen Turm bauen, hier errichtet Abram als erstes „Bauwerk" einen Altar und ruft den Namen des Herrn an (12,8). Damit übereignet Abram gleichsam das Land von Anfang an seinem Gott, der ihn in dieses Land geführt hat.

In dieser ersten Erzählung wird nichts darüber ausgesagt, wie Gott zu Abram gesprochen hat. Auch die Frage, ob Abram Gott schon vorher gekannt hat, bleibt offen. Entscheidend ist allein, dass Gott durch sein Wort eine neue Geschichte beginnt, und sich in dieser Geschichte als der „Gott Abrahams, Isaaks und Jakobs" offenbaren wird.

Eigentlich beginnt Abrams Geschichte schon viel früher. In Gen 11,31 wird berichtet, dass Abram ursprünglich mit der Sippe seines Vaters von Ur (im südlichen Zweistromland) nach Kanaan aufgebrochen war, sich dann aber auf halbem Weg in Haran niederließ (vgl. Jos 23,2). Aber erst mit Gottes Ruf an Abram erhält diese Geschichte eine neue Qualität als „Heils"-geschichte. Von nun an steht seine Geschichte ganz im Zeichen von Gottes Verheißungswort, das weit über Abram und seine Nachkommen hinaus Gottes Weg zum Heil aller Menschen offenbart.

IN ÄGYPTEN
Genesis 12,10ff

Bald darauf brach im Südland
eine schwere Hungersnot aus.
Der Regen blieb aus.
Die Quellen versiegten
und das Gras auf der Weide verdorrte.
Da machte sich Abram
mit Sarai, seiner Frau, auf
und mit allem, was er besaß,
und zog nach Ägypten.   12,10

Als sie nicht mehr weit
von Ägypten entfernt waren,
sagte Abram zu seiner Frau:
„Ich weiß, du bist schön.
Wenn die Ägypter dich sehen,
werden sie sagen:
Das ist seine Frau!
Dann töten sie mich,
aber dich lassen sie leben.
Darum sag einfach,
du seist meine Schwester,
dann verlierst du mich nicht,
und ich bleibe am Leben."   12,11ff

Doch kaum hatten sie Ägypten erreicht,
wurde Pharao, dem König, gemeldet:

Ein Fremder ist in unser Land gekommen.
Er hat seine schöne Schwester bei sich.
Da überlegte der Pharao nicht lange.
Er ließ Sarai sofort
in seinen Palast holen.
Abram aber sandte er reiche Geschenke,
Knechte und Mägde,
Schafe und Rinder,
Esel und Eselinnen
und viele Kamele.
Denn er sagte sich:
„Er ist ihr Bruder.
Er soll einen Brautpreis
für seine Schwester bekommen."   12,14ff

Da begriff Abram erst,
was er angerichtet hatte.
Sarai, seine eigene Frau, hatte er
an den Pharao von Ägypten verraten.
Seine Hoffnung auf Nachkommen
schien nun für immer dahin.

Endlich, nach bangen Wochen,
wurde Abram zum Pharao gerufen.
„Was hast du mir angetan?",
rief dieser empört.

„Warum hast du von Sarai gesagt:
Sie ist meine Schwester?
Darum nahm ich sie zu mir.
Aber nun weiß ich genau:
Sie ist deine Frau.
Denn seitdem sie am Hof lebt,
kommt nur Unglück
über mein Königshaus.
Da hast du deine Frau wieder.
Auf, verlasst dieses Land!
Meine Soldaten werden euch
Schutzgeleit geben." 12,18ff

Aber Abram ahnte nicht,
dass Gott den Pharao
mit Plagen heimgesucht hatte,
sodass er von Sarai ablassen musste. 12,17
Dankbar kehrte er mit Sarai
in das Land Kanaan zurück,
das Gott seinen Nachkommen
versprochen hatte.
Und er wartete weiter mit Sarai,
bis sich Gottes Verheißung erfüllte.

Mit dieser Geschichte beginnt eine Reihe von Erzählungen, die die Gefährdung der Verheißung zum Thema haben. Schon die Berufungsgeschichte lässt mit zwei kleinen Nebensätzen die Schwierigkeiten erahnen, die der Verwirklichung der Land- und Nachkommen-Verheißung im Weg stehen (12,4: „Abram aber war 75 Jahre alt" und 12,6: „Es wohnten aber die Kanaaniter im Land").

Nun aber kommt ein neues Problem in den Blick: Die Gefährdung Sarais als künftige Mutter der Verheißung und die zusätzliche Frage, ob das verheißene Land seine Bewohner überhaupt ernähren kann. Abram sieht sich gezwungen, das Land der Verheißung zu verlassen, obgleich er dazu keinen ausdrücklichen Befehl Gottes hat. Dadurch begibt er sich und seine Frau in große Gefahr. Als Fremder ist er in Ägypten rechtlos. Seine Sorge gilt aber nicht nur dem eigenen Überleben, sondern auch Sarai, die im Fall seiner Ermordung völlig schutzlos wäre (12,13b). So versucht Abram, Sarai und sich durch eine Halbwahrheit zu retten (denn Sarai ist nach Gen 20,12 wirklich seine Halbschwester), aber in Wahrheit erreicht er nur das Gegenteil. Erst durch Gottes Eingreifen tritt die Wende ein. Gott lässt nicht zu, dass die Mutter der Verheißung im Harem des ägyptischen Königs verschwindet. Auch der gottgleiche Pharao untersteht seiner Macht!

Diese Szene stellt ein eindrucksvolles Präludium zur Befreiung Israels aus Ägypten im Exodusbuch dar. Aber während dort das Herz des Pharao verhärtet bleibt, lässt sich in dieser Szene der heidnische König von Gott bewegen, seine Kinder freizugeben (vgl. Ex 8,28). Schon hier leuchtet das Ziel der Wege Gottes auf: dass einst alle Völker zu Gott umkehren und gemeinsam mit Israel Gott anbeten werden (vgl. z.B. Jes 19,19ff).

LOT
Genesis 13

Abram und Lot zogen gemeinsam
mit ihren Viehherden durchs Land.
Sobald sie einen Brunnen fanden,
machten sie Halt, schlugen die Zelte auf
und gaben ihren Tieren zu trinken. 13,1ff

Inzwischen besaß auch Lot
so viele Schafe, Ziegen und Rinder,
dass es für die Tiere nicht mehr genug
Wasser und Weideland gab.
Darüber brach ein erbitterter Streit aus
zwischen Lots und Abrams Hirten. 13,5ff

Als aber Abram sah,
wie die Hirten sich stritten,
sagte er zu Lot, seinem Neffen:
„Wir sind doch blutsverwandt
und gehören wie Brüder zusammen.
So lass keinen Streit zwischen uns sein.
Lieber trennen wir uns.
Sieh, das ganze Land steht dir offen.
Sag, wo willst du wohnen?
Du kannst wählen.
Gehst du nach links,
dann geh ich nach rechts.
Gehst du nach rechts,
dann geh ich nach links." 13,8f

Da blickte Lot um sich
und sah das Jordantal zu seinen Füßen,
reich an Wasser und so verlockend grün
wie der Garten Eden.
„Dort will ich wohnen!", rief er.
Und sogleich machte er sich auf
mit allem, was er besaß,
und zog hinunter ins Tal.
Dort ließ er sich in Sodom nieder,
einer reichen und blühenden Stadt.
Doch ihre Bewohner
waren von Grund auf verdorben. 13,10f

Abram aber blieb im Bergland zurück.
Da sprach Gott zu Abram:
„Schau auf! Blick um dich!
Sieh, dies ganze Land will ich dir
und deinen Nachkommen geben.
Euch soll es für immer gehören.
Wie der Staub auf der Erde,
so viele Nachkommen
wirst du bekommen.
So mache dich auf!
Durchzieh das Land
in seiner Länge und Breite.
Ich will es dir geben."

Da hörte Abram auf Gott
und machte sich erneut auf den Weg,
um das ganze Land zu erkunden.
Im äußersten Süden des Landes
schlug er sein Zelt auf
und wartete weiter darauf,
dass sich Gottes Verheißung erfüllte. 13,14ff

Die Trennung von Lot bedeutet eine erneute Infragestellung der Land- und Nachkommen-Verheißung. Da nun Lot als potenzieller Erbe ausscheidet und nach der Trennung für Abram und seine Herden nur das karge Bergland bleibt, stellt sich für ihn die Frage verschärft: Ist dies wirklich das Land, das Gott ihm verheißen hat? Oder hätte er besser die fruchtbare Jordanebene wählen sollen, die er seinem Neffen überlassen hat? Menschlich betrachtet, hat Abram die schlechtere Wahl getroffen. Aber am Ende bestätigt Gott seine Wahl durch seine erneute Verheißung, die hier sogar noch erweitert und konkretisiert wird. Außerdem deutet der Hinweis auf die Bewohner von Sodom an, dass Abram durch diese Entscheidung vor großem Unheil bewahrt bleibt. Im Vertrauen auf Gottes erneute Zusage macht sich Abram auf den Weg und durchzieht das Land, das Gott seinen Nachkommen zugesprochen hat. Damit bekennt er zeichenhaft, dass dieses Land in Wahrheit Gott allein gehört.

MELCHISEDEK
Genesis 14

Abram wohnte im Hain Mamre
nicht weit von der Stadt Hebron entfernt.
Dort lebte er im Frieden
mit all seinen Nachbarn
und genoss hohes Ansehen
bei den Bewohnern des Landes.   14,13b
Und Gott schenkte Abram
großen Reichtum an Silber und Gold.   13,2
Und die Zahl seiner Hirten und Herden
nahm immer mehr zu.
So herrschte lange Zeit Frieden im Land.

Doch eines Tages jagte ein Bote heran.
Entsetzt meldete er Abram: 14,13
„Drunten im Jordantal
tobt ein furchtbarer Krieg.
Vier Könige aus dem Osten
sind in das Land eingefallen.
Sie haben Sodom geplündert
und alles mitgenommen,
was sie dort fanden.
Auch Lot wurde verschleppt."   14,1ff

Da sammelte Abram
alle seine Knechte um sich,
318 an der Zahl,
eilte mit ihnen hinunter ins Tal
und jagte den Feinden nach.
Und als es Nacht wurde,
fiel er mit seinen Knechten über sie her,
nahm ihnen die reiche Beute ab
und befreite Lot, seinen Neffen,
mitsamt allen anderen,
die verschleppt worden waren.   14,14ff

Im Siegeszug kehrten sie heim,
mit reichen Schätzen beladen.
Doch als sie noch unterwegs waren,
kam ihnen Melchisedek,
der König von Salem, entgegen,
gefolgt vom König von Sodom.
Feierlich schritt Melchisedek
auf Abram zu
und brachte ihm Brot zum Gruß
und eine Schale mit Wein.
„Ich bin Melchisedek", sprach er,
„Priester des höchsten Gottes.
Gesegnet bist du, Abram,
von Gott, dem Höchsten,
der Himmel und Erde schuf.
Gelobt sei der Höchste,
der dir den Sieg geschenkt hat."   14,16ff

Da holte Abram seine Schätze hervor
und legte sie in die Hände des Priesters.
Von allem gab er den zehnten Teil ab.
Die restliche Beute gab er
dem König von Sodom zurück.
Aber der König von Sodom
wollte nichts nehmen.
„Behalte die Beute für dich!
Gib mit nur meine Leute zurück."   14,20f

„Nein, nichts nehme ich an",
erwiderte Abram.
„Bei Gott, dem Höchsten,
der Himmel und Erde erschuf.
Ich schwöre dir:
Nicht einen Faden,
nicht einen einzigen Schuhriemen,
fasse ich an.
Sonst sagst du am Ende,
du hättest mich reich gemacht."   14,22ff

So gab Abram dem König alles,
was er erbeutet hatte, zurück.
Mit leeren Händen kehrte er
zu seinen Zelten zurück.
Aber der Segen Gottes ging mit ihm
und ruhte auf ihm.

Von diesem Tag an
herrschte wieder Frieden im Land,
solange Abram lebte.

Auf den ersten Blick erscheint diese Erzählung wie ein Fremdkörper im Rahmen der Abrahamsgeschichte. Vermutlich handelt es sich auch um eine ursprünglich selbstständige Überlieferung. Aber durch ihre Einbindung in den Kontext der Abrahamsgeschichte wird die universale Dimension der Segensverheißung deutlich („Durch dich sollen alle Völker der Erde gesegnet werden"; 12,3). Die ungewöhnlich detaillierte Erzählung vom Krieg der vier Könige aus dem Osten stellt Abrams Familiengeschichte in den Horizont der Völkergeschichte, wie sie bereits durch die Völkertafel in Gen 10 vorgezeichnet war. Aber anders als dort verwandelt sich hier der Fluch, der auf der Urgeschichte lag, in eine Segensgeschichte. Abram wird nicht nur zum Segen für die heidnischen Bewohner des Landes, sondern auch umgekehrt: Durch einen heidnischen (!) Priesterkönig wird Abram der Segen des „höchsten Gottes" zuteil. Es bleibt offen, wer dieser „höchste Gott" ist, dem Melchisedek dient. Aber Abram nimmt seinen Segen an und ehrt ihn als Priester Gottes, indem er ihm den Zehnten von seiner Beute abgibt, wie es in späterer Zeit den Priestern in Israel zustand (vgl. Ex 29,28; Num 18,20ff). Der Gott, „der Himmel und Erde geschaffen hat", ist auch sein Gott, der „Gott Abrahams, Isaaks und Jakobs". Im Namen dieses einen Gottes kann Abram im Frieden mit den Bewohnern des Landes leben.

NACHT
Genesis 15

Es war Nacht.
Abram lag wach in seinem Zelt.
Er fand keine Ruhe.
Seit Jahren wartete er mit Sarai darauf,
dass sich Gottes Verheißung erfüllte.
Aber wie lange noch?
Da war es ihm auf einmal,
als hörte er Gottes Stimme:
„Fürchte dich nicht, Abram!
Ich bin dein Schild und dein Lohn.
Du wirst Großes von mir empfangen." 15,1

„Ach Herr, mein Gott!",
wandte Abram ein.
„Was willst du mir geben?
Du hast uns bis heute
kein Kind geschenkt.
Und bald werde ich sterben.
Dann wird Eliëser, der Knecht,
der mir am nächsten steht,
meinen ganzen Besitz erben." 15,2f

Aber Gott sprach:
„Nein, nicht dein Knecht,
sondern dein eigener Sohn
wird dein Erbe sein."

Und er fuhr fort:
„Komm vor dein Zelt
und schau auf zum Himmel!
Siehst du die Sterne?
Kannst du sie zählen?
Wie die Sterne am Himmel,
so viele Nachkommen
will ich dir geben." 15,4f

Da vertraute Abram auf Gott
und glaubte seinem Versprechen.
Und Gott nahm seinen Glauben an
und sah ihn als gerecht an. 15,6

Und weiter sprach Gott zu Abram:
„Ich bin der Herr,
ich habe dich aus Ur in Chaldäa geführt,
damit ich dir dieses Land gebe."
„Ach Herr", antwortete Abram,
„woran kann ich erkennen,
dass ich es wirklich bekomme?" 15,7f

In jener Nacht schlief Abram unruhig.
Angst und Schrecken fielen auf ihn.
Da hörte er im Schlaf,
wie Gott zu ihm sprach:

1. Mose / Genesis

„Schon jetzt lasse ich dich wissen,
was deine Nachkommen
künftig erleiden müssen:
Vierhundert Jahre lang werden sie
Sklaven in einem fremden Land sein.
Aber ich werde sie befreien,
und in dieses Land zurückbringen.
Du aber wirst im Frieden hier sterben." 15,12ff

Da wachte Abram auf.
Ein neuer Morgen brach an.

An diesem Tag schloss Gott
mit Abram einen Bund
und bekräftigte sein Versprechen
feierlich mit einem Schwur:
„Deinen Nachkommen
will ich dieses Land geben.
Ja, das ganze Gebiet
vom Nil bis zum Euphrat
mit all seinen Bewohnern
soll ihnen gehören." 15,18ff

Dieses Kapitel erzählt von zwei Nachterfahrungen im Leben Abrams. Nacht ist es um ihn, und Nacht ist es in ihm. Zum ersten Mal erfahren wir von den inneren Kämpfen Abrams, von seinen Zweifeln und Anfragen an Gottes Verheißung.

In der ersten Szene geht es um die Verheißung der Nachkommenschaft. Es scheint, als habe Abram bereits resigniert. Er erwägt offenbar, seinen obersten Knecht und engsten Vertrauten durch Adoption zum Erben einzusetzen. Es entwickelt sich ein Dialog auf Augenhöhe zwischen Gott und Abram, wobei sich Gott ganz auf Abrams Zweifel und Fragen einlässt, zugleich aber seine Zusage erneuert und sogar noch konkretisiert: Nicht durch Adoption wird Abram Nachkommen erhalten, sondern durch seinen leiblichen Sohn. So verwandelt sich diese Nachtstunde in eine Sternstunde in Abrams Leben.

In der zweiten Szene geht es um die Verheißung des Landes. Das Land der Verheißung ist schon bewohnt, ja, auch die umliegenden Gebiete „vom Nil bis zum Euphrat" sind in der Hand zahlreicher Völker. Wie kann da die Verheißung jemals in Erfüllung gehen? Sie wird zusätzlich durch die nächtliche Offenbarung künftiger Fremdherrschaft und Unterdrückung (in Ägypten) verdunkelt. Aber am Ende wird die Verheißung nicht nur erneuert, sondern es wird offenbar: Gottes Zukunft mit Abrams Nachkommen übersteigt alle menschliche Vorstellung (15,18ff).

Vieles bleibt in dieser Nachtszene rätselhaft und nur schwer zu erschließen (so etwa der archaische Ritus in Vers 9–11, der hier nicht ausdrücklich einbezogen wird). Aber umso heller leuchtet mitten in dieser dunklen Geschichte der Satz auf, den Paulus im Römerbrief – und in seinem Gefolge auch Martin Luther – als Kernsatz des Evangeliums so formuliert hat: „Abraham glaubte dem Herrn und das rechnete er ihm zur Gerechtigkeit"(15,6; vgl. Röm 4,3). Das hebräische Wort für Glauben heißt aman. Es erinnert an unser Wort „Amen" und bedeutet so viel wie: sich festmachen in der Treue Gottes, der unverbrüchlich zu seiner Verheißung steht.

Das hebräische Wort für gerecht, Gerechtigkeit hingegen lautet „zedaqa". Es bezeichnet weder die Gerechtigkeit im juristischen Sinn noch die Gerechtigkeit, die sich der Mensch durch eigene Leistung verdienen kann, sondern meint die von Gott geschenkte Gemeinschaft mit ihm, die hier feierlich bekräftigt wird. Es ist dies die Mitte reformatorischer Botschaft, die hier erstmals ausdrücklich formuliert wird: Allein durch den Glauben wird der Mensch vor Gott gerecht. Und Paulus fügt hinzu: (allein) „durch den Glauben an Jesus Christus!" (Röm 3,22.28).

1. Mose / Genesis

HAGAR
Genesis 16

Jahr um Jahr verging.
Zehn Jahre gingen ins Land.
Doch nichts geschah.
Noch immer hatte Sarai kein Kind.
Da sagte Sarai zu Abram:
„Worauf wartest du noch?
Sieh mich an! Ich bin zu alt,
um noch ein Kind zu bekommen.
Darum schlage ich vor:
Geh zu meiner Magd Hagar,
die ich aus Ägypten mitgebracht habe,
und nimm sie zur Nebenfrau!
Vielleicht kann sie dir ein Kind schenken." 16,1ff

Da hörte Abram auf seine Frau
und schlief mit Hagar an Sarais Stelle.
Und wirklich: Hagar wurde schwanger.
Sarai merkte es sofort.
Denn Hagar benahm sich
auf einmal ganz anders.
Stolz sah sie auf Sarai herab,
so, als sei sie die Herrin
und Sarai die Magd. 16,4

Da hielt es Sarai nicht länger aus.
Sie beschwerte sich bitter bei Abram:
„Sieh doch, wie mir Unrecht geschieht!
Denn seitdem Hagar schwanger ist,
hat sie nur noch Verachtung für mich.
Aber du tust, weiß Gott, nichts dagegen!"
„Gut", sagte Abram,
„ich überlasse dir Hagar.
Mach mit ihr, was du willst.
Sie ist in deiner Macht." 16,5f

Da beschloss Sarai, sich zu rächen.
Aber Hagar kam ihrer Herrin zuvor.
Als sie erfuhr, was Sarai vorhatte,
machte sie sich auf und davon
und floh in die Wüste.
Sie lief immer weiter,
bis sie zu einer Wasserstelle kam.
Dort ließ sie sich erschöpft fallen. 16,7

Doch plötzlich –
rief da nicht jemand ihren Namen?

Erschrocken blickte Hagar sich um.
Da stand ein Engel vor ihr.
„Hagar", sprach er, „du Magd Sarais.
Woher kommst du? Und wohin willst du?"
„Ach", brach es aus Hagar hervor,
„ich bin vor meiner Herrin geflohen." 16,7f

Aber der Engel sprach zu ihr:
„Geh nur wieder zurück
und tu, was deine Herrin befiehlt!
Aber höre, was Gott zu dir spricht:
Du wirst einen Sohn bekommen,
den sollst du Ismael nennen,
das bedeutet: Gott hört!
Denn Gott hat deine Klagen gehört.
Wie ein Wildesel,
so wild wird dein Sohn sein.
Er wird mit allen in Streit geraten,
aber dennoch nicht unterliegen.
Ja, er wird sich gegen alle behaupten,
die sich ihm widersetzen.
Und er wird so viele Nachkommen haben,
dass niemand sie zählen kann." 16,9ff

Da ahnte Hagar,
wer zu ihr gesprochen hatte.
Staunend bekannte sie:
„Du bist ein Gott, der mich sieht."
Und sie fügte hinzu: „Ja, gewiss!
Er hat mich in meinem Elend gesehen.
Ich durfte ihm hinterhersehen."
Darum heißt der Ort:
Brunnen des Lebendigen, der mich sieht.
Und so heißt er bis heute
und erinnert daran, dass Gott
an diesem Ort Hagar begegnet war. 16,13f

Danach kehrte Hagar zu Sarai zurück.
Und bald darauf wurde ihr Sohn geboren.
Abram nannte ihn Ismael,
wie der Engel gesagt hatte.
86 Jahre alt war Abram,
als Ismael geboren wurde.
Von diesem Tag an richtete sich
alle Hoffnung auf Hagars Sohn. 16,15f

Diese Geschichte zeigt eindrücklich auf: Wo immer ein Mensch versucht, die Verheißung selbst zu verwirklichen, droht er zu scheitern, selbst dann, wenn wie hier, solches Vorgehen durchaus üblich war. Hagar soll nach Sarais Plan die Rolle einer „Leihmutter" übernehmen. Das heißt konkret: Wird das Kind der Leibmagd auf dem Schoß der Herrin geboren, wird es als voll berechtigtes Glied der Familie anerkannt. Aber Sarais Plan geht nicht auf. Denn Hagar lässt sich nicht als Leihmutter gebrauchen, nur weil sie als Sklavin und Leibmagd Sarais nicht über sich entscheiden kann. Menschlich betrachtet, erscheint die Situation ausweglos und ist durch immer neue gegenseitige Demütigungen gekennzeichnet. Erst durch Gottes Eingreifen erfolgt die Wende. Der Engel, durch den Gott selbst zu Hagar spricht, gibt ihr, der ägyptischen Sklavin und Leibmagd, die Würde zurück, die ihr die Menschen vorenthalten.

So nimmt Hagar im Rahmen der Genesiserzählungen eine herausragende Rolle ein. Sie ist die erste Frau in der Bibel, die Gott durch seinen Boten persönlich anspricht und die eine ausdrückliche und umfassende Segensverheißung erhält. Die Ankündigung der Geburt des Sohnes hebt sie auf eine Ebene mit Hanna, der Mutter Samuels (1. Sam 1,17) und seine Namensgebung durch den Engel verbindet sie mit Maria, der Mutter Jesu (Lk 1,31). Wie diese Frauen, so wird auch Hagar zur Zeugin der Barmherzigkeit Gottes, indem sie, die Ausländerin und Sklavin, Gott einen besonderen Namen gibt („Gott, der mich sieht", hebr. el roi) und mit dem Namen des Brunnens („Brunnen des Lebendigen, der mich sieht") einen Ort der Erinnerung schafft, an dem Israel künftig seinen Gott als den bezeugen wird, der auf das Elend der Verachteten und Entrechteten „sieht" und sich ihrer annimmt. Dass der Engel Gottes Hagar wieder an den Ort ihrer Demütigung zurückschickt, erscheint für heutige Ohren kaum erträglich. Aber es ist der Ort, an dem Ismael einzig als legitimer Sohn Abrams seine Anerkennung finden wird. So betrachtet, bedeutet der Befehl zur Rückkehr keine erneute Demütigung, sondern Aufwertung und Rehabilitierung Hagars und ihres Sohnes.

Die Geschichte von Hagar und Ismael, die in Gen 21 ihre Fortsetzung findet, macht deutlich, wie eng die Segensgeschichte Israels mit der Geschichte derer verbunden ist, die sich von Ismael ableiten. Als Kinder Abrams stehen auch sie unter Gottes besonderem Schutz und Segen.

DER BUND
Genesis 17

Viele Jahre gingen ins Land.
Inzwischen zählte Abram
schon fast 100 Jahre. 17,1
Und auch sein Sohn Ismael
war nun kein Kind mehr.
Aber noch immer wusste Abram nicht,
ob Ismael wirklich der Sohn war,
den Gott ihm verheißen hatte.
Er wartete auf ein Zeichen von Gott.
Doch nichts geschah.

Endlich, nach Jahren des Wartens,
erschien Gott Abram und sprach zu ihm:
„Ich bin Gott, der Allmächtige.

Bleibe auf meinem Weg
und weiche nicht von mir ab." 17,2

Stumm verneigte sich Abram
vor Gott bis auf die Erde und lauschte.
Er spürte: Gott war ihm ganz nah. 17,3

Da sprach Gott zu Abram:
„Sieh, ich schließe mit dir einen Bund.
Und das soll mein Bund mit dir sein:
Nicht mehr Abram, sondern Abraham,
sollst du heißen.
Das soll dein Name für immer sein.
Denn ich will dich zum Vater

1. Mose / Genesis

vieler Völker machen.
Und deine Nachkommen
werden sehr zahlreich sein.
Auch Könige werden von dir kommen.
Und mein Bund mit dir
und deinen Nachkommen
soll ewig bestehen.
Ich will für immer euer Gott sein.
Und ich will dir
und deinen Nachkommen
das Land geben, in dem du jetzt noch
als Fremder lebst.
So haltet nun meinen Bund,
du und alle deine Nachkommen,
von Generation zu Generation." 17,4ff

Abraham war sprachlos:
Was für ein gewaltiges Versprechen
hatte Gott ihm gegeben!
Aber woran sollte er erkennen,
dass Gottes Bund für alle Zeit galt,
dass auch seine Nachkommen
dazugehörten?

Gott sprach:
„Ich will dir ein Zeichen geben,
das soll dich und deine Nachkommen
immer daran erinnern, wem ihr gehört.
Und das ist das Zeichen des Bundes
zwischen mir und euch:
Ihr sollt jeden Jungen am achten Tag
nach seiner Geburt beschneiden,
und ebenso auch alle Knechte,
die zu dir gehören." 17,10ff

Und Gott sprach weiter:
„Auch deine Frau Sarai
soll ein sichtbares Zeichen bekommen.
Ich will sie segnen
und ihr einen Sohn schenken.
Nicht mehr Sarai soll sie heißen,
sondern Sara soll ihr Name sein.

Denn auch sie will ich segnen.
Sie wird die Mutter vieler Völker werden." 17,15f

Da warf sich Abraham vor Gott nieder
und verbarg sein Gesicht.
Er lachte im Stillen und dachte bei sich:
Wie soll das geschehen?
Sara ist 90 Jahre alt.
Sie kann kein Kind mehr bekommen.
Es ist gewiss nur ein Scherz.
„Ach Herr!", bat Abraham.
„Lass Ismael leben vor dir.
Lege doch deinen Segen auf ihn!" 17,17f

Aber Gott sprach:
„Nein, sondern deine Frau Sara
wird dir einen Sohn schenken,
den sollst du Isaak nennen.
Mit ihm will ich
einen ewigen Bund schließen.
Auch Ismael will ich segnen
und ein großes Volk aus ihm machen.
Doch meinen Bund will ich
mit Saras Sohn schließen.
Nächstes Jahr um diese Zeit
wird er geboren." 17,19ff

So sprach Gott.
Doch als Abraham aufschaute,
war er nicht mehr bei ihm.
Da rief er seinen Sohn Ismael
und alle seine Knechte
und beschnitt sie noch am selben Tag,
wie Gott geboten hatte. 17,23

So trat Abraham in den Bund Gottes ein,
mit allen, die zu ihm gehörten.
Von nun an gehörte ihr Leben
für immer dem lebendigen Gott.
Er hatte einen ewigen Bund
mit ihnen geschlossen.

Eine ungewöhnliche Feierlichkeit liegt über dieser Szene. Der heilige Gott „erscheint" Abraham. Kein Wort wird darüber verloren, wie man sich die Erscheinung vorstellen soll. Es heißt nur ganz lapidar am Ende: „Gott fuhr auf" (17,22), eine Formulierung, die häufig im Zusammenhang mit Opferhandlungen begegnet (z.B. Ri 13,20). An ihr wird die himmelweite Distanz zwischen Gott und dem Menschen deutlich. Die Offenbarung seines Gottesnamens El schaddai (dt. der „allmächtige Gott") zeigt die Einzigartigkeit und Heiligkeit Gottes an, wie bei der Gottesoffenbarung am Sinai (Ex 19,1ff). Aber anders als dort, offenbart sich Gott hier nicht durch Feuer oder Erdbeben, sondern allein durch sein Wort. Gottes Bundeszusage, die in Gen 15 nur mit einem Satz geheimnisvoll angedeutet wurde (15,18), wird hier in einer langen Gottesrede umfassend entfaltet.

Wie zuvor mit Noah, so richtet nun Gott seinen Bund mit Abraham auf. Aber sein Versprechen gilt nicht nur ihm, sondern auch ausdrücklich Sara. Es schließt alle Völker und alle kommenden Generationen mit ein. Ein immerwährender Bund wird es sein. Zur Bekräftigung seiner Zusage gibt Gott den beiden neue Namen: nicht mehr Abram, sondern Abraham und nicht mehr Sarai, sondern Sara (d.h. „Fürstin"). Gottes Zusage gipfelt in der konkreten Ankündigung von Isaak, Saras Sohn. An dieser Stelle kann Abraham nicht stumm bleiben. Sein Lachen (von dem Namen Isaak abgeleitet) ist Ausdruck ungläubigen Staunens. Aber die entscheidende Antwort auf Gottes Bundeszusage ist die Beschneidung. Sie ist von Gott selbst angeordnet als sichtbares Zeichen der bleibenden Zugehörigkeit zu Gott. Mit dem Vollzug der Beschneidung an allen männlichen Gliedern des Hauses, auch den fremden Sklaven im Haus, wird der Bund mit Gott rechtsgültig geschlossen. Auf das große Ja Gottes darf der menschliche Bundespartner mit seinem Ja antworten und wird damit in den von Gott gestifteten Bund aufgenommen.

DER BESUCH
Genesis 18

Danach suchte Gott
noch einmal Abraham auf.
Aber Abraham erkannte ihn nicht:

Es war ein heißer Tag.
Abraham saß vor seinem Zelt
im Hain Mamre und ruhte sich aus.
Da sah er drei Männer kommen.
Sie blieben vor seinem Zelt stehen.
Sogleich stand Abraham auf,
lief ihnen entgegen und
verneigte sich vor ihnen
bis auf die Erde und sprach:
„Willkommen, ihr Herren!
Geht nicht vorüber!
Gefällt es euch, so seid meine Gäste!
Setzt euch unter den Baum
und ruht euch ein wenig aus!
Man hole Wasser
für eure staubigen Füße!
Ich aber will euch
einen Bissen Brot bringen,
damit ihr gestärkt weiterzieht." 18,1ff

Dann eilte er zu Sara ins Zelt
und rief ihr zu:
„Nimm vom feinsten Mehl.
Knete einen Teig und backe Brot daraus."
Dann lief er zu den Rindern,
suchte ein zartes Kalb aus
und gab es seinem Knecht.
Der bereitete daraus
ein köstliches Festmahl zu.
Er selbst aber holte
Milch und Butter herbei
und bediente die Gäste.
Aber Abraham wagte nicht
sie zu fragen, wer sie waren.
Stumm stand er vor ihnen,
während sie schweigend aßen. 18,6ff

Nachdem sie gegessen hatten,
fragte einer der Gäste:
„Wo ist deine Frau Sara?"
„Drinnen im Zelt",
antwortete Abraham verwundert.
Woher wusste dieser Fremde,
wie seine Frau hieß?
„Hör zu!", sagte dieser.
„Ich bringe gute Nachricht für euch.
In einem Jahr komme ich wieder.
Dann wird Sara einen Sohn haben." 18,9f

Das hörte Sara im Zelt.
Sie hatte hinter der Tür gelauscht.
Unmöglich, dachte sie bei sich
und lachte leise in sich hinein.
Ich soll noch ein Kind bekommen?
In meinem Alter?
„Warum lacht Sara?", fragte der Gast.
„Glaubt sie etwa,
sie kann kein Kind mehr bekommen?
Sollte Gott etwas unmöglich sein?" 18,10ff

„Nein!", wehrte sich Sara erschrocken,
„ich habe gar nicht gelacht."
„Doch", sagte der Fremde,
„du hast wirklich gelacht." 18,15

Da ahnten Abraham und Sara,
wer zu ihnen gekommen war:
Gott der Herr,
begleitet von seinen Engeln,
hatte ihnen die gute Nachricht gebracht.

— — —

Bald darauf brachen die Gäste auf.
Abraham gab ihnen das Geleit.
Als sie schon ein Stück weit
gegangen waren, sprach Gott:
„Wie kann ich Abraham etwas verbergen?
Denn ihn habe ich vor anderen erwählt.
Ich will ihn zum großen Volk machen.
Und durch ihn sollen
alle Völker der Erde gesegnet werden.
Darum will ich Abraham sagen,
wohin wir nun gehen: Wir wollen prüfen,
was in Sodom und Gomorra geschieht.
Denn die Menschen dort
sind von Grund auf verdorben.
Ihre Gräueltaten schreien zum Himmel
und ihre Sünde wiegt schwer." 18,16f

Erschrocken blieb Abraham stehen.
Wollte Gott etwa diese Städte zerstören?
In Sodom wohnte doch Lot!
Was würde aus ihm?

„Ach Herr", fragte Abraham,
„willst du denn zulassen,
dass alle Menschen dort sterben?
Vielleicht wohnen in Sodom
auch Menschen, die auf dich hören.
Vielleicht fünfzig, Herr?" 18,22ff

Da sprach Gott:
„Wenn ich dort fünfzig finde,
die auf mich hören,
will ich die Stadt nicht zerstören." 18,26

Aber wenn es nun weniger waren?
Abraham versuchte es noch einmal:
„Wenn es aber fünf weniger sind?"
Gott sprach: „Dann will ich
die Stadt auch nicht zerstören." 18,27f

„Vielleicht sind es aber nur vierzig?",
wandte Abraham ein.
Gott sprach: „Auch dann will ich
die Stadt nicht zerstören." 18,29
„Und wenn es nur dreißig sind?"
„Auch dann nicht", sprach Gott.
„Ach Herr", bat Abraham,
„erlaube, dass ich noch einmal frage:
Wenn es nur zwanzig sind,
die auf dich hören?"
Gott sprach: „Auch dann will ich
die Stadt nicht zerstören."
„Wenn es aber nur zehn sind?"
„Auch dann nicht", sprach Gott. 18,31f

Da wagte Abraham nicht mehr
weiterzufragen.
Und als er aufschaute,
war Gott nicht mehr bei ihm.
Doch in der Ferne
sah er die beiden Engel.
Sie liefen auf Sodom zu.
Da ahnte Abraham,
was Gott mit Sodom vorhatte.
Still kehrte er zurück zu Sara ins Zelt. 18,33

Ein deutlicher Szenenwechsel findet hier statt. Auf den feierlichen Bundesschluss in Kap. 17 folgt diese so liebevoll und detailliert beschriebene Szene im Hain Mamre, Abrahams Wohnsitz. Ein anschauliches Beispiel orientalischer Gastfreundschaft und liebenswerter Menschlichkeit. Man spürt in dieser Erzählung förmlich die Freude Abrahams an den fremden Gästen und zugleich auch eine leise Vorahnung, dass sich in dieser Szene Großes ankündigen wird. So menschlich nah erscheint hier Gott in der Alltagswelt von Abraham und Sara, um den beiden die Geburt des lang ersehnten Sohnes anzukündigen: „Sollte Gott etwas unmöglich sein?"

Das ist die gute Nachricht, die Abraham und Sara in dieser geheimnisvollen Begegnung ganz konkret an sich selbst erfahren. Es ist dieselbe Erfahrung, die an späterer Stelle Hanna, die Mutter Samuels (1. Sam 1), und im Neuen Testament auch Elisabeth, die Mutter des Johannes, und vor allem Maria, die Mutter Jesu, machen werden, als ihnen die Geburt ihres Sohnes angekündigt wird. Sie alle erfahren am eigenen Leib: „Bei Gott ist kein Ding unmöglich" (Lk 1,37). Inmitten einer Welt, die gezeichnet ist von Gewalt und Unrecht, beginnt Gott im Verborgenen mit einem kleinen Kind, das noch gar nicht gezeugt, geschweige denn geboren ist, eine neue Hoffnungsgeschichte. Und wo Menschen selbst mit ihren Möglichkeiten am Ende sind und nur ihre eigene Ohnmacht bekennen können, da setzt Gott sein mächtiges „möglich" dagegen. Dies haben zuerst Abraham und Sara erfahren. Alle bisherigen Versuche, auf andere Weise Gottes Verheißung zu verwirklichen, sind gescheitert. Nun, da Sara endgültig alle Hoffnung aufgegeben hat, fordert Gott sie und auch Abraham zu einem neuen Glaubenswagnis heraus.

In scharfem Kontrast zu dieser Ankündigung, die neues Leben verheißt, folgt im zweiten Teil die Ankündigung des Gerichts über Sodom und Gomorra. Beide Städte gelten als Inbegriff einer dekadenten und selbstzerstörerischen Welt, die auf ihren sicheren Untergang zutreibt. Aber Abraham weiß sich auch dieser gottfeindlichen Welt verpflichtet. Abraham ringt mit Gott im Gebet.

In seiner Fürbitte für Lot ist auch die ganze Stadt Sodom in ihrer Verdorbenheit mit eingeschlossen. Sechsmal trägt er – demütig und beharrlich zugleich – Gott seine Bitte vor. Und Gott lässt sich auf einen Dialog mit ihm ein. Sechsmal ist er bereit, das Gericht über Sodom zurückzuhalten, sofern nur einige wenige Menschen darin leben, die auf Gottes Gebote hören. Aber am Ende steht fest: Nicht einmal zehn Gerechte – die kleinste Einheit – leben in Sodom!

In diesem Gebet erscheint Abraham als Mittler zwischen Gott und den Menschen. Als solcher steht er in einer Reihe mit Mose und den großen Propheten, die den Auftrag hatten, vor Gott in Fürbitte für ihr Volk einzutreten.

SODOM
Genesis 19

Es war bereits Abend,
als die beiden Engel Sodom erreichten.
Lot sah sie kommen
und lief den Männern entgegen.
Er verneigte sich vor ihnen
bis auf die Erde
und begrüßte sie freundlich:
„Kommt in mein Haus!
Seid meine Gäste
und ruht euch über Nacht aus.
Morgen früh könnt ihr weiterziehen." 19,1f

Sie aber erwiderten:
„Nein, wir kehren nicht ein.
Wir übernachten hier draußen."

Aber Lot drängte sie so lange,
bis sie ihm in sein Haus folgten.
Dort bereitete er ihnen ein Mahl zu
und setzte ihnen gebackenes Brot vor.
Doch kaum hatten sie gegessen,
hörten sie draußen wildes Geschrei.
Vor dem Haus
tobten die Männer von Sodom.
Sie umringten das Haus,
schlugen an die Tür und schrien:
„Lot, mach uns auf!
Gib sofort die Fremden heraus!
Wir wollen uns an ihnen vergnügen." 19,2f

1. Mose / Genesis

Aber Lot ging zu ihnen hinaus
und bat sie inständig:
„Ach, liebe Freunde, bitte, hört auf!
Lasst meine Gäste in Frieden!
Tut ihnen nichts Böses an!
Eher gebe ich meine Töchter heraus.
Aber meine Gäste liefere ich nicht aus."
Aber die Männer schrien noch mehr:
„Weg mit dir! Was willst du hier?
Spielst du dich als Richter über uns auf?
Du bist ja selbst ein Fremder
in unserer Stadt. Warte nur!
Dir ergeht es noch schlimmer!"
Und schon machten sie sich über Lot her.
Aber die Engel zogen ihn
schnell ins Haus
und schlossen die Tür wieder zu.
Doch als die Männer von Sodom
die Tür stürmen wollten,
sahen sie auf einmal nichts mehr.
Hilflos tappten sie im Dunkeln umher. 19,6ff

Endlich wurde es draußen still.
Da erzählten die Engel,
warum sie gekommen waren.
„Auf", drängten sie Lot,
„flieh mit deiner Frau
und deinen zwei Töchtern,
bevor es zu spät ist!
Denn Gott wird Sodom zerstören."
Da lief Lot zu den Männern,
die mit seinen Töchtern verlobt waren
und rief ihnen zu:
„Flieht schnell aus der Stadt!
Denn Gott wird Sodom vernichten!"
Sie aber lachten ihn aus. 19,12ff

Schon wurde es draußen hell.
Der Morgen brach an.
„Auf, eil dich!", drängten die Engel.
„Sonst kommst du auch um."

Sie nahmen Lot an die Hand
und mit seiner Frau und den Töchtern
flohen sie aus der Stadt.
Und sie hielten nicht an,
bis sie Sodom hinter sich hatten.
„Nun lauft allein weiter!",
befahlen die Engel.
„Flieht in die Berge!
Bleibt ja nicht stehen!
Dreht euch nicht um!" 19,15ff

Und schon brach das Unheil
über Sodom herein.
Die Erde bebte und dröhnte.
Feuer fiel vom Himmel
und ließ alles in Flammen aufgehen,
die Häuser, die Mauern, die Menschen.
Nichts blieb von der Stadt übrig,
nur Schutt und Asche. 19,24f

Da packte Lot seine Töchter
und lief um sein Leben.
Aber Lots Frau blieb stehen.
Da war es um sie geschehen.
Sie drehte sich um – und erstarrte. 19,26

Am selben Morgen
stand Abraham früh auf.
Er stieg auf einen Hügel,
um nach Sodom zu schauen.
Aber von der Stadt
war nichts mehr zu sehen.
Nur eine Rauchwolke
stieg aus dem Tal auf.
Da wusste Abraham:
Nicht einmal zehn Menschen
hatten in Sodom auf Gott gehört. 19,27ff

Aber noch ahnte Abraham nicht:
Lot und seine Töchter waren gerettet.
Gott hatte ihr Leben verschont.

Mit der Geschichte vom Untergang Sodoms gewinnen wir einen Eindruck vom Leben in den Städten Kanaans, von hemmungslosen Exzessen und von brutaler Gewalt. Es stellt das Gegenbild zum Leben Abrahams als Halbnomade dar (Abraham hat zwar einen festen Wohnsitz, aber wohnt noch immer in Zelten). Lot repräsentiert in seiner Person beide Welten: zum einen lässt er sich vom Glanz und Reichtum Sodoms faszinieren und hat seine Rolle als Viehhirte mit der eines Städters eingetauscht (Gen 13). Zum andern aber erfährt er nun die grausame Kehrseite dieser brillierenden Welt: eine Welt, die das alte Gastrecht missachtet und die die Fremden als Freiwild betrachtet, die selbst Lot, ihren langjährigen Mitbürger, als Fremden ausgrenzt (obwohl dieser sie als „Brüder" anspricht, 19,7), eine Welt, in der nur das Recht des Stärkeren gilt und offenbar alles erlaubt ist, die keine Tabus kennt und auch vor sexuellen Übergriffen nicht zurückschreckt.

Diese Welt, so zeigt die Geschichte, ist nicht erst durch die drohende Naturkatastrophe, sondern durch menschliche Schuld dem Untergang geweiht. Sodom gilt daher als Inbegriff moralischer Dekadenz und sexueller Verirrung (vgl. 2. Petr 2,7). Sogar Lot ist in seinem Handeln nicht davon frei. Er ist in seiner Not sogar bereit, seine eigenen Töchter dem Mob von Sodom auszuliefern, um die Fremden zu retten (19,8).

Aber mitten durch diese bedrückende Geschichte, die in einem apokalyptischen Inferno endet, zieht sich Gottes Rettungsaktion. Lot kann als einziger „Gerechter" (18,32) zwar nicht seine Stadt retten, aber Gott rettet ihn und seine Töchter aus dieser Hölle und macht ihn zum Stammvater der Moabiter und Ammoniter (19,36ff). Am Ende wird offenbar: Gottes Rettungshandeln reicht über Israel hinaus und schließt auch die Nachbarvölker mit ein.

ABIMELECH
Genesis 20

Danach machte sich Abraham auf
und zog weiter nach Süden
bis ins Nachbarland Gerar.
Dort regierte ein heidnischer König,
Abimelech mit Namen.
Als dieser erfuhr,
dass ein Fremder in seiner Stadt war,
schickte er Boten zu Abraham
und ließ Sara an seinen Hof holen.
Denn Abraham hatte verkündet:
Sie ist meine Schwester. 20,1f

Aber in der Nacht hatte der König
einen schlimmen Traum.
Ihm träumte, Gott stünde vor ihm
und klagte ihn an:
„Abimelech, du musst sterben.
Denn du hast dir die Frau genommen,
die einem anderen gehört."
Aber Abimelech hatte Sara
noch nicht berührt. 20,3f

„Ach Herr!",
erwiderte der König erschrocken.
„Willst du mein Volk so hart bestrafen,
obwohl es doch unschuldig ist?
Als ich die Frau zu mir nahm,
dachte ich mir nichts Böses dabei.
Ich wusste ja nicht,
dass sie Abrahams Frau ist.
Hat er nicht gesagt,
sie ist seine Schwester?
Und hat sie nicht selbst gesagt,
er sei ihr Bruder?
Ich hab es ohne böse Absicht getan." 20,4f

„Ich weiß wohl", sprach Gott,
„du hast es ehrlich gemeint.
Darum habe ich dich davor bewahrt,
dass du dich an ihr vergehst
und eine schwere Schuld auf dich lädst.
So gib Abraham seine Frau wieder.
Denn dieser Mann ist ein Prophet.
Sag ihm, er soll für dich beten,
damit du am Leben bleibst." 20,6f

Da stand der König
am nächsten Morgen früh auf
und beriet sich mit seinen Vertrauten.
Diese hörten erschrocken,
was der König geträumt hatte.
Der König aber ließ Abraham holen
und stellte ihn vor allen zur Rede:
„Warum hast du mir das angetan?
Was habe ich dir denn getan,
dass du solch schwere Schuld
über uns bringen wolltest." 20,8ff

„Ich dachte mir", stammelte Abraham,
„in diesem Land glaubt niemand an Gott.
Niemand fürchtet ihn
und hält sich an sein Gebot.
Darum glaubte ich:
Sie werden mich töten,
wenn sie meine Frau sehen.
So gab ich vor,
sie sei meine Schwester.
Ja, sie ist auch meine Halbschwester.
Denn wir haben beide denselben Vater." 20,11ff

Darauf gab der König Sara
wieder an Abraham zurück
und bot ihm an:
„Mein ganzes Land steht dir offen.
Du kannst bei uns wohnen,
wo immer es dir gefällt."
Und zu Sara sprach er:
„Ich habe deinem Mann
1000 Silbermünzen gegeben.
Sie sind ein Geschenk an dich,
damit deine Ehre wieder
hergestellt wird." 20,14ff

So ließ König Abimelech
die beiden in Frieden ziehen,
sodass niemand wagte,
ihnen ein Leid zuzufügen.
Abraham aber betete für den König.
Und Gott segnete ihn
und schenkte ihm Kinder,
die ihm zuvor verwehrt waren. 20,17f

Unmittelbar vor der Geburt des verheißenen Sohnes wird Gottes Verheißung noch einmal ernsthaft infrage gestellt. Dadurch erhöht sich die Spannung zwischen der Ankündigung des Sohnes (18,10) und ihrer Erfüllung nach vielen Jahren vergeblichen Wartens (21,1ff). Es ist zwar nur schwer vorstellbar, dass Sara im Alter von 90 Jahren noch Gefallen bei Abimelech findet. Aber das Gewicht liegt in dieser Erzählung vor allem auf der Gegenüberstellung von Abraham und Abimelech:
• Abraham, der Vater des verheißenen Sohnes, gefährdet gleichsam in letzter Minute die Erfüllung der Verheißung, indem er sich und seine Frau durch eine Halbwahrheit zu retten sucht. Dadurch macht er sich nicht nur an seiner Frau schuldig, sondern auch an Abimelech, dem er unterstellt, keine „Gottesfurcht" zu haben, d.h. Gottes Gebot nicht zu achten und sie als rechtlose Fremde zu behandeln. Aber Abraham wird durch das noble Verhalten dieses heidnischen Königs widerlegt und beschämt.
• Abimelech, der im folgenden Kapitel (21,32) als König der Philister bezeichnet wird, gilt als Repräsentant jenes Volkes, das Israel von jeher als seinen Erzfeind betrachtet hat. Aber hier wird der Philisterkönig in seiner Großmut und Gottesfurcht Abraham, dem Erzvater Israels, in seinem Kleinmut und seiner schuldhaften Verfehlung gegenübergestellt.
Dass Gott dennoch zu Abraham steht, dass dieser trotz seiner Schuld seinen prophetischen Auftrag wahrnehmen und in Fürbitte für den heidnischen König und seine Familie eintreten darf, verdankt er allein Gottes Gnade.

Diese Geschichte ist ein eindrucksvolles Beispiel dafür, wie sich Israel später selbstkritisch mit der eigenen Geschichte als Volk Gottes inmitten anderer Völker auseinandergesetzt hat.

ISMAEL
Genesis 21

Endlich war es so weit:
Sara gebar einen Sohn.
Hundert Jahre alt war Abraham,
als er geboren wurde.
Abraham gab ihm den Namen Isaak
und beschnitt ihn am achten Tag,
wie Gott ihm geboten hatte.
„Seht", rief Sara,
als sie das Kind in den Armen hielt,
„Gott hat mich mit Lachen erfüllt.
Denn das bedeutet sein Name.
Und alle, die es hören,
werden auch lachen.
Denn wer hätte gedacht,
dass Abraham in seinem Alter
noch einen Sohn bekommt?" 21,1f

So wuchs Isaak heran.
Er lernte laufen und sprechen.
Mit drei Jahren war er schon so groß,
dass er nicht mehr gestillt wurde.
Da machte Abraham für Isaak
ein großes Festmahl.
Auch Hagar und Ismael
nahmen an dem Fest teil. 21,8

Doch mitten auf dem Fest
kam es zum Streit.
Denn als Ismael sah,
wie sein Bruder geehrt wurde,
setzte er diesem so zu,
dass Sara es nicht mehr ertrug.
Sie ging zu Abraham
und beklagte sich bitter:
„So geht es nicht weiter!
Wir können Hagars Sohn
nicht länger bei uns behalten.
Auf, schick ihn fort
mitsamt seiner Mutter.
Denn ich will nicht, dass Ismael
das Erbe mit meinem Sohn teilt." 21,9f
„Wie?", erwiderte Abraham entsetzt,
„ich soll Ismael wegschicken?
Vergiss nicht: Er ist mein Sohn!" 21,11

Aber in der Nacht
sprach Gott zu Abraham:
„Tu, was Sara dir sagt!
Denn Isaak wird der Stammvater
deiner Nachkommen sein.
Doch auch Ismael will ich
zum großen Volk machen,
weil er dein Sohn ist." 21,12f

Da hörte Abraham auf Gott.
Am nächsten Morgen stand er früh auf,
holte Brot und einen Schlauch,
der mit Wasser gefüllt war,
und legte beides auf Hagars Schultern.
Dann nahm er Abschied von Hagar
und seinem Sohn Ismael
und schickte sie fort. 21,14

Nun waren die beiden
ganz allein auf sich gestellt.
Viele Stunden lang irrten sie
durch die endlose Wüste.
Das Wasser ging zu Ende.
Ismael konnte nicht mehr.
Und weit und breit
war keine Wasserstelle zu finden,
keine Quelle, auch keine Zisterne.
Da warf Hagar ihren Sohn
unter einen Strauch.
Sie aber lief noch ein Stück weiter,
bis sie Ismael nicht mehr hörte und sah.
Dort ließ sie sich fallen
und verzweifelt schluchzte sie:
„Ich kann nicht mit ansehen,
wie mein Sohn stirbt." 21,15f

Aber plötzlich –
rief da nicht eine Stimme?
Verwundert sah Hagar sich um.
Aber weit und breit
war niemand zu sehen.
Da hörte sie wieder die Stimme:
„Hagar, was hast du?
Fürchte dich nicht!
Gott hat gehört,
wie dein Sohn weint.

Darum steh auf!
Nimm deinen Sohn an die Hand!
Denn ich will ihn
zu einem großen Volk machen." 21,17f

Da merkte Hagar:
Gott hatte zu ihr gesprochen.
Er hatte seinen Engel
vom Himmel zu ihr gesandt. 21,17
Plötzlich entdeckte sie einen Brunnen.
Wie war das nur möglich?
Vorher hatte sie ihn gar nicht bemerkt.
Sie lief zu dem Brunnen,
füllte ihren Schlauch mit Wasser
und gab ihrem Sohn zu trinken. 21,19

Da kam auf einmal
wieder Leben in ihren Sohn.
Er öffnete seine Augen, stand auf,
und gestärkt setzten die beiden
ihren Weg fort.

— — —

So wuchs Ismael heran.
Und Gott war mit ihm,
wohin er auch ging.
Ismael wurde ein guter Schütze.
Er wohnte in der Wüste Paran
und nahm eine Ägypterin zur Frau.
Mit ihr zeugte er zwölf Söhne,
und seine Nachkommen
breiteten sich immer mehr aus, 21,21/
wie Gott ihm verheißen hatte. 25,12ff

Kaum ist der Sohn der Verheißung geboren, bahnt sich ein neuer Konflikt an. Ausgerechnet ein festlicher Anlass, das Fest der Entwöhnung, das den Übergang vom Säuglingsalter ins Kindesalter feiert, bringt ihn zum Ausbruch. Sara besteht darauf, dass ihr Sohn zum rechtmäßigen Alleinerben erklärt wird, obwohl nach Dtn 21,15ff dem Erstgeborenen der doppelte Anteil zusteht, selbst wenn dieser nur der Sohn der Nebenfrau ist. Dennoch muss sich Abraham der Forderung Saras fügen, angeblich mit göttlicher Billigung. Es folgt die Schilderung einer menschlichen Tragödie von unvorstellbarer Härte. Abraham verstößt seine Nebenfrau und mit ihr setzt er auch seinen erstgeborenen Sohn den tödlichen Gefahren in der Wüste aus. Aber ausgerechnet dort, wo, menschlich gesehen, kein Ausweg mehr scheint, tritt die Wende ein: Gott greift „vom Himmel her" (21,17) ein. Er hört das Schreien des Sohnes (Ismael bedeutet „Gott hört", 16,11) und beginnt mit ihm eine neue Hoffnungsgeschichte.

„Der Herr hört die Armen" (Ps 69,34), die zu ihm schreien. Auch denen, die von Menschen verstoßen sind, gilt Gottes Zuwendung und Segen. Das ist die revolutionäre Botschaft dieser Erzählung, ähnlich wie in Gen 16. Durch die Wiederaufnahme des Themas in Gen 21 wird seine Bedeutung für Israel zusätzlich unterstrichen. Es nimmt den künftigen Konflikt zwischen den Nachkommen Ismaels und Isaaks schon vorweg. Aber auch den „Söhnen Ismaels" gilt Gottes Verheißung. Auch sie stehen unter seinem besonderen Schutz und Segen. Erst bei Abrahams Begräbnis kommen beide Söhne wieder zusammen (25,8f). Ein versöhnliches Zeichen der Hoffnung!

ISAAK
Genesis 22

Viele Jahre lang
mussten Abraham und Sara warten,
bis Gott ihnen den Sohn schenkte,
den er ihnen verheißen hatte.
Abraham liebte Isaak über alles.

Um nichts in der Welt hätte er
seinen Sohn wieder hergegeben.
Aber zuletzt wurde Abrahams Glaube
auf seine härteste Probe gestellt:

Eines Nachts hörte Abraham,
wie Gott zu ihm sprach:
„Abraham! Abraham!"
„Ja, hier bin ich", antwortete Abraham.
Gott sprach: „Nimm Isaak,
deinen einzigen Sohn, den du lieb hast.
Geh mit ihm in das Land Morija
und opfere ihn dort auf dem Berg,
den ich dir zeigen werde." 22,1f

Abraham war sprachlos.
Wollte Gott wirklich
dieses Opfer von ihm haben?
Stumm wartete er,
bis der Morgen anbrach.
Dann stand er auf,
sattelte seinen Esel,
spaltete Holz für das Opfer,
weckte zwei seiner Knechte
und rief Isaak, seinen geliebten Sohn,
Danach machte er sich auf
und zog mit ihm ins Land Morija,
wie Gott gesagt hatte. 22,3

Am dritten Tag
kamen sie endlich zu dem Berg,
von dem Gott geredet hatte,
Abraham und sein Sohn Isaak.
Da sagte Abraham zu den Knechten:
„Bleibt ihr hier mit dem Esel!
Ich gehe mit Isaak allein auf den Berg.
Und wenn wir dort geopfert haben,
kehren wir wieder zu euch zurück." 22,4f

Und Abraham nahm das Holz,
legte es Isaak auf die Schultern
und nahm selbst die Glut
und das Messer in seine Hand.
So gingen die beiden stumm
nebeneinander her.

Aber nach einer Weile
fragte Isaak: „Mein Vater?"
„Ja, was ist, mein Sohn?"
„Sieh, wir haben wohl Feuer
und Holz für das Opfer.
Aber wo ist das Schaf,
das wir opfern?"
„Mein Sohn", antwortete Abraham,
„Gott wird es uns geben."

Da fragte Isaak nichts mehr.
Still gingen die beiden miteinander,
bis sie auf dem Berg waren.
Dort baute Abraham
aus Steinen einen Altar,
schichtete das Holz darauf,
band Isaak, seinen geliebten Sohn,
und legte ihn auf den Altar. 22,6ff

Doch plötzlich – rief da nicht jemand?
„Abraham! Abraham!"
„Ja, hier bin ich!", antwortete Abraham.
Da hörte er wieder die Stimme:
„Rühr deinen Sohn nicht an!
Tu ihm nichts an.
Denn nun weiß ich,
dass du bereit bist,
Gott alles zu geben,
sogar deinen einzigen Sohn.
Aber Gott will dein Opfer nicht haben." 22,11f

Da blickte Abraham auf
und sah einen Widder,
der hing im Gestrüpp fest.
Schnell griff Abraham zu,
und opferte ihn an Isaaks Stelle. 22,13

Nun war Abraham gewiss:
Gott hatte alles gesehen.
Er selbst hatte ihm Einhalt geboten.
Darum gab er dem Ort den Namen:
Der Herr sieht. 22,14

Und Gott sprach weiter zu ihm:
„Du warst bereit, mir alles zu geben.
Sogar deinen einzigen Sohn
hast du nicht verschont.
So will ich dir noch viel mehr geben.
Ich will deine Nachkommen segnen,
und sie so zahlreich machen
wie die Sterne am Himmel
und wie der Sand am Meer.
Und durch deine Nachkommen sollen
alle Völker der Erde gesegnet werden." 22,15ff

Dankbar kehrte Abraham
mit Isaak zu Sara zurück.
Gott hatte ihnen den Sohn
aufs Neue geschenkt. 22,19

Am Ende seines Lebens muss sich Abraham noch einmal auf den Weg machen. Es ist der letzte und schwerste Weg, den Gott ihm zumutet.
Schon der erste Satz der Erzählung baut eine schier unerträgliche Spannung auf: Gott stellt Abraham auf die Probe (wörtl. er „versucht" ihn). Abraham soll seinen Sohn hergeben, den Sohn, der Abraham und Sara nach langen Jahren des Wartens endlich geschenkt wurde, den einzigen, der ihm nach der Trennung von Ismael noch geblieben ist, den Sohn der Verheißung, von dem allein die Zukunft des Volkes abhängt.

Die Forderung Gottes weckt beim Leser Widerspruch, ja geradezu Empörung. Man möchte im Namen Abrahams und Isaaks die Geschichte aufhalten oder zumindest eine Erklärung für den ungeheuerlichen Auftrag bekommen, der alles infrage zu stellen scheint, was bisher über Gottes Weg mit Abraham ausgesagt war. Aber die Erzählung schweigt sich darüber aus. Stattdessen zeigt sie, wie sich Abraham ohne Widerspruch auf den Weg macht, wie einst bei seinem Aufbruch aus Haran (12,4). Stumm geht er seinen Weg mit Isaak.

Unaufhaltsam und unerbittlich zeichnet die Erzählung seinen Weg nach, ohne dessen Härte mildern zu wollen. Im Gegenteil: Die Frage Isaaks steigert noch die Spannung. Abraham kann seinem Sohn nicht einmal erklären, was Gott vorhat. Nur ganz verhalten drückt sich die Beziehung zwischen den beiden in dem wiederholten Satz aus: „Und gingen die beiden miteinander". Erst ganz am Ende ihres Weges wird offenbar: Gott war auf dem ganzen Weg mit ihnen. Er hat alles „gesehen". (Der Name des Ortes „Gott sieht" wird von dem Namen Morija und dessen vermutlicher Bedeutung abgeleitet.) Die Erzählung endet mit der Erneuerung und Überbietung der Verheißung Gottes.

Die Geschichte von „Isaaks Bindung", wie sie in jüdischer Überlieferung heißt, gehört zu den herausragenden Texten des Alten Testaments. Viele Generationen haben sich an ihr wund gerieben. Mit Recht, denn sie erlaubt keine vorschnellen Erklärungen oder gar Rechtfertigung Gottes. Vielmehr nimmt sie uns mit auf den Weg, den Abraham gehen muss. Dieser Weg führt in immer größere Dunkelheit und scheinbare Gottesferne. Aber dennoch geht Abraham diesen Weg, im unbegreiflichen Festhalten an Gottes Zusage oder, wie es der Hebräerbrief deutet: Denn Abraham „dachte, dass Gott auch von den Toten erwecken kann" (Hebr 11,19).

Diese Geschichte wurde im Lauf der Auslegungsgeschichte oft zum Anlass genommen, den „alttestamentarischen grausamen" Gott gegen den liebenden Gott auszuspielen. Aber sowohl innerhalb der jüdischen wie auch in der christlichen Tradition nimmt gerade diese Geschichte einen unverzichtbaren Platz ein. Gott nimmt das Opfer Abrahams nicht an: Isaak wird „verschont" (16b). Aber der Sohn Gottes geht den Weg der Selbsthingabe bis zum Tod am Kreuz. Ausdrücklich erzählt das Markusevangelium vom Tod Jesu am Kreuz, dass im Tempel der Vorhang zum Allerheiligsten zerriss (Mk 15,38). Der Tempel ist nach jüdischer Überlieferung genau an dem Ort errichtet worden, wo Isaak geopfert werden sollte (vgl. 2. Chr 3,1).

In der Zusammenschau beider Ereignisse wird das Geheimnis der Liebe Gottes offenbar, der diesen Weg gegangen ist – für uns! So heißt es bei Paulus – in deutlicher Anlehnung an Gen 22,16: „Ist Gott für uns, wer kann gegen uns sein? Welcher auch seinen eigenen Sohn nicht verschont hat, sondern hat ihn für uns alle dahingegeben, wie sollte er uns mit ihm nicht alles schenken?" (Röm 8,31f)

HEBRON
Genesis 23

Ein Leben lang hatte Sara
an Abrahams Seite gelebt
und Freud und Leid mit ihm geteilt.
Mit 127 Jahren starb sie,
als Fremde in einem Land,
das immer noch anderen gehörte. 23,1f

Als Abraham hörte,
dass seine Frau tot war,
ging er zu ihr ins Zelt
und hielt die Totenklage bei ihr.
Viele Tage lang
harrte er bei ihr aus,
in Sack und Asche gehüllt.
Aber noch hatte er für Sara kein Grab.
Er besaß noch nicht einmal
ein eigenes Stück Land. 23,1f

Da stand Abraham auf
und machte sich auf den Weg
zur nahen Stadt Hebron.
Seine Bewohner gehörten
zum Volk der Hetiter.
Als Abraham dort ankam,
hatten sich gerade die Stadtoberen
am Stadttor versammelt
und berieten sich miteinander.
Abraham ging auf sie zu,
verneigte sich vor ihnen
und bat sie höflich:
„Erlaubt mir, dass ich meine Frau
bei euch begrabe.
Denn ich bin hier nur ein Gast
und lebe als Fremder bei euch.
So bitte ich euch:
Verkauft mir ein Stück Land
für eine Grabstätte." 23,4ff

Aber die Hetiter erwiderten:
„Edler Herr! Höre uns an!
Du bist ein Fürst Gottes,
den wir hoch achten.
Darum bieten wir dir
ein Fürstengrab an.
Dahin magst du deine Frau bringen.
Kein Mensch wird es dir verwehren." 23,5f

Doch Abraham verneigte sich
und antwortete feierlich:
„Wenn es euch recht ist,
dass ich meine Frau bei euch begrabe,
so hört mich an.
Bittet Efron, der unter euch ist,
dass er mir seine Höhle verkauft." 23,8ff

„Aber nein", erwiderte Efron.
„Mein Herr, höre mir zu!
Ich schenke dir den Acker
und die Höhle dazu.
Diese Männer sind meine Zeugen." 23,10f

Doch Abraham entgegnete höflich:
„Ich bitte dich! Nimm das Geld an,
damit ich meine Frau
auf eigenem Land begraben kann." 23,12f

„Gut, wie du willst", meinte Efron.
„Der Acker ist 400 Pfund wert.
Aber was bedeutet das schon
zwischen uns beiden?" 23,14f

Da holte Abraham das Silber hervor,
legte es auf die Waage
und gab es Efron als Kaufpreis.
Danach bestattete er Sara
mit allen Ehren in der Höhle Machpela,
die er von Efron gekauft hatte,
und bestimmte sie zur Ruhestatt
für seine Nachkommen. 23,16ff

Dies war das erste Stück Land,
das Abraham im Land Kanaan kaufte,
östlich von Hebron gelegen. 23,19
Es war nur ein einziger Acker.
Aber dieses kleine Stück Land
war wie ein stummes Versprechen:
Einst würde der Tag kommen,
an dem Abrahams Nachkommen
das ganze Land bewohnten,
wie Gott Abraham verheißen hatte.

Diese Erzählung zeigt erneut die friedliche Koexistenz zwischen den sesshaften Bewohnern des Landes und dem Halbnomaden Abraham. Sie drückt sich hier in dem höflichen Umgang der Verhandlungspartner und in dem noblen Angebot der Einwohner Hebrons aus. Dennoch besteht Abraham auf dem rechtmäßigen Kauf des Ackers unter Zeugen. Die Höhle von Machpela und das dazugehörige Stück Land gelten für Abrahams Nachkommen als Garanten der Landverheißung. Es ist die Ruhestatt der Väter und Mütter Israels (Abraham und Sara, Isaak und Rebekka, Jakob und Lea; s. 49,30f / 50,13) und bis heute Pilgerstätte für Juden und Moslems, an der sich immer neu der Konflikt zwischen beiden Seiten entzündet.

ISAAK UND REBEKKA
Genesis 24

Jahre vergingen.
Abraham war nun hoch betagt.
Und auch sein Sohn Isaak
war inzwischen bereits vierzig Jahre.
Aber er hatte noch keine Frau. 25,20

Da bat Abraham seinen ältesten Knecht,
dem er am meisten vertraute:
„Mach dich auf und suche
für meinen Sohn Isaak eine Frau!
Aber schwöre mir bei Gott,
dass du keine von den Frauen wählst,
die hier in Land Kanaan wohnen.
Sondern zieh in meine Heimat
zu meinen Verwandten nach Haran.
Dort wirst du die Frau finden,
die Gott für Isaak bestimmt hat."
„Wenn aber die Frau nicht mitgeht?"
„Gott wird dich führen", sagte Abraham.
„Wie er mich geführt hat,
so wird sein Engel auch vor dir hergehen
und dir die richtige Frau zeigen." 24,2ff

Da nahm der Knecht
zehn Kamele mit sich,
mit reichen Geschenken beladen,
und machte sich auf den Weg.
Wochenlang war er unterwegs,
bis er Haran erreichte.
Es war gegen Abend,
≠als er dort ankam.
So wartete er draußen am Brunnen,
bis die Frauen aus der Stadt kamen,
um Wasser zu schöpfen. 24,10f

„Ach Herr!", betete er.
„Lass es mir heute gelingen!
Sieh, ich stehe hier am Brunnen.
Gleich kommen die Frauen,
um Wasser zu schöpfen.
Wenn ich eine von ihnen bitte:
Gib mir zu trinken!,
und wenn diese dann sagt:
Ja, trink nur!
Ich will deine Kamele auch tränken,
dann weiß ich: Das ist die Frau,
die du für Isaak bestimmt hast." 24,14ff

Doch als er noch betete,
sah er am Brunnen ein Mädchen,
jung und schön.
Der Knecht ging auf sie zu und bat:
„Lass mich ein wenig Wasser
aus deinem Krug trinken!"
„Ja, trink nur!", sagte das Mädchen.
„Ich will deine Kamele auch tränken."
Sogleich nahm sie den Krug
von der Schulter
und gab ihm zu trinken.
Dann eilte sie zu den Kamelen
und goss Wasser in ihren Trog.
Danach lief sie wieder zum Brunnen,
füllte den Krug noch einmal
und danach noch einmal,
bis alle Kamele genug hatten.
Der Knecht aber sah ihr staunend zu.
Nun war er gewiss:
Dies war die Frau,
die Gott für Isaak bestimmt hatte. 24,15ff

Darauf gab er dem Mädchen
einen Stirnreif aus Gold
und zwei goldene Armreifen.
„Sag", fragte er sie, „wie heißt du?
Und wie heißt dein Vater?
Habt ihr auch einen Schlafplatz
für mich und meine Begleiter?"
„Ich heiße Rebekka", antwortete sie,
„und bin Betuëls Tochter.
Bei uns gibt es für alle Platz
und auch genug Stroh und Futter
für eure Kamele." 24,22ff

Da staunte der Knecht noch viel mehr.
Denn Betuël war mit Abraham verwandt.
„Gelobt sei Gott!", rief er froh.
„Der Gott Abrahams, meines Herrn,
hat seine Güte nicht von mir gewandt.
Er ist es, der mich zu euch geführt hat."
Rebekka aber lief nach Hause
und meldete allen:
„Draußen am Brunnen steht ein Mann.
Der kommt von Abraham,
unserem Verwandten.
Er fragt, ob er bei uns übernachten kann." 24,27f

Als aber Laban, ihr Bruder,
den goldenen Stirnreif sah
und hörte, was Rebekka erzählte,
lief er sofort zum Brunnen hinaus,
um den Fremden zu begrüßen.
„Sei willkommen!", rief er ihm entgegen.
„Warum stehst du noch draußen?
Komm herein! Ich lade dich ein.
Es steht alles für dich bereit."
Danach führte er ihn in sein Haus,
reichte ihm Wasser für die Füße
und setzte ihm ein festliches Mahl vor. 24,30ff

Aber der Knecht wollte nichts essen.
Er bat: „Hört mich erst an!
Ich bin im Auftrag Abrahams hier.
Gott hat meinen Herrn reich gesegnet.
Dazu hat Sara ihm in hohem Alter
noch einen Sohn geschenkt.
Ihm hat er alle seine Güter vererbt.
Nun bin ich hier, um für Isaak,
seinen Sohn, eine Frau zu suchen.
Aber Gott hat sie schon ausgewählt:
eure Rebekka!" 24,33ff

Danach erzählte Abrahams Knecht,
wie Gott ihn zu Rebekka geführt hatte.
Da staunten alle, die es hörten.
Und sie riefen:
„Das kommt von Gott!
Wie Gott will, so soll es geschehen:
Isaak soll unsere Rebekka bekommen."
Der Knecht aber verneigte sich still
vor seinem Gott, der es so gefügt hatte.
Dann holte er seine Schätze hervor,
und gab sie Rebekka
und auch Rebekkas Mutter und Bruder:
goldene und silberne Ketten
und Kleider aus kostbarem Stoff.
Danach feierten sie miteinander
und aßen und tranken
bis tief in die Nacht. 24,42ff

Am nächsten Morgen aber
stand Abrahams Knecht früh auf,
sattelte seine Kamele
und machte sich mit seinen Männern
zur Heimreise bereit.
„Bleib noch ein paar Tage hier!",
baten ihn Rebekkas Bruder und Mutter.
„Lass dem Mädchen noch Zeit,
von allen Abschied zu nehmen!"
Er aber bat: „Haltet mich nicht zurück!
Denn Gott hat Gnade
zu meiner Reise gegeben." 24,54ff

Da fragten sie Rebekka:
„Willst du mit diesem Mann ziehen?"
„Ja, ich will es", sagte Rebekka.
Da gaben sie Rebekka
feierlich ihren Segen. 24,58ff
„Du unsere Schwester", sprach Laban,
„wachse und werde
viel tausendmal tausend.
Deine Nachkommen mögen
sicher in dem Land wohnen,
in das du jetzt ziehst." 24,60

So machte sich Rebekka
mit Abrahams Knecht auf den Weg,
begleitet von ihren Mägden.
Nach vielen Wochen
waren sie endlich am Ziel. 24,60f
Da sahen sie schon
von ferne Isaak kommen.

1. Mose / Genesis

Er hatte gerade sein Zelt verlassen,
um sein Abendgebet
unter freiem Himmel zu sprechen.
„Wer ist das?", fragte Rebekka.
„Das ist Isaak!", antwortete der Knecht.
Schnell stieg Rebekka vom Kamel
und zog den Schleier über ihr Gesicht.
Der Knecht aber eilte auf Isaak zu.
Voller Freude berichtete er ihm,
wie Gott ihn zu Rebekka geführt hatte. 24,62ff

Da glaubte auch Isaak:
Rebekka war die Frau,
die Gott für ihn bestimmt hatte.
Voller Freude führte er sie
ins Zelt seiner Mutter
und gewann sie sehr lieb. 24,67

So wurde Rebekka Isaaks Frau.
Von ihr stammt das Volk ab,
das Gott vor allen Völkern erwählt hat.

Mit dieser Erzählung leitet die Geschichte der Erzväter zu Isaak über.
Im Vergleich zu den umfangreichen Überlieferungen über Abraham und Jakob tritt seine Person auffällig zurück. Selbst in dieser ersten Erzählung steht gar nicht Isaak im Zentrum, sondern Rebekka, seine künftige Frau, die, ähnlich wie einst Abraham, ihre Familie verlässt und in eine unbekannte Zukunft aufbricht. Aber anders als Abraham hat Rebekka kein ausdrückliches Wort Gottes, das sie auf den Weg ruft, sondern es ist Gottes verborgene Führung, die diese menschlich so anrührende und ungewöhnlich breit entfaltete Erzählung als Teil göttlicher Heilsgeschichte ausweist.

Das Wirken Gottes spiegelt sich vor allem in der demütigen Haltung von Abrahams Knecht, der mehr ist als ein gewöhnlicher Knecht, dem alle Vollmacht von Abraham übertragen wurde. Er erbittet im Gebet Gottes Führung und folgt seiner Weisung. (Sein Name wird in diesem Kapitel nicht ausdrücklich genannt, aber vermutlich ist er mit jenem Eliëser von Gen 15,2 identisch.) Durch den immer wiederkehrenden Leitsatz, „dass Gott Gnade zu seiner Reise gegeben" habe, bzw. dass Gott es ihm „gelingen ließ" und sein Vorhaben gesegnet hat, wird deutlich, wer in Wahrheit hier der Handelnde ist: Der Gott Abrahams ist auch der Gott Isaaks und Rebekkas, der zu seiner Verheißung steht und seinen Segen auch auf Abrahams Nachkommen legt!

ISAAK UND DIE PHILISTER
Genesis 26

Isaak und Rebekka wohnten im Südland,
nah bei dem Brunnen des Lebendigen,
an dem Gott einst Hagar erschienen war. 25,11
Aber in einem Jahr suchte
eine schwere Dürrezeit das Land heim.
Da machte sich Isaak mit Rebekka auf
und mit allem, was er besaß,
um ein anderes Land zu suchen,
das ihnen ein Leben in Frieden versprach.
So kamen sie schließlich nach Gerar,
ins Land der Philister.
Von dort aus wollte Isaak
nach Ägypten weiterziehen. 26,1

Aber in der Nacht sprach Gott zu Isaak:
„Zieh nicht nach Ägypten.
Bleibe im Land der Philister.
Ich will mit dir sein und dich segnen.
Dir und deinen Nachkommen
werden alle diese Länder gehören,
wie ich deinem Vater Abraham schwor.
Ich will deine Nachkommen mehren
und durch sie sollen alle Völker
der Erde gesegnet werden." 26,2ff

Da ließ sich Isaak in Gerar nieder,
wie Gott ihm geboten hatte.
Lange Zeit lebte er dort mit Rebekka,
als Fremder unter einem fremden Volk.
Und Gott segnete Isaak
und ließ ihm alles gelingen.
Seine Felder brachten mehr Ertrag
als alle anderen Felder.
Und auch seine Herden
wurden von Jahr zu Jahr größer. 26,12ff

Als aber die Philister sahen,
wie Isaak alles gelang, packte sie der Neid.
So verstopften sie alle Brunnen,
die Abrahams Knechte gegraben hatten.
Auch ihr König Abimelech wollte Isaak
nicht länger in seinem Land dulden.
Er forderte Isaak auf:
„Zieh weg von hier!
Du bist uns zu mächtig geworden." 26,14f

Da ließ Isaak alles zurück,
was er mühevoll angelegt hatte
und zog mit seinen Hirten und Herden
in ein anderes Tal.
Aber wohin er auch zog –
nirgendwo fand er Wasser.
Denn die Philister hatten auch dort
alle Brunnen verstopft.
Doch Isaak befahl seinen Knechten:
„Legt alle Brunnen wieder frei!"
Und als sie anfingen zu graben,
da sprudelte auf einmal
frisches Wasser aus der Erde hervor.
Glücklich schöpften sie Wasser
und tranken sich satt,
Menschen und Tiere. 26,17ff

Doch es dauerte nicht lange,
da eilten die Hirten von Gerar herbei.
„Weg da!", schrien sie wütend.
„Der Brunnen gehört uns.
Er liegt auf unserem Gebiet."
Da nannte Isaak den Brunnen ‚Zank',
weil sie sich mit ihm gezankt hatten. 26,20

Danach gruben Isaaks Hirten
noch einen Brunnen im Tal.
Aber die Philister ließen sie
auch dort nicht in Frieden.
Da nannte Isaak den Brunnen ‚Streit'
und zog weiter mit seinen Herden. 26,21

Bald darauf öffnete sich das Tal.
Da ließ Isaak noch einen Brunnen graben,
den nannte er ‚Weiter Raum',
denn er sprach:
„Gott hat uns weiten Raum geschenkt." 26,22

Danach verließ Isaak wieder
das Gebiet der Philister
und zog zurück nach Beerscheba, 26,23
woher er gekommen war.
Dort schlug er sein Zelt auf.
Aber noch war ungewiss,
was aus ihm und seiner Familie würde.

1. Mose / Genesis

Da sprach Gott in der Nacht zu ihm:
"Fürchte dich nicht, Isaak!
Ich bin der Gott deines Vaters Abraham.
Ich bin auch mit dir.
Ich will dich segnen
und deine Nachkommen vermehren,
wie ich Abraham zugesagt habe."   26,24

Am nächsten Morgen stand Isaak früh auf,
baute einen Altar und dankte Gott
für sein großes Versprechen.
Und er befahl seinen Hirten:
"Auf, grabt noch einen Brunnen!
Denn hier wollen wir bleiben."   26,25

Aber nicht lange danach
kam Abimelech zu Isaak,
begleitet von seinen engsten Fürsten.
Isaak sah sie misstrauisch an.
"Was wollt ihr hier?
Warum kommt ihr zu mir?
Ihr hasst mich doch
und habt mich vertrieben."
"Aber nein", erwiderten sie.
"Wir haben mit eigenen Augen gesehen,
dass Gott mit dir ist.
Darum kommen wir heute zu dir.
Wir wollen einen Friedensbund
mit dir schließen. Versprich uns,
dass du uns nichts antust.
Denn auch wir haben dir
nur Gutes erwiesen,
so lange du bei uns gelebt hast.
Denn wir haben
mit eigenen Augen gesehen,
wie Gott dich gesegnet hat."   26,26ff
Da ließ Isaak für sie
ein festliches Mahl zubereiten.
Fröhlich aßen und tranken sie
miteinander bis tief in die Nacht.
Und als der Morgen anbrach,
schworen sie einander feierlich,
für immer Frieden zu halten.
So trennten sie sich im Frieden.

Am selben Tag meldeten Isaaks Hirten:
"Wir haben beim Graben
eine Quelle entdeckt."   26,32
Endlich hatten sie einen Ort gefunden,
wo sie in Frieden leben konnten.
Beerscheba nannte Isaak den Ort,
das heißt: Schwurbrunnen.
Denn an diesem Ort hatten sie
einander Frieden geschworen.   26,33

Gen 26 ist das einzige Kapitel, das sich ausführlich mit Isaak und seiner Geschichte befasst. Anders als in der Erzählung von Rebekka oder auch in den nachfolgenden Jakob-Erzählungen steht er in dieser Geschichte allein im Mittelpunkt des Geschehens. Genau betrachtet setzt sie sich aus vielen einzelnen Geschichten zusammen, die verschiedene Stationen im Leben des Isaak aufzeigen. Wobei das durchgängige Thema der Brunnensuche die verschiedenen Szenen miteinander verbindet (26,12ff). Die Brunnensuche markiert nicht nur den Weg, den Isaak zurücklegen muss. Sie spiegelt auch Höhen und Tiefen im Leben dieses Verheißungsträgers wider. Dazu gehört insbesondere die leidvolle Erfahrung bei den Philistern. Diese wollen nicht zulassen, dass sich Isaak in ihrem Land sesshaft macht. In diesem Zusammenhang wird – ähnlich wie bei Sara (20,1ff; vgl. 12,10ff) – von Rebekkas Gefährdung durch König Abimelech erzählt (26,7ff).

In diesem Fall ist es Isaak, der Rebekka als seine Schwester ausgibt. Aber trotz immer neuer Hindernisse steht auch Isaaks Weg unter Gottes Segensverheißung, die hier zweimal ausdrücklich bestätigt wird. Sie drückt sich zunächst in dem materiellen Segen aus, der auch den Philistern nicht verborgen bleibt, aber vor allem in dem Friedensschluss zwischen Isaak und dem Philisterkönig, der Isaaks Familie im Land der Verheißung endlich ein Leben im Frieden mit seinen Nachbarn ermöglicht. Dass in dieser Erzählung – ähnlich wie in Gen 20 – ein Philister dem Stammvater Israels den Frieden anbietet, muss für spätere Generationen wie eine Provokation geklungen haben. Aber trotz der massiven Bedrohung, die Israel im Lauf seiner Geschichte durch die Philister erfahren hat, lehren diese Erzählungen, dass auch die Philister ein Werkzeug Gottes sein können, durch die er an seinem Volk handelt.

JAKOB – STAMMVATER ISRAELS GENESIS 25–49

JAKOB UND ESAU
Genesis 25,19ff

Dies ist die Geschichte von Jakob,
dem Stammvater Israels,
Isaaks und Rebekkas Sohn.
Lange Zeit hatten die beiden
vergeblich auf Kinder gewartet.
Endlich, nach zwanzig Jahren,
erhörte Gott ihr Gebet:
Rebekka wurde schwanger
und brachte Zwillinge zur Welt.
Esau, der Ältere, war rötlich und rau
und am ganzen Körper behaart.
Ihn liebte Vater Isaak,
weil er der Erstgeborene war.
Rebekka aber liebte Jakob,
den Jüngeren, mehr.
Denn als sie noch schwanger war,
stießen sich die Kinder im Mutterleib.
Da wurde ihr von Gott prophezeit:
„Zwei Völker stoßen sich in deinem Leib.
Und der Ältere
wird dem Jüngeren dienen."   25,19ff

So wuchsen beide Söhne heran.
Esau wurde ein Jäger.
Er streifte gern auf den Feldern umher,
jagte Tiere und brachte oft
ein Wildbret nach Hause.
Das mochte Vater Isaak sehr.
Jakob zog es dagegen vor,
bei den Zelten zu bleiben.
Auch deshalb zog ihn Rebekka
dem älteren Bruder vor,
obwohl Esau als Erstgeborener
der rechtmäßige Erbe war.   25,27f

Eines Tages kam Esau von der Jagd
müde und hungrig nach Hause.
Da sah er, wie Jakob vor dem Zelt kochte.
Ein Topf mit Linsensuppe
dampfte über dem Feuer.
Esau roch den köstlichen Duft.
Das Wasser lief ihm
im Munde zusammen.
„Los, her mit der roten Brühe!", rief Esau,
„ich bin todmüde
und habe furchtbaren Hunger."
Doch Jakob erwiderte schlau:
„Sag erst: Was gibst du dafür?"
Esau überlegte nicht lange:
„Nimm, was du willst!
Aber gib mir endlich die Suppe!"
„Gut", meinte Jakob listig,
„gib dein Versprechen:
Von jetzt an bin ich der Erste
und du bist der Zweite."
„Was soll's!", knurrte Esau,
„irgendwann sterbe ich doch.
Was soll mir dann
mein Erstgeburtsrecht?
Ich verspreche dir alles.
Also: Gib mir endlich die Suppe!"   25,29ff

Da reichte ihm Jakob
Suppe und Brot.
Esau verschlang beides.
Danach kehrte er Jakob den Rücken
und machte sich auf und davon.
So verachtete Esau sein Erstgeburtsrecht
und überließ es dem jüngeren Bruder.   25,33f

Die Geschichte von Jakob, dem Stammvater Israels, ist von Anfang an durch den Konflikt zwischen den Zwillingsbrüdern Esau und Jakob bestimmt. Ausgangspunkt ist die Frage: Wer von beiden „erbt" den Segen, der Abraham und Isaak verheißen war? Esau oder Jakob? Esau hat als der Erstgeborene Anspruch auf rechtliche und wirtschaftliche Privilegien. Sein Name wie auch die Erwähnung der rötlichen Haut und der rötlichen Suppe weist auf seine Bedeutung als Stammvater der Edomiter hin (Edom bedeutet „rötlich"). Doch Jakob will seinem Bruder den

Segen um jeden Preis abringen. Sei es durch List (25,29ff), sei es sogar durch offenkundigen Betrug (27,10ff). Der Konflikt zwischen beiden wird noch zusätzlich durch die Parteinahme der Eltern verschärft und durch das Orakel, das Rebekka schon vor der Geburt der beiden erhalten hat. Daraus entwickelt sich ein Familiendrama, das von Anfang an gekennzeichnet ist durch Rivalität, Hinterlist und Betrug und das den erhofften Segen in Streit und unversöhnlichen Hass verkehrt.

Dabei wird ein Zweifaches deutlich: Segen kann nicht einfach nach menschlicher Vorstellung vererbt werden, wie Isaak glaubt. Es ist allein Gottes Freiheit, den zu segnen, den er schon im Mutterleib erwählt hat (25,23). Der Mensch kann aber auch nicht einfach den Segen an sich reißen und über ihn verfügen, wie Jakob es versucht (27,1ff). Das wird ihm letztlich keinen Segen bringen. Es ist allein Gottes Treue, dass er dennoch an seiner Segensverheißung festhält und Jakob – trotz seiner Verfehlungen – zum Segensträger macht.

DER BETRUG
Genesis 27

Jahre vergingen.
Vater Isaak war inzwischen
alt und gebrechlich geworden.
Und seine Augen waren so schwach,
dass er keinen Menschen erkannte. 27,1

Da rief Isaak
seinen Sohn Esau zu sich und sagte:
„Bald werde ich sterben.
Dann sollst du alles erben,
was mir gehört.
So geh nun auf die Jagd
und bring mir ein Wildbret.
Dann mach mir ein Essen,
wie ich es gerne mag.
Danach will ich dich segnen
und dir alles übergeben,
ehe ich sterbe." 27,1ff

Aber Rebekka hatte alles gehört.
Schnell lief sie zu Jakob
und erzählte ihm alles.
„Auf, eil dich!", drängte sie Jakob.
„Geh zur Weide
und hol mir zwei Böckchen!
Die will ich schlachten und braten.
Du aber bring den Braten zum Vater
und gib dich als Esau aus.
Dann wirst du
seinen Segen bekommen." 27,5ff

„Nein", meinte Jakob erschrocken.
„Das geht nicht gut aus.
Sieh, meine Hände sind glatt.
Doch Esaus Hände sind rau.
Wenn mein Vater mich fühlt,
wird er merken, dass ich ihn betrüge.
Dann wird sich sein Segen
in Fluch verkehren."
Aber Rebekka erwiderte.
„Den Fluch nehme ich auf mich.
Tu, was ich sage
und überlege nicht lange!
Sonst ist es zu spät." 27,11ff

Da lief Jakob zur Schafherde,
holte zwei Böckchen
und brachte sie seiner Mutter.
Die schlachtete sie eilig
und machte ein Festmahl,
wie es der Vater liebte.
Dann holte sie Esaus Festkleid hervor,
legte es Jakob um,
band ihm die Felle um Hände und Hals
und drückte ihm den Braten
und das Brot in die Hand.
So schickte sie ihn zu Isaak ins Zelt. 24,14ff

„Mein Vater", begrüßte ihn Jakob.
„Ja, hier bin ich", antwortete Isaak.
„Aber wer bist du, mein Sohn?"
„Ich bin Esau, dein erstgeborener Sohn.

Ich bin wieder zurück von der Jagd
und hab alles ausgeführt,
wie du mir gesagt hast.
Komm, setz dich auf
und lass es dir schmecken!
Danach sollst du mich segnen."
„Wie?", fragte Isaak erstaunt.
„Du bist schon zurück?
Wie hast du deine Beute
so rasch gefunden?"
„Ganz einfach!", log Jakob.
„Gott hat es mir gegeben." 27,18ff

Aber Isaak zögerte noch:
„Komm näher, mein Sohn!
Ich will erst wissen,
ob du auch wirklich Esau bist."
Da reichte ihm Jakob die Hände.
„Wie sonderbar!", sagte Isaak zu sich.
„Die Stimme klingt wie Jakobs Stimme,
aber die Hände sind rau
wie Esaus Hände.
„Sag, bist du wirklich mein Sohn Esau?"
„Ja", antwortete Jakob, „ich bin es." 27,21ff

Da gab sich Isaak zufrieden.
Er aß von dem Braten
und trank den Wein,
den Jakob ihm reichte.
Darauf bat er Jakob: „Komm näher
und küss mich, mein Sohn!
Dann will ich dich segnen."
Da beugte sich Jakob zu ihm herab
und küsste den Vater.
Als aber Isaak das Kleid roch,
das Esau gehörte,
segnete er Jakob und sprach:
„Siehe, der Geruch meines Sohnes
ist wie der Geruch des Feldes,
das Gott gesegnet hat.
Er gebe dir vom Tau des Himmels
und vom Reichtum der Erde
Fülle an Korn und Wein.
Völker sollen dir dienen
und sich vor dir verneigen.
Du wirst über deine Brüder gebieten
und sie werden sich vor dir beugen.
Gesegnet ist, wer dich segnet,
und verflucht ist, wer dich verflucht." 27,23ff

Nun war es geschehen.
Leise schlich sich Jakob hinaus.
Aber nicht lange danach
kam Esau zurück von der Jagd.
„Mein Vater", rief er, „hier bin ich,
Esau, dein erstgeborener Sohn!
Ich habe einen guten Braten für dich.
Komm, setz dich auf
und lass es dir schmecken!" 27,30
„Was?", rief Isaak entsetzt.
„Du bist Esau?
Aber wer war der andere,
der soeben hier war?
Jakob war's! Er hat dich betrogen!
Ich habe ihm
meinen Segen gegeben.
Er wird auch den Segen behalten." 27,30ff

Da schrie Esau laut auf und weinte:
„Er heißt mit Recht Jakob – Betrüger.
Denn er ist ein Betrüger.
Nun hat er mich
schon zweimal betrogen.
Sag, was wird nun aus mir?
Hast du nicht wenigstens
einen einzigen Segen für mich?
Segne mich, Vater!
Sonst bin ich verloren."
Doch Isaak sagte traurig:
„Ich habe nur diese Botschaft für dich:
Vom Schwert wirst du leben
und vor deinem Bruder dich beugen.
Aber es kommt der Tag,
da wirst du dich von ihm befreien." 27,34ff

Von diesem Tag an
sann Esau nur noch auf Rache
und fand für seinen Bruder
kein freundliches Wort mehr.
Und er nahm sich fest vor:
Sobald der Vater tot ist,
bringe ich Jakob um. 27,41

Eine unerhörte Geschichte, die alles Bisherige in den Schatten stellt! Unerhört ist nicht nur der raffinierte Betrug Jakobs wie auch die aktive Mithilfe der Mutter. Unerhört ist vor allem die Tatsache, dass dieser Familie eigentlich Gottes Segensverheißung gilt. Dazu kommt belastend die traditionelle Vorstellung hinzu, Segen sei wie materieller Besitz vererbbar und mache sich vor allem am materiellen Erfolg fest. Aber diese Geschichte zeigt an: So einfach kann über Gottes Segen nicht verfügt werden. Jakob kann sich als Segensträger nicht von eigener Schuld freisprechen. So muss er auch ein Leben lang die Folgen seiner Schuld tragen. Im Folgenden wird alles davon abhängen, ob Gott – trotz massiver Schuld des Menschen – dennoch zu seiner Verheißung steht.

Diese Betrugsgeschichte steht betont am Anfang von Jakobs Weg. Mit ihr hat das Volk Israel durch die Jahrhunderte hindurch die Erinnerung an die eigene Schuldgeschichte wachgehalten, von der auch der Erzvater Jakob nicht ausgenommen ist (vgl. Hos 12,3ff).

BETHEL
Genesis 28

Endlich hatte Jakob sein Ziel erreicht.
Aber von nun an war Esau
sein erbitterter Feind.
Als Rebekka das sah,
rief sie heimlich Jakob zu sich.
„Du musst fliehen," drängte sie Jakob.
„Sonst bringt dich
dein Bruder noch um!
Auf, geh nach Haran
zu meinem Bruder Laban
und bleibe dort,
bis Esaus Zorn sich gelegt hat." 27,41ff

Da rief auch Isaak seinen Sohn Jakob
und schärfte ihm ein:
„Nimm dir ja keine Frau
von den Töchtern Kanaans,
die nicht an unseren Gott glauben.
Sondern geh nach Haran zu Laban
und nimm dir dort
eine von seinen Töchtern zur Frau!" 28,1
Zum Abschied gab er Jakob
noch seinen Segen und sprach:
„Gott, der Allmächtige,
schenke dir viele Nachkommen
und gebe dir das Land,
das er Abraham zugesagt hat." 28,3f

Da ließ Jakob alles zurück, was er besaß
und machte sich auf nach Haran.

Nichts trug er bei sich
als seinen Wanderstab. 32,11
So wanderte er ganz allein,
bis die Nacht hereinbrach.
Aber weit und breit
war keine Hütte zu sehen,
wo Jakob Schutz finden konnte.
Da legte er seinen Kopf auf einen Stein
und schlief bald darauf ein. 28,10f

In dieser Nacht hatte Jakob
einen seltsamen Traum:
Er sah im Traum eine Treppe,
die reichte bis an den Himmel.
Engel stiegen hinauf und hinab.
Und Gott sah von oben auf Jakob herab.
Da hörte Jakob, wie Gott zu ihm sprach: 28,12f
„Ich bin der Herr,
der Gott Abrahams und Isaaks,
der Gott deiner Vorfahren.
Dies Land, auf dem du jetzt liegst,
will ich dir
und deinen Nachkommen geben.
Wie der Staub auf der Erde,
so werden deine Nachkommen
das Land bedecken.
Und durch dich
und deine Nachkommen
werden alle Völker der Erde
gesegnet werden.

Sieh, ich bin mit dir
und will dich beschützen,
wohin du auch gehst.
Und ich will dich wieder
in dieses Land zurückbringen.
Verlass dich auf mich:
Ich verlasse dich nicht.
Mein Versprechen breche ich nicht." 28,13ff

Da wachte Jakob auf.
„Wahrhaftig!", sprach er.
„An dieser Stätte wohnt Gott.
Aber ich wusste es nicht.
Wie heilig ist dieser Ort!
Hier ist das Haus Gottes.
Hier ist die Pforte des Himmels!" 28,16f

Schon wurde es am Horizont hell.
Ein neuer Morgen brach an.
Da nahm Jakob den Stein,
auf dem er gelegen hatte,
richtete ihn auf, goss Öl darauf
und weihte ihn Gott.
Und Jakob nannte die Stätte Bethel,
das heißt: Haus Gottes,
weil ihm Gott
an diesem Ort erschienen war. 28,18f

An diesem Morgen legte Jakob
feierlich dieses Gelübde ab:
„Wenn Gott erfüllt,
was er mir zugesagt hat,
wenn er mit mir geht
und mich beschützt,
wenn er mir Nahrung und Kleidung gibt
und wenn er mich heil zurückbringt,
dann soll der Gott Abrahams
auch mein Gott sein, dem ich diene.
Dieser Stein soll mir ein Heiligtum sein." 28,20ff

Jakob hat zwar vom Vater den ersehnten Segen bekommen. Aber er bringt ihm kein Glück. Als schutz- und rechtloser Flüchtling muss er alles zurücklassen, was ihm durch den Segensspruch des Vaters verheißen war. Er hat nichts in der Hand, was ihn als Gesegneten ausweist (vgl. 32,11) und ihm eine sichere Zukunft verheißt. Aber ausgerechnet in dieser dunkelsten Stunde seines Lebens begegnet ihm Gott im Traum und erneuert den Segen, den er Abraham und seinen Nachkommen verheißen hat. Diese Nachtstunde in Bethel markiert den Wendepunkt in Jakobs Leben. Zuvor hatte Jakob den Segen nur mittelbar durch seinen Vater empfangen. Nun spricht Gott selbst zu ihm. In dieser Stunde erfährt Jakob: Segen kann weder vererbt noch erworben werden. Es ist allein ein Akt freier Gnade, wenn Gott trotz massiver menschlicher Verfehlung zu seinem Wort steht und diesen Betrüger zu seinem Segensträger macht.

RAHEL UND LEA
Genesis 29

Danach brach Jakob von Bethel auf
und kam in die Gegend von Haran.
Dort traf er Hirten am Brunnen.
„Seid gegrüßt, Freunde!", rief er.
„Sagt, wo kommt ihr her?"
„Aus Haran", antworteten sie.
„Kennt ihr auch Laban?"
„Ja, gewiss!
Sieh, da kommt seine Tochter Rahel
mit ihren Schafen zum Brunnen." 29,1ff

Da lief Jakob auf Rahel zu,
umarmte und küsste sie
und weinte vor Freude.
„Ich bin Jakob", sagte er,
„der Sohn von Rebekka."
Und er lief zum Brunnen,
wälzte den schweren Stein weg,
der den Brunnen verschloss,
und gab ihren Schafen zu trinken.
Rahel aber rief schnell
ihren Vater Laban herbei.

1. Mose / Genesis

Der eilte Jakob entgegen,
fiel ihm um den Hals und küsste ihn.
„Willkommen!", rief er.
„Was führt dich hierher?
Komm und erzähle!"
Darauf führte er ihn in sein Haus
und ließ sich alles berichten,
was Jakob erlebt hatte.
„Wenn du willst", sagte er,
„kannst du hier bleiben.
Du bist ja einer von uns." 29,10ff
So blieb Jakob bei Laban
und packte überall an,
wo er gebraucht wurde.
Laban aber hatte noch eine Tochter, Lea.
Beide Töchter waren so verschieden,
wie die Brüder Esau und Jakob.
Lea, die Ältere,
wirkte farblos und blass.
Niemand beachtete sie.
Niemand wollte sie zur Frau haben.
Rahel dagegen war eine Schönheit. 29,16f

Nach einem Monat
sagte Laban zu Jakob:
„Du bist zwar mit mir verwandt.
Trotzdem sollst du Lohn
für deine Arbeit bekommen.
Sag, wie viel verlangst du?" 29,15
„Ich will kein Geld", erwiderte Jakob.
„Ich habe nur einen Wunsch:
Gib mir deine Tochter Rahel zur Frau.
Sieben Jahre will ich dir dafür dienen."
„Gut", meinte Laban.
„Dein Vorschlag gefällt mir.
Bleibe so lange hier!
Dann soll Rahel deine Frau werden." 29,18f

So blieb Jakob in Haran.
Sieben Jahre lang diente er
seinem Onkel als Knecht.

Doch Jakob wurde die Zeit nicht lang.
Sie verging wie im Fluge,
so groß war seine Liebe zu Rahel. 29,20

Endlich nahte die Hochzeit.
Laban lud den ganzen Ort
zum Hochzeitsmahl ein.
Am Abend aber führte Laban
die verschleierte Braut zu Jakob hinein.
Der ahnte nichts Böses.
Aber am nächsten Morgen
sah er der Braut ins Gesicht.
Da sah er mit Schrecken:
Nicht Rahel war seine Frau,
sondern Lea, die ältere Schwester! 29,21ff
Zornig stellte er Laban zur Rede:
„Was hast du mir angetan?
Du hast mir Lea zur Frau gegeben.
Hast du mir nicht Rahel versprochen?
Warum hast du mich betrogen?"
Doch Laban erwiderte schlau:
„Erst ist die Ältere dran.
Denn so will es der Brauch.
Darum ich rate dir:
Halte sieben Tage mit Lea aus.
Dann ist die Hochzeit zu Ende.
Danach will ich dir auch Rahel
zur Frau geben."
Und listig fügte Laban hinzu:
„Dafür sollst du mir noch einmal
sieben Jahre lang dienen." 29,25ff

So blieb Jakob keine Wahl.
Er musste sich fügen.
Sieben Tage hielt er mit Lea aus.
Danach gab ihm Laban
auch seine Tochter Rahel zur Frau.
Und Jakob gewann Rahel
mit jedem Tag lieber.
Lea aber schenkte er keinen Blick.
Er sah nicht einmal, wie Lea sich grämte. 29,28ff

Jakob, der Betrüger, wird selbst zum Betrogenen. Er, der sich listig zum Herrn über seinen Bruder gemacht hat, wird von seinem Onkel überlistet und muss Laban insgesamt mehr als 20 Jahre dienen, ohne Aussicht, jemals wieder heimkehren zu können. Aber Gott bleibt seinem Versprechen treu. Er segnet Jakob in der Fremde.

JAKOBS SÖHNE
Genesis 29,31ff

Danach erbarmte sich Gott über Lea
und schenkte ihr einen Sohn,
den nannte sie RUBEN.
„Ich habe einen Sohn geboren!", rief Lea.
„Gott hat mein Leid angesehen.
Nun wird mich mein Mann lieben." 29,31f

Danach wurde Lea erneut schwanger
und brachte noch einen Sohn zur Welt.
„Auch diesen Sohn", sprach sie,
„hat Gott mir geschenkt.
Er hat gehört, dass ich ungeliebt bin."
Und sie nannte ihn SIMEON. 29,33

Und wieder wurde Lea schwanger
und brachte den dritten Sohn zur Welt.
„Nun habe ich meinem Mann
drei Söhne geboren", sagte sich Lea.
„Nun wird er hoffentlich an mir hängen."
Und sie nannte den dritten Sohn LEVI. 29,34

Danach wurde Lea wieder schwanger
und brachte den vierten Sohn zur Welt.
„Nun will ich Gott danken", sprach sie.
„Denn auch diesen Sohn
hat Gott mir geschenkt."
Und sie nannte ihn JUDA. 29,35

Danach schenkte Gott Lea
noch zwei weitere Söhne,
ISSACHAR und SEBULON
und auch eine Tochter,
DINA mit Namen. 30,17ff

So wurde Lea in ihrem Leid getröstet.
Gott segnete sie und machte sie
zur Mutter des Volkes,
das Gott vor allen Völkern erwählt hat.

Noch weitere Söhne
wurden Jakob geschenkt.
Vier Söhne brachten die Mägde
der beiden Frauen zur Welt.
Und dies sind ihre Namen:
DAN, NAFTALI, GAD und ASSER. 30,4ff

Aber Rahel hatte kein Kind.
Erst nach vielen Jahren
erbarmte sich Gott über sie
und schenkte auch ihr einen Sohn,
den nannte sie JOSEF. 30,22ff
Dieser wurde der Liebling des Vaters,
weil er der Jüngste war
und der Sohn seiner geliebten Frau. 37,3

Jahre später gebar Rahel
noch einen Sohn.
Aber seine Geburt war so schwer,
dass Rahel sie nicht überlebte.
Noch im Sterben
gab sie ihrem Sohn
den Namen BEN-ONI,
das heißt: Sohn meines Unglücks.
Doch Jakob nannte ihn BEN-JAMIN,
das heißt: Sohn des Glücks.
Denn er und sein Bruder Josef
waren Jakobs einziges Glück,
nachdem ihm Rahel genommen war. 35,16ff

Dies sind die zwölf Söhne Jakobs,
die ihm Lea und Rahel
und seine zwei Nebenfrauen
geschenkt hatten.
Von diesen zwölf Söhnen
stammt das Volk Israel ab,
das Gott vor allen Völkern erwählt hat.

Jakobs Kindersegen ist ein sichtbares Zeichen, dass Gott mit ihm ist und sein Segen auf ihm ruht. Aber mit seinem Kindersegen bahnt sich bereits der nächste Konflikt zwischen den Söhnen Jakobs an (37ff), der sich schon in dem tragischen Konflikt zwischen den beiden Schwestern und in Leas verzweifeltem Werben um die Liebe Jakobs vorweg abzeichnet.

ISRAEL
Genesis 32f

Über zwanzig Jahre lebte Jakob
bei seinem Onkel in Haran.
Er war inzwischen
ein wohlhabender Mann.
Seine Kinder wuchsen heran.
Und auch die Zahl seiner Tiere
wurde mit jedem Jahr größer.
Aber mit jedem Jahr
wuchs auch sein Heimweh.
Seit seiner Flucht hatte Jakob
nichts mehr von seinen Eltern gehört.
Er wusste nicht einmal,
ob ihm Esau noch grollte.
Schon längst wäre Jakob gerne
in seine Heimat zurückgekehrt,
aber Laban hielt ihn immer noch
wie einen Knecht bei sich fest.

Eines Nachts aber
sprach Gott zu Jakob im Traum:
„Ich bin der Gott,
der dir in Bethel erschienen ist.
Nun mach dich auf!
Zieh wieder heim.
Ich will mit dir sein."   31,13

Da sammelte Jakob heimlich
seine Frauen und Kinder um sich,
auch seine Knechte und Mägde
und alle Tiere, die er erworben hatte,
und machte sich auf den Weg.   31,17ff
Viele Wochen war er unterwegs.
Seine Herden kamen nur langsam voran.
Endlich zeigten sich in der Ferne
die Berge von Kanaan.
Aber je näher Jakob herankam
desto mehr fürchtete er sich
vor dem Zorn seines Bruders,
den er so übel betrogen hatte.

Da schickte Jakob Boten voraus
und trug ihnen auf:
„Geht zu Esau und richtet ihm aus:
Jakob, dein Bruder, kehrt heim.
Er will sich mit dir versöhnen."
Aber die Boten kamen
nach wenigen Tagen wieder zurück.
Sie meldeten Jakob:
„Dein Bruder zieht dir
mit 400 Mann entgegen."   32,4ff

Als Jakob das hörte,
wurde ihm angst und bange.
In aller Eile teilte er
seine Herden in zwei Lager,
um wenigstens einen Teil
vor Esaus Männern zu retten.
Danach warf er sich auf die Erde,
betete und schrie zu Gott:

„Du Gott Abrahams
und Gott Isaaks, meines Vaters!
Hast du nicht gesagt:
Zieh wieder heim?
Hast du mir nicht versprochen:
Ich will mit dir sein?
Ach Herr,
du hast mir so viel Gutes erwiesen.
Ich weiß, ich bin es nicht wert.
Ich hatte nur diesen Wanderstab,
als ich dies Land verließ.
Doch nun sind aus mir
zwei große Lager geworden.
Ich bitte dich, Herr:
Rette mich vor meinem Bruder!
Ich habe große Angst.
Sicher will er mich töten,
mitsamt meiner Familie."   32,8ff

Danach stellte Jakob eilig
ein Geschenk für Esau zusammen:
200 Ziegen und 20 Böcke,
200 Schafe und 20 Widder,
30 Kamele mit ihren Füllen,
40 Kühe und 10 Stiere,
20 Eselinnen und 10 Esel.
Und er befahl seinen Knechten:
„Geht uns voraus
und bringt die Tiere zu Esau.
Und wenn er euch fragt:
Wer schickt euch?
Wem gehören die Tiere?,

dann antwortet ihm:
Es ist ein Geschenk deines Bruders."
Denn Jakob dachte bei sich:
Vielleicht kann ich Esau
mit diesem Geschenk versöhnen.   32,14ff

So zog Jakob Esau entgegen.
Nur noch der Grenzfluss Jabbok
trennte ihn von seinem Bruder.
Voll Angst und Sorge dachte er
an den kommenden Tag,
an dem er Esau begegnen würde.
Schon brach die Nacht herein.
Da führte Jakob
seine Frauen und Kinder
durch eine Furt zum anderen Ufer.
Er selbst aber blieb allein
am Jabbok zurück.   32,23ff

Doch plötzlich –
Jakob zuckte zusammen –
stand eine dunkle Gestalt vor ihm.
Sie sprang ihn an,
stürzte sich auf ihn
und hielt ihn im Griff.
Jakob wehrte sich.
Er schlug um sich,
krallte sich fest.
Da schlug der andere zu.
Er traf seine Hüfte.
Jakob spürte einen stechenden Schmerz.   32,25f

Schon dämmerte es.
Ein neuer Morgen brach an.
Da dämmerte auch Jakob,
wer mit ihm gerungen hatte:
War es ein Engel Gottes?
Oder war es etwa Gott selbst?
„Lass mich gehen!", sprach dieser.
„Die Morgenröte bricht an."
Aber Jakob hielt ihn fest.
„Nein, ich lasse dich nicht.
Segne mich erst!"   32,27
Er aber fragte:
„Wie heißt du?"
„Jakob heiße ich."
Da sprach er:
„Ab heute sollst du
einen neuen Namen bekommen.
ISRAEL, ‚Gotteskämpfer',

soll man dich nennen.
Denn du hast mit Gott
und mit Menschen gekämpft –
und hast den Kampf bestanden."
„Aber wie heißt du?",
fragte Jakob zurück.
„Warum fragst du mich danach?",
sprach jener.
Und er segnete Jakob.   32,28ff

Da nannte Jakob den Ort Pnuël,
das heißt Angesicht Gottes.
Denn so sprach er:
„Ich habe Gott von Angesicht gesehen.
Und doch blieb mein Leben bewahrt."
Nun hatte er Mut,
seinem Bruder entgegenzugehen.   32,31

In diesem Augenblick
ging Jakob die Sonne auf.
In der Ferne sah er Esau
mit seinen Männern kommen.
Schnell stellte er Frauen und Kinder
in Reih und Glied auf.
Er selbst aber ging ihnen voran.
Getroffen vom Schlag auf die Hüfte
zog er hinkend Esau entgegen.
Siebenmal verneigte er sich
vor seinem Bruder bis auf die Erde.
Doch Esau eilte auf ihn zu,
fiel ihm um den Hals,
küsste ihn und weinte vor Freude.

Da brach auch Jakob in Tränen aus.
Nun glaubte auch er:
Sein Bruder hatte ihm alles vergeben.
Gott hatte sie miteinander versöhnt.   33,1ff

Als aber Esau die Frauen und Kinder sah,
fragte er Jakob verwundert:
„Wer sind diese?
Und was bedeuten die vielen Tiere,
die du mir entgegen geschickt hast?"
„Die Tiere sind mein Geschenk."
Doch Esau entgegnete:
„Behalte deine Tiere für dich.
Ich habe selbst genug."
„Aber nein!", entgegnete Jakob.
„Ich bitte dich herzlich:
Nimm mein Geschenk an!

1. Mose / Genesis

Denn wie das Angesicht Gottes,
so freundlich blickst du mich an." 33,5ff

Danach trennten sich beide in Frieden.
Esau kehrte ins Südland zurück,
Jakob aber zog von dort aus
weiter nach Bethel,
wo Gott ihm vor Jahren erschienen war.
Dort befahl er seinen Leuten:
„Holt eure Festkleider hervor.
Trennt euch von anderen Göttern,
die ihr noch heimlich verehrt."
Darauf baute er in Bethel einen Altar,
wie er vor Jahren gelobt hatte. 28,22
So dankte er seinem Gott,
der ihn sicher an diesen Ort
zurückgeführt hatte. 33,1ff

An diesem Tag
erneuerte Gott sein Versprechen:
„Jakob heißt du.
Aber nicht mehr Jakob,
sondern Israel soll man dich nennen.
So soll das ganze Volk heißen,
das von dir abstammt.
Ich, der Allmächtige, bin euer Gott.
Darum vermehrt euch!
Werdet ein großes Volk!
Dieses Land will ich dir
und deinen Nachkommen geben." 35,10ff

Da ließ sich Jakob
im Land Kanaan nieder,
samt allen, die zu ihm gehörten.
Und Jakob suchte Frieden
mit allen Bewohnern des Landes. 35,5

Diese Szene beschreibt die zweite Nachterfahrung in Jakobs Leben. In ihr offenbart sich Gott Jakob aufs Neue, aber ganz anders als zuvor in Bethel (28). Buchstäblich überwältigend ist diese Begegnung, in der ihm Gott in den Weg tritt, erschreckend fremd und zugleich tröstlich nah. Wie ein Feind überfällt er ihn, oder wie ein Dämon, der im Fluss auf die Reisenden lauert. Erst im Rückblick, im Licht des anbrechenden Tages, wird offenbar, wer mit Jakob gerungen hat. Gott will nicht, dass Jakob gedankenlos der Begegnung mit dem Bruder entgegenstolpert. Dazwischen steht die schwere Schuld Jakobs, die auch nach zwanzig Jahren nicht verjährt ist. Der nächtliche Kampf zeigt an: Allein Gott kann diese Schuld aufheben. Jakob erfährt dies im Ringen mit Gott schmerzlich und heilsam zugleich. Nicht als stolzer Sieger geht er aus dem Kampf hervor, sondern als einer, der von Gott empfindlich verletzt worden ist (Jakob hinkt an seiner Hüfte!). Aber dennoch lässt er Gott nicht los, sondern klammert sich an ihn: „Ich lasse dich nicht, du segnest mich denn!" (32,27).

Das ist die Erfahrung des neuen Tages, die Jakob nach der Todeserfahrung der Nacht neu ins Leben zurückholt: Gott segnet den Verletzten. Aber dieser Segen unterscheidet sich von allem, was Jakob bisher als Gottes Segen empfangen hat: Weder seine Privilegien, die er seinem Bruder abgekauft hat, noch sein materieller Besitz, nicht einmal sein Kinderreichtum zeichnen ihn als Gesegneten aus, sondern allein Gottes Vergebung, die Jakob trotz seiner Schuld am Leben erhält und die ihn zum Segensträger für andere macht. Gott nimmt Jakob den alten Namen, der mit Schuld behaftet ist (Jakob – der Betrüger!) und gibt ihm den neuen Namen Israel, der ihn als Stammvater jenes Volkes ausweist, das Gott vor allen Völkern gesegnet hat.

So kann Jakob dem Bruder entgegengehen, nicht als einer, der mit Reichtum gesegnet ist und seinen Reichtum stolz vor sich herträgt, sondern als einer, der vom Kampf mit Gott gezeichnet ist. Dabei macht Jakob die wunderbare Erfahrung, dass Gott den Bruder ohne sein Zutun schon zur Versöhnung bereit gemacht hat. Was für eine Geschichte! Mit ihr hat sich Israel zu allen Zeiten daran erinnert, worauf seine wahre Identität beruht. Es ist allein Gottes Gnade, die Jakob und seine Nachkommen trotz eigener Schuld zu Segensträgern für die Völkerwelt macht und Versöhnung schafft, wo, menschlich gesehen, keine Versöhnung mehr möglich scheint.

DINA
Genesis 34

Jakob hatte eine Tochter,
Dina mit Namen.
Sie war das jüngste Kind Leas 30,21
und wuchs unter dem Schutz
ihrer sechs großen Brüder auf.
Diese waren streng darauf bedacht,
dass niemand ihrer Schwester schadete.

Doch eines Tages ging Dina allein
zur nahe gelegenen Stadt.
Da begegnete ihr Sichem,
der Sohn Hamors,
der über die Stadt regierte.
Als aber Sichem das Mädchen sah,
war es um ihn geschehen.
Er zog Dina mit Gewalt in sein Haus
und zwang sie, mit ihm zu schlafen.
So leidenschaftlich liebte er sie,
dass er sie nicht mehr freigeben wollte.
Er redete auf Dina ein,
lockte sie und warb um sie.
Doch Dina blieb stumm. 34,1ff

Da ging Sichem zu seinem Vater,
drängte und bat ihn: „Hilf mir,
dass ich das Mädchen bekomme.
Ich muss sie unbedingt zur Frau haben." 34,4
So ging Hamor mit seinem Sohn
zu Jakob, um mit ihm zu reden.
Da kamen gerade Dinas Brüder
vom Feld nach Hause.
Als diese erfuhren, was Sichem
ihrer Schwester angetan hatte,
packte sie gewaltiger Zorn.
Dieser Kerl wagte es,
ihre Schwester zu schänden!
Für diese unerhörte Tat
gab es keine Gnade in ihren Augen! 34,6f

Doch Hamor redete freundlich
mit ihnen: „So hört doch!
Mein Sohn liebt eure Tochter.
Er sehnt sich von Herzen nach ihr.
Bitte, gebt ihm Dina zur Frau!
Ich biete euch einen Tausch an:
Heiratet ihr unsere Töchter
und lasst euch für immer hier nieder.
Das ganze Land steht euch offen.
Dann bleiben wir im Frieden
miteinander verbunden."
„Ja!", mischte sich Sichem ein.
„Verlangt von mir, was ihr wollt!
Wenn ich nur das Mädchen bekomme!" 34,8ff

Doch die Brüder dachten nur an Rache.
Hinterlistig erwiderten sie:
„Du kannst Dina nicht haben,
es sei denn, ihr lasst euch beschneiden,
alle Männer in eurer Stadt.
Dann wollen wir bei euch wohnen
und gemeinsam ein Volk bilden." 34,13ff

Das gefiel den beiden gut.
Sogleich machten sie sich auf,
gingen zu den Männern der Stadt
und überredeten sie,
dass sie sich beschneiden ließen.
Aber danach, am dritten Tag,
als alle noch geschwächt waren,
schlugen Simeon und Levi zu.
Mit Schwertern drangen sie
in die friedliche Stadt ein
und schlugen alles kurz und klein,
was ihnen in den Weg kam.
Auch Sichem und Hamor
töteten sie mit dem Schwert
und holten Dina aus Sichems Haus.
Mit reicher Beute beladen
kehrten sie zu Jakob zurück. 34,18ff

Als aber Jakob von dem Blutbad hörte,
das seine Söhne angerichtet hatten,
rief er entsetzt: „Was habt ihr getan?
Ihr habt mich ins Unglück gestürzt!
Nun werden sie kommen
und Krieg mit uns führen.
Dann sind wir verloren." 34,30

Aber seine Söhne ließ das kalt.
„Und wenn?", meinten sie ungerührt.
„Sollte deshalb die Schandtat
an unserer Schwester ungestraft bleiben?" 34,31

Obwohl eine Frau im Mittelpunkt dieser Geschichte steht, wird die Handlung ausschließlich von Männern und von Gewalt beherrscht. Unter dem Vorwand verletzter Familienehre begehen die beiden Brüder Simeon und Levi einen „Ehrenmord" und glauben sich dabei sogar im Recht. Aber nach altem israelitischen Gesetz liegt das Recht bei dem, der nach der Vergewaltigung bereit ist, die Frau zu heiraten (vgl. dazu Dtn 22,28f). Auch Jakob billigt das gewalttätige Vorgehen seiner Söhne nicht, sondern noch auf seinem Sterbebett verflucht er ihren Jähzorn (49,5ff).

Diese Geschichte zeigt an, wie gefährdet der Friede zwischen Jakobs Familie und den Bewohnern des Landes ist, wobei der Frieden vor allem durch die internen Konflikte in Jakobs Familie bedroht ist. In dieser wie auch in der folgenden Geschichte von Juda und Tamar wird schonungslos aufgezeigt: Keiner der Stammväter Israels ist frei von Schuld. Sogar an Levi, dem Stammvater des späteren Priestergeschlechts, klebt Blut! So bilden diese Gewalt-Geschichten den Kontrapunkt zu Gottes Segensverheißung und zugleich das Vorspiel zu dem Bruderkonflikt der Josefsgeschichte.

JUDA UND TAMAR
Genesis 38

Bald braute sich neues Unheil
über Jakobs Familie zusammen.
Daran war Juda schuld, Jakobs Sohn.
Und das kam so:

Juda hatte eine kanaanäische Frau.
Sie hatte Juda drei Söhne geboren:
Er, Onan und Schela.
Als Er, der Älteste, erwachsen war,
gab Juda ihm Tamar zur Frau.
Doch bald darauf starb Er.
Tamar blieb kinderlos zurück.
Da gab sie Juda
seinem zweiten Sohn Onan zur Frau,
damit er Kinder mit ihr zeugte.
Denn so war es in Israel Brauch.
Aber Onan weigerte sich,
Kinder für seinen Bruder zu zeugen.
Und bald darauf starb auch Onan. 38,1ff

Da sagte Juda zu Tamar:
„Geh zurück zu deiner Familie
und bleib dort so lange als Witwe,
bis Schela, mein jüngster Sohn, groß ist.
Dann soll er dich heiraten,
damit er dir Kinder schenke." 38,11

So vergingen die Jahre. 38,14
Schela war inzwischen erwachsen.

Aber Juda dachte nicht daran,
sein Versprechen einzulösen.
Denn er fürchtete,
auch Schela könnte sterben,
wenn Tamar seine Frau würde. 38,11

Nach langer Zeit aber starb Judas Frau.
Nachdem die Zeit der Trauer vorüber war,
machte sich Juda mit seinem Freund auf,
um seine Schafe zu scheren.
Da traf er auf dem Weg eine Frau,
die saß verschleiert am Wegrand.
„Sicher ist es eine Hure", sagte sich Juda.
„Sie will, dass ich mit ihr schlafe."
Juda ging auf sie zu und fragte:
„Kann ich zu dir kommen?"
„Was gibst du dafür?"
„Einen Ziegenbock von der Herde",
sagte Juda, „ich schicke ihn dir."
„So gib mir ein Pfand,
bis du mir den Ziegenbock schickst."
„Ein Pfand?", fragte Juda.
„Was für ein Pfand forderst du von mir?"
„Deinen Siegelring und deine Schnur
und deinen Hirtenstab noch dazu."
Da gab ihr Juda das Pfand
und schlief mit ihr.
Aber Juda ahnte nicht, wer die Frau war,
mit der er geschlafen hatte. 38,12ff

Nicht lange danach
bat Juda seinen Freund:
„Geh zu der Hure,
die dort am Wegrand sitzt.
Bring ihr den Ziegenbock
und hol das Pfand zurück,
das ich ihr gab."
Aber der Freund kam
unverrichteter Dinge zurück.
Er berichtete Juda:
„Am Wegrand sitzt keine Hure.
Ich habe die Leute gefragt.
Doch niemand hat eine Hure gesehen."
„Dann soll sie das Pfand behalten",
antwortete Juda. „Es ist besser,
wir machen kein Aufheben daraus.
Sonst leidet darunter mein Ruf.
Ich habe jedenfalls getan,
was ich schuldig war." 38,20ff

Aber bald darauf wurde Juda gemeldet:
„Deine Schwiegertochter ist schwanger."
„Was?", rief Juda empört.
„Dann muss Tamar sterben.
Ja, sterben muss sie, denn sie hat
eine schwere Sünde begangen.
Führt sie heraus und verbrennt sie!" 38,24

Doch als sie Tamar herausführten,
da hielt sie in ihrer Hand – Judas Pfand!
„Bringt dies zu Juda", bat sie,
„und fragt ihn: Erkennst du den Ring,
den Stab und die Schnur?
Weißt du auch, wem dies alles gehört?" 38,25

Als aber Juda das Pfand sah,
erschrak er zu Tode.
Auf einmal begriff er, was er getan hatte.
Er hatte mit Tamar geschlafen!
Seine eigene Schwiegertochter
war schwanger von ihm!
Nicht sie, ihn allein traf die Schuld!
„Tamar ist im Recht",
bekannte Juda entsetzt.
„Ich bin an ihr schuldig geworden.
Denn ich habe ihr meinen Sohn
nicht zum Mann gegeben." 38,26

Nicht lange danach
brachte Tamar Zwillinge zur Welt,
Perez und Serach, Judas Söhne.
Perez war der Erste, 38,27ff
der aus dem Mutterleib kam.
Von ihm stammt der ab,
der nach Gottes Willen
König über Israel werden sollte:
David, der Erwählte Gottes.

Obwohl die Geschichten von Dina und Tamar im Genesisbuch an verschiedenen Stellen stehen, wird durch die Zusammenschau beider Erzählungen der Blick für die ungeheure Schuld geschärft, die die ältesten Söhne Jakobs auf sich laden. Nachdem Ruben sein Erstgeburtsrecht verscherzt hat, weil er sich mit Jakobs Nebenfrau eingelassen hat (35,22; 49,4) und auch die nachfolgenden Söhne Simeon und Levi sich durch ihre Bluttat nicht als würdige Erben der Verheißung erwiesen haben, ist es nun auch Juda, der durch sein Verhalten schwere Schuld auf sich lädt. Dabei wird Juda nicht so sehr angelastet, dass er mit seiner Schwiegertochter geschlafen hat, ohne es zu wissen, sondern, dass er ihr seinen dritten Sohn als Mann vorenthielt. Dem liegt ein altes Gesetz in Israel zugrunde: das Gesetz der sog. „Schwagerehe", das vorschreibt: Wenn ein Mann kinderlos stirbt, so hat der nachfolgende Sohn als Erbe auch die Frau des Verstorbenen zu heiraten und mit ihr Kinder zu zeugen. Diese gelten als rechtmäßige Erben des Verstorbenen (Dtn 25,5–10). Dieses Gesetz dient sowohl zum Schutz der Frau als auch zur Ehre des Verstorbenen. Dass Juda Tamar dieses Recht vorenthält, ist ein schreiendes Unrecht. Es führt Tamar zu einem Verzweiflungsakt. Verschleiert, als Hure verkleidet, erzwingt sie ihr Recht bei Juda, was sie fast das Leben kostet. Aber am Ende dieser Geschichte steht die Hoffnung, dass Gott trotz und durch diese in Schuld verstrickten Menschen seine Zukunft baut. Ausgerechnet Tamar, jene missachtete Frau, eine Kanaanäerin, wird die Stammmutter des Königs David und am Anfang des Matthäusevangeliums ausdrücklich im Stammbaum Jesu genannt (Mt 1,3).

1. Mose / Genesis

JOSEF UND SEINE BRÜDER   GENESIS 37–50

JOSEF
Genesis 37

Dies ist die Geschichte von Josef,
dem Sohn Jakobs, den ihm Rahel gebar.
Jakob liebte Josef über alles,
mehr als alle anderen Söhne,
weil er der Sohn Rahels war
und ihm noch im Alter geboren war.
Sein Vater Jakob schenkte ihm
ein prächtiges Gewand,
einen bunten Ärmelrock,
der ihn vor allen Brüdern hervorhob.
Als aber die Brüder sahen,
dass ihr Vater ihn mehr liebte als sie,
begannen sie ihren Bruder zu hassen.   37,3f

17 Jahre alt war Josef,
da schickte ihn sein Vater Jakob
zu den großen Brüdern aufs Feld,
damit er ihnen zur Hand ging.
Aber Josef erzählte dem Vater alles,
was seine Brüder dort anstellten.
Das ärgerte die Brüder sehr.
Und sie fanden für Josef
bald kein freundliches Wort mehr.   37,2.4

Einmal hatte Josef einen Traum,
den erzählte er seinen Brüdern.
„Hört, was ich geträumt habe:
Ich sah im Traum ein Kornfeld vor mir.
Das Korn war geschnitten
und wir banden es
in Garben zusammen.
Jeder von uns band eine Garbe.
Aber meine Garbe war die größte.
Sie stand in der Mitte.
Alle eure Garben
verneigten sich vor meiner Garbe."
„Unerhört!", riefen die Brüder empört.
„Willst du denn über uns herrschen?
Glaubst du etwa,
du seist unser König?"
Und sie hassten Josef noch mehr.   37,5ff

Nicht lange danach hatte Josef
noch einen Traum.
Auch den erzählte er dem Vater
und seinen Brüdern.
„Stellt euch vor", sagte Josef,
„Sonne, Mond und elf Sterne
kamen vom Himmel herab
und verneigten sich vor mir."
„Was für ein Traum!",
schalt ihn sein Vater.
„Sollen wir denn kommen
und vor dir niederfallen,
dein Vater, deine Mutter
und deine elf Brüder?
Was bildest du dir ein?"
Aber im Stillen dachte Jakob:
Ich will mir den Traum merken.
Wer weiß, vielleicht hat Gott
wirklich Großes mit Josef vor?   37,9ff

– – –

Eines Tages rief Jakob
seinen Sohn Josef und bat ihn:
„Geh und such deine Brüder.
Sie hüten die Schafe bei Sichem,
ein paar Tagereisen von hier.
Ich mach mir Sorgen um sie.
Frag sie, ob es ihnen gut geht.
Komm danach wieder zurück
und gib mir Bescheid."   37,12ff

Da zog Josef sein buntes Gewand an,
das kostbare Ärmelgewand,
und machte sich auf nach Sichem,
um seine Brüder zu suchen.
Die aber waren längst weiter gezogen.
Endlich fand sie Josef bei Dotan.   37,17

Doch als Josef noch ferne war,
sahen ihn seine Brüder kommen.
„Seht her!", riefen sie.

„Da kommt ja der Träumer!
Jetzt ist er in unserer Gewalt.
Kommt, wir schlagen ihn tot
und werfen ihn in eine Zisterne.
Wir sagen einfach:
Ein wildes Tier hat ihn gefressen.
Dann wollen wir sehen,
was seine Träume wert sind!"
„Nein, tötet ihn nicht!",
warnte Ruben, der älteste Bruder.
„Werft ihn lieber lebendig
in diese leere Zisterne hier!
Aber vergreift euch nicht an ihm!"
Denn Ruben wollte Josef
dem Vater heil zurückbringen. 37,18ff

Da fielen die Brüder über Josef her,
rissen ihm sein Gewand vom Leib,
sein prächtiges Ärmelgewand,
das er anhatte, packten ihn
und warfen ihn in die leere Zisterne.
Josef weinte und schrie.
Er flehte die Brüder an. 42,21
Sie aber hörten nicht auf ihn.
Ungerührt setzten sie sich
auf die Erde und aßen ihr Brot. 37,25a

Als sie aber aufschauten,
sahen sie eine Karawane kommen,
Händler mit Kamelen, voll beladen,
die auf dem Weg nach Ägypten waren.
Da sagte Juda zu seinen Brüdern:
„Was bringt es uns,
wenn wir Josef töten?
Kommt, wir verkaufen ihn lieber.
Dann klebt kein Blut
an unseren Händen.
Aber Josef sind wir trotzdem los." 37,25

Da zogen sie Josef aus der Grube
und verkauften ihn an die Händler.
Zwanzig Silbermünzen nahmen sie
als Preis für den Bruder,
ihren eigenen Bruder! 37,28w

Ruben aber war nicht dabei,
als die Brüder Josef verkauften.
Als er gegen Abend zurückkam,
war die Zisterne leer.
Da zerriss Ruben sein Gewand.
Verzweifelt rief er: „Josef ist weg!
Was soll ich nur machen?"
Die Brüder überlegten nicht lange.
Sie schlachteten einen Ziegenbock,
nahmen Josefs Gewand,
das prächtige Ärmelgewand,
tauchten es in das Blut
und übergaben es einem Knecht.
Der brachte es dem Vater und sagte:
„Dies haben deine Söhne gefunden.
Sieh selbst,
ob es Josef gehört oder nicht." 37,29ff

Als aber Jakob das Gewand sah,
schrie er laut auf:
„Josef ist tot! Josef ist tot!
Ein wildes Tier hat ihn zerrissen."
Und Jakob zerriss sein Gewand
von oben bis unten,
band einen Sack um die Hüften,
warf sich auf die Erde,
weinte und klagte. 37,33f

Viele Tage und Nächte
lag er so da.
Vergeblich versuchten ihn
seine Söhne und Töchter zu trösten.
Doch Jakob ließ sich nicht trösten.
„Lasst mich!", rief er.
„Wozu soll ich noch leben?
Alle Freude ist für immer dahin.
Ich will um Josef weinen,
bis ich vor Gram sterbe
und bei meinem Sohn bin." 37,35

So trauerte Jakob um Josef,
seinen geliebten Sohn.
Hilflos sahen seine Söhne zu,
wie sich ihr Vater grämte.
Doch niemand verriet dem Vater,
was wirklich geschehen war.

Mit der Josefserzählung beginnt ein neues Kapitel in der Vätergeschichte. Sie erzählt von der furchtbaren Tragödie, die sich in Jakobs Familie abzeichnet. Kaum scheint die Segensverheißung erfüllt, wird sie bereits wieder radikal infrage gestellt. Jakobs Kindersegen bringt der Familie keinen Segen, sondern Eifersucht und unversöhnlichen Hass, der am Ende die ganze Familie und ihre Zukunft zu zerstören droht. Gleich mit der ersten Erzählung stellt sich unausgesprochen die Frage: Wer ist schuld am Zerbruch dieser Familie? Die Antwort, die hier erzählend entfaltet wird, lautet kompromisslos: Keiner der beteiligten Menschen ist von Schuld ausgenommen – weder der Vater, denn seine Vorliebe für Josef schafft Eifersucht; noch Josef, denn sein Verhalten muss die Brüder reizen; noch die Brüder, denn sie sind bereit, ihren eigenen Bruder zu töten und vorsätzlich ihren Vater zu täuschen. Eine Verkettung von Schuld mit unabsehbaren Folgen zeichnet sich ab.

Die Unerhörtheit dieses Geschehens wird zusätzlich durch die Form der Erzählung verschärft: Dass die Brüder zu essen wagen, während ihr Bruder in Todesangst schwebt, dass sie ihn ungerührt für Geld verkaufen und bedenkenlos in die Sklaverei schicken, ruft Empörung hervor. Ebenso unterstreicht das immer wiederkehrende Motiv des zerrissenen Kleides den Riss, der durch diese Familie geht. Er setzt sich fort in der folgenden Geschichte von Judas Vergehen an Tamar, seiner Schwiegertochter und deren Sohn Perez (dt. „Riss", 38,29). So tief zieht sich der Riss durch diese Familie, dass er alle, auch Tamar, eine unschuldige Frau, mit ins Unglück zieht, und dass selbst Juda, dessen Nachkommen später eine herausgehobene Stellung in der Geschichte Israels einnehmen werden, nicht frei ist von Schuld.

Gott wird in diesem Familiendrama (37f) nicht erwähnt. Nichts erinnert an Gottes Verheißung, die doch dieser Familie gilt. Dadurch wird in dieser Erzählung die Spannung zusätzlich verschärft. Allein in den Träumen Josefs deutet sich leise an, dass Gott dennoch im Verborgenen diese Geschichte lenkt und am Ende durch alle schuldhaften Verirrungen hindurch zu seinem Ziel führt.

IN ÄGYPTEN
Genesis 39

Die Händler brachten Josef nach Ägypten.
Dort verkauften sie ihn an Potifar,
einen hohen Beamten des Pharao,
der über die Leibwache gesetzt war.
So wurde Josef Sklave in Potifars Haus. 39,1

Aber bald merkte Potifar,
dass Josef anders war
als seine übrigen Sklaven.
Denn Gott war mit Josef.
Und alles, was er anpackte,
das ließ Gott ihm gelingen.
Darum setzte ihn Potifar
über alle Sklaven in seinem Haus
und überließ ihm alle seine Güter.
Und Gott segnete Potifars Haus,
solange Josef bei ihm war. 39,2ff

Nun aber hatte Potifar eine Frau,
die hatte es auf Josef abgesehen.
Denn Josef sah gut aus
und hatte eine schöne Gestalt. 39,6b
„Komm!", flüsterte sie Josef zu.
„Sei mein Geliebter!
Leg dich zu mir und schlafe mit mir!"
Doch Josef wehrte erschrocken ab.
„Nein, niemals!", rief er entsetzt.
„Mein Herr hat mir alles anvertraut,
was ihm an Gütern gehört.
Doch du bist seine Frau.
Du gehörst nur ihm.
Wie könnte ich es wagen,
mich so gegen Gott
und meinen Herrn zu vergehen?" 39,7ff

Aber die Frau ließ nicht von Josef ab.
Jeden Tag setzte sie ihm zu
und versuchte ihn zu verführen.
Doch Josef hörte nicht auf sie. 39,10

Eines Tages aber traf es sich,
dass Josef allein im Haus war.
Da machte sich die Frau an ihn heran,
packte ihn an seinem Gewand
und redete auf ihn ein:
„Tu, was ich sage! Leg dich zu mir!"
Doch Josef ließ sein Gewand los
und lief schnell aus dem Haus. 39,11f

Als aber die Frau sah,
dass sie bei Josef nichts erreichte,
schrie sie laut, so laut,
dass alle herbeieilten.
„Seht", rief sie empört,
„was dieser Josef mir angetan hat.
Er wollte sich zu mir legen.
Aber ich schrie laut um Hilfe.
Da machte er sich aus dem Staub."
Und als Beweis zeigte sie
Josefs Gewand, das neben ihr lag. 39,14f

Bald darauf kam Potifar nach Hause.
Da zeigte ihm seine Frau das Gewand
und empört hielt sie ihm vor:
„Das hast du nun davon!
Du hast uns diesen Josef,
diesen Hebräer aus fremdem Land,
als Sklaven ins Haus geschleppt.
Aber stell dir vor:
Heute wollte er sich an mir vergehen.
Doch ich hab laut geschrien.
Da ließ er sein Gewand fallen.
Und weg war er." 39,16ff

Als aber Potifar hörte,
was seine Frau erzählte,
packte ihn furchtbarer Zorn.
Und ohne Josef zu hören, befahl er:
„Nehmt sofort Josef gefangen
und werft ihn ins Gefängnis."

Und so geschah es.
Aber niemand fragte danach,
was in Wahrheit geschehen war.
Auch Potifar nicht. 39,19f

Josef ist zwar gerettet, aber es folgt nun eine lange Leidensgeschichte, die Josef in eine fremde Welt verschlägt und ihn mit einer völlig anderen Kultur konfrontiert. Als Sklave hat er keinerlei Rechte in dieser fremden Kultur und ist der Willkür seines Herrn ausgeliefert und insbesondere seiner Herrin, die glaubt, über ihn verfügen zu können und ihn zugleich dreist verleumdet. Dabei verwendet sie das Wort „Hebräer" gezielt als Waffe gegen Josef. In dieser Bezeichnung schwingt subtile Verachtung mit gegenüber Volksgruppen, die einer fremden und vermeintlich primitiveren Kultur angehören. Und wieder ist es das Motiv des Gewandes, das die Demütigung Josefs versinnbildlicht.

Als deutlicher Kontrapunkt zu den Leidenserfahrungen Josefs ist der Satz zu verstehen, der sich wie ein roter Faden durch die Geschichte der Erniedrigung zieht: „Und Gott war mit Josef. Und was er tat, das ließ ihm Gott gelingen." Er zeigt an: Auch in dieser vermeintlich gottfeindlichen Welt ist und bleibt Gott seinem Diener nah und macht ihn zu seinem Zeugen inmitten einer Umwelt, die den Gott Israels nicht kennt. So z.B., wenn Josef sich gegenüber seiner Herrin verweigert mit der Berufung auf Gottes Gebot. Auf der anderen Seite zeigt das Verhalten der Frau an, wozu die Missachtung von Gottes Geboten führen kann (Du sollst nicht begehren, nicht ehebrechen, nicht falsch Zeugnis reden ...).

IM GEFÄNGNIS
Genesis 40

Mit einem Mal hatte Josef alles verloren,
was ihm noch geblieben war.
Nun saß er im Gefängnis des Pharao,
unter lauter Verbrechern,
ohne Hoffnung,
befreit zu werden.

Aber Gott war mit Josef,
sodass der Gefängniswärter
ihm freundlich gesonnen war.
Dieser merkte bald, dass Josef
kein gewöhnlicher Gefangener war.
So übertrug er ihm alle Arbeiten,
die es im Gefängnis zu tun gab.
Josef machte seine Arbeit so gut,
dass der Wärter sich bald
um nichts mehr zu kümmern brauchte.
Gott war mit Josef
und ließ es ihm gelingen. 39,21ff

So gingen die Tage dahin.
Doch eines Tages wurden
zwei hohe Beamte des Pharao
in das Gefängnis gebracht.
Sie hatten Hochverrat begangen
und waren beide beim Pharao
in Ungnade gefallen.
Der eine war der oberste Mundschenk,
der andere war der oberste Bäcker
am Hof des Königs gewesen.
Josef erhielt den Auftrag,
sich um die beiden zu kümmern. 40,1ff

Eines Morgens aber, als Josef
zu den beiden Gefangenen kam,
ließen diese den Kopf hängen.
„Was fehlt euch?", fragte sie Josef.
„Warum seid ihr so traurig?"
„Ach", seufzten sie,
„wir hatten beide einen seltsamen Traum.
Aber wir haben niemanden,
der uns den Traum deuten kann."
„Einen Traum deuten", sagte Josef,
„das steht Gott allein zu.
Doch erzählt mir den Traum!" 40,5ff

Da fing der Mundschenk an zu erzählen:
„Ich sah einen Weinstock
mit drei Reben vor mir,
der wuchs, grünte und blühte
und seine Trauben reiften heran.
Ich aber hielt den Becher des Königs,
pflückte die Trauben und drückte sie aus.
So füllte ich den Becher
und gab ihn dem König.
Und er trank daraus." 40,9ff

„Das ist ein guter Traum", sagte Josef.
„Die drei Reben bedeuten drei Tage.
In drei Tagen wird dich der Pharao
wieder in dein Amt einsetzen.
Und du wirst ihm wieder
den Becher reichen wie zuvor."
Und Josef fügte hinzu:
„Aber denk an mich,
wenn du zum Pharao kommst.
Erzähl ihm von mir
und sorge dafür, dass ich freikomme.
Denn ich bin ein Hebräer
und komme aus fremdem Land.
Man hat mich heimlich
aus meiner Heimat verschleppt.
Nun sitze hier gefangen,
obwohl ich doch unschuldig bin." 40,12ff

Als aber der Bäcker hörte,
was der Mundschenk geträumt hatte,
fasste auch er sich ein Herz
und erzählte:
„Ich trug im Traum drei Körbe
mit Kuchen auf meinem Kopf.
Im obersten Korb lag feines Gebäck,
das war für den Pharao bestimmt.
Aber da kamen Vögel,
die setzten sich auf den Korb
und fraßen alles Gebäck auf." 40,16f

„Dein Traum bedeutet nichts Gutes!",
sagte Josef erschrocken.
„In drei Tagen wirst du gehängt.
Und Vögel werden dein Fleisch fressen." 40,18f

Und wie Josef vorhergesagt hatte,
so traf es auch ein:
Nach drei Tagen
feierte der Pharao Geburtstag.
Da wurde der Mundschenk begnadigt
und wieder in sein Amt eingesetzt.
Der Bäcker aber wurde gehängt. 40,20ff

Aber der Mundschenk vergaß,
was er Josef versprochen hatte. 40,23

Selbst im Staatsgefängnis, an diesem gottverlassenen Ort, bleibt Gott Josef nahe und schenkt ihm die Gunst des Wärters und die Gabe der Traumdeutung! Dabei fällt auf, wie stark sich das Bild Josefs im Verlauf der Erzählung wandelt. Je tiefer der Weg Josefs ins Leiden führt, desto mehr wird sein Bild fast unwirklich verklärt. Anders als in Gen 37 erscheint hier Josef als vorbildlicher „Weiser", der Gott auch im Leiden durch seine „Gottesfurcht" bezeugt und auch in der Fremde sein Leben unter Gottes Gebot stellt. Seine Weisheit zeigt sich hier vor allem in der Gabe der Traumdeutung.

JOSEF VOR PHARAO
Genesis 41

Zwei Jahre danach hatte Pharao,
der König über Ägypten,
einen seltsamen Traum.
Ihm träumte, er stünde am Nil.
Da stiegen aus dem Wasser
sieben schöne und fette Kühe,
die grasten am Ufer des Nils.
Danach stiegen noch einmal
sieben Kühe heraus.
Die waren hässlich und mager
und fraßen die fetten Kühe auf. 41,1ff

Und noch einen Traum
hatte der Pharao in dieser Nacht:
Er sah im Traum einen Getreidehalm,
daraus wuchsen sieben Ähren,
dick und prall mit Korn gefüllt.
Danach sah er einen anderen Halm,
daraus wuchsen auch sieben Ähren,
aber sie waren dürr und leer,
vom heißen Ostwind versengt.
Und die sieben dürren Ähren
verschlangen die sieben dicken Ähren. 41,5ff

Da wachte der Pharao auf.
Unruhig wartete er,
bis der Morgen anbrach.
Dann ließ er sogleich alle Gelehrten
und Wahrsager zu sich rufen
und erzählte ihnen,
was er geträumt hatte.
Aber kein Gelehrter und kein Wahrsager
konnte die Träume des Königs deuten. 41,8

Schließlich trat der Mundschenk vor
und sagte zum Pharao:
„Heute denke ich an die Tage zurück,
die ich mit dem Hofbäcker
im Gefängnis verbrachte.
Da hatten wir beide
einen seltsamen Traum.
Aber ein Mitgefangener,
ein hebräischer Sklave,
hat uns unsere Träume gedeutet.
Und wie er vorhergesagt hat,
so ist es geschehen." 41,9ff

„Auf", befahl der Pharao,
„worauf wartet ihr noch?
Holt diesen Mann sofort her!"
Und sogleich holten sie Josef
aus dem Gefängnis,
schoren ihm seine Haare,
zogen ihm ein neues Gewand an
und führten ihn vor den Pharao.
Der wartete schon ungeduldig auf ihn.
„Ich habe gehört", sagte dieser,
„du kannst Träume deuten."

1. Mose / Genesis

Doch Josef entgegnete:
„Träume deuten, das steht mir nicht zu.
Gott ist es, der dem Pharao
durch seine Träume Gutes verkündet." 41,14ff

Da erzählte der Pharao,
was er geträumt hatte.
Josef aber sprach zu ihm:
„Beide Träume bedeuten dasselbe.
Gott zeigt dem Pharao,
was in Kürze geschehen wird.
Sieben fruchtbare Jahre stehen bevor,
reiche Ernten wie nie zuvor.
Aber nach sieben Jahren ist es so weit.
Dann folgt eine lange Dürrezeit
und eine schwere Hungersnot
sucht das Land heim.
Darum ist dies mein Rat:
Der Pharao setze einen Mann ein,
der in ganz Ägypten das Korn eintreibt
und die Lagerhäuser des Pharao füllt.
Und wenn die Hungerjahre kommen,
soll er das Korn an die Leute verkaufen." 41,25ff

„Ja, das ist gut!", rief der Pharao.
„Dein Plan gefällt mir.
Du sollst ihn ausführen.
Denn ich sehe: Aus dir spricht Gott.
Niemand ist so klug und weise wie du.
Ab heute bist du mein Stellvertreter
und Herr über ganz Ägypten.
Nur ich bin noch größer als du." 41,37ff
Er gab Josef seinen Siegelring,
legte ihm einen kostbaren Mantel an
und hängte eine goldene Kette
um seinen Hals.
Danach schickte er ihn
auf seinem Wagen durchs Land
und ließ überall ausrufen:
„Das ist des Landes Vater!
Der Pharao hat ihm
alle Macht übertragen." 41,42f

30 Jahre alt war Josef,
als der Pharao ihn
zu seinem Stellvertreter erhob.
Von nun an kleidete sich Josef
wie ein Ägypter
und sprach auch wie ein Ägypter.
Und der Pharao gab ihm
einen ägyptischen Namen.
Auch gab er ihm die Tochter
eines ägyptischen Priesters zur Frau.
Diese schenkte Josef zwei Söhne,
Manasse und Ephraim.
Und Josef sprach:
„Gott hat mich reich gesegnet
und mich vergessen lassen,
was ich erlitten habe." 41,44ff

So wurde Josef in Ägypten
ein überaus mächtiger Mann.
Aber niemand ahnte,
dass der mächtige Josef
in Wahrheit gar kein Ägypter war.

Josefs Erhöhung zum Stellvertreter des Pharao ist einerseits Ausdruck dessen, dass Gott die Seinen auch im fremden Land nicht allein lässt (vgl. auch dazu die Geschichte von Daniel; Dan 1–6). Aber die Erhöhung hat auch ihren Preis. Josefs Assimilation an die ägyptische Kultur geht so weit, dass er sogar die Tochter eines heidnischen (!) Priesters heiratet, ein Fakt, der an anderer Stelle scharf verurteilt wird (1. Kön 11,1ff; vgl. auch Esr 10,11ff). Nur ganz verhalten deutet sich in der Namensgebung der beiden Söhne an (41,51f), was hier auf dem Spiel steht: dass Josef nicht nur seine Herkunft verleugnen könnte, sondern vor allem seine Zugehörigkeit zu dem Gott seiner Väter Abraham und Jakob. Aus dieser Perspektive gewinnen die folgenden Erzählungen eine besondere Brisanz: Wird sich Josef am Ende zu seiner Herkunft bekennen und sich wieder in die Geschichte Gottes einbinden lassen? Erst am Ende der Josefserzählung (50,20f) findet diese Frage ihre endgültige und befreiende Antwort.

DIE BRÜDER
Genesis 42

Bald darauf traf ein,
was Josef vorhergesagt hatte.
Sieben Jahre lang brachten
die Felder Frucht in Fülle hervor.
Es gab reiche Ernten wie nie zuvor.
Im ganzen Land häufte sich
das Korn auf den Feldern.
Da ließ Josef in allen Städten
große Kornspeicher errichten
und sammelte darin so viel Korn,
dass es nicht mehr zu zählen war,
Korn wie Sand am Meer. 41,47ff

Aber nach sieben Jahren
trat eine lange Trockenzeit ein.
Die Ernte blieb aus.
Die Früchte auf den Feldern verdorrten.
Und eine schwere Hungersnot
suchte das Land heim.
Da kamen die Ägypter in Scharen
zu Pharao und baten verzweifelt:
„Gib uns Brot! Wir sterben vor Hunger."
Doch Pharao schickte sie alle zu Josef.
Der öffnete seine Kornspeicher
und verkaufte das Korn an die Ägypter.
Diese gaben dafür ihr letztes Geld her.
Und als sie kein Geld mehr hatten,
verkauften sie ihr Vieh und ihre Felder
und zuletzt sogar sich selbst
und wurden Leibeigene des Pharao. 41,53ff
So groß war der Hunger im Land. 47,13ff

Bald sprach es sich auch
in den Nachbarländern herum:
In Ägypten gibt es noch Brot.
Da kamen sie von überall an,
um Korn bei Josef zu kaufen.
Denn die Hungersnot
war in allen Ländern sehr groß. 41,57

In jenen Tagen traf bei Josef
auch eine Gruppe aus Kanaan ein.
Josef traute seinen Augen nicht.
Vor ihm standen –
seine eigenen Brüder!
Wie vor einem König,
so warfen sie sich vor ihm nieder.
Genauso hatte er es einst
im Traum vorhergesehen.
Aber seine Brüder
erkannten ihn nicht. 42,5f

Da beschloss Josef,
seine Brüder auf die Probe zu stellen.
„Wer seid ihr?", fragte er streng.
„Und woher kommt ihr?"
„Aus dem Land Kanaan", antworteten sie.
„Wir sind gekommen,
um Korn zu kaufen."
Doch Josef fiel ihnen ins Wort.
„Nein, ihr lügt! Spione seid ihr!
Ihr wollt nur unser Land ausspionieren."
„Aber nein! Wir sind ehrliche Leute
und gehören alle zu einer Familie.
Zwölf Brüder sind wir.
Doch zwei sind nicht hier.
Der jüngste Bruder ist zu Hause
bei unserem Vater geblieben.
Und der zweitjüngste –
lebt schon lange nicht mehr."
Doch Josef unterbrach sie:
„Nein, ich glaube euch nicht.
Bringt euren jüngsten Bruder zu mir!
Dann will ich euch glauben." 42,7ff

Darauf ließ er sie alle einsperren.
Drei Tage lang warteten die Brüder
bange hinter verschlossenen Türen.
Am dritten aber ging die Tür auf.
Josef kam herein.
„Hört, Leute!", sprach er.
„Diesmal lasse ich euch laufen.
Denn ich fürchte Gott.
Aber ich warne euch:
Wollt ihr am Leben bleiben,
dann tut, was ich sage:
Zieht jetzt heim zu euren Familien
und bringt ihnen das Korn,
damit dort niemand verhungert.
Aber danach bringt schleunig
euren jüngsten Bruder hierher.
Dann will ich euch glauben,

1. Mose / Genesis

dass ihr ehrliche Leute seid.
Einer von euch
bleibt so lange als Geisel hier." 41,17ff

Die Brüder sahen sich entsetzt an.
„Seht", flüsterten sie erschrocken,
„das ist die Strafe für alles,
was wir Josef angetan haben.
Wisst ihr noch, wie er uns anflehte,
als wir ihn in die Zisterne warfen?
Aber wir hörten nicht auf ihn."
„Ja", meinte Ruben, der älteste Bruder.
„Habe ich euch nicht damals gesagt:
Vergreift euch nicht an eurem Bruder.
Aber ihr habt nicht auf mich gehört.
Nun müssen wir dafür büßen." 42,21f

Aber die Brüder ahnten nicht,
dass Josef alles verstand, was sie sagten.
Die Tränen rollten ihm über das Gesicht,
als er die Brüder so reden hörte.
Schnell wandte er sich von ihnen ab
und wischte sich heimlich die Augen.
Niemand sollte merken,
was in ihm vorging.

Danach nahm er Simeon als Geisel,
ließ ihn fesseln und sperrte ihn ein.
Aber die anderen Brüder
ließ er ziehen mitsamt dem Korn,
das sie gekauft hatten. 42,23f

Als aber unterwegs einer der Brüder
seinen Kornsack öffnete,
da sah er zu seinem Entsetzen:
Obenauf lag der Beutel mit dem Geld,
das er dem Ägypter gezahlt hatte.
Auch die anderen fanden ihr Geld wieder,
als sie ihren Kornsack aufmachten.
Und bestürzt fragten sie sich:
„Wer hat das getan?
Warum tut Gott uns das an?
Am Ende glaubt der Ägypter,
wir hätten ihn bestohlen." 42,27f

Aber niemand wusste,
dass der Ägypter befohlen hatte,
das Geld in ihren Kornsack zu legen.
Und niemand ahnte, dass dieser Ägypter
in Wahrheit ihr eigener Bruder war. 42,25

Mit dieser Geschichte beginnt der 3. Akt der Josefsgeschichte, der die beiden Erzählstränge – Jakobs Familie in Kanaan und Josef in Ägypten – zusammenführt und am Ende zur Aussöhnung zwischen den Brüdern führt. Aber Aussöhnung wird nur möglich, wenn zuvor die eigene Schuld erkannt und bekannt wird. Erst in der Begegnung mit dem Bruder, den sie noch gar nicht als Bruder erkennen, wacht die Erinnerung an die alte Schuld auf, die längst verjährt und vergessen schien. Es ist ein langer Weg, der durch immer neue Ängste führt, bis die Brüder schließlich ihre eigene Schuld bekennen und bereit sind, dafür einzustehen (44,16ff).
Und Josef? Warum stellt er seine Brüder so lange auf die Probe? Auch Josef muss einen langen Weg zurücklegen, bis er es wagen kann, all seine erworbenen Sicherheiten zu riskieren und sich öffentlich zu seiner Familie zu stellen. Der lange Weg, den beide Seiten zurücklegen müssen, bis Gott sie zur Aussöhnung bereit macht, spiegelt sich äußerlich in den langen Wegstrecken, die die Brüder in dieser Geschichte zurücklegen müssen.

DIE VERSÖHNUNG
Genesis 43–45

Zehn Säcke voll Korn
hatten Jakobs Söhne
in Ägypten gekauft.
Aber es dauerte nicht lange,
da war alles Korn wieder verzehrt.
Und immer noch hielt die Dürre an.
Da sagte Jakob zu seinen Söhnen:
„Zieht noch einmal nach Ägypten
und kauft dort Korn für eure Familien."
Aber Juda entgegnete:
„Wir gehen nur,
wenn Benjamin mit uns geht.
Denn der Ägypter schärfte uns ein:
Bringt euren jüngsten Bruder zu mir.
Sonst seid ihr umsonst gekommen." 43,1ff

„Nein!", rief Jakob entsetzt.
„Warum habt ihr mir das angetan?
Warum habt ihr dem Ägypter verraten,
dass ihr noch einen Bruder habt?"
„Er hat uns danach gefragt",
erklärten die Brüder.
„Auch nach dir hat er gefragt.
Wie konnten wir ahnen,
dass er Benjamin sehen will?"
„Bitte, vertrau mir!", bat Juda.
„Ich sorge dafür,
dass Benjamin nichts geschieht.
Ich selbst bürge dafür.
Mein Ehrenwort gebe ich dir." 43,6ff

Schweren Herzens willigte Jakob ein.
„Gut, wenn es nicht anders geht,
dann muss es so sein.
Aber bringt dem Ägypter
Geschenke von hier!
Und nehmt genug Geld mit,
auch das Geld,
das in eurem Sack lag.
Bringt es wieder zurück! 43,11f
Vielleicht war es ein Irrtum.
Und nun geht mit Gott!
Der Allmächtige sei mit euch.
Er gebe euch Gnade vor dem Ägypter,
dass ihr mit Simeon und Benjamin
wieder heil zurückkehrt." 43,14

Da machten sich die Brüder
mit Benjamin auf den Weg
und zogen wieder nach Ägypten,
wo Josef sie schon erwartete.
Als er sie kommen sah,
befahl er seinem Verwalter:
„Führ die Männer ins Haus."
Sie aber fürchteten sich,
Josefs Haus zu betreten.
Denn sie sagten sich:
„Sicher glaubt dieser Ägypter,
wir hätten sein Geld gestohlen.
Nun will er uns dafür bestrafen.
Wer weiß, vielleicht will er uns
sogar zu Sklaven machen." 43,18

Aber Josefs Verwalter
sprach ihnen Mut zu:
„Fürchtet euch nicht
und sorgt euch nicht
wegen des Geldes!
Es ist ein Geschenk eures Gottes." 43,23
Darauf führte er Simeon
zu ihnen heraus
und lud sie alle ein in Josefs Haus.
Dort reichte er ihnen Wasser
für ihre staubigen Füße
und gab ihren Eseln zu trinken.
Wie hohe Gäste, so bediente er sie. 43,24
Die Brüder aber wussten nicht,
wie ihnen geschah.
Warum wurden sie plötzlich
so fürstlich empfangen? 43,15ff

Da erschien Josef.
Als die Brüder ihn sahen,
warfen sie sich vor ihm nieder.
Doch Josef begrüßte sie freundlich:
„Sagt, wie geht es eurem alten Vater,
von dem ihr erzählt habt?
Lebt er noch?" 43,26ff

„Ja, es geht ihm gut!", antworteten sie
und fielen erneut vor ihm nieder.
Plötzlich entdeckte Josef
Benjamin, seinen geliebten Bruder!

1. Mose / Genesis

Da war es um seine Fassung geschehen.
„Ist das euer jüngster Bruder?
Gott sei dir gnädig, mein Sohn!"
Er eilte hinaus, lief in seine Kammer
und weinte sich aus. 43,30

Als er sich wieder gefasst hatte,
kehrte er zu den Brüdern zurück.
„Nun tragt das Essen auf!",
befahl er den Dienern.
Seine Brüder aber ließ er so sitzen,
wie es ihrem Alter entsprach.
Benjamin saß am Ende der Tafel.
Er bekam fünfmal so viel auf den Teller
wie die anderen Brüder.
Die aber fragten sich verwundert:
„Woher weiß der Ägypter,
wie alt wir sind?
Und warum bekommt Benjamin
fünfmal so viel zu essen wie wir?" 43,31ff

Aber Josef ließ sich nichts anmerken.
Heimlich befahl er seinem Verwalter:
„Fülle den Männern die Säcke mit Korn
und leg das Geld wieder hinein,
das sie gezahlt haben!
Doch in Benjamins Sack leg noch
meinen silbernen Becher dazu!" 44,1f

Die Brüder aber ahnten nichts Böses.
Am nächsten Morgen
standen sie früh auf,
luden die vollen Säcke auf ihre Esel
und zogen fröhlich davon. 44,3f

Aber es dauerte nicht lange,
da holte sie Josefs Verwalter
auf seinem Pferd ein.
„Halt!", schrie er zornig.
„Bleibt stehen, ihr Diebe!
Was fällt euch ein?
Ihr habt meinem Herrn
den silbernen Becher gestohlen."
Die Brüder aber riefen erschrocken:
„Das ist nicht wahr!
Wir sind keine Diebe.
Wir haben nicht den Becher gestohlen.
Nie würden wir so etwas tun.
Schau selbst nach!
Du wirst ihn nicht finden.

Doch wenn einer von uns
ihn gestohlen hat, muss er sterben.
Wir aber wollen euch dann
für immer als Sklaven dienen."
„Recht so!", sagte der Verwalter.
„Aber nur der Dieb
soll unser Sklave werden.
Die anderen sind frei." 44,4ff

Danach durchsuchte Josefs Verwalter
alle Säcke, auch Benjamins Sack.
Und wirklich: Der silberne Becher
steckte in Benjamins Sack!

Da war es um die Brüder geschehen.
Sie zerrissen ihre Kleider
vor Entsetzen und Schmerz.
Und bestürzt fragten sie sich:
„Was soll nun aus Benjamin werden?"
Sofort ritten alle zu Josef zurück,
warfen sich vor ihm nieder
und stammelten:
„Wir alle tragen Schuld.
Gott hat sie aufgedeckt.
So mach uns alle zu deinen Sklaven!"
Aber Josef fiel ihnen ins Wort.
„Nein, nur der soll mein Sklave werden,
der den Becher gestohlen hat." 44,11ff

Da trat Juda vor und bat:
„Mein Herr, gewähre mir eine Bitte!
Mach mich zum Sklaven
an Benjamins Stelle!
Denn ich gab dem Vater mein Ehrenwort:
Ich bringe Benjamin heil zu ihm zurück.
Wenn nicht, will ich die Schuld tragen,
solange ich lebe.
Wenn aber Benjamin nicht mit uns käme,
wie könnte ich dann
vor unserem Vater bestehen?
Er hat schon einen Sohn verloren.
Ich könnte nicht mit ansehen,
wie er sich vor Kummer verzehrt." 44,18ff

Als aber Josef das hörte,
konnte er nicht länger an sich halten.
Schnell schickte er alle Diener hinaus.
Nur seine Brüder blieben zurück.
„Seht her!", rief Josef.
„Seht, wer vor euch steht!

Ich bin Josef, euer Bruder,
den ihr als Sklaven verkauft habt.
Sagt, wie geht es dem Vater?
Lebt er noch?"   45,1ff

Die Brüder aber starrten Josef entsetzt an.
Sie brachten vor Schreck
kein einziges Wort heraus.
Der mächtige Ägypter war ihr Bruder?
Derselbe Bruder, den sie einst
als Sklaven verkauft hatten?
Nun war es um sie geschehen.
Sie waren in Josefs Hand.
Er konnte mit ihnen machen,
was er wollte.   45,3

Doch Josef redete ihnen zu:
„Steht auf! Kommt näher!
Seht mich an!
Ich bin wirklich Josef, euer Bruder.
Und habt keine Angst vor mir!
Ich bin nicht mehr zornig auf euch,
weil ihr mich hierher verkauft habt.
Denn nun weiß ich:
Nicht ihr habt mich hierher gesandt,
sondern Gott hat es getan,
damit er euch alle jetzt
vor dem Verhungern bewahren kann.
So zieht nun schnell
zu unserem Vater zurück!

Grüßt ihn von mir
und richtet ihm aus:
Josef, dein Sohn, bittet dich:
Komm nach Ägypten!
Dort wird er für dich
und deine ganze Familie sorgen,
solange die Hungersnot anhält."   45,4ff

Aber die Brüder waren
immer noch starr vor Schreck.
Doch Josef fiel ihnen um den Hals,
küsste sie und weinte vor Freude.
Da kam auch wieder Leben in sie.
Und voller Freude
erzählten sie Josef von ihrem Vater,
der immer noch um ihn trauerte.   45,14f

Als aber Pharao hörte,
wer zu Josef gekommen war,
ließ er den Brüdern sagen:
„Kommt mit eurem Vater hierher
und siedelt euch bei uns an!
Ich will euch das beste Land geben,
damit es euch niemals an Nahrung fehlt."   45,16ff

Da machten sich die Brüder
sogleich auf den Weg, um dem Vater
die gute Nachricht zu bringen:
„Josef, dein Sohn, lebt!"

„Gott hat unsere Schuld aufgedeckt." In diesem Schuldbekenntnis gipfelt die hoch dramatisch erzählte Begegnung Josefs mit seinen Brüdern, die gekennzeichnet ist durch ein Wechselbad der Gefühle. Sie beschreibt die Angst der Brüder vor der Begegnung mit dem Ägypter, aber auch ihr Staunen über die gastliche Aufnahme und am Ende ihr Entsetzen und ihre Verzweiflung, als sie Benjamin ausliefern sollen. Aber auch Josef wird in dieser Szene geschildert als einer, der seine Rührung nicht verbergen kann, als er seinen Bruder Benjamin sieht und als Juda sich vor Benjamin stellt und bereit ist, sein Leben als Bürge für ihn einzusetzen.

Damit steht der Weg zur Versöhnung offen und mit ihr wird offenbar: Gott macht seinen Heilsplan durch diese verworrene Familiengeschichte hindurch wahr! Was anfänglich als Infragestellung göttlicher Verheißung erschien, erweist sich nun als weise Führung Gottes, der dieser Familie Zukunft und Hoffnung gewährt. Josef ist es, der gegenüber den Brüdern seinen (unfreiwilligen) Weg nach Ägypten als Teil des göttlichen Heilsplans aufweist. Dies wird in der folgenden Geschichte zusätzlich durch das Wort Gottes bestätigt, das in Beerscheba an Jakob ergeht. So führt am Ende die menschliche Geschichte von Josef und seinen Brüdern wieder auf den übergreifenden Kontext der Geschichte Gottes mit seinem Volk und seinem Stammvater Jakob zurück und gewinnt in diesem heilsgeschichtlichen Horizont ihre eigentliche Tiefenschärfe.

JOSEF LEBT!
Genesis 46

Viele Wochen waren vergangen,
seitdem Josefs Brüder
von Kanaan aufgebrochen waren.
Indessen wartete zu Hause
Jakob ungeduldig auf sie.
Tag für Tag hielt er bange
nach seinen Söhnen Ausschau.
Endlich sah er sie von ferne kommen,
mit Wagen und Eseln, reich beladen.
„Gute Nachricht, Vater!",
riefen sie ihm fröhlich entgegen.
„Josef, dein Sohn, lebt!
Er herrscht über ganz Ägypten."
Und begeistert erzählten sie alles,
was sie in Ägypten erlebt hatten
und was Josef zu ihnen gesagt hatte.
Aber Jakob starrte sie ungläubig an.
Kein Wort der Freude
kam über seine Lippen. 45,25f
„So glaub uns doch!",
riefen seine Söhne.
„Sieh diese Wagen!
Josef schickt sie zu dir.
Er lässt dir sagen:
Komm nach Ägypten!
Dort kannst du bleiben,
solange hier Hungersnot herrscht." 45,13.27

Als aber Jakob die Wagen sah,
kam auf einmal wieder Leben in ihn.
Glücklich rief er: „Josef lebt!
Was will ich noch mehr?
Ich will ihn sehen, ehe ich sterbe.
Auf, packt eure Sachen zusammen!
Und spannt die Wagen an!
Wir ziehen nach Ägypten." 45,27f

So brach Jakob auf mit allen,
die zu seiner Großfamilie gehörten,
mit seinen Söhnen und Töchtern
und all ihren Kindern. 46,1.26
Jakob fuhr ihnen voran,
seinem Sohn Josef entgegen.
Doch bevor er Kanaan hinter sich ließ,
machte er in Beerscheba Halt.
Dort brachte er Gott ein Dankopfer dar.
Da erschien ihm Gott in der Nacht
und rief ihn mit Namen: „Jakob! Jakob!"
„Hier bin ich", antwortete Jakob.
Gott sprach:
„Ich bin Gott,
der Gott deines Vaters.
Fürchte dich nicht!
Zieh nach Ägypten!
Dort will ich ein großes Volk
aus dir machen.
Ich gehe mit dir.
Ich bringe dich auch wieder zurück." 46,2ff

Da fasste Jakob Mut.
Gestärkt durch das Wort
setzte er seinen Weg fort,
bis er nach Wochen Ägypten erreichte.

Erst ganz am Ende, nach der Versöhnung Josefs mit seinen Brüdern, fügt sich seine Geschichte wieder in die übergreifende Verheißungsgeschichte der Väter und Mütter Israels ein. Auf einmal rückt wieder Jakob als der Stammvater Israels ins Zentrum des Geschehens, nachdem seine Geschichte über weite Strecken ausgeblendet war oder gar abgebrochen schien. Aber nun stellt sich mit Jakob, der hier bezeichnend auch Israel genannt wird, die Frage, ob Gott immer noch zu seiner Verheißung steht, nach allem, was geschehen ist. Nach langer Zeit des Schweigens hören wir zum ersten Mal wieder, dass Gott sich Jakob offenbart und seine Verheißung an ihn erneuert, ja sogar auf Israels Zeit in Ägypten ausweitet. Während Abraham auf eigene Initiative nach Ägypten auswandern musste (12,10ff), steht Jakobs Weg nach Ägypten von Anfang an unter dem Segen Gottes. Dies gilt ebenso für seine Nachkommen, die in Ägypten schwere Zeiten erleben werden: Der Gott Abrahams, Isaaks und Jakobs bleibt auch im fremden Land ihr Gott und sein Segen bleibt über ihnen, auch in der bevorstehenden Leidenszeit.

JAKOB IN ÄGYPTEN
Genesis 47

Bald darauf wurde Josef gemeldet:
„Dein Bruder Juda ist hier.
Er lässt dir ausrichten:
Dein Vater ist nach Ägypten gekommen.
Er ist schon im Land Goschen
und fragt, ob er dort bleiben kann
mit seiner Großfamilie." 46,28

Als aber Josef hörte,
dass sein Vater gekommen war,
spannte er sofort seinen Wagen an
und fuhr seinem Vater entgegen.
Im Land Goschen traf er auf ihn,
gefolgt von Söhnen und Töchtern,
von Knechten und Mägden
und seinen Viehherden.
„Mein Vater!", rief Josef.
Er sprang aus dem Wagen,
lief seinem Vater entgegen,
fiel ihm um den Hals
und weinte vor Glück. 46,29
„Josef, mein Sohn!",
sprach Jakob bewegt.
„Nun weiß ich: Du lebst wirklich!
Jetzt kann ich getrost sterben.
Denn ich habe dich
mit eigenen Augen gesehen." 46,30
Doch Josef fiel ihm ins Wort.
„Nein, nicht sterben, leben sollst du!
In diesem Land sollt ihr wohnen.
Ich will den Pharao bitten,
dass er euch dieses Gebiet überlässt.
Hier im Land Goschen gibt es
Wasser und Weideland für eure Tiere." 46,31ff

Danach ließ Josef dem Pharao sagen:
„Mein Vater und meine Brüder sind hier."
Und er wählte fünf seiner Brüder aus
und stellte sie dem Pharao vor.
Der begrüßte sie freundlich:
„Was führt euch hierher?
Was ist euer Beruf?"
„Viehhirten sind wir
und kommen aus Kanaan.
Wir bitten um Gastrecht.
Denn in unserem Land
herrscht große Hungersnot.
Darum gewähre uns eine Bitte:
Lass deine Knechte in Goschen wohnen,
bis die Hungersnot vorüber ist." 47,1ff

Da sagte der Pharao, zu Josef gewandt:
„Es sind dein Vater und deine Brüder.
Das ganze Land steht euch offen.
Gib ihnen das beste Gebiet!
Lass sie in Goschen wohnen
und setze sie auch als Hirten
über meine Viehherden ein." 47,5f

Darauf stellte Josef auch
seinen alten Vater dem Pharao vor.
„Wie alt bist du?", fragte dieser.
„130 Jahre", antwortete Jakob.
„Sie sind im Fluge vergangen."
Dann hob Jakob feierlich seine Hand
und gab Pharao seinen Segen. 47,7ff
Den Hofleuten stockte der Atem.
Wie durfte dieser Hirte es wagen,
ihren mächtigen König zu segnen?
Wusste er nicht, dass Viehhirten
den Ägyptern ein Gräuel waren? 46,34
Aber Pharao ließ Jakob gewähren.
Wie einen Fürsten entließ er Jakob
mit allen Ehren.

Da ließ sich Jakob
im Land Goschen nieder
und wohnte dort
mit seiner ganzen Familie,
mit Kindern und Kindeskindern
und mit all seinem Vieh.
Seine Familie wuchs von Jahr zu Jahr
und breitete sich immer mehr aus.
So erfüllte sich das Wort,
das Gott Jakob verheißen hatte.

Als Wirtschaftsflüchtlinge kommen Jakob und seine Nachkommen nach Ägypten und werden dort wider Erwarten freundlich empfangen. Obwohl die hoch kultivierten Ägypter gegenüber nomadischen Viehzüchtern Abscheu und Verachtung zeigen (46,34), weist ihnen der Pharao, durch Josefs Vermittlung und Fürsprache, das Land Goschen zu, jenen Landstrich im östlichen Nildelta, der als besonders fruchtbar gilt, und setzt sie sogar als Viehhirten über seine Herden ein. Im Unterschied zu der Situation, die am Anfang des Exodusbuchs beschrieben wird, zeigt diese Geschichte: Jakobs Nachkommen behalten zunächst auch als Fremde ihre Rechte im fremden Land und werden als solche auch geachtet. Besonders eindrucksvoll ist die Szene, da Pharao von Jakob gesegnet wird. Er, der sich selbst als Gott verehren lässt, lässt sich den Segen dieses fremden Viehhirten gefallen! Ein sichtbares Zeichen dessen, was Abraham einst verheißen wurde: „Durch dich sollen gesegnet werden alle Völker auf Erden." (12,3)

JAKOBS SEGEN
Genesis 48–49

Siebzehn Jahre lebte Jakob
im Gastland Ägypten.
Danach spürte er,
dass sein Ende gekommen war.
Da ließ er seinen Sohn Josef rufen
und bat ihn:
„Gib mir dein Versprechen!
Begrabe mich nicht in Ägypten,
sondern bring mich
nach Kanaan heim.
Ich will im Grab meiner Väter
begraben sein."   47,29ff

Nicht lange danach
wurde Josef gemeldet:
„Dein Vater liegt im Sterben."
Da eilte Josef mit seinen Söhnen
Ephraim und Manasse zu ihm.
Doch Jakob erkannte sie nicht mehr.
Seine Augen waren schwach geworden.
Josef aber führte seine Söhne
ans Bett des Vaters,
damit er sie segnete.   48,1ff.9ff

Da richtete sich Jakob im Bett auf,
legte seine rechte Hand
auf Ephraim, den jüngeren Sohn,
und seine linke Hand auf Manasse
und sprach über ihnen diesen Segen:

„Der Gott Abrahams und Isaaks,
der Gott,
der auch mein Hirte gewesen ist
bis zum heutigen Tag,
der segne die Kinder
und lasse sie zahlreich werden
auf Erden."   48,13ff

Und zu Josef sprach er:
„Sieh, jetzt gehe ich von euch.
Aber Gott wird mit euch sein.
Er wird euch wieder heimbringen
in das Land eurer Väter."   48,21

Danach rief Jakob noch einmal
alle Söhne zu sich und segnete sie.   49,1f
Jedem von ihnen gab er
einen besonderen Segen,
wie er ihrem Wesen entsprach.
Sein Segen verkündete,
was Gott ihren Nachkommen
für künftige Zeiten verhieß.

– – –

Dies sind die Segensworte,
die Jakob über seinen Söhnen sprach,
ehe er starb:

„RUBEN, mein erstgeborener Sohn,
du Sohn meiner Stärke.
Der Erste bist du.

Aber im Kreis deiner Brüder
wirst du niemals der Erste sein. 49,3f

SIMEON und LEVI, die beiden Brüder:
Tödlich sind ihre Waffen.
Ihr Jähzorn – verflucht sei er!
So gewaltig ist er.
Wer kann ihm widerstehen?
Darum werden sie zerstreut
im Land wohnen. 49,5ff

JUDA, du bist es.
Auf dir ruht der Segen.
Deine Brüder werden dich preisen.
Sie werden sich vor dir verneigen.
Wie ein junger Löwe,
so stark wirst du sein.
Als König wirst du herrschen,
bis einst der wahre König
aus deiner Mitte kommt,
der König, vor dem sich
alle Welt beugen wird. 49,8ff

SEBULON wird am Meer wohnen
und sich nach Norden ausbreiten. 49,13

ISSACHAR ist wie ein knochiger Esel.
Zwischen Hügeln wird er sich lagern. 49,14f

DAN wird Richter sein
und für Gerechtigkeit sorgen. 49,16f

GAD wird hart bedrängt.
Aber er bleibt dem Feind auf den Fersen. 49,19

ASSER hat reichlich Brot.
Königliche Speisen kommen von ihm. 49,20

NAFTALI ist leichtfüßig
und schnell wie ein Hirsch.
Seine Worte findet er leicht. 49,21

JOSEF wird wachsen
wie ein Baum an der Quelle.
Der allmächtige Gott segne dich
und schütte seinen Segen
vom Himmel auf dich herab. 49,22ff

BENJAMIN ist ein reißender Wolf.
Am Morgen jagt er die Beute.
Am Abend teilt er sie aus." 49,27

Dies sind die letzten Worte Jakobs,
dem Gott den Namen Israel gab.
Er ist der Stammvater von Israel,
das Gott vor allen Völkern erwählt hat.

Mit der Segensverheißung hat die Vätergeschichte begonnen. Mit Jakobs Segen über seinen Söhnen und über Josefs Söhnen endet sie. Damit schließt sich der Bogen, der über der ganzen Vätergeschichte steht und der verborgen auch die Geschichte von Josef und seinen Brüdern durchzieht. Trotz der ungewissen Zukunft dieser Familie und trotz ihrer von Schuld gezeichneten Geschichte gilt ihr Gottes Verheißung, die sich – nach langen Jahren in der Fremde – erfüllen wird. In Jakobs letztem Wunsch, im Grab der Väter bestattet zu werden, nimmt diese Hoffnung konkrete Gestalt an.

Die Segensverheißung gilt auch den Söhnen Josefs. Obwohl sie als Ägypter aufwachsen, werden sie durch Jakobs Segen ausdrücklich in die Segensgeschichte Israels hineingenommen.

Durch die Vorrangstellung, die Jakob Ephraim, dem Jüngeren, zuweist, wird, wie zuvor schon bei Esau und Jakob, erneut deutlich: Es ist Gottes Freiheit zu erwählen, wen er will. Auch Jakobs Segenssprüche über seinen Söhnen erinnern ausdrücklich daran: Nicht Ruben erhält den Erstgeburtssegen, sondern Juda gilt vorrangig Gottes Segen. Als Stammvater von König David nimmt er eine Sonderstellung unter den Brüdern ein. Mit seinem Namen verbindet sich in der Geschichte Israels die Hoffnung auf den verheißenen Messias.

So weist Jakobs Segen bereits in ferne Zukunft hinaus und deutet, wenn auch verhüllt, auf den hin, den Gott zum Heil der Völker senden wird, „den König, vor dem sich einst alle Welt beugen wird" (vgl. Phil 2,9ff / Offb 7,9ff).

1. Mose / Genesis

JAKOBS TOD
Genesis 50

147 Jahre alt war Jakob,
als er in Ägypten starb.
Im ganzen Land trauerte man um ihn
siebzig Tage lang. 50,3
Danach zogen Josef und seine Brüder
nach Kanaan, um den letzten Wunsch
ihres Vaters zu erfüllen.
Dort legten sie Jakob
in die Grabhöhle von Machpela,
die einst Abraham
von den Hetitern gekauft hatte. 50,13
Doch kaum waren sie wieder
nach Ägypten zurückgekehrt,
überfiel Josefs Brüder große Angst.
Sie sagten sich:
„Nun, da unser Vater tot ist,
wird sich Josef gewiss an uns rächen."
So sandten sie Boten zu Josef
und ließen ihm sagen:
„Wir bitten dich:
Vergib deinen Brüdern die Schuld
und all das Böse,
das sie dir angetan haben."
Und sie kamen zu Josef,
fielen vor ihm nieder und sprachen:
„Wir sind deine Knechte.
Mach uns zu deinen Sklaven." 50,15ff

Josef weinte, als er sie so reden hörte.
Und er sagte zu ihnen:
„Fürchtet euch nicht!
Bin ich denn an Gottes Stelle?
Ja, es ist wahr:
Ihr wolltet mir Böses antun.
Aber Gott hat es zum Guten gewendet,
damit er uns, ein so großes Volk,
am Leben erhält.
Darum fürchtet euch nicht.
Ich will euch und eure Kinder versorgen. 50,19ff
Und wenn ich nicht mehr da bin,
dann wird Gott mit euch sein.
Er wird euch wieder in das Land bringen,
das er euren Vorfahren Abraham,
Isaak und Jakob versprochen hat. 50,24
Wenn aber die Zeit kommt,
dass ihr nach Kanaan aufbrecht,
dann nehmt meine Gebeine mit.
Auch ich will dort begraben sein." 50,25

110 Jahre alt war Josef, als er starb. 50,26
Aber seine Familie breitete sich
in Ägypten immer mehr aus
und wurde ein großes Volk,
so zahlreich, wie die Sterne am Himmel
und wie der Sand am Meer.
Was Gott einst Abraham zugesagt hatte,
hatte sich über Erwarten erfüllt.

„Ein großes Volk" – damit ist das Stichwort gegeben, das die Erfüllung der Verheißung an Abraham anzeigt: „Ich will ein großes Volk aus dir machen." (12,2) Am Ende der Josefserzählung wird deutlich: Auch diese so menschliche und schuldbeladende Geschichte ist Teil der Segensgeschichte Gottes. Josef stellt sich ausdrücklich in diese Geschichte hinein und versteht sich selbst als Werkzeug Gottes, durch den Gott seine Verheißung erfüllt.
Aber dieses Volk hat noch kein eigenes Land. Es hat lediglich die Erinnerung an die Grabstätte Abrahams als Angeld der Verheißung Gottes: „Dieses Land will ich deinen Nachkommen geben." Im Wunsch Jakobs wie auch Josefs, dort begraben zu werden, wird an diese Verheißung erinnert und damit ein neuer Spannungsbogen eröffnet, der weit über die 5 Bücher Mose hinausreicht und erst mit der Landnahme (Josua 1–24) seine vorläufige Erfüllung findet.
In diesem weiten heilsgeschichtlichen Horizont hat auch die Überlieferung von Josef ihren festen Platz. Von ihr zeugt auch Psalm 105, ein Hymnus, der die Erinnerung an die Geschichte der Väter und Mütter in der Gemeinde des Volkes Gottes wach hält und sie aufruft zum Lobpreis Gottes, der seinen Bund hält und zu seiner Verheißung steht.

Danket dem Herrn!
Ruft an seinen Namen!
Verkündigt sein Tun unter den Völkern!
Denn er denkt ewig an seinen Bund,
an das Wort, das er verheißen hat
für tausend Geschlechter,
an den Bund, den er geschlossen hat
mit Abraham, und an den Eid,
den er Isaak geschworen hat.
Er ließ nicht zu,
dass andere ihm Schaden zufügten.
Er wies ihretwegen Könige zurecht.
Und er ließ eine Hungersnot
ins Land kommen
und nahm weg allen Vorrat an Brot.
Er sandte einen Mann vor ihnen her.
Josef wurde als Knecht verkauft.
Sie zwangen seine Füße in Fesseln,
sein Leib musste in Eisen liegen,
bis sein Wort eintraf,
und die Rede des Herrn gab ihm Recht.

Da sandte der König hin
und ließ ihn losgeben,
der Herr über Völker,
er gab ihn frei.
Er setzte ihn zum Herrn über sein Haus,
zum Herrscher über alle seine Güter,
dass er seine Fürsten unterwiese
nach seinem Willen
und seine Ältesten Weisheit lehrte.
Und Israel zog nach Ägypten,
und Jakob wurde ein Fremder
im fremden Land.
Und der Herr ließ sein Volk sehr wachsen
und machte sie mächtig.
Denn er gedachte
an sein heiliges Wort
und an Abraham, seinen Knecht,
den er erwählt hatte.

aus Psalm 105

DAS 2. BUCH MOSE / EXODUS

Der Weg in die Freiheit

"Einst waren wir Sklaven des Pharao in Ägypten.
Aber der Herr führte uns aus Ägypten mit mächtiger Hand.
Und der Herr tat große und furchtbare Zeichen an Ägypten und am Pharao
und an seinem ganzen Haus und führte uns von dort weg,
um uns ... das Land zu geben, wie er unseren Vätern geschworen hat." (Dtn 6,21ff)

Dieses alte Bekenntnis aus der Pessachfest-Liturgie erzählt von der größten Erfahrung, die das Volk Israel im Lauf seiner Geschichte gemacht hat und die alle seine Glaubenszeugnisse durchzieht. Sie findet ihren vielfachen Widerhall in den Psalmen und im Gottesdienst der jüdischen und christlichen Gemeinde. Aber vor allem findet sie ihren literarischen Niederschlag in den Büchern 2.–5. Mose.

Es ist ein langer Weg mit vielen Stationen, den diese Bücher beschreiben und in ihrer literarischen Endgestalt sind sie das Ergebnis eines langen und komplexen Überlieferungsprozesses. Aber am Anfang dieses Weges steht das Bekenntnis: Nicht wir selbst haben uns „emanzipiert" (d.h. wörtl. aus der Sklaverei befreit), sondern Gott hat es getan. „Er hat uns gemacht, und nicht wir selbst, zu seinem Volk und zu Schafen seiner Weide" (Ps 100,3). Nie soll vergessen werden, was Gott für sein Volk getan hat, sondern es soll von Generation zu Generation weitergegeben werden. Als Grundlage dient dazu in erster Linie das 2. Buch Mose / Exodus. In ihm entfaltet das Buch sein großes Thema in Form einer umfangreichen Erzählung, die diesem Buch auch den Namen gab (Exodus = Auszug). Alle Erinnerungen Israels an dieses Urdatum der Heilsgeschichte werden hier miteinander verschmolzen und als eine zusammenhängende Rettungsgeschichte vorgestellt. Sie entfaltet den Weg der Befreiung aus Ägypten, der aus anfänglicher Ohnmacht und tödlicher Bedrohung über viele Stationen am Ende zur Geburt jenes Volkes führt, das Gott zu seinem Volk berufen wird. Sie bildet den ersten Schwerpunkt in diesem Buch (Ex 1–15). Der zweite Schwerpunkt ist der Bundesschluss am Sinai, einschließlich seiner Vorgeschichte (Ex 15b–40). Beide Themen werden im Exodusbuch miteinander verflochten.

DAS 2. BUCH MOSE / EXODUS 1–15

Der Auszug aus Ägypten

Das Buch Exodus beschreibt die Befreiung Israels aus Ägypten äußerlich als einen Weg, der von Stufe zu Stufe in immer tiefere Not führt: Er wird immer bedrohlicher und führt unaufhaltsam in den Tod. Aber in Wahrheit ist es ein Weg, auf dem sich Gott von Station zu Station seinem Volk immer mehr bekannt macht und an dessen Ende der Lobpreis des Volkes steht: Gott hat sie aus dem Tod gerettet und ins Leben gerufen.

Exodus 1:
Ausgangspunkt ist eine hoffnungslose Situation. Die Nachkommen Jakobs leben in Ägypten als Fremde und werden hart unterdrückt, ein Volk ohne Land und ohne Zukunft – ein Volk ohne Hoffnung, sich jemals selbst von seinen Unterdrückern befreien zu können.

Exodus 2–4:
Mit der Geburt und Rettung Moses beginnt im Verborgenen eine neue Geschichte: Gott rettet und beruft den Retter, der sein Volk retten soll. Die Geschichte des jungen Mose bildet die Vorgeschichte zur großen Rettungsgeschichte des Volkes Gottes.

Exodus 5–11:
Es folgt ein langes, zähes Ringen zwischen Mose und dem Pharao, das mit einer Kette von „Plagen" einhergeht. Dabei wird deutlich, wer hier der eigentlich Handelnde ist: der Gott Israels, der auch Herr ist über Ägypten und alle Naturgewalten. Er allein hat auch die Macht, sein Volk aus Ägypten zu befreien.

Exodus 12–15:
Eine doppelte Nachterfahrung steht am Ende des langen Wegs: die Nacht des Auszugs und die Nacht des Durchzugs durch das Schilfmeer. In beiden Fällen befindet sich das Volk Israel in Todesgefahr. Aber gerade hier, an der dunkelsten Stelle, erfährt es seinen Gott als einen Gott, der sein Volk vom Tod und durch den Tod hindurch zu neuem Leben befreit. Dieses Doppelereignis gilt als die Geburtsstunde Israels. Seine überragende Bedeutung für Israel wird zusätzlich durch die Einsetzung des Pessachfestes (Ex 12/13) und durch das Lied Moses und Mirjams unterstrichen, das betont ans Ende dieses Weges gesetzt ist.

ISRAEL IN ÄGYPTEN
Exodus 1

Dies ist die Geschichte des Volkes,
das Gott aus der Sklaverei befreit hat
und zu seinem Volk gemacht hat.
Und so beginnt diese Geschichte:

Josef war tot.
Auch seine Brüder lebten nicht mehr.
Aber ihre Nachkommen wurden
überaus zahlreich und stark.
Sie breiteten sich mehr und mehr aus.
Volk Israel nannten sie sich
nach ihrem Stammvater Jakob,
der auch den Namen Israel trug. 1,1ff

Aber das Volk Israel
lebte immer noch in Ägypten.
Es war als fremdes Volk nur geduldet.
Hebräer, so wurden sie
von den Ägyptern verächtlich genannt.
Es war ein Volk ohne eigene Rechte
und ohne Hoffnung, jemals wieder
in das Land heimzukehren,
das Gott seinen Vorfahren zugesagt hatte.

Zu jener Zeit kam in Ägypten
ein neuer Pharao auf den Thron.
Dieser König wusste nicht mehr,
was Josef für Ägypten getan hatte.
Er sah nur, wie sich das fremde Volk
in seinem Land ständig vermehrte.
Und er beriet sich mit seinen Fürsten.
„Seht", rief er, „diese Hebräer
sind bald größer und stärker als wir.
Wir müssen sie mit List klein halten.
Sonst führen sie am Ende noch
gegen uns Krieg." 1,9f

So machte der Pharao
alle Israeliten zu seinen Sklaven:
Und er setzte Fronvögte über sie ein,
die sie gnadenlos unterdrückten.
Tag für Tag wurden die Israeliten
zur Arbeit getrieben.
Ziegel mussten sie stechen und brennen,
Häuser, ja ganze Vorratsstädte,
mussten sie für den Pharao bauen.

Aber je mehr sie unterdrückt wurden,
desto zahlreicher wurde das Volk
und breitete sich immer mehr aus.
Als aber die Ägypter sahen,
wie sich das Volk Israel weiter vermehrte,
graute ihnen noch mehr vor dem Volk. 1,11f

Schließlich fasste der Pharao
einen grausamen Entschluss.
Er bestellte Schifra und Pua,
die hebräischen Hebammen, zu sich
und er befahl ihnen:
„Wenn eine Israelitin
einen Sohn zur Welt bringt,
dann tötet ihn sofort bei der Geburt.
Die Töchter aber lasst leben." 1,15f

Aber die Hebammen
fürchteten Gott mehr
als des Königs Gebot.
Als sei nichts geschehen,
so setzten sie ihre Arbeit fort.
Sie besuchten die Mütter,
halfen ihnen bei der Geburt
und retteten die Neugeborenen
vor dem sicheren Tod. 1,17

Aber es dauerte nicht lange,
da ließ sie der Pharao erneut
in seinen Palast rufen.
„Was habt ihr getan?", schrie er sie an.
„Habe ich euch nicht befohlen,
alle neugeborenen Söhne zu töten? 1,18
Doch ihr, was macht ihr?
Ihr lasst sie am Leben!"

Doch die Hebammen erwiderten:
„Der König kennt unsere Frauen nicht.
Sie sind kräftiger als eure Frauen.
Wenn wir in ihr Haus kommen,
haben sie das Kind schon geboren." 1,19

Da wusste der Pharao
nichts mehr zu sagen.
Wütend jagte er die Hebammen weg.
Diese aber setzten

2. Mose / Exodus

furchtlos ihren Dienst fort.
Und weil sie Gott mehr fürchteten
als Menschen,
segnete Gott ihre Häuser, 1,21
sodass niemand wagte,
Hand an sie zu legen.

So wuchs das Volk Israel
von Tag zu Tag mehr
und wurde überaus zahlreich und stark. 1,20
Als aber der Pharao sah,
wie sich das Volk weiter vermehrte,
ging er zum offenen Angriff über.
Er befahl seinen Männern:
„Holt alle neugeborenen Söhne
aus den Häusern der Israeliten
und werft sie in den Nil!" 1,22

Und so geschah es.
Die Ägypter taten,
was ihr König ihnen befahl.
Und niemand von ihnen wagte,
sich seinem Befehl zu widersetzen.

Der Anfang der Exodusgeschichte beschreibt eine wahrhaft aussichtslose Situation. Die Verheißung an Abraham hat sich zwar endlich erfüllt: Aus Abrahams Nachkommen ist ein großes Volk geworden. Aber dieses Volk hat im Gastland Ägypten keine Zukunft. Je mehr es sich vermehrt, desto mehr stellt es für Ägypten eine akute Bedrohung dar. Der ägyptische Machthaber reagiert darauf mit einem raffiniert ausgeklügelten Plan zur Vernichtung dieses Volkes, noch ehe es sich richtig als Volk konstituiert hat.
Unheimlich realistisch wird die Ausrottungsstrategie des Pharaos beschrieben, die typische Merkmale eines systematischen Völkermordes aufweist: Zunächst schürt Pharao Angst und Fremdenhass unter seinem eigenen Volk. Darauf unterdrückt und schwächt er das gefürchtete Volk durch harte Zwangsarbeit. Es folgt der Plan zur Dezimierung des Volkes, zunächst heimlich, durch die Tötung der ungeborenen Söhne beim Austritt aus dem Mutterleib. Damit soll die Zukunft dieses Volkes schon im Ansatz zerstört werden. Dass sich der Pharao dazu der Hebammen aus dem Volk Israel bedient, verrät sein gnadenloses und hinterhältiges Vorgehen. Erst als sein infamer Plan nicht aufgeht, greift er zum letzten, äußersten Mittel. Er ruft sein Volk öffentlich zum Massenmord an den schwächsten Gliedern auf und schneidet damit diesem Volk jeden Weg in die Zukunft ab.
In deutlichem Kontrast zu Ägyptens König wird das Volk der „Hebräer" dargestellt. Es hat keine Kraft, sich zu wehren. In stummer Ohnmacht reagiert es scheinbar widerspruchslos auf die Schikanen. Der einzige Protest ist seine wachsende Kinderzahl, die in dieser Erzählung wiederholt erwähnt wird. Aber gerade sein Kinderreichtum wird diesem Volk zum Verhängnis. Nichts erinnert in dieser einleitenden Erzählung daran, dass dieses Volk unter Gottes besonderem Schutz steht. Gott kommt in dieser Geschichte gar nicht zur Sprache. Allein der Widerstand der Hebammen und deren mutiges Zeugnis vor dem Pharao hält die Erinnerung an Gott wach. Es ist das einzige Zeichen der Hoffnung in dieser Geschichte.

Betont ist die Erinnerung an die eigene Ohnmacht und die Übermacht des Pharaos an den Anfang der Befreiungsgeschichte Israels gesetzt worden. Nie soll Israel vergessen, wer es ursprünglich war: ein gering geachtetes Volk von Fremden – dies klingt in dem Begriff „Hebräer" an –, ein Volk ohne Zukunft, versklavt „ohne Erbarmen" (1,14) und ohne Hoffnung, sich jemals aus eigener Kraft befreien zu können. Es ist allein Gottes Erbarmen, das dieses Volk aus Ägypten befreit und zu seinem Volk gemacht hat (vgl. Ex 13,14f; 20,2; Dtn 6,21 u.ö.). Dies soll das Volk Israel mit seiner ganzen Existenz bezeugen und selbst Erbarmen an den Fremden und Unterdrückten im eigenen Volk üben. Die Urerfahrung Israels in Ägypten schafft die Voraussetzung für das Erbarmensrecht, das Israel durch die Geschichte hindurch bewahrt und immer neu erinnert hat: „Du sollst das Recht des Fremden und der Waise nicht beugen ... Denn du sollst daran denken, dass du Knecht in Ägypten gewesen bist und der Herr, dein Gott, dich von dort erlöst hat" (Dtn 24,17f, vgl. Ex 22,20; Lev 19,33f u.ö.).

MOSE
Exodus 2,1–10

In jenen Tagen brachte
eine Israelitin aus dem Stamm Levi
einen Sohn zur Welt.
Als sie das Kind sah,
so klein und zart,
verbarg sie es schnell
vor den Ägyptern.
Drei Monate hielt sie das Kind
in ihrer Hütte versteckt. 2,2
Danach aber konnte sie es
nicht länger verbergen.
Da flocht sie heimlich
ein Kästchen aus Schilfrohr,
verstrich es außen mit Pech,
und legte ihr Kind in das Kästchen.
Behutsam trug sie es hinunter zum Nil
und verbarg es im Schilfgras.
Niemand konnte sehen,
wo sie ihr Kind versteckte.
Nur die große Schwester
blieb am Ufer zurück,
um ihren Bruder zu bewachen. 2,1ff

Doch plötzlich hörte sie Stimmen.
Da sah sie mit Schrecken:
Die Tochter des Pharao
kam mit ihren Dienerinnen zum Baden.
„Seht, was dort schwimmt!", rief sie.
„Ein geflochtenes Kästchen!
Holt es schnell aus dem Wasser!
Ich will sehen, was darin ist." 2,5
Da brachten sie ihr das Kästchen.
Und als sie es öffnete,
sah sie das Kind,
das jämmerlich weinte.
„Das arme Kind!",
rief sie voll Mitleid.
„Sicher ist es ein Kind der Hebräer." 2,6

Da kam die Schwester des Kindes
aus ihrem Versteck hervor
und sagte zu ihr:
„Ich kenne eine Frau,
die kann das Kind stillen.
Soll ich sie holen?" 2,7
„Ja, lauf und bring sie hierher!"

Da holte die Schwester
– ihre eigene Mutter!
Aber die Königstochter
ahnte nicht, wer sie war.
„Sieh dieses Kind",
sagte sie zu der Mutter.
„Nimm es an dich und stille es für mich.
Ich will dir auch guten Lohn zahlen. 2,8f
Danach aber bring es zu mir.
Mein Sohn soll es werden.
Mose will ich ihn nennen.
Denn ich habe ihn
aus dem Wasser geholt." 2,9f

Da nahm ihn die Mutter an sich.
Und kein Ägypter wagte,
Hand an das Kind zu legen.

So rettete Gott das Kind,
das er zum Retter seines Volkes
bestimmt hatte.

Inmitten einer trostlosen Situation zeichnet sich hier im Verborgenen ein Neuanfang ab. Er beginnt mit der Geburt eines Kindes und seiner wunderbaren Rettung aus Todesgefahr. Ganz schlicht und menschlich wird diese Rettungsgeschichte erzählt, die den Auftakt zur großen Rettungsgeschichte Israels bildet. An ihrem Anfang stehen nur Frauen, die das Unmögliche wagen, darunter sogar eine Heidin. Durch diese Frauen, deren Namen hier – im Unterschied zu Ex 1,15 – nicht genannt werden, macht Gott im Verborgenen seine Geschichte. So weist diese kleine, scheinbar ganz private Geschichte über sich selbst hinaus auf Gottes große Rettungsgeschichte hin. Wie einst Noah im „Kasten" der Arche vor den Fluten bewahrt wurde, so geschieht es auch hier mit dem Kind Mose im „Kästchen". Es ist dasselbe Wort, das beide Male verwandt wird. Und wie Mose aus dem Wasser gezogen und vor dem sicheren

Tod gerettet wurde, so wird das Volk Israel beim Durchzug durch das Schilfmeer Gottes wunderbare Rettung erfahren (Ex 14). Darüber hinaus lenkt diese leise Geschichte den Blick auf den Anfang des Neuen Testaments. Dort berichtet das Matthäusevangelium – analog zu Ex 1 und 2 – von dem Wüten des Despoten Herodes, der nicht einmal davor zurückschreckt, unschuldige Kinder zu ermorden (Mt 2,16ff). Aber inmitten tödlicher Bedrohung wird das Kind geboren, das allen Rettung verheißt: Jesus, Retter der Welt.

MOSE IN DER WÜSTE
Exodus 2,11ff

Drei Jahre lang blieb Mose
im Haus seiner Mutter.
Danach wurde er in den Palast
zu Pharaos Tochter gebracht.
Dort wuchs er auf unter Ägyptern,
lebte und sprach wie ein Ägypter.
Aber im Herzen blieb er ein Israelit.
Er konnte sein Volk nicht vergessen.

So vergingen die Jahre.
Mose war inzwischen erwachsen.
Da machte er sich eines Tages auf
und suchte sein Volk auf.
Entsetzt sah er, wie es sich plagte,
wie es stöhnte und klagte.
Auf einmal sah er, wie ein Ägypter
auf einen Hebräer einschlug.   2,11
Mose packte der Zorn.
War denn hier keiner,
der dem Ägypter wehrte?
Er sah sich um.
Doch weit und breit
war niemand zu sehen.
Da stürzte sich Mose auf den Ägypter
und schlug auf ihn ein, bis er tot war.
Schnell verscharrte er
den Toten im Sand
und machte sich auf und davon.   2,12

Am nächsten Tag aber suchte Mose
sein Volk noch einmal auf.
Da sah er,
wie sich zwei Israeliten stritten.
Einer schlug auf den andern ein.
„Hör auf!", mischte Mose sich ein.
„Warum schlägst du den andern?
Ihr gehört doch demselben Volk an."

Der aber erwiderte:
„Das geht dich nichts an.
Misch dich nicht ein!
Oder willst du mich auch umbringen,
wie du den Ägypter umgebracht hast?"   2,13f

Da packte Mose die Angst.
Erschrocken fragte er sich:
Woher weiß der Mann,
was ich gestern getan habe?
Wenn das der Pharao hört,
dann wird er mich töten.
Und sogleich machte er sich auf
und floh in die Wüste.   2,14f

Nach Wochen erreichte Mose
endlich das Land Midian,
das am Rand der Wüste lag.
An einem Brunnen machte er Halt.   2,15
Da kamen sieben Schwestern
mit ihren Schafen zum Brunnen.
Sie schöpften Wasser
und gossen es in die Tränkrinnen.
Doch als sie noch schöpften,
kamen Hirten zum Brunnen,
die stießen die Mädchen weg.
„Lasst sie in Frieden!", rief Mose.
„Sie waren zuerst da."
Und sogleich sprang er auf
und half den Mädchen beim Schöpfen. 2,16f

Da liefen die sieben Schwestern
zu Jitro, ihrem Vater,
der auch Reguël heißt,
und erzählten ihm,
was sie am Brunnen erlebt hatten.
„Wie?", fragte der Vater.

„Ein Fremder half euch beim Schöpfen?
Warum habt ihr ihn nicht mitgebracht?
Auf, ladet ihn ein!
Er soll unser Gast sein." 2,18ff

Von diesem Tag an blieb Mose
bei Jitro und diente ihm als Hirte.
Und Jitro gab ihm dafür
seine Tochter Zippora zur Frau,
die gebar Mose einen Sohn,
Gerschom mit Namen. 2,21f

Viele Jahre lang lebte Mose in Midian,
fern von seinem Volk in Ägypten.
In dieser Zeit starb Pharao,
der König von Ägypten.
Aber das Volk schrie zu Gott.
Und ihr Schreien kam vor Gott.
Er hörte, wie sie klagten.
Er sah, wie sie sich quälten und plagten.
Und er dachte an das Versprechen,
das er Abraham, Isaak
und Jakob gegeben hatte,
und nahm sich ihrer an. 2,23ff

„Ihr Schreien kam vor Gott." Das ist die erlösende Botschaft am Ende des zweiten Kapitels. Menschlich betrachtet gibt es für dieses Volk keine Hoffnung. Durch den Fehlstart Moses scheint der Weg in die Freiheit zusätzlich verbaut. Dabei hätte Mose – aufgrund seiner wunderbaren Rettung und seiner ägyptischen Bildung – alle Voraussetzungen gehabt, als Retter seines Volkes aufzutreten und sein Volk aus der Sklaverei zu führen. Aber durch sein voreiliges und eigenmächtiges Handeln hat er das Gegenteil erreicht. Als Flüchtiger und Mörder muss er sein Leben als Schafhirte in der Steppe von Midian (im Osten der Sinaihalbinsel) zubringen – nach jüdischer Überlieferung sogar 40 Jahre lang! (vgl. auch Apg 7,23–30). Ein Leben ohne Perspektive, fern von seinem Volk. Eine unerträglich lange Zeit, nicht nur für Mose, sondern auch für das unterdrückte Volk in Ägypten! Aber während dieses Volk noch verzweifelt klagt und Gott weit weg scheint, ist die Wende bei Gott schon eingeläutet. Gott „gedenkt" seines Bundes; er „sieht" das Elend seines Volkes; er „hört" sein Schreien und er ist schon unterwegs, um ihnen zu helfen. So knapp und vielsagend deutet sich am Ende des 2. Kapitels die Wende an!

Vom Ende her fällt auch auf die vorausgehenden Erzählungen ein neues Licht: Also war Gott schon von Anfang an da. Er hat das Elend seines Volkes gesehen. Er hat ihre Klagen gehört und er ist nun auf dem Weg, sichtbar die Wende herbeizuführen.

Von diesem Ende her erscheint auch Moses Wüstenzeit nicht nur als Zeit der Verbannung und Strafverbüßung, sondern als eine Zeit der Zurüstung, in der Gott seinem künftigen „Knecht" in der Stille begegnet und ihn für seinen besonderen Auftrag bereit macht. Somit weist auch diese Geschichte über sich selbst hinaus. In ihr zeichnet sich schon ab, was das Volk Israel in seiner 40-jährigen Zeit in der Wüste erfahren wird. Auch Elia, Johannes der Täufer und auch Jesus erfahren ihre „Wüstenzeit" als Zeit besonderer Zurüstung für ihren Auftrag (1. Kön 19 / Mt 3+4).

MOSES BERUFUNG
Exodus 3–4

Eines Tages trieb Mose die Schafe
über die Steppe hinaus zum Horeb,
dem Berg Gottes, der auch Sinai heißt.
Da sah er einen Dornstrauch,
der lichterloh brannte.
Wie ist das nur möglich?,
fragte sich Mose.
Der Strauch brennt
und verbrennt doch nicht.
Ich will hingehen und sehen,
warum der Strauch nicht verbrennt. 3,3
Doch als er näher kam,
hörte er eine Stimme, „Mose! Mose!"
„Ja, hier bin ich",
antwortete Mose erschrocken. 3,4
„Komm nicht näher!", warnte die Stimme.
„Zieh deine Schuhe aus!
Du stehst auf heiligem Land.
Denn ICH bin hier,
der Gott deiner Väter
Abraham, Isaak und Jakob." 3,5f

Da verhüllte Mose sein Gesicht.
Er wagte nicht aufzuschauen. 3,6
Gott war es, der zu ihm sprach:
„Ich habe die Leiden meines Volkes
in Ägypten gesehen
und habe ihr Schreien gehört.
Ja, ich habe gesehen,
wie die Ägypter sie quälen,
und bin gekommen,
um sie zu befreien.
Ich will sie aus Ägypten führen
und will sie in ein Land bringen,
wo Milch und Honig fließt.
So geh nun hin!
Ich will dich zum Pharao senden.
Du sollst mein Volk aus Ägypten führen." 3,7ff

„Wer bin ich?", fragte Mose erschrocken.
„Wie soll ich zum Pharao gehen?
Wie kann ich das Volk Israel
aus Ägypten führen?" 3,11

Gott sprach: „Ich will mit dir sein.
Und daran sollst du erkennen,
dass ich es bin, der dich sendet:
Wenn ihr aus Ägypten auszieht,
werdet ihr auf diesem Berg
eurem Gott dienen." 3,12

„Aber", wandte Mose ein,
„sie werden mir nicht glauben.
Wenn ich zu ihnen komme,
werden sie fragen:
Was ist das für ein Gott,
von dem du da redest?
Wie lautet sein Name?
Was soll ich dann sagen?" 3,13

Gott sprach: „ICH BIN, DER ICH BIN.
Das ist mein Name auf ewig.
Den sollst du zu ihnen sagen.
So geh nun zurück
und sage den Israeliten:
ICH, der Gott eurer Väter
Abraham, Isaak und Jakob,
habe dich zu ihnen gesandt." 3,14f

Doch Mose zögerte noch.
„Ach Herr!", erwiderte er.
„Sie werden mir nicht glauben.
Sie werden nicht auf mich hören.
Ja, sie werden sagen:
Gott ist dir gar nicht erschienen." 4,1

Da gab Gott ihm ein Zeichen.
Er befahl Mose:
„Wirf deinen Stab auf die Erde."
Und siehe, da wurde der Stab
plötzlich zur Schlange.
Erschrocken wich Mose zurück.
Doch als er zupackte,
wurde die Schlange wieder zum Stab. 4,2ff

Und Gott gab Mose noch ein Zeichen.
Er befahl: „Stecke deine Hand
in den Bausch deines Gewandes."
Und als Mose sie herauszog,
war sie voller Aussatz.
Doch als er sie wieder einsteckte,
sieh, da wurde sie wieder rein. 4,6f

Da sprach Gott zu Mose:
„Sie werden dir glauben,
wenn sie die Zeichen sehen, die du tust.
Wenn nicht, wirst du ihnen
noch viel Größeres zeigen." 4,8f

Doch Mose wehrte sich noch.
„Ach mein Herr!", erwiderte er.
„Ich kann nicht gut reden.
Das Reden fiel mir von jeher sehr schwer,
aber jetzt noch viel mehr,
da du zu mir sprichst." 4,10

Gott antwortete:
„Wer hat dem Menschen
den Mund geschaffen?
Hab ich's nicht getan? So geh nun hin!
Ich will mit deinem Mund sein
und dir zeigen, was du sagen sollst." 4,11

„Nein, nein!", rief Mose.
„Sende, wen du willst, nur mich nicht!" 4,13
Doch Gott entgegnete zornig:
„Dein Bruder Aaron kann reden.
Er soll für dich zum Volk reden."

Da wagte Mose nichts mehr zu sagen.
Er machte sich auf und zog nach Ägypten,
wie Gott ihm gesagt hatte.

Nach der bedrückenden Vorgeschichte tritt nun die Wende ein. Gott kommt und bricht sein Schweigen. Er erscheint Mose in der Wüste und beruft ihn, den Mörder und Versager, zu seinem Diener und auserwähltem Boten. Diese Geschichte weist alle Merkmale auf, die für die Berufung eines Propheten typisch sind (Theophanie / Berufung / Widerspruch / Zuspruch und Zeichen des Zuspruchs / Sendung). Aber in Wahrheit bedeutet sie noch weit mehr: Über zwei Kapitel hinweg wird der Leser in einen einzigartigen Dialog zwischen Gott und Mose eingeweiht, wobei die Initiative einseitig von Gott ausgeht. Kennzeichen dieses Dialogs sind:
(1) Gott macht sich bekannt, und zwar verbindlich für alle Zeit. Er offenbart durch seinen Namen, wer er in Wahrheit war, ist und sein wird: Er ist derselbe Gott, der zu Abraham, Isaak und Jakob gesprochen hat, der Gott, der „Bund und Treue hält ewig", der mit jedem Einzelnen seine Geschichte hat. Mag das Volk Israel in Ägypten seine Geschichte mit Gott vergessen haben, Gott selbst erinnert mit seinem Namen an die Geschichte, die er bereits mit seinem Volk hat. Gleich viermal stellt sich Gott in diesem Dialog als „der Gott der Väter, der Gott Abrahams, Isaaks und Jakobs" vor. Er ist kein anderer als der, der sich hier mit seinem Namen JHWH bekannt macht. Sein Name beschreibt nicht, wie bei anderen Göttern, bestimmte Eigenschaften, sondern er steht für Gottes Einzigartigkeit, als der „ICH-BIN", der „Ich bin für euch da".

M.a.W. Sein Name ist gleichbedeutend mit dem Versprechen: „Ich will mit dir sein", ein Versprechen, das sich durch alle Geschichten der Bibel zieht.
So unbegreiflich nah kommt Gott dem Menschen: In seinem Namen macht er sich anrufbar und angreifbar zugleich, aber nicht verfügbar. Darum vermeiden die Juden seit jeher, den Namen Gottes auszusprechen, und ersetzen ihn durch die ehrfurchtsvolle Ansprache „Herr".
(2) Gott widerlegt den Einwand Moses. Gleich fünfmal wendet Mose seine Bedenken ein. „Wer bin ich?", fragt Mose angesichts der übergroßen Aufgabe, die Gott ihm zumutet. Zu groß sind die Hindernisse, die es zu überwinden gilt: Nicht nur der Pharao, auch das Volk Israel wird nicht auf ihn hören. Das größte Hindernis ist er selbst: Mose kann und möchte den Auftrag nicht annehmen. Aber Gott gibt ihm wiederholt seine Zusage: „Ich will mit dir sein" (3,12), „Ich will mit deinem Mund sein" (4,12). Und er gibt ihm nicht nur ein Zeichen, das ihn in seinem Auftrag bestärken und seine Autorität vor den Menschen bekräftigen soll, sichtbare Zeichen, wie etwa die Schlange oder die aussätzige Hand (4,2–9), sondern auch ein Zeichen, das sich erst in der Zukunft erfüllen wird (3,12). Mose hat keine Wahl. Viermal ergeht in dieser Geschichte an ihn der Sendungsbefehl: „Geh!" Dieses Wort ist mehr als ein Befehl. Es ist Gottes schöpferisches Wort, das Mose aus seiner Erstarrung befreit und ihn zu neuem Leben erweckt.

2. Mose / Exodus

MOSE UND AARON
Exodus 4,27–6,9

Ein neuer Pharao 2,23
herrschte über Ägypten.
Aber das Leiden der Israeliten
nahm noch immer kein Ende.
Auch dieser Pharao hielt sie wie Sklaven.
Tag für Tag plagten die Israeliten sich ab,
stöhnten und klagten.
Doch niemand hörte auf ihre Klagen.

Unter ihnen war auch Aaron,
der ältere Bruder von Mose.
Seit Jahren hatte er nichts mehr
von seinem Bruder gehört.
Doch eines Tages war es ihm,
als hörte er Gottes Stimme:
„Auf, Aaron, steh auf!
Zieh deinem Bruder entgegen.
Er ist schon unterwegs zu dir." 4,27

Da machte sich Aaron
sogleich auf den Weg
und zog in die Wüste,
Mose entgegen.
Am Berg Gottes traf er auf ihn.
Seine Frau Zippora
und sein Sohn Gerschom begleiteten ihn.
Aaron lief auf sie zu,
umarmte und küsste seinen Bruder. 4,27
Der aber sprach zu ihm:
„Jahwe, der Herr unser Gott,
ist mir erschienen.
Er hat eure Leiden gesehen
und eure Klagen gehört.
Und er ist gekommen,
um euch zu befreien.
Er hat mich zu euch gesandt,
damit ich euch aus Ägypten führe.
Aber du, Aaron, sollst dies
dem Volk verkünden." 4,28

So zogen die beiden
gemeinsam nach Ägypten zurück.
Dort sammelte Aaron sofort
alle Stammeshäupter um sich.
„Freut euch!", rief er.
„Gott hat euer Leiden gesehen.
Er hat eure Klagen gehört.
Er ist gekommen, um euch zu befreien."
Und er berichtete ihnen alles,
was Gott am Berg Horeb
Mose offenbart hatte.
Da horchten alle auf,
als sie die gute Nachricht vernahmen,
dass Gott der Herr ihr Elend gesehen
und ihr Schreien gehört hatte.
Und sie glaubten den Worten,
fielen auf die Knie und beteten Gott an. 4,29ff

Da schöpften auch Mose und Aaron Mut.
Gemeinsam suchten sie den Pharao auf.
Mutig traten sie vor ihn hin:
„So spricht der Herr, der Gott Israels:
Lass mein Volk ziehen,
damit es in der Wüste
ein Fest für mich feiert!"
Aber der Pharao rief empört.
„Wer ist dieser Herr?
Wer wagt es, mir zu befehlen?
Ich kenne diesen Herrn nicht
und will auch nicht auf ihn hören.
Nein, ich lasse euch nicht ziehen." 5,1f

Doch Mose und Aaron erwiderten:
„Der Gott der Hebräer
ist uns in der Wüste erschienen.
Er ist der Herr, dem wir dienen.
So lass uns in die Wüste ziehen,
drei Tagereisen von hier.
Dort wollen wir unserem Gott
ein Opfer darbringen." 5,3

Aber der Pharao fiel ihnen ins Wort:
„Mose, Aaron, was fällt euch ein?
Warum bringt ihr euer Volk
auf solche Gedanken?
Ihr haltet sie nur von der Arbeit ab.
Niemals lasse ich euch ziehen.
Und nun verschwindet!
Los, an die Arbeit mit euch!" 5,4

Darauf befahl Pharao seinen Aufsehern:
„Dieses Volk hat zu viel Zeit.

Darum gebt ihnen noch mehr Arbeit.
Von jetzt an sollen sie das Stroh
für die Ziegel selbst sammeln.
Dann vergehen ihnen
ihre dummen Gedanken.
Aber ihr Tagessoll
müssen sie trotzdem erfüllen." 5,6ff

Da luden die Aufseher den Sklaven
noch schwerere Zwangsarbeit auf.
Sie trieben die Israeliten
in die Sümpfe und auf die Felder.
Dort sammelten sie Häcksel,
formten unermüdlich Ziegelsteine
aus Lehm und aus Stroh.
Sie schufteten pausenlos,
von frühmorgens bis in die Nacht.
Doch am Tagesende hatten sie
ihr Tagessoll noch nicht erbracht. 5,13f

Aber die ägyptischen Aufseher
nahmen sich ihre Vormänner vor,
schlugen sie und schrien sie an:
„Warum habt ihr
euer Soll nicht erreicht?" 5,14
Die aber liefen zum Pharao
und beschwerten sich bitter:
„Warum behandelt man uns so schlecht?
Man schlägt uns
und gibt uns kein Häcksel?
So können wir unser Soll nie erreichen." 5,15f

Doch Pharao hielt ihnen vor:
„Ihr seid nur faul. Ja, faul seid ihr!
Darum sagt ihr: Wir wollen jetzt feiern.
Gar nichts wird euch erlassen.
Ihr sollt noch viel mehr schaffen."
Und er jagte sie alle hinaus. 5,17f

Draußen vor dem Palast
warteten Mose und Aaron auf sie.
Sie aber fielen über die beiden her.
„Mose, Aaron! Gott soll euch strafen.
Ihr beide seid schuld!
Warum seid ihr zum Pharao gegangen?
Seitdem ist alles für uns
noch viel schlimmer geworden." 5,21

Als Mose sein Volk so klagen hörte,
da verließ auch ihn aller Mut.
Er schrie zu Gott: „Ach Herr!
Warum tust du uns das an?
Warum hast du mich hierher gesandt?
Du wolltest dein Volk retten.
Aber nun wird es noch härter geplagt." 5,22f

Doch Gott sprach zu Mose:
„Nun sollst du sehen,
wie ich am Pharao handle.
Der Pharao muss euch ziehen lassen.
Durch meine Hand wird es geschehen.
Mit eigenen Augen wirst du es sehen.
Ich will euch von den Lasten befreien,
die die Ägypter auf euch gelegt haben.
Ich will euch annehmen
und zu meinem Volk machen
und will euer Gott sein.
Und ihr sollt erfahren,
dass ICH der Herr bin:
Ich will euch in das Land bringen,
das ICH euren Vätern
Abraham, Isaak und Jakob versprach." 6,6ff

Da verkündete Mose dem Volk alles,
was Gott ihm anvertraut hatte.
Aber das Volk war so verzagt
und von harter Arbeit geplagt,
dass es nicht auf ihn hörte. 6,9

„Gott hat das Weinen seines Volkes gehört. Er hat ihr Leiden angesehen." Das ist die ermutigende Botschaft, die Mose seinem Volk vermitteln soll. Aber kann das Volk diese Botschaft annehmen?
Auf die anfängliche Hoffnung folgt bald Resignation durch vermehrte Schikanen der Ägypter. Die Lage wird immer verzweifelter, zumal auch Mose von der Verzweiflung seines Volkes angesteckt wird. Aber im Gegensatz zu seinem Volk richtet Mose seine Klage an Gott (5,22f). Sie zeigt Mose als Menschen, dem die Last seines Amtes als Mittler zwischen Gott und dem Volk zu schwer wird (vgl. Moses Klage in Num 11,11ff). Aber zugleich erscheint er in dieser Szene als mutiger Prophet, der es wagt, dem mächtigsten Herrscher jener Zeit entgegenzutreten. Sein vollmächtiges „So spricht der Herr" zeigt

an, wer in Wahrheit durch ihn spricht und wer die wahre Macht innehat: Nicht der Pharao, sondern „der Gott der Hebräer" (5,3), der auf der Seite der Armen und Entrechteten steht und ihnen zu ihrem Recht verhilft!
Eine besondere Aufgabe kommt Aaron in dieser Geschichte zu. Während Aaron an späteren Stellen als Priester vorgestellt wird, hat er hier die Aufgabe, Dolmetscher seines Bruders und Mittler zwischen Mose und seinem Volk zu sein. Im Verlauf der folgenden Erzählungen zeigt sich immer deutlicher, wie nötig Mose die Unterstützung durch seinen Bruder hat.

DIE PLAGEN
Exodus 7–10

Danach sprach Gott zu Mose:
„Siehe, ich gebe dir
die Vollmacht Gottes.
Du sollst dem Pharao alles sagen,
was ich dir sagen werde.
Und Aaron soll dein Prophet sein.
Er soll dein Wort vor den Pharao bringen.
Aber er wird nicht auf euch hören.
Sein Herz ist verhärtet.
Doch ich will ihm meine Macht zeigen.
Und die Ägypter sollen erkennen,
dass ich der Herr bin,
wenn ich euch aus Ägypten wegführe.
So geh nun morgen früh zum Nil.
Dort wirst du auf den Pharao treffen." 7,1ff

Da gingen Mose und Aaron
am nächsten Morgen zum Nil
und stellten sich dem Pharao
in den Weg.
„Höre, Pharao!", sprach Mose.
„Der Herr, der Gott der Hebräer,
hat mich zu dir gesandt.
Er gebietet dir:
Lass mein Volk ziehen!
Lass es in der Wüste
ein Fest für seinen Gott feiern.
Aber du willst nicht auf ihn hören.
Darum soll im ganzen Land
alles *Wasser zu Blut* werden.
Dann wirst du erfahren,
dass ICH der Herr bin,
spricht Gott." 7,16f

Und Mose schlug mit seinem Stab
auf das Wasser des Nil.

Da wurde das Wasser blutrot.
In allen Flüssen, Seen und Sümpfen
wurde Wasser zu Blut.
Die Fische starben in Massen.
Das Wasser stank gräulich.
Niemand konnte es trinken.
Verzweifelt gruben die Menschen
an den Ufern nach sauberem Wasser.
Aber der Pharao hörte nicht
auf Mose und Aaron.
Denn er sah: Auch seine Zauberer
verwandelten Wasser in Blut. 7,20–25

Sieben Tage lang dauerte die Plage an.
Danach folgte die nächste Plage.
Gott sprach zu Mose:
„Geh zu Pharao und sag ihm:
So spricht der Herr:
Lass mein Volk ziehen,
dass es ein Fest für mich feiere!
Wenn nicht, will ich dein Land
mit *Fröschen* plagen." 7,26ff

Und wie Gott gesagt hatte,
so geschah es:
Aus den Tümpeln und Sümpfen
krochen unzählige Frösche hervor.
Sie hüpften in Häuser und Hütten,
in Backöfen, Behälter und Betten. 7,28
Auch im Palast des Pharao
wimmelte es von ekligen Fröschen.
Aber die Zauberer
zauberten auch Frösche hervor. 8,3

Als der Pharao das sah,
wurde ihm angst und bange.

Er befahl Mose und Aaron:
„Schafft mir die Frösche vom Hals.
Bittet euren Gott, dass er mich
von dieser Plage befreit!
Dann lasse ich euch ziehen."
„Ja, so soll es geschehen",
antwortete Mose.
„Dann wirst du erkennen:
Niemand ist so mächtig
wie der Herr, unser Gott." 8,4ff

Da schrie Mose zu Gott.
Und die Plage hatte ein Ende.
Im ganzen Land trug man
die toten Frösche in Haufen zusammen.
Widerlicher Gestank erfüllte das Land.
Doch kaum war die Plage vorbei,
verhärtete der Pharao wieder sein Herz.
Er ließ die Israeliten nicht ziehen. 8,8ff

Da schickte Gott noch eine Plage:
Aus dem Staub der Erde
kamen *Stechmücken* hervor,
Millionen und Abermillionen.
Als die Zauberer das sahen,
erkannten auch sie:
Das hat Gott getan.
Doch der Pharao hörte nicht auf sie.
Sein Herz blieb hart. 8,12ff

Und Gott sprach zu Mose:
„Geh morgen früh zum Fluss
und stell dich dem Pharao in den Weg.
Sag ihm: So spricht der Herr:
Lass mein Volk ziehen,
dass sie mir ein Fest feiern!
Wenn nicht, so wird *Ungeziefer*
über dich und dein Land kommen
und in eure Häuser eindringen.
Aber ich will einen Unterschied machen
zwischen deinem und meinem Volk.
Dann wirst du erkennen,
dass ich Gott der Herr bin."
Und so geschah es:
Ungeziefer suchte das Land heim
und breitete sich im ganzen Land aus.
Nur die Israeliten blieben verschont. 8,16ff

Da lenkte der Pharao endlich ein.
„Geht!", sagte er zu Mose und Aaron,
„und bringt ein Opfer für euren Gott,
aber hier, nicht in der Wüste!"
Doch Mose entgegnete:
„Nein, in die Wüste wollen wir ziehen,
drei Tagereisen von hier.
Dort wollen wir unserem Gott opfern." 8,21ff

Schließlich gab der Pharao nach.
„Gut, ich lasse euch ziehen.
Aber zieht nicht zu weit.
Und bittet euren Gott,
dass er mich von dieser Plage befreit."
Da betete Mose zu Gott.
Und das Ungeziefer verschwand.
Aber der Pharao
verhärtete wieder sein Herz.
Er ließ das Volk Israel nicht ziehen. 8,24ff

Danach brach eine *Viehseuche* aus.
Die Tiere starben in Massen.
Nur die Tiere der Israeliten
blieben von der Seuche verschont.
Aber der Pharao blieb hart.
Er ließ das Volk Israel nicht ziehen. 9,1ff

Schließlich suchte die *Pest* das Land heim.
Die Menschen litten unsägliche Qualen.
Dennoch blieb der Pharao hart.
Er ließ die Israeliten nicht ziehen. 9,8ff

Da ging Mose noch einmal zum Pharao.
Am frühen Morgen stand er
plötzlich vor ihm und sagte:
„So spricht der Herr,
der Gott der Hebräer:
Lass mein Volk ziehen!
Sonst werden noch mehr Plagen
über dich kommen,
damit du erkennst: Ich bin der Herr.
In der ganzen Welt ist keiner wie ich.
Darum habe ich dich bis heute
am Leben erhalten,
damit ich meine Macht an dir zeige
und alle Welt erkennt,
wie mächtig ich bin. 9,13ff
Aber du stellst dich immer noch
gegen mein Volk.
Du lässt es nicht ziehen.
Darum höre auf mich:
Morgen wird ein Unwetter

2. Mose / Exodus

über dein Land kommen,
so schlimm wie noch nie.
Menschen und Vieh
werden vom *Hagel* erschlagen."   9,17ff

Und so geschah es:
Am nächsten Morgen
brach ein gewaltiges Unwetter los.
Es blitzte und donnerte.
Feuer fiel vom Himmel.
Und schwere Hagelkörner
verheerten das Land.
Wer auf den Feldern war,
wurde vom Hagel erschlagen.
Aber die Israeliten
blieben vom Hagel verschont.   9,22ff

Da lenkte der Pharao endlich ein.
Er sagte zu Mose und Aaron:
„Nun weiß ich:
Euer Gott ist im Recht.
Ich habe Unrecht getan.
Wir sind an ihm schuldig geworden.
Bittet doch euren Gott,
dass das Unwetter aufhört."
„Ich will es tun", antwortete Mose.
„Dann wirst du erkennen,
dass dem Herrn unserem Gott
die Erde gehört."   9,27ff

Und Mose ging vor die Stadt hinaus,
breitete seine Hände zum Himmel aus
und betete zu Gott.
Da hörte der Hagel auf
und der Donner verstummte.
Doch kaum hellte der Himmel auf,
verhärtete sich wieder Pharaos Herz.
Er ließ die Israeliten nicht ziehen.   9,33ff

Und Gott der Herr sprach zu Mose:
„Geh noch einmal zum Pharao.
Denn ICH bin es,
der sein Herz hart werden ließ.
Ich habe alle diese Zeichen getan,
damit ihr erkennt:
Ich bin der Herr, euer Gott.
Erzählt es euren Kindern
und den Kindern eurer Kinder,
was ich unter
den Ägyptern getan habe."   10,1f

Da gingen Mose und Aaron
zum Pharao und sagten:
„So spricht der Herr,
der Gott der Hebräer:
Wie lange noch willst du dich weigern?
Lass mein Volk ziehen,
dass sie ein Fest feiern!
Wenn nicht, dann kommt bald
eine *Heuschreckenplage* über Ägypten,
so furchtbar wie nie zuvor."
Als aber der Hofstaat das hörte,
erschrak er und redete auf den Pharao ein:
„Bitte! Lass das Volk ziehen!
Sonst geht unser ganzes Land unter."   10,3ff

Endlich gab der Pharao nach.
„Gut", sagte er, „ich lasse euch ziehen,
aber ohne Frauen und Kinder:
und ohne Schafe und Rinder."
Doch Mose erwiderte:
„Nein, wir feiern nur mit allen.
Denn es ist das Fest des Herrn."
„O ja!", spottete der Pharao.
„Der Herr sei mit euch!
Nun weiß ich es sicher:
Ihr habt ganz anderes im Sinn."
Und zornig befahl er:
„Hinaus mit euch! Jagt sie hinaus!"   10,8ff

Da ließ Gott Heuschrecken kommen,
so viele, dass das ganze Land
von ihnen bedeckt war.
Und was auf den Feldern
vom Hagel noch übrig war,
das fraßen nun die Heuschrecken auf.   10,12ff

Als aber der Pharao sah,
wie die Heuschrecken alles verheerten,
ließ er eilig Mose und Aaron rufen.
Reumütig bekannte er:
„Ich habe einen großen Fehler gemacht.
Ich bin an euch und eurem Gott
schuldig geworden.
Doch ich bitte euch:
Vergebt mir noch dieses Mal!
Bittet euren Gott, dass er mich
von dieser tödlichen Plage befreit."   10,16f

Da ging Mose hinaus
und betete zu Gott.

Und als er noch betete,
kam ein starker Wind auf,
der trieb die Heuschrecken ins Meer.
Nicht eine Heuschrecke blieb übrig.
Doch der Pharao blieb hart.
Gott hatte sein Herz verschlossen.
Er ließ die Israeliten nicht ziehen. 10,18ff

Zuletzt kam eine *Sonnenfinsternis*
über das ganze Land.
Drei Tage lang war es Nacht,
mitten am Tag.
Nur bei den Israeliten
blieb es hell in den Häusern. 10,21ff

Da war der Pharao endlich bereit,
die Israeliten ziehen zu lassen.

Er verkündete Mose: „Nun geht
mitsamt euren Frauen und Kindern!
Und bringt eurem Gott
in der Wüste ein Opfer!
Nur eure Schafe und Rinder lasst hier!"
Doch Mose erwiderte:
„Nein, wir brauchen auch Tiere,
zum Opfer für unseren Gott."
Doch der Pharao fiel ihm ins Wort.
„Nein!
Dann dürft ihr nicht gehen!
Und nun, verschwinde endlich
und lass dich nie mehr blicken.
Sonst lass ich dich töten."
Denn Gott hatte
sein Herz verschlossen. 10,21ff

Ein gewaltiges Drama spielt sich in dieser Erzählung im Zeitraffer ab. Eine Naturkatastrophe folgt auf die andere. Durch ihre Verkettung wächst der Eindruck einer unaufhaltsamen Katastrophe, die zunehmend auf den Untergang Ägyptens zutreibt.

Die Plagen – Wasser zu Blut, Heuschrecken, Hagel, Sonnenfinsternis – erinnern an endzeitliche Szenarien, wie sie sich auch im Buch Joel und in der Offenbarung des Johannes finden (Joel 1f / Offb 8,6–13). Es scheint, als seien mit den Plagen Ägyptens bereits die letzten Tage der Schöpfung angebrochen, Tage des Gerichtes Gottes über seine Welt. Machtvoll demonstriert Gott durch sie seine Schöpfermacht vor der Völkerwelt: seine Macht als Herr über die ganze Erde (9,29), aber ebenso auch als Herr über Menschenherzen (10,20).

Mit dieser Machtdemonstration verbindet sich eine deutliche Mahnung an Pharao, der sich selbst wie ein Gott aufspielt. Aber zugleich enthält sie auch einen starken Trost für das versklavte und verzagte Volk der Hebräer, das bislang noch nichts von der Macht seines Gottes weiß (10,1ff).

Beiden Adressaten gilt die Botschaft, die sich wie ein roter Faden durch alle Plagen hindurchzieht: „Ihr sollt erfahren, dass ich der Herr bin."

Sie verdichtet sich in der Konfrontation zwischen Mose und dem Pharao, die sich mit jeder Plage zuspitzt und sich zunehmend als Machtkampf zwischen Gott und dem gottgleichen Pharao offenbart. Im Verlauf dieser Auseinandersetzung verschließt sich der Pharao immer mehr gegenüber dem Gott Israels. Sein Widerspruch gipfelt in der Aussage, dass Gott „Pharaos Herz hart werden ließ". Das heißt: der Pharao hat sich so tief in seinen Widerspruch verstrickt, dass er sich selbst daraus nicht mehr befreien kann.

Aber dennoch bleibt der Pharao am Leben. Er wird sogar, wenn auch wider Willen, zum Zeugen von Gottes Macht (vgl. dazu 9,16ff: „Dazu habe ich dich erhalten, dass meine Kraft an dir erscheine und mein Name verkündigt werde in allen Landen"). Durch sein zweifaches Schuldbekenntnis gibt er am Ende dem Gott Israels Recht (9,27; 10,16: „Ich habe mich versündigt. Der Herr ist im Recht. Ich aber und mein Volk sind schuldig geworden.").

Viele würden die Erzählung von den Plagen Ägyptens am liebsten aus ihrer Bibel entfernen, weil sie ein vermeintlich anstößiges Gottesbild vermittelt. Aber für das Volk Israel war und ist diese Geschichte immer von hoher Bedeutung gewesen. Mit ihr verbindet sich der Dank an Gott, der sie mit „mächtiger Hand und starkem

Arm" befreit hat. Jedes Jahr wird daran am Passafest erinnert.
Damit ist aber noch kein letztes Urteil über Ägypten gesprochen. Gottes letztes Wort über Ägypten lautet nicht Gericht, sondern Heil. Auch für Ägypten gilt, wie auch für die ganze Völkerwelt, Gottes Segensverheißung: „Gesegnet bist du, Ägypten, mein Volk!" (Jes 19,19–25).

PASSA
Exodus 11–13

Und Gott sprach zu Mose:
„Noch eine allerletzte Plage
wird über Ägypten kommen.
Danach muss der Pharao
euch ziehen lassen.
Ja, er wird euch sogar
aus dem Land treiben. 11,1
Um Mitternacht werden
alle erstgeborenen Söhne
in Ägypten sterben,
der erste Sohn des Pharao
wie auch der Erstgeborene der Magd.
Und das ganze Land wird erfüllt sein
von Schreien und Klagen. 11,4ff

Aber dem Volk Israel sollst du sagen:
Macht euch bereit!
Denn ein furchtbares Unglück
wird über Ägypten kommen.
In allen Häusern Ägyptens
wird der erstgeborene Sohn sterben. 12,12
Darum schlachtet ein Lamm,
streicht sein Blut an eure Türpfosten! 12,7
Dann geht das Unglück
an euren Häusern vorüber.
Das Blut ist das Zeichen,
dass Gott eure Häuser verschont. 12,13f
Ihr aber feiert das Passa
in euren Häusern.
Es ist das Fest der Befreiung.

Nie sollt ihr vergessen,
was Gott in dieser Nacht
für euch getan hat.
Jedes Jahr sollt ihr dieses Fest feiern. 12,14
Und wenn euch später
eure Kinder fragen:
‚Was feiert ihr da?',
dann sollt ihr sagen:

‚Sklaven waren wir in Ägypten.
Aber Gott hat uns mit mächtiger Hand
aus Ägypten geführt.'" 13,14

Andächtig lauschten die Israeliten,
was Gott ihnen durch Mose gebot. 12,27
Und sogleich machten sie sich daran,
in aller Eile das Fest vorzubereiten. 12,28
Die Männer schlachteten ein Lamm,
strichen sein Blut an die Türpfosten
und brieten das Fleisch über dem Feuer. 12,8ff
Die Frauen aber machten Brot
aus ungesäuertem Teig. 12,15ff

Und als die Nacht hereinbrach,
kamen sie in ihren Häusern zusammen,
in Mänteln und Reiseschuhen,
schon zum Aufbruch bereit. 12,11
So feierten sie in dieser Nacht
das Fest der Befreiung.
Sie aßen miteinander Lammfleisch
und ungesäuertes Brot
und tranken dazu Wein.
Und über dem Brot und dem Wein
lobten und dankten sie dem Herrn,
ihrem Gott, der versprochen hatte,
sie aus der Sklaverei zu befreien.

Um Mitternacht aber gab es
in allen Städten und Dörfern
ein großes Klagegeschrei.
Die Ägypter stürzten
aus ihren Häusern,
weinten und schrien.
Auch im Palast des Pharao
herrschte blankes Entsetzen. 12,29f

Als aber Pharao hörte,
dass sein Sohn tot war,

ließ er sofort Mose und Aaron rufen,
mitten in der Nacht.
„Geht!", schrie er.
„Verlasst dieses Land
noch in dieser Nacht!
Nehmt alles mit, was ihr wollt!
Aber geht endlich! Geht!" 12,30ff

Da brachen die Israeliten auf,
sechshunderttausend Mann
mit Frauen und Kindern, 12,37
dazu viele Schafe und Rinder.
In geordnetem Zug
zogen sie aus Ägypten.
Keiner kannte den Weg.
Doch eine Wolkensäule
ging ihnen voran.
Und eine Feuersäule
zeigte ihnen bei Nacht den Weg an.
Gott selbst ging ihnen voran
auf dem Weg in die Wüste. 13,21

– – –

*H*alleluja!
Ich danke dem Herrn
von ganzem Herzen
in der Gemeinde.
Der gnädige und barmherzige Herr
hat ein Gedächtnis gestiftet
von seinen Wundern.
Er sendet eine Erlösung seinem Volk,
dass sein Bund ewig bestehen soll.
Heilig und hoch erhaben ist sein Name.
Halleluja!

nach Psalm 111 / aus der Passafest-Liturgie

Das Passafest (bzw. Pessachfest) ist bis heute das wichtigste Fest im jüdischen Jahreskreis.
Es wird jedes Frühjahr (im Monat Nissan) in Verbindung mit dem „Fest der ungesäuerten Brote" sieben Tage lang gefeiert. Dieses Fest geht auf uralte nomadische Bräuche zurück und wurde ursprünglich als Erntefest begangen. Aber erst durch seine Verwurzelung in der Geschichte des Exodus gewinnt es seine zentrale Bedeutung in der Erinnerung an den Exodus, das Urdatum der Geschichte Israels. Es erinnert an die Nacht des Auszugs, als das Volk Israels aus Todesgefahr gerettet und in die Freiheit geführt wurde. In jener Nacht – so erzählt das Exodusbuch – feiert das Volk Israel das erste Pessachfest. Mitten in der Eile des Aufbruchs, umgeben von tödlichen Gefahren und noch voller Ungewissheit, was kommen wird, feiert es das Mahl, als sei die Rettung schon geschehen.

Auf Gottes Anordnung hin soll es das Fest auch in Zukunft jedes Jahr begehen,
(1) als **Fest der Verschonung**. Es erinnert daran, dass Gott sein Volk in Ägypten „vor dem Tod schont", d.h. vor dem Tod bewahrt hat. Das Blut des Lammes an den Türpfosten ist das Erinnerungszeichen. Es soll für immer daran erinnern, was Gott für sein Volk getan hat. (Vgl. dazu die Worte Jesu beim letzten Mahl, in dem er das Blut des Lammes auf seinen Tod bezieht: „Das ist mein Blut, das für viele vergossen wird." Mk 14,24 par) Vor allem aber soll es
(2) als **Fest der Befreiung** gefeiert werden, damit nie vergessen werde, was Gott für sein Volk getan hat, und damit es von Generation zu Generation weitererzählt werde, als Erinnerung und Zeugnis der Hoffnung zugleich, damit auch die Nachkommen ihre Hoffnung auf Gott setzen, der sie aus Ägypten befreit hat (Ps 78,7).

2. Mose / Exodus

DURCH DAS SCHILFMEER
Exodus 14–15

Und Gott sprach zu Mose:
„Zieht in die Wüste
und lagert euch am Schilfmeer.
Dort wird Großes geschehen.
Die Ägypter sollen
mit eigenen Augen sehen,
was Gott an euch tut." 14,1ff

Als aber der Pharao hörte:
Die Israeliten sind
in die Wüste geflohen,
rief er empört: „Wie?
Dieses Volk kehrt nicht mehr zurück?
Sie wollen keine Sklaven mehr sein?
Warum haben wir sie gehen lassen?
Auf, spannt die Wagen an!
Wir holen sie mit Gewalt zurück."
Und sogleich bestieg er
seinen königlichen Wagen
und jagte den Israeliten nach,
gefolgt von seinen besten Reitern
und 600 Streitwagen. 14,5ff

Inzwischen hatten die Israeliten
ihr Lager am Schilfmeer aufgeschlagen.
Doch plötzlich sahen sie:
Pferde und Wagen jagten heran,
Pharao allen voran.
Sie kamen näher und näher.
Die Israeliten schrien vor Angst.
Vor ihnen lag das Meer
und hinter ihnen brauste
Pharaos Streitmacht heran.
Wohin sollten sie fliehen?

Sie liefen zu Mose, schrien
und klagten ihn an:
„Warum hast du uns das angetan?
Gab es in Ägypten nicht Gräber genug?
Warum hast du uns hierher geführt,
dass wir hier sterben?
Haben wir dir nicht damals gesagt:
‚Lass uns in Ruhe!
Lieber bleiben wir Sklaven,
als hier in der Wüste zu sterben.'" 14,10ff

Doch Mose antwortete ihnen:
„Fürchtet euch nicht!
Bleibt standhaft und seht,
was Gott an euch tut.
Nicht ihr braucht zu kämpfen.
Gott tut es für euch.
Haltet nur still
und zieht ruhig weiter!" 14,13f
Die Israeliten blickten sich um.
Doch weit und breit
war kein Weg zu sehen.

Da hielt Mose seinen Stab
über das Wasser,
wie Gott ihm geboten hatte.
Und das Wunder geschah:
Ein starker Ostwind teilte das Wasser. 14,21
Vor ihnen tat sich ein Weg auf,
mitten im Meer.
Auf trockenem Weg
zogen sie durch das Meer.
Wie eine Schutzmauer,
so umgab sie das Wasser
zu beiden Seiten.
Die Wolke aber trat hinter sie
und verhüllte sie vor ihren Verfolgern.

So zogen sie durch die Nacht,
Männer, Frauen und Kinder,
mit all ihrem Hab und Gut
und all ihrem Vieh. 14,17ff
Und als endlich der Morgen anbrach,
hatten alle heil das andere Ufer erreicht.
Nur die Ägypter waren noch
mitten im Meer.
Doch ihre schweren Streitwagen
blieben im Schlamm stecken.
Wilde Panik brach aus.
Die Ägypter schrien vor Angst:
„Zurück! Zurück!
Lasst uns fliehen vor ihnen!
Denn ihr Gott kämpft für sie." 14,24f

Und Mose hob noch einmal
seine Hand über das Meer.
Da kehrte das Wasser zurück.

Alle Ägypter ertranken im Meer.
mitsamt ihren Wagen und Pferden. 14,26ff

So rettete Gott an diesem Tag
sein Volk vor den Ägyptern.
Die Israeliten sahen staunend das Wunder,
das Gott vor ihren Augen getan hatte.

Da hörten sie auf einmal hellen Gesang.
Mirjam, Moses Schwester, stimmte
zur Handpauke ein neues Lied an.
Jubelnd fielen die anderen Frauen
in ihr Lied ein.

Sie sangen und tanzten im Reigen
und steckten mit ihrem Gesang
das ganze Volk an:

„Singt dem Herrn!
Denn hoch und erhaben ist er.
Ross und Reiter warf er ins Meer." 15,20f

– – –

Dies ist das Lied Moses,
das Gottes Rettungstat
mit eigenen Worten besang:

„Ich will dem Herrn singen,
denn er hat eine große Tat getan.
Meine Hilfe und Heil ist der Herr.
Ihm singe ich meinen Lobgesang.
Pharaos Wagen warf er ins Meer.
Seine besten Kämpfer
versanken im Schilfmeer.
Herr, du tust mächtige Wunder!" 15,1–19

Das Schilfmeerwunder ist das zentrale Heilsereignis, das Israel in unzähligen Lobliedern besingt und feiert, nicht nur am Pessachfest. Es ist die Geburtsstunde des Volkes Israel. Gott hat sein Volk, wie einst das Kind Mose, „aus dem Wasser gezogen" und aus dem Tod ins Leben gerufen. „Wir haben einen Gott, der da hilft, und den Herrn, der vom Tod errettet" (Ps 68,21). Das ist die Grunderfahrung, die Israel mit diesem Datum verbindet. Im Kontext des Exodusbuchs wird die Bedeutung dieses Ereignisses noch zusätzlich durch seine exponierte Stellung in der Mitte des Buches hervorgehoben. Gleich dreifach wird es in Kap 14 und 15 bezeugt:

(1) Das älteste Zeugnis ist das **Lied der Mirjam** (15,20f). Es erinnert an die Siegeslieder, die in Israel traditionell von den Frauen angestimmt wurden (vgl. 1. Sam 18,6f).

(2) **Das Lied Moses** (15,1ff) lässt auf einen Wechselgesang schließen. Die Frauen stimmen ein neues Lied an, die Männer antworten darauf mit einem eigenen Lied. Dieses Lied wurde in späterer Zeit mehrfach erweitert und aktualisiert.

(3) Die einleitende **Erzählung vom Schilfmeerwunder** (14,1ff) beschreibt Gottes Rettungstat als Schluss- und Höhepunkt der Exodusperikope. Mit ihr wird definitiv der Schnitt zwischen Israels Vergangenheit als Sklavenvolk und seiner künftigen Identität als Volk Gottes markiert. In dieser Erzählung liegt die Betonung nicht primär auf den Wunderzeichen an sich, sondern auf der Erfahrung, die Israel mit seinem Gott auf dem Weg durch das Meer gemacht hat: Er schafft einen Weg, wo kein Weg ist (vgl. Jes 43,16). Er macht das bedrohliche Wasser zur schützenden Mauer und bewahrt es durch die Wolke, ein Zeichen seiner Gegenwart, vor der Aggression seiner Feinde. Dabei wird deutlich: Das Volk kann selbst nichts zu seiner Rettung beitragen. Es kann nur „stillhalten", im Vertrauen auf Gottes Zusage den Weg wagen und am Ende als Augenzeuge des Geschehens seine Macht und Größe preisen. Es ist dies die Erfahrung, die Israel im Verlauf seiner Geschichte immer wieder machen wird: *„Es soll nicht durch Heeresmacht oder (menschliche) Kraft(akte) geschehen, sondern durch meinen Geist, spricht der Herr"* (Sach 4,6).

DAS 2. BUCH MOSE / EXODUS 15–40

Der Bund am Sinai

Neben der Befreiung aus Ägypten bildet der Bundesschluss am Sinai das zentrale Thema des Exodusbuches. Er markiert das zweite große heilsgeschichtliche Datum in der Geschichte Israels und die Mitte seiner Glaubensüberlieferung. Dies zeigt sich schon an dem ungewöhnlich breiten Raum, den das Thema innerhalb der 5 Bücher Mose einnimmt. Es umfasst nicht nur die 2. Hälfte des Exodusbuches, sondern auch das ganze Buch Levitikus (3. Mose), einschließlich Numeri (4. Mose) 1–10,10. Außerdem findet es in zahlreichen Glaubenszeugnissen Israels seinen Widerhall.
Und das ist seine besondere Botschaft: Gott offenbart sich am Sinai in der Wüste dem Volk, das er aus der Sklaverei in Ägypten befreit hat. Er schließt mit ihm seinen Bund und erklärt es damit rechtsgültig zu seinem Volk. Seinem Bund legt er die Zehn Gebote zugrunde. Sie sind als Grundgesetz und als Zeichen seiner unverbrüchlichen Bundeszusage zu verstehen. Auf dieser Grundlage erhält das Volk Gottes den einzigartigen Auftrag, seinen Gott vor den anderen Völkern zu bezeugen – ein Auftrag, der auch alle Nachkommen umschließt. Dieser Auftrag hat seine Mitte im Ersten Gebot und in der vorlaufenden Zusage Gottes: „Ich bin der Herr, dein Gott." Alle weiteren Gesetze und Rechtsordnungen, die in den Büchern Exodus, Levitikus, Numeri und Deuteronomium festgehalten sind, leiten sich davon ab. Auch sie gelten alle als Teil der „Tora", die Gott seinem Volk offenbart hat.

Zum Aufbau:
Auch die Texte aus Exodus, Levitikus und Numeri sind das Ergebnis eines langen und komplexen Überlieferungsprozesses. Sie enthalten zum Teil erzählende Abschnitte, teils Rechtssammlungen und kultische Anordnungen aus verschiedenen Zeiten, die aber hier ausdrücklich auf ihren Ursprung im Sinaibund zurückgeführt werden. Daraus ist eine lange zusammenhängende Geschichte erwachsen, die von einem über einjährigen Aufenthalt des Volkes Gottes am Berg Sinai erzählt, bevor das Volk seine Wanderung durch die Wüste fortsetzt. Der erste Teil dieser umfassenden Geschichte lässt sich in folgende Teilabschnitte gliedern:
(1) Auf dem Weg zum Sinai (15,22–18,27)
Diese Wegstrecke ist als Hinführung zum Sinaibund zu verstehen: Nach dem Schilfmeerwunder erlebt das gerettete Volk auf seinem Weg durch die Wüste zunächst die Kehrseite der neu gewonnenen Freiheit. Durst, Hunger und ein feindlicher Überfall lassen das Volk sehnsüchtig nach Ägypten zurückblicken. Aber Gottes Weg führt das Volk von Station zu Station immer näher dem großen Ereignis entgegen, an dem sich Gott selbst als „ihr Gott" offenbaren wird. Durch eine Kette von Wundern macht sich Gott schon auf dem Weg zum Sinai seinem Volk bekannt: „Ihr sollt erfahren, dass ich, der Herr, euer Gott bin." (16,12). Zudem kündigt sich in diesen Erzählungen bereits die neue Rechtsordnung an, die mit dem Bundesschluss in Kraft treten wird (vgl. dazu 15,25b; 16,26.34; 18,19f).

(2) Der Bundesschluss am Sinai (19–24)
Er steht im Zentrum des Geschehens und wird in Ex 19f und 24 in drei Schritten entfaltet:
- Gott kündet sein Kommen an. Das Volk bereitet sich feierlich auf sein Kommen vor (Ex 19).
- Gott offenbart sich dem Volk. Er gibt ihm die Zehn Gebote und macht sich dem Volk bekannt: „Ich bin der Herr, dein Gott". Mit den Zehn Geboten steckt er den Raum ab, in dem sein Volk in Freiheit leben kann (Ex 20).
- Das Volk tritt feierlich in den Bund ein und Mose besiegelt ihn durch das Bundesopfer (Ex 24).

Dazwischen ist das sog. „Bundesbuch" eingefügt (20,22–23,33), das die Zehn Gebote im Blick auf das tägliche Zusammenleben konkretisiert. Ferner sind noch kultische Anordnungen (25ff) angefügt, die aber im 3. Buch Mose noch vertieft werden.

(3) Bundesbruch und Bundeserneuerung (32–34)
Mit der Geschichte vom „Goldenen Kalb" wird der unterbrochene Erzählfaden von Kap. 24 wieder aufgenommen. Sie beschreibt den dramatischen „Sündenfall" des Volkes,
der unmittelbar auf den Bundesschluss folgt. Mit ihm ist die gestiftete Gemeinschaft zwischen Gott und seinem Volk schon im Anfang zerbrochen. Die Frage bricht auf: Wie kann der heilige Gott künftig unter einem unheiligen Volk leben? Aber am Ende, nach langem Ringen Moses mit Gott (33), steht die befreiende Botschaft: Gott hält an seinem Bund fest – trotz der Menschen, die ihn gebrochen haben. Er erneuert nicht nur seine Zusage, sondern überbietet sie sogar noch (34) und setzt mit dem Zelt der Begegnung den Raum fest, in dem er künftig unter seinem Volk wohnen wird (35ff).

MARA
Exodus 15,22ff

Endlich waren die Israeliten
von ihren Verfolgern befreit.
Voller Erwartung setzten sie
ihren Weg zum Berg Sinai fort,
Männer, Frauen und Kinder.
Dort, am Berg Gottes, wollten sie
ein großes Fest für ihren Gott feiern, 3,12/
wie Mose ihnen angekündigt hatte. 5,1

Aber der Weg dorthin war noch weit.
Er führte durch die Wüste Schur,
ein steiniges und unwirtliches Gelände.
Drei Tage lang quälte sich das Volk
durch die endlose Steinwüste.
Alle litten furchtbaren Durst.
Doch weit und breit
war keine Wasserstelle zu finden. 15,22

Schließlich kamen sie nach Mara,
zu einer Oase inmitten der Wüste.
Dort fanden sie endlich Wasser.
Doch als sie es trinken wollten,
spuckten sie es sofort wieder aus.
So bitter schmeckte das Wasser. 15,23

Da klagten alle:
„Was sollen wir nun trinken?"
Sie liefen zu Mose
und beschwerten sich bitter bei ihm. 15,24
Doch Mose wusste selbst keinen Rat.
Er betete und schrie verzweifelt zu Gott.
Da geschah das Wunder:
Gott hörte auf sein Gebet.
Als Mose sich umschaute,
fiel sein Blick auf ein Stück Holz.
Mose hob es auf und warf es ins Wasser.
Und sieh da:
Nun war das Wasser genießbar! 15,25

Da tranken sich alle satt,
Männer, Frauen und Kinder
und auch all ihre Tiere.
Mara – „bitteres Wasser",
so hieß diese Oase.
Aber Gott hatte durch das Wasser
sein Volk vor dem Verdursten bewahrt. 15,23b

An diesem Ort verkündete Mose
Gottes Rechte und Ordnungen.
„Höre", rief Mose, „was Gott dir gebietet:
Wenn du auf seine Stimme hörst
und tust, was er sagt,
so bleibst du von den Seuchen verschont,
die Ägypten heimgesucht haben.
Denn ich bin der Herr, dein Arzt,
spricht euer Gott." 15,25ff

Da horchten die Menschen auf.
Gestärkt setzten sie ihren Weg fort,
bis sie zur Oase Elim kamen.
Zwölf Wasserquellen
sprudelten dort aus der Erde hervor
und siebzig Palmbäume
säumten das Wasser.
In ihrem Schatten
ruhte sich das Volk aus
und schöpfte neue Kräfte
für den beschwerlichen Marsch. 15,27

Drei Tagereisen, so weit sollte ursprünglich der Weg zum Sinai sein (Ex 5,3). Aber welche Enttäuschung: Nach drei Tagen durch die Wüste Schur, eine schwer zugängliche Schotterwüste, ist das Volk noch weit von seinem Ziel entfernt. Dazu kommt die „bittere" (hebr. mara) Enttäuschung bei Mara, die das Volk gleich zu Anfang an Grenzen bringt. Welch ein Widerspruch: Eine Oase, ohne lebensspendendes Wasser, die sich offenbar nur aus Salzquellen nährt! Kein Wunder, dass das Volk aufbegehrt („murrt") und sich bei Mose beschwert! Umso erstaunlicher ist die Erfahrung, dass Gott das bittere Wasser zum Heil für sein Volk werden lässt. Es ist das Gegenteil dessen, was die Ägypter erfahren mussten, als das Wasser des Nil verseucht und ungenießbar wurde (7,20ff). Aber nicht der Vorgang als solcher steht im Mittelpunkt der Erzählung, sondern Gott selbst, der das Gebet Moses erhört und sich hier unter widrigen Umständen seinem Volk als Arzt und Heiland bekannt macht. Sein Wort bzw. seine Weisung erweist sich als die wahre Quelle des Lebens.

Das Gegenstück zu Mara bildet die Beschreibung der Oase Elim. Sie macht gleichnishaft deutlich, was der Mensch erfährt, der sich aus Gottes Wort nährt und auf seine Wegweisung verlässt. Diese Erfahrung ist für Israel von bleibender Bedeutung geblieben. Sie lebt u.a. in dem Bild aus Ps 1 fort: „Wohl dem Menschen, der ... Lust hat an der Weisung des Herrn. Der ist wie ein Baum, gepflanzt an den Wasserbächen, und seine Blätter verwelken nicht ..." (Ps 1,1.3).

So weist bereits diese erste Station auf dem Weg zum Sinai auf das Ziel des Weges voraus: Gottes Offenbarung der Tora durch Mose. Sein Wort als lebensspendende Kraft!

MANNA
Exodus 16

Schon sechs Wochen
war das Volk Israel unterwegs.
Da kam es in die Wüste Sin.
Inzwischen waren alle Vorräte verzehrt.
Und die Leute wurden
von Tag zu Tag schwächer.
Sie kamen vor Hunger kaum noch voran.   16,1

Da begannen alle zu meutern.
Sie liefen zu Mose und Aaron
und schrien empört:
„Mose, Aaron!
Ihr habt uns in diese Wüste geführt!
Ihr beide seid schuld daran,
wenn wir jetzt sterben!
Ach, wären wir doch
in Ägypten gestorben,
als wir noch an Fleischtöpfen saßen
und Unmengen von Brot aßen!
Doch hier verhungern wir alle."   16,2f

Aber Mose antwortete:
„Wer sind wir, dass ihr uns anklagt?
Nicht uns, sondern Gott klagt ihr an.   16,7f
Doch Gott hat eure Klagen gehört.
Er wird euch geben, was ihr braucht:
Fleisch am Abend und am Morgen Brot.
Denn so spricht der Herr:
Ich will Brot vom Himmel
regnen lassen.
So werdet ihr erfahren,
dass ich der Herr euer Gott bin."   16,4.12

Und wie Gott gesagt hatte,
so geschah es:
Als es Abend wurde,
flog ein Schwarm von Wachteln herbei
und bedeckte das Lager.
Am Morgen aber lagen
lauter kleine und runde Körner
rings um das Lager her,
wie Reif auf der Erde.   16,31
„Manhu?" – „Was ist das?",
so fragten alle erstaunt.
Mose antwortete: „Es ist das Brot,
das Gott der Herr euch geschenkt hat.
Sammelt es in euren Krug,
so viel ihr für einen Tag braucht!"   16,13ff

Da sammelten sie die Körner auf,
die einen viel, die anderen wenig.
Doch als sie am Ende verglichen,
hatten alle gleich viel im Krug.
Manna nannten sie das seltene Brot.
Es war weiß wie Koriandersamen
und schmeckte süß wie Honigkuchen.
Sobald aber die Sonne darauf schien,
zerschmolz es.
Doch einige bewahrten einen Teil
bis zum nächsten Tag auf.
Da stank das Manna
und war voller Würmer.   16,17ff

So sammelten die Israeliten
jeden Tag nur so viel,
wie sie brauchten.

Aber am sechsten Tag
sammelten sie doppelt so viel,
auch für den kommenden Tag.
Denn Mose hatte ihnen geboten:
„So spricht der Herr:
Sechs Tage sollt ihr sammeln.
Aber am siebten Tag ist Sabbat.
Da soll alle Arbeit ruhen.
Denn dieser Tag gehört eurem Gott."
Doch einige hörten nicht auf Mose.
Sie gingen auch am Sabbat hinaus,
um Manna zu sammeln.
Aber an diesem Tag fanden sie nichts,
kein einziges Korn. 16,22ff

So sorgte Gott für sein Volk,
solange es in der Wüste lebte,
vierzig Jahre lang,
Tag für Tag. 16,35
Jeden Morgen sammelte es
das Manna in seine Krüge.
Nur am siebten Tag der Woche
ruhte es aus.
Denn so hatte Gott es geboten.

Aber ein Krug mit Manna
wurde in der Lade Gottes
für die Nachkommen verwahrt.
Nie sollte vergessen werden,
wie Gott sein Volk in der Wüste
versorgt hatte. 16,33

– – –

Danket dem Herrn!
*Denn er ist freundlich,
und seine Güte währet ewig.
Das Volk,
das hungrig und durstig
in der Wüste umherirrte,
sodass seine Seele verschmachtete,
das soll dem Herrn danken
für seine Güte,
die er an den Menschen tut.
Denn als sie zum Herrn riefen
in ihrer Not,
befreite er sie aus ihren Ängsten
und führte sie den richtigen Weg.*
aus Psalm 107

Auf die erste Notsituation folgt gleich die zweite noch viel umfassendere Not: Ein ganzes Volk ist vom Hungertod bedroht. So ist es verständlich, dass sich ihr „Murren", d.h. ihre Empörung und Verzweiflung, wieder gegen Mose und Aaron richtet. Dabei verkennen die Menschen allerdings ihre wahre Situation: Nicht Mose, sondern Gott ist der Handelnde in dieser Geschichte. Er offenbart sich hier als der Herr auch über die Natur. Sowohl die Wachteln als auch das Manna sind zwar natürlich zu erklären, aber dass Gott beides „zur rechten Zeit" (Ps 104,27) seinem Volk schickt und dass er mit dem Wenigen Tausende von Menschen satt macht, vierzig Jahre lang, das ist das große Wunder, von dem diese Geschichte erzählt.

Wo immer dieses Wunder geschieht, sei es auf Israels Wanderung durch die Wüste oder bei der „Speisung der Fünftausend" (Mk 6,31ff par), befinden sich Menschen auf „heiligem Boden": Über die materiellen Gaben sollen die Menschen „erfahren, dass der Herr allein Gott ist" (16,12), und ihm die Ehre geben, indem sie auf sein Wort hören. Hier rückt erstmals das Sabbatgebot ins Blickfeld, obwohl es erst in Ex 20,8ff ausdrücklich genannt wird.
Somit weist auch diese Erzählung auf die Gottesoffenbarung am Sinai und die Ausrufung der Zehn Gebote voraus. Auch die Anordnung Moses, das Manna in einem Krug in der Lade Gottes zu verwahren (16,33f), setzt schon die Existenz der Bundeslade voraus, was aber erst in Kap. 25,10ff thematisiert wird.

2. Mose / Exodus

FEINDE
Exodus 17

Danach brach das Volk Israel auf
und zog weiter nach Süden
auf den Berg Sinai zu,
wie Gott ihnen befohlen hatte.
Immer steiler erhoben sich
die Berge vor ihnen.
Immer beschwerlicher
und gefährlicher wurde ihr Weg.
Er führte an Felsen und Höhlen vorbei.
Dort, so erzählten sie sich,
hauste ein raues Wüstenvolk,
das zum Volk der Amalekiter zählte.

Schließlich erreichten sie Refidim,
einen Lagerplatz tief in den Bergen.
Dort schlugen sie ihre Zelte auf.
Aber wohin sie auch blickten,
nirgendwo fanden sie Wasser. 17,1

Da packte die Israeliten die Wut.
Sie umringten Mose und schrien ihn an:
„Gib uns Wasser!
Unsere Gefäße sind leer!
Wir haben nichts mehr zu trinken." 17,2

Doch Mose erwiderte:
„Warum greift ihr mich an?
Merkt ihr denn nicht?
Ihr kämpft gegen Gott!
Warum fordert ihr ihn heraus?"
Aber die Leute schrien noch mehr:
„Wie? Ist nun Gott in unserer Mitte
oder ist er es nicht? 17,7
Mose, du bist schuld daran,
dass wir hier alle verdursten!
Warum hast du uns
aus Ägypten geführt?" 17,3

Da wusste sich Mose keinen Rat mehr.
Er schrie zu Gott: „Ach Herr,
sieh diese tobende Menge!
Was soll ich mit diesem Volk machen?
Am Ende steinigen sie mich noch." 17,4
Doch Gott sprach zu Mose:
„Nimm deinen Stab
und schlag mit ihm auf den Felsen,
bis Wasser hervorquillt.
Dann lass das Volk trinken!" 17,5f

Da schlug Mose mit seinem Stab
auf den Felsen – und sieh da:
Wasser quoll aus dem Felsen hervor!
Sofort eilten alle herbei
und löschten ihren Durst an der Quelle.
Mose aber stand schweigend dabei,
und sah stumm zu, wie sie tranken.
Darauf gab er dem Ort den Namen
Massa, das heißt „Probe",
und Meriba, das heißt „Streit".
Nie sollte das Volk vergessen,
wie es in der Wüste seinen Gott
auf die Probe gestellt hatte. 17,7

Doch kaum war Frieden
im Lager eingekehrt,
da krochen die Amalekiter
wieder aus ihren Höhlen hervor
und stürmten das Lager.
Da sammelte Josua,
Moses furchtloser Diener,
eine Schar tapferer Männer um sich.
Und als am nächsten Morgen
die Amalekiter wieder anrückten,
zog Josua mit seinen Männern
den Feinden entgegen. 17,8ff

Mose aber nahm seinen Stab
und stieg auf einen Hügel,
begleitet von seinem Bruder Aaron
und Hur, seinem Freund.
Dort auf dem Berg hob Mose
seinen Stab zum Himmel
und betete zu Gott für sein Volk.

Da wichen die Amalekiter zurück.
Aber es dauerte nicht lange,
da wurden Mose die Arme schwer.
Doch kaum ließ er die Hände sinken,
rückten die Amalekiter wieder vor.
Da setzten ihn Aaron und Hur
auf einen Stein und stützten seine Arme

zu beiden Seiten.
Den ganzen Tag harrten sie
bei Mose aus, bis die Sonne
hinter den Bergen verschwand.
Da waren auch die Amalekiter
endlich verschwunden. 17,10ff

Dankbar kehrte Mose
mit den beiden zum Lager zurück.
Dort baute er für Gott einen Altar
und gab ihm den Namen:
„der Herr – mein Feldzeichen".
So dankte Mose seinem Gott,
der sie in großer Gefahr bewahrt hatte. 17,15f

*Herr, du bist unser Gott
und wir sind das Volk,
das du weidest als Hirte.
Wir sind Schafe, die deine Hand führt.
Heute sprichst du zu uns:
Verhärtet euer Herz nicht,
wie es in der Wüste geschah
in Massa und Meriba.
Denn dort haben mich eure Väter
herausgefordert
und auf die Probe gestellt,
obwohl sie doch sahen,
was ich an ihnen getan habe.*
aus Psalm 95

Je mehr auf Israels Wanderung der Berg Gottes ins Blickfeld rückt, desto größer scheint die Bedrohung von innen und außen. Davon erzählt diese Doppelgeschichte:
(1) Eine Revolte bricht im Volk Israel aus. Sie richtet sich gegen Mose, aber in Wahrheit gegen Gott selbst. Im „Murren" des Volkes kündet sich schon das große Thema des 4. Buch Moses an (Num 11–21).
(2) Ein räuberisches Wüstenvolk stellt sich dem Volk Israel in den Weg. Vermutlich handelt es sich um einen „wilden Ableger" jenes Volkes, das für Israel über Jahrhunderte hinweg eine ständige Bedrohung darstellte und als der Inbegriff des „Bösen" galt (Dtn 26,17ff). Dabei sollte allerdings nicht vergessen werden, dass auch die Amalekiter, als Nachfahren Esaus (Gen 36,12.16), zu Abrahams Sippe zählten.

Irritierend wirken in dieser Erzählung Moses erhobene Hände und ihre Auswirkung auf den Verlauf des Kampfes. Aber nicht Moses Hände bewirken die Wende im Kampf. Sie sind nur sichtbarer Ausdruck dessen, dass Gott auf die Fürbitte seines Dieners hört. Allein seinem Erbarmen verdankt das Volk seine Rettung. Dies soll vermutlich auch der Name des Altars ausdrücken. (In einer jüdischen Auslegung heißt es dazu: „Konnten die Hände Moses Sieg oder Niederlage bewirken? – Nein, sondern wenn die Israeliten ihre Gedanken in die Höhe richteten und ihre Herzen an ihren Vater im Himmel banden, gewannen sie die Oberhand; im anderen Fall erlitten sie eine Niederlage.")

In dieser Szene begegnet uns Mose erstmals in seinem prophetischen Amt in der Fürbitte für sein Volk. Es wird im Verlauf der Geschichte Gottes mit seinem Volk zunehmend an Bedeutung gewinnen (vgl. dazu Ex 32,11ff.31f).

Der Name des Altars gibt einige Rätsel auf. Vermutlich soll damit die Gefolgschaftstreue Israels angesprochen werden. Insofern gehört auch dieser Name in das Umfeld der Volkswerdung Israels am Sinai (vgl. dazu auch Ps 95!).

JITRO
Exodus 18

In jenen Tagen erhielt Mose Besuch
von seinem Schwiegervater Jitro,
begleitet von Zippora, Moses Frau,
und seinen Söhnen
Gerschom und Eliëser. 18,1ff

Voller Freude begrüßte sie Mose
und führte sie in sein Zelt.
Dort erzählte er Jitro,
was Gott an ihnen getan hatte,
wie er sie aus Ägypten befreit
und auf dem Weg bewahrt hatte.
Jitro hörte aufmerksam zu.
Und als Mose geendet hatte,
rief er erfreut:
„Gepriesen sei der Herr,
der euch aus der Hand der Ägypter
und aus der Hand Pharaos gerettet hat!
Jetzt habe ich erkannt:
Euer Gott ist größer als alle Götter!" 18,7ff
Darauf brachte er
dem Gott Israels Opfer dar.
Und alle Sippenältesten,
auch Aaron, kamen hinzu
und hielten mit Jitro das Mahl. 18,12

Am nächsten Morgen aber
stand Mose früh auf,
um Streitfälle im Volk zu schlichten.
Vor seinem Zelt hatte sich
eine große Menge versammelt.
Viele Stunden warteten die Menschen
in der glühenden Hitze,
bis sie an der Reihe waren.
Mose hörte alle geduldig an
und klärte einen Fall nach dem andern. 18,13

Darüber wurde es Abend.
Aber immer noch drängten sich
die Menschen um Mose.
Da nahm ihn Jitro beiseite und fragte:
„Was tust du dir und deinem Volk an?
Warum sitzt du allein hier
und alle stehen vor dir
vom Morgen an bis zum Abend?"
Mose antwortete:
„Die Leute kommen,
um Gott zu befragen.
Sie wollen, dass ich ihren Streit schlichte
und sie Gottes Rechte
und Ordnungen lehre." 18,14ff

Doch Jitro erwiderte:
„Was du tust, ist nicht gut.
Du machst dich zu müde dabei.
Auch die anderen können nicht mehr.
Die Aufgabe ist dir zu schwer.
Du kannst sie alleine nicht schaffen.
Darum höre auf mich!
Nimm meinen Rat an:
Bring du die Menschen
und ihre Sorgen vor Gott!
Und lehre sie seine Gebote,
damit sie auf rechtem Weg gehen.
Du aber sieh dich im Volk um
nach ehrlichen Männern.
Leute, die unbestechlich sind
und auf Gott hören.
Setze sie als Richter über das Volk:
über zehn, fünfzig, hundert
oder auch tausend Menschen.
Nur die allerwichtigsten Fälle
sollen sie vor dich bringen.
So tragt ihr gemeinsam die Last.
Wenn du das tust,
dann kannst du den Auftrag erfüllen,
den Gott dir zugeteilt hat.
Und alle diese Leute
können in Frieden heimkehren." 18,17ff

So sprach Jitro zu Mose.
Der hörte auf seinen Rat
und führte alles so aus,
wie Jitro ihm riet.
Danach kehrte Jitro wieder
in Frieden zurück in sein Land. 18,27

Diese friedliche Begegnung zwischen Mose und seinem Schwiegervater, dem Midianiter Jitro (auch Reguël genannt), bildet einen erkennbaren Kontrapunkt zu der vorangegangenen kriegerischen Auseinandersetzung mit den Amalekitern. Obwohl Jitro nicht dem Volk Israel angehört, bekennt er sich ausdrücklich zu dem Gott Israels! Mose erscheint in dieser Erzählung nicht, wie bisher, als Retter und Führer seines Volkes, sondern als sein Richter und Lehrer, der das Volk in Gottes Gebot unterweist. Gemeint sind konkret „die Rechtssätze und Ordnungen" (häufig missverständlich als „Gesetz" bezeichnet), die das tägliche Miteinander im Volk regeln sollen. Aber gleichzeitig ist Mose selbst ein Lernender, der auf den weisen Rat Jitros hört und in ihm Gottes Weisung vernimmt. Hier wird deutlich, wie vielfältig sich Gott seinen Menschen bezeugt: nicht nur durch Blitz und Donner wie in der folgenden Erzählung (Ex 19,16), sondern ganz menschlich in der Begegnung zweier Menschen, wobei der Nichtisraelit Jitro vollmächtig den von Gott berufenen Mose belehrt! (Vgl. die Begegnung zwischen Abraham und Melchisedek, dem kanaanäischen Priesterkönig, Gen 14,17ff.)

„ICH BIN DER HERR, DEIN GOTT"
Exodus 19–24

Zwei Monate waren vergangen,
seitdem das Volk
aus Ägypten gezogen war.
Da erreichte es endlich den Sinai,
ein gewaltiges Bergmassiv
inmitten der Wüste.
Gegenüber dem Berg Gottes
schlug es sein Lager auf.
Mose aber stieg allein den Berg hinauf,
um mit Gott zu reden.   19,1ff

Da sprach Gott zu Mose
vom Berg herab:
  „So sollst du dem Volk Israel sagen:
  Ihr habt gesehen, wie ich euch
  auf Adlerflügeln getragen
  und euch zu mir gebracht habe.
  Wenn ihr auf meine Stimme hört
  und meinen Bund haltet,
  dann sollt ihr mein Eigentum sein
  vor allen Völkern.
  Denn die ganze Erde ist mein.
  Und ihr sollt mir
  ein priesterliches Königreich sein,
  ein heiliges Volk, das mir dient."   19,3ff

Da verkündete Mose
allen Ältesten und Stammesführern,
was Gott ihm anvertraut hatte.

Und er fragte sie:
„Wollt ihr zu Gott gehören?"
„Ja", riefen alle wie aus einem Munde.
„Alles, was Gott gesagt hat,
wollen wir tun."   19,7f

Danach sprach Gott zu Mose:
„Ich komme in einer Wolke zu dir,
damit das Volk es hört,
wenn ich mit dir rede,
und deinem Wort glaubt.
Sag dem Volk: Reinigt euch!
Wascht eure Kleider!
Und macht euch bereit,
eurem Gott zu begegnen!
Denn am dritten Tag wird Gott der Herr
auf den Berg herabkommen.
So zieht einen Zaun um den Berg,
damit ihm niemand zu nahe kommt."   19,9ff

Und so geschah es.
Am dritten Tag war der Berg
in eine dichte Wolke gehüllt.
Es blitzte und donnerte.
Der Berg bebte und rauchte.
Und ein gewaltiges Dröhnen,
wie der Ton eines Widderhorns,
erfüllte Himmel und Erde,
sodass alle erschraken.

2. Mose / Exodus

Da führte Mose das Volk
seinem Gott entgegen,
bis dicht an den Berg heran.
Er selbst aber ging allein
in das Dunkel hinein.   20,21
Indessen wartete das Volk stumm
am Fuß des Berges.
Es hörte das Grollen von ferne.
Aber die Stimme Gottes hörte es nicht.   19,15ff

– – –

Endlich kam Mose vom Berg herab.   19,25
Feierlich verkündete er dem Volk
alle Gebote und Rechte,
die er von Gott empfangen hatte.
„Hört", rief Mose,
„wollt ihr auf Gott hören
und seine Gebote halten?"
„Ja", riefen alle wie aus einem Munde.
„Alles, was Gott uns geboten hat,
das wollen wir tun."   24,3

Da schrieb Mose alle Worte nieder,
die Gott ihm offenbart hatte.
Und als der Morgen anbrach,
errichtete er am Fuß des Berges
einen Altar aus zwölf Steinen,
nach der Zahl der Stämme Israels.
Darauf ließ er Brandopfer
und Dankopfer darbringen.   24,4f
Er selbst aber las dem Volk alle Worte
aus dem Buch des Bundes vor,
die Gott ihm anvertraut hatte.
Und erneut gelobte das Volk:
„Ja, alles, was Gott der Herr gesagt hat,
wollen wir tun und darauf hören."   24,7

Da nahm Mose von dem Opferblut,
sprengte es auf das Volk und sprach:
„Seht das Blut des Bundes,
den Gott der Herr heute
mit euch geschlossen hat."
So trat das Volk an diesem Tag
in den Bund mit seinem Gott ein,
der sich in Liebe
mit ihnen verbunden hatte.   24,8

– – –

Dies sind die Zehn Gebote,
die Gott seinem Volk gab,
als ewiges Zeichen des Bundes,
den er mit ihnen am Sinai schloss:

1
Ich bin der Herr, dein Gott.
der dich aus Ägypten, aus der Sklaverei,
geführt hat.
Du sollst keine anderen Götter
neben mir haben.   20,2f

2
Du sollst dir kein Bild
von irgendeinem Gott machen,
weder von dem, was im Himmel ist,
noch, was auf der Erde
oder unter der Erde ist.
Bete sie nicht an und diene ihnen nicht!   20,4ff

3
Du sollst den Namen des Herrn,
deines Gottes, nicht missbrauchen.   20,7

4
Du sollst den Sabbattag heiligen.
Sechs Tage sollst du arbeiten,
aber am siebten Tag
ist der Sabbat des Herrn.
Da sollst du keine Arbeit tun.   20,8ff

5
Du sollst Vater und Mutter ehren,
damit du lange lebst in dem Land,
das dir der Herr dein Gott geben wird.   20,12

6
Du sollst nicht töten.

7
Du sollst nicht die Ehe brechen.

8
Du sollst nicht stehlen.

9
Du sollst nicht falsch aussagen
gegen deinen Nächsten.   20,13ff

10
Du sollst nicht nach dem verlangen,
was deinem Nächsten gehört.   20,17

– – –

Und dies sind die Gesetze und Rechte,
die das Leben im Volk Gottes regeln,
aufgeschrieben im Buch des Bundes
für alle künftigen Generationen:

Die Fremden
sollst du nicht unterdrücken
und sollst sie nicht bedrängen.
Denn ihr seid selbst
in Ägypten Fremde gewesen.
Auch die Witwen und Waisen
sollst du nicht bedrücken.
Wenn du es dennoch tust
und sie zu mir schreien,
werde ich ihr Schreien erhören.
Wenn du Geld an einen Armen verleihst,
sollst du keinen Wucherzins nehmen.
Wenn du einen Mantel
zum Pfand nimmst,
der deinem Nächsten gehört,
dann gib ihn
noch vor dem Abend zurück.
Denn sein Mantel ist seine einzige Decke.
Und wenn er zu mir schreit,
dann will ich ihn erhören.
Denn ich bin gnädig. 22,20ff

Das Recht der Armen
sollst du nicht beugen.
Halte dich fern, wo Lüge im Spiel ist.
Lass dich nicht von andern bestechen
und nimm keine Geschenke an.
Denn Geschenke machen blind
und verdrehen das Recht.
Die Fremden sollt ihr nicht unterdrücken.
Denn auch ihr wart fremd in Ägypten
und ihr wisst,
wie es einem Fremden ums Herz ist. 23,6ff

Sechs Jahre lang
sollst du dein Land bestellen.
Aber im siebten Jahr
lass es brach liegen,
damit auch die Armen aus deinem Volk
sich davon ernähren.
Sechs Tage sollst du arbeiten.
Aber am siebten Tag sollst du ruhen,
damit dein Rind und dein Esel
und alle, die in deinem Haus leben,
neue Kraft schöpfen. 23,10ff

Dreimal im Jahr
sollt ihr für mich ein Fest feiern:
das Fest der ungesäuerten Brote
im Frühjahr, denn zu dieser Zeit
seid ihr aus Ägypten gezogen;
das Fest der Ernte und im Herbst
das Fest der Weinlese.
Dreimal im Jahr sollen alle Männer
zum Heiligtum kommen
und von den ersten Früchten
die besten vor Gott bringen. 23,17ff

Noch viel mehr Gesetze und Vorschriften
stehen im Buch des Bundes geschrieben.
Am Ende des Buches
mahnt Gott sein Volk
mit eindringlichen Worten:

Siehe, ich sende meinen Engel
vor dir her,
der wird dich auf dem Weg behüten
und dich zu dem Land bringen,
das ich dir zugedacht habe.
Noch wohnen dort andere Völker.
Bete ihre Götter nicht an
und diene ihnen nicht.
Nur dem Herrn eurem Gott
sollt ihr dienen.
So wird er dein Brot und Wasser segnen
und Krankheit von dir abwenden. 23,20ff

2. Mose / Exodus

Diese Texte markieren den Höhepunkt des Exodusbuches und bilden das Herzstück des Glaubens Israels. Gott schließt seinen Bund mit dem Volk, das er zum Eigentum erwählt hat. Das ist in knappen Worten die Botschaft der Kapitel 20–24. Eine ungewöhnliche Feierlichkeit liegt über ihnen. Es ist, als beträte man „heiliges Land", als würde versucht, das Unsagbare in Worte zu fassen.

In drei Akten wird das unerhörte Geschehen vor unseren Augen entfaltet:

(1) **Gott kommt herab** (Ex 19):
Der heilige Gott tritt aus seiner Verborgenheit ins Licht („Theophanie") – und bleibt dennoch der Unnahbare und Ungreifbare, der sich in Freiheit seinem Volk zuwendet und der durch Mose als Bundesmittler zu ihm spricht. Beides, Gottes Heiligkeit und Zuwendung, seine Fremdheit und Nähe liegen hier ganz eng zusammen. Blitz und Donner, Rauch und Erdbeben lassen die Größe und Majestät Gottes erahnen. Sie sind gleichsam das Echo der Natur auf Gottes Offenbarung. Aber zugleich kommt Gott in seinem Wort den Menschen ganz nah. Er verleiht diesem ehemaligen Sklavenvolk, einem Volk ohne Macht und festen Wohnsitz, eine unerhörte neue Würde: Ein „priesterliches Königreich" soll es unter der Königsherrschaft Gottes werden, ein „heiliges" Volk, ausgesondert zum priesterlichen Dienst unter den Völkern (19,6). Aber die höchste Auszeichnung liegt in der Zusage Gottes „Ihr sollt mein Eigentum sein", wobei das hebräische Wort für Eigentum (segulla) in diesem Fall eine lebendige Beziehung voraussetzt. Wie bei einem Ehebund, so erklärt Gott seinen Willen, mit seinem Volk zu leben. Und so führt Mose das Volk seinem Gott entgegen, wie beim Ritual einer Eheschließung, wenn der Brautvater die Braut dem Bräutigam zuführt (19,17; vgl. Gen 2,22b).

(2) **Gott offenbart seinen Willen** (Ex 20):
Er gibt seinem Volk die Zehn Gebote („Dekalog") als Zeichen seines Bundes und als „Grundgesetz" für das Volk Gottes. Die Gebote eröffnen einen Raum der Freiheit, in dem das Volk in der Gemeinschaft mit Gott und seinen Nächsten leben kann. Aber über allen Geboten steht die Zusage Gottes: „Ich bin der Herr (Jahwe), dein Gott, der dich aus Ägypten, aus der Sklaverei, geführt hat." Das heißt: Gott macht sich seinem Volk bekannt als „dein Gott", der sich ihm in Liebe zugewandt hat, noch ehe das Volk ihn erkannt hat. Dass Gott, der Himmel und Erde regiert, zu seinem Volk sagt: „ICH – dein Gott", und dass der Mensch darauf antworten kann: „Du – mein Gott", das ist das große Wunder, von dem dieses Volk lebt. Es ist ja nicht irgendein unbekannter Gott, der zu diesem Volk spricht, sondern er hat sich ihnen schon in ihrer Geschichte als „ihr" Gott bekannt gemacht, der sie in die Freiheit geführt hat.
Und das ist sein Wille: dass sein Volk nicht in neue Unfreiheit verfällt, sondern sein Leben in der Gemeinschaft des Volkes Gottes nach seinem Willen gestaltet und sich dadurch öffentlich zu ihm bekennt. Dies wird zusätzlich durch das *„Bundesbuch"* unterstrichen, das hier zu den Zehn Geboten hinzugefügt wird. Es handelt sich dabei um die älteste Gesetzessammlung Israels mit einer Fülle von Rechtsbestimmungen, die im Lauf der Jahrhunderte immer wieder aktualisiert wurden. Aber an dieser Stelle liest es sich wie eine ergänzende Erläuterung und Konkretisierung der Zehn Gebote, wobei es verschiedene Konfliktfälle im Volk Israel benennt und Regeln für das Zusammenleben bestimmt. An erster Stelle sind hier die Rechtsbestimmungen gegenüber den Armen und Fremden im Volk Gottes zu nennen. Sie bilden die Grundlage für die Gesetzgebung im Deuteronomium und für die soziale Botschaft der Propheten.

(3) **Gott schließt seinen Bund** (Ex 24):
Nach der Proklamation der Gebote steht noch die Antwort des Volkes aus. Wie bei einer Eheschließung soll es öffentlich sein JA-Wort geben. Mit seinem wiederholten Versprechen „Alles, was der Herr gesagt hat, wollen wir tun", setzt es feierlich seine Unterschrift unter Gottes Bundeszusage und gelobt die Einhaltung seiner Gebote. Darauf folgt die Lesung des Bundesbuches mit erneutem Versprechen des Volkes. Erst danach wird der Bund feierlich durch das Blut des Bundes besiegelt. Ihm gehen ein Brandopfer (d.h. ein Ganzopfer) und ein Dankopfer voraus.

Durch den sakralen Ritus wird deutlich: Der Bundesschluss ist nicht nur ein Rechtsakt, sondern ein heiliger Akt: Gott stiftet Gemeinschaft durch das Blut des Bundes, das symbolisch das Leben ausdrückt, das seinem Volk in der Gemeinschaft mit ihm geschenkt ist. Was hier geschieht, bleibt ein Geheimnis, das das Volk in ehrfürchtige Distanz verweist („Betet an von ferne!" 24,1b).

Für Israel stellt der Bundesschluss am Sinai und die Offenbarung seiner Gebote das zentrale Heilsereignis dar. Daher werden die Gebote auch nicht primär als Forderungen Gottes verstanden, sondern als Heilsgabe, als Zeichen der Liebe Gottes zu seinem Volk und als Quelle des Trostes und immer neuer Freude (z.B. Ps 119,24.45.47.50.92.143.162). Dabei soll sich jede Generation so verstehen, als stünde sie selbst am Sinai, als sei sie es, zu der Gott spricht: „Ich bin der Herr dein Gott."

Nach dem Hebräerbrief findet der Bundesschluss am Sinai seine Erfüllung in Jesus Christus, dem Mittler des neuen Bundes, der durch sein eigenes Blut ein für alle Mal den Bund mit Gott besiegelt hat (Hebr 9,11–15).

DAS GOLDENE KALB
Exodus 32

Nicht lange danach stieg Mose
noch einmal auf den Berg.
Vierzig Tage und Nächte
blieb er dort oben. 24,28
Da wurde dem Volk die Zeit zu lang.
Und sie fragten sich bang:
Wer weiß, vielleicht ist dieser Mann
dort oben verunglückt?
Wer wird uns dann
in das Gelobte Land führen?
Und sie rotteten sich zusammen
und bestürmten Aaron:
„Auf, mach uns einen Gott,
der vor uns hergeht
und uns den Weg führt." 32,1
Sie setzten Aaron so lange zu,
bis dieser nachgab.
„Gut", meinte Aaron.
„Dann bringt euren Schmuck her,
auch die goldenen Ohrringe
eurer Frauen, Söhne und Töchter!" 32,2

Da waren alle sofort mit Eifer dabei.
Sie rissen die Ohrringe von ihren Ohren
und häuften ihren goldenen Schmuck
vor Aaron auf.
Der schmolz ihn im Feuer
und goss daraus ein goldenes Kalb,
den Stierbildern gleich,
die andere Völker göttlich verehrten.

„Ja", riefen die Leute begeistert,
„das ist dein Gott, Israel,
der dich aus Ägypten geführt hat!" 32,4
Als aber Aaron ihre Begeisterung sah,
stellte er davor noch einen Altar
und verkündete allen:
„Morgen feiern wir
ein Fest für den Herrn." 32,5

Am nächsten Morgen kamen sie alle an,
Männer, Frauen und Kinder.
Ausgelassen feierten sie
das Fest ihres Gottes,
brachten ihm Opfer dar,
aßen und tranken sich voll,
tanzten wie toll
um das goldene Kalb 32,19
und lebten ungehemmt ihre Lust aus.

Mose aber weilte nichts ahnend
immer noch auf dem Berg.
Da sprach Gott zu Mose:
„Auf, steig hinab und sieh,
wie schändlich dein Volk handelt.
Sie haben ein goldenes Kalb gemacht,
ihm Opfer gebracht und dazu gerufen:
Sieh, das ist dein Gott,
der dich aus Ägypten geführt hat. 32,7f
Es ist ein widerspenstiges Volk,
das sich sträubt,

seinen Nacken zu beugen,
und sich meinem Gebot widersetzt.
Darum wird es ausgelöscht werden.
Aber dich, Mose, will ich
zu einem großen Volk machen."
„Ach Herr!", flehte Mose, „tu es nicht!
Warum willst du dieses Volk auslöschen,
das du doch mit großer Kraft
aus Ägypten geführt hast? 32,11
Und warum sollen die Ägypter spotten
und sagen: ‚Seht, er hat sein Volk
nur in die Berge gelockt,
damit er es dort vernichtet.' 32,12
Herr, vergiss nicht, was du Abraham,
Isaak und Jakob zugesagt hast:
Ich will eure Nachkommen
so zahlreich machen
wie die Sterne am Himmel
und will ihnen das Land geben,
das ich ihnen verheißen habe."
Da reute es Gott
und er ließ das drohende Unheil
nicht über sein Volk kommen. 32,14

Als aber Mose vom Berg herabkam
und das tanzende Volk sah,
packte ihn heiliger Zorn.
In seinen Händen hielt er
zwei Tafeln aus Stein.
Auf ihnen standen
Gottes Gebote geschrieben.
Mose nahm die Tafeln,
zerschmetterte sie unten am Berg
und zornig stieß er das Kalb um,
und warf es ins Feuer. 32,15ff

„Was hast du getan?",
stellte er Aaron zur Rede.
„Und was haben dir die Leute getan,
dass du so schwere Schuld auf sie lädst?"
„Ach mein Herr!", wand sich Aaron.
„Sei nicht zornig auf mich!
Die Leute wollten es so.
Du weißt ja, wie das Volk ist.
Sie haben mich dazu gedrängt.
Da nahm ich ihren Schmuck
und warf ihn ins Feuer.
So ist das Kalb entstanden." 32,21f

Da wandte sich Mose zum Volk
und rief laut in die Menge:
„Her zu mir, wer sich
zum Herrn unserem Gott hält!"
Aber nur wenige traten hervor.
Nur der Stamm Levi
stellte sich auf seine Seite.
Die anderen standen da wie erstarrt.
Mit Schrecken erkannten sie,
was sie Gott angetan hatten.
Mutwillig hatten sie den Bund
mit ihrem Gott gebrochen,
kaum war er geschlossen.
Alle Freude war plötzlich dahin.
Ängstlich verkrochen sie sich
in ihre Zelte und warteten bang
auf den kommenden Morgen. 32,26ff

An jenem Tag starben 3000 Menschen,
alle an einem Tag. 32,28

Was für ein Drama spielt sich hier ab!
Gerade erst 40 Tage sind vergangen, seitdem das Volk Israel feierlich in den Bund mit seinem Gott eingetreten ist – und schon hat es ihn gebrochen! Es ist die Angst vor der ungewissen Zukunft und das menschliche Bedürfnis nach Sicherheit, das die Menschen dazu verführt hat, Gottes Gebot zu überschreiten, kaum, dass es verkündet wurde. Diese Menschen verlangen nach einem sichtbaren Gott, der ihren Vorstellungen entspricht, über den sie nach Wunsch verfügen können. So wollen sie sich ein Stierbild nach dem Vorbild heidnischer Götterbilder machen – sichtbarer Ausdruck männlicher Kraft und Potenz. Aber was dabei herauskommt, ist nichts als ein lächerliches Kalb. Diesem Machwerk von Menschenhänden erweisen sie nun göttliche Ehre. Aber in Wahrheit feiern sie nur sich selbst und ertränken ihre eigene Angst durch exzessives Ausleben ihrer Lust nach Art heidnischer Fruchtbarkeitsriten.

Mit subtiler Ironie zeichnet die Erzählung den Weg nach, der das Volk Gottes immer weiter von Gott wegführt und alle, auch Aaron, mit ins Verderben zieht (32,2ff). Er beginnt damit, dass sich das Volk unmerklich von Mose distanziert („dieser Mann Mose"; 32,1) und sich mit makabrem Eifer in das heilig-unheilige Vorhaben stürzt. Wie ein Hohn wirkt das Bemühen Aarons, der Gottheit eine ansehnliche Gestalt zu geben. Aaron steht darin den heidnischen Götzenmachern nicht nach (für die auch der Prophet Jesaja nur beißenden Spott übrig hat; vgl. Jes 44,9ff u.ö.). Aber zum definitiven Bruch kommt es erst bei der Festfeier. Als Fest „für den Herrn", d.h. als Fest Jahwes, ruft Aaron es aus. Aber in Wahrheit vollzieht sich hier der Bruch des Volkes mit seinem Gott. Doch auch jetzt erkennt es noch nicht seine Schuld. Sogar Aaron windet sich aus seiner Verantwortung heraus (32,21ff). Nur die zerbrochenen Tafeln machen offenbar, dass der Bund mit Gott definitiv zerbrochen ist.

Diese Erzählung zeigt auffällige Parallelen zu der Erzählung vom „Sündenfall" (Gen 3). Und in der Tat: Es ist der Sündenfall des Volkes Gottes, den diese Geschichte so drastisch beschreibt und damit Israels künftige Geschichte schon vorwegnimmt (vgl. 1. Kön 12,25ff). Er wiegt umso schwerer, als Gott dieses Volk zu seinem Bundespartner erwählt hat! Menschlich betrachtet, kann es nach diesem tiefen Fall für das Volk keine Hoffnung mehr geben. Das Verhängnis nimmt seinen Lauf.

Aber – das ist die unerhörte Botschaft dieser Geschichte – Gott hält das Unheil auf. Es „reut" ihn, heißt es hier ausdrücklich von Gott. In seiner Fürbitte wagt sich Mose weit vor. Er ringt geradezu mit Gott. Und Gott geht auf sein Gebet ein. Nicht, dass Gott wankelmütig sei. Sondern es reut ihn um der Menschen willen. Gott kann nicht zusehen, wie das Volk in sein selbst verschuldetes Unheil schlittert. Darum hält er – entgegen seiner Ankündigung – dennoch an seinem Volk fest (32,14). Das ist das eigentliche Drama dieser Geschichte. Es findet in Gott selbst statt. Es ist das Drama göttlicher Liebe, der nicht „ewig an seinem Zorn festhält, denn er ist barmherzig". So bekennt es an späterer Stelle der Prophet Micha. Und er fügt staunend hinzu: „Wo ist solch ein Gott, so wie du?" (Mi 7,18).

Gottes Reue zum Heil seiner Menschen – nur an wenigen herausragenden Stellen wagt sich das Alte Testament in seinen Aussagen so weit vor (z.B. Jona 3,10; 4,11ff, vgl. auch Hos 11,8ff). Aber wo immer sie anklingt, zeigt sie den unbegreiflichen Durchbruch der Liebe Gottes an – allen Gerichtsandrohungen zum Trotz.

MOSES FÜRBITTE
Exodus 33–34

Ein neuer Tag brach an.
Wie ausgestorben lag
das Lager der Israeliten da.
Nur zögernd wagten sich die Menschen
aus ihren Zelten hervor.
Scheu blickten sie
zum Berg Gottes hinüber.
Dort lagen noch die Trümmer
der zerbrochenen Tafeln.
Niemand wagte, ein Wort zu sagen.
Aber alle schienen dasselbe zu fragen:
Gab es überhaupt noch Hoffnung für sie?
Würde Gott nach allem,
was geschehen war,
mit ihnen noch einen Neuanfang wagen?

Da kam Mose aus seinem Zelt.
Er winkte die Leute heran.
„Ihr habt", sprach Mose,
„eine schwere Sünde begangen.
Aber ich will noch einmal
auf den Berg steigen
und dort mit Gott reden.
Vielleicht kann ich ihn bitten,
dass er euch eure Sünde vergibt."   32,30

Wortlos ging er davon.
Danach stieg er noch einmal hinauf.
Dort oben warf er sich nieder,
betete und flehte Gott an:
„Ach Herr, dieses Volk

hat eine schwere Sünde getan.
Es hat sich einen Gott aus Gold gemacht.
Vergib ihnen doch diese Sünde!
Wenn nicht, dann lösche auch mich
aus deinem Lebensbuch aus!" 32,31f

„Nicht du sollst sterben", sprach Gott,
„sondern wer sich an mir vergangen hat.
So geh nun zu deinem Volk
und führe es in das Land,
das ich euren Vorfahren
Abraham, Isaak und Jakob versprach.
Ich sende meinen Engel vor dir her,
der wird euch in das Land bringen.
Ich aber werde nicht mit euch gehen." 33,1ff

„Ach Herr", betete Mose.
„Wie kannst du sagen:
‚Führe dies Volk!',
wenn du nicht vorangehst?
Habe ich Gnade vor dir gefunden,
so lass mich deinen Weg wissen!
Und sieh doch,
dass dieses Volk dein Volk ist!" 33,12f

Gott sprach:
„Mein Angesicht soll dir vorangehen.
Ich will dich zur Ruhe leiten."
„Ja, Herr", antwortete Mose.
„Wenn du nicht vorangehst,
dann lass uns nicht ziehen.
Denn woran soll man erkennen,
dass du deinem Volk gnädig bist?"

„Ich will es tun", sprach Gott.
„Denn du hast Gnade
in meinen Augen gefunden.
Und ich kenne dich mit Namen." 33,14ff

Da nahm Mose
all seinen Mut zusammen.
„Ach Herr!", betete er.
„Nur um dies eine bitte ich dich:
Lass mich deine Herrlichkeit sehen!"
Gott sprach:
„Ich will an dir vorübergehen
und meinen Namen vor dir ausrufen:
‚Wem ich gnädig bin,
dem bin ich gnädig.
Und wessen ich mich erbarme,

dessen erbarme ich mich.'
Aber mein Angesicht
kannst du nicht sehen.
Denn kein Mensch bleibt am Leben,
der mich sieht."
Und Gott fuhr fort:
„Sieh, auf diesem Felsen
sollst du stehen.
Da wird meine Herrlichkeit
an dir vorübergehen.
Dort will ich dich
in die Felskluft stellen
und meine Hand über dir halten,
bis ich vorüber bin.
Dann darfst du hinter mir hersehen." 33,18ff

Danach sprach Gott zu Mose:
„Haue dir zwei steinerne Tafeln,
so, wie die vorigen waren,
und bringe sie vor mich auf den Berg!" 34,1

Und siehe da: die Wolke Gottes
senkte sich auf den Berg herab.
„Herr! Herr!", rief Mose
in das Dunkel hinein.
Da ging Gott der Herr
an ihm vorüber
und rief seinen Namen vor ihm aus:
„Herr, Herr!, Gott,
barmherzig, gnädig und geduldig
und von großer Gnade und Treue,
der seinen Zorn zurückhält,
der Tausenden seine Gnade gewährt,
der Schuld und Sünde vergibt,
der seine Kinder heimsucht,
aber nicht zulässt,
dass seine Heimsuchung ewig währt." 34,6f

Da spürte Mose:
Gott war ihm ganz nah.
Er warf sich auf die Erde
und betete an.
„Ach Herr!", antwortete er.
„Habe ich Gnade
vor deinen Augen gefunden,
so bleibe in unserer Mitte.
Ja, es ist wahr:
Dieses Volk will sich nicht beugen.
Es versteift seinen Nacken.

Doch vergib uns unsere Schuld.
Und lass uns dein Eigentum sein!" 34,8f

Da geschah das Wunder:
Gott vergab seinem Volk.
Er sprach zu Mose:
„Siehe, ich will meinen Bund
mit euch schließen.
Ich will Wunder tun,
wie sie noch nie zuvor waren. 34,10

Und alles Volk wird es sehen.
So nimm zwei neue Tafeln
und schreibe darauf
alle Zehn Worte des Lebens.
Sie sind das Zeichen
meines Bundes mit euch." 34,27f

– – –

Vierzig Tage lang war Mose
mit Gott im Gespräch, er ganz allein. 34,28
Danach kehrte er zu seinem Volk zurück.
Aber wie erschraken die Menschen,
als sie ihn sahen!
Moses Gesicht glänzte,
als hätte er in das Licht
der Sonne geblickt.
Doch Mose rief alle zu sich:
„Kommt her! Fürchtet euch nicht!
Hört, was Gott zu euch spricht!" 34,29f

Da kamen sie näher.
Und Mose legte ihnen alle Worte vor,
die Gott ihm anvertraut hatte.
Andächtig lauschte das Volk.
In dieser Stunde spürten sie alle:
Ihre Schuld war vergeben.
Gott hatte seinen Bund
aufs Neue mit ihnen geschlossen. 34,31f

– – –

Barmherzig und gnädig ist der Herr,
geduldig und von großer Güte.
Er handelt nicht mit uns,
wie wir es verdient hätten
und vergilt uns nicht,
wo wir an ihm schuldig geworden sind:
Wie sich ein Vater über Kinder erbarmt,
so erbarmt sich der Herr über die,
die ihn lieben und ehren.
aus Psalm 103

Wie kann die zerstörte Beziehung, der Riss zwischen Gott und seinem Volk wieder geheilt werden? Das ist die entscheidende Frage, die sich nach dem Bundesbruch stellt. Mose tritt als Mittler vor Gott in die Bresche. Er ringt im Gebet mit Gott und bittet für sein Volk um Vergebung. Er ist sogar bereit, sein eigenes Leben für sein Volk zu opfern. Aber es ist ein langer Weg, bis Mose im Gespräch mit Gott endlich erkennt:

Es ist allein Gnade, dass Gott auch jetzt noch, nach dem „Sündenfall" seines Volkes, zu ihm spricht, dass er einen „Raum" schafft (33,21), in dem der heilige Gott ihm begegnet und sich ihm offenbart. Es ist das unbegreifliche Wunder, dass Gott seinem Volk vergibt, dass er den verheerenden Schaden, den die Sünde anrichtet, zeitlich begrenzt (34,7b) und einen Neuanfang schenkt.

Dieses Wunder der Gnade erfährt Mose zuallererst an sich selbst. Ausgerechnet in der dunkelsten Stunde seines Lebens nimmt ihn Gott in das Geheimnis seiner „Herrlichkeit" hinein (hebr. „kabod"), die ihn, den Ewigen und Unbegreiflichen umgibt, und die der Mensch nur von ferne erahnen kann, wenn der heilige Gott in seine Welt eintritt. Auch in seiner Offenbarung bleibt Gott vor Moses Augen verhüllt. Mose kann Gott nur „hinterher"sehen. Aber er darf wissen: Gott ist „gnädig und barmherzig", „langmütig" (d.h. langsam zum Zorn) und „von großer Gnade und Treue" (d.h. reich an Gnade und Treue) (34,6). In diesen Worten offenbart sich Gott in seiner grundlosen Liebe und Barmherzigkeit.

Man bezeichnet diese Worte als „Gnadenformel", weil sie sich wie ein roter Faden durch die Schriften des Alten Testaments ziehen (z.B. Num 14,18 / Joel 2,13 / Jona 4,2 u.ö.). Aber in Wahrheit bedeuten sie weit mehr. Sie sind wie Leuchtzeichen, die daran erinnern, wer Gott ist und was er für uns getan hat – von allem Anfang an und für alle Zeit. Sie preisen das Wunder der Gnade Gottes, die in Jesus Christus allen zuteil geworden ist. Es ist das Evangelium, das in Psalm 103, dem großen Lobpreis der Gnade Gottes, schon im Alten Testament anklingt und bis heute fortklingt.

DAS ZELT
Exodus 25ff /35ff

Dies sind die Anordnungen,
die Mose am Berg Sinai empfing:
Gott sprach zu Mose:
„Baut mir ein Heiligtum, ein Zelt.
Dort will ich in eurer Mitte wohnen. 25,8
Und so soll das Zelt aussehen:
Zehn blaue Teppiche bilden die Wände
und Ziegenfelle decken das Dach.
Zieh um das Zelt einen Zaun
aus kostbaren Decken. 26,1ff
Und stell vor dem Zelt
einen großen Altar auf! 27,1ff
Aber drinnen im Zelt
soll ein goldener Räucheraltar stehen,
auf dem jeden Morgen
das Rauchopfer dargebracht wird. 30,1ff
Dahinter liegt das ‚Allerheiligste‘,
ein dunkler Raum,
hinter einem Purpurvorhang verborgen.
Dort soll die Bundeslade stehen,
ein Schrein aus Akazienholz,
mit feinstem Gold überzogen.
Lege in sie
die Tafeln des Bundes hinein!
Aber über der Lade
soll mein Gnadenthron sein. 26,31ff
Zwei goldene Cherubim
sollen ihn mit ihren Flügeln bedecken. 25,10ff

An diesem allerheiligsten Ort
will ich dir begegnen und mit dir reden.
Alles, was ich dir gebiete,
sollst du dem Volk verkünden. 25,22

Und ich will mitten
unter meinem Volk wohnen
und will ihr Gott sein.
Und sie sollen erkennen,
dass ich der Herr bin,
der sie aus Ägypten geführt hat,
damit ich in ihrer Mitte wohne,
ICH, der Herr, ihr Gott." 29,45

So sprach Gott zu Mose.
Darauf ließ dieser allen verkünden:
„Gott will unter euch wohnen.
Darum bringt her, was ihr habt!
Opfert es aus freien Stücken für Gott.
Nur das Beste vom Besten
soll für Gottes Heiligtum sein." 35,4ff

Da schwärmten alle aus
und machten sich mit Eifer ans Werk.
Die Männer suchten weiches Holz,
für das Schnitzwerk.
Die Frauen webten Teppiche
aus blauem und rotem Purpur.
Und alle, Männer und Frauen,
brachten mit Freude freiwillig ihre Gaben
für das große Vorhaben,
wie es ihnen ihr Herz eingab. 35,20ff

Danach rief Mose alle herbei,
die sich auf ein Handwerk verstanden.
Die einen schnitzten das Holz.
Die anderen verzierten
die Säulen und die Altäre
mit Silber und Gold.
Und wieder andere fügten
die schweren Decken zusammen. 35,30ff

Aber Bezalel und Oholiab
übertrafen alle anderen
an Verstand und Geschick.
Bezalel, ein begnadeter Künstler,
baute die Bundeslade
aus bestem Akazienholz,
überzog sie mit reinem Gold
und krönte sie
durch den „Gnadenthron".

Zwei Cherubim, Engelwesen aus Gold,
deckten ihn mit ihren Flügeln. 37,1ff

Auch den siebenarmigen Leuchter
stellte er aus feinstem Gold her,
dazu den großen Altar
für die täglichen Opfer
und viele kostbare Opfergeräte. 37,17ff

Endlich war das große Werk vollendet.
Das Zelt Gottes strahlte
in festlichem Schmuck. 40,33
Da ließ Mose ein Fest ausrufen.
Und die ganze Gemeinde
versammelte sich vor dem Zelt,
genau an dem Tag, an dem sie
ein Jahr zuvor ausgezogen waren. 40,1ff

An diesem Tag trug Mose die Lade
in das Allerheiligste hinein. 40,21
Doch als er eintrat,
senkte sich die Wolke Gottes herab.
Gottes Herrlichkeit erfüllte das Zelt. 40,34
Da verneigten sich alle
in Ehrfurcht vor dem heiligen Gott.
Sie spürten: Gott der Herr
war in ihre Mitte gekommen,
um für immer unter ihnen zu wohnen.

Dies ist eine Erzählung, die sich aus vielen einzelnen kultischen Anweisungen zusammensetzt, die im Exodusbuch auf Mose bzw. auf Gott selbst zurückgeführt werden, und zwar in deutlicher Bezugnahme auf den Bundesschluss am Sinai und den folgenden Bundesbruch. Sie alle kreisen um die eine zentrale Frage: Wie kann der heilige Gott unter einem unheiligen Volk wohnen? Die Antwort lautet: Gott schafft selbst den Raum, in dem er seinem Volk begegnen will. Er gibt bis ins kleinste Detail vor, wie das „Zelt der Begegnung" auch „Stiftshütte" genannt, auszusehen hat: ein heiliger Raum inmitten einer profanen Welt (25–31)!

Im Zentrum steht dabei das „Allerheiligste" mit der Bundeslade. Das ist der Ort, an dem Gott seinem Volk nahekommt. Der Deckel der Bundeslade gilt als „Gnadenthron", das heißt als der Ort, wo der unsichtbare Gott, der König aller Könige thront. Er ist der Ort, der am Versöhnungstag durch den Hohenpriester mit Blut besprengt wird – als Zeichen der von Gott gewirkten Versöhnung (Lev 16,17). Dieses Bild nimmt das Neue Testament in Röm 3,25 und in Hebr 9,11ff auf und bezieht es auf Jesus Christus, den wahren Hohenpriester, der durch sein eigenes Blut ein für alle Mal die Versöhnung erwirkt hat.

Aber anders als bei den Heiligtümern der heidnischen Völker ist Gott nicht an einen festen Ort gebunden. Das Zelt wandert mit dem Volk von Ort zu Ort – ein sichtbares Zeichen dafür, dass Gott ein mit-gehender Gott ist. Und Gott ist auch nicht einfach im Heiligtum vorfindlich – wie etwa die Götterbilder der umliegenden Religionen, sondern er „kommt" in sein Heiligtum, um sich in seiner „Herrlichkeit" und Machtfülle seinem Volk zu offenbaren (40,34ff). Dies ist das Bild, das am Ende des Exodusbuches steht.

DAS 3. BUCH MOSE / LEVITIKUS

RECHTE UND ORDNUNGEN

Dieses Buch bildet die Mitte der 5 Bücher Mose, ist aber unter Christen kaum bekannt. Sein lateinischer Name Levitikus erinnert an seine Herkunft aus Priesterkreisen. Auf den ersten Blick vermutet man in diesem Buch nur spezielle kultische Anweisungen für Priester. In Wahrheit aber legt dieses Buch eine Grund- und Lebensordnung für das ganze Volk Gottes vor, eine Ordnung, die es ihm ermöglicht, die von Gott gestiftete Gemeinschaft zu leben und zu gestalten. Ausgangspunkt ist die Zusage Gottes: „Ich will mitten unter euch wohnen" (26,11). Aber wie kann der heilige Gott unter einem unheiligen Volk leben? Die Antwort dieses Buches lautet: Gott bereitet sich selbst sein Volk zu. Er „heiligt" sein Volk, sodass es ihm dienen und ihn ehren kann, im Gottesdienst wie auch im Alltag. „Ihr sollt heilig sein, denn ich bin heilig" (19,2), so lautet sein göttlicher Auftrag, der in diesem Buch durch eine Fülle von Gesetzen und Rechtsordnungen ausgelegt wird.
Unter diesem Vorzeichen haben die kultischen wie auch die ethischen Anweisungen dieses Buches eine klare Botschaft. Sie enthalten keine menschlichen Ordnungen, sondern verstehen sich als Teil der Gottesoffenbarung am Sinai. Als solche sind sie Ausdruck der Zuwendung Gottes zu seinem Volk und seiner Zusage, bleibend unter seinem Volk zu wohnen. Durch sie wird ein Raum der Ehrfurcht und Anbetung geschaffen, in dem der heilige Gott seinem Volk nahe kommt und mitten unter ihnen wohnt.

Das Buch Levitikus im Überblick:

Das Opfergesetz (1–7)
Mit der Vorschrift von 5 verschiedenen Opferformen – Brandopfer, Speisopfer, Heilsopfer, Sünd- und Schuldopfer – wird gleich zu Anfang ein Weg eröffnet, wie das Volk in Zukunft dem heiligen Gott nahen kann.

Die Einsetzung der Priester (8–10)
Die Heiligkeit wird – wie schon im Exodusbuch (29 / 39) – durch das Mittleramt der Priester und ihrem priesterlichen Dienst gewahrt. Wenn aber ein Priester in eigener Regie Zeit und Art des Opfers bestimmen möchte, wird er von der Heiligkeit Gottes verzehrt (Lev 10,1ff).

Das Reinheitsgesetz (11–15)
Vor der Begegnung mit dem heiligen Gott muss alles, was unrein ist, ausgeschlossen werden, weil es Gottes Ehre verletzt. Die Reinheitsvorschriften zeigen, wie auch der profane Bereich von Jahwes Heiligkeit bestimmt ist.

Der Versöhnungstag (16)
Jede Verfehlung löst eine tiefe Störung der Beziehung zu Gott aus und hat zerstörerische Folgen für die Gemeinschaft. In der Stiftung des Versöhnungstages durch Gott wird der Einzelne wieder in die Gemeinschaft aufgenommen und empfängt durch den Sühnetod des Lammes neues Leben. Die Störung kann nur durch Gott selbst aufgehoben werden.
Dieses 16. Kapitel steht im Zentrum des Buches. Von hier aus erhalten im Rückblick alle kultischen Gesetze und in der Folge alle ethischen Vorschriften ihre Ausrichtung.

Das Heiligkeitsgesetz (17–25)
Heiligung des ganzen Lebens geschieht im Umgang mit den „Nächsten": Gebote zum Schutz der Verarmten und Unfreien im Volk Gottes (25).

Segen und Fluch (26)
Erneuerung der Zusage Gottes: „Ich will unter euch wohnen" (26,11ff)

DAS PRIESTERAMT
Exodus 28f / Levitikus 8f

Nachdem das Zelt Gottes errichtet war,
sprach Gott zu Mose:
„Ruf deinen Bruder Aaron zu dir
und setze ihn in das Priesteramt ein.
Denn er und seine vier Söhne
sollen mir im Heiligtum dienen." 28,1

Da ließ Mose für Aaron und seine Söhne
kostbare Priestergewänder machen:
ein leinenes Untergewand,
und darüber ein edles Obergewand,
dazu einen Priesterschurz,
einen Kopfbund und Stirnreif,
wie ihn nur Priester tragen. 28,4ff
Darauf stand geschrieben:
„Heilig dem Herrn!" 28,36
Auch eine Brusttasche gehörte dazu,
mit zwölf Edelsteinen geschmückt.
Auf ihnen standen die Namen
der zwölf Stämme geschrieben.
Die sollten die Priester
auf ihrem Herzen tragen
und täglich vor Gott bringen,
wenn sie ins Heiligtum gingen. 28,15ff

Danach setzte Mose seinen Bruder
feierlich in sein Amt ein.
Vor allen legte er ihm
das Priestergewand an,
goss duftendes Öl auf sein Haupt
und salbte auch seine Söhne
zu Priestern Gottes.
Sieben Tage lang blieben
Aaron und seine Söhne am Heiligtum
bei Tag und bei Nacht. 8,6ff
Am achten Tag aber
feierten sie ein großes Fest.
Aaron und seine Söhne
brachten Gott Opfer
vor der ganzen Gemeinde.
Danach hob Aaron
seine Hände zum Himmel
und segnete das Volk,
wie Gott ihm geboten hatte. 9,1ff

In diesem Augenblick
loderte die Flamme
auf dem Altar hoch auf.
Gottes Herrlichkeit
strahlte über dem Volk auf.
„Seht!", jubelten alle.
„Gott ist uns gnädig.
Er nimmt unsere Opfer an!"
Voller Ehrfurcht verneigten sie sich
vor dem heiligen Gott,
der ihnen so nahe kam,
und beteten ihn an. 9,23f

Gott wohnt unter seinem Volk – aber wer darf ihm nahe kommen? Die Heiligkeit Gottes duldet keine Übergriffe des Volkes. Deshalb setzt Gott Priester als Mittler zwischen ihm und seinem Volk ein. Sie sind es, die stellvertretend für das Volk die Opfer vor Gott bringen, in Fürbitte für das Volk vor Gott eintreten und den Segen Gottes ausrufen. Ihr herausragendes Amt als Mittler erlaubt ihnen aber keine Sonderrechte. Als Priester Gottes bleiben sie ganz an Gottes Weisung gebunden. Wer sich eigenmächtig darüber hinwegsetzt, überschreitet eine Grenze und droht, sich an Gottes Heiligkeit zu „verbrennen". Dies zeigt die folgende Szene vom Tod der Aaronsöhne Nadab und Abihu, die ohne ausdrückliche Weisung ein Opfer entzündet haben (Lev 10,1ff). Eine Szene, die uns, wie Aaron, sprachlos macht. Erschrocken fragen wir uns: Wer kann dann vor dem heiligen Gott bestehen? Das folgende Kapitel gibt die Antwort darauf.

DER VERSÖHNUNGSTAG
Levitikus 10 und 16

Aber Nadab und Abihu,
die Söhne Aarons, des Priesters,
brachten ungefragt im Heiligtum
ein Rauchopfer dar.
Da loderte die Flamme hoch auf und
beide Priestersöhne verbrannten
bei lebendigem Leib.
Aaron aber verstummte,
zu Tode erschrocken.
Entsetzt erkannte er,
wie heilig Gott war.
Wie konnte ein Mensch
in seiner Nähe bestehen? 10,1–3

Da sprach Gott zu Mose:
„Sag deinem Bruder Aaron:
Er soll nicht jederzeit
in das ‚Allerheiligste' gehen. 16,1f
Nur ein einziges Mal im Jahr
darf er hinter den Vorhang gehen,
zur Sühne für sich und sein Volk. 16,34

Und so soll die Sühne geschehen:
Zuerst soll Aaron sich selbst
mit seiner Familie entsühnen. 16,6
Danach soll das Volk
zwei Ziegenböcke zu Aaron bringen.
Den einen Bock soll er schlachten
und sein Blut
in das ‚Allerheiligste' bringen
und auf den ‚Gnadenthron' sprengen. 16,15
Kein Mensch darf dabei sein,
wenn der Priester Sühne schafft
für sich und sein Volk. 16,17

Aber den anderen Bock
soll Aaron am Leben lassen.
Er ist der ‚Sündenbock',
der eure Schuld trägt.
Aaron soll beide Hände
auf den Bock legen
und ihn danach in die Wüste schicken.
Das soll das Zeichen sein:
So wird Gott eure Schuld wegtragen." 16,20ff

So sprach Gott zu Mose.
Und Mose gab alles an Aaron weiter,
was Gott ihm geboten hatte.
Und als der Herbst kam,
versammelte sich die ganze Gemeinde
vor dem Zelt Gottes
zum großen Versöhnungstag.
Zwei Ziegenböcke standen
am Eingang bereit.
Den einen schlachtete Aaron
vor den Augen des Volkes.
Sein Blut aber trug er
in das ‚Allerheiligste' hinein,
als Sündopfer für Gott,
und besprengte die Bundeslade
mit seinem Blut.
Dies war der heiligste Augenblick:
Gott nahm das Opfer an.
Die Schuld war gesühnt.
Der Weg zu Gott stand wieder offen. 16,29ff

Danach ging Aaron vor das Zelt
und nahm den anderen Ziegenbock,
legte die Hände auf ihn
und schickte ihn in die Wüste.
Da ahnte das Volk:
Ihre Schuld war gesühnt.
Wie dieser Sündenbock,
so hatte Gott ihre Schuld
auf sich genommen.

So feierte das ganze Volk
den großen Versöhnungstag,
wie Gott Mose geboten hatte.
Es war der größte Feiertag,
den Gott seinem Volk schenkte.
Und bis heute feiert Israel
jedes Jahr im Herbst diesen Tag.
Und auch heute bleibt es
ein unbegreifliches Wunder,
dass der heilige Gott sein Volk
mit sich selbst versöhnt.

Die Bedeutung dieses Kapitels kann nicht hoch genug eingeschätzt werden. Inhaltlich schließt es sich zwar eng an Lev 10,1ff an und liefert mit dem Tod der beiden Priestersöhne Nadab und Abihu den Erzählrahmen für die Einrichtung des Versöhnungstages. Aber seine Botschaft reicht weit über das Buch Levitikus hinaus und findet im Alten wie im Neuen Testament ihren vielfältigen Widerhall.

Ausgangspunkt ist die Frage, die schon die vorangegangenen Texte bestimmt hat: Wie kann das Volk Gottes, das gegen Gott massiv gesündigt hat, in der Gegenwart Gottes leben? Seine Sünde trennt es unwiderruflich von Gott, wobei Sünde mehr bedeutet als menschliche Verfehlung. Sie bezeichnet ein sakrales Vergehen (dt. „Frevel"), einen Verstoß gegen Gottes heilige Ordnung mit heillosen Folgen. Durch sie wird die von Gott gestiftete Gemeinschaft mit seinem Volk zerstört. Nach menschlichem Ermessen kann die Gemeinschaft nur wiederhergestellt werden, wenn der „Sünder" aus der Gemeinschaft ausgeschlossen wird und dadurch Sühne geschieht. Nun aber tut sich mit der Einrichtung des Versöhnungstages ein neuer Weg auf, der den Teufelskreis von Sünde und Schuld unterbricht und den Sünder zu neuem Leben befreit.

Entscheidend ist dabei:

– Die Versöhnung geht von Gott aus. Der Mensch kann Gott nicht durch Opfer versöhnen, sondern Gott stiftet Versöhnung und gibt selbst den Weg vor, auf dem er Versöhnung gewährt.

– Versöhnung geschieht im „Allerheiligsten". Sie entzieht sich dem Zugriff des Menschen. Nur einmal im Jahr darf der Priester dort hineingehen, um die Sünde des Volkes zu sühnen. Aber zuerst muss seine Sünde gesühnt werden.

– Sühne geschieht durch das Opferblut. Das Blut wird durch den Priester in das Allerheiligste getragen und dort auf die Deckplatte der Bundeslade gesprengt. Dies ist der „Gnadenthron" bzw. „Gnadenstuhl", an dem Gott dem Menschen nahekommt und Versöhnung zusagt. Sie geschieht zeichenhaft durch das vergossene Blut. Denn „des Leibes Leben ist im Blut" (17,11). Der Mensch darf durch das Blut des Opfers neues Leben empfangen.

– Gott selbst bestimmt den Weg, wie die Altlast der Sünde mitsamt ihren heillosen Folgen „entsorgt" wird. Im Ritus des „Sündenbocks" wird zeichenhaft Stellvertretung vollzogen. Indem der Priester seine Hand auf dessen Kopf legt und ihn in die Wüste schickt, bekennt er: Gott ist es, der durch den von ihm bestimmten Sündenbock die Sünde der Welt wegträgt und sie an einen Ort verdammt, wo das Böse keinen Schaden mehr anrichten kann. (Die Wüste gilt nach alter Überlieferung als Ort, wo die Dämonen hausen.)

– Gott legt selbst den Zeitpunkt fest, an dem die Versöhnung vollzogen wird. Es ist der „Jom Kippur", der nach unserer Zeitrechnung jedes Jahr unmittelbar nach dem jüdischen Neujahrsfest begangen wird. Der Name „Kippur" leitet sich ab von dem hebräischen kapporät (= „Gnadenthron"), der Deckplatte bzw. dem „Sühnedeckel" über der Bundeslade, und erinnert an das Wunder, dass Gott die Sünde seines Volkes „bedeckt" hat (vgl. Ps 32,1f).

Diese rituellen Vorgaben bilden im Neuen Testament, insbesondere bei Paulus und im Hebräerbrief, die Grundlage zur Deutung des Todes Jesu und zur Entfaltung der Botschaft von der Versöhnung durch Jesus Christus. Zugleich aber werden nach dem Hebräerbrief diese Riten durch das Evangelium von Jesus Christus ein für alle Mal aufgehoben. Dies zeigt u.a. folgender Vergleich:

– Der Versöhnungstag muss jährlich wiederholt werden. Jesus Christus aber hat ein für alle Mal Versöhnung geschaffen (Hebr 9,7ff).

– Der Versöhnungstag ist dem Volk Israel gegeben. Aber durch Jesus Christus hat Gott die Welt mit sich versöhnt (2. Kor 5,19). Durch ihn geschieht Versöhnung nicht nur für unsere Sünden, sondern für die der ganzen Welt (1. Joh 2,2).

– Am Versöhnungstag trägt der Hohepriester das Opferblut ins Allerheiligste hinein. Aber Jesus Christus „ist durch sein eigenes Blut ein für alle Mal in das Heilige hineingegangen und hat eine ewige Erlösung erworben" (Hebr 9,12).

– Am Versöhnungstag trägt der Sündenbock zeichenhaft die Schuld weg. Aber von Jesus Christus heißt es: „Er hat unsere Sünden selbst hinaufgetragen an seinem Leib auf das Holz ... durch dessen Wunden ihr geheilt worden seid" (1. Petr 2,24; eine Anspielung auf das stellvertretende Leiden des „Gottesknechts" in Jes 53,4f).

3. Mose / Levitikus

„IHR SOLLT HEILIG SEIN!"
Levitikus 19 und 25

Dies sind die Gebote,
die Mose am Berg Sinai
vor versammelter Gemeinde verkündete: 19,1

„Ihr sollt heilig sein,
denn ich bin heilig
spricht der HERR, euer Gott. 19,2

Darum ehrt Mutter und Vater.
Haltet meinen Sabbat ein.
Denn ich bin der HERR, euer Gott. 19,3

Dient nicht anderen Göttern.
Macht euch keine
gegossenen Götzenbilder.
Denn ich bin der HERR, euer Gott. 19,4

Bringt dem Herrn Opfer dar,
die ihm wohlgefallen.
Und lasst die Armen
auf euren Feldern Nachlese halten.
Denn ich bin der HERR, euer Gott. 19,5ff

Stehlt nicht und lügt nicht
und betrügt nicht einander.
Legt keinen Meineid ab
und entweiht nicht
meinen heiligen Namen.
Denn ich bin der HERR, euer Gott. 19,11

Und dies gebietet Gott allen,
die sich zu seinem Volk zählen:

Du sollst deinen Nächsten
nicht ausbeuten oder sogar enteignen.
Du sollst auch dem Tagelöhner
nicht seinen Lohn vorenthalten
noch einem Behinderten
ein Hindernis in den Weg legen,
sondern dich fürchten vor deinem Gott.
Denn ich bin der HERR. 19,13f

Du sollst vor Gericht nicht zulassen,
dass Unrecht geschieht,
sondern deinen Nächsten gerecht richten.
Du sollst auch nicht deinen Nächsten
vor anderen schlechtmachen
oder sein Leben fordern.
Denn ich bin der HERR. 19,15f

Du sollst deinen Bruder nicht hassen,
sondern ihn zurechtweisen,
damit du keine Schuld auf dich lädst.
Du sollst auch nicht deinen Zorn
gegen andere aus deinem Volk richten.
Du sollst deinen Nächsten lieben
wie dich selbst.
Denn ich bin der HERR." 19,17f

— — —

Und weiter sprach Gott zu Mose:
„Sage dem Volk Israel:
Wenn ihr in das Land kommt,
das ich euch geben will,
dann achtet darauf,
was ich euch gebiete.
Alle sieben Jahre sollt ihr
ein Sabbatjahr halten,
da soll das Land ruhen.
Und ihr sollt keine Arbeit
auf dem Feld tun. 25,1ff
Aber im 50. Jahr,
nach sieben mal sieben Jahren,
sollt ihr ein Erlassjahr begehen.
Da sollt ihr alle Schulden erlassen
und alle freilassen, die sich
an euch verkauft haben. 25,8ff
Enthalte deinem Nächsten nicht vor,
was ihm zusteht,
sondern fürchte Gott und tu,
was er dir gebietet. 25,17

Auch sollt ihr nicht Land verkaufen.
Denn das Land gehört mir.
Ihr seid nur Fremde und Gäste bei mir. 25,23
Wenn aber dein Bruder verarmt
und kein Auskommen hat,
so sollst du ihn wie einen Fremden
oder Gast bei dir aufnehmen,
damit er neben dir leben kann. 25,35
Denn ich bin der HERR euer Gott.
Ich habe euch aus Ägypten geführt,

um euch das Land zu geben,
und will euer Gott sein." 25,38

Dies sind die Worte, die Mose
am Berg Sinai verkündete.

Sein Wort richtet sich an alle,
die sich zu Gottes Volk zählen.
Sie sollen erkennen:
Gott will nicht nur ihre Opfer.
Ihr ganzes Leben gehört Gott.

Auf die kultischen Anweisungen, die ihren Höhepunkt in den Anweisungen zum Versöhnungstag finden, folgen die Gebote, die das Leben im Alltag und das Zusammenleben im Volk Gottes regeln. Grundlage sind die Zehn Gebote, die hier in leicht veränderter Form wiederholt werden (19). Sie werden durch Weisungen ergänzt, die sich auf die Gemeinschaft untereinander beziehen. Aber auch sie sind bestimmt von der Heiligkeit Gottes, die dem täglichen Zusammenleben ihren besonderen Stempel aufdrückt. Nicht dass die Menschen sich „heiliger" verhalten sollten! Aber sie werden daran erinnert, dass ihr ganzes Leben Gott gehört und sich ihr Gottesdienst im täglichen Zusammenleben vollzieht. Dies zeigt sich insbesondere im Verhältnis zu den Armen und Rechtlosen im Volk. Sie sind Gott „heilig". Wer sich an ihnen schuldig macht, macht sich vor Gott schuldig (25,17). Sie sind die „Nächsten", denen Gottes besondere Liebe und Zuwendung gilt, weil sie besonderer Hilfe bedürfen. (Vgl. dazu die prophetische Kritik am Opferkult auf Kosten der Armen z.B. Am 5,21ff / Jes 1,10ff.)

3. Mose / Levitikus

„ICH WILL UNTER EUCH WOHNEN."
Levitikus 26

Wer auf Gottes Wort hört
und tut, was er sagt,
dem verheißt Gott seinen Segen.
Er spricht durch Mose zu seinem Volk:

„Werdet ihr meine Vorschriften
und Gebote beachten,
so will ich euch Frieden
in eurem Land geben. 26,3ff
Ich will euch mehren
und ein großes Volk aus euch machen.
Und ich will meinen Bund
mit euch aufrichten.
Ich will in eurer Mitte wohnen
und will euer Gott sein.
Und ihr sollt mein Volk sein.

Denn ich bin der HERR euer Gott.
Ich habe euch aus Ägypten
in die Freiheit geführt. 26,9ff

Wenn sie aber nicht auf mich hören,
so werden ihre Städte
und ihre Heiligtümer zerstört
und ihr Land wird veröden. 26,31f
Dann werden sie ihre Schuld bekennen.
Ich aber will an meinen Bund
mit Abraham, Isaak und Jakob denken.
Auch wenn sie im fernen Land sind,
wende ich mich nicht von ihnen ab.
Mein Bund bleibt bestehen.
Denn ich bin der HERR, ihr Gott." 26,40ff

In diesen Zusagen Gottes laufen alle Segenslinien aus dem Genesis- und Exodusbuch zusammen. Sie erinnern an den Bund Gottes mit Abraham ebenso wie an den Bundesschluss am Sinai, der in der Bundesformel anklingt: „Ich will euer Gott sein, und ihr sollt mein Volk sein." Und sie gipfeln in der Zusage: „Ich will in eurer Mitte wohnen." (26,11f). Das ist die einzigartige Botschaft dieses Buches: Der heilige Gott bleibt nicht in seiner Welt, sondern geht den Weg in die Tiefe, um für immer unter seinem Volk zu wohnen. Es ist der Weg seiner „Selbsterniedrigung", der den Graben zwischen der Welt Gottes und unserer Welt überbrückt. Es ist das Evangelium von der „Einwohnung" Gottes in unserer Welt. In Ex 40,34 wurde sie bildhaft im Bild der Wolke beschrieben, die sich auf das Heiligtum Gottes herabsenkt und Gottes Gegenwart, seine „Herrlichkeit" (hebr. kabod), offenbart. Seine endgültige Erfüllung findet sie in der Menschwerdung Jesu und in der Offenbarung seiner Herrlichkeit. In erkennbarer Anlehnung an die hier verheißene Einwohnung Gottes im Zelt der Offenbarung bezeugt das Johannesevangelium von Jesus: „Das Wort wurde Fleisch und wohnte (wörtl. zeltete) unter uns. Und wir sahen seine Herrlichkeit" (Joh 1,14).

DAS 4. BUCH MOSE / NUMERI

In der Wüste

Das 4. Buch Mose erzählt von der 40-jährigen Wüstenzeit Israels. Im Unterschied zu den Erzählungen im Exodusbuch ist diese Zeit bestimmt von der Frage: Wird sich das Volk Gottes im Bund mit Gott bewähren oder versagen? Dabei verfolgt das Buch in seinen Erzählungen eine zweifache Intention: Auf der einen Seite werden die 40 Jahre in der Wüste als Zeit göttlicher Führung und Fürsorge vorgestellt, auf der anderen Seite als Zeit menschlichen Versagens und offener Rebellion gegen Gott, als Zeit göttlicher Treue und menschlicher Untreue.

(1) Gottes Treue
Gott geht seinem Volk auf dem Weg durch die Wüste voran. Das sichtbare Zeichen seiner Gegenwart sind die Stiftshütte und die Bundeslade. Sie führt den Zug an. Feierlich, in einer vorgeschriebenen Marschordnung, fast wie in einer Prozession, soll das Volk der Bundeslade folgen (10,33). Nach dem Befehl Gottes soll es aufbrechen und sich lagern (9,18ff). Es ist ein „heiliger" Weg, den Gott sein Volk führt. Auf diesem Weg soll das Volk Israel lernen, auf seinen Gott zu hören, und täglich seine Führung erfahren und bekennen.
Ähnlich sieht auch das 5. Buch Mose die Wüstenwanderung als Zeit besonderer Zuwendung Gottes, der sein Volk auf dem langen Weg begleitet und „getragen hat, wie ein Mann seinen Sohn trägt" (Dtn 1,31). Im Rückblick auf diese Zeit soll sich Israel dankbar erinnern, was Gott für sein Volk getan hat. „Denn der Herr, dein Gott, hat dein Wandern durch diese große Wüste auf sein Herz genommen. Vierzig Jahre lang war der Herr dein Gott bei dir. Nichts hast du entbehrt" (Dtn 2,7).

(2) Israels Untreue
Auf dem Hintergrund der Treue Gottes heben sich die Erzählungen des 4. Mosebuches scharf ab. Sie erzählen alle von der Untreue Israels, das auf seiner Wanderung durch die Wüste kläglich versagt hat. Von Anfang an „murrt" dieses Volk (vgl. auch Ex 15,24 u.ö.). Es lässt sich von der Unzufriedenheit einiger Mitläufer anstecken und verschmäht das Manna, das Gott in der Wüste für sie bereithält (11). Danach rebelliert es offen gegen Gott und seinen Diener Mose (12f). Ja, es will lieber in die Unfreiheit zurückkehren, als den Weg mit Gott zu wagen (14). Schließlich kommt es sogar zur offenen Revolte gegen Mose unter seinen eigenen Stammesbrüdern aus dem Stamm Levi (16). Mose wird als Mittler zwischen Gott und seinem Volk fast zerrieben zwischen den Fronten. Er leidet an seinem Volk, das Gottes Wohltaten nicht begreifen will. Er leidet aber auch an Gott, der die Last dieses Volkes auf ihn gelegt hat. Dies zeigt sich eindrucksvoll an den Gebeten Moses, die in diesem Buch einen wichtigen Platz einnehmen.

(3) Gottes Segen über seinem Volk
Die Erzählung von Bileam bildet den Schluss- und Höhepunkt unter den Erzählungen des 4. Mosebuches (22–24). Sie zeigt das Volk Israel aus der Perspektive seiner Feinde: Israel, ein Volk, von allen gefürchtet, gehasst und bedroht – und dennoch von Gott bewahrt und gesegnet. So ist es wohl kein Zufall, dass im 4. Buch Mose der leidvolle Weg Israels durch die Wüste von Segensworten umrahmt wird. Am Anfang seines Weges steht der Segen Aarons (Num 6,22ff). Er bleibt unsichtbar über dem Volk auf seinem Weg durch die Wüste und wird am Ende durch den heidnischen Seher Bileam ausdrücklich bestätigt. Was auch immer auf diesem Weg geschehen sein mag – Gottes Segen bleibt über seinem Volk.

Das Buch Numeri im Überblick:

1–10:	Verzeichnisse und verschiedene Vorschriften
	6,22ff: Aarons Segen
11–21:	Erzählungen aus vierzigjähriger Wüstenzeit
22–24:	Die Bileamserzählung
	24,4ff: Bileams Segen
(25):	Israels Götzendienst
(26–36):	Verzeichnisse und Ordnungen

AARONS SEGEN
Numeri 6,22–27

Dies ist der Segen, den das Volk Israel
durch Aaron, den Priester empfing,
als es vom Sinai aufbrach.
Gott sprach zu Mose:
Sag Aaron und seinen Söhnen:
Wenn ihr mein Volk segnet,
sollt ihr dieses Segenswort sprechen
und meinen Namen auf das Volk legen:

Der Herr segne dich
und behüte dich.
Der Herr lasse sein Angesicht
leuchten über dir
und sei dir gnädig.
Der Herr erhebe sein Angesicht
über dich
und gebe dir Frieden.

AUFBRUCH
Numeri 10

Über ein Jahr hatten die Israeliten
am Berg Sinai gelagert.
Nun machten sie sich bereit,
ihren Weg durch die Wüste fortzusetzen. 10,11
Ungeduldig warteten sie,
bis sich endlich die Wolke
über der Wohnung Gottes erhob.
Dies war das Zeichen zum Aufbruch. 9,15ff

Da bliesen die Priester
in ihre Trompeten. 10,5f
Alle, Männer, Frauen und Kinder,
machten sich zum Aufbruch bereit.
Die Männer schlugen die Zelte ab
und stellten sich
in Reih und Glied auf,
nach Stämmen geordnet.
Die Bundeslade führte den Zug an.
Auf sie folgte der Stamm Juda,
danach die anderen elf Stämme.
Aber die Männer aus dem Stamm Levi,
Leviten genannt,
gingen geschützt
in der Mitte des Zugs.
Denn sie trugen das Zelt Gottes,
das sie zuvor zerlegt hatten, 10,17
wie auch alle heiligen Geräte,
die zur Wohnung Gottes gehörten. 10,21
Gemeinsam zogen sie nordwärts,
durch die Wüste Paran,
dem Gelobten Land entgegen.

Die Wolke zog ihnen voran.
Sie wies ihnen den Weg
durch die Wüste. 10,11ff

Aber der Weg war beschwerlich.
Inzwischen war das Volk
schon drei Tage unterwegs
und hatte sich
noch keine Ruhe gegönnt.
Da senkte sich die Wolke
endlich wieder auf sie herab.
Dies war das Zeichen,
dass sie sich lagern sollten.
Da hielten sie an, 10,33
schlugen die Zelte auf
und ruhten sich aus
im Schutz der Wolke,
die über der Wohnung Gottes schwebte.

So zogen die Israeliten
von Ort zu Ort durch die Wüste,
von einem Lagerplatz zu dem andern.
Gott selbst wies ihnen den Weg.
Und sooft die Lade aufbrach,
sprach Mose dieses Gebet:
„Herr! Steh auf!
Lass Feinde fern von uns sein!"
Und wenn sich die Wolke
wieder herabsenkte,
betete er:
„Herr, komm wieder zu uns,

zu den vieltausend Menschen,
die zu deinem Volk Israel zählen!" 10,35f

Die Wolke war über ihnen,
wenn sie zur Ruhe kamen.
Und wenn sie aufbrachen,
ging ihnen die Wolke voran,
als Wolkensäule bei Tag
und als Feuersäule bei Nacht. 14,14
Gott war in der Wolke.
Sein Wort ging ihnen voran
auf dem Weg durch die Wüste. 9,15ff

In einer festgelegten Ordnung zieht das Volk Israel durch die Wüste – nach Stämmen geordnet, entsprechend der Lagerordnung, die in Num 2 vorgegeben ist. Das „wandernde Gottesvolk" gleicht hier einem Heerbann, der zu einem Eroberungsfeldzug aufbricht. Aber das Bild trügt. Der Weg Israels durch die Wüste erinnert eher an eine Prozession. In feierlicher Ordnung folgen die Israeliten der Bundeslade und bekennen damit öffentlich, dass es Gott ist, der ihnen den Weg weist. Es ist ein „heiliger" Weg, den sie geführt werden, ein Lernweg, auf dem sie die Treue zu ihrem Gott täglich neu zu bewähren haben.

DAS VERDROSSENE VOLK
Numeri 11

Viele Wochen war das Volk Israel
schon unterwegs in der Wüste.
Aber sie kamen nur langsam voran.
Da streikten die fremden Knechte,
die den Israeliten dienten.
Und sie protestierten:
„Das ist doch kein Leben.
Immer nur dieses eklige Manna!
Gebt uns Fleisch zu essen!
Sonst gehen wir ein." 11,4

Da verspürten auch die Israeliten
auf einmal gewaltigen Hunger.
„Ja", jammerten sie,
„hätten wir Fleisch,
dann ginge es uns besser!
Aber wer besorgt uns
Fleisch in der Wüste?
Erinnert ihr euch an Ägypten?
Da hatten wir's gut.
Denkt an die Fische,
die wir dort aßen.
Alle umsonst!
Und wie schmeckten
die Gurken und die Melonen!
Und Lauch, Zwiebeln und Knoblauch!
Doch hier – was gibt es schon hier?
Nichts als das klebrige Manna!
Wir haben es satt!
Wir wollen das Manna nicht mehr!"
Mürrisch sammelten sie
das Manna in ihre Krüge. 11,4ff

Als aber Mose hörte,
wie sich das Volk bitter beklagte,
packte ihn heiliger Zorn.
Wie? Dieses Volk wagte es,
Gottes Gaben so zu verachten?
Mose wusste sich keinen Rat.
Er flüchtete sich zum Zelt Gottes.
Dort schüttete er seinen Unmut
vor Gott aus.
„Ach Herr!", betete er.
„Warum tust du mir dieses Volk an?
Warum soll ich es tragen?
Ich bin es leid.
Ich ertrag es nicht mehr.
Ist es etwa mein Volk?
Habe ich es geboren?
Wie kannst du dann sagen:
Sorge du für das Volk!
Trag es wie eine Amme!?
Wie soll ich das Volk denn versorgen?
Woher nehme ich Fleisch?
Ich mag nicht mehr.
Dieses Volk wird mir zu schwer.

Töte mich lieber,
dass ich dieses Elend
nicht länger ansehen muss!" 11,10ff

Da sprach Gott zu Mose:
„Ich will dich entlasten.
Wähle dir siebzig Älteste
aus dem Volk aus.
Die sollen das Amt mit dir teilen.
Ich will meinen Geist auf sie legen.
Aber denen, die jammern,
sollst du verkünden:
Fleisch wollt ihr haben?
Ihr sollt es bekommen.
Denn Gott hat eure Klagen gehört.
Einen Monat lang
sollt ihr Fleisch essen,
bis es euch zum Hals heraushängt
und euch übel davon wird.
Denn ihr habt Gott verworfen,
obwohl er mitten unter euch ist!" 11,16ff

„Aber wie soll das zugehen?",
fragte Mose ungläubig.
„600 000 Menschen zählt dieses Volk.
Woher bekommen wir Fleisch
für so viele Menschen?
All unser Vieh reicht dafür nicht aus.
Und wenn wir alle Fische im Meer fingen,
so wäre es immer noch nicht genug." 11,21f

Doch Gott sprach zu Mose:
„Ist denn die Hand des Herrn zu kurz?
Glaubst du etwa,
ich könne nicht helfen?
Warte nur ab!
Dann wirst du sehen,
ob sich mein Wort erfüllt." 11,23

Da wählte Mose siebzig Männer
aus dem Kreis der Ältesten aus,
stellte sie rings um das Zelt auf
und setzte sie in ihr Amt ein.
Und als Mose seine Hand auf sie legte,
da geschah es:
Gottes Geist kam auf die Ältesten herab,
wie Gott zugesagt hatte. 11,24f

Am Abend aber kam
vom Meer her ein Wind auf.
Ein Schwarm schwarzer Wachteln
flog auf das Lager zu.
Und ehe die Leute begriffen,
was hier geschah,
ließen sie sich vor ihnen fallen
und bedeckten das Lager. 11,31

Gierig stürzten sich alle
auf ihre Beute, packten und rafften,
soviel sie in ihre Hände bekamen.
Den ganzen Tag und die Nacht
liefen sie hin und her
und sammelten die Vögel
in hohen Haufen vor ihren Zelten.
Danach schlachteten sie die Vögel,
brieten sie über dem Feuer
und aßen sich satt.
Und was übrig blieb,
das legten sie zum Trocknen
vor ihre Zelte. 11,32

Aber es dauerte nicht lange,
da wurde den Leuten furchtbar übel.
Eine schwere Seuche brach aus.
Zahllose Menschen starben,
vergiftet durch ihre eigene Gier.
Da merkten die Israeliten,
was sie Gott angetan hatten.
Eilig begruben sie ihre Toten,
brachen die Zelte ab
und verließen fluchtartig
den traurigen Ort. 11,33ff

Diese Erzählung bildet den Auftakt zu einer Serie hochdramatischer Erzählungen, die in immer neuen Variationen die Rebellion des Volkes gegen Gott zum Thema haben. Wie eine ansteckende Seuche, so breitet sich hier der Unmut im Volk aus. Ein kleiner Anstoß genügt, nur ein paar Unzufriedene protestieren, die selbst gar nicht zu Gottes Volk zählen – und schon ist das ganze Volk vom Virus angesteckt. Aber anders als bei den Speisungswundern im Exodusbuch ist es nicht der elementare Mangel, der das Volk „murren" und klagen lässt (Ex 16,2), sondern der Überdruss an Gottes Gaben und die Verachtung seiner täglichen Wohltaten. Dies wiegt

besonders schwer, weil es in der Gegenwart Gottes geschieht (V. 20). Das Zelt Gottes in ihrer Mitte erinnert daran. Dadurch gewinnt die Geschichte eine zusätzliche Schärfe. Sie wird in der Erzählung noch weiter zugespitzt durch die meisterhaft entfaltete Lust des Volkes auf „mehr", sodass es am Ende zum Opfer seiner eigenen Lust wird.
Auch Mose erscheint hier in neuem Licht. Nicht als der mächtige Retter und Bundesmittler, sondern als angefochtener Mensch, der die Last seines Amtes nicht mehr tragen kann. Sein Gebet gleicht eher einer Kapitulation. So stark ist er von der Verzagtheit des Volkes infiziert, dass er sogar Gottes Versprechen nicht mehr glauben kann (11,21f).

Aber gerade in dieser äußerst kritischen Situation, in der beide, Mose und das Volk, ihren Glauben verlieren, gießt Gott seinen Geist auf siebzig Auserwählte seines Volkes. Nicht der Bruch zwischen Gott und seinem Volk steht am Ende der Geschichte, sondern die unausgesprochene Zusage Gottes: „Mein Geist soll unter euch bleiben. Fürchtet euch nicht!" (vgl. Hag 2,5).

Bei den Wachteln handelt es sich um Zugvögel auf ihrer Route von Europa nach Ostafrika. Von ihnen ist bekannt, dass sie sich auf ihrer Reise unterwegs in der Wüste oft vor Erschöpfung fallen lassen und somit zur leichten Beute von Menschen werden können.

AUFSTAND
Numeri 13–14

Über ein Jahr war inzwischen vergangen.
Da kamen die Israeliten nach Kadesch
in der Wüste Paran
und hielten dort Rast.   12,16
Sehnsüchtig blickten sie
zu den Bergen hinüber.
Dahinter lag Kanaan, das Land,
das Gott ihnen versprochen hatte.
Nicht mehr lange, so hofften sie,
dann waren sie im Gelobten Land.
Aber wie, wenn das Land
schon bewohnt war?

Da wählte Mose zwölf Sippenhäupter
aus allen zwölf Stämmen aus.
Auch Josua vom Stamm Ephraim
und Kaleb vom Stamm Juda waren dabei.
Ihnen befahl Mose:
„Geht uns voran!
Zieht über die Berge
und erkundet das Land!
Seht euch dort genau um!
Sind seine Bewohner schwach
oder sind sie zahlreich und stark?
Wohnen sie in Zelten
oder haben sie befestigte Städte?
Ist das Land fruchtbar?

Wachsen dort Bäume
und tragen sie Früchte?
Dann bringt sie uns mit!
Nur Mut! Fürchtet euch nicht!"   13,17ff

Da zogen die Männer los,
um das Land Kanaan zu erkunden.
Sie drangen ins Südland vor,
bis zum Bach Eschkol,
und nahmen von allen Früchten,
die sie dort fanden.
Granatäpfel und frische Feigen,
auch eine Traube, so schwer,
dass sie auf einer Stange
von zweien getragen wurde.   13,21ff

Endlich, nach vierzig Tagen,
kehrten die Männer wieder zurück,
über und über mit Früchten beladen.
„Seht her!", riefen sie dem Volk zu.
„Dies alles wächst in dem Land.
Es ist wirklich ein Land,
in dem ‚Milch und Honig fließt'!
Aber stark ist das Volk, das dort wohnt.
Und seine Städte sind ringsum
von hohen Mauern umgeben.
Wir sahen dort auch Männer,

riesig groß und viel stärker als wir.
Daneben kamen wir uns
wie winzige Heuschrecken vor.
Wir können sie niemals bezwingen." 13,25ff

Da schlug plötzlich die Stimmung um.
Im Lager brach Panik aus.
Die Leute heulten und schrien:
„Was nun? Was sollen wir tun?
Mose! Aaron! Ihr beide seid schuld.
Ihr habt uns in diese Falle gelockt.
Warum führt Gott uns in dieses Land,
wenn wir doch alle umkommen werden?
Wären wir doch in Ägypten gestorben
oder hätten hier in der Wüste ein Grab!
Kommt, wir kehren um!
Wir suchen uns einen Anführer,
der uns nach Ägypten zurückbringt."
So schrien sie laut durcheinander
und beschimpften Mose und Aaron
mit harten Worten. 14,1ff

Da wussten sich die beiden
keinen Rat mehr.
Vor allen Augen warfen sie sich
auf die Erde und schrien zu Gott.
Die ganze Nacht lagen sie da,
während das aufgebrachte Volk
um sie her tobte und schrie. 14,5

Als aber Josua und Kaleb sahen,
wie das Volk sich empörte,
zerrissen sie ihre Kleider
und riefen entsetzt in die Menge:
„So nehmt doch Verstand an!
Bleibt ruhig!
Hört, das Land ist sehr gut.
Wenn es Gott gefällt,
wird er uns das Land geben.
Macht nur keinen Aufstand!
Vertraut eurem Gott!
Und fürchtet euch nicht!" 14,6ff

Aber die Menge schrie noch viel mehr:
„Hört nicht auf sie!
Bringt sie zum Schweigen!
Auf, steinigt die beiden!" 14,10

Da erschien Gottes Herrlichkeit
vor allem Volk über dem Zelt.

Und Gott sprach zu Mose:
„Wie lange noch
verachtet mich dieses Volk?
Wie lange weigert es sich,
mir zu vertrauen?
Dann soll es haben,
was es sich wünscht:
Es soll in der Wüste sterben." 14,10ff

„Ach nein, Herr!",
erwiderte Mose erschrocken.
„Was werden die Ägypter sagen,
wenn sie das hören?
So mache nun wahr,
was du deinem Volk zugesagt hast.
Denn du bist gnädig und barmherzig
und vergibst Schuld.
Bitte, vergib diesem Volk!
Hab Erbarmen mit ihm
und lass es am Leben!" 14,13ff

Da sprach Gott zu Mose:
„Ich habe vergeben.
Wie du gebetet hast,
so soll es geschehen.
Doch keiner von ihnen
wird das Gelobte Land sehen.
Vierzig Jahre sollen sie
in der Wüste umherirren.
Erst ihre Kinder werden
in das Gelobte Land gehen.
Aber Josua und Kaleb
werden in das Land kommen.
Denn sie allein blieben mir treu." 14,20ff

Da erkannten die Israeliten,
was sie Gott angetan hatten.
Und sie nahmen sich vor:
Morgen wagen wir es.
Dann ziehen wir über die Berge.
Doch Mose warnte sie: „Tut's nicht!
Gott ist nicht mit euch!"
Aber niemand hörte auf ihn. 14,39ff

Am nächsten Morgen brachen sie auf.
Doch kaum waren sie in den Bergen,
fielen feindliche Horden über sie her
und jagten sie in die Wüste zurück. 14,44f

Diese Geschichte bedeutet noch eine deutliche Steigerung gegenüber der vorigen. Es ist die Angst vor dem Kommenden, die das Volk in den Unglauben stürzt. Sie wird durch den Bericht der Kundschafter geschürt. In ihrer Schilderung werden die Gefahren noch größer, die Menschen dort noch riesiger, die Mauern noch unüberwindlicher, sodass der Weg in die Zukunft verbaut und nur der Rückzug möglich scheint. Aber der Aufstand des Volkes richtet sich nicht nur gegen Mose und Aaron. Er bedeutet vielmehr offene Rebellion gegen Gott. „Fallt nur nicht ab vom Herrn!", so warnen Josua und Kaleb das Volk (14,9). Aber in Wahrheit haben sie bereits ihrem Gott abgesagt.

Und Mose? Seine Situation ist in dieser Geschichte verzweifelt. Der Aufstand des Volkes richtet sich ja ausdrücklich gegen seine Autorität. Mose stellt sich nicht, wie erwartet, energisch dem Volk entgegen – das übernehmen an seiner Stelle Josua und Kaleb –, sondern er wendet sich mit Aaron im Gebet an Gott. Sein Amt ist es nun, für das Volk zu bitten, im Gebet mit Gott zu ringen und ihn an seine Verheißung zu erinnern. Das ist das Bild des Mose, wie es uns das 4. Buch Mose mit jeder weiteren Erzählung immer deutlicher vor Augen führt: Mose – ein Mensch, der an seinem Volk und an Gott leidet, der zwischen den Fronten zerrieben wird, aber zugleich auch der Mittler, der in die Bresche springt und stellvertretend für sein Volk vor Gott eintritt.

KORACH
Numeri 16 und 17

Viele Jahre lang zogen die Israeliten
in der Wüste Paran umher.
Dabei schleppten sie
ihr ganzes Hab und Gut mit sich.
Am meisten hatten
die Leviten zu tragen.
Gott hatte sie vor allen anderen
zum Dienst am Zelt Gottes bestimmt.

Er hatte ihnen durch Mose geboten:
„Ihr Männer vom Stamm Levi,
ihr sollt das Zelt Gottes tragen
samt allem, was dazugehört.
Auch die Bundeslade
und die Altäre sollt ihr
durch die Wüste tragen.

Und sooft wir aufbrechen,
baut ihr das heilige Zelt ab und
tragt die Decken und Stangen
bis zum nächsten Lagerplatz
auf euren Schultern.
Dort baut das Zelt wieder auf.
Nur ihr allein dürft es tun.
Denn außer euch darf niemand
die heiligen Geräte berühren." 4,1ff

So trugen die Leviten
mit Freude die heilige Last.
Niemand klagte unter der Bürde.
Nur Korach, ein namhafter Vertreter
aus dem Stamm Levi, war empört.
„Wie?", fragte er sich.
„Warum müssen nur wir uns plagen?
Warum fassen Mose und Aaron nicht an?
Glauben sie etwa,
sie seien besser als wir?
Sie gehören doch genauso
zum Stamm Levi wie wir!
Also sind wir auch
ebenso heilig wie sie." 16,3

Darauf tat sich Korach
mit ein paar Freunden zusammen,
Datan, Abiram und On mit Namen.
„Ich bin es leid!", schimpfte Korach.
„Mose und Aaron gehen zu weit.
Aber wir werden ihnen zeigen,
wer hier das Sagen hat, sie oder wir." 16,1ff

Und Korach rief heimlich
die Ältesten der Gemeinde zusammen,
250 Männer mit Rang und Namen.

Die stachelte er auf
gegen Mose und Aaron.
„Wollt ihr ewig nur tun,
was euch die beiden befehlen?
Seid ihr nicht ebenso heilig wie sie?
Warum dürfen nur sie
ein Opfer darbringen?
Warum nicht wir alle?
Ist das etwa gerecht?
Auf, wir beschweren uns!
Wir fordern dieselben Rechte wie sie." 16,2

Das gefiel den Ältesten gut.
Auch sie hatten es satt,
nur auf Mose und Aaron zu hören.
Wütend zogen sie zum Heiligtum.
Und sie riefen empört: „Mose! Aaron!
Ihr beide geht wirklich zu weit.
Oder bildet ihr euch ein,
ihr wäret heiliger als wir?
Wir alle sind heilig, nicht nur ihr.
Warum wollt ihr über uns herrschen?" 16,3

Aber Mose antwortete nicht.
Kein einziges Wort brachte er
über die Lippen.
Als er die aufgebrachte Menge sah,
warf er sich auf die Erde
und redete lange mit seinem Gott.
Reglos, wie tot, lag er da. 16,4

Da wurde es auf einmal ganz still.
Alle starrten auf Mose.
Der aber stand auf und laut rief er
Korach und seinen Anhängern zu:
„Hört, ihr Männer vom Stamme Levi!
Gott hat euch vor allen erwählt.
Ihr dürft unserem Gott
täglich am Heiligtum dienen.
Ist euch das nicht genug?
Müsst ihr unbedingt Priester sein?
Bedenkt, was ihr tut!
Ihr zettelt einen Aufstand an.
Aber nicht uns,
sondern Gott greift ihr an.
Hört, Korach und ihr alle
vom Stamm Levi:
Morgen wird Gott zeigen,
wer zu ihm gehört und wen er erwählt hat.
Kommt morgen früh zum Zelt Gottes
und bringt Gott ein Rauchopfer dar.
Dann wird man sehen,
was mit eurem Opfer geschieht." 16,5ff

Auch Datan und Abiram ließ Mose rufen.
Aber die beiden weigerten sich.
Sie ließen Mose ausrichten:
„Nein, wir kommen nicht.
Wir hören nicht mehr auf dich.
Du hast uns schon genug angetan.
Willst du nun auch über uns herrschen?
Ist das etwa das Gelobte Land,
das du uns versprochen hast?" 16,12ff

Da packte Mose der Zorn.
„Wie?", rief er wütend.
„Sie wollen nicht kommen?
Was habe ich ihnen denn getan?
Nicht einen einzigen Esel
habe ich ihnen genommen."
„Ach Herr", betete er,
„lass ihren Plan nicht gelingen
und nimm ihr Opfer nicht an!" 16,15

Als aber Mose am nächsten Tag
zum Zelt Gottes kam,
traute er seinen Augen nicht.
Vor dem Zelt Gottes
standen Korachs Anhänger
mit 250 Räucherpfannen bereit.
Sie schwenkten ihre Pfannen, 16,17
auf denen das Rauchopfer schwelte.
Eine große Gemeinde umringte sie
und staunte sie an.
„Ach Herr", betete Mose erschrocken,
„lass doch nicht zu,
dass Korach alle ins Unglück stürzt.
Verschone ihr Leben!"
Und Mose lief auf die Gemeinde zu.
„Achtung!", rief er, „weicht alle zurück!
Lauft weg, bevor es zu spät ist!" 16,22ff

Da – plötzlich bebte die Erde.
Riesige Risse taten sich auf.
Die Menschen stoben davon.
Hinter sich hörten sie Schreie:
„Feuer! Feuer!"
Doch niemand wandte sich um.
Im Nu waren alle
in ihren Zelten verschwunden. 16,31

Auf einmal war es totenstill.
Im ganzen Lager
war kein Mensch mehr zu sehen.
Erst am nächsten Morgen
wagten sich die Leute wieder
aus ihren Zelten hervor.
„Wo ist Korach?", flüsterten sie.
„Wo ist Datan? Und wo ist Abiram?"
Sie waren vom Erdboden verschluckt.

Da zogen alle zu Aaron und Mose
und beschwerten sich bitter.
Ihr beide seid schuld.
Ihr habt unsere Männer
auf dem Gewissen.
Wütend stürzten sie sich auf die beiden.

Doch Mose blickte sie entsetzt an:
Merkten sie denn nicht,
wie sie gegen Gott rebellierten?
Wenn sie so weitermachten,
war Gott mit seiner Geduld
bald endgültig am Ende.
„Aaron!", rief Mose.
„Schnell, bring ein Sühnopfer dar!
Entsühne das Volk!
Sonst stürzt es in seinen sicheren Tod."   17,6ff

An diesem Tag fanden
viele Tausende den Tod.
Aber Mose und Aaron und alle,
die vor ihnen standen,
blieben am Leben.   17,11ff

Nirgends wird das Amt Moses und seine Führungsrolle im Volk so radikal infrage gestellt wie in dieser Geschichte. Der Aufruhr der Korachiten gegen ihn und Aaron wiegt umso schwerer, als er aus den eigenen Reihen der Leviten kommt. Auch die Leviten haben als Diener am Haus Gottes eine herausgehobene Stellung im Volk (s. Num 3,6ff). Aber nun verkehrt sich dieses Vorrecht in Anklage. Das Amt, das Gott ihnen durch Mose anvertraut hat, wird jetzt nicht mehr als Auszeichnung empfunden, sondern als unzumutbare Last. Die Folge sind Neid und offener Widerspruch gegen Mose, der die Gemeinde zu spalten droht. Ausdrücklich wird hier das Volk als „Gemeinde" angesprochen, als Gemeinschaft derer, die Gott dazu berufen hat, ihm zu dienen und ihn zu ehren vor allen Völkern.
Aber Mose ist von Gott zu einem besonderen Auftrag berufen (s. Ex 3). Sein Amt ist daher nicht einfach – demokratisch – austauschbar, weil Gott selbst zu Mose und durch Mose spricht. Schon in Num 12 wird dies ausdrücklich gesagt, als sogar Mirjam und Aaron, Moses Geschwister, Moses alleinige Führungsrolle anfechten und fragen: „Redet der Herr nur durch Mose? Redet er nicht auch durch uns?" (12,2). In beiden Fällen folgt eine ungewöhnlich harte „Strafe": Mirjam wird aussätzig und die Korachiten stürzen in eine Erdspalte.

Beides ist zwar auch natürlich zu erklären. Aber hier wird damit noch unausgesprochen ausgesagt: Wer die Gemeinde spaltet, hat sich selbst bereits aus der Gemeinschaft ausgeschlossen bzw. ist schon lebendig tot (wie jene, die zu den Toten hinabfahren, unter denen sich der „Schlund" der Totenwelt öffnet). Vgl. dazu auch Aarons Legitimation als Priester durch den „grünenden Stab" (Num 17,16ff)!

KADESCH
Numeri 20,1–13

Danach zogen die Israeliten
wieder in die Gegend von Kadesch.
Doch als sie dort ankamen,
fanden sie kein brauchbares Wasser.

Da brach unter den Israeliten
erneut ein Aufstand aus.
Sie rotteten sich zusammen,
drangen auf Mose und Aaron ein,
drohten ihnen und schrien empört:
„Ach, wären wir doch mit den anderen
in der Wüste gestorben!
Warum habt ihr uns hierher geführt,
damit wir hier sterben
mitsamt unserem Vieh?
Ja, warum habt ihr uns überhaupt
aus Ägypten geführt?
In dieser öden Gegend
kann doch kein Mensch überleben!
Wir können nichts säen und ernten,
weder Feigen noch Trauben
noch Granatäpfel – gar nichts!
Nicht einmal Wasser zum Trinken
haben wir hier."   20,2ff

So steigerten sie sich immer mehr
in ihre Wut und Verzweiflung hinein.
Mose aber wurde angst und bange,
als er sah, wie das Volk tobte.
Er flüchtete mit Aaron zum Zelt Gottes,
warf sich dort auf die Erde
und rang lange Zeit mit Gott im Gebet.   20,6

Da erschien Gottes Herrlichkeit
über dem Zelt Gottes.
Und Mose hörte,
wie Gott zu ihm sprach:
„Nimm deinen Stab
und geht zu dem Felsen am Berg,
du und dein Bruder Aaron!
Ruft dort alle zusammen,
die ganze Gemeinde,
und befehlt dem Felsen:
‚Bring Wasser hervor!'
Dann lasst alle trinken,
Menschen und Vieh!"   20,6ff

Da stand Mose auf, nahm den Stab,
der im Zelt Gottes verwahrt war,
denselben Stab, mit dem er
durch das Schilfmeer gezogen war,
und ging mit Aaron zum Felsen.
Dort sammelte er alle um sich,
Männer und Frauen, Große und Kleine.
Und zornig schleuderte er ihnen entgegen:
„So hört doch endlich,
ihr widerspenstigen Leute!
Was traut ihr uns eigentlich zu?
Können wir euch wohl Wasser geben
aus diesem Felsen?"
Darauf packte er seinen Stab
und schlug zweimal auf den Stein.
Und siehe da! Aus dem Felsen quoll
frisches Quellwasser hervor!   20,9ff

Da kam auf einmal Bewegung
in das erstarrte Volk.
„Seht, eine Quelle!",
schrien die Leute begeistert.
Sie stürmten zur Quelle,
schlürften gierig das Wasser
und alle tranken sich satt,
Menschen und Tiere.

Endlich hatten alle genug.
Nach und nach verlief sich das Volk.
Aber niemand dachte daran,
Gott für das Wunder zu danken.
Auch Mose und Aaron
zogen sich grollend zurück.
Doch Gott sprach zu Mose und Aaron:
„Weil ihr mir nicht vertraut habt
und mich vor dem Volk nicht geehrt habt,
darum werdet auch ihr nicht
in das Gelobte Land kommen."   20,12

Da schwiegen die beiden betroffen.
Denn sie erkannten:
Auch sie waren nicht besser
als das übrige Volk,
das Gott so erzürnt hatte.
Es war allein Gottes Gnade,
dass sie noch lebten.

Gleich zweimal wird die Geschichte vom Haderwasser in den 5 Büchern Mose erzählt (Ex 17,1ff und Num 20,2ff. Vgl. auch Ps 81,8 / 95,8ff / 106,32!). Sie zeigt die hohe Bedeutung an, die man diesem Geschehen in der Überlieferung Israels beigemessen hat. Aber anders als in Ex 17 liegt hier der Ort des Geschehens im Gebiet von Kadesch, südlich von Kanaan. Dort hält sich das Volk viele Jahre lang auf und wartet vergeblich darauf, dass sich endlich ein Zugang zum Land Kanaan findet. In dieser Erzählfassung liegt das Gewicht nicht auf der elementaren Not des Volkes, sondern auf seinem Unglauben. Es zeigt sich, dass das Volk trotz all der Wunder, die es erfahren hat, nichts hinzugelernt hat. In diesem Fall werden auch Mose und Aaron vom Unglauben des Volkes infiziert. Worin ihr Unglaube konkret besteht, das lässt die Erzählung allerdings im Dunkel. Nur eines fällt an dieser Geschichte auf: Kein Wort des Dankes oder der Freude wird laut, weder im Volk noch bei Mose und Aaron. Dabei wird deutlich: Auch Mose und Aaron sind trotz ihres herausragenden Auftrags keine Glaubenshelden, sondern werden auch schuldig vor Gott und sind ebenso allein auf Gottes Gnade angewiesen wie alle anderen.
Diese Geschichte wird nach Num 20,24 und Dtn 32,51 als Grund angeführt, weshalb Aaron und Mose der Einzug ins Gelobte Land verwehrt war.

SCHLANGEN
Numeri 20,14–21,9

Danach schickte Mose Boten
in das Gebiet der Edomiter voraus,
das südlich von Kanaan lag,
und ließ ihnen sagen:
„So spricht Israel, dein Bruder.
Lasst uns in Frieden
durch euer Land ziehen.
Denn unser Weg führt
durch euer Gebiet." 20,14ff

Doch die Edomiter
ließen sie nicht hindurchziehen,
sondern zogen ihnen entgegen
mit einem gewaltigen Heer.
Da führte Mose sein Volk
in einem weiten Bogen
um das Gebiet der Edomiter herum
und suchte von Osten her,
zum Land Kanaan zu gelangen. 20,18ff

Aber unterwegs streikte das Volk.
„Mose", schrien sie wütend.
„Warum hast du uns aus Ägypten
in diese Wüste geführt?
Willst du denn,
dass wir alle hier sterben?
Hier gibt es weder Wasser noch Brot,
immer nur dieses eklige Manna!"
So schimpften sie alle Tage
und setzten Mose hart zu.
Aber nicht nur ihn,
auch Gott klagten sie an. 21,4f

Da suchten giftige Schlangen
das Lager der Israeliten heim.
Auf einmal krochen sie
aus allen Löchern hervor.
Sie schlangen sich um Arme und Beine
und blitzschnell bissen sie zu.

Viele Israeliten starben sofort
an ihren giftigen Bissen
„Hilfe!", schrien die Leute.
„Wir sind verloren!"
Sie stürzten aus ihren Zelten.
Aber wohin sie auch flohen,
überall zischten ihnen
giftige Schlangen entgegen. 21,6

Da überfiel alle Todesangst.
Sie liefen in Scharen zu Mose,
drängten ihn und flehten ihn an:
Jetzt erkennen wir:
Wir haben eine schwere Sünde getan.

4. Mose / Numeri

Aber bitte Gott, dass er uns
von dieser Schlangenplage befreit! 21,7

Da betete Mose für sein Volk.
Und Gott hörte auf sein Flehen.
Er befahl Mose:
„Mach eine Schlange aus Kupfer
und richte sie an einem Stab hoch auf.
Wer auf die Schlange blickt,
wird am Leben bleiben." 21,8

Und so geschah es.
Mose machte eine kupferne Schlange
und richtete sie hoch auf,
sichtbar für alle.
Wer aber gebissen wurde
und auf die Schlange blickte,
blieb am Leben. 21,9

So rettete Gott sein Volk
aus großer Gefahr.
Er führte es sicher
durch Wüste und Feindesland,
bis es endlich, nach vierzig Jahren,
an der Grenze zum Land Kanaan stand.

Die vierzigjährige Zeit in der Wüste geht dem Ende zu. Aber noch immer ist für Israel der direkte Zugang zum Land Kanaan (von Süden) versperrt. Jetzt versucht Mose, über das Ostjordanland Kanaan zu erreichen. Dazwischen liegt das Gebiet der Edomiter, der Nachkommen Esaus. Als Brudervolk stehen sie daher in einer besonderen Beziehung zu Israel, an die auch an anderen Stellen der Bibel erinnert wird (z.B. Dtn 23,8: „Den Edomiter sollst du nicht verabscheuen, denn er ist dein Bruder"). Dies hindert aber beide Völker in späterer Zeit nicht daran, in dauernder Rivalität und Feindschaft zu leben, bis David die Edomiter endgültig unterwirft und sie seinem Reich einverleibt (2. Sam 8,13f).

Die Geschichte von der „ehernen Schlange" bildet den Abschluss in der Reihe der Erzählungen von der vierzigjährigen Wüstenzeit, die im weiteren Umkreis der Oase Kadesch vermutet wird. Dabei stellt sich immer deutlicher heraus: Das Murren des Volkes ist nicht nur Ausdruck seiner Unzufriedenheit, sondern bedeutet offene Rebellion gegen Gott, entsprungen aus Überdruss und Unglauben. Dennoch gibt Gott sein Volk nicht preis, sondern setzt in dieser Geschichte ein sichtbares Zeichen seines Rettungswillens. Die bronzene Schlange selbst gibt einige Rätsel auf. Sie wird meist mit Puon, einer berühmten Kupfererzmine der Antike, in Verbindung gebracht. Das Symbol der Schlange erinnert zudem an Asklepios, den Heilgott der Antike. Offenbar wurde der ehernen Schlange zur Zeit der Könige Israels göttliche Ehre erwiesen. Erst König Hiskia hat durch die Zerstörung der Schlange diesem Missbrauch ein Ende gesetzt (2. Kön 18,4). Ursprünglich aber bedeutet die eherne Schlange nicht mehr als ein sichtbares Zeichen, an dem sich der Glaube Israels festmachen kann. Das Volk in der Wüste wird nicht etwa durch die Schlange oder durch ihr innewohnende magische Kräfte geheilt, sondern Gott setzt mitten in tödlicher Gefahr ein Zeichen des Lebens.
An dieses Zeichen knüpft Jesus in seinem Gespräch mit Nikodemus an und deutet es auf seinen Kreuzestod: „Wie Mose in der Wüste die Schlange erhöht hat, so muss des Menschen Sohn erhöht werden, auf dass alle, die an ihn glauben, das ewige Leben haben" (Joh 3,14f).

BILEAM
Numeri 22

Fast vierzig Jahre lang
hatte das Volk Israel
in der Wüste gelebt.
Nun war das Land Kanaan
nicht mehr weit.
Nur das Land Moab,
östlich des Jordan,
trennte das Volk noch
von dem Gelobten Land.

Da wurde Balak,
dem König von Moab, gemeldet:
Ein fremdes Volk ist aus Ägypten
in unser Land eingedrungen.
Es lagert in der Ebene von Moab,
nah an der Grenze. 22,1f

Da erschrak der König
und mit ihm all seine Großen.
Denn sie hatten viel von diesem Volk
und seinen Taten gehört.
Und sie berieten sich
mit den Fürsten der Midianiter:
„Was sollen wir tun?
Uns graut vor diesem fremden Volk.
Sie sind wie gefräßige Rinder
und fressen uns alles weg,
was wir haben. 22,3f
Vertreiben müssen wir sie.
Aber wie? Wir allein schaffen das nie.
Denn ein starker Gott ist auf ihrer Seite.
Darum schafft einen Menschen herbei,
der das Volk in Gottes Namen verflucht.
Dann wird es vielleicht schwach.
Danach können wir es vertreiben."

Und Balak sandte eilig Boten zu Bileam,
einem Magier im Osten des Landes,
und ließ ihm sagen:
„Ein fremdes Volk ist aus Ägypten
in mein Land eingedrungen.
So komm und verfluche das Volk.
Denn es ist mir zu mächtig.
Vielleicht kann ich dann
den Kampf wagen
und das Volk aus meinem Land jagen.

Denn ich weiß: Wen du segnest,
der ist auch gesegnet.
Und wen du verfluchst,
der ist auch verflucht." 22,5f

Aber Bileam antwortete
den Gesandten des Königs:
„Erst will ich hören,
was Gott von mir will.
Darum bleibt über Nacht hier!
Morgen früh gebe ich euch Bescheid." 22,8

In der folgenden Nacht
lag Bileam lange Zeit wach.
Da hörte er, wie Gott zu ihm sprach:
„Wer sind diese Leute,
die hier bei dir wohnen?"
„Es sind Gesandte von Balak.
Sie wollen mich holen."
Aber Gott sprach zu Bileam:
„Geh nicht mit ihnen!
Hör nicht auf sie!
Und verfluche das Volk nicht!
Denn Gott hat es gesegnet." 22,9ff

Da stand Bileam
am nächsten Morgen früh auf
und teilte den Fürsten mit:
„Zieht wieder zurück!
Ich gehe nicht mit.
Gott hat es verboten." 22,13

So kehrten die Gesandten
unverrichteter Dinge zurück
und meldeten Balak, dem König:
„Bileam will nicht kommen.
Er sagt: Gott lässt es nicht zu."
„Wie?", empörte sich Balak.
„Bileam weigert sich?
Er muss aber kommen." 22,14
Und er sandte
noch mächtigere Fürsten zu ihm
und ließ ihm sagen: „Komm doch!
Warum sträubst du dich noch?
Ich will dich hoch ehren.
Ich verspreche dir alles,

was du auch willst.
Nur um eines bitte ich dich:
Komm und verfluche dies Volk!" 22,15ff

„Nein, das tue ich nicht.
Auch wenn mir Balak
all sein Gold und Silber verspricht,
ich höre nur auf das,
was Gott zu mir spricht.
Aber ich lade euch ein:
Bleibt auch ihr über Nacht hier!
Dann weiß ich gewiss,
was Gott von mir will." 22,18f

In der nächsten Nacht
lag Bileam wieder wach.
Ob Gott noch einmal zu ihm sprach?
Da war es ihm,
als hörte er Gottes Stimme:
„Bileam, steh auf!
Zieh mit den Fürsten!
Aber tu nur, was ich dir sagen werde.
Höre allein auf mich!" 20,20
Bileam war ganz verwirrt.
War es wirklich Gott,
der zu ihm sprach?
Oder redete er sich das alles nur ein?
Ach was, sagte sich Bileam,
Gott hat es gesagt.
Dann will ich es tun.

Am nächsten Morgen
sattelte Bileam seine Eselin
und zog mit den Moabiterfürsten.
Seine Eselin trug ihn
bergauf und bergab.
Doch plötzlich bockte sie,
sprang seitwärts aufs Feld,
als ob sie jemand bedrohte.
Aber Bileam schlug auf sie ein.
„Du blöder Esel!", schrie er.
„Was fällt dir ein?"
Er ahnte ja nicht,
dass ihm ein Engel Gottes
den Weg verstellte. 22,21f

Nicht lange danach
führte der Weg durch Weinberge
und durch Mauern hindurch.
Doch plötzlich –
schon wieder bockte das Tier.
Es drückte sich zitternd
an der Mauer entlang.
„Du störrisches Vieh!",
fuhr Bileam seine Eselin an.
„Merkst du denn nicht?
Du klemmst meinen Fuß."
Und wütend schlug er
auf das arme Tier ein.
Dabei sah er gar nicht,
dass der Engel Gottes
ihm wieder den Weg verstellte,
um ihn zu warnen. 22,24f

Kurz darauf wurde der Weg noch enger.
Da bockte seine Eselin wieder.
Zitternd sank sie auf die Knie.
Da verlor Bileam die Geduld.
Er nahm seinen Stock
und hieb auf die Eselin ein.
Doch plötzlich war es ihm,
als hörte er die Eselin sprechen:
„Warum schlägst du mich?
Was habe ich dir getan?"
„Du hältst mich zum Narren!",
schrie Bileam sie an.
„Hätte ich doch ein Schwert!
Dann wärst du bereits tot."
„Aber wieso?", schien das Tier zu fragen.
„Habe ich dich nicht treu
durch all die Jahre getragen?" 22,26ff

Da fiel es Bileam plötzlich
wie Schuppen von seinen Augen.
Auf einmal sah er ganz klar:
Ein Engel stand vor ihm
mit blitzendem Schwert.
Erschrocken warf sich Bileam
auf die Erde – und verstummte. 22,31

Aber der Engel sprach:
„Warum hast du dein Tier
dreimal geschlagen?
Dreimal habe ich dir den Weg versperrt.
Denn dein Weg ist verkehrt.
Du aber warst wie verblendet.
Du wolltest nichts sehen.
Doch deine Eselin hat es gemerkt.
Sie ist vor mir ausgewichen.
So hat sie dir das Leben gerettet.

Sonst wärst du schon tot."
„Ja", sagte Bileam, „jetzt sehe ich ein:
Ich habe Unrecht getan.
Es tut mir sehr leid.
Aber wenn mein Weg falsch ist,
bin ich zur Umkehr bereit."
Aber der Engel Gottes antwortete:
„Nein, geht mit den Männern!
Aber sag Balak nur das,
was Gott zu dir spricht." 22,32ff

Da setzte Bileam seinen Weg fort
und folgte Balaks Gesandten.
Noch ahnte er nicht,
was Gott mit ihm vorhatte.
Aber er war fest entschlossen,
nur auf Gottes Stimme zu hören. 22,35

BILEAMS SEGEN
Numeri 22,36–24,25

Nach Tagen erreichte Bileam
endlich das Land Moab.
Dort kam ihm schon Balak entgegen.
„Da bist du endlich!", rief er.
„Warum bist du nicht eher gekommen?
Ich habe doch dringend nach dir verlangt.
Hast du etwa befürchtet,
ich gebe dir nicht genug Lohn?"
„Nein", erwiderte Bileam.
„Das ist es nicht.
Ich bin zwar gekommen,
aber täusche dich nicht!
Ich kann nur sagen,
was Gott zu mir spricht.
Nur sein Wort werde ich ausrichten." 22,36ff

Da führte ihn der König
auf eine Anhöhe.
Von dort aus konnten sie
auf die Zelte der Israeliten blicken. 22,41
Friedlich lagerten sie
dort unten im Tal.
Niemand von ihnen ahnte,
welch großes Unheil ihrem Volk drohte.
„Auf, nun verfluche das Volk!",
drängte Balak, der König.
Doch Bileam befahl:

„Baue erst sieben Altäre
und opfere darauf
sieben junge Widder und Stiere!" 23,1

Da ließ Balak eilig sieben Altäre errichten.
Darauf opferten beide
je einen Widder und einen Stier.
Danach zog sich Bileam zum Gebet
auf einen kahlen Hügel zurück. 23,3
Balak wartete indessen ungeduldig,
bis er endlich zurückkehrte.
„Nun, bist du bereit?", wollte er fragen.
„Wirst du jetzt fluchen?"
Doch Bileam kam ihm zuvor.
Laut und feierlich sprach er
diese Worte vor allen Ohren:

„Wie soll ich den verfluchen,
den Gott nicht verflucht?
Wie soll ich den verwünschen,
den der Herr nicht verwünscht?
Ich sehe das Volk Israel.
Von dieser Höhe aus sehe ich,
wie es sich ausdehnt.
Niemand kann zählen,
wie es wächst und gedeiht." 23,8ff

„Hör auf!", rief Balak entsetzt.
„Was tust du mir an?
Ich habe dir befohlen,
meinen Feinden zu fluchen.
Doch du, was tust du?
Du segnest, anstatt zu verfluchen!"
Aber Bileam antwortete:
„Muss ich nicht sagen,
was Gott zu mir spricht?" 23,11f

Da versuchte es Balak noch einmal.
Vielleicht ist der Ort ja verkehrt,
überlegte er sich.
Bileam soll es
an einer anderen Stelle versuchen.
So führte er Bileam
auf einen hohen Berg.
Von dort aus konnte er nur
einen Teil des Lagers erkennen.
Dort ließ Balak wieder
sieben Altäre errichten.
Und wieder opferte er mit Bileam
sieben junge Stiere und Widder.

Und wieder zog sich Bileam
danach zum Beten zurück.
„Nun?", fragte Balak gespannt,
als er endlich zurückkam.
„Was hat Gott diesmal gesagt?" 23,13ff

Da stellte sich Bileam vor ihm auf
und sprach feierlich diese Worte:

>„Auf Balak! Höre,
>was ich dir verkünde:
>Ein Mensch mag lügen,
>aber Gott nicht.
>Was er verspricht,
>das wird auch geschehen.
>Oder glaubst du etwa:
>Gott sagt es – und tut's nicht?
>Er redet – und hält es nicht ein?
>Segnen soll ich das Volk.
>Denn Gott hat es gesegnet.
>Was kann ich anderes tun?
>Kein Unglück, kein Unheil
>droht diesem Volk.
>Denn Gott ist bei ihm.
>Er ist Israels König.
>Er hat sein Volk
>aus Ägypten geführt.
>Stark wie ein Löwe,
>so wird dieses Volk sein.
>Kein Zauberspruch
>darf ihm Schaden zufügen." 23,18ff

„Hör auf!", schrie Balak.
„Ich befehle dir: Sag kein Wort mehr,
weder Segen noch Fluch!"
Doch Bileam entgegnete ruhig:
„Hab ich dir nicht vorher gesagt:
Alles, was Gott mir befiehlt,
das werde ich tun?" 23,25f

Aber Balak gab noch nicht auf.
„Komm!", bat er Bileam.
„Wir wollen es noch einmal versuchen.
Ich zeige dir noch einen anderen Ort.
Dort sollst du das Volk verfluchen."
Und er führte Bileam
auf einen noch höheren Berg.
Von dort aus konnte man
über die ganze Jordanebene blicken.
Doch Bileam befahl auch hier:

„Bau erst sieben Altäre
und opfere sieben Widder und Stiere!"
Doch als Balak noch opferte, 23,27ff
sah Bileam im Tal Israels Zelte liegen,
alle nach Stämmen geordnet. 24,2

Da rief Bileam mit lauter Stimme:

>„So spricht Bileam, der Seher,
>dem Gott Augen und Ohren
>aufgetan hat:
>Wie schön sind dein Zelte, Israel!
>Wie fruchtbare Täler,
>wie grüne Bäume am Wasser,
>so breiten sie sich
>über das ganze Land aus.
>Wie ein junger Löwe,
>so lagert dieses Volk sicher
>unter den Völkern.
>Und niemand darf es erschrecken.
>Gesegnet ist, wer dich segnet.
>Und verflucht ist, wer dich verflucht!" 24,5–9

„Hör auf! Hör auf!", schrie Balak.
„Habe ich dir nicht befohlen:
Du sollst sie verfluchen?
Aber du, was machst du?
Dreimal hast du gesegnet,
anstatt zu verfluchen.
Verschwinde! Mir reicht es mit dir.
Verlass' sofort dieses Land!
Nichts sollst du als Lohn bekommen,
weder Silber noch Gold,
kein einziges Stück.
Beklag dich dafür bei deinem Gott!" 24,10f

Doch Bileam entgegnete:
„Ich habe es schon vorher
deinen Boten gesagt:
Und wenn mir Balak sein Haus
voll Gold und Silber verspricht,
so kann ich trotzdem nur sagen,
was Gott zu mir spricht.
Ja, ich gehe nun wieder
in mein Land zurück.
Doch zuvor verkünde ich dir,
was in Zukunft geschieht: 24,12ff

>So spricht Bileam, der Seher,
>dem Gott Augen und Ohren

aufgetan hat:
Ich sehe ihn, aber nicht jetzt.
Ich erblicke ihn, aber noch fern.
Im Haus Jakob geht ein Stern auf.
Ein Zepter erhebt sich in Israel.
Aus ihm wird der Herrscher kommen,
der sich über alle Völker erhebt." 24,15ff

So sprach Bileam vor Balak,
dem König von Moab,
und vor all seinen Großen.
Danach zog er wieder
zurück in sein Land.
Das Volk Israel aber blieb bewahrt
durch Gottes segnende Hand.

Die Bileamsperikope stellt eine eigene, in sich geschlossene Erzähleinheit dar. Sie ist so lebendig und lebensnah und auch mit einem Schuss Humor erzählt, dass sie sich von den vorangegangenen Erzählungen des Numeribuches deutlich abhebt. In ihr findet ein überraschender Perspektivenwechsel statt. Im Mittelpunkt steht nach wie vor das Volk Israel, nun aber aus der Sicht seiner Feinde betrachtet. Über Israels eigenes Verhalten wird in dieser Erzählung nichts ausgesagt. So entsteht ein geradezu skurriles Bild:

• Da ist zum einen **Balak**, der Moabiterkönig, und sein Hofstaat, der alle und alles gegen das Volk Israel mobilisiert, der in seinem Volk Angst und Fremdenhass schürt (22,4), der sich nicht zu gut ist, einen fragwürdigen Magier für seine Zwecke einzuspannen, der glaubt, durch diesen Magier Gott auf seine Seite zwingen zu können, und nicht davor zurückscheut, einen Fluch als wirksame Waffe gegen dieses Volk einzusetzen.

• Da ist zum andern der Magier **Bileam**, eine schillernde Figur, ein „Seher" mit übersinnlichen Gaben, aber vielleicht auch ein heimlicher Gottesverehrer in heidnischer Umwelt. Im Verlauf der Erzählung entpuppt er sich immer mehr als wahrer Prophet, der allein auf Gottes Wort hört und sein Wort verkündet. Sein unbedingter Gehorsam gegenüber Gottes Wort bringt ihn notwendig in Widerspruch zum König. Seine Botschaft ist eben nicht käuflich. So erleidet er auch am Ende das Schicksal vieler Propheten: Er wird mit Schimpf und Schande aus dem Land gejagt (vgl. z.B. Amos 7,12f).

• Da ist vor allem das **Volk Israel**, das in der Steppe Moabs sein Lager aufgeschlagen hat, unmittelbar an der Grenze zum Gelobten Land. Geradezu friedlich wirkt es im Kontrast zu der Aktivität seiner Feinde. Es scheint, als ahne es gar nicht, in welcher Gefahr es sich befindet. Es darf sich ganz seinem Gott anvertrauen, der hier Fluch in Segen verwandelt, ohne dass dieses Volk etwas davon ahnt.

Das ist das Bild des Friedens – Frieden inmitten von Feinden –, das in vielen Psalmen fortlebt (z.B. Ps 4,9: „Ich liege und schlafe in Frieden, denn allein du, Herr, hilfst mir, dass ich sicher wohne." oder Ps 23,5: „Du bereitest vor mir einen Tisch im Angesicht meiner Feinde."). Dieser Friede ist begründet in Gottes Segenszusage, die wie ein schützendes Dach unsichtbar über allen wichtigen Wüstenerfahrungen liegt und Anfang und Ende ihres Weges umschließt.

DAS 5. BUCH MOSE / DEUTERONOMIUM

MOSES VERMÄCHTNIS

Das 5. Buch Mose bildet den kunstvollen Schlussstein im Gesamtwerk der 5 Bücher Mose. Sein großes Thema ist die Tora, das Gesetz Gottes, das die Gebote und Weisungen des Sinaibundes zusammenfasst und aktualisiert. Daher rührt auch der Name des Buches „Deuteronomium", d.h. „Zweites Gesetz".

Trotz des gemeinsamen Themas hebt sich dieses Buch formal und inhaltlich deutlich von den vorigen Büchern ab, vor allem durch den Kontext, in den dieses Buch gestellt wird, durch seinen Aufbau und durch seine besondere Botschaft.

(1) Die Situation:
Die Proklamation der Tora wird im Deuteronomium mit einer konkreten geschichtlichen Situation verknüpft: Israel befindet sich an der Schwelle zum Gelobten Land (1,1), unmittelbar vor Moses Tod, mit dem dieses Buch endet. Die Frage tritt auf: Wird das Volk – ohne Mose – im neuen Land am Bund mit Gott festhalten? Oder wird es anderen Göttern folgen und seinen Gott vergessen, der es aus Ägypten geführt hat?
In dieser kritischen Situation spricht Mose zu seinem Volk. Es ist seine letzte und längste Rede, sein offizielles Vermächtnis an sein Volk vor seinem Tod. Das verleiht Moses Worten besondere Autorität. Das erklärt auch die Dringlichkeit und Radikalität, die aus den Worten des Deuteronomiums spricht.

(2) Der Aufbau des Deuteronomiums:
Den größten Umfang im Deuteronomium nimmt die Rede Moses ein. Sie umfasst 30 Kapitel und gliedert sich in drei große Abschnitte:

(a) Rückblick (1–11):
„Hüte dich, dass du ja nicht vergisst ...!" Das ist das große Thema des ersten Teils. Israel soll nie vergessen, was Gott an ihm getan hat. Deshalb wird noch einmal ausführlich an Israels Weg durch die Wüste mit allen einzelnen Stationen erinnert (1–3) und vor allem an den Bund, den Gott am Sinai mit seinem Volk geschlossen hat (4–6), einschließlich der Zehn Gebote, die noch einmal fast wortgetreu zitiert werden (5). Mit der Erinnerung ist auch der Auftrag verbunden, den kommenden Generationen weiterzugeben, was Gott für sein Volk getan hat (6,6ff.20ff), damit auch sie nie vergessen, dass „der Herr allein Gott ist, der treue Gott, der Bund und Treue denen bewahrt, die ihn lieben und seine Gebote halten" (7,9).

(b) Ausblick (12–26):
„Dies sind die Gebote und Rechte, die ihr halten sollt in dem Land, das der Herr dir gegeben hat, solange du im Land lebst" (12,1). Damit beginnt der zweite Teil der Moserede. In ihm wird ein umfassender Gesetzeskodex vorgestellt, der die Gesetze des Exodusbuches aufnimmt, aber zugleich deutlich erweitert und aktualisiert – als Lebensgrundlage für das Zusammenleben im neuen Land.

(c) Heute! (26,16ff – 30):
Moses Rede endet mit einem dringlichen Aufruf. Nachdem die Generation all derer, die am Sinai den Bund mit Gott geschlossen haben, verstorben ist, sind alle, die jetzt an der Schwelle zum Gelobten Land stehen, aufgerufen, hier und heute in den Bund mit Gott einzutreten. Aber wie wird das Volk auf die Aufforderung antworten? Wird es sich hier und heute neu für Gott entscheiden? Das Deuteronomium endet mit dieser offenen Anfrage. Die Geschichte wird es erweisen, ob das Volk entschlossen ist, auch in Zukunft im Bund Gottes zu bleiben.

Betrachtet man die Rede Moses als Ganzes, so folgt sie offensichtlich einem ganz bestimmten Schema, das in seiner Abfolge an eine gottesdienstliche Liturgie erinnert, wie sie vermutlich anlässlich einer Bundeserneuerung praktiziert wurde. Vgl. dazu die Beschreibung der Bundeserneuerung in Josua 24, die eine analoge Abfolge aufweist (1. Erinnerung an Gottes Geschichte, 2. Wiederholung und Aktualisierung der Gebote, 3. Bundesverpflichtung und 4. Aufforderung zur Bundeserneuerung). Beachtet man diese Besonderheit des Deuteronomiums, so verbietet es sich geradezu, dieses Buch bruchlos in die Reihe der Geschichtsbücher einzureihen. Das Deuteronomium intendiert offenbar mehr! Es versteht sich – analog zum gottesdienstlichen Vollzug – als Anrede an die Gemeinde Gottes, die immer neu auf die Antwort des Menschen vor Gott wartet.

(3) Die Botschaft des Deuteronomiums:
„Höre Israel, der Herr, dein Gott ist Gott allein" (6,4; hebr. „Sch'ma Israel"). Das ist die zentrale und revolutionäre Botschaft dieses Buchs. Noch schärfer, noch radikaler als im 1. Gebot wird hier die Einzigkeit Gottes formuliert und als Grund und Mitte allen Nachdenkens über Gott herausgestellt. Von dieser Mitte her erklärt sich die Radikalität und Schärfe, mit der im Deuteronomium alle anderen Wege, Gott zu dienen, ausgeschlossen werden. Denn – so heißt es 4,24 – Gott ist ein „eifersüchtiger" Gott. Das mag auf den ersten Blick verstörend erscheinen, aber letztlich drückt sich darin Gottes Liebe aus, der leidenschaftlich um sein Volk wirbt und der auf Gegenliebe wartet. Darum kann nach dem Deuteronomium die Antwort des Menschen auf Gottes Zusage nur lauten: „Du sollst den Herrn deinen Gott lieb haben von ganzem Herzen, von ganzer Seele und mit aller deiner Kraft" (6,5). Das heißt: Aus dem „Gott allein" folgt konsequent die „ganze" Hingabe des Menschen, die das Deuteronomium in den folgenden Kapiteln in allen Facetten entfaltet. Das ist auch der Maßstab, an dem im Verlauf der Geschichte das ganze Volk Israel und insbesondere seine Könige gemessen wurden. Unter ihnen ragt König Josia vor allen anderen heraus. Er war es, der das verschollene „Gesetzbuch" im Jahr 622 v.Chr. wiederentdeckt und zur Grundlage einer umfassenden Reform des Landes gemacht hat (2. Kön 22f / 2. Chr 34f).

RÜCKBLICK
Deuteronomium 1–11

Dies sind die Worte Moses,
die er zum Volk Israel sprach,
jenseits des Jordan,
bevor es aufbrach,
das Land Kanaan einzunehmen.
Damals versammelte Mose
alle Stämme und Sippen
samt ihren Ältesten,
alle, die zum Volk Israel gehörten.
Und er redete zu ihnen:

Erinnert euch daran,
als Gott am Sinai zu euch sprach:
Ihr seid lange genug
am Berg Gottes gewesen.
Nun macht euch auf
und zieht in das Land,
das ich euren Vätern Abraham,
Isaak und Jakob zugesagt habe.   1,6ff

Da brachen wir von dort auf
und zogen durch die Wüste,
die so grausam und groß ist,
bis wir zum Land Kanaan kamen.
Doch ihr hattet Angst.
Denn ihr habt euch gefürchtet
vor seinen Bewohnern.   1,19ff
Ich aber sprach euch Mut zu:
„Erschreckt nicht und fürchtet euch nicht!
Gott zieht vor euch her.
Er ist an eurer Seite,
wie er es in Ägypten war
und auch auf dem langen Weg
durch die Wüste."
Da habt ihr gesehen,
wie euer Gott euch getragen hat,
wie ein Mann seinen Sohn trägt.
Doch ihr wolltet nicht glauben.
So bliebt ihr lange Zeit in der Wüste.   1,29ff
Dennoch hat Gott euer Wandern
durch diese große Wüste
auf sein Herz genommen.
Vierzig Jahre lang
ist der Herr mit euch gewesen.
Nichts habt ihr entbehrt.   2,7

Als wir uns aber von Osten her
dem Land Kanaan nahten,
zogen uns die Könige Sihon und Og
mit ihrem mächtigen Heer entgegen.
Doch Gott sprach zu mir:
„Fürchte dich nicht vor ihnen!
Ich habe sie mitsamt ihrem Heer
in deine Hand gegeben."
So nahmen wir ihr Land ein,
das ganze Gebiet östlich des Jordan.   2,24–3,12

Zu jener Zeit bat ich den Herrn:
„Lass mich über den Jordan gehen
und das gute Land sehen,
das du uns zugesagt hast."
Er aber sprach zu mir:
„Genug! Rede nicht mehr davon!
Nicht du, sondern Josua
soll vor dem Volk hergehen
und euch das Land zuteilen."   3,23–28

So höre nun, Israel,
die Rechte und Ordnungen,
die ich euch zu halten lehre.
Hört auf sie, so werdet ihr leben
und das Land einnehmen,
das euch der Herr unser Gott geben wird.
Fügt nichts zu den Gesetzen hinzu!
Nehmt auch nichts davon weg!
Sondern haltet sie und tut sie!
Denn welchem anderen Volk
ist sein Gott so nah
wie uns unser Gott ist,
sooft wir ihn anrufen?   4,1ff
Darum lasst euch nicht verführen!
Macht euch kein Bild von Gott!
Blickt auch nicht auf zum Himmel
und verehrt nicht Sonne und Mond,
wie es andere Völker tun.
Denn euch hat Gott aus Ägypten,
aus dem glühenden Schmelzofen geholt
und zu seinem Volk gemacht.   4,15ff
So hütet euch, dass ihr ja nicht
den Bund eures Gottes vergesst,
den er mit euch geschlossen hat.
Und macht euch kein Bild von Gott.

Denn der Herr dein Gott
ist ein leidenschaftlicher Gott,
der für sein Volk brennt
wie ein verzehrendes Feuer.
Wenn aber in Zukunft
andere Völker über euch herrschen,
weil ihr Gott verlassen habt,
dann wird er euch doch nicht verlassen.
Denn Gott ist ein barmherziger Gott. 4,23ff

Und Mose rief das Volk zu sich
und verkündete vor ihren Ohren
noch einmal alle Zehn Gebote,
die Gott am Sinai offenbart hatte. 5,1ff
Danach ermahnte er alle:

Dies sind die Rechte und Verordnungen,
die der Herr euer Gott geboten hat,
damit ihr sie euer Leben lang lernt
und danach handelt,
mitsamt euren Kindern
und ihren Nachkommen.
Israel, du sollst sie hören
und bewahren,
damit es dir in dem Land gut geht,
das Gott dir zugesagt hat. 6,1ff

> Höre, Israel,
> der Herr, unser Gott, ist Gott allein.
> Ihn sollst du lieben
> mit ganzem Herzen, mit ganzer Seele
> und mit aller deiner Kraft. 6,4f

Darum tut, was er sagt!
Vergesst niemals seine Gebote!
Gebt sie weiter an eure Kinder
und an die Kinder eurer Kinder!
Schärft sie ihnen jeden Tag ein,
am Abend und Morgen!
Erinnert sie immer daran! 6,6ff

Und wenn eure Kinder euch fragen:
Was sind das für Gebote,
die Gott euch gegeben hat?,
dann sollt ihr sagen:
Sklaven waren wir in Ägypten.
Aber der Herr führte uns aus Ägypten
mit mächtiger Hand.
Und er hat uns das Land gegeben,
das er unseren Vorfahren zugesagt hat.
Darum gab er uns diese Gebote,
damit wir ihn ehren und ihm
unser Leben lang dienen. 6,20ff

Denn dich hat dein Gott erwählt,
dass du sein Eigentum seist
vor allen anderen Völkern.
Gott hat dich nicht erwählt,
weil du größer wärst als andere Völker –
denn du bist das kleinste
unter allen Völkern –,
sondern weil er euch geliebt hat.
So sollst du nun wissen,
dass der Herr dein Gott allein Gott ist,
der Bund und Treue hält
denen, die ihn lieben. 7,7ff

So halte nun die Gebote deines Gottes,
dass du auf seinen Wegen gehst.
Denn der Herr dein Gott
führt dich in ein gutes Land,
ein Land mit Bächen, Quellen und Seen,
in dem Wein, Weizen und Gerste,
Feigen- und Ölbäume wachsen,
ein Land, in dem es nie an Brot fehlt.
Und wenn du gegessen hast und satt bist,
sollst du deinem Gott
für das gute Land danken. 8,6ff

Erinnerung und Mahnung – das sind die beiden großen Themen im Rückblick auf die Geschichte Gottes mit seinem Volk. Israel soll auch in Zukunft nie vergessen, wem es sein Leben verdankt! Wie nötig das Volk diese Erinnerung haben wird, das zeigt im Folgenden die Geschichte Israels schonungslos auf. Immer wieder wird es den Gefährdungen des Landes erliegen. Es wird seinen Gott vergessen, der den Bund mit ihm geschlossen hat, und sich stattdessen auf andere Götter einlassen. Damit wird sich das Volk selbst den Boden unter den Füßen entziehen und auf Dauer nicht in dem verheißenen Land bleiben können.

Das Deuteronomium nimmt dieses mögliche Ende gleichsam vorweg. Das verbindet dieses Buch mit der Botschaft der Propheten. Wie sie, so mahnt auch das Deuteronomium immer neu zur Umkehr. Dieser Ruf zur Umkehr klingt heute noch fort in dem „Sch'ma Israel" – Höre Israel! Es ist das Bekenntnis Israels zu seinem Gott, dem einzigen Gott, das es durch sein ganzes Leben begleitet. Mit diesem Bekenntnis auf den Lippen haucht der fromme Jude sein Leben aus und legt es in Gottes Hände zurück.

AUSBLICK
Deuteronomium 12–26

Und Mose fuhr fort:
Wenn ihr nun in das Land kommt,
das Gott euch gegeben hat,
so dient eurem Gott von ganzem Herzen
und haltet alles, was er euch gebietet.
Zerstört alle Altäre und Heiligtümer,
die anderen Göttern geweiht sind.
Denn ihr sollt allein eurem Gott dienen.
Er wird den Ort bestimmen,
an dem ihr ihm dienen sollt.
Dorthin sollt ihr kommen
und mit Freude Gottesdienst feiern. 12,1–12

DIE DREI HAUPTFESTE:
Dreimal im Jahr
sollt ihr zu Gottes Heiligtum kommen
und mit Freude eure Festtage begehen.
Und dies sind die drei Feste,
die Gott für euch bestimmt hat:

Im Frühjahr sollst du das Passafest feiern.
Sieben Tage lang sollst du nur
ungesäuertes Brot essen –
in Erinnerung an die Nacht,
als ihr aus Ägypten gezogen seid. 16,1ff

Sieben Wochen danach,
wenn die Ernte beginnt,
sollst du das Wochenfest feiern.
Ein fröhliches Fest soll es sein,
für alle, die in deinem Haus
und in deiner Stadt wohnen.
Auch die Fremden, Waisen und Witwen
sollen mit dir das Fest feiern.
Halte dich daran und denke daran,
dass du selbst Sklave warst in Ägypten. 16,9ff

Das Laubhüttenfest sollst du feiern,
wenn die Ernte eingebracht ist.
Sieben Tage lang sollst du dich freuen
mit allen, die in deinem Haus
und in deiner Stadt leben.
Aber die Männer sollen
an allen drei Festen
zum Heiligtum kommen,
an den Ort, den Gott erwählen wird. 16,13ff

DAS KÖNIGSGESETZ:
Wenn du in das Land kommst,
das dir der Herr dein Gott geben wird,
und wenn du dann sagst:
Ich will einen König haben,
wie ihn die anderen Völker haben,
dann sollst du den zum König machen,
den der Herr dein Gott erwählen wird.
Er soll kein Ausländer sein,
sondern aus deinem Volk kommen.
Und er soll sich nicht
viele Pferde halten
und auch nicht viele Frauen haben.
Wenn er dann auf dem Thron sitzt,
soll er eine Abschrift dieses Gesetzes
anfertigen lassen,
damit er alle Rechte einhält.
Und er soll sich nicht
über sein Volk erheben,
denn sie sind alle Brüder. 17,14ff

SCHULDENERLASS:
Alle sieben Jahre sollst du
ein Erlassjahr haben.
Dann sollst du deinem Bruder
im eigenen Volk die Schuld erlassen.
Du sollst dein Herz
nicht vor ihm verhärten,
sondern du sollst ihm geben,
soviel er braucht.
Es wird immer Arme
in deinem Land geben.
Darum gebiete ich dir,

dass du deine Hand nicht verschließt
vor deinem Bruder,
der arm ist und Not leidet.
Und wenn sich ein Mann oder eine Frau
aus deinem Volk an dich verkauft,
dann sollen sie dir
sechs Jahre lang dienen.
Aber im siebten Jahr lass sie frei
und lass sie nicht mit leeren Händen
von dir weggehen.
Denke daran, dass auch du
Sklave warst in Ägypten.
Aber Gott hat dich losgekauft
und dich aus der Sklaverei befreit. 15,1–18

RECHT DER ARMEN:
Wenn du nun in das Land kommst,
das dir der Herr dein Gott geben wird,
dann sollst du den Bruder,
der neben dir verarmt,
nicht beschämen.
Wenn er dir Geld schuldet
und dir seinen Mantel als Pfand gibt,
dann sollst noch vor Anbruch der Nacht
den Mantel zurückbringen,
damit dein Nachbar nicht friert.
Auch sollst du das Recht des Fremden
und der Waise nicht beugen
und sollst das Kleid einer Witwe
nicht zum Pfand nehmen.
Denn du sollst daran denken,
dass du selbst Sklave gewesen bist
im Land Ägypten und dein Gott,
dich von dort freigekauft hat. 24,6ff

Wenn du auf deinem Acker erntest
und dabei eine Garbe vergisst,
dann lass sie liegen und überlasse sie
den Fremden, Waisen und Witwen,
damit auch sie nicht verhungern.
Auch in deinem Weinberg
sollst du nicht Nachlese halten,
sondern den Fremden,
den Waisen und Witwen lassen.
Denn du sollst daran denken,
dass auch du Sklave gewesen bist
im Land Ägypten.
Darum gebiete ich dir, dass du das tust. 24,9ff

GLAUBENSBEKENNTNIS:
Wenn du aber in das Land kommst,
das dir der Herr, dein Gott, geben wird,
dann sollst du die ersten Früchte
als Erntegaben zum Heiligtum bringen.
Und du sollst zu dem Priester sagen:
Ich bekenne heute dem Herrn,
dass ich in das Land gekommen bin,
das Gott der Herr
unseren Vorfahren zugesagt hat.
Dann sollst du
dieses Bekenntnis sprechen: 26,1ff

Mein Vater, ein Aramäer, zog umher
und wohnte mit nur wenigen Leuten
in Ägypten als Fremder.
Dort wurde aus ihm
ein großes und mächtiges Volk.
Aber die Ägypter plagten uns schwer.
Da schrien wir zu dem Herrn,
dem Gott unserer Väter.
Und der Herr erhörte uns
und sah unsere Not.
Und er führte uns aus Ägypten
mit starker Hand und erhobenem Arm,
mit großen Schrecken
und durch Zeichen und Wunder.
Und er brachte uns in dieses Land,
ein Land, da Milch und Honig fließt. 26,5ff

Danach sollst du die Früchte
vor deinem Gott niederlegen,
und dich freuen über all das Gute,
das er dir und deinem Haus geben wird. 26,10f

Herr, unser Gott,
sieh gnädig auf uns herab
und segne dein Volk Israel
und das Land, das du uns gegeben hast,
wie du unseren Vorfahren
versprochen hast! 26,15

Die Gesetze, die in diesem Kapitel vorgestellt werden, fußen im Wesentlichen auf dem „Bundesbuch" (Ex 20,22–23,33). Sie werden aber im Hinblick auf das Zusammenleben im neuen Land deutlich erweitert und konkretisiert. An erster Stelle ist hier das sog. **„Zentralisationsgesetz"** (Dtn 12) zu nennen, das – in Entsprechung zu dem „Gott allein" (Dtn 6,4) – die alleinige Verehrung Gottes an einem einzigen Ort fordert, und zwar an „der Stätte, die der Herr erwählen wird" (12,14).

Aber auch das sog. **Königsgesetz** findet sich nur hier im Deuteronomium (Dtn 17,14ff). Der König Israels hat keine Sonderrechte gegenüber dem Volk. Er bleibt vielmehr an dieselben Gesetze und Rechtssätze gebunden, die im „Gesetzbuch" – gemeint ist das Deuteronomium – niedergelegt sind.

Auch den **Rechten der Armen**, Schwachen und Rechtlosen, insbesondere der „Fremden", räumt das Deuteronomium, wie zuvor schon das Bundesbuch, einen breiten Raum ein, nun aber noch deutlicher mit der Begründung: „Denke daran, dass du selbst in Ägypten Sklave gewesen bist." Das heißt: Gottes Erbarmen gilt vor allem dem verarmten „Bruder", der auch dann noch zu Gottes Volk zählt, wenn er in Schuldknechtschaft gerät und eine Zeit lang seine Rechte als freier Israelit verliert (15,12). Dabei geht es immer um die Würde der Schwachen und Armen im Volk Gottes, so auch beim Recht des Ährenlesens (24,19). Die Verarmten sollen sich durch eigener Hände Arbeit ihr Auskommen verdienen können!

Die Gesetzessammlung schließt mit einem alten Bekenntnis ab, das offenbar aus der Gottesdienstliturgie des Wochenfestes stammt (26,3.5–10). Und wie auch der Anfang der Gesetzessammlung auf die gottesdienstliche Praxis verweist (Dtn 12), gehört beides für das Deuteronomium zusammen: der Gottesdienst im Heiligtum und auch in Alltag, Liturgie und Diakonie.

HEUTE!
Deuteronomium 26,16–30,20

Dies sind die Worte Moses,
mit denen er seine lange Rede beschloss:

Höre, Israel!
Heute gebietet dir der Herr,
dass du tust
nach allen diesen Geboten,
dass du sie hältst und danach handelst
von ganzem Herzen
und von ganzer Seele.
Heute hat dir
der Herr dein Gott zugesagt,
dass er dein Gott sein will,
dass du auf seinen Wegen gehen
und seine Gebote beachten sollst.
Und heute hast du erklärt,
dass du sein Volk sein willst,
wie er dir zugesagt hat,
ein Volk, das ihm heilig ist. 26,16ff

Danach trat Mose mit den Ältesten
vor das Volk und beschwor sie:
„Haltet alle Gebote,
die ich euch heute gebiete.
Und wenn ihr über den Jordan geht
und in das Land kommt,
das euch der Herr geben wird,
dann sollt ihr große Steine aufrichten
und darauf alle diese Worte schreiben." 27,1ff

Und Mose, umgeben von den Priestern,
rief vor allem Volk feierlich aus:
„Höre, Israel!
Heute bist du das Volk
deines Gottes geworden!
Höre auf seine Stimme
und handle nach seinen Geboten! 27,9f
Wenn ihr das tut, dann werdet ihr
lange in dem Land leben,
das Gott euch geben wird.

Und Gott wird euch segnen,
eure Kinder und Felder,
eure Herden und Häuser. 28,1ff
Werdet ihr aber nicht
auf Gottes Gebote hören,
dann werdet ihr auch nicht
in dem Gelobten Land bleiben,
sondern unter die Völker zerstreut." 28,15ff

An diesem Tag rief Mose alle auf,
in den Bund mit Gott einzutreten,
Männer, Frauen und Kinder,
wie er ihn am Sinai geschlossen hatte.
Und Mose sprach zum Volk:
„Heute steht ihr vor eurem Gott,
Stammeshäupter, Älteste
und alle anderen Amtsträger,
ihr alle, Männer, Frauen und Kinder,
auch die Fremden und Knechte,
die unter euch leben.
So tretet nun in den Bund ein,
den Gott heute mit euch schließt. 29,9ff
Denn das Wort,
das ich euch heute gebiete,
ist nicht zu schwer und nicht zu fern.
Es ist euch ganz nah
in eurem Mund und Herzen,
damit ihr danach handelt.
Höre, Israel,
heute stehst du vor der Wahl:
Fluch oder Segen,
Tod oder Leben.
Wähle das Leben,
damit du am Leben bleibst,
du und alle,
die nach euch kommen!" 30,11ff

„Heute!" Dieses Kapitel wird von der Sorge bestimmt, Israel könnte seine Berufung verspielen, es könnte sich gegen Gott entscheiden und damit Gottes Verheißung zunichtemachen. Das Ende wäre der Rückfall in die alte Unfreiheit, wie einst in Ägypten. Israel wäre ein Volk ohne Land, ohne Hoffnung, lebendig schon wie tot. Darum ergeht „heute" der dringliche Ruf zur erneuten Entscheidung für Gott. Dieses „Heute" ist nicht auf ein bestimmtes Datum zu begrenzen. Es ergeht immer wieder neu in die Geschichte dieses Volkes hinein: „Heute, wenn ihr seine Stimme hört, so verstockt eure Herzen nicht!" (Ps 95,7f; vgl. Hebr 4,7).

MOSES SEGEN UND TOD
Deuteronomium 31–34

Danach versammelte Mose
noch einmal alle um sich
und richtete diese letzten Worte
an sein Volk:
„Ich bin nun 120 Jahre
und kann euch nicht mehr anführen.
Auch hat Gott zu mir gesagt:
Du sollst nicht über den Jordan gehen.
Gott selbst geht euch voran
auf dem Weg ins Land Kanaan.
Darum habt keine Angst!
Seid getrost
und seid nicht verzagt!
Gott geht mit euch.
Er lässt euch nicht allein." 31,1ff

Und Mose ließ seinen Diener Josua
vor das Volk treten,
legte die Hände auf ihn 34,9
und setzte ihn vor allen
als seinen Nachfolger ein.
„Nur Mut!", sprach Mose.
„Du wirst das Land einnehmen
und es an die Stämme verteilen.
Fürchte dich nicht und erschrick nicht!
Gott selbst geht dir voran.
Er wird dich niemals verlassen." 31,7ff

Und Mose schrieb alle Worte auf,
die im Buch des Gesetzes stehen,
und übergab das Buch den Priestern,
damit sie es

in der Lade Gottes verwahren. 31,26
Danach schrieb er auf Gottes Anweisung
ein Lied für die Nachkommen,
damit nie vergessen würde,
was Gott für sein Volk getan hatte. 31,19ff
Zum Abschluss ermahnte er
das Volk noch einmal eindringlich:
„Nehmt jedes Wort zu Herzen,
das ich euch heute verkündet habe.
Denn es ist kein leeres Wort,
sondern es ist euer Leben.
Durch dieses Wort werdet ihr
lange in dem Land leben,
in das ihr jetzt zieht." 32,44ff

Danach hob Mose seine Hände,
segnete das Volk,
nahm Abschied von allen
und stieg auf den Berg Nebo,
er ganz allein.
Dort oben ließ ihn Gott von ferne
das Gelobte Land schauen.
Er zeigte ihm das ganze Land,
von Norden bis Süden
und bis an das Meer.

Und Gott sprach zu Mose:
„Dies ist das Land, das ich
euren Vätern Abraham,
Isaak und Jakob zugesagt habe.
Du hast es mit eigenen Augen gesehen.
Aber du sollst nicht hineingehen."

So starb Mose auf dem Berg Nebo.
Und Gott gab ihm ein Grab
im Land Moab.
Doch bis heute kennt niemand sein Grab.
120 Jahre war Mose, als er starb.
Bis zuletzt blieb seine Kraft ungebrochen.
Auch seine Augen waren
noch nicht trübe geworden.
Und das Volk trauerte um ihn
dreißig Tage lang.
Aber der Segen Gottes
blieb über seinem Volk
und über Josua, seinem Diener. 34,1ff

Mit dem Tod Moses endet das Gesamtwerk der 5 Bücher Mose, die „Tora", die Grund und Mitte der Geschichte Israels darstellt. An ihr orientieren sich alle folgenden Geschichtsbücher, angefangen bei dem Buch Josua bis hin zu der Geschichte der Königszeit. Mit ihnen beginnt eine neue Zeit. Sie deutet sich schon hier am Ende dieses Buches mit der Einsetzung Josuas als Nachfolger Moses an. Am Ende steht der Segen Gottes, den Mose über seinem Volk ausruft. Wie am Ende des Genesisbuches der Segen des sterbenden Jakob steht, so steht auch hier, betont am Ende, Moses Segen. In ihm ist Vergangenheit und Zukunft des Volkes Gottes umschlossen. Dazu kommt das „Lied des Mose", das dieser im Auftrag Gottes sein Volk lehren soll, als besonderes Vermächtnis an das künftige Gottesvolk. Nie soll das Volk vergessen, was Gott in vergangenen Tagen für es getan hat. Auf den Durststrecken seines Weges soll sich das Volk auch in künftigen Tagen daran erinnern und ihm im Gehorsam gegenüber seinem Gebot und in seinen Lobliedern die Ehre geben.

So mündet auch dieses großartige Werk der Tora am Ende in das Lob Gottes ein, der sein Volk bewahrt und getragen hat „wie ein Adler seine Jungen". Es ist das Bild der liebenden und väterlichen Fürsorge Gottes, das von Ex 19,4 bis Jes 40,31 und Jes 46,4 die Glaubenszeugnisse Israels durchzieht.

DAS LIED MOSES
Deuteronomium 32,4ff

Dies ist das Lied Moses,
das er seinem Volk als Vermächtnis
für künftige Zeiten anvertraute:

*H*ört, ihr Himmel, und du, Erde.
Hört, was ich euch verkünde!
Ich will den Namen des Herrn preisen.
Gebt ihm allein die Ehre!
Denn er ist ein Fels.
Und was er tut,
ist vollkommen und recht.
Treu ist Gott.
Gerecht und wahrhaftig ist er.
Aber sein Volk hat sich
von ihm abgekehrt. 32,4f
Dankst du so
dem Herrn deinem Gott,
du verkehrtes, verblendetes Volk?

Ist er nicht dein Vater,
dein Gott, der dich geschaffen hat?
Denke an die Vorzeit!
Achte auf die frühen Jahre!
Frage deinen Vater,
der wird es dir sagen!
Als Gott der Höchste
die Erde den Völkern zuteilte,
da erwählte er sein Volk
und machte Israel zu seinem Erbteil.
Er fand Israel in der Wüste.
Er umsorgte ihn und hatte Acht auf ihn.
Er behütete ihn wie seinen Augapfel. 32,10
Wie ein Adler,
der über seine Jungen wacht
und über ihnen schwebt,
so breitete er seine Flügel
über ihm aus.
Er trug ihn auf seinen Flügeln.
Der Herr allein leitete ihn,
und kein fremder Gott war mit ihm. 32,11f

Die Frühzeit Israels

Dieser Teil umfasst die Bücher Josua, Richter und Rut. Alle drei Bücher geben einen Einblick in die Frühzeit Israels (ca. 1230–1012), noch vor Beginn des Königtums. Diese Zeit ist geprägt durch Spannungen unter den Stämmen Israels, aber vor allem durch kriegerische Auseinandersetzungen mit den Nachbarvölkern, die dem Einwanderervolk feindlich gegenüberstehen. Die größte Bedrohung geht jedoch von dem Volk Israel selbst aus. Mit der Sesshaftwerdung gerät auch sein Glaube zunehmend in eine Krise. In demselben Maß wächst die Anfälligkeit des Volkes für die Naturreligionen des Landes.
Die Bücher Josua und Richter beschreiben diese Phase der Geschichte aus verschiedenenen Perspektiven: Das Buch Josua zeigt sie als eine Zeit der Erfüllung göttlicher Verheißung. Im Unterschied dazu fragt das Buch der Richter kritisch nach der Bewährung Israels im neuen Land. Das Buch Rut spricht in dieselbe Zeit hinein, aber es weist schon auf den Beginn des Königtums voraus.

DAS BUCH JOSUA

Einzug ins Land

Das Buch Josua beschreibt die Sesshaftwerdung Israels als eine zusammenhängende Geschichte. Nach langem Nomadenleben kommt das Volk endlich zur Ruhe. Es bekommt ein eigenes Land, wird sesshaft und hat von nun an seinen festen Platz unter den Völkern. Am Anfang dieses Prozesses steht die Einnahme Kanaans (1–12) und die darauf folgende Verteilung des Landes an die zwölf Stämme Israels (13–21). Sie bilden die beiden großen Themen des Josuabuches, die am Ende mit Josuas Abschiedsrede und der feierlichen Verpflichtung des Volkes ihren Höhepunkt erreichen. Damit kommt die Geschichte vom Auszug aus Ägypten zu ihrem endgültigen Abschluss. Die Landnahme stellt den letzten Akt in dieser Geschichte dar.

Auf den ersten Blick erscheint die Landnahme im Buch Josua wie ein Eroberungsfeldzug mit gewaltsamer Vertreibung oder gar Vernichtung seiner Bewohner. Aber bei näherem Betrachten stellt man fest: Das Buch will weder Krieg oder Gewalt verklären noch Israels Anspruch auf das Land verteidigen. Vielmehr stellt es von Anfang an fest: „Ich habe euch das Land gegeben", spricht Gott. Das Land wird demnach im Buch Josua als Heilsgabe Gottes verstanden, für das Israel besondere Verantwortung trägt. Das bedeutet:

(1) Es ist das Land der Verheißung.
Was Gott einst Abraham verheißen hat, ist mit dem Einzug ins Land Kanaan endlich erfüllt. „Es ist alles gekommen", wie Gott es gesagt hat. Gott ist es, der seinem Volk dieses Land versprochen und nun auch zugeteilt hat. In der Rückschau kann das Volk bekennen: „Es war nichts dahingefallen von all dem guten Wort", das Gott vor langer Zeit seinem Volk verheißen hat (21,43ff). So ist das Land vor allem sichtbares Zeichen für Gottes Treue, der sein Volk nach langer Wanderschaft endlich zur Ruhe geführt hat (21,44).

(2) Es ist das Land Gottes.
Das Land Kanaan, in das Israel nun einzieht, gehört allein Gott. Es ist „heiliges Land", das Volk Israel kann nicht einfach darüber verfügen. Es kann daher auch keinen Besitzanspruch auf dieses Land geltend machen, sondern es nur als Leihgabe Gottes annehmen. Vor allem aber ist es das Land göttlicher Machterweise, durch die sich Gott vor allen Völkern offenbart. Nicht zum eigenen Ruhm, sondern allein zur Ehre Gottes erzählt das Buch Josua von Gottes Wundertaten, damit auch die Nachkommen nie vergessen, was Gott an ihnen getan hat.
Dies wird im Buch Josua in mehreren Schritten entfaltet:
• Gottes Macht erweist sich zunächst an Josua selbst. Das Buch Josua beginnt mit Gottes Zuspruch an Josua: „Sei getrost und unverzagt!" (1,6.9). Gott ist es, der dem Verzagten Mut gibt, das Unmögliche in Gottes Auftrag zu wagen.

- Gott macht Unmögliches möglich. Er ist es, der den Jordan teilt und die Mauern Jerichos einstürzen lässt, der das verschlossene Land durch seine göttlichen Machttaten aufschließt. Die Israeliten brauchen nur im Gehorsam den Weg im Glauben nachzugehen, den Gott ihnen bereits erschlossen hat.
- Gott erweist seine Macht an den Bewohnern des Landes. Während die Israeliten und ihr Anführer noch vor der großen Aufgabe zittern, ist es ausgerechnet die Hure Rahab, eine Heidin, die Gottes Macht bekennt und den Verzagten Mut schenkt (2).
- Gott ist es, der den Stämmen das Land zuteilt (13ff). Nicht menschliche Erwägungen geben dabei den Ausschlag, sondern allein Gottes Wille, der in diesem Fall durch Losentscheid ermittelt wird.

(3) <u>Es ist das Land der Bewährung.</u>
Auch nach der Einnahme und Verteilung des Landes hat das Volk Israel dieses Land nicht als sicheren Besitz. Seine Zukunft in diesem Land hängt einzig davon ab, ob es im Bund mit Gott bleiben und sich allein an seine Gebote und Weisungen halten wird. Darin hat sich dieses Volk vor allen anderen Völkern zu unterscheiden. Ein Kompromiss mit anderen Religionen des Landes und ihren Göttern ist von vornherein auszuschließen. Denn allein in der Treue zu seinem Gott kann das Volk im neuen Land seine Identität wahren.
Folgerichtig endet daher das Buch Josua mit dem sog. „Landtag von Sichem", auf dem Josua sein Volk eindringlich warnt und vor die Entscheidung stellt: „Wählt heute, wem ihr in Zukunft dienen wollt: den Göttern des Landes oder aber dem Einen Gott, der euch aus Ägypten geführt und am Sinai seinen Bund mit euch geschlossen hat?" (24,15). Das Volk bekennt sich am Ende des Josuabuches zwar eindeutig zu seinem Gott und erneuert feierlich den Bund. Ob es aber seine Entscheidung auch künftig im neuen Land bewähren wird, das wird erst die Zukunft erweisen.

Das Buch im Überblick:

1–12	<u>Die Landnahme</u>
	Einzug ins Land Kanaan (1–5)
	Eroberung Jerichos (6)
	Einnahme des ganzen Landes (7–12)
13–21	<u>Zuteilung des Landes an die Stämme Israels (13ff)</u>
22–24	<u>Abschluss der Landverteilung (22,43ff)</u>
	Josuas Vermächtnis (23)
	Bundeserneuerung in Sichem (24)

JOSUA
Josua 1

Vierzig Jahre lang
hatte Mose das Volk Israel
durch die Wüste geführt.
Nun sollte Josua das Volk
in das Land Kanaan führen,
das Gott seinem Volk versprochen hatte.
Aber kein Weg führte dorthin.
Dazwischen lag der Jordan.
Er war um diese Jahreszeit
noch tiefer und reißender als sonst. 3,15f
Und jenseits des Jordans
erhob sich die Stadt Jericho,
die mächtigste aller Städte.
Sie verwehrte allen Eindringlingen
den Zugang zum Land.
Mit ihren hohen Türmen und Mauern
flößte sie allen Angst ein,
die sich dem Land Kanaan nahten.

Auch Josua fürchtete sich
beim Anblick dieser mächtigen Stadt.
Wie sollte er den Auftrag ausführen, Dtn
den Mose ihm aufgetragen hatte? 31,1ff
Er selbst war nicht stark wie Mose.
Er war nur ein schwacher Mensch.
Würde das Volk auf ihn hören,
wie es auf Mose gehört hatte?

In jenen Tagen sprach Gott zu Josua:
„Mach dich auf! Geh über den Jordan,
du und das ganze Volk.
Und zieh in das Land ein,
das ich euch zugesagt habe.
Ich will es euch geben.
Niemand wird vor dir bestehen.
Wie ich mit Mose war,
so will ich dein Leben lang
mit dir sein.

Ich lasse dich nicht los
und verlasse dich nicht.
Darum sei standhaft und stark!
Denn du sollst diesem Volk
das Land austeilen,
das ich ihnen zum Besitz gebe,
wie ich es ihren Vorfahren
versprochen habe.
Sei nur standhaft und stark!
Und halte dich an meine Gebote!
Weiche nicht davon ab.
Halte dir stets vor Augen,
was im Buch des Gesetzes steht.
So wird dein Vorhaben gelingen. 1,1ff
Darum gebiete ich dir:
Sei getrost und unverzagt.
Erschrick nicht und fürchte dich nicht.
Denn der Herr dein Gott
ist mit dir in allem,
was immer du tust." 1,9

Da schöpfte Josua Mut.
Und er ließ im ganzen Lager ausrufen:
„Macht euch bereit!
Schafft euch Vorräte herbei!
Denn in drei Tagen
gehen wir über den Jordan.
Dann ziehen wir in das Land ein.
Gott wird es uns geben." 1,10f

„Ja", antworteten alle,
„wir ziehen mit dir.
Wie wir auf Mose hörten,
so hören wir nun auch auf dich.
Wenn nur Gott mit dir ist,
wie er mit Mose gewesen ist!
Bleib nur standhaft und stark!" 1,16ff

Josua ist zwar bereits offiziell von Mose als sein Nachfolger eingesetzt (Dtn 31,7f). Aber Gott hat noch nicht zu ihm gesprochen. Angesichts der übermenschlichen Aufgabe, die auf ihn wartet, müssen Josua verständliche Zweifel kommen, auch hinsichtlich seiner Autorität gegenüber dem Volk. Sie klingen indirekt in dem viermaligen Zuspruch an: „Sei getrost und unverzagt" (wörtl. „Sei standhaft und stark!"). Erst die unmittelbare Anrede Gottes ermächtigt Josua zur Übernahme seines schweren Amtes und begründet damit seine Legitimation und

Autorität gegenüber dem Volk. Als einer, der von Gott selbst berufen und in sein Amt eingesetzt wird, ist Josua seinem großen Vorgänger durchaus vergleichbar. Dennoch bleibt ein entscheidender Unterschied: Josua empfängt die Gebote und Weisungen nicht, wie sein Vorgänger Mose, durch göttliche Offenbarung, sondern durch „das Gesetzbuch Moses", an das er sich zu halten hat (1,8; vgl. Dtn 31,9ff). Hier wird offenbar eine schriftliche Fassung der Tora vorausgesetzt, die nicht nur für das künftige Leben im neuen Land, sondern auch für Josua als Rechtsgrundlage zu gelten hat.

RAHAB
Josua 2

Stolz erhob sich die Stadt Jericho
aus der Ebene jenseits des Jordan.
Wenn es den Israeliten gelang,
diese Stadt einzunehmen,
dann stand ihnen das ganze Land offen.
Aber bisher hatte noch niemand
diese mächtige Festung bezwungen.

Da wählte Josua zwei Männer
aus dem Volk aus und befahl ihnen:
„Geht uns voraus!
Erkundet die Gegend jenseits des Jordan!
Und schleicht euch unerkannt
in die Stadt!
Erforscht dort alles genau!
Danach kommt schnell zurück
und berichtet, was ihr entdeckt habt!" 2,1

Da machten sich die beiden auf,
setzten heimlich über den Jordan
und gelangten unerkannt in die Stadt.
Doch als der Abend kam,
wurde das Stadttor geschlossen.
Da suchten sie eine Herberge auf,
die an der Stadtmauer lag.
Sie gehörte einer Frau namens Rahab.
Die war in der Stadt als Hure verrufen. 2,1

Aber nicht lange danach
klopfte es an Rahabs Tür.
„Mach auf, Rahab!",
schrie es von draußen.
„Der König schickt uns zu dir.
In deinem Haus sind Spione versteckt.
Auf, rück' die Männer heraus!"
Doch Rahab entgegnete:

„Ach, diese Männer sucht ihr?
Ja, die waren bei mir.
Aber sie sind schon längst weg.
Doch ich weiß nicht wohin.
Jagt ihnen nach,
bis ihr sie findet." 2,3ff

Da suchten die Männer
das ganze Gelände rings um Jericho ab.
Doch nirgendwo war eine Spur
von den beiden zu finden.
Rahab hatte sie auf dem Dach
unter Flachsstängeln versteckt,
die dort zum Trocknen auslagen. 2,6f

Als endlich die Luft rein war,
stieg sie heimlich zu den beiden hinauf
und drängte sie:
„Auf, flieht, bevor es zu spät ist!
Denn ich weiß, wer ihr seid.
Ich weiß auch: Euer Gott
hat euch dieses Land gegeben.
Denn wir alle zittern vor euch,
seitdem wir gehört haben,
was euer Gott getan hat:
Wie er das Schilfmeer getrocknet
und euch hierher gebracht hat.
Seitdem vergehen wir fast vor Angst.
Wir wagen kaum noch zu atmen.
Denn euer Gott herrscht
über Himmel und Erde.
Aber ich flehe euch an:
Wenn ihr die Stadt einnehmt,
dann verschont mich und meine Familie!
Schwört es bei eurem Gott.
Wie ich euch Gutes getan habe,

so tut es auch an mir."
„Ja", beteuerten sie,
„wir versprechen es dir." 2,9ff

Da nahm Rahab ein rotes Seil,
band es ans Fenster und ließ die Männer
heimlich an der Mauer herab.
Sie hörte noch, wie die Männer
ihr leise zuriefen:
„Binde das Seil an dein Fenster,
wenn wir zurückkommen!
Dann bleibt deine Familie verschont."
Und weg waren die beiden. 2,15ff

Drei Tage hielten sich die Männer
in den Bergen versteckt.

Danach kehrten sie unversehrt
zum Lager zurück und meldeten Josua:
„Nur Mut! Gott hat das Land
in unsere Hand gegeben.
Alle Bewohner zittern vor uns."
Und sie erzählten Josua alles,
was ihnen Rahab anvertraut hatte.
Da schöpfte auch Josua Mut
und machte sich zum Aufbruch bereit. 2,22ff

Aber Rahab verriet keinem Menschen,
was in ihrem Haus geschehen war.
Niemand in Jericho ahnte,
dass der Gott Israels
eine heimliche Verbündete
in ihrer Stadt hatte.

Mit der Geschichte von Rahab wird gleich zu Anfang ein Kontrapunkt zu den folgenden Kriegs- und Siegesgeschichten gesetzt. Gott gebraucht das Bekenntnis einer heidnischen Frau, dazu noch einer Frau von schlechtem Ruf, um seinem verzagten Volk Mut zuzusprechen. „Ich weiß, dass der Herr euch das Land gegeben hat" (2,9), so bekennt Rahab. Als bereits feststehendes Faktum bezeugt Rahab, dass der Gott Israels über Himmel und Erde regiert, dass seine Macht also nicht auf Israel begrenzt bleibt. Offenbar traut diese Frau dem Gott Israels mehr zu als den Göttern ihres eigenen Volkes. Mutig bekennt sie sich zu ihm und riskiert dabei ihr eigenes Leben! Damit steht Rahab in einer Reihe mit anderen Zeugen aus heidnischen Völkern, von denen die Bibel erzählt, wie etwa der Midianiter Jitro (Ex 18), der Syrer Naaman (2. Kön 5) oder die Witwe von Zarpath (1. Kön 17), die sich ausdrücklich zu dem Gott Israels bekennen. Unter ihnen kommt Rahab noch besondere Bedeutung als Stammmutter Davids zu. Am Anfang des Matthäusevangeliums wird sie sogar ausdrücklich im Stammbaum Jesu aufgeführt (Mt 1,5)!

DURCH DEN JORDAN
Josua 3–5

Am nächsten Morgen brachen alle auf,
Männer, Frauen und Kinder,
und kamen an das Ufer des Jordan.
Der war seit Tagen über die Ufer getreten. 3,15
Besorgt starrten die Menschen
auf den breiten, reißenden Strom.
Wie sollten sie jemals
ans andere Ufer gelangen?

Drei Tage wartete Josua noch zu. 3,2
Danach ließ er
im ganzen Lager ausrufen:
„Jetzt ist es so weit. Macht euch bereit!
Morgen ziehen wir in das Land ein,
das Gott uns gegeben hat.
Aber den Weg kennt ihr nicht,
denn ihr seid ihn noch nie gegangen. 3,4
Darum folgt den Priestern!
Sie zeigen euch den Weg an.
Die Lade Gottes führt den Zug an.
Gott selbst
geht euch auf dem Weg voran.
Ein heiliger Weg wird es sein.
Denn morgen wird Gott Großes
vor euren Augen vollbringen. 3,5
Dann werdet ihr alle sehen,
dass ein lebendiger Gott unter euch ist." 3,10

Am nächsten Morgen
machten sich alle auf den Weg,
mit Sack und Pack,
mit Kindern, Eseln und Rindern,
und folgten den Priestern.
Doch als sie zum Jordan kamen,
da trauten sie ihren Augen nicht:
Die Priester trugen die Lade Gottes
in den reißenden Fluss.
Kaum berührten ihre Füße das Wasser,
da geschah es:
Das Wasser floss ab!
Doch oberhalb staute es sich,
wie ein gewaltiger Schutzwall,
als hielte eine unsichtbare Hand
die Wassermassen zurück.
Schon traten die Steine
im Flussbett hervor.

Feierlich trugen die Priester
die Lade bis zur Mitte des Flusses.
Dort standen sie still. 3,14ff

Das war für alle das Zeichen.
Kinder, Frauen und Männer
stiegen ins Flussbett hinab.
Und sieh da – es war ganz trocken!
Da gab es kein Halten mehr.
Die Menschen drängten vorwärts.
Im Eilmarsch zogen sie
durch den Jordan.
Und als der Abend kam,
hatten alle das andere Ufer erreicht. 4,10

Zuletzt zogen auch die Priester
mit der Lade hinüber. 4,11
Doch kaum hatten sie
ihren Fuß aufs Land gesetzt,
da kehrte das Wasser wieder zurück.
Ein reißender Strom füllte das Flussbett. 4,18

Josua aber nahm zwölf große Steine,
die sie aus dem Flussbett geholt hatten,
und baute daraus ein großes Steinmal.
„Dieses Steinmal", so sprach er,
„soll euch immer daran erinnern,
was Gott heute an uns getan hat.
Und wenn später eure Kinder fragen:
Was bedeuten diese Steine?,
dann sollt ihr ihnen erzählen,
welch großes Wunder unser Gott
an dieser Stätte getan hat.
Vergesst es nie! Erzählt es weiter
von Generation zu Generation,
damit alle Welt erkennt,
wie mächtig unser Gott ist." 4,2ff

Dies geschah bei Gilgal,
vor den Toren von Jericho.
Josua ließ alle beschneiden,
die in der Wüste geboren waren,
als Zeichen des Bundes,
den Gott mit ihnen geschlossen hatte. 5,2ff
Fröhlich feierten sie miteinander
das Passafest und dankten Gott,

der sie in das Land gebracht hatte.
Noch wohnten sie in Zelten.
Das Land war noch nicht
in ihrer Hand.
Aber es war das Land,
das Gott seinem Volk zugesagt hatte.

5,10ff

— — —

Gott, dein Weg ist heilig.
*Wo ist ein Gott, so mächtig,
wie du, Gott, bist?
Du bist ein Gott, der Wunder tut.
Du hast deine Macht
unter den Völkern bekannt gemacht.
Dein Weg ging durch tiefe Wasser.
Doch niemand erkannte deine Spur.*
nach Psalm 77

Eine ungewöhnliche Feierlichkeit liegt über dieser Szene. Wie einst am Sinai, so bereitet sich das Volk hier drei Tage lang auf das große Ereignis vor (Ex 19,10ff). In einer Prozession zieht dieses Volk durch den Jordan. Der Priester mit der Lade Gottes führt den Zug an. Sie zeigt Gottes Präsenz an. Damit bekundet diese Geschichte: Es ist Gottes Land, das dieses Volk nunmehr betritt, „heiliges Land" (vgl. Ex 3,5). In diesem Land wird sich Gott in seiner Macht vor den Völkern offenbaren. Das ist der Ort, wo sein Volk die großen Taten Gottes rühmen und von Generation zu Generation weitergeben soll. Bezeichnend endet diese Geschichte mit der Beschneidung und der Feier des Passahfestes. Israels Existenz im neuen Land beginnt mit der Erneuerung des Bundes mit Gott, mit dem Lob Gottes und mit dem Dank für seine großen Taten, noch bevor dieses Volk nur ein einziges Stück des Landes sein Eigen nennen kann!

JERICHO
Josua 6

Mächtig und drohend erhob sich
Jericho vor dem Lager der Israeliten.
Das Stadttor war verschlossen.
Die Bewohner hatten sich alle
hinter den Mauern verschanzt.
Mit Sorge sah Josua von seinem Zelt
zu den mächtigen Mauern hinüber.
Wie sollte sein Volk jemals
in diese Stadt eindringen?
Josua wartete auf ein Zeichen von Gott.

Schließlich hielt es Josua
nicht länger im Lager.
Allein wagte er sich ganz nah
an die hohen Mauern heran.
Da – plötzlich stand ein Mann vor ihm.
Erschrocken rief ihm Josua zu:
„Freund oder Feind?"
Jener aber antwortete: „Nein,
ich führe Gottes Heerscharen an.
Ich bin gekommen,
um dir beizustehen."

5,13f

6,1

Da sank Josua auf seine Knie
und verneigte sich vor ihm
bis auf die Erde.
Er aber sprach:
„Zieh deine Schuhe aus!
Denn der Ort, auf dem du stehst,
ist heiliges Land."
Josua schauderte.
Genauso hatte Gott einst
am Sinai zu Mose gesprochen.
Mit bloßen Füßen lag er
auf der Erde und lauschte.
Er spürte: Gott war ihm ganz nah.

Und Gott sprach zu Josua:
„Sieh, ich habe Jericho,
seinen König und seine Soldaten
in deine Hand gegeben.
So macht euch auf!
Nehmt die Bundeslade
und zieht mit ihr um die Stadt.
Sieben Priester mit sieben Hörnern

5,15

6,2

sollen vor der Lade hergehen. 6,4
Die Männer führen den Zug an. 6,7
Das übrige Volk aber
gehe hinter der Lade her. 6,13
Sechs Tage lang
sollt ihr um die Stadt ziehen,
jeden Tag einmal.
Doch am siebten Tag
zieht siebenmal um die Stadt!
Beim siebten Mal aber
stoßt lautes Kriegsgeschrei aus,
sobald ich es sage!" 6,2ff

Da verkündigte Josua dem Volk,
was Gott ihm geboten hatte,
und er schärfte allen ein:
„Zieht stumm um die Stadt!
Verliert ja kein einziges Wort
und wartet ab bis zu dem Tag,
da Gott euch das Zeichen gibt.
Aber wenn ihr die Stadt stürmt,
dann vergreift euch ja nicht
an Jerichos Schätzen.
Sie gehören allein Gott.
Er hat seinen Bann auf sie gelegt." 6,17f

Und wie Gott Josua geboten hatte,
so führten es die Israeliten aus,
Männer, Frauen und Kinder.
Sechs Tage lang zogen sie stumm
um Jerichos Mauern,
während die Priester immerzu
in ihr Widderhorn bliesen.
Doch am siebten Tag
brach das Volk frühmorgens auf
und zog siebenmal um die Stadt.
Aber beim siebten Mal rief Josua laut:
„Jetzt schreit! Gott hat die Stadt
in eure Hände gegeben." 6,16
Da schrien alle aus vollem Halse,
als sei der Sieg schon entschieden.
Ihr Geschrei drang hinauf
bis in die äußersten Winkel der Stadt.
Vieltausendfach schallte es
von den Mauern zurück.
Da – plötzlich bebte die Erde.
Die Mauern brachen mitten entzwei.
Und ehe die Israeliten begriffen,
was hier geschah,
stürzten Türme und Mauern ein. 6,20

Nun stürmten die Israeliten die Stadt
und brannten die Häuser nieder
mitsamt allen Schätzen.
Nur Rahabs Haus blieb verschont.
Dort hing ein rotes Seil aus dem Fenster.
Denn Josua hatte befohlen:
Verschont Rahabs Familie.
Lasst sie am Leben! 6,22ff

Von diesem Tag an wohnte Rahab
unter dem Volk der Israeliten.
Und niemand tat ihr ein Leid an,
solange sie lebte. 6,25

Die Geschichte von der Einnahme der Stadt Jericho verdient im Buch Josua mehrfache Beachtung:
– Zum einen, weil diese Stadt strategisch eine Schlüsselrolle innehat. Sie ist, bildlich gesprochen, das Tor zum neuen Land. Wer sie einnimmt, dem steht das ganze Land offen.
– Zum anderen, weil die Einnahme Jerichos nicht als kriegerische Heldentat gerühmt wird. Nicht mit Waffengewalt gelingt dem Volk der Zugang zur Stadt, sondern im Warten und Hören auf Gottes Anweisungen. Das siebenmalige Umschreiten der Stadt gleicht eher einer Prozession bzw. einem „Schweigemarsch", durch den das Volk bekennt, wem diese Stadt in Wahrheit gehört.

– Ferner bringt nicht das Kriegsgeschrei die Mauern Jerichos zum Einsturz, sondern Gottes machtvolles Eingreifen. Das Geschrei erinnert an den Jubel nach einem errungenen Sieg. Hier aber wird Gottes Sieg schon im Voraus proklamiert (vgl. dazu Ps 118,15 / 2. Chr 20,21f).

– Auch das strikte Verbot, sich an den Schätzen Jerichos zu bereichern, die dem „Bann" unterliegen, zeigt an, dass Israel kein Recht hat, sich dieser Stadt zu bemächtigen. Es ist allein Gottes Sache, wann und wie er seinem Volk die Tür zu dem Gelobten Land öffnet. Es ist, wie die Begegnung Josuas mit dem Engelfürsten zu Anfang zeigt, Gottes „heiliges Land", das das Volk Israel nunmehr betritt. So verweigert sich diese Ge-

schichte möglicher Verherrlichung kriegerischer Aktionen.
Vieles an dieser Geschichte bleibt dennoch nur schwer nachvollziehbar, insbesondere der Befehl zur Bannung der ganzen Stadt mitsamt ihren Bewohnern. Aber mit der Verschonung Rahabs und ihrer Sippe tut sich am Ende eine neue Tür auf. Mit ihr verbindet sich die Hoffnung, dass Gottes Zukunft alle Völker einschließt, auch jene, die hier unter den Bann gestellt werden.

AI
Josua 7–8

Wie ein Lauffeuer breitete sich
die Nachricht im ganzen Land aus:
Jericho, die mächtige Stadt, ist gefallen.
Aber Josua war schon dabei,
die nächste Stadt in Angriff zu nehmen.
Er schickte ein paar Männer nach Ai,
um die Stadt zu erkunden.
Die meldeten Josua:
„Diese Stadt nehmen wir spielend.
Ein paar tausend Männer reichen aus,
um die Stadt einzunehmen."
Da schickte Josua
nur 3000 Mann nach Ai.
Er selbst aber zog nicht mit ihnen. 7,2f

Aber die Bewohner von Ai
jagten die Israeliten in die Flucht
und töteten viele aus ihren Reihen.
Geschlagen kehrten die anderen Männer
zum Lager der Israeliten zurück.
Auf einmal war aller Mut dahin. 7,5
Auch Josua verließ aller Mut.
Er zerriss sein Gewand,
schüttete Asche auf sein Haupt
vor Trauer und Gram,
rief die Ältesten des Volkes
und zog sich mit ihnen
zum Gebet ins Zelt Gottes zurück.
Vor der Bundeslade
warf er sich auf die Erde
und schüttete seine Klage vor Gott aus: 7,6
„Ach Herr, du großer Gott!
Warum hast du dieses Volk
durch den Jordan geführt?
Ach, wären wir doch nie
durch den Jordan gezogen!
Sollen die Bewohner des Landes
uns alle umbringen?
Wenn sie hören,
was vor Ai geschah,
ist unser Ruf für immer dahin.
Sie werden sich sagen:
Dieses Volk ist
auch nicht stärker als wir.
Dann werden sie über uns herfallen
und unseren Namen auslöschen.
Aber wer wird dann
deinen Namen ehren?" 7,7ff

Bis zum Abend
lag Josua auf der Erde
und rang mit Gott im Gebet.
Da sprach Gott zu ihm:
„Josua, steh auf!
Warum liegst du auf der Erde?
Auf, sühne dein Volk!
Denn auf ihm lastet schwere Schuld.
Habe ich euch nicht verboten,
Beute aus Jericho zu holen?
Doch einer unter euch
hat heimlich gestohlen.
Er hält die Beute bei sich versteckt." 7,10ff

Am nächsten Morgen rief Josua
das ganze Volk zusammen.
„Hört!", verkündete er.
„Einer aus unserem Volk
hat Schuld auf sich geladen.
So tretet nun vor!
Dann werden wir losen.
Wen das Los trifft, der ist es.
Der hat sich vor Gott schuldig gemacht."
Da warfen sie das Los,
und es traf Achan

aus dem Stamm Juda.
„Mein Sohn", befahl Josua,
„gib Gott die Ehre!
Bekenne, was hast du getan?" 7,13ff

„Ich – ich", stammelte Achan,
„ich habe eine schwere Sünde getan.
Ich habe mir von der Beute
einen kostbaren Mantel genommen
und einen Batzen Silber und Gold.
Den habe ich in meinem Zelt vergraben." 7,20f

Da führten sie Achan vor das Lager.
Dort steinigten sie ihn.
Bedrückt zogen sie sich danach
in ihre Zelte zurück.
Totenstille lag über dem Lager.
Erschrocken erkannten die Israeliten,
wie ernst es um sie stand. 7,24f

Aber Gott sprach zu Josua:
„Fürchte dich nicht und erschrick nicht!
Mache dich auf und zieh
mit all deinen Männern nach Ai.
Ich will die Stadt in deine Hand geben."
Da fasste Josua wieder Mut
und machte sich auf,
die Stadt Ai einzunehmen,
wie Gott ihm geboten hatte. 8,1ff

Auf den Fall Jerichos, den das Volk Israel als Wunder Gottes erfährt, folgt nun die Ernüchterung. Josua und mit ihm das ganze Volk müssen erkennen, dass sie nichts durch eigene Kraft oder menschliche Planung vermögen. Strategisch betrachtet, bedeutet zwar die Eroberung der Stadt Ai kein Problem. Aber die Rechnung geht nicht auf, weil Josua hier nicht mit Gott rechnet. Denn Gottes Heiligkeit lässt nicht zu, dass sich auch nur ein Einziger aus dem Volk an Gütern vergreift, die Gott mit seinem „Bann" belegt hat.

Dahinter steht die Vorstellung, das Gebannte könnte wie ein gefährlicher Krankheitskeim ein ganzes Volk infizieren und nach und nach die Gemeinschaft zersetzen. Nur so ist es zu verstehen, dass Achan mit seiner Familie für immer aus der Gemeinschaft ausgeschlossen und alles vernichtet wird, was durch ihn „infiziert" wurde. So schwer dies für uns – zumal aus neutestamentlicher Sicht – nachvollziehbar ist, so gilt es doch, die stumme Mahnung in dieser Geschichte wahrzunehmen. Denn im Unterschied zur Erzählung von der Einnahme Jerichos (6) ist es hier einer aus Gottes Volk, der Gottes Richtspruch erfährt. Das heißt: Auch Josua muss erkennen, dass Gottes Volk nicht frei ist von Schuld. Im Gegenteil, seine Schuld wiegt vor Gott ungleich schwerer als die der sog. „Heiden". Umso bemerkenswerter, dass hier mit Josuas Klagegebet – das einzige, was uns von Josua bekannt ist – ein Weg aufgezeigt wird, der am Ende zur Heilung der gestörten Beziehung führt. Trotz der massiven Schuld hebt Gott am Ende ihre verheerende Wirkung auf. Das Volk Israel bleibt weiterhin unter Gottes Schutz und Verheißung. Und Josua darf weiter dieses Volk anführen. Wie zu Anfang, so spricht Gott hier seinem Diener aufs Neue zu: „Fürchte dich nicht und erschrick nicht!" (8,1; vgl. 1,9).

GIBEON
Josua 9–10

Mitten in Kanaan lag Gibeon,
eine mächtige Stadt,
von hohen Mauern umgeben.
Im ganzen Land Kanaan
rühmte man diese Stadt.
Ihre tapferen Bürger hatten
schon manchen Gefahren getrotzt.
Über sie herrschte kein König
wie in den anderen Städten,
sondern die Bürger bestimmten
selbst die Geschicke der Stadt.

Als die Bürger von Gibeon hörten,
dass Jericho gefallen war,
wurde ihnen angst und bange
und sie fragten sich besorgt:
Was sollen wir tun?
Dieses Volk ist stärker als wir.
Bald werden sie kommen
und auch unsere Stadt überfallen.
Was dann? 9,3

Da dachten sie sich eine List aus.
Sie wählten ein paar mutige Männer
aus ihren Reihen aus.
Die zogen sich alte Kleider
und zerschlissene Schuhe an,
packten altes Brot ein,
das schon steinhart war,
luden alte, geflickte Weinschläuche
auf ihre Esel und zogen
zum Lager der Israeliten. 9,4f

Als sie dort ankamen,
wurden sie gleich vor Josua geführt.
„Wer seid ihr?", fragte er sie.
„Und woher kommt ihr?"
Sie antworteten:
„Wir wohnen weit weg von hier
und sind gekommen,
um einen Bund mit euch zu schließen."
Aber die Männer,
die bei Josua standen,
sahen sie misstrauisch an:
„Und wenn ihr uns anlügt?
Vielleicht wohnt ihr ganz nah?

Wie könnten wir dann
einen Bund mit euch schließen?" 9,6f

„Nein, glaubt uns!", beteuerten sie.
„Wir kommen von weither.
Denn wir haben von eurem Gott gehört.
Man hat uns Großes von ihm erzählt.
Darum sind wir hier.
Unsere Bewohner lassen euch fragen:
Wollt ihr einen Bund
mit uns schließen?
Wir sind auch bereit,
euch als Knechte zu dienen.
Und damit ihr uns glaubt:
Seht dieses Brot!
Es war noch warm, als wir loszogen.
Jetzt ist es steinhart.
Und diese Weinschläuche!
Sie waren ganz neu, als wir sie füllten.
Doch nun sind sie rissig geworden.
Und seht unsere Kleider!
Sie sind ganz zerschlissen.
So lange sind wir schon unterwegs." 9,8ff

Da kosteten die Israeliten
von ihrem steinharten Brot
und glaubten ihrem Bericht.
So schloss Josua feierlich
ein Bündnis mit ihnen.
Vor allen schwor er,
Frieden mit ihnen zu halten
und ihr Leben zu schützen.
Auch die Stammesführer
schworen, sie zu verschonen.
Doch niemand von ihnen
dachte daran, zuerst Gott zu fragen.
Zufrieden zogen die Fremden ab.
Sie hatten ihr Ziel erreicht. 9,14ff

Aber nicht lange danach
machten sich die Israeliten auf,
um die Stadt Gibeon einzunehmen.
Doch als sie vor die Stadt kamen,
zogen ihnen die Gesandten entgegen,
die mit ihnen kurz zuvor
ein Bündnis geschlossen hatten.

„Ihr habt uns betrogen!",
rief Josua wütend.
„Warum habt ihr uns angelogen?"
„Wir hatten Angst", erwiderten sie.
„Denn wir haben gehört, dass euer Gott
euch das ganze Land geben wird.
So mach mit uns,
was du für gut hältst.
Wir sind in deiner Hand." 9,16ff

Da ließ Josua von Gibeon ab
und verschonte seine Bewohner.

Und obwohl sich im eigenen Volk
viele dagegen empörten,
hielt Josua an seinem Schwur fest. 9,26

So kam es, dass die Gibeoniten
fortan unter Gottes Volk lebten.
Josua machte sie zu Holzfällern
und Wasserträgern am Heiligtum.
Dort verrichteten sie ihren Dienst
als Israels Knechte.
Und niemand in Israel wagte,
Hand an sie zu legen. 9,27

Eine Geschichte voller Humor und zugleich von tiefem Ernst. Für die Bewohner von Gibeon geht es um Leben und Tod. So setzen sie auf eine List, die ihnen mit Recht erfolgreicher erscheint als ein militärischer Gewaltakt. Ungewollt bezeugen sie dadurch die Macht Gottes, dem aus ihrer Sicht mit Waffengewalt nicht beizukommen ist.
Und Josua? Er schließt mit ihnen einen Friedensvertrag, im festen Glauben, dass diese Männer aus einem fernen Land kommen. Sein Verhalten ist auf der Grundlage der Tora durchaus korrekt, die ausdrücklich Friedensschlüsse mit entfernten Völkern empfiehlt (Dtn 20,10ff). Erstaunlich ist aber, dass Josua an seinem Schwur festhält, als der Betrug der Gibeoniten bekannt wird. So setzt Josua auf seinem Eroberungszug wider Willen ein Zeichen des Friedens, das Hoffnung auf ein friedliches Miteinander in ferner Zukunft weckt. Denn obgleich die Gibeoniten durch Josua zu Knechten Israels degradiert werden, so haben sie doch durch ihre List für immer Bleiberecht im Land Israel erwirkt. Und obwohl sie später als Holzfäller und Wasserträger am Heiligtum nur die allerniedrigsten Dienste verrichten (9,27), so bleiben sie dennoch durch ihren Dienst am Heiligtum mit dem Gott Israels verbunden.

DIE ZWÖLF STÄMME
Josua 10–21

Als aber die fünf Könige
im Süden des Landes hörten,
dass Jericho und Ai gefallen waren
und Gibeon sich kampflos ergeben hatte,
fürchteten sie sich sehr
und verbündeten sich miteinander.
Gemeinsam rückten sie gegen Gibeon
mit einem gewaltigen Heer vor.
Doch Josua eilte der Stadt zu Hilfe.
In einer gigantischen Schlacht
besiegte er alle fünf Könige auf einmal
und unterwarf ihr gesamtes Gebiet. 10,1ff

Bald breitete sich die Nachricht
von Josuas Sieg im ganzen Land aus.

Bis in die äußersten Winkel
drang die Schreckenskunde.
Da stellten die Könige im Norden
ein riesiges Heer auf
und rückten im Eilmarsch
gegen die Israeliten vor.
Aber Josua kam ihnen zuvor.
Mit seinem Heer fiel er über sie her
und jagte sie in die Flucht
bis weit über die Grenze. 11,1ff

So nahm Josua das ganze Land ein,
von Norden bis Süden,
von Osten bis an das Meer. 11,16ff
Und was noch nicht erobert war,

übertrug er den einzelnen Stämmen,
dass sie es einnehmen sollten. 13,1ff
Das Los entschied darüber,
welches Gebiet jeder Stamm bekam. 14,1ff
Die Stämme Ruben und Gad
und der halbe Stamm Manasse
erhielten das Land östlich des Jordan.
Die Stämme Juda und Simeon
zogen in das heiße Bergland im Süden.
Die Stämme Issachar und Sebulon,
und die Stämme Asser und Naftali
besetzten den Norden des Landes.
Und ganz hoch oben im Norden
wohnte später der Stamm Dan.
Aber das Herzstück des Landes
bildeten Ephraim,
der halbe Stamm Manasse
und der Stamm Benjamin,
die Nachkommen Rahels,
der Lieblingsfrau Jakobs.
Nur die Leviten bekamen
kein eigenes Stammland zugeteilt.
Ihr Erbteil war das Heiligtum Gottes.
Sie wohnten in gesonderten Städten,
über das Land verteilt. 13,14
Von dort aus zogen sie regelmäßig
zum Zelt Gottes nach Silo,
das im Zentrum des Landes lag.

Dort taten sie ihren Dienst,
wie es das Gesetz Moses ihnen befahl. 18,1ff
Und Josua nahm das ganze Land ein,
wie Gott zu Mose geredet hatte,
und gab es dem Volk als Erbbesitz,
jedem Stamm seinen Anteil,
wie das Los entschied. 11,23

Endlich kehrte im Land
Ruhe und Frieden ein. 21,43
Die Israeliten legten die Waffen ab
und begannen, das Land zu bebauen.
Sie zogen auf die Berge,
rodeten Wälder, bestellten Felder
und legten Weinberge an.
Sie bauten auch feste Häuser
aus Holz, Lehm und aus Stein.
Überall im Land entstanden
neue Städte und Dörfer.
„Israel" hieß nun das Land,
das zuvor den Namen Kanaan trug,
nach ihrem Stammvater Jakob,
der auch Israel hieß.
Es war das Land, das Gott
Abraham, Isaak und Jakob
vor langer Zeit zugesagt hatte.
Es war alles so gekommen,
wie Gott es verheißen hatte. 21,43ff

„So nahm Josua das ganze Land ein und gab es Israel zum Erbbesitz"(11,23). Dieser Satz an der Nahtstelle zwischen dem 1. und 2. Teil des Josuabuches ruft noch einmal die beiden großen Themen dieses Buches in Erinnerung: Zum einen die Einnahme des Landes, die mit dem 10. und 11. Kapitel endet, zum Abschluss aber geradezu gigantische Ausmaße annimmt. Josua erscheint hier nicht mehr als der angefochtene und auch fehlbare Anführer seines Volkes, sondern eher als siegreicher Feldherr, dem sogar mehr als ein Dutzend Könige nichts anhaben können (10,3ff; 11,1ff).
Zum andern aber geht es in den folgenden Kapiteln um die Verteilung des Landes. Mit ihr kommt Gottes Auftrag an Josua erst zum Ziel. Josua soll das Werk Moses vollenden und jedem Stamm sein „Erbteil" zuteilen. Mit diesem Begriff ist ein Doppeltes ausgesagt. Zum einen: Nicht die Stämme wählen ihr Stammesgebiet, sondern Gott teilt es ihnen durch Josua und Losentscheid zu. Zum andern: Das zugeteilte Land bleibt Gottes Eigentum. Hier haben sich die einzelnen Stämme im Gehorsam gegenüber Gottes Gebot und Rechtsordnung zu bewähren, vor allem im Blick auf die heidnischen Volksgruppen, die – anders, als der erste Teil des Buches vermuten lässt – immer noch im Land leben.
So bildet der 2. Teil des Josuabuches in seiner nüchternen Darstellung ein wichtiges Korrektiv zu den vorausgehenden „Sieges"geschichten. Beide Teile sind aber durch das gemeinsame Bekenntnis verbunden: Gott hat das Land in unsere Hände gegeben. Es ist alles so gekommen, wie er verheißen hat (21,43ff).

JOSUAS VERMÄCHTNIS
Josua 23–24

Viele Jahre gingen ins Land.
Josua war inzwischen alt und hochbetagt.
Er spürte, bald würde er sterben.
Da versammelte Josua
noch einmal alle Ältesten,
Sippenhäupter, Richter und Heerführer
und hielt ihnen diese Abschiedsrede: 23,1ff

„Ich bin nun alt und hochbetagt.
Ihr aber habt alles gesehen,
was Gott für euch getan hat.
Er hat große und mächtige Völker
vor euch vertrieben.
Und niemand hat euch widerstanden
bis auf diesen Tag.
Einer von euch jagte tausend. 23,9f
Aber nicht ihr habt sie besiegt.
Gott selbst hat den Kampf
für euch entschieden.

Doch es wohnen noch immer
andere Völker im Land,
die nicht an den Gott Israels glauben.
Haltet euch von ihnen fern!
Mengt euch nicht unter sie,
sondern haltet euch
an die Rechte und Ordnungen,
die im Gesetzbuch Moses stehen. 23,6f
Weicht nicht davon ab,
sondern liebt Gott den Herrn
von ganzem Herzen.
So werdet ihr lange in dem Land leben,
das euch Gott der Herr gegeben hat.
Seht, ich werde bald sterben.
Ihr aber sollt nie vergessen:
Alles, was Gott verheißen hat,
ist in Erfüllung gegangen.
Es ist alles so gekommen,
wie Gott es gesagt hat." 23,11ff
Danach versammelte Josua
noch einmal alle Stämme in Sichem,
um den Bund mit Gott zu erneuern.

Und dies sind die Worte,
die Josua an jenem Tag
zu dem versammelten Volk sprach:

„So spricht der Herr:
Einst wohnten eure Vorfahren
im Osten jenseits des Euphrat
und dienten anderen Göttern.
Aber ich führte Abraham heraus
und ließ ihn im Land Kanaan wohnen.
Ich gab ihm Isaak, seinen Sohn.
Isaak gab ich Jakob und Esau.
Aber Jakob und seine Nachkommen
zogen nach Ägypten und wurden versklavt. 24,1ff
Da sandte ich Mose und Aaron
und plagte Ägypten.
Euch aber führte ich von dort heraus
und rettete euch am Schilfmeer.
Danach habt ihr lange Zeit
in der Wüste verbracht.
Aber ich führte euch in dieses Land.
Und ich verbreitete Furcht
und Schrecken vor euch,
und ich gab euch das Land,
das ihr zuvor nicht bestellt habt,
und Städte, die ihr nicht gebaut habt.
Nun wohnt ihr darin und freut euch
an den Früchten des Landes." 24,12f

Und Josua fuhr fort:
„Ihr habt Gottes Worte gehört.
So bleibt ihm auch in Zukunft treu!
Dient ihm allein
und folgt nicht anderen Göttern!
Gefällt es euch aber nicht,
so wählt heute, wem ihr dienen wollt.
Ich aber und mein Haus
wollen dem Herrn dienen." 24,14f

„Nein!", riefen alle
wie aus einem Munde.
„Niemals wollen wir
unseren Gott verlassen
und anderen Göttern dienen.
Denn der Herr unser Gott
hat uns aus Ägypten geführt.
Er hat uns auf dem Weg
durch die Wüste beschützt.
Ihm allein wollen wir dienen." 24,16ff

Aber Josua entgegnete:
„Ihr könnt Gott gar nicht dienen.
Denn unser Gott ist ein heiliger Gott.
Er wird nicht dulden,
dass ihr ihm nur halbherzig dient.
Wenn ihr ihn verlasst,
dann seid ihr auch von Gott verlassen." 24,19f

„Nein! Nein!", riefen alle.
„Wir wollen dem Herrn dienen!" 24,21

Da erkannte Josua:
Die Menschen meinten es ernst.
Und feierlich sprach er:
„Ihr habt heute entschieden,
dass ihr in Zukunft
allein eurem Gott dienen wollt."
„Ja", versprachen alle,
„wir wollen dem Herrn dienen."

„Dann werft alle Götterbilder weg,
die ihr noch bei euch habt,
und hört allein auf Gottes Gebot!"

„Ja", versprachen alle erneut.
„Auf ihn allein wollen wir hören." 24,22ff

An diesem Tag erneuerte Josua
den Bund, den Gott am Sinai
mit seinem Volk geschlossen hatte. 24,25
Vor allen Ohren trug er ihnen
die Rechte und Ordnungen vor,
die Mose ihm aufgetragen hatte,
und schrieb alles auf
im Gesetzbuch Gottes.
Danach nahm er einen großen Stein,
richtete ihn sichtbar vor allen auf
und sprach: „Dieser Stein
soll Zeuge unter uns sein.
Immer soll er euch daran erinnern,
was Gott euch heute zugesagt hat." 24,26f

Fröhlich kehrten die Menschen
in ihre Stammesgebiete zurück.
Nie mehr wollten sie vergessen,
was Gott für sie getan hatte
und was sie ihm an diesem Tag
fest versprochen hatten. 24,28

Die doppelte Abschiedsrede Josuas bildet den dritten und theologisch bedeutsamsten Teil des Josuabuches. Im Rückblick bündelt sie abschließend noch einmal die zentrale Botschaft des Josuabuches: „Gott hat euch das Land gegeben." Nicht ihr habt gekämpft, Gott hat „für euch gestritten" (23,3). Es ist alles so gekommen, wie Gott gesagt hat.
Zugleich aber lenkt die Abschiedsrede schon den Blick auf das künftige Leben im neuen Land. Sie spitzt sich am Ende immer deutlicher auf die eine entscheidende Frage zu: Wird das Volk auch in Zukunft im Bund mit seinem Gott bleiben? Wird es auch im neuen Land allein seinem Gott folgen und seine Gebote halten? Folgerichtig endet daher das Buch mit dem Aufruf Josuas zur Entscheidung und mit dem gemeinsamen Bekenntnis Israels zu seinem Gott. Viermal (!) bekennt sich das Volk ausdrücklich zu seinem Gott. Aber ist es nur ein Lippenbekenntnis? Oder wird sich das Volk auch in Zukunft daran erinnern, was es Gott verspochen hat? Das ist unausgesprochen die offene Frage, mit der das Buch Josua endet.

Diese Abschiedsrede erinnert an Moses Abschiedsrede im Deuteronomium (Dtn 1ff; vgl. auch Samuels Abschiedsrede 1. Sam 12). Beide enthalten ein Vermächtnis, das um keinen Preis vergessen werden darf. Und beide verbindet der dringende Aufruf zur Entscheidung bzw. zur Erneuerung des Bundes. Sie konkretisiert sich in der strikten Einhaltung des ersten Gebots als Grundlage allen Lebens. Ausdrücklich wird hier wie dort die Mahnung hinzugefügt: „Wenn ihr aber den Bund brecht, könnt ihr nicht bleiben in dem guten Land, das er euch gegeben hat" (23,16 / vgl. Dtn 30,17f u.ö.). Davon wird künftig allein abhängen, ob das Volk Israel im neuen Land Zukunft hat oder nicht.
Wie wichtig diese zweifache Mahnung – sowohl am Ende des Deuteronomiums als auch am Ende des Josuabuches – für das Selbstverständnis Israels ist, zeigen die folgenden Geschichtsbücher (vom Buch der Richter bis zum 2. Buch der Könige). Sie alle legen das Deuteronomium und insbesondere das 1. Gebot als Maßstab für die Beurteilung der Geschichte Israels an.

DAS BUCH DER RICHTER

Die Zeit der Richter

Das Buch der Richter erzählt von den Anfängen des Volkes Israel im eigenen Land (ca. 12./11. Jh. v.Chr.). Der Prozess der Sesshaftwerdung ist zu dieser Zeit noch nicht abgeschlossen.
Große Teile des Landes sind immer noch in den Händen der Kanaaniter. Dazu kommt die ständige Bedrohung durch die Nachbarvölker, die Midianiter, Moabiter und Ammoniter und auch die Philister im Westen (1,18f.27–36). Das Volk Israel ist den feindlichen Einfällen hilflos ausgeliefert. Es hat zu dieser Zeit noch keine zentrale politische Führung, sondern besteht nur aus einem losen Zwölfstämmeverbund. Jeder Stamm lebt für sich und ist sich weitgehend selbst überlassen. Das Einzige, was dieses Volk miteinander verbindet, ist sein gemeinsamer Glaube, der sich am Zentralheiligtum, der Stiftshütte, festmacht. Aber auch sie gerät zunehmend aus dem Blick. Damit verblasst auch die Erinnerung an die gemeinsame Geschichte Gottes, der sein Volk aus Ägypten geführt und seinen Bund mit ihm geschlossen hat. Aber umso mehr wächst die Faszination der Fruchtbarkeitskulte, die das Volk Israel im Land vorfindet.
Das Buch der Richter beschreibt diese Anfänge als eine Zeit äußerer und innerer Krisen und zeichnet – gleichsam als Gegenentwurf zum Buch Josua – ein düsteres Bild jener Frühzeit, das gekennzeichnet ist durch Brutalität und Anarchie. Während im Buch Josua die Landnahme als Akt göttlicher Treue verklärt wurde, steht im Buch der Richter der Mensch und die Frage nach seiner Bewährung im Fokus. Durch Verknüpfung verschiedener Stammesüberlieferungen entsteht das Bild einer äußerst desolaten und trostlosen Zeit, das am Ende in der Feststellung gipfelt: „Zu der Zeit war kein König im Land und jeder tat, was ihm recht dünkte" (21,25; vgl. 17,6).

Drei Grundaussagen bestimmen die Geschichtsdarstellung und Deutung dieses Buchs:
• Es ist die Gottvergessenheit des Volkes, die seine Existenz im neuen Land von Anfang an gefährdet. Kaum hat sich das Volk Gottes dort niedergelassen, bricht es den Bund mit Gott und dient den Göttern des Landes. Es lernt auch nichts aus seinen Fehlern, sondern verfällt in jeder Generation neu der Versuchung durch die fremden Kulte. Geradezu stereotyp wiederholt das Buch der Richter seinen immer neuen Abfall von Gott und unterstreicht dadurch dessen Unbelehrbarkeit: „Aber die Kinder Israel taten, was dem Herrn missfiel, ... und verließen den Herrn, den Gott ihrer Väter... und folgten anderen Göttern nach ... und beteten sie an und erzürnten den Herrn" (2,11ff; 3,7ff; 4,1ff; 6,1ff; 8,33ff; 10,6ff; 13,1ff).

• Es liegt allein an Gottes Barmherzigkeit, dass das Volk Gottes dennoch nicht untergeht. Gott sieht die Not seiner „Kinder". Er hört ihr Schreien und greift ein, sooft sie von Feinden bedroht werden. Er schickt seinem Volk immer wieder einen „Retter", der sie von Fremdherrschaft befreit und der als Richter seines Volkes den Frieden im Land herstellt.

- Die „Retter", die Gott zu seinem Volk sendet, zeichnen sich nicht durch herausragende menschliche Qualitäten aus. Sie sind genauso schwache und fehlbare Menschen wie alle anderen. Ihr Doppelamt als Retter (vor äußeren Feinden) und Richter (im eigenen Volk) bleibt zeitlich und räumlich (meist auf einen Stamm) begrenzt. Was sie vor anderen auszeichnet, ist allein die Tatsache, dass sie von Gott berufen und mit seinem Geist erfüllt sind. Durch sie handelt Gott an seinem Volk und setzt damit ein sichtbares Zeichen der Hoffnung inmitten trostloser Zeit. Zu ihnen zählen die sog. „großen" Richter (Debora, Gideon, Jeftah, Simson).

Das Buch im Überblick:

1–2	Einführung: Die Situation im neuen Land
	– Besiedlung des Landes und die einzelnen Stämme (1)
	– Israels Gottvergessenheit und Bedrohung durch Nachbarvölker (2)
3–16	Hauptteil: Die Richter – Retter in Not
	– Die ersten Richter (3)
	– Debora und die Kanaaniter (4–5)
	– Gideon und die Midianiter (6–9)
	– Fazit: Israels Untreue und Gottes Erbarmen (10)
	– Jeftah und die Ammoniter (11–12)
	– Simson und die Philister (13–16)
17–21	Ausblick: Stammeswanderungen und Stammeskriege

DIE RICHTER
Richter 1–2

Endlich wohnte das Volk Israel
im eigenen Land, das Gott
seinen Vorfahren verheißen hatte.
Aber nachdem Josua gestorben war,
vergaß das Volk wieder,
was es Gott versprochen hatte.
Es dachte nicht mehr an seinen Gott,
der es aus Ägypten befreit hatte,
sondern wandte sich anderen Göttern zu,
Baal und Astarte, den Göttern des Landes.
Von ihnen versprach es sich
fruchtbare Felder, Wohlstand und Glück. 2,8ff

Da gab Gott sein Volk
in die Hand seiner Nachbarvölker.
Diese fielen über Israel her,
raubten das Land aus
und unterdrückten seine Bewohner
Aber die Israeliten schrien zu Gott.
Und Gott sah ihre Not
und erhörte ihr Schreien.
Er schickte ihnen Retter,
die sie von ihren Feinden erlösten.

Sie setzte Gott als Richter
über sein Volk.
Doch kaum war ein Richter tot,
vergaßen die Menschen wieder,
was Gott an ihnen getan hatte,
und sie fielen erneut von ihm ab. 2,14ff

Dies sind die Namen der Richter,
die Gott seinem Volk gab:
Otniël, Ehud und Schamgar,
die Richterin Debora,
Gideon und Jeftah.
Auch Simson und andere gehören dazu. 10,1ff

Diese Richter waren keine Helden.
Doch Gott war mit ihnen.
Er gab ihnen seinen Geist,
machte sie mutig und stark
und ließ ihnen gelingen,
was er ihnen auftrug.
So rettete Gott sein Volk
oftmals aus großer Gefahr
und erhielt es am Leben,
solange ein Richter in Israel war.

Das Buch der Richter beginnt mit einem vernichtenden Generalurteil über die Frühzeit Israels unmittelbar nach seiner Sesshaftwerdung. Damit wird gleich zu Anfang deutlich gemacht: Dieses Volk ist nicht imstande, am Bund mit Gott festzuhalten. Sein Weg ist von Anfang an verfehlt, wobei die feindlichen Übergriffe als Folge seines Ungehorsams und seines Götzendienstes gedeutet werden. Das Volk wäre von Anfang an verloren, wenn sich Gott nicht über sie erbarmt hätte. Dieses Urteil wird in den folgenden Kapiteln fast stereotyp wiederholt. Dadurch wird der Eindruck verstärkt: Trotz Gottes Eingreifen lernt dieses Volk nichts hinzu. Es bleibt unbelehrbar.

Das Amt der Richter stellt eine Vorform des Königsamts dar. Als Retter in Kriegszeiten und als Richter in Friedenszeiten sind sie von Gott dazu berufen, Frieden und Gerechtigkeit herzustellen. Aber im Unterschied zum Königtum repräsentieren die Richter keine Institution. Ihre Legitimation haben sie allein durch Gott selbst, der sie mit „seinem Geist erfüllt".

DEBORA
Richter 4–5

Im Norden von Israel
lag die kanaanäische Stadt Hazor.
Dort herrschte zu jener Zeit Jabin,
der mächtige König von Kanaan.
Jedes Jahr fiel sein General Sisera
mit 900 eisernen Kampfwagen
nach Israel ein und verwüstete alles,
was die Israeliten angebaut hatten.
Sobald sein Heer anrückte,
verkrochen sich alle in panischer Angst.
Niemand im ganzen Land wagte,
sich ihm entgegenzustellen. 4,2f

Zwanzig Jahre hielt König Jabin
das Land Israel in seiner Gewalt.
In seiner Not schrie das Volk Israel
verzweifelt zu Gott.
Und weil zu jener Zeit
kein Richter in Israel war,
suchte es Hilfe und Rat
bei der Prophetin Debora.
Als „Mutter in Israel"
war Debora bei allen geachtet. 5,7
Im Gebirge Ephraim hielt sie
unter einer Palme Gericht.
Dort suchten die Menschen sie auf,
um ihr weises Urteil zu hören. 4,4f

Als aber Debora hörte und sah,
wie sich das Volk in Angst verzehrte,
schickte sie Boten zu Barak,
einem erprobten Krieger,
der im Stamm Naftali lebte.
Ihm ließ sie sagen:
„Auf, mach dich bereit!
Hat dir Gott nicht befohlen,
was du tun sollst?
Zieh auf den Berg Tabor
mit 10000 Mann.
Dort wirst du auf Sisera stoßen.
Denn so spricht der Herr, der Gott Israels:
Ich will ihn in deine Hand geben." 4,6f

Doch Barak ließ Debora ausrichten:
„Ich ziehe nur in den Kampf,
wenn du mit mir ziehst."

„Ja, ich bin bereit",
ließ Debora ihn wissen.
„Aber Gott lässt dir sagen:
Nicht du, sondern eine Frau
wird Sisera schlagen." 4,8f

Da trommelte Barak eilig
10.000 Mann aus den Stämmen
Sebulon und Naphtali zusammen.
Im Eilmarsch zog er mit ihnen
zum Berg Tabor im Norden.
Dort traf er auf Siseras Heer.
„Auf, Barak!", feuerte Debora ihn an.
„Das ist dein Tag.
Gott zieht euch voran." 4,10ff

Da stürmte Barak mit seinen Männern
den Berg hinab, den Feinden entgegen.
Aber in diesem Augenblick
brach ein gewaltiges Unwetter los.
Der Fluss trat über die Ufer.
Siseras Rosse und Wagen blieben
im Morast stecken. 5,20ff
Als Sisera das sah,
ergriff er in wilder Panik die Flucht
und suchte Schutz bei einem Nomaden,
der seinem Volk nahestand.
Dort lockte ihn die Frau des Nomaden,
Jaël mit Namen, zu sich ins Zelt:
„Komm herein!
Hab keine Angst! Hier bist du sicher."
Zum Einschläfern gab sie Sisera
Dickmilch zu trinken
und legte eine Decke auf ihn.
Da fiel Sisera in einen tiefen Schlaf. 4,17ff

Aber nicht lange danach erreichte Barak
mit seinen Männern das Zelt.
„Komm!", rief ihm Jaël entgegen.
„Ich zeig dir den Mann, den du suchst."
Sie führte Barak ins Zelt.
Da lag Sisera tot auf der Erde.
Jaël hatte ihn im Schlaf umgebracht. 4,22

Nun war geschehen,
was Debora vorausgesagt hatte.

Sisera lebte nicht mehr.
Jabins Macht war für immer gebrochen,
aber nicht durch Baraks Streitmacht,
sondern durch den Mut einer Frau.

Von diesem Tag an herrschte in Israel
vierzig Jahre lang Frieden. 5,31b

— — —

Dies ist das Lied, das Debora sang,
als Barak aus dem Kampf zurück kam
und endlich Frieden einkehrte:

Ihr Könige und Fürsten, hört zu!
Ich will singen,
dem Herrn will ich singen,
dem Gott Israels will ich spielen. 5,3

Herr, als du auszogst,
da bebte die Erde,
der Himmel entlud sich,
die Wolken troffen vor Wasser. 5,4
Vor Zeiten waren die Wege verlassen,
Wanderer suchten entlegene Wege.
Still war's bei den Bauern,
still war es in Israel,
bis du kamst, Debora,
du Mutter von Israel. 5,6f
Könige kamen und kämpften,
vom Himmel her
kämpften sogar die Sterne.
Herr, so gehen deine Feinde zugrunde.
Aber die Ihn lieben,
sollen sein wie die Sonne,
die aufgeht in ihrer Pracht. 5,31

Diese Kriegsgeschichte widerlegt alle Gesetze eines Krieges. Nicht durch Heeresmacht oder durch den Mut des Heerführers wird der Kampf entschieden, sondern durch zwei Frauen! Mit feinsinniger Ironie beschreibt diese Geschichte die Umkehrung der Rollen. Der stolze Feldherr erweist sich als Feigling, der fluchtartig das Weite sucht. Eine Frau, die nicht zum Volk Israel gehört, tut dem mächtigen Sisera Gewalt an, nicht umgekehrt! Die schweren Streitwagen, der Stolz der feindlichen Streitmacht, erweisen sich in der aufgeweichten Erde als Falle, wie aus dem Lied der Debora zu schließen ist (5,21f). Barak, der vermeintlich mutige Heerführer Israels sucht Unterstützung durch eine Frau, die – einer Jeanne d´Arc vergleichbar – hier die Regie übernimmt.

Damit macht diese Geschichte deutlich, wem in Wahrheit die Rettung des Volkes zu verdanken ist und wem allein der Ruhm gehört. „Es soll nicht durch Heeresmacht oder (menschliche) Kraft geschehen, sondern durch meinen Geist, spricht der Herr Zebaoth" (Sach 4,6).

Das gilt auch für die Darstellung anderer Kämpfe im Buch Josua und Richter: Sie sind nicht als Demonstration menschlicher Macht zu verstehen. Vielmehr erweist Gott an ihnen seine Macht trotz menschlicher Ohnmacht. Gott ist es, der die anderen in „Panik" versetzt. Daher gehört auch ihm allein der Ruhm.

So erklärt es sich auch, dass an die Erzählung das Lied der Debora angefügt ist, das auf ein hohes Alter schließen lässt. Ähnlich wie das Lied der Mirjam (Ex 15,20ff) erinnert dieses Lied an die Tradition der Siegeslieder, die unmittelbar nach erfahrener Rettung von Frauen angestimmt und im Wechselgesang von allen aufgenommen wurden. Dieses Lied führt den Sieg auf Gottes Schöpfermacht zurück. Ihm sind Sonne und Regen und sogar die Sterne untertan. Aber die Krönung seiner Schöpfermacht offenbart sich im letzten Satz des Liedes. Sie zeigt sich darin, dass „die, die ihn lieben, wie die Sonne sind, die aufgeht in ihrer Pracht" (5,31). Was für ein Bild! Die Sonne, die in heidnischen Kulten göttlich verehrt wird, wird zum Bild des Menschen, der aus der Liebe Gottes lebt!

GIDEON
Richter 6–9

Danach fielen die Midianiter
in das Land Israel ein,
ein Wüstenvolk auf schnellen Kamelen. 7,12
Jedes Jahr, wenn Erntezeit war,
fielen sie wie Heuschrecken
über das ganze Land her,
vernichteten das Korn
auf den Feldern,
raubten Schafe, Esel und Rinder
und ließen nichts übrig,
was essbar war. 6,1ff
Sieben Jahre lang suchten sie
das Volk Israel heim.
Sobald sie anrückten,
zog sich das Volk in die Berge zurück
und versteckte
all seine Habe in Höhlen. 6,2
In ihrer Not schrien alle zu Gott:
„Herr, hilf uns!
Rette uns vor unseren Feinden!"

Da sandte Gott einen Propheten,
der verkündete dem Volk:
„So spricht der Herr:
Ich habe euch aus Ägypten befreit
und habe euch dieses Land gegeben.
Ich war es, der euch geboten hat:
Ich bin allein der Herr euer Gott.
Dient nicht den Göttern des Landes!
Aber ihr habt nicht auf mich gehört." 6,6ff

So wurde das Volk Israel
von Jahr zu Jahr schwächer.
Da schickte ihm Gott einen Retter,
Gideon, den Sohn des Joas,
einen jungen Mann
aus dem Stamm Manasse:

Es war gerade Erntezeit.
Gideon drosch heimlich Weizen
in der Kelter seines Vaters Joas,
um ihn vor den Midianitern
zu verstecken.
Da entdeckte er einen Mann
unter der Orakeleiche des Vaters,
der rief ihm zu:

„Der Herr ist mit dir,
du tapferer Held!" 6,11f
„Ach mein Herr", erwiderte Gideon,
„wenn der Herr mit uns ist,
warum müssen wir dann
so viel Unglück ertragen?
Wo sind denn die Wunder,
die unsere Vorfahren erlebt haben?
Sie haben uns erzählt:
Gott hat uns aus Ägypten befreit.
Doch nun hat Gott uns verlassen.
Wer soll uns nun retten?" 6,13

„Du!", sprach der Fremde.
„Du sollst dein Volk
von den Midianitern befreien.
So sei nicht zaghaft!
Geh ans Werk mit all deiner Kraft!
Ich bin es, der dich sendet." 6,14

„Wie soll das zugehen?",
stammelte Gideon.
„Womit soll ich denn Israel retten?
Meine Familie gilt nicht viel
im Stamm Manasse.
Und außerdem bin ich
der Jüngste in meiner Familie.
Niemand wird auf mich hören."
Er aber sprach:
„Ich will mit dir sein,
Du wirst die Midianiter vertreiben." 6,15f

Da ahnte Gideon:
Gott war es, der zu ihm sprach.
Er hatte seinen Engel zu ihm gesandt.
„Ach", bat Gideon,
„bitte, geh nicht weg von hier!
Gib mir erst ein Zeichen!
Dann will ich glauben,
dass du es bist, der mit mir spricht.
Warte, bis ich meine Opfergabe
zu dir herausbringe."
Darauf lief er ins Haus,
bereitete eilig ein Opfermahl zu.
Dann breitete er Fleisch und Brot
unter der Eiche aus

und goss Brühe darüber.
Da streckte der Engel seinen Stab aus
– und sieh da! Feuer loderte auf
und verzehrte das Fleisch und das Brot
mitsamt der Brühe.
Doch als Gideon aufschaute,
war der Engel verschwunden. 6,17ff

„Herr! Herr!",
rief Gideon erschrocken.
Habe ich wirklich
mit eigenen Augen
den Engel Gottes gesehen?
Aber Gott sprach zu ihm:
„Friede sei mit dir!
Fürchte dich nicht!
Du wirst nicht sterben." 6,22f
Da baute Gideon einen Altar,
genau an der Stelle,
da Gott ihm erschienen war.
Und er nannte den Altar:
„Der Herr ist Friede!" 6,24

In der folgenden Nacht
fand Gideon keinen Schlaf.
Es war ihm, als hätte er
Gottes Stimme gehört:
„Gideon, steh auf!
Reiß den Baals-Altar nieder,
der deinem Vater gehört,
auch das Bild der Göttin Aschera,
und baue dort
für mich einen Altar." 6,25f

Da stand Gideon heimlich auf,
nahm mit sich zehn seiner Knechte
und führte alles aus,
wie Gott ihm befohlen hatte. 6,27

Am nächsten Morgen aber
liefen die Leute der Stadt zusammen.
Bestürzt sahen sie,
was in der Nacht geschehen war.
Wütend schrien sie:
„Wer hat das getan? Sicher Gideon!
Ja, Gideon hat es getan!"
Und sie forderten Gideons Vater auf:
„Los, rück deinen Sohn heraus!
Er muss sterben. Ja, sterben muss er." 6,28ff

Doch Gideons Vater erwiderte weise:
„Wie? Wollt ihr etwa für Baal kämpfen?
Wenn Baal wirklich ein Gott ist,
dann soll er sich selbst helfen.
Wer aber für Baal kämpft,
der soll heute noch sterben." 6,31
Da schwiegen die Leute betroffen.
Und leise stahl sich
einer nach dem andern davon.

Gideon aber schöpfte Mut.
Nun war er bereit,
seinem Volk zu helfen,
wie Gott ihm aufgetragen hatte.
„Jerub-Baal", so wurde er
von nun an im Volk ehrfürchtig genannt,
das heißt: „Er streite mit Baal",
weil Gideon gewagt hatte,
den Kampf mit Baal aufzunehmen. 6,32

Diese eindrucksvolle Berufungsgeschichte erinnert in vielen Einzelzügen an die Berufung Moses (Ex 3f). Hier wie dort befindet sich das Volk Israel in einer hoffnungslosen Situation. Wie Mose, so trifft auch Gideon der Ruf Gottes völlig unerwartet, mitten im alltäglichen Geschäft. Beide erhalten den Auftrag, ihr Volk von seinen Unterdrückern zu befreien. In beiden Fällen lässt sich Gott auf einen geduldigen Dialog mit seinem Gegenüber ein, wobei sowohl Mose als auch Gideon immer neue Einwände gegen ihre Berufung vorbringen (dürfen). Erst der Zuspruch Gottes „Ich will mit dir sein" setzt sie frei, den Auftrag anzunehmen. Aber anders als bei der Berufung des Mose bleibt es bei Gideons Berufung zunächst offen, wer zu ihm spricht. Die Erscheinung des Fremden unter der Orakeleiche des Vaters deutet zwar schon an, dass sich hier ein außergewöhnliches Ereignis anbahnt. Aber erst im Verlauf des Gesprächs wird deutlich, dass hier Gott selbst dem Menschen begegnet. Dies wird zusätzlich durch das Bild der Feuerflamme erkennbar. Sie ist, ähnlich wie der „brennende Dornbusch", ein sichtbares Zeichen für Gottes unsichtbare Präsenz. Trotz dieser starken Berufungsgeschichte sind für Gideon offenbar noch längst nicht alle Zweifel beseitigt. Gideon hat noch einen langen Lernweg vor sich, auf dem er seinen Gott immer mehr kennenlernen wird. Den ersten Schritt auf diesem Weg begeht er heimlich, aus Furcht vor seinen Nachbarn und Freunden. An dieser nächtlichen Aktion und ihrer heftigen Reaktion macht das Richterbuch deutlich, wie weit sich die Menschen in jener Anfangszeit von Gott entfernt haben.

GIDEON UND DIE MIDIANITER
Richter 7–8

Wenig später verbündeten sich
die Midianiter mit anderen Völkern,
die östlich des Jordan lebten.
Mit einer gewaltigen Streitmacht
fielen sie nach Israel ein
und schlugen ihr Heerlager
in der Ebene Jesreel auf. 6,33
Wie Sand am Meer,
so breiteten sie sich in der Ebene aus. 7,12

Als die Israeliten die Menge der Zelte sah,
wurden sie vor Angst wie gelähmt.
Gideon aber fühlte,
wie Gottes Geist ihn erfüllte.
Mutig blies er zum Kampf,
schickte eilig Boten
in die benachbarten Stammesgebiete
und ließ überall ausrufen:
„Kommt und zieht mit mir
in den Kampf gegen die Midianiter." 6,34f

Da zogen die Boten los,
Indessen wartete Gideon bange,
bis sie zurückkehrten.
„Ach Herr!", betete er.
„Willst du wirklich dein Volk
durch mich retten,
wie du zugesagt hast?
Dann gib mir bitte ein Zeichen.
Sieh, ich habe hier geschorene Wolle,
die lege ich heute Nacht auf die Tenne.
Wenn die Wolle morgen früh
feucht ist vom Tau,
aber ringsum ist alles trocken,
dann will ich glauben,
dass du dein Volk Israel
durch mich retten willst." 6,36f

Und wirklich:
Am nächsten Morgen war alles trocken.
Aber die Wolle war so feucht,
dass Gideon sie auspressen musste.
Eine ganze Schale voll Wasser
drückte er aus.
Doch Gideon bat Gott:
„Bitte, gib mir noch ein Zeichen!
Lass den Boden morgen früh
feucht sein vom Tau,
aber die Wolle lass trocken sein!"
Und wirklich: Am nächsten Morgen
war die Wolle trocken.
Aber ringsum auf der Erde lag Tau.
Da glaubte Gideon:
Gott hatte zu ihm gesprochen. 6,38ff

Inzwischen strömten die Männer
von allen Seiten herbei.
Hunderte, Tausende
scharten sich um Gideon,
ein gewaltiges Heer.
Am nächsten Morgen
zogen sie mit Gideon den Berg hinab,
den Midianitern entgegen.
Auf halber Höhe lag eine Quelle.
Dort schlugen sie ihr Heerlager auf. 7,1

Aber Gott sprach zu Gideon.
„Du hast noch zu viele Männer bei dir.
Am Ende werden sie sich rühmen
und sagen: Wir haben die Feinde
aus eigener Kraft geschlagen.
Darum schick alle zurück,
die Angst haben!" 7,2f

Da liefen die Männer in Scharen weg.
22000 Mann machten sich auf und davon.

Nur 10 000 blieben zurück.
Aber Gott sprach zu Gideon:
„Es sind noch zu viele.
Führe die Männer zur Quelle
und lass sie dort trinken!
Du aber gib Acht, wie sie trinken!
Wer das Wasser leckt wie ein Hund,
der soll mit dir in den Kampf ziehen.
Alle anderen sollst du entlassen." 7,3ff

Aber nur wenige leckten das Wasser.
Nur 300 Männer blieben zurück.
Gideon klopfte das Herz,
als er die kleine Schar sah.
Was waren schon 300 Männer
gegen so viele Feinde?
Doch Gott sprach zu Gideon:
„Durch diese 300 Männer
will ich Israel retten." 7,7

In der folgenden Nacht
fand Gideon keinen Schlaf.
Voller Sorge dachte er
an den kommenden Tag.
Da hörte er, wie Gott zu ihm sprach:
„Gideon, fürchtest du dich?
Dann steh auf!
Geh mit deinem Diener Pura
zum Lager der Midianiter hinab
und horche, was diese dort reden." 7,9ff

So schlichen sich
die beiden im Dunkeln
an das feindliche Lager heran.
Da hörten sie,
wie sich zwei unterhielten.
„Mir hat geträumt", sagte der eine,
„ein riesiges Gerstenbrot
rollte genau auf das Lager zu
und stieß unser Zelt um,
sodass es ganz zerstört wurde."
„Das bedeutet nichts Gutes",
meinte der andere.
„Das ist das Schwert Gideons.
Gideon wird uns besiegen.
Denn Gott ist auf seiner Seite." 7,13f

Als aber Gideon den Traum hörte,
fiel er auf seine Knie,
lobte und dankte Gott.

Nun hatte er Mut,
den Feinden entgegenzugehen.
Er eilte mit Pura zurück
und sammelte seine Männer um sich.
„Auf", rief er, „macht euch bereit!
Gott hat das Lager der Midianiter
in unsere Hand gegeben."
Dann teilte er die 300 Männer
in drei Heerhaufen
und gab jedem ein Widderhorn,
dazu Tonkrüge mit Fackeln.
„Folgt mir!", befahl er.
„Und tut, was ich sage:
Wenn ihr den Hörnerklang hört,
dann stellt euch rings um das Lager auf.
Blast alle in eure Hörner und ruft laut
‚Für Gott und für Gideon!'
Dann werdet ihr sehen, was Gott tut." 7,15ff

Gideon führte den Zug an.
Um Mitternacht erreichte er
als Erster das feindliche Lager.
Da bliesen die Männer in ihre Hörner,
zerschmetterten ihre Krüge
und schrien alle im Chor:
„Für Gott und für Gideon!
Für Gott und für Gideon!" 7,19f

In diesem Augenblick
fielen auch die anderen
in ihren Schlachtruf ein.
Mit flackernden Fackeln
umzingelten sie das feindliche Lager,
bliesen immerzu in ihre Hörner
und zerschmetterten ihre Krüge
mit lautem Getöse.
Es war ein Lärm,
als ob Tausende anrückten. 7,20f

Da brach Panik im Lager aus.
Die Midianiter schrien vor Angst.
Sie schlugen im Dunkeln wild um sich
und hieben mit ihren Schwertern
blindlings aufeinander ein.
Dabei sahen sie gar nicht,
dass sie ihre eigenen Leute trafen.
Hals über Kopf ergriffen alle die Flucht.
Gideons Männer aber jagten ihnen nach
bis weit über die Grenze. 7,22ff

Nach Tagen kehrte Gideon
siegreich von seinem Feldzug zurück.
Da kamen ihm die Israeliten entgegen,
bestürmten ihn und redeten auf ihn ein:
„Gideon, du hast uns
von den Midianitern befreit.
Du sollst unser König sein.
Du und auch dein Sohn
und der Sohn deines Sohnes,
ihr sollt künftig über uns herrschen." 8,22

Doch Gideon wehrte erschrocken ab.
„Ich will nicht König über euch sein.
Auch mein Sohn soll künftig
nicht über euch herrschen.
Gott allein soll König über euch sein." 8,23

Endlich kehrte wieder Ruhe im Land ein.
40 Jahre lang hatte das Volk Frieden,
solange Gideon lebte. 8,28

Diese Geschichte von Gideon steht im Widerspruch zu den antiken Heldenepen. Kennzeichnend für sie ist:
– Der „Held" der Geschichte ist selbst schwach und unsicher und bedarf mehrfacher Ermutigung bzw. Zurüstung durch „Gottes Geist".
– Die Feinde sind den Israeliten haushoch überlegen. Aber Gott schenkt den Sieg durch kleine Zahl.
– Nicht mit Waffengewalt wird der Kampf entschieden, sondern Gott ist es, der die Feinde in panischen Schrecken versetzt, sodass sie sich selbst untereinander aufreiben. Daraus folgt:
– Israel kann nicht selbst den Sieg erringen, sondern es soll als Augenzeuge Gottes Macht und Hilfe bezeugen (vgl. Ex 14,30f).
Diese Merkmale finden sich nicht nur in der Geschichte von Gideon, sondern in fast allen „Kriegsgeschichten" der Bücher Josua und Richter wieder. Sie werden häufig – aufgrund ihrer besonderen Merkmale und ihrer besonderen Botschaft – als „Kriege Jahwes" bezeichnet. Der Begriff ist allerdings missverständlich. Denn bei genauerem Betrachten handelt es sich um „Anti-Kriegsgeschichten". Was sie miteinander verbindet, ist gerade nicht die Verherrlichung eines sog. „heiligen Krieges" im Namen Gottes, sondern im Gegenteil die Botschaft von Gottes Befreiungstat – ohne Zutun seines Volkes und trotz seines immer neuen Abfalls von Gott.
Dies gilt auch für die Person Gideons. Obwohl Gideon als von Gott berufener Retter seines Volkes im Buch der Richter eine herausragende Stellung einnimmt, wird von ihm am Ende kritisch vermerkt, dass auch er sein Volk zum Abfall von Gott verführt hat (8,27).

JOTAM
Richter 9

70 Söhne hatte Gideon
von verschiedenen Frauen.
Einer von ihnen hieß Abimelech.
Sein Name bedeutete:
„Mein Vater ist König." 8,29ff
Von Kind an hatte Abimelech
nur einen einzigen Gedanken.
Wenn schon sein Vater
nicht König geworden war,
so wollte wenigstens er
König über Israel werden.
Schließlich dachte er sich
einen grausamen Plan aus.

Er verbündete sich heimlich
mit den Bürgern von Sichem,
der Stadt seiner Mutter,
und sammelte allerlei Leute um sich,
die zu jedem Verbrechen bereit waren.
Kaum war sein Vater gestorben,
zog er mit ihnen zum Haus seines Vaters.
Dort waren alle seine Brüder versammelt.
Kaltblütig ermordete er sie,
alle an einem Tag.
Nur Jotam, der Jüngste entkam.
Er hatte sich vor Abimelech versteckt. 9,1ff

Danach machten die Bürger von Sichem
Abimelech zum König.
Feierlich krönten sie ihn
am Berg Garizim, nahe bei Sichem,
genau an der Stelle, wo einst Josua
den Bund mit Gott erneuert hatte. Jos 24,26f

Doch als sie noch feierten,
hörten sie plötzlich,
wie jemand vom Berg herab rief:
„Ihr Bürger von Sichem, hört mir zu!"
Erschrocken blickten die Männer hoch.
Da entdeckten sie Jotam,
Gideons jüngsten Sohn.
Er stand auf dem Berg
und rief laut zu ihnen herab: 9,6f
  „Hört meine Geschichte!
  Die Bäume wollten einen König
  über sich haben.
  Sie baten den Ölbaum:
  ‚Sei König über uns!'
  Aber der Ölbaum erwiderte:
  ‚Soll ich mein Öl hergeben,
  um über den Bäumen zu schweben?'
  Da baten sie den Feigenbaum:
  ‚Sei König über uns!'
  Aber der Feigenbaum erwiderte:
  ‚Soll ich meine süßen Früchte aufgeben,
  um über den Bäumen zu schweben?'
  Da baten sie den Weinstock:
  ‚Sei König über uns!'
  Aber der Weinstock erwiderte:
  ‚Soll ich meinen Wein hergeben,
  um über den Bäumen zu schweben?'
  Zuletzt baten sie den Dornstrauch:
  ‚Sei König über uns!'
  Da sagte der Dornstrauch:
  ‚Wollt ihr mich wirklich
  zum König über euch salben?
  Dann kommt und bergt euch
  in meinem Schatten.
  Wenn nicht, so soll
  Feuer von mir ausgehen
  und euch alle verzehren.' 9,8–15

Nun urteilt selbst,
ihr Bürger von Sichem:
Habt ihr mit Recht
Abimelech zum König gesalbt?
Hat mein Vater Gideon das verdient,
dass ihr seine Söhne getötet habt?
Habt ihr wirklich
ein gutes Gewissen dabei?
Dann freut euch
und feiert mit Abimelech!
Habt ihr aber unrecht getan,
dann soll euch das Feuer
Abimelechs verzehren." 9,16ff

So rief Jotam vom Berg herab.
Und ehe Abimelech begriff,
was hier geschah,
war Jotam verschwunden.
Doch Abimelech
machte sich nichts daraus.
Drei Jahre lang übte er
seine Schreckensherrschaft
über das Land Israel aus. 9,21f

Danach aber fiel Sichem
von Abimelech ab
und wählte sich einen eigenen Führer.
Als Abimelech davon erfuhr,
eilte er mit seinen Soldaten herbei,
nahm die Stadt ein
und brannte sie nieder,
mit all ihren Bewohnern,
wie Jotam vorhergesagt hatte. 9,22ff

Doch Abimelech wütete weiter.
Er zog in die nächste Stadt,
belagerte und eroberte sie.
Aber die Bürger der Stadt
hatten sich alle in der Burg verschanzt.
Als Abimelech sie stürmen wollte,
warf eine Frau einen Mühlstein
vom Tor auf ihn herab.
Abimelech starb auf der Stelle. 9,50ff

So kläglich endete Gideons Sohn,
der sich selbst zum König gemacht hatte.
Aber die Israeliten atmeten auf.
Endlich waren sie
von dem Tyrannen befreit,
der in ihrem Land
so grausam gewütet hatte.

Die Geschichte der beiden überlebenden Söhne Gideons erzählt von dem gescheiterten Versuch, in Israel das Königtum einzuführen und eine Königsdynastie aufzubauen. In der berühmten Jotam-Fabel klingen deutlich königskritische Töne an, die bereits die spätere Kritik der Propheten am Königtum vorwegnehmen (vgl. z.B. 2. Kön 17,13ff). In der Person Abimelechs und im Bericht von seiner Schreckensherrschaft findet die Kritik am Königtum ihre Bestätigung.

Abimelech wird als rücksichtsloser Usurpator gezeichnet, der sich über Gottes Gebote hinwegsetzt. Noch ehe die Zeit für die Frage reif ist, ob Israel nicht ein dauerhaftes Amt an der Spitze braucht, wird hier das Zerrbild eines Königs gezeichnet, der sich selbst als Gott aufspielt und ein ganzes Volk ins Unglück treibt. Nur folgerichtig erscheint daher sein schmähliches Ende. Abimelech stirbt nicht ruhmreich im Kampf, sondern durch den Mut einer Frau.

JEFTAH
Richter 10–12

Viele Jahre gingen ins Land.
Darauf wurde das Volk Israel
wieder seinem Gott untreu
und diente lieber anderen Göttern.   10,6

Da wurde Gott zornig über sein Volk.
Und er gab es in die Hand
mächtiger Nachbarvölker.
Von Westen fielen die Philister
in das Land Israel ein.
Und im Osten drangen die Ammoniter
in das Gebiet von Gilead vor.
18 Jahre lang hielten sie
das Land jenseits des Jordan besetzt.
Ja, sie drangen sogar noch weiter
bis ins Innere des Landes vor.   10,7ff

Es war eine trostlose Zeit.
Die Menschen schrien zu Gott.
Sie flehten ihn an: „Ach Herr!
Wir haben eine schwere Sünde getan.
Wir sind eigene Wege gegangen
und haben uns von dir abgekehrt."   10,10
Aber Gott ließ ihnen sagen:
„Habe ich euch nicht unzählige Male
von euren Feinden befreit?
Dennoch habt ihr mich verlassen
und seid anderen Göttern gefolgt.
So wendet euch nun zu den Göttern,
die ihr euch selbst gewählt habt.
Sollen sie euch doch retten!"   10,11ff

Aber die Israeliten erwiderten:
„Nein, jetzt sehen wir ein:
Wir sind vor dir schuldig geworden.
Mach mit uns, wie dir es gefällt!
Nur um dies eine bitten wir dich:
Rette uns heute!"   10,15

Darauf entfernten sie
alle Götterbilder im Land
und nahmen sich vor,
nur noch ihrem Gott zu dienen.
Da erbarmte sich Gott über sein Volk
und schickte ihm einen Retter:
Jeftah aus Gilead.   10,16

Jeftah war ein tapferer Krieger,
in vielen Kämpfen erprobt.
Aber seine Brüder hatten ihn
aus ihrer Familie verstoßen,
weil er der Sohn einer Hure war.
Seitdem hielt sich Jeftah
fern von ihnen im Grenzgebiet auf.
Allerlei raue Gesellen
hatten sich um ihn geschart.
Mit ihnen hatte Jeftah schon
manche Streifzüge unternommen.   11,1ff

Da kamen die Ältesten von Gilead
zu Jeftah und baten ihn:
„Komm wieder zurück
und führ uns in den Kampf
gegen die Ammoniter.

Denn nur mit dir
können wir den Kampf wagen."   11,5f

„Wie?", meinte Jeftah bitter.
„Habt ihr mich nicht selbst vertrieben?
Jetzt aber kommt ihr zu mir,
weil ihr in Not seid?"   11,7

„Ja", baten sie, „wir flehen dich an.
Komm bitte und hilf uns!
Dann sollst du für immer
unser Anführer sein.
Wir versprechen es dir."   11,8ff

So zog Jeftah mit seinem Volk
in den Kampf gegen die Ammoniter.
Viele Israeliten folgten seinem Ruf.
Zuvor aber betete Jeftah zu Gott:
„Herr, lass es mir diesmal gelingen.
Wenn ich siegreich heimkehre,
dann will ich dir das Erste opfern,
was mir aus dem Haus entgegenkommt.
Ich gelobe es dir."   11,30f

Da fühlte Jeftah,
wie Gottes Geist ihn erfüllte.   11,29
Mutig zog er mit seinen Männern
in den Kampf gegen die Ammoniter.
Als Sieger kehrte er heim.   11,32f
Doch als er zu seinem Haus kam,

traute er seinen Augen nicht:
Aus dem Haus lief ihm
seine Tochter entgegen,
sein geliebtes, sein einziges Kind!
Sie tanzte und sang und schlug dazu
im Takt auf die Pauke.   11,34f
Es war ein Lied der Freude
über den errungenen Sieg.
Der Vater aber zerriss sein Gewand,
so entsetzt und erschrocken war er.
Hatte er doch gelobt,
das Erste zu opfern,
was ihm entgegenkam!
„Ach meine Tochter!",
rief der Vater verzweifelt.
„Was soll ich denn tun?
Ich habe Gott ein Gelübde gegeben.
Nun kann ich nicht mehr zurück."
Aber seine Tochter tröstete ihn:
„Mein Vater! Mach mit mir,
wie du es gelobt hast.
Ich bin dazu bereit."   11,35f

So opferte sich Jeftahs Tochter
für ihren Vater.
Und niemand war da,
der Jeftah Einhalt gebot.
Niemand im Volk hielt ihn
von seinem unseligen Irrtum zurück.

Das Ende der Geschichte verschlägt einem die Sprache. Es zeigt, wie tief sich Menschen in vermeintlich bester Absicht verstricken können. Als ob Gott solch ein ungeheuerliches Opfer von Menschen forderte! Jeftah ist und bleibt eine tragische Gestalt. Von Anfang an muss er um seine Legitimation kämpfen. Das erklärt vielleicht auch, warum er bei seinem Feldzug gegen die Ammoniter Gott um jeden Preis auf seine Seite zwingen will, und sei es durch ein unseliges Gelübde.
Dennoch reiht das Buch der Richter diesen tragischen Helden in die Reihe jener Richter ein, durch die Gott Heil wirkt und sich über sein Volk erbarmt. Bezeichnend stellt es ausgerechnet dieser unerhörten Geschichte eine „Generalabrechnung" (10,6–16) mit dem Volk Gottes voran. Aus der Sicht des Richterbuches hat dieses Volk im Lauf seiner Geschichte nichts hinzugelernt. Angesichts seiner immer neuen Abwege und Irrwege gibt es für dieses Volk nur den Weg der Umkehr zu Gott. „Wir haben gesündigt, mache du es mit uns, wie dir es gefällt" (10,15). Dies gilt gleicherweise für das Volk wie auch für seine Anführer, die sich, wie hier Jeftah oder auch später König Saul in unselige Aktionen verstricken, in der irrigen Meinung, Gott ein Opfer bringen zu müssen.
Aber dennoch gibt Gott sein Volk nicht preis. Das ist die tröstliche Botschaft, die sich verborgen durch alle Geschichten des Richterbuches zieht, auch durch jene, die für uns nur schwer nachvollziehbar sind.

Richter

SIMSON
Richter 13

Endlich war wieder Frieden
in Israel eingekehrt.
Aber im Süden des Landes
drohte eine neue Gefahr.
Von Westen her drangen
die Philister nach Israel ein.
Sie besetzten die Täler
und trieben die Israeliten
in das Bergland zurück.
Dort führten die Israeliten
ein kümmerliches Leben.
Sie pflügten den kargen Boden
und mühten sich ab.
Aber ihre Felder
brachten nur wenig Ertrag.
Vierzig Jahre lang lebten sie
wie Gefangene im eigenen Land.
Und es fand sich niemand,
der sie von den Philistern befreite. 13,1

Zu jener Zeit lebte in einem Bergdorf
ein Bauer namens Manoach,
aus dem Stamm Dan,
mit seiner Frau,
die hatten kein Kind.
Aber eines Nachts erschien
ein Engel Gottes bei der Frau
und sprach zu ihr:
„Sieh, du wirst schwanger werden
und einen Sohn bekommen.
Ein besonderer Sohn wird er sein.
Schon von Mutterleib an
soll er Gott geweiht sein.
Darum nimm keinen Wein
und kein Bier zu dir
und iss keine unreinen Speisen,
bis dein Sohn geboren ist.
Und das soll das Zeichen sein,
dass dein Sohn Gott gehört:
Lass seine Haare wachsen!
Niemand soll sie abschneiden.
Denn Gott hat Großes
mit eurem Sohn vor:
Er soll einmal sein Volk
von den Philistern befreien." 13,3ff

Da ahnte die Frau,
wer zu ihr gekommen war:
Sogleich lief sie zu ihrem Mann
und erzählte ihm:
„Ein Mann Gottes war bei mir.
Er sah aus wie ein Engel,
sodass ich furchtbar erschrak.
Ich wagte nicht einmal,
nach seinem Namen zu fragen." 13,6ff

Als aber Manoach hörte,
was die Frau ihm erzählte,
horchte er auf:
Wollte Gott ihnen wirklich
dieses besondere Kind schenken?
Sie waren doch nur einfache Leute!
„Ach Herr!", betete er.
„Schicke den Mann Gottes
noch einmal zu uns her,
damit er uns sagt,
was wir mit dem Kind tun sollen." 13,8

Nicht lange danach kam der Engel
noch einmal zu der Frau,
als diese allein auf dem Feld war.
Da lief die Frau schnell nach Hause
und rief ihren Mann: „Komm mit!
Draußen wartet der Mann,
der in der Nacht zu mir kam." 13,9f
Sogleich stand Manoach auf
und folgte seiner Frau aufs Feld.
„Sag", fragte Manoach,
„hast du meiner Frau
die gute Nachricht gebracht?
Dann sag uns doch bitte:
Was sollen wir tun?
Was müssen wir beachten,
wenn das Kind kommt?" 13,11f

Der Engel antwortete:
„Wie ich schon deiner Frau sagte:
Sie soll weder Wein noch Bier trinken
und kein unreines Fleisch essen.
Alles, was ich ihr befohlen habe,
das soll sie tun." 13,13f

Aber Manoach wusste noch nicht,
dass es der Engel Gottes war,
der mit ihm sprach.
„Komm", bat er, „sei unser Gast!
Bleibe bei uns und iss mit uns!
Ich schlachte auch
ein Ziegenböckchen für dich."
Er aber antwortete:
„Ich werde nichts essen,
auch wenn du mich darum bittest.
Doch wenn du willst,
dann bring ein Opfer dar!" 13,15f

„Aber verrate uns wenigstens,
wie du heißt", bat Manoach,
„damit wir dir danken,
wenn das Kind da ist."
Aber der Engel erwiderte:
„Warum fragst du nach meinem Namen?
Er ist ein Geheimnis." 13,17f

Da wagte Manoach nicht mehr zu fragen.
Er nahm einen Ziegenbock,
opferte ihn auf einem Stein
und dankte Gott, der ihnen
ein großes Geheimnis anvertraut hatte.
Stumm sah er zu,
wie das Opferfeuer brannte.

Auf einmal loderte die Flamme hoch auf.
Und ehe es die beiden bemerkten,
war der Engel verschwunden. 13,19f

Da wusste Manoach,
wer ihnen erschienen war.
„Weh uns!", rief er erschrocken.
„Wir haben Gott gesehen.
Nun müssen wir sterben."
Aber seine Frau tröstete ihn.
„Nein, wir werden nicht sterben.
Wenn Gott uns töten wollte,
hätte er unser Opfer nicht angenommen.
Er hätte auch seinen Engel
nicht zu uns geschickt." 13,21ff

Bald darauf brachte die Frau
einen Sohn zur Welt.
Sie nannte ihn Simson, 13,24
das heißt „Sonne".
Wie die Sonne am Morgen aufgeht,
so sollte ihr Sohn Licht und Hoffnung
seinem Volk bringen.
Aber noch ahnte niemand,
dass in Israel ein Kind geboren war,
das Gott zum Retter seines Volkes
bestimmt hatte.

Der folgende Simsonzyklus erzählt die ungewöhnliche Geschichte eines Menschen, den Gott wider alles Erwarten in seinen Dienst ruft. Ganz profan, ja geradezu derb und roh geht es in dieser Geschichte zu. Da wird leidenschaftlich geliebt, da wird gezecht, bestochen und geschlagen. Da hören wir von käuflicher Liebe, von Verrat und ungestümer Wut. Ein Spiegel der anarchischen Zustände jener Frühzeit Israels, wo „jeder tat, was ihm recht schien" (21,25).
Die einleitende Erzählung steht dazu allerdings in deutlichem Kontrast. In schlichten Worten erzählt sie von dem leisen Neuanfang, den Gott mitten in dieser trostlosen Geschichte durch die Ankündigung der Geburt Simsons setzt.

Von Mutterleib an ist Simson ein „Geweihter Gottes", ein sog. „Nasiräer", d.h. einer, auf den Gott in besonderer Weise seine Hand gelegt hat und der sein Leben ganz in den Dienst Gottes stellen und sich ausdrücklich des Weines enthalten soll (vgl. dazu Num 6,1ff). Daraus erklärt sich allein seine große Kraft (16,17). Seine langen Haare sind nur ein äußeres Zeichen dafür, dass Gott ihn schon von Mutterleib an zu seinem besonderen Dienst bestimmt hat. Das ist sein Geheimnis. Seine Eltern können es nicht begreifen. Aber sie finden in aller Schlichtheit ihr Ja zu Gottes Heilsplan, „der geheimnisvolle Dinge tut" (13,9).

SIMSON UND DIE PHILISTER
Richter 14–15

Jahre vergingen.
Simson war inzwischen
ein kräftiger Bursche geworden.
Er strotzte nur so von Kraft.
Von früh bis spät streifte er
durch Felder und Wälder.
Eine ständige Unruhe
trieb ihn unentwegt an. 13,24f
Seine langen Haare
hingen ihm wirr ins Gesicht.
Wer ihm begegnete,
ging ihm scheu aus dem Weg.
Niemand wagte,
sich mit ihm anzulegen.

Eines Tages bat Simson seine Eltern:
„Kommt mit mir nach Timna
zu den Philistern ins Tal.
Dort habe ich ein Mädchen gesehen,
das sollt ihr mir zur Frau geben."
„Wie?", fragten seine Eltern entsetzt.
„Gibt es denn in unserem Volk
kein Mädchen, das dir gefällt?
Muss es denn unbedingt
eine Philisterin sein?"
Aber Simson war fest entschlossen:
„Das Mädchen gefällt mir.
Nur sie soll es sein." 14,1ff

Da gaben die Eltern nach.
Schweren Herzens zogen sie
mit Simson nach Timna.
Sie ahnten ja nicht,
dass dies Gottes Weg war.
Simson aber lief seinen Eltern voraus.
Er wählte den kürzesten Weg,
der durch die Weinberge führte. 14,4f

Doch plötzlich raschelte es.
Erschrocken blickte Simson sich um.
Da entdeckte er einen jungen Löwen,
der setzte gerade zum Sprung an.
Simson stürzte sich auf ihn.
Blitzschnell packte er zu
und mit bloßen Händen
zerriss er den Löwen.

Aber seinen Eltern verriet er kein Wort.
Als sei nichts geschehen,
so setzte er seinen Weg fort. 14,5f

Nicht lange danach ging Simson
wieder mit seinen Eltern
ins Tal nach Timna hinab,
um seine Braut zu besuchen.
Unterwegs fand er den Löwen,
den er erlegt hatte.
In dem Kadaver summte
ein Schwarm wilder Bienen.
Von ihren Waben troff süßer Honig.
Simson kostete ein wenig
und gab auch seinen Eltern davon.
Aber er verriet ihnen nicht,
woher er den Honig hatte. 14,8f

Bald darauf wurde Hochzeit gefeiert.
30 Freunde der Braut
waren zum Festgelage geladen.
Simson gab Wein und Bier an sie aus.
Sieben Tage lang wurde gefeiert.
Aber die Burschen ließen
Simson keine Minute allein.
Da dachte sich Simson eine List aus:
„Hört, Freunde", rief er,
„ich will euch ein Rätsel aufgeben.
Wenn ihr es bis zum siebten Tag löst,
schenke ich euch 30 Hemden
und 30 Festgewänder dazu.
Aber wenn ihr es nicht löst,
dann sollt ihr mir 30 Hemden
und 30 Festgewänder schenken."
„Abgemacht!", riefen die Burschen.
„Sag uns dein Rätsel!
Dann wollen wir's lösen." 14,10ff

Da gab ihnen Simson
das Rätsel bekannt:
„Fraß ging aus von dem Fresser
und Süße vom Starken." 14,14
Was für ein seltsames Rätsel!,
dachten die Burschen.
Drei Tage lang versuchten sie,
das Rätsel zu lösen.

Aber umsonst.
Da nahmen sie die Braut beiseite
und drohten ihr:
„Sag uns die Lösung!
Sonst zünden wir dein Elternhaus an.
Oder wollt ihr uns arm machen?
Habt ihr uns deshalb
zur Hochzeit geladen?" 14,15

Aber die Braut lief weinend zu Simson.
Bei Tag und Nacht
lag sie ihm in den Ohren:
„Du liebst mich nicht.
Du magst mich nicht mehr.
Sonst hättest du mir das Rätsel verraten."
„Niemals!", wehrte sich Simson.
„Ich habe es nicht einmal
meinen Eltern verraten.
Dann kann ich es
auch dir nicht verraten." 14,16

Doch die Braut ließ nicht locker.
Sooft sie mit Simson zusammen war,
weinte und jammerte sie ihm vor.
Endlich, am siebten Tag,
war Simson es leid.
„Gut", meinte er müde.
„Dann verrate ich's dir."
Und er erzählte ihr,
was er unterwegs erlebt hatte. 14,17

So kam der letzte Abend heran.
„Hör, Simson!", riefen die Burschen.
„Wir haben die Lösung gefunden.
Was ist süßer als Honig?
Und wer ist stärker als ein Löwe?"
Herausfordernd blickten sie Simson an. 14,18

„Das ist nicht wahr", schrie Simson.
„Ihr hättet es niemals erraten.
Meine Braut hat's euch verraten."
Wütend stürmte er aus dem Haus
und lief in die nächste Stadt.
Dort schlug er 30 Philister
in einem Streich nieder,
riss ihnen die Gewänder vom Leib
und zornig schleuderte er sie
den Burschen vor die Füße.
„Da habt ihr eure Gewänder!", schrie er
und zog wutschnaubend davon. 14,18f

Aber nach einigen Tagen
war Simsons Zorn wieder verraucht.
Da ging er noch einmal nach Timna,
um seine Frau zu besuchen.
Doch ihr Vater hatte sie inzwischen
einem anderen zur Frau gegeben.
Simson schäumte vor Wut.
„Diese Philister!", knurrte er grimmig.
„Diesmal kommen sie mir
nicht ungeschoren davon." 15,1ff

Am nächsten Morgen waren
alle Felder der Philister niedergebrannt.
Auch die Weinberge und Ölbäume
standen in Flammen.
„Das hat Simson getan!",
riefen die Philister empört.
Wütend zogen sie
zum Haus seines Schwiegervaters
und brannten es nieder.
„Das sollt ihr mir büßen!", schrie Simson.
Und schon stürzte er sich auf sie
und machte sie alle nieder,
alle auf einen Schlag.
Danach zog er sich grollend
in eine Höhle zurück. 15,4ff

Aber die Philister schworen Rache.
Mit 1000 Mann fielen sie
in das Gebiet von Juda ein.
„Was sucht ihr hier?",
fragten die Leute von Juda erschrocken.
„Wir suchen Simson",
ließen die Philister sie wissen.
„Wir sind gekommen,
um ihn gefangen zu nehmen." 15,9f

Aber die Männer von Juda wussten nicht,
wo sich Simson versteckt hielt.
In aller Eile machten sie sich
auf die Suche mit 3000 Mann.
Endlich fanden sie ihn
in der Felsenhöhle von Etam
und stellten ihn dort zur Rede:
„Simson, was tust du uns an?
Warum legst du dich dauernd
mit den Philistern an?
Du weißt doch:
Wir sind in ihrer Gewalt.
Nun fordern sie von uns,

dass wir dich fesseln und ausliefern."
„Gut", meinte Simson.
„Dann fesselt mich!
Aber schwört mir,
dass ihr mir selbst nichts antut!" 15,11f

Da fesselten sie Simson
mit zwei neuen Stricken
und führten ihn gefangen
zu den Philistern.
Als aber die Philister ihn sahen,
brachen sie alle in Jubel aus.
Doch Simson packte der Zorn.
Auf einmal fühlte er,
wie Gottes Kraft ihn erfüllte.
Er zerriss die Stricke wie Fäden.
Wütend stürzte er sich auf die Philister,
nur mit einem Eselsknochen bewaffnet,
den er am Boden fand.
So streckte Simson seine Feinde,
einen nach dem anderen, nieder.
Und er ließ nicht von ihnen ab,
bis alle 1000 Philister
erschlagen am Boden lagen. 15,13ff

Nach und nach wurde es
still auf dem Feld, totenstill.
Da war auch Simson am Ende.
Erschöpft ließ er sich fallen.
In seiner Not schrie er zu Gott:
„Ach Herr! Du hast heute
ein großes Wunder getan.
Nun aber kann ich nicht mehr.
Ich sterbe vor Durst.
Soll ich denn hier kläglich verenden?" 15,18

Da zeigte ihm Gott eine Quelle.
Genau an der Stelle,
wo vorher der Knochen lag,
quoll nun frisches Wasser
aus der Erde hervor.
Gierig trank Simson das Wasser.
Auf einmal spürte er,
wie seine Kräfte zurückkehrten.
„Quelle des Rufenden",
so nannte Simson die Quelle.
Denn Gott hatte sein Rufen gehört.
Er hatte Simson in Todesnot
vor dem Verdursten bewahrt. 15,19

Eine Geschichte voll sprühender Lebendigkeit und geradezu skurrilem Humor, die Simson als ungestümen Eroberer zeichnet, der einerseits vor grober Gewalt nicht zurückscheut, sich aber andererseits gegenüber den Attacken seiner Frau hilflos und schwach zeigt. Auch das unverhältnismäßige Aufgebot an Soldaten, die Simson suchen, lässt die Angst vor Simson erahnen, eine panische Angst, die Simsons Feinde wie auch seine Landsleute miteinander verbindet.

Man spürt dieser Volkserzählung noch ab, wie sie ursprünglich in ihrer ganzen Menschlichkeit und in ihren humorvollen Übertreibungen unter dem einfachen Volk lebendig war und den Menschen als Ventil gegen ihre Angst vor ihren übermächtigen Feinden diente.

Die Philister galten über zwei Jahrhunderte hinweg als „Erzfeinde" der Israeliten. Ihre militärische und strategische Überlegenheit stellte für Israel bis in die frühe Königszeit hinein die größte Bedrohung dar, der Israel weder militärisch noch politisch gewachsen war (vgl. 1. Sam 13,19). Aber am Anfang dieser Jahrhunderte langen Auseinandersetzung steht die Geschichte von Simsons Hochzeit mit einer Philisterin – für israelitische Ohren Provokation und Trost zugleich. Undenkbar, dass Gott Gefallen haben könnte an der Verbindung dieses „Geweihten Gottes" mit einer Heidin! Aber in der Rückschau kann Israel bekennen, dass auch dies „von dem Herrn kam" (14,4). Selbst die Hochzeitsfeier, die am Ende in schriller Dissonanz endet, ist eingebunden in die Geschichte Gottes. Der starke Simson, der sich anfänglich nur von eigenen Bedürfnissen und Affekten treiben lässt, muss am Ende erkennen, dass auch er nur ein schwacher Mensch ist, dem Verdursten nahe. Aber gerade in dieser Stunde äußerster Schwachheit erfährt er Gottes Hilfe und wird in seiner Ohnmacht zum Zeugen seines Gottes, der sich der Schwachen erbarmt.

SIMSONS FALL
Richter 16,1–21

Wie ein Lauffeuer breitete sich
das Gerücht von Simsons Taten
im Philisterland aus.
Simson war bald bei den Philistern
der meistgefürchtete Mann.
Auch ihre Fürsten zitterten vor ihm.
Und sie nahmen sich vor,
Simson in eine Falle zu locken,
sobald sich dazu
eine günstige Gelegenheit bot.

Simson aber ahnte nichts
von ihren Plänen.
Bald darauf zog er wieder
ins Land der Philister
und kam in die Stadt Gaza.
Dort suchte er
das Haus einer Hure auf,
um mit ihr die Nacht zu verbringen.
Aber im Nu sprach es sich
in der Stadt herum:
„Simson ist hier.
Auf, schließt die Stadttore!
Lauert ihm heimlich auf!
Sobald es hell wird, töten wir ihn!" 16,1f

Aber am nächsten Morgen
war Simson spurlos verschwunden.
Die Wächter suchten
die ganze Stadt nach ihm ab.
Doch als sie zum Stadttor kamen,
da sahen sie mit Entsetzen:
Das Tor war weg.
In der Mauer gähnte ein riesiges Loch.
„Das hat Simson getan!",
riefen die Philister erschrocken.
„Er hat das Tor aus den Angeln gehoben
und ist mit den Türen verschwunden." 16,3

Als aber die Fürsten hörten,
was in Gaza geschehen war,
graute ihnen noch mehr vor Simson.
Und sie fragten sich bestürzt:
„Woher hat dieser Mensch
solch übermenschliche Kraft?
Wir müssen es herausfinden.

Sonst bekommen wir ihn nie
in unsere Gewalt."

Bald darauf wurde ihnen gemeldet:
„Simson ist wieder im Land.
Er hat eine neue Geliebte,
eine Philisterin namens Delila.
Sie wohnt im Tal Sorek."
Da zogen die Fürsten zu Delila,
boten ihr Geld und überredeten sie:
„Frag Simson, woher er seine Kraft hat.
Lass nicht von ihm ab,
bis er dir sein Geheimnis verrät.
Dann kommen wir zu dir
und fallen über ihn her.
Jeder von uns zahlt dir
1100 Silbermünzen dafür." 16,4f

Das gefiel Delila.
Am Abend fragte sie Simson:
„Verrate mir, warum bist du so stark?
Womit muss man dich binden,
um dich zu bezwingen?"
Simson antwortete:
„Wenn man mich fesselt
mit sieben frischen Sehnen,
dann werde ich schwach,
wie jeder andere Mensch." 16,6f

Da besorgte sich Delila
sieben frische Bogensehnen.
Damit fesselte sie Simson im Schlaf.
Dann schrie sie laut:
„Simson, wach auf!
Die Philister sind da."
Simson aber fuhr hoch
und riss die Sehnen entzwei,
als seien es dünne Schnüre,
vom Feuer versengt. 16,8f

„Du hast mich betrogen,
hast mich belogen", weinte Delila.
„Sag endlich die Wahrheit!
Womit muss man dich binden?" 16,10
Simson antwortete:
„Wenn man mich fesselt

mit ganz neuen Stricken,
dann werde ich schwach,
wie jeder andere Mensch." 16,11

Da besorgte sich Delila neue Stricke
und fesselte damit Simson im Schlaf.
„Simson, wach auf!", rief Delila.
„Die Philister sind da."
Simson aber fuhr hoch
und zerriss die Stricke,
wie man Fäden zerreißt. 16,12

„Nun hast du mich schon
zweimal betrogen", klagte Delila.
„Sag endlich die Wahrheit:
Womit muss man dich binden?"
Unentwegt setzte sie Simson zu.
Schließlich gab Simson nach.
„Wenn du meine Locken
mit einem Pflock
am Webstuhl befestigst,
dann werde ich schwach,
wie jeder andere Mensch." 16,13

Da wartete Delila bis zum Abend.
Kaum war Simson eingeschlafen,
flocht sie seine Locken zusammen,
befestigte sie am Webstuhl
und schrie laut:
„Simson, wach auf!
Die Philister sind da!"
Simson aber fuhr hoch.
Und mit einem Ruck
riss er sich vom Webstuhl los. 16,14

„Du liebst mich nicht!", klagte Delila.
„Du hast kein Vertrauen zu mir.
Schon dreimal hast du mich betrogen.
Warum verrätst du mir nicht,
woher deine große Kraft kommt?"
Aber Simson verriet ihr kein Wort.
Delila versuchte es immer wieder.
Tag und Nacht setzte sie Simson zu,
lockte und drohte. 16,15f

Schließlich war Simson es leid.
„Gut", meinte er müde.
„Wenn du unbedingt willst,
dann verrate ich dir mein Geheimnis.
Ich bin ein Geweihter Gottes.
Von Mutterleib an gehöre ich Gott.
Darum wurde mein Haar nie geschnitten.
Denn das ist das Zeichen,
dass ich zu Gott gehöre.
Das gibt mir die Kraft.
Aber wenn ich geschoren werde,
dann werde ich schwach,
wie jeder andere Mensch." 16,16f

Nun merkte Delila:
Simson hatte die Wahrheit gesagt.
Sogleich ließ sie den Fürsten sagen:
„Kommt her! Jetzt ist es so weit."
Da eilten sie alle herbei,
das versprochene Geld in den Händen.
Sie warteten, bis Simson
auf Delilas Schoß einschlief.
Delila aber winkte einen von ihnen herbei,
der schnitt Simsons Haar ab.
Doch plötzlich schrie sie laut auf:
„Simson, wach auf!
Die Philister sind da." 16,18ff

Da fuhr Simson hoch.
Aber auf einmal spürte er,
wie seine Kräfte versagten.
Delila hatte ihn fest im Griff.
Und schon stürzten sich
die Philister auf ihn, fesselten ihn
und blendeten seine Augen. 16,20f

Im Triumphzug führten sie Simson
zum Gefängnis nach Gaza,
legten ihm eiserne Ketten an
und zwangen ihn, im Gefängnis
Sklavenarbeit zu tun.
Tagaus und tagein drehte dort
Simson die Mühle im Kreis
und es schien,
als bliebe dies für immer sein Los. 16,21

Nicht eine feindliche Übermacht bringt Simson zu Fall, auch nicht seine Schwäche für Frauen (so sehr sie auch Simson moralisch ins Zwielicht rücken mag), sondern allein der Verrat an seiner Berufung. Von Mutterleib an hat Gott seine Hand auf sein Leben gelegt. Doch Simson gibt das Geheimnis seines Lebens den Philistern preis. Damit liefert er sich selbst den Philistern aus. Der Verräter wird selbst verraten, wird zugleich Täter und Opfer seiner Tragödie. Nicht die abgeschnittenen Locken sind letztlich die Ursache für seinen tiefen Sturz. Sie sind nur ein äußeres Zeichen für den viel tieferen Schnitt in Simsons Leben, durch den sich Simson aus Gottes Machtbereich herausgelöst hat.

SIMSONS ENDE
Richter 16,23–31

In jenen Tagen feierten die Philister
ein großes Fest zu Ehren von Dagon,
dem Gott der Philister.
Viele Tausend Menschen
waren in seinem Tempel versammelt,
um ihren Sieg über Simson zu feiern.
Sogar auf dem Dach drängten sich
3000 Männer und Frauen.
Gemeinsam stimmten sie
ihr Siegeslied an:
„Gelobt sei unser Gott Dagon.
Denn er hat unseren Feind Simson
in unsere Hand gegeben!" 16,23

Da – mitten im Fest ging die Tür auf.
Simson wurde in den Tempel geführt,
so wie er war, mit toten Augen
und in Ketten gebunden. 16,25

Als die Philister ihn sahen,
grölten sie vor Vergnügen
und schütteten ihren Spott
über Simson aus.
„Seht euch diesen Simson an,
der unsere Felder verwüstet
und unsere Männer erlegt hat!
Doch seht, nun ist er gefangen!" 16,24

Aber Simson betete laut:
„Herr mein Gott! Denke an mich!
Gib mir noch einmal die Kraft,
nur noch dieses eine Mal!" 16,28
Dann rief er laut in die Menge:
„Hört, ihr Philister!
Ich gehe mit euch in den Tod."
Und ehe die Philister begriffen,
was hier geschah,
stemmte sich Simson mit Macht
gegen die beiden Säulen,
die das Dach trugen.
Da krachte das Dach ein.
Alle Philister wurden
unter den Trümmern begraben. 16,30

Auf einmal war es totenstill in dem Tal.
Die fröhlichen Lieder
waren für immer verstummt.
Simson aber lag mitten
unter den Philistern begraben.
Als aber Simsons Brüder hörten,
was geschehen war, kamen sie
und holten Simson nach Israel heim
und begruben ihn im Grab seines Vaters. 16,31

Dies ist das traurige Ende
von Simsons Geschichte.
Schon von Mutterleib
hatte Gott ihn zum Retter bestimmt.
Und obwohl Simson
oft eigene Wege ging,
tat Gott dennoch Großes durch ihn.
Sogar noch im Tod bekannte sich Gott
zu seinem außergewöhnlichen Zeugen.
20 Jahre war Simson
Richter in Israel.
Und sein Volk hatte Ruhe
vor seinen Feinden,
solange er lebte. 16,31

Noch ist Gottes Geist nicht von Simson gewichen. Obwohl gefangen, gedemütigt und zur Belustigung der Philister zur Schau gestellt, bleibt Simson der „Geweihte Gottes", durch den Gott handelt. Es scheint, als begreife Simson erst am Ende, in der tiefsten Erniedrigung, was seine wahre Berufung ist. Seine letzte „Tat" entspringt nicht nur menschlichem Rachebedürfnis. Sie richtet sich vielmehr gegen den heidnischen Gott Dagon, dessen Siegeslied den Gott Israels verhöhnt. Durch sein Gebet gestärkt, demonstriert Simson ein letztes Mal die Macht Gottes gegenüber anderen Göttern. In seinem Namen reißt er die Säulen ein, die die Macht Dagons symbolisieren. Was für eine zerbrechliche Macht im Gegensatz zu dem Gott Israels, der die „Säulen der Erde" festhält (Ps 75,4)!

So weist sich Simson auch am Ende seiner Geschichte nicht als Held aus. Seine Demonstration für den Gott Israels reißt ihn selbst in den Tod. Aber am Ende wird Simson in Israels Erde begraben – ein sichtbares Zeichen, dass die Geschichte dieses Einzelkämpfers in die große Rettungsgeschichte des Volkes Gottes hineingehört.

Mit Simsons Ende ist allerdings das Buch der Richter noch nicht am Ende. Es folgen noch verschiedene Stammeserzählungen, die u.a. von der Wanderung des Stammes Dan in den äußersten Norden erzählen (17f) und von dem Bruderkrieg, bei dem der Stamm Benjamin fast ganz ausgelöscht wird (19–21). Mit ihnen werden abschließend noch einmal die anarchischen Zustände zu jener Zeit beschrieben, die mit der lapidaren Feststellung enden: „Zu der Zeit war kein König in Israel. Jeder tat, was ihm recht dünkte" (21,25). So endet das Richterbuch unausgesprochen mit einer offenen Frage: Wann wird dieses Volk endlich eine stabile zentrale Institution bekommen, die das Land eint und dauerhaften Frieden im Land schafft? Dies wird das große Thema der folgenden Bücher sein.

DAS BUCH RUT

Ende und Neuanfang

Dieses Buch gilt als Meisterwerk biblischer Erzählkunst. Es erzählt die Geschichte von Rut, der Stammmutter Davids. Schauplatz des Geschehens ist die kleine Stadt Bethlehem in Juda, „zu der Zeit, da die Richter richteten" (Rut 1,1). Dort begegnet Rut, eine Frau aus dem Land Moab, beim Ährenlesen Boas, einem angesehenen Bürger von Bethlehem, dem das Feld gehört. Am Ende heiratet Boas Rut, die Moabiterin, und zeugt mit ihr einen Sohn, Obed. Dieser ist der Großvater von König David, dem späteren König von Israel. Mit ihm beginnt eine neue Epoche in der Geschichte Israels.

Das ist in knappen Worten der Inhalt dieses kleinen Buches, das mit Recht als „Kleinod" unter den biblischen Büchern gerühmt wird – nicht zuletzt wegen seiner gelungenen Form epischer Erzählung und seiner meisterhaften Komposition, in der die verschiedenen Erzählfäden kunstvoll miteinander verwoben werden. Goethe nennt es sogar „das lieblichste kleine Ganze, das uns episch ... überliefert worden ist".

Im Rahmen alttestamentlicher Schriften nimmt das Buch Rut eine Sonderstellung ein. Zum einen, weil es neben dem Buch Ester das einzige Buch ist, das durchgängig von einer Frau handelt und zum andern, weil es scheinbar nur in die kleine bäuerliche Welt einer privaten Familie einführt, aber in Wahrheit ein Kernstück der Geschichte Gottes mit seinem Volk darstellt. Dies erklärt auch, warum dieses Buch in den christlichen Bibelausgaben unter den Geschichtsbüchern, unmittelbar nach dem Buch der Richter, aufgeführt wird. In der Hebräischen Bibel findet es sich dagegen erst ganz am Ende unter den sog. „Schriften" (hebr. ketubim). Es gehört zu den fünf „Festrollen" (megillot), die jedes Jahr an bestimmten Festtagen im jüdischen Gottesdienst verlesen werden. Aufgrund seines besonderen Themas gehört das Buch Rut in die Liturgie des Wochenfestes (zur Zeit der Weizenernte).

Die Bedeutung dieses Buches erschließt sich unmittelbar aus seinem Kontext. Es bildet die Brücke zwischen dem Buch der Richter und dem 1. Buch Samuel, zwischen der anarchischen Frühzeit Israels und den Anfängen der Königszeit. Während das Buch der Richter mit einer hoffnungslosen Situation und einer offenen Frage endet, erzählt das Buch Rut von einem leisen Neuanfang, der sich im Verborgenen abzeichnet. Und während das Buch der Richter durch brutale Gewalt gekennzeichnet ist, zeichnet das Buch Rut das Gegenbild einer Frau, zudem einer Ausländerin, durch die Gott seine Geschichte schreibt. In seiner exponierten Stellung bildet das Buch Rut ein Gegengewicht und Korrektiv zum Buch der Richter. Es erzählt eine Hoffnungsgeschichte, die, wenn auch verhüllt, mit dem Ausblick auf den erwarteten Messias endet.

Das Buch Rut im Überblick:

(1) Das erste Kapitel beginnt mit der Schilderung einer hoffnungslosen Situation. Israel ist in seiner Existenz zutiefst bedroht, aber nicht durch feindliche Überfälle, wie das Richterbuch erzählt, sondern durch eine akute Hungersnot. Sie zwingt die Bewohner des Landes, ihre neue

Heimat wieder zu verlassen. Ein zweiter Exodus findet statt, nun aber in umgekehrter Richtung: ins Land Moab. Nicht nur das neu erworbene Land steht dabei auf dem Spiel, sondern die Verheißung Gottes, der sein Volk in das Land geführt hat. Im Mittelpunkt des Geschehens steht Noomi, die in der Fremde ihren Mann und beide Söhne verliert.

(2) Das zweite und dritte Kapitel zeichnet ein liebevolles Gegenbild zu den grausamen Verirrungen, von denen das Richterbuch erzählt. Zum einen durch die Person der Moabiterin Rut, die sich, obwohl ihr Volk zu den Feinden Israels zählt (s. Dtn 23,4f), ausdrücklich zu dem Gott Israels bekennt; zum andern durch die Person des Israeliten Boas, der sich, anders als viele seiner Landsleute, an die Tora hält und sowohl Rut, der Fremden, das Recht des Ährenlesens gewährt (Dtn 24,19ff) als auch das Gesetz der Leviratsehe beachtet (Dtn 25,5ff).

(3) Das vierte Kapitel bringt die „Lösung" durch die Eheschließung von Boas und Rut und durch die Geburt ihres Sohnes, der schon auf König David, den Erwählten Gottes vorausweist. Während das Buch der Richter uns mit der offenen Frage entlässt: Wann wird endlich der König kommen?, zeigt das Buch Rut am Ende schon leise an: Der König ist schon im Kommen. Durch das Kind von Rut und Boas, in Bethlehem geboren, beginnt Gott im Verborgenen eine neue Geschichte, die am Ende in dem „Kind von Bethlehem" zum Ziel kommen wird.

NOOMI
Rut 1

Zur Zeit der Richter brach im Land Israel
eine schwere Hungersnot aus.
Auch in Bethlehem
blieben die Scheunen leer.
In der ganzen Stadt gab es
kein Mehl und kein Brot mehr.

Da verließen viele Bewohner
Hof und Haus
und wanderten ins Nachbarland aus.
Unter ihnen war auch ein Bauer,
der hieß Elimelech.
Er zog mit seiner Frau Noomi
und mit seinen zwei Söhnen,
Kiljon und Machlon, ins Land Moab. 1,1

Aber nicht lange danach
starb Elimelech im fremden Land.
Und nach zehn Jahren
starben auch beide Söhne.
Nur ihre Frauen blieben zurück.
Rut und Orpa mit Namen.
Sie gehörten dem Moabitervolk an. 1,3ff

Da sagte sich Noomi:
Was soll ich noch länger hier bleiben?
Ich will wieder nach Bethlehem gehen.
Denn sie hatte erfahren:
Die Hungersnot war dort vorüber.
Gott hatte sich über sein Volk erbarmt. 1,6

So machte sie sich auf den Weg.
Orpa und Rut begleiteten sie.
Doch unterwegs sagte Noomi
zu den beiden: „Kehrt nun um
und geht zu euren Familien zurück!
Gott vergelte euch all das Gute,
das ihr an den Toten
und an mir getan habt.
Er schenke euch einen Mann,
bei dem ihr ein neues Zuhause findet." 1,7f

Darauf küsste sie beide zum Abschied.
Doch Orpa und Rut weinten
und wollten sie nicht ziehen lassen.
Aber Noomi beschwor sie:

„Kehrt um, meine Töchter!
Warum wollt ihr mit mir ziehen?
Ich kann euch keinen Mann geben
und kann auch keinen Sohn
mehr bekommen.
Mein Schicksal ist zu bitter für euch.
Denn die Hand Gottes
hat mich getroffen." 1,10ff

Da nahm Orpa traurig Abschied.
Rut aber blieb bei Noomi.
„Nein", erwiderte sie.
„Ich lasse dich nicht allein.
Wo du hingehst, dahin gehe ich auch.
Wo du bleibst, da bleibe ich auch.
Dein Volk ist mein Volk.
Und dein Gott ist mein Gott.
Wo du stirbst, da sterbe ich auch.
Da will ich auch begraben sein.
Nur der Tod soll mich und dich trennen." 1,16f

So gingen die beiden miteinander,
bis sie nach Bethlehem kamen.
Im Nu sprach es sich dort herum:
„Habt ihr gehört? Noomi ist wieder da!"
Da liefen die Frauen zusammen,
umringten die beiden
und starrten sie entsetzt an.
Ist das wirklich Noomi? 1,19

„Ja, ich bin es", sagte Noomi.
„Doch nennt mich nicht mehr Noomi,
sondern Mara, die ‚Bittere'!
Denn Gott, der Allmächtige,
hat mir bitteres Leid zugefügt.
Reich zog ich aus.
Aber mit leeren Händen kehre ich heim.
Gott der Herr hat mir meinen Mann
und meine beiden Söhne genommen." 1,20f

So sprach Noomi.
Rut aber stand bei ihr und schwieg.
Noch wusste niemand,
wer diese fremde Frau war
und warum sie mit Noomi
nach Bethlehem gekommen war.

Am Anfang der Geschichte steht die Leiderfahrung einer einzelnen Familie. Jeder Weg in die Zukunft scheint für diese Familie aus mehrfachen Gründen verbaut:
• Das Land kann seine Bewohner nicht mehr ernähren.
• Die Familie muss auswandern und fern vom Volk Gottes in heidnischer Umgebung leben – ohne Aussicht auf baldige Rückkehr.
• Alle Männer der Familie sterben nacheinander im Ausland. Damit ist nicht nur die Versorgung der Frauen infrage gestellt, sondern vor allem ihre Nachkommenschaft.
• Die Frauen der verstorbenen Söhne sind Moabiterinnen und bleiben traditionsgemäß ihrem Land verpflichtet. Selbst wenn sie dort noch einmal heiraten sollten, so gehören ihre Kinder doch nicht dem Volk Israel an.
• Noomi ist zwar Israelitin, aber sie selbst ist zu alt, um noch einmal einen Sohn zu bekommen, den sie ihren Schwiegertöchtern zum Mann geben könnte. Denn nur dann wären ihre Kinder als Israeliten anerkannt (vgl. dazu Anm. zu Rut 3!).
In der Person Noomis verdichtet sich das namenlose Leid, von dem das 1. Kapitel erzählt. Noomi deutet das Leid, das ihr widerfährt, als Heimsuchung Gottes (1,13.21). Das macht ihr Leiden noch unerträglicher. Durch den sachlichen Erzählstil tritt die Unbegreiflichkeit des Geschehens noch schärfer hervor. Sie wird noch zusätzlich gesteigert durch die Erwähnung der Namen, die in krassem Gegensatz zur erfahrenen Wirklichkeit stehen:
• Bethlehem, das „Haus des Brotes" hat kein Brot mehr! Elimelech (dt. „mein Gott ist König") erfährt nichts von Gottes Macht, sondern stirbt in der Fremde. Die Namen der Söhne Kiljon und Machlon (dt. „der Schwächliche" und „der Kränkliche") lassen auf einen frühen Tod schließen. Noomi, die „Liebliche", will angesichts der bitteren Erfahrungen lieber Mara, die „Bittere" heißen.

Und dennoch leuchtet inmitten dieser Leidgeschichte, wenn auch ganz verhalten, Hoffnung auf, indem:
– Rut mit Noomi nach Israel und damit einer ungewissen Zukunft entgegengeht;
– sich Rut ausdrücklich zu dem Gott Israels bekennt und bereit ist, selbst Teil dieses Volkes zu werden;
– am Ende der Hinweis auf die beginnende Gerstenernte (1,22) hoffen lässt, dass die Geschichte Noomis und ihrer Schwiegertochter Rut noch nicht am Ende ist, sondern erst richtig beginnt.

RUT UND BOAS
Rut 2

Die Gerstenernte hatte begonnen.
Auf den Feldern von Bethlehem
waren die Schnitter am Werk.
Sie schnitten die Ähren mit einer Sichel
und banden sie in Garben zusammen.
Was aber liegen blieb,
durften die Armen einsammeln. Dtn
So schrieb es das Gesetz vor. 24,19ff

Da sagte Rut, die Moabiterin,
zu ihrer Schwiegermutter Noomi:
„Ich will Ähren auflesen.
Vielleicht finde ich ein Feld,
wo man mir freundlich begegnet."
„Ja, tu das", meinte Noomi. 2,2

So machte sich Rut auf
und kam auf ein Feld,
das Boas, einem Verwandten
ihres verstorbenen Mannes, gehörte.
Aber Rut wusste es nicht. 2,3
Unauffällig folgte sie den Schnittern
und las auf, was sie fand.
Von frühmorgens bis zum Mittag
sammelte sie unermüdlich,
bis ihr Tuch mit Ähren gefüllt war. 2,7

Da kam Boas aufs Feld.
Verwundert fragte er seine Schnitter:
„Wer ist diese Frau?"
„Das ist die Moabiterin,
die Noomi aus Moab mitgebracht hat.
Sie bat darum, Ähren zu lesen.
Schon vom frühen Morgen an
ist sie hier und gönnt sich keine Ruhe." 2,5ff

Da ging Boas auf Rut zu,
grüßte sie freundlich und sagte:
„Hör zu, meine Tochter:
Du sollst auf kein anderes Feld gehen.
Halte dich immer
zu meinen Mägden,
denn hier bist du sicher.
Ich habe meinen Knechten befohlen,
dass sie dich nicht anrühren.
Und wenn du Durst hast,
dann geh zu ihnen hin
und trinke von ihrem Wasser." 2,8f

Da verneigte sich Rut vor Boas
bis auf die Erde.
Und erstaunt fragte sie:
„Womit habe ich solche Güte verdient?
Ich bin doch nur eine Fremde!" 2,10

Boas antwortete:
„Man hat mir erzählt, was du
für deine Schwiegermutter getan hast,
Vater, Mutter und dein Heimatland
hast du verlassen
und bist hierher gekommen
zu einem Volk, das dir fremd ist.
Gott vergelte es dir.
Er schenke dir,
dass du unter seinen Flügeln
Schutz und Geborgenheit findest." 2,11f

„Mein Herr", antwortete Rut,
„ihr seid so gütig zu mir.
Ihr habt mich getröstet
und zu meinem Herzen gesprochen,
obwohl ich doch nicht einmal
euren Mägden gleich bin." 2,13

Doch Boas lud sie ein:
„Komm, es ist Mittagszeit.
Setz dich zu uns und iss mit uns!"
Dann legte er ihr geröstete Körner vor,
so viele, dass davon noch übrig blieb. 2,14
Danach aber sammelte Rut
gleich wieder weiter.
Staunend sah Boas ihr zu.
Und er befahl seinen Knechten:
„Sorgt immer dafür,
dass sie genug Ähren findet!
Lasst zwischendurch auch
ein paar Ähren absichtlich liegen,
damit sie noch mehr findet!
Und seid nicht unfreundlich zu ihr!" 2,15f

So kam der Abend heran.
Da klopfte Rut die Ähren aus,
die sie gesammelt hatte.
Einen ganzen Krug voll Gerste
brachte sie zu Noomi nach Hause. 2,17f
„So viel?", wunderte sich Noomi.
„Wo hast du es gefunden?"
„Auf dem Feld von Boas",
antwortete Rut.
Und sie erzählte Noomi alles,
was Boas zu ihr gesagt hatte. 2,19

„Gesegnet sei er!", rief Noomi.
„Nun sehe ich,
wie gut es Gott mit uns meint.
Er hat uns doch nicht verlassen.
Bleib nur immer auf Boas' Feld
und halte dich zu seinen Mägden.
Dann kann dir nichts zustoßen."
Und geheimnisvoll fügte sie hinzu:
„Der Mann steht uns nahe.
Er gehört zu unseren ‚Lösern'". 2,20
Doch Rut verstand nicht,
was Noomi ihr sagte.
Noch nicht.

Das 2. Kapitel zeichnet die erste Begegnung zwischen Rut und Boas in gewinnender Menschlichkeit und zeigt an ihr die verborgene Führung Gottes auf. Dass Rut ausgerechnet auf ein Feld geht, das einem Verwandten Elimelechs, des verstorbenen Mannes von Noomi, gehört, scheint zunächst reiner Zufall. Erst am Ende deutet sich in den Worten Noomis an, dass Gott die beiden zusammengeführt hat und mit ihnen im Verborgenen eine neue Hoffnungsgeschichte beginnt.

Diese scheinbar alltägliche Szene auf dem Feld des Boas wird so liebevoll und detailliert erzählt, dass die Liebe und Achtung spürbar ist, in der die Menschen hier einander begegnen. Sie ist aber nicht nur Ausdruck menschlicher Zuneigung, sondern gelebten Gehorsams gegenüber Gottes Gebot, wie es die Tora vorgibt. Dazu gehört:

(1) Das Recht des Ährenlesens für Witwen, Waisen und Fremde (Dtn 24,19ff). Rut wagt es als Witwe und Fremde, dieses Recht für sich und für Noomi in Anspruch zu nehmen, um damit ihren Lebensunterhalt zu sichern. Aber dieses Recht wird offenbar in der Praxis oft missachtet (2,9.15.22). Wer Ähren aufliest, wird häufig schikaniert, belästigt oder gar vom Feld gejagt. Ganz anders dagegen Boas. Er begegnet Rut mit Achtung, rühmt ihre Fürsorge für Noomi (2,11), bewirtet sie zudem noch fürstlich (2,14) und sagt ihr auf seinem Feld nicht nur einen sicheren „Arbeitsplatz" während der Erntezeit zu (2,8), sondern sorgt auch für ihren persönlichen Schutz (2,9).

(2) Der Rechtsschutz für Fremde, wie er u.a. im Bundesbuch (Ex 22,20) verbrieft ist: „Die Fremden sollst du nicht bedrängen und bedrücken, denn ihr seid selbst Fremde in Ägypten gewesen" (Ex 22,21). Wer sich dennoch darüber hinwegsetzt, macht sich nicht nur vor Menschen, sondern vor Gott schuldig. Der Gott Israels hält seine Hände schützend über denen, die „unter seinen Flügeln Zuflucht" suchen, also auch über jenen, die ursprünglich nicht zum Volk Israel gezählt werden. Dieses Bild findet sich auch in vielen Psalmen (z.B. Ps 57,2; 63,8). Es erinnert daran: Gott ist all denen nahe, die sich in seinem Schutzbereich bergen. Sie sind das wahre Gottesvolk, durch das Gott sein Heilswerk ausrichten wird.

DIE LÖSUNG
Rut 3–4

Von nun an ging Rut jeden Tag
auf das Feld des Boas.
Und jeden Abend brachte sie
ein volles Gefäß
mit Gerste nach Hause,
solange Erntezeit war. 2,23

Aber als die Ernte vorüber war,
sagte Noomi zu Rut:
„Meine Tochter, ich will dafür sorgen,
dass du ein neues Zuhause bekommst. 3,1
So höre auf mich:
Wasch dich und salbe dich!
Und lege dein schönstes Gewand an.
Dann geh heute Abend zu Boas.
Er worfelt auf der Tenne die Gerste.

Aber gib acht,
dass er dich nicht erkennt.
Warte, bis er gegessen
und getrunken hat.
Danach legt er sich schlafen.
Dann leg dich heimlich
zu seinen Füßen.
Alles Weitere wird Boas dir sagen." 3,3f

Da hörte Rut auf Noomis Rat.
Als die Nacht hereinbrach,
ging sie zur Tenne und wartete,
bis Boas hinter einem Kornhaufen
sich schlafen legte.
Leise legte sie sich
zu seinen Füßen. 3,7

Um Mitternacht aber wachte Boas auf.
Mit Schrecken entdeckte er,
dass eine Frau bei ihm lag.
„Wer bist du?", fragte Boas.
„Ich bin Rut, deine Magd.
Breite deinen Mantel über mich
zum Zeichen, dass ich dir gehöre.
Denn du bist der Löser." 3,9

„Gott segne dich, meine Tochter!",
sagte Boas zu ihr.
„Jetzt zeigst du deine Liebe
noch schöner als vorher.
Denn du bist nicht
jungen Männern nachgelaufen
und fragst auch nicht danach,
ob einer reich oder arm ist.
Darum fürchte dich nicht!
Alles, was du gesagt hast,
will ich erfüllen.
Denn die ganze Stadt weiß,
dass du eine unbescholtene Frau bist.
Ja, es ist wahr:
Ich bin wirklich ein Löser.
Aber es gibt noch einen Verwandten,
der dir noch näher steht.
Den will ich erst fragen,
ob er dein Löser sein will.
Darum bleib über Nacht hier.
Morgen früh will ich mit ihm reden." 3,10ff

So blieb Rut bei Boas,
bis der Morgen anbrach.
Hoffentlich erfährt niemand,
dass in dieser Nacht
eine Frau bei mir war!,
sorgte sich Boas.
Doch Rut stand früh auf,
bevor sie jemand bemerkte.
Zum Abschied füllte Boas
ihr Tuch mit Korn.
Reich beschenkt kehrte Rut
zu Noomi zurück. 3,14f

„Nun", fragte Noomi,
„was hat dir Boas gesagt?"
„Er hat gesagt: Du sollst nicht
mit leeren Händen zurückkommen."
Als aber Noomi den Kornsegen sah,
sagte sie zu Rut:

„Der Mann meint es gut mit uns.
Warte nur! Er wird nicht eher ruhen,
bis er die Sache zu Ende gebracht hat." 3,16ff

Inzwischen ging Boas zum Stadttor,
um den Vertrag vor Zeugen zu schließen.
Da kam gerade der Verwandte vorbei.
„Komm her", bat Boas,
„setz dich zu mir!"
Er rief zehn Älteste als Zeugen hinzu
und sprach feierlich diese Worte:
„Noomi, die aus dem Land Moab kam,
bietet das Feld zum Kauf an,
das ihrem Mann Elimelech gehörte. 4,1ff
Willst du es haben,
so nimm das Angebot an.
Denn du bist der Nächste,
der es einlösen kann."
„Ja", antwortete dieser,
„ich nehme das Angebot an." 4,4

Doch Boas fügte hinzu:
„Dann musst du auch
Rut zur Frau nehmen
und mit ihr einen Sohn zeugen.
Der soll den Namen
ihres verstorbenen Mannes tragen.
So schreibt es unser Gesetz vor." 4,5

Da winkte der andere ab.
„Nein, danke!
Das wird mir zu viel.
Nimm du die Frau
und das Feld noch dazu.
Ich verzichte auf alles." 4,6
Und zum Zeichen,
dass er es ernst meinte,
zog er feierlich seinen Schuh aus
und übergab ihn an Boas.
So war es in Israel Brauch. 4,7f

„Ich nehme den Kauf an", sagte Boas,
zu den Männern gewandt.
„Ihr alle seid meine Zeugen.
Ich nehme auch Rut zur Frau,
damit der Name ihres Mannes
in ihrem Kind fortleben kann." 4,9f

„Ja, wir sind Zeugen",
bestätigten die Männer,

die im Tor versammelt waren.
„Gott segne deine Frau
wie Lea und Rahel,
die das Haus Israel gebaut haben." 4,11

So holte Boas Rut in sein Haus
und nahm sie zur Frau.
Und als ein Jahr um war,
schenkte Gott Rut einen Sohn,
den nannte sie Obed. 4,13.17

Da kamen die Frauen von Bethlehem
zu Noomi, lobten Gott und riefen:
„Gelobt sei Gott,
der dich getröstet hat.
Er hat dir einen Löser geschenkt,
der dich im Alter versorgt.
Deine Schwiegertochter,
die dir mehr bedeutet
als sieben Söhne,
hat ihn geboren.
Sein Name werde gepriesen." 4,14f

Dies ist die Geschichte von Rut,
die als Fremde nach Israel kam.
Von ihr stammt König David ab,
der König, den Gott zum Hirten
über sein Volk bestimmt hatte.
David war ein Sohn von Isai.
Isai war ein Sohn von Obed.
Der war der Sohn von Boas und Rut. 4,18ff

– – –

*H*alleluja!
Lobe den Herrn, meine Seele!
Ich will den Herrn loben, solange ich lebe,
und meinem Gott lobsingen, solange ich bin.
Freuen dürfen sich alle,
die sich auf Gottes Hilfe verlassen,
die auf den Herrn hoffen.
Allen, die Gewalt leiden,
schafft der Herr Recht.
Er gibt den Hungrigen Speise
und die am Boden liegen,
richtet er auf.
Er behütet die Fremden
und erhält Waisen und Witwen am Leben.
Der Herr ist allezeit König.
Er ist dein Gott für und für.
Halleluja!
aus Psalm 146

Dieses Kapitel setzt die Kenntnis alter Rechtsordnungen voraus:
(1) Die „Lösung" ist ursprünglich als ein Rechtsakt zugunsten eines verarmten Verwandten zu verstehen. Nach Lev 25,25ff hat der nächste Verwandte das Recht (und auch die moralische Pflicht), das Grundstück seines verarmten „Bruders" zu kaufen, damit es nicht in fremde Hände übergeht.
(2) Eine ähnliche Funktion hat das Gesetz zur sog. „Schwagerehe" (auch „Leviratsehe" genannt). Nach Dtn 25,5ff gilt: Wenn ein Mann kinderlos stirbt, so soll der Bruder des Verstorbenen die Witwe heiraten und mit ihr ein Kind zeugen, das den Namen des Verstorbenen trägt, damit der Verstorbene in dem Kind weiterlebt (vgl. Gen 38,3ff).
In beiden Fällen handelt es sich um Schutzbestimmungen, die das Leben Notleidender schützen sollen. Wer sich an sie hält, gibt nicht nur den betroffenen Menschen die Würde zurück, die ihnen von Gott zusteht, sondern ehrt Gott, indem er seinen „Nächsten" ehrt. So heißt es z.B. in Lev 25,36: Darum „sollst du dich vor deinem Gott fürchten, dass dein Bruder neben dir leben könne".

Aber das Neue am Buch Rut ist, dass hier beide Schutzbestimmungen miteinander verschmolzen werden und nun ausdrücklich auf eine Frau, zudem noch eine Ausländerin, angewandt werden. Sowohl Rut als auch Boas gehen dabei ein großes Wagnis ein:
Rut legt sich heimlich zu Boas und bittet ihn, seinen Mantel über sie zu breiten, d.h. sie unter seinen Schutz zu stellen. Dabei riskiert Rut, als Hure oder gar als Ehebrecherin angesehen zu werden.
Auch Boas wagt sich weit vor. Er müsste Rut eigentlich davonjagen oder sogar vor Gericht ziehen. Stattdessen lässt er sich auf ihre Bitte ein und erklärt sich öffentlich und vor Zeugen als ihr „Löser". Nachdem der nächste Verwandte unter Zeugen (4,7) auf sein Vorkaufsrecht verzichtet

und dies noch durch einen symbolischen Akt bekräftigt hat, sind rechtlich alle Voraussetzungen geschaffen, dass Rut in die Gemeinschaft des Volkes Israel aufgenommen werden kann. Dies geschieht am Stadttor, dem traditionellen Ort der Rechtsprechung. Das Segenswort der Ältesten am Stadttor unterstreicht dies feierlich: „Der Herr mache die Frau, die in dein Haus kommt, wie Rahel und Lea". Das heißt: Rut, die Fremde, wird hier in einem Atemzug mit den Stammmüttern Israels genannt!

So schließt sich am Ende der Kreis:
– Was anfänglich als Geschichte einer Familie ohne Zukunft begonnen hat, endet mit der Geburt eines Kindes, das mit der Nennung Davids in die ferne Zukunft Gottes weist.
– Was zuerst wie ein Fluch über dieser Familie lag, verwandelt sich am Ende in Segen: Dieselben Frauen von Bethlehem, die sich im 1. Kapitel über Noomi entsetzten, sprechen ihr nun den Segen Gottes zu, der mit der Anerkennung Ruts („die dir mehr wert ist als sieben Söhne"; 4,15) und mit der Geburt ihres Kindes sichtbare Gestalt angenommen hat.
– Was im 1. Kapitel nur äußerlich als Heimkehr nach Israel geschildert wurde, erweist sich am Ende als Heimkehr zu Gott: durch die Einbindung dieser Familiengeschichte in Gottes große Heilsgeschichte.

Somit bedeutet die „Lösung" am Ende mehr als nur ein Rechtsakt. Sie weist auf das Ziel der Wege Gottes hin, auf den „Löser", durch den Gott sein Volk „erlösen" wird. Sein Kommen bekennt der alte Priester Zacharias in seinem bekannten „Lobgesang" am Anfang des Lukasevangeliums: „Gelobt sei der Herr, der Gott Israels. Denn er hat sein Volk besucht und erlöst ..." (Lk 1,68).

DAS 1. BUCH SAMUEL

Die Anfänge des Königtums

Das 1. Buch Samuel beschreibt den Übergang von der Richterzeit zum Königtum, der sich an den Personen Samuel, Saul und David festmacht. Trotz der Vielzahl der Geschichten, in denen sich verschiedene Überlieferungen miteinander verbinden – z.B. die sog. „Ladegeschichten" (1. Sam 4–6 / 2. Sam 6) oder die Geschichte vom „Aufstieg Davids" (16ff) –, hat dieses Buch eine erkennbare Mitte in den Kapiteln 8–12, die von der Einführung des Königtums berichten und damit ein grundlegendes Ja und Nein zum Königtum verbinden. Von hier aus erklärt sich der Aufbau des Buchs, das in seinen drei großen Erzähleinheiten durchgängig von diesem Ja und Nein bestimmt ist.

(1) Die Geschichte Samuels
bildet den Auftakt zur Königsgeschichte. Sie setzt – wie auch das Exodusbuch – mit der Beschreibung einer aussichtslosen Situation ein. Es ist vor allem der religiöse Verfall, der sogar vor dem Zentrum des Glaubens und vor dem Heiligsten, der Bundeslade, nicht haltmacht. Die desolaten Zustände am Zentralheiligtum in Silo und die geistliche Verwahrlosung seiner Priester (2,12ff) zeigen an, wie tief das Volk Gottes bereits gefallen ist. „Ikabod" – die Herrlichkeit Gottes ist von Israel gewichen (4,21), das ist die traurige Wirklichkeit, die die ersten Kapitel bestimmt. Zu der Gefährdung im Innern des Volkes kommt die Bedrohung von außen hinzu. Die feindliche Übermacht der Philister bedeutet aufgrund ihrer militärischen Überlegenheit zunehmend eine akute Gefahr, der das Volk Israel nicht gewachsen ist (4ff).
Die hoffnungslose Situation spiegelt sich in der Geschichte von der kinderlosen Hanna, die betont an den Anfang des Buches gesetzt ist (1f). Aber mit ihr zeichnet sich bereits im Verborgenen ein Neuanfang ab. Durch die Geburt und Berufung des jungen Samuels beginnt Gott eine neue Geschichte mit seinem Volk. Samuel repräsentiert einerseits die alte Ordnung, indem er als letzter Richter sein Volk anführt und zu Gott zurückruft (7 und 12). Andererseits weist er – analog zu Johannes dem Täufer im NT – als Wegbereiter des Königs bereits über sich selbst hinaus. Er ist es, der Saul – und später auch David – im Auftrag Gottes zum König salbt. Aber zugleich ist er auch das kritische Gegenüber des ersten Königs und wird dadurch zum Urbild späterer Propheten, die den Auftrag haben, die Könige zu Gott zurückzurufen.

(2) Die Geschichte Sauls
setzt mit einer grundsätzlichen Reflexion über das Königtum ein. Ausführlich wird in Kap. 8–12 das Für und Wider erörtert, wobei die königskritische Stimme vor allem in den beiden Reden Samuels (8 und 12) zur Sprache kommt. Dazwischen ist die königsfreundliche Erzählung von Sauls Salbung und seine Wahl zum König eingefügt, die den ersten König als den von Gott Erwählten ausweist. Sie steht in schroffem Gegensatz zu den folgenden Erzählungen vom Königtum Sauls, die ihn

als einen von Gott „verworfenen" und „heillosen" Menschen darstellen, der seinen von Gott gegebenen Auftrag verfehlt hat.

Das einseitig düstere Bild, das dieses Buch vom ersten König zeichnet, erscheint wie ein Warnsignal am Anfang der Königsgeschichte. Ob dieses Bild den tatsächlichen Leistungen dieses Königs entspricht, muss dahingestellt bleiben. Es soll wohl vor allem auf die Gefahren des Königtums hinweisen, die später im Verlauf der Königsgeschichte immer deutlicher hervortreten, sich aber schon in den Anfängen abzeichnen.

(3) Die Geschichte des jungen David

erscheint wie ein Gegenentwurf zur Geschichte Sauls. Mit ihr verschiebt sich die Perspektive. Saul ist zwar noch König, aber das Interesse richtet sich bereits auf den kommenden König, den Gott erwählt hat. Aus dieser Perspektive wirkt Saul wie ein tragischer Held: Alle seine Anstrengungen, Gottes Gunst zu gewinnen (13,9ff; 28,3b) und eine Dynastie aufzubauen (20,31), verwandeln sich ins Gegenteil. Das Buch endet mit dem Tod des Königs und seiner Söhne im Kampf gegen die Philister (31). Damit scheint das Königtum Israels bereits in den Anfängen gescheitert. Aber mit der Erwählung und Salbung Davids (16) ist ein Neuanfang gesetzt, der über die Grenzen des Buches hinweg die Hoffnung auf einen Neuanfang durch Gott wachhält.

Das Buch im Überblick:

1–12	SAMUEL: der letzte Richter und Wegbereiter der Könige
1–3	Samuels Geburt und Berufung
4–7	Krieg mit den Philistern / Verlust der Bundeslade und Bundeserneuerung durch Samuel
8–11	Salbung und Einsetzung des ersten Königs durch Samuel
12	Samuels Vermächtnis
9–31	SAUL: der erste König Israels – erwählt und verworfen
9–11	Sauls Salbung und Wahl zum König und sein erster Sieg
13+15	Sauls Fall – sein Konflikt mit Samuel und seine Folgen
14+20	Saul und Jonatan
16–26	Saul und David
28+31	Sauls Ende
16–30	DAVID: der künftige König
16	Davids Salbung durch Samuel
17	David und Goliat
18	David und Jonatan
19ff	David auf der Flucht

SAMUEL – WEGBEREITER DER KÖNIGE
1.SAMUEL 1–12

SAMUELS GEBURT
1. Samuel 1

Im Bergland von Ephraim
lebte ein Mann namens Elkana,
der hatte zwei Frauen.
Die eine hieß Hanna,
die andere Peninna.
Peninna hatte Kinder,
aber Hanna hatte kein Kind. 1,1f
Es schien, als hätte Gott
ihren Leib verschlossen. 1,5

Jedes Jahr zog Elkana mit seinen Frauen,
seinen Söhnen und Töchtern
zum Haus Gottes nach Silo,
wo die Lade Gottes stand.
Dort brachte Elkana Gott ein Opfer.
Danach gab es vor dem Haus Gottes
für alle ein festliches Mahl.
Elkana teilte das Opferfleisch aus.
Peninna und ihren Kindern
gab er je ein Stück Fleisch.
Aber Hanna gab er traurig
nur ein einziges Stück.
Denn er hatte Hanna sehr lieb,
obwohl sie ihm kein Kind
geboren hatte. 1,4f
Doch Peninna sah auf Hanna herab.
Sie stichelte: „Was bist du schon wert!
Kein einziges Kind hast du geboren.
Gott hat deinen Leib verschlossen."
So kränkte sie Hanna jedes Jahr,
wenn sie beim Opfermahl saßen.

Einmal setzte sie Hanna wieder so zu,
dass diese in Tränen ausbrach.
Das Essen blieb ihr im Hals stecken.
„Aber Hanna", fragte Elkana besorgt.
„Warum weinst du?
Warum isst du nichts?
Warum ist dein Herz so betrübt?
Bin ich dir nicht mehr wert
als zehn Söhne?" 1,6ff

Da hielt es Hanna nicht länger
auf ihrem Platz.
Sie sprang auf
und lief zum Haus Gottes.
Dort saß der alte Priester Eli am Tor.
Hanna warf sich am Eingang nieder,
schluchzte und betete stumm:
„Ach Herr, du mächtiger Gott!
Herr der himmlischen Heere!
Sieh meine Not an!
Erbarme dich über mich!
Wenn du mir einen Sohn schenkst,
dann will ich ihn dir zurückgeben.
Dir soll er gehören.
Sein Leben lang soll er dir dienen.
Ich gelobe es dir.
Und niemand soll seine Haare scheren.
Das soll das Zeichen sein,
dass er dir gehört." 1,9ff

Während Hanna so betete,
beobachtete sie Eli, der Priester.
Wie sonderbar!, sagte er sich.
Die Frau liegt am Boden
und bewegt ihre Lippen,
aber ich höre sie nicht.
Sicher ist sie betrunken.
Und er fuhr Hanna an:
„Was fällt dir ein?
Wie lange willst du betrunken sein?
Spuck deinen Wein aus!"
„Aber nein!", entgegnete Hanna.
„Ich bin nicht betrunken.
Ich bin auch keine zuchtlose Frau.
Ich habe nur einen großen Kummer.
Darum habe ich so lange gebetet
und mein Herz vor Gott ausgeschüttet." 1,12ff

Da ahnte Eli, was Hanna beschwerte.
Und er sprach zu ihr:
„Geh hin in Frieden!
Der Gott Israels hat dein Gebet erhört.

1. Samuel

Er wird dir die Bitte erfüllen,
die du ihm anvertraut hast." 1,17

„Ach bitte", antwortete Hanna,
„lass mich Gnade finden vor dir,
dass sich dein Wort erfüllt."
Und sogleich stand sie auf,
ging zu den andern zurück,
aß und trank fröhlich mit ihnen,
voller Freude über das Wort,
das ihr der Priester gesagt hatte. 1,18

Und wie Eli gesagt hatte,
so traf es ein:
Nach einem Jahr brachte Hanna
einen Sohn zur Welt.
Sie gab ihm den Namen Samuel,
das heißt: „von Gott erbeten".
„Denn", so sprach sie,
„ich habe ihn von Gott erbeten." 1,20

– – –

Drei Jahre blieb Samuel
zu Hause bei seiner Mutter.
Danach zogen Hanna und Elkana
mit ihm zum Haus Gottes nach Silo 1,24
und brachten das Kind
zu Eli, dem Priester.
„Ach, mein Herr!", sagte Hanna zu ihm.
„Erkennst du mich wieder?
Ich bin die Frau, die vor dir stand.
Und das ist mein Sohn,
um den ich damals Gott bat.

Er hat mir meine Bitte erfüllt.
Nun gebe ich ihm meinen Sohn wieder.
Er soll ein Priester werden
und Gott sein Leben lang dienen." 1,26ff

Von diesem Tag an
blieb Samuel bei Eli in Silo
Elkana aber kehrte mit Hanna heim. 2,11
Und Gott segnete Hanna
und schenkte ihr noch fünf Kinder. 2,21
Samuel aber wuchs am Heiligtum auf.
Dort lehrte Eli ihn alles,
was ein Priester zu tun hatte.
So wurde Samuel ein Diener Gottes.
Und Gott hatte Gefallen an ihm. 2,26

– – –

Halleluja!
Wer ist wie der Herr unser Gott,
im Himmel und auf Erden?
Der in der Höhe thront
und schaut herab in die Tiefe,
der die Erniedrigten
aus dem Staub erhebt,
der die Armen erhöht
und sie zu Tisch setzt
neben die Fürsten;
der die Kinderlose
wieder zu Ehren bringt
und sie zur fröhlichen Mutter
ihrer Kinder macht.
aus Psalm 113

„Es war ein Mann vom Gebirge Ephraim, der hieß Elkana ..." So unspektakulär, so menschlich vertraut beginnt diese Geschichte: In warmen Tönen erzählt sie von einem frommen Israeliten, der regelmäßig Gott ein Opfer darbringt, und von dem heimlichen Kummer seiner Frau, der, wie es heißt „Gott den Leib verschlossen hat" (1,5f). Sie erzählt von dem Mitgefühl ihres Mannes, der sie zu trösten sucht, aber auch von den Kränkungen, die sie durch die kinderreiche Nebenfrau hinnehmen muss, weil Kinderlosigkeit zu dieser Zeit als Makel gilt.
Hinter dieser scheinbar ganz privaten Familiengeschichte verbirgt sich eine viel tiefere Not. Es scheint, als sei hier jeder Weg in die Zukunft verschlossen. Nicht nur für diese eine Familie, sondern für das ganze Volk Gottes. Noch pilgern einige von ihnen jährlich zum Heiligtum Gottes wie jener Elkana, aber wie lange noch?

Doch inmitten dieser Situation, die menschlich betrachtet aussichtslos scheint, keimt gleich zu Anfang leise Hoffnung auf. Sie beginnt – wie auch die Geschichte der kinderlosen Sara (und auch der von Rebekka und Rahel), die Gott zur Stammmutter einer großen Nachkommenschaft macht – mit der Geschichte einer kinderlosen Frau, die ihr Herz vor Gott „ausschüttet" (1,15). Wie auch in anderen Klagegebeten der Bibel (z.B. Ps 50,14; 66,13; 116,14) verbindet

Hanna ihr Gebet mit einem Gelübde: Das Kind soll Gott geweiht sein. Als sichtbares Zeichen soll es seine Haare lang tragen (vgl. Ri 13,5; Num 6,5). Und auch der priesterliche Zuspruch, der die Wende von der Klage zum Lob herbeiführt, erinnert an Klagepsalmen, die im Tempel gesprochen wurden (z.B. Ps 13). Hier wird deutlich: Die Wende tritt bereits dort ein, wo Gott „gedenkt" (1,19), wo er das Flehen derer erhört, die zu ihm „schreien". Und sie kommt zum Ziel mit der Geburt und Namensgebung des Kindes: Samuel, das kann heißen: „der von Gott kommt" (Buber / Rosenzweig) bzw.: „der von Gott erbeten" ist. Der Name des Kindes ist zugleich Programm: Durch dieses Kind, unter schwierigen Umständen geboren, setzt Gott in der Geschichte seines Volkes einen Neuanfang. Das verbindet die Geschichte Samuels mit anderen Geburtsgeschichten der Bibel (z.B. von Mose, Ex 2, und Jesus und Johannes der Täufer, Lk 1f). Durch ein schwaches Kind baut er seine Geschichte, im Gegensatz zu den mächtigen Herrschern der Welt!

DAS LIED DER HANNA
1. Samuel 2,1–11

Dies ist das Loblied,
das Hanna anstimmte,
als sie ihren Sohn Samuel
zum Haus Gottes brachte
und dort ihr Gelübde erfüllte:

„Mein Herz ist voll Freude im Herrn.
Mein Haupt ist erhoben im Herrn.
Mein Mund ist weit aufgetan.
Denn ich freue mich über dein Heil. 2,1
Es ist niemand so heilig wie der Herr.
Und es ist kein Gott außer dir.
Du allein bist unser Gott,
der Fels, auf den wir vertrauen. 2,2
Ihr Spötter, redet nicht groß daher
und spottet nicht länger. 2,3
Denn unser Gott merkt es.
Bei ihm zählen Taten, nicht leere Worte.
Er zerbricht den Bogen der Starken
und die Schwachen umgibt er mit Stärke. 2,4
Die Hungrigen macht er satt.
Aber die Satten müssen hungern
und um Brot dienen.

Die Frau, die kinderlos war,
hat sieben Kinder geboren.
Aber die viele Kinder hatte,
welkt nun dahin. 2,5
Der Herr lässt sterben
und lässt wieder aufleben.
Er führt in die Tiefe des Todes
und führt wieder heraus. 2,6
Der Herr macht arm
und er macht wieder reich.
Er erniedrigt und er erhöht. 2,7
Wer im Elend sitzt, den hebt er empor.
Wer Not leidet, dem hilft er heraus
und gibt ihm einen Ehrenplatz
unter den Fürsten. 2,8
Denn Gott hat die Erde gegründet.
Er hält sie fest, dass sie nicht wankt.
So wird er auch die Seinen behüten,
dass sie nicht fallen. 2,9
Aber wer sich gegen ihn empört,
der wird zugrunde gehen.
Er wird dem König Macht geben,
und ihn erhöhen." 2,10

Am Ende der Geschichte Hannas steht das Lob Gottes. Wie Hanna zuvor ihre Klage vor Gott ausgeschüttet hat, so löst sie nun ihr Gelübde ein, indem sie im Heiligtum vor Gottes Angesicht ihr Loblied anstimmt. Dieses „Lied der Hanna", gesungen von einer einzelnen Frau, und geboren aus verzweifelter Klage, gehört zu den kostbarsten Zeugnissen des Alten Testaments. Es sprengt die engen Grenzen eigener Erfahrung und wächst über sich selbst hinaus zu einem universalen Lobpreis göttlicher Macht, die sich darin erweist, dass Gott die „Erniedrigten aufrichtet" und den „Bogen der Starken zerbricht". Es ist die Umkehrung aller irdischen Machtverhältnisse, die in diesem Lied prophetisch anklingt und die im Lobgesang der Maria, dem sog. Magnificat" (Lk 1,46ff), jubelnd aufgenommen und mit der Geburt des „Retters" verbunden wird: „Meine Seele erhebt den Herrn und mein Geist jubelt über Gott, meinen Retter, denn er hat die Niedrigkeit seiner Magd angesehen ... Er stößt die Mächtigen vom Thron und erhöht die Niedrigen" (Lk 1,46f.52).

SAMUEL IN SILO
1. Samuel 2,12–36

Als Samuel nach Silo kam,
herrschten schlimme Zustände
am Heiligtum Gottes.
Der Priester Eli war inzwischen
alt und gebrechlich geworden.
An seiner Stelle verwalteten
Elis Söhne Hofni und Pinhas
das Priesteramt am Heiligtum Gottes.

Aber die Söhne Elis
hörten nicht auf Gottes Gebot.
Sie fragten auch nicht danach,
was einem Priester erlaubt war.
Wenn jemand ein Opfer darbrachte,
dann schickten sie ihren Diener vor,
der stach mit einer großen Gabel
in das Opferfleisch, das im Topf garte,
und brachte es zu den Priestern.
Oft riss der Diener sogar
das rohe Opferfleisch an sich.
„Gib her!", befahl er dann.
„Der Priester will lieber
das ungegarte Fleisch haben."
Vergeblich baten die Leute:
„Warte doch! Lass uns erst opfern.
Danach magst du das Fleisch haben." 2,12ff
Vergeblich mahnte auch Eli die Söhne:
„Tut´s nicht! Was ihr tut,
ist ein schweres Unrecht vor Gott!"
Aber die Söhne hörten nicht auf ihn.

Sie schliefen sogar mit den Frauen,
die sich am Tor herumtrieben.
Und sie gaben nichts darum,
was die Leute über sie dachten,
sondern trieben es immer schlimmer. 2,22ff

Es war eine trostlose Zeit.
Hilflos sah Eli seinen Söhnen zu
und konnte ihnen nicht wehren.
Da kam eines Tages
ein Mann Gottes nach Silo,
der sprach zu Eli:
„So spricht der Herr!
Ich habe euch vor allen erwählt,
dass ihr mir als Priester dient.
Warum verachtet ihr meine Opfer?
Und warum ehrst du deine Söhne
mehr als mich? Doch höre,
was der Herr, der Gott Israels, spricht:
Die mich ehren, will ich auch ehren.
Und die mich verachten,
die verachte auch ich. 2,26ff
Darum wird bald ein schweres Unglück
über euch hereinbrechen.
Deine Söhne werden
beide an einem Tag sterben.
Dann will ich einen anderen
zu meinem Priester machen,
einen Priester, der mir treu dient
und tut, was ich sage."

So sprach der Mann Gottes.
Dann ging er wortlos davon. 2,31ff

So vergingen die Jahre.
Samuel aber wuchs heran
und diente Gott im Heiligtum,
wie es ihn der Priester Eli gelehrt hatte.
Er trug einen leinenen Leibrock,
wie ihn nur Priester tragen.
Dazu brachte ihm seine Mutter
jedes Jahr ein neues Oberkleid. 2,19
So wurde Samuel ein Priester
nach dem Herzen Gottes.
Gott war mit ihm.
Und Samuel fand Gefallen
bei allen, die nach Silo kamen. 2,26

Eine furchtbare Tragödie bahnt sich in Silo an. Mit ihr kündigt sich nicht nur eine familiäre Katastrophe in der Familie Elis an, sondern das Ende einer Institution mit langer Tradition. Das Priestergeschlecht Elis leitet sich direkt von Aaron ab und reicht bis in die Zeit der Wüstenwanderung zurück. Als Priester und Nachkommen Aarons sind Eli und seine Söhne für die Opfer verantwortlich, die vor dem Zelt Gottes dargebracht werden. Die Stiftshütte hatte seit der Sesshaftwerdung ihren festen Platz in Silo, war aber zur Zeit Elis wohl bereits durch ein festes Gotteshaus mit Tür und Pfosten (1,9) ersetzt worden. Eli ist aber nicht nur als Priester, sondern auch als Richter über sein Volk gesetzt. Doch ebenso wenig wie seine Vorgänger kann er für dauerhaften Frieden im Volk sorgen. Das Ende der Priesterdynastie ist bei Gott bereits beschlossen. Daran schuld ist der massive Amtsmissbrauch, der nicht nur das Amt des Priesters in Misskredit bringt, sondern das ganze Volk in Mitleidenschaft zieht und am Ende den Untergang heraufbeschwört.

Zum ersten Mal in der Geschichte tritt hier ein „Mann Gottes" auf, ein Vorläufer späterer Propheten, der im Auftrag Gottes das Gericht über das Priestergeschlecht ankündigen muss. Aber sein Wort setzt auch neue Hoffnung frei: Gott gibt auch in dieser dunklen Stunde sein Volk nicht preis. Ein anderer wird Priester sein: Samuel, den Gott erwählt hat!

Samuel wird in dieser Geschichte in scharfem Kontrast zu den Missständen am Heiligtum gezeichnet. Sie bilden die dunkle Folie, vor der sich die Gestalt Samuels umso klarer abhebt. Noch ist Samuel nicht von Gott berufen. Aber das Wort des Propheten steht bereits wie eine große Verheißung über seinem Leben.

SAMUELS BERUFUNG
1. Samuel 3

Schon seit vielen Jahren
lebte Samuel im Heiligtum zu Silo.
Tag für Tag
tat er dort seinen Dienst
und hütete das Haus Gottes,
wie es ihn der Priester Eli gelehrt hatte.
Nachts schlief er sogar
bei der Lade Gottes.
Dies war der Ort,
an dem Gott zugesagt hatte,
seinem Volk ganz nahe zu sein.
Aber Gott hatte nur noch selten
zu seinem Volk gesprochen.
Auch Samuel hatte noch nie
Gottes Stimme vernommen. 3,1

Eines Nachts aber lag Samuel
wieder an seinem Ort bei der Lade.
Die Lampe war noch nicht verloschen.
Da hörte er plötzlich eine Stimme:
„Samuel! Samuel!"
Samuel fuhr hoch.
Er lief zu Eli und sagte:
„Hier bin ich. Du hast mich gerufen."
„Nein, ich habe dich nicht gerufen.
Leg dich nur wieder hin und schlaf!" 3,4

Doch als sich Samuel hinlegte,
hörte er plötzlich wieder die Stimme:
„Samuel! Samuel!"
Da lief er noch einmal zu Eli und sagte:
„Hier bin ich. Du hast mich gerufen."
Aber Eli antwortete wieder:
„Nein, ich habe dich nicht gerufen.
Leg dich nur wieder hin und schlaf!"

Doch kaum hatte sich Samuel gelegt,
da hörte er schon wieder die Stimme:
„Samuel! Samuel!"
Und wieder lief er zu Eli und sagte:
„Hier bin ich. Du hast mich gerufen." 3,4ff

Da wusste Eli:
Gott war es, der Samuel rief.
Und er sagte zu ihm:
„Leg dich nur wieder hin!
Aber wenn du die Stimme hörst,
dann antworte laut:
Rede, Herr! Dein Diener hört." 3,9

Da ahnte auch Samuel,
wer ihn gerufen hatte.
Still ging er zurück, legte sich hin,
wartete und lauschte.

Auf einmal hörte er wieder:
„Samuel! Samuel!"
Samuel richtete sich auf.

„Rede, Herr!", rief er ins Dunkel.
„Denn dein Diener hört."

Da sprach Gott zu Samuel:
„Bald bricht ein großes Unglück
über Eli herein.
Denn eine schwere Schuld
lastet auf seiner Familie.
Wie ich angekündigt habe,
so wird es geschehen." 3,11ff

Samuel war wie betäubt.
Wach lag er da,
bis der Morgen anbrach.
Dann stand er leise auf
und öffnete das Tor am Haus Gottes.
Da hörte er, wie Eli ihn rief:
„Samuel, mein Sohn!"
„Ja, hier bin ich!" antwortete er.
„Was hat Gott zu dir gesagt?
Ich beschwöre dich:
Verschweige mir nichts!" 3,17
Da erzählte Samuel,
was ihm Gott anvertraut hatte.
„Es ist der Herr", sagte Eli leise.
„Er mache es, wie es recht ist vor ihm."

So wurde Samuel Gottes Prophet.
Und Gott war mit Samuel,
sodass bald alle in Israel erkannten,
dass Gott ihn zum Propheten
berufen hatte. 3,20f

Samuel übernimmt unter der Obhut des alten Priesters Eli die Aufgaben, die eigentlich die Söhne Elis wahrnehmen müssten. Er wacht über dem Heiligtum Gottes und insbesondere über der Lade Gottes, der als Ort der Offenbarung besondere Bedeutung zukommt. Aber in Wahrheit hat diese längst ihre Bedeutung verloren, weil der Gottesdienst in Silo zu einer leeren Hülse verkommen ist und weder die Priester noch das Volk mit der Wirklichkeit des lebendigen Gottes rechnen. „Das Wort Gottes war selten geworden in jenen Tagen, und es gab kaum noch Offenbarung" (3,1). Das ist die vernichtende Bilanz einer Zeit, die nicht mehr mit Gott rechnet. In diese Zeit hinein fällt die Berufung Samuels. Aber auch Samuel und sein „Ziehvater" Eli („Mein Sohn!" 3,16) können Gottes Ruf nicht auf Anhieb verstehen. Gott muss sich Samuel erst durch sein fortgesetztes Rufen bekannt machen, bis dieser bereit ist, sich Gottes Auftrag ganz zur Verfügung zu stellen.
Der Ruf Gottes legitimiert Samuel aber nicht nur als Priester, sondern auch als Gottes Prophet, der das Gericht über das Haus Elis zu verkünden hat. Aber zugleich zeigt seine Berufung an, dass nicht Gottes Gericht das letzte Wort über Israel hat, sondern Gottes Gnade. Gott hört nicht auf, zu seinem Volk zu reden, und er setzt mit Samuel einen Neuanfang.

„IKABOD"
1. Samuel 4

Bald darauf trat ein,
was Samuel vorhergesagt hatte.
Die Philister fielen in das Land ein
und erschlugen im Kampf
4000 Israeliten an einem Tag. 4,1

Da besannen sich die Israeliten
wieder auf ihren Gott.
Und sie sagten zueinander:
„Warum hat Gott uns das angetan?
Auf, wir holen die Lade Gottes
und ziehen mit ihr in den Kampf.
Dann ist Gott mit uns
und hilft uns zum Sieg."

Und sie zogen nach Silo
und baten Hofni und Pinhas:
„Bringt die Lade Gottes zum Heer!
Tragt sie vor uns her in die Schlacht!
Dann sind wir gerettet." 4,3f

Und ohne Gott zu befragen,
nahmen die Priester die Lade
und trugen sie zum Heerlager.
Dort wurde sie begeistert empfangen.
Die Israeliten jubelten und jauchzten,
als sei die Schlacht schon gewonnen.
Das ganze Lager dröhnte
von ihrem Siegesgeschrei. 4,5

Als aber die Philister hörten,
wie die Israeliten jubelten,
stürzten sie aus ihren Zelten.
Und entsetzt riefen sie:
„Was ist das für ein Geschrei?
Weh uns! Wir sind verloren!
Ihr Gott ist ins Lager gekommen.
Ist das nicht der Gott,
der die Ägypter besiegt hat?
Wer kann uns
aus seiner Hand retten?
Auf, Philister, seid Männer und stark!
Kämpft mutig! Sonst besiegen sie uns." 4,6ff

Da warfen sich alle Philister
mit Todesmut in die Schlacht.

Und sie schlugen die Israeliten,
30000 Mann an einem Tag.
Nur wenige Israeliten entkamen.
Auch Hofni und Pinhas
fielen im Kampf.
Aber die Lade Gottes,
des Herrn Zebaoth,
der über Himmel und Erde regiert,
nahmen die Philister als Beutestück mit. 4,4

Indessen saß Eli am Tor
und wartete bang auf Nachricht.
Seine Augen waren so schwach,
dass er nichts mehr erkannte.
Aber plötzlich hörte er lautes Geschrei.
Die ganze Stadt hallte wider
von Schreien und Klagen.
„Was ist das für ein Lärm?",
fragte Eli erschrocken. 4,13f

Da kam ein Bote angerannt.
„Aus", rief er, „es ist aus!
Wir haben verloren.
Deine Söhne sind tot.
Und die Lade Gottes" – er stockte –,
„die Lade haben die Philister gestohlen."
Als aber Eli hörte,
was mit der Lade geschehen war,
fiel er vor Entsetzen
rücklings vom Stuhl,
brach sich das Genick – und war tot. 4,12ff

Am selben Tag wurde Pinhas,
dem Sohn Elis, ein Sohn geboren.
Doch niemand freute sich
über seine Geburt.
Sein Vater lebte nicht mehr.
Und seine Geburt war so schwer,
dass auch seine Mutter
sie nicht überlebte.
„Ikabod", so sollte ihr Sohn heißen.
So hatte es die Mutter bestimmt.
Ikabod – das bedeutete:
„Gottes Herrlichkeit ist dahin".
Es schien, als sei mit der Lade
Gott für immer aus Israel gewichen. 4,19ff

1. Samuel

Traurig und verlassen lag nun
das Heiligtum in Silo da.
Niemand mehr kam dorthin,
um Gottesdienst zu feiern.

Und viele im Volk fragten sich bange:
Wann kehrt die Lade endlich zurück?
Wann wird Gott wieder
unter uns wohnen?

Diese Geschichte erzählt von einer Katastrophe, die das Volk Israel bis ins Innerste trifft: Bedeutet schon der siegreiche Feldzug der Philister eine existenzielle Bedrohung dieses Volkes, wie es sie seit der Landnahme noch nie erlebt hat, so ist mit dem Verlust der Lade der Nerv seines Glaubens getroffen. Die Lade ist für Israel sichtbares Zeichen der Präsenz Gottes unter seinem Volk. Sie ist der Ort, wo Gottes Macht und „Ehre" (bzw. „Herrlichkeit", hebr. „kabod") wohnt, der Thron Gottes, der in Verbindung mit der Lade als „Herr Zebaoth" (das heißt: Herr der – himmlischen – Heere) geehrt wird. Unvorstellbar, dass die Lade nun den Philistern in die Hände gefallen ist. Ausgerechnet den Philistern, die im 1. Buch Samuel oft als „Unbeschnittene" bezeichnet werden, d.h. als Inbegriff heidnischer Gegenmacht Gottes! Nirgendwo ist das Entsetzen so greifbar zu spüren wie in der Namensgebung Ikabod. Ein Kind, das eigentlich ein Hoffnungsträger sein sollte, erhält einen Namen, der keine Hoffnung zulässt. Am Ende bleibt die unausgesprochene Frage: Sollte mit dem Verlust der Lade auch Gottes Macht (= Herrlichkeit) endgültig von Israel gewichen sein?

Aber vor allem ist es das Entsetzen über Israel selbst, das diese Geschichte bestimmt. Kaum ist dieses Volk in Not, besinnt es sich wieder auf seinen Gott. Aber es findet keine echte Umkehr statt. Vielmehr beklagt sich das Volk über Gott mit der typischen Frage: „Warum tut Gott uns das an?" Und schlimmer noch: Es glaubt, über Gott verfügen zu können, indem es seine Lade vor sich her trägt. Als ob der Lade selbst irgendeine magische Kraft innewohnte! Ein furchtbarer Irrtum, dem das Volk Gottes im Lauf seiner Geschichte immer wieder erlegen ist. Aber so lässt sich Gott nicht instrumentalisieren. Selbst die Bundeslade, sichtbares Zeichen der Gegenwart Gottes, kann zu einer toten Hülse verkommen, wenn Gott sich von seinem Volk zurückzieht. Das ist die eigentliche Not, die das Volk erst erkennen muss: Gottes Macht und Herrlichkeit ist bereits von ihnen gewichen (hebr. i-kabod). In Wahrheit rechnet das Volk schon längst nicht mehr mit dem lebendigen Gott.

Umso erstaunlicher ist daher, was in dieser Geschichte über die Philister erzählt wird. Sie trauen dem Gott Israels offenbar mehr zu und bringen ihm mehr Ehrfurcht entgegen als die Israeliten. Auf diesem Hintergrund tritt der Unglaube Israels und seine Missachtung Gottes noch schärfer hervor.

Dennoch gilt: Der Gott Israels bleibt zwar nicht an die Lade gebunden, aber er bleibt trotzdem seinem Volk verbunden. Das ist das Wunder, von dem die folgenden „Ladeerzählungen" berichten (4–6). Sie stellen eine ursprünglich eigenständige, thematisch in sich geschlossene Einheit dar, die scheinbar den Gang der Samuelerzählung unterbricht. Aber durch die Hereinnahme dieser Ladegeschichte in die Samuelbücher wird deutlich, wer in Wahrheit dieses Volk regiert: „der Herr Zebaoth, der über den Cherubim (d.h. über der Lade) thront" (4,4). Seine Geschichte ist das Kontinuum, das sich verborgen durch die Königsgeschichte zieht (vgl. dazu auch 2. Sam 6).

DIE BUNDESLADE
1. Samuel 5–6

Nichts war dem Volk Israel
so teuer und heilig
wie die Bundeslade Gottes in Silo. Dtn
In ihr waren die Zehn Gebote verwahrt. 10,1ff
Sie erinnerten an den Bund,
den Gott einst am Sinai
mit seinem Volk geschlossen hatte.
Aber nun war die Bundeslade
in den Händen der Philister.
Niemand wusste,
was dort mit ihr geschah.
Und es schien, als käme sie
nie mehr nach Israel zurück.

Indessen brachten die Philister
ihre Beute nach Aschdod zum Tempel,
der ihrem Gott Dagon geweiht war.
Dort stellten sie die Lade
neben das Standbild ihres Gottes.
Doch am Morgen,
als die Philister den Tempel betraten,
lag ihr Gott Dagon auf der Erde,
so, als ob er sich
vor der Lade Gottes verneigte. 5,1ff

Sogleich richteten die Philister
das Bild wieder auf.
Doch am nächsten Morgen
lag es wieder auf der Erde,
nun aber furchtbar verstümmelt.
Kopf und Hände waren
vom Rumpf getrennt. 5,4f

Aber kaum hatten sich die Leute
vom ersten Schrecken erholt,
da suchte eine Seuche die Stadt heim.
Mäuse krochen aus allen Löchern hervor
und verpesteten Häuser und Gassen. 6,5
Bald hatten die Menschen
am ganzen Körper eitrige Beulen.
Da packte alle das Grauen
und sie riefen, zu Tode erschrocken:
„Das hat der Gott Israels getan.
Er bestraft uns und unseren Gott Dagon.
Schafft seine Lade schnell weg!
Sonst kommen wir alle um." 5,6f

So trugen sie die Lade
zur nächsten Stadt Gat.
Aber bald darauf brach auch dort
die tödliche Seuche aus.
Alle, Große und Kleine,
wurden mit bösen Geschwüren geplagt.
Todesangst ging um in der Stadt. 5,8f

Da brachten sie die Lade
in die nächste Stadt mit Namen Ekron.
Doch die Leute von Ekron
schrien in panischer Angst:
„Sie haben die Lade ihres Gottes
zu uns gebracht, damit sie uns tötet!"
Und sie riefen eilig
alle Fürsten der Philister zu sich
und flehten sie an:
„Schickt die Lade wieder zurück!
Sonst bringt sie uns
am Ende noch um."
Denn Todesangst hatte alle erfasst.
Gottes Hand lag schwer auf dem Land. 5,10f

Aber die Fürsten zögerten noch.
Sieben Monate lang blieb die Lade
bei den Philistern.
So lange wütete die Plage in ihrem Land.
Danach waren die Fürsten endlich bereit.
Sie fragten ihre Priester und Wahrsager:
„Sagt uns, was sollen wir tun?
Wie kommt die Lade
wieder an ihren Ort?"
„Schickt sie nach Israel zurück",
rieten jene, „doch nicht ohne
eine Sühnegabe für ihren Gott.
Dann nimmt er die Plage von euch,
und ihr seid geheilt.
Darum gießt fünf Mäuse
und fünf Pestbeulen aus Gold
nach der Zahl der Städte,
in denen die Pest gewütet hat,
und legt sie als Sühnegabe
zu der Lade dazu. 6,1ff
Warum sperrt ihr euch noch?
Warum verhärtet ihr euer Herz
wie einst die Ägypter?

1. Samuel

Habt ihr vergessen?
Als Gott durch Plagen 6,6
seine Macht an ihnen bewies,
ließen sie das Volk Israel ziehen. Ex 7ff
Darum macht es wie sie:
Besorgt einen neuen Wagen!
Stellt die Lade darauf
und die Sühnegaben dazu!
Spannt zwei junge Kühe davor
und lasst sie loslaufen.
Laufen sie von selbst auf Israel zu,
dann wisst ihr sicher,
dass dies alles von Gott kommt.
Wenn nicht, dann war es nur Zufall." 6,9

Da führten die Fürsten alles so aus,
wie die Priester empfohlen hatten.
Doch kaum hatten sie die Kühe
vor den Wagen gespannt,
da liefen diese schon los.
Mit lautem Gebrüll
steuerten sie geradewegs
auf das Gebiet von Israel zu.
Und sie hielten nicht eher an,
bis sie jenseits der Grenze waren.
Auf einem Feld bei Bet-Schemesch,
machten sie halt.
Dort wurde gerade Weizen geerntet.

Als aber die Schnitter den Wagen sahen,
ließen sie ihre Sicheln fallen
und eilten voll Freude herbei.
Behutsam hoben Leviten die Lade
auf einen Stein,
zerschlugen den hölzernen Wagen,
zündeten das Holz an,
nahmen die zwei Kühe und brachten sie
als Brand- und Dankopfer dar. 6,10ff

Die Philister aber sahen von fern zu,
sprachlos vor Staunen.
An diesem Tag hatten sie
mit eigenen Augen gesehen,
wie mächtig der Gott Israels war. 6,16

— — —

Nicht uns, Herr, nicht uns,
sondern deinem Namen gebührt Ehre!
Warum sollen denn die Heiden
spotten und sagen:
Wo ist denn ihr Gott?
Unser Gott ist im Himmel.
Er kann schaffen, was ihm gefällt.
Aber ihre Götzen
sind nur Silber und Gold,
von Menschenhänden gemacht.
Sie haben ein Maul
und reden doch nicht.
Sie haben Augen
und sehen doch nicht.
Sie haben Ohren
und hören doch nicht.
Sie haben Nasen
und riechen doch nicht.
Sie haben Hände
und halten doch nicht.
Sie haben Füße
und gehen doch nicht.
Alle, die solche Götzen machen,
sollen werden wie sie,
alle, die auf sie hoffen.
Aber Israel hoffe auf den Herrn!
Er ist ihre Hilfe und ihr Schild.

aus Psalm 115

Während das Volk sich immer noch verloren und von Gott verlassen glaubt, erlaubt diese Erzählung einen Blick „hinter die Kulissen". In knappen Worten erzählt sie vom Schicksal der Lade im heidnischen Philisterland und von ihrer „Wanderung" durch die fünf Philisterstädte Aschdod, Gaza, Aschkelon, Gat und Ekron (6,7), bis sie endlich nach sieben Monaten wieder „heimkehrt", allerdings nicht nach Silo, denn das Heiligtum war im Krieg vermutlich zerstört worden (vgl. Jer 7,12), sondern ins Stammesgebiet Juda.

Aber das eigentliche Thema dieser sog. Lade-Erzählung ist Gottes Wirken unter den heidnischen Philistern. Sein Wirken bleibt zwar grundsätzlich nicht an die Lade gebunden, aber Gott steht zu seinem Bund, dessen sichtbares Zeichen die Bundeslade ist. Selbst die Heiden müssen, durch die Lade überführt, Gottes Macht anerkennen. Dies wird in mehreren Schritten entfaltet:

- An erster Stelle erweist Gott seine Macht in der Konfrontation mit Dagon, einer östlichen Gottheit, die sich die Philister als Nationalgott erkoren haben. Geradezu skurril und mit einem Schuss Humor wird erzählt, wie diese mächtige Gottheit vor dem unsichtbaren Gott, durch die Lade repräsentiert, in die Knie geht. Eine subtile Kampfansage an alle vermeintlichen Götter, die vor dem Gott Israels nicht bestehen können (vgl. dazu Ps 115)!
- Ferner erweist sich Gottes Macht durch die „Plagen", die die Philister heimsuchen. Die Analogie zu den Plagen Ägyptens ist offensichtlich. Aber anders als dort zeigen die Philister Einsicht. Sie erkennen in den Plagen die Hand des Gottes Israels und „verhärten ihr Herz" nicht wie einst Pharao (6,6), sondern sind bereit, auf Gottes Stimme zu hören.
- Gottes Macht erweist sich abschließend in der Heimkehr der Lade. „Brüllend", gleichsam von einer unsichtbaren Macht getrieben, steuern die Kühe auf Israel zu, obgleich es sie als „säugende" Kühe eigentlich zu ihren Kälbern treiben müsste. Für die Philister ist dies ein sichtbarer „Beweis", dass der Gott Israels hier am Werk ist, für das Volk Israel aber ein versteckter Aufruf, endlich zu seinem Gott zurückzukehren und ihm allein in Ehrfurcht zu dienen, wie es hier im Opfer der Leute von Bet-Schemesch bereits geschieht.

EBEN-EZER
1. Samuel 7

Endlich war die Bundeslade
wieder im Land!
Aber die Kriegsgefahr
war noch nicht gebannt.
Immer wieder fielen die Philister
nach Israel ein und verbreiteten
Angst und Schrecken im Land.
Sie hatten auch das Heiligtum
in Silo zerstört.
Seitdem gab es in Israel
keinen Gottesdienst mehr.
Auch die Bundeslade stand
nicht mehr an ihrem früheren Ort.
Und es fanden sich nur noch wenige,
die nach Gott fragten.

Es war eine trostlose Zeit.
Die Philister hielten
das Land besetzt.
Die Menschen seufzten
und quälten sich ab.
Schließlich suchten sie Hilfe
bei den Göttern des Landes,
bei dem Gott Baal und der Göttin Astarte.

Endlich, nach 20 Jahren,
besannen sie sich wieder auf Gott,
der sie aus Ägypten geführt hatte.

Sie kamen zu Samuel und baten ihn:
„Zeig uns den Weg zu Gott!
Sag uns, wo wir ihn finden!"

Samuel aber war zu jener Zeit
Richter über das Volk Israel
und wohnte in der Stadt Rama.
„Kehrt um!", rief Samuel.
„Wendet euch ab von den Göttern,
die euch nicht helfen können!
Folgt allein eurem Gott
und hört auf seine Gebote!
So wird er euch vor retten." 7,3

Da fassten die Menschen Mut.
Sie zerschlugen alle Götterbilder
und alle Altäre und folgten von nun an
allein ihrem Gott. 7,4
Samuel aber schickte Boten
durchs ganze Land
und ließ überall ausrufen:
„Kommt alle nach Mizpa!
Dort will ich Gott für euch bitten,
dass er euch eure Schuld vergibt." 7,5

So zogen sie in Scharen nach Mizpa,
das im Stamm Benjamin lag.
Dort bekannten sie vor Gott ihre Schuld,

1. Samuel

beteten und fasteten einen Tag lang.
Und zum Zeichen,
wie ernst sie es meinten,
schütteten sie Wasser auf die Erde.
So taten sie Buße vor Gott. 7,6
Samuel aber verkündete dem Volk
Gottes Gebote und sprach Recht über sie.

Doch plötzlich platzte ein Bote
in die Versammlung und meldete:
„Die Philister sind
ins Land eingefallen.
Sie sind schon ganz nah."
Da schrien alle vor Angst. 7,7
Sie liefen zu Samuel und baten:
„Samuel, bete für uns!
Hör nicht auf, Gott zu bestürmen!
Er allein kann uns helfen.
Sonst sind wir verloren." 7,8

Und sogleich brachen sie auf
und rückten gegen die Philister vor.
Samuel aber flehte Gott an:

„Ach Herr, hilf deinem Volk!
Rette es vor seinen Feinden!" 7,9

Da erhörte Gott sein Gebet.
Kaum hatten sich die Philister
zum Kampf aufgestellt,
donnerte es plötzlich laut.
Panik brach aus und in wilder Flucht
stoben die Philister davon.
Die Israeliten aber jagten ihnen nach
bis über die Grenze. 7,10

Da richtete Samuel an der Stelle
ein großes Steinmal auf
und gab ihm den Namen „Eben-Ezer",
das heißt: „Stein der Hilfe".
Denn – so verkündete Samuel –
„bis hierher hat uns der Herr geholfen".
Nie sollte sein Volk vergessen,
was Gott an diesem Tag getan hatte.
Und bis heute erinnert dieser Ort daran,
wie Gott damals sein Volk
in höchster Not gerettet hat. 7,11f

Dieses Kapitel stellt nach dem Intermezzo der Ladeerzählungen das Bindeglied zwischen der ausgehenden Geschichte Samuels und der kommenden Königsgeschichte dar. Es zeigt Samuel in seiner Funktion als letzten Richter über Israel. Wie bei den früheren Richtern kommt auch ihm eine doppelte Aufgabe zu: Als Richter ruft er das Volk zu Gott zurück und ermahnt es, im Bund mit Gott zu bleiben und keinen anderen Göttern zu dienen, wobei, wie auch bei früheren Richtern, die Absage an die kanaanäischen Gottheiten im Vordergrund steht (vgl. Ri 2,12/3,7/10,6). Zugleich zeigt sich Samuel in dieser Geschichte als Retter seines Volkes, allerdings nicht durch Waffengewalt, sondern durch die „Waffe" des Gebets. Sein Richteramt umfasst demnach auch die priesterliche Aufgabe der Fürbitte. Aber nicht ihr verdankt letztlich das Volk seine Rettung, sondern allein seinem Gott, der auf das Gebet seines Dieners hört. Der Donnerschlag und der panische Schrecken sind für Israel sichtbare Zeichen, dass Gott selbst am Werk ist (vgl. Ex 14,24/Ri 4,15/7,22).

Somit zeigt dieses Kapitel bereits vorausweisend an: Eigentlich braucht das Volk Israel gar keinen König, solange es nur treu im Bund mit Gott bleibt und auf seinen Diener Samuel hört.

„GIB UNS EINEN KÖNIG!"
1. Samuel 8

Jahrelang war Samuel
durch das Land Israel gezogen.
Er hatte viele Orte besucht.
Und überall, wohin er kam,
hatte er die Menschen ermahnt,
Gottes Gebote zu halten.
Wo es einen Streitfall gab,
war er zur Stelle,
schlichtete den Streit
und sorgte für Frieden im Land. 7,15ff
Darum war Samuel
bei allen Israeliten hoch geachtet.
Doch nun war Samuel alt.
Seine Söhne Abija und Joel
übten an seiner Stelle
das Richteramt aus.
Aber Samuels Söhne
hielten sich nicht an Gottes Gebote.
Sie waren bestechlich
und beugten das Recht. 8,1ff

Da kamen die Ältesten des Volkes
zu Samuel nach Rama und baten:
„Gib uns einen König,
der unser Land recht richtet!
Denn du bist nun alt.
Und deine zwei Söhne
sind nur auf ihren Vorteil bedacht.
Darum bitten wir dich:
Gib uns einen König,
wie ihn die anderen Völker haben." 8,4f

„Wie?", fragte Samuel.
„Habe ich richtig gehört?
Einen König wollt ihr haben?
Habt ihr denn vergessen,
wer euer König ist?"
Sie aber erwiderten: „Nein, nein!
Einen richtigen König
wollen wir haben,
wie ihn die anderen Völker haben." 8,5

Da merkte Samuel:
Die Männer waren entschlossen.
„Wartet hier!", bat er die Männer.
„Erst will ich Gott befragen."

Er zog sich ins Haus zurück,
und rang mit Gott im Gebet:
„Ach Herr, dies Volk
will einen König haben
wie ihn die anderen Völker haben.
Aber du bist doch unser König.
Und wir sind dein Volk." 8,6

Doch Gott sprach zu Samuel:
„Tu, was sie sagen.
Erfülle ihnen ihre Bitte!
Denn sie richtet sich
nicht gegen dich,
sondern gegen mich.
Sie wollen nicht mehr,
dass ich ihr König bin.
Von jeher haben sie sich
von mir abgewandt
und sind anderen Göttern gefolgt.
So tu, was sie sagen, doch warne sie
und verkünde ihnen
das Recht des Königs,
der über sie herrschen wird." 8,7ff

Da ging Samuel
zu den Ältesten heraus
und verkündete ihnen:
„Ihr Männer von Israel,
hört, was Gott zu euch spricht:
Einen König wollt ihr haben?
Ja, ihr sollt ihn bekommen,
wie ihr es wünscht.
Aber ich warne euch:
Ein König fordert
mehr Rechte von euch.
Eure Söhne und Töchter
müssen ihm dienen.
Eure besten Äcker und Weinberge
wird er euch wegnehmen
und seinen Gefolgsleuten geben.
Und vom Ertrag eurer Felder
wird er den zehnten Teil fordern. 8,11ff
Wenn ihr dann zu Gott schreit
und euch über den König beschwert,
den ihr selbst gewollt habt,
dann wird Gott euch nicht hören."

1. Samuel

Aber die Männer erwiderten:
„Nein, nein, ein König muss sein.
Der soll uns regieren
und in den Krieg führen.
Dann werden wir so stark sein
wie die anderen Völker." 8,18f

Und wieder sprach Gott:
„Tu, was sie sagen.
Gib ihnen einen König!" 8,22

Schweren Herzens willigte Samuel ein:
„Gut, dann sollt ihr
euren König bekommen.
Geht jetzt nach Hause
und wartet ab, was geschieht." 8,21f

Doch während die Menschen
noch suchten und fragten,
hatte Gott den künftigen König
schon ausgewählt:
Saul, den Sohn des Kisch. 9,1ff

Zum ersten Mal wird im 1. Buch Samuel der Wunsch nach einem König laut. Er kommt aus der Mitte des Volkes, das hier durch seine Ältesten vertreten ist. Dieser Wunsch ist durchaus berechtigt und verständlich. Er ist nicht nur im Amtsmissbrauch der Söhne Samuels begründet, sondern dahinter steht die grundsätzliche Frage, ob das Richteramt der politischen Situation noch entspricht. Das Volk braucht eine dauerhafte Institution, die sowohl Gerechtigkeit und sozialen Frieden im Innern als auch den äußeren Frieden sichert. Insbesondere die akute Gefährdung durch die politisch wie militärisch überlegenen Philister erfordert eine stabile Staatsform mit zentraler Spitze.

Zugleich aber ist der kritische Unterton dieses Kapitels unüberhörbar. Der Wunsch nach einem König – bedeutet er nicht faktisch eine Absage an Gott, den König Israels und an seinen Diener Samuel? „Einen König wie die anderen (heidnischen) Völker" wollen sie haben. Sie sind bereit, die geschenkte Freiheit unter Gottes Königsherrschaft einzutauschen gegen freiwillige Unterwerfung unter einen despotischen König, wie sie es bei den Nachbarvölkern erleben. Samuel zeigt auf, welche Rechte ein König beanspruchen wird. Diese Rechte stehen in deutlichem Gegensatz zu der Rechtsordnung Israels. Mit seiner Warnung spricht Samuel gleich zu Anfang unmissverständlich aus, was mit der Einführung des Königtums auf dem Spiel steht und sich in der Geschichte der Könige Israels auch traurig bewahrheiten wird (vgl. dazu das „Königsgesetz" Dtn 17,14ff, vor allem 17,18ff).

SAUL – DER ERSTE KÖNIG   1. SAMUEL 9–31

DIE SALBUNG
1. Samuel 9–10

Zu der Zeit lebte im Stamm Benjamin
ein junger Mann namens Saul.
Er war der Sohn eines Bauern,
hoch gewachsen
und von schöner Gestalt,
einen Kopf größer als alle andern. 9,2

Eines Tages machte sich Saul auf,
um die Eselinnen zu suchen,
die seinem Vater entlaufen waren.
Saul suchte mit seinem Knecht
das ganze Gebiet ab.
Aber die Eselinnen fand er nicht. 9,3f

Da sagte Saul zu seinem Knecht:
„Komm, wir kehren um.
Sonst sorgt sich mein Vater um uns,
mehr als um seine Esel."
Aber der Knecht schlug vor:
„Lass uns in den nächsten Ort gehen!
Dort lebt ein bekannter Mann Gottes.
Vielleicht kann er uns sagen,
wo wir die Esel finden."
„Aber was geben wir ihm dafür?"
„Ich hab einen viertel Taler bei mir."
„Gut", meinte Saul, „dann gehen wir." 9,5ff

So zogen die beiden zur nächsten Stadt.
Als sie das Stadttor erreichten,
kam ihnen Samuel schon entgegen.
Doch Saul erkannte ihn nicht.
Er fragte Samuel: „Weißt du,
wo der Mann Gottes wohnt?"
„Ich bin es", antwortete dieser.
„Kommt mit mir! Seid meine Gäste!
Wir feiern heute ein Opferfest.
Ich lade euch ein.
Morgen früh könnt ihr weiterziehen.
Und sorgt euch nicht um die Esel!
Sie sind längst gefunden.
Und außerdem:
Gehört dir nicht alles,
was in diesem Land kostbar ist?" 9,14f
„Wie?", fragte Saul überrascht.
„Warum sagst du das?
Ich bin kein bedeutender Mann.
Auch gehöre ich
dem kleinsten Stamm Israels an!"
Doch Samuel schwieg.
Er führte die beiden zur Opferstätte,
die auf einer Anhöhe lag.
Dort war in einer Halle
ein Tisch festlich gedeckt.
30 Gäste hatten sich bereits
zum Opfermahl versammelt.
Samuel bot Saul den Ehrenplatz an
und legte ihm
das beste Stück Fleisch vor. 9,21ff
„Was hat dies zu bedeuten?",
fragte sich Saul verwundert.
„Warum ehrt mich Samuel
vor allen anderen?"
Er ahnte ja nicht,
dass Gott Samuel zuvor offenbart hatte:
„Der ist es! Den sollst du zum Fürsten
über mein Volk Israel salben.
Der wird es vor den Philistern retten.
Denn so spricht der Herr:
Ich habe mein Volk
in seinem Elend gesehen.
Ihr Schreien ist vor mich gekommen." 9,15ff

Am nächsten Morgen machte sich Saul
mit seinem Knecht früh auf den Weg.
Samuel begleitete sie bis zum Stadttor.
Dort blieb er stehen und befahl Saul:
„Schick deinen Knecht voraus!
Du aber steh still und höre,
was Gott dir verkündet." 9,25ff
Dann holte er unter seinem Mantel
ein Horn hervor, mit Öl gefüllt,
goss das Öl auf Sauls Haupt,
küsste ihn und sprach feierlich:
„Saul, Gott salbt dich heute

zum Fürsten über sein Volk Israel. 10,1
Darum geh getrost deinen Weg!
Tu, was dir vor die Hände kommt!
Und sei gewiss: Gott ist mit dir
in allem, was du tun wirst.
Er wird dich mit seinem Geist erfüllen." 10,6f

Saul wusste nicht, wie ihm geschah.
Er war doch nur ein einfacher Mensch.

Doch als er von Samuel wegging,
gab Gott ihm ein neues Herz. 10,9

Aber Saul verriet niemandem,
was Samuel zu ihm gesagt hatte.
Und niemand ahnte,
was mit Saul geschehen war.
Noch niemand. 10,13ff

Die Anfänge des ersten Königs setzen mit einer dreifachen Erzählung ein, die einen deutlichen Gegenakzent zu der königskritischen Darstellung in Kap. 8 und 12 setzt:
1. Sauls Salbung zum König im Auftrag Gottes (Kap. 9),
2. Sauls Wahl zum König vor versammeltem Volk (Kap. 10) und
3. die Einsetzung bzw. Bestätigung Sauls als König nach dem ersten militärischen Erfolg (Kap. 11). Damit sind drei Akte beschrieben, die für alle Könige Israels grundlegend sind.
Die Geschichte von der Salbung Sauls wird ungewöhnlich breit erzählt. In schlichten Worten und mit Liebe zum Detail erzählt sie davon, wie ein ahnungsloser Bauernsohn dem großen Samuel begegnet, den er offenbar nicht einmal kennt und der ihn im Auftrag Gottes zum „Fürsten" über Israel salbt. Fast ein wenig märchenhaft liest sich diese altertümliche Erzählung. Offenbar liegt hier eine sehr alte Überlieferung vor, die ganz betont an den Anfang der Königsgeschichte gestellt wird.
Anders als im vorigen Kapitel klingen in dieser Erzählung keine königskritischen Töne an. Vielmehr zeigt die Erzählung eine verhaltene Freude über Gottes Führung, der einen Unbekannten zum König über sein Volk erwählt hat. So erbarmt sich Gott über sein geplagtes Volk, genau wie einst über Israel in Ägypten (9,16 erinnert an Ex 3,7). Noch wird Saul vorsichtig nur als „Fürst" über Israel bezeichnet, aber als der „Gesalbte" ist er bereits der designierte König von Gottes Gnaden. Gott erfüllt ihn jetzt schon mit seinem Geist und schenkt ihm ein neues Herz.

Diese Erzählung steht in deutlicher Spannung zu der späteren Geschichte Sauls, in der erzählt wird, dass Saul von einem „bösen Geist" erfüllt wird (16,14). Aber der Anfang seiner Geschichte steht im Zeichen göttlicher Erwählung. Saul ist und bleibt der Erwählte und Gesalbte Gottes.
Die Botschaft dieser schlichten Erzählung ist eindeutig: Gott hat die Weichen schon gestellt und die Hand auf seinen Auserwählten gelegt, noch ehe sich sein Volk für ihn entscheiden kann (s. 1. Sam 10,12ff).
Im Licht dieser Erzählung wird offenbar, was das Königtum in Israel trotz aller Verfehlung der einzelnen Könige auszeichnet: Sie sind von Gott erwählt und dazu beauftragt, sein Volk in Frieden und Gerechtigkeit zu regieren – als sichtbarer Beweis der Gnade Gottes, der trotz allem an seinem Volk festhält.

DIE WAHL
1. Samuel 10

Nicht lange danach ließ Samuel
im ganzen Land verkünden:
„Kommt alle nach Mizpa!
Dort wird unser neuer König gewählt."
Da kamen sie aus allen Stämmen an.

Viele Tausend Israeliten strömten
in Mizpa zusammen.
Samuel aber trat vor sie
und rief: „Hört, ihr Israeliten!
So spricht der Herr:

Ich habe euch aus Ägypten geführt
und habe euch hierher gebracht.
Aber ihr habt euch
von eurem Gott losgesagt.
Einen König wolltet ihr haben.
Nun seht selbst, wen Gott gewählt hat:
Stellt euch auf, Stamm neben Stamm,
Sippe an Sippe, Mann für Mann.
Dann werfe ich das Los.
Und wen das Los trifft,
der soll euer König sein."
„Ja", riefen alle, „so soll es sein." 10,17ff

Da warf Samuel das Los,
und es fiel auf den Stamm Benjamin.
Und er warf noch einmal das Los.
Da fiel es auf Sauls Sippe.
Und noch einmal warf er das Los,
da fiel es auf Saul.
Aber Saul hatte sich
bei den Zelten versteckt.
Da ließ ihn Samuel rufen.
Doch als Saul vor das Volk trat,
sahen alle voll Staunen:
Saul war einen Kopf größer als alle. 10,20ff
„Seht", rief Samuel, „das ist der König,
den Gott für euch ausgewählt hat.
Kein anderer ist ihm gleich." 10,24

Da brach die Menge in Jubel aus.
Die Leute klatschten in die Hände
und schrien begeistert im Chor:
„Lang lebe der König.
Saul, unser König, lebe hoch!"
Ihr lautes Freudengeschrei
erfüllte die ganze Stadt. 10,24
Samuel aber hob seine Hand.
Und feierlich verkündete er:
„Hört, was Gott der Herr
dem König gebietet:
Er soll sich nicht
auf seine eigene Stärke verlassen,
sondern allein auf den Herrn.
Dann wird Gott mit ihm sein
und mit allen Königen Israels, Dtn
die nach ihm kommen." 17,14ff
Danach schrieb Samuel
alle Rechte des Königs in ein Buch.
Das sollte für alle Zeiten in Israel gelten. 10,25ff

So wurde Saul König über Israel.
Doch einige im Volk spotteten:
„Wie? Saul soll König über uns sein?
Was soll der uns helfen?"
Aber Saul hörte nicht auf sie. 10,27

Auf die Salbung, die im Geheimen stattfand, erfolgt nun – als zweiter Akt – die offizielle Wahl des Königs durch die Volksversammlung, zu der offenbar alle Männer Israels geladen sind. Dass es sich dabei um eine „ordnungsgemäße" Wahl handelt, weisen die typischen Elemente auf, die auch bei späteren Königen bezeugt sind:
• Präsentation des Königs durch den Beauftragten Gottes („Seht, das ist euer König"; vgl. dazu Jes 42,1).
• Akklamation durch das Volk („Es lebe der König").
• Proklamation des Königsgesetzes und Verpflichtung des Königs auf dieses Gesetz (10,25). Der Inhalt des Königsgesetzes, auf das die Könige Israels verpflichtet wurden, lässt sich aus dem Deuteronomium erschließen (Dtn 17,14ff), wo dieses Gesetz schriftlich festgehalten ist.
Das Besondere an Sauls Königswahl ist aber, dass sie durch Losentscheid geschieht. Obwohl nicht eindeutig zu ermitteln ist, wie dieser Losentscheid zustande kam (vgl. dazu auch Jos 13 und 1. Sam 14), so handelt es sich hierbei eindeutig um einen sakralen Akt, der allein dem Priester – in diesem Fall: Samuel – vorbehalten ist. Dadurch wird deutlich: Auch bei der Wahl des Königs durch das Volk hat Gott dennoch das erste und entscheidende Wort. Sein Wille wird durch das Los ermittelt.

1. Samuel

SAULS ERSTER SIEG
1. Samuel 11

Endlich hatte Israel einen König.
Aber noch war ungewiss,
was Gott mit Saul vorhatte.
Saul kehrte nach Gibea
in das Haus seines Vaters zurück.
Dort wartete er,
bis Gott ihm ein Zeichen gab.
Noch trieb er jeden Tag
das Vieh auf die Weide
und bestellte das Feld seines Vaters,
wie in den Tagen zuvor.
Nichts unterschied ihn
von anderen Israeliten.

Eines Abends aber,
als Saul vom Feld heimkam,
liefen ihm die Leute entgegen
und erzählten ihm unter Tränen:
„Gesandte sind aus der Stadt Jabesch,
jenseits des Jordan gekommen.
Sie bitten dringend um Hilfe.
Ihre Stadt Jabesch
wird von den Ammonitern belagert.
Wenn nicht schnell Hilfe eintrifft,
muss die Stadt sich ergeben.
Dann droht allen
eine furchtbare Strafe." 11,2ff

„Nein!", rief Saul zornentbrannt.
„Die Bewohner von Jabesch
gehören zu unserem Volk.
Wir müssen sie retten,
so wahr ich König über Israel bin."
Auf einmal spürte er,
wie Gottes Geist ihn erfüllte.
Nun war er gewiss:
Dies war Gottes Ruf.
Entschlossen schickte er Boten
durchs Land und ließ allen verkünden:
„Zieht mit uns in den Kampf!" 11,6ff

Und wirklich: Am nächsten Morgen
kamen sie in großen Scharen.
300000 Mann
sammelten sich am Jordan.

Da schöpfte Saul Mut.
Und er befahl den Gesandten:
„Auf, eilt nach Jabesch!
Verkündet seinen Bewohnern:
Habt keine Angst!
Morgen früh seid ihr befreit!" 11,9

Darauf zogen Sauls Männer
im Eilmarsch über den Jordan.
Noch vor Tagesanbruch
erreichten sie Jabesch.
Von drei Seiten fielen sie
über das feindliche Lager her.
Und ehe es Mittag wurde,
waren alle Ammoniter vertrieben. 11,11

Da gingen die Tore von Jabesch auf.
Die Bewohner stürmten heraus.
„Saul hat uns befreit", so jubelten alle.
„Er ist der König,
den unser Land braucht.
Hoch lebe Saul! Er lebe hoch!"
Und einige riefen dazwischen:
„Wo sind die Leute,
die nicht für Saul gestimmt haben?
Bringt sie um!"
Doch Saul fiel ihnen ins Wort:
„Was redet ihr da?
Niemand soll an diesem Tag sterben.
Denn dies ist ein Tag der Freude,
den Gott uns geschenkt hat." 11,12

Im Triumphzug zogen sie heim.
Doch zuvor feierten sie
ein Dankfest in Gilgal.
Dort setzte Samuel den König
feierlich in sein Amt ein.
Und voller Freude brachten alle
ein Dankopfer für Gott,
der sie an diesem Tag
zu einem Volk vereint hatte.

Mit der Geschichte von der Befreiung der Stadt Jabesch ist die Einsetzung Sauls in sein Königsamt offiziell vollzogen. Nach seiner Salbung durch Samuel und Bestätigung durch das Volk (10,17ff) erhält nun Saul durch Gott (11,6) seinen konkreten Auftrag. Saul soll das Volk Israel vor seinen Feinden retten, zunächst vor den Ammonitern und im Folgenden vor der Übermacht der Philister.

Sein besonderer Auftrag erinnert noch in vielem an das Amt der Richter. Auch jene sind „von Gottes Geist erfüllt" und als Retter ihres Volkes aufgetreten. Aber anders als jenen, kommt nun Saul die Aufgabe zu, das ganze Volk aus allen Stämmen unter seiner Führung zu vereinen.

Dass alle Stämme dem Ruf Sauls folgen und sich mit der bedrängten Stadt Jabesch solidarisch zeigen, das wird in dieser Erzählung offenbar als sichtbarer Beweis erfahren, dass Gott mit Saul ist. Die Akklamation Sauls durch den Heerbann Israels bestätigt nochmals dessen Legitimität als König. Allerdings ist die Einheit des Volkes noch keineswegs gefestigt, wie 1. Sam 13 zeigt. Sie stellt die größte Herausforderung für Sauls Königsamt dar. Sein Leben lang hat Saul damit zu kämpfen, dass ihm ein Teil seines Volkes die Gefolgschaft verweigert.

SAMUELS VERMÄCHTNIS
1. Samuel 12

Dies ist die letzte Rede Samuels,
die er vor versammeltem Volk hielt,
nachdem Saul in sein Königsamt
eingesetzt worden war.

Samuel sprach zu allem Volk:
„Ihr Israeliten, hört her!
Von Jugend an bis zu diesem Tag
habe ich euch angeführt.
Doch jetzt bin ich alt und grau.
Nun wird euch der König anführen,
den ihr euch gewünscht habt. 12,1f

So lege ich heute
mein Richteramt nieder
und lege vor euch Rechenschaft ab.
Ich frage euch:
Habe ich jemals unrechtes Gut
oder ein Geschenk
an mich genommen?
Sagt es mir!
Dann gebe ich es euch heute zurück." 12,3

„Nein, nein!", riefen alle.
„Du hast nicht unrecht gehandelt
und uns nicht mit Gewalt unterdrückt.
Du hast auch nie zugelassen,
dass dich jemand besticht." 12,4

„Gott ist mein Zeuge", sprach Samuel.
„Und auch der König soll es bezeugen,
dass ihr nichts Unrechtes
an mir gefunden habt."
„Ja", antworteten alle.
„Zeugen sollen sie sein." 12,5
Und Samuel fuhr fort:

„So kommt nun her und hört,
was der Herr für euch getan hat:
Eure Vorfahren schrien zu Gott.
Da führte er sie aus Ägypten
und brachte sie in dieses Land.
Aber sie vergaßen Gott,
der sie befreit hatte.
Da lieferte er sie an ihre Feinde aus.
Sie aber schrien zum Herrn
und bekannten ihm ihre Schuld.
Da hatte Gott Erbarmen mit euch.
Er schickte euch Retter,
die euch von euren Feinden befreiten,
und ließ euch sicher hier wohnen.
Doch ihr wolltet einen König haben,
obwohl doch der Herr
König über euch ist.
Nun, da ist der König,
den ihr gewollt habt.
Gott hat ihn euch gegeben. 12,6ff

1. Samuel

Ach, dass ihr auch in Zukunft
dem Herrn dient und ihn ehrt
und auf seine Stimme hört,
ihr und euer König,
der über euch herrscht!
Wenn nicht, so wird sich Gott
von euch abkehren.
Denn ihr habt getan,
was Gott nicht gefiel." 12,14f

In diesem Augenblick donnerte es.
Ein schweres Unwetter
brach über das Volk herein.
Da packte alle die Angst.
Sie riefen: „Samuel, bete für uns!
Bitte Gott, dass er uns vergibt!
Denn wir haben schwere Schuld
auf uns geladen." 12,17ff

Doch Samuel antwortete:
„Fürchtet euch nicht!
Ihr habt zwar unrecht getan.
Doch wendet euch ja nicht ab
von dem Herrn, eurem Gott!
Dient ihm von ganzem Herzen
und folgt nicht anderen Göttern.
Denn er ist euer Gott.
Er wird auch in Zukunft
sein Volk nicht verlassen. 12,22
Ich aber will nicht aufhören,
für euch zu beten
und euch den rechten Weg zu lehren.
Bleibt nur eurem Gott treu
und dient ihm von ganzem Herzen.
Sonst seid ihr und euer König verloren." 12,20ff

Mit diesen Worten legte Samuel
feierlich sein Richteramt nieder.
Doch auch danach blieb er
Gottes Diener und sein Prophet,
solange er lebte.

Diese Abschiedsrede ist eine Mischung aus Rechenschaftsbericht, Predigt und Mahnrede. Es ist das Vermächtnis Samuels an sein Volk. Sie markiert das Ende einer Ära, die mit dem Beginn des Königtums endgültig abgeschlossen ist. Im Rückblick erinnert Samuel noch einmal an die Anfänge der Erwählungsgeschichte Gottes. Sie bleibt auch für das Königtum wegweisend. Daher der dringliche Appell Samuels an das Volk, auch in Zukunft allein seinem Gott zu dienen und ja nicht von seinen Wegen, d.h. von seinen Geboten, abzuweichen.

Sein Appell erinnert an Moses Abschiedsrede im Deuteronomium. Mit denselben Worten mahnt Mose das Volk an der Schwelle zum Gelobten Land, ja nicht von Gott abzufallen, sondern ihm allein „von ganzem Herzen" zu dienen (vgl Dtn 6,4f). Diese „deuteronomistischen" Anklänge zeigen an: Auch jetzt gilt unverändert, was im Bund Gottes mit seinem Volk festgelegt ist. Deshalb richtet sich auch Samuels Rede nicht an den König, sondern an das Volk, mit dem Gott seinen Bund geschlossen hat (Ex 19f und 24). Dessen Zukunft hängt allein davon ab, ob es auch unter veränderten Bedingungen Gottes Volk und im Bund mit Gott bleiben will. Samuel aber kommt die Aufgabe zu, auch in Zukunft als Fürsprecher für sein Volk vor Gott einzutreten – wie einst Mose (Ex 32,11ff.31ff).

Auffällig ist hier – wie bereits in Kap. 8 – Samuels ambivalente Haltung gegenüber dem Königtum. Sofern dies einer eigenmächtigen Entscheidung des Volkes entsprungen ist, bleibt es schuldhaft belastet und bedarf der Vergebung Gottes. Sofern es aber als Akt göttlicher Gnade und Erwählung erfahren wird, kommt in ihm zum Ausdruck: Jahwe, der „Herr", der sich seinem Volk am Sinai offenbart hat, steht auch in veränderter Zeit zu seinem Volk. „Denn der Herr verstößt sein Volk nicht um seines großen Namens willen" (12,22). So bleibt Samuel auch weiterhin kritisches und wachsames Gegenüber des Königs. Sein Richteramt kann Samuel nun niederlegen. Aber sein Amt als Prophet und Mahner des Königs wird künftig umso wichtiger werden.

SAUL UND DIE PHILISTER
1. Samuel 13

Saul hatte im Osten
die Ammoniter besiegt.
Aber den Westen des Landes
hielten die Philister in ihrer Gewalt.
Sie schoben ihre Vorposten
weit in das Land vor.
Doch Saul war entschlossen,
die Philister zurückzudrängen.

Eines Tages rüsteten die Philister
erneut zum Kampf gegen die Israeliten.
Sie rückten an
mit einem gewaltigen Heer,
mit 3000 Wagen
und 6000 Wagenkämpfern
und Fußvolk, so viel wie Sand am Meer.
Da ließ Saul im ganzen Land ausrufen:
„Kommt und kämpft mit mir
gegen das Heer der Philister!" 13,2ff

Da kamen sie von allen Seiten an
und sammelten sich um ihren König.
Doch als die Israeliten,
die Übermacht der Philister sahen,
verloren sie allen Mut.
Viele liefen vor Angst davon.
Andere verkrochen sich in Felshöhlen.
Die Zahl der Israeliten
wurde von Tag zu Tag kleiner.
Saul sah es mit Schrecken.
Ungeduldig wartete er auf Samuel,
der vor dem Kampf
ein Opfer darbringen sollte.
Sieben Tage lang wartete er,
so war es abgesprochen.

Doch Samuel kam nicht.
Schließlich wurde Saul
das Warten zu lang.
Er rief: „Kommt alle zu mir!
Jetzt opfere ich selbst."
Aber die Israeliten schwiegen bestürzt.
Hatte denn ihr König vergessen,
dass nur der Priester
das Opfer darbringen durfte? 13,6ff

Doch kaum war das Opfer beendet,
kam Samuel an.
„Da bist du endlich!",
rief Saul erfreut ihm entgegen.
„Friede sei mit dir!"
Er eilte auf Samuel zu.
„Wie?", fuhr dieser ihn an.
„Friede sagst du? Und was ist das?"
Samuel zeigte auf das Opfer,
das auf dem Altar rauchte.
„Ich glaubte", stammelte Saul,
„ich dachte, du kämst nicht mehr.
Meine Leute liefen schon weg.
Da sagte ich mir:
Es ist keine Zeit zu verlieren.
Gleich rücken die Philister an,
Und ich habe Gott noch nicht
um seinen Segen gebeten.
Da habe ich es gewagt
und selbst das Opfer dargebracht." 13,10ff

„Was hast du getan?",
rief Samuel entsetzt aus.
„Gott hat dich zum König gemacht.
Aber du? Du hörst nicht auf ihn!
Du achtest nicht auf sein Gebot.
Gott wollte dir und deinen Nachkommen
für immer das Königtum geben.
Aber nun hat er einen anderen bestimmt,
der König über Israel werden soll." 13,13f

So sprach Samuel zu Saul,
drehte sich um
und ging ohne Gruß davon.
Saul aber sah erschrocken
hinter ihm her.
Auf einmal erkannte er,
was er getan hatte.
Aller Mut war plötzlich dahin.
Er zog sich mit seinem Sohn Jonatan
nach Gibea in seinen Burgsitz zurück.
Nur eine kleine Schar folgte ihm.
Die andern Israeliten aber
zogen unverrichteter Dinge heim.
Dort warteten sie voller Angst,
was mit ihrem Land geschehen würde. 13,15f

Mit diesem Kapitel wird die eigentliche Tragödie von Sauls Königtum offenbar: Saul soll Israel vor den Philistern befreien. Aber der König hat noch kein stehendes Heer. Er muss vor jeder kriegerischen Auseinandersetzung erst die wehrhaften Männer aus allen Stämmen zusammentrommeln, wobei noch keineswegs sicher ist, ob diese ihm Gefolgschaft leisten oder ob sie – wie in diesem Fall – davonlaufen, bevor der Kampf begonnen hat.

Noch muss der König um seine Autorität bei allen Stämmen kämpfen. Darum ist er auch besonders darauf angewiesen, dass er vor dem Kampf den Segen Gottes durch dessen Diener Samuel erhält. Die Abwesenheit Samuels bringt ihn in eine unlösbare Situation. Saul muss handeln, wenn ihm nicht alle davonlaufen sollen. Andererseits darf er nicht handeln, weil er mit seinem Opfer eigenmächtig die Rechte eines Königs überschreitet. Menschlich betrachtet erscheint Saul bereits in dieser ersten Auseinandersetzung als tragischer Held: Er möchte es Gott recht machen und nicht auf seinen Segen verzichten (13,12), aber er greift Gott vor und verfehlt gerade dadurch seine Bestimmung als Gesalbter Gottes.

Diese Erzählung macht deutlich: Hier geht es nicht um Saul allein. Hier steht mehr auf dem Spiel! Zwei Welten stoßen aufeinander: die Welt des alten Gottesrechts, das keine Kompromisse kennt, repräsentiert durch Samuel, und das Bemühen des Königs, unter veränderten Bedingungen das Volk Israel in der gemeinsamen Abwehr seiner Feinde zu einem Volk zu vereinen.
Die Botschaft der Erzählung ist eindeutig. Sie verdichtet sich in dem vernichtenden Urteil Samuels. Als ob damit gesagt werden sollte: „Wehret den Anfängen!" Schon die geringste Abweichung von Gottes Gebot kann den Anfang vom Ende bedeuten.

SAUL UND JONATAN
1. Samuel 13–14

Bald darauf gingen die Philister
zum offenen Angriff über.
In drei Heeresgruppen
streiften sie durch das Land.
Sie verheerten die Dörfer
und plünderten die Häuser.
Mit ihren Waffen aus Eisen
hielten sie ganz Israel
in Angst und Schrecken.
Dort besaß niemand außer Saul
und sein Sohn Jonatan
eine Waffe aus Eisen.
Auch gab es im ganzen Land
keinen Schmied, der mit Eisen
umzugehen verstand.
Wer Pflugschar, Hacke oder Beil
wetzen wollte, musste es
bei den Philistern tun und teuer bezahlen. 13,19ff

So hielten die Philister lange Zeit
das ganze Land unter Kontrolle.

Sie hatten ihr Lager
bei Michmas aufgeschlagen. 13,23
Dort führte der Weg
durch einen Engpass.
Zwei steile Felsen säumten die Straße.
Auf dem einen hatten die Philister
einen Vorposten aufgestellt.
Mit 20 Mann
überwachten sie das ganze Gebiet.

Auf der anderen Seite hatte Saul
sein Lager bei Gibea aufgeschlagen.
Dort harrte er mit 600 Mann aus,
ohne einen Angriff zu wagen. 14,2
Mit Sorge sah sein Sohn Jonatan,
wie die Zeit verrann.
Schließlich fasste er sich ein Herz.
Er forderte seinen Waffenträger auf:
„Komm, wir wagen es allein.
Heute überfallen wir die Philister.
Wer weiß, vielleicht tut Gott

ein Wunder durch uns.
Denn es ist Gott nicht schwer,
durch viel oder durch wenig zu helfen." 14,6

Heimlich verließen die beiden
das Lager und pirschten sich
bis an den Engpass heran.
„Auf!", flüsterte Jonatan.
„Jetzt zeigen wir uns den Philistern.
Wenn die Philisterwache uns zuruft:
‚Halt! Steht still!
Wir steigen zu euch herab!',
dann bleiben wir stehen
und gehen keinen Schritt weiter.
Wenn sie aber rufen:
‚Kommt zu uns herauf!',
dann klettern wir hoch.
Das ist das Zeichen,
dass Gott es so will." 14,8ff

Da – plötzlich schrie jemand:
„He – ihr da!
Kommt doch herauf, wenn ihr es wagt!
Wir werden's euch zeigen."
„Auf, mir nach!", flüsterte Jonatan.
„Gott hat die Philister
in unsere Hand gegeben." 14,12
Und schon kletterte er
die Felswand hinauf.
Sein Waffenträger blieb ihm
dicht auf den Fersen.
Kaum waren die beiden oben,
schlug Jonatan zu.
Mit einem Streich streckte er
alle Wachsoldaten nieder. 14,13f

Als aber die anderen Philister
den Lärm hörten,
stürzten sie aus ihren Zelten hervor.
Kopflos rannten sie durch das Lager
und schrien in panischer Angst.
Ihr Geschrei drang bis nach Gibea
zu Sauls Lager hinüber.
„Was ist das für ein Lärm?",
fragte der König.
„Wer ist in ihr Lager eingefallen?
Zählt nach, wer von uns fehlt!" 14,15ff

Und als sie nachforschten,
fehlten Jonatan und sein Waffenträger.

„Auf", rief Saul, „ihm nach!"
Im Eilmarsch zogen sie hinüber
zum feindlichen Lager.
Dort herrschte ein heilloses Chaos.
Die Philister schlugen wild um sich.
Dabei merkten sie gar nicht,
dass sie nur sich selbst zerfleischten.
Doch als die Israeliten anrückten,
stoben sie nach allen Seiten davon. 14,17ff

Aber die Israeliten jagten ihnen nach.
Immer mehr schlossen sich an,
auch alle, die sich aus Angst
in Höhlen versteckt hatten,
wagten sich wieder hervor.
Sie stürzten sich in das Gewühle.
Saul trieb sie unentwegt an:
„Haltet nicht an!
Esst nichts und trinkt nichts,
bis alle Philister vertrieben sind.
Wer es dennoch tut, sei verflucht." 14,24

Jonatan aber lief den anderen voraus.
Er hatte nicht gehört,
was sein Vater befohlen hatte.
Auf einmal wurde er sterbensmatt.
Da entdeckte er im Gestrüpp
Honig von wilden Bienen.
Jonatan steckte seinen Stab
in den Honig und leckte daran.
Und sofort spürte er,
wie seine Kräfte zurückkehrten.
Er strahlte seine Begleiter an. 14,27
Die aber riefen erschrocken:
„Was hast du getan?
Hast du nicht gehört?
Dein Vater hat es verboten!"

Jonatan war entsetzt.
„Wie konnte mein Vater so etwas tun?
Er stürzt unser Land ins Unglück.
Hätten sich doch alle gestärkt wie ich!
Dann hätten wir sicher
noch einen größeren Sieg errungen." 14,29f

Endlich kam der Abend heran.
Da waren die Israeliten
mit ihren Kräften am Ende.
Heißhungrig fielen sie
über die Beute her. 14,32

1. Samuel

Doch Saul wollte noch mehr.
Er fragte Gott:
„Sollen wir die Philister
noch weiter verfolgen?"
Aber Saul erhielt keine Antwort. 14,36f

„Wer ist schuld daran?",
rief der König empört.
„Sicher hat jemand
meinen Befehl nicht beachtet.
So wahr Gott lebt – er muss sterben!
Und wenn es mein Sohn Jonatan wäre!" 14,39

Da schwiegen die Leute betroffen.
Niemand wagte, dem König
in die Augen zu schauen.
Denn alle wussten,
dass es Jonatan war.
Und als sie das Los warfen,
da traf es – Jonatan.

„Du, Jonatan?"
Saul sah seinen Sohn entsetzt an.
„Sag, was hast du getan?
Bei Gott, du musst sterben." 14,44
Aber die Israeliten beschworen Saul:
„Nein, bitte, tu's nicht!
Jonatan darf nicht sterben.
Er hat uns heute gerettet.
So wahr Gott lebt,
kein Haar soll ihm gekrümmt werden." 14,45

So trat das Volk für Jonatan ein.
Da ließ Saul von ihm ab.
Erleichtert kehrten alle heim.
Gott hatte sein Volk
vor großem Unheil bewahrt.

Von diesem Tag an hatte Israel
eine Zeit lang Ruhe vor seinen Feinden.

Die Auseinandersetzung mit den Philistern wird zur Schicksalsfrage Sauls. Es ist ein Kampf, in dem Saul, menschlich betrachtet, von Anfang an der Unterlegene ist. Wie der Anfang der Erzählung anzeigt, haben die Philister inzwischen das ganze Land in ihrer Gewalt und alle Schlüsselstellungen besetzt, u.a. auch den Engpass bei Michmas. Von hier aus halten sie das ganze Land unter Kontrolle. Dazu kommt die technische Überlegenheit der Philister durch ihre moderne Ausrüstung aus Bronze und aus Eisen (Beginn der Eisenzeit!), der die Israeliten nichts entgegenzusetzen haben, ausgenommen Saul und Jonatan. Ein Sieg der Israeliten scheint schon deshalb unmöglich. Aber vor allem scheint der König selbst seit seiner Konfrontation mit Samuel wie gelähmt. Er verschanzt sich in seinem Burgsitz in Gibea, unfähig zu handeln.

Auf diesem Hintergrund erscheint der Vorstoß, den Jonatan im Alleingang wagt, wie ein Befreiungsschlag. Aber nicht von Jonatans „Heldentat" will diese Geschichte berichten, sondern von dem Wunder, dass Gott durch den einen bzw. durch einige wenige, sein ganzes Volk befreit hat. „Denn es ist dem Herrn nicht schwer, durch viel oder durch wenig zu helfen ..." (14,6). In diesem Vertrauen wagt Jonatan das Unmögliche. Aber erst, nachdem er ein Zeichen von Gott erhalten hat.
Und wieder ist es – wie so oft – nicht Jonatans Schwert, das die Philister niederstreckt, sondern Gottes Eingreifen, das unter den Philistern panischen Schrecken auslöst. „Ein Einziger von euch jagt tausend" (Jos 23,10), das ist die Erfahrung, die Jonatan mit den großen Rettergestalten in den Büchern Josua und Richter teilt und bezeugt.

Ganz anders dagegen Saul. Sein Verhalten steht in krassem Gegensatz zu dem seines Sohnes. Auf sein anfängliches Zaudern erfolgt am Ende krankhafte Aktivität. In seinem Übereifer merkt Saul gar nicht, wie er neues Unheil über sein Volk heraufbeschwört. Saul glaubt nach Gottes Willen zu handeln, wenn er den vermeintlichen Sünder mit einem Fluch belegt. Aber in Wahrheit stürzt er sich und sein Volk damit nur noch tiefer ins Unglück. Das Schweigen Gottes, den Saul (durch ein Orakel?) befragt, liegt von nun an wie ein dunkler Schatten über dem König. Umso befreiender ist das Ende der Geschichte: Das Volk kann das Unheil, das sich über der Königsfamilie zusammenbraut, noch einmal aufhalten.

SAULS FALL
1. Samuel 15

Gott hatte Saul vor allen geehrt
und ihn über sein Volk gesetzt,
damit er sein Volk lehrte,
auf Gottes Wegen zu bleiben.
Doch als Saul eigene Wege ging,
wandte sich Gott von ihm ab.

Die folgende Geschichte erzählt
von dem tiefen Fall des Königs,
der fast sein ganzes Volk
ins Verderben gerissen hätte.
Und das kam so:

Eines Tages stand plötzlich Samuel
vor dem König und sprach:
„Gott der Herr hat mir befohlen,
dich zum König
über sein Volk zu salben.
Darum höre, was der Herr dir gebietet:
‚Geh und vollstrecke das Urteil
an den Amalekitern.
Lass niemand am Leben,
weder Mensch noch Tier.
Denn Gott hat nicht vergessen,
was die Amalekiter einst
dem Volk Gottes angetan haben.'" 15,1ff

Da zog Saul
gegen die Amalekiter
zum Kampf aus,
mit einem gewaltigen Heer,
und schlug sie in der Wüste,
bis an die Grenze Ägyptens. 15,4ff

Indessen wartete Samuel,
bis Saul heimkehrte.
Doch in der Nacht sprach Gott
zu Samuel: „Es reut mich,
dass ich Saul zum König gemacht habe.
Denn Saul hat mir nicht gehorcht.
Er hat sich von mir abgekehrt." 15,11

„Wie?", fragte Samuel entsetzt.
„Hat Saul Gottes Befehl nicht befolgt?
Dann ist er verloren.
Und wir alle mit ihm."

Die ganze Nacht lag Samuel
auf den Knien und schrie zu Gott:
„Ach Herr, willst du mit Saul
dein ganzes Volk verderben?
Es ist doch dein Volk,
das du dir erwählt hast." 15,11

Am nächsten Morgen
brach Samuel früh auf
und zog Saul entgegen.
Als aber Saul ihn sah,
eilte er ihm freudig entgegen.
„Wir haben gesiegt", meldete er.
„Wir haben die Amalekiter geschlagen.
Ich habe alles erfüllt,
was Gott mir geboten hat." 15,12f

Doch Samuel entgegnete schroff:
„Was höre ich da?
Es klingt wie das Blöken von Schafen
und wie das Brüllen von Rindern."
„Ja", antwortete Saul,
„das ist unsere Beute.
Wir haben die besten Schafe
und Rinder geschont,
damit wir sie unserem Gott opfern." 15,14f

„Was?" rief Samuel zornig.
„Glaubst du etwa,
Gott habe mehr Gefallen
an Opfern als am Gehorsam?
Nein niemals!
Vor Gott ist Gehorsam besser als Opfer,
das auf dem Altar brennt.
So höre, was Gott der Herr zu dir spricht:
Weil du sein Wort verworfen hast,
hat er dich auch verworfen.
Du sollst nicht mehr König sein." 15,22f

„Ja", bekannte Saul erschrocken,
„jetzt sehe ich ein:
Ich habe eine schwere Sünde begangen.
Ich habe Gottes Befehl nicht befolgt.
Denn ich fürchtete mich vor dem Volk.
Ich habe mehr auf seine Stimme gehört
als auf Gott. 15,24

Doch, bitte, vergib mir!
Komm jetzt mit mir!
Dann wollen wir beide Gott anbeten." 15,25

Doch Samuel entgegnete:
„Nein, ich geh nicht mit dir.
Denn du hast Gottes Wort nicht geachtet.
Du kannst nicht mehr König sein." 15,26

So sprach Samuel.
Dann ließ er Saul stehen
und ging wütend davon.
Doch Saul lief hinter ihm her.
„Nein, geh nicht weg!", bettelte er.
Er hielt Samuel am Gewand fest.
Da riss das Gewand.
„Sieh", sprach Samuel ernst,
„so hat der Herr heute
das Königsamt von dir gerissen.

Ein anderer wird es bekommen,
der es mehr verdient hat als du." 15,27f

„Ja, ich weiß", stammelte Saul.
„Ich habe eine schwere Sünde begangen.
Doch, bitte, stell mich jetzt nicht
vor dem Volk und den Ältesten bloß!
Kehre mit mir zu den anderen zurück,
damit ich Gott den Herrn anbete." 15,30

Da ging Samuel mit ihm.
Und vor allen führte er aus,
was Saul versäumt hatte. 15,31
Danach ging Samuel wortlos davon.
Bis an sein Lebensende
sah er den König nicht mehr.
Aber sein Leben lang trauerte er um ihn,
wie man um einen Toten trauert. 15,35

Eine unfassbare, unerhörte Geschichte, die an einen Abgrund führt – wie soll man sie verstehen? Wie soll man sie nacherzählen, ohne sie zu verfälschen und dabei selbst schuldig zu werden? Diese Geschichte wirft so viele Fragen auf, die keine vorschnelle Erklärung zulassen, zum Beispiel: Warum wird Saul „verworfen"? Kann es denn falsch sein, Menschen wie Tiere zu schonen? Warum wird Sauls Opfer verschmäht? Und warum wird solch ein unerbittliches Strafgericht an den Amalekitern vollzogen? Ihr Überfall auf die Israeliten in der Wüste (Ex 17) ist doch längst verjährt! Auch die von Samuel geforderte strikte Einhaltung der „Bannung" des Erbeuteten (s. Jos 7) bleibt im Kontext der Königsgeschichte und der veränderten geschichtlichen Situation schwer nachvollziehbar.
Aber die entscheidende Frage, die diese Geschichte durchzieht, ist die Frage nach dem Gehorsam des Königs ohne Wenn und Aber. Sobald der König mehr auf die Stimme des Volks hört (15,24) als auf Gott, hat er sich im Verständnis dieser Geschichte schon auf die schräge Ebene begeben. Wie in der Geschichte vom Sündenfall ein tiefer Riss zwischen Gott und dem Menschen entstanden ist (Gen 3), so setzt sich dieser Riss nun in der Königsgeschichte fort. Und wie dort, so steht auch hier die Geschichte vom „Sündenfall" des Königs pointiert am Beginn der Königsgeschichte. Wie dort, so wird auch hier offenbar, dass durch die Schuld des Einen die Vielen mit ins Unglück gestürzt werden. Dadurch wird unmissverständlich zum Ausdruck gebracht: Das Königtum ist von Anfang an verfehlt. Wenn es in Zukunft überhaupt Bestand haben soll, dann allein durch Gottes Gnade!

DAVID – DER KÜNFTIGE KÖNIG 1. SAMUEL 16–30

DIE SALBUNG
1. Samuel 16

Dies ist die Geschichte von David,
dem Sohn Isais aus Bethlehem.
Isai hatte acht Söhne.
David war der Jüngste von allen.
Er hütete die Schafe seines Vaters
draußen vor Bethlehem.

In jenen Tagen begab es sich,
dass der Prophet Samuel
nach Bethlehem kam.
Als er die Stadt betrat,
eilten ihm die Ältesten der Stadt
schon entgegen.
Verwundert begrüßten sie
den seltenen Gast:
„Welch hoher Besuch!
Bedeutet er Gutes?"
„Ja", antwortete Samuel.
„Ich bin hierher gekommen,
um Gott ein Opfer darzubringen."
Er wandte sich an Isai.
„Ich lade dich zum Opferfest ein,
dich und auch alle deine Söhne.
Macht euch bereit!" 16,4f

Aber Samuel verriet
keinem Menschen,
weshalb er gekommen war.
Gott hatte zu Samuel gesprochen:
„Wie lange noch trauerst du um Saul?
Er verdient nicht mehr,
König über Israel zu sein.
So geh nach Bethlehem
und salbe einen Sohn Isais zum König.
Der wird es sein,
den ich dir zeigen werde." 16,1

Da stellte Isai seine Söhne Samuel vor,
zuerst Eliab, den ältesten Sohn.
Als Samuel ihn sah, dachte er:
„Wahrhaftig! Der ist es.
Den soll ich zum König salben."

Doch Gott sprach zu Samuel:
„Sieh nicht auf seinen hohen Wuchs
und seine schöne Gestalt!
Denn ich habe ihn nicht erwählt.
Ein Mensch sieht, was vor Augen ist,
Gott aber ins Herz." 16,7

Da führte Isai den zweiten Sohn vor,
Abinadab mit Namen.
Doch Samuel winkte ab.
Auch diesen
hatte Gott nicht erwählt.
Da schickte Isai
den dritten Sohn vor,
Schamma mit Namen.
Doch auch ihn
hatte Gott nicht erwählt.
Da ließ Isai alle sieben Söhne
an Samuel vorüberziehen.
Doch keinen von ihnen
hatte Gott erwählt.
Zuletzt fragte Samuel:
„Sind das alle deine Söhne?"
„Nein", antwortete Isai,
„ich habe noch einen Sohn.
Der hütet draußen die Schafe."
„Dann lass ihn holen!",
befahl Samuel.
„Eher werden wir kein Opfer feiern." 16,8ff

Da holten sie David von der Weide.
Er war braun gebrannt
und hatte strahlende Augen.
Da wusste Samuel: Der ist es!
Den hat Gott erwählt!
Und Gott sprach zu ihm:
„Auf, salbe ihn zum König!" 16,12

So nahm Samuel sein Ölhorn,
goss das Öl auf Davids Haupt
und salbte ihn zum König
vor seinen Brüdern.

1. Samuel

Noch war es ein Geheimnis.
Niemand im Land ahnte,
was mit David geschehen war.
Nichts unterschied David
von anderen Menschen.
Aber Gott war mit David.
Sein Geist ruhte auf ihm
und er blieb bei ihm,
solange David lebte.

16,13

Das Lied Davids, des Hirten,
den Gott zum König über Israel salbte:

Der Herr ist mein Hirte.
Mir wird nichts fehlen.
Er lagert mich auf grüner Weide
und führt mich zum frischen Wasser.
Er erquickt meine Seele.
Er führt mich auf rechter Straße
um seines Namens willen.
Und ob ich schon wanderte
im finstern Tal,
fürchte ich kein Unglück.
Denn du bist bei mir.
Dein Stecken und Stab trösten mich.
Du bereitest vor mir einen Tisch
im Angesicht meiner Feinde.
Du salbst mein Haupt mit Öl
und schenkst mir voll ein.
Gutes und Barmherzigkeit
werden mir folgen mein Leben lang.
Und ich werde bleiben
im Hause des Herrn immerdar.

Psalm 23

Die Brisanz dieser Geschichte klingt nur zwischen den Zeilen an. Samuel soll David zum König salben. Eine hoch gefährliche Aktion, die in den Augen des herrschenden Königs als Hochverrat erscheinen muss. Darum muss Samuels Besuch in Bethlehem unter allen Umständen geheim bleiben. Sein Opfer erscheint daher zunächst als geschickter Vorwand, der den eigentlichen Grund seines Besuchs verbergen soll. Aber es unterstreicht auch die Bedeutung der Salbung als sakralen Akt und göttliche Setzung. Auch wenn David das Königsamt noch lange nicht wahrnehmen kann, so ist er doch jetzt schon als der wahre, von Gott erwählte König ausgewiesen, auf dem nun Gottes Geist ruht, nicht mehr auf Saul.

Die ausführliche Schilderung der Wahl des „Erwählten" zeigt einmal mehr den grundlegenden Unterschied zwischen göttlicher und menschlicher Wahl auf. Wie schon bei Esau und Jakob, aber auch bei Gideon und Saul, sind es gerade nicht die Großen und Starken, die Gott erwählt. Er urteilt nicht nach den sichtbaren Qualitäten eines Menschen. Er erwählt David auch nicht aufgrund seines Aussehens, sondern er „sieht das Herz an". Das Herz ist im Hebr. der Sitz des Willens und der Entscheidung. Es ist der Ort, an dem Gott an seinem Auserwählten handeln und aus ihm einen Menschen nach seinem Willen machen wird. Nicht was der Mensch vorzuweisen hat, weist ihn demnach aus, sondern was Gott aus ihm macht! Das ist das Geheimnis göttlicher Erwählung, das sich verborgen durch die ganze Bibel zieht. Es ist die frohe Botschaft an alle, die in den Augen der Menschen nichts gelten, wie Paulus schreibt: „Nicht viele Kluge ..., nicht viele Mächtige, nicht viele Vornehme sind berufen. Sondern ... was schwach ist vor der Welt ... und was nichts gilt vor der Welt, das hat Gott erwählt ..., und das hat Gott erwählt, damit sich vor Gott kein Mensch rühme" (1. Kor 1,27–29).

DAVID BEI SAUL
1. Samuel 16

Saul saß in seinem Haus
und starrte vor sich hin.
Er dachte an das Wort,
das Samuel ihm gesagt hatte:
Ein anderer wird König werden,
der, den Gott dazu bestimmt hat.

Mit Sorge sahen seine Ratgeber,
wie sich Saul quälte.
Schließlich fassten sie sich ein Herz.
Sie rieten dem König:
„Lass einen Mann kommen,
der sich aufs Harfespielen versteht.
Sein Spiel wird dir gut tun
und deine dunklen Gedanken vertreiben." 16,15f

„Gut", meinte Saul.
„Kennt ihr einen Mann,
der Harfe spielen kann?"
„Ja, David aus Bethlehem,
der Sohn Isais.
Er ist klug und mutig,
ein Meister im Harfenspiel.
Und Gott ist mit ihm." 16,17f

Da ließ der König
David an seinen Hof holen.
Und Saul gewann ihn
mit jedem Tag lieber.

Er machte David
zu seinem Waffenträger
und ließ seinem Vater ausrichten:
„Dein Sohn David
hat meine Gunst gefunden.
Er soll bei mir bleiben." 16,21f

So trat David in den Dienst des Königs.
Und sooft sich die Schwermut
wieder auf Saul legte,
spielte David auf seiner Harfe.
Dann wurde es Saul leichter ums Herz.
Seine dunklen Gedanken verschwanden. 16,23

Aber Saul ahnte nicht,
dass David an seiner Stelle
zum König über Israel bestimmt war.

Diese Geschichte steht in scharfem Kontrast zur vorhergehenden Erzählung von der Salbung Davids: Während David von Gottes Geist erfüllt wird, legt sich auf Saul eine tiefe Depression. Es scheint, als habe sich Gott für immer von Saul abgewandt, als habe er ihm seinen guten Geist entzogen und „ein böser Geist" von ihm Besitz ergriffen. Aber die Erzählung betont, dass auch dieser „böse Geist" von Gott kommt. Saul fällt auch jetzt nicht aus Gottes Machtbereich heraus, sondern Gott gibt ihm als Trost in seiner Depression eben jenen David zur Seite, der an seiner Stelle König werden soll.

1. Samuel

DAVID UND GOLIAT
1. Samuel 17

In jenen Tagen fielen die Philister
erneut ins Land Israel ein.
Saul zog ihnen entgegen
mit einem riesigen Heer.
Er schlug sein Heerlager
im Eichengrund auf.
Jenseits des Tals
lag das Lager der Feinde.
Jeden Tag stellten sich
die beiden Heere zum Kampf auf.   17,1ff
Doch es kam nicht zum Kampf.
Denn unter den Philistern
war ein mächtiger Krieger,
Goliat mit Namen,
der war größer und stärker
als alle anderen Philister.
Er trug einen ehernen Helm
und eine eherne Rüstung,
100 Pfund schwer,
und einen ehernen Wurfspeer
auf seiner Schulter.
Sein Speer war so stark
wie ein Weberbaum.
Der hatte eine Spitze aus Eisen,
die wog allein zwölf Pfund.
Und ein Schildträger trug
einen riesigen Schild vor Goliat her.   17,4ff

Jeden Tag trat Goliat
vor das Heer der Philister,
und rief zum Zweikampf auf.
Jeden Morgen und jeden Abend
schrie er zu den Israeliten hinüber:
„He, glaubt ihr etwa,
ihr könntet gegen uns kämpfen?
Wer seid ihr denn?
Sauls Knechte, sonst nichts!
Ich aber bin ein freier Philister.
Wer wagt es, mit mir zu kämpfen?
Wenn ihr mich besiegt,
dann werden wir eure Knechte.
Wenn aber nicht,
dann seid ihr unsere Knechte!"   17,8f

So höhnte und spottete Goliat
jeden Tag, morgens und abends.

Und jeden Tag
zitterten die Israeliten vor Angst,
wenn sie ihn hörten,
und flohen in ihre Zelte.
Vierzig Tage lang wagte niemand,
den Kampf mit Goliat aufzunehmen,
auch Saul nicht und auch nicht Jonatan,
sein tapferer Sohn.   17,11ff

Indessen wartete in Bethlehem
Vater Isai bange auf Nachricht.
Denn seine drei ältesten Söhne
waren mit Saul in den Krieg gezogen.
David aber war
bei den Schafen geblieben.
Da rief ihn sein Vater und bat ihn:
„Geh und such deine Brüder.
Bring ihnen diese zehn Brote,
diesen Krug mit gerösteten Körnern
und noch zehn Laib Käse dazu.
Frag sie, ob es ihnen gut geht.
Ich mache mir Sorgen um sie."   17,17f

Am nächsten Morgen machte sich David
früh auf den Weg zum Heerlager.
Doch als er dort ankam,
fand er die Zelte leer.
Die Israeliten waren alle
zum Kampf ausgerückt.
Sie hatten sich gerade
in einer Schlachtreihe aufgestellt
und hoben ein lautes Kriegsgeschrei an.   17,20f

Da ließ David
sein Gepäck bei den Zelten,
rannte los und fand seine Brüder
mitten unter den anderen.
In diesem Augenblick brüllte Goliat
von der anderen Talseite herüber:
„He, ihr Feiglinge!
Wer wagt es mit mir zu kämpfen?"
„Da ist er wieder!",
schrien die Israeliten voll Angst.
„Habt ihr gehört, was er ruft?"
Und schon ergriffen alle die Flucht.
Doch David packte der Zorn.

Wie durfte Goliat es wagen,
das Heer Israels zu verhöhnen?
Hatte dieser Philister vergessen,
dass der lebendige Gott
mit seinem Volk Israel war?
„Sagt, was bekommt der,
der diesen Philister besiegt?"
„Den macht der König sehr reich.
Er gibt ihm seine Tochter zur Frau
und befreit ihn von allen Steuern." 17,22ff

„Was fällt dir ein?",
mischte sich Eliab,
Davids ältester Bruder, ein.
„Warum bist du hierher gekommen?
Ich kenne dich:
Du machst dich nur wichtig
und willst dem Kampf zusehen."
„Was habe ich denn getan?
Ich habe doch nur gefragt",
entgegnete David. 17,28f

Indessen saß Saul in seinem Zelt
und ließ den Kopf hängen.
Aller Mut war dahin.
Keiner, weder er noch sein Sohn,
wagte, mit Goliat zu kämpfen.
Da wurde Saul gemeldet:
„David will mit Goliat kämpfen."
„Auf, schickt ihn zu mir!", befahl er.
„Ich muss sofort mit ihm sprechen." 17,31

Da kam David herein, so wie er war,
in seinem einfachen Hirtenkleid
und nur mit einer Schleuder bewaffnet.
„Keiner lasse den Mut sinken!",
so rief er dem König zum Gruß zu.
„Ich will mit dem Philister kämpfen!"
Der König aber horchte auf: „Unmöglich!
Du bist viel zu jung und unerfahren.
Goliat aber ist ein erfahrener Krieger."
Doch David erwiderte:
„Mein König!
Dein Diener hat schon
mit Löwen und Bären gekämpft
und sie erschlagen.
Der Herr, unser Gott, der mich
vor Löwen und Bären bewahrt hat,
wird mich auch
vor diesem Philister bewahren." 17,32ff

Da willigte Saul ein.
„Gut, dann nimm wenigstens
meine Rüstung und meinen Helm."
Aber David konnte darin nicht gehen.
Er gab beides dem König zurück.
Nur seinen Hirtenstab
und seine Schleuder nahm er
mit sich hinab ins Tal,
suchte sich im Bachbett
fünf glatte Steine
und steckte sie in seine Hirtentasche.
So zog er dem Philister entgegen. 17,38ff

Da stand Goliat auf einmal vor ihm,
massig und riesig.
„Wie?", höhnte der Riese.
„Bin ich etwa ein Hund,
dass du mit einem Stock zu mir kommst?
Bei meinem Gott,
dich mache ich fertig.
Komm näher, Bürschchen!
Ich will dein Fleisch den Vögeln
und wilden Tieren zum Fraß geben." 17,41ff

Doch David schleuderte ihm entgegen:
„Du kommst zu mir
mit Schwert, Lanze und Spieß.
Ich aber komme zu dir
im Namen unseres Gottes,
den du verhöhnt hast,
im Namen des Herrn Zebaoth,
dem alle Heere untertan sind.
Heute wird dich der Herr
in meine Hand geben,
damit alle Welt erkennt,
dass Israel einen Gott hat,
und damit unser Volk sieht,
dass der Herr nicht
durch Schwert oder Speer hilft.
Denn er ist es, der hier handelt." 17,45ff

So rief David laut vor allen Ohren.
Dann holte er blitzschnell
einen Stein aus der Tasche,
legte ihn in seine Schleuder und –
schon sauste der Stein durch die Luft
und traf den Riesen genau an der Stirn.
Goliat schwankte, stürzte,
und schlug mit dem Kopf auf die Erde.
Reglos lag er da, zu Tode getroffen.

1. Samuel

David aber sprang hinzu,
griff nach Goliats Schwert
und schlug ihm den Kopf ab.   17,49ff

Auf einmal war es ganz still im Tal.
Entsetzt sahen die Philister,
dass ihr stärkster Mann tot war.
In wilder Panik ergriffen alle die Flucht.
Die Israeliten aber jagten ihnen nach
bis weit über die Grenze.
Jubelnd kehrten sie in ihr Land zurück.
An diesem Tag hatten sie
mit eigenen Augen gesehen,
wie Gott sie alle durch David,
seinen Gesalbten, gerettet hatte.   17,51ff

Ein Psalm Davids:

Herr, sieh doch,
wie sich dein Feind brüstet!
In seinem Stolz glaubt er,
Gott frage nicht danach.
Er lästert Gott, ja, er behauptet:
Es gibt gar keinen Gott.
So setzt er ungehindert
sein zerstörerisches Werk fort
und übt Gewalt
an all seinen Feinden.
Er redet sich ein:
Ich werde niemals zu Fall kommen
oder Not leiden.
Sein Mund flucht und lügt
und seine Zunge bringt
nur Unheil hervor.
Er spricht: „Gott hat's vergessen!"
Aber du, Herr, steh auf!
Vergiss nicht,
wie elend es um mich steht!
Du siehst ja den Jammer.
Du bist der Helfer der Waisen.
Du hörst ihre Bitte
und wirst ihnen Recht schaffen,
dass der Mensch nicht mehr
auftrumpft auf Erden.

aus Psalm 10

Eine ungewöhnlich anschaulich erzählte Geschichte, die gerade durch ihre vielen Details deutlich macht, was hier auf dem Spiel steht. Auf der einen Seite steht der Vorkämpfer Goliat, bis an die Zähne bewaffnet. Seine detailliert beschriebene Waffenrüstung demonstriert Unbesiegbarkeit und flößt allein schon durch ihren Anblick Furcht und Schrecken ein. Dazu kommen die täglichen Hohnreden des Hünen, die den Feind zum Zweikampf auffordern und ihn schon im Vorfeld mürbe machen sollen.

Demgegenüber steht David, ein einfacher Hirtenjunge, weder im Kampf erprobt noch an Kraft dem übermächtigen Philister gewachsen. Nicht aus Übermut wagt er den Zweikampf, sondern weil Gottes Ehre auf dem Spiel steht. David öffnet seinem Volk die Augen für das, was sich hier in Wahrheit abspielt: Der Philister hat das „Heer des lebendigen Gottes" und damit Gott selbst verhöhnt. Gleich dreimal findet sich im Originaltext diese Aussage (17,26.36.45). Sie zeigt den wahren Machtkampf an, der sich hinter dieser Erzählung verbirgt: Den Kampf zwischen dem Gott Israels und all denen, die sich selbst wie Götter aufspielen. Sie finden in der so plastisch beschriebenen Person Goliats ihre sichtbare Gestalt.

Zugleich aber enthält diese Geschichte eine wichtige Botschaft an alle, die sich zum Volk Gottes zählen (in V.47 als „Gemeinde" Gottes bezeichnet): Gottes Hilfe geschieht „nicht durch Schwert, Lanze oder Speer", auch nicht durch Heeresmacht oder menschliche Kraft, sondern durch Gottes Geist (Sach 4,6). Nicht durch seine Heldentat an Goliat weist sich David letztlich als der wahre König aus, sondern dadurch, dass Gott ihn gesalbt und mit seinem Geist erfüllt hat (1. Sam 16).

DAVID AM HOF DES KÖNIGS
1. Samuel 18–19

David war kein Unbekannter mehr.
Im ganzen Land
rühmte man seinen Namen.
König Saul zeichnete David
mit hohen Ehren aus.
Er holte ihn in sein Haus
und setzte ihn über all seine Soldaten.
Am Hof gewann David bald Freunde,
allen voran Jonatan,
Sauls erstgeborenen Sohn.
Zum Zeichen der Freundschaft
schenkte ihm Jonatan
seinen Umhang und seine Rüstung,
dazu sein Schwert, Pfeil und Bogen
und den Gurt noch dazu.
Als sei David der Kronprinz und nicht er,
so ehrte er David vor allen anderen.
Ja, er liebte ihn mehr
als sein eigenes Leben. 18,1ff

In jenen Tagen trug es sich zu,
dass David erneut zum Kampf auszog
und die Philister besiegte.
Als er vom Kampf heimkehrte,
zogen ihm aus allen Städten
die Frauen im Tanz entgegen,
begleitet von Zimbeln und Pauken.
Dazu stimmten sie ein neues Lied an:
„Saul hat tausend erschlagen.
David aber hat zehntausend erschlagen." 18,6f

Als aber Saul davon erfuhr,
packte ihn der Zorn.
Wie, dachte er grimmig,
diese Frauen ehren David
mehr als ihren eigenen König?
Ist dieser David etwa der künftige König,
von dem Samuel sprach? 18,8

Von diesem Tag an
war es um Saul geschehen.
Dunkle Schatten legten sich auf ihn.
Er konnte David
keine Minute mehr freundlich ansehen.
Am folgenden Tag brach er
in einen furchtbaren Wutanfall aus.
Er tobte durchs Haus wie von Sinnen.
David aber spielte auf seiner Harfe,
als sei nichts geschehen.
Da packte Saul rasender Zorn.
Er zückte seinen Spieß
und zielte auf David.
Der aber wich blitzschnell aus. 18,9ff

Seitdem graute es Saul
noch mehr vor David.
Denn Gott war mit David.
Und alles, was er tat, gelang ihm. 18,15
Schließlich griff der König zu einer List.
Er befahl seinen Männern:
„Redet heimlich mit David und sagt ihm:
Saul will dir seine Tochter
zur Frau geben.
Dafür sollst du 100 Philister erschlagen.
Das ist der Brautpreis, den er verlangt."
Denn er hoffte:
„Die Philister werden David töten.
Dann bin ich David für immer los." 18,22ff

Aber es dauerte nicht lange,
da kam David vom Kampf zurück
Er hatte alles erfüllt,
was der König gefordert hatte.
So blieb Saul keine Wahl.
Widerwillig gab er David
seine Tochter Michal zur Frau.
Als aber Saul sah,
dass auch seine Tochter zu David hielt,
fürchtete er sich noch viel mehr. 18,27ff

Da beschloss der König,
David auf anderem Weg loszuwerden.
Er vertraute seinen Plan
seinem Sohn Jonatan an.
Der aber erschrak zu Tode,
als er erfuhr, was sein Vater
im Schild führte.
Noch am selben Tag
suchte er David heimlich auf
um ihn zu warnen:
„David, nimm dich in acht!
Du bist in höchster Gefahr.

1. Samuel

Mein Vater will dich umbringen.
Er hat es mir heute verraten.
Aber ich will versuchen,
dass ich ihn umstimme.
Versteck dich morgen früh
draußen auf dem Feld.
Dann komm ich mit meinem Vater
zu dem Ort, wo du dich versteckt hast.
Dort will ich mit ihm reden." 19,1ff

Am nächsten Morgen
machte sich David früh auf
und versteckte sich draußen.
Nicht lange danach kam Jonatan
mit seinem Vater heraus.
„Mein Vater!", bat er.
„Tu David nichts an!
Verschone sein Leben!
Warum willst du ihn töten?
Er hat dir ja nichts Böses getan.
Denk doch daran:
Er hat sein Leben gewagt.
Goliat hat er erschlagen.
Warum willst du so große Schuld
auf dich laden?" 19,4f

Da hörte Saul auf seinen Sohn.
„Gut", meinte er, ich will es nicht tun.
David muss nicht sterben.
So wahr der Herr lebt:
Ich will sein Leben verschonen." 19,6

Erleichtert lief Jonatan zu David
und rief: „Komm aus deinem Versteck!
Du kannst wieder zurück.
Mein Vater tut dir nichts an.
Er hat es mir geschworen." 19,7
So kehrte David zu Saul zurück.
Aber von diesem Tag an
war er stets auf der Hut.

Nicht lange danach spielte David wieder
vor dem König auf seiner Harfe.

Da nahm Saul plötzlich seinen Spieß
und schleuderte ihn nach David.
Der aber wich blitzschnell aus,
sodass der Spieß in die Wand fuhr.
David aber flüchtete sich in sein Haus.
Dort glaubte er sich vor Saul sicher. 19,9f

Aber auch danach ließ Saul
nicht von David ab.
Er befahl seinen Soldaten:
„Bewacht Davids Haus!
Morgen früh muss er sterben."
Aber Davids Frau hatte alles gehört.
„Auf!", drängte sie David.
„Rette dein Leben!
Flieh, noch in dieser Nacht.
Morgen früh ist es zu spät."
Dann ließ sie ihren Mann
an einem Seil durchs Fenster herab.
Und als am Morgen die Soldaten
in Davids Haus eindrangen,
war dieser längst entkommen. 19,11f

– – –

*Ein Lied Davids,
als Saul sein Haus bewachen ließ,
um ihn zu töten:*

Rette mich, Gott, vor meinen Feinden.
*Schütze mich vor denen,
die mich verfolgen.
Denn sie lauern mir auf.
Sie rotten sich gegen mich zusammen.
Was habe ich ihnen denn getan?
Sie aber lauern mir auf.
Wach auf, Herr, Gott Zebaoth.
Sieh ihnen das Unrecht nicht nach,
das sie mir antun.
Du, meine Stärke,
bei dir suche ich Schutz.
Denn Gott ist meine Zuflucht.*
aus Psalm 59

Je mehr David vom Volk geliebt und geehrt wird, desto mehr wird er vom König gehasst. Schritt für Schritt zeigt die Erzählung auf, wie bei Saul die anfängliche Bewunderung in offenen Hass umschlägt: Zunächst holt Saul David in seine Nähe. Das bedeutet für David eine Auszeichnung, aber auch eine Kontrolle über David. Dann versucht Saul, seinen Konkurrenten durch eine List loszuwerden. Aber er muss schmerzlich erfahren, wie sogar seine eigenen

Kinder zu Verbündeten Davids werden. So gerät Saul in immer größere Isolation. Dabei verfällt der König in eine tiefe Depression. Saul wird sich selbst fremd. Die Bibel drückt es so aus: Ein „böser Geist" kommt über Saul. Es ist der „Geist" einer tiefen seelischen Störung, die von Saul Besitz ergreift. Sie offenbart die Tragik dieses ersten Königs, der sich gegen seinen Willen in immer tieferes Unheil verstrickt, Täter und Opfer seines Tuns.

Dagegen wird David in dieser Erzählung auffallend positiv geschildert. Trotz des gnadenlosen Umgangs mit seinen Feinden (18,25ff) wächst seine Beliebtheit im Volk (s. das Siegerlied der Frauen 18,6ff). Und je mehr sich die Situation zuspitzt, desto mehr wird David als unschuldiges Opfer der Machenschaften Sauls beschrieben. Das ist offenbar die Absicht der Erzählung, die das Bild des kommenden Königs in scharfem Kontrast zum herrschenden König entwirft. Ein Bild, das vermutlich die historische Realität nur teilweise trifft, das aber eine klare theologische Botschaft enthält: Der wahre König ist der, der sich allein auf Gott verlässt. Dies unterstreicht auch der angefügte Psalm 59, der dieser besonderen Situation im Leben Davids zugeordnet wird. Aber in diesem Psalm erscheint der Beter nicht in verklärtem Licht, sondern als einer, der durchaus Rachegedanken kennt, sie aber seinem Gott anheimstellt.

DAVID UND JONATAN
1. Samuel 20

Nicht lange danach traf sich David
heimlich mit Jonatan.
„Sag mir, was habe ich getan?
Warum verfolgt mich dein Vater?
Warum will er mich töten?"
„Aber nein!", beruhigte ihn Jonatan.
„Mein Vater tut dir kein Leid an.
Sonst hätte ich es erfahren." 19,1ff
„Nein, nein!", widersprach David.
„Dein Vater weiß ganz genau,
dass du mein Freund bist.
Darum sagt er dir nicht, was er vorhat.
Aber glaub mir: Es fehlt nicht viel,
dann bringt er mich um." 20,1ff

Da ahnte Jonatan,
wie ernst es um seinen Freund stand.
„Dann sag mir bitte:
Wie kann ich dir helfen?" 20,4

„Morgen ist Neumond",
entgegnete David.
„Da gibt der König ein Festmahl.
Drei Tage lang dauert das Fest.
Aber ich bin nicht da.
Ich verstecke mich hier auf dem Feld.
Wenn aber der König fragt:
‚Wo ist David?', dann sag ihm:

‚David ist in Bethlehem.
Er feiert mit seiner Familie ein Fest.'
Wird der König dann zornig,
dann weißt du, wie er über mich denkt.
Jonatan, ich flehe dich an.
Liefere mich nicht an ihn aus!
Töte mich lieber, wenn du glaubst,
die Schuld liegt bei mir." 20,5ff

„Nein!", meinte dieser erschrocken.
„Wie kannst du das glauben?
Bei Gott, ich schwöre dir:
Ich sage dir alles, was ich erfahre. 20,9
Kein Wort verberge ich vor dir.
Sobald das Fest vorüber ist,
versteck dich hier bei dem Stein.
Dann komm ich mit meinem Burschen
zum Bogenschießen heraus.
Hör genau zu, was ich dann rufe.
Wenn ich meinem Burschen zurufe:
‚Komm her, der Pfeil liegt vor dir!',
dann besteht keine Gefahr.
Wenn ich aber rufe: ‚Lauf weg!
Der Pfeil liegt weit hinter dir!',
dann musst du fliehen.
Verlass dich auf mich.
Mein Ehrenwort gebe ich dir." 20,18ff

Am nächsten Tag
gab der König ein Festgelage.
Alle Großen waren geladen.
Nur David fehlte beim Mahl.
Doch der König verlor darüber kein Wort.
Aber am nächsten Tag
fragte er Jonatan: „Wo ist David?"
„In Bethlehem", antwortete dieser.
„Seine Familie feiert ein Fest.
Er bat mich, gehen zu dürfen."
„Was?", schrie der König erbost.
„Du Sohn einer ehrlosen Frau!
Ich weiß genau:
Du hast dich mit David verschworen.
Schande komme über dich
und deine Mutter, die dich geboren hat!"
Du beschmutzt die Ehre des Hauses.
Begreifst du denn nicht?
Solange David lebt, wirst du nie König.
Deine Zukunft steht auf dem Spiel.
Auf, führ sofort David zu mir!
Er muss sterben." 20,24ff

Aber Jonatan sah Saul entsetzt an:
„Was hat er dir denn getan?
Warum muss er sterben?"
Doch Saul schrie wütend:
„Wie? Du widersprichst mir?"
Er zückte seinen Speer
und zielte auf Jonatan,
seinen eigenen Sohn.
Der aber wich blitzschnell aus.
Zornig sprang er vom Tisch auf
und stürzte hinaus.
Auch am nächsten Tag
blieb Jonatan dem Mahl fern.
So bekümmert war er um David
und über die Schmach,
die ihm sein eigener Vater angetan hatte. 20,32ff

Aber am nächsten Morgen ging Jonatan
mit seinem Burschen zu dem Stein,
hinter dem David versteckt war.
Er schoss einen Pfeil ab.
In hohem Bogen flog der Pfeil
über den Burschen hinweg.
„Los lauf!", rief Jonatan.
„Der Pfeil liegt weit hinter dir."
Da wusste David: Er musste fliehen.
Schnell kam er aus seinem Versteck,
fiel Jonatan um den Hals
und nahm weinend Abschied von ihm.
„Geh in Frieden!", sprach Jonatan.
„Solange wir leben,
soll Frieden zwischen uns
und unseren Kindern sein!" 20,35ff

David versprach es.
Danach rissen sich beide los.
Jonatan kehrte in die Stadt zurück. 21,1
David aber floh allein in die Berge.
Aber Gott war mit David,
wohin er auch zog.

— — —

Ein Psalm Davids:

Ich traue auf den Herrn,
wie sagt ihr dann zu mir:
„Flieh wie ein Vogel
auf die Berge!"
Denn siehe, die Gottlosen
spannen den Bogen
und legen ihre Pfeile
auf die Sehnen,
um damit heimlich
auf die zu schießen,
die sich zu Gott halten.
Aber der Herr ist gerecht
und hat Gerechtigkeit lieb.
Und die auf ihn trauen,
werden sein Angesicht schauen.
nach Psalm 11

Der Konflikt zwischen Saul und David nimmt immer dramatischere Züge an, wobei sich Saul sogar zu einem Fluch gegenüber seinem eigenen Sohn hinreißen lässt. Sauls Sorge gilt der Thronfolge, die er um jeden Preis für seinen Sohn sichern will. Aber welche Ironie: Ausgerechnet der potenzielle Thronfolger gefährdet seinen Plan durch sein Eintreten für seinen Freund. So trifft ihn Sauls Fluch, der eigentlich David gilt.

DAVID AUF DER FLUCHT
1. Samuel 21–23

Von einem Tag auf den anderen
hatte David alles verloren,
was ihm lieb und wert war.
Hals über Kopf war er geflohen.
Allein und ohne eine Waffe
bei sich zu tragen, schlug er sich durch.
Aber im ganzen Land
gab es keinen sicheren Ort,
wo er vor Saul geschützt war.
Der König hatte überall seine Spione.

David flüchtete in die Stadt Nob,
wo zu jener Zeit
das Zelt Gottes stand.
Dort im Heiligtum Gottes hoffte er,
vor seinen Verfolgern sicher zu sein.
Als er die Stadt erreichte, lief ihm
der Priester Ahimelech entgegen.
„David", rief er erschrocken,
„du hier? Was führt dich hierher?
Sag, bist du allein?
Warum ist niemand
mit dir gekommen?"
„Ich komme im Auftrag des Königs",
flüsterte David ihm zu.
„Die Sache ist streng geheim.
Meine Männer warten auf mich
an einem verabredeten Ort.
Doch in der Eile haben wir
weder Brot noch Waffen
mit uns genommen.
Hast du vielleicht fünf Brote
oder sonst noch etwas für uns?" 21,2ff

„Ich habe nur das ‚Schaubrot',
das auf dem Altar liegt.
Aber dieses Brot ist Gott geweiht.
Nur die Priester dürfen es essen."
„Gib mir das Brot!", drängte David.
„Und hast du für mich
auch ein Schwert?"

Da gab ihm der Priester
das Brot und Goliats Schwert,
das im Zelt Gottes verwahrt war. 21,5ff

Doch plötzlich raschelte es.
Jemand hatte hinter
dem Vorhang gelauscht.
Sicher ist es ein Spion,
sagte sich David erschrocken.
Der wird mich an Saul verraten.
Ich muss weg von hier,
bevor es zu spät ist.
Und noch am selben Abend
brach er auf
und floh ins Land der Philister,
zu König Achisch nach Gat. 21,8.11
Dort glaubte er sich vor Saul sicher.
Doch als die Philister ihn sahen
und Goliats Schwert in seiner Hand,
riefen sie entsetzt:
„Ist das nicht David,
der Goliat erschlagen hat?
Erkennt ihr ihn wieder?
Erinnert ihr euch,
was damals die Frauen sangen?
‚Saul hat tausend Mann erschlagen.
Doch David hat zehntausend erschlagen.'"
Und sie ergriffen David
und führten ihn vor ihren König. 21,11f

Da packte David furchtbare Angst.
Mit einem Ruck riss er sich los,
raste durch den Saal,
schäumte und brüllte wie ein Tier
und schlug mit dem Kopf
gegen Türen und Tore.
Der Speichel triefte in seinen Bart.
Mit wirren Augen
starrte David den König an,
wie er es von Saul kannte. 21,13f

Erschrocken wichen alle zurück.
Aber der König rief angewidert:
„Warum bringt ihr diesen Kerl zu mir?
Seht ihr denn nicht?
Der Mann ist verrückt.
Verrückte habe ich selbst genug.
Los, schafft ihn weg!
Ich will ihn nicht mehr hier sehen." 21,15f

Da jagten ihn die Philister
mit Schimpf und Schande davon.
David aber lief um sein Leben.
Er floh in die einsamen Berge,
die im Grenzgebiet zwischen Juda
und dem Land der Philister lagen.
Dort versteckte er sich
in der Höhle von Adullam.
Sie bot ein ideales Versteck, 22,1
an einem Steilhang gelegen
und zwischen Felsen verborgen.
Nur nachts wagte sich David
aus seiner Höhle hervor.
Bei Tag verhielt er sich still.
Niemand von Sauls Leuten
sollte erfahren, wo er versteckt war.

Aber bald darauf
stießen noch andere,
die in Not waren, zu David,
ungefähr 400 Mann.
Auch seine eigene Familie
flüchtete sich zu ihm. 22,1f
Und immer mehr kamen hinzu.
Schließlich reichte die Höhle
nicht mehr für alle aus.
Da zog sich David mit seinen Leuten
in die Wüste Juda zurück.
Dort suchte er Schutz
auf felsigen Höhen
und hauste in Höhlen. 22,23f

Da kam eines Tages ein Bote zu David.
Todtraurig sah er aus.
„Sag, wer bist du?
Woher kommst du?",
fragte ihn David verwundert.
Er antwortete:
„Ich bin Abjatar aus Nob,
ein Sohn Ahimelechs, des Priesters.
Hör, was Saul unserer Stadt
angetan hat:
Als der König erfuhr,
dass mein Vater dir Brot gegeben hat,
ließ er alle Priester in Nob ermorden.
Alle starben an einem Tag,
auch alle anderen Bewohner der Stadt,
Männer, Frauen und Kinder.
Nur ich bin allein entkommen." 22,6ff

„So ist es also wirklich geschehen?",
rief David entsetzt.
„Ich habe es kommen sehen:
Der Spion, der im Zelt versteckt war,
hat deinen Vater an Saul verraten.
Ich bin schuld am Tod deines Vaters
und all deiner Verwandten.
Bleibe bei mir und fürchte dich nicht!
Hier bist du vor Saul sicher." 22,22ff

Aber es dauerte nicht lange,
da wurde David gemeldet:
„Der König ist hinter dir her
mit einem gewaltigen Heer."
Da wurde David angst und bange.
Er floh mit seinen Männern
von einer Höhle zur andern.
Doch nirgendwo war er
vor Saul sicher. 23,13ff

Als aber Jonatan erfuhr,
wo sich David versteckt hielt,
suchte er ihn auf,
um ihm Mut zuzusprechen.
„Hab keine Angst", sagte er.
„Mein Vater kann dir nichts antun.
Denn Gott ist mit dir.
Ich weiß, du wirst einmal
König über Israel werden.
Ich bin nur der Zweite nach dir.
Mein Vater weiß das genau.
Dennoch will er es nicht glauben.
Aber halte nur durch!
Vergiss nicht, was wir uns
geschworen haben.
Versprich mir, dass du es niemals vergisst."

An diesem Tag erneuerten die beiden
vor Gott ihren Bund.
Nie wollten sie vergessen,
was sie einander versprochen hatten. 23,16ff

– – –

*Ein Psalm Davids,
als ihn die Philister
in Gat ergriffen hatten:*

*Gott, sei mir gnädig,
denn Menschen stellen mir nach!
Auf Gott will ich hoffen
und mich nicht fürchten.
Was können mir Menschen tun?
Sie rotten sich zusammen
und lauern auf mich.
Sie achten auf meine Schritte
und trachten mir nach dem Leben.
Zähle die Tage meiner Flucht!
Sammle meine Tränen in deinen Krug!
Ich weiß: Du zählst sie alle!
Auf Gott hoffe ich.
Darum fürchte ich mich nicht.
Was können Menschen mir tun?*

aus Psalm 56

Davids Flucht führt ihn zuerst zu den Priestern in Nob. Dort hofft er mit Recht auf Asyl. Nach alter Tradition bleibt derjenige vom Tod verschont, der sich ins Heiligtum flüchtet. So flieht David zum „Zelt Gottes", das ursprünglich durch das Heiligtum in Silo abgelöst worden war, nun aber wieder an Bedeutung gewonnen hat, nachdem das Heiligtum in Silo zerstört war. Darauf deutet auch die beträchtliche Zahl von Priestern hin, die im Zelt Gottes ihren Dienst tun. Dort befindet sich zwar nicht mehr wie früher die Bundeslade, wohl aber der Tisch mit den Schaubroten (s. Ex 25,23ff). Diese erinnern daran, wem Israel das tägliche Brot verdankt. Als Brote, die Gott geweiht sind, sind sie eigentlich nur den Priestern zum Verzehr vorbehalten. Dass David dennoch um diese Brote bittet, zeigt seine extreme Notlage. David täuscht sogar vor, in einer geheimen Mission des Königs unterwegs zu sein. Offenbar kann er sich auch vor dem Priester gar nicht offen als Flüchtling und Asylsuchenden zeigen, vermutlich weil er auch an diesem Ort zu Recht Sauls Spione fürchtet.

Wie verzweifelt Davids Situation ist, zeigen auch plastisch die folgenden Szenen: David vertraut sich lieber dem Philisterkönig, dem Erbfeind Israels, an als seinem eigenen König! Im weiteren Verlauf erscheint er zunehmend als ein Gehetzter, der ums nackte Überleben kämpft und ständig seinen Aufenthaltsort wechseln muss.

Für Saul stellt David allerdings eine wachsende Bedrohung dar. Je mehr Unzufriedene sich zu David gesellen, desto mehr sieht der König in ihm den Partisan und Revolutionär im Untergrund, den es auf alle Fälle auszuschalten gilt. Seine Angst vor David verbindet sich mit wachsendem Misstrauen gegenüber seinem eigenen Volk. Sie treibt ihn zu immer grotesrkeren und grausameren Aktionen. Das Massaker von Nob, bei dem 85 Priester hingerichtet werden und ein ganzer Ort mit Frauen und Kindern ausgelöscht wird, erscheint wie ein düsteres Vorspiel dessen, wozu Tyrannen bis heute imstande sind. Saul scheut sich nicht, sein eigenes Volk zu vernichten. Nicht einmal vor den Priestern Gottes schreckt er zurück. In den Augen Israels ein ungeheuerlicher Frevel und eine Verletzung aller Tabus! Von nun an gibt es für Saul kein Halten mehr. Die Selbstzerstörung Sauls und seines Volkes nimmt ihren Lauf. Mit dem Schlag gegen die 85 Priester hat er sich selbst das Todesurteil gesprochen. So weitet sich der persönliche Konflikt zwischen David und Saul zunehmend zum Bürgerkrieg aus.

DAVID IN DER HÖHLE
1. Samuel 23–24

Lange Zeit war vergangen,
seitdem David vor Saul geflohen war.
Aber noch immer verfolgte ihn Saul
als seinen gefährlichsten Feind.
Saul ließ überall nach ihm suchen.
Doch David hatte sich mit seinen Leuten
in den Süden des Landes abgesetzt.
Dort in der Wildnis der Wüste Sif
suchte er Zuflucht mit seinen Leuten.
Inzwischen hatten sich bereits
600 Männer um David geschart. 23,13f

Aber die Leute von Sif
schickten Boten zu Saul,
die meldeten dem König:
„David hält sich bei uns auf.
Wenn es dem König gefällt,
so komme er in unsere Gegend.
Dann liefern wir ihm seinen Feind aus."
„Gesegnet seid ihr!", rief der König.
„Denn ihr habt ein Einsehen mit mir.
Zieht mir voraus
und forscht gründlich nach!
Und wenn ihr eine heiße Spur habt,
dann sagt mir Bescheid." 23,19ff

Da wurde David gemeldet:
„Saul ist mit vielen Soldaten
im Anmarsch. Er ist schon ganz nah."
Sogleich brach David auf
mit all seinen Männern
und suchte Saul zu entkommen.
Doch Sauls Soldaten umzingelten sie.
Fast hätten sie David gefangen.
Aber in letzter Minute,
brachte ein Bote die Nachricht:
Die Philister sind ins Land eingefallen.
Da ließ der König von David ab.
David aber entwich mit seinen Männern
in die schroffen Berge bei En-Gedi,
nicht weit vom Toten Meer.
Aber kaum hatte Saul
die Philister aus dem Land vertrieben,
stellte er in aller Eile eine Elitetruppe
mit 3000 Soldaten auf,
um David zu fangen.

David aber hielt sich
mit seinen Männern
in einer Höhle versteckt. 23,24
Auf einmal sah er Saul kommen.
Er marschierte mit seinen Soldaten
geradewegs auf die Höhle zu
und ließ sich am Eingang nieder.
Saul ahnte ja nicht,
dass David mit seinen Männern
hinten in der Höhle versteckt war. 24,2ff

Aber die Männer flüsterten David zu:
„Auf, David! Das ist deine Stunde.
Jetzt ist dein Feind in deiner Gewalt.
Gott hat ihn in deine Hand gegeben.
Mach mit ihm, was du willst!" 24,5
Da stand David auf,
machte sich leise an Saul heran,
zog sein Schwert – und schlug zu.
In seinen Händen hielt er
ein Stück von Sauls Mantel.
Sein Herz klopfte bis an den Hals. 24,6
Leise schlich er zu den andern zurück.
Die aber waren empört.
„David, was hat du getan?
Warum hast du Saul nicht getötet?
Dann tun wir es für dich."
Doch David erwiderte harsch:
„Niemals! Habt ihr vergessen?
Gott hat Saul zum König gesalbt.
Glaubt ihr etwa, ich würde mich
an dem Gesalbten Gottes vergreifen?!" 24,7
Still warteten sie im Dunkeln,
bis Saul die Höhle wieder verließ,
um weiter nach David zu suchen. 24,8

Da wagte sich auch David
endlich aus der Höhle hervor.
Er lief hinter Saul her.
„Mein Herr und König!", rief er.
Erschrocken wandte Saul sich um.
David aber verneigte sich vor dem König
und rief ihm zu: „Warum hörst du
auf die Leute, die sagen:
‚David sucht dein Unglück!'?

Ich war in der Höhle
und meine Leute wollten,
dass ich dich töte.
Aber ich habe dich verschont.
Denn ich will mich nicht vergreifen
am Gesalbten Gottes.
Mein Vater, sieh dieses Stück
von deinem Mantel.
Das ist der Beweis.
Ich bin nicht dein Feind
und führe nichts im Schild gegen dich.
Wer bin ich denn? Wem jagst du nach?
Einem toten Hund, einem einzelnen Floh.
Du bist doch König von Israel.
Ich aber bin vor dir ein Nichts.
Gott aber sei Richter
zwischen mir und dir.
Er wird mir Recht verschaffen." 24,9ff

„David", rief Saul, „bist du es?
Jetzt sehe ich: Du bist besser als ich.
Ich habe dir Unrecht getan.
Du aber hast mich verschont.
Wo ist jemand, der seinen Feind findet
und ihn nicht tötet?
Der Herr vergelte dir,
was du an mir getan hast."
Und er fügte hinzu: „Ich weiß,
du wirst König über Israel werden.
Aber schwöre mir,
dass du meine Familie verschonst!" 24,17ff

David versprach es.
Danach trennten sich ihre Wege.
Saul zog wieder heim.
David aber zog sich mit seinen Männern
in die Berge zurück. 24,23

— — —

Ein Lied Davids,
als er vor Saul in die Höhle floh:

*S*ei *mir gnädig, Gott, sei mir gnädig,*
denn auf dich vertraue ich,
und unter dem Schatten deiner Flügel
finde ich Zuflucht,
bis das Unglück vorübergeht.
Ich rufe zu Gott, dem Höchsten,
der meine Sache
zum guten Ende führen wird.
Er sende mir seine Hilfe
und rettet mich vor denen,
dir mir nachstellen.
Ich liege mitten unter Löwen.
Wie verzehrende Flammen
sind die Menschen.
Ihre Zähne sind wie Spieße und Pfeile
und ihre Zungen sind scharf
wie Schwerter.
Gott, zeige deine Größe am Himmel
und deine Macht über der ganzen Welt!
aus Psalm 57

Diese Szene stellt das Gegenstück zu der vorangegangenen Begegnung zwischen David und Jonatan dar. Zum ersten Mal seit Davids Flucht kommt es überraschend zur Konfrontation zwischen David und Saul. Geradezu absurd erscheinen die ungleichen Machtverhältnisse: 3000 Elitesoldaten gegen einen einzelnen „Floh"! Aber in der Begegnung kehren sich die Verhältnisse um: Nicht der Jäger, sondern der Gejagte erscheint als der Überlegene! David kann auf Rache und Gewalt verzichten, auch auf das Risiko hin, dass ihn seine eigenen Freunde nicht mehr verstehen. Er kann sogar vor seinem Feind in die Knie gehen und Saul – in Erinnerung an seine frühere Beziehung zu ihm – mit der vertrauten Anrede „mein Vater" ansprechen. Er kann es aber nur, so betont die Erzählung, weil er darauf vertraut, dass Gott „seine Sache zu einem guten Ende führen wird" (vgl. dazu auch Ps 57).
In diesem Sinn ist auch die Bemerkung am Anfang der Erzählung zu verstehen, dass „David das Herz schlug". Nicht Angst lässt sein Herz höher schlagen, sondern wohl eher die Sorge, er könnte sich an dem Gesalbten Gottes und damit an Gott selbst vergriffen haben. Dass der Zipfel des Mantels zudem vielsagend an Samuels Spruch erinnert (15,28: „Der Herr hat das Königtum heute von dir gerissen und einem anderen gegeben"), ist vom Erzähler sicher beabsichtigt! In dieser Erzählung wird erneut die Absicht des Erzählers erkennbar, mit der Person Davids ein klares Gegenbild zu König Saul zu zeichnen.

DAVID UND ABIGAJIL
1. Samuel 25

Jahrelang hielt sich David
im südlichen Grenzland versteckt.
Die Schar, die ihm folgte,
wurde von Tag zu Tag größer.
Und es wurde immer schwieriger,
Nahrung für so viele Menschen zu finden.

Nun lebte in dieser verlassenen Gegend
ein reicher Schafzüchter namens Nabal
mit seiner Frau, die hieß Abigajil.
Er besaß 3000 Schafe und 1000 Ziegen
und hatte zahllose Hirten,
die in der Steppe seine Schafe bewachten.
Mit ihnen hatten Davids Männer
Freundschaft geschlossen.
Sie hatten ihre Herden schon oft
vor räuberischen Überfällen geschützt. 25,2f

Da wurde David eines Tages gemeldet:
Nabals Hirten haben Schafe geschoren.
Nun lädt sie Nabal
zum Festschmaus ein.
Es gibt Unmengen an Fleisch,
Wein und Brot.
Jeder darf essen und trinken,
so viel er mag.
‚Das trifft sich gut', sagte sich David.
‚Sicher fällt bei dem Festmahl
auch für uns etwas ab.'
Darauf schickte er
zehn Männer zu Nabal
und trug ihnen auf:
„Grüßt Nabal freundlich von mir!
Sagt meinem Bruder:
Friede sei mit dir und deinem Haus!
Bittet ihn, dass er uns etwas
von seinem Festmahl abgibt.
Denn wir haben schon oft seine Hirten
und Herden beschützt.
Die Hirten können es alle bezeugen." 25,4ff

Da kamen Davids Männer zu Nabal
und trugen ihm ihre Bitte vor.
Aber Nabal schrie sie an:
„Was? Ihr seid wohl verrückt?
Euren David kenne ich nicht.
Wer ist dieser Kerl überhaupt?
Sicher nur ein entlaufener Knecht!
Es treibt sich in dieser Gegend
allerlei Gesindel herum.
Auf, schert euch weg!
Nichts gebe ich ab, kein einziges Stück."
Darauf jagte er Davids Männer
mit Schimpf und Schande davon. 25,9ff

Als aber David davon hörte,
rief er voll Zorn:
„Auf, nehmt euer Schwert!
Noch in dieser Nacht
überfallen wir Nabal."
Und sogleich brach er mit 400 Mann auf.
Wie zu einem Kampf zog er aus,
um sich an Nabal zu rächen. 25,13

Unterdessen saß Nabal beim Festmahl,
aß und trank sich voll und ahnte nicht,
welch großes Unheil ihm drohte.
Auch Abigajil, seine Frau,
ahnte von alledem nichts.
Da zog sie ein Hirte beiseite
und flüsterte ihr zu:
„Nehmt euch in acht!
Euer Leben ist in großer Gefahr.
Nabal hat unseren Freund David
und seine Männer verhöhnt.
Aber sie waren uns immer nützlich
und haben unsere Herden beschützt.
Nun wird David kommen
und sich an uns rächen." 25,14ff

Als Abigajil das hörte, erschrak sie
und packte eilig alles zusammen,
was sie zum Fest bereitgestellt hatte:
200 Brote
und zwei riesige Krüge voll Wein,
fünf geschlachtete Schafe
und fünf Sack gerösteter Körner,
dazu 100 Rosinenkuchen
und 200 Feigenkuchen.
Dies alles lud sie auf Esel,
schickte ihre Knechte voraus
und befahl ihnen:

„Bringt dies alles zu David!
Und eilt euch!
Es ist keine Zeit zu verlieren."
Aber ihrem Mann verriet sie kein Wort.
Leise stahl sie sich davon,
stieg auf ihren Esel
und folgte heimlich den Knechten.
Im Schutz des Berges
ritt sie ihm entgegen. 25,18ff

Da stand plötzlich David vor ihr.
Als Abigajil ihn sah,
stieg sie eilig von ihrem Esel.
Wie vor einem König
warf sie sich vor ihm auf die Erde
und bat inständig:
„Ach, mein Herr!
Ich bin Abigajil, die Frau Nabals.
Ich nehme alle Schuld auf mich.
Bitte nimm Nabal nicht übel,
was er getan hat.
Denn er weiß nicht, was er sagt.
Er ist, wie sein Name schon sagt,
ein unbesonnener Mann.
Es tut mir leid, ich wusste nicht,
dass deine Männer bei Nabal waren.
Doch so wahr Gott lebt,
ich beschwöre dich:
Vergieße bitte kein Blut!
Darum schickt mich Gott zu dir,
damit ich dich vor Blutschuld bewahre. 25,23ff
So bitte ich dich:
Nimm mein Geschenk an
und verteile es unter deinen Männern.
Doch erlaube mir,
dass ich noch ein Wort wage.
Ich weiß, eines Tages wirst du
König über Israel sein.
Und Gott wird mit dir sein.
Darum soll an dir
kein Makel gefunden werden.
Gott bewahre dich vor Blutvergießen
und erhalte dein Leben.
Und wenn du einst König sein wirst,
dann denke an meine Worte." 25,27ff

Da sprach David: „Gott sei gelobt!
Und gepriesen sei deine Klugheit!
Nun erkenne ich:
Gott hat dich zu mir gesandt.

Wahrhaftig, es hätte nicht viel gefehlt,
dann hätte ich Nabal
und alle seine Männer getötet.
Zieh in Frieden zurück!
Und sei unbesorgt!
Ich tu euch allen kein Leid an." 25,32ff

So kehrte Abigajil zu Nabal zurück.
Der saß noch immer
beim Festschmaus,
stockvoll betrunken.
Doch Abigajil verriet ihm kein Wort.
Am nächsten Morgen aber,
erzählte sie ihrem Mann alles.
Da traf Nabal der Schlag.
Reglos lag er da auf der Erde,
und brachte kein Wort hervor.
Zehn Tage schwebte er
zwischen Leben und Tod.
Dann starb er. 25,36ff

Als aber David davon erfuhr,
schickte er Boten zu Abigajil
und bat sie: „Komm
und bleibe bei mir." 25,39f

Da zog Abigajil zu David
und wurde seine Frau.
Und mit eigenen Augen
erlebte sie,
wie sich ihr Wort erfüllte.

— — —

Ein Psalm Davids:

Die Törichten sprechen:
Es ist kein Gott.
Was sie tun und treiben,
ist ein Gräuel vor Gott.
Da ist keiner, der Gutes tut,
auch nicht einer.
Gott schaut vom Himmel
auf die Menschen herab.
Er sucht nach denen, die klug sind
und die nach ihm fragen.
aus Psalm 14

David führt inzwischen eine beträchtliche Freischärlergruppe an. Er ist nun vor Saul in den äußersten Süden des Landes ausgewichen. Aber in dem unwirtlichen Grenzgebiet gibt es bei der wachsenden Zahl seiner Anhänger massive Versorgungsprobleme. David ist daher auf das Wohlwollen der Bevölkerung, insbesondere der umherziehenden Hirten angewiesen. Seine Männer schützen ihre Herden vor Überfällen. Dafür erwarten sie – gleichsam als Schutzzoll – materielle Unterstützung. Dieses System wechselseitiger Hilfe funktioniert offenbar innerhalb der einfachen Bevölkerung recht gut.

Ganz anders bei Nabal. Als steinreicher Schafzüchter hält er es lieber mit den Herrschenden. In seinen Augen ist David nichts als ein heruntergekommener Freischärler. Mit seiner wüsten Beschimpfung erklärt er David den Krieg. Nabal – zu deutsch: der Dumme – repräsentiert das, was die Bibel „Torheit" nennt. Von solchen Menschen sagt u.a. Ps 73,7f aus: „Sie sehen kaum aus den Augen vor Fett. Sie achten alles für nichts, ... sie reden und lästern von oben herab."

Abigajil repräsentiert das genaue Gegenteil. Als Frau hat sie nur wenige Rechte. Aber durch ihr beherztes Handeln durchbricht sie die engen traditionellen Grenzen und wehrt damit großen Schaden von Haus und Hof ab. Vor allem aber bewahrt sie David davor, Blutschuld auf sich zu laden, was eine schwere Hypothek für sein künftiges Königsamt wäre. Geradezu prophetisch erinnert sie David an seine eigentliche Bestimmung, zu der ihn Gott auserwählt hat. David erkennt, dass Gott sie ihm in den Weg geschickt hat. Dass David am Ende Abigajil zur Frau nimmt, sollte hier als Fürsorgeakt verstanden werden. Abigajil wäre als Witwe rechtlos und schutzlos. Durch die Heirat mit David erhält sie einen neuen sozialen Status, der ihre Zukunft sichert. Bei der großen Zahl unversorgter Witwen war zu jener Zeit in Israel Polygamie durchaus üblich, oft sogar ein Gebot der Fürsorge (vgl. auch Rut 3).

LETZTE BEGEGNUNG
1. Samuel 26

Nicht lange danach
wurde dem König gemeldet:
„Wir haben Davids Leute gesichtet:
Sie halten sich in der Wüste Sif auf."
Da sammelte Saul in aller Eile
ein Heer von 3000 Soldaten,
geführt von General Abner.
Wie zu einem Kampf zog er aus,
um David zu fangen.
Diesmal war er fest entschlossen,
David nicht entkommen zu lassen.
So schlug er sein Heerlager
am Rand der Wüste Sif auf. 26,1ff

Als aber David davon erfuhr,
pirschte er sich heimlich
bei Nacht an das Lager heran.
Sein Freund Abischai begleitete ihn.
Da sahen die beiden Saul liegen
inmitten seiner Soldaten.
Ein tiefer Schlaf war auf alle gefallen.
Leise stiegen sie
über die schlafenden Soldaten,
bis sie den innersten Ring erreichten.
Da lag Saul und rührte sich nicht.
Am Kopfende steckte sein Spieß,
derselbe Spieß, den Saul damals
nach David geworfen hatte. 26,6f

„Auf David!", flüsterte Abischai.
„Jetzt ist deine Stunde gekommen.
Gott hat Saul in deine Hand gegeben.
Mit diesem Spieß
stoße ich ihn in die Erde.
Ein Stoß genügt, dann ist Saul erledigt." 26,8

Doch David fuhr ihn an:
„Wehe, wenn du dich

an dem Gesalbten Gottes vergreifst!
Glaub mir: Gott wird ihn schlagen,
wenn die Zeit reif ist, sei es im Kampf,
sei es durch einen natürlichen Tod.
Ich werde jedenfalls nicht
Hand an ihn legen."
Dann nahm er den Spieß in die Hand
und den Wasserkrug, der dabei stand,
und schlich sich mit Abischai leise davon.
Niemand im Lager hatte etwas bemerkt.   26,9ff

Doch kaum war die Nacht vorüber,
da tönte es
von der anderen Seite des Tals
zum Lager herüber:
„He Abner, hörst du mich?
Warum antwortest du nicht?"
Erschrocken blickte Sauls General
zur anderen Seite hinüber.
Da stand auf einem Hügel ein Mann.
Abner erkannte ihn nicht.
„Wer bist du?", rief Abner.
„Du schreist ja den König wach!"
Doch der andere fuhr fort:
„Hört, ihr Männer und du, Abner!
Ihr habt euren König schlecht bewacht.
Heute Nacht war jemand im Lager,
der hätte den König fast umgebracht."
Seht doch einmal nach,
wo sein Spieß und sein Wasserkrug sind.
Wahrhaftig! Ihr verdient alle den Tod,
weil ihr euren Herrn und König
nicht bewacht habt."   26,13ff

Da fuhr der König aus dem Schlaf hoch.
„Ist das nicht deine Stimme,
mein Sohn David?
„Ja, ich bin es", rief David von drüben.

„Mein König, warum verfolgst du mich?
Was habe ich dir denn getan?
Wer treibt dich an?
Verflucht sollen alle die sein,
die dich gegen mich aufhetzen wollen.
Sie wollen mich zwingen,
dieses Land zu verlassen
und anderen Göttern zu dienen.   26,19
O König, lass es nicht zu,
dass ich im fremden Land sterbe.
Lass ab von mir!
Wie einem Rebhuhn auf den Bergen
jagst du mir nach.
Aber wer bin ich,
dass du nicht ablässt von mir?
Bin ich doch nur wie ein winziger Floh!"   26,17ff

„Ach, mein Sohn David!",
rief Saul zu ihm hinüber.
„Jetzt sehe ich ein:
Ich habe dir Unrecht getan.
Komm wieder zu mir zurück.
Ich tu dir nichts Böses mehr an.
Denn du hast mein Leben verschont.
Gesegnet bist du, mein Sohn David.
Dir wird es gelingen!"   26,21ff

Doch David traute dem König nicht.
Er übergab den Spieß und den Krug
einem von Sauls Soldaten.   26,22
David aber blieb, wo er war.
Er dachte bei sich: Wer weiß,
am Ende wird mich Saul doch überfallen.
Es ist besser, ich fliehe ins Ausland.
Dann bin ich wenigstens vor Saul sicher.   27,1f

Von diesem Tag an sah der König
David nie mehr wieder.

Auf den ersten Blick erscheint diese Erzählung wie eine Wiederholung von 1. Sam 23 und 24. Wieder sind es die Leute von Sif, die zu Saul halten und David an ihn verraten. Und wieder zeigt David durch seinen Verzicht auf Gewalt und durch seine Großmut, wem er dient. Es ist derselbe „Herr", der seinen Widersacher zum König gesalbt hat. Darum ist es David auch diesmal unmöglich, Hand an den „Gesalbten des Herrn" zu legen.

Durch die Wiederholung der Geschichte – allerdings in verändertem Kontext – wird ihre Bedeutung noch stärker unterstrichen. Das Gewicht liegt aber jetzt auf Davids Rede am Ende. David beteuert aufs Neue seine Unschuld und deutet bereits verschlüsselt seine Absicht an, sich zu den Philistern abzusetzen. Seine Entscheidung wird zweifellos bei seinem Volk Anstoß erregen. Denn wie kann David König über Israel werden, wenn er sich zuvor mit einem heidnischen Volk verbündet hat? Aber Davids Worte zeigen an: Ihm bleibt keine andere Wahl. Saul zeigt zwar wortreich seine Bereitschaft, sich mit David zu versöhnen, er nennt ihn sogar dreifach „mein Sohn". Aber David weiß: Auf Sauls Wort ist kein Verlass. Seine Stimmung wird bald wieder umschlagen. Am Ende der Geschichte steht nicht, wie erhofft, die Versöhnung zwischen den beiden, sondern die nüchterne Erkenntnis: Versöhnung mit dem Feind kann Gott allein schaffen. Aber Verschonung des Feindes, wie sie hier David gleich zweimal praktiziert, ist dem Menschen von Gott geboten.

SAULS ENDE
1. Samuel 28–31

Viele Jahre hatte Saul
seinen Rivalen David verfolgt.
Wohin David auch floh,
nirgendwo war er vor Saul sicher.
Oft entkam David dem König
nur mit knapper Not.
Schließlich flüchtete David
mit seinen Anhängern
in das Land der Philister.
Da ließ Saul endlich von David ab. 27,4

Aber der Frieden währte nicht lange.
Denn bald darauf rüsteten die Philister
wieder zum Kampf.
Mit einem gewaltigen Heer
fielen sie im Norden Israels ein
und schlugen ihr Lager
in der Ebene Jesreel auf. 29,1f

Da trommelte Saul eilig
alle bewaffneten Männer zusammen
und verschanzte sich mit ihnen
in den Bergen Gilboas. 28,4
Doch als Saul in der Ebene
das Heer der Philister sah,
da verließ ihn aller Mut.
Verzagt fragte er Gott um Rat.
Aber Gott antwortete nicht,
weder durch Träume
noch durch einen Propheten. 28,5f
Und im ganzen Land
fand sich niemand,
der noch mit Gott in Verbindung stand. 25,1
Auch Samuel war inzwischen gestorben. 28,3
Doch Saul sagte sich:
„Tot oder lebendig – Samuel muss her!

Ich muss ihn sprechen,
koste es, was es wolle!
Ist denn kein Wahrsager im Land,
der Tote beschwören kann?"
Aber Saul hatte selbst alle Wahrsager
aus seinem Land vertrieben. 28,3
Nur eine Wahrsagerin
war noch übrig geblieben.
Sie lebte verborgen in En-Dor,
das jenseits der Ebene Jesreel lag.
Dorthin führten Saul
zwei seiner Vertrauten bei Nacht. 28,7f

Als Wanderer verkleidet,
schlich sich Saul zu der Frau.
„Kannst du Totengeister beschwören?",
„Ja!" Sie sah Saul misstrauisch an.
„Aber der König hat es streng verboten.
Willst du mich in eine Falle locken?"
„Nein", beteuerte Saul.
„Ich verspreche dir:
Der König tut dir kein Leid an."
„Und mit wem willst du sprechen?"
„Hol mir Samuel von den Toten herauf!"
Da schrie die Frau laut auf:
„Warum hast du mich betrogen?
Du bist Saul." 28,8ff

Doch Saul beruhigte sie.
„Hab keine Angst! Ich tu dir nichts an.
Sag mir, was siehst du?"
Die Frau starrte ins Dunkel.
„Ich sehe", meinte sie stockend,
„ich sehe einen alten Mann.
Er trägt ein Priestergewand."
„Das ist er", murmelte Saul.

Er warf sich auf die Erde
und verbarg sein Gesicht.
Da hörte er Samuels Stimme:
„Warum rufst du mich?"
„Ach", stammelte Saul,
„ich bin in großer Not.
Die Philister rüsten zum Kampf.
Und Gott schweigt.
Sag mir, was soll ich tun?" 28,13ff

Saul horchte gespannt.
Da hörte er Samuel sagen:
„Warum fragst du mich?
Gott hat sich von dir abgewandt
und das Königtum David gegeben.
Auch werden die Philister euch schlagen.
Schon morgen bist du bei den Toten
mitsamt deinen Söhnen." 28,16ff

Da war es um Saul geschehen.
Wie tot lag er auf der Erde,
schon jetzt ein geschlagener Mann,
noch ehe die Schlacht begann. 28,20
„Steh auf!", mahnte die Frau.
„Iss einen Bissen.
Dann kommst du zu Kräften."
Aber Saul rührte sich nicht.
„Komm, iss!",
mahnten auch seine Getreuen.
„Du hast einen weiten Weg vor dir." 28,21ff

Da gab Saul nach.
Stumm saß er da, während sie aßen.
Danach brach er auf
und ging zurück durch die Nacht. 28,25

Bald darauf kam es zur Schlacht.
Viele Israeliten ergriffen die Flucht.
Noch mehr Israeliten fielen im Kampf.
Aber Saul und seine Söhne
kämpften an vorderster Reihe.
Doch die Philister
trieben sie in die Enge.
Jonatan und seine Brüder
wurden im Kampf erschlagen.
Schließlich kämpfte Saul nur noch allein.
Die Bogenschützen rückten
immer näher an den König heran.

Von allen Seiten hagelten Geschosse
auf den König ein.

Als aber der König sah,
dass er tödlich verwundet war,
bat er seinen Waffenträger:
„Nimm dein Schwert und schlag zu,
bevor ein Philister kommt
und mich tötet."
Doch sein Waffenträger weigerte sich,
Hand an den König zu legen.
Da entriss Saul ihm das Schwert
und stürzte sich selbst hinein. 31,1ff
So starb Saul mit seinen Söhnen,
alle an einem Tag.

Bald darauf wurde David gemeldet:
Die Schlacht ist verloren.
Saul und seine Söhne sind tot.
Da zerriss David sein Gewand
vor Trauer und Gram.
Lange Zeit trug er Leid
um Saul und seinen Sohn Jonatan, 2. Sam
und niemand konnte ihn trösten. 1,1ff

— — —

Dies ist das Klagelied,
das David anstimmte,
nachdem Saul und seine Söhne
im Kampf gefallen waren:

Wie sind die Helden gefallen!
Die Fürsten Israels
sind auf den Höhen erschlagen.
Saul und Jonatan,
geliebt und einander zugetan,
waren nicht im Leben geschieden
und sind es auch nicht im Tod.

Wie sind die Helden gefallen!
Jonatan ist auf den Höhen erschlagen.
Ach, mein Bruder Jonatan!
Dein Tod tut mir so weh.
Kostbar war deine Freundschaft für mich,
kostbarer als die Liebe von Frauen.
Ach, wie sind die Helden gefallen!
2. Sam 1,17ff

Mit dem tragischen Tod Sauls ist das Scheitern seines Königtums definitiv besiegelt. Es manifestiert sich im letzten Kapitel noch einmal dramatisch in dem Vernichtungsschlag der Philister. Dieser bedeutet nicht nur den Todesstoß für Saul, sondern für sein ganzes Königshaus. Das Bild Sauls, der sich in sein eigenes Schwert stürzt, demonstriert erschütternd den tiefen Sturz des Königtums, noch ehe es richtig Gestalt angenommen hat.

Aber die eigentliche Tragik Sauls liegt tiefer. Sie zeigt sich in der vorausgeschickten nächtlichen Szene in En-Dor. Saul sucht verzweifelt, mit Gott in Verbindung zu treten. Aber Gott schweigt. In seiner Verzweiflung ist Saul jedes Mittel recht. Selbst vor schwarzer Magie scheut er nicht zurück, obwohl er es war, der die Totenbeschwörer aus dem Land verbannt hat. Nach Lev 20,27 ist Totenbeschwörung in Israel streng untersagt. Daran hat sich Saul bisher konsequent gehalten. Aber welche Ironie: Ausgerechnet er hebt sein eigenes Gesetz auf, indem er Samuel vom Totenreich heraufholen lässt. Umsonst! Denn das letzte Wort Samuels ist ebenso vernichtend wie zuvor in Kap. 15,26 (vgl. auch 13,14).

Danach geht Saul hinaus in die Nacht. Nacht ist es um ihn und auch in ihm: die Nacht der Gottverlassenheit und äußerster Verzweiflung. Sie stürzt Saul in einen existenziellen Abgrund, in eine Dunkelheit, aus der sich kein Mensch selbst befreien kann. Sollte wirklich diese unerträgliche Gottesferne das letzte Wort sein, das Gott über seinen Gesalbten spricht? Die Geschichte von Judas Iskariot nimmt die Frage auf. Auch ihm wird gesagt: „Er ging hinaus in die Nacht" (Joh 13,30). Aber gilt nicht für ihn wie auch für Saul: „Gottes Sohn hat selbst die Nacht der Gottesferne auf Golgatha durchlitten"? In seinem Schrei: „Mein Gott, mein Gott, warum hast du mich verlassen?" (vgl. Ps 22,2), ist er ihnen näher, als es ihre eigene Geschichte auszudenken vermag.

Und David? Er wird in dieser Geschichte komplett ausgeblendet. Wie das Kap. 27 erzählt, ist David inzwischen mit seinen Männern zu dem Philisterkönig Achisch geflüchtet und hat von ihm, als Lehnsvasall, die Stadt Ziklag zugewiesen bekommen. 16 Monate lebt David dort im Exil (27,7). Er unternimmt im Auftrag seines Philisterkönigs Streifzüge in den Süden Israels. In Wahrheit aber richten sich seine Streifzüge nur gegen die Ureinwohner des Landes. Es ist ein gefährlicher Balanceakt, den David zwischen den Fronten spielen muss. Achisch hält David für einen Überläufer und möchte ihn gerne in den Kampf gegen Israel mit einbeziehen (28,1f). Aber die anderen Philisterfürsten bleiben gegenüber David misstrauisch (29,3). Sie schicken ihn nach Ziklag zurück. So wird David davor bewahrt, gegen sein eigenes Volk kämpfen zu müssen.

In Kap. 29 und 30 wird seine Geschichte in den Bericht von Sauls Untergang eingeschoben. Sie dient offenbar der Absicht, das positive Bild Davids zu wahren und David von dem Verdacht fernzuhalten, ein Verräter seines eigenen Volkes zu sein. Dieses positive Bild wird am Anfang des 2. Samuelbuches aufgenommen und durch den Bericht von Davids Trauer um Saul und Jonatan noch verstärkt (2. Sam 1,17).

DAS 2. BUCH SAMUEL

Das Königreich Davids

Das 2. Buch Samuel ist der Königszeit Davids gewidmet. Es beschreibt seine vierzigjährige Herrschaft (ca. 1004 v.Chr. – 964 v.Chr.), zunächst sieben Jahre nur über den Stamm Juda, danach über das ganze Königreich Israel. Unter Davids Herrschaft wächst der ursprünglich lose Stämmeverband zu einem vereinten und zentral regierten Königreich zusammen. Dieses Reich erlangt zur Zeit Davids seine größte Ausdehnung. In zahlreichen Feldzügen besiegt David zunächst die Philister im Westen, danach unterwirft er die Nachbarvölker im Norden und Osten und verleibt sie seinem Reich ein.

Aber nicht der Feldherr und Staatsmann David steht im Vordergrund dieses Buches, sondern der Mensch David mit seinen hellen und dunklen Seiten, mit seinen Freuden und Leiden, die er als König durchlebt. Anders als etwa das 1. Buch der Chronik zeichnet es, frei von jeglicher Verklärung, ein erstaunlich nüchternes und realistisches Bild jenes Königs, der mehr als alle anderen Könige die Geschichte Israels geprägt hat und bis heute als Urbild messianischer Erwartung gilt. Vor allem zwei Seiten an David stellt das 2. Buch Samuel heraus:

(1) David – der begnadete Mensch
Was David vor allen anderen Königen auszeichnet, sind nicht seine militärischen und politischen Erfolge, auch nicht seine menschlichen Qualitäten oder seine Frömmigkeit, sondern allein Gottes Zusage, die David durch den Propheten Nathan erhält (7,11ff). Gott schließt mit David einen „ewigen Bund". Er verheißt ihm und seinen Nachkommen: „Ich will sein Vater sein. Und er soll mein Sohn sein ... Meine Gnade soll nicht von ihm weichen." (7,14f) Diese Zusage Gottes bildet die Mitte des 2. Samuelbuches. Ihre Bedeutung kommt zusätzlich in den Psalmen 89 und 132 zum Ausdruck. Sie allein begründet Davids herausragende Stellung in der Königsgeschichte Israels.

(2) David – der sündige Mensch
In scharfem Kontrast zu der sog. „Nathanverheißung" steht die Erzählung von Davids „Ehebruch" (11f). Sie markiert den Tiefpunkt in Davids Geschichte, seinen persönlichen „Sündenfall". Schonungslos hält der Prophet Nathan dem König vor Augen: David ist nicht nur ein sündiger Mensch wie jeder andere. Seine Schuld wiegt ungleich schwerer, weil sie sein ganzes Königshaus mit ins Verderben reißt. Wie beim ersten Sündenfall (Gen 3ff), so zieht auch Davids Schuld immer neue Schuld nach sich. Der König muss erleben, wie in seinem eigenen Haus ein Sohn nach dem andern schuldig wird und sich dabei selbst zugrunde richtet, Täter und Opfer zugleich. So wird Davids Königshaus, dem doch Gottes Verheißung gilt, zum Schauplatz eines nicht endenden Kampfes um die Thronfolge, der zunehmend eskaliert und schließlich sogar zum offenen Krieg zwischen David und seinem Sohn Absalom führt (15ff).

Vermutlich hat sich das 2. Buch Samuel bei seinen Erzählungen einer Vorlage bedient: die sog. „Geschichte von der Thronnachfolge Davids". Ihre besondere Aussage gewinnen diese Erzählungen allerdings erst durch ihre Einbindung in das 2. Samuelbuch und dessen besondere Botschaft: Gott steht zu seiner Verheißung – trotz schuldhafter Verstrickung seines Gesalbten. Am Ende zählt allein Gottes Gnade, auf die der König ebenso angewiesen ist wie jeder andere Mensch. Dies kommt in der Erzählung von Davids Volkszählung am Ende des 2. Samuelbuches noch einmal ausdrücklich zur Sprache (24). In ihr bekennt David: „Es ist mir sehr angst. Aber lass uns in die Hand des Herrn fallen. Denn seine Barmherzigkeit ist groß." (24,14). Im Wissen um seine Schuld liefert sich David ganz an Gott aus und erfährt durch ihn einen Neuanfang – allein aus Gnade. Als „begnadeter Sünder" bleibt David bis zum Ende ein „Mensch unter Gott". Bezeichnend endet das Buch mit Davids Kauf des Grundstücks, auf dem später der Tempel stehen wird – ein sichtbares Zeichen der Gnade Gottes, der David verheißen hat, bleibend unter seinem Volk zu wohnen.

Das Buch im Überblick:

1–4	David in Hebron Bruderkrieg zwischen den Anhängern Sauls und Davids
5–7	David in Jerusalem Begründung seiner Königsherrschaft durch – Einnahme Jerusalems (5) – Heimholung der Bundeslade nach Jerusalem (6) – Gottes Zusage an David durch den Propheten Natan (7)
11–19	Davids Fall und seine Folgen Amnon und Tamar (13) Absaloms Aufstand (15ff)
22–24	Davids letzte Worte und „Taten" Davids Volkszählung (24)

KÖNIG DAVID
2. Samuel 1–5 (1. Chronik 11,1–9)

Dies ist die Geschichte von David,
dem König, den Gott erwählt hat,
seinem Volk Frieden zu bringen
und sein Volk gerecht zu regieren.
Vierzig Jahre lang
war David König in Israel. 5,4
Davon regierte er sieben Jahre
zunächst nur in Hebron
als König über den Stamm Juda. 2,11
Die übrigen Stämme im Norden
hatten Sauls Sohn Isch-Boschet
zum König gemacht. 2,8
In dieser Zeit tobte im Land
ein blutiger Bürgerkrieg.
Viele Menschen kamen ums Leben,
auch Isch-Boschet und Abner, 4,7
sein mächtiger Heerführer.
David aber blieb dem Kampf fern. 3,27
Er wartete in Hebron,
bis die Zeit gekommen war,
die Gott für ihn bestimmt hatte.

Als aber die Stammesführer sahen,
dass ihr König Isch-Boschet tot war,
schickten sie Boten zu David
und ließen ihm sagen:
„Sieh, wir sind dein Fleisch und Blut
und gehören alle zu einem Volk.
Darum sei du unser König!
Denn schon zur Zeit Sauls warst du es,
der unser Heer angeführt hat.
Schon damals hat Gott
zu dir gesprochen:
Du sollst König über Israel werden.
Du sollst als Hirte mein Volk führen."
Darauf versammelten sich
alle Stammesführer in Hebron,
schlossen mit David einen Bund
und salbten ihn zum König
über ganz Israel.
Feierlich versprachen alle vor Gott:
Nie mehr sollte es Krieg
zwischen den Stämmen geben. 5,1ff

Endlich kehrte Frieden im Land ein.
Die Stammesfehden hatten ein Ende.

Auch die Philister zogen sich wieder
in ihre alten Grenzen zurück. 5,17ff
Aber zuvor nahm David Jerusalem ein.
Diese Stadt sollte künftig
die Hauptstadt seines Königreichs sein.
Zu der Zeit jedoch war die Stadt noch
von den Jebusitern bewohnt,
einem kanaanäischen Volk,
das seit Urzeiten dort wohnte.
Dicke Mauern umgaben die Stadt
und hielten alle fern,
die ihr zu nahe kamen.

Doch als David
mit seinen Männern anrückte,
gossen die Jebusiter ihren Spott
auf sie herab:
„In unsere Stadt kommt ihr nie!
Selbst Blinde und Lahme
werden euch daran hindern." 5,6

Nun aber entsprang eine Quelle
vor den Mauern der Stadt.
Ein unterirdischer Schacht
führte von dort hinauf in die Stadt.
Nur wenige kannten diese Stelle.
„Wer von euch wagt es?", rief David.
„Wer steigt als erster
durch den Schacht in die Stadt?
Den will ich hoch ehren." 5,8

Da trat Joab vor,
Davids mutiger General.
Heimlich kletterte er als erster
durch den engen Schacht.
Andere folgten ihm.
In einem Handstreich
überwältigten sie
die Wächter der Stadt.
Und ehe die Bewohner begriffen,
was hier geschah, hatten sie schon
die ganze Stadt eingenommen. 5,8

David aber eroberte die Burg Zion,
hoch oben über der Stadt,
und baute sie zur Davidsstadt aus.

2. Samuel

Von dort aus regierte er von nun an
über sein Großreich,
das von Dan im Norden
bis Beerscheba im Süden reichte.
Und Gott war mit David.
Und sein Ansehen im Volk
und unter den Völkern
nahm immer mehr zu.   5,9–12

– – –

Gott hat den Berg Zion
zu seinem Wohnsitz erwählt.
Er spricht:
„Dies ist der Ort, der mir gefällt.
Hier will ich für immer wohnen.
Dort sollen Davids Nachkommen
aufwachsen und sich ausbreiten.
Ich habe meinem Gesalbten
auf dem Berg Zion
eine Leuchte gegeben.
aus Psalm 132

Nach dem Tod Sauls und seiner Söhne geht die Königsherrschaft keineswegs bruchlos auf David über. Nur der Stamm Juda, dem David selbst entstammt, salbt ihn zum König. Die nördlichen zehn Stämme des Nordens folgen zunächst dem letzten überlebenden Sohn Sauls, Isch-Boschet, auch Eschbaal (s. 1. Chr. 8,33) genannt. Die ersten Kapitel erzählen von blutigen Kämpfen zwischen den Gefolgsleuten der beiden Könige, angeführt durch ihre Generäle Abner und Joab, wobei David selbst nicht in den Kampf involviert ist. Bereits in dieser dramatischen Ouvertüre wird die Intention des Erzählers deutlich: Das Bild Davids soll nicht durch einen blutigen Bürgerkrieg beschmutzt werden. David reißt die Königsherrschaft nicht an sich, sondern empfängt sie auf legalem Weg, indem er einen offiziellen Friedensbund mit den Vertretern der Nordstämme schließt und diese ihn feierlich zum König über das Großreich Israel salben (5,1ff).

Die erste Aufgabe für den neuen König ist die Schaffung eines Machtzentrums für das neu geschaffene Großreich. Dazu wählt er Jerusalem aus, eine alte kanaanäische Stadt, die noch zu Davids Zeit von Jebusitern bewohnt war (vgl. Gen 14,18). Sie bildete bisher, rein geografisch betrachtet, einen störenden Keil zwischen den nördlichen Stämmen und dem südlichen Stamm Juda. Dass David ausgerechnet diese Stadt zum politischen und religiösen Zentrum seines Königreichs macht, stellt einen genialen Schachzug dar und verrät seinen politischen Weitblick: Diese Stadt ist, da bisher keinem Stamm zugehörig, politisch betrachtet neutral und unvorbelastet. So bildet sie eine geradezu ideale Brücke zwischen Juda und den übrigen Stämmen Israels und ist geeignet, den losen Stämmeverbund noch stärker miteinander zu verbinden.

Und wiederum legt die Erzählung Wert darauf, dass David diese Stadt nicht mit Blutvergießen erobert, sondern sie durch eine List einnimmt. Der unterirdische Schacht und Stollen, der die Bewohner Jerusalems mit der Gihonquelle außerhalb der Mauern verbindet, wird zum heimlichen Einstiegstor in die Stadt, die David nun zu seiner Stadt und zu seinem ständigen Wohnsitz macht. Dabei verzichtet David darauf, die Mauern der Jebusiterstadt zu schleifen oder einen Vergeltungsschlag gegen die Jebusiter zu starten, obgleich diese ihn zuvor kampfeslustig mit ihrem Spottvers von den „Blinden und Lahmen" zum Kampf provoziert hatten. Offenbar gelingt es David, auch diese kanaanäischen Ureinwohner friedlich in sein Großreich einzubeziehen.

DIE BUNDESLADE
2. Samuel 6 (1. Chronik 13+15f)

Endlich hatte sich erfüllt,
was Samuel vor Jahren
David vorhergesagt hatte:
„Du sollst König über Israel sein."
Aber kaum hatte David
seine Burg bezogen, beschloss er,
die Bundeslade nach Jerusalem zu holen. 6,1f
Sie war das sichtbare Zeichen für alle,
wer der wahre König in Israel war
und wem David allein dienen wollte.
Aber die Lade stand seit Jahren
vergessen an einem entlegenen Ort
bei einem Bauern namens Abinadab.

Da machte sich David auf,
um die Lade zu sich zu holen.
Seine ganze Gefolgschaft
zog mit ihm zum Haus Abinadabs.
Behutsam stellten die Männer
die Lade auf einen neuen Wagen.
Dann setzte sich der Zug in Gang.
Abinadabs Söhne Usa und Achjo
führten die Zugtiere an. 6,3
Andere tanzten vor der Lade her,
David allen voran.
Sie jubelten und sangen,
begleitet von Pauken und Harfen. 6,5
So zogen sie auf Jerusalem zu.

Doch plötzlich glitten die Rinder aus.
Die Lade rutschte vom Wagen.
Schnell griff Usa zu
und hielt die Lade fest.
Aber in diesem Augenblick
brach er tot zusammen. 6,6f

Da packte alle jähes Entsetzen.
Verstummt war plötzlich aller Gesang.
Totenstille lag über dem Ort.
„Weh mir!", rief David,
zu Tode erschrocken.
„Wie kann die Lade Gottes
zu mir kommen?" 6,9
Ein heiliger Schrecken hatte ihn
mit seinen Männern erfasst.

Nun wagte David nicht mehr,
die Lade in seine Stadt zu holen.
Er ließ sie bei einem Bauern
namens Obed-Edom verwahren.
Traurig, ohne Festzug und Lade,
kehrte er nach Jerusalem zurück. 6,10

Aber nach drei Monaten
hörte David zu seinem Erstaunen:
Die Lade hatte Obed-Edoms Haus
nicht Fluch, sondern Segen gebracht. 6,11f
Da schöpfte David neuen Mut.
In einem fröhlichen Festzug
ließ er die Lade nach Jerusalem holen.
Viele Menschen folgten dem Zug.
Sie sangen und jubelten der Lade zu,
begleitet von Priestern mit ihren Hörnern.
David aber tanzte vor der Lade her.
Er war nur mit einem Schurz bekleidet,
wie ihn sonst Priester tragen. 6,12ff
So ließ er die Lade Gottes unter Jubel
nach Jerusalem bringen
und stellte sie im Zelt auf,
das David für sie errichtet hatte. 6,17

Darauf gab David ein großes Fest
für alle Bewohner der Stadt.
Fröhlich kehrten alle danach
in ihre Häuser zurück.

Als aber David heimkam,
spottete seine Frau Michal:
„Was für ein feiner König warst du!
Wie das gemeine Volk auf der Straße,
so hast du dich heute benommen.
Du hast dich sogar vor allen entblößt!" 6,20
David aber erwiderte:
„Ich habe es zu Gottes Ehre getan.
Vor ihm will ich mein Leben lang
tanzen und singen.
Denn er hat mich vor deinem Vater
erwählt und zum König gemacht.
Vor ihm bin ich ganz klein
und ich will noch viel niedriger sein.
Aber bei dem einfachen Volk
will ich zu Ehren kommen." 6,21f

2. Samuel

Jauchzt alle Welt.
Jubelt alle dem Herrn zu.
Dient ihm mit Freuden.
Kommt vor sein Angesicht
mit fröhlichen Liedern.
Erkennt, dass er allein Gott ist.
Er hat uns geschaffen
und zu seinem Volk gemacht.

Kommt zu seinen Toren mit Dank
und zu seinen Vorhöfen mit Lobgesang.
Dankt ihm und preist seinen Namen.
Denn der Herr ist gütig
und seine Gnade und Treue
bleiben ewig bestehen.

aus Psalm 100

David macht Jerusalem nicht nur zum politischen Zentrum des Landes, sondern auch zu dessen sakralem Mittelpunkt. Dies bringt die Erzählung vom Einzug der Bundeslade plastisch zum Ausdruck. Seitdem das Zentralheiligtum in Silo zerstört worden ist, hat das Land keine religiöse Mitte mehr. Die Bundeslade, sichtbares Zeichen der Präsenz Gottes unter seinem Volk, lagert verborgen und quasi privat bei einem Israeliten. Es ist Davids besonderes Verdienst, dass er mit der „Heimholung" der Lade nach Jerusalem ein deutliches Zeichen setzt: Der wahre König in dieser Stadt ist nicht David, sondern der „Herr Zebaoth". Sein Thron ist, bildlich gesprochen, die Bundeslade. Denn der „Herr der (himmlischen) Heerscharen" – dies bedeutet der Name Zebaoth – wohnt nicht nur im Himmel, sondern mitten unter seinem Volk.

Von diesem König über alle Könige empfängt der irdische König seine königliche Macht. Ihm will er in Demut dienen, als König und Priester zugleich. Wie in der alten Erzählung von Melchisedek, dem Priesterkönig von Salem (= Jerusalem, s.o. zu Gen 14,18ff) überliefert wird, so zeigt sich auch David in dieser Geschichte und erfüllt damit, was in Psalm 110,4 über den Messias ausgesagt ist („Du bist ein Priester auf ewig nach der Ordnung des Melchisedek").

Im Leibrock des Priesters tanzt der König – offenbar in Ekstase – vor der Lade her. Sein Verhalten muss jene befremden, die das Bild eines Königs vor Augen haben, der sich keine Blöße gibt. Michal, die Tochter des Königs Saul, bringt ihr Befremden zum Ausdruck. Aber Davids Antwort zeigt: Auch als König will er ein Mensch unter Gott bleiben. Ihm allein will er dienen.

Die Geschichte vom festlichen Einzug der Lade gilt als das Urdatum eines Jahwe-Königs-Festes, das in Jerusalem vermutlich in regelmäßigen Abständen gefeiert und mit einem feierlichen Umzug der Lade begangen wurde. Viele Psalmen lassen darauf schließen (z.B. Ps 24 und 95–99). Dass der König aller Könige, Herr über Himmel und Erde, mitten unter seinem Volk wohnt und in Jerusalem Einzug hält, das ist die frohe Botschaft, die diese Psalmen mit der Geschichte Davids in 2. Samuel 6 verbindet.

Allerdings gibt es einen bezeichnenden Unterschied: Davids Geschichte beginnt mit einem schockierenden Störfall. Der Tod Usas, der völlig unvermittelt die fröhliche Geschichte unterbricht, bleibt unfasslich, auch für David. Er konfrontiert den König mit dem heiligen Gott und steht wie ein stummes Warnzeichen am Anfang seiner Geschichte: David kann nicht einfach über Gottes Präsenz verfügen. Selbst wenn es in guter Absicht geschieht, er kann sich nicht an Gott vergreifen – wie es bildlich mit der Lade geschehen ist. Gott ist und bleibt auch gegenüber seinem Diener David der heilige Gott und ist weder an die Lade noch an ein Heiligtum gebunden.

DER DAVIDBUND
2. Samuel 7 (1. Chronik 17)

David stand auf der Höhe seiner Macht.
Alles hatte er als König erreicht.   7,1
Sein Land war befriedet,   5,7ff
die Philister waren besiegt.   8,1ff
Er selbst residierte in Jerusalem
in einem prachtvollen Palast,
mit Zedernholz geschmückt.
Nur eines fehlte David noch.
Seine Stadt hatte keinen Tempel.
Die Bundeslade stand noch immer
in einem Zelt wie in früheren Zeiten.

Da bat David eines Tages
den Propheten Nathan zu sich
und weihte ihn in seinen Plan ein:
„Sieh, Nathan, ich wohne hier
in einem Haus aus Zedernholz.
Aber die Lade Gottes
wohnt nur unter Zeltdecken.
Darum hör meinen Plan:
Ich will ein Haus für Gott bauen,
größer und prächtiger
als alle Häuser der Stadt."   7,2

„Tu, was du vorhast!",
bestärkte ihn Nathan.
„Gott ist mit dir."   7,3

Aber am nächsten Morgen
kam Nathan noch einmal zurück.
„Hör, David!", sprach er.
„In dieser Nacht
ist mir Gott erschienen.   7,4.17
Er lässt dir sagen: Wie?
Du willst mir ein Haus bauen?
Seit dem Tag,
da ich euch aus Ägypten führte,
war ein Zelt meine Wohnung.
Oder habe ich jemals befohlen:
Baut mir ein Zedernhaus?
Darum höre, was Gott zu dir spricht:
Ich habe dich von den Schafen geholt
und zum Hirten und König
über mein Volk gesetzt.
Auf allen deinen Wegen war ich mit dir.

Deine Feinde habe ich vor dir vertrieben
und vor aller Welt deinen Namen geehrt.
Aber Gott verspricht dir noch mehr:
Heute verkündigt Gott der Herr:
Nicht du sollst mir ein Haus bauen,
sondern ich will dir ein Haus bauen,
ein beständiges Königshaus.
Ich will dir
einen Nachkommen schenken,
der wird nach dir König sein.
Dieser soll mir ein Haus bauen.
Ich will sein Vater sein,
und er soll mein Sohn sein.
Und meine Gnade
soll nicht von ihm weichen.
Sein Thron wird ewig Bestand haben."   7,5ff

So sprach der Prophet Nathan.
Als aber David diese Worte hörte,
ging er in das Zelt Gottes und betete:

„Ach, Herr, Herr!
Wer bin ich, und was ist mein Haus,
dass du mich bis hierher gebracht hast?
Aber nun hast du noch viel mehr
für künftige Zeiten versprochen.
Es ist kein Gott wie du
und ist kein Gott außer dir.   7,18ff
Wo ist auf Erden ein Volk
wie dein Volk, das du erlöst hast?
Nun mache wahr,
was du uns zugesagt hast,
damit alle Welt erkennt:
Du, Herr, bist Gott
und deine Worte sind wahr.
So fange nun an, dies Haus zu segnen.
Denn wen du segnest,
der ist für immer gesegnet."   7,23ff

– – –

2. Samuel

Ein Königspsalm

Ich will singen von der Gnade des Herrn
und seine Treue verkünden
von Generation zu Generation.
Denn deine Gnade steht für alle Zeit fest.
Du sprichst: „Ich habe einen Bund
mit meinem Auserwählten geschlossen
und habe David geschworen:
Ich will deinen Nachkommen
für alle Zeit festen Grund geben
und will deinen Thron bauen,
dass er ewig besteht.

Er wird mich ‚mein Vater' nennen,
‚mein Gott, mein Fels und meine Hilfe'.
Und ich will ihn
zu meinem erstgeborenen Sohn machen,
zum Höchsten unter den Königen,
die auf Erden regieren.
Ewig will ich ihm meine Gnade bewahren
und mein Bund mit ihm soll fest bleiben.
Ich will ihm immer Nachkommen geben
und sein Thron soll stehen,
solange der Himmel besteht."
aus Psalm 89

Gottes Zusage an David, als „Nathanverheißung" bekannt, markiert den Höhepunkt in Davids Königsgeschichte. Alle folgenden Erzählungen des 2. Samuelbuches sind von ihr bestimmt. Nirgendwo wird die Bedeutung des Königtums Davids so deutlich, wie in Nathans Rede, und zwar in zweifacher Hinsicht:
(1) David ist der Erwählte Gottes. Mit ihm kommt die Geschichte des Volkes Gottes zu ihrem Ziel (7,8ff).
(2) Mit David beginnt eine Dynastie, die die Zeiten überdauern wird und auf der Gottes Verheißung ruht (7,11ff).
Die besondere Bedeutung der Nathanverheißung liegt aber in der Zusage Gottes: „Ich will dir ein Haus bauen" (wobei hier nicht ein Gebäude, sondern das Königshaus Davids gemeint ist). Sie gipfelt in der Zusage an Davids Nachkommen: „Ich will sein Vater sein, und er soll mein Sohn sein." Faktisch bedeutet das: Gott schließt mit David und seinen Nachkommen einen Bund, der mit der Zusage der Sohnschaft den Bund Gottes am Sinai noch überbietet. Zwar wird an dieser Stelle nicht ausdrücklich von einem Bund gesprochen, wohl aber in 2. Sam 23,5, den „letzten Worten Davids", wie auch in Psalm 89 und 132,11f. Dort wird nachdrücklich an den Bund erinnert, den Gott mit David geschlossen hat. Die geschichtliche Bedeutung dieser „Nathanverheißung" kann nicht hoch genug eingeschätzt werden. Auf sie gründet sich die Tradition, dass die Könige Israels bei ihrer Inthronisation öffentlich als „Sohn Gottes" ausgerufen wurden. Ihre Inthronisation bedeutet demnach zugleich ihre offizielle Adoption durch Gott.

Diese Tradition findet ihren Niederschlag in den sog. Königspsalmen, u.a. auch in Psalm 2. Dort spricht Gott zu seinem Gesalbten: „Du bist mein Sohn. Heute habe ich dich gezeugt" (2,7) – offenbar ein Zitat aus einem Königsritual.
Auf die Nathanverheißung gründet sich vor allem die Botschaft der Propheten, die die Hoffnung auf den Messias wachhält, den wahren Sohn Gottes, der aus dem Stamm Davids erwartet wird. Sie findet u.a. ihren Ausdruck in den großen messianischen Verheißungen des Propheten Jesaja (Jes 9; 11; 32). Und sie klingt im Neuen Testament in der Botschaft des Engels an Maria fort, wobei die Nathanverheißung wörtlich zitiert, nun aber ausdrücklich auf Jesus bezogen wird.
Gottes Zusage an David gewinnt durch die Szene, in die sie eingebettet ist, noch eine zusätzliche Pointe: David beabsichtigt, für Gott ein „Haus" zu bauen. Damit folgt David der Tradition vieler antiker Herrscher, die durch den Bau eines Tempels ihre eigene Position festigen und auch die Kontrolle über den Kult übernehmen wollten. Aber für den König Israels gelten andere Gesetze: Kein Mensch, nicht einmal der König selbst, kann darüber frei bestimmen, wo und wie der Gott Israels verehrt wird. Nach Ex 25ff und Lev gehen die kultischen Anordnungen auf Gott selbst zurück. Dieser Unterschied ist für den Gottesdienst Israels von bleibender fundamentaler Bedeutung. Weder das Gotteshaus noch der Gottesdienst ist eine Leistung, die der Mensch Gott darbringt, sondern er ist ein Geschenk Gottes! Daran erinnert das Wort Nathans: Nicht du, sondern „der Herr will dir ein Haus bauen" (7,11b).

DAVID UND MEFI-BOSCHET
2. Samuel 9

Gott hatte Davids Königshaus
eine große Zukunft verheißen.
Aber noch war ungewiss,
was aus Sauls Nachkommen
geworden war.
Denn vor langer Zeit hatte David
seinem Freund Jonatan geschworen,   1. Sam
Sauls Familie für immer zu schonen.   20,12ff
Doch Jonatan und seine Brüder
waren im Kampf gefallen.
Und von Jonatans Sohn fehlte jede Spur.

David fragte seine Berater:
„Sagt, lebt noch jemand
aus Sauls Königsfamilie?
Geht und forscht nach!
Ich möchte ihm gern Gutes tun,
wie Jonatan mir getan hat."   9,1

Da führten sie einen Mann
vor den König, Ziba mit Namen,
der hatte früher bei Saul gedient.
„Bist du Ziba?", begrüßte ihn David.
„Ja, ich bin es."
„Dann verrate mir:
Lebt noch jemand aus Sauls Familie?
Ich will ihm das Gute zurückgeben,
was Jonatan an mir getan hat."   9,2f

„Ja", meinte Ziba,
„einer ist noch am Leben,
Mefi-Boschet, Jonatans Sohn.
Aber er ist an beiden Füßen gelähmt."   9,3

Da horchte der König auf:
„Wie? Jonatans Sohn lebt?
Sag, wo hält er sich auf?"
„Er lebt weit weg von hier
in Lo-Dabar, jenseits des Jordan."   9,4

„Bringt ihn zu mir!", befahl David.   9,5
Aber David wusste nicht,
warum Jonatans Sohn gelähmt war
und was mit ihm geschehen war.
Fünf Jahre alt war Mefi-Boschet gewesen,
als sein Vater im Kampf fiel.

Damals war seine Amme
mit ihm geflohen.
Dabei war er so schwer gestürzt,
dass er zeitlebens gelähmt blieb.
Seitdem lebte er zurückgezogen
an jenem entlegenen Ort.   4,4

Bald darauf wurde Mefi-Boschet
vor David geführt.
Als er aber den König erblickte,
fiel er vor ihm auf die Erde.
Reglos lag er vor ihm, wie tot.
David aber sprach ihn mit Namen an:
„Mefi-Boschet!"
„Ja, hier bin ich, dein Knecht."
„Fürchte dich nicht!", sprach David.
„Ich tu dir nichts an.
Dein Vater Jonatan
hat mir so viel Gutes getan.
Darum will ich auch dir Gutes erweisen.
Alle Güter, die Saul gehört haben,
gebe ich dir wieder zurück,
Seine Felder, Wiesen und Wälder
sollen dir ab heute gehören.
Ziba soll sie für dich verwalten.
Dich aber will ich bei mir behalten.
Jeden Tag sollst du
an meinem Tisch speisen."   9,6f

Da verneigte sich Mefi-Boschet
noch tiefer vor David.
„Wer bin ich?", stammelte er.
„Warum ist der König so gütig zu mir?
Bin ich doch nur ein toter Hund!"   9,8
Doch David befahl Ziba:
„Du, deine zahlreichen Söhne
und alle deine Knechte,
ihr sollt seine Güter verwalten.
Aber Mefi-Boschet bleibt bei mir.
Wie meinen eigenen Sohn
will ich ihn ehren."   9,9ff

Von diesem Tag an
lebte Mefi-Boschet am Hof des Königs
und aß täglich an seinem Tisch,
er und sein Sohn Micha.   9,12f

Ein Psalm Davids:

Wie soll ich dem Herrn vergelten,
was er mir Gutes getan hat?
Ich will meine Gelübde
dem Herrn erfüllen
vor all seinem Volk.
Ach Herr, ich bin dein Knecht,
der Sohn deiner Magd.
Dir will ich Dank opfern
und den Namen des Herrn anrufen.
Ja, ich will mein Gelübde
dem Herrn erfüllen
vor all seinem Volk.

aus Psalm 116

Die Erwähnung von Mefi-Boschets Sohn am Ende der Erzählung überrascht. Deutet sich mit ihr etwa das heimliche Thema dieser Erzählung an? Geht es auch in dieser Geschichte um die Frage der Thronfolge, die durch die Nathanverheißung ausgelöst wurde und nun durchgängig die folgenden Geschichten bestimmt? Manche Ausleger sehen in Davids Großmut eher eine taktische Maßnahme des Königs, der in dem Sohn Jonatans einen möglichen Konkurrenten für den Königsthron sieht und ihn am Königshof unter Kontrolle halten will. Offenbar schwelt im Untergrund immer noch ein geheimer Widerstand gegen David, der sich um Sauls Familie gruppiert (vgl. 16,5f; 20,1ff).

Aber so sehr auch diese Spannung zwischen den Zeilen hindurch klingen mag – so sehr vermittelt die Erzählung doch eine gegenteilige Botschaft: David erinnert sich an seinen Schwur gegenüber Jonatan und seinen Nachkommen (1. Sam 20,14ff). Nun will er endlich sein Gelübde einlösen, indem er Jonatans Sohn „Barmherzigkeit" erweist, d.h. Gutes tut. Das hebräische Wort hierfür ist chäsäd. Es bedeutet Gnade, Huld und ist Ausdruck der Barmherzigkeit Gottes, in dessen Namen David hier handelt.

Welch ein Kontrast: Der Enkel des stolzen Königs Saul huldigt dem Erzfeind Sauls und erklärt sich vor ihm als ein Nichts, als ein „toter" Hund. So tief erniedrigt er sich vor seinem vermeintlichen Widersacher. Aber David erhebt Mefi-Boschet und stellt ihn seinen eigenen Söhnen gleich. Wohl kaum ein anderes Bild zeigt so eindrucksvoll an, was „Versöhnung" heißt und wodurch sie möglich wird: „Wer bin ich?", ruft Mefi-Boschet aus, überwältigt von Davids „Barmherzigkeit". „Wer bin ich?", so hat zuvor auch David staunend bekannt, als er durch den Propheten Nathan Gottes Verheißung für seine Familie empfing (7,18). Weil er selbst Gottes Gnade an sich erfahren hat, kann er dem vermeintlichen „Erbfeind" aus dem Haus Sauls Gnade erweisen und ihm die Hand zur Versöhnung reichen!

DAVID UND BATSEBA
2. Samuel 11

Bald darauf ereignete sich ein Vorfall,
der alles infrage stellte,
was der König bisher erreicht hatte:

Es war Abend.
David erging sich wie gewohnt
auf dem Dach seines Palastes.
Sein Heer war zum Kampf
gegen die Ammoniter ausgezogen   10,1ff
und belagerte im Osten die Stadt Rabba.

David aber hatte es vorgezogen,
zu Hause zu bleiben.   11,1f

Plötzlich fiel Davids Blick
auf ein Haus in der Nähe.
Dort entdeckte er eine Frau,
die sich gerade wusch.
Sie war so schön, dass David
großes Verlangen nach ihr verspürte.
Sogleich ließ er nachforschen,

wer diese Frau war.
Da erfuhr er:
Es war Batseba, die Frau des Uria.
Ihr Mann war mit Davids Heer
in den Krieg gezogen. 11,2f

Da ließ David die Frau zu sich holen
und verbrachte die Nacht mit ihr.
Am nächsten Morgen aber
schickte er sie wieder zurück,
so, als sei nichts geschehen. 11,4

Aber nicht lange danach
ließ Batseba dem König ausrichten:
„Ich bin schwanger geworden."
Da sandte David sofort nach Uria,
der lag mit Davids Heer
vor der Stadt Rabba.
Von dort ließ ihn der König
eilig nach Jerusalem holen.
David empfing ihn
mit freundlichen Worten:
„Sag, wie steht der Krieg?
Wie geht es meinen Soldaten?"
Uria gab ihm gehorsam Bericht.
Er ahnte ja nicht,
warum ihn David zu sich bestellt hatte. 11,6f

„Nun geh in dein Haus!", befahl David.
„Nimm ein Bad und ruh dich
bei deiner Frau aus!"
Aber insgeheim hoffte er:
Uria wird mit seiner Frau schlafen.
Dann werden alle glauben,
das Kind stamme von ihm. 11,8

Doch am nächsten Morgen erfuhr er:
„Uria hat die Nacht am Tor
bei der Wache verbracht."
„Wie?", fragte David ungläubig.
Er stellte Uria zur Rede:
„Warum bist du nicht
zu deiner Frau gegangen?"
Uria entgegnete: „Wie kann ich
bei meiner Frau im Haus schlafen,
wenn die Lade Gottes
nur in einem Zelt wohnt
und meine Kameraden im Krieg

sogar auf freiem Feld schlafen?
So wahr der Herr lebt:
Das tue ich nicht!" 11,11

Da versuchte es David noch einmal.
Am Abend lud er Uria zum Essen,
und schenkte ihm Wein ein,
bis dieser betrunken war.
Nun wird Uria zu seiner Frau gehen,
hoffte der König.
Aber auch in dieser Nacht
legte sich Uria zu der Wache am Tor. 11,13

Als aber David sah,
dass er bei Uria nichts ausrichtete,
schickte er ihn zum Heer zurück
und gab ihm einen Brief mit
an seinen General Joab.
Darin stand geschrieben:
„Wenn ihr die Stadt Rabba angreift,
dann stelle Uria in die vorderste Reihe.
Und sorge dafür, dass er im Kampf fällt." 11,14f

Und so geschah es.
Bald darauf schickte Joab einen Boten
zu David und ließ ihm sagen:
„Vor der Stadt Rabba kam es zum Kampf.
Einige Soldaten kamen ums Leben.
Auch Uria, der Hetiter, ist tot." 11,22ff

„Ja", meinte David, sichtlich erleichtert,
„so geht es eben im Krieg zu.
Bald rafft er diesen, bald jenen dahin.
Sag Joab: Nimm es dir nicht zu Herzen!
Kämpft nur mutig weiter!" 11,25

Endlich hatte David sein Ziel erreicht.
Uria war tot.
Batseba gehörte ihm ganz.
Nachdem ihre Trauerzeit um war,
holte David sie zu sich in den Palast
und nahm sie zur Frau.
Sein heimlicher Plan schien gelungen.
Niemand hatte etwas bemerkt. 11,26f

Aber Gott hatte alles gesehen.
Ihm missfiel, was David getan hatte. 11,27

Die Geschichte von Davids „Ehebruch" stellt alles infrage, was David bisher als König ausgezeichnet hat: seine Genialität als Feldherr (5 /8), seine politische Umsicht (5), seine Frömmigkeit (6) und vor allem Gottes Zusage an ihn und seine Nachkommen (7). Dabei ist es nicht etwa nur sein Ehebruch, der ihn zu Fall bringt. Die eigentliche Versuchung, die in dieser Geschichte gebrandmarkt wird, ist Davids Machtmissbrauch. David erscheint hier im Gewand eines antiken Despoten, der sich nimmt, was ihm vermeintlich als König zusteht, der für sich eigene Gesetze und Rechte beansprucht und nicht nach Gottes Gebot fragt. Im Deuteronomium werden im sog. „Königsgesetz" die Könige Israels eindringlich vor dieser Versuchung gewarnt (Dtn 17,14ff; vgl. 1. Sam 8,11ff). Es ist die Versuchung, sich selbstvermessen an Gottes Stelle zu setzen.

Es ist dies die „Ursünde" des Menschen, von der die Geschichte vom Sündenfall handelt (Gen 3,1ff), für die offenbar Könige besonders anfällig sind. Dafür ist diese Geschichte von Davids „Sündenfall" ein warnendes Beispiel.

Faszinierend und unheimlich erzählt sie davon, wie David fast unmerklich auf die schräge Ebene gerät und sich zunehmend im Netz seiner eigenen Tat verfängt. Es beginnt scheinbar harmlos damit, dass David den Kampfhandlungen fernbleibt, was einem König nicht ansteht. Noch weniger steht es ihm an, im Kriegsfall sexuellen Verkehr mit einer Frau zu haben, während dies seinen Soldaten verwehrt ist (11,11). Schlimmer noch, es ist die Frau eines seiner Untertanen, von der er Besitz ergreift. Ein schreiendes Unrecht nicht nur an ihr, sondern auch an dem Ehemann, dem er die Frau stiehlt. Aber das Schlimmste ist: David will die Folgen seiner Tat vertuschen und zieht dabei den Mann Batsebas mit in sein übles Spiel hinein. Und als dieser sich verweigert, versucht er ihn mit allen möglichen Tricks zu bestechen. Am Ende scheut er nicht davor zurück, ihn in den sicheren Tod zu schicken.

In scharfsinniger Ironie zeigt die Erzählung den schreienden Gegensatz auf: Während Uria der Hetiter – ein Fremder (!) – Israels Gesetz achtet, nimmt der König Israels unbedenklich sogar den Tod seiner Untertanen in Kauf, nur mit dem Ziel, seine eigene Schuld vor dem Volk zu vertuschen (11,25)! Mit jeder Tat stürzt der König tiefer, wobei er sich selbst offenbar keiner Schuld bewusst ist.

So gnadenlos zeigt dieses Kapitel den „Sündenfall" jenes Königs, der doch als Urbild des Messias gilt. Erst der letzte Satz erinnert daran, dass sich Gott auch in dieser Geschichte das letzte Wort vorbehält. An dieser entscheidenden Stelle, wo der Mensch sich selbst und seinen Ursprung zu verlieren droht, greift Gott selbst ein.

DAVID UND NATHAN
2. Samuel 12

Gott hatte Davids Königshaus
über Erwarten gesegnet.
Seine Frauen hatten ihm
viele Söhne und Töchter geboren.   5,13ff
Inzwischen hatte ihm Batseba
nun auch einen Sohn geschenkt.
Was der Prophet Nathan vor Jahren
dem König verheißen hatte,
war über Erwarten
in Erfüllung gegangen:
Die Zukunft seines Königshauses
schien für immer gesichert.

Aber Gott sandte noch einmal
den Propheten Nathan zu David:
„Mein König", sprach Nathan,
„ein ungeheurer Vorfall
hat sich in deinem Reich zugetragen.
Urteile selbst:

In einer Stadt lebten zwei Männer.
Der eine war sehr reich,
aber der andere arm.
Der Reiche hatte viele Schafe und Rinder.
Aber der Arme hatte nur
ein einziges Schaf.
Er zog es mit seinen Kindern groß,
ließ es aus seinem Becher trinken
und auf seinem Schoß schlafen.
Ja, er hegte und pflegte es
wie seine eigene Tochter.

Da kam eines Tages Besuch
zu dem Reichen.
Aber der Reiche wollte keines
von seinen Schafen oder Rindern opfern.
So ging er zu dem Armen,
entriss ihm sein einziges Schaf,
schlachtete es
und setzte es seinem Gast vor."   12,1ff

„Unerhört!", rief David.
„So wahr Gott lebt:
Dieser Mann hat den Tod verdient.
Dazu soll er das Schaf   Ex
vierfach ersetzen,   21,37
wie es unser Gesetz vorschreibt.
Sag, wer hat das getan?
Wer ist dieser Mann?"   12,5f

„Du", antwortete Nathan,
„du bist der Mann.
Du hast es getan.
So höre, was Gott zu dir spricht:
Ich habe dich zum König gesalbt
und vor Sauls Zorn bewahrt.
Ich habe dich mit vielen Gütern gesegnet
und dir noch viel mehr verheißen.
Aber du! Was machst du?
Du verachtest Gottes Gebot.
Du hast Uria die Frau weggenommen
und hast ihn
durchs Schwert umgebracht.
Darum verkündet dir Gott:
Großes Unheil wird über dich
und dein ganzes Königshaus kommen."   12,7ff

Da fiel es David auf einmal
wie Schuppen von seinen Augen.
Auf einmal sah er ganz klar:
Er hatte Batseba zur Frau genommen,
obwohl sie doch Uria gehörte,
und selbst dafür gesorgt,
dass Uria im Kampf fiel.
„Ja", stammelte David,
„jetzt erkenne ich:
Ich habe eine schwere Sünde begangen.   12,13
Die Schuld liegt auf mir.
Ich habe den Tod verdient."

Doch Nathan entgegnete:
„Du sollst nicht sterben.
Gott will, dass du lebst!
Er hat dir vergeben,
weil du ihm deine Sünde bekannt hast.
Aber du hast durch dein Tun
Gottes Ehre vor den Menschen verletzt.
Darum kann dein kleiner Sohn
nicht am Leben bleiben."
So sprach Nathan, der Prophet Gottes.
Dann ließ er David stehen
und ging wortlos davon.   12,13ff

2. Samuel

Bald darauf wurde David gemeldet:
„Batsebas Sohn ist todkrank."
Da schloss sich David ein,
fiel auf seine Knie
und flehte Gott an für sein Kind.
Sieben Nächte lang
lag er auf der Erde,
aß nicht und schlief nicht
und rang mit Gott im Gebet.   12,15ff

Als aber David hörte,
dass sein Sohn gestorben war,
stand er auf, salbte sich
und wusch sein Gesicht.
Danach ging er zu Batseba,
um sie zu trösten.   12,19ff

Aber Gott schenkte Batseba
noch einen Sohn: Salomo.
Er war der Sohn, der künftig als König
über Israel herrschen sollte,
Gottes geliebter Sohn.   12,24f

– – –

*Ein Psalm Davids,
als der Prophet Nathan zu ihm kam,
nachdem er zu Batseba gegangen war:*

Sei mir gnädig, Gott, nach deiner Güte.
Wasche mich rein von meiner Schuld
und reinige mich von meiner Sünde.
Herr, ich bitte dich,
denn an dir allein
habe ich mich vergangen.
Schaffe in mir, Gott, ein reines Herz
und gib mir einen neuen Geist.
Tröste mich wieder mit deiner Hilfe
und nimm deinen heiligen Geist
nicht von mir.

aus Psalm 51

Auf das Drama von Davids Sündenfall folgt nun der zweite Teil dieses Dramas. Er besteht aus einem einzigen Dialog zwischen David und dem Propheten Nathan. Ein Dialog, der an Dramatik kaum zu überbieten ist. Während das vorige Kapitel ganz von David und dessen fatalem Eifer bestimmt war, ist es nun Gott selbst, der den König überführt und seinem heillosen Tun ein schmerzhaftes, aber heilsames Ende setzt. Schon der letzte Satz in Kap 11 („aber dem Herrn missfiel, was David getan hatte" 11,27) leitet die Wende ein. Gott sendet ein zweites Mal seinen Propheten Nathan zu David, nun aber mit einer Gerichtsbotschaft. Diese enthält zwei Teile:

(1) Zunächst konfrontiert Nathan den König mit seiner Schuld. Dazu bedient er sich eines Gleichnisses, das den skandalösen Rechtsbruch des Königs aufdeckt. Der König soll als oberster Richter das Urteil über sich selbst fällen. Im Licht dieses Gleichnisses erscheint die Tat Davids nicht nur als Kavaliersdelikt, sondern als schwere Schuld vor Gott. Sie steht im Widerspruch zum Auftrag des Königs, den Armen Recht zu schaffen. Hier klingt bereits die Kritik späterer Propheten an, die insbesondere die sozialen Missstände im Volk Gottes anprangern.

(2) Auf die Anklage des Propheten folgt die Ankündigung von Gottes Gericht über das Königshaus, nun aber in der Form der Ich-Rede Gottes („So spricht der Herr" 12,7ff.11ff). Das heißt: Gott selbst spricht das Urteil über David, der als „Hirte" Israels versagt hat. David muss erkennen: Sein Tun hat fatale Folgen nicht nur für das Königshaus, sondern für sein ganzes Volk. Selbst sein unschuldiges Kind wird zum Opfer seines Handelns.

Für David gibt es nur einen Weg: die Flucht ins Gebet. Es wird nicht erzählt, was David gebetet hat. Aber aus Psalm 51 geht hervor, dass David seine Schuld erkennt und vor Gott bekennt. Und er erlebt das Wunder, dass Gott ihm vergibt. Gott steht zu seinem Gesalbten – trotz allem.

AMNON UND TAMAR
2. Samuel 13

Bald darauf brach in Davids Familie
ein erbitterter Streit aus,
ein Streit auf Leben und Tod.
Daran war Amnon schuld,
Davids ältester Sohn.
Amnon sollte nach David
der König über Israel werden.
Aber Amnon verliebte sich
in seine Halbschwester Tamar,
so sehr, dass er darüber
alles andere vergaß.
Bald merkten alle am Hof,
wie Amnon verändert war. 13,1f

Als aber sein Freund Jonadab sah,
wie sich Amnon verzehrte,
ging er zu ihm und sagte:
„Du machst mir Kummer, mein Freund.
Du wirst richtig mager.
Was ist mit dir los?
Willst du's nicht sagen?"
„Ach", antwortete Amnon.
„Ich habe mich unsterblich
in meine Halbschwester Tamar verliebt.
Bei Tag und bei Nacht
denke ich nur noch an sie."
„Na und?", meinte Jonadab gelassen.
„Warum grämst du dich?
Handle einfach entschlossen!
Leg dich aufs Bett
und stelle dich krank.
Und wenn dich dein Vater besucht,
dann bitte ihn:
Schick Tamar zu mir,
damit sie mich pflegt.
Alles andere ergibt sich von selbst." 13,3ff

Da hörte Amnon
auf den Rat seines Freundes.
Und als Tamar zu ihm
in die Schlafkammer kam,
um ihm das Essen zu reichen,
fiel er über sie her.
Vergeblich wehrte sich Tamar.
Sie flehte ihren Halbbruder an.
„Tu's nicht! Verletze nicht meine Ehre!"

Doch Amnon hörte nicht auf sie,
sondern tat Tamar Gewalt an. 13,8ff

Aber am nächsten Morgen
war er Tamar schon leid,
so dass sein Hass größer war
als zuvor seine Liebe.
„Mach, dass du wegkommst!",
fuhr er sie an.
„Nein, nein!", wehrte sich Tamar.
„Verstoße mich nicht!
Tu mir nicht noch größere Schmach an!"
Aber Amnon befahl seinen Dienern:
„Jagt sie weg und verriegelt die Tür!
Ich will die Frau nie mehr sehen."
Wie eine Hure,
so jagte er seine Schwester
mit Schimpf und Schande davon. 13,15ff

Da warf Tamar Asche auf ihr Haupt
und zerriss das Ärmelkleid,
das die Töchter des Königs tragen,
solange sie noch keinen Mann haben.
Laut schreiend lief sie durch die Straßen
zu Absalom, ihrem Bruder.
Ihm erzählte sie alles.
„Nimm es nicht zu Herzen!",
tröstete er seine Schwester.
„Bleib hier bei mir und sag niemand,
was Amnon dir angetan hat." 13,18ff

Als aber David erfuhr,
was mit Tamar geschehen war,
packte ihn furchtbarer Zorn.
Dennoch stellte er seinen Sohn
nicht zur Rede,
weil er sein Erstgeborener war.
Doch Absalom nahm sich vor,
sich an Amnon zu rächen,
sobald sich dazu eine Gelegenheit bot. 13,21f
Nach zwei Jahren schlug Absalom zu.
Er lud Amnon und seine Brüder
zum Fest der Schafschur.
Heimlich befahl er seinen Dienern:
„Macht Amnon betrunken.
Dann schlagt ihn nieder!"

Da erschlugen sie Amnon
im Kreis seiner Brüder.
Die flohen Hals über Kopf,
zu Tode erschrocken. 13,23ff

Wenig später wurde David
die Nachricht gebracht:
„Deine Söhne sind tot.
Absalom hat alle ermordet."
Da schrie David laut auf,
zerriss sein Gewand
und warf sich längs auf die Erde.
Wie tot lag er da.
Und alle seine Hofleute
taten es ihm nach.
Nur Jonadab blieb gelassen,
Amnons unseliger Freund.
Er redete auf den König ein:
„Warum macht sich der König Sorgen?
Sicher wurde nur Amnon getötet.
Absalom wollte sich an ihm rächen.
Das hatte er schon lange im Sinn.
Aber ich wette, alle anderen Söhne
sind noch am Leben.
Sieh, da kommen sie schon.
Hab ich es nicht gesagt?" 13,30ff

Und wirklich: Da kamen sie an.
Unter Tränen berichteten sie David,
was mit Amnon geschehen war.
Da brach auch David
und alle, die um ihn waren,
in Weinen und lautes Wehklagen aus.
Das ganze Haus war erfüllt
von ihrem Klagegeschrei. 13,36

Von diesem Tag an war alle Freude
aus Davids Leben gewichen.
Tamar war geschändet
und Amnon ermordet.
Und er war schuld daran!
Vergeblich suchten ihn
seine Freunde zu trösten.
Doch David ließ sich nicht trösten.
Alle Tage trauerte David um Amnon,
seinen erstgeborenen Sohn. 13,37

Das Unheil, das Nathan Davids Familie voraus gesagt hat, nun wird es furchtbare Realität. Im Zentrum des Geschehens steht Amnon, Davids erstgeborener Sohn und designierter Thronfolger. Mit ihm nimmt das Unheil seinen Lauf.
• Es beginnt, ähnlich wie bei David selbst, im Herzen des Menschen. Amnons Begehren, gefördert durch das intrigante Spiel seines Freundes Jonadab, wird zum Anstoß einer tragischen Verkettung von Schuld, die alle, Täter und Opfer gleicherweise ins Unglück stürzt.
• Aus dem bloßen Gedankenspiel folgt, fast zwangsläufig, die Tat. Amnons Übergriff erweist sich in der Folge nicht nur als Kavaliersdelikt, wie es sein Freund Jonadab darstellt, sondern als unerhörtes Vergehen an seiner Halbschwester und als Sünde gegen Gott und sein Gebot, das insbesondere Opfern von Vergewaltigung Schutz gewährt (Dtn 22,13ff) und Blutschande als schweres Verbrechen geißelt (vgl. Lev 18,6ff / Dtn 27,22). Zudem bedeutet Amnons Übergriff auch einen versteckten Angriff auf Davids Autorität, da die unverheirateten Königstöchter unmittelbar unter der Obhut des Königs stehen. Wer sie verletzt, verletzt auch die Ehre des Königs.
• Aus der Tat folgt eine Familientragödie, die unaufhaltsam immer weitere Kreise zieht und alle Beteiligten in einen Teufelskreis von immer neuer Schuld verstrickt. Nicht genug, dass Amnon Tamar schändet. Er tut ihr die noch größere Schmach an, dass er sie danach verstößt. Seine Gewalttat setzt neue Gewalt frei. Absalom nimmt sich zwar angeblich fürsorglich seiner Schwester an, aber in Wahrheit dient ihm der Vorfall nur als Vorwand, sich selbst an die erste Stelle in der Thronnachfolge zu setzen.
• Am Ende steht Davids Trauer um seinen erstgeborenen Sohn. Aber in Wahrheit hat David noch viel mehr verloren. Das Ärmelkleid Tamars – Zeichen ihrer Zugehörigkeit zum König – ist zerrissen. David muss erleben, wie sich zunehmend ein Riss durch seine Familie zieht, den er selbst verschuldet hat, indem er seine Tochter Amnon ausgeliefert hat.

Eindrucksvoll zeichnet diese Erzählung die schillernden Charaktere, in denen sich ganz verschiedene Formen subtiler Gewalt ausdrücken:
• Jonadab, der Zwielichtige, der am Hof seine Intrigen spinnt, ohne jegliche Moral und Verant-

wortung gegenüber seinen Mitmenschen, und der sich nicht scheut, durch seinen fragwürdigen Rat die Frau zum Objekt männlicher Begierde zu degradieren;
- Amnon, getrieben von seinen Affekten, schwankend zwischen Liebe und Hass, zwischen Lust und Überdruss, Täter und Opfer seiner Triebe und insofern als möglicher Thronfolger nicht geeignet;
- Absalom, ehrgeizig und machthungrig, ein Mensch, der sich nicht scheut, das Leid seiner Schwester als Vorwand für seine eigenen Machtinteressen zu nutzen.
- Tamar stellt demgegenüber ein eindrucksvolles Gegenbild dar. Obwohl selbst Opfer des Geschehens, behauptet Tamar ihre Würde, indem sie ihrem Halbbruder widersteht und an sein Gewissen appelliert. Auch danach, als sie schreiend durch die Straßen läuft, behält sie gegenüber ihrem Bruder Absalom Recht, der sie zum Schweigen bringen möchte. Nach Dtn 22,25ff behauptet sie gerade dadurch ihre Unschuld und pocht durch ihr Schreien auf den Schutz vor weiterer Gewalt, der ihr nach dem Gesetz zusteht. So repräsentiert Tamar das Bild des Menschen, der sich inmitten einer von Gewalt geprägten Welt an Gottes Gebot hält und darin seine Würde wahrt.

Auch wenn im folgenden nur die Geschichte der männlichen Thronfolger weiterverfolgt wird, so ist doch allein die Tatsache, dass Tamar innerhalb der Geschichte Davids so viel Raum einnimmt, ein Indiz für deren Bedeutung in einer von Gewalt gezeichneten Welt.

ABSALOM
2. Samuel 15–16,14

Danach brach neues Unheil
über die Königsfamilie herein.
Und wieder war es Absalom,
der alle ins Unglück stürzte.
Nach Amnons Tod
war er ins Ausland geflohen. 13,37
Dort blieb er drei Jahre im Exil,
bis ihn sein Vater endlich wieder
nach Jerusalem zurückholte. 14,21ff
Doch kaum hatte sich Absalom
mit seinem Vater versöhnt, 14,33
trachtete er selbst nach dem Thron.
Und obwohl sein Name bedeutete:
„Mein Vater ist Friede",
scheute sich Absalom nicht,
seinem eigenen Vater
den Kampf anzusagen.

Von langer Hand
bereitete Absalom den Umsturz vor.
Zunächst suchte er
sich beim Volk einzuschmeicheln.
Wo immer er konnte,
zeigte er sich dem Volk auf offener Straße.
Mit seinem wallenden Haar
sah er wahrhaft königlich aus. 14,26

Jeden Tag fuhr er
auf einem prächtigen Wagen
durch Jerusalems Straßen.
Seine Leibgarde aus 50 Soldaten
marschierte dem Wagen voran.
Und jeden Morgen setzte sich
Absalom an das Gerichtstor
und fing die Leute ab,
die wegen eines Rechtsstreits
nach Jerusalem kamen.
Absalom hörte sie alle an
und versprach, ihnen zu helfen.
So stahl Absalom seinem Vater
die Gunst seines Volkes.
Und heimlich sagten sich viele:
Wäre doch Absalom unser König! 15,1ff

Es dauerte nicht lange,
da merkte auch David,
was Absalom plante.
Dennoch schritt er nicht
gegen seinen Sohn ein.
So entschloss sich Absalom,
den offenen Bruch zu wagen.
Er ging zu seinem Vater, verneigte sich
und bat ihn in geheucheltem Ton:

„Mein Vater, gewähre mir eine Bitte:
Lass mich nach Hebron ziehen.
Dort will ich, wie versprochen,
Gott ein Dankopfer bringen.
Und wenn es der König erlaubt,
dann lasse er auch
zweihundert geladene Gäste
mit mir nach Hebron ziehen."
„Tu, was du vorhast!",
meinte David erfreut.
„Zieh hin mit Frieden!
Der Friede Gottes sei mit dir!" 15,7ff

Doch kaum war Absalom weg,
verbreitete sich
in Jerusalem das Gerücht:
„Absalom hat sich in Hebron
zum König gemacht.
Seine Boten ziehen durchs Land
und rufen überall aus:
Absalom ist König geworden.
Alles Volk fällt ihm zu.
Sogar Ahitofel, der Berater des Königs,
hat sich auf seine Seite geschlagen.
Nun marschiert Absalom
mit seinen Männern auf Jerusalem zu.
Vielleicht steht er schon morgen
vor unseren Toren." 15,10ff

Als David das hörte,
rief er sofort seinen Hofrat zusammen
und gab den Befehl aus:
„Auf! Macht euch bereit!
Wir verlassen noch heute die Stadt.
Eilt euch! Sonst gibt es ein Blutbad."
„Ganz wie der König es will",
antworteten seine Getreuen.
„Wir folgen dem König." 15,14f

Kurz darauf versammelten sie sich
am Stadttor.
Auch die Leibwache des Königs
stand zum Abmarsch bereit.

Da kam David zum Tor,
gefolgt von seinen Frauen,
Töchtern und Söhnen.
Er trug ein Büßergewand. 15,30
Sein Gesicht war verhüllt.
Barfuß kam er daher, wie einer,
der um einen Verstorbenen trauert.
Zahllose Menschen säumten den Weg.
Mit Tränen in den Augen
nahmen sie Abschied von ihrem König. 15,23
Auch die Priester Zadok und Abjathar
waren zum Tor gekommen.
Sie trugen die Bundeslade
auf ihren Schultern.
Doch David befahl ihnen:
„Tragt sie wieder in die Stadt!
Wenn Gott will,
bringt er mich wieder zurück.
Wenn nicht, dann mache er,
was er für richtig hält.
Sein Wille geschehe." 15,24ff

Danach brach David auf.
Vom Ölberg aus sah er sich
ein letztes Mal nach Jerusalem um.
Als er auf seine Stadt sah,
brach er in Tränen aus.
Er trauerte um sie wie ein Hirte,
der seine Schafe verloren hat. 15,30

In diesem Augenblick
kam ein Mann auf ihn zu:
Huschai, ein Freund des Königs
und bewährter Berater.
„Lass mich mit dir ziehen!",
bat ihn Huschai.
Aber David riet ihm:
„Geh lieber zurück
und biete dich dort
als Berater Absaloms an.
So kannst du mir besser dienen." 15,32ff

So machte sich David
auf den Weg ins Jordantal
mit all seinen Getreuen.
Auf gefährlichen Wegen
zogen sie hinunter ins Tal.
Plötzlich hörten sie lautes Geschrei.
Von der anderen Talseite
warf ein Mann mit Erdklumpen
und Steinen nach ihnen.
Er fluchte und drohte:
„David, du Bluthund,
zum Teufel mit dir!
Jetzt hast du endlich
deine gerechte Strafe für alles,

was du Sauls Familie angetan hast.
Jetzt zahlt es dir Absalom heim,
du Bluthund, verdammter Mörder!" 16,5ff
Schimi hieß dieser Mann.
Er gehörte Sauls Familie an.
„Hast du gehört, was er schreit?",
fragte Abisai, Davids Begleiter.
Er schäumte vor Wut.
„Dieser tote Hund wagt es,
dich zu verfluchen?
Den mache ich fertig.
Ich schlag ihm den Kopf ab."
Schon griff er nach seinem Schwert.
Doch David riss ihn zurück.
„Halt! Tu's nicht!
Lass ihn doch fluchen!
Denn Gott lässt es zu.
Warum willst du ihm wehren?
Wenn Gott es will,
dann kann er auch diesen Fluch
in Segen verwandeln." 16,9ff

Endlich hatten sie den Jordan erreicht.
Sie waren am Ziel!
Schon brach die Nacht herein.
Da schlugen sie ihre Zelte auf
und ruhten sich aus,
zu Tode erschöpft. 16,14

– – –

Ein Psalm Davids:

Gott, höre mein Gebet
und verbirg dich nicht,
wenn ich zu dir flehe!
Höre, wie ich so ruhelos bin,
wie ich heule und klage!
Denn die Feinde fallen schreiend
über mich her.
Sie hassen mich
und wollen Unheil über mich bringen.
Mein Herz in meinem Leib
vergeht vor Angst.
Todesfurcht und Zittern
sind über mich gekommen.
Ich sprach:
Hätte ich Flügel wie Tauben,
so wollte ich davonfliegen,
um Ruhe zu finden.
Ich wollte weit weg fliegen
und in der Wüste bleiben.
Wenn mein Feind mich schmähte,
so wollte ich es ertragen.
Aber nun bist du es,
mein Gefährte und mein Freund
seit vielen Jahren.
Früher lebten wir in Frieden
und gingen gemeinsam zum Haus Gottes.
Ich aber will zu Gott rufen.
Der Herr wird mir helfen.
Wirf dein Anliegen auf den Herrn,
der wird dich versorgen
und nicht zulassen,
dass du zu Fall kommst.
aus Psalm 55

Diese Geschichte beschreibt die schwerste Krise, die Israel unter Davids Königsherrschaft erlebt. Ein Bürgerkrieg bricht aus. Alte Gegensätze zwischen den nördlichen Stämmen und dem Stamm Juda, zwischen dem Königshaus Sauls und dem Haus Davids flammen neu auf (16,5ff) und drohen das Land zu zerreißen.
Der politischen Krise geht die innere Krise im Haus Davids voraus, die immer weitere Kreise zieht und nun auch das ganze Volk in Mitleidenschaft nimmt. Auslöser des Konflikts ist der schwelende Konflikt zwischen David und seinem Sohn Absalom. Als Zweitgeborener erhebt dieser nach dem Tod Amnons den Anspruch auf den Königsthron. Er plant sogar, seinen eigenen Vater vom Thron zu stürzen. Absalom fädelt seinen Plan klug ein:
Zunächst schafft er sich eine eigene Leibgarde an und umgibt sich mit königlichem Flair (15,1). Dann treibt er einen Keil zwischen das Volk und den König, indem er sich populistisch als Volkstribun ausgibt (15,2–6). Danach lässt er sich von bestellten Sympathisanten zum König ausrufen, und zwar in Hebron, d.h. genau dort, wo David zum König erhoben wurde!
Welche Ironie: Absalom – sein Name bedeu-

tet: „Mein Vater ist Friede" – sagt dem eigenen Vater den Kampf an! Und David? Er muss sich entscheiden. Entweder es kommt zum offenen Krieg zwischen ihm und seinem Sohn, oder aber David weicht seinem Sohn aus. Und wieder ergreift David die Flucht. Doch diesmal aus freien Stücken, um sein Volk vor erneutem Blutvergießen zu bewahren. Als König wählt er den untersten Weg und verzichtet dabei auf alle äußeren Zeichen seiner königlichen Macht. Wie ein Büßer, barfuß und mit verhülltem Haupt, verlässt er seine Residenz. Sogar die Lade Gottes lässt er zurück. Ungeschützt liefert er sich auf seinem Weg dem Fluch aus, den seine Feinde über ihn ausschütten (16,10). Aber in Wahrheit stellt er sich ganz unter Gott. In ergreifenden Worten schildert die Erzählung David als einen Menschen, der bereit ist loszulassen, was ihm eigentlich kraft seines Amtes zusteht, und der sich ganz unter Gottes Willen beugt (16,11ff). Diese Geschichte erscheint wie das Gegenstück zu der Geschichte vom festlichen Einzug der Bundeslade nach Jerusalem (6). Ohne königlichen Prunk und ohne Bundeslade verlässt David seine Stadt. Das Bild des weinenden David, der im Büßergewand auf seine Stadt zurückblickt, erscheint zudem wie eine Vorwegnahme der dunkelsten Stunde in der Geschichte Israels: als Jerusalem zerstört und das Volk aus der Stadt ins Exil weggeführt wird (587 v.Chr.). Über die Jahrhunderte hinweg verbindet sich dieses Bild mit dem Bild des weinenden Jesus, der im Anblick von Jerusalem über der Stadt ausruft: „Wenn du doch erkennen würdest zu dieser Zeit, was zu deinem Frieden dient!" (Lk 19,42).

ABSALOMS ENDE
2. Samuel 16–19

Ein neuer Tag brach an.
Absalom rückte mit seinen Leuten
vor den Toren Jerusalems an.
Im Triumphzug zog er in die Stadt ein
und besetzte den leeren Königspalast.
Dort beriet er sich
mit seinen engsten Vertrauten.   16,20f
„Freunde", rief Absalom.
„Was ratet ihr?
Soll ich den Kampf mit David wagen?"

Da meldete ein Diener:
„Huschai steht vor der Tür.
Er will den neuen König begrüßen."
Absalom horchte auf.
„Huschai, der Freund meines Vaters?
Führ ihn sofort zu mir!"
Da kam Huschai herein.
„Es lebe der König!", rief er Absalom zu
„Es lebe der König!"
„Das nenne ich Treue!",
erwiderte Absalom spöttisch.
„Bist du deinem Freund David
so untreu geworden?
Warum bist du ihm nicht gefolgt?"

Aber Huschai entgegnete:
„Nein! Der soll mein Herr sein,
der von Gott und dem Volk
zum König auserwählt wurde.
Außerdem: Bist du nicht Davids Sohn?
Wie ich deinem Vater diente,
so will ich auch dir dienen."   16,16ff

Da fühlte sich Absalom geschmeichelt.
„Gut, dann bleibe hier!
Wir beraten gerade,
wie wir David besiegen.
Dein Rat ist uns wertvoll.
Doch erst soll Ahitofel sagen,
was er mir rät."
Da trat Ahitofel vor und sagte:
„Ich schlage vor:
Wir stellen sofort eine Truppe
mit erfahrenen Kämpfern zusammen.
Dann jagen wir David nach
und überfallen ihn noch in dieser Nacht,
bevor seine Leute neue Kräfte sammeln.
Dann werden alle David verlassen.
Ich aber werde David erschlagen.
Alle anderen bleiben verschont."   17,1ff

„Gut", meinte Absalom.
„Dein Rat gefällt mir.
Aber lass mich noch Huschais Rat hören."
Da trat Huschai vor und sagte:
„Ahitofel ist ein kluger Ratgeber.
Aber sein Rat ist diesmal nicht gut.
Du kennst deinen Vater.
Er ist ein erfahrener Krieger
und so stark wie eine Bärin,
der die Jungen geraubt wurden.
Er wird sich keine Ruhe gönnen.
Vielleicht hat er inzwischen
schon ein Versteck gefunden.
Wenn nun deine Leute
gleich zu Anfang versagen,
dann ist dein Ruhm für immer dahin.
Deshalb rate ich dir:
Sammle erst ein großes Heer.
Und zieh danach in den Kampf.
Dann wirst du die Schlacht gewinnen.
Und niemand von Davids Leuten
wird dir entrinnen."
Das sagte er aber, um David zu retten.
„Ja", meinte Absalom,
„so wird es gemacht!
Huschais Rat ist noch besser." 17,7ff

Als aber Ahitofel sah,
dass sein Rat verworfen war,
ging er grollend davon und erhängte sich. 17,23
So tief war er in seiner Ehre gekränkt.
Huschai aber atmete auf.
Gott hatte den Rat Ahitofels vereitelt. 17,14
Damit war die Entscheidung gefallen.
Heimlich ließ Huschai David ausrichten:
„Auf, eilt euch!
Zieht durch den Jordan
und bringt euch in Sicherheit!
Noch ist die Gefahr nicht vorüber." 17,15f

Da brach David mit seinen Leuten
noch in derselben Nacht auf
und zog durch den Jordan.
Am nächsten Morgen hatten alle
heil das andere Ufer erreicht. 17,22
Von dort aus zogen sie weiter
in die Stadt Mahanajim.
Dort wurden sie von den Bewohnern
fürstlich versorgt. 17,24ff

Aber nicht lange danach
wurde David gemeldet:
„Absalom zieht uns entgegen
mit einem mächtigen Heer."
Da rüsteten sich Davids Leute
zum entscheidenden Kampf.
Am nächsten Morgen
zogen sie gegen Absalom aus.
Doch David baten sie:
„Bleib du hier! Zieh nicht mit uns.
Sonst stürzen sich alle auf dich."
Aber David beschwor sie:
„Schont Absalom!
Vergesst nicht: Er ist mein Sohn!" 18,1ff

Den ganzen Tag
harrte David am Tor aus
und spähte angespannt in die Ferne.
Schon ging es auf den Abend zu,
da kam ein Bote.
„Ist er allein?", fragte David.
„Dann hat er gute Nachricht für mich."
Und wirklich: Schon von weitem
rief er David entgegen: „Friede! Friede!
Wir haben gesiegt!"
„Und was ist mit Absalom?
Geht es ihm gut?"
Der Bote zuckte die Schultern.
„Ich weiß nicht genau.
Ich sah nur einen großen Tumult.
Mehr kann ich nicht sagen." 18,24ff

In diesem Augenblick
traf ein zweiter Läufer bei David ein.
„Gute Nachricht!", rief er ihm zu.
„Und was ist mit Absalom?
Geht es ihm gut?"
„Wie soll es ihm gehen?",
erwiderte dieser.
„Ich wünschte, es ginge
allen deinen Feinden wie ihm." 18,31f

Da schrie David laut auf:
„O Absalom, mein Sohn, mein Sohn!
Lieber wäre ich für dich gestorben!
O Absalom, mein Sohn, mein Sohn!" 19,1

Inzwischen waren Davids Männer
vom Kampf heimgekehrt.

Ihr Jubel verstummte, als sie hörten,
wie ihr König klagte und weinte.
Und betroffen stahl sich
einer nach dem anderen davon. 19,2ff

Doch Joab, ihr Heerführer,
beschwerte sich bitter bei David:
„Was tust du uns an?
Du kränkst deine Soldaten.
Sie haben für dich gekämpft
und ihr Leben für dich gewagt.
Aber du weinst nur um deinen Sohn.
Die anderen sind dir wohl nichts wert.
Wenn nur Absalom lebte,
gäbst du alles dafür.
Steh endlich auf
und zeig dich deinen Soldaten!
Sonst laufen sie dir am Ende noch weg."

Da stand David auf
und setzte sich ins Tor.
Und alle zogen an ihm vorüber,
die ihm die Treue gehalten hatten. 19,6ff

Von diesem Tag an
herrschte wieder Frieden im Land.
David kehrte nach Jerusalem zurück
und regierte wieder als König
wie in früheren Jahren.
Aber Absalom lebte nicht mehr.
Sein Leben lang trauerte David
um seinen verlorenen Sohn.

Kaum eine andere Geschichte in der Bibel wird so plastisch und detailliert erzählt wie die Geschichte von Absaloms Aufstand. Sie erreicht mit dem Einzug Absaloms nach Jerusalem ihren traurigen Höhepunkt. Wie schon durch Nathan vorausgesagt (2. Sam 12,11), demonstriert Absalom seine unheimliche Macht, indem er die zurückgebliebenen Nebenfrauen seines Vaters öffentlich schändet – zu allen Zeiten die infamste Kriegswaffe.
Aber unmittelbar danach läutet Absalom selbst seinen Untergang ein, indem er den klugen Rat Ahitofels verwirft. Diese Szene markiert den Wendepunkt innerhalb der Geschichte. Ausdrücklich betont die Erzählung: „So schickte es der Herr, dass der Rat Ahitofeles verhindert wurde" (17,14b). Das heißt: Gott selbst greift in die Geschichte ein und wendet sie zum Guten. Es ist bezeichnend für dieses Buch, das die Königsgeschichte sonst so schonungslos realistisch zeichnet, dass es an den entscheidenden Wendepunkten der Geschichte bezeugt, wer in Wahrheit die Geschichte lenkt, wie zuvor schon bei Davids Ehebruch (11,27b), so auch hier.
Es lohnt sich, die folgenden Szenen ausführlich nachzulesen, die in ihrer Anschaulichkeit und Liebe zum Detail von Lebendigkeit sprühen: Sie erzählen von dem abenteuerlichen Weg, den zwei Informanten Davids zurücklegen müssen (17,15ff), aber auch von der fürstlichen Versorgung Davids und seiner Männer im Grenzland (17,24ff) bis hin zu dem dramatischen Wettlauf der beiden Boten, die David die Nachricht vom Sieg über Absalom und von seinem Tod überbringen (18,19ff).
Am Ende steht Davids verzweifelter Ruf: „O Absalom, mein Sohn, mein Sohn!", in dem sich die Tragik Davids als Mensch und als König offenbart. Ganz menschlich gibt sich David seiner Trauer um seinen Sohn hin. Aber als König wird von ihm Härte erwartet. Seine Trauer ist in den Augen seiner Gefolgsleute Zeichen von Schwäche und eines Staatsmannes nicht würdig.

Die Geschichte endet offen. David kehrt zwar wieder nach Jerusalem zurück und regiert wieder wie zuvor. Aber auch nach seiner Rückkehr ist seine Autorität noch geschwächt. Nachwehen dieses Krieges, Intrigen und Machtkämpfe im eigenen Umfeld, wie auch immer neue Unruhen aus dem Umfeld Sauls, vor allem aber der dauerhafte Konflikt zwischen den nördlichen Stämmen Israels und dem Stamm Juda halten nach wie vor das Land in Atem (19,42ff; 20,1ff). Eine Geschichte, die geprägt ist von immer neuer Gewalt. Aber mitten in dieser düsteren Nachkriegsgeschichte finden sich auch ergreifende Beispiele menschlicher Größe, etwa das Beispiel von Rizpa, der Nebenfrau Sauls, deren Söhne gehenkt wurden, die bei ihren toten Söhnen Wache hält (21,10ff).

NEUANFANG
2. Samuel 24 (1. Chronik 21)

Vierzig Jahre regierte David
über das Königreich Israel.
Aber am Ende seiner Regierung
ließ sich David noch einmal
zu einer Tat hinreißen,
die sein ganzes Königreich
fast in den Untergang gestürzt hätte.
Niemand kann sagen,
was ihn dazu bewog.
War es Gott? 24,1
Oder war es ein teuflischer Einfall? 2. Chr
    21,1
David war von seinem Plan so besessen,
dass er Tag und Nacht darüber nachsann.
Groß ist mein Reich, sagte er sich
und mächtiger als andere Königreiche.
Ich muss wissen, wie viele Männer
in meinem Land wehrfähig sind.

David bat seinen General Joab zu sich.
„Hör, Joab", begann David,
„ich habe einen Plan.
Zieh mit deinen Männern
durchs ganze Land,
von Norden nach Süden,
von Dan bis nach Beerscheba!
Geh in alle Stammesgebiete
und zähle alle wehrfähigen Männer." 24,2
„Mein Herr und König",
fragte Joab erschrocken.
„Ist das wirklich der Wille des Königs?"
„Warum nicht?", erwiderte David.
Joab antwortete:
„Gott schenke dem König
noch hundertmal so viele Soldaten.
Aber warum will sie der König
unbedingt zählen?" 24,3
Doch David war fest entschlossen.
„Ich hab es gesagt,
also wird es gemacht."
Da zog Joab mit seinen Offizieren
durchs ganze Land,
von Osten nach Westen,
von Norden nach Süden.
Er erfasste alle Männer,
die zum Kampf taugten.
Über neun Monate war er unterwegs.
Danach kehrte er zurück
und meldete dem König:
„800000 wehrfähige Männer
leben im nördlichen Israel.
Und im südlichen Teil des Landes
sind es 500000 Mann." 24,4ff

Doch als der König
das stolze Ergebnis erfuhr,
schlug ihm das Herz. 24,10
Auf einmal erkannte er,
was er getan hatte:
Bisher hatte er immer
auf Gottes Macht vertraut.
Doch nun hatte er plötzlich
auf seine eigene Streitmacht gebaut.

In der nächsten Nacht
tat David kein Auge zu.
Er flehte Gott an:
„Ach Herr, ich habe
ein schweres Unrecht begangen.
Vergib mir meine Schuld!" 24,10
Unruhig wartete er,
bis der Morgen anbrach.
Doch kaum hatte er sich
von seinem Lager erhoben,
da stand der Prophet Gad vor ihm.
„Hör, David!", sprach er.
„So spricht Gott der Herr:
Ein großes Unglück
bricht über dein Land herein.
Aber noch steht nicht fest,
was geschieht.
Entweder wird es
drei Jahre nicht regnen,
viele Menschen werden verhungern.
Oder: Es bricht ein Bürgerkrieg aus,
dann bist du drei Monate lang
ein geächteter Mann.
Oder: Drei Tage lang
wütet die Pest im Land.
Was soll geschehen?
Es liegt in deiner Hand." 24,11ff

David aber war wie betäubt.
Erschrocken stammelte er:
„Es ist mir sehr angst.
Aber ich will in Gottes Hand fallen.
Denn seine Barmherzigkeit ist groß.
Ich will nicht in Menschenhand fallen." 24,14

Nicht lange danach
wurde David gemeldet:
„Im Norden des Landes
ist die Pest ausgebrochen.
Ganze Städte und Dörfer
sind von der Seuche erfasst."
Stunde um Stunde trafen
neue Nachrichten ein.
In kürzester Zeit breitete sich
die Seuche im ganzen Land aus.
Man schätzte, 70 000 Menschen
waren bereits dahingerafft.
Nicht mehr lange, dann hatte die Pest
auch Jerusalem erreicht.
„Ach Herr", flehte David, „sieh doch,
wie dein Volk heimgesucht wird.
Was haben diese Schafe getan?
Ich habe Unrecht getan!
Mich allein trifft die Schuld." 24,15ff

Da hatte Gott Einsehen mit seinem Volk.
so dass er vor den Toren Jerusalems
der Plage Einhalt gebot.
Dort errichtete David einen Altar,
genau an der Stelle,
an der später sein Sohn Salomo 1. Chr
den Tempel errichten sollte. 22,1ff
Von diesem Tag an
brannte immer ein Opfer auf dem Altar.
Nie mehr sollte vergessen werden,
was Gott an diesem Ort
für sein Volk getan hatte. 24,18ff

Zu der Geschichte Davids fügt das 2. Buch Samuel noch eine letzte Erzählung hinzu, die pointiert einen Schlusspunkt setzt, aber auch bereits in die folgende Geschichte des Königs Salomo überleitet. Am Ende seiner Regierungszeit erliegt David noch einmal einer Versuchung. Er möchte alle wehrfähigen Männer seines Reiches erfassen und damit seine eigene Stärke in Zahlen fassen. Dies gilt aber nach dem Verständnis des Alten Testaments als Sünde schlechthin (vgl. Dtn 17,16). Ein König, der mehr auf seine Streitmacht baut als auf Gott, hat sich bereits von seinem Gott entfernt (vgl. z.B. Ps 33,16ff / Jes 30,15ff / Sach 4,6). Zu Recht warnt ihn sein Feldherr, der offenbar klarer als der König erkennt, was hier auf dem Spiel steht. Aber David ist so versessen auf seine Zahlen, dass er nicht auf ihn hört. Doch als er schließlich die Zahlen bekommt, muss er erkennen: Am Ende zählt nur die Zahl derer, die von der Pest dahingerafft werden. Davids trügerische Hoffnung verkehrt sich ins Gegenteil.
Wie ist das nur möglich? Ein König nach dem Herzen Gottes, der sich am Ende so vergisst? Nach dem 2. Buch Samuel ist es Gott selbst, der David versucht hat („... der Herr reizte David"). Dadurch gewinnt die Erzählung noch an Schärfe. Im Chronikbuch wird später diese Aussage quasi entschärft und Satan als der eigentliche Urheber von Davids zweitem „Sündenfall" ausgegeben (1. Chr 21,1). Aber beide Deutungsversuche stimmen darin überein, dass die Versuchung, der David erliegt, jedes menschliche Maß überschreitet. An dieser letzten Geschichte wird noch einmal abschließend deutlich, welch große Verantwortung dem König Israels zukommt. Er hat nicht auf seine eigene Stärke zu setzen, sondern als Hirte über Gottes Volk zu wachen, das wehrlosen Schafen gleicht. Wer sich dieser Verantwortung entzieht, wird zum Despoten, der rücksichtslos nur eigene Ziele verfolgen will. Aber David beugt sich unter Gott. Er erkennt seinen verkehrten Weg und appelliert an Gottes Barmherzigkeit.
Nicht Davids Schuld, sondern Gottes Gnade steht am Ende der Geschichte. Sie findet ihren sichtbaren Ausdruck in dem Altar, den David vor Jerusalem errichten lässt. Nach der Überlieferung ist dies der Ort, an dem einst Abraham ein Opfer an Isaaks Stelle brachte (Gen 22,13f), derselbe Ort, an dem Salomo später den Tempel errichten wird, und an dem Jahrhunderte später der Vorhang im Tempel zerreißt, als Jesus am Kreuz stirbt (Mk 15,38). Es ist der Ort, an dem Gott mitten in einer vom Tod gezeichneten Welt seinen Neuanfang setzt.

DAS 1. – 2. BUCH DER KÖNIGE

Die Geschichte der Könige

Die beiden Königsbücher, ursprünglich ein zusammenhängendes Geschichtswerk, beschreiben Glanz und Elend der Königszeit und ihre 400-jährige Geschichte vom Tod Davids bis zu ihrem Ende im Jahr 587 v.Chr. Sie besteht aus 3 Abschnitten:
(1) die Regierungszeit Salomos (965-926 v.Chr.) und der Bau des Tempels,
(2) die Teilung des Königreichs und ihre Folgen (926 v.Chr.),
(3) der Niedergang der beiden Königreiche bis zu ihrer endgültigen Zerstörung
durch die Assyrer (722 v.Chr.) bzw. durch die Babylonier (587 v.Chr.).

zu (1) Die Geschichte der Königsherrschaft Salomos wird als leuchtendes Beispiel der folgenden Königsgeschichte und ihrer unheilvollen Entwicklung vorangestellt. Geradezu euphorisch wird Salomos Weisheit, sein Reichtum und seine Friedenspolitik gepriesen. In seiner Person scheint die Verheißung Gottes an David Gestalt anzunehmen. Sie schlägt sich in der Beschreibung seiner Herrschaft nieder und in Zahlen, die sich fast überschlagen. Salomo ist in jeder Hinsicht ein König der „Superlative". Doch der Glanz, der nach dem 1. Königsbuch auf seiner Herrschaft liegt, ist allein in der Verheißung Gottes an David begründet (2. Sam 7,13). Sie findet mit der Einweihung des Tempels und Salomos Tempelweihgebet ihre Erfüllung (1. Kön 8). Im Übrigen muss sich aber auch dieser herausragende König, genauso wie jeder andere, daran messen lassen, ob er treu zu dem Bund mit Gott steht. In der Deutung des ersten Königsbuches beginnt die Geschichte des Abfalls und der Niedergang des Königtums bereits mit Salomo (1. Kön 11).

zu (2) Die Reichsteilung bedeutet, historisch betrachtet, die tiefste Zäsur in der Königsgeschichte. Die 10 nördlichen Stämme wählen nach Salomos Tod einen eigenen König, der kein Nachkomme Davids ist. Damit wird Israel als geteiltes Reich dauerhaft geschwächt und für feindliche Übergriffe anfällig. Aber in der Darstellung des 1. Königsbuches bedeutet den Abfall der nördlichen Stämme vor allem die Infragestellung der Nathan-Verheißung, die den Nachkommen Davids gilt, und der Abfall vom reinen Gottesglauben, der am Tempel von Jerusalem, als einziger Stätte der Gottesverehrung, festgemacht wird.

zu (3) Am ausführlichsten wird der Niedergang der beiden Königreiche beschrieben, der schließlich in der Katastrophe endet. Beide Königreiche werden parallel betrachtet, aber das Gewicht liegt deutlich auf der Geschichte des nördlichen Königreichs Israel. Die Darstellung ist von der heimlichen Frage bestimmt: Wie konnte es zu dieser fatalen Entwicklung kommen? Sie beruht (nach 2. Kön 17,7ff) auf drei grundlegenden Aussagen:

(a) Die Könige Israels haben das Volk ins Unglück gestürzt. Sie, die doch als Hirten ihr Volk im Namen Gottes führen sollten, haben das Volk verführt, d. h. von Gott weggeführt. „Sie taten, was dem Herrn übel gefiel." Diese harte Zensur wird vor allem über jene Könige gefällt, die über das nördliche Königreich Israel herrschten. An erster Stelle steht König Jerobeam. Obwohl er in Gottes Auftrag durch den Propheten zum König gesalbt wurde, hat er seine göttliche Bestimmung verfehlt. Ihm wird vorgeworfen, dass er in Bethel und in Dan ein eigenes Heiligtum und ein Stierbild von Gott aufgestellt und dadurch sein Volk davon abgehalten hat, Gottes Haus in Jerusalem aufzusuchen (12,25ff). Das Urteil über König Ahab fällt noch radikaler aus. Von ihm heißt es: „Er tat, was dem Herrn übel gefiel, mehr als alle, die vor ihm gewesen waren" (16,30). Denn Ahab führt unter dem Einfluss seiner Frau Isebel sogar den Baals- und Astartekult in Israel ein (16,31ff) und verfolgt alle Propheten, die Jahwe, dem Gott Israels, dienen.

(b) Gott hat sein Volk immer wieder durch seine Propheten gewarnt. Aber sie wurden nicht gehört. Es ist ein Zeichen der Güte Gottes, dass er auch in dieser geschichtlichen Stunde sein Volk nicht preisgibt und nicht aufhört, durch seine Propheten zu ihm zu reden. In diesem Zusammenhang kommt den Erzählungen von den Propheten Elia (1. Kön 17ff) und Elisa (2. Kön 2ff) besondere Bedeutung zu. Sie bilden in den Königsbüchern ein wichtiges Gegengewicht zu der so düsteren Königsgeschichte und vermitteln einen Einblick in die soziale Situation des Volkes. Auch wenn nur wenige auf die Stimme der Propheten hören, so werden diese nicht müde, das Volk daran zu erinnern, wer der wahre Herr über Israel und seine einzige Hoffnung ist.

(c) Der eigentliche Adressat der Geschichte ist Gottes Volk. Der Untergang des Königreichs ist in erster Linie als Gericht Gottes über sein Volk zu verstehen. In 2. Kön 17,7ff wird in einem Rückblick auf die gesamte Geschichte des Königreichs Israel – gleichsam in Form eines „Nachrufs" – eine abschließende Deutung der Geschichte gegeben: Nicht nur die Könige, sondern das ganze Volk Israel, alle tragen Verantwortung für den Verlauf der Geschichte, die durch immer neuen Abfall von Gott und seinen Geboten bestimmt war. Darum ist der Untergang als Gottes Gericht über sein Volk zu begreifen. Aber auch in seinem Gerichtshandeln bleibt Gott seinem Volk nah. Von ihm allein ist in dieser dunklen Stunde der Geschichte Hilfe zu erwarten. Die Abfassung dieses umfassenden Geschichtswerkes geht vermutlich auf die Zeit des babylonischen Exils zurück. Man hat ihr den Namen „deuteronomistische Geschichtsschreibung" gegeben, weil sie die Geschichte Israels und seiner Könige am Maßstab des Deuteronomiums und seiner theologischen Aussage misst. Ausgangspunkt dieser Geschichtsschreibung ist die Frage: Wie konnte dieses Volk so kläglich untergehen, obwohl es doch Gottes Volk ist? Hat Gott etwa sein Volk im Stich gelassen? Oder haben andere Völker und Mächte über den Gott Israels gesiegt? Die Antwort der Königsbücher lautet: Nein, es ist nicht Gottes Schuld. Unsere Schuld ist es und die Schuld unserer Vorfahren, dass wir dies alles erleiden müssen. Die Darstellung der Geschichte der Könige ist deshalb als umfassendes Schuldbekenntnis zu verstehen und zugleich als dringlicher Ruf zur Umkehr, wie er auch in vielen Bußgebeten anklingt:
„Du, Herr bist gerecht, wir aber müssen uns alle schämen. Ja, Herr, wir, unsere Könige, unsere Fürsten und unsere Väter müssen uns schämen, dass wir uns an dir versündigt haben. Bei dir aber, Herr, unser Gott, ist Barmherzigkeit und Vergebung" (vgl. Dan 9,7ff).

Die Königsbücher im Überblick:

1. Kön 1–2	Thronfolgekämpfe
1. Kön 3–11	König Salomo
1. Kön 12–14	Reichsteilung / König Jerobeam
1. Kön 16–22	König Ahab
1. Kön 17–2. Kön 2	Der Prophet ELIA
2. Kön 2–17	Der Untergang des Nordreichs
2. Kön 2–9	Der Prophet ELISA

KÖNIG SALOMO
1. Könige 1–3

Dies ist die Geschichte von Salomo,
dem Sohn Davids und Batsebas,
der seinem Vater auf den Thron folgte.
Salomo schaltete alle aus,
die ihm als König im Weg standen,
auch seinen älteren Bruder Adonia. 2,13ff
Und obwohl seine Herrschaft
so blutig begann, wurde Salomo,
was sein Name versprach:
ein König des Friedens,
der sein Land gerecht und weise regierte.

Salomo war noch jung und unerfahren,
als er die Herrschaft übernahm.
Doch schon in jungen Jahren
suchte er Gott zu dienen.
Und weil in Jerusalem
noch kein Tempel gebaut war,
zog er zum Heiligtum nach Gibeon,
um Gott viele Opfer darzubringen. 3,3f

Aber in der Nacht hörte Salomo,
wie Gott im Traum zu ihm sprach:
„Bitte, was ich dir geben soll!"
„Ach Herr, mein Gott!", antwortete er.
„Du hast meinem Vater David
große Barmherzigkeit erwiesen
und hast mich an seiner Stelle
zum König gemacht.
Ich aber bin noch jung und unerfahren
und weiß nicht, was ich tun soll.
Ich soll dein Volk regieren,
das du erwählt hast
und das so groß ist,
dass niemand es zählen kann.
Darum bitte ich dich:
Gib deinem Knecht ein Herz,
das auf dich hört, dass ich erkenne,
was Recht und was Unrecht ist,
und dein Volk gerecht richte." 3,5ff

Da sprach Gott zu Salomo:
„Weil du nicht um Reichtum
und langes Leben gebeten hast,
auch nicht um den Tod deiner Feinde,
darum will ich dir deine Bitte erfüllen:
Ich will dir ein weises Herz geben
und so viel Verstand und Einsicht,
wie sie niemand vor dir gehabt hat
und auch niemand nach dir haben wird.
Dazu will ich dir noch viel mehr geben,
alles, was du nicht erbeten hast:
Reichtum, Ruhm und langes Leben.
Halte dich nur an meine Gebote,
wie es dein Vater David getan hat,
und bleib auf seinem Weg!" 3,10ff

Da erwachte Salomo aus seinem Traum.
Froh kehrte er nach Jerusalem heim,
brachte Gott Dankopfer dar
und lud seinen Hofstaat
zu einem festlichen Mahl. 3,15
Gott hatte Salomo
ein großes Versprechen gegeben.
Nun hatte er Mut,
sein Königsamt anzutreten.

— — —

Gebet des Königs:

*H*err,
der König freut sich an der Kraft,
die du ihm verleihst.
Er ist glücklich über deine Hilfe.
Du gibst ihm, was sein Herz wünscht,
und erfüllst, was er von dir erbittet.
Du schüttest deinen Segen über ihm aus
und setzt ihm eine goldene Krone auf.
Er bittet dich um langes Leben,
und du gibst ihm ewiges Leben.
Durch deine Hilfe hat er große Macht.
Du legst auf ihn Glanz und Pracht.
Denn du setzt ihn zum Segen allezeit
und erfüllst ihn mit Freude an dir.
aus Psalm 21

Mit Salomos Königsherrschaft hat das Königtum in Israel seinen Zenit erreicht. Aber die Umstände seines Herrschaftsantritts, wie sie das 1. Königsbuch beschreibt, sind alles andere als ruhmreich. Die Intrigen und Machtspiele im Haus Davids setzen sich fort. Obwohl Davids Sohn Adonia der nächste in der Thronfolge wäre, setzen Batseba und der Prophet Nathan bei David durch, dass Salomo noch zu Davids Lebzeiten zum König gesalbt wird (1,11ff.32ff).

Vor seinem Tod gibt David seinem Sohn ein Vermächtnis mit auf den Weg, das an die Einsetzung Josuas durch den scheidenden Mose erinnert (vgl. 2,1ff mit Dtn 31,6ff) und verpflichtet den künftigen König auf das Gesetzbuch Moses. Damit ist Salomo offiziell als König über das Volk Israel anerkannt. Aber es fehlt noch die Legitimation durch Gott. Salomo erhält sie an der Opferstätte in Gibeon, wo vermutlich zu jener Zeit auch das Zelt Gottes stand, allerdings ohne die Bundeslade, die David bereits nach Jerusalem bringen ließ. Nicht durch einen Propheten, sondern im Traum vernimmt Salomo Gottes Zusage. Dies kann als Zeichen besonderer Nähe zu Gott gedeutet werden. Es kann aber auch kritisch als Grenzüberschreitung gedeutet werden. Darf sich ein König anmaßen, wie ein Prophet Träume auszulegen oder wie ein Priester Opfer darzubringen (vgl. 1. Sam 13,9ff)? Die Antwort, die Salomo im Traum von Gott erhält, stellt jedenfalls klar, was ihn als König vor allem auszeichnen soll: „Ich gebe dir ein weises Herz" (3,12). Das Herz bezeichnet im Hebr. den Sitz des Willens und der Entscheidung. Salomos Weisheit wird konkret daran erkennbar werden, dass er sich an Gottes Gebot hält und sein Volk gerecht regiert. Dieses spezifisch biblische Verständnis von Weisheit liegt auch den „Sprüchen" zugrunde, die, aufgrund ihrer inhaltlichen Nähe, Salomo als dem Urbild eines „Weisen" zugeschrieben werden.

SALOMOS WEISHEIT
1. Könige 3,16ff

Salomo saß auf dem Thron Davids
und regierte als oberster Richter
über sein großes Reich.
Täglich empfing er Menschen,
die bei ihm Hilfe und Rat suchten
und die sich von ihm
ein gerechtes Urteil versprachen.

Eines Tages stürzten zwei Frauen herein,
die als Huren bekannt waren.
Aufgeregt rief die eine:
„Ach mein Herr und König!
Wir beide wohnen
in ein und demselben Haus.
Und wir haben beide ein Kind geboren.
Doch in dieser Nacht starb ihr Kind.
Sie hat es im Schlaf erdrückt.
Da nahm die Frau meinen Sohn,
als ich schlief, und legte ihn zu sich.
Aber das tote Kind legte sie zu mir.

Und als ich am Morgen aufstand,
um meinen Sohn zu stillen,
da sah ich mit Schrecken,
dass das Kind tot war.
Doch als ich genauer hinschaute,
sah ich: Es war gar nicht mein Sohn." 3,16ff

„Das ist nicht wahr!",
rief die andere.
„Mein Sohn lebt! Dein Sohn ist tot!"
„Nein, dein Sohn ist tot. Mein Sohn lebt!"
So schrien sie einander an. 3,22

Da unterbrach sie der König:
„Wem soll ich glauben?
Die eine sagt dies, die andere das.
Wer von euch beiden hat recht?
Bringt mir ein Schwert!
Teilt das lebendige Kind
gerecht in zwei Teile
und gebt jeder Mutter ein Teil!" 3,23ff

Aber die Mutter des Kindes
schrie vor Entsetzen laut auf:
„Nein, tut's nicht!
Tötet das Kind nicht!
Gebt es lieber lebendig
der anderen Frau!"
Der Schmerz um ihren Sohn
zerriss ihr das Herz. 3,26

Doch die andere entgegnete kalt:
„Warum nicht? Lass uns teilen!
Dann gehört das Kind wenigstens
keinem von beiden." 3,26

Da wusste Salomo,
wer die wahre Mutter war.
Er befahl seinen Dienern.
„Tötet das Kind nicht!
Gebt es seiner Mutter lebendig zurück!" 3,27

Bald sprach es sich
im ganzen Königreich herum,
wie der König geurteilt hatte.
Und alle, die es hörten,
rühmten sein weises Urteil.
Denn sie erkannten,
dass Gottes Weisheit in ihm regierte. 3,28

— — —

Gebet für Salomo:

*Gott, gib dein Gericht dem König
und deine Gerechtigkeit
dem Königssohn,
dass er dein Volk gerecht richte
und deine Elenden rette.
Denn er wird den Armen retten,
der um Hilfe schreit,
und den Elenden, der keine Hilfe hat.
Er wird sich
über die Schwachen erbarmen
und wird den Armen aufhelfen.*
nach Psalm 72

Der König hat als oberster Richter für Frieden und Gerechtigkeit im eigenen Land zu sorgen. Er hat vor allem darüber zu wachen, dass die Schwachen und Rechtlosen zu ihrem Recht kommen (Dtn 24,6ff). Das gilt in diesem Fall auch für die beiden Frauen, die als Huren keine gesellschaftliche Anerkennung genießen. Der König hört sie ebenso an wie jeden anderen. Er gibt ihnen sogar vor anderen den Vortritt. Da kein Zeuge bei ihrem nächtlichen Zwischenfall zugegen war, sieht sich der König zu einem gewagten Vorgehen gezwungen, um der Wahrheit auf die Spur zu kommen. An der Mutterliebe erkennt er die wahre Mutter. Luther übersetzt hier: „denn ihr mütterliches Herz entbrannte" (3,26).

Im Hebr. steht hier das Wort „Rachamim", das wörtl. die Liebe einer Mutter zur Frucht ihres Mutterschoßes bezeichnet. Es ist dasselbe Bild, das auch für Gottes Liebe und Barmherzigkeit verwendet wird (z.B. Jes 49,15). So spiegelt sich im Verhalten des Königs und in seinem „salomonischen Urteil" nicht nur Gottes Gerechtigkeit, sondern auch seine Barmherzigkeit wider: Gott nimmt sich der Armen und Rechtlosen an. Darauf nimmt auch Psalm 72 Bezug, der Salomo zugeschrieben wird, bzw. gewidmet ist.

1. Könige

SALOMOS FRIEDENSREICH
1. Könige 4f / 10

Danach machte sich Salomo daran,
sein Friedensreich auszubauen.
Er teilte sein Königreich
in zwölf Verwaltungsbezirke.
Darüber setzte er zwölf Statthalter,
die für den König
die Abgaben eintrieben,
jeweils für einen Monat im Jahr. 4,7

Salomo schloss auch Frieden
mit allen Nachbarvölkern ringsum.
Sein Einflussbereich reichte
im Norden bis an den Euphrat
und im Süden bis nach Ägypten.
Täglich kamen Gesandte
aus den umliegenden Ländern
an Salomos Hof.
Sie brachten dem König Geschenke
und zahlten ihm sogar Tribut.
Salomo bewirtete jeden Tag
so viele Gäste an seinem Tisch,
dass er dafür 90 Sack Mehl brauchte,
dazu 10 gemästete Rinder
und 100 geschlachtete Schafe.
Seine Statthalter hatten dafür zu sorgen,
dass nichts an seinem Tisch fehlte. 5,1ff

Vierzig Jahre herrschte Frieden im Land, 11,42
solange Salomo König über Israel war.
Salomo besaß zwar 1400 Kampfwagen
und dazu 12000 Pferdegespanne. 10,26
Aber er schickte sie nicht in den Krieg.
Alle Israeliten, Männer und Frauen,
lebten im Frieden in ihrem Weinberg,
unter ihrem eigenen „Weinstock
und Feigenbaum". 5,5

Salomo wurde mit jedem Tag reicher.
Sein Königreich blühte auf.
Kaufleute brachten auf Schiffen
kostbare Waren ins Land:
Gold, Silber und Elfenbein. 10,22
Und alle, die nach Jerusalem kamen,
bewunderten Salomos Reichtum.
Sein Ruhm drang
bis in die fernsten Länder. 10,23

Überall rühmte man Salomos Weisheit
und seinen Verstand,
der so weit reichte
wie der Sand am Meer.
Man erzählte sich auch,
Salomo habe 3000 Sprüche
und 1005 Lieder gedichtet,
Lieder, die Gottes Schöpfung besangen. 5,9ff

Als aber die Königin von Saba
von Salomos Weisheit erfuhr,
machte sie sich auf und kam
nach Jerusalem mit großem Gefolge
und mit reichen Geschenken.
Salomo empfing sie in seinem Palast
und bewirtete fürstlich den hohen Gast.
Die Königin aber stellte Salomo
schwierige Rätsel und Fragen,
die die tiefsten Geheimnisse der Welt
und des Menschen betrafen.
Doch Salomo wusste auf alles
die richtige Antwort.
Nichts war ihm verborgen,
was über oder unter der Erde geschah. 10,1ff

Als die Königin sah,
wie weise Salomo war,
rief sie voll Staunen: „Ja, es ist wahr,
was man von deinen Taten
und deiner Weisheit erzählt.
Ich wollte es nicht glauben.
Doch nun haben es
meine Augen selbst gesehen:
Du bist noch viel reicher und weiser.
Mir wurde nicht einmal
die Hälfte davon erzählt.
Gelobt sei der Herr, dein Gott!
Wie hat er dich lieb,
dass er dich zum König gemacht hat,
und dir die Macht gab,
dein Volk gerecht zu regieren!" 10,4ff

So sprach die Königin von Saba.
Danach packte sie ihre Schätze aus:
120 Zentner Gold,
dazu kostbare Duftöle und Edelsteine.

Auch Salomo überschüttete
die Königin mit Geschenken.
Alles, was sie sich wünschte,
teilte er mit offenen Händen aus.
Reich beschenkt kehrte die Königin
in ihr Land zurück.   10,10ff
Dort erzählte sie allen
von Salomos Weisheit und Macht.
So breitete sich Salomos Ruhm
immer mehr aus.

– – –

Gebet für den König:

*Zu seiner Zeit
soll Friede herrschen
und Gerechtigkeit blühen.
Er soll herrschen von einem Meer
bis ans andere Meer.
Und vom Euphratstrom
bis ans Ende der Erde.
Vor ihm werden sich
alle Wüstensöhne verneigen.
Könige werden von Ferne kommen
und ihre Geschenke darbringen.
Auch aus Saba werden sie kommen
und vor ihm niederfallen.
Und alle Völker werden ihm dienen.*
aus Psalm 72

In überschwänglichen Worten, unterfüttert mit schwindelerregenden Zahlen, wird in diesen Kapiteln Salomos sagenhafter Reichtum und Ruhm beschrieben. So märchenhaft dies auch klingen mag – in Wahrheit ist sein Reichtum die Frucht seiner konsequent verfolgten Friedenspolitik. Die Voraussetzungen für die salomonische Friedensära hat David durch die Einverleibung der Nachbarstaaten geschaffen. Nun ist es an Salomo, den Frieden nach innen und nach außen zu sichern.

Dazu gehört erstens eine umfassende Verwaltungs- und Steuerreform, die die Selbstverwaltung der Stämme zugunsten eines straffen Zentralismus aufhebt und stärkere Kontrolle über die einzelnen Distrikte zulässt (4,1ff). Zweitens gilt es, den Frieden nach außen durch ein Netz von diplomatischen Beziehungen zu sichern (5,1ff), die Salomo noch durch seine Heiratspolitik verstärkt (3,1; 11,1ff). Dabei geht Salomo mit staatsmännischer Klugheit vor. In Kap. 5 und 10 werden die Früchte seiner Friedenspolitik ausdrücklich benannt. Der König braucht keine Soldaten. Seine Männer können stattdessen sicher „unter ihrem Weinstock und Feigenbaum wohnen" (5,7) – ein gern gebrauchtes Bild für Friedenszeiten. Salomo braucht auch keine Pferde und Kampfwagen. Sie können nun friedlichen Zwecken dienen. Statt kriegerischer Auseinandersetzungen fördert Salomo den Handel und kulturellen Austausch mit anderen Völkern (10,22-29).

Sein sprichwörtlicher Reichtum ist aber nicht nur Folge einer weisen Friedenspolitik. Er ist auch Ausdruck göttlichen Segens, der auf Salomos Königtum ruht. Ausgerechnet die Königin von Saba – eine Heidin! – erinnert Salomo daran, wem er diesen Segen verdankt und spricht ihm den Segen Gottes aufs Neue zu. In ihrer Person leuchtet bereits auf, was als Verheißung über der ganzen Völkerwelt steht: „Heiden werden zu deinem Licht ziehen und Könige zum Glanz, der über dir aufgeht ... Sie werden aus Saba alle kommen, Gold und Weihrauch bringen und des Herrn Lob verkündigen" (Jes 60,3.6b).

DER BAU DES TEMPELS
1. Könige 5–8

Salomo hatte Jerusalem
zu neuem Glanz und Ruhm gebracht.
Überall in der Stadt waren
prächtige Bauten entstanden.
Aber die Lade Gottes
stand noch immer in einem Zelt.
Da beschloss der König,
für Gott ein Haus zu bauen.
Ein großer Tempel sollte es werden,
prächtiger als alle Häuser der Stadt.
So schickte Salomo Gesandte
zu König Hiram nach Tyrus,
einem Freund seines Vaters
und ließ ihm ausrichten:
„Wie du weißt,
hatte mein Vater David vor,
dem Herrn, unserem Gott,
einen Tempel zu bauen.
Aber seine Kriege ließen es nicht zu.
Doch jetzt hat mir Gott Ruhe
vor unseren Feinden gegeben.
Darum will ich Gott ein Haus bauen,
wo sein Name geehrt wird.
Denn Gott hat meinem Vater befohlen:
Dein Sohn soll meinem Namen
ein Haus bauen.
So bitte ich dich:
Lass auf dem Gebirge Libanon
Zedern und Zypressen
für den Bau fällen." 5,15ff

„Gott sei gedankt!", rief Hiram erfreut.
„Denn er hat David
einen Sohn geschenkt,
der sein Volk mit Umsicht regiert!
Gerne will ich ihm seine Bitte erfüllen." 5,21
Er schloss mit Salomo einen Vertrag.
Darin sicherte er Salomo zu,
das Holz für den Bau zu liefern.
Dafür bekam er von ihm
Weizen und Öl.
Insgesamt 20000 Sack Weizen
sandte Salomo dem König von Tyrus,
und 20000 Fässer voll Öl.
Dazu bot er 30000 Fronarbeiter auf,
70000 Lastträger
und 80000 Steinhauer,
die er ins Gebirge Libanon schickte. 5,21ff

Im vierten Jahr seiner Regierung 6,1
begann Salomo mit dem Bau.
Auf dem Hügel vor der Stadt, 2. Sam
wo David zuvor
einen Altar errichtet hatte, 24,25
entstand ein prächtiges Bauwerk.
Es war innen mit Holz getäfelt.
Die Türen waren verziert
und mit reinem Gold überzogen.
Vor dem Eingang ragten
zwei hohe Säulen aus Bronze empor. 7,15ff
Davor stand der große Opferaltar.
Aber im Innern des Tempels
lag das „Allerheiligste", der Raum,
der für die Lade Gottes bestimmt war.
Kein Lichtstrahl drang dort hinein.
Zwei Cherubim, Engelwesen,
kunstvoll aus Holz gefertigt
und mit Gold überzogen,
füllten mit ausgebreiteten Flügeln
den heiligen Raum. 6,15ff

Viele Jahre wurde am Tempel gebaut.
In dieser Zeit hörte man
kein Hämmern und Schlagen.
Der Bau wuchs leise von Tag zu Tag.
Endlich, nach sieben Jahren,
war das große Werk vollbracht.
Da schickte König Salomo
seine Boten durchs ganze Land
und lud alle Ältesten
und Sippenhäupter
zur Einweihung des Tempels ein.
Aus allen Städten und Dörfern
strömten sie voller Erwartung herbei
und versammelten sich
vor dem Tempel. 8,1ff

Die Priester aber holten
die Bundeslade aus dem heiligen Zelt,
und trugen sie auf ihren Schultern
feierlich durch die Stadt.

1. Könige

Der König ging vor der Lade her,
von einer großen Menge begleitet.
Darauf brachte er auf dem großen Altar
vor dem Tempel so viele Opfer dar,
dass niemand sie zählen konnte.   8,3ff
Die Priester aber trugen die Lade Gottes
in das „Allerheiligste" hinein.
Dort, unter den Flügeln der Cherubim,
sollte künftig ihr Wohnort sein.
Doch als die Priester wieder erschienen,
senkte sich die Wolke Gottes herab.
Gottes Herrlichkeit erfüllte das Haus.
In diesem Augenblick spürten alle:
Gott war in ihre Mitte gekommen.   8,6ff

Da trat Salomo vor die Gemeinde,
hob seine Hände zum Himmel
und segnete die ganze Gemeinde.
Feierlich rief er über ihr aus:
„Gelobt sei Gott, der alles erfüllt hat,
was er meinem Vater zugesagt hat!
Dies ist der Ort, den er sich erwählt hat.
Hier soll sein Name unter uns wohnen."   8,14ff

Danach fiel er auf seine Knie,
hob seine Hände zum Himmel
und betete laut vor allen Ohren:

„Herr, Gott Israels!
*Es ist kein Gott wie du,
weder im Himmel noch auf Erden.*   8,23
*Sieh, der Himmel
und die Himmel der Himmel
können dich nicht fassen.
Wie sollte dich dieses Haus fassen?*   8,27
*Doch höre auf mein Gebet:
Wache über deinem Haus
bei Tag und bei Nacht.
Sei allen gnädig,
die an diesem Ort zu dir rufen.*   8,28ff
*Wenn eine Hungersnot
oder eine Seuche ausbricht
und sie zu dir rufen,
so wollest du sie erhören.*   8,37ff
*Wenn ein Fremder kommt,
weil er von dir gehört hat,
und deinen Namen anruft,
so wollest du auch ihn erhören.*   8,41ff
*Und wenn sich dein eigenes Volk
von dir abkehrt, danach aber umkehrt,
wenn es vor dir seine Sünde bekennt,
dann wollest du ihm vergeben.
Denn sie sind dein Volk,
das du dir vor allen Völkern
erwählt hast."*   8,44-53

So betete Salomo.
Danach stand er auf,
segnete die ganze Gemeinde
und rief laut:
„Gelobt sei der Herr,
der seinem Volk Ruhe geschenkt hat,
wie er durch Mose verheißen hat.
Kein Wort ist unerfüllt geblieben.
Es ist alles gekommen,
wie er gesagt hat."
So weicht nicht ab von dem Weg,
den er euch gewiesen hat!
Euer Herz sei ungeteilt
bei dem Herrn, unserem Gott,
Haltet euch nur an seine Gebote!"   8,54ff

Vierzehn Tage lang feierte Salomo
das Tempelweihfest mit allem Volk
und mit allen Priestern und Leviten,
die am Tempel ihren Dienst taten.
Dankbar kehrten darauf alle
wieder in ihre Häuser zurück,
voller Freude über alles,
was sie gehört und gesehen hatten.   8,65f

– – –

Jerusalem ist gebaut als Stadt,
zu der die Stämme hinaufziehen,
wie es ihnen geboten ist.
Dort preisen sie gemeinsam
den Namen des Herrn.
Wünscht Jerusalem Frieden!
Ja, Friede soll herrschen
in deinen Mauern
und in deinen Palästen.
Weil dort das Haus Gottes steht,
wünsche ich dir das Beste.

aus Psalm 122

Der Bau des Tempels und seine feierliche Einweihung durch Salomo stehen im Zentrum der Geschichte Salomos. Schon die ausführliche Beschreibung der Vorbereitungen und Ausführungen zum Tempelbau unterstreichen dessen einzigartige Bedeutung. Mit ihm bekommt das Volk Israel eine neue Mitte. Dies ist der Ort, an dem es von nun an zusammenkommen soll. Hier und an keinem anderen Ort soll es seinen Gott ehren. Hier werden künftig die großen Wallfahrtsfeste Israels gefeiert und die Psalmen angestimmt. Hier, „unter dem Schatten deiner Flügel" (gemeint sind die Flügel der Cherubim im Allerheiligsten, vgl. Ex 37,6ff) finden Menschen Zuflucht in Not (Ps 17; 36; 57; 63).

Das Tempelweihfest mit dem feierlichen Einzug der Bundeslade und das Gebet Salomos (1. Kön 8) bringen die Bedeutung des Tempels zum Ausdruck: Mit ihm kommt die Geschichte Gottes zu ihrer Erfüllung. Gott hat sich diesen Ort als Wohnung erwählt. Hier hat er zugesagt, dass sein Name dort wohnt und er seinem Volk begegnet, sooft es zu ihm ruft. Dennoch kann kein Tempel den Herrn, den Gott Israels erfassen, wie es die heidnischen Tempel glauben lassen. Denn „siehe, der Himmel und die Himmel der Himmel" (8,27) können den Gott Israels nicht fassen.

Gott bleibt frei, sich von diesem Ort zurückzuziehen, wenn sich sein Volk in falscher Sicherheit wiegt. Das muss das Volk in seiner Geschichte noch leidvoll erfahren, als der Tempel im Jahr 587 zerstört wird. Aber am Ende der Geschichte steht die prophetische Verheißung: Am Ende der Tage werden alle Völker zum Berg Zion (d.h. zum Tempelberg) kommen und von dort Weisung empfangen (Jes 2 / Mi 4). Im Ausblick auf dieses universale Ziel der Wege Gottes bleibt der Tempel, auch über seine Zerstörung hinaus, ein Ort der Hoffnung – bis heute.

SALOMOS ENDE
1. Könige 9 und 11

Nach dieser Zeit erschien Gott
dem König noch einmal im Traum.
Gott sprach zu Salomo:
„Ich habe dein Gebet gehört
und das Haus, das du mir gebaut hast,
als meinen Wohnort erwählt.
Dort soll mein Name für immer wohnen.

Wenn du mir aufrichtig folgst,
wie mir dein Vater David gefolgt ist,
und alles tust, was ich dir gebiete,
so soll dein Thron ewig bestehen.
Immer wird einer aus deiner Familie
auf dem Königsthron sitzen.
Wendet ihr euch aber von mir ab
und folgt anderen Göttern,
so wird man euch
aus diesem Land vertreiben
und auch mein Haus wird nicht bleiben.
Dann werden alle, die vorübergehen,
spotten und sich entsetzt fragen:

‚Warum hat Gott das getan?'
Und dann wird man sagen:
‚Weil sie den Herrn verlassen haben.
Darum ist dies alles geschehen.'" 9,1ff

Aber bald darauf vergaß Salomo,
was Gott zu ihm gesprochen hatte.
Seine Liebe zu Frauen
füllte ihn mehr und mehr aus.
Allein 1000 Frauen, so erzählt man,
zählte Salomos Harem.
Darunter waren auch viele Frauen
aus anderen Ländern,
die fremde Götter verehrten.
Salomo ließ sie gewähren.
Er baute rings um Jerusalem
Altäre für ihre Götter
und brachte ihnen auch Opfer dar.
So diente Salomo seinem Gott
nur noch mit halbem Herzen. 11,1ff

1. Könige

Da wurde Gott zornig über Salomo,
dass er sich von ihm abgewandt hatte,
obwohl er ihm
zweimal erschienen war.
Und er sprach zu Salomo:
„Du hast meine Gebote nicht gehalten.
Darum will ich das Königtum
von dir reißen
und einem anderen geben. 11,11
Aber ein Stamm
soll deinem Sohn bleiben,
um deines Vaters David willen
und weil ich Jerusalem erwählt habe." 11,12f

Vierzig Jahre regierte Salomo
über sein großes Reich. 11,42
Er war der größte König,
der jemals über Israel herrschte.
Und doch war sein Herz nicht ungeteilt 11,4
bei dem Herrn, seinem Gott,
der ihn mit langem Leben
und reichen Gaben gesegnet hatte.

Auf die verklärende Darstellung Salomos folgt am Ende die Ernüchterung. Obwohl Salomo sein Volk darauf verpflichtet hat, „ungeteilt" seinem Gott zu dienen, ist es am Ende er selbst, der das Volk dazu verführt, nur halbherzig, d.h. mit „geteiltem" Herzen, seinem Gott zu dienen. Nicht seine menschliche Schwäche für Frauen, auch nicht sein Harem, der politischem Kalkül entspringt und zur Sicherung seiner Friedenspolitik dienen soll, wird ihm hier angelastet, sondern seine Kultstätten, die er ergänzend zum Tempel errichtet hat. Sie bedeuten eine Aufweichung des 1. Gebots „Du sollst keine anderen Götter neben mir haben!" und läuten damit schon zu Salomos Regierungszeit den Anfang vom Ende ein. Man erkennt in diesem Abschnitt deutlich die Handschrift der sog. „deuteronomistischen" Geschichtsschreibung. Gott „lieben von ganzem Herzen", wie es in Dtn 6,5 heißt, und keinen anderen Göttern dienen, das ist der Maßstab, an dem diese Geschichtsschreibung die Könige Israels bemisst. Salomo bildet hier trotz seiner überragenden Verdienste keine Ausnahme. Auch er erhält am Ende, wie die folgenden Könige, die Zensur: „Er tat, was dem Herrn missfiel". In diesem Licht erscheint die Teilung des Reiches nach Salomos Tod als logische Folge seiner „geteilten" Liebe zu Gott. Ganz anders dagegen in der Schilderung des Chronikbuches (2. Chr 9,29). Dort fällt bis zum Ende kein Schatten auf die Königszeit Salomos. Als Garant göttlicher Erwählung und Erfüllung seiner Verheißung bleibt dort Salomo unangetastet.

1. Könige

DAS GETEILTE KÖNIGREICH 1. KÖN 12 – 2. KÖN 17

DIE REICHSTEILUNG
1. Könige 11,26 – 12,19

Nach Salomos Tod
zerfiel das Königreich in zwei Teile.
Die Herrschaft über den südlichen Teil,
das Königreich Juda,
übernahm Rehabeam, Salomos Sohn.
Aber der nördliche Teil,
das Königreich Israel, fiel Jerobeam zu,
der dem Stamm Ephraim angehörte.
Schon zu Lebzeiten Salomos
hatte sich Jerobeam heimlich
gegen den König empört.
Damals hatte ihn Salomo
zum Ausbau der Stadtmauer
nach Jerusalem geholt.
Entsetzt sah Jerobeam dort,
wie Salomo sein eigenes Volk
zur Fronarbeit zwang.
So reifte sein Plan heran,
den König vom Thron zu stürzen. 11,26ff

In jenen Tagen traf Jerobeam
vor den Toren Jerusalems Ahija,
den Propheten Gottes aus Silo.
Entschlossen kam Ahija
auf Jerobeam zu,
nahm seinen Mantel,
der noch ganz neu war,
zerriss ihn in zwölf Teile
und gab Jerobeam zehn Teile.
„Da, nimm!", sprach er.
„Denn so spricht Gott der Herr:
Ich will das Königtum
von Salomo reißen.
Denn er hat sich losgerissen von mir
und ist anderen Göttern gefolgt.
Wie dieser Mantel, so wird auch
sein Königreich geteilt werden.
Du, Jerobeam, sollst
über zehn Stämme regieren.
Aber der Stamm Juda
wird Davids Nachkommen gehören.
Halte dich nur an meine Gebote!

So will ich mit dir sein.
Und dein Königshaus
bleibt für immer bestehen." 11,29ff

Aber bald darauf erfuhr Jerobeam:
„Der König will dich töten."
Da machte sich Jerobeam auf und davon
und floh nach Ägypten.
Dort blieb er, bis Salomo starb. 11,40

Inzwischen hatten sich in Sichem
alle Stämme Israels versammelt,
um Rehabeam, Salomos Sohn,
zum König zu machen.
Als aber Jerobeam davon erfuhr,
eilte er herbei und machte sich
zum Sprecher des Volkes.
Er forderte Rehabeam öffentlich auf:
„Dein Vater Salomo
hat schwere Lasten auf uns gelegt.
Mach du unsere Last leichter!
Dann wollen wir dir dienen."
Aber Rehabeam wich dem Volk aus:
„Gebt mir Bedenkzeit!
In drei Tagen sage ich euch Bescheid." 12,1ff

Am dritten Tag warteten alle
auf Rehabeams Antwort.
Der hatte indessen seine Berater befragt.
„Gib nach!", hatten die Älteren geraten.
„Sei hart!", war der Rat,
den ihm die Jüngeren gaben.
Da verkündete Rehabeam allem Volk:
„Hört, ihr Israeliten!
Es ist, wie ihr sagt:
Mein Vater hat schwere Lasten
auf euch gelegt.
Aber ich will sie noch schwerer machen.
Mein Vater hat euch
mit Peitschen geschlagen.
Aber ich will euch noch härter bestrafen." 12,6ff

Kaum hatte er das gesagt,
da brach im Volk ein Tumult aus.
„Hört nicht auf ihn!", schrien die Leute.
„Was geht uns dieser Rehabeam an!
Was kümmert uns das Haus Davids?
Auf, geht nach Hause!
Dann mag Rehabeam zusehen,
wer noch zu ihm hält."
Wütend zogen sie ab.
Nur noch der Stamm Juda
hielt zu Salomos Sohn. 12,16f

Nun merkte Rehabeam,
was er angerichtet hatte.

Er befahl seinem Aufseher Adoniram:
„Geh! Hol sofort die Leute zurück!"
Die aber bewarfen Adoniram
mit Steinen und töteten ihn.
Da ergriff Rehabeam
in wilder Panik die Flucht. 12,18

Seit diesem Tag herrschte Rehabeam
nur noch über den Stamm Juda.
Aber die übrigen Stämme
krönten Jerobeam zum König,
wie Gott durch seinen Propheten
vorhergesagt hatte. 12,19f

Keine 100 Jahre hat das davidische Großreich Bestand gehabt, da zerfällt es schon wieder in zwei Teile. Die sog. Reichsteilung (926 v.Chr.) kommt allerdings nicht überraschend. Schon zu Davids Zeit suchten die nördlichen Stämme ihre Selbstständigkeit gegenüber der Vorherrschaft Judas und dem Königshaus Davids zu wahren (s. 2.Sam 5,1ff; 15,10; vgl. auch 20,1ff). Nun werden sie aber durch Salomos zentralistische Herrschaft noch zusätzlich zu hohen Abgaben (1. Kön 4,7) und zur Fronarbeit für seine Bauvorhaben gezwungen (5,27). Das schürt den Unmut unter den Israeliten, der hier in der Person Jerobeams konkrete Gestalt annimmt. Folgerichtig fordern daher die nördlichen Stämme von Salomos Sohn die Zusicherung, dass er bereit ist, die strengen Auflagen seines Vaters zu lockern. Erst als dieser sich verweigert, entscheiden sie sich für ihren eigenen König. Damit sind auf Jahrhunderte hinaus die Weichen für Israel gestellt: Während im Königreich Juda das Erbkönigtum Davids fortbesteht, gelangen im nördlichen Königreich Israel die Könige meist durch gewaltsamen Umsturz auf den Thron. Es gelingt dort nicht, eine dauerhafte Dynastie aufzubauen.

Aber die Erzählung setzt betont einen anderen Akzent: Jerobeam ist nicht König nach dem Willen des Volkes, sondern nach Gottes Willen. Am Anfang seiner Königsherrschaft steht das Wort Gottes, das noch zu Lebzeiten Salomos durch seinen Propheten an ihn ergeht. Gott ist es, der Jerobeam – trotz seiner geringen Herkunft – zum König erwählt. Gottes Zusage an Jerobeam ist allerdings an die Verpflichtung geknüpft, dass dieser Gottes Gebote befolgt und „auf seinen Wegen geht"(11,38).

An dieser entscheidenden Nahtstelle der Geschichte wird die Botschaft deuteronomistischer Geschichtstheologie aufs Neue deutlich greifbar: Die Teilung des Reiches ist zwar die traurige Folge geteilten Gehorsams (s. 1. Kön 8,61), aber Gott hört nicht auf, durch seine Propheten die Geschichte zu lenken.

JEROBEAM

1. Könige 12–14

Dies ist die Geschichte von Jerobeam,
dem ersten König,
der auf Salomo folgte.
22 Jahre regierte er im Norden
über das Königreich Israel. 14,20

Aber Jerobeam vergaß,
was Gott ihm anvertraut hatte.
Er ging eigene Wege
und fragte nicht mehr nach Gott.

1. Könige

Als erstes baute Jerobeam
Sichem als seinen Königssitz aus. 12,25
Aber sein Volk zog immer noch
nach Jerusalem wie in früheren Jahren.
Denn dort stand der Tempel.
Dort brachten sie Gott ihre Opfer dar
und feierten Jahr für Jahr ihre Feste.

Da sagte sich Jerobeam:
Was soll ich tun?
Wenn das so weitergeht,
dann ist in Kürze mein Land leer.
König Rehabeam wird in Jerusalem
mein Volk mit offenen Armen empfangen.
Vielleicht laufen meine Leute
dann zu Rehabeam über.
Dann bringen sie mich
am Ende noch um. 12,26f

Jerobeam fragte seine Ratgeber:
„Sagt mir, was sollen wir tun?
Das ganze Volk läuft uns davon,
wenn wir nicht handeln.
Ich schlage vor:
Wir bauen ein eigenes Heiligtum.
Dann hat unser Volk, was es braucht." 12,28

Der König war so besessen
von seinem Plan, dass er vergaß
darüber Gott zu befragen.
Er ließ zwei große Altäre errichten,
den einen in Dan
im Norden des Landes,
den andern in Bethel im Süden,
an der Grenze zum Königreich Juda.
Dazu ließ er zwei Kälber
aus Gold gießen,
stellte sie in Dan und in Bethel auf
und richtete seinem Volk aus:
„Es ist zu viel für euch,
dass ihr nach Jerusalem zieht.
Seht dieses Kalb!
Das ist dein Gott, Israel,
der dich aus Ägypten geführt hat."
Und er bestellte Priester zum Dienst,
die aber in Wahrheit
gar keine Priester waren.
So verführte er sein Volk,
dass sie Gottes Gebote vergaßen. 12,28ff

Bald darauf wurde in Jerusalem
das Laubhüttenfest gefeiert.
Doch Jerobeam dachte sich
ein eigenes Fest aus.
Er ließ im ganzen Land ausrufen:
„Kommt zum Herbstfest nach Bethel!"
Da strömten die Leute in Scharen herbei
und versammelten sich
vor dem hohen Stufenaltar.
Jerobeam aber stieg feierlich
die Stufen zum Altar hinauf,
um dem goldenen Kalb zu opfern. 12,32

Da – plötzlich sprang ein Mann aus Juda
auf die Stufen und schrie:
„Altar! Altar! So spricht der Herr:
Es kommt der Tag,
da wird ein König aus Juda
auf diesem Altar alles verbrennen,
was Gott nicht gefällt.
Und das ist das Zeichen,
an dem ihr erkennt,
dass Gott durch mich spricht:
Der Altar wird bersten,
und die Asche darauf
wird auf dem Boden verstreut." 13,1ff

„Packt ihn!", schrie der König.
„Nehmt ihn gefangen!"
Er streckte seine Hand aus,
griff nach dem Mann, aber –
die Hand gehorchte plötzlich nicht mehr.
Leblos hing sie an ihm herab.
In diesem Augenblick barst der Altar
mit lautem Getöse mitten entzwei.
Funken sprühten auf,
und schwarze Asche bedeckte die Erde. 13,4f

Auf einmal war es ganz still.
Entsetzt starrte Jerobeam
auf den zerbrochenen Altar.
Plötzlich begriff er,
wer der unbekannte Mann war.
Gott hatte seinen Propheten
zu ihm gesandt.
„Hilf mir!", flehte der König.
„Bitte Gott, dass er meine Hand heilt."
Da bat der Prophet für den König.
Und sieh da –
plötzlich gehorchte seine Hand wieder. 13,6

1. Könige

„Bitte, geh noch nicht weg!",
bat ihn der König.
„Stärke dich erst! Iss und trink!
Ich will dir auch ein Geschenk
für deinen Dienst geben."
Aber der Prophet winkte ab.
„Und wenn du mir
dein halbes Königreich gibst,
ich nehme kein Geschenk von dir an.
Gott lässt es nicht zu."
Dann ging er wortlos davon. 13,7ff

Nicht lange danach wurde Abija,
der Sohn des Königs, todkrank.
Da bat Jerobeam seine Frau:
„Geh nach Silo zu dem Propheten Ahija,
und frag ihn,
ob unser Kind überleben wird.
Aber verkleide dich,
damit dich niemand erkennt." 14,1ff

Da machte sich die Frau auf den Weg.
Doch als sie zu Ahija kam,
rief ihr dieser entgegen:
„Komm herein! Ich weiß, wer du bist.
Warum stellst du dich fremd?
Ich habe eine harte Botschaft für dich.
Sag Jerobeam, deinem Mann:
So spricht der Herr, der Gott Israels:
Ich habe dich über mein Volk gesetzt.
Du aber hast dich
nicht an meine Gebote gehalten.
Ja, du hast schlimmer gehandelt
als alle, die vor dir waren.
Darum wird großes Unheil
über dein Königshaus kommen.
Und ein anderer
wird König über Israel sein.
So geh nun nach Hause!
Sobald du in deine Stadt kommst,
wird dein kleiner Sohn sterben." 14,4ff

Und so geschah es.
Seit diesem Tag ging es
mit dem Königreich ständig bergab.
König Jerobeam zog sein Volk
immer tiefer ins Verderben hinab. 14,16
Das Unheil nahm seinen Lauf.
Aber Gott hörte nicht auf,
das Volk durch seine Propheten
zur Umkehr zu rufen.

König Jerobeam (926–907 v.Chr.) steht von Anfang an vor einem Dilemma. Sein Reich kann auf Dauer ohne eine eigene Kultstätte nicht existieren. Obwohl der Tempel zu Jerusalem der Ort ist, der nach Dtn 12,4ff von Gott als einziger Wohnsitz erwählt wurde, an dem er angebetet werden soll, sieht sich Jerobeam aus politischen Gründen gezwungen, in Bethel ein eigenes nationales Jahwe-Heiligtum zu errichten. Damit begeht er aber nach dem Urteil des Königsbuches eine unverzeihliche Sünde, die im Widerspruch zu Gottes Gebot steht (s. Dtn 12,13f). Ausgerechnet Bethel, der Ort, an dem sich Gott Jakob offenbart hat (Gen 28,10ff), wird nun zum Symbol des Abfalls von Gott: Schon der Bau des Stufenaltars bedeutet einen Affront gegen Gottes Gebot (s. Ex 20,26), ebenso auch die Opferhandlung des Königs, die doch eigentlich nur einem Priester zukommt. Aber besonders krass tritt die Verfehlung an dem goldenen Kalb hervor. Es erinnert an den Bundesbruch Israels in der Wüste (Ex 32), wobei hier wie dort dieselben Worte gebraucht werden: „Das ist dein Gott, Israel, der dich aus Ägypten geführt hat" (Ex 32,4b). So weit hat sich der König in seinem Wahn verirrt, dass er den Gott Israels mit dem Bild eines gegossenen Tieres vertauscht! Damit ist der Niedergang des nördlichen Königreichs Israel, des sog. „Nordreichs", schon in seinen Anfängen besiegelt. Das Wort des Propheten, dessen Name nicht überliefert ist, kündet ihn bereits an. 300 Jahre später wird es sich erfüllen, wenn König Josia von Juda nach dem Untergang des Nordreichs den Altar in Bethel zerstören wird (2. Kön 23,15). Jerobeam steht am Anfang dieses Weges. Er geht in die Geschichte der Könige ein als der, „der Israel sündigen machte" (14,16) und an dem im Folgenden alle Könige Israels gemessen werden. Aber das Gerichtswort des Propheten Ahija (14,7ff) erinnert daran, dass auch in dieser bedrückenden Geschichte Gott das letzte Wort behält.

1. Könige

AHAB
1. Könige 16,29ff

Nach König Jerobeam
lösten sich im Reich Israel
die Könige in schneller Folge ab.   16,8ff
Immer neue Verschwörungen
hielten das Land in Atem.
Und zwischen Israel und Juda   15,16
herrschte fortwährend Krieg.   15,32

Da kam im Reich Israel
ein neuer König auf den Thron,
Ahab, der Sohn Omris.
Er war mächtiger als alle Könige zuvor.
22 Jahre regierte er über das Land.
Doch was Ahab auch unternahm,
Gott hatte keinen Gefallen daran.
Denn Ahab trieb es noch schlimmer
als König Jerobeam.
Er schloss ein Bündnis
mit dem König von Sidon
und vermählte sich
mit dessen Tochter Isebel.
Diese sorgte dafür,
dass die Götter ihres Landes
auch in Israel verehrt wurden,
allen voran der Wettergott Baal
und die Sonnengöttin Aschera.
Diese Götter versprachen
reiche Ernten, Wohlstand und Glück.
Daher ließ der König Isebel gewähren.
Bald fing er sogar selbst an,
diese Götter mehr zu verehren
als den Herrn, Israels Gott.
Er ließ in der Hauptstadt Samaria
für Baal einen Tempel erbauen.   16,29ff
Dazu holte Isebel
viele hundert Propheten ins Land,
die alle Baal und Aschera dienten.   18,19
Aber die Propheten Israels
ließ sie alle ermorden.
Nur noch 100 Propheten
blieben am Leben.
Sie hielten sich in Höhlen versteckt.
Obadja, ein hoher Beamter des Königs,
versorgte sie heimlich
mit Wasser und Brot.   18,4

Es war eine trostlose Zeit.
Ahab dachte nicht mehr
an den Herrn seinen Gott.
Und er verführte auch das Volk,
dass sie ihren Gott,
den lebendigen Gott, vergaßen.
Niemand im Volk wagte noch,
sich öffentlich zu dem Herrn,
dem Gott Israels zu bekennen.
So tat Ahab mehr,
seinen Gott zu erzürnen,
als alle Könige zuvor.   16,33

Da sandte Gott seinen Propheten Elia
aus Tischbe, jenseits des Jordan, zu Ahab.
Eines Tages stand er plötzlich vor ihm.
Und er sprach zu ihm:
„So wahr der Herr, der Gott Israels lebt,
dessen Diener ich bin:
Es wird nicht Tau noch Regen geben,
bis ich es ansage."   17,1
So sprach Elia.
Und ehe Ahab begriff, was hier geschah,
war Elia schon wieder verschwunden.
Ahab sah ihm bestürzt nach.
Wer war dieser Mensch?
Woher kam er?
Und wer hatte ihm erlaubt,
so zum König zu sprechen?

Bald darauf blieb der Regen aus.   17,7
Die Bäche trockneten aus.
Die Wiesen verdorrten.
Und auf den Feldern verbrannte das Korn.
Verzweifelt beteten die Menschen
zum Regengott Baal.
Doch nichts geschah.

Da erkannte Ahab, dass der Prophet
die Wahrheit gesprochen hatte.
Zornig befahl er Obadja,
nach Elia zu suchen.
Der suchte das ganze Land ab.
Aber Elia war nirgends zu finden.   18,10
Gott hielt seine Hand
über seinen Propheten.

Mit König Omri (882/878 – 871) und seinem Sohn Ahab (871 – 852) erlebt das Königreich Israel wirtschaftlich und politisch eine Blütezeit. Samaria wird zur neuen Hauptstadt des Landes erhoben. Bündnisse mit den Aramäern (Syrern) und dem König von Sidon stabilisieren das Reich. Aber sie haben auch ihren Preis. Mit der Übernahme der heidnischen Gottheiten Sidons durch Isebel, gewinnen der Baalskult und die Verehrung der Aschera im ganzen Land neuen Auftrieb. Diese Naturgottheiten haben schon seit jeher eine besondere Faszination auf Israel ausgeübt (s. Ri 2ff), da sie reiche Ernten bzw. Wohlstand versprechen. Für den König sichern sie zusätzlich noch das Bündnis mit dem König von Sidon ab. Ahabs Anfälligkeit für die Götter Sidons ist insofern politisch erklärbar. Dennoch erhält dieser König durch die Geschichtsschreibung ein vernichtendes Urteil. Seine „Sünde" überbietet sogar noch die „Sünde Jerobeams" (16,30ff). Während jener immer noch an Jahwe festgehalten hat, wenn auch in verfehlter Form, so bedeutet Ahabs Baalskult eine bewusste Abkehr vom ersten Gebot, das keine anderen Götter neben dem Gott Israels duldet.

Diesem schillernden König wird nun der Prophet Elia gegenübergestellt. Elia repräsentiert in jeder Hinsicht das Gegenteil dessen, was Ahab als König auszeichnet: Elias Herkunft liegt im Dunklen. Sein Zuhause ist ein unbedeutender Ort im Ostjordanland, d.h. in der Provinz. Elia hat nicht einmal eine offizielle Berufung durch Gott vorzuweisen. Aber sein Name ist Programm: ELI–JA, das heißt: „Mein Gott ist Jahwe". Darauf beruht allein seine Autorität im Gegensatz zu Ahabs schwankender Haltung, dass er sich kompromisslos zu Jahwe, dem alleinigen Gott Israels, bekennt (vgl. Dtn 6,4f). Sein Wort hat auch unter veränderten Bedingungen unverändert Gültigkeit. Dies klingt bereits in seinem einleitenden Schwur an: „So wahr der Herr, der Gott Israels lebt, dessen Diener ich bin". M.a.W.: Es gibt nur einen Gott. Ihm allein will Elia dienen. Dieser Gott lebt, auch wenn alle ihn totschweigen. Er ist nicht nur Herr über die Geschichte Israels, sondern auch Herr über die Natur und alle Naturmächte. Das ist die aufrüttelnde Botschaft, die der Prophet dem König zu verkünden hat. Sie bedeutet eine klare Kampfansage an die Naturgötter und an alle, die ihnen huldigen.

Niemand hat dies offensichtlich so klar begriffen wie Isebel. So verwundert es nicht, dass sie auf diese Kampfansage mit einer radikalen Säuberungsaktion reagiert, die sich gegen alle Propheten Gottes richtet (18,4). Dass sich aber Ahab daran nicht beteiligt, zeigt an, dass sich dieser König offenbar trotz allem scheut, dem Gott Israels und seinen Propheten offen den Kampf anzusagen.

1. Könige

DER PROPHET ELIA
1. KÖN 17 – 2. KÖN 2

„DEIN SOHN LEBT!"
1. Könige 17

Dies ist die Geschichte von Elia,
dem Mann Gottes aus Tischbe,
den Gott zu seinem Propheten machte.
In dunkelster Zeit, als in Israel
nur noch wenige
auf Gottes Wort hörten,
und auch der König
andere Götter verehrte,
trat Elia im Namen Gottes
mutig dem König entgegen.
Darauf führte ihn Gott
an einen entlegenen Ort.
Dort hielt sich Elia lange versteckt.
Jeden Tag stillte er dort
am Bach Krit seinen Durst.
Und jeden Morgen und Abend
brachten ihm Raben zu essen,
Brot und Fleisch, so viel Elia
zum Leben brauchte.
Gott sorgte für seinen Propheten
Tag um Tag. 17,2ff

Aber nach einiger Zeit
trocknete der Bach aus.
Da sprach Gott zu Elia:
„Steh auf! Verlass dieses Land.
Geh nach Zarpat ins Land Sidon.
Dort habe ich einer Witwe befohlen,
dass sie für dich sorgt." 17,7f

Da brach Elia auf,
wie Gott ihm befohlen hatte.
Tagelang war er unterwegs,
bis er nach Zarpat kam.
Dort traf er am Stadttor auf eine Frau.
Sie war gerade dabei, Holz zu sammeln.
Elia ging auf sie zu und bat sie:
„Hast du ein wenig Wasser für mich?
Ich komme von weither
und habe großen Durst."
Und er fügte hinzu:
„Bring mir auch einen Bissen Brot mit!"

Aber die Frau entgegnete traurig:
„So wahr der Herr, dein Gott lebt.
Ich habe kein Brot mehr im Haus,
nur noch ein wenig Mehl
und wenige Tropfen Öl.
Davon kann ich gerade noch ein Brot
für mich und meinen Sohn backen.
Darum habe ich Holz aufgelesen,
damit wir unser letztes Brot essen –
und danach sterben." 17,10ff

Da wusste Elia: Dies war die Witwe,
zu der Gott ihn geführt hatte.
Er sagte zu ihr:
„Sorge dich nicht!
Geh in dein Haus
und tu, was du vorhast!
Aber back zuerst etwas für mich
und bring es zu mir heraus!
Danach magst du für dich
und deinen Sohn sorgen.
Denn so spricht der Herr:
Das Mehl im Topf
wird nicht ausgehen
und das Öl im Krug
wird nicht versiegen,
bis zu dem Tag, da Gott der Herr
wieder Regen auf Erden geben wird." 17,13f

Da ging die Frau in ihr Haus
und bereitete das Essen zu,
wie ihr Elia befohlen hatte.
Alle drei aßen davon
und alle drei wurden satt,
Elia, die Frau und ihr Sohn.
Auch an den folgenden Tagen
war für alle genug da.
Das Mehl und das Öl gingen nicht aus,
solange Elia in Zarpat war. 17,16

Eines Tages jedoch wurde
der Sohn der Witwe schwer krank.

Und bald darauf starb er.
Als aber die Frau sah,
dass ihr einziger Sohn tot war,
schrie sie: „Du Mann Gottes,
was habe ich getan,
dass dein Gott mich so straft?
Wärst du doch nie zu mir gekommen!" 17,17f

Elia aber trug den toten Sohn
nach oben in seine Kammer,
legte ihn auf sein Bett,
betete und schrie zu Gott:
„Ach Herr,
warum tust du der Witwe das an?
Sie hat mir so viel Gutes getan.
Warum lässt du ihren Sohn sterben?"
Danach legte er sich dreimal auf ihn
und rief laut: „Herr, mein Gott!
Lass das Kind wieder leben!" 17,19ff

Da schlug das Kind seine Augen auf
und richtete sich auf.
Elia aber hob das Kind auf,
trug es zu seiner Mutter,
legte es ihr in die Arme und sagte:
„Sieh, dein Sohn lebt!" 17,22f

Die Mutter aber war sprachlos.
Ihr Sohn, ihr einziger Sohn, lebte?
„Ja", rief sie voll Staunen,
„nun glaube ich wirklich,
dass du ein Prophet bist.
Denn was du sagst, das ist wahr
und kommt wahrhaftig von Gott." 17,24

Mit dieser Geschichte beginnt der Zyklus der Elia-Erzählungen, die einen eigenen Akzent in das 1. Königsbuch hineintragen. Diese Erzählungen stellen stilistisch wie inhaltlich eine selbstständige Einheit dar und bilden im Kontext der Königsgeschichte einen Kontrapunkt zu der sonst ausschließlich an den Königen orientierten Geschichte des Abfalls und Niedergangs Israels.

In der vorliegenden Erzählung verlagert sich der Blick sogar vom Königshaus auf das einfache Volk, das unter den Folgen der Verirrung des Königs, d.h. unter der Dürre, zu leiden hat. Elia erscheint hier nicht als wortgewaltiger Prophet, sondern als „Mann Gottes", der sich im Namen Gottes der „Fremden, Witwen und Waisen" annimmt (Ex 22,20f). Er selbst steht auf der Seite der Armen und Notleidenden und ist mit seiner ganzen Person in ihr Leben involviert.

So erfährt Elia die grenzüberschreitende Macht des Wortes Gottes zuallererst an sich selbst. Die Raben, ja sogar eine heidnische Frau müssen auf sein Wort hören, wenn er ihnen „gebietet", für seinen Propheten zu sorgen.
Dabei findet eine überraschende Umkehrung statt: Während das Volk Israel seinen Gott vergessen hat, hört die heidnische Witwe auf Gottes Wort. Am Ende bekennt sie sich sogar ausdrücklich zu dem Gott Israels (17,24). Ihr Bekenntnis liest sich wie eine stumme Anfrage an das Volk Israel und dessen König, das seinem Gott ein solches Bekenntnis versagt. Erst in der folgenden „Karmel-Erzählung" findet das Volk den Mut, sich wieder öffentlich zu seinem Gott zu bekennen.

„DER HERR IST GOTT!"
1. Könige 18

Schon drei Jahre hielt die Dürre
im Königreich Israel an.
Und noch immer zeigte sich
keine Wolke am Himmel.
Eine schwere Hungersnot
suchte das Land heim.
Menschen und Tiere litten
unsägliche Qualen.

Nach drei Jahren aber
wurde Ahab gemeldet:
„Elia ist wieder im Land.
Er ist auf dem Weg zu dir."
Da zog ihm Ahab entgegen.
Zornig rief er ihm zu:
„Du Unglücksmensch,
bist du endlich gekommen!
Sieh, welches Unglück
du über unser Land gebracht hast."
Aber Elia entgegnete:
„Nein, nicht ich,
sondern du und dein Haus
ihr habt das Land
ins Unglück gestürzt.
Ihr habt Gottes Gebote verachtet
und stattdessen Baals Bilder verehrt.
So lass nun sehen, wer recht hat:
Bestelle deine Baalspriester
und alle Propheten der Aschera
auf den Berg Karmel.
Und lade das ganze Volk dazu ein.
Dann werden wir sehen,
wer der wahre Gott in Israel ist."

Da willigte der König ein.
Er schickte Boten durchs Land
und ließ überall ausrufen:
„Kommt alle zum Karmel!"

Am nächsten Morgen
strömten die Menschen
von allen Seiten herbei.
Auf einer Anhöhe
wartete schon ein Heer von Priestern
und Baalspropheten auf sie:
450 Propheten, die Baal dienten,
und 400 Propheten der Göttin Aschera.
Sie drängten sich um den großen Altar,
der Baal und Aschera geweiht war.
Elia aber stand abseits
bei dem zerstörten Altar,
der Jahwe, dem Gott Israels, geweiht war.
Seit langem wurde dort
kein Opfer mehr dargebracht.

Inzwischen hatte sich auf dem Berg
eine große Menschenmenge versammelt.
Alle blickten voller Erwartung auf Elia.
Der aber rief laut in die Menge:
„Ihr Leute, hört her!
Wie lange noch wollt ihr
auf beiden Seiten hinken?
Ist der Herr euer Gott,
dann folgt ihm nach!
Ist es aber Baal,
dann folgt ihm nach!"
Doch alle schwiegen betroffen.
Niemand sagte ein Wort.
Niemand wagte, sich öffentlich
zu dem Gott Israels zu bekennen.

„Seht", fuhr Elia fort,
„nur ich allein diene noch Gott.
Alle die anderen Propheten dort,
sie dienen ihrem Gott Baal.
Doch nun lasst sehen,
wer der wahre Gott ist:
Bringt uns zwei junge Stiere!
Den einen für die Baalspriester.
Den sollen sie schlachten
und auf ihrem Altar opfern.
Aber sie sollen kein Feuer anzünden.
Den anderen Stier schlachte ich
und lege ihn auf diesen Altar.
Auch ich lege kein Feuer daran.
Dann werden wir sehen,
wer der wahre Gott ist.
Der wird es sein,
der uns Feuer vom Himmel schickt."
„Ja, das ist gut so!", riefen alle.
„Der ist der wahre Gott."

1. Könige

Da führten sie zwei Stiere herbei.
Den einen schlachteten die Baalspriester,
legten ihn auf ihren Altar
und riefen ihren Gott an.
Vom frühen Morgen bis zum Mittag
hinkten und tanzten sie um den Altar
und riefen in einem fort:
„Baal, erhöre uns! Baal, erhöre uns!"
Doch nichts geschah. 18,25f

„Ruft lauter!", spottete Elia.
„Vielleicht ist euer Gott in Gedanken.
Oder er macht gerade ein Geschäft.
Vielleicht ist er auch verreist?
Oder er schläft?
Los, weckt ihn auf!" 18,27

Da riefen sie noch lauter
und ritzten ihre Haut mit Messern,
bis das Blut herabfloss.
In Trance tanzten sie unentwegt weiter.
Doch nichts, gar nichts geschah. 18,28f

Schon ging es auf den Nachmittag zu.
Da rief Elia laut: „Kommt alle zu mir!"
Vor ihren Augen baute er
den zerfallenen Altar wieder auf.
Zwölf Steine schichtete er auf,
nach den zwölf Stämmen,
die zum Volk Gottes gehörten.
Und um den Altar her grub er
einen breiten Graben.
Dann schlachtete er den anderen Stier,
legte ihn auf den Altar und befahl:
„Holt vier Eimer Wasser
und noch einmal vier und noch einmal!
Danach gießt nun
das Wasser über das Opfertier!"
Da gossen sie alles Wasser
über dem Altar aus,
bis der ganze Graben
mit Wasser gefüllt war. 18,30ff

Inzwischen war es drei Uhr geworden.
Es war genau die Stunde,
da man am Tempel zu Jerusalem
das Spätopfer darbrachte.
Da betete Elia laut:
„Herr, du Gott Abrahams,
Isaaks und Jakobs!
Zeige uns heute,
dass du der wahre Gott in Israel bist
und ich dein Knecht bin!
Erhöre mich, Herr! Erhöre mich,
damit alle erkennen,
dass du, Herr, ihr Gott bist,
und sie umkehren zu dir." 18,36f

Und siehe da:
Als Elia noch betete,
fuhr auf einmal Feuer
vom Himmel herab
und verzehrte das Opfer
mitsamt dem Altar
und auch alles Wasser im Graben. 18,38

Da war es plötzlich,
als löste sich im Volk
ein heimlicher Bann.
Die Menschen riefen begeistert:
„Der Herr ist Gott! Der Herr ist Gott!"
Voll Ehrfurcht fielen sie
vor ihrem Gott nieder und beteten an.
Elia aber befahl:
„Ergreift die Baalspropheten!
Und lasst keinen von ihnen am Leben!" 18,39f

Doch Ahab stand da,
wie vom Blitz getroffen.
Er brachte vor Schreck
kein einziges Wort heraus.
„Warum stehst du noch hier?",
fragte Elia. „Auf, iss und trink
und mach dich zur Abfahrt bereit!
Denn gleich wird es regnen."
Doch weit und breit
war noch keine Wolke zu sehen.
Der Himmel war so bleiern blau
wie alle Tage und Wochen zuvor. 18,41f

Da stieg Elia zum Gipfel hinauf,
kniete dort nieder,
nahm seinen Kopf zwischen die Knie
und flehte Gott an: „Ach, Herr!
Gib deinem Volk Regen!"
Seinem Diener aber befahl er:
„Geh noch ein Stück weiter
und sieh, ob über dem Meer
eine Wolke aufsteigt!"
Siebenmal schickte er

– 319 –

1. Könige

seinen Diener hinauf.
Aber weit und breit
war keine Wolke zu sehen.
Endlich, beim siebten Mal,
kehrte der Diener zurück
und meldete Elia:
„Ich sehe über dem Meer eine Wolke,
aber nur eine Hand groß!" 18,42ff

„Auf, lauf schnell zu Ahab",
befahl Elia, „und sag ihm:
Gleich wird es regnen!"
Und als er noch redete,
zog sich der Himmel zu.

Schwarze Wolken türmten sich auf.
Und schon brach der Regen los.
Es schüttete.
Es goss in Strömen.
Schnell stieg Ahab in seinen Wagen
und jagte den Berg hinab.
Elia aber lief vor ihm her
durch den strömenden Regen,
bis er nach Jesreel kam. 18,44ff

An diesem Tag hatte Gott
seinem Volk offenbart,
wer der wahre Gott in Israel war,
dem auch Wind und Wetter gehorchten.

Das sog. „Gottesurteil auf dem Karmel" bildet den Höhepunkt in Elias Wirksamkeit. In dieser Szene geht es um alles oder nichts. Allein die imponierende Inszenierung unterstreicht die Wichtigkeit der Entscheidung, die hier ansteht. Sie lässt fast vergessen, aus welch bedrängender Situation sie hervorgeht. Die totalitäre Herrschaft des Königspaares hält das Volk je länger je mehr in Angst und Schrecken. Dazu kommen die bitteren Folgen der anhaltenden Dürre: Armut und Hungersnot. Sie stehen im Widerspruch zu dem Luxus, den sich die Königin leistet, indem sie 850 (!) Priester und Propheten ins Brot setzt (18,19b). Doch in dieser Szene tritt dies alles zurück. Alles spitzt sich auf die eine entscheidende Frage zu: „Ist der HERR euer Gott oder Baal?" Hier gibt es kein „Sowohl-als-auch", sondern nur ein klares „Entweder-oder". Es lohnt sich, die einzelnen Gruppen genauer zu betrachten, die hier einander gegenübergestellt werden:

Im Mittelpunkt des Geschehens steht Elia. Er – und nicht etwa der König – gibt die Regie vor. Elia ist es auch, der den Ort und Zeitpunkt für den Machterweis Gottes bestimmt. Dieser vollzieht sich in einer eindrucksvollen Konfrontation zwischen einer Vielzahl von Baalspropheten und dem Diener Jahwes als einzigem Repräsentanten des einen wahren Gottes, der am Sinai seinen Bund mit seinem Volk geschlossen hat. Um seine Ehre geht es, wenn Elia demonstrativ den zerfallenen Jahwealtar wieder aufrichtet und wenn er das Opfer genau auf die Zeit des Speisopfers legt (15 Uhr). Seine Geschichte wird dem Volk in Erinnerung gebracht, wenn Elia sein Gebet an den „Gott Abrahams, Isaaks und Jakobs" richtet. Dass aber dieser Gott nicht nur Herr der Geschichte ist, sondern auch Herr über die Kräfte der Natur, wird zeichenhaft an dem Feuer erkannt, mit dem das Opfer entzündet wird (vgl. Ri 6,21), wie auch an dem Regen, um den Elia am Ende bittet.

Im Gegensatz zu Elia wirkt das Heer der Baalspropheten geradezu lächerlich. Elia lässt ihnen beim Opfer gönnerhaft den Vortritt. Aber alle ihre Bemühungen verfehlen ihr Ziel: das gebetsmühlenhaft vorgetragene Gebet „Baal, erhöre uns!", die eingeritzte Haut – ursprünglich ein Trauerritus – und schließlich der Tanz um den Altar bis zur Ekstase. Elias Spottrede entlarvt ihren Eifer als nichtig: Ein Gott, der nicht hört, ist kein Gott! Das muss vor allem das Volk Gottes begreifen, das immer noch vor Baal in die Knie geht (vgl. auch den Götterspott in Ps 115,4ff und Jes 44,9–20).

Daraus folgt: Der eigentliche Adressat in diesem Wettstreit ist das Volk, das immer noch unentschieden zwischen Baal und Jahwe hin und her schwankt. Diese schweigende Masse (18,21b) ist aufgerufen, sich für den Herrn ihren Gott neu zu entscheiden. Sie werden in dieser Szene selbst zu Zeugen der Macht ihres Gottes. Mit ihrem gemeinsamen Bekenntnis zu diesem einen Gott treten sie erneut in den Bund ein, den Jahwe mit ihren Vorfahren am Sinai geschlossen hat.

IN DER WÜSTE
1. Könige 19

Der Tag ging zu Ende.
Fröhlich kehrten die Menschen
vom Karmel in ihre Dörfer zurück.
An diesem Tag hatten alle
mit eigenen Augen gesehen,
wie mächtig der Gott Israels war.
Aber von den Baalspriestern
war nichts mehr zu sehen.

Als aber die Königin Isebel hörte,
was mit ihnen geschehen war,
schickte sie noch am selben Abend
einen Boten zu Elia
und ließ ihm ausrichten:
„Bei meinen Göttern!
Sie sollen mich strafen,
wenn ich dir nicht dasselbe antue,
was du meinen Propheten angetan hast.
Morgen um diese Zeit bis du erledigt." 19,2

Da war es um Elia geschehen.
Aller Mut war plötzlich dahin.
Todesangst überfiel ihn.
Noch am selben Abend
brach er auf
und floh über die Berge
ins Nachbarland Juda,
bis er nach Beerscheba kam.
Dort, am Rand der Wüste,
ließ er seinen Diener zurück.
Er selbst aber lief allein
in die Wüste hinein.
Einen ganzen Tag lang
wanderte er durch die Wüste.
Dann war er am Ende.
Zu Tode erschöpft ließ er sich
unter einen Ginsterstrauch fallen.
„Es ist genug!",
brach es aus ihm heraus.
„Ich will nicht mehr leben.
Herr lass mich sterben!
Ich hab es nicht besser verdient
als meine Vorfahren."
Darauf fiel er
in einen todesähnlichen Schlaf. 19,3ff

Doch plötzlich rührte ihn jemand an.
Elia schlug die Augen auf.
Ein Mann stand vor ihm,
der sprach ihn an:
„Steh auf und iss!"
Elia blickte sich um.
Da entdeckte er am Kopfende
einen Krug mit Wasser
und geröstetes Brot.
Hungrig verschlang er das Brot
und leerte den Krug.
Danach schlief er wieder ein. 19,5f

Doch nicht lange danach
hörte er wieder dieselbe Stimme:
„Elia, steh auf und iss!
Denn du hast einen weiten Weg vor dir."
Da ahnte Elia, wer vor ihm stand:
Gott hatte seinen Engel zu ihm gesandt.
Er stand auf, aß und trank
und gestärkt setzte er seinen Weg fort.
Vierzig Tage und vierzig Nächte
wanderte er durch die endlose Wüste,
bis er endlich den Berg Horeb erreichte.
Dort war Gott einst Mose erschienen.
Elia zog sich in eine Höhle zurück,
um die Nacht dort zu verbringen. 19,7ff

In dieser Nacht geschah es.
Gott der Herr rief Elia:
„Was machst du hier, Elia?"
„Ach Herr, Gott Zebaoth!",
brach es aus Elia hervor.
„Ich habe mich ganz und gar,
mit Haut und Haar für dich eingesetzt.
Denn Israel hat deinen Bund gebrochen,
und deine Altäre sind alle zerstört.
Alle deine Propheten sind
durchs Schwert umgekommen.
Nur allein ich bin übrig geblieben.
Nun wollen sie auch mich töten." 19,9f

„Komm!", sprach Gott zu Elia.
„Geh aus deiner Höhle heraus
und stell dich auf den Berg.
Ich will an dir vorübergehen."

Da kam ein gewaltiger Sturm auf.
Steine lösten sich vom Berg
und donnerten mit Getöse ins Tal.
Sicher ist Gott im Sturm,
sagte sich Elia erschrocken.
Aber Gott war nicht im Sturm.

Da kam ein Erdbeben.
Der Berg bebte und krachte.
Sicher ist Gott im Erdbeben,
sagte sich Elia erschrocken.
Aber Gott war nicht im Erdbeben. 19,11

Da kam ein Blitz vom Himmel.
Der Berg brannte lichterloh.
Sicher ist Gott im Feuer,
dachte Elia erschrocken.
Aber Gott war nicht im Feuer. 19,12

Danach wurde es auf einmal ganz still.
Ein sanfter Windhauch berührte Elia.
Da verhüllte Elia sein Gesicht.
Er spürte: Gott war ihm ganz nah. 19,12f

Und wieder sprach Gott:
„Was machst du hier, Elia?"
„Ach Herr, Gott Zebaoth!",
antwortete dieser erneut.
„Ich habe mich ganz und gar,
mit Haut und Haar für dich eingesetzt.
Denn Israel hat deinen Bund gebrochen
und deine Altäre zerstört.
Alle deine Propheten sind
durchs Schwert umgekommen.
Nur ich bin allein übrig geblieben.
Nun wollen sie auch mich töten." 19,13f

Da sprach Gott zu Elia:
„Geh wieder zurück!
Salbe Jehu zum König über Israel
und mache Elisa zu deinem Nachfolger. 19,16
Geh nur getrost und vergiss nicht:
Du bist nicht allein.
7000 Menschen im Land
haben sich vor Baal nicht verneigt.
Ich will sie alle bewahren." 19,18

So kehrte Elia nach Israel zurück.
Unterwegs traf er auf Elisa,
der war gerade dabei,
das Feld seines Vaters zu pflügen.
Elia ging auf ihn zu,
nahm seinen Mantel
und legte ihn über Elisa.
Da ließ Elisa seinen Pflug stehen,
nahm Abschied von seinen Eltern
und folgte Elia nach. 19,19ff

Von diesem Tag an zogen die beiden
gemeinsam durchs Land,
Elia und sein Schüler Elisa.
Und wohin sie kamen,
fanden sie Menschen,
die noch auf Gottes Wort hörten
und seine Gebote hielten,
wie Gott Elia zugesagt hatte.

Diese Geschichte liest sich wie eine Gegengeschichte zu der vorangehenden Erzählung: Dort stand Elia auf dem Zenit seines Lebens – hier fällt er in ein tiefes Loch. Dort hatte er mutig die falschen Götter entmachtet – hier genügt die Drohung Isebels im Namen ihrer Götter, um Elia in panische Angst zu versetzen. Dort stand er im Zentrum eines gewaltigen Spektakels – hier führt sein Weg in die Einsamkeit der Wüste. Dort hatte er in seinem Übereifer alle Baalspriester umgebracht – hier will er nur noch selbst sterben. Am Ende steht Elias verzweifelte Klage, der an der Schwere seines Prophetenamtes zerbricht.

Aber hier, am Tiefpunkt seines Lebens, beginnt Gott eine neue Geschichte mit seinem Propheten. Schrittweise führt er Elia an sein Geheimnis heran.
• Er stärkt ihn durch seinen Boten in der Wüste und erweckt ihn damit aus seinem todesähnlichen Schlaf zu neuem Leben;
• Er führt ihn 40 Tage lang durch die Wüste bis zum Berg Gottes. Elia geht gleichsam den Weg der Heilsgeschichte Gottes zurück bis zu dem Ort, wo Gott sich einst Mose und seinem Volk offenbart hat (Ex 19);
• Er offenbart sich am Berg Gottes seinem Diener ganz neu (s. Ex 3,1). Während sich Elia in einer Höhle verkriecht, in der irrigen Meinung,

der letzte und einzige Anhänger Jahwes zu sein, ruft ihn Gott aus seiner Nische heraus und stellt ihn gleich zweimal zur Rede. Und Elia klagt zweimal vor Gott mit denselben Worten sein Leid (V. 10+14). Vergessen scheint, was das Volk auf dem Karmel bekannt hat. Elia sieht sich zu Unrecht von Gott und von Menschen verlassen. Gott antwortet darauf, indem er sich seinem Diener ganz neu und ganz persönlich offenbart. Anders als bei Mose (Ex 19) begegnet Gott seinem Diener nicht im Sturm, im Feuer oder im Erdbeben – sie sind nur Vorboten seines Kommens –, sondern in der „Stimme verschwebenden Schweigens" (M. Buber). Anders als auf dem Karmel, wo Elia Gottes Macht durch Feuer und Regen demonstriert hat, begegnet er hier in der Stille seinem Gott ganz neu.

Dies ist der Anfang einer neuen Gottesbeziehung. Gott erneuert seinen Bund mit Elia und beruft ihn – wie einst Mose – am Berg Gottes neu in sein Amt (vgl. Ex 3,10ff). Gott sendet Elia zu denselben Menschen zurück, denen er gerade entflohen ist, und betraut ihn mit einer neuen schwierigen Aufgabe. Aber er lässt Elia auf seinem schweren Weg nicht allein. Er stellt ihm mit Elisa einen Begleiter an die Seite und gibt ihm seine Zusage: Wenn es nur 7000 sind, die sich zu Gott halten, Gott hält dennoch an seinem Bund fest, den er mit seinem Volk am Sinai geschlossen hat.

NABOT
1. Könige 21

Jahre vergingen.
Im Königreich Israel seufzte das Volk
noch immer unter König Ahab
und Isebel, seiner tyrannischen Frau.
In den Sommermonaten
wohnte das Königspaar
in seinem Sommerpalast,
der in der Ebene von Jesreel lag.
Ein prächtiger Garten umgab den Palast.
Dorthin zog sich der König
an heißen Tagen zurück.

Eines Tages erging sich der König
wieder in seinem Garten.
Schön ist mein Garten, sagte er sich.
Aber ein großer König wie ich
braucht einen viel größeren Garten.
Er schielte zu dem Weinberg hinüber,
der an den Garten grenzte.
Er gehörte Nabot von Jesreel,
einem angesehenen Bürger der Stadt. 21,1

Da entdeckte der König
Nabot zwischen dem Weinlaub.
„Komm her!", rief er ihm zu.
„Ich habe einen Plan:
Ich will einen Gemüsegarten anlegen.
Dafür brauche ich deinen Weinberg.

Ich biete dir dafür einen viel besseren an.
Oder wenn du willst, kaufe ich ihn
und zahle dir das Geld aus." 21,2

Aber Nabot antwortete erschrocken:
„Niemals! Gott bewahre mich
vor solch einem Unrecht!
Er hat meinen Vorfahren
diesen Weinberg gegeben.
Ich habe ihn von ihnen geerbt.
Es tut mir leid.
Ich darf ihr Erbe nicht abgeben." 21,3

Wütend zog sich der König
in seinen Palast zurück,
warf sich auf sein Bett,
drehte den Kopf zur Wand,
aß und trank nichts und grollte. 21,4

„Was fehlt dir?", fragte Isebel.
„Warum willst du nichts essen?
Sag, wer hat dich gekränkt?" 21,5

„Nabot!", fuhr es aus Ahab heraus.
„Du kennst unseren Nachbarn.
Sein Weinberg grenzt an unseren Garten.
Ich habe Nabot gebeten:
Gib mir deinen Weinberg!

Ich kauf ihn dir für gutes Geld ab.
Aber dieser Nabot sagt nein." 21,6

„Was?", erwiderte Isebel.
„Das lässt du dir gefallen?
Du bist doch der König, nicht er!
So steh nun auf! Iss und trink!
Und lass dich nicht hängen!
Und was den Weinberg betrifft,
das erledige ich." 21,7

Isebel überlegte nicht lange.
Sofort setzte sie ein Schreiben auf,
drückte das Siegel des Königs darauf
und schickte den Brief an die Ältesten
und die angesehenen Bürger der Stadt.

Und so lautete der Brief,
den sie schrieb:
„Dies befiehlt König Ahab:
Ruft einen Bußtag in Jesreel aus.
Ladet dazu alle Bewohner ein
und setzt Nabot obenan,
so, dass alle ihn sehen.
Dann lasst zwei Zeugen auftreten
und Nabot verklagen.
Sie sollen sagen:
Nabot hat Gott und den König gelästert.
Darauf führt Nabot hinaus
vor die Stadt und steinigt ihn dort." 21,8ff

Und so geschah es.
Gehorsam führten die Bürger von Jesreel
den Befehl der Königin aus.
Kein Mensch protestierte.
Niemand wagte zu fragen:
„Was hat dieser Mensch denn getan?"
Niemand schrie auf:
„Hier geschieht Unrecht!"
Die Bürger führten Nabot hinaus
und steinigten ihn. 21,11ff

Als aber Isebel hörte,
dass ihr Befehl ausgeführt war,
ging sie zu Ahab hinein
und teilte ihm mit:
„Steh auf! Nabot ist tot.
Sein Weinberg gehört dir.
Nimm ihn gleich in Besitz!" 21,15

Da hellte sich Ahabs Gesicht auf.
Sogleich stand er auf
und eilte zum Weinberg hinaus.
Doch plötzlich stand Elia vor ihm.
„Da bist du wieder, mein Feind!",
schleuderte ihm Ahab entgegen.
„Hast du mich endlich gefunden?"
„Ja!" Elia sah ihn ernst an.
„Ich habe dich gesucht
und habe dich gefunden.
Hör, was Gott dir verkündet:
Du hast dich an andere verkauft
und in schweres Unrecht verstrickt.
Darum wird großes Unheil
über dein Königshaus kommen:
Wer von euch in der Stadt stirbt,
den werden die Hunde fressen.
Und wer auf dem Feld stirbt,
den werden die Vögel fressen." 21,16ff

Plötzlich fiel es Ahab wie Schuppen
von seinen Augen.
Auf einmal erkannte er,
was er getan hatte.
Entsetzt zerriss er
sein königliches Gewand,
legte ein Bußgewand an,
betete und fastete
tage- und nächtelang. 21,27
Und obwohl sich Gott
über den König erbarmte,
vergaß dieser bald wieder,
was der Prophet ihm verkündet hatte
und machte sich nichts daraus. 22,1ff

Ahab sucht sich als König von der Bevormundung durch den Propheten zu befreien, der ihm im Namen Gottes wiederholt ins Gewissen redet. Dabei gerät er immer mehr in Abhängigkeit von Isebel, die im Hintergrund die Fäden zieht und in absolutistischer Manier die Gebote Gottes mit Füßen tritt. „Du hast dich verkauft, Unrecht zu tun", hält Elia dem König entgegen. Das heißt: Ahab stürzt sich selbst und das Volk in neue Unfreiheit, indem er Isebels Vorgehen folgt und sich über Gottes Gebote mehrfach hinwegsetzt (vgl. Ex 20,1ff):

– Ahab „begehrt" den Weinberg des Nächsten (s. 9. Gebot).
– Er reißt den Weinberg unrechtmäßig an sich (7. Gebot).
– Auch wenn er selbst nicht unmittelbar an der Verleumdung Nabots (s. 8. Gebot) und an seiner Hinrichtung (s. 5. Gebot) beteiligt ist, so lässt er doch andere gerne gewähren.

Als Beauftragter Gottes trägt der König die Verantwortung für das Unrecht, das in seinem Reich geschieht. Wie viel mehr noch, wenn, wie hier, der König selbst das Unrecht verursacht hat! Diesem König wird Nabot gegenübergestellt. Nabot, ein freier Israelit, der nicht bereit ist, sich dem Begehren des Königs zu beugen, der in schlichtem Gehorsam gegenüber Gottes Gebot seinen Weinberg bestellt. Für ihn ist das Land eine Leihgabe Gottes (s. Lev 25,23f). So hat er den Weinberg (bzw. Weingarten) von seinen Vorfahren erhalten. Er ist nicht sein Besitz, sondern bleibendes Eigentum Gottes. Selbst ein König darf nicht beliebig über das Land verfügen, das in Wahrheit Gott gehört.

In dem Konflikt zwischen Ahab und Nabot deutet sich schon die Kritik an der Großgrundpolitik der späteren Könige Israels an. Sie bildet das Kernstück prophetischer Anklage vor allem bei Amos, Jesaja, Micha und Jeremia.

AHABS ENDE
1. Könige 22

Zu jener Zeit schloss Ahab
ein Bündnis mit Joschafat,
dem König von Juda.
Und um den Bund zu besiegeln,
gab er seine Tochter Atalja
Joschafats Sohn zur Frau.

Bald darauf stattete Joschafat
König Ahab einen Staatsbesuch ab.
Zu seiner Begrüßung hatte sich
der ganze Hofstaat Ahabs versammelt.
Da nutzte Ahab die Gelegenheit
und weihte die Versammelten
in seine geheimen Kriegspläne ein.
„Freunde!", rief er in die Runde.
„Ihr kennt doch Ramot in Gilead,
die Stadt jenseits des Jordan.
Früher war sie unsere Stadt.
Doch nun gehört sie den Syrern.
Holen wir sie doch zurück!
Worauf warten wir noch?"
Er wandte sich an Joschafat:
„Bist du bereit?
Ziehst du mit uns in den Krieg?"
Joschafat überlegte nicht lange.
„Ja, ich ziehe mit dir.
Meine Pferde und meine Männer
stehen für dich bereit.

Doch gebe ich zu bedenken:
Hast du auch vorher gefragt,
was Gott zu deinem Vorhaben sagt?"   22,2ff
Da ließ Ahab seine Propheten rufen,
allesamt bezahlte Propheten,
die dem König nach dem Munde redeten,
mindestens 400 Mann.   22,6
Ahab und Joschafat empfingen sie
auf dem großen Platz vor dem Tor.
Dort war für beide ein Thron aufgestellt.
„Sagt uns", begann Ahab,
„sollen wir in den Krieg ziehen,
ja oder nein?"

„Ja", riefen alle begeistert.
„Zieht in den Krieg!
Gott schenkt euch den Sieg."   22,6
Und einer von ihnen, Zidkija,
trug auf dem Kopf einen Ring
mit eisernen Hörnern.
Er stellte sich vor Ahab auf,
und mit Donnerstimme rief er:
„So spricht der Herr:
Mit diesen Hörnern aus Eisen
wirst du die Syrer zerschmettern."
„Ja", fielen die anderen ein.
„Es wird dir gelingen."   22,11f

1. Könige

Aber Joschafat zögerte noch.
„Ist denn kein Prophet Gottes bei dir?"
„Doch", meinte Ahab, „einer ist hier:
Micha, der Sohn Jimlas.
Aber ich mag ihn nicht leiden.
Er hat kein gutes Wort für mich übrig.
Er sagt mir immer nur Unglück voraus."
„Was redest du da?",
entsetzte sich der König von Juda.
„Bedenke, er ist Gottes Prophet!
Er muss sagen, was Gott ihm befiehlt." 22,7f

Da ließ Ahab den Propheten rufen.
Unterwegs redete der Bote des Königs
auf Micha ein:
„Gib acht, was du sagst.
Sag dem König nur Gutes voraus,
wie alle anderen Propheten!"
„Nein, das mache ich nicht!",
widersprach Micha.
„So wahr der Herr lebt.
Ich werde nur sagen,
was Gott zu mir spricht." 22,13f

So kam Micha zum König.
Der wartete schon ungeduldig auf ihn.
„Sag mir, was rätst du?
Sollen wir in den Krieg ziehen?"
„Ja, zieht in den Krieg!",
gab Micha zur Antwort.
„Gott schenkt euch den Sieg."
„Nein, das ist nicht dein Ernst!",
fiel im Ahab ins Wort.
„Ich beschwöre dich:
Sag uns die Wahrheit!" 22,15f

Da antwortete Micha:
„Vor meinen inneren Augen
sah ich Israels Berge.
Auf ihnen irrten Menschen umher
wie Schafe, die keinen Hirten haben.
Und Gott sprach zu mir:
Sie haben ihren Hirten verloren.
Kehrt heim! Es ist alles vorbei." 22,17

„Siehst du?", rief Ahab.
„Habe ich es nicht gesagt?
Dieser Mensch bringt nur
schlechte Nachricht für mich."
Doch Micha fuhr unbeirrt fort:

„Nun höre die Botschaft,
die Gott der Herr dir verkündet:
Ich sah Gott im Himmel
auf einem Thron, umgeben
von himmlischen Heerscharen.
Und Gott sprach:
‚Wer von euch will Ahab
in den Krieg locken?'
Da rief eine Stimme:
‚Ich will es tun.'
‚Aber womit?'
‚Ich will seine Propheten
mit Lügen erfüllen.'" 22,18ff

Kaum hatte er das gesagt,
da stürzte sich Zidkija auf ihn.
Er schlug ihn ins Gesicht
und schrie aufgebracht:
„Wie? Glaubst du denn,
du seist allein Gottes Prophet?
Sind wir etwa schlechter als du?"
Doch Micha entgegnete ruhig:
„Du wirst ja sehen,
was in Kürze geschieht.
Dann wirst du von einer Kammer
zur anderen fliehen,
um dich zu verstecken." 22,24f

Aber Ahab befahl:
„Nehmt ihn gefangen!
Steckt ihn ins finsterste Loch!
Dort soll er schmachten
bei Wasser und Brot,
bis wir mit Frieden heimkehren." 22,27

So führten sie Micha ab.
Aber zuvor rief dieser noch einmal:
„Hört es, ihr Völker!
Kommst du, König, mit Frieden zurück,
dann hat Gott nicht durch mich geredet.
Kommst du aber ..."
Dann war es auf einmal ganz still.
Ahab hatte den Propheten Gottes
zum Schweigen gebracht. 22,28

Bald darauf zog Ahab mit Joschafat
in den Krieg.
Als einfacher Krieger verkleidet,
zog er in den Kampf.

1. Könige

Da stürzten sich alle Feinde
auf Joschafats Wagen.
Doch als sie merkten,
dass er nicht der König war,
den sie suchten,
ließen sie von ihm ab.
Ahab aber wurde im Kampfgewühl
zufällig von einem Pfeil getroffen.
Mit letzter Kraft
hielt er sich bis zum Abend
aufrecht in seinem Wagen.
Dann brach er tot zusammen.

22,29ff

Nun war geschehen,
was Gott durch seinen Propheten
vorhergesagt hatte.
Geschlagen kehrten die Krieger heim.
Und manch einer von ihnen dachte:
Hätten wir doch auf Gottes Stimme
und auf seinen Propheten gehört!

Mit Ahab und Joschafat werden in dieser Erzählung zwei gegensätzliche Charaktere von Königen vorgestellt: Joschafat, der nach dem Willen Gottes fragt – ihm wird im selben Kapitel das Urteil ausgestellt: „Er tat, was dem Herrn wohl gefiel" (22,43). Und auf der anderen Seite Ahab, Inbegriff eines Herrschers, der zwar nominell noch an dem Gott Israels festhält, sich aber in Wahrheit schon weit von seinen Geboten entfernt hat. Er erntet am Ende, was er selbst verschuldet hat. Das letzte Wort, das im Königsbuch über ihn gesprochen wird, ist vernichtend: „Die Hunde leckten sein Blut nach dem Wort des Herrn, das er (zu Elia) geredet hatte" (22,38).

In dieser letzten Erzählung, die den Zyklus der Elia-Erzählungen unterbricht, stellt das 1. Königsbuch noch einmal in aller Schärfe den Gegensatz zwischen wahrer und falscher Prophetie dar:
Auf der einen Seite stehen die bezahlten Heilspropheten des Königs. Ihre einzige Aufgabe ist es, die Vorhaben des Königs religiös abzustützen und selbst so fragwürdige Unternehmen wie diesen willkürlich vom Zaun gebrochenen Eroberungskrieg zu legitimieren. Zu allen Zeiten haben sich despotische Herrscher gerne dieser speziellen Form religiöser Propaganda bedient, um ihrer Macht den Schein göttlicher Vorsehung zu verleihen.

Auf der anderen Seite steht der Prophet Micha, der Sohn Jimlas (nicht zu verwechseln mit Micha von Moreschet, dem Schriftpropheten, auf den das Buch Micha zurückgeht). Dieser Prophet unterscheidet sich von der Mehrzahl der Propheten am Hof allein durch seine Botschaft, die alle Machtpläne des Königs durchkreuzt. In seiner Vision vom himmlischen „Thronrat" wird offenbar, wer in Wahrheit als König über Himmel und Erde regiert. Ihm allein ist der Prophet verantwortlich. Darin liegt auch seine innere Freiheit begründet, die es ihm erlaubt, gegen die anderen Propheten anzutreten. Dabei steht Meinung gegen Meinung. Offenbar ist es für die Zuhörer nicht erkennbar, wer von beiden im Namen Gottes spricht. Allein daran ist ein Prophet Gottes von falschen Propheten zu unterscheiden: Dass sich erfüllt, was er angekündigt hat.

DER PROPHET ELISA

2. KÖNIGE 4–9

ELISA
2. Könige 2,1–18

Dies ist die Geschichte
von Elisa, dem „Mann Gottes",
durch den Gott Erstaunliches tat.
Elisa lebte im Königreich Israel
wie auch sein Lehrer,
der große Prophet Elia.
Er war ein Mann aus dem Volk
und liebte keine großen Worte,
sondern war ein Freund
der einfachen Leute.
Er kümmerte sich
um deren alltägliche Sorgen.
Früher hatte Elisa selbst
das Feld bestellt
und den Boden gepflügt.
Aber der Prophet Elia   1. Kön
hatte ihn vom Pflug weggeholt.   19,19ff
Seitdem lebte er bei Elia
in Gilgal im Jordantal   2,1
und wurde sein Schüler.

Aber oft zog er auch
mit Elia durchs Land.
Dabei sah er mit Schrecken,
wie trostlos es dort zuging.
Viele Felder lagen brach.
Die meisten Bauern waren verarmt.
Und kaum jemand fragte nach Gott.
Nur hie und da
fanden sich Menschen,
die sich noch zu Gott hielten.
An einigen Orten hatten
sie sich zusammengetan.
Sie teilten ihr Leben
und achteten streng auf Gottes Gebote.
Manche von ihnen besaßen
sogar prophetische Gaben.
„Prophetenjünger" nannten sie sich.
Elia und Elisa besuchten sie,
sooft sie durch ihre Stadt kamen.
Aber Elisa spürte: Bald würde ihn Elia
für immer verlassen.

Eines Tages war es Zeit,
Abschied zu nehmen.
Früh am Morgen
brach Elia von Gilgal auf.
Er sagte zu Elisa:
„Elisa, bleibe du hier!
Denn Gott hat mich
nach Bethel gerufen."
Aber Elisa antwortete: „Nein.
So wahr der Herr lebt,
und so wahr du lebst,
ich verlasse dich nicht."   2,2

So zogen die beiden miteinander
nach Bethel, das in den Bergen lag.
Still gingen sie nebeneinander her.
Keiner sagte ein Wort.
Doch als sie auf Bethel zugingen,
kamen ihnen aus der Stadt
Prophetenjünger entgegen.
Sie flüsterten Elisa zu:
„Weißt du auch, dass Elia
heute von dir genommen wird?"
„Ja", sagte Elisa, „ich weiß es.
Seid nur still!"   2,3

Doch als sie von Bethel aufbrachen,
sagte Elia wiederum zu Elisa:
„Bleibe du hier!
Denn Gott hat mich
nach Jericho gerufen."
Aber Elisa entgegnete: „Nein.
So wahr der Herr lebt,
und so wahr du lebst,
ich verlasse dich nicht."   2,4

So zogen die beiden nach Jericho,
das im Jordantal lag.
Als sie auf die Stadt zugingen,
kamen ihnen auch hier
Prophetenjünger entgegen.
Sie flüsterten Elisa zu:

„Weißt du auch, dass Elia
heute von dir genommen wird?"
„Ja", sagte Elisa, „ich weiß es.
Seid nur still!"   2,5

Doch als sie in Jericho waren,
sagte Elia wieder:
„Elisa, bleibe du hier!
Ich muss noch weiterziehen.
Gott hat mich zum Jordan gerufen."
Aber Elisa antwortete: „Nein!
So wahr der Herr lebt,
und so wahr du lebst:
Ich gehe mit dir."   2,6

Da ließ es Elia zu.
Sie wanderten miteinander zum Jordan.
Keiner sagte ein Wort.
Die fünfzig Prophetenjünger
folgten ihnen von ferne.   2,7

Als sie ans Ufer des Jordan kamen,
nahm Elia seinen Mantel,
wickelte ihn zusammen
und schlug auf das Wasser.
Da teilte sich das Wasser.
Ein Weg tat sich auf, mitten im Fluss.
Elia zog durch den Jordan
wie vorzeiten seine Vorfahren.
Elisa folgte ihm stumm.
Auf trockenem Weg
erreichten sie das andere Ufer.   2,8

Da sagte Elia:
„Bald holt mich Gott zu sich.
Hast du zuvor noch eine Bitte an mich?"
„Ja", bat Elisa.
„Dass ich die Kraft bekomme,
mit der Gott dich erfüllt hat.
Wenigstens einen Teil davon!"
Doch Elia antwortete:
„Was du bittest,
kann dir kein Mensch geben.
Gott allein kann es.
Wenn ich von dir gegangen bin,
wird sein Geist auf dich kommen.

Dann wirst du sehen,
ob Gott deine Bitte erfüllt."   2,9f

Da – auf einmal
tauchte der Himmel in feurige Glut.
Es donnerte und grollte,
als ob ein Wagen am Himmel daherrollte.
Erschrocken sah Elisa auf.
Da war Elia
vor seinen Augen entschwunden.
In einem feurigen Gespann
hatte Gott ihn zu sich geholt.
„Mein Vater! Mein Vater!",
rief Elisa hinter ihm her.
„Du Wagen Israels und seine Reiter!"
Es war ihm, als hätte sein Volk
mit Elia den letzten Halt verloren.
Elisa zerriss seinen Mantel
vor Trauer und Schmerz.   2,11f

Da entdeckte er auf der Erde
den Mantel Elias.
Elisa hob ihn auf
und drückte ihn an sich
wie ein Vermächtnis.
Dann nahm er den Mantel
und schlug auf das Wasser,
wie Elia getan hatte,
und rief über das Wasser:
„Wo ist nun der Gott Elias?"
Und siehe da:
Das Wasser wich zurück.
Ein Weg tat sich auf.
Elisa ging durch den Jordan
und erreichte sicher das andere Ufer.   2,13f

Als aber die Prophetenjünger sahen,
was mit Elisa geschehen war,
eilten sie ihm entgegen
und fielen vor ihm nieder.
Nun glaubten auch sie:
Elisa war Gottes Prophet.
Gott hatte ihn in dieser Stunde
zu seinem Boten gemacht.
Sein Geist ruhte auf ihm,
wie er auf Elia geruht hatte.   2,15

Mit der Geschichte von „Elias Entrückung" schließen die Elia-Erzählungen ab. Mit ihr beginnt der Zyklus der Elisa-Geschichten. In ihnen begegnet uns ein Prophet, der auf der Seite des einfachen Volkes steht und der aufgrund seiner Wundertaten bei ihm auch hohes Ansehen genießt. Sein Auftreten ist eng verbunden mit sog. Prophetengruppen, die in Kongregationen zusammenleben und in einer Zeit des inneren und äußeren Zerfalls an ihrer Treue zu Jahwe festhalten. Elisa besucht diese Gruppen offenbar in regelmäßigen Abständen. Dabei wird von allerlei legendären Wundertaten berichtet, die Elisa dort vollbringt, wobei es sich zumeist um die Behebung materieller Not handelt. Elisa ist vor allem ein Mann der Tat. Sein Auftreten als Anwalt der kleinen Leute vermittelt einen wertvollen Einblick in ein Stück Sozialgeschichte, das sonst im Rahmen der Königsgeschichte weitgehend ausgeblendet ist. Elisa mischt sich aber auch aktiv in die Geschichte der Könige ein und riskiert dabei sein eigenes Leben. Viele Heiligen-Viten (z.B. die Geschichte von Nikolaus von Myra) haben sich am Beispiel seiner Geschichte orientiert.

Die Berufung des Propheten Elisa geschieht – anders als sonst bei Propheten – nicht durch Gott selbst, der sich seinen Propheten offenbart, sondern mittelbar durch den Propheten Elia. Seitdem ihn Elia vom Pflug weggerufen hat (1. Kön 19,19ff), ist Elisa quasi der designierte Nachfolger Elias und steht zu ihm in einem Lehrer-Schüler-Verhältnis (vgl. auch Jeremia und Baruch). Aber erst mit der Entrückung Elias wird Elisa offiziell in sein Amt eingesetzt. Elisa wird mit Gottes Geist erfüllt, den er symbolisch mit dem Mantel des Elia „erbt" (V. 9b erinnert an das Erbrecht in Israel, wobei der Erstgeborene 2 Anteile des väterlichen Erbes bekommt). Als solcher ist er gegenüber anderen Prophetenjüngern als Prophet Gottes erkennbar. Am Anfang seiner Wirksamkeit steht die Teilung des Jordan. Mit ihr deutet sich zeichenhaft an: Auch Elisas Weg ist Teil der großen Geschichte Gottes mit seinem Volk, das er vorzeiten auch durch den Jordan geführt hat (Jos 3).

Den Höhepunkt in der Geschichte stellt Elias sog. „Himmelfahrt" dar. In leisen und verhaltenen Tönen und in scheuer Distanz wird hier an ein Geheimnis gerührt, das nicht in Worte zu fassen ist. Elisa darf von ferne einen Blick in Gottes ewige Welt tun – als Stärkung und Ermutigung auf seinem Weg, der ihn wieder in die trostlose Wirklichkeit Israels zurückführen wird. Elisa muss diesen Weg von nun an allein gehen. Elia, der in seinen Augen ein Bollwerk gegen den Unglauben dargestellt hat (s. Elisas Ausruf: „Wagen Israels und seine Reiter") ist vor seinen Augen „entrückt".

Warum Elia nicht eines natürlichen Todes stirbt, sondern entrückt wird wie Henoch (Gen 5,24), bleibt ein Geheimnis. Als solcher bleibt er über Jahrhunderte hinweg bis heute im Gedächtnis Israels. Mit seiner Entrückung verbindet sich die Hoffnung, dass Elia am Ende der Tage wiederkommen und den Messias ankündigen wird (s. Mal 3,23 / Mt 16,14 par u.ö.).

DIE WITWE
2. Könige 4,1–7

Elisa zog von Ort zu Ort.
Sein Diener und Schüler Gehasi
begleitete ihn auf dem Weg.
Und wo er Menschen fand,
die noch treu ihrem Gott dienten,
blieb er eine Zeit lang bei ihnen.
Er ermahnte und tröstete sie
und half ihnen in ihren Nöten.
Und Gott wirkte durch Elisa
nicht wenige Wunder.

Einmal kam Elisa in ein Dorf,
in dem Prophetenjünger
mit ihren Familien lebten.

Da stürzte eine Frau auf ihn zu.
Ihr Mann war unlängst verstorben.
Die Frau schluchzte:
„Hilf mir, du Mann Gottes!
Mein Mann ist gestorben.
Er gehörte zu deinen Freunden.
Du weißt, wie treu er Gott gedient hat.
Nur meine zwei Söhne
sind mir noch geblieben.
Was soll ich tun?
Ich bin hoch verschuldet.
Nun droht mein Gläubiger:
Er will mir meine Söhne nehmen
und sie zu Leibeigenen machen." 4,1

„Sag, wie kann ich dir helfen?",
fragte Elisa. „Was hast du im Haus?"
„Nichts, gar nichts!", weinte die Witwe.
„Nur einen Krug Öl. Das ist alles."
„Dann geh zu deinen Nachbarinnen
und bitte sie um leere Töpfe und Krüge!
Aber leih dir nicht zu wenige aus!
Darauf nimm deine Söhne zu dir,
schließt die Tür hinter euch zu
und gießt das Öl in die leeren Gefäße!" 4,2ff

Da tat die Frau,
wie Elisa ihr befohlen hatte.

Sie ging zu ihren Nachbarinnen,
lieh sich leere Töpfe und Krüge,
dann schloss sie die Tür.
Sie nahm ihren Ölkrug
und füllte ein Gefäß nach dem anderen.
Bald hatte sie alle Gefäße gefüllt.
„Bringt mir noch ein Gefäß!",
bat sie die Söhne.
Aber im ganzen Haus gab es
kein leeres Gefäß mehr.
Alle waren bis an den Rand gefüllt.
Da hörte das Öl auf zu fließen. 4,5f

Glücklich lief die Frau zu Elisa
und erzählte ihm staunend,
was in ihrem Hause geschehen war.
„Nun verkaufe das Öl", riet ihr Elisa,
„und bezahle davon deine Schulden.
Und was von dem Geld übrig bleibt,
das behalte für dich.
Davon kannst du dich
und deine Söhne ernähren." 4,7

So wurde die Witwe
von ihren Schulden befreit.
Von diesem Tag an
wagte niemand mehr,
Hand an ihre Söhne zu legen.

An dieser Erzählung wird deutlich, wie liebevoll sich Elisa um die Sorgen der kleinen Leute kümmert. Dazu gehören auch die Prophetenjünger mit ihren Familien. Sei es eine Hungersnot (4,38ff) oder sei es auch nur ein verlorenes Beil (6,1ff) – immer wird von Elisa Hilfe erwartet, auch in ganz alltäglichen Nöten. In diesem Fall ist sogar die Existenz einer ganzen Familie bedroht. Die Frau ist durch den Tod ihres Mannes hoch verschuldet. Als Witwe hat sie kein eigenes Einkommen. Den Söhnen droht daher die Schuldknechtschaft, d.h. sie müssen sich für 6 Jahre als Sklaven verkaufen. Aber als Witwe eines Prophetenjüngers, der „den Herrn fürchte- te" (4,1), beruft sich die Frau auf das Gesetz (s. Ex 21,2ff / Dtn 15,12ff), indem sie das Unrecht, das ihr widerfährt, vor Elisa einklagt. Denn nach dem Gesetz Moses stehen Witwen und Waisen unter besonderem Rechtsschutz. Elisa bezeugt durch sein Handeln: Gott steht auf der Seite der Rechtlosen. Er gibt Witwen und Waisen das Recht und die Würde zurück, die ihnen die Gemeinschaft vorenthält. Denn, so steht es im „Bundesbuch" geschrieben: „Ihr sollt Witwen und Waisen nicht bedrücken. Wirst du sie bedrücken und werden sie zu mir schreien, so werde ich ihr Schreien erhören" (Ex 22,21f).

2. Könige

DIE FRAU AUS SCHUNEM
2. Könige 4,8–37

Im Norden Israels
liegt die Stadt Schunem.
Dort lebte zu jener Zeit eine reiche Frau.
Bei ihr kehrte Elisa oft ein,
wenn er in diese Gegend kam.
Bald merkte die Frau,
dass ihr Gast ein besonderer Mann war,
der sein Leben Gott geweiht hatte.
Und sie sagte zu ihrem Mann:
„Lass uns für den Mann Gottes
oben im Haus eine Kammer einrichten
mit Bett, Tisch, Leuchter und Stuhl.
Dann kann er bei uns übernachten,
wenn er in unser Gebiet kommt."
So kam es, dass Elisa und sein Diener
von Zeit zu Zeit dort
über Nacht blieben. 4,8ff

Eines Tages, als Elisa
dort wieder einkehrte,
bat er seinen Diener Gehasi:
„Geh zu der Frau und sag ihr:
Du hast viel für uns getan.
Was können wir für dich tun?
Soll Elisa beim König
ein Wort für dich einlegen?"
Aber die Frau antwortete Gehasi:
„Nein, das brauche ich nicht.
Ich wohne hier sicher
unter meinen Verwandten."
„Aber was kann ich ihr Gutes tun?",
fragte Elisa den Diener.
„Ach", meinte Gehasi,
„die Frau hat nur einen Kummer:
Sie hat keinen Sohn.
Und ihr Mann ist schon alt."
„Dann ruf die Frau zu mir!"
Kurz darauf erschien die Frau in der Tür.
„Hör", sagte Elisa „in einem Jahr
wirst du einen Sohn zur Welt bringen."
„Ach nein!",
meinte die Frau erschrocken.
„Bitte, täusche mich nicht!"
Doch nach einem Jahr
wurde der Sohn geboren,
wie der Prophet gesagt hatte. 4,12ff

Eines Tages aber
wurde das Kind schwer krank.
Es weinte und klagte:
„O mein Kopf! Mein Kopf!"
Da brachten sie das Kind zu der Mutter,
die hielt es stundenlang
in ihren Armen.
Aber um die Mittagszeit
starb das Kind.
Die Mutter trug es in Elisas Kammer,
legte es auf sein Bett
und schloss leise die Tür.
Dann eilte sie zu ihrem Mann
und bat ihn: „Gib mir eine Eselin
und dazu einen Knecht.
Ich muss den Mann Gottes aufsuchen."
„Wie?", fragte ihr Mann.
„Warum willst du zu ihm gehen?
Ist doch heute kein besonderer Tag?"
Sie aber wich aus: „Lass es gut sein!"
Und sie machte sich eilig auf,
den Mann Gottes zu suchen. 4,18ff

Endlich fand sie ihn am Berg Karmel.
Der sah sie schon von Weitem kommen.
„Sieh", rief er seinem Diener zu,
„die Frau aus Schunem ist da!
Lauf ihr entgegen und frag,
ob es allen gut geht!"
„Ja, gut!", antwortete sie.
Aber kaum stand die Frau
vor dem Mann Gottes,
fiel sie weinend auf ihre Knie
und umklammerte seine Füße.
Der Diener wollte sie wegstoßen.
Doch Elisa hielt ihn zurück: „Lass sie!
Siehst du nicht? Sie hat einen Kummer.
Aber ich weiß nicht, was sie bedrückt.
Gott hat es mir nicht offenbart." 4,25ff

In diesem Augenblick
brach es aus der Frau hervor:
„Habe ich denn einen Sohn
von dir erbeten?
Habe ich damals nicht zu dir gesagt:
‚Bitte, täusche mich nicht!'?"

Da ahnte Elisa, was geschehen war.
Er befahl seinem Diener:
„Geh sofort zu dem Kind!
Sprich unterwegs mit keinem Menschen!
Und lege meinen Stab auf sein Gesicht."
Aber die Frau rief:
„Nein! So wahr der Herr lebt
und so wahr du lebst:
Du musst selbst kommen." 4,28ff
Da zog Elisa mit ihr.

Als sie schon nahe am Haus waren,
kam ihnen Gehasi entgegen.
Er rief ihnen zu: „Ich habe versucht,
das Kind aufzuwecken,
aber es rührt sich nicht."

Elisa aber ging in das Haus,
er ganz allein, schloss die Tür zu,
betete und legte sich auf das Kind.
Nach einer Weile breitete er sich
noch einmal über das Kind.
Da – auf einmal nieste das Kind
und tat seine Augen auf.
Elisa aber rief die Mutter des Kindes.
Die traute ihren Augen nicht.
Ihr Sohn, ihr einziger Sohn lebte!
Sie warf sich vor Elisa nieder,
so überwältigt war sie.
Glücklich stand sie auf,
nahm den Sohn an die Hand
und führte ihn zu den anderen zurück. 4,31ff

So leise und unauffällig, wie die Erzählung begann, endet sie auch. Kein Jubel ertönt über das Wunder, das Gott getan hat. Kein Bekenntnis steht am Ende der Geschichte, wie etwa bei Elias Totenauferweckung (1. Kön 17,24). Diese Geschichte ist ein stilles Zeugnis für das, was Gott im Verborgenen, in einem entlegenen Winkel Israels, durch seinen Propheten tut. Dabei fällt auf: Der Name der Frau aus Schunem wird nicht genannt. Auch Elisa wird meist nur als „Mann Gottes" bezeichnet. Die Erzählung bleibt auffällig verhalten, wird aber dafür umso sprechender erzählt. In ihrer epischen Ausführlichkeit und ihrer plastischen Liebe zum Detail erinnert sie stark an die Erzählung von der Geburt des Samuel (1. Sam 1). Auch dort stand das Leid einer einzelnen Frau im Mittelpunkt.

Die Wiederbelebung des Kindes erinnert auf den ersten Blick an ein Märchen (z.B. das Niesen des Kindes). Aber bei näherer Betrachtung hebt sie sich scharf davon ab. Nicht durch eine magische Handlung (etwa durch den Stab des Propheten) findet das Kind zum Leben zurück, sondern durch das Gebet des Propheten und seine persönliche Hingabe. Und nicht der wiederbelebte Junge steht im Mittelpunkt, sondern eben jene Frau aus Schunem, die offenbar zu den gehobenen Kreisen zählt. Aber ihr heimliches Leid verbindet sie mit den Notleidenden und mit deren Anwalt Elisa, dem sie ihr Haus öffnet und der ihr am Ende den Sohn ein zweites Mal anvertraut. „Nimm deinen Sohn!" – ein sprechendes Zeichen für Gottes Erbarmen mit denen, die Leid tragen, gleich ob arm oder reich (vgl. dazu auch Lk 7,15).

NAAMAN
2. Könige 5

Seit Jahren lag das Königreich Israel
mit seinen syrischen Nachbarn im Streit.
Dort hatte zu jener Zeit Naaman
den Oberbefehl über das Heer.
Naaman war hoch geachtet
und ein hervorragender Krieger,
aber schwer krank.

Naaman hatte den Aussatz.
Kein Arzt in Syrien konnte ihm helfen. 5,1

Das hörte eine junge Israelitin,
die als Sklavin in Naamans Haus lebte.
Sie war bei einem Beutezug
nach Syrien verschleppt worden.

„Ach", meinte sie traurig zu ihrer Herrin,
„wenn doch mein Herr
bei dem Propheten in Samaria wäre!
Der könnte ihn vom Aussatz befreien." 5,2f

Da überlegte Naaman nicht lange.
Er bat seinen König um Urlaub.
Der gab ihm einen Brief
an den König von Israel mit,
darin stand geschrieben:
Ich schicke meinen General zu dir,
damit du ihn vom Aussatz befreist.
So zog Naaman nach Samaria
mit Pferden und Wagen,
und mit reichen Schätzen beladen.
Dort suchte er sofort
den König von Israel auf. 5,4ff

Als aber der König den Brief las,
zerriss er im Zorn sein Gewand.
Und empört rief er:
„Bin ich denn ein Gott,
der Tote lebendig macht?
Warum schickt der König von Syrien
diesen Mann zu mir?
Glaubt er etwa, ich könnte ihn
vom Aussatz befreien?
Seht, er sucht nur Anlass zum Streit." 5,7

Das hörte Elisa.
Er sandte einen Boten zum König
und ließ ihm ausrichten:
„Warum empörst du dich?
Schicke Naaman zu mir.
Dann wird er erfahren,
dass ein Prophet in Israel lebt." 5,8

Da fuhr Naaman zum Haus des Elisa,
mitsamt seinem Tross.
Elisa aber schickte ihm
seinen Diener entgegen
und ließ ihm ausrichten:
„Geh zum Jordan
und tauche dort siebenmal unter.
Dann wird deine Haut wieder rein."
„Wie?", empörte sich Naaman.
„Ich soll mich in diesem Fluss waschen?
Sind unsere Flüsse nicht viel besser
als alles Wasser, das durch Israel fließt?
Ich hatte geglaubt,

der Prophet kommt zu mir heraus.
Er ruft seinen Gott an
und befreit mich vom Aussatz.
Kommt, wir kehren um!" 5,9ff

Aber seine Knechte redeten ihm zu:
„Ach, hör doch auf ihn!
Wenn er Schweres gefordert hätte,
du hättest es bestimmt getan.
Wie viel leichter ist es,
diesen Rat zu befolgen." 5,13

Da fuhr Naaman zum Jordan
und stieg in das Wasser.
Siebenmal tauchte er unter,
wie der Prophet geboten hatte.
Und siehe da!
Seine Haut wurde ganz rein. 5,14

Als aber Naaman sah,
dass er vom Aussatz geheilt war,
kehrte er zu Elisa zurück,
mit seinem ganzen Gefolge
und mit all seinen Schätzen.
„Ja", bekannte er froh,
„nun glaube ich gewiss,
dass es keinen anderen Gott gibt,
als den Gott Israels.
So nimm mein Geschenk an!"
Und er holte seine Schätze hervor,
10 Zentner Silber, 6000 Goldmünzen
und 10 prunkvolle Gewänder. 5,5
Doch Elisa wies alles zurück.
„So wahr der Herr lebt,
ich nehme nichts an,
kein einziges Stück."
„Dann erlaube mir", bat Naaman,
„dass ich etwas
von eurer Erde mitnehme.
Darauf will ich zu Hause
dem Herrn Opfer darbringen.
Denn ich will künftig
keinem anderen Gott dienen.
Nur wenn es mein König befiehlt,
dann muss ich ihn
zu seinem Tempel begleiten
und zu seinem Gott beten.
Euer Gott verzeihe es mir."
„Ja", erwiderte Elisa,
„zieh heim in Frieden." 5,15ff

Aber kaum war Naaman gegangen,
da lief Gehasi, der Diener Elisas,
hinter Naaman her.
„Mein Herr schickt mich",
behauptete er.
„Er hat Besuch bekommen
und bittet um einen Zentner Silber
und zwei Festtagsgewänder."
Da gab ihm Naaman noch viel mehr.
Doch als Gehasi zurückkehrte,
stellte ihn Elisa zur Rede:

„Wo warst du?
Ich habe im Geist gesehen,
was du getan hast.
Du hast Silber und Gewänder
an dich genommen, um dir
Felder und Vieh davon zu kaufen.
Aber der Aussatz Naamans
wird über dich kommen." 5,19ff

Von diesem Tag an war Gehasi
vom Aussatz befallen,
schlimmer als Naaman es jemals war. 5,27

Ein Heide findet zum Glauben an den Gott Israels, dazu noch ein hoher Würdenträger des syrischen Königs! Was in den Augen Israels unmöglich scheint, das wirkt Gott durch seinen Propheten und durch einfache Menschen wie jene israelitische Sklavin und die Knechte des Naaman, die dem Mann Gottes mehr Glauben schenken als ihr Herr. Dabei spricht, menschlich betrachtet, alles dagegen:
– Die Syrer und Israeliten sind miteinander verfeindet. Ein Syrer betritt nicht freiwillig israelitischen Boden, es sei denn im Krieg.
– Weder der syrische König noch sein General wissen, was ein Prophet Gottes ist. Sie suchen ihn am Hof des Königs, vermutlich unter den bezahlten Propheten, die zum Hofstaat eines Königs gehören.
– Selbst der König Israels hat offenbar vergessen, dass in seinem Land ein Prophet Gottes lebt. Elisa muss sich erst selbst in Erinnerung bringen (5,8).
– Naaman erwartet vom Propheten eine rituelle Zeremonie mit magischer Kraft. Stattdessen soll er sich zu einer banalen Waschung im schmutzigen Jordan herablassen.

Es ist ein Weg voller Hindernisse, den Naaman gehen muss. Aber am Ende dieses Weges steht nicht die Heilung Naamans, sie wird nur ganz knapp erwähnt, sondern das Bekenntnis Naamans zum „Herrn", dem Gott Israels. Deshalb will er etwas von Israels Erde mitnehmen, derselben Erde, die doch ein Syrer nicht freiwillig betritt, als sichtbares (obgleich auch missverständliches) Zeichen, dem Gott Israels auch in seinem Land angehören zu wollen. Das wird ihn aber in Konflikt zum herrschenden Staatskult seines Landes bringen. Naaman schlägt für diesen Fall einen Kompromiss vor, den der Prophet erstaunlicherweise nicht verneint. Das erste Gebot, das keine andere Götterverehrung zulässt und vom Volk Israel absoluten Gehorsam fordert, gilt im Fall dieses Syrers unter veränderten Bedingungen.

Diese Geschichte ist die einzige aus dem Zyklus der Elisa-Geschichte, die Jesus in seiner Predigt in Nazareth ausdrücklich erwähnt: Gott ist frei, sich sein Volk aus anderen Völkern zu rufen, aus Heiden, die den Gott Israels mehr ehren als sein eigenes Volk (Lk 4,27).

Die Geschichte hat noch ein böses Nachspiel. Gehasi, Diener und Schüler des Propheten, kann der Versuchung nicht widerstehen, im Namen Elisas wenigstens einen Teil des angebotenen Lohns zu sichern. Für Elisa bedeutet dies aber Verrat am Amt des Propheten. Ein Prophet Gottes ist nicht käuflich. Wem aber materielle Güter (in diesem Fall: Vieh und Felder) wichtiger sind als der prophetische Auftrag seines Meisters, der kann nicht länger in seinem Dienst stehen. So endet die Geschichte mit einer zwar schmerzlichen, aber folgerichtigen Trennung Elisas von seinem Jünger Gehasi (vgl. dazu auch den Auftrag Jesu an seine Jünger: „Heilt Kranke, weckt Tote auf, macht Aussätzige rein ... Umsonst habt ihr's empfangen, umsonst gebt es auch ..." Mt 10,8).

DAS FRIEDENSMAHL
2. Könige 6,8–23

Jahre vergingen.
Inzwischen herrschte in Israel
Ahabs Sohn Joram über das Reich. 3,1
Da brach erneut ein Krieg mit Syrien aus.
Der König rückte eilig
mit seinem Heer gegen die Syrer vor.
Aber der syrische König
hatte seinen Soldaten befohlen:
„Legt einen Hinterhalt!
Versteckt euch am Weg,
bis die Israeliten anrücken.
Dann fallt über sie her!" 6,8

Doch Elisa ließ Joram sagen:
„Nimm dich in Acht
vor den syrischen Truppen!
Sie lauern dir am Weg auf."
Da forschte der König nach
und fand es genauso,
wie der Prophet gesagt hatte. 6,9f

Als aber der Syrerkönig merkte,
dass sein Plan nicht gelang,
rief er seine Truppenführer
und stellte sie zornig zur Rede:
„Wer von euch hält es mit Israels König?
Wer ist der Verräter? Sagt, wer?" 6,11

Da trat einer vor und sagte:
„O König, keiner von uns
hat den Plan des Königs verraten.
Niemand würde das wagen.
Aber in Israel lebt ein Prophet,
Elisa mit Namen.
Der weiß schon im Voraus,
was der König im Verborgenen plant.
„Was?", schrie der König erbost.
„Los, sucht diesen Mann!
Nehmt ihn gefangen
und führt ihn zu mir!" 6,12f

Da stellten die Syrer in aller Eile
ein großes Heer auf, um Elisa zu fangen.
Noch am selben Abend zogen sie los
mit Pferden, Wagen und vielen Soldaten,
Sie marschierten die ganze Nacht.

Gegen Morgen erreichten sie Dotan,
die Stadt, in der Elisa sich aufhielt.
Heimlich umstellten sie die Stadt
und warteten, bis der Morgen anbrach. 6,14

Unterdessen schlief Elisa
friedlich in seinem Haus.
Schon wurde es am Horizont hell.
Da stand der Diener Elisas auf.
Er ging vor die Tür
und blickte zu den Bergen hinauf,
die ringsum die Stadt Dotan umgaben.

Doch plötzlich entdeckte er:
Der ganze Berg war belagert
von feindlichen Wagen und Rossen.
Er stürzte schreiend ins Haus:
„Weh uns!
Wir sind umzingelt!
Was nun?"
Doch Elisa blieb ruhig:
„Hab keine Angst vor ihnen.
Auf unserer Seite sind noch viel mehr."
Und vor seinen Ohren betete er:
„Herr, öffne seine Augen!
Lass ihn sehen!"
Da fiel es dem Diener
wie Schuppen von seinen Augen.
Plötzlich sah er feurige Wagen
und Pferde rings umher.
Gottes himmlische Heere
umgaben sie wie ein Schutzwall. 6,15ff

In diesem Augenblick stürmten
die feindlichen Truppen den Berg herab.
„Herr, hilf uns!", betete Elisa.
„Gib, dass sie nichts sehen." 6,18

Und so geschah es: Auf einmal
sahen die Soldaten nichts mehr.
Hilflos tasteten sie sich vorwärts.
Doch niemand wusste, woher und wohin.
„Dies ist nicht der richtige Weg",
meinte Elisa zu ihnen.
„Kommt, ich führe euch
zu dem Mann, den ihr sucht."

Da folgten sie ihm blind auf dem Weg.
Elisa aber führte sie geradewegs
in die Hauptstadt Samaria,
zum Königspalast.
Dort betete Elisa erneut:
„Herr, öffne ihnen die Augen!
Lass sie wieder sehen!" 6,19f

Da gingen den Syrern die Augen auf.
Mit Schrecken sahen sie:
Vor ihnen stand ihr Erzfeind,
der König von Israel.
„Soll ich sie töten?", fragte der König.

Doch Elisa entgegnete:
„Willst du Wehrlose töten?
Nein, gib ihnen lieber Wasser und Brot,
damit sie sich stärken.
Danach lass sie in Frieden ziehen." 6,21f

Da bereitete der König
ein großes Festmahl zu.
Friedlich saßen alle
an einem Tisch, aßen und tranken.
Im Frieden kehrten die Syrer heim.
Von diesem Tag an hatte Israel
lange Zeit Ruhe vor seinen Feinden. 6,23

Während in den vorangegangenen Erzählungen die Wundertaten Elisas im Vordergrund standen, mischt sich in dieser wie auch in der folgenden Erzählung der Prophet aktiv in die Politik ein. Indem er aber König Joram vor einem feindlichen Angriff warnt, begibt er sich selbst in Gefahr. Aber nicht Israels Streitmacht vermag ihn zu schützen, sondern der Herr „Zebaoth", der Herr der „himmlischen Heerscharen". Das Bild der „feurigen Wagen und Rosse" zeigt Gottes unsichtbare Wirklichkeit und Macht an, die sich nur dem Auge des glaubenden und betenden Menschen erschließt (6,20). Es ist dasselbe Bild, das schon bei Elias Entrückung zeichenhaft einen Blick in Gottes Welt gewährte (2,11). In einer Situation äußerster Bedrohung darf sich der Angefochtene daran halten, dass Gott es ist, der „Herr Zebaoth", „der den Kriegen Einhalt gebietet" (Ps 46,10) und der seine himmlischen Heerscharen schützend um sie stellt (s. Ps 34,8). In Sach 2,9 ist es sogar Gott selbst, der seinem Volk zusagt: „Ich will eine feurige Mauer um sie her sein".

Die Erzählung endet mit einer versöhnlichen Szene, nicht ohne einen Schuss Humor. Die Feinde, die mit geballter Streitmacht ausgezogen waren, um einen Wehrlosen zu fangen, stehen am Ende in der „Höhle des Löwen" selbst als die Wehrlosen da. Das Friedensmahl ist als Zeichen der Hoffnung zu werten und macht deutlich, dass auch in Israels kriegerischen Auseinandersetzungen nicht Gewalt das letzte Wort haben muss.

SAMARIA
2. Könige 6,24–7,20

Nach dieser Zeit holte
der syrische König Ben-Hadad
zum entscheidenden Schlag aus.
Er fiel mit seinem Heer in Israel ein
und belagerte die Hauptstadt Samaria.
Monatelang waren seine Bewohner
wie in einem Käfig gefangen.
Bald waren in der Stadt
alle Vorräte verzehrt.
Schließlich zahlten die Menschen
für eine Handvoll Taubenmist
fünf Silberdenare
und für einen Eselskopf so viel
wie sonst für einen Sack Mehl. 6,24f

Die Lage in Samaria wurde
von Tag zu Tag schlimmer.
Viele Menschen verloren
vor Hunger fast den Verstand.
Manche schreckten sogar
vor Kindermord nicht zurück,
um ihr eigenes Überleben zu retten. 6,28f

2. Könige

Die Menschen bestürmten den König:
„Hilf uns! Rette uns!
Wir sterben vor Hunger."
Aber der König erwiderte:
„Wie soll ich euch helfen,
wenn Gott uns nicht hilft?"   6,26f
Unter seinem Königsmantel
trug er ein raues Büßergewand,
so dass jeder wusste:
Die Lage war ernst, todernst.
Wenn nicht ein Wunder geschah,
musste sich die Stadt in Kürze ergeben.
„Und wer ist an allem schuld?",
grollte der König.
„Kein anderer als dieser Elisa.
Bei Gott, ich schwöre:
Noch heute soll sein Kopf rollen."   6,30f

Indessen saß Elisa in seinem Haus
und beriet sich
mit den Ältesten der Stadt.
„Auf, schließt die Tür!", befahl Elisa,
„Gleich kommt der König zu mir.
Er will mich ermorden."
In diesem Augenblick
stand er auch schon in der Tür.
Zornig hielt er Elisa vor:
„Sieh, was dein Gott uns angetan hat!
Was soll ich noch von ihm erwarten?"   6,32f
Doch Elisa sprach zu ihm und allen,
die mit ihm gekommen waren:
„Hört das Wort des Herrn!
So spricht der Herr:
Morgen um diese Zeit werden am Tor
fünf Kilo Mehl und zehn Kilo Gerste
nur noch ein Silberstück kosten."
„Unmöglich!",
höhnte der Gefolgsmann des Königs.
„Selbst wenn ein Wunder geschähe,
wenn Gott Fenster am Himmel machte,
das kann nicht geschehen."
Doch Elisa entgegnete ihm:
„Wie Gott gesagt hat,
so wird es geschehen.
Mit eigenen Augen wirst du es sehen,
aber selbst nicht davon essen."   7,1f

Zur selben Zeit lungerten
draußen am Stadttor
vier aussätzige Bettler herum.
Sie hatten seit vielen Tagen
nichts mehr gegessen.
Da sagte einer zum andern:
„Was sollen wir machen?
Wenn wir hier bleiben,
müssen wir alle verhungern.
Gehen wir in die Stadt,
verhungern wir auch.
Warum laufen wir nicht
zu unseren Feinden über?
Wenn sie uns am Leben lassen,
ist es gut.
Wenn nicht, ist es auch gut.
Schlimmer kann es für uns
nicht mehr kommen."   7,3f

So machten sie sich
in der Dämmerung auf
und schlichen sich heimlich
zum Lager der Syrer.
Da entdeckten sie zu ihrem Erstaunen:
Das Lager war leer!
Die Zelte lagen verlassen da.
Alle Syrer waren geflohen.
Alles, was sie besaßen,
hatten sie in den Zelten gelassen,
Gold, Silber und kostbare Kleider.
Sogar die Pferde und Esel
waren noch an die Zelte gebunden.   7,5+7

Da stürzten sich die Bettler
gierig auf ihre Beute.
Sie aßen und tranken sich voll,
rafften alles Gold und Silber zusammen
und brachten es
in ein sicheres Versteck.
Unermüdlich schleppten sie
neue Schätze aus den Zelten herbei
und hatten immer noch nicht genug.   7,8

Schon kündete sich ein neuer Tag an.
Da sagte einer zum andern:
„Was wir hier tun, ist nicht recht.
Dieser Tag ist ein Tag guter Botschaft.
Wenn wir den verschweigen
und warten, bis es hell wird,
dann laden wir große Schuld auf uns."
Kommt, wir laufen zur Stadt
und verkünden dem König,
was wir entdeckt haben!"   7,9

So ließen sie alles liegen
und eilten zum Stadttor.
Das war noch immer verschlossen.
„Macht auf!", riefen die Bettler.
„Wir haben gute Nachricht für euch.
Die Feinde sind weg.
Alle Zelte sind leer.
Im Lager rührt sich nichts mehr."
Da riefen die Wächter sogleich
die Nachricht in der ganzen Stadt aus.
Und sie ließen dem König sagen:
„Gute Nachricht für dich!
Alle Feinde sind abgezogen." 7,10f

Aber der König
traute dem Frieden nicht.
Wer weiß, sagte er sich,
vielleicht locken uns die Feinde
in eine Falle.
So schickte er zwei Kampfwagen
hinter den Syrern her.
Sie sollten erkunden,
wo die Feinde geblieben waren.
Aber es dauerte nicht lange,
da kehrten sie wieder zurück
und brachten die gute Nachricht:
„Ja, es ist wahr:
Die Syrer sind alle geflohen." 7,12ff

Da machten sie die Tore weit auf.
Alle stürmten voll Freude hinaus
und machten sich über die Beute her.
Sie aßen und tranken sich voll
und schleppten schwere Säcke
voll Mehl und Gerste zum Stadttor.
Und wie Elisa vorhergesagt hatte, 7,16
traf es auch ein:
Fünf Kilo Weizenmehl
und doppelt so viel Gerstenmehl
kosteten nur noch einen Silberdenar.
Es gab für alle mehr als genug. 7,18
Aber der Gefolgsmann des Königs,
der zuvor gehöhnt hatte, 7,19f
bekam von dem Segen nichts ab.
Im Gedränge wurde er am Tor
von den Massen erdrückt. 7,17

Nun war geschehen,
was kein Mensch mehr geglaubt hatte:
Samaria war gerettet!
Aber niemand außer Elisa wusste,
was wirklich geschehen war.
Gott hatte in der Nacht
die Feinde erschreckt.
Panik hatte alle Syrer erfasst. 7,6
Noch ehe der Morgen anbrach,
waren sie über den Jordan geflüchtet. 7,15
Gott war es, nicht ein Zufall,
dem die Menschen in Samaria
ihre Rettung verdankten.

Elisa gerät in der Auseinandersetzung mit den Syrern / Aramäern zunehmend unter Druck. Sein eigener König macht ihn für das namenlose Elend in der belagerten Stadt verantwortlich. Die Lage des Königs ist so verzweifelt, dass er entschlossen ist, mit Gott und seinem Propheten endgültig Schluss zu machen. Dennoch zieht sich Gott nicht von ihm zurück. Er lässt ihm durch Elisa die Wende ankündigen, die unmittelbar bevorsteht. Seine Botschaft stößt aber auf Unverständnis und Spott (7,2). Erst am Ende, als sich die Vorhersage erfüllt, wird offenbar, dass Gott durch Elisa gesprochen hat.

Eine besondere Rolle nehmen die vier leprakranken Bettler ein. Als Ausgestoßene stehen sie am Rand der Gesellschaft. Ausgerechnet diese Verachteten werden zu Zeugen der befreienden Wende, die Gott im Verborgenen herbeigeführt hat (7,6f). Während sich der König und sein Volk noch hinter Mauern verschanzen, sind es die Verachteten und Ausgestoßenen, die die „gute Botschaft" von Gottes Rettungstat verkünden. Darin sind jene Aussätzigen den Hirten von Bethlehem und auch den Frauen am Grab vergleichbar (Lk 2,15f / Mk 16,1ff par). Sie alle gelten nach dem Gesetz nicht als glaubwürdige Zeugen. Aber als Zeugen der „frohen Botschaft" Gottes kommt ihnen der erste Platz zu. Wer ihrer Botschaft nicht traut – wie hier der König in Samaria –, hat sich selbst seiner Hoffnung beraubt.

JEHU
2. Könige 9–10

Viele Jahre war der Prophet Elisa
durch das Land Israel gezogen.
Er hatte im Namen Gottes
zahlreiche Wunder vollbracht.
Aber am Ende des Lebens
musste er noch einen Auftrag erfüllen,
den schon vor langer Zeit
sein Lehrer Elia erhalten hatte.
Einst hatte Elia König Ahab prophezeit:
„Dein Königshaus wird
nicht lange bestehen.
Bald wird in deinem Reich
ein anderer König regieren.
Und alle deine Nachkommen
werden durchs Schwert umkommen." 1. Kön 21,21ff

Inzwischen waren viele Jahre vergangen.
König Ahab lebte nicht mehr.
Sein Sohn Joram regierte über das Reich.
Aber Isebel trieb noch immer
ihr Unwesen im Land.
Noch immer diente sie Baal
und der Göttin Aschera
und verführte das Volk,
dasselbe zu tun.
Mit Sorge sah der Prophet Elisa,
wie sie das Land in den Untergang trieb.

In jenen Tagen rief Elisa
einen Prophetenschüler zu sich
und befahl ihm: „Mach dich auf!
Nimm diesen Krug Öl mit dir
und geh zu unserem Heerlager!
Dort triffst du Jehu,
einen trefflichen Mann.
Nimm ihn beiseite,
und salbe ihn heimlich zum König!" 9,1ff

Da machte sich der Bote Elisas
sofort auf den Weg.
Als er zum Heerlager kam,
saßen gerade alle Hauptleute zusammen.
„Ich habe eine Nachricht für dich!",
sagte der Bote zu Jehu.
„Für mich?", fragte Jehu erstaunt.
„Dann komm in mein Zelt."

Dort holte der Bote den Ölkrug hervor
und feierlich sprach er zu Jehu:
„So spricht der Herr, der Gott Israels:
Ich habe dich zum König
über mein Volk gesalbt.
Du sollst das Gericht
über Ahabs Familie vollstrecken."
Und schon war er wieder verschwunden. 9,4ff

Nachdenklich kehrte Jehu
zu den anderen zurück.
Die sahen ihn fragend an:
„Was wollte dieser Verrückte von dir?"
Jehu winkte ab: „Nichts Besonderes.
Ihr wisst doch selbst,
was solche Leute reden.
Alles nur dummes Geschwätz."
Aber die anderen ließen nicht locker.
„Nein, nein! Wir sehen dir an:
Du bist auf einmal ganz anders.
Verrate uns, was hat er gesagt?"
„Nun", antwortete Jehu,
„Er hat mich zum König gesalbt." 9,11f

Sofort sprangen die anderen auf
und breiteten ihre Mäntel
vor Jehu aus,
bliesen laut in das Horn
und schrien begeistert im Chor:
„Jehu ist König geworden!" 9,13f
Der aber bestieg sofort seinen Wagen.
Im Eiltempo jagte er auf Jesreel zu.
Dort lag König Joram krank
in seinem Sommerpalast. 8,29b
Ahasja, der König von Juda,
war bei ihm zu Besuch.
Da meldete der Wächter vom Turm:
„Ich sehe eine Staubwolke.
Ein Wagen jagt auf die Stadt zu."
Sogleich schickte Joram
einen Boten dem Wagen entgegen.
Auf schnellem Pferd jagte dieser
auf Jehu zu und rief schon von weitem:
„Kommst du mit Frieden?"
„Was geht dich der Friede an?",
herrschte Jehu ihn an.

„Komm, folge mir!"
Und ohne zu zögern,
lief der Bote zu Jehu über. 9,17f

Da schickte der König
noch einen Boten Jehu entgegen.
„Kommst du mit Frieden?",
rief auch dieser ihm zu.
„Was geht dich der Friede an?",
herrschte Jehu ihn an.
„Komm, folge mir!"
Da lief auch er zu Jehu über. 9,19

Schon raste der Wagen
auf Jorams Sommerpalast zu.
„Das kann nur Jehu sein!",
rief der Wächter vom Turm.
„Wie verrückt jagt er daher!"
„Auf", befahl Joram, „spannt an!
Gemeinsam jagten sie Jehu entgegen,
Joram und Ahasja, der König von Juda.
Genau vor Nabots Weinberg
trafen sie mit Jehu zusammen.
„Kommst du mit Frieden?",
rief Joram Jehu entgegen.
„Wie? Frieden?", schrie Jehu zurück.
„Deine Mutter Isebel beherrscht
mit ihren Göttern noch immer das Land.
Nennst du das Frieden?" 9,20ff

„Verrat, Ahasja!", schrie Joram.
Er riss seinen Wagen herum
und versuchte zu fliehen.
Aber Jehu war schneller.
Er spannte seinen Bogen,
und zielte auf Joram –
und schon brach dieser tot
in seinem Wagen zusammen.
„Auf", befahl Jehu.
„Jagt auch Ahasja nach
und tötet ihn auf der Stelle!
Joram aber werft in den Weinberg,
der Nabot gehörte!
Denn nun erfüllt sich das Wort,
das Gott zu Ahab gesprochen hat." 9,23f

Als aber Isebel hörte,
dass Jehu gekommen war,
schminkte sie sich und kämmte ihr Haar.
Wie zu einem Fest schmückte sie sich.
Vom Fenster aus sah sie Jehu entgegen.
Und schon jagte Jehu im Wagen heran.
Vor dem Tor hielt er jäh an.
„Gut gemacht, Jehu!",
höhnte Isebel von oben herab.
„Ist das deine Treue, du feiger Verräter?"
Aber Jehu schrie nach oben:
„Wer von euch hält zu mir?"
Da erschienen zwei Diener,
die packten Isebel
und warfen sie zum Fenster hinaus.

So kläglich endete die Frau,
die jahrelang das Land
in Angst und Schrecken gehalten hatte.
Niemand begrub sie.
Niemand weinte eine Träne um sie. 9,30ff

– – –

Dies war der Anfang vom Ende.
28 Jahre regierte Jehu über sein Reich.
Aber auch Jehu fiel bald von Gott ab. 10,28ff
Seit dieser Zeit ging es
mit dem Königreich Israel ständig bergab.

Am Ende seines Lebens mischt sich Elisa noch einmal aktiv in die Politik ein. Wenn auch nicht persönlich, so löst er doch, vermittelt durch einen seiner Prophetenschüler gezielt einen Militärputsch aus. Dabei leitet ihn nur ein Ziel: Jehu soll das Gerichtsurteil, das Elia über das Haus Ahab gesprochen hat, im Namen Gottes vollstrecken. Daraus entwickelt sich eine hoch dramatische Geschichte, die immer weitere Kreise schlägt und am Ende das ganze Volk Israel in Mitleidenschaft zieht. Im Mittelpunkt des Geschehens steht Jehu, eine durchaus zwielichtige Figur. Sein Auftreten wirft viele Fragen auf, auf die diese Geschichte keine eindeutige Antwort gibt: Weiß sich Jehu wirklich als der Vollstrecker göttlichen Willens – oder ist er nicht der eigenmächtige Usurpator, der vor keiner Gewalttat zurückschreckt? Insbesondere das folgende Kapitel erzählte von unbeschreiblichen Gräueltaten am Haus Ahabs und an den Baalspriestern, die in ihrer Grausamkeit weder moralisch noch theologisch zu rechtfertigen sind. Ferner stellt sich die Frage, ob Elisa und sein Schüler wirklich im Namen Gottes gehandelt haben. Inwiefern, so fragt man sich, darf sich ein Prophetenschüler, der doch keine ausdrückliche Berufung vorzuweisen hat, den Botenspruch anmaßen: „So spricht der Herr"?

Aber vielleicht ist dies gerade die Intention dieser Erzählung: Sie möchte verstören, desillusionieren, ein durchaus ambivalentes Bild jener Menschen zeichnen, die hier vermeintlich in Gottes Namen agieren. Jehus „rasender" Eifer (9,20) hat jedenfalls keine Bußbewegung oder gar eine Reformation ausgelöst (wie später unter König Josia). Im Gegenteil, seine Radikalität führt dazu, dass sein Königreich immer mehr in die Isolation gerät. Jehu möchte das Ruder herumreißen, aber letztlich trägt er selbst mit zum Untergang seines Volkes bei. Auch ihm erteilt die Geschichtsschreibung, wie allen anderen Königen Israels, die Zensur: „Er wandelte in den Sünden Jerobeams, der Israel sündigen machte." (10,31; vgl. auch die Kritik des Propheten Hosea, der an die „Blutschuld" Jehus erinnert in Hos 1,4–6).

DAS ENDE DES KÖNIGREICHS ISRAEL
2. Könige 11–17

Das Haus Ahabs war ausgelöscht.
Jehu regierte nun uneingeschränkt
über das Königreich Israel.
Aber die Grausamkeiten
in seinem Reich nahmen kein Ende.
Auch im Königreich Juda
brach eine schwere Zeit an.
Dort wütete die Königinmutter Atalja. 11,1ff
Sie war eine Tochter Isebels,
die letzte Überlebende aus Ahabs Haus
und eine erklärte Feindin Jehus.
Beide Königreiche entfremdeten sich
von Jahr zu Jahr mehr.

Im Königreich Israel herrschte
fast 100 Jahre lang Jehus Familie.
Unter Jerobeam II., dem Enkel Jehus,
erlebte das Land über 40 Jahre
noch eine letzte Blütezeit.
Aber auch dieser König tat,
„was dem Herrn missfiel", 14,23ff
wie alle seine Vorfahren.

Danach aber fiel der assyrische König
Tiglat Pileser mit einem mächtigen Heer
in das Königreich Israel ein.
Er machte Hosea zum König
von Assyriens Gnaden
und forderte von ihm hohen Tribut.
Doch nach sechs Jahren
sagte sich Hosea von Assyrien los.
Da kehrte der assyrische König zurück
und unterwarf das ganze Land.
Drei Jahre lang belagerte er Samaria.
Danach ergab sich die Stadt. 17,5
Die meisten Bewohner wurden
nach Assyrien verschleppt.
Dort verlor sich ihre Spur. 17,1ff

Nur wenige blieben in Israel zurück.
Sie vermischten sich bald
mit anderen Volksgruppen. 17,24ff
So kam es, dass auch sie den Glauben
an den Gott ihrer Väter
mit anderen Götterkulten vermischten, 17,29ff
obwohl Gott der Herr einen Bund
mit ihnen geschlossen hatte
und ihnen geboten hatte:
„Betet keine anderen Götter an
als allein den Herrn euren Gott,
der euch aus Ägypten befreit hat.
Er allein kann euch erretten
vor euren Feinden." 17,35ff

Dies ist das traurige Ende
des Königreichs Israel.
Nichts war geblieben
von seinem früheren Glanz.
Nichts als ein verwüstetes Land.
Noch existierte das Königreich Juda.

2. Könige

Noch herrschten in Jerusalem
Könige aus Davids Familie. 18ff
Aber es war nur noch eine Frage der Zeit,
bis auch dieses Königreich
endgültig zerstört wurde. 24,1ff

– – –

Ein später Nachruf im Rückblick
auf die Geschichte der Könige:

*H*err, *wir haben gesündigt*
mitsamt unseren Vorfahren.
Wir haben unrecht getan
und sind gottlos gewesen.
Unsere Vorfahren wollten
deine Wunder nicht verstehen.
Sie waren ungehorsam
und dachten nicht mehr
an deine Güte.
Hilf uns, Herr, unser Gott,
und bringe uns wieder
aus den Völkern zusammen,
dass wir deinen heiligen Namen preisen.
aus Psalm 105 und 106

Mit diesem sog. „Nachruf" auf das Königreich Israel (2. Kön 17,7ff) ist die Geschichte der Könige noch nicht beendet. Das 2. Königsbuch erzählt in der Folge von den letzten 100 Jahren im Königreich Juda und den letzten Nachkommen Davids auf dem Königsthron in Jerusalem. Da aber die Geschichte der Könige Judas parallel zum 2. Königsbuch auch im 2. Buch der Chronik behandelt wird, soll ihre Geschichte im folgenden Kapitel gesondert thematisiert werden, und zwar vorrangig aus der Perspektive des 2. Chronikbuches, das ergänzend zum 2. Buch der Könige noch einen neuen Akzent in die Geschichte der Könige einbringt.

DAS 1. / 2. BUCH DER CHRONIK

Die Könige Judas

Die zwei Chronikbücher bilden den Hauptteil des sog. „Chronistischen Geschichtswerkes", das zusammen mit den Büchern Esra und Nehemia die gesamte Geschichte Judas, angefangen vom Königtum Davids bis in die nachexilische Zeit, umfasst. Während sich das 1. Buch der Chronik vorwiegend mit Davids Königsgeschichte befasst (I 11–29) und diese bis auf Abraham, ja sogar bis auf Adam zurückführt (I 1–10), konzentriert sich das 2. Buch der Chronik auf die jeweiligen Nachkommen Davids auf dem Königsthron. Die Geschichte der Könige Israels wird in diesem Buch nur am Rand erwähnt. In der Darstellung der Könige Judas finden sich zwar viele Parallelen zum 2. Buch der Könige, aber auch hier setzt die chronistische Geschichtsschreibung deutlich eigene Akzente.
Schon in der Darstellung von Davids Königtum im 1. Buch der Chronik fällt auf: David gilt als großes Vorbild für alle folgenden Könige. Von Davids Ehebruch weiß das 1. Chronikbuch nichts zu berichten, wohl aber von seinen Bemühungen um den künftigen Tempel (I 18 und 21ff). Nach dem 1. Chronikbuch ist David der eigentliche Begründer des Tempels. Er hat zwar nicht den Tempel erbaut, aber bereits die Ordnung für Priester, Leviten und Tempelsänger festgelegt (I 23ff). An seiner Haltung gegenüber dem Tempelgottesdienst, den Tempeldienern und den Leviten werden im 2. Buch der Chronik auch alle folgenden Könige gemessen.

Als vorbildlicher König gilt im 2. Chronikbuch, wer folgende Kriterien erfüllt:

(1) Der König **fürchtet** Gott, das heißt: Er hält Gottes Gebote und unterweist auch sein Volk in seinen Geboten. Dies äußert sich z.B. in den Reformen, die der König in seinem Land durchsetzt (z.B. II 17ff).

(2) Der König **zerstört** alle Altäre im Land und lässt den Gottesdienst im Tempel reformieren (z.B. II 24,4ff; 34,1ff).

(3) Der König **sucht** Gott. In Zeiten der Not wendet er sich zuerst im Gebet an Gott. Und er erfährt Gottes Antwort durch seine Propheten (II 15,1ff / 20,14ff). Die Gebete der Chronikbücher zeugen von einem tiefen Gottvertrauen (z.B. II 14,10ff / 20,4ff).

(4) Der König ruft zum **Lob Gottes** auf, wobei die Tempelsänger als Vorsänger der ganzen Gemeinde fungieren (z.B. II 20,21 / 20,26).

(5) Der König **erneuert den Bund** mit Gott (z.B. II 15,12 / 23,16 / 29,10 / 34,31ff).

Allen Königen, die diese Kriterien erfüllt haben, erteilt das 2. Chronikbuch die Zensur: „Sie taten, was Gott wohl gefiel" bzw. sie taten, „was vor Gott recht war". Auf ihnen ruht daher auch sichtbar Gottes Segen – oder mit den Worten des Chronikbuchs: Ihnen lässt es Gott „gelingen". Das Buch folgt der Ansicht, dass zwischen dem Verhalten der Könige und ihren Erfolgen oder Misserfolgen ein erkennbarer Zusammenhang besteht.

Die Chronikbücher erzählen die Königsgeschichte aus der Rückschau. Sie sind in der Zeit nach dem babylonischen Exil verfasst worden, in einer Zeit, da in Jerusalem kein König mehr herrscht, aber die Hoffnung auf den verheißenen König aus Davids Stamm, auf den wahren Messias, unvermindert fortlebt. Vermutlich stammen die Chronikbücher aus dem Kreis der Tempelsänger. Sie laden dazu ein, in Erinnerung an die Geschichte der Könige wieder die eigene Mitte im Gottesdienst zu finden. Nicht die Versagensgeschichte der Könige steht daher im Vordergrund, sondern die Kontinuität des Lobpreises, der im alten wie auch im neu erbauten Tempel nicht verstummen soll. In diesem Zusammenhang werden die „Söhne Asafs" und die „Söhne Korachs" ausdrücklich als Lobsänger vorgestellt. Auf sie gehen auch viele Psalmen zurück, z.B. die Psalmensammlungen 42–49 (Korach), 50 / 73–83 (Asaf), 84 / 85 / 87 / 88 (Korach). Einige dieser Psalmen finden sich im Anschluss an die folgenden Texte. Sie zeigen den geistigen Raum an, in dem sich die Chronikbücher bewegen.

ABIJA
2. Chronik 13

Dies ist die Geschichte
des Königreichs Juda.
Sie beginnt schon mit David,
der König über ganz Israel war.
Ihm hatte Gott einst
die große Zusage gegeben:
„Dein Königshaus
soll für immer bestehen.
Nach dir soll dein Sohn König sein.
Immer soll einer aus deinem Haus
auf dem Königsthron sitzen." 1. Chr 17

Aber nach Salomos Tod
zerfiel das Reich in zwei Teile.
Davids Nachkommen regierten
nur noch über das Königreich Juda.
Ihr Land war weder mächtig noch reich.
Es wurde oft von Feinden bedroht.
Dennoch hielt es lange Zeit
allen Angriffen stand.
Es existierte sogar noch,
nachdem das Nordreich
längst zerstört war.

Neunzehn Könige regierten insgesamt
über das Königreich Juda.
An erster Stelle steht Rehabeam,
Salomos Sohn.
Aber Rehabeam hörte nicht auf Gott
und hielt sich nicht an seine Gebote.
Da fiel der König von Ägypten
mit vielen tausend Wagen und Pferden
in das Land Juda ein
und plünderte Jerusalem, die Stadt,
die Gott zum Wohnsitz erwählt hatte. 12,13ff

Danach wurde Abija, Rehabeams Sohn,
König über das Reich Juda.
Nur drei Jahre regierte Abija
über das Königreich Juda.
In dieser Zeit herrschte fortwährend
Krieg zwischen ihm und Jerobeam,
dem König über das Nordreich.

Abija rückte mit einem gewaltigen Heer
gegen das Brudervolk vor.
Im Gebirge Ephraim
stießen beide Heere zusammen.

Abija aber stieg auf einen Berg
und rief höhnisch von oben herab:
„Hör zu, Jerobeam!
Und ihr Israeliten, hört mir zu.
Habt ihr vergessen,
dass Gott einen Bund
mit David geschlossen hat
und ihm und seinen Nachkommen
das Königtum für immer übertragen hat?
Nun aber hat Jerobeam
das Königtum an sich gerissen
und allerlei Gesindel um sich geschart.

Wollt ihr euch etwa
gegen das Königtum Davids auflehnen,
nur weil ihr zahlreicher seid
und zwei goldene Kälber habt?
Wir aber sind gewiss:
Gott ist auf unserer Seite.
Wir haben ihn nicht verlassen.
Er geht uns im Kampf voran.
Darum hört, ihr Israeliten,
kämpft nicht gegen den Herrn,
den Gott eurer Väter.
Es wird euch nicht gelingen." 13,1ff

Doch Jerobeam legte einen Hinterhalt.
Von zwei Seiten griff er Abija an.
Da schrien die Männer von Juda zu Gott
und erhoben ein großes Kriegsgeschrei.
Die Priester bliesen in die Trompeten.
Als das Heer Jerobeams
das Kriegsgeschrei hörte,
ergriffen alle die Flucht.
Aber die Männer von Juda
fassten neues Vertrauen
auf den Herrn, den Gott ihrer Vorfahren. 13,13ff

Die Abijarede zeigt gleich zu Anfang der Königsgeschichte Judas an, worin die Stärke, aber auch die Grenze chronistischer Geschichtsschreibung besteht: auf der einen Seite das unbedingte Gottvertrauen des Königs, auf der anderen Seite seine Anmaßung, Gott für eigene Zwecke instrumentalisieren zu wollen. Angesichts der Tatsache, dass beide Seiten zum Volk Gottes gehören, erscheint die Rede Abijas und der darin anklingende Anspruch, das wahre Volk Gottes zu vertreten, erst recht anmaßend. Ferner fällt auf, dass das Chronikbuch kein negatives Wort über Abijas Regierungszeit (910–908) verliert, während es in 1.Kön 15,3 von Abija heißt: „Er wandelte in allen Sünden seines Vaters (Rehabeam) ... und sein Herz war nicht ungeteilt bei dem Herrn, seinem Gott, wie das Herz seines Vaters David."

ASA
2. Chronik 14–16

Nach Abija wurde sein Sohn Asa
König über das Reich Juda.
Er war der erste König,
der sich treu zu Gott hielt
und auch sein Volk anhielt,
nach Gottes Geboten zu leben.
Schon in jungen Jahren zeigte er an,
wem er allein dienen wollte.
Er entfernte die Altäre,
die anderen Göttern geweiht waren,
und zerstörte ihre Steinmale.
Außerdem baute er seine Städte aus
und stellte ein großes Heer auf,
um seine Grenzen zu schützen. 14,1ff

Zehn Jahre herrschte Frieden im Land.
Danach fiel der König von Kusch
von Süden in das Land ein
mit 300 Kampfwagen
und vielen tausend Fußsoldaten.
Da zog ihnen Asa entgegen
mit seinem ganzen Heer.
Doch als er die Übermacht
der Feinde sah,
verließ ihn aller Mut.
„Ach Herr!", flehte er.
„Es ist dir nicht schwer, dem Schwachen
gegen den Starken zu helfen.
So hilf uns, Herr, unser Gott.
Denn wir verlassen uns auf dich.
In deinem Namen wagen wir es,
gegen dieses große Heer zu ziehen.
Denn du, Herr, bist unser Gott.
Gegen dich kann kein Mensch
im Kampf bestehen." 14,8ff
Da erhörte Gott sein Gebet.
Kaum hatte der Kampf begonnen,
ergriffen alle Feinde die Flucht.
Asa aber jagte ihnen nach
bis über die Grenze.
Im Triumphzug kehrte er
nach Jerusalem zurück. 14,11ff
Dort kam ihm ein Prophet Gottes
namens Asarja entgegen,
der rief ihm zu:
„Höre, König Asa und ihr alle
aus dem Stamm Juda und Benjamin,
die ihr mit dem König ausgezogen seid.
Der Herr ist mit euch,
wenn ihr mit ihm seid.
Wenn ihr ihn sucht,
dann lässt er sich finden.
Wenn ihr ihn aber verlasst,
dann verlässt er auch euch.
Lange Zeit lebte unser Volk
ohne Gott und seine Gebote.
Und lange Zeit gab es darum
keinen Frieden im Land.
Ihr aber, seid getrost!
Lasst eure Hände nicht sinken!
Es ist nicht umsonst, was ihr tut." 15,1ff

Da schöpfte der König Mut.
Und er befahl seinen Leuten:
„Zerstört alle Götteraltäre im Land!

Danach kommt zum Tempel,
damit wir den Bund mit Gott erneuern." 15,8f

Im fünfzehnten Jahr Asas
kamen alle im Tempel zusammen.
Auch aus anderen Stämmen
gesellten sich viele dazu.
In großen Scharen zogen sie
zum Vorhof des Tempels.
Dort brachte der König
auf dem erneuerten Altar
zahllose Opfer dar.
An diesem Tag traten alle
feierlich in den Bund mit Gott ein.
Unter Jubel und Hörnerklang gelobten sie,
allein ihrem Gott zu dienen.
Große Freude erfüllte alle,
die dort versammelt waren.
Seit Salomos Tagen hatte der Tempel
kein solches Fest mehr erlebt. 15,10ff

– – –

Zwanzig Jahre hatte das Land Juda
Ruhe vor seinen Feinden.
Aber danach vergaß Asa,
was er seinem Gott gelobt hatte.
Im 36. Jahr Asas rüstete Bascha,
der König von Israel, zum Krieg
gegen das Nachbarland Juda.
Asa aber schloss ein Bündnis
mit Ben-Hadad, dem syrischen König,
um Bascha von seinem Plan abzubringen.
Auf dieses Bündnis baute Asa mehr
als auf seinen Bund mit Gott.
Und obwohl ihn ein Prophet warnte,
hörte er nicht auf ihn,
sondern ließ ihn verhaften. 16,1ff

Am Ende seines Lebens
wurde Asa schwer krank.
Aber auch in seiner Krankheit
hörte er mehr auf die Ärzte
als auf den Herrn, seinen Gott.
So siechte der König dahin
und starb ohne Trost.
Er, auf den sein Volk einst
so große Hoffnungen gesetzt hatte. 16,12ff

In der chronistischen Darstellung stellt Asa das Ideal eines Königs dar, der alle Kriterien erfüllt, die von einem König aus dem Haus Davids erwartet werden. Insofern erfährt er auch sichtbar den Segen Gottes, der sich in seiner vierzigjährigen Königsherrschaft und zwei langen Friedensperioden ausdrückt. Beides erinnert an die vierzigjährige Friedenszeit Salomos, die als Zeichen besonderen Segens galt. Aber auch dieser König muss sich daran messen lassen, ob er zu seinem Wort steht, das er Gott gelobt hat. Seine Bündnispolitik wird wohl deshalb so streng beurteilt, weil sich in ihr bereits andeutet, was den letzten Königen Judas zum Verhängnis werden wird. Auffällig ist vor allem die enge Verbindung von Ursache und Wirkung, die sich schon in der Rede des Propheten Asarja ankündigt. Sie gehört zu den typischen Merkmalen der Botschaft des Chronikbuchs.
Sogar die Krankheit Asas wird mit seinem Abfall von Gott begründet. Man spürt hier deutlich die lehrhafte Absicht der nachexilischen Chronisten, ihre Zeitgenossen vor der Gefahr der Gottvergessenheit zu warnen.

JOSCHAFAT
2. Chronik 17–20

Nachdem Asa gestorben war,
wurde sein Sohn Joschafat
König über das Reich Juda.
Schon früh fing Joschafat an,

sein Reich auszubauen.
Er legte seine Truppen
in alle befestigten Städte
und setzte in ihnen Statthalter ein.

Auch ließ er viele Festungen
und Kornspeicher bauen,
um für Notzeiten gerüstet zu sein.
Und Gott war mit Joschafat
und ließ ihm gelingen,
was er auch unternahm.
Denn Joschafat hörte auf Gott
und hielt sich an seine Gebote,
ganz wie sein Ahnvater David. 17,1ff

Bald drang Joschafats Ruhm
in alle Länder ringsum.
Kein König wagte,
Krieg mit ihm zu führen.
Stattdessen zahlten sie ihm Tribut
und brachten ihm viele Geschenke. 17,10ff
Auch sein eigenes Volk
beschenkte ihn reich. 17,5

Danach, als Joschafat sah,
dass sein Volk hinter ihm stand,
gab er im ganzen Land den Befehl aus:
„Schlagt alle Götterbilder kaputt!
Zerstört ihre Altäre!
Denn nur einer ist Gott!"
Ihn allein sollte das Volk ehren.
Nur im Tempel sollte es zu ihm beten. 17,6

Aber nicht alle Menschen
konnten nach Jerusalem kommen.
Die einen waren zu schwach,
andere waren zu arm.
Niemand hatte sie jemals
Gottes Gebote gelehrt.
Darum befahl Joschafat
den Priestern und Leviten am Tempel:
„Geht in die Städte und Dörfer
und lehrt das einfache Volk,
dass auch sie Gottes Gebote halten." 17,7ff

Schließlich machte sich Joschafat
sogar selbst auf den Weg.
Er reiste von Ort zu Ort,
vom äußersten Süden
bis zur Grenze im Norden.
Und wohin er kam,
rief er die Menschen zu Gott zurück.
Auch setzte er Richter in jede Stadt.
Ihnen schärfte er ein:
„Gebt Acht, was ihr tut!

Denn ihr richtet nicht
im Namen von Menschen,
sondern im Namen Gottes, des Herrn.
Er ist bei euch,
wenn ihr Recht sprecht.
Deshalb hütet das Recht!
Nehmt keine Geschenke an!
Macht keinen Unterschied
zwischen Armen und Reichen!
Nur mutig ans Werk! Tut, was Not ist.
Denn Gott lässt es dem Guten gelingen." 19,4ff

So sorgte König Joschafat
für dauerhaften Frieden im Land.
Nur ein einziges Mal zog er in den Krieg,
weil Ahab, der König von Israel,
ihn dazu überredet hatte. 18f
Danach aber verbündeten sich
die Ammoniter, Moabiter und Mëuniter,
gegen Joschafat und sein Volk.
Eines Tages fielen sie von Südosten
in das Land Juda ein
und schlugen ihr Lager
in der Oase En-Gedi auf.
Da wurde dem König gemeldet:
„Drei Völker sind auf einmal
in unser Land eingefallen
mit einem riesigen Heer.
Sie sind schon am Toten Meer.
Nur noch wenige Tage,
dann stehen sie vor Jerusalems Toren." 20,1f

Als der König das hörte, erschrak er,
fiel auf seine Knie und flehte Gott an.
Und er befahl seinen Dienern:
„Ruft sofort im ganzen Land
einen Buß- und Fastentag aus!" 20,3

Da strömten die Menschen
von allen Seiten herbei
und versammelten sich im
Vorhof des Tempels,
Männer, Frauen und Kinder.
Joschafat aber stellte sich vor ihnen
auf die Stufen des Tempels,
hob seine Hände zum Himmel,
und vor allen Ohren rief er Gott an:
„Herr, du Gott unserer Väter,
bist du nicht Gott im Himmel
und Herrscher über alle Königreiche?

In deiner Hand ist Kraft und Macht.
Hast du nicht unseren Vorfahren
dieses Land für immer gegeben?
Und hast du nicht versprochen:
Wenn wir in Not zu dir rufen,
dann wirst du uns hören?
Sieh, diese Völker wollen uns
aus dem Land vertreiben,
das du uns gegeben hast.
Du, unser Gott,
willst du nicht über sie richten?
Denn in uns ist keine Kraft.
Wir sind machtlos
gegen dieses gewaltige Heer.
Wir wissen nicht, was wir tun sollen.
Aber unsere Augen schauen auf dich." 20,4ff

Andächtig lauschten die Leute.
Doch plötzlich rief einer aus ihrer Mitte:
„Ihr Leute von Jerusalem
und ihr vom Land Juda, hört her!
So spricht Gott der Herr:
Fürchtet euch nicht!
Denn nicht ihr kämpft.
Gott tut es für euch.
Nur Mut! Seid nicht verzagt!
Zieht morgen den Feinden entgegen!
Der Herr ist mit euch." 20,15ff
Jahasiël hieß der Mann,
dem Gott dies Wort eingegeben hatte,
ein Levit aus dem Chor der Söhne Asafs.

Da verneigten sich alle mit Joschafat
und beteten Gott an.
Der Chor der Sänger aber
lobte und dankte Gott mit lauter Stimme,
der ihnen diese Zusage gegeben hatte. 20,19

Am nächsten Morgen zog
ein großer Heereszug aus der Stadt.
Viele Menschen säumten die Straßen.
Joschafat aber stellte sich vor sie
und rief laut in die Menge:
„Hört ihr Leute von Juda
und ihr von Jerusalem, hört mir zu:
Glaubt eurem Gott,
dann wird euch nichts geschehen.
Hört auf seine Propheten,
dann wird es euch gelingen.
Wo seid ihr Sänger?

Zieht vor den Soldaten her!
Lobt und preist unseren Gott!
Denn seine Barmherzigkeit währt ewig." 20,20f

Da stellten sich die Tempelsänger
an die Spitze des Zuges
und stimmten mit lauter Stimme
ihr Loblied an:
„Danket dem Herrn!
Denn ewig währt seine Gnade."
Singend zogen sie vor den Soldaten her,
alle in Festgewändern.
Wie zu einem Fest zogen sie aus.
Als ob der Kampf schon entschieden sei,
so ließen sie ihr Siegeslied schallen. 20,21f

Doch als sie
zum feindlichen Heerlager kamen,
verstummte plötzlich ihr froher Gesang.
Kein Mensch war zu sehen.
Nur Leichen bedeckten die Erde.
Die drei Völker hatten sich
gegenseitig vernichtet,
noch ehe Joschafats Männer
den Kampfplatz erreicht hatten. 20,23f

Glücklich kehrten die Männer heim,
mit reicher Beute beladen.
Doch zuvor kamen sie alle
im „Lobetal" zusammen.
Dort lobten sie den Herrn ihren Gott,
der sie vor ihren Feinden bewahrt hatte.
Fröhlich zogen sie mit Joschafat
nach Jerusalem ein und in den Tempel,
begleitet von Trompeten und Harfen.
So dankten sie ihrem Gott,
der sie gerettet hatte. 20,25ff

Als aber die Nachbarvölker erfuhren,
was geschehen war,
fürchteten sie sich noch mehr
vor dem König von Juda.
Und niemand wagte noch,
Krieg mit ihm zu führen. 20,29

25 Jahre regierte Joschafat
über das Königreich Juda.
Bis an sein Lebensende
wich er nicht von Gott ab
und tat, was vor Gott recht war.

Aber sein Volk opferte noch
auf den Kulthöhen im Land.
Denn es hatte sich noch nicht ganz
zu dem Gott seiner Väter bekehrt. 20,31ff

— — —

Ein Psalm Asafs:

Wir danken dir, Gott, wir danken dir
und verkündigen deine Wunder,
dass dein Name so nahe ist.
Gott spricht: „Die Erde mag wanken
und alle, die darauf wohnen,
aber ich halte ihre Säulen fest."
Ihr, die ihr euch rühmt,
pocht nicht auf eure Gewalt.
Denn Gott ist Richter.
Er wird die Gewalt derer zerbrechen,
die nicht nach Gott fragen.
Ich aber will immer verkünden,
was er an uns getan hat,
und unseren Gott loben
mit meinem Lied.
aus Psalm 75

Joschafats Regierung wird im Chronikbuch viel ausführlicher gewürdigt als in den Königsbüchern. Sowohl seine Kultreform als auch seine Reform des Rechtswesens zeichnen ihn als vorbildlichen König aus, der beides, Gerechtigkeit und Frieden, seinem Land schenkt und der mit Eifer sein Volk zur Umkehr aufruft. Den Höhepunkt bildet die Erzählung vom „Lobetal", die sich nur hier im Chronikbuch findet. Was sich auf den ersten Blick wie ein gewöhnlicher Kriegsbericht liest, erweist sich bei näherem Betrachten als Anti-Kriegsgeschichte, an der das Chronikbuch exemplarisch das Gottvertrauen des Königs verdeutlicht:

• Joschafat sucht nicht den Krieg, sondern wird von ihm überrumpelt.
• Joschafat „sucht" Gott. Anstelle überstürzter Mobilmachung beruft er zuerst einen Buß- und Fastentag ein (20,3).
• Joschafat „sucht" Gott im Gebet (20,6ff). Dieses Gebet gehört zu den kostbarsten Zeugnissen des Chronikbuches. In ihm bringt Joschafat seine Not vor Gott und erinnert ihn an sein Versprechen, das er den „Vätern" Israels gegeben hat. Er tut es im festen Vertrauen, dass Gott sein Gebet erhört (vgl. dazu Salomos Tempelgebet, 2. Chr 6,34f / 1. Kön 8,44f).
• Joschafat „glaubt" dem Wort Gottes, das im Gottesdienst an ihn ergeht – in diesem Fall durch das prophetische Wort eines Tempelsängers, durch den Gott spricht: „Fürchtet euch nicht".
• Joschafat ermutigt seine Männer, genauso wie er, auf Gott zu vertrauen. Nicht wie zum Kampf, sondern wie in einer Prozession ziehen sie sie den Feinden entgegen. Nach den Anweisungen des Königs führen die Tempelsänger den Heereszug an. Sie können ihr Danklied jetzt schon, vor der Konfrontation mit den Feinden, anstimmen, im festen Vertrauen, dass die Entscheidung durch Gott gefallen ist.
• Joschafats Männer müssen selbst nicht kämpfen. Die drei feindlichen Heere haben sich untereinander aufgerieben. Ihre Aufgabe ist es allein, Gottes Macht zu bezeugen und ihm durch ihr Lob die Ehre zu geben (vgl. Ex 14,31; 15,1ff u.ö.).

So mündet die Geschichte von Joschafat am Ende dort ein, wo sie ihren Ausgang genommen hat: im Tempel vor Gottes Angesicht. Dies ist der wahre Ort, wo nach dem Chronikbuch auch künftig Klage und Lob Gottes erklingen soll. Joschafats Gebet im Tempel und der Lobpreis der Tempelsänger, der „Söhne Asaf" (20,14) und der „Söhne Korach" (20,19), sind ein eindrucksvolles Beispiel dafür.

Nur eine Erzählung fällt aus dem Rahmen: Es ist der Bericht vom Feldzug gegen die Syrer, in den Joschafat durch König Ahab, seinen Schwager und Verbündeten, hineingezogen wird (18). Von diesem Kriegszug wurde schon in 1. Kön 22 berichtet. Aber anders als dort, wertet das Chronikbuch diesen Kriegszug als Verfehlung Joschafats. Nur aufgrund seiner sonstigen Verdienste wird ihm diese „Verfehlung" nicht übel angerechnet (19,2f).

ATALJA UND JOASCH
2. Chronik 22–24 (2. Könige 11f)

Nicht lange danach brach
ein großes Unglück über Juda herein.
Joschafat lebte nicht mehr.
Sein Sohn Joram regierte
acht glücklose Jahre.
In dieser Zeit scheute er
vor keinem Verbrechen zurück.
Sogar seine eigenen Brüder
ließ er kaltblütig ermorden.
Seine Frau war Atalja,   2. Kön
die aus dem Königshaus Ahabs stammte.   8,18
Sie übte großen Einfluss
am Hof von Jerusalem aus.
Und sie tat alles, um das Land Juda
ins Verderben zu stürzen.   21,1ff

Bald darauf starb Joram, ihr Mann.
Und nicht lange danach
starb auch Ahasja, ihr Sohn.
Da riss Atalja die Herrschaft an sich.
Sie ließ alle Königssöhne ermorden
und setzte sich selbst auf den Thron.   22,1ff
Sechs Jahre hielt sie das Land Juda
in Angst und Schrecken.
In dieser Zeit ließ sie für Baal
einen Tempel und viele Altäre erbauen.   23,17
Aber den Tempel des lebendigen Gottes
ließ Atalja verfallen.   24,7

Es war eine trostlose Zeit.
Das Volk lebte in ständiger Angst.
Niemand wagte noch,
offen seine Meinung zu sagen.
Denn Atalja hatte überall ihre Spione.
Viele Menschen seufzten und klagten:
„Wie lange noch?
Wann schenkt uns Gott
wieder einen König wie David?"
Aber während sie noch klagten,
wuchs heimlich der neue König heran:
Joasch, der jüngste Sohn Ahasjas,
des verstorbenen Königs.
Er war der Einzige,
der Ataljas Wüten überlebt hatte.
Denn an dem Tag, als Atalja
alle Königssöhne ermorden ließ,
war er gerade erst geboren.
Die Schwester Ahasjas
hatte ihn mitsamt seiner Amme
heimlich aus dem Palast gestohlen
und zu ihrem Mann,
dem Priester Jojada gebracht.   22,11ff
Der versteckte das Kind
in der Bettenkammer des Tempels.
Dort blieb Joasch sechs Jahre versteckt.
In dieser Zeit unterwies ihn Jojada
in Gottes Wort und lehrte ihn
auf seine Gebote zu achten.   24,2

Danach, im siebten Jahr,
wagte der Priester den Umsturz.
Er verbündete sich heimlich
mit führenden Hauptleuten des Landes   2. Kön
und weihte sie in seinen Plan ein.   11,4
An einem Sabbat schlug er zu.
Zuvor hatte er alle Leviten
und Sippenältesten zum Tempel bestellt.
Dort hatte sich im Vorhof des Tempels
eine große Gemeinde versammelt.
Die Hauptleute und ein Teil der Leviten
bewachten indessen die Tore.
Andere standen bewaffnet bereit,
um den neuen König zu schützen.   23,1ff

Da erschien der Priester Jojada
mit Joasch an seiner Hand.
Feierlich führte er das Kind
zu der Säule am Eingang des Tempels
und rief: „Seht den Sohn des Königs!
Der soll von nun an euer König sein.
So hat Gott es geboten:
Immer soll ein Nachkomme Davids
auf dem Königsthron sitzen."   23,3
Und vor der ganzen Gemeinde
setzte er Joasch die Krone auf,
gab ihm das Gesetz Gottes in die Hand
und salbte ihn feierlich zum König.
„Es lebe der König!", rief er.
„Ja!", jubelten alle, „es lebe der König!"
Der ganze Platz hallte wider
von ihrem Freudengeschrei.
Und Priester bliesen in die Posaunen.

Andere stimmten den Lobgesang an.
Jubelnd fiel die Gemeinde ein.
Ihr Jubel schallte durch die ganze Stadt. 23,11ff

Auf einmal stand Atalja im Tor.
Außer sich riss sie ihren Mantel entzwei.
„Verrat! Verrat!", schrie sie empört.
Doch niemand ergriff für sie Partei.
„Greift sie!", befahl Jojada.
„Führt sie hinaus und tötet sie dort.
Aber vergießt kein Blut
an diesem heiligen Ort!"
Da zerrten sie Atalja hinaus
und töteten sie vor dem Königspalast. 23,12ff

An diesem Tag erneuerte Jojada
den Bund mit Gott,
der durch Atalja gebrochen war.
Und alle, Alte und Junge,
traten mit ihm in den Bund ein.
Danach stürmten sie mutig
den Tempel des Baal, rissen ihn ein
und zerbrachen alle seine Altäre.
Die Wache aber führte Joasch
im Festzug zum Königspalast.
Dort bestieg Joasch den Thron Davids. 23,16ff

Von diesem Tag an
begann ein neues Leben in Juda.

Die Menschen atmeten auf.
Ihr König war zwar noch ein Kind,
als er den Thron bestieg.
Aber sein Volk liebte ihn.
Denn Joasch hörte auf Gott.
Solange der Priester Jojada lebte,
blieb Joasch seinem Gott treu.
In dieser Zeit ließ er sogar
den Tempel von Grund auf erneuern. 24,1ff

Aber nach Jojadas Tod
umgab sich der König mit Ratgebern,
die das Haus Gottes nicht ehrten,
sondern fremde Götter verehrten.
Auf sie hörte der König mehr
als auf die Propheten,
die Gott zu ihm sandte.
Und obwohl ihn Sacharja,
der Sohn Jojadas, warnte,
hörte er nicht auf ihn,
sondern ließ ihn töten.
Aber am Ende wurde er selbst
von seinen Beratern ermordet. 24,19ff

So traurig endete der König,
der so viele Hoffnungen geweckt hatte.
Aber was Gott durch ihn getan hat,
bleibt unvergessen bis auf diesen Tag.

Diese Geschichte erzählt von einer der tiefsten Krisen im Königreich Juda. Sie wird an der Person Ataljas festgemacht, die aus dem nordisraelitischen Königshaus Ahabs stammt. Ihr zerstörerischer Einfluss zeigt sich zum einen an der Einführung des Baalskultes. Zum andern aber trifft sie mit der Ermordung aller Königssöhne den entscheidenden Nerv des Königreichs Juda, dessen Zukunft vom Fortbestand der Davidsnachkommen abhängt. Der Tod Asarjas, des letzten Königs aus dem Haus Davids auf dem Königsthron, hat ein Machtvakuum geschaffen, das die Königinmutter geschickt für ihre eigenen Ziele auszunutzen weiß. Es scheint, als wolle diese ganz gezielt das davidische Reich in den Abgrund treiben, möglicherweise sogar als Racheakt für die Ausrottung des Königshauses Ahabs durch Jehu (vgl. 2. Kön 9 / 2. Chr 22,8f).

In dieses Machtvakuum tritt der Priester Jojada. Obwohl er als Priester eigentlich nur für sakrale Aufgaben und für die Unterweisung des Volkes in der Tora zuständig ist, wird er nun zur entscheidenden politischen Figur. Er ist es, der im Untergrund den Widerstand gegen die Gewaltherrschaft der Königin schürt und selbst aktiv den Staatsstreich inszeniert, wobei es ihm gelingt, die militärischen und geistlichen Widerstandskräfte zusammenzuführen. Als Priester sieht er sich legitimiert, den neuen König im Namen Gottes zu salben und ihn als König zu proklamieren, aber nicht ohne die Einwilligung des Volkes, was in diesem Fall durch Akklamation geschieht. Als Priester weiß er sich aber auch dafür verantwortlich, dass nicht nur das Volk, sondern auch der König in der Tora unterwiesen wird und sich daran hält. Das „Gesetz" (vermutlich das sog. „Königsgesetz"; Dtn 17,14ff), das

Joasch bei der Inthronisation durch den Priester überreicht wird, deutet dies symbolisch an.

Hier zeichnet sich eine bemerkenswerte Umkehrung ab. Während sich Salomo noch selbstverständlich als Oberhaupt sowohl der politischen als auch sakralen Aufgaben verstand und dementsprechend auch problemlos selbst Opfer vollzogen hat, ist es hier der Priester, der als Königsmacher und Lehrer seines Volkes in die aktive Politik eingreift. Und während in den Königsbüchern der Prophet als kritisches Korrektiv dem König gegenübersteht, nimmt hier zunehmend der amtsführende Priester diese Aufgabe wahr. Dabei tritt die Rolle des Propheten eher in den Hintergrund. (Der einzige Prophet, der hier erwähnt wird, Sacharja, der Sohn des Priesters Jojada, wird auf Veranlassung des Königs gesteinigt – ein ungeheuerliches Vergehen, zu dem sich selbst ein König wie Ahab nicht verstiegen hat!)

Diese Akzentverschiebung ist typisch für die Botschaft der chronistischen Geschichtsschreibung, die von einer Doppelspitze – politisches und sakrales Oberhaupt – ausgeht, von der auch das Buch Esra berichtet.

HISKIA
2. Chronik 29–32 (Könige 18f)

Dies ist die Geschichte von Hiskia,
der in schwerer Zeit über Juda regierte.
Schon zur Zeit seines Vaters Ahas
wurde das kleine Königreich
von den übermächtigen Assyrern bedroht.
In seiner Not unterwarf sich Ahas
dem assyrischen König Tiglat-Pileser.
Der forderte von Ahas hohen Tribut. 2. Kön
Seinetwegen raubte Ahas den Tempel aus. 16,7ff

Alles Silber und Gold des Tempels
lieferte er willig den Assyrern aus.
Zu jener Zeit fragten in Jerusalem
nur noch wenige Menschen nach Gott.
Viele opferten fremden Göttern,
die doch keine Götter waren.
Ahas baute für sie
an jeder Ecke einen Altar.
Sogar seinen eigenen Sohn
opferte er diesen finsteren Göttern.
Aber das Haus Gottes ließ er verkommen.
Die Lampen im Tempel waren verlöscht,
seine Türen geschlossen.
Kein Rauch stieg von dort
zum Himmel empor.
Kein Priester brachte Gott Opfer.
Wo früher Loblieder erklangen,
herrschte nun Totenstille.
Selbst an den großen Festtagen
blieben die Tempeltore verschlossen. 28,19ff

Als Hiskia die Herrschaft übernahm,
machte er sich sofort daran,
das Haus Gottes zu erneuern.
Er befahl den Priestern und Leviten:
„Macht die Tore des Tempels weit auf!
Werft allen Unrat hinaus
und reinigt das Haus unseres Gottes.
Unsere Väter haben sich
von ihm abgekehrt.
Darum ist großes Leid
über sie gekommen.
Ich aber will einen Bund
mit Gott dem Herrn schließen,
damit er seinen Zorn von uns wendet." 29,1ff

Da machten sich die Priester
und Leviten mit großem Eifer ans Werk.
Sie entfernten alles,
was nicht in den Tempel gehörte.
Bald strahlte das Haus Gottes
in neuem Glanz.
Daraufhin ließ König Hiskia
ein großes Passafest ausrufen.
Er schickte Boten ins ganze Land Juda
und auch in das ferne Israel,
das die Assyrer zerstört hatten.
Und er ließ allen verkünden:
„Kommt alle zum Tempel
und feiert mit uns das Passafest
wie in früheren Jahren.

2. Chronik

Kommt und sperrt euch nicht
wie eure Vorfahren!
Kehrt endlich zu Gott zurück!
Denn unser Gott ist
gnädig und barmherzig.
Er kehrt sich nicht von euch ab,
wenn ihr umkehrt zu ihm."   30,1ff

Doch viele lachten die Boten aus.
Andere aber horchten auf.
Voller Erwartung brachen sie auf.
In großen Scharen zogen sie
nach Jerusalem zum Haus Gottes
wie in früheren Jahren.
Zwei Wochen lang feierten sie
miteinander das Passafest,
doppelt so lange wie sonst.
Niemand war ausgeschlossen.
Alle gehörten dazu, Große und Kleine,
Reiche und Arme, Fremde und Freunde.
Gott hatte sie alle miteinander
zu einer Gemeinde vereint.
Seit Salomos Zeit hatte das Volk
nicht mehr so fröhlich Passa gefeiert.   30,23ff

Nach dieser Zeit wurde Sanherib
König über das assyrische Reich.
Bald darauf wurde Hiskia gemeldet:
Sanherib ist mit seinem Heer
in das Land Juda eingefallen.
Weite Teile des Landes
sind bereits in seiner Gewalt.
Da rief Hiskia sofort
alle führenden Männer zusammen
und beriet sich mit ihnen.
„Was sollen wir tun?", fragte er.
„Auf, prüft unsere Stadtmauern!
Schließt alle Lücken!
Und wo ihr Risse entdeckt,
da bessert sie aus!
Zieht weitere Wachtürme hoch
und baut noch eine zweite Mauer davor!
Und vergesst nicht die Wasserquelle,
die vor der Stadtmauer entspringt.
Die Feinde dürfen sie nicht entdecken.
Deckt sie zu und leitet das Wasser
durch einen unterirdischen Kanal
in unsere Stadt!
Dann müssen wir uns
vor keiner Belagerung fürchten."   32,1ff

Und sogleich machten sie sich ans Werk.
Gemeinsam packten sie an,
bauten und besserten aus,
wie der König befohlen hatte.
Hiskia spornte sie unentwegt an
und er sprach ihnen Mut zu,
wenn sie verzagen wollten.   32,4ff

Kaum war das große Werk beendet,
da marschierten die Assyrer
schon auf Jerusalem zu.
Sofort ließ Hiskia das Tor schließen
und versammelte
alle bewaffneten Männer
auf dem Platz vor dem Tor.
„Nur Mut", rief er ihnen zu.
„Seid nicht verzagt!
Fürchtet euch nicht vor den Assyrern!
Denn sie bauen auf Menschenmacht.
Aber mit uns ist der Herr, unser Gott.
Der hilft uns."   32,7f

Da schöpften alle Mut.
Sie stellten sich auf die Mauern
und warteten angespannt,
bis die Feinde anrückten.
Schon rückten sie an,
viele tausend Soldaten.
Und dies war erst die Vorhut
des assyrischen Heeres!

Plötzlich sprengten Reiter heran.   2. Kön
Zwei hohe Beamte Sanheribs   18,17
führten den Trupp an.
Vor dem Stadttor hielten sie an.
Sie schrien zu den Männern hoch,
die die Mauer bewachten:
„He, ihr da oben,
verlasst euch nicht
auf euren König Hiskia!
Hört nicht auf ihn!
Er ist ein Verführer.
Er lügt, wenn er sagt:
Gott wird euch helfen.
Euer Gott kann euch nicht retten.
Er ist genauso schwach
wie alle anderen Götter."   32,9ff
Sanheribs Gesandte schrien so laut,
dass alle auf der Mauer es hörten.
Doch keiner der Männer sagte ein Wort.

Stumm warteten sie,
bis die Reiter wieder abzogen.
Denn Hiskia hatte ihnen geboten: 2. Kön
„Antwortet ihnen kein Wort!"   18,36

Doch bald darauf kamen sie wieder,
höhnten und spotteten noch mehr.
Sie überbrachten Hiskia
einen Drohbrief von ihrem König.   32,17
Hiskia aber nahm den Brief,
ging damit zum Tempel
und breitete ihn dort vor Gott aus.
„Ach Herr!", betete er.
„Sieh, wie Sanherib dich verspottet.
Lass es nicht zu!
Rette uns aus seiner Hand,
Dann werden alle erkennen,
dass du, Herr, der wahre Gott bist   2. Kön
und Herr über alle Könige auf Erden."   19,14ff

Stundenlang rang der König
mit Gott im Gebet.   32,20
Da ließ der Prophet Jesaja ihm sagen:
„So spricht der Herr:
Ich will diese Stadt beschirmen
und sie retten, wie ich   2. Kön
David zugesagt habe."   19,34

Als aber Hiskia am nächsten Morgen
auf das assyrische Lager herabschaute,
da traute er seinen Augen nicht.
Alle Assyrer waren verschwunden.
Da glaubte Hiskia:
Gott hatte sein Gebet erhört.
Er hatte seine Hand schützend
über Jerusalem gehalten.

    2. Kön 19,35 / vgl. Jes 38

– – –

Nicht lange danach
wurde Hiskia todkrank.
Hiskia aber betete inständig zu Gott.
Da hörte Gott auf sein Gebet
und gab ihm noch 15 Lebensjahre dazu.

    2. Kön 20,1ff / vgl Jes 38

Insgesamt 29 Jahre regierte Hiskia   Jes 39
über das Königreich Juda.
Er führte sein Volk durch schwere Zeiten.
Doch was er auch anfing,
das ließ Gott ihm gelingen.
Solange Hiskia lebte,
blieb das Volk seinem Gott treu.   29,1f

Die chronistische Geschichtsschreibung stilisiert Hiskia als Hoffnungsträger und Vorbild im Glauben. Sein Bild setzt sich aus verschiedenen Einzelteilen zusammen.
(1) Abweichend von der Darstellung im 2. Königsbuch stehen Hiskias Reformbemühungen um die Wiederherstellung des Tempelgottesdienstes und die Wiedereinführung des Passafestes an erster Stelle. Überraschend ist der missionarische Eifer des Königs, mit dem Hiskia auch die Restbevölkerung im eroberten Königreich Israel in sein Reformwerk mit einbezieht.
(2) Dagegen wird die Konfrontation mit dem assyrischen Heer vergleichsweise knapp und im Vergleich zur Darstellung im 2. Königsbuch verkürzt behandelt. Das Gewicht liegt hier auf der Ansprache Hiskias, der seinen Männern Mut zuspricht – ein immer wiederkehrendes Element in der chronistischen Geschichtsschreibung.
(3) Im letzten Teil der Geschichte erscheint Hiskia als vorbildlicher Beter. Die Umstände, die zum Abzug der assyrischen Belagerer geführt haben, werden dabei nur am Rande erwähnt. Vermutlich brach im Lager der Assyrer eine Seuche aus (vielleicht aufgrund der umgeleiteten Gihonquelle durch Wassermangel ausgelöst?). Möglicherweise hat auch ein drohender Umsturz am assyrischen Hof den überstürzten Abzug begründet. In jedem Fall wird er als Wunder Gottes erfahren, der, wie einst am Schilfmeer, so auch in dieser späten Phase der Geschichte, sein Volk wunderbar zu befreien vermag.

JOSIA
2. Chronik 33–35 (2. Könige 22f)

Nach dem Tod Hiskias
herrschte sein Sohn Manasse
über das Königreich Juda.
Manasse war erst zwölf Jahre alt,
als er den Thron seines Vaters bestieg.
Er regierte 55 Jahre über Jerusalem,
so lange wie kein König zuvor.
Es war die schlimmste Zeit,
die das Land Juda jemals erlebte.

Manasse zerstörte alles,
was sein Vater wiederhergestellt hatte.
Er rief Wahrsager und Zauberer
an seinen Hof und holte
alle Götterkulte wieder ins Land,
die Hiskia abgeschafft hatte.
Sogar im Haus Gottes
stellte er ein Götterbild auf.
Und im Vorhof des Tempels,
ja, auf allen Hügeln des Landes
rauchten Opfer auf den Altären,
die fremden Göttern geweiht waren.

Manasse scheute nicht einmal
vor Menschenopfern zurück.
So maßlos war er in seinem Eifer,
dass er es ärger trieb
als alle heidnischen Völker ringsum.
Und er verführte auch sein Volk,
dass sie es ihm nachtaten.   33,1ff
Wer sich ihm widersetzte,   2. Kön
wurde mit dem Tode bestraft.   21,16
Erst am Endes des Lebens
erkannte Manasse,
dass der Herr allein Gott ist,
und änderte sein Leben.   33,11ff

Auf Manasse folgte
sein Sohn Amon auf dem Thron.
Dieser trieb es noch schlimmer
als sein Vater Manasse.
Doch nach zwei Jahren
verschworen sich seine Minister
und ermordeten Amon in seinem Palast.
Aber das Volk des Landes,
das zum Königshaus hielt,

erschlug die Mörder Amons
und machte seinen Sohn Josia
zum König über das Reich Juda.   33,21ff

Josia war erst acht Jahre alt,
als er den Thron bestieg.
Aber schon in jungen Jahren
fragte er nach Gott und suchte
nach seinen Geboten zu leben.
Im achten Jahr seiner Regierung
begann er, sein Land zu erneuern.
Er ließ alle Götterbilder zerschlagen.
Sogar im ehemaligen Reich Israel
ließ er alle Altäre zerstören,
die fremden Göttern geweiht waren.   34,1ff

Danach beschloss Josia,
den Tempel zu erneuern.
Er befahl seinen Ministern
und dem Staatsschreiber Schafan:
„Geht zum Haus Gottes
und sagt dem Oberpriester Hilkija:
Der König will den Tempel erneuern.
Darum ruft die besten Handwerker!
Zieht am Tempel neue Balken aus Holz!
Flickt seine rissigen Mauern!
Und spart nicht an Geld!
Nehmt es aus dem Opferkasten,
der am Eingang des Tempels steht!
Gebt es den Bauleuten,
damit sie Holz und Steine besorgen."   34,8ff

Da öffnete Hilkija den Opferkasten.
Doch als er das Geld ausschüttete,
traute er seinen Augen nicht.
Da kam eine Schriftrolle zum Vorschein.
Es war das Gesetzbuch Moses,
das seit Jahren verschollen war.
„Auf!", drängte Hilkija
den Schreiber Schafan.
„Bring diese Rolle sofort zum König
und sag ihm: Dieses Gesetzbuch
habe ich im Tempel gefunden."   34,14f

Da nahm Schafan die Rolle,
eilte mit ihr zum Königspalast

und übergab sie dem König.
Der bat seinen Schreiber,
ihm daraus vorzulesen. 34,16ff

Und Schafan las:
*"Höre Israel, der Herr unser Gott
ist der einzige Gott.
Ihn sollst du lieben von ganzem Herzen,
mit ganzer Seele und all deiner Kraft.
Präge es deinen Kindern ein!
Dann werdet ihr in dem Land bleiben,
das euch euer Gott gab.
Wenn ihr ihn aber vergesst
und anderen Göttern folgt,
dann werdet ihr in alle Länder zerstreut."* Dtn 6,4ff

Da sprang der König auf,
zerriss sein Gewand
und rief entsetzt aus:
„Wir haben Gottes Wort vergessen!
Wir haben nicht auf seine Gebote gehört.
Was wird nun aus uns?
Geht und fragt einen Propheten!
Vielleicht kann er uns sagen,
was Gott von uns will." 34,19ff

Da zog der Priester Hilkija
mit den Gesandten des Königs
zu einer Prophetin, Hulda mit Namen.
Die ließ dem König ausrichten:
„So spricht der Herr, der Gott Israels:
Dieses Volk hat mich verlassen.
Darum wird ein großes Unglück
über diesen Ort hereinbrechen.
Aber dich wird es nicht mehr treffen.
Denn du hast auf Gottes Stimme gehört." 34,22ff

Als der König das hörte,
schickte er sogleich Boten ins Land
und ließ überall ausrufen:
„Kommt alle zum Tempel
und hört, was Gott euch verkündet!"

Da kamen sie in Scharen
aus allen Städten Judas zum Tempel,
auch alle, die in Jerusalem wohnten.

Alte und Junge, Große und Kleine,
Priester, Leviten und das einfache Volk
füllten den Vorhof des Tempels.
Der König aber stand
an der Säule vor dem Tempel.
Und vor allen Ohren ließ er
das Gesetzbuch vorlesen.

„Hört", rief der König,
„heute will Gott aufs Neue
den Bund mit euch schließen.
Ich frage euch: Wollt auch ihr
den Bund mit ihm erneuern?
Wollt ihr zu ihm gehören
und seine Gebote halten?"
„Ja", antworteten alle im Chor,
„wir wollen nur auf ihn hören
und keine anderen Götter verehren."
2. Chron 34,20ff / vgl. 2. Kön 29,3

Danach feierten sie das Passafest,
so fröhlich wie nie zuvor.
Sieben Tage lang
waren sie im Tempel zusammen,
lobten und dankten Gott,
begleitet vom Chor der Söhne Asafs,
den Vorsängern in der Gemeinde.
Seit Samuels Zeit hatte das Land
nie mehr solche Freude erlebt. 35,18ff

— — —

Ein Lied Asafs zur Festfeier:

Singt fröhlich eurem Gott Lieder!
Lobt ihn mit Psalmen!
Blast in euer Widderhorn,
wenn der Festtag anbricht.

Israel, höre auf mich!
Kein anderer Gott soll unter dir sein.
Und einen fremden Gott
sollst du nicht ehren.
Denn ich bin der Herr, dein Gott,
der dich aus Ägypten geführt hat.
aus Psalm 81

Unter allen Königen Judas ragt Josia am meisten heraus (639–609 v.Chr.). Mit seiner Person haben sich schon zu seinen Lebzeiten messianische Hoffnungen verbunden. Viele haben in ihm den verheißenen Nachkommen Davids vermutet, der den „Thron Davids wieder aufrichten" (2. Sam 7,12ff) und das Großreich Israel in seinem ursprünglichen Umfang wiederherstellen wird. Tatsächlich gelingt es Josia auch, seine Herrschaft auf das Nordreich auszudehnen, nachdem die assyrische Besatzungsmacht dort immer mehr an Einfluss verloren hat.

Was aber Josia vor allen anderen Königen auszeichnet, ist seine umfassende Kultreform. Sie ist durch die überraschende Entdeckung des Gesetzbuches ausgelöst. Die feierliche Bundeserneuerung des Königs und seines ganzen Volkes im Anschluss an die Lesung des Gesetzbuchs führt in der Folge zur Vernichtung aller Götterbilder und Kultstätten im Land. Auch die Höhenheiligtümer, die Jahwe geweiht waren, werden alle zerstört. Der Gottesdienst konzentriert sich von nun an allein auf den Tempel in Jerusalem.

Die starke Reaktion, die der Fund des Gesetzbuches ausgelöst hat, legt die Vermutung nahe, dass es sich hierbei um die Urfassung des Deuteronomiums gehandelt hat. Die Mitte dieses „Gesetzbuches" bildet das „Sch'ma Israel", das Bekenntnis zu dem einen und einzigen Gott (Dtn 6,4ff) und die Aufforderung, ihm allein und keinem anderen zu dienen. Aus der Konzentration auf Jahwe, dem das Volk dienen soll, folgt die radikale Ablehnung aller anderen Gottheiten und Kultstätten. Sie bedeutet die konsequente und kompromisslose Umsetzung des Ersten Gebotes.

Obwohl Josia nicht viel Zeit bleibt, sein großes Reformwerk durchzusetzen – er fällt 609 v.Chr. unerwartet bei Meggido im Kampf gegen Pharao Necho –, stellt seine Reform einen Markstein in der Glaubensgeschichte Israels dar und ist in seiner Konzentration auf das Erste Gebot bis heute wegweisend.

DAS ENDE DES KÖNIGREICHS JUDA
2. Chronik 36 (2. Könige 25)

Über 30 Jahre regierte Josia
im Frieden über das Land.
Das Königreich Juda
erlebte eine glückliche Zeit
wie schon lange nicht mehr.
Viele Juden sahen in Josia
den wahren König, den Messias,
den Gott David verheißen hatte.
Manche hofften sogar,
er würde das geteilte Reich
wieder zu einem Großreich vereinen.

In jenen Tagen zog Pharao Necho
zum Kampf gegen das babylonische Heer.
Sein Weg führte ihn
durch Josias Hoheitsgebiet.
Doch Josia stellte sich ihm in den Weg.
Und obwohl ihn der Pharao warnte,
war Josia entschlossen, ihn aufzuhalten.

In der Ebene Jesreel, bei Megiddo,
stießen beide Heere aufeinander.
Dabei wurde Josia
von einem Pfeil getroffen
und starb noch am selben Tag.
In Windeseile verbreitete sich
die Nachricht im Land:
„Der König ist tot!
Er ist im Kampf
gegen die Ägypter gefallen."
Da schrien die Leute auf.
Sie zerrissen ihre Kleider
vor Trauer und Schmerz.
Und der Prophet Jeremia
stimmte mit allen Sängern
im Tempel die Totenklage an: 35,20ff
„Weh uns! Unsere Hoffnung,
der König, ist für immer dahin."

Nun gab es kein Halten mehr.
Das Königreich Juda trieb
auf seinen sicheren Untergang zu.
Zunächst bestieg Joahas,
Josias ältester Sohn, den Thron.
Aber bereits nach drei Monaten
nahmen ihn die Ägypter gefangen.
An seiner Stelle setzten sie
seinen Bruder Jojakim ein.
Jojakim aber hörte mehr
auf den König Ägyptens
als auf den Herrn, seinen Gott.
Elf Jahre regierte er
über das Königreich Juda.
In dieser Zeit hob er alles auf,
was sein Vater Josia eingeführt hatte. 36,1ff

Inzwischen drohte von Osten her
eine neue Gefahr: Nebukadnezar,
der mächtige König von Babylon,
hatte sich aufgemacht,
das Königreich Juda zu erobern.
Er belagerte Jerusalem,
bis sich die Stadt ergab.

Danach plünderte er den Tempel,
nahm den jungen König Jojachin,
Jojakims Sohn, gefangen,
dazu viele namhafte Bürger der Stadt,
und ließ sie nach Babylon bringen.
Daraufhin machte Nebukadnezar
den dritten Sohn Josias
zum König an Jojachins Stelle.
Er gab ihm den Namen Zedekia
und verlangte von ihm hohe Abgaben. 36,9ff

Jahrelang zahlte Zedekia
dem König von Babel Tribut.
Aber nach neun Jahren
sagte sich Zedekia von Babylon los. Jer 52,4
Und obwohl der Prophet Jeremia
den König eindringlich warnte,
hörte er nicht auf ihn,
sondern verließ sich
auf seine eigene Stärke. 36,12f

Da beschloss Nebukadnezar,
Jerusalem den Garaus zu machen.
Zwei Jahre lang belagerten
seine Soldaten die Stadt. Jer 52,5

Danach schlugen sie
eine Bresche in die Mauer
und stürmten die Stadt.
Sie zerstörten Mauern und Türme
und verbrannten den Tempel
bis auf den Grund. 36,19
Zedekia versuchte zu fliehen.
Aber Nebukadnezars Soldaten
holten ihn ein, blendeten seine Augen
und führten ihn gefangen 2. Kön
nach Babylon ab. 25,4ff
Nur wenige Überlebende
blieben in den Trümmern zurück.
Bedrückt schlichen sie
durch die leeren Gassen.
Es schien, als habe Gott
sein Volk für immer verlassen.

— — —

70 Jahre lag das Land brach.
Aber Gott dachte auch jetzt noch
an sein Versprechen,
das er einst David gegeben hatte.
Im fernen Osten, jenseits von Babylon,
wuchs ein neuer König heran:
Kyrus, der König der Perser.
Der sollte dem Volk der Juden
die ersehnte Befreiung bringen. 36,21f

— — —

Ein Psalm der Söhne Asafs,
der Vorsänger im Tempel:

G*ott,*
es sind Heiden
in dein Land eingefallen,
das du uns zum Erbe gegeben hast.
Sie haben deinen Tempel entweiht
und aus Jerusalem
einen Schutthaufen gemacht.
Sie haben das Blut deiner Knechte
vergossen wie Wasser,
und da war niemand, der sie begrub.
Hilf uns, Gott, unser Helfer!
Errette uns
und vergib uns unsere Sünden
um deines Namens willen!
aus Psalm 79

2. Chronik

Sowohl das 2. Buch der Könige als auch das 2. Buch der Chronik enden mit dem Untergang des Königreichs Juda. Aber in 2. Kön 25 deutet sich mit der Freilassung des gefangenen Königs Jojachin ganz verhalten die Hoffnung auf einen Neuanfang an. Am Ende steht nicht die Katastrophe, sondern der Ausblick auf die Heimführung aus dem babylonischen Exil, die der persische König Kyrus im Jahr 538 durch das sog „Kyrus-Edikt" (36,23) veranlasst. Gottes Geschichte hat noch kein Ende! Sie findet in der chronistischen Geschichtsschreibung ihre Fortsetzung in den Büchern Esra und Nehemia, die das Leben des nachexilischen Jerusalem erzählen.

ESRA / NEHEMIA / ESTER

Unter persischer Herrschaft

Die letzten Geschichtsbücher schließen sich unmittelbar an die Königsgeschichte des 2. Chronikbuchs an. Sie geben einen Einblick in die Zeit nach dem babylonischen Exil und umfassen einen Zeitraum von ca. 200 Jahren, in denen die Juden unter persischer Herrschaft leben. Das babylonische Exil, das die tiefste Zäsur in der Geschichte Israels bedeutet, bleibt in ihrer Darstellung ganz ausgespart. Ihr Ausgangspunkt ist die Befreiung der Juden aus dem babylonischen Exil durch den Perserkönig Kyrus im Jahr 538 v.Chr. und deren Heimkehr nach Jerusalem (s. Esra 1–2). Im Zentrum der Bücher Esra und Nehemia steht die Wiederherstellung der Jerusalemer Gemeinde, die jedoch ihre politische Selbstständigkeit nicht mehr zurückerlangt, sondern unter der Oberhoheit der persischen Krone bleibt. Aber diese repräsentiert nur einen Teil der Judenheit. Ein großer Teil der deportierten Juden kehrt gar nicht in die alte Heimat zurück, sondern lebt auch weiterhin in der Diaspora unter dem Schutz der persischen Könige. Als religiöse Minderheit in der multikulturellen und multireligiösen Umwelt des persischen Großreichs sind diese Juden gezwungen, ihre Identität immer neu zu bewähren. Davon erzählt insbesondere das Buch Ester.

Die Bücher Esra und Nehemia

weisen formal und inhaltlich viele Gemeinsamkeiten auf und werden meist der chronistischen Geschichtsschreibung zugeordnet. Ähnlich wie die Chronikbücher vermitteln sie zum einen – durch zahllose Namenslisten und genaue Datierungen – den Eindruck einer weltlichen „Chronik". Zum anderen sind sie durchzogen von liturgischen Elementen wie Lobpreis und Klage, die in den sakralen Raum des Gottesdienstes verweisen. Ihr Gewicht liegt nicht auf der historischen Darstellung an sich, sondern auf der heilsgeschichtlichen Deutung ihrer Geschichte. Die Heimkehr nach Jerusalem gilt ihnen als das Heilsereignis schlechthin, gleichsam als zweiter Exodus. Die Jerusalemer Gemeinde stellt aus ihrer Sicht das neue Volk Gottes dar, der wieder errichtete Tempel die neue Mitte. Dadurch wird zum Ausdruck gebracht: Gott hat sich auch in dieser späten Zeit nicht von seinem Volk zurückgezogen, sondern erweist sich sogar als Herr über die ganze Völkerwelt, in der er sein Volk durch alle Stürme der Geschichte hindurch trägt.

Die Bücher Esra und Nehemia beschreiben diese Zeit vor allem unter 2 Aspekten:

1. Es ist eine Zeit der Bewahrung. Inmitten einer heidnischen und feindseligen Umwelt erfahren die Juden, „dass die gnädige Hand Gottes über ihnen ist". Gott ist es, der die Herzen der Mächtigen bewegt, so dass sie den Juden wohlwollend gesonnen sind. Er ist es auch, der aus der Diaspora Esra und Nehemia zu ihnen

sendet, damit sie in einer Zeit äußerer und innerer Gefährdung vor dem Untergang bewahrt werden.

2. Es ist eine Zeit der Bewährung. Unter den veränderten geschichtlichen Bedingungen haben die Juden als religiöse Minderheit ihren Glauben neu zu bewähren. Dies geschieht zum einen im gemeinsamen Wiederaufbau des Tempels und der Mauern Jerusalems, zum andern aber in der Rückbesinnung auf die Tora und in ihrer konsequenten Befolgung. Die Radikalität, mit der dies geschieht, ist nur erklärbar als Ausdruck einer religiösen Minderheit, die um ihre Identität inmitten einer multireligiösen Welt ringt.

Das Buch Ester

nimmt unter den Geschichtsbüchern eine Sonderstellung ein. Während es in der Lutherbibel die Geschichtsbücher abschließt, steht es ursprünglich in der hebräischen Bibel unter den „Schriften" (= ketubim). Als letztes Buch unter den fünf sog. „Festrollen" („megillot") hat es seinen „Sitz im Leben" im jüdischen Purimfest, an dem es jedes Jahr in der Synagoge gelesen wird.
Das Buch Ester stammt vermutlich erst aus hellenistischer Zeit (3. Jh.). Dies erklärt, warum in anderen Bibelausgaben (z.B. der Einheitsübersetzung) das Buch Ester zusammen mit anderen Geschichtsbüchern aus dieser Zeit (z.B. Tobit, Judit, Makkabäer) aufgeführt wird, die in der Lutherbibel zu den Apokryphen gezählt werden. Diesen Ausgaben liegt die griechische Textfassung zugrunde (Septuaginta), die gegenüber der ursprünglichen hebräischen Textfassung markante Veränderungen und Erweiterungen aufweist. Die Lutherbibel hingegen orientiert sich an der hebräischen Vorlage.

Formal wie inhaltlich hebt sich das Buch Ester von dem Doppelwerk Esra / Nehemia deutlich ab. Es beschreibt die nachexilische Zeit aus der Perspektive der Diasporajuden, die zur Zeit des Perserkönigs Ahasveros, bzw. Xerxes I., (485–465) ihre erste große Bewährungsprobe zu bestehen haben. Aufgrund seines besonderen Themas genießt das Buch in jüdischen Gemeinden hohes Ansehen.

UNTER PERSISCHER HERRSCHAFT

Das Buch Esra

Das Buch Esra behandelt zwei zentrale Themen:

1. Die Heimkehr der Juden aus der babylonischen Gefangenschaft und den Wiederaufbau des Tempels (Esra 1–6).
Unter der Leitung des Statthalters Serubbabel und des Oberpriesters Jeschua gelingt es den Juden, trotz massiver Widerstände ihrer Nachbarn, den Tempel in 20 Jahren wieder herzustellen (515 v.Chr.). Dabei spielen die beiden Propheten Haggai und Sacharja eine entscheidende Rolle. Sie ermutigen die Heimkehrer im Namen Gottes, das große Werk zu vollenden.

2. Die Reform durch Esra (Esra 7–10)
Die Rückkehr des Priesters und Schriftgelehrten Esra nach Jerusalem (458?) leitet eine neue Phase in der Geschichte der Jerusalemer Gemeinde ein. Esra fordert die heimgekehrten Juden zum radikalen Gehorsam gegenüber der Tora auf. Es folgt daraus eine umfassende Bußbewegung des ganzen Volkes, die zur Absonderung gegenüber Nicht-Juden, zur Ausweisung von Fremden aus der Gemeinde und am Ende sogar zur Auflösung von Mischehen führt. Trotz dieses rigorosen Vorgehens, das stark „gesetzliche" Züge trägt, wird diese Ära im Buch Esra als Heilszeit gedeutet: Weil Gott wieder unter seinem Volk wohnt, hat sich die Gemeinde als „reine" Gemeinde und als „priesterliches" Volk unter den Völkern zu bewähren, wie es die Tora vorschreibt, gemäß Lev 19,2ff: „Ihr sollt heilig sein, denn ich bin heilig, der Herr, eurer Gott."

HEIMKEHR
Esra 1–2

Fast fünfzig Jahre lang
lebten die Juden in Babylon im Exil,
fern von Jerusalem.
Sehnsüchtig warteten sie
auf den Tag ihrer Heimkehr.
Aber der König von Babylon
ließ sie nicht ziehen.
Ein Jahr um das andere verging.
Endlich, im 50. Jahr,
nahte der Tag ihrer Befreiung.
Babylon wurde von Kyrus,
dem König der Perser, erobert.
Alle Länder und Völker,
die zuvor in der Gewalt Babylons waren,
gehörten nun zum persischen Reich,
auch das Land Juda.
Noch im selben Jahr
erließ der persische König ein Edikt,
darin stand geschrieben:
  So spricht Kyrus,
  der König der Perser:
  Der Gott des Himmels
  hat mir alle Königreiche
  auf Erden gegeben.
  Er hat mir befohlen,
  in Jerusalem im Land Juda
  ein Haus zu bauen.
  Darum ist dies mein Befehl:
  Wer zum Volk der Juden gehört,
  ziehe nach Jerusalem zurück
  und baue das Haus des Herrn,
  des Gottes Israels wieder auf.
  Sein Gott sei mit ihm. 1,2f

Endlich waren die Juden frei!
Die Zeit der Verbannung
war für immer vorbei.
Bald darauf brachen sie auf.
Zu Tausenden machten sie sich auf.
Die Bewohner des Landes gaben ihnen
kostbare Geschenke mit auf den Weg. 1,4+6
Dazu händigte ihnen Kyrus
wieder alle Geräte des Tempels aus,
die nach Babel verschleppt worden waren. 1,7f
Reich beladen brachen sie auf,
nach Sippen geordnet.

Priester und Leviten,
Tempelsänger, Torwächter
und Diener am Tempel,
dazu das ganze übrige Volk. 2,1ff
Alle machten sich auf den Weg,
wie der persische König befohlen hatte. 1–2

Viele Wochen waren sie unterwegs.
Endlich lag vor ihnen Jerusalem,
die Stadt ihrer Vorfahren,
nach der sie sich so lange gesehnt hatten.
Aber ihre Häuser und Mauern
lagen in Trümmern.
Traurig zogen sie sich
in ihre Heimatorte zurück.
Nur einige wenige,
vor allem Priester und Leviten,
ließen sich in der zerstörten Stadt nieder. 2,70

Als aber der Herbst kam,
versammelten sich alle in Jerusalem.
Serubbabel, ein Nachkomme Davids,
und der Oberpriester Jeschua
führten das Volk an.
Mit vereinten Kräften richteten sie
den zerstörten Altar wieder auf,
genau an derselben Stelle wie früher. 3,2
Danach feierten sie miteinander
das Laubhüttenfest wie in früheren Tagen.
Voller Freude brachten sie
ihre Opfer dar, acht Tage lang,
wie es im Gesetz Moses stand. 3,4

Nun war erfüllt,
was Gott zuvor durch Jeremia,
seinen Propheten, verheißen hatte: 1,1
„Ich will eure Gefangenschaft wenden
und ich will euch sammeln
aus allen Völkern,
in die ihr verstoßen wurdet,
spricht der Herr.
Ja, ich will euch wieder
an den Ort zurückführen, Jer
von dem ihr weggeführt wurdet." 29,14

— — —

Esra

*Wenn Gott der Herr
unsere Gefangenen erlösen wird,
dann wird es uns sein,
als ob wir träumen.
Dann wird unser Mund voller Lachen
und unsere Zunge voller Jubel sein.
Da wird man unter den Völkern sagen:
Der Herr hat Großes an ihnen getan!
Ja, der Herr hat Großes an uns getan.
Darüber sind wir fröhlich.*

*Herr, bringe unsere Gefangenen
wieder zurück,
wie du die Bäche wieder
zurückbringst im Südland.
Die mit Tränen säen,
werden mit Freuden ernten.
Sie gehen hin und weinen
und tragen edlen Samen.
Und kommen mit Jubel zurück
und bringen ihre Garben.*

nach Psalm 126

In den ersten beiden Kapiteln klingen bereits alle Themen an, die für die Botschaft dieses Buches bezeichnend sind. Schon der erste Satz lässt aufhorchen: „Der Herr erweckte den Geist des Kyrus". Er enthält ein Bekenntnis zu dem Gott Israels. Er ist es, dem die Juden ihre Heimkehr verdanken. Er steht zu seiner Verheißung und schafft einen Neuanfang in aussichtsloser Situation. Mit ihm beginnt ein neuer Abschnitt in der Geschichte Gottes mit seinem Volk. Dazu gebraucht er einen heidnischen König, der wie kein anderer die Geschichte seiner Zeit geprägt hat. So weit reicht die Macht Gottes, dass selbst der mächtigste Herr der Welt tun muss, was der Gott Israels ihm eingibt!

Auf dieses anfängliche Bekenntnis zu dem Gott Israels als dem Herrn der Geschichte und auch über die Weltgeschichte folgt das sog. „Kyrusedikt". Gleich zweimal hintereinander wird es wörtlich zitiert (2. Chr 36,23 / Esr 1,2f). Es unterstreicht die Bedeutung dieses Dokuments für das jüdische Volk: Zum einen dokumentiert es für alle Zeit das Recht der Heimkehrer, sich wieder in ihrem Land anzusiedeln. Zum anderen enthält es das Bekenntnis eines heidnischen Herrschers zu dem Gott Israels. Kyrus setzt ihn mit dem persischen „Gott des Himmels" gleich. Ihm hat auch der mächtigste Herrscher zu gehorchen.

Der folgende Bericht ist durchsetzt von Erinnerungen an die Geschichte Israels, wobei offenbar die Kontinuität zwischen dem vorexilischen Bundesvolk und der nachexilischen Gemeinde deutlich werden soll. So etwa, wenn berichtet wird,
– dass die Bewohner des Landes den aufbrechenden Juden Geschenke mit auf den Weg geben – eine Erinnerung an den 1. Exodus aus Ägypten (Ex 12,35f);
– dass Kyrus den Heimkehrern die erbeuteten Geräte des Tempels aushändigt und dass die Heimkehrer als erstes den Altar wieder errichten;
– dass das Volk von einem Nachkommen Davids angeführt wird. In der Person Serubbabels, des späteren Statthalters (6,7), lebt die Hoffnung auf eine Wiederbelebung des Königtums fort, die sich allerdings nicht erfüllen wird.

Ein weiteres Merkmal dieses Buches sind die Namenslisten und Zahlen der Heimkehrer, die im 2. Kapitel ausführlich aufgeführt werden. Die dort genannten Familien bilden den Stamm des neuen Gottesvolks, das sich in Jerusalem sammelt. Es ist sozusagen der Stammbaum, an dem die nachfolgenden Generationen ihre Zugehörigkeit zum Volk Gottes festmachen. Er grenzt aber auch andere aus, die keinen entsprechenden Stammbaum vorweisen können (2,59ff).

DER NEUE TEMPEL
Esra 3–5

Im zweiten Jahr nach ihrer Rückkehr
machten sich Serubbabel
und Jeschua, der Hohepriester, daran,
den zerstörten Tempel
wieder aufzubauen,
zusammen mit allen Priestern
und dem übrigen Volk,
das nach Juda heimgekehrt war.
Die Aufsicht übernahmen die Leviten,
die über zwanzig Jahre alt waren.
Im zweiten Monat fingen sie
gemeinsam das große Werk an.
Und als sie das Fundament gelegt hatten,
kamen alle zum Gottesdienst zusammen,
Priester, Leviten und das einfache Volk.
Inmitten von Trümmern lobten sie Gott,
begleitet von Trompeten und Zimbeln. 3,8ff
Der Chor der Tempelsänger
stimmte den Lobpreis an:
„Danket dem Herrn,
denn er ist voll Güte,
und seine Barmherzigkeit währt ewig." 3,11

Da brachen alle in Jubel aus.
Sie jauchzten und dankten ihrem Gott,
der ihnen diesen Tag geschenkt hatte.
Aber die Älteren unter dem Volk,
die noch den alten Tempel gekannt hatten,
schluchzten und brachen in Tränen aus
vor Wehmut und Freude zugleich.
Ihr Weinen vermischte sich
mit dem Freudengeschrei aller anderen. 3,12f

Nun aber wohnten zu jener Zeit
im Gebiet von Samaria Volksgruppen,
die nicht zu den Juden gehörten.
Empört hörten sie,
was in Jerusalem geschah.
Und sie nahmen sich vor, die Juden
am Bau des Tempels zu hindern.
Gemeinsam suchten sie Serubbabel
und Jeschua auf und boten ihnen an:
„Wir wollen mit euch am Tempel bauen.
Denn auch wir glauben an euren Gott." 4,2
Aber die beiden entgegneten:
„Nein, wir wollen allein
dieses Gotteshaus bauen.
Denn so hat es der König geboten." 4,3
Doch die anderen gaben nicht auf.
Jahrelang taten sie alles,
um den Bau zu verhindern.
Immer wieder kamen sie an,
jagten den Leuten Angst ein
und belästigten sie bei der Arbeit. 4,4ff
Und als König Kyrus starb,
nutzten sie die Gelegenheit
und schickten einen Brief
an den neuen persischen König.
Darin stand geschrieben:
Der König nehme sich
vor den Juden in Acht!
Sie sind ein rebellisches Volk.
In früheren Jahren haben sie
schon oft einen Aufstand gemacht.
Nun bauen sie ihre Stadt wieder auf.
Wenn sie fertiggestellt ist,
werden sie sich erneut
gegen den König erheben. 4,9ff

Da verbot der König den Juden,
am Tempel weiter zu bauen.
Viele Jahre lag der Bau brach.
In jener Zeit verließ viele der Mut.
Aber die Propheten Haggai
und Sacharja rüttelten das Volk auf. 5,1
Wo immer sie auftraten,
im Gottesdienst oder auf offener Straße,
sprachen sie den Verzagten Mut zu:

„Warum baut ihr nicht weiter?
Ja, es ist wahr: Der frühere Tempel
war viel größer und schöner als dieser.
Dagegen erscheint dieser Bau
wie ein Nichts.
Aber so spricht der Herr:
Nur Mut, Serubbabel!
Auch du, Jeschua, hab nur Mut!
Und ihr alle vom Land Juda!
Geht mutig ans Werk!
Denn ich bin bei euch.
Mein Geist soll unter euch wohnen. Hag
Fürchtet euch nicht!" 2,4f

Da machten sich die Menschen erneut
mit Eifer daran, den Tempel zu bauen.
Seine Mauern wuchsen von Tag zu Tag.
Schon hatte das Volk im Geist
den fertigen Tempel vor Augen.

Inzwischen herrschte Darius der Große
über das persische Reich.
Er hatte einen neuen Statthalter
über die Provinz im Westen gesetzt,
der auch Jerusalem angehörte.
Als dieser vom Bau des Tempels erfuhr,
suchte er sofort die Stadt auf
und stellte die Bauleute zur Rede:
„Wer hat euch erlaubt,
diesen Tempel zu bauen?
Nennt mir die Namen!" 5,2ff

Aber die Bauleute antworteten:
„Wir dienen dem Herrn, unserem Gott,
der über Himmel und Erde regiert.
Für ihn bauen wir dieses Haus.
Schon früher stand hier ein Tempel.
Aber unsere Vorfahren
haben Gott betrübt.
Darum wurde der Tempel zerstört,
und unser Volk wurde verschleppt.
Doch König Kyrus befahl uns,
den Tempel wieder aufzubauen." 5,11ff

Da sandte der Statthalter sofort
ein Schreiben an König Darius
und bat ihn um sein Urteil
in dieser Sache.
Der ließ in den Archiven nachforschen.
Da fand man eine Schriftrolle, 6,1–5
die das Edikt des Kyrus enthielt.

Darauf antwortete Darius:
„Dies befiehlt der König
dem Statthalter und seinen Beamten
in der Provinz
jenseits des Euphrat:
Haltet euch aus dieser Sache heraus!
Lasst die Leute ungestört
am Haus ihres Gottes arbeiten.
Auch gebiete ich, dass ihr ihnen
einen Teil von den Abgaben abtretet,
die ihr in der Provinz eintreibt.
Und was sie für ihre Opfer brauchen,

das gebt ihnen reichlich und täglich.
Denn sie sollen dem Gott des Himmels
ein wohl gefälliges Opfer darbringen
und für das Leben des Königs
und seiner Söhne beten.
Wer aber meinen Befehl nicht befolgt,
der wird mit dem Tode bestraft." 6,6–12

So erfüllte sich, was Gott zuvor
durch seinen Propheten Sacharja
zugesagt hatte:
„Es soll nicht durch ein Heer
oder durch Heeres Kraft geschehen,
sondern durch meinen Geist,
spricht der Herr Zebaoth.
Denn wer immer den geringen Anfang
verachtet hat, wird doch mit Freuden
in Serubbabels Hand Sach
den Schlussstein sehen." 4,6ff

Im sechsten Jahr des Darius
war der Bau endlich vollendet.
Zwanzig Jahre waren vergangen,
seitdem der Grundstein gelegt war.
Nun stand der Tempel in neuem Glanz da.
Und als das Frühjahr kam,
stellten sich alle voller Freude
zur Einweihung des Tempels ein.

Danach schlossen sie
gleich das Passafest an.
Sieben Tage lang feierten sie,
brachten Gott täglich Opfer dar
und dankten ihm, dass er sie
aus der Sklaverei befreit hatte
und wieder unter seinem Volk wohnte.
Der Tempel war zwar nicht so groß
und auch nicht so prächtig
wie der frühere Tempel.
Aber die Freude aller war grenzenlos.
Von nun an sollte sie nichts mehr
von ihrem Gott trennen. 6,15ff

— — —

Aus der Festliturgie des Passafestes:

Danket dem Herrn, denn er ist gütig
und seine Gnade währt ewig.
So sage nun Israel:
Seine Gnade währt ewig.
So sage nun das Haus Aaron:
Seine Gnade währt ewig.
So sagen nun alle,
die den Herrn ehren:
Seine Gnade währt ewig.
Es ist gut, auf den Herrn zu vertrauen
und nicht auf Menschen zu hoffen.
Es ist gut, auf den Herrn zu vertrauen
und nicht auf Fürsten zu hoffen.
Der Herr ist meine Kraft,
mein Lied und mein Lobgesang.
Tut mir auf die Tore der Gerechtigkeit!
Ich will durch sie einziehen
und dem Herrn danken.
Der Stein, den die Bauleute verworfen haben,
ist zum Eckstein geworden.
Das ist vom Herrn geschehen
und ist ein Wunder vor unseren Augen.
Dies ist der Tag,
den der Herr guns geschenkt hat.
Freuen wollen wir uns
und fröhlich an ihm sein.

nach Psalm 118

Der Bau des zweiten Tempels wird – anders als beim Bau des salomonischen Tempels – als ein Weg voller Hindernisse beschrieben. Die feindlichen Angriffe kommen von den Bewohnern des Landes, die nach der Eroberung Israels durch die Assyrer (722 v.Chr.) dort angesiedelt wurden und die sich z.T. mit der jüdischen Restbevölkerung vermischt haben. Aus ihnen gehen später die Samaritaner hervor (2. Kön 17,24ff). Diese Volksgruppen fürchten mit Recht, dass die heimgekehrten Juden ihnen ihr besiedeltes Gebiet wieder streitig machen könnten. Ihr Vorstoß bei dem persischen König und Nachfolger des Kyrus (der allerdings nicht Artaxerxes, sondern Kambyses [529–521] heißt), scheint den Tempelbau endgültig zum Scheitern zu bringen. Aber auch diesmal erfährt die Jerusalemer Gemeinde, wie Gott eingreift: zum einen durch die Propheten Haggai und Sacharja, die das müde gewordene Volk im Namen Gottes ermutigen, zum andern durch den persischen König Darius (521–485), der dem Volk den nötigen politischen Schutz gewährt. In den amtlichen Dokumenten, die hier zitiert werden (in aramäischer Amtssprache), wird die Existenz des Tempels ausdrücklich und für alle Zeit legitimiert.

Mit dem wieder erbauten Tempel ist ein sichtbarer Neuanfang markiert. Gottes Zusage „Ich will unter euch wohnen" (Lev 26,11 / Sach 2,14) findet, wie einst beim Salomonischen Tempel, so auch hier sichtbare Gestalt. Dieser sog „Zweite Tempel" bildet von nun an die Mitte der nachexilischen Gemeinde Jerusalems. Durch ihn gewinnt sie ihre Identität als Volk Gottes zurück. Dies zeigt sich weniger am Opferkult als an den gemeinsamen Festfeiern, die in den Büchern Esra und Nehemia einen breiten Raum einnehmen. Auch hier sind die Bezüge zum 2. Chronikbuch nicht zu übersehen, insbesondere zur Tempelweihe Salomos (2. Chr 6) und zur Wiedereinführung des Passafestes durch König Hiskia (2. Chr 30).

ESRAS REFORM
Esra 7–10

Viele Jahre gingen ins Land.
Inzwischen regierte König Artaxerxes
über das persische Reich.
Aber noch immer lebten
zahlreiche Juden in Babylon.
Einer von ihnen war Esra,
ein namhafter Gelehrter
aus angesehenem Priestergeschlecht,
das bis auf Aaron zurückging.
Esra hatte das Gesetz Moses
gründlich studiert.
Er kannte jedes Gebot
und jede Vorschrift
und war bemüht,
nach Gottes Weisung zu leben. 7,6.10
Nur eine Sorge erfüllte ihn:
Ob sich das Volk in Jerusalem
noch an Gottes Weisungen hielt?
Esra nahm sich vor,
dorthin zu reisen, um das Volk
im Gesetz Gottes zu unterweisen. 7,10
Im 7. Regierungsjahr des Artaxerxes
fasste sich Esra ein Herz.
Er ging zum König und bat ihn:
„Gefällt es dem König,
so lasse er mich mit anderen
nach Jerusalem reisen."

Da willigte der König ein.
Er gab Esra ein Schreiben,
darin stand geschrieben: 7,11
  Der König aller Könige
  gebietet Esra, dem Priester:
  Alle Juden, die willens sind,
  nach Jerusalem heimzukehren,
  sollen mit dir ziehen.
  Denn du erhältst vom König
  und seinen sieben Räten den Auftrag,
  im Land Juda und in Jerusalem
  nach dem Rechten zu sehen,
  wie es eurem Gesetz entspricht.
  Und geht nicht mit leeren Händen!
  Nehmt Silber und Gold mit,
  das euch der König und seine Räte
  freiwillig geben.
  Kauft davon Opfergaben
  für das Haus eures Gottes! 7,15-17
  Und setzt Richter ein,
  die in eurem Volk
  für Recht und Gerechtigkeit sorgen,
  wie es dem Gesetz
  eures Gottes entspricht.
  Aber jeder, der sich nicht daran hält,
  wird streng bestraft. 7,25f

„Gelobt sei Gott!", rief Esra erfreut,
als er das Schreiben des Königs erhielt.
„Gott hat dem König ins Herz gegeben,
dass er uns gnädig gesonnen ist."
Nun schöpfte er neuen Mut,
denn er erkannte,
dass die Hand Gottes über ihm war. 7,27f

Danach versammelte Esra
alle Juden, die willens waren,
nach Jerusalem heimzukehren.
Doch bevor sie aufbrachen,
legte Esra einen Fastentag für sie ein.
Er ermahnte sie: „Fastet und betet!
Beugt euch vor unserem Gott!
Bittet ihn, dass er uns
auf der Reise bewahrt!
Wir haben dem König gesagt:
Wir brauchen kein Schutzgeleit.
Denn wir glauben gewiss:
Unser Gott hält seine Hand
über allen, die ihn suchen." 8,21ff

Danach brachen sie auf.
Wochenlang waren sie unterwegs
auf gefahrvollen Wegen.
Und obwohl sie reiche Schätze
bei sich trugen, blieben sie
doch vor Überfällen verschont,
weil die Hand Gottes über ihnen war. 8,31

Nach vier Monaten kamen sie 7,8f
unversehrt in Jerusalem an.
Kaum hatten sie sich
von der Reise erholt,
zogen sie gemeinsam zum Tempel,
legten dort ihre Gaben nieder

und brachten ihre Dankopfer dar.
Endlich waren sie am Ziel,
im Haus ihres Gottes!
Danach übergab Esra das Schreiben
dem Statthalter des Königs
und richtete ihm alles aus,
was der König ihm aufgetragen hatte. 8,36

— — —

Aber bald darauf erfuhr Esra,
wie es in Jerusalem zuging.
Seine Bewohner lebten nicht mehr,
wie es dem Gesetz Moses entsprach.
Sie hatten sich nicht von den Bräuchen
der Landesbewohner ferngehalten,
obwohl diese andere Götter verehrten,
sondern sie hatten sich sogar
mit ihnen verbunden.
Niemand war davon ausgenommen,
auch nicht die Leviten und Priester,
die im Tempel ihren Dienst taten. 9,1f

Als Esra das hörte,
erschrak er zu Tode.
Hatte sein Volk denn vergessen,
dass es Gottes Volk war?
Esra war so entsetzt,
dass er vor aller Augen
seinen Mantel zerriss.
Er raufte sich die Haare
und warf sich auf die Erde.
Stundenlang saß er im Staub
und rührte sich nicht.
So tat er für sein Volk Buße. 9,3
Erst am Nachmittag,
als es Zeit zum Spätopfer war,
raffte Esra sich auf,
wankte in seinem zerrissenen Mantel
zum Tempel, fiel auf seine Knie
und breitete die Hände vor Gott aus: 9,5

„Mein Gott, ich schäme mich.
Ich wage nicht aufzuschauen.
Denn unsere Schuld ist groß.
Sie reicht bis an den Himmel.
Schon unsere Vorfahren
haben schwere Schuld auf sich geladen.
Darum wurden sie alle zerstreut. 9,6f
Nun aber hast du dich
über uns wieder erbarmt.
Du hast uns festen Halt gegeben
an dieser heiligen Stätte
und uns neues Leben gegeben.
Du warst es auch,
der uns bei dem persischen König
Gunst verschafft hat.
Aber was sollen wir nun sagen,
du, unser Gott? Wir bekennen:
Wir haben deine Gebote verlassen.
Wir haben nicht mehr auf sie gehört.
Aber du, Gott, hast uns nicht bestraft,
wie wir es verdient hätten. 9,9ff
Herr, du Gott Israels,
du hältst uns die Treue.
Du hast uns gerettet
und am Leben erhalten.
Doch wir sind schuldig vor dir geworden.
Wir können nicht bestehen vor dir." 9,15

So betete Esra.
Lange Zeit lag er auf der Erde,
weinte und bekannte
vor der ganzen Gemeinde
die Schuld seines Volkes.
Auch das Volk, das ihn umgab,
weinte laut, als es die Worte hörte. 10,1
Auf einmal begriffen alle,
was sie getan und versäumt hatten.
Gott wollte nicht nur im Tempel,
sondern auch in ihrem Leben wohnen.
Dazu hatte er ihnen die Gebote gegeben.

Schließlich löste sich ein Mann
aus der Menge, Schechanja mit Namen.
„Ja", bekannte er, „jetzt erkennen wir:
Wir sind unserem Gott untreu geworden.
Aber es gibt noch Hoffnung für uns.
Kommt, lasst uns mit unserem Gott
einen Bund schließen
und nach seinen Geboten leben.
Steh auf, Esra! Tu, was nötig ist!
Wir werden dir folgen." 10,2ff

Da ließ Esra für die Männer aus Juda
eine Volksversammlung ausrufen.
An einem Regentag im Dezember
stellten sie sich vor dem Tempel ein.
Zitternd vor Angst und vor Kälte
saßen sie auf dem großen Platz
und warteten auf Esras Strafrede. 10,7ff

Esra aber rief ihnen zu:
„Ihr habt dem Herrn, unserem Gott,
die Treue gebrochen und habt euch
mit den Völkern des Landes vermischt,
die andere Götter verehren.
Nun bekennt eure Schuld!
Trennt euch von ihnen
und von ihren Frauen,
die ihr euch genommen habt,
ohne zuvor Gott zu fragen." 10,10f

„Ja", bekannten die Männer reumütig.
„Wie du gesagt hast, so soll es sein." 10,12

Dies war der Anfang
eines großen Reformwerks,
das Esra in Juda begann.
Nie mehr sollte das Volk vergessen,
wem es gehörte und wem es
allein dienen sollte.

Der Bericht über Esras Mission setzt sich aus zwei Teilen zusammen:
Der **erste** Teil – teilweise im Ich-Stil verfasst – beschreibt den Aufbruch nach Jerusalem und die Beauftragung Esras durch den persischen König (in amtlicher aramäischer Sprache). Hier zeigt sich erneut die kluge Politik der persischen Großkönige, die in ihrem Vielvölkerstaat auch die Religion unterworfener Völker integrierten und für ihre eigenen Ziele nutzbar machten. Aus der Perspektive Esras ist es als Wunder Gottes zu betrachten, dass der König ihnen „gnädig" gesonnen war. Immer wiederkehrend, fast wie der Refrain eines Lobliedes, klingt im Reisebericht des Esra der Satz an: „weil die gnädige Hand Gottes über mir / über uns war." Es ist das Bekenntnis zu dem Gott Israels, der die Seinen auch in der Stunde äußerer und innerer Bedrohung wunderbar bewahrt hat. Deshalb verzichtet Esra auch ausdrücklich auf ein Schutzgeleit auf dem langen gefahrvollen Weg von insgesamt 1400 Kilometern. Der König und alle seine Großen sollen erkennen, wem die Juden allein vertrauen.

Der **zweite** Teil behandelt die dunkle Seite der Mission Esras. Auf das Zeugnis von Gottes Bewahrung auf der Reise folgt die Frage nach der Bewährung der Heimgekehrten im Gehorsam gegenüber der Tora. In der Interpretation des Schriftgelehrten Esra bedeutet dies die buchstabengetreue Einhaltung des mosaischen Gesetzes und die Abkehr gegenüber allen Neuerungen, die sich in der Gemeinde der Frühheimkehrer aus der Koexistenz mit anderen Volksstämmen ergeben haben. Es bedeutet dies vor allem ein radikales Nein gegenüber jeglicher Form von Assimilation, die in der Folge zur Ausweisung aller „Fremden" aus der Jerusalemer Gemeinde und in letzter Konsequenz bei Esra sogar zur Auflösung von „Mischehen" führt.

Esras Vorgehen erscheint in unseren Augen schwer nachvollziehbar. Vor allem die Ausweisung der Frauen, mit der das Buch endet, hinterlässt viele Fragen. Es wäre allerdings auch missverständlich, wollte man Esra vorschnell nationalistische oder gar rassistische Absichten unterstellen. Ihm geht es offenbar allein um die unerbittliche wortgetreue Anwendung von Texten wie Dtn 7,1ff, Ex 34,15f, Jos 23,6f, die jegliche Art von Vermischung mit anderen Völkern untersagen. Diese rigorose Haltung kennzeichnet das sog. Reformwerk Esras, das sich damit als rigide Restauration erweist. Auch die Tatsache, dass gegenüber dem Deuteronomium nicht von Ausrottung die Rede ist, sondern nur von Ausweisung, vermag den irritierenden Eindruck kaum zu mildern. Dabei sollte man allerdings nicht übersehen, dass der Reform Esras ein Bußgebet vorausgestellt wird, das sogar mit einem Trauerritus verbunden wird. Die Reform soll nicht als Ausdruck eines falschen Nationalstolzes verstanden werden, sondern als Bußbewegung eines Volkes, das unter veränderten Bedingungen im Konzert der Völkerwelt um seine Identität als Volk Gottes ringt.

Das Buch Esra endet offen und hinterlässt Fragen, die erst im Zusammenhang mit dem Buch Nehemia erörtert werden können.

UNTER PERSISCHER HERRSCHAFT

Das Buch Nehemia

Das Buch Nehemia vermittelt einen Einblick in die Situation der Jerusalemer Juden, ca. 100 Jahre nach ihrer Rückkehr aus dem babylonischen Exil. Die Euphorie der Heimkehrer ist inzwischen der Resignation gewichen. Es ist eine Zeit des Kleinmuts und allgemeiner Lähmung. Ohne schützende Mauer ist Jerusalem den feindseligen Angriffen seiner Nachbarn ausgeliefert. Diese machen den Juden immer noch ihren Anspruch auf ihre Stadt und die umliegende Region streitig.
In diese Zeit fällt die Wirksamkeit Nehemias (445–433 v.Chr.), zunächst als Bauherr und später als Statthalter von Jerusalem. Nehemia heißt „Gott hat getröstet". Sein Name ist zugleich Programm. Durch ihn werden nicht nur die Mauern Jerusalems, sondern auch Verzagte und mutlos Gewordene wieder aufgerichtet. Davon handelt insbesondere der erste Teil des Buches (1–7). Er erzählt die Geschichte des Diasporajuden Nehemia, der seine angesehene Stellung am Hof des persischen Königs aufgibt, um seinem Volk in Jerusalem zu helfen. Dieser Teil ist im Ich-Stil als Denkschrift verfasst.

Der zweite Teil des Buches weist formal und inhaltlich viele Gemeinsamkeiten mit Esra 7–10 auf, was die These eines ursprünglich zusammengehörigen Doppelwerks unterstreicht. Ähnlich wie im Buch Esra berichtet dieser Teil ausführlich von notwendigen Reformen in der Jerusalemer Gemeinde. Doch bei Nehemia münden alle Reformbemühungen letztlich in den Gottesdienst der Gemeinde ein. Die Darstellungen gottesdienstlicher Feiern nehmen im zweiten Teil einen auffällig breiten Raum ein. Die öffentliche Lesung der Tora (8,1ff), die Feier des Laubhüttenfestes (8,13ff), der Buß- und Fastentag des Volkes (9), sowie die Einweihung der Stadtmauer mit feierlicher Prozession (12,27) – alle diese ausführlich geschilderten Feste erinnern daran, dass sich auch das nachexilische Judentum in der Kontinuität der Geschichte Israels sieht, die sich am deutlichsten in seinen jährlichen Festen manifestiert. Das große Bußgebet des Volkes (9) stellt mit seinem heilsgeschichtlichen Rückblick diesen Zusammenhang ausdrücklich her.

Das Buch im Überblick:

1–7 – Der Bau der Jerusalemer Mauer
 – Nehemia erfährt am persischen Königshof von den Schwierigkeiten seines Volkes in Jerusalem und im Land Juda. (1)
 – Nehemia reist mit königlicher Erlaubnis nach Jerusalem und ermutigt das Volk, die Stadtmauer wieder aufzubauen. (2–3)
 – Äußere und interne Hindernisse im Volk hindern das gemeinsame Vorhaben. (4–5)
 – Fertigstellung der Mauer und Schließung der Tore (6)

7–14 – Neuordnung und Neuanfang der Jerusalemer Gemeinde
       – Heimkehr Esras (7)
       – Öffentliche Lesung der Tora und Feier des Laubhüttenfestes (8)
       – Das Bußgebet des Volkes und feierliche Verpflichtung des Volkes auf die Tora (9–10)
       – (Listen und Verzeichnisse 11)
       – Einweihung der Stadtmauer und Neuordnung der Gemeinde (12–13)

NEHEMIA
Nehemia 1–2,10

Dies ist der Bericht von Nehemia,
den er selbst aufgezeichnet hat
für spätere Zeiten,
damit niemals vergessen werde,
was Gott zu seiner Zeit
für das jüdische Volk getan hat.

Nehemia lebte als Mundschenk
am Hof des persischen Königs in Susa.
Obwohl er Jude war, hatte er noch nie
seine jüdische Heimat gesehen.
Oft fragte sich Nehemia,
wie es seinem Volk dort erging.

Da traf eines Tages
eine jüdische Gesandtschaft
am persischen Königshof ein.
Unter den Männern war auch
Nehemias Bruder Hanani.
„Sagt mir doch", bat Nehemia,
„wie steht es um Jerusalem?
Und wie geht es den Menschen,
die aus der Gefangenschaft
heimgekehrt sind?"
„Schlimm", antworteten sie.
„Die Bewohner leiden bittere Not.
Sie werden von ihren Feinden
täglich geschmäht und bedroht.
Und die Mauern und Tore der Stadt
liegen noch immer in Trümmern." 1,3

Als Nehemia das hörte,
war es um ihn geschehen.
Er warf sich auf die Erde
und ließ seinen Tränen freien Lauf.
Tagelang saß er auf der Erde,
fastete, betete und flehte Gott an:

> *„Ach Herr, Gott des Himmels,*
> *du großer und mächtiger Gott,*
> *den alle Welt fürchtet,*
> *der du Bund und Treue hältst*
> *denen, die dich lieben*
> *und die deine Gebote halten.*
> *Höre auf das Gebet deines Knechtes,*
> *das ich Tag und Nacht vor dich bringe!*
> *Ich bekenne dir unsere Schuld.*
> *Ja, wir sind schuldig geworden vor dir.*
> *Wir haben nicht deine Gebote gehalten.*
> *Aber denke doch daran, was du*
> *deinem Knecht Mose zugesagt hast:*
> *Wenn ihr mir untreu werdet,*
> *will ich euch unter die Völker zerstreuen.*
> *Wenn ihr aber wieder umkehrt zu mir*
> *und meine Gebote haltet und tut,*
> *dann will ich euch wieder sammeln*
> *und an den Ort zurückbringen,*   Dtn
> *den ich erwählt habe.*   30,1ff
> *Es ist doch dein Volk,*
> *das du mit großer Kraft*
> *und mit starker Hand erlöst hast.*
> *Ach Herr, höre auf mein Gebet.*
> *Gib, dass der König mir gnädig ist!"*   1,5ff

So rang Nehemia mit Gott im Gebet.
Viele Wochen lang wartete er,
bis sich eine Gelegenheit bot,
mit dem König zu sprechen.   2,1
Schließlich fasste er sich ein Herz.
Er ging zum König hinein
und reichte ihm, wie gewohnt,
stumm seinen Wein.
Da sprach der König ihn an:
„Was ist mit dir?
Warum siehst du so traurig aus?
Bist du vielleicht krank?
Nein, das ist es nicht!
Sicher hast du
einen geheimen Kummer."   2,2

Da nahm Nehemia allen Mut zusammen
und antwortete dem König:
„Der König lebe ewig!
Muss ich nicht traurig sein?
Die Stadt meiner Väter
liegt noch immer in Trümmern.
Und ihre Tore sind alle verbrannt."   2,3

„Sag", fragte der König,
„wie kann ich dir helfen?"
Da schickte Nehemia ein Stoßgebet
zum Himmel und antwortete:

„Gefällt es dem König,
so lasse er mich nach Juda reisen,
in die Stadt meiner Vorfahren,
damit wir sie wieder aufbauen." 2,4f

„Wie lange wirst du weg sein?",
fragte der König.
Nehemia nannte ihm eine Frist.
Und als er sah, dass der König
ihm freundlich gesonnen war,
fügte er noch hinzu:
„Gefällt es dem König,
so gebe er mir auch Briefe mit
an die Statthalter der Provinz
jenseits des Euphrat,
damit sie mir Schutzgeleit geben.
Und er befehle dem Aufseher
über die Wälder des Königs,
dass er mir das Holz für den Bau liefert." 2,6ff

„Auch das sollst du haben",
meinte der König großmütig.
Er ließ die Briefe ausfertigen
und übergab sie Nehemia,
dazu auch Offiziere und Reiter
für seinen persönlichen Schutz. 2,9
Danach ließ er Nehemia ziehen.

Da erkannte Nehemia:
Gott hatte Gnade
zu seiner Reise gegeben. 2,8b
Sogleich machte er sich auf den Weg
und zog nach Jerusalem,
um seinem verzagten Volk zu helfen.

Nehemia ist ein typischer Vertreter des Diasporajudentums. Als Mundschenk des persischen Königs Artahsasta – sonst als Artaxerxes I. bekannt (464–424) – hat er eine herausragende Position am Hof in Susa, der Winterresidenz des persischen Königs. Eine engere Beziehung zu seinen jüdischen Brüdern in Jerusalem ist unter diesen Bedingungen kaum anzunehmen. Erst mit der Ankunft einer jüdischen Delegation wird Nehemia mit der Situation der Jerusalemer Juden konfrontiert. Die Zeichen seiner Trauer zeigen an, wie stark er sich nun mit ihrem Schicksal identifiziert. Nehemia trauert um Jerusalem, wie um einen verstorbenen Bruder, insgesamt drei Monate lang (1,4 / 2,1). In seinem Klagegebet identifiziert er sich mit dem Schicksal der Juden in Jerusalem.

Mit Nehemias Aufbruch nach Jerusalem im Jahr 448 beginnt sein eigentlicher Auftrag. Ihm geht ein Gespräch mit dem König voraus, das ein überraschend menschliches Bild dieses Potentaten zeichnet. Die Bereitschaft des persischen Königs, Nehemia ziehen zu lassen, wird von Nehemia als Führung Gottes gedeutet oder – mit seinen eigenen Worten ausgedrückt – als Zeichen, dass „die gnädige Hand meines Gottes über mir war" (Neh 2,8b). Eine Formulierung, die an das Buch Esra erinnert (Esr 7ff).

DIE MAUER
Nehemia 2,11–3,38

Nach Wochen kam Nehemia
endlich in Jerusalem an.
Dort bot sich ihm
ein trostloser Anblick.
Die Mauern der Stadt
lagen noch immer in Trümmern,
und alle Tore waren verbrannt.
Aber Nehemia verriet keinem Menschen,
warum er gekommen war. 2,12.16

Drei Tage wartete er ab.
Danach sammelte er
ein paar Männer um sich,
um den Zustand der Mauer
genau zu erkunden.
Als die Nacht hereinbrach,
verließ er mit ihnen heimlich die Stadt.
Auf einem schmalen Pfad
ritt er an der Mauer entlang.

Die anderen folgten zu Fuß.
Wo immer die Mauer zerstört war,
da hielt Nehemia an.
Er prüfte jede Stelle genau.
Nichts entging seinem Blick,
kein Riss, keine Lücke, kein Bruch.
Mühsam bahnte er sich seinen Weg
von einem Tor zum andern.
Er kam nur langsam voran.
Überall lagen Steinbrocken im Weg.
Schließlich hörte der Pfad ganz auf.
Da stieg Nehemia von seinem Reittier
und kletterte über Felsbrocken
das steile Bachtal hinauf.
Er ruhte nicht eher,
bis er alle Mauerteile
und alle Tore genau geprüft hatte. 2,11ff

Am nächsten Morgen rief Nehemia
alle Priester und Ratsherren zusammen
und hielt eine zündende Rede.
„Ihr seht", sprach er,
„wie schlimm es um Jerusalem steht.
Die Mauern sind alle zerstört,
die Tore sind vom Feuer verzehrt.
Kommt, lasst uns gemeinsam
die Mauern wieder aufbauen!
Unsere Nachbarn sollen
nicht länger spotten und sagen:
Wie? Dieser Schutthaufen
soll Gottes Stadt sein? 2,17
Denn um euch zu helfen,
hat mich der König hierher gesandt.
Auf dem ganzen Weg zu euch,
bewahrte mich Gottes gnädige Hand." 2,18

Da horchten die Leute auf,
als sie die gute Nachricht vernahmen.
Und sie feuerten einander an:
„Auf, lasst uns die Mauern bauen!" 2,18
Mit vereinten Kräften fingen sie an,
Mann neben Mann, Sippe an Sippe,
mit Söhnen und Töchtern.
Alle legten Hand an.
Jede Gruppe übernahm
ein Mauerstück oder ein Tor.
Einer feuerte den anderen an.
Keiner gönnte sich Ruhe.
Eifrig schleppten die Leute
Steine und Balken herbei
und bauten Mauern und Tore.
In nur wenigen Wochen
waren die Mauern bereits
bis zur halben Höhe gebaut. 3,1ff

Da schöpften alle neuen Mut
und sie schickten sich an,
das begonnene Werk
gemeinsam zu Ende zu führen. 3,38

Dem Bau der Mauer stehen, menschlich betrachtet, unüberwindliche Hindernisse entgegen: Zunächst ist es das Ausmaß der Zerstörung, das Nehemia bei seinem nächtlichen Erkundungsritt erst in vollem Umfang erfasst. Dann sind es die Schikanen der benachbarten Volksgruppen, die um jeden Preis verhindern wollen, dass Jerusalem neben ihnen wieder erstarkt (vgl. Esr 4,12f). Aber das größte Hindernis ist die Mutlosigkeit seiner Bewohner, gegen die Nehemia anzukämpfen hat. Als Jude aus der Diaspora kann er nicht erwarten, dass die Jerusalemer Juden ihn als Autorität anerkennen.

Umso erstaunlicher, dass das Vorhaben in kürzester Zeit gelingt und sich alle, vom einfachen Mann bis zum Hohenpriester, am Bau der Mauer beteiligen. Es zeigt Nehemia, dass dies Werk von Gott ist und kein Menschenwerk (6,16). Gott ist es, der Nehemia „eingegeben" hat, das Unmögliche zu wagen (2,12). Er ist es auch, der alle bereit macht, übermenschliche Anstrengungen auf sich zu nehmen. Obwohl nicht ausdrücklich erwähnt, wird dieser Eindruck allein durch die Einfügung einer Bauliste verstärkt, die durch Aufzählung aller Mitwirkenden die Größe des Vorhabens unterstreicht (3,1–32).

WIDERSTAND
Nehemia 4–6

Als aber die Nachbarvölker erfuhren,
was sich in Jerusalem tat,
empörten sich ihre Anführer, 2,10
allen voran Sanballat von Samaria
und sein Verbündeter Tobija.
Sie stellten die Juden zur Rede,
höhnten und spotteten:
„He, ihr da! Was habt ihr vor?
Wollt ihr etwa vom König abfallen?" 2,19
Doch Nehemia antwortete:
„Was wir tun, ist nicht verboten.
Wir bauen nur unsere Stadtmauer auf.
Mit Gottes Hilfe
wird es uns auch gelingen.
Doch euch geht das nichts an.
Jerusalem gehört nicht
zu eurem Herrschaftsgebiet.
Ihr habt kein Recht,
über unsere Stadt zu bestimmen." 2,20

Bald darauf hörte Sanballat,
dass die Mauer bereits im Bau war.
Empört rief er seine Landsleute
und Soldaten zusammen,
höhnte und spottete vor ihren Ohren:
„Was bilden sich diese Schwächlinge ein?
Glauben diese Judäer im Ernst,
sie könnten verkohlte Trümmer
wieder zum Leben erwecken?
Denken sie etwa, sie könnten in Kürze
ihr Werk abschließen
und mit Dankopfern einweihen?
Sollen wie sie einfach gewähren lassen?" 3,33
„Lass sie nur bauen!", spottete Tobija.
„Was soll dieses Mäuerchen?
Sobald ein Fuchs darauf springt,
fällt es schon ein." 3,35

Bald darauf verbreitete sich
in Jerusalem das Gerücht:
Sanballat aus Samaria hat sich
mit anderen Führern verschworen.
Sie wollen mit Gewalt
den Bau der Mauer verhindern.
Ihre Soldaten marschieren schon
auf Jerusalem zu. 4,6

Da sank allen Bewohnern der Mut.
Die Leute weinten und klagten:
„Unsere Kraft ist zu schwach.
Der Schutt ist zu viel,
die Arbeit zu schwer.
Wir können nicht mehr." 4,4

Aber Nehemia schrie zu Gott:
„Höre doch, unser Gott,
wie verachtet wir sind!
Lass nicht zu, dass dein Volk
so verhöhnt wird!" 3,36f
Danach stellte er Wachen auf,
die die Mauer bei Tag
und auch bei Nacht bewachten.
Das übrige Volk aber
sammelte sich an den Mauerlücken.
Zitternd warteten sie,
bis die Feinde anrückten.
Doch Nehemia sprach allen Mut zu:
„Fürchtet euch nicht vor ihnen!
Haltet euch nur an Gott!
Er allein ist zu fürchten.
Denkt daran: Ihr kämpft
für eure Söhne und Töchter!" 4,8

Als aber Sanballat und Tobija hörten,
dass ihr Plan bekannt geworden war,
ließen sie von Jerusalem ab.
Doch seitdem blieb Nehemia
stets auf der Hut.
Er teilte seine Leute
in zwei Abteilungen ein.
Die einen trugen Waffen.
Die anderen bauten die Mauer.
Auch sie trugen ein Schwert.
Mit der einen Hand arbeiteten sie,
mit der anderen Hand
hielten sie ihre Waffe.
Nehemia aber schärfte allen ein:
„Wenn ihr das Widderhorn hört,
dann eilt herbei.
Denn dann droht höchste Gefahr." 4,9–14

So bauten sie gemeinsam weiter.
Tag für Tag standen sie auf der Mauer

von frühmorgens bis tief in die Nacht.
Und wenn alle todmüde schliefen,
dann blieb Nehemia immer noch wach.
Viele Wochen lang kam er
nicht aus den Kleidern. 4,17

Doch nicht nur Feinde von außen
bedrohten den Bau.
Mit Sorge sah Nehemia,
wie die Spannungen im eigenen Volk
zwischen Reichen und Armen wuchsen. 5,1ff
Nur durch seinen Einsatz gelang es,
das Volk zusammenzuhalten. 5,14ff

Aber trotz aller Widerstände
wuchs die Mauer von Tag zu Tag.
Da beschlossen Sanballat
und seine Verbündeten,
Nehemia in eine Falle zu locken.
Sie ließen ihm ausrichten:
„Komm, triff dich mit uns
an einem entlegenen Ort.
Dort wollen wir mit dir verhandeln."
Doch Nehemia glaubte ihnen kein Wort. 6,1f

Danach schickte ihm Sanballat 6,5ff
einen offenen Brief,
darin stand geschrieben:
Man munkelt, du seist ein Verräter.
Du wollest dich selbst zum König
über Jerusalem machen.
Wenn das vor den König kommt,
ist es um dich geschehen.
Komm, wir wollen miteinander
einen Rat halten.
Aber Nehemia antwortete:
„Das stimmt nicht.
Du hast das selbst erfunden." 6,8

Nicht lange danach kam ein Mann,
der flüsterte Nehemia aufgeregt zu:

„Auf, flieh in den Tempel
und schließ die Tür hinter dir zu!
Denn heute Nacht will man dich töten." 6,10
Aber auch das war nicht wahr.
Tobija und Sanballat
hatten den Mann bestochen,
um Nehemia zu schrecken.
Doch Nehemia gab nichts darauf.
Unbeirrt setzte er die Arbeit fort,
bis die ganze Mauer fertig gestellt war. 6,15

Endlich, in nur 52 Tagen,
war das große Werk vollendet. 6,15
Die Türen waren eingehängt,
und die Tore geschlossen. 7,1ff
Und Wächter bewachten die Tore
bei Tag und bei Nacht.

Da ließen Nehemias Widersacher
endlich von Jerusalem ab.
Und alle Nachbarn ringsum
fürchteten sich beim Anblick der Mauer.
Denn sie erkannten,
dass dieses Werk von Gott war. 6,16

— — —

*A*ch Gott, wie lange noch
soll uns der Feind verspotten
und deinen Namen lästern?
Warum hältst du deine Hand
noch zurück?
Herr, mach ein Ende!
Gott ist doch von jeher mein König.
Von ihm kommt meine Hilfe auf Erden.
Herr, denke an deinen Bund!
Denn das Land ist voller Gewalt.
Mach dich auf, Gott,
und führe dein Werk zum Ziel.
aus Psalm 74

Der Mauerbau ruft verstärkten Widerstand unter den Nachbarstämmen hervor. Es bildet sich eine Koalition jener Volksgruppen, die nach der Zerstörung der Königreiche Israel und Juda in diesem Gebiet angesiedelt wurden. Die Koalition wird durch Samaria angeführt, offenbar aus Angst, Jerusalem könnte wieder, wie in der Königszeit, zur Konkurrenz für Samaria werden. Obwohl nicht alle der hier genannten Namen und Vorgänge historisch aufzuklären sind, so zeichnen sie doch ein typisches Bild jener Region, die unter persischer Verwaltung zwar nicht im rechtsfreien Raum lebt, wohl aber mancherlei Willkür von „Feinden" ausgeliefert ist. Als

„Feinde" werden im Buch Nehemia ganz konkret jene bezeichnet, die das Werk Gottes hindern wollen.

Zu der Bedrohung von außen kommt aber noch eine ernsthafte Gefährdung aus den eigenen Kreisen hinzu. Dies deutet das 5. Kapitel an, das massive soziale Spannungen in der Jerusalemer Gemeinde, bis hin zur Schuldknechtschaft, aufzeigt. Die hier angezeigten Probleme sind viel umfassender und nicht nur auf die Zeit des Mauerbaus begrenzt. Vermutlich geben sie auch einen wichtigen Einblick in die Zeit danach, da Nehemia zwölf Jahre als Statthalter in Jerusalem mit massiven sozialen und kultischen Missständen konfrontiert ist (13). Wenn diese Missstände bereits hier erwähnt werden, so ist zu vermuten, dass schon in den Anfängen latente soziale Spannungen vorhanden waren, die das gemeinsame Vorhaben hätten sprengen können. Dass es dennoch gelingt, ist demzufolge als Wunder zu verstehen.

DAS FEST
Nehemia 8–13

Nur 52 Tage hatten die Juden
an der Mauer gebaut.
Wo noch wenige Tage zuvor
Hammerschläge zu hören waren,
herrschte nun Stille.
Ein wunderbarer Friede
lag über der Stadt.

Inzwischen war es Herbst geworden.
Die Weinlese hatte begonnen.
Da kam das ganze Volk
aus allen Städten Judas nach Jerusalem,
um dort Weisung aus Gottes Wort
zu empfangen.
Sie hatten sich auf dem großen Platz
vor dem Wassertor versammelt,
wo eine Kanzel aus Holz errichtet war.
Und sie baten Esra, den Schriftgelehrten:
„Lies uns das Gesetzbuch des Mose vor,
alle Worte, die Gott der Herr
seinem Volk geboten hat!
Wir wollen sie hören."   8,1

Da bestieg Esra die Kanzel.
Alle erhoben sich von den Plätzen,
als Esra die Buchrolle auftat
und anfing, Gott laut zu loben.
„Amen! Amen!",
antwortete die Gemeinde im Chor.
Sie hoben die Hände empor,
fielen nieder und beteten an.
Dann las Esra aus der Schriftrolle vor.

Die Leviten aber legten seine Worte aus.
Aufmerksam folgten alle den Worten.
Männer, Frauen und auch Jüngere,
die schon verständig genug waren.   8,2
Vom frühen Morgen bis zum Mittag
harrten sie auf dem Platz aus.
Kein Wort ließen sie sich entgehen.
Viele hatten Tränen in den Augen,
so trafen sie die Worte ins Herz.
Aber Esra und Nehemia
riefen dem Volk zu:
„Dies ist der Tag des Herrn!
Darum weint nicht
und seid nicht bekümmert!
Denn die Freude am Herrn ist eure Stärke.
Geht und feiert ein Freudenfest!
Esst und trinkt
und was ihr übrig habt,
teilt es mit andern!"   8,9f
„Ja!", riefen auch die Leviten,
die sich unter das Volk gemischt hatten.
„Seid nicht bekümmert!
Denn dies ist ein Festtag des Herrn!"   8,11

Fröhlich zogen die Menschen heim,
aßen und tranken in ihren Häusern
und feierten ein großes Fest.
Denn sie hatten das Wort verstanden,
das sie von Gott empfangen hatten.   8,9–12

Am nächsten Tag aber verkündete Esra
den Priestern und Obersten des Volkes:

„Jedes Jahr um diese Zeit
sollt ihr das Laubhüttenfest feiern.
Dann sollen alle in Laubhütten wohnen.
Denn so steht es geschrieben
im Gesetzbuch des Mose.   8,13f
Darum macht euch auf!
Zieht in die Berge!
Pflückt Zweige von den Bäumen
und baut daraus grüne Laubhütten!"

Da schwärmten alle
in die Gärten und Weinberge aus.
Sie rissen Zweige von den Bäumen
und bauten sich daraus Hütten
aus frischem Grün.
Überall entstanden Laubhütten,
auf den Dächern und in den Höfen
und auch auf dem Platz
vor dem Tempel.
Sieben Tage lang feierten sie
und wohnten in ihren Laubhütten.
Und jeden Tag las ihnen Esra
aus dem Gesetzbuch des Mose vor.   8,18
Sie feierten das Fest so fröhlich
wie lange nicht mehr.
So dankten sie ihrem Gott,
der sie aus der Gefangenschaft
in ihre Heimat zurückgeführt hatte,
wie auch einst ihre Vorfahren.   8,17

Aber am Ende des Monats
kamen alle noch einmal
zu einem Bußtag zusammen.
Sie hatten Asche aufs Haar gestreut.
Gebeugt und im Büßergewand
standen sie auf dem großen Platz
vor dem Tempel und hörten Gottes Wort
aus dem Gesetzbuch des Mose.
Dann fielen sie nieder
und bekannten vor Gott ihre Schuld,
drei Stunden lang.   9,3
Und alle, Männer und Frauen,
Söhne und Töchter, Priester und Leviten,
traten erneut in den Bund ein,
den Gott einst am Sinai
mit seinem Volk geschlossen hatte.

Zuletzt aber kamen alle
noch einmal in Jerusalem zusammen,
um die neu errichtete Mauer der Stadt
mit einem großen Fest zu begehen.
Zwei große Dankchöre zogen singend
über die Mauer zum Tempel.
Esra und Nehemia führten
die beiden Festzüge an.
Ihnen folgten die Priester,
die Sänger und Musikanten
mit Zimbeln und Saitenspiel.
Alle fielen in ihr Lied ein,
Männer, Frauen und Kinder.
Ihr Jubel erfüllte die Stadt.
Er schallte weit in das Land hinaus
und verkündete allen, dass Gott
wieder unter seinem Volk wohnte.   12,27ff

– – –

*Gott, wie dein Name,
so reicht auch dein Ruhm
bis ans Ende der Welt.
Der Berg Zion freue sich
und die Töchter Judas seien fröhlich,
weil du gerecht richtest.
Zieht um Jerusalem herum
und umschreitet es,
zählt seine Türme!
Achtet gut auf seine Mauern,
durchwandert seine Paläste,
und erzählt es euren Nachkommen:
Wahrhaftig, das ist Gott, unser Gott
für immer und ewig.
Er ist es, der uns führt.*
aus Psalm 48

Das Buch Nehemia endet (abgesehen von Kap 13) mit einer Reihe von Festfeiern. Sie sind nicht im Ich-Stil verfasst und stammen wohl auch nicht aus der Feder Nehemias. Mit ihnen wird die sehr persönliche Geschichte Nehemias in den Horizont der Bundesgeschichte hineingestellt. Im Mittelpunkt steht hier nicht mehr Nehemia, sondern die Gemeinde vor Gott, die Gottes Willen aus dem „Gesetzbuch des Mose" (d.h. aus dem Deuteronomium) empfängt und daraufhin den Bund mit Gott erneuert. Dies geschieht in drei aufeinander folgenden Feiern:

(1) An erster Stelle steht die feierliche Lesung des Gesetzes durch Esra (8,1–12) vor dem versammelten Volk. Obwohl diese Lesung außerhalb des Tempelbezirks stattfindet, trägt sie deutlich gottesdienstlichen Charakter. Dazu gehören u.a. die „Kanzel", die feierliche Öffnung der Torarolle (vgl. Lk 4,17), der Lobpreis als Antwort der Gemeinde vor Beginn der Lesung, wie auch die Auslegung durch die Leviten. Die öffentliche Lesung erinnert an das Bundeserneuerungsfest, das König Josia nach Auffindung des Gesetzbuchs mit dem ganzen Volk gefeiert hat (2. Kön 23; 2. Chr 34,31).

(2) Unmittelbar darauf folgt die Feier des Laubhüttenfestes (8,13-18 auf der Grundlage von Lev 23,34f; Dtn 16,13f). Mit ihm wird die Erinnerung an Josua und an die Landnahme verbunden (8,17). Wie Gott sein Volk einst aus der Wüste ins Land der Verheißung geführt hat, so hat er sie auch nach langer „Wüstenzeit" wieder in ihr Land zurückgeführt.

(3) Dass darauf erst der Bußtag des Volkes folgt, überrascht, zumal in der chronologischen Abfolge jüdischer Feiertage die öffentliche Buße am Jom Kippur dem Laubhüttenfest vorangestellt ist. Indem aber hier das Bußgebet des Volkes (9) mit anschließender Selbstverpflichtung pointiert ans Ende gesetzt ist, gewinnt seine Aussage erhöhte Bedeutung. Das Bekenntnis eigener Schuld wird mit einem grandiosen Geschichtsrückblick verbunden, der in das Bekenntnis zu dem „gnädigen und barmherzigen Gott" einmündet.

Gottes Gnade und Barmherzigkeit, das ist die verbindende Botschaft aller drei Festfeiern und Anlass zum Dank. Damit verbindet sich der Aufruf zur „Freude am Herrn" (8,10). Weil sie in Gott selbst und seinem Heilshandeln begründet ist, gilt sie für frohe wie auch für ernste Zeiten. Zum Schluss, gleichsam als Krönung des Buches, wird noch die festliche Einweihung der Mauer beschrieben (12,27ff). Eigentlich hätte man sie bereits nach Vollendung des Mauerbaus erwartet (7,1ff). An dieser hervorgehobenen Stelle drückt sie allerdings noch mehr aus. Mit ihr kommt Gottes Geschichte mit seinem ehemals zerstreuten Volk vorläufig zum Abschluss. Wie bei der Tempelweihe (Esra 6,16), so wird nun die ganze Stadt Gott geweiht und mit ihren neu errichteten Mauern zum Zeugnis für die Völkerwelt. Dies drückt sich auch in dem angefügten Zionslied (Ps 48) aus, das an eine Festliturgie erinnert: Alle Welt soll auf Jerusalem schauen, die Stadt Gottes, die unter seinem besonderen Schutz steht!

DAS BUSSGEBET DER GEMEINDE
Nehemia 9

Dies ist das Bußgebet,
das die Gemeinde am Tempel
vor Gott brachte.
Es steht am Ende
einer langen Geschichte,
in der das Volk Gottes unzählige Male
seinen Bund mit Gott gebrochen hatte.
Aber über allem
steht das Bekenntnis zu Gott,
der in Treue an seinem Bund festhält
und der bis heute
sein Volk nicht preisgibt
bis zu diesem Tage:

Auf, lobt den Herrn, euren Gott
von Ewigkeit zu Ewigkeit.
Herr, dein herrlicher Name sei gelobt.
Du hast Himmel und Erde geschaffen
und alles, was darin ist.
Alles betet dich an. 9,5f

Herr, du bist Gott.
Du hast Abraham erwählt und gerufen
und einen Bund mit ihm geschlossen.
Du hast ihm versprochen:
Deinen Nachkommen
will ich dieses Land geben.
Ja, du hast Wort gehalten;
denn du bist gerecht. 9,7f

Du hast unsere Vorfahren
aus Ägypten befreit.
Du hast ihr Elend gesehen
und ihr Schreien am Schilfmeer gehört.
Du hast das Meer vor ihnen zerteilt
und hast sie geführt
in einer Wolkensäule am Tag
und in einer Feuersäule bei Nacht,
um ihnen zu leuchten. 9,9ff

Du bist herabgestiegen
auf den Berg Sinai.
Du hast mit ihnen
vom Himmel her geredet
und hast ihnen deine Gebote
und Rechte gegeben,
durch deinen Knecht Mose.
Du hast ihnen Brot
vom Himmel gegeben
und Wasser aus dem Felsen gespendet.
Und du hast ihnen geboten,
das Land einzunehmen,
das du ihnen verheißen hast. 9,13ff

Aber unsere Väter weigerten sich,
deine Gebote zu achten.
Sie dachten nicht an deine Wunder,
die du an ihnen getan hast,
sondern beharrten darauf,
wieder nach Ägypten zu ziehen. 9,16

Aber du, mein Gott, vergabst ihnen.
Du warst gnädig, barmherzig,
geduldig und von großer Güte.
Du hast sie auch nicht verlassen,
als sie ein goldenes Kalb machten, 9,18f
sondern gabst ihnen deinen guten Geist.

Vierzig Jahre hast du sie
in der Wüste versorgt.
Du gabst ihnen Königreiche und Völker
und hast sie zahlreich
wie Sterne gemacht.
Du hast sie in das Land gebracht,
das du ihren Vätern zugesagt hast.
Und sie nahmen das Land ein
und lebten in Wohlstand und Fülle
durch deine Güte. 9,24f

Aber sie kehrten sich von dir ab
und verachteten deine Gebote.
Sie töteten deine Propheten,
die sie zur Umkehr mahnten,
und lästerten deinen Namen.
So übergabst du sie ihren Feinden.
Sie aber schrien zu dir.
Da hast du sie erhört
und gabst ihnen Retter,
die ihnen halfen. 9,26ff

Unzählige Male
hast du dich über sie erbarmt.
Immer wieder hast du sie ermahnt,
dein Gesetz einzuhalten.
Sie aber blieben unbelehrbar
und hörten nicht auf deine Gebote. 9,29
Viele Jahre hattest du
mit ihnen Geduld
und hast sie gewarnt
durch deine Propheten.
Aber sie haben es nicht
zu Herzen genommen.
Da gabst du sie in die Hand der Völker. 9,30

Aber in deiner Barmherzigkeit
hast du kein Ende mit ihnen gemacht
und hast sie nicht verlassen.
Denn du bist ein gnädiger Gott.
Ja, ein barmherziger Gott bist du! 9,31

Doch nun, unser Gott,
du großer Gott,
der du Bund und Treue hältst,
sieh, wie es um uns steht! 9,32
Du bist gerecht in allem,
was du getan hast.
Sie haben deine große Güte erfahren,
aber sie haben dir nicht gedient
in dem weiten und fruchtbaren Land,
das du ihnen gegeben hast.
So kommt es, dass wir heute 9,36
als Knechte in dem Land dienen müssen,
das du unseren Vätern gegeben hast.

Das große Bußgebet aus Neh 9 ist hier bewusst ans Ende der beiden Bücher Esra und Nehemia gesetzt. In ihm wird abschließend das gemeinsame Thema der beiden Bücher in den übergreifenden heilsgeschichtlichen Zusammenhang gestellt und erfährt in diesem Horizont seine besondere Aussagekraft. Dabei ist ein Doppeltes festzustellen:

(1) Das Gebet hat den Charakter eines umfassenden Schuldbekenntnisses. Nicht nur die Amtsträger, sondern die ganze Gemeinde stellt sich in der Erinnerung an die Geschichte Israels bewusst in die Schuldgeschichte seiner Vorfahren hinein, die gekennzeichnet ist durch Rebellion, durch Abkehr von Gott und immer neuen Ungehorsam gegenüber seinen Geboten. Es ist das Bild des „halsstarrigen" Volkes, das hier gezeichnet wird, das sich wie ein Zugtier aufbäumt und sich nicht leiten lassen will. Es ist das wiederholte „Aber", das die Unerhörtheit des Geschehenen angesichts der Treue Gottes unterstreicht. Mit dieser radikalen Abrechnung knüpft dieses Bußgebet unmittelbar an das Geschichtsbild der deuteronomistischen Geschichtsschreibung an (vgl. 2. Kön 17,11ff, vgl. auch die Geschichtspsalmen 78 und 106!). Aber anders als dort, bezieht sich die Gemeinde selbst als Erbin dieses Volkes in seine Schuldgeschichte mit ein. Auch sie kann sich nicht rühmen, frei von Schuld zu sein.

(2) Das Gebet ist vor allem ein Lobbekenntnis, das die Geschichte als fortgesetzten Gnadenerweis Gottes bezeugt und preist. Dazu holt es in seinem geschichtlichen Rückblick weit aus, viel weiter als andere Geschichtsdarstellungen des Alten Testament. Es beginnt mit dem Lobpreis des Einen und einzigen Gottes und seiner allumfassenden Schöpfermacht – in deutlicher Abgrenzung zu anderen Religionen. Darauf folgt eine Serie hymnischer Lobpreisungen dessen, was Gott getan hat. Sie beginnen alle betont mit der Anrede „Du" (9,6–15). Sie gipfeln im Bundesschluss und in der Gabe des Landes als höchster Heilsgabe (9,22ff).

Im scharfen Gegensatz hebt sich in der Folge das „Aber" ab, das den menschlichen Ungehorsam beschreibt. Auf dieses „Aber" folgt jedoch am Ende das triumphierende „Aber" Gottes: „Aber in deiner Barmherzigkeit hast du nicht mit ihnen ein Ende gemacht, denn du bist ein gnädiger und barmherziger Gott" (9,31). Es ist der Lobpreis seiner Gnade, der mit den Worten von Ex 34,6 die ganze Geschichte durchzieht: „Herr, Herr, Gott, barmherzig und gnädig und geduldig und von großer Gnade und Treue." Es ist das Hohelied göttlicher Vergebung, das in Psalm 103,8 aufgenommen wird: „Barmherzig und gnädig ist der Herr, geduldig und von großer Güte" und das in diesem späten Zeugnis fortklingt.

UNTER PERSISCHER HERRSCHAFT

Das Buch Ester

Das Buch Ester erzählt die Geschichte der Jüdin Ester, die vom persischen König Ahasveros zur Königin erhoben wird. Am Hof erfährt Ester durch ihren Verwandten Mordechai von dem Plan des Königs, alle Juden im Reich zu vernichten. Urheber des Plans ist Haman, ein Günstling des Königs, der am Hof einen einflussreichen Posten innehat. Durch Mut und Klugheit gelingt es Ester, den König umzustimmen und das Unheil von ihrem Volk abzuwenden. Der Tag, der für die Ermordung aller Juden festgesetzt war, wird am Ende zum Festtag für alle Juden. Es ist die Geburtsstunde des Purimfestes, das die Juden bis heute im 12. Monat Adar (Februar/März) feiern.

Das Buch stellt ein literarisches Kunstwerk dar. Meisterhaft werden die verschiedenen Themenkreise zu einer Novelle verwoben, wobei die persönliche Geschichte Esters mit der übergreifenden Thematik der Diasporajuden und ihrer besonderen Situation im persischen Großreich verbunden wird. Die Handlung kreist um vier Personen, die als Exponenten ihrer je eigenen Welt das vielschichtige und schillernde Leben jener Zeit spiegeln:

(1) Der König Ahasveros
Sein Name ist gleichzusetzen mit Xerxes I. (485–465 v.Chr.), dem Nachfolger Darius' des Großen. In der Estererzählung repräsentiert er den Glanz und die Machtfülle aller persischen Großkönige. Ihr rigoroses Vorgehen gegenüber Widerständigen ist für sie ebenso typisch wie ihr Großmut gegenüber anderen Volksgruppen, insbesondere auch gegenüber Juden.

(2) Der Höfling Haman
Er steht für die intrigante Welt am persischen Hof, der einen gefährlichen Nährboden für latenten Fremdenhass, vor allem gegenüber Juden darstellt. Haman ist der erklärte Feind der Juden, der offensiv die Ausrottung aller Juden im persischen Reich betreibt.

(3) Der Jude Mordechai
Er ist der Gegenspieler Hamans, an dem sich dessen Judenhass entzündet. Mordechai steht für jene Diasporajuden, die den Spagat zwischen Assimilation und Widerstand leisten müssen. Als Hofbeamter ist er zur Loyalität gegenüber seinem König verpflichtet. Als Jude ist für ihn der Gehorsam gegenüber seinem Gott das höchste Gebot.

(4) Die Jüdin Ester
Sie spiegelt das Schicksal einer Frau in einer von Männern beherrschten Welt wider. Selbst als Königin hat sie keinen eigenen Gestaltungsspielraum, sondern gilt als Besitz des Mannes, über den dieser frei verfügen kann. Ester sprengt dieses

Gefängnis, aber nicht aus eigener Kraft, sondern im Gebet zu dem Gott ihres Volkes, der ihr diese Freiheit ermöglicht. Ihr jüdischer Name Hadassa erinnert daran, woher Ester ihre innere Freiheit bezieht.

Der Name Gottes wird in der Estererzählung mit keinem Wort erwähnt (die später eingefügten Gebete ausgenommen). Nur ganz verhalten deutet sich Gottes Wirken im Verborgenen an. Ähnlich wie in der Josefserzählung (Gen 37ff) und auch in der Geschichte von Daniel (Dan 1–6), bezeugt sich Gott durch den Gehorsam seiner Diener und Dienerinnen, die sich auch in heidnischer Umwelt treu zu ihm bekennen.

DAS FEST DES KÖNIGS
Ester 1

Dies ist die Geschichte von Ester,
einer jungen jüdischen Frau,
durch die Gott sein Volk
vor der Vernichtung bewahrte.
Ester war Waise.
Sie lebte in Susa,
der Hauptstadt des persischen Reichs.
Dort lebte auch Mordechai,
ihr Vetter und Vormund,
der stand im Dienst
des persischen Königs. 2,5ff
Zu jener Zeit herrschte Ahasveros
über das riesige persische Reich.
Er war Herr über 127 Länder
und Völker verschiedener Sprachen.
Sein Reich reichte vom Indus
bis an den oberen Nil. 1,1
Es war aufgeteilt in viele Provinzen,
über die der König
Großfürsten gesetzt hatte.
Kein König war zu jener Zeit
so reich und so mächtig wie er.

Im dritten Jahr seiner Regierung
bereitete der König seinen Fürsten
und hohen Beamten ein glänzendes Fest.
Aus allen Ländern reisten sie an.
Alles, was Rang und Namen hatte,
fand sich im Königspalast ein.
Sechs Monate lang stellte der König
seinen Prunk und Reichtum zur Schau.
Zum krönenden Abschluss
gab es für die Bewohner von Susa
ein großes Festgelage im Park.
Alle, Groß und Klein,
waren dazu geladen.
Sieben Tage lang feierten sie
im Hofgarten des Königs,
der festlich geschmückt war.
Sie lagerten auf weichen Kissen
zwischen marmornen Säulen,
mit bunten Tüchern behangen.
Diener reichten edle Speisen
und Wein aus goldenen Krügen.
Jeder durfte nach Herzenslust trinken.
Der König trank munter mit. 1,5ff

Am siebten Tag aber rief der König,
schon sichtlich betrunken:
„Wo ist die Königin Waschti?
Holt sie mitsamt ihrer Krone hierher!
Sie soll ihre Schönheit
allem Volk zeigen." 1,10f

Aber die Königin dachte nicht daran,
sich vor den Männern zu zeigen.
Sie feierte selbst im Palast
ein Festmahl mit ihren Frauen. 1,9
So ließ sie dem König ausrichten:
„Ich komme nicht."

„Wie?", schrie der König erbost.
„Sie weigert sich, mir zu gehorchen?"
Der König schäumte vor Wut. 1,12
Er fragte seine Ratgeber:
„Was soll ich mit der Königin machen,
die sich meinem Befehl widersetzt?" 1,15

Da trat einer vor,
verneigte sich und meinte empört:
„Die Königin hat nicht
auf den Befehl des Königs gehört.
Damit hat sie nicht nur
die Ehre des Königs verletzt,
sondern wir alle sind davon betroffen.
Denn wenn im Land bekannt wird,
was sie getan hat,
dann werden auch die anderen Frauen
nicht mehr ihren Männern gehorchen.
Darum soll sie der König verstoßen
und eine andere zur Königin machen,
eine Frau, die diese Ehre verdient." 1,16ff

Da hörte der König auf seine Ratgeber
und verstieß seine Frau.
Und er gab den Befehl aus,
dass im ganzen Königreich,
in allen Ländern und Häusern,
nur der Mann Herr im Haus sei. 1,21f

Ester

Mit einem Festmahl beginnt das Buch Ester, mit einem Fest ganz anderer Art endet das Buch. Schauplatz ist im ersten Kapitel die Residenz des persischen Königs in Susa. Hinter dem Namen Ahasveros verbirgt sich der persische Großkönig Xerxes (485–465 v.Chr.), der vor allem durch seinen Eroberungskrieg gegen die Griechen in die Geschichte eingegangen ist. (480/79 v.Chr.). Hier wird allerdings nur sein märchenhafter Reichtum und seine grenzenlose Macht hervorgehoben. Von Xerxes ist bekannt, dass er sein Reich in 20 Teilreiche („Satrapien") aufteilte, über die jeweils ein Großfürst („Satrap") gesetzt war. Diese regierten wie Könige in ihrem Reich. Offenbar sollte das Fest auch dazu dienen, die Macht des Königs gegenüber seinen mächtigen Fürsten zu demonstrieren und sie in Schach zu halten.

Die Beschreibung des Festes sprengt indes jede Vorstellung. Sowohl die Dauer des Festes als auch der zur Schau getragene Reichtum des Königs erinnert eher an ein orientalisches Märchen.

Vor dieser prunkvollen Kulisse hebt sich die Erzählung von der Verstoßung der Königin Waschti scharf ab. Derselbe König, der sich als König aller Könige feiern lässt, erweist sich als gnadenloser Despot, sobald sich jemand seinem Befehl widersetzt, und sei es die eigene Frau. Hinter dem Glanz des persischen Hofs tut sich eine menschenverachtende und frauenfeindliche Welt auf, die von Willkür und Gewalt gezeichnet ist. Sie lässt die Gefahren erahnen, die in dieser schillernden Welt auf Ester und ihr Volk zukommen werden.

ESTER
Ester 2

Nach einiger Zeit
war der Zorn des Königs verraucht.
Da ging der König in sich
und er dachte an Waschti
und was mit ihr geschehen war.
Aber seine Diener trösteten ihn:
„Warum grämt sich der König?
Gibt es nicht genug andere Frauen,
die jung sind und schön?
Der König lasse die schönsten
aus allen Ländern an seinen Hof holen.
Ein ganzes Jahr lang
soll man sie schmücken und pflegen.
Danach sollen sie vor den König treten.
Die Frau, die ihm am besten gefällt,
die soll er zur Königin machen." 2,1ff

Das gefiel dem König.
Und er ließ die schönsten
unter den jungen Frauen aussuchen
und in seinen Frauenpalast bringen.
Auch die Jüdin Ester gehörte dazu.
Denn Ester war anmutig
und ausnehmend schön. 2,7

Doch Mordechai ließ Ester
nur ungern ziehen.
Beim Abschied ermahnte er sie:
„Gib auf dich Acht!
Verrate keinem Menschen am Hof,
dass du zum Volk der Juden gehörst.
Sonst bist du in großer Gefahr." 2,10
Jeden Tag kam er zum Frauenpalast,
um zu hören, wie es Ester erging. 2,11

Ein ganzes Jahr lang
blieb Ester im Frauenpalast.
Sieben Dienerinnen umgaben sie
täglich von früh bis spät,
salbten und pflegten sie.
Und alle, die sie sahen,
waren ihr zugetan. 2,15

Endlich kam der Tag,
da Ester dem König vorgeführt wurde.
Als der König sie sah,
hatte sie sofort sein Herz gewonnen.
„Ester", verkündete er,
„ist mir die Liebste von allen.

Ich will sie zur Königin machen."
Feierlich setzte er Ester
die Königskrone aufs Haupt
und ließ zu ihren Ehren
ein großes Festmahl bereiten.
Auch teilte er zur Feier des Tages
Geschenke an sein Volk aus
und gewährte den Ländern Steuererlass. 2,17f

Indessen versah Mordechai
seinen Dienst draußen am Tor.
Tag für Tag wachte er dort,
in großer Sorge um Ester.
Denn am Hof gab es auch
viele Feinde der Juden.
Ihr größter Feind war Haman,
ein Vertrauter des Königs.
Wenn dieser erfuhr,
dass Ester eine Jüdin war,
dann war ihr Leben in höchster Gefahr. 2,19f

In jenen Tagen trug es sich zu,
dass sich zwei Türhüter am Tor
heimlich gegen den König verschworen.
Als Mordechai davon erfuhr,
schickte er sofort eine Botschaft
an Ester, um den König zu warnen.
Und als der König nachforschte,
fand er es genau so,
wie Mordechai gesagt hatte.
Da machte der König kurzen Prozess.
Noch am selben Tag ließ er
die beiden Verschwörer erhängen.
Aber Mordechai, der ihn gewarnt hatte,
blieb ohne Ehrung und Dank. 2,21ff

Nicht lange danach
machte der König Haman
zum mächtigsten Mann im Reich.
Er setzte ihn über alle Fürsten
und Würdenträger am Hof.
Und er befahl seinen Dienern,
Haman wie einen König zu ehren.
Von diesem Tag an
gingen alle in die Knie vor Haman.
Wenn er durchs Tor schritt,
fielen sie vor ihm nieder
und verneigten sich vor ihm.
Nur Mordechai rührte sich nicht
von der Stelle.

„Warum kniest du nicht nieder?",
fragten ihn andere entsetzt.
Warum hörst du nicht
auf des Königs Gebot?
Tag für Tag bedrängten sie ihn,
bis Mordechai schließlich bekannte,
dass er ein Jude war,
der Gott allein ehrte. 3,1ff

Als aber Haman davon erfuhr,
packte ihn der Zorn.
Grimmig beschloss er,
sich an allen Juden zu rächen.
Er trat vor den König
und sprach mit geheuchelter Stimme:
„O König, im Reich der Perser
lebt verstreut ein rebellisches Volk,
das folgt anderen Gesetzen
als die anderen Völker
und hört nicht auf des Königs Gebot.
Darum ist dies mein Rat:
Man enteigne dieses Volk
und rotte es aus.
Das wird dem König
eine Menge Geld bringen." 3,8f

Da willigte der König ein.
„Das Geld", sprach er, „überlasse ich dir
und auch das Volk, von dem du redest.
Mach mit ihm, was dir gefällt!
Hier hast du mein Siegel." 3,10f

Sogleich setzte Haman ein Schreiben auf,
drückte das königliche Siegel darauf,
und legte darin den Tag fest,
den zuvor das Los bestimmt hatte. 3,7
Und so lautet der Inhalt des Schreibens:
„Im Namen des Königs:
Am 13. Tag des 12. Monats,
das ist der Monat Adar,
sollen alle Juden, Junge und Alte,
Männer, Frauen und Kinder,
vernichtet und ausgerottet
und ihre Häuser geplündert werden." 3,13

Darauf trugen Eilboten das Schreiben
in alle Länder und Städte
bis in die letzten Winkel des Reichs
und verkündeten in allen Sprachen,
was der König befohlen hatte.

Ester

In der Hauptstadt Susa aber
wurde das Schreiben
an die Mauer des Palastes gehängt.
Dort lasen alle mit Entsetzen,
was über die Juden beschlossen war,
während drinnen im Palast
der König mit Haman fröhlich zechte. 3,12ff

Ester aber wusste von alledem nichts.
Niemand hatte ihr verraten,
welch großes Unheil ihrem Volk drohte.
Und niemand im Palast ahnte,
dass auch Ester Jüdin war.

– – –

Aus dem Gebet Mordechais:

Herr, Herr,
du König und Herrscher!
Du hast Himmel und Erde gemacht
und bist Herr über alles.
Niemand darf es wagen,
sich dir zu widersetzen,
wenn du dein Volk Israel retten willst.
Herr, du weißt,
dass ich mich nicht
aus Hochmut geweigert habe,
mich vor diesem Haman
niederzuwerfen.
Denn ich würde gern
seine Fußsohlen küssen,
wenn es der Rettung Israels diente.
Aber ich wollte nicht
die Ehre von Menschen
über die Ehre Gottes stellen.
Niemals will ich mich
vor jemandem niederwerfen
außer vor dir, mein Gott.
Und nun, Herr und Gott,
du Gott Abrahams,
verschone dein Volk.
Denn sie blicken voll Hass auf uns
und wollen uns ins Verderben stürzen.
Verwandle unsere Trauer in Freude,
damit wir am Leben bleiben
und deinen Namen preisen.

Dieses Kapitel gibt einen Einblick in das schillernde Leben am Hof, das geprägt ist von Intrigen und Machtspielen. Zu Recht fürchtet Mordechai um Ester, für die er als Vormund immer noch Sorge trägt. Auch als gekrönte Königin ist Ester in dieser Umgebung nicht sicher. Die latente Bedrohung macht sich vor allem an der Person Hamans fest, den das Esterbuch als „Agagiter" (3,1 u.ö.) vorstellt. Damit spielt es auf dessen Abstammung aus dem Königshaus der Amalekiter an (Agag war König der Amalekiter; vgl. 1. Sam 15,1ff). Diese galten von jeher als Feinde Israels (s. Ex 17,8ff / Dtn 25,17–19). Dadurch erklärt sich Hamans „angeborener" Hass auf alle Juden. Aber erst mit der Erhebung Hamans zum zweiten Mann im Staat kommt es zum offenen Konflikt. Er entzündet sich an der Weigerung Mordechais, Haman zu huldigen. Wie aus dem hinzugefügten Gebet Mordechais (aus der griechischen Textausgabe – siehe Einleitung „Unter persischer Herrschaft") hervorgeht, bekennt sich Mordechai mit seiner Weigerung als Jude, der sich strikt an das 1. Gebot hält. Damit hat Haman einen willkommenen Vorwand gefunden, um zum entscheidenden Vernichtungsschlag gegen alle Juden auszuholen. Sein gezieltes Vorgehen zeigt erschreckende Parallelen zu den Judenpogromen der Geschichte:

– Als erstes legt Haman das Datum für den geplanten Genozid fest, und zwar durch Losentscheid. Das verleiht seinem grausamen Plan den Schein göttlicher Legitimation. (Los heißt auf altpersisch „pur". Von ihm leitet sich der Name des Purimfests ab.)

– Ferner versucht Haman, den König mit Geld zu locken (vermutlich durch Enteignung der Juden?). Auch dies ist eine „bewährte" Methode in der Geschichte der Verfolgung und des Völkermords!

Auf diesem Hintergrund erscheint die letzte Szene wie grausame Ironie:
Während draußen vor dem Palast blankes Entsetzen herrscht, vergnügt sich der König drinnen im Palast mit Haman beim Trinkgelage!

ESTERS BITTE
Ester 4

Wie ein Lauffeuer
breitete sich die furchtbare Nachricht
im ganzen Königreich aus. 3,15
In der Stadt Susa
und in allen anderen Städten
brach lautes Wehklagen aus.
Die Juden weinten und fasteten
und hüllten sich in Trauergewänder. 4,3

Als aber Mordechai
vom Befehl des Königs erfuhr,
zerriss er sein Gewand
vor Trauer und Schmerz,
streute Asche auf seine Haare,
warf sich ein Sackgewand um
und lief schreiend zum Königspalast,
um mit Ester zu sprechen.
Aber die Wache am Tor hielt ihn zurück.
Denn es war streng verboten,
in Trauerkleidern am Hof zu erscheinen. 4,1f

Da wurde Ester gemeldet:
Mordechai trauert draußen am Tor.
Er weint und rauft sich die Haare.
„Was ist mit ihm?", fragte Ester bestürzt.
„Gebt ihm ein neues Gewand
und führt ihn zu mir!"
Aber Mordechai ließ Ester sagen:
„Ich bleibe in meinem Trauergewand."

Da bat Ester ihren Kammerdiener:
„Geh und frag Mordechai,
warum er sich so seltsam verhält!" 4,4f
Der Diener meldete Ester:
„Mordechai lässt dir sagen:
Ein furchtbares Unglück
bricht in Kürze über unser Volk herein.
Haman, der Vertraute des Königs,
will alle Juden vernichten.
Er hat sogar den König
für seinen grausamen Plan gewonnen.
Darum bittet dich Mordechai:
Geh zum König und flehe ihn an!
Bitte ihn um Gnade für unser Volk!" 4,5ff
„Unmöglich!", erwiderte Ester,
zu Tode erschrocken.

„Niemand darf ungebeten
vor dem König erscheinen.
Sonst muss er sterben.
Nur wenn der König
sein Zepter ausstreckt,
bleibt er am Leben.
Aber ich wurde seit dreißig Tagen
nicht mehr zum König gerufen." 4,11

Aber Mordechai ließ Ester sagen:
„Glaub ja nicht,
dass du dich retten kannst,
nur weil du am Hof lebst.
Wenn du jetzt schweigst,
wird unser Volk von anderer Seite
Hilfe und Rettung erfahren.
Doch du und deine Familie,
ihr werdet umkommen.
Glaubst du, es sei Zufall,
dass du Königin wurdest?
Wer weiß, vielleicht soll es so sein,
damit du uns jetzt beistehen kannst!" 4,13f

Da merkte Ester,
wie ernst es um ihr Volk stand.
Und sie ließ Mordechai ausrichten:
„Ich will es tun.
Doch ich bitte dich:
Ruf alle Juden der Stadt zusammen!
Sag ihnen, dass sie für mich beten.
Drei Tage lang sollt ihr Tag und Nacht
weder essen noch trinken.
Auch ich will mit meinen Dienerinnen
fasten und beten.
Danach will ich zum König gehen,
obwohl es das Gesetz nicht erlaubt,
ungebeten vor den König zu treten.
Komme ich um,
so komme ich um.
Ich bin dazu bereit." 4,16

Und so geschah es.
Drei Tage lang zog sich Ester
in ihre Gemächer zurück,
aß nichts und trank nichts
und rang mit Gott im Gebet.

Danach aber stand sie auf,
legte ihr Königsgewand an
und machte sich bereit,
dem König zu begegnen. 5,1

– – –

Aus dem Gebet der Ester:

Herr, unser König! Hilf mir!
Denn ich bin allein
und habe außer dir keinen Helfer.
Die Gefahr steht greifbar vor mir.
Denke an uns, Herr!
Offenbare dich in der Zeit unserer Not
und gib mir Mut, du Herrscher
über alle Götter und Mächte.

Lass mich die rechten Worte finden.
Hilf mir! Denn ich bin allein
und habe niemand außer dir, o Herr.
Du weißt, dass ich den Prunk
der Heiden hasse.
Du weißt auch,
dass ich das Zeichen meiner Königswürde
nur ungern trage.
Seitdem deine Magd hierher kam,
bist du für sie der einzige Grund,
sich zu freuen.
Herr, du Gott Abrahams,
du hast Macht über alle.
Erhöre das Flehen derer,
die verzweifelt sind
und befreie uns aus der Hand der Bösen!
Befreie mich von meinen Ängsten!

Mordechais Appell und Esters Gebet bilden die Mitte der Estererzählung. Eindringlich mahnt Mordechai Ester, sich in dieser Stunde auf ihren Auftrag zu besinnen. Ohne den Namen Gottes ausdrücklich zu nennen, erinnert er Ester daran, wer sie zur Königin erhoben hat und was ihr Auftrag in dieser Stunde ist. Von diesem „Anderen" ist allein Hilfe und Rettung zu erwarten. Deshalb kann sich Ester ihm nur im Gebet ausliefern. Obgleich Esters Gebet im Wortlaut nicht in der ursprünglichen en Textfassung zu finden ist, sondern, wie auch das Gebet Mordechais, erst in die erweiterte griechische Textfassung eingefügt worden ist, so spricht doch ihr dreitägiges Beten und Fasten für sich.

Diese Szene im Verborgenen bereitet die Wende in der Estererzählung vor. Esters beherztes und kluges Handeln, von dem in der Folge ausführlich berichtet wird, entspringt aus der Stille, aus ihrem inständigen Flehen und Ringen mit ihrem Gott! Nicht der Klugheit und Schönheit dieser Frau ist es zuzuschreiben, dass sie „Gnade in den Augen" des Königs finden wird, sondern Gottes verborgener Führung, der allein sein Volk retten kann und wird.

DIE WENDE
Ester 5–7

König Ahasveros saß auf seinem Thron,
von seinem Hofstaat umgeben.
Da entdeckte er Ester
im Hof vor dem Thronsaal.
„Ruft sie zu mir!", befahl er.
Er richtete das goldene Zepter auf sie,
zum Zeichen, dass sie willkommen war. 5,1f

Da fasste sich Ester ein Herz.
Sie ging auf den König zu
und berührte die Spitze des Zepters.
„Ester, was bittest du?",
fragte der König.
„Ich will es dir geben.
Wenn es das halbe Königreich wäre,
ich gebe es dir." 5,2f

Ester antwortete:
„Gefällt es dem König,
so speise er heute mit Hamann bei mir."
„Ja, gerne", meinte der König erfreut.
„Ruft schnell Haman hierher,
damit wir gemeinsam bei Ester speisen." 5,4f

Als sie fröhlich beim Festmahl saßen,
bei köstlichen Speisen und Wein,
fragte der König noch einmal:
„Ester, was wünschst du von mir?
Wenn es das halbe Königreich wäre,
ich gebe es dir." 5,8

Ester antwortete:
„Gefällt es dem König,
so komme er auch morgen
mit Haman zu mir.
Dann will ich ihm
meine Bitte vortragen." 5,5ff
„Welche Ehre!", dachte Haman bei sich.
Nun lädt mich die Königin
sogar ein zweites Mal ein.
Er eilte aus dem Palast,
um seiner Frau zu berichten.
Doch als er zum Tor kam,
sah er Mordechai dort sitzen.
Er rührte sich nicht. 5,9

Da packte Haman der Zorn.
Wütend lief er nach Hause
und berichtete seiner Frau
und seinen Freunden,
was er erlebt hatte.
Empört rief er:
„Was nützt es mir,
dass mich die Königin hoch ehrt?
Dieser Kerl dort am Tor
verdirbt mir die Laune."

„Und das lässt du dir gefallen?",
warf ihm seine Frau vor.
„Schaff ihn aus dem Weg!"
„Ja, schaff ihn aus dem Weg!",
rieten auch seine Freunde.
„Du hast doch die Macht.
Bau einen Galgen, so hoch
wie das Haus oder noch höher,
und häng daran diesen Kerl auf.
Geh gleich morgen früh zum König.
Er soll dir dazu die Erlaubnis geben.
Danach kannst du wieder in Frieden
mit der Königin speisen."

Da ließ Haman noch am selben Tag
einen Galgen errichten, 50 Ellen hoch.
Ungeduldig wartete er,
bis der nächste Morgen anbrach.
Und noch ehe es hell wurde,
machte er sich auf den Weg zum Palast. 5,10ff

In dieser Nacht
fand der König keinen Schlaf.
Da ließ er sich
aus der Chronik vorlesen,
in der alle Ereignisse
verzeichnet waren,
auch der Anschlag,
den Mordechai vereitelt hatte.

„Was hat Mordechai
dafür bekommen?",
fragte der König.
„Nichts", antworteten sie.
„Nichts, sagt ihr?

Dann soll er noch heute
seine Belohnung bekommen.
Ruft sofort Haman zu mir!" 6,1ff

Haman aber wartete draußen im Hof.
Er freute sich diebisch, als man ihn rief.
Denn er dachte: Die Stunde ist günstig.
Ich will den König bitten,
dass er mir Mordechai überlässt.
Aber der König kam ihm zuvor.
Er fragte Haman:
„Was soll der König dem Mann tun,
den er hoch ehren will?"
Sicher meint er mich, sagte sich Haman. 6,6
Er verneigte sich vor dem König
und antwortete: „Man gebe ihm
den Mantel des Königs
und setze ihn auf sein Pferd.
Und ein hoher Minister
führe ihn durch die Stadt
und rufe immerzu aus:
‚Das ist der Mann,
den der König hoch ehren will.'" 6,6-9

„Gut", meinte der König,
„dann tu, was du rätst:
Nimm mein Pferd
und setze Mordechai darauf.
Leg ihm den Mantel des Königs um,
führe ihn durch die Stadt
und rufe immerzu vor ihm aus:
‚Das ist der Mann,
den der König hoch ehren will.'" 6,10f

Da merkte Haman:
Er hatte sich selbst eine Falle gestellt.
Grimmig führte er
Mordechai durch die Stadt.
Danach lief er wütend nach Hause
und berichtete tiefgekränkt,
was man ihm angetan hatte.
„Das bedeutet nichts Gutes",
meinten seine Frau
und auch seine Freunde erschrocken.
„Dieser Mordechai bringt dich
gewiss noch zu Fall.
Gehört er zum Volk der Juden,
dann kannst du ohnehin
nichts gegen ihn ausrichten." 6,12f

In diesem Augenblick
kam der Diener des Königs,
um Haman zum Essen zu holen. 6,14
Da schluckte Haman
seinen ganzen Ärger hinunter
und eilte zu Ester.
Doch als sie gegessen
und getrunken hatten,
fragte der König erneut,
beschwingt durch den Wein:
„Ester, was wünschst du von mir?
Und wenn es das halbe Königreich wäre,
ich gebe es dir." 7,2

Da nahm Ester
all ihren Mut zusammen
und flehte: „O König!
Verschont mich und mein Volk!
Denn es ist in großer Gefahr.
Wir alle sind verkauft und verloren.
Würden wir nur als Sklaven verkauft,
dann würden wir schweigen.
Niemand würde sich wehren.
Aber nun will man uns auslöschen.
Ja, ausrotten will man das Volk,
zu dem ich gehöre." 7,3f

„Wie?", fragte der König empört.
„Wer wagt es, dein Volk anzutasten?
Wer denkt sich so Grausames aus?"
„Der da!" Ester zeigte auf Haman.
„Der ist es, dieser Verbrecher.
Er will alle Juden vernichten." 7,5f

Da erkannte der König,
welch übles Spiel dieser Haman
mit ihm getrieben hatte.
Wütend sprang er auf
und lief in den Park hinaus.

Haman aber fiel vor Ester nieder.
Zitternd lag er vor ihr auf der Erde
und flehte um Gnade.
So fand ihn der König,
als er zurückkam.
„Wie?", schrie er voll Zorn.
„Dieser Schuft wagt sich
sogar an die Königin heran!
Will er ihr etwa Gewalt antun?
Und das in meinem Palast?

Auf, führt ihn ab!
Hängt ihn an den Galgen!" 7,7f

Da packten sie Haman,
verhüllten ihm das Gesicht
und schleppten ihn zu dem Galgen,
der für Mordechai bestimmt war.
Dort hängten sie ihn auf,
vor aller Augen. 7,9f

Danach übergab der König Ester
Hamans Haus und gesamten Besitz.
Und als er erfuhr, dass Ester
sogar mit Mordechai verwandt war, 8,1
empfing er diesen mit allen Ehren,
legte ihm königliche Kleider an, 8,15
gab ihm seinen Siegelring an die Hand 8,2.15
und machte ihn an Hamans statt
zum mächtigsten Mann in seinem Reich. 10,3

Die Geschichte, die für die Juden so bedrängend begonnen hat, nimmt plötzlich eine unverhoffte Wende. Haman, der mächtigste Mann im Staat, endet am Galgen. Just an jenem Galgen, an dem nach seinem Willen jener Jude hängen sollte, der ihn am meisten provoziert hatte. 50 Ellen, d.h. 25m hoch, so hoch wie die Stadtmauer, sollte der Galgen sein und zur Abschreckung für alle Juden dienen, als grausamer Auftakt für die beschlossene „Endlösung", die Ausrottung aller Juden im persischen Großreich. Nun gerät er seinem „Erfinder" selber zur Falle. An seiner Stelle wird Mordechai, sein Todfeind, an dem Haman ein Exempel statuieren wollte, vom König mit allen Ämtern und Vollmachten betraut, die er selbst zuvor innehatte!

Mordechais unverhoffte Rehabilitierung und Ehrung durch den König erinnert an Josefs Erhöhung durch Pharao (s. Gen 41). In beiden Fällen leitet sie die große Wende ein, an deren Ende die wunderbare Rettung und Befreiung jenes Volkes steht, das Gott für alle Zeit zu seinem Volk gemacht hat. Noch wird nicht erkennbar, dass hier der Gott Israels selbst am Werk ist. Aber im Verborgenen ist die Wende durch ihn bereits entschieden, bevor Ester sich mit ihrem Anliegen zum König gewagt hat.

Ester

DAS PURIMFEST
Ester 8–10

Haman war tot.
Aber die Juden schwebten
noch immer in Todesgefahr.
Das Edikt des Königs,
das die Ausrottung aller Juden befahl,
hing noch drohend über dem Reich.

Da fasste sich Ester ein Herz.
Noch einmal wagte sie sich zum König,
fiel ihm zu Füßen
und flehte ihn an unter Tränen:
„Gefällt es dem König
und habe ich vor ihm Gnade gefunden,
so hebe er das Gesetz auf,
das Haman verfasst hat.
Denn wie könnte ich mit ansehen,
dass mein Volk umkommt?" 8,3-6

„Ja", meinte der König zu Ester,
„verfasst in meinem Namen ein Schreiben,
das allen Juden Schutz gewährt,
und setzt das Siegel des Königs darauf.
Das soll für immer als Gesetz gelten." 8,7f

Danach sandte der König Eilkuriere
auf schnellen Pferden
in alle Länder und Städte
und ließ in allen Sprachen verkünden:
„Dies gebietet Ahasveros,
der König der Perser:
Alle Juden haben das Recht,
sich öffentlich zu versammeln
und sich selbst zu verteidigen,
wenn man sie angreift.
Wer sich aber nicht daran hält,
wer dennoch Juden tötet
an jenem bestimmten Tag,
muss selbst mit dem Tod rechnen." 8,9ff

Da brach in allen Städten
großes Freudengeschrei aus.
Alle Juden atmeten auf.
Endlich wagten sie sich wieder
aus ihren Häusern hervor.
Wo zuvor Angst und Schrecken
geherrscht hatte,
kehrten nun Licht, Freude
und Jubel. 8,16
Die Juden feierten miteinander
in ihren Häusern
und hielten ein fröhliches Festmahl.
Ihre Freude steckte auch andere an.
Viele schlossen sich den Juden an. 8,16f
Und als der gefürchtete Tag kam,
blieben alle Juden verschont.
Wer sich aber gegen sie kehrte,
musste es mit dem Leben bezahlen, 9,1ff
wie es das Gesetz des Königs befahl.

Am Tag danach
riefen Ester und Mordechai
ein großes Freudenfest aus.
Im ganzen Königreich
feierten die Juden so fröhlich
wie nie zuvor.
Alle Angst und Leiden waren vergessen.
Ein neues Leben fing an. 9,22
Endlich hatten die Juden
Ruhe vor ihren Feinden gefunden.
Und als das Fest beendet war,
am 14. und 15. Tag des Monats,
sandte Mordechai ein Schreiben
an alle Juden im Königreich
und ließ ihnen verkünden:
Diese Tage sollen von nun an
immer Festtage sein:
Tage der Freude mit festlichem Mahl.
„Purim" nannte er sie,
in Erinnerung an das Los, das „Pur",
das Unheil über die Juden bringen sollte.
Aber Gott hatte diesen Tag
für sie in einen Tag der Freude verwandelt. 9,18ff

Dieses „Purimfest" feiern die Juden
bis zum heutigen Tag.
Jedes Jahr im Monat Adar,
wenn der Winter zu Ende geht,
kommen sie zusammen,
am 14. und 15. Tag
und erinnern sich dankbar daran,
wie sie vor dem sicheren Tod
bewahrt wurden. 9,26ff

Das Purimfest gilt bis heute unter allen jüdischen Festtagen als das fröhlichste Fest, am ehesten unserem Karneval vergleichbar, nicht nur bezüglich der Jahreszeit. Anders als etwa die großen jüdischen Wallfahrtsfeste geht es nicht auf eine Anordnung Gottes zurück (s. Ex 23; Lev 23 und Dtn 16), sondern auf die eines Menschen, eben jenes Mordechai, der neben Ester an diesem Festtag als „Held" der Geschichte gefeiert wird. Kinder verkleiden sich und vertreiben im Spiel mit Stöcken und Ratschen Haman, den Bösewicht. Auch die Erwachsenen geben sich in dieser Zeit ausgelassener Freude hin. In Anlehnung an Est 9,18.21 feiern sie bis heute das Purimfest im letzten Monat des jüdischen Kalenders am 14. und 15. Tag, wie einst in Susa (am 14. Tag) und im übrigen persischen Reich (am 15. Tag). Wie damals ist es auch heute ein Tag des „Festmahls und der Freude" (8,17 / 9,22), das heißt: ein Fest fröhlicher Gemeinschaft.

In der Mitte des Festes steht die Lesung des Esterbuchs in der Synagoge. Sie bildet den Kontrapunkt zu dem sonst so ausgelassenen und weltlichen Fest. Mit ihr wird der ersten geplanten Verfolgung des jüdischen Volkes unter persischer Fremdherrschaft gedacht, aber auch seiner wunderbaren Rettung aus Todesgefahr durch die Klugheit einer einzelnen Frau. Damit bezeugt sie unausgesprochen Gottes verborgenes Wirken in der Geschichte, der sich nicht nur in seinem Volk, sondern inmitten der Völkerwelt als Herr erweist und die Geschicke der Menschen lenkt. Die Erinnerung an diese Erfahrung gibt am Purimfest Anlass zu Freude und Dank.

Darüber hinaus schwingt in der Freude des Purimfestes schon die Vorfreude auf das Kommen des Messias mit, wenn Gott „die Tränen von allen Angesichtern abwischen und die Schmach seines Volkes in allen Landen aufheben" wird (Jes 25,8). Wie es einst das jüdische Volk unter der Fremdherrschaft in der dunkelsten Stunde seiner Geschichte erfahren hat, als „Licht, Freude und Wonne" in alle Häuser einkehrte (8,16), so wird es sein, wenn am Ende der Tage das große Freudenfest Gottes anbrechen wird. Dann wird sich erfüllen, was im Buch Jesaja (35,10) in ähnlich hymnischen Worten verheißen ist: „Die Erlösten des Herrn werden wiederkommen mit Jauchzen. Ewige Freude wird über ihnen sein. Freude und Wonne werden sie ergreifen, und Schmerz und Seufzen wird entfliehen" (Jes 35,10).

Das Purimfest nimmt ein Stück dieser endzeitlichen Freude vorweg, indem es sich im Hier und Jetzt der Freude hingibt.

Lied der Befreiten

W*äre der Herr nicht bei uns,*
wenn sich Menschen gegen uns erheben,
so würden sie uns lebendig verschlingen,
wenn ihr Zorn über uns entbrennt,
so würden wir in den Fluten ertränkt.
Wasserströme gingen über uns her.
Gelobt sei der Herr,
dass er uns ihnen nicht zum Fraß gibt!
Unsere Seele ist entronnen,
wie ein Vogel dem Netz des Vogelfängers:
Das Netz ist zerrissen
und wir sind frei!
Psalm 124

II. DIE BOTSCHAFT DER PROPHETISCHEN BÜCHER

Neben den Geschichtsbüchern nehmen die Bücher der Propheten im Alten Testament den größten Raum ein. Sie enthalten neben den sog. großen Prophetenbüchern Jesaja, Jeremia und Hesekiel (Ezechiel) das Buch Daniel und das sog. „Zwölfprophetenbuch", eine Sammlung von zwölf kleinen Prophetenschriften, die in dieser Buchausgabe jeweils den großen Prophetenbüchern zeitlich zugeordnet werden. Insgesamt umfassen alle Bücher einen Zeitraum von ca. 400–500 Jahren. Als klassische Zeit der Prophetie gilt das 8. – 6. Jahrhundert v.Chr. Die meisten Prophetenschriften reichen in diese frühe Zeit zurück und sind als aktuelle Botschaft in ihre Zeit hinein zu verstehen. Sie haben aber im Lauf der folgenden Jahrhunderte noch wesentliche Erweiterungen und Aktualisierungen erfahren und bleiben somit auch in ihrer literarischen Gestalt ein lebendiges Corpus, das immer neu in die jeweilige Gegenwart hineinspricht.

Die Zeit der Schriftprophetie lässt sich in folgende Abschnitte gliedern:

(1) <u>Die frühen Propheten (8. Jahrhundert)</u>:
Die Propheten Amos und Hosea treten im nördlichen Königreich Israel auf. Als Gerichtspropheten rufen sie zur Umkehr auf und kündigen den nahen Untergang des Königreichs Israel an. Auf sie folgen Jesaja und Micha im südlichen Königreich Juda. Auch ihre Botschaft steht ganz im Zeichen von Gericht und Gnade.

(2) <u>Die Propheten im 7. /6. Jahrhundert</u>:
Unter ihnen ragt vor allen anderen Jeremia heraus. Seine Wirksamkeit in Jerusalem erstreckt sich über viele Jahrzehnte bis zur Eroberung Jerusalems und zur Deportation des jüdischen Volkes. In dieselbe Zeit trifft auch die Botschaft der Propheten Zefanja, Nahum, Habakuk und Obadja.

(3) <u>Die Propheten im babylonischen Exil (597–538)</u>:
Ihre Botschaft findet sich im Buch Hesekiel (Ezechiel) und im 2. Buch Jesaja (Deuterojesaja), das erkennbar auf dem ersten Buch Jesaja aufbaut. Während das Buch Hesekiel Gerichts- und Heilsbotschaft verkündet, enthält das 2. Buch Jesaja reine Heilsbotschaft.

(4) Den Abschluss bilden <u>die nachexilischen Propheten (6. – 3. Jahrhundert)</u>:
An erster Stelle ist hier das 3. Buch Jesaja (Tritojesaja) anzuführen. Ihm folgen Haggai, Sacharja, Maleachi und Joel. Diese Propheten treten nach der Heimkehr der Juden aus dem Exil in Jerusalem auf (ab 538 v.Chr.).

(5) Eine Sonderstellung nimmt unter den Prophetenbüchern das Buch Jona ein. Sein besonderes Thema knüpft zwar an die Zeit klassischer Prophetie an, aber seine literarische Gestalt hat es wohl erst in später Zeit erfahren (4./3. Jahrhundert).

(6) Das Buch Daniel zählte ursprünglich nicht zum Kanon der Schriftpropheten und hat seine literarische Endgestalt vermutlich erst im 2. Jahrhundert erfahren, obgleich es inhaltlich an die Zeit des babylonischen Exils anknüpft. Seine apokalyptische Botschaft weist aber bereits über die Zeit der Prophetie hinaus.

Die Botschaft der Schriftpropheten wird entscheidend durch die Weltmacht der Assyrer und der Babylonier bestimmt, die aufeinanderfolgend gewaltsam die Herrschaft über das Land Israel und Juda übernommen haben. Sie führt mit dem babylonischen Exil zur völligen Preisgabe ihrer politischen Souveränität, die auch nach der Rückkehr aus dem Exil nicht wieder voll hergestellt wird. Das Volk bleibt in den folgenden Jahrhunderten unter der Oberhoheit der neuen Weltmacht der Perser.
In dieser Zeit extremer Bedrohung und immer neuer Krisen sind es die Propheten, die durch ihre Gerichts- und Heilsbotschaft Gottes Gegenwart in der dunkelsten Stunde der Geschichte bezeugen. Weil es Gottes Wort ist, das sie verkünden, ist ihre Botschaft von höchster Aktualität. Die Propheten haben dieses Wort von Gott selbst empfangen. Darum müssen sie es weitersagen, ob sie wollen oder nicht. In diesem Wort liegt ihre einzigartige Autorität begründet, die sie furchtlos vor die Mächtigen ihrer Zeit treten lässt. Sie selbst verstehen sich nur als „Boten", von Gott dazu autorisiert, seinem Wort eine Stimme zu geben, eingeleitet durch den Botenspruch: „So spricht der Herr". Diesem Herrn, dem Gott Israels, der sich seinem Volk offenbart hat, sind sie allein verpflichtet.

Merkmale ihrer Verkündigung:

Die Prophetenbücher zeigen die je eigene Handschrift der jeweiligen Propheten. Aber übereinstimmend lassen sich folgende Themenschwerpunkte ihrer Verkündigung feststellen:

(1) Die Berufung der Propheten
In der Berufungsgeschichte gibt der Prophet Auskunft darüber, dass Gott es ist, der ihn in sein Amt eingesetzt hat. An ihr wird bereits die Macht des Wortes Gottes offenbar. Der Prophet kann Gottes Wort und Auftrag nicht widerstehen (vgl. Am 3,8). Zugleich erfährt er aber auch dadurch Stärkung und Ausrüstung für sein Amt. Die Berufungsgeschichte gilt auch als Ausweis eines wahren Propheten Gottes im Unterschied zu selbsternannten Propheten.

(2) Die Gerichtspredigt der Propheten
Sie nimmt innerhalb der prophetischen Verkündigung den größten Raum ein. Sie ist als Ruf zur Entscheidung immer an eine bestimmte geschichtliche Stunde gebunden und an ein konkretes Gegenüber gerichtet (z.B. Volk / Priester / König). Angeklagt sind jene, an denen Gott in besonderer Weise gehandelt hat und denen er seine Tora offenbart hat.
Die Gebote Gottes sind der Maßstab prophetischer Anklage. Mit ihrer harschen Gerichtsbotschaft wirkt die Botschaft der Propheten oft abweisend und befremdlich. Aber gerade in ihr finden wir etwas vom „Urgestein" der Prophetie wieder.

Die Propheten zwingen uns, der Realität ins Auge zu schauen: der Realität unserer Verstrickung in Schuld, vor allem aber der Realität Gottes, der als Anwalt der Entrechteten Gerechtigkeit fordert und Gericht hält, und der nicht aufhört, sein Volk zur Umkehr zu rufen.

(3) Die Heilszusage Gottes
Sie wird dem Propheten offenbart als Gottes letztgültiges Wort über sein Volk und über die gesamte Völkerwelt bzw. Schöpfung. Dabei ist zu beachten: Indem Gott dem Propheten seinen Heilswillen anvertraut, ist das Heil schon unterwegs. Es beginnt im Hier und Jetzt, wo immer dieses Wort ergeht. Der Prophet soll dieses Wort nicht hinausposaunen und damit den Ernst des Gerichts mindern. Er hat vielmehr dieses Wort zu verwahren – als Trost für die Angefochtenen, für den kläglichen „Rest", der noch nach Gott fragt, und als Zeugnis der Hoffnung für kommende Generationen.
Diese Heilszusage drückt sich innerhalb der Prophetenbücher in ganz verschiedenen Bildern aus: der Berg Zion, zu dem einst alle Völker pilgern werden; der neue König, der Messias Gottes, der in Frieden und Gerechtigkeit regieren wird; der neue Bund, in dem Gott sein Gesetz den Menschen ins Herz geben wird; die neue Stadt Gottes, in der Gott unter seinem Volk wohnen wird. In all diesen endzeitlichen Bildern offenbart sich Gott als der gnädige Gott, der seinen Plan mit seinem Volk und der ganzen Völkerwelt auf alle Fälle zum Ziel führen wird.

DIE PROPHETEN IM 8. JAHRHUNDERT v.Chr.

Der Prophet Amos

Unter den Schriftpropheten steht der Prophet Amos an erster Stelle. Sein Auftreten im Königreich Israel (Nordreich) fällt in die Zeit Jerobeams II. (787–747). In dieser Zeit erlebt das Königreich Israel eine letzte Blütezeit. Im Norden ist die Gefahr der Syrer (Aramäer) nach Jahrhunderte langen Kämpfen weitgehend gebannt. Die neue Gefahr, die von der aufstrebenden Weltmacht der Assyrer droht, ist noch nicht in Sicht. Das Land erlebt einen einzigartigen wirtschaftlichen Aufschwung, der allerdings auf Kosten der armen Landbevölkerung geht. Der neu erworbene Reichtum macht die Wohlhabenden blind für die drohende Gefahr von außen und für die wachsende Ungerechtigkeit im eigenen Land. Durch ihren Luxus tragen sie selbst zum Untergang ihres Landes bei.

Zu diesen Menschen wird der Prophet Amos gesandt (760 v.Chr.). Amos bringt für sein Amt keinerlei Voraussetzungen mit. Als Viehzüchter und Schafhirte aus Tekoa aus dem Königreich Juda (Südreich) kann er nicht damit rechnen, dass er im benachbarten Königreich Israel Gehör finden wird. Dennoch kündigt er diesem Volk – mit wachem Blick für die weltpolitischen Umwälzungen – den baldigen Untergang des Königreiches Israel an. Seine Botschaft macht er sowohl an den sozialen wie auch an den gottesdienstlichen Missständen fest, die er zum einen in der Hauptstadt Samaria (3,1ff), zum andern in Bethel, dem Reichsheiligtum des Königs, beklagt (4,4ff). Das Besondere an seiner sozialen wie auch liturgischen Kritik ist ihre Begründung in Gottes Erwählungsgeschichte (3,2).

Über die Reaktion auf die Gerichtsbotschaft des Amos ist nur wenig bekannt. Nur eine einzige Szene erzählt im Buch Amos von dem Widerspruch, den seine Botschaft in der herrschenden Oberschicht ausgelöst hat (7,10ff). Amos wird im Namen des Königs aus dem Land ausgewiesen. Seine Wirksamkeit in Israel dauert vermutlich nur ein Jahr (760 v.Chr.). Über sein weiteres Leben ist nichts bekannt.

Umso erstaunlicher ist die Resonanz, die die Botschaft des Amos in den folgenden Jahrhunderten ausgelöst hat und die bis heute nachwirkt. Seine Kritik an den sozialen Missständen wie auch seine Kritik am Kult erweist sich als Modell prophetischer Anklage. Sie lebt in der Botschaft der Propheten Micha, Jesaja und vor allem bei Jeremia fort. Auch formal weist die Verkündigung des Amos eine beachtliche Vielfalt an Sprachformen auf, die für die Prophetie insgesamt repräsentativ ist.

Das Buch Amos hat im Lauf der folgenden Jahrhunderte manche Ergänzungen erfahren, die die Intention des Buches noch deutlicher unterstreichen sollen. Aber der Kern seiner Botschaft geht auf Amos selbst zurück und auf dessen reale Auseinandersetzung mit der Oberschicht des Königreichs Israel. Sie bildet im Folgenden die Grundlage zur Erschließung des Amosbuches.

Das Buch Amos im Überblick:

(1–2)   Gerichtsworte über Israels Nachbarn
2–6   Gerichtsworte über Samaria und Bethel
7–9   Die Visionen des Amos und Bericht über seine Ausweisung aus Israel
9   Ausblick: Die künftige Heilszeit

DIE VISIONEN DES AMOS
Amos 1,1 und 7

Dies ist die Geschichte von Amos,   1,1
dem Propheten aus Tekoa,
das im Südreich Juda liegt.
Zu jener Zeit regierte im Norden
Jerobeam II. über das Königreich Israel.
Unter ihm erlebte das Land
eine letzte Blütezeit.
Noch wiegte sich in Samaria,
der Hauptstadt des Landes,
das Volk in Sicherheit.
Noch schwelgten die Reichen
in ihrem Wohlstand und Glück.
Niemand von ihnen fragte danach,
woher all ihr Reichtum kam.
Niemand kümmerte sich um die Armen.
Sogar bis ins Nachbarland Juda
drang das Gerücht
von Samarias Reichtum.
Auch Amos hörte davon.
Er war nur ein einfacher Hirte.   1,1
Aber was er von Samaria hörte,
ließ ihm keine Ruhe.
Der Gott Israels duldete
kein Unrecht im Land.
Er würde nicht tatenlos zusehen,
wenn sie weiter so lebten.
Es musste sie jemand warnen,
bevor es zu spät war.
Aber wer?

Eines Tages hütete Amos,
wie gewohnt, seine Schafe.
Da sah er vor seinen inneren Augen
ein seltsames Bild:
Heuschrecken fielen über das Land her.
Sie fraßen das letzte Gras auf,
das noch auf den Wiesen war.
Amos erkannte sofort:
Dies war ein Bild
für das Königreich Israel.
Würde es genauso gefressen werden
wie dieses Gras?
„Ach Herr, tu's nicht!",
bat Amos erschrocken.
„Sei deinem Volk gnädig!
Wer kann ihm sonst helfen?

Es ist ja so schwach!"
Da sprach Gott:
„Es soll nicht geschehen."   7,1ff

Aber nicht lange danach
sah Amos wieder ein Bild
vor seinen inneren Augen:
Eine Gluthitze kam über das Land
und verbrannte die Erde
mit allem, was darauf wuchs.
„Ach Herr, halt ein!",
schrie Amos entsetzt.
„Lass das Land nicht verbrennen!
Wer soll es wieder aufbauen?
Es ist ja so schwach!"
Da hörte die Gluthitze auf.
Und Gott sprach zu Amos:
„Es soll nicht geschehen."   7,4ff

Aber nicht lange danach
schaute Amos wieder ein Bild.
Er sah eine überhängende Mauer,
die stürzte jeden Augenblick ein.
Doch oben auf der Mauer stand jemand,
der maß die Mauer mit einem Bleilot.
War es ein Mensch oder war es Gott selbst?
Da hörte Amos,
wie Gott zu ihm sprach:
„Wie dieses Lot,
so will ich das Maß
an mein Volk Israel legen.
Ich will ihm nichts nachsehen.
Die Mauern seiner Heiligtümer
werden alle zerstört."   7,7ff

Da wusste Amos:
Er musste das Volk Israel warnen,
bevor es zu spät war.
Und wenn die Leute
auch nicht auf ihn hörten,
er musste es tun.
Gott selbst hatte ihm
dazu den Auftrag gegeben.

So verließ Amos sein Dorf
und brach nach Samaria auf.

Amos

Nichts nahm er mit sich
als seinen Hirtenstab
und das Wort,
das er von Gott empfangen hatte.

Der Löwe brüllt –
wer sollte nicht hören?
Gott der Herr spricht –
wer sollte nicht Prophet werden?
Amos 3,8

Die Berufung des Amos ist in mehrfacher Hinsicht außergewöhnlich. Obwohl Amos aus Juda stammt, wird er von Gott ins benachbarte Königreich Israel gesandt. Dort muss er, quasi als Ausländer, mit Widerstand rechnen (s. 7,10ff). Amos hat auch keine Berufungsgeschichte vorzuweisen. Aber seine Visionen deuten darauf hin, dass seinem Auftrag eine Berufung vorausgegangen ist. An späterer Stelle (7,14ff) weist Amos ausdrücklich darauf hin, dass er von Gott selbst beauftragt und nach Israel gesandt worden ist. Amos bringt keine besonderen Voraussetzungen für sein Amt mit. Er ist weder theologisch noch sprachlich gebildet. Als Schafzüchter vom Lande bewahrt er sich seine derbe und ungeschminkte Sprache. Auch ist es nur ein „Auftrag auf Zeit", zu dem Amos – im Unterschied zu Jesaja oder Jeremia – berufen wird.

Dennoch hat Amos viel mit jenen großen Propheten gemeinsam: seine Kritik an den sozialen Missständen, sein Eintreten für sein Volk in Fürbitte vor Gott (Am 7,2.5; vgl. Jer 14), sein wachsames Hören auf Gottes Wort und sein scharfer Blick für die Zeichen der Zeit. Amos sieht über das Königreich Israel furchtbares Unheil kommen, Krieg, Eroberung, Deportation. Das kommende Unheil deutet er als Gericht Gottes über sein Volk. Diese Sicht hat sich Amos nicht selbst zurechtgelegt. Er erfährt sie vielmehr als Gottes Offenbarung. Und er weiß sich persönlich von Gott berufen, das Volk zu warnen. Das gibt ihm, dem einfachen, ungelehrten Hirten aus Juda, die Kühnheit, gegen autorisierte Amtsträger aufzutreten (7,11ff) und verleiht seiner Botschaft jene unerhörte Schärfe, die keine Kompromisse kennt.

AMOS IN SAMARIA
Amos 1–3

Hoch oben in den Bergen Israels
lag die stolze Stadt Samaria.
Ihre hohen Mauern
schienen jedem Angriff zu trotzen.
Noch ahnte dort niemand,
welch großes Unheil dieser Stadt drohte.
Die Menschen lebten sorglos dahin.
Sie wohnten in prächtigen Häusern,
geschmückt wie Königspaläste,   3,15
und trieben skrupellos
ihre krummen Geschäfte.

Aber draußen vor der Stadt
lebten die Bauern in bitterer Armut.
Viele hatten all ihr Hab und Gut
und sogar sich selbst
an die Reichen verkauft.
Diese beuteten die Bauern
wie Sklaven gnadenlos aus.   4,1
Doch niemand von ihnen   5,11
machte sich ein Gewissen daraus.   8,4

Da kam Amos in die Stadt.
Als er sah, wie es dort zuging,
packte ihn heiliger Zorn.
Hatten denn diese Menschen
Gottes Gebote vergessen?
Merkten sie nicht,
dass den Armen Unrecht geschah?
Zählten die Armen nicht genauso
zu Gottes Volk wie die Reichen?
Auf einmal wurde Amos klar,
was er dieser Stadt predigen musste.

Und dies sind die Worte, die Amos
zu den Reichen von Samaria sprach,
zwei Jahre bevor das Land
von einem Erdbeben heimgesucht wurde: 1,1

Gott der Herr wird brüllen 1,2
vom Berg Zion her,
dass die Weiden der Hirten vertrocknen.
Denn so spricht der Herr: 1,3ff
Israels Gräuel sind vor mich gekommen.
Sie verkaufen Unschuldige um Geld
und Verarmte um ein Paar Sandalen. 2,6
Sie drücken die Geringen in den Staub
und beugen das Recht der Armen.
Vater und Sohn vergreifen sich
an ein und demselben Mädchen.
So schänden sie meinen heiligen Namen. 2,7
Sie liegen auf gepfändeten Kleidern
bei den Altären, schlemmen
und saufen sich voll mit Wein,
den sie unrecht erworben haben. 2,8

So spricht der Herr:
Habe ich euch nicht aus Ägypten befreit?
Vierzig Jahre habe ich euch
durch die Wüste geleitet.
Ich habe durch Propheten
zu euch gesprochen.
Aber ihr wolltet nicht hören.
Ist es nicht so, ihr Söhne Israels? 2,10f

Hört, ihr vom Volk Israel,
die ich aus Ägypten geführt habe.
Hört den Spruch,
den der Herr gegen euch richtet:
Euch allein habe ich
aus allen Völkern der Erde
erwählt und erkannt.
Darum will ich auch an euch
alle eure Sünden heimsuchen. 3,1f

Verkündet es den Philistern
und den Ägyptern in ihren Palästen:
Sammelt euch um Samaria her
und seht das schreiende Unrecht,
das dort geschieht! 3,9
Die Reichen achten kein Recht.
Sie sammeln geraubte Schätze
und horten sie in ihren Palästen. 3,10

Darum spricht Gott der Herr:
Feinde werden in dein Land eindringen.
Sie werden deine Häuser plündern
und niederreißen, was du aufgebaut hast. 3,11

Hört alle,
die ihr euch zum Volk Israel zählt,
die ihr ausruht auf damastenen Kissen!
So spricht der Herr:
So wie der Hirte ein Ohrläppchen
dem Maul des Löwen entreißt,
so wird man euch herausreißen
aus euren bequemen Kissen.
Ich will eure Altäre zerstören
und eure Elfenbeinhäuser,
Winter- und Sommerhaus, zerschlagen. 3,15

Hört ihr reichen Frauen Samarias:
Ihr seid so wohl genährt
wie die fetten Kühe von Baschan.
Ihr schindet die Armen
und sauft mit den Männern. 4,1
Aber der heilige Gott hat geschworen: 4,2
Es kommen Tage,
da müsst ihr durch Mauerlücken
die Stadt verlassen
und werdet in die Fremde verschleppt. 4,3

Weh euch, ihr Reichen!
Ihr lebt sorglos dahin
und tut, was nicht recht ist!
Ihr ruht euch aus
und schlaft auf Elfenbeinbetten.
Ihr nehmt euch
die besten Lämmer zum Mahl
und trinkt aus edlen Schalen
erlesenen Wein.
Dazu spielt ihr auf der Harfe
selbst erdichtete Lieder
und salbt euch mit feinstem Öl.
Aber das Leid eures Volkes
bekümmert euch nicht. 6,1ff

So sprach Amos vor allem Volk.
Wie das Brüllen des Löwen,
so klang Gottes Wort in seinem Mund. 1,2 / 3,8
Aber es bleibt ungewiss,
ob jemand auf sein Wort hörte,
ob auch nur ein einziger umkehrte
zu seinem Gott.

Die Anklage des Propheten Amos richtet sich gezielt gegen die reiche Oberschicht in Samaria. In scharfen Worten prangert Amos den luxuriösen Lebensstil in der Hauptstadt Israels an. Dafür macht er nicht nur die Männer verantwortlich, sondern ebenso Samarias Frauen. Amos vergleicht sie drastisch mit den Kühen von Baschan (jenseits des Jordan), die als besonders wohl genährt galten. Sie alle tragen Schuld an dem schreienden Unrecht, mit dem ihr Reichtum erkauft wurde. Schonungslos deckt Amos die sozialen Missstände im Land auf. Aber nicht der Reichtum an sich ist Gegenstand seiner Anklage, sondern das skrupellose Verhalten der Reichen gegenüber ihrem eigenen Volk, insbesondere gegenüber der verarmten Landbevölkerung, die sie systematisch unterdrücken, indem sie
– das Recht zu ihren Gunsten „beugen" (durch Bestechung, 3,10);
– sich auf Kosten der Armen bereichern (durch Pfändung, 2,8);
– ihre eigenen Landsleute versklaven (durch Schuldknechtschaft, 2,6 / 4,1).
Der menschenverachtende und erniedrigende Umgang mit den „Armen" bedeutet aber einen klaren Verstoß gegen die Rechtsordnung der Tora, und somit einen Angriff auf Gott selbst, der sich schützend vor die Armen und Entrechteten stellt (Ex 22,20ff / 23,6 / Lev 25,25ff / Dtn 24,6ff). Darauf gründet sich letztlich die Gerichtsbotschaft des Propheten. Sie ist die Kehrseite des Erbarmens Gottes, der sein Volk nicht preisgibt, sondern durch seinen Propheten zur Umkehr ruft. Seine Botschaft lässt sich in dem einen zentralen Satz zusammenfassen: „Aus allen Geschlechtern habe ich euch allein erkannt, darum will ich an euch heimsuchen all eure Sünde" (3,2). Ausgangspunkt seiner Botschaft ist demnach Gottes Erwählung und Liebe zu seinem Volk („erkennen" – hebr. jada – bezeichnet hier die enge Beziehung zwischen Jahwe und seinem Volk).
Gerade weil dieses Volk Gottes erwähltes Volk ist, steht es in besonderer Verantwortung, zunächst gegenüber seinen eigenen (verarmten) Landsleuten, aber darüber hinaus auch gegenüber den Nachbarvölkern, die auf Israel blicken. So erklärt es sich auch, warum im Buch Amos ein Völkergedicht vor die ursprüngliche Gerichtspredigt des Amos vorgeschaltet wurde (Kap. 1 und 2). Denn im Horizont der Völkerwelt wiegt Israels Schuld doppelt schwer, weil es sich an seinem Gott vergangen und seine Ehre unter den Völkern verletzt hat (2,6–16). Daher kann Amos diese Völker sogar als Zeugen gegen Israel aufrufen (3,9).

AMOS IN BETHEL
Am 4,4–6,14

Bald darauf blieb der Regen aus.
In Samaria wurden die Vorräte knapp.
Da besannen sich die Menschen
wieder auf Gott.
Sie zogen in Scharen
zum Heiligtum nach Bethel,
um Gott ein Opfer zu bringen.
Doch als sie zum Heiligtum kamen,
empfing sie Amos am Tor.
„Kommt her! Kommt her!",
rief er ihnen entgegen.
„Ja, kommt alle nach Bethel!" 4,4
Es klang wie das Torlied,
mit dem die Priester sonst
die Besucher begrüßten.
Aber auf einmal
schlug seine Stimme um.
Höhnisch rief Amos:
„Ja, kommt hierher!
Bringt Gott eure Opfer
in Bethel und Gilgal
und sündigt danach noch viel mehr! 4,4
Denn so habt ihr´s gern,
spricht Gott, der Herr.
Ich habe Hunger ins Land geschickt
– dennoch kehrt ihr nicht um.

Ich habe den Regen zurück gehalten
– dennoch kehrt ihr nicht um.
Ich habe euch mit Raupen geplagt
– dennoch kehrt ihr nicht um.
Ich habe eure Städte
wie Sodom und Gomorra zerstört
– dennoch kehrt ihr nicht um,
spricht der Herr.
Darum will ich es
weiter so mit euch machen.
Auf, Israel, mach dich bereit,
deinem Gott zu begegnen! 4,6ff

Hört, ihr Leute aus Israel!
Ich stimme die Totenklage
über euch an:
Die Jungfrau Israel ist gefallen.
und steht nicht mehr auf.
Sie liegt zerschmettert am Boden,
und niemand richtet sie auf. 5,1ff
Aber so spricht Gott der Herr:
Sucht mich, so werdet ihr leben! 5,4
Sucht nicht Bethel
oder ein anderes Heiligtum auf!
Sucht den Herrn, so werdet ihr leben! 5,5f
Ihr seid es, die das Recht
in bitteren Wermut verkehren 5,7
und die Gerechtigkeit niedertreten.
Vor Gericht klagt ihr den an,
der euch im Tor zurechtweist 5,10
und aussagt, was wahr ist.
Weil ihr die Armen unterdrückt
und hohe Abgaben von ihnen fordert,
darum sollt ihr nicht länger
in den Häusern wohnen,
die ihr gebaut habt,
und den Wein trinken,
den ihr gepflanzt habt. 5,11
Sucht das Gute und nicht das Böse,
so wird der Herr bei euch sein. 5,15

Aber weh denen,
die den Tag des Herrn herbei sehnen.
Der Tag wird finster sein und nicht licht. 5,18ff
Denn so spricht der Herr:
Eure Feiertage sind mir ein Gräuel.
Eure Gottesdienste
mag ich nicht riechen.
Wenn ihr mir auch Opfer darbringt,
so habe ich doch keinen Gefallen daran. 5,22

Ich sehe eure fetten Dankopfer nicht an.
Hört auf, eure Lieder zu plärren!
Euer Harfenspiel mag ich nicht hören. 5,23
Es ströme aber das Recht
wie Wasser hervor
und die Gerechtigkeit wie ein Bach,
der niemals versiegt." 5,24

So sprach Amos am Tor des Tempels.
Danach holte er noch ein letztes Mal aus
und rief in die Menge:
„Hört des Herrn Wort,
die ihr die Armen im Land unterdrückt! 8,4
Ihr habt nur eure Geschäfte im Kopf.
Ihr sagt: Wann sind die Feiertage
und der Sabbat endlich vorüber?
Dann wollen wir wieder
unseren Geschäften nachgehen. 8,5
Dann verkaufen wir unser Getreide
und treiben den Preis hoch.
Wir fälschen das Gewicht
und mischen heimlich Spreu
unter das Korn.
Dafür kaufen wir Menschen
um wenig Geld ein,
Arme, die selbst kein Geld haben. 8,6
Darum spricht Gott, der Herr:
Es kommt der Tag,
da wird die Sonne
am Mittag verlöschen.
Das Land wird finster
am helllichten Tag.
Ich will eure Feiertage
in Trauertage verwandeln.
Dann hört man im ganzen Land
nur Klagen und lautes Geschrei." 8,9f

Kaum hatte Amos geendet,
brach am Tempel ein Tumult aus.
Die Leute riefen empört:
„Habt ihr gehört,
was dieser Mensch gesagt hat?"
Aber Amazja, der Priester des Königs,
sandte einen Boten zu Jerobeam
und ließ ihm sagen:
„Dieser Amos zettelt
einen Aufstand gegen den König an!
Kein Mensch kann seine Worte ertragen.
Denn er behauptet: „Jerobeam wird
durchs Schwert sterben.

Und sein Volk wird
in die Verbannung geführt." 7,10ff

Darauf bestellte der Priester
Amos zu sich und befahl ihm
im Namen des Königs:
„Du Seher, verschwinde!
Verlass sofort diesen heiligen Ort!
Geh zurück in dein Land!
Da magst du deine Sprüche vortragen,
aber nicht hier.
Denn dies ist der Tempel des Königs.
Hier hat allein der König das Sagen." 7,12f

Doch Amos erwiderte:
„Ich bin kein Prophet,
wie eure bezahlten Propheten
und auch kein Schüler eines Propheten.
Ich bin nur ein Viehhirte,
der Maulbeeren züchtet. 7,19

Aber ich habe Gottes Stimme gehört.
Gott der Herr hat zu mir gesprochen:
Geh in das Land Israel
und verkünde dem Volk,
was in Kürze geschehen wird.
Darum höre, Priester Amazja,
was Gott der Herr dir verkündet:
Bald kommt Gottes Gericht
über dich und dein Haus.
Deine Söhne und Töchter
werden von den Feinden erschlagen.
Du aber wirst verschleppt
und in einem fremden Land sterben." 7,14ff

So sprach Amos.
Danach wandte er sich um
und ging schweigend davon.
Er hatte den Menschen
nichts mehr zu sagen.

Das Heiligtum in Bethel stellt das religiöse Zentrum des Königreichs Israel dar. Es liegt im Süden des Landes, an der Grenze zum Königreich Juda, und ist nach der Reichsteilung von Jerobeam I. zum Reichsheiligtum erhoben worden (1. Kön 13,31). Dorthin pilgern alle, die sich ansehnliche Opfer leisten können, und feiern ihre rauschenden Opferfeste, vor allem an den hohen Feiertagen. Aber Amos entlarvt ihre Opfer als frommen Selbstbetrug. Denn damit ehren sie nicht Gott, sondern feiern letztlich nur sich selbst, wobei einer den andern mit seinen Opfergaben übertrumpfen möchte. Außerdem steht ihr frommes Gehabe im Widerspruch zu ihrem übrigen Leben (8,4ff).

Hier setzt Amos mit seiner harschen Kultkritik ein. Ist schon der Ort Bethel als Kultstätte neben Jerusalem für ihn nicht akzeptabel, so ist der Kultbetrieb in Bethel erst recht anstößig. Dagegen fordert Amos, dass der Gottesdienst das ganze Leben der Menschen umfasst (5,11ff), also auch das Miteinander im Alltag, wobei die Rechtsprechung am Gerichtstor genauso dazu gehört wie der Gottesdienst am Tempeltor. Amos geht sogar noch weiter: Gott selbst ist es, der ihre Opfer und frommen Rituale samt und sonders verwirft und stattdessen Recht und Gerechtigkeit einfordert (5,21–24; vgl. Ps 50,13f / 51,18f).

Um seinen Worten Nachdruck zu verleihen, zieht der Prophet alle ihm verfügbaren Register. Er überrascht die Pilger am Tor mit Worten, die diese eigentlich vom Priester erwarten, verkehrt sie aber ironisch ins Gegenteil (4,4ff; vgl. die Torliturgie in Ps 24 und 118,19ff). Darauf folgt eine scharfe Gerichtsrede (4,6ff: „.... dennoch kehrt ihr nicht um!"), die am Ende in eine Totenklage um die „Jungfrau Israel" einmündet (5,1ff). Wie um eine Geliebte, so klagt hier der Gott Israels um sein geliebtes Volk, das in einen sicheren Tod treibt. Mit dieser Totenklage nimmt Amos den Untergang des Volkes schon vorweg und erklärt damit Israel schon lebendig für tot. Dagegen hebt sich sein wiederholter Ruf scharf ab: „Suchet den Herrn und ihr werdet leben!" (5,4.6). Auf ihn zielt die ganze Rede des Amos ab. Nicht der Tod, sondern das Leben soll das letzte Wort haben. Noch ist es zur Umkehr nicht zu spät.

Die Kritik des Propheten am Kult muss notwendig zur Konfrontation mit den offiziellen Amtsträgern führen. Im Unterschied zu dem Oberpriester Amazja, der vom König eingesetzt ist, aber auch im Unterschied zu den bezahlten Tempel- und Hofpropheten kann sich Amos nicht auf eine Institution berufen, die ihn dazu autorisiert hat, in Gottes Namen zu reden. Nicht einmal die Berufsbezeichnung „Seher" (hebr. chozäh) erkennt er für sich an (7,12f). „Seher" bezeichnet Menschen mit prophetischen Gaben, die sich u.U. auch dafür bezahlen lassen. Das einzige, worauf sich der Prophet berufen kann, ist Gottes Wort. Gott hat ihn dazu beauftragt, sein Wort zu verkünden. Die Macht seines Wortes hat er an sich selbst erfahren, als er zum Propheten berufen wurde. Dass es wirklich Gottes Wort ist, wird Amazja spätestens dann erkennen, wenn sich dieses Wort an ihm erfüllt (7,14ff).

An dieser Prophetenerzählung, der einzigen in diesem Buch, wird deutlich, dass die Legitimität prophetischer Botschaft einzig in Gottes Wort begründet ist.

AUSBLICK
Amos 8–9

Amos hatte seinen Auftrag erfüllt.
Unverrichteter Dinge kehrte er
zu seinen Schafen nach Tekoa zurück.
Nichts hatte er in Samaria
und in Bethel erreicht.
Niemand hatte auf seine Worte gehört.
Kein einziger war zu Gott umgekehrt.
Was würde nun aus Israel werden?

In jenen Tagen sah Amos
noch einmal ein Bild
vor seinen inneren Augen:
Gott zeigte ihm einen Korb voller Obst,
das war überreif und faulte bereits.
Da hörte Amos, wie Gott zu ihm sprach:
„So reif, überreif ist mein Volk Israel.
Ich will ihm nichts mehr nachsehen.
Bald werden seine frohen Lieder
für immer verstummen.
Dann hört man in den Palästen
nur noch Heulen und Klagen.
Überall liegen Leichen verstreut.
Und Totenstille macht sich breit. 8,1ff

Aber es kommen Tage,
da werden die Menschen
hungern und dürsten,
aber nicht nach Wasser und Brot,
sondern nach Gottes Wort.
Sie werden durch das Land ziehen
von einem Ende zum andern,
und überall nach Gottes Wort suchen,
aber es dennoch nicht finden." 8,11f

So sprach Gott der Herr
zu Amos, seinem Propheten.
Der aber schwieg.
Gab es denn für dieses Volk
gar keine Hoffnung mehr?
War Gottes Volk für immer verloren?

Da sah Amos noch ein Bild
vor seinen inneren Augen:
Gott stand am Altar des Tempels
und befahl mit mächtiger Stimme:
„Schlag auf den Knauf der Säule,
so dass die Balken beben,
und zerschmettere sie,
bis alles in Trümmern liegt.
Denn so wird das Land beben,
und niemand wird entkommen,
wenn Gottes Gericht
über das Land Israel hereinbricht. 9,1ff

Aber so spricht der Herr:
Ich will mein Volk
nicht ganz und gar vernichten.
Zu der Zeit will ich wieder
das Königreich Davids aufrichten.
Wie bei einer zerfallenen Hütte
will ich ihre Risse schließen
und ihre Mauern wieder aufbauen.
Und mein Volk wird wieder
in seinem Land wohnen. 9,11f

Ja, es kommen Tage, spricht der Herr,
da werden die Menschen wieder

in diesem Land säen und ernten.
Ich will mit ihrer Gefangenschaft
ein Ende machen
und ich will sie wieder einpflanzen
in dem Land, das ich ihnen gab.
Sie sollen ihre zerstörten Städte
wieder aufbauen,
Gärten und Weinberge pflanzen
und ihre Früchte genießen.
So spricht der Herr, dein Gott." 9,13ff

Noch war es ein Geheimnis,
was Gott seinem Propheten anvertraute.
Aber eines Tages würde sich sein Wort
vor allen Augen erfüllen.

Das letzte Wort hat Gott! Er offenbart sich am Ende als „der HERR, dein Gott". Sein Name erinnert an den Bund, den Gott mit seinem Volk am Sinai geschlossen hat. In ihm ist Gottes Treue zu seinem Volk verbürgt. Gott steht auch jetzt zu seinem Bund mit seinem Volk. Auch im Gericht gibt er sein Volk nicht preis, sondern bleibt „dein" Gott. Das ist die Botschaft dieses allerletzten Satzes. Nicht der bevorstehende Untergang seines Volkes soll daher das letzte Wort in diesem Buch haben, sondern der Neuanfang, den Gott seinem Volk bereiten wird. Als Kennzeichen der neuen Zeit werden genannt: Wiederherstellung des davidischen Königtums („die zerfallene Hütte Davids"; 9,11), Heimkehr aus der Gefangenschaft (9,14), Fülle der Heilsgaben (9,13), Leben in Frieden (9,15).

Das Bild, das hier von der künftigen Heilszeit gezeichnet wird, steht in krassem Gegensatz zur Gerichtsbotschaft des Amos. Aber es hebt deren Ernst nicht auf, sondern wird sogar noch durch die zwei letzten Visionen in Kap 8 und 9 verschärft. Das überreife Obst erinnert an das Volk, das mehr als reif für das Gericht Gottes ist. Der Schlag auf die Säule (sie stand vor dem Eingang zum Tempel) ist ein Zeichen dafür, dass Gottes Gericht sogar vor dem Tempel in Jerusalem nicht Halt machen wird. Im Unterschied zu den ersten Visionen (7,1ff) tritt Amos auch nicht mehr fürbittend für das Volk Israel ein. Er darf Gottes Gericht nicht mehr aufhalten, das unausweichlich über Gottes Volk hereinbrechen wird.

Erst ganz am Ende wird der Blick auf die kommende Heilszeit gelenkt. In ihrem Licht wird erst richtig deutlich, welch große Schuld das Volk auf sich geladen hat. Aber zugleich wird es auch möglich, sich ihr voll und ganz zu stellen.

Dabei darf allerdings nicht übersehen werden: Die Heilsworte richten sich nicht an die konkreten Adressaten des Propheten. Ihnen gilt ausschließlich die Gerichtsbotschaft und der Ruf zur Umkehr. Sie verweisen in eine ferne Zukunft, die der Prophet selbst nicht mehr erleben wird, und sind als Zeugnisse der Hoffnung für künftige Generationen aufgeschrieben.

DIE PROPHETEN IM 8. JAHRHUNDERT v.Chr.

Der Prophet Hosea

Unter den Schriftpropheten ist Hosea der einzige Vertreter des Nordreichs. Seine Botschaft richtet sich, ähnlich wie die des Propheten Amos, ausschließlich an das Königreich Israel. Hosea erlebt den Niedergang des Königreichs, ausgelöst durch die Feldzüge des Assyrerkönigs Tiglat-Pileser III. gegen Syrien und Israel (733/32 v.Chr.). Die Assyrer unterwerfen beide Länder, zwingen Israels Könige zu hohen Tributzahlungen und erobern schließlich nach dreijähriger Belagerung die Hauptstadt Samaria im Jahr 722 v.Chr. Ein Großteil der Bevölkerung wird nach Assyrien verschleppt.

In diese stürmische Periode, unmittelbar vor dem Untergang des Königreichs, fällt die Wirksamkeit des Propheten Hosea. Anders als bei Amos konzentriert sich seine Botschaft nicht primär auf die sozialen Missstände, auch nicht auf die politischen Turbulenzen im Land, sondern auf den religiösen Niedergang im Volk Gottes. Der Baalskult hat im Nordreich auch in dieser späten Phase nichts von seiner Faszination eingebüßt. Sogar im Zentralheiligtum in Bethel misst man den Naturkräften, die von Baal ausgehen, offenbar größere Bedeutung bei als Jahwe und seinem Wort und versucht unbekümmert, beides miteinander zu verbinden.

Hier greift der Prophet ein. In drastischen Bildern und Worten öffnet er seinem Volk die Augen. Er zeigt: Israels Anfälligkeit für den Baalskult bedeutet einen massiven Treuebruch gegenüber seinem Gott, der sich doch seinem Volk von jeher in Liebe verbunden hat. Israels Verhalten gleicht dem einer Frau, die sich jedem hingibt, wie es im Baalskult durchaus üblich war. Sein Verhalten ist für Hosea deshalb so empörend, weil es die Liebe Gottes verachtet und seine Ehre zutiefst verletzt.

Dagegen hält der Prophet seinem Volk die leidenschaftliche Liebe Gottes vor Augen. Kein anderer Prophet redet so werbend, so aufregend menschlich und emotional von Gottes Liebe zu seinem Volk. Wie ein enttäuschter Liebhaber und betrogener Ehemann begegnet Gott seinem Volk. Dabei wird deutlich: Es ist Gott selbst, der hier zu seinem Volk spricht. Der Prophet leiht ihm nur seine Stimme. In leidenschaftlicher Rede offenbart Gott sein Innerstes, seinen Zorn und seinen Schmerz. Er ringt buchstäblich mit seinem Volk und leidet fast physisch an dessen Gottvergessenheit. Werbend erinnert er an die Zeit der ersten Liebe (2 / 11) und geht zugleich mit seinem Volk hart ins Gericht. Aber am Ende siegt seine Liebe. Trotz Israels Treuebruchs hält Gott an seinem Volk fest: „Wie kann ich dich preisgeben, Israel? ... Alle meine Barmherzigkeit ist entbrannt ..." (Hos 11,8)

Das Buch Hosea im Überblick:

1–3   Gleichnishandlungen / Treuebruch
4–10   Gottes Anklage und Klage über sein Volk
11–14   Ausblick: Durchbruch der Liebe Gottes

HURENKINDER
Hosea 1–2

Zur Zeit Jerobeams II.,
des Königs über Israel,
begann Gott zu Hosea zu reden.
Gott sprach zu ihm:
„Geh und nimm dir eine Hure zur Frau
und zeuge Hurenkinder mit ihr.
Denn so macht es das Volk mit mir:
Es verlässt den Herrn seinen Gott
und treibt es mit anderen Göttern." 1,1f

Da gehorchte Hosea.
Er ging hin und nahm Gomer,
eine Hure, zur Frau.
Die wurde schwanger
und gebar einen Sohn.

Und Gott sprach zu Hosea:
„Nenne ihn Jesreel. 1,4
Denn nicht mehr lange,
dann will ich mit Israels Königshaus
ein Ende machen.
Ich will seine Heeresmacht
in der Ebene Jesreel zerschlagen." 1,5

Darauf wurde Gomer
ein zweites Mal schwanger
und brachte eine Tochter zur Welt.
Und Gott sprach zu Hosea:

„Nenne sie Lo-Ruhama,
das heißt ‚Kein Erbarmen'.
Denn ich will mich nicht mehr
über das Land Israel erbarmen
Ich will ihm meine Liebe entziehen." 1,6

Darauf wurde Gomer
ein drittes Mal schwanger
und gebar noch einen Sohn.
Und Gott sprach zu Hosea:
„Nenne ihn Lo-Ammi
das heißt ‚Nicht mein Volk'.
Denn ihr seid nicht mein Volk.
So will ich auch nicht euer Gott sein. 1,7

Aber es kommt die Zeit,
da werden die Kinder Israels
wieder so zahlreich sein
wie der Sand am Meer.
Dann wird man wieder
zu den Kindern Israels sagen:
Ihr Kinder des lebendigen Gottes!
Sagt euren Brüdern:
„Ihr seid mein Volk!"
Und sagt euren Schwestern:
„Ich will mich über euch
wieder erbarmen." 2,1–3

Das Buch Hosea erzählt am Anfang nicht, wie erwartet, von der Berufung des Propheten, sondern setzt mit einer schockierenden, von Gott angeordneten Gleichnishandlung ein, die mit allen Tabus bricht. Hosea soll für sein Volk ein Zeichen setzen. Er soll eine „Hure" heiraten. Vermutlich ist dabei an ein Mädchen oder eine Frau zu denken, die sich, wie viele im Volk, dem Baalskult und seinen sexuellen Praktiken verschrieben hat und als Zeichen ihrer Hingabe an Baal stolz ein Stirnband trägt. Die Botschaft dieser Zeichenhandlung ist eindeutig. Wie eine „Hure", so hat Israel die erste Liebe zu seinem Gott verlassen und lässt sich stattdessen in den Bann Baals ziehen. Hosea soll durch seine Zeichenhandlung dem Volk die Augen öffnen, wie unerhört sein Verhalten in den Augen Gottes ist. Er soll aber auch zeigen, wie unbegreiflich Gott handelt, wenn er sich mit diesem Volk in Liebe verbindet.

Die Ehe, Ausdruck inniger Liebe zwischen Mann und Frau, erscheint hier als Bild für eine Beziehung, die von Anfang an verfehlt ist und aus der auch in Zukunft nichts Gutes hervorgehen kann. Dies zeigen die Namen der Kinder an. Sie kündigen zeichenhaft Gottes Gericht über sein Volk an. Dabei findet von Name zu Name eine Steigerung statt: „Jesreel" erinnert an die blutige Machtübernahme des Usurpators Jehu in Jesreel (2. Kön 9f), als düsteres Vorzeichen für den bevorstehenden Untergang Israels und seines Königshauses. „Lo-Ruhama" zeigt an: Israel kann künftig nicht mehr mit Gottes Erbarmen rechnen. Und „Lo-Ammi – nicht mein Volk" kündigt schließlich sogar Gottes Bruch mit seinem Volk an. Härter kann das Gerichtswort Gottes wohl kaum ausfallen. Als lebendige Anklage müssen die Kinder Hoseas dem Volk ständig ihr Versagen vor Augen halten. Eine unerträgliche Vorstellung!

Erst ganz am Ende bricht die Hoffnung durch, dass dies nicht das letzte Wort Gottes ist. Zuletzt wird Gott seine Kinder durch das Gericht hindurch zu seinem Ziel führen. Die Kinder Israel, hier als „Hurenkinder" gebrandmarkt, werden künftig als „Kinder des lebendigen Gottes" das neue Volk Gottes bilden, das Gott sich zu seinem Ruhm schaffen wird. Von ihm heißt es im 1. Petrusbrief (in Anlehnung an Hos 2,25): „Denn ihr wart vormals ein ‚Nicht-Volk', nun aber seid ihr Gottes Volk. Ihr wart vormals ‚nicht in Gnaden', nun aber seid ihr in Gnaden." (1. Petr 2,10)

TREUEBRUCH
Hosea 2

So lautet das Gerichtsurteil,
das Gott über sein Volk spricht:

Hört, ihr Hurenkinder!
Eure Mutter ist nicht mehr meine Frau.
Und ich bin nicht mehr ihr Mann.
Denn sie hat die Ehe gebrochen.
und läuft ihren Liebhabern nach. 2,7
Sagt ihr, dass sie die Zeichen
ihres Ehebruchs ablegt.
Sonst will ich sie
vor allen bloßstellen. 2,4f
Ich will mich nicht mehr
über ihre Kinder erbarmen. 2,6
Denn sie sind Hurenkinder.
Ihre Mutter treibt es schlimm. 2,7
Sie läuft ihren Liebhabern nach
und spricht zu sich: Sie sind es,
die mir Brot, Wasser und Wolle geben.
Und doch bin ich es,
der ihr Korn, Wein und Öl,
dazu Silber und Gold gegeben hat. 2,10
Doch mich vergisst sie,
spricht Gott der Herr.
Stattdessen schmückt sie sich
mit Stirnbändern und Ketten
und feiert Feste für Baal. 2,15

Doch ich will ihrem Treiben
ein Ende machen.
Ich will sie wieder
in die Wüste locken.
Dort will ich in Liebe um sie werben. 2,16
Und sie wird mir wieder gerne folgen,
wie zur Zeit ihrer Jugend,
als sie aus Ägypten auszog.
Dann wirst du mich wieder
„Mein Mann!" nennen
und nicht mehr „Mein Baal!"
An jenem Tag will ich für immer
meinen Bund mit dir schließen.
Ich will mich mit dir verloben 2,18ff
mit Recht und Gerechtigkeit,
in Gnade und Barmherzigkeit.
Ja, in Treue will ich mich
mit dir verloben.
Dann wirst du erkennen,
dass ich der Herr, dein Gott bin. 2,21f
An diesem Tag will ich Jesreel
wieder im Land wohnen lassen
und mich über Lo-Ruhama erbarmen.
Und zu Lo-Ammi will ich sagen:
Du bist mein Volk.
Er aber wird zu mir sagen:
„Du bist mein Gott!" 2,23ff

Die erste Gottesrede erinnert an eine Rede vor Gericht. In ihr begegnet Gott seinem Volk in der Rolle des Anklägers und Richters zugleich. Die Anklage lautet auf Ehebruch. Das Volk ist seinem Gott untreu geworden. Es ist der Faszination der Fruchtbarkeitskulte erlegen und gibt sich ihren Ritualen hin. Von ihnen verspricht es sich fruchtbare Felder, Reichtum und üppige Ernten und vergisst dabei, wem es allein allen Reichtum verdankt (2,10f). Äußere Kennzeichen, Stirnreifen und Halsbänder der Frauen, zeigen an, wie tief das Volk in den Baalskult und dessen sexuelle Praktiken verstrickt ist (2,15). Darum trifft es Gottes Urteil in unverminderter Härte: Gott reicht, bildlich gesprochen, die Scheidung ein (2,4 zitiert die rechtskräftige Scheidungsformel: „Sie ist nicht meine Frau und ich bin nicht ihr Mann."). Er verurteilt Israels Treuebruch als Ehebruch und überführt die Kinder Israel als „Hurenkinder" (2,6), das heißt: Er erkennt sie nicht als seine eigenen Kinder an, sondern unterstellt, dass sie aus der Verbindung mit Baal hervorgegangen sind.

Aber dann erfolgt plötzlich der überraschende Umschwung. Im Bild des betrogenen Ehemanns kündigt Gott an, es mit seinem Volk „ein zweites Mal zu versuchen" (2,16ff). Dazu will er sein Volk wieder ganz an den Anfang ihrer gemeinsamen Geschichte zurückführen. Am Anfang ihres Weges stand Gottes Offenbarung am Sinai. Dort in der Wüste ist Gott seinem Volk begegnet und hat seinen Bund mit ihm geschlossen. Dorthin will Gott sein Volk wiederum (wie ein Liebhaber) „locken" und es aufs Neue in Liebe umwerben. Der „Brautpreis", den er seinem Volk verspricht, ist „Gerechtigkeit" und „Barmherzigkeit", der Garant für sein Versprechen ist seine „Treue" (2,21f). Mit diesem Bild unterstreicht der Prophet Gottes Heilsversprechen. Israels Untreue kann Gottes Treue nicht aufheben. Gott steht zu seinem Bund.

Auf dem Hintergrund der Treulosigkeit Israels erscheint diese Zusage Gottes unbegreiflich. Sie wird noch durch die neuen Namen erhärtet, die Gott seinem Volk verleihen wird. Israel soll nicht auf ewig Zeuge des Gerichtes Gottes, sondern Zeuge der Hoffnung werden. Denn das Ziel der Wege Gottes heißt Gnade. Sie ist allein in Gottes Erbarmen begründet (2,3). Die „Hurenkinder" sind und bleiben „Kinder des lebendigen Gottes" (2,1.3).

Das ist die revolutionäre Botschaft, die das Buch Hosea von Anfang bis Ende durchzieht: Nicht das Volk kehrt zu Gott um – es bleibt unbelehrbar und läuft, wie Hoseas Frau, immer wieder von seinem Gott weg –, sondern es ist Gott, der sich aus freiem Antrieb, aufs Neue seinem Volk zukehrt, allein aus Gnade!

REUIGE RÜCKKEHR
Hosea 3

Und Gott sprach zu mir:
„Geh noch einmal
und wirb um deine Frau,
die die Ehe gebrochen hat,
wie Gott der Herr um Israel wirbt,
obwohl sie fremdgegangen ist
und Opferkuchen genießt,
die anderen Göttern geweiht sind." 3,1

Da ging ich zu ihr und kaufte sie
von ihren Liebhabern frei,
die sie versklavt hatten.

Fünfzehn Silberdenare gab ich für sie,
dazu fünfzehn Maß Gerste. 3,2
Darauf nahm ich sie wieder
in mein Haus auf und sagte zu ihr:
„Bleib hier bei mir!
Lange Zeit sollst du
mit keinem Mann verkehren,
noch irgendeinem anderen gehören.
Auch ich will in dieser Zeit
nicht zu dir kommen. 3,3
Denn dies ist das Zeichen,
durch das Gott verkündet:

Hosea

Lange Zeit wird Israel
ohne König und ohne Führung sein.
Es wird im Land Israel
keine Opfer mehr geben,
keine Steinmale und kein Bild,
auch keine Priesterorakel. 3,4

Aber danach wird Israel umkehren
und den Herrn seinen Gott suchen.
Dann werden sie mit Zittern
zu dem Herrn, ihrem Gott, heimkehren
und seine Gnade erfahren." 3,5

Unerhört, was Hosea hier im Ich-Bericht über sich aussagt! Eigentlich müsste der Prophet seine Frau verstoßen oder sogar steinigen lassen, weil sie fremdgegangen ist und die Liebe ihres Mannes verraten hat. So fordert es das Gesetz (Dtn 24,4; vgl. Lev 20,10). Aber stattdessen kauft Hosea seine treulose Frau wieder zurück. Er muss dafür einen hohen Preis zahlen. So tief hat sich seine Frau inzwischen wieder in Abhängigkeit von ihren Liebhabern verstrickt, dass Hosea sie wie eine Versklavte freikaufen muss! Hoseas Handeln wird zum Gleichnis für Gottes Liebe. Gott müsste eigentlich sein Volk verstoßen, weil es sein Vertrauen missbraucht hat und sich anderen Gottheiten angedient hat. Aber Gott kann nicht zusehen, wie sich sein Volk erneut in Unfreiheit begibt. So viel ist ihm sein Volk wert, dass er es um jeden Preis zu sich zurückholen wird. Dieses Volk kann aber nicht einfach weitermachen wie zuvor. Es muss erst eine Zeit der Enthaltsamkeit durchlaufen, in der ihm alles genommen wird, worauf es sich jetzt verlässt – ein Hinweis auf den bevorstehenden Untergang Israels, auf das Ende des Königtums und des Kults. Danach aber wird das Volk bereit sein, zu seinem Gott zurückzukehren, und es darf trotz seiner Untreue auf Gottes Gnade hoffen.

GOTTES KLAGE
Hosea 4–10

So lautet Gottes Klage über sein Volk:
Sie richtet sich an alle,
die im Königreich Israel leben,
vornehmlich an die Priester
und an jene, die Verantwortung tragen.
Denn sie sind es,
die das Volk verführt haben,
anderen Göttern zu folgen.

Höre, Israel, das Wort des Herrn!
Denn der Herr erhebt Klage
gegen alle Bewohner im Land.
Es herrscht keine Treue, keine Liebe
und keine Gotteserkenntnis im Land.
Kein Mensch fragt nach Gottes Willen,
sondern Lügen, Morden, Stehlen
und die Ehe brechen
nimmt im Land überhand.
Darum wird das Land verdorren
und alles, was darauf lebt, bald vergehen. 4,1ff

Dich, Priester, klage ich an.
Dich will ich zur Verantwortung ziehen.
Denn du kennst meine Weisung.
Aber du lehrst das Volk nicht,
nach meinem Willen zu leben.
Mein Volk ist verloren, es herrscht
keine Gotteserkenntnis im Land,
denn du, Priester,
hast das Volk nicht unterwiesen.
Du hast die Weisung Gottes vergessen.
Darum kannst du nicht mehr
mein Priester sein. 4,4ff

Mein Volk ist verführt.
Es hat seinen Gott verlassen
und treibt es mit anderen Göttern.
Auf Hügeln und unter Bäumen
bringen sie Baal ihre Opfer
und geben sich ihrer Lust hin.
Ihr Priester macht munter mit. 4,13

Ihr zieht euch mit Tempeldirnen
in die Büsche zurück. 4,14
Israel ist wie eine wild gewordene Kuh.
Sie lässt sich nicht von Gott leiten. 4,16

Hört dies, ihr Priester von Israel, 5,1ff
und alle, die ihr zum Königshaus zählt!
Euch ist Gottes Recht anvertraut,
dass ihr das Volk darin unterweist.
Aber Israel ist unrein geworden,
Ephraim ist zur Hure geworden.
Es kann nicht zu Gott umkehren.
Seine Gräueltaten halten es
von seinem Gott fern. 5,4
Das Land leidet Gewalt,
das Recht wird mit Füßen getreten.
Doch Ephraim sucht Hilfe bei Göttern,
die doch nicht helfen können.
Ich, der Herr, bin für Israel wie Eiter
und für Juda wie fauler Gestank. 5,12
Sie meiden mich wie die Pest
und suchen stattdessen Hilfe
bei dem König von Assur.
Aber der kann euch nicht helfen. 5,13
Er kann eure Wunden nicht heilen.
Denn ich bin für Israel
wie ein reißender Löwe.
Ich werde sie verschleppen
und niemand wird ihnen helfen. 5,14
Ich will mich ihnen entziehen,
bis sie ihre Schuld erkennen.

In der Not werden sie zu mir kommen. 5,15
Sie werden in Scharen
zum Heiligtum ihres Gottes wallen
und reumütig ihr Gebet sprechen:
„Kommt, lasst uns umkehren
zum Herrn unserem Gott!
Denn er hat uns zerrissen.
Er wird uns auch heilen.
Er hat uns geschlagen.
Er wird uns auch verbinden.
Nach zwei Tagen wird er uns retten.
Am dritten Tag wird er uns
zu neuem Leben erwecken.
Wie das Morgenrot
wird er erscheinen.
Wie der Frühlingsregen
die ausgedörrte Erde erfrischt." 6,1ff

Ach, Ephraim!
Was soll ich nur mit dir machen?
Was soll ich dir noch tun, Juda,
damit du endlich begreifst?
Wie lange hält deine Reue an?
Eure Liebe ist flüchtig
wie eine Wolke am Morgen
und wie der Tau,
der in der Frühe vergeht. 6,4
Darum schlägt mein Wort zu,
spricht der Herr, damit mein Recht
wieder aufstrahlt wie Licht.
*Denn ich habe Gefallen an der Liebe
und nicht am Schlachtopfer,
an der Erkenntnis Gottes
und nicht am Brandopfer.* 6,6

Sie aber haben
meinen Bund gebrochen.
In ihren Städten herrscht
wüstes Treiben.
Sogar im Haus Gottes in Bethel
sah ich Dinge, vor denen mir graut.
Auch auf den Straßen Samarias
plündern und rauben die Diebe.
Lug und Trug nimmt dort überhand. 7,1
Sie sind allesamt von mir abgefallen,
Ehebrecher, deren Herz
wie ein Backofen brennt. 7,4
Sie glühen vor Grimm,
wenn sie Böses aushecken.
Bei Nacht glimmt es nur,
aber am Morgen
brennt ihr Feuer lichterloh. 7,6

Weh ihnen!
Sie sind alle abgefallen von mir.
Ich wollte sie wohl erlösen.
Sie aber verbreiten über mich Lügen.
Ich habe sie stark gemacht.
Aber sie reden nur schlecht über mich. 7,13
Darum stoßt ins Widderhorn!
Bald kommt großes Unheil
wie ein Geier über das Land. 8,1
Denn seine Bewohner
haben meinen Bund gebrochen
und sich nicht an meine Gebote gehalten.
Zwar schreien sie jetzt zu mir:
„Du, mein Gott!
Wir sind doch dein Volk, dir bekannt!" 8,2f

Hosea

Aber wenn ich ihnen auch immer wieder
meine Gebote aufschriebe –
sie blieben ihnen dennoch unbekannt.   8,12

Israel, freue dich nicht!
Jauchze nicht wie andere Völker!
Denn du läufst deinem Gott davon.   9,1
Darum wirst du auch nicht
in dem Land bleiben,
das dir der Herr dein Gott gab,   9,3
sondern musst wieder zurück
nach Ägypten ziehen.   9,7

Aber sie wollen nicht hören.
Sie spotten: „Unsinn!
Was redet dieser Prophet!
Er scheint völlig durchgedreht."
Weil ihre Schuld so groß ist,
darum bin ich in ihren Augen ihr Feind.   9,7
Sie stellen mir überall Fallen,
sogar im Heiligtum Gottes
lauern sie mir auf.   9,8
Ihr Denken und Handeln
ist von Grund auf verdorben.
Aber der Herr wird sie richten
und ihrer Schuld gedenken.   9,9

Israel war ein üppiger Weinstock,
der reiche Frucht brachte.
Aber je mehr Früchte er brachte,
desto mehr Altäre errichteten sie
für andere Götter.   10,1f
Auf, sät das Recht aus
und erntet, was die Liebe erfordert.
Pflügt euer Leben neu um,
solange es Zeit ist, den Herrn zu suchen.
Dann wird er kommen
und seine Gerechtigkeit
wird auf euch regnen.   10,12

Nicht der Prophet, Gott selbst klagt über sein Volk. Angesprochen ist „Ephraim", der volkreichste Stamm Israels. Er gilt bei Hosea als Synonym für das ganze Nordreich Israel. Was sich anfänglich wie eine harte Anklagerede liest, erweist sich zunehmend als leidenschaftliche Klage Gottes über den Zustand seines Volkes. Gott ist selbst davon mit betroffen. Seine Klage ist letztlich nichts anderes als die Kehrseite seiner Liebe. Gott leidet an seinem Volk, das sich in seiner Blindheit immer mehr von ihm entfernt hat, „wie eine wildgewordene Kuh", die die Orientierung verloren hat (4,16). Seine Klage offenbart den Schmerz Gottes, der sich von seinem Volk missachtet und behandelt sieht, wie ein eitriges Geschwür (5,13) oder wie ein lästiges Ungeziefer (Luther: „wie eine Motte"; 5,12). Aber der tiefere Grund der Klage Gottes liegt in der mangelnden „Gotteserkenntnis" (4,6; hebr. „daat") begründet. Damit ist nicht etwa ein theoretisches Wissen über Gott gemeint. Gotteserkenntnis geschieht vielmehr konkret im Hören auf Gottes Wort und im praktischen Gehorsam gegenüber seinem Gebot. Allein auf diesem Weg kann das Volk seinem Gott begegnen und ihn bezeugen (vgl. Mi 6,8).
Dies gilt für das ganze Volk, aber vorrangig für die politische Führung und die Priester. Ihnen kommt besondere Verantwortung zu. Denn sie haben die Aufgabe, das Volk in der Tora zu unterweisen und im Land Gottes Recht aufzurichten. Sie trifft deshalb die Hauptschuld, wenn sich das Volk hat verführen lassen, anderen Göttern zu folgen (4,4ff; 5,1ff). Damit hat es seine wahre Bestimmung verloren. Israel, das Volk, das Gott vor allen Völkern erwählt hat, ist wie ein missratener Weinstock geworden, ein Schandfleck vor allen Völkern. Aber dennoch hört Gott nicht auf, auch jetzt noch um sein Volk zu werben.

Die Klage Gottes setzt sich aus mehreren Redesequenzen zusammen, die vermutlich erst später redaktionell zusammengefügt worden sind. Dabei bleibt offen, in welcher Situation Hosea ursprünglich Gottes Klage vorgetragen hat. Andeutungen im Text lassen auf das Jahweheiligtum in Bethel schließen (vgl. Amos 4,4ff). Dort kam das Volk zu Buß- und Fastentagen zusammen (6,1ff). Dort wurden auch die jährlichen Erntefeste fröhlich gefeiert (vgl. 9,1). Dies war auch der Ort, an dem die Vermischung von Baalskult und Jahweglauben greifbar war und zu verheerenden Auswüchsen geführt hat (7,14).

„WIE KANN ICH DICH PREISGEBEN?"
Hosea 11ff

Dies ist die Botschaft,
die Gott seinem Propheten anvertraute
als das Ende Israels gekommen war.
Damals schien es,
als sei das Volk für immer verloren,
als hätte sich Gott für alle Zeit
von seinem Volk abgekehrt.
Aber Gott ließ Israel
auch in dieser Stunde nicht los,
Er zeigte ihm den Weg seiner Liebe,
von Anfang an bis zum heutigen Tag:

Als Israel noch ein Kind war,
rief ich ihn zu mir,
meinen geliebten Sohn,
und führte ihn aus Ägypten.   11,1
Aber sooft ich sie rief,
liefen sie davon
und opferten anderen Göttern.
Ich lehrte Ephraim laufen
und trug ihn auf meinen Armen.

Aber sie merkten nicht,
dass ich es war, der für sie sorgte.   11,2f
Ich zog sie mit menschlichen Stricken,
mit Seilen der Liebe lenkte ich sie.
Ich neigte mich zu ihnen herab,
drückte sie an meine Wange
und gab ihnen zu essen,
so dass sie nie mehr nach Ägypten
zurückkehren mussten.   11,4f

Aber nun wird Assur
über sie herrschen.
Sie weigern sich umzukehren.
Darum wird sie das Schwert fressen
und ihre Städte zerstören.
Mein Volk ist müde geworden.
Es will sich nicht mehr zu mir kehren.
Und wenn man sie ruft,
richtet sich keiner auf.   11,6f

Aber wie kann ich dich preisgeben,
Ephraim, mein Sohn?
Wie kann ich dich ausliefern, Israel?
Ich will es nicht tun.
Mein Herz ist umgestürzt.
Mein Mitleid ist in mir entbrannt.
Nicht will ich lodern im Zorn.
Denn ich bin der heilige Gott,
und nicht ein Mensch.   11,9
Ich will sie nicht vernichten.   11,8f

Und Gott sprach weiter:
Ich will sie vom Tod erretten
und aus dem Totenreich erlösen.
Tod, wo ist dein Stachel?
Totenreich, wo ist deine Pest?   13,14
Mitleid mit dir kenne ich nicht.
Ja, ich will meine Kinder
von ihren verkehrten Wegen heilen.
Aus freien Stücken liebe ich sie.
Ich will für Israel wie der Tau sein.
Es soll blühen wie eine Lilie,
und Wurzeln schlagen
wie die Bäume im Libanon.
Und sie sollen wieder
in meinem Schatten wohnen
und wie ein Weinstock gedeihen.   14,5ff
Ephraim, was bringen dir deine Götzen?
Ich will dich erhören und führen.
Ich bin für dich
wie ein üppiger Wacholder.
An mir findest du reiche Frucht.   14,9ff

Wer ist so weise,
dass er dieses Geheimnis Gottes versteht?
Ja, Gottes Wege sind wundersam.
Und klug ist, wer auf ihnen geht.   14,10

Hosea

„Wie kann ich dich preisgeben?" (11,8). Dieser Ausruf markiert den Höhepunkt des göttlich-menschlichen Dramas in der Botschaft des Propheten Hosea. Er überbietet alles, was bisher über Gottes Werben und Ringen um sein Volk in kühnen Bildern ausgesagt wurde. Das Bild des Ehebruchs tritt zurück hinter dem Bild des Vaters, der in tiefem Schmerz um seinen verlorenen Sohn trauert. Es zeigt die Liebe Gottes auf, der von Anfang an sein Volk gerufen und als seinen „Sohn" angenommen hat (dies beschreibt die Geste: „Ich trug ihn auf meinen Armen"; 11,3). Er hat es durch die Geschichte hindurch versorgt und fürsorglich geleitet, nicht wie ein Zugtier, sondern in „Seilen der Liebe" (11,4).

Im Bild des väterlich liebenden Gottes erscheint die Geschichte Gottes mit seinem Volk in neuem Licht. Aber in diesem Licht wird der Widerspruch des Volkes umso unbegreiflicher. Mit einem scharfen Aber wird der heilsgeschichtliche Rückblick jäh unterbrochen (11,5). Gott klagt sein Volk an, das von allem Anfang an eigene Wege gegangen ist. Seine Anklage erinnert an das Bild des Vaters, der seinen eigenen Sohn vor Gericht ziehen muss, weil er sich durch seinen Ungehorsam an seinem Vater vergangen hat. Nach Dtn 21,18ff steht darauf die Todesstrafe. So hat auch Israel vor Gott sein Sohnesrecht für immer verwirkt. Aber da geschieht das Unbegreifliche: Mitten in der Anklage bricht die Gottesrede ab. Gott wendet sich seinem verlorenen Sohn zu, er spricht ihn an: „Wie kann ich dich preisgeben? ... „Mein Herz ist umgestürzt" oder „Mein Herz kehrt sich gegen mich". Im Bild gesprochen: Gott fällt sich gleichsam selbst in den Arm. Nicht der Zorn Gottes, nicht die erwartbare Strafe folgt auf die Anklage. Stattdessen heißt es: „Meine Barmherzigkeit ist entbrannt (wörtl. „Meine Reue lodert auf"). Das bedeutet aber: Gott kehrt seinen lodernden Zorn in loderndes Erbarmen um! So sehr schmerzt den Vater die Verlorenheit seines Sohnes, der doch selbst sein Elend verschuldet hat! Diese Wende ereignet sich in Gott selbst, unabhängig vom Menschen. Sie ist allein in Gottes heiligem Willen begründet (11,9).

So radikal hat kein anderer Prophet das Drama göttlicher Liebe bezeugt wie Hosea. Es ist das Drama, das Gott in sich selbst austrägt. Es ist der Weg der Liebe Gottes, die am Ende in der Hingabe des Sohnes Gottes am Kreuz aller Welt offenbar werden wird (Phil 2,8ff) und alle Bereiche des Lebens erfassen, ja, selbst den Tod besiegen wird (13,14). Bis ans Ende der Zeit gilt Gottes Zusage, mit der das Buch Hosea endet: „Ich will sie von ihrem Abfall heilen. Aus freien Stücken liebe ich sie" (14,5).

Die Antwort darauf kann nur in Anbetung und ehrfürchtigem Staunen über die Wege Gottes geschehen (14,10).

DIE PROPHETEN IM 8. JAHRHUNDERT v.Chr.

Der Prophet Micha

Das Buch Micha geht auf den Propheten Micha von Moreschet zurück, der zeitgleich mit Jesaja in Jerusalem gewirkt hat (ca. 740–700 v.Chr.). Anders als Jesaja stammt Micha aus bäuerlichen Kreisen. Über die Umstände seiner Berufung ist nichts bekannt. Micha verweist lediglich darauf, dass Gott ihn beauftragt und „mit seinem Geist" erfüllt hat (3,8). Wie aus Jer 26,18ff hervorgeht, erregt sein öffentliches Auftreten in Jerusalem Anstoß und provoziert Widerspruch.

Die Botschaft des Michabuches deckt sich in weiten Teilen mit der Gerichts- und Heilsbotschaft des Jesaja und stellt diese in konzentrierter Form vor.
Dabei bewahrt das Buch durchaus sein eigenes Profil, begründet in der Person und Sprache Michas. Durch spätere Bearbeitung und Weiterführung seiner Botschaft stellt das Buch Micha in seiner Endgestalt ein theologisches Gesamtkunstwerk dar, das alle klassischen Themen der Prophetie zusammenfassend anklingen lässt. Dies erklärt auch die starke Resonanz dieses kleinen, aber gewichtigen Buches in der jüdischen und christlichen Tradition. Bei seiner Erschließung empfiehlt es sich daher, das Buch als schlüssig aufgebautes Ganzes zu betrachten, wobei sich vier Themenschwerpunkte aufzeigen lassen:

1. Die Gerichtsbotschaft (1–3)
Das Buch beginnt mit der Ankündigung des Gerichts, das in Kürze über das Königreich Juda ergehen wird. Anlass ist der Feldzug des assyrischen Königs Sanherib gegen die aufständischen Länder im Westen, dem auch das Land Juda zum Opfer fallen wird (703–701 v.Chr.). In ihm erkennt der Prophet Gottes Gerichtshandeln und führt dieses auf die sozialen Missstände in Jerusalem zurück. Sie bilden den Kern der Anklage, die Micha gezielt an die reiche Oberschicht in Jerusalem richtet (Kap. 2 und 3).

2. Die Heilsbotschaft (4–5)
Als Kontrapunkt zu dem angekündigten Gericht setzt das Buch die Verheißung von Gottes künftigem Friedensreich, das in zwei Bildern entfaltet wird:
a. Die **Sammlung der Völker auf dem Berg Zion** und die Aufrichtung des Friedens unter den Völkern (4). Das Bild der „Völkerwallfahrt zum Zion" ist identisch mit Jes 2 und stellt vermutlich die ursprüngliche Fassung dar, holt aber in der Beschreibung der Friedenszeit noch weiter aus.
b. **Die Ankunft des Friedefürsten** (5,1–4). Im Unterschied zu den großen messianischen Verheißungen in Jes 7 / 9 und 11 bleibt seine Beschreibung auffällig verhalten. Nur seine Herkunft aus Bethlehem wird ausdrücklich genannt. Aber mit seinem Kommen wird der Anbruch von Gottes Friedensreich erwartet.
Diese Verheißung hat wie keine andere im jüdischen Volk die Hoffnung auf die Ankunft des Messias in naher Zukunft genährt. Sie wird in Mt 2,5 auf Jesus gedeutet:

Indem Matthäus diese Verheißung betont an den Anfang seines Evangeliums stellt, bezeugt er: In dem Kind von Bethlehem ist der verheißene Messias gekommen.

3. Die Gottesrede (6)
Sie markiert die Mitte des Buchs und führt auf den Kern prophetischer Botschaft zurück. Vor einem Gerichtsforum stellt Gott sein Volk zur Rede, erinnert es an den Ursprung seiner Geschichte, an den Bund Gottes mit seinem Volk und an die Offenbarung seines Willens, der sich in dem einen zentralen Satz zusammenfassen lässt: „Es ist dir gesagt, Mensch, was gut ist und was der Herr von dir fordert ..." (6,8). Dieser Satz gilt zu Recht als „Magna Charta" der Prophetie und will wie ein Katechismus im täglichen Leben immer neu buchstabiert werden.

4. Ausblick
Das Buch endet mit einem Lobpreis auf Gottes Erbarmen, der im Alten Testament seinesgleichen sucht. In Anspielung auf den Namen Micha (Kurzform von Michael „Wer ist wie Gott?") gipfelt er in der staunenden Frage: „Wo ist ein Gott wie du, der die Sünde vergibt ... und an seinem Zorn nicht ewig festhält, denn er ist barmherzig?" (7,18f). Es ist dies die Antwort der Gemeinde späterer Zeiten auf das Wort Gottes durch den Propheten. Mit seiner Zusage der Vergebung verbindet sich die Hoffnung auf einen radikalen Neuanfang in der Geschichte, den Gott allein setzen kann und setzen wird (7,19).

Das Buch im Überblick:

1–3	Die Gerichtsbotschaft: „Klagen muss ich"
4–5	Die Heilsbotschaft: „Er wird der Friede sein"
6	Die Gottesrede: „Es ist dir gesagt, Mensch"
7	Ausblick: „Wo ist ein Gott wie du?""

„KLAGEN MUSS ICH"
Micha 1–3

Dies ist das Wort des Herrn,
das Micha von Moreschet empfing
zur Zeit des Königs Hiskia,
als die Assyrer von Norden
in das Land Juda eindrangen und
eine Stadt um die andere einnahmen: 1,1

Klagen muss ich und jammern.
Barfuß und nackt gehe ich umher.
Ich heule wie ein Schakal
und schreie wie ein Strauß in der Wüste.   1,8
Denn unheilbar ist die Wunde,
die dem Land zugefügt wurde.
Ganz Juda ist davon betroffen.
Sie reicht bis an Jerusalems Tore.
Viele Städte in Juda sind schon zerstört.   1,11ff
Schere dich kahl, Tochter Zion,
so kahl wie ein Geier,
Trauere um deine geliebten Kinder!
Denn sie sind alle verschleppt.   1,16

Weh denen,
die dieses Unheil verschuldet haben,
die heimlich auf ihrem Lager
lauter Verbrechen planen.
Von frühmorgens an
denken sie nur daran,
wie sie anderen Schaden zufügen.
Sie reißen Äcker an sich
und besetzen Häuser,
die nicht ihnen gehören,
so wie es ihnen gefällt.   2,1f

Darum, spricht der Herr,
wird großes Unheil über sie kommen.
Eine schlimme Zeit wird es sein.
Dann werden sie jammern und klagen:
„Es ist aus! Wir sind verloren.
Ein fremder Herrscher
hat über uns Macht."   2,4

So hört doch, ihr alle,
die ihr in Israel Verantwortung tragt!
Ihr solltet das Recht kennen.
Aber ihr hasst, was recht ist,
und liebt, was schlecht ist.

Ihr schindet die Armen
und zieht ihnen das Fell ab.
Ja, ihr zerlegt ihre Knochen,
und gart sie wie Siedfleisch im Topf.
Darum wird euch Gott nicht erhören,
wenn ihr zu ihm schreit.
Er wird sich abkehren von euch.   3,1ff

Denn so spricht der Herr
über die falschen Propheten:
Sie sagen: „Alles wird gut!"
Aber sie verführen das Volk.
Darum sollen sie bloßgestellt werden.
Unser Gott spricht nicht durch sie.   3,5ff
Mich aber hat Gott mit Kraft
und seinem Geist erfüllt,
dass ich Israels Vergehen aufdecke.   3,8

So hört doch, ihr Oberhäupter
und Herren über das einfache Volk!
Ihr missachtet das Recht
und verdreht, was gerade ist.   3,9f
Ihr baut Zion mit Blut
und Jerusalem mit Unrecht.
Die Richter nehmen Geschenke
und die Priester unterweisen
das Volk gegen Geld.
Die Propheten lassen sich sogar
ihr Wahrsagen bezahlen.
Dennoch verlasst ihr euch darauf,
dass Gott mit euch ist.
Ihr sagt: „Uns kann nichts geschehen.
Denn Gott ist in unserer Mitte."   3,10ff

Aber euretwegen wird es geschehen:
Zion wird umgepflügt wie ein Acker.
Jerusalem wird ein Steinhaufen werden.
Und der Tempelberg wird überwuchert
von hohem Gestrüpp.   3,12

– – –

Micha

Aber so spricht der Herr:

*„Ich will dich sammeln
und alle, die von Israel
übrig geblieben sind,
will ich wieder heimführen,
wie ein Hirt seine Schafe führt."
Es wird ein Durchbrecher kommen
und sie aus ihrem Gefängnis befreien.
Und der Herr, ihr König,
wird ihnen auf dem Weg vorangehen.*

2,12f

Hier spricht der Prophet Micha selbst! Kennzeichnend ist seine drastische Bildsprache, die an den Propheten Amos erinnert. Im Zentrum seiner Gerichtsbotschaft steht die Klage über die Katastrophe, die mit dem Einfall der Assyrer über Israel und Juda hereingebrochen ist. In düsteren Farben beschreibt Micha, wie die Assyrer im Land Juda Zug um Zug eine Stadt um die andere einnehmen werden (1,8ff). Anders als Jesaja ist er überzeugt: Die Assyrer werden auch vor Jerusalem nicht haltmachen. Für ihn ist es nur noch eine Frage der Zeit, bis Jerusalem dem Ansturm der Feinde erliegt und die Stadt Gottes in eine Steinwüste verwandelt wird (3,12). Von der wunderbaren Rettung Jerusalems, die in Jes 37f berichtet wird, weiß Micha nichts zu erzählen.

Drastisch kleidet der Prophet seine Klage in die Form einer Totenklage und unterstreicht diese durch ein entsprechendes Trauerritual. „Nackt und barfuß" ruft er seine Klage öffentlich aus (Mi 1,8f; vgl. Jes. 20,2ff). Sein Klagegeheul erinnert an die Schreie und Heultöne der Wüstentiere (1,8). Aber nicht die politische Situation zwingt ihn zu solch außergewöhnlicher Dramaturgie, sondern das Wissen, dass dieses Unglück von Gott herrührt (1,9). Gott hält Gericht über sein Volk. Er ist es, der sein Volk so verwundet hat. Deshalb ist die Verwundung des Volkes auch nicht leichthin heilbar (1,9). Als Begründung führt Micha die sozialen Missstände im Volk Gottes an. Für sie macht er die Oberschicht in Jerusalem – aber nicht den König! – verantwortlich. Amtsmissbrauch, Korruption und Ausbeutung des einfachen Volkes hat ihnen unrechtmäßigen Reichtum beschert (2,2). Er bedeutet für Micha ein himmelschreiendes Unrecht und einen massiven Verstoß gegen Gottes Rechtsordnung (vgl. dazu Lev 25,35ff; Dtn 24,6ff). Gottes Gericht über Jerusalem scheint daher für ihn unausweichlich.

Umso erstaunlicher ist das Wort in 2,12f, das wie ein überraschender „Zwischenruf" unvermittelt die Gerichtsbotschaft des Propheten durchbricht. Vermutlich ist es erst später hinzugefügt worden. Aber seine Botschaft ist eindeutig: Wer immer die bedrückenden Gerichtsworte Michas hört, soll nicht vergessen: Das letzte Wort ist noch nicht gesprochen! Gott wird durch das Gericht hindurch einen Neuanfang setzen. Er wird seinem Volk am Tiefpunkt seiner Geschichte, d.h. in der babylonischen Gefangenschaft, einen „Durchbrecher" senden, der die Mauern seines Gefängnisses durchbricht. Er wird sein verstreutes Volk wie eine Schafherde sammeln und heimführen, wie einst Mose das Volk Gottes aus der Sklaverei in die Freiheit geführt hat (vgl. auch Jes 40,11).

In diesem Heilswort kündigt sich bereits die frohe Botschaft der beiden folgenden Kapitel an.

„ER WIRD DER FRIEDE SEIN"
Micha 4–5

Aber am Ende der Tage
wird es geschehen,
da wird der Berg des Herrn
fest gegründet stehen
und sich über alle Berge erheben.
Dorthin werden viele Völker kommen
und sagen: „Auf, wir wollen
zum Berg des Herrn gehen
und zum Haus unseres Gottes,
damit er uns lehre,
auf seinen Wegen zu gehen.
Denn vom Zion wird Weisung ausgehen
und von Jerusalem Gottes Gebot.   4,1f
Gott wird unter den Völkern
sein Recht aufrichten.
Und auch die fernsten Länder
werden sich seinem Richtspruch beugen.
*Dann werden sie ihre Schwerter
zu Pflugscharen schmieden
und Winzermesser aus Spießen formen.*   4,3
*Und sie werden untereinander
keine Kriege mehr führen.
Sie werden friedlich unter ihrem Weinstock
und Feigenbaum sitzen.
Kein Schrecken wird über sie kommen.
Denn der Herr Zebaoth hat es gesagt.
Er wird es auch tun.*   4,4

So lasst uns seinem Weg folgen!
Andere Völker setzen auf ihren Gott.

Wir aber setzen auf den Herrn,
unseren Gott.
Er ist unser Gott für immer und allezeit.   4,5
Denn so spricht der Herr:
„An diesem Tag will ich alle sammeln,
die in den Ländern zerstreut leben.
Ich habe sie heimgesucht und geplagt.
Doch ich will sie heimführen.
Sie sind in ferne Länder verstoßen
und sind wie gelähmt.
Doch ich will die Lahmen
zum mächtigen Volk machen."
Ja, Gott wird auf dem Berg Zion
König über sie sein.   4,6f

*Und du, Bethlehem Efrata,
du bist zwar nur ganz klein
unter den Städten in Juda.
Aber aus dir soll der kommen,
der vor allem Anfang an war.
Noch ist er nicht erschienen.
Noch wird sein Volk geplagt,
bis er geboren wird.*   5,1
*Danach aber werden alle heimkehren,
die noch in der Verbannung leben.*   5,2
*Er wird sein Volk weiden
und ihnen eine sichere Wohnung geben.
Dann wird ihn die ganze Welt
in seiner Macht und Herrlichkeit sehen.
Und er wird der Friede sein.*   5,3f

„Aber am Ende der Tage ..." Mit diesem befreienden „Aber" wird die große Wende ausgerufen. Es lenkt ganz unvermittelt den Blick von Gottes Gericht auf die künftige Heilszeit, die Gott am Ende der Tage heraufführen wird. Wo eben noch Entsetzen über den Trümmerhaufen Jerusalem herrschte, entsteht nun das Bild des neuen Jerusalem, das Gott aus den Trümmern hervorwachsen lässt. Dieses Bild stellt ein Kontrastbild zu den düsteren Vorhersagen in Kap. 3 her: Der Tempelberg wird nicht ewig wüst und verlassen dastehen, sondern künftig im Zentrum des Weltgeschehens stehen. Alle anderen Berge dieser Welt, auf denen andere Völker ihre Götter verehren, werden im Vergleich mit ihm verschwindend klein und bedeutungslos erscheinen. Der Prophet sieht in seiner Vision einen nicht endenden Völkerstrom zum Berg Zion pilgern. Es ist das neue Volk Gottes, das sich auf dem Berg Zion versammeln und das von dort aus Gottes Wort und Weisung in alle Welt hinaus tragen wird. Diese gewaltige Völkerbewegung zum Zion hat ihre ruhende Mitte in Gott selbst. Gott ist es, der sich am Ende der Tage als der Herr und König der Welt offenbaren wird. Der Zion ist sein Thron (4,7; vgl. Ps 99,1f). Von dort aus wird er über die ganze Welt regieren. Noch ist es nur ein Bild, das der Prophet in seiner Vision von Gottes Heilszeit entwirft, aber mit dem Bild der Schwerter, die zu Pflugscharen umgewandelt werden, und der erhofften Ruhe im Schatten des Weinstocks und Feigenbaums (4,4), verbindet sich die konkrete Hoffnung, dass Gott schon bald dem Krieg ein Ende machen wird.

Diese Hoffnung wird im folgenden Kapitel durch die bekannte messianische Verheißung „Du, Bethlehem ..." (5,1ff) noch bekräftigt und konkretisiert: Das Friedensreich Gottes bricht mit der Ankunft des Messias an. Aber noch bleibt es ein Geheimnis, wer der Messias sein wird. Nur dies eine steht fest: Er kommt anders, als es die Menschen erwarten. Nicht in der Königsstadt Jerusalem wird er auftreten. Auch zeichnet ihn kein königlicher Glanz als Messias aus, sondern seine bescheidene Herkunft aus dem unbedeutenden Bethlehem, das hier den Beinamen Efrata trägt (nach der gleichnamigen in Bethlehem lebenden Sippe) und nicht wie erwartet den Namen „Stadt Davids". So leise und unscheinbar kommt der Messias in die Welt wie einst David. Und doch ist er der Eine, von dem es heißt: „Er war schon vor allem Anfang an da" (5,1; vgl. Joh 1,2). Mit ihm bricht Gottes Friedensreich auf der Erde an. Er kündigt nicht nur den Frieden an, sondern mit seiner Person kommt der Friede Gottes in die Welt. „Friede auf Erden!" So rufen die himmlischen Heerscharen über der Welt aus, als Jesus in Bethlehem geboren wird. Mit ihm, so bezeugt Lukas, ist Gottes Frieden in dieser Welt schon angebrochen (Lk 2,14).

„ES IST DIR GESAGT, MENSCH"
Micha 6

Höre, Israel, Gott der Herr redet.
Mach dich bereit!
Die Berge und Hügel
sind unsere Zeugen.
Hört, ihr Berge,
gebt Acht, ihr Fundamente der Erde!
Denn Gott der Herr
ist zum Rechtsstreit gerüstet.
Er wird mit seinem Volk
ins Gericht gehen.   6,1f

„Mein Volk, was habe ich dir getan?
Womit habe ich dich beschwert?
Antworte mir doch!
Habe ich dich doch
aus der Sklaverei befreit
und aus Ägypten geführt.
Ich habe Mose, Aaron
und Mirjam zu dir gesandt.
Sie gingen dir auf dem Weg voran.   6,3f
Mein Volk, denke daran,
was Balak, der König von Moab,
gegen dich im Schild führte
und wie Bileam seinen Plan   Num
zunichte machte.   22ff
Denke daran, wie ihr
durch den Jordan gezogen seid.
Dann erkennt ihr,
was ich alles für euch getan habe."   6,5

Ihr aber fragt:
„Wie soll ich vor den Herrn treten?
Womit kann ich ihm dienen?
Wie soll ich mich verneigen vor Gott,
der hoch über uns thront?
Soll ich ihm einjährige Rinder
zum Brandopfer bringen?
Hat der Herr etwa Gefallen
am Opfer von tausend Widdern
oder an Strömen von Öl?
Oder soll ich gar
meinen erstgeborenen Sohn opfern?   6,6f

Doch höre, was Gott der Herr will:
Es ist dir gesagt, Mensch, was gut ist
und was Gott der Herr von dir fordert:
nämlich Gottes Recht halten, Liebe üben
und dein ganzes Leben unter Gott stellen.   6,8
Denn das ist der Wille Gottes.
Das gefällt ihm mehr
als das Opfer von tausend Widdern.

Gott tritt zum Rechtsstreit gegen sein Volk an. Vor einem Gerichtsforum von geradezu kosmischen Ausmaßen stellt er sein Volk zur Rede. Aber in Wahrheit sind die Rollen vertauscht. Nicht Gott klagt an, sondern das Volk klagt seinen Gott an: Warum tut uns Gott so viel Übles an? Gott antwortet darauf, indem er sein Volk an die Geschichte seiner Liebeserweise erinnert. Geradezu absurd wirkt im Licht dieser Geschichte der fiktive Vorwurf des Volkes, Gott fordere Unmögliches von ihm. Als ob Gott noch mehr unsinnige Opfer oder gar Menschenopfer forderte, wie es zwar bei den Nachbarvölkern üblich, aber in Israel streng untersagt ist (Lev 20,1ff). Stattdessen lässt sich Gottes Wille in einem Satz zusammenfassen: „Es ist dir gesagt, Mensch, was gut ist und was der Herr von dir fordert ..." Dieser eine Satz umfasst die ganze Tora, die Gottesbeziehung wie auch die Beziehung zum Mitmenschen. Der Gott Israels fordert keine vermehrten kultischen Anstrengungen. Sein Gebot betrifft alle Lebensbereiche und gilt grundsätzlich für jeden Menschen: „Es ist dir gesagt, Mensch (hebr. adam) ...". Es lässt sich auf drei Grundaussagen konzentrieren. An ihnen wird erkennbar, was in Wahrheit dem Menschen nottut. Luther bringt sie auf die klassische Formel: „Gottes Wort halten, Liebe üben und demütig sein vor deinem Gott." Das bedeutet konkret:

(1) Gottes Wort, wie es durch die Tora vorgegeben ist, sein Gebot nicht nur kennen, sondern auch danach handeln.

(2) Liebe üben, insbesondere im Verhältnis zum Mitmenschen.

(3) Demütig sein vor Gott bedeutet: das ganze Leben unter Gottes Führung stellen.

Diese dreifache Aussage markiert in ihrer Verbindung von Gottes- und Nächstenliebe die Mitte aller prophetischen Botschaft. Sie zeigt zudem an, wie tief die Botschaft Jesu und sein Doppelgebot der Liebe in der prophetischen Botschaft verwurzelt ist (vgl. Mk 12,30f).

Micha

„WO IST EIN GOTT WIE DU?"
Micha 7

Gott hatte das Volk zu Jerusalem
zur Rechenschaft gezogen.
Aber es ist nicht bekannt,
ob das Volk darauf geantwortet hat.
Gottes Volk musste noch
tiefe Täler durchschreiten.
Es musste erleben,
wie Zion, die Stadt Gottes,
seinen Feinden zum Opfer fiel
und seine Bewohner
ins Exil weggeführt wurden.
Aber dort in der Fremde
offenbarte sich Gott seinem Volk
als der barmherzige Gott,
der sein Volk nicht preisgab,
sondern ihm einen Neuanfang schenkte.
In der Rückschau
bekennt das Volk Gottes
staunend und anbetend im Lied:

„Alle Völker sollen es sehen.
Sie sollen sich schämen
und verstummen
vor dem Herrn, unserem Gott.   7,16f
Denn wer ist ein Gott wie du?
Du vergibst die Sünde
und erlässt die Schuld
denen, die von deinem Volk
übrig geblieben sind.
Du hältst nicht ewig
an deinem Zorn fest.   7,18
Du wirst dich wieder
über uns erbarmen
und unsere Schuld
in die Tiefe des Meeres werfen.   7,19
Ja, du wirst deinem Volk
die Treue halten, wie du vorzeiten
unseren Vätern geschworen hast.   7,20
Wo ist ein Gott wie du?"

Gottes letztes Wort heißt: Barmherzigkeit! Sie manifestiert sich in seinem Wort der Vergebung. Wie das Volk Israel einst am Sinai Gottes Vergebung erfuhr, nachdem es den Bund mit Gott gebrochen hatte (Ex 32–34), so erfährt und bezeugt es nun in dieser späten geschichtlichen Stunde Gottes Vergebung als das Wunder schlechthin, dem es sein Leben verdankt und das ihm am Nullpunkt seiner Existenz einen ganz neuen Anfang verheißt.

So endet das Buch Micha mit dem Lobpreis der Treue Gottes, der in der Vergangenheit wie auch in der Zukunft zu seinen Verheißungen steht. Ganz ähnlich endet der Lobpreis der Maria (Lk 1,55). Mit der Geburt Jesu hat Gott seinem Volk ein sichtbares Zeichen seiner Treue gegeben.

DIE PROPHETEN IM 8. JAHRHUNDERT v.Chr.

Der Prophet Jesaja 1–39

Als bedeutendster Vertreter unter den Propheten des 8. Jahrhunderts v.Chr., gilt vor allen anderen Jesaja, der Sohn des Amos. Seine öffentliche Wirksamkeit in Jerusalem fällt, zeitgleich mit dem Propheten Micha, in die 2. Hälfte des 8. Jahrhunderts (740–701 v.Chr.). In dieser Zeit wird das kleine Königreich im Süden ständig durch die Weltmacht der Assyrer bedroht. Aber anders als das Königreich Israel im Norden unterwirft es sich freiwillig den Assyrern, zahlt dem assyrischen König hohen Tribut und überlebt somit den Untergang des Nordreichs (722 v.Chr.). Erst als sich das Königreich unter König Hiskia (725–697 v.Chr.) von den Assyrern lossagt, fallen diese unter ihrem König Sanherib nach Juda ein und besetzen den Großteil des Landes. Nur Jerusalem wird durch ein Wunder verschont (701 v.Chr.), muss aber dem assyrischen König Tribut zahlen. Das Königreich Juda besteht noch über 100 Jahre fort, bleibt aber auf Jerusalem beschränkt, bis es im Jahr 587 v.Chr. von den Babyloniern erobert wird.

Die Botschaft des Jesaja findet sich im 1. Teil des großen gleichnamigen Prophetenbuches, das insgesamt 66 Kapitel enthält und einen Zeitraum von über 200 Jahren umfasst. Sie ist wesentlich durch die politische Lage seiner Zeit bestimmt. Der Prophet greift selbst mehrfach aktiv in das politische Geschehen ein. Seine Botschaft richtet sich zum einen an die Könige Judas: Jesaja ermahnt sie, sich nicht auf ihre Bündnispolitik, sondern allein auf den Herrn, ihren Gott, zu verlassen, der allein Frieden schaffen kann. Sie richtet sich zum anderen an die Bewohner von Jerusalem: Diese wiegen sich in falscher Sicherheit, da Jerusalem als Stadt Gottes gilt, die er zum Wohnsitz erwählt hat. Der Name „Zion" erinnert an ihre besondere Erwählung. Aber die Bewohner Jerusalems beugen das Recht und gefährden durch soziale Ungleichheit den Frieden im Innern. Jesaja erinnert sie an das Bundesrecht, dem sie als Volk Gottes verpflichtet sind. Frieden und Gerechtigkeit, das sind die Pfeiler des Bundes, den Gott mit seinem Volk geschlossen hat. Um sie kreist auch die Verkündigung des Jesaja. Wer sie missachtet, verletzt Gottes Ehre. Er ist der „Heilige", der „Herr Zebaoth", der sich Jesaja in seiner Berufung offenbart hat, der „Herr der himmlischen Heerscharen" und König über alle Könige. Seinetwegen kann der Prophet nicht schweigen. Er muss seinem Volk Gottes Gericht ankündigen, das, wie sein Name anzeigt (Jesaja = Jahwe ist Heil), am Ende seinem Volk zum Heil gereichen wird.

Zum Aufbau:

Das 1. Buch Jesaja (= „Protojesaja") besteht aus zwei Teilen und umfasst insgesamt 39 Kapitel. Den historischen Rahmen bilden die Erzählungen Kap 5–7 aus der Frühzeit und Kap. 36–39 aus der Spätzeit.

(1) Der erste Teil (1–12) enthält vorwiegend Texte aus der Frühzeit des Propheten. Ihre Gerichts- und Heilsbotschaft richtet sich gezielt an das Volk und an den König von Jerusalem. Der Bericht über die Berufung Jesajas (6) bildet die Mitte des ersten Teils.

(2) Der folgende Teil (13–35) stellt die Botschaft des Propheten in den weltpolitischen Horizont seiner Zeit. Er enthält Texte aus der Spätzeit des Propheten (713–701), die in den folgenden Generationen zum Teil noch erweitert und vertieft wurden. Dieser Teil öffnet den Blick für Gottes universales Handeln als Herr und König über die ganze Völkerwelt.

(3) Einen besonderen Schwerpunkt in der Botschaft des Jesaja bilden die Lieder und Visionen vom Friedensreich, das Gott am Ende der Tage heraufführen wird (z.B. 2 / 11 / 29ff). Sie beschreiben die künftige Heilszeit in einer Fülle von Bildern und nehmen diese im Lobpreis schon vorweg. Diese Lieder der Hoffnung zählen zu den bedeutsamsten Zeugnissen prophetischer Botschaft.

Das Buch im Überblick:

1. Texte aus der Frühzeit: Jerusalem und sein König (1–12)
„Hört, der Herr redet!" – Gottes Wort an sein Volk (1–2)
Der Weinberg – Anklage an das Volk (5)
„Hier bin ich! Sende mich!" – Die Berufung Jesajas (6)
„Immanuel"– Gottes Wort an den König (7)
„Uns ist ein Kind geboren"– Der verheißene Sohn (8f)
Der Friedenskönig – Der Gesalbte Gottes (11)
Ausblick: Das Danklied der Erlösten (12)

2. Texte aus der Spätzeit: Jerusalem im Völkersturm (13–39)
Das Zeichen (20): Bündnis mit Ägypten?
Der Drohbrief (36–38): Die Assyrer vor Jerusalem!
Hiskia und die Gesandten aus Babylon (38)

3. Visionen der Heilszeit:
Das neue Gottesvolk (2)
Das messianische Friedensreich (11)
Heilung der Völker (19)
Das Festmahl auf dem Zion (25)
Heimkehr nach Zion (35)

TEXTE AUS DER FRÜHZEIT: JERUSALEM UND SEIN KÖNIG — JESAJA 1–12

„HÖRT, DER HERR REDET!"
Jesaja 1

Dies ist die Offenbarung,
die Jesaja, der Sohn des Amoz,
über Juda und Jerusalem empfangen hat
zur Zeit der Könige von Juda:
Usija, Jotam, Ahas und Hiskia: 1,1

Hört, ihr Himmel,
und du, Erde, horche auf!
Denn der Herr redet: 1,2
Ich habe Söhne großgezogen,
aber sie haben mit mir gebrochen!
Ein Ochse kennt seinen Herrn
und ein Esel die Krippe seines Herrn,
aber mein Volk begreift nichts. 1,3

Wehe! Auf diesem Volk
lastet schwere Schuld.
Seine Söhne sind alle verdorben.
Sie haben den Herrn verlassen
und wollen nichts mehr
von dem Heiligen Israels wissen. 1,4

Seid ihr nicht schon genug geschlagen?
Dennoch ändert ihr euch nicht!
Der ganze Kopf ist wund,
das Herz ist krank. 1,5
Vom Scheitel bis zur Sohle
ist keine Stelle mehr heil,
nur Beulen, Striemen und Wunden.
Und da ist niemand, der sie verbindet. 1,6f
Euer Land ist zur Wüste geworden.
Eure Städte sind niedergebrannt.
Nur Zion, die Stadt Gottes,
ist noch übrig geblieben. 1,8
Hätte Gott der Herr nicht
einen Rest von uns am Leben erhalten,
so wären wir alle
wie Sodom und Gomorra verloren. 1,9

So hört, was Gott der Herr spricht:
Wozu bringt ihr mir so viele Opfer?
Sie gefallen mir nicht. 1,11
Ich bin eure Brandopfer satt.
Fett und Blut eurer Opfertiere
sind mir zuwider.
Bringt mir nicht mehr vergeblich
Speisopfer dar! 1,13
Euer Opferrauch ist mir ein Gräuel.
Eure Feiertage gefallen mir nicht.
Ich bin es leid, sie zu ertragen. 1,14
Wenn ihr noch so viel betet,
ich höre euch nicht.
Denn eure Hände sind voller Blut. 1,15
Auf, wascht euch, reinigt euch!
Lasst ab vom Bösen!
Lernt, Gutes zu tun!
Sorgt für Recht!
Helft denen, die unterdrückt werden!
Schafft den Waisen Recht!
Nehmt euch der Witwen an! 1,16f

So kommt und lasst sehen,
wer der ist, der recht richtet:
Wenn eure Sünde auch blutrot ist,
soll sie dennoch schneeweiß werden.
Wenn sie auch rot ist wie Scharlach,
soll sie dennoch weiß werden wie Wolle. 1,18

Ach, wie ist die Stadt so verkommen
und zugrunde gerichtet! 1,21
Gerechtigkeit wohnte in ihr,
doch nun leben lauter Verbrecher in ihr.
Niemand kümmert sich
um Witwen und Waisen. 1,23
Darum spricht Gott der Herr Zebaoth
zu dem Volk, das in Jerusalem wohnt:
Ich will dich von allem Unrat befreien
und dir wieder Richter geben
wie in früheren Tagen.
Dann wird man dich wieder nennen:
„Stadt der Gerechtigkeit".
Zion wird durch Gericht erlöst werden
und alle, die zu ihr heimkehren,
werden Gerechtigkeit empfangen. 1,27

Das Buch setzt mit einer aufrüttelnden Rede an das Volk von Jerusalem ein. Gott geht mit seinem Volk ins Gericht. Himmel und Erde werden zu Zeugen aufgerufen, wenn der heilige Gott, der Herr Zebaoth, Herr über Himmel und Erde, zum Gericht erscheint. Angeklagt ist das Volk, das er selbst zu seinem Volk erwählt hat. Sie sind seine „Söhne", die er in Liebe großgezogen hat (1,2). Aber seine Söhne sind ihm untreu geworden. Im Gegensatz zum Vieh, das instinktiv weiß, wohin es gehört, fehlt diesem Volk jede Einsicht, zu seinem Vater zurückzukehren (1,3; Der legendäre Ochs und Esel an der Krippe Jesu bezieht sich auf diese Textstelle!). Das schuldhafte Verhalten des Volkes Gottes wiegt besonders schwer, da es an dem Ort geschieht, den Gott zu seinem Wohnsitz erwählt hat.

Darum folgt unmittelbar auf die Anklage Gottes die Anklage des Propheten in Form einer harten Scheltrede („Wehe!" 1,4ff; vgl. 5,8ff). Jesaja nimmt in ihr das Bild des treulosen Sohnes auf. Nach Dtn 21,18ff verdient dieser sogar die Todesstrafe. Aber das Volk ist ja schon gestraft genug! Wie eine Geschlagene, am ganzen Leib verwundet (1,5f), so liegt das Land Juda am Boden, von seinen Feinden verwüstet (eine Anspielung auf den Eroberungsfeldzug der Assyrer im Jahr 701 v.Chr.). Die Anklage wandelt sich in Klage. Aus ihr bricht der Schmerz Gottes über seine geschlagenen „Söhne" hervor.

Doch es gibt noch einen Funken Hoffnung im Gericht: Ein Rest wird am Leben bleiben (1,9). Es ist jener „heilige Rest", von dem in den folgenden Kapiteln immer wieder die Rede sein wird (z.B. 4,3; 10,21). Mit ihm kündigt sich das neue große Thema dieses Prophetenbuches an. Es ist die Botschaft von Gottes Gnade, die mitten im Gericht Gottes aufleuchtet und Gottes radikalen Neuanfang mit dem „Rest" seines Volkes ankündigt (4,3).

Aber noch einmal holt Gott zu einer Anklagerede aus (1,10ff). In diesem Fall richtet sie sich konkret gegen den Kultbetrieb, der im Widerspruch zu den sozialen Missständen im Volk steht. Jesajas harte Kult- und Opferkritik erinnert an die Propheten Amos und Hosea. Aber bei Jesaja gewinnt sie noch zusätzlich an Schärfe, da die Missstände sich am Tempel zutragen, an dem Ort, da „Gottes Ehre wohnt" (Ps 26,8).

Umso überraschender ist der folgende Spruch (1,18), der Gottes Gnade ohne jede Vorbedingung proklamiert. Er erscheint so unvermittelt, dass er von vielen Auslegern nur als Frage verstanden wird („Eure Sünde – wie kann sie rein werden?"). Damit verliert aber dieses Wort seine Pointe: Gottes Gnade im Gericht, seine Vergebung ohne menschliche Vorleistung – das ist die befreiende Botschaft, die der Prophet zu verkündigen hat. So verstanden, beinhaltet das Wort 1,18 die Aufforderung an das Volk, nicht weiter auf die eigene Schuld zu starren und in ihr zu verharren, sondern Gottes Gnadenangebot anzunehmen.

Mit dem letzten Satz wird das Ziel der Wege Gottes auf die klassische Formel gebracht: „Zion wird durch Gericht erlöst werden" (1,27). Das bedeutet: Am Ende wird auch das Gericht Gottes als Teil seines universalen Heilswillens offenbar. Das von seiner Schuld gereinigte Volk Gottes bildet den Grundstein (28,16) des neuen Gottesvolkes, das sich Gott aus allen Völkern zubereiten wird!

Das ist das besondere Thema des 2. Kapitels. Mit der berühmten Vision der „Völkerwallfahrt zum Zion" stellt es gleich zu Anfang den anderen Schwerpunkt der Botschaft des Jesaja vor: die Ankündigung der Heilszeit, die Gott am Ende der Tage heraufführen wird. Sie stellt die bedrängende Gegenwart des Volkes Gottes in den Horizont universalen Heils, das sich hier im Bild umfassenden Friedens und in der Sammlung der Völker auf dem Berg Gottes ausdrückt. Zion, der Ort, den Gott zum Wohnsitz erwählt hat, wird damit wird zum Inbegriff der Hoffnung für die Völkerwelt.

DER WEINBERG
Jesaja 5

Die Zeit der Weinlese war da.
In Jerusalem bereiteten die Menschen
das Laubhüttenfest vor.
Auf den Straßen der Stadt,
sogar auf dem Gerichtsplatz am Tor,
herrschte fröhliches Treiben.

Da erschien plötzlich Jesaja im Tor.
Laut rief er den Menschen zu:
„Ihr Bürger von Jerusalem
und ihr Männer von Juda!
Schenkt mir euer Ohr!
Ich singe euch ein Liebeslied vor.
Ein Lied von meinem Freund
und seinem Weinberg." 5,1
Jesaja griff in die Saiten,
und mit lauter Stimme sang er:

„Mein Freund hatte einen Weinberg
auf fruchtbarem Land,
auf sonniger Höhe gelegen.
Er hatte viel Mühe an ihn gewandt,
wollte ihn hegen und pflegen.
Mit eigenen Händen grub er ihn um,
und pflanzte edle Reben.
Er baute eine Kelter und einen Turm
und eine hohe Mauer ringsum.
Nun hoffte mein Freund
auf gute Frucht,
auf saftige, süße Trauben.
Aber – ach!
Ihr werdet's nicht glauben:
Der Weinberg brachte nur
saure Trauben hervor ..." 5,2f

Plötzlich brach das Lied ab.
Jesaja wandte sich zu den Leuten.
„Nun urteilt selbst:
Was habe ich falsch gemacht?
Warum hat mein Weinberg
nur saure Trauben hervorgebracht?
Habe ich nicht alles
für meinen Weinberg getan?"
Er sah die Leute herausfordernd an.
Die aber schwiegen betroffen.
Auf einmal begriffen sie:

Der Prophet klagte den Weinberg an.
Und sie sollten das Urteil
über ihn sprechen. 5,3f
Doch niemand wagte,
ein Wort zu sagen.

„Dann verkünde ich euch,
was mit dem Weinberg geschieht:
Seine Mauern werden zerstört.
Das Land wird verheert.
Der grüne Weinberg
wird wieder zur Wüste.
Ich lasse es zu.
Ich befehle den Wolken,
dass sie nicht auf das Land regnen." 5,5f

Und Jesaja fuhr fort:
„Ihr Bürger von Jerusalem
und ihr vom Land Juda,
hört mir gut zu!
Ich will euch sagen,
wem der Weinberg gehört:
Gott, dem Herrn Zebaoth,
der über Himmel und Erde regiert.
Sein Weinberg seid ihr.
Ihr seid die Pflanzen,
an denen sein Herz hing.
Er wartete auf gute Frucht.
Aber eure Früchte sind schlecht.
Er wartete auf Recht.
Aber ihr verkehrt Gottes Recht.
Er wartete auf Gerechtigkeit,
aber ihr hört nicht,
wie der Arme schreit
und wie ihm Unrecht geschieht." 5,7

Und Jesaja fuhr fort:
„Weh euch! Weh allen,
die mit ihren Palästen prahlen.
Sie bauen Haus an Haus,
einen Palast neben den andern.
Und sie ruhen nicht eher,
bis alles Land ihnen gehört.
Aber nicht mehr lange,
dann werden ihre Häuser zerstört. 5,8f

Weh allen,
denen Saufgelage gefallen!
Sie sitzen und saufen
von frühmorgens bis in die Nacht.
Sie hören auf Zithern und Harfen,
auf Pauken und Flötenspiel,
aber auf Gottes Stimme
hören sie nicht.
Sie achten nicht darauf,
was Gott der Herr tut.
Aber bald werden sie
aus dem Land vertrieben.
Dann werden sie schmachten
vor Hunger und Durst. 5,11ff

Weh denen,
die Recht in Unrecht verkehren!
Weh denen,
die Gutes schlecht nennen,
Schlechtes aber nennen sie gut.
Weh denen,
die sich selbst für klug halten.
Sie verachten Gottes heiliges Recht
und sprechen Schuldige gerecht.
Doch wer im Recht ist,
muss unschuldig leiden. 5,18ff

Aber Gott wird Gericht
über sie halten.
Er thront über allen.
Er ist der Herr Zebaoth,
der über Himmel und Erde regiert.
Sein Wort ist heilig,
sein Richtspruch gerecht.
Kein Mensch kann ungestraft
seinem Wort widerstehen. 5,16

Darum ist der Zorn Gottes
über sein Volk entbrannt.
Er pfeift ein Volk
vom Ende der Erde herbei.
Es kennt keine Schwäche,
seine Pfeile sind scharf.
Wie ein brüllender Löwe
fällt es über euch her,
reißt seine Beute an sich
und schleppt sie davon.
Niemand kann sich vor ihm retten.
Wie das Brausen des Meeres,
so braust es daher.
Das Land wird finster vor Angst.
Und das Licht scheint nicht mehr. 5,25ff

— — —

Aber zu jener Zeit
wird die Frucht des Landes sprießen
und herrlich gedeihen
bei dem Rest seines Volkes,
das in Jerusalem überlebt.
Ein ‚heiliger Rest' wird es sein.
Denn Gott wird ihn reinigen
und die Schuld von Jerusalem nehmen.
Er wird den Berg Zion
mit einer Wolke beschatten,
als ein schützendes Dach
vor der Hitze des Tages
und als ein Leuchtzeichen
im Dunkel der Nacht.
Ja, es wird dort
eine Schutzhütte geben.
Dorthin werden sie fliehen,
wenn die Wetterstürme
über sie hereinbrechen." 4,2ff

— — —

Herr, du bist der Schutz der Geringen,
ein Schutz der Armen in Not,
eine Zuflucht vor dem Gewitter,
ein Schatten in der Hitze des Tages,
wenn der Tyrann droht! 25,4

Das Weinberglied steht am Anfang von Jesajas öffentlicher Wirksamkeit. Aus seinen Worten lässt sich die Szene plastisch nachvollziehen, in der er das Wort ergreift. Seine Worte richten sich an das Volk, das sich nach der Weinlese zum Laubhüttenfest in Jerusalem eingefunden hat. Das Fest gilt unter den drei jährlichen Hauptfesten als das fröhlichste Fest im Jahr (vgl. Dtn 16,13ff). Von ihm geht die Rede: „Wer solche Freude nicht sah, hat nie Freude gesehen."
Aber nicht nur die Freude über die Ernte drückt sich in diesem Fest aus, sondern der Dank an Gott, der sich sein Volk erwählt hat.

Hier setzt Jesaja an. Er packt seine Botschaft überraschend in ein Liebeslied, das die Hörer aufhorchen lässt. Sein Thema, der Freund und sein „Weinberg" (eine Metapher für Gott und sein geliebtes Volk; vgl. Hld 8,12), nimmt die heitere Stimmung im Volk auf. Doch plötzlich schlägt der Ton um. Das Lied endet abrupt mit einer Frage. Was als harmloser Singsang begonnen hat, entpuppt sich als harte Anklage. Die Hörer sehen sich ertappt: Der Weinberg, das sind sie selbst, Gottes erwähltes Volk, seine geliebte Pflanzung (5,8 / vgl. Ps 80,9ff). Sie sollen selbst das Urteil über den Weinberg, also über sich sprechen.

Nicht der Prophet, sondern Gott ist es, der sie zur Rede stellt. Wie ein Weinbauer, so hat Gott unendlich viel Liebe und Fürsorge in seinen „Weinberg" gesteckt. Umso unbegreiflicher ist die missratene Frucht.

Jesajas Anklage richtet sich gegen das Volk Israel in seiner Gesamtheit. Sein Versagen ist deshalb so unerhört, weil es das Volk ist, das Gott vor allen anderen Völkern erwählt und geliebt hat. Es verletzt Gottes Liebe und Fürsorge, die er von jeher seinem Volk zuteil werden ließ.
Der Prophet zeigt das Versagen an konkreten Beispielen auf und kleidet diese in die Form einer harten Scheltrede (s. die Wehe-Rufe!). Um Gottes und der Menschen willen kann Gott nicht zusehen, wie das Recht in seinem Volk täglich mit Füßen getreten wird. Das Gericht über sein Volk ist daher unausweichlich (5,25ff).

Aber das letzte Wort hat Gottes Gnade. Am Ende wird ein „Rest" übrig bleiben. Ein heiliger Rest wird er heißen (4,3). Denn Gott wird ihm seine Schuld vergeben und seine Hand schützend über ihm halten. Bei ihm findet das Volk Zuflucht in den Stürmen des Gerichts (4,2ff). Das hier erwähnte Bild der Wolke und Schutzhütte (hebr. sukka) erinnert an die Zeit der Wüstenwanderung (Ex 13,21f). Zugleich stellt es die Verbindung zum Laubhüttenfest (hebr. sukkot) her, das den Erzählrahmen für das Weinberglied in Kap. 5 darstellt.

Das Weinberglied gehört zu den bedeutendsten literarischen Zeugnissen des Alten Testaments. Neben der Jotamfabel (Ri 9) und dem Nathangleichnis (2. Sam 12) bietet es die Vorlage für die Gleichnisse Jesu. Insbesondere das Gleichnis Jesu von den untreuen Winzern knüpft an die Botschaft des Weinbergliedes an (Mk 12,1ff par.).

DIE BERUFUNG
Jesaja 6

Dies ist der Bericht des Propheten Jesaja
von jenem Tag, als der heilige Gott
ihm im Tempel erschien
und ihn zu seinem Propheten machte.
Jesaja schrieb diesen Bericht
mit eigener Hand auf,
zum Zeugnis für alle,
die seinem Wort nicht glauben wollten:

In dem Jahr, als König Usija starb,
sah ich den Herrn thronen
auf einem hohem, erhabenem Thron. 6,1
Der Saum seines Gewandes
erfüllte den Tempel.
Serafim, feurige Engelgestalten
mit sechs Flügeln, umgaben den Thron.
Mit zweien deckten sie das Gesicht,
mit zweien deckten sie ihre Füße
und mit zweien flogen sie. 6,2
Diese lobten Gott und riefen:
„Heilig, heilig, heilig ist Gott,
der Herr Zebaoth,
Herr der himmlischen Heere.
Alle Welt ist erfüllt von seiner Ehre." 6,3
So gewaltig war ihre Stimme,
dass die Türpfosten bebten
und Rauch den Tempel erfüllte. 6,4

Da rief ich: „Weh mir! Ich vergehe!
Denn meine Augen haben den König,
den Herrn Zebaoth gesehen.
Wer kann vor ihm bestehen?
Unrein bin ich,
meine Lippen sind unrein.
Und unrein sind die Lippen des Volkes,
zu dem ich gehöre." 6,5

Aber einer der Serafim
flog zu mir herab, nahm mit der Zange
eine glühende Kohle von dem Altar,
rührte meinen Mund an und sprach:
„Sieh, die Glut hat deine Lippen berührt.
Damit ist deine Sünde gesühnt.
Deine Schuld ist von dir genommen." 6,6f

Da hörte ich Gottes Stimme:
„Wen soll ich senden?
Wer wird unser Bote sein?"
„Hier bin ich", rief ich.
„Sende mich!" 6,8
„Dann geh!", sprach er.
„Geh und sag diesem Volk:
,Hört! Aber versteht es nicht!
Seht! Aber erkennt es nicht!'
Verhärte das Herz dieses Volkes,
dass sie sehen und doch nicht sehen,
dass sie hören und doch nicht hören.
so dass sie nicht umkehren zu mir." 6,9f

„Ach Herr", rief ich, „wie lange?"
Er antwortete: „So lange,
bis alle Städte und Felder zerstört sind,
bis keine Menschen mehr
in diesem Land wohnen.
Denn Gott der Herr
wird sie alle weit weg führen.
Selbst wenn ein zehnter Teil
noch zurück bleibt,
so wird auch dieser Teil
am Ende zerstört.
Wie bei einem gefällten Baum
bleibt nur noch ein Stumpf stehen.
Aber aus diesem Stumpf
bricht neues Leben hervor.
Ein heiliger Rest wird dieser Stumpf sein." 6,11ff

Hier endet der Bericht des Propheten.
Seit jenem Tag war Jesaja gewiss:
Gott, der Herr Zebaoth, hatte ihn
zu seinem Propheten berufen,
Darum musste er reden.
Er durfte nicht schweigen,
solange es noch Hoffnung
für sein Volk gab.

„Im Jahr, da der König Usija starb" – in dieser Zeitangabe deutet sich bereits an, dass das Königreich Juda vor einer seiner größten Bewährungsproben steht (736 v.Chr.). Die Großmacht der Assyrer bedrängt das kleine Land. Dazu kommt die Bedrohung durch das Brudervolk Israel und Syrien, die sich wenig später im „syrisch-ephraimitischen Krieg" entlädt (733 v.Chr.). Beide Völker haben sich gegen Assyrien verbündet und wollen Juda zwingen, ihrem Bündnis beizutreten. Unausgesprochen steht die Frage im Raum: Wird der künftige König der Bedrohung standhalten?

In dieser prekären Situation wird Jesaja zum Propheten berufen. Gott offenbart sich ihm als der wahre König, als der „Herr Zebaoth", der über Himmel und Erde regiert. Schauplatz ist der Tempel zu Jerusalem, vermutlich zur Zeit des Herbstfestes, an dem alljährlich am Tempel das Jahwe-Königsfest gefeiert wird (vgl. dazu Ps 95ff). Aber was Jesaja hier am Tempel erlebt, übersteigt alle Vorstellung. Der heilige Gott, den kein Mensch schauen kann, kommt seinem Propheten ganz nah – und bleibt doch der Unnahbare. Auch in seiner Offenbarung bleibt er dem Blick des Menschen verborgen. Jesaja darf Gott schauen – und kann ihn doch nicht erfassen. Er sieht nur den äußersten Rand seiner Offenbarung, den „Saum seines Gewandes", der den ganzen Tempel ausfüllt. Rauch (vom Rauchopfer?) hüllt zudem den Tempel in Dunkel und lässt Jesaja nur die untersten Stufen von Gottes Thron erahnen. Der Raum des Tempels reicht nicht aus, Gott in seiner Macht und Größe zu erfassen. Serafim schützen ihn zudem vor zudringlichen Blicken. Auch sie verhüllen ihr Gesicht und ihre Blöße (hier umschrieben mit „Füße") in Ehrfurcht vor dem heiligen Gott. Diese Serafim werden nur an dieser Stelle erwähnt. Manche Ausleger sehen in ihnen „lodernde Lichtgestalten". Andere sehen in ihnen mythische Schlangenwesen mit Gesicht und Händen. Aber letztlich entzieht sich ihre Erscheinung unserer Vorstellung.
Stattdessen rückt ihr Lobgesang in die Mitte des Offenbarungsgeschehens. Ihr dreifaches „Heilig" ruft Jahwes Königsherrschaft über die ganze Erde aus. Jesaja kann nur von ferne, gleichsam aus ehrfürchtiger Distanz beschreiben, was er in dieser Stunde seiner Berufung schaut. Dabei wird der himmelweite Unterschied zwischen dem heiligen Gott und dem Menschen Jesaja erneut offenbar. „Weh mir!", ruft Jesaja. Der Weheruf ist ursprünglich als Fluchwort an Feinde gerichtet. Hier aber richtet Jesaja das Wort gegen sich selbst. Im Licht des heiligen Gottes erkennt er: Was er auch predigen wird, es kommt von „unreinen Lippen" und dient nicht zu Gottes Ehre, sondern schändet seinen heiligen Namen. Jesaja muss erst durch Gottes Boten „gereinigt", d.h. seine Schuld muss „weggebrannt" werden, wenn Gott ihn als seinen Boten gebrauchen soll. Allein durch Gottes heilendes und heilsames Eingreifen kann der Prophet JA zu seinem Auftrag sagen. Aber in Wahrheit ist es Gott selbst, der das JA in ihm weckt: „Hier bin ich, sende mich!"

Der Auftrag, den Jesaja von Gott erhält, ist allerdings unbegreiflich hart. Der Prophet wird keinen einzigen Menschen zur Umkehr bewegen, sondern im Gegenteil: Seine Verkündigung wird erbitterten Widerstand im Volk hervorrufen. Dennoch mutet Gott seinem Boten diesen geradezu übermenschlichen Auftrag zu. Jesaja *muss* seinem Volk das Gericht Gottes verkünden, auch wenn das Volk nicht auf ihn hört, und predigen, auch wenn seine Verkündigung keinen Erfolg hat. Er muss es tun, weil der heilige Gott in sein Leben getreten ist. Aber er *kann* es auch tun, weil Gott ihm das Ziel seiner Wege offenbart hat: Hinter dem schroffen Nein Gottes verbirgt sich das Ja Gottes zu seinem dezimierten Volk: Ein Rest wird bleiben! Darum kann und darf der Prophet auch in Zukunft nicht schweigen.

So wird Jesaja zum Künder der Gerechtigkeit Gottes, die alle eigene Gerechtigkeit „radikal", d.h. bis „auf den Stumpf" zerstört (6,13), damit Gottes Gerechtigkeit umso heller aufleuchten kann.

„IMMANUEL"
Jesaja 7

Bald darauf traf ein,
was Jesaja vorhergesagt hatte:
Der assyrische König Tiglat-Pileser
rüstete zum Krieg gegen Syrien
und gegen das Nordreich Israel.
Aber die Könige beider Länder 7,1ff
schlossen ein Bündnis gegen Assur
und forderten auch Ahas,
den König von Juda, auf,
ihrem Bund beizutreten. 2. Kön
Doch Ahas weigerte sich. 15f

Da fielen beide Könige in Juda ein,
und schickten sich an,
Jerusalem zu erobern.
Denn sie planten, Ahas mit Gewalt
vom Thron zu stürzen
und einen König einzusetzen,
der sich ihrem Vorhaben fügte. 7,5f

Als aber Ahas davon erfuhr,
erschrak er zu Tode
und ganz Jerusalem mit ihm.
Wie Baumwipfel im Wind,
so zitterte der König vor Angst. 7,2
Und sogleich schickte er Boten
zum König von Assur
und ließ ihm ausrichten:
„Ich bin dein Sohn,
dein ergebener Knecht.
Ich unterwerfe mich dir. 2. Kön
Komm mir zu Hilfe!" 16,7ff
Er selbst aber suchte eilig
die Wasserleitung am oberen Tor auf.
Sie sollte im Fall einer Belagerung
die Stadt mit Wasser versorgen. 7,3

Doch plötzlich stand Jesaja vor ihm.
Er hatte seinen Sohn mitgebracht,
Schear-Jaschub mit Namen,
das bedeutet: „Ein Rest kehrt um."
„Gott schickt mich zu dir",
sagte Jesaja. „Er lässt dir sagen:
Gib acht! Handle nicht vorschnell!
Halte dich still und sei unverzagt!
Fürchte dich nicht vor diesen Königen,

die Jerusalem einnehmen wollen.
Sie sind nur ein brennender Holzscheit,
der bald verglimmt. 7,4
Denn so spricht der Herr:
Es wird nicht geschehen,
wovor dir jetzt graut.
Ihre Königreiche werden vergehen.
Darum fürchte dich nicht.
Bleib fest und höre,
was Gott der Herr zu dir spricht:
Glaubt ihr nicht, so bleibt ihr nicht." 7,9

Und Jesaja fuhr fort:
„Erbitte ein Zeichen von Gott.
Du kannst selbst wählen:
Soll das Zeichen droben am Himmel
oder in der Tiefe der Erde geschehen?"

„Ein Zeichen? Nein, nein!"
Der König wehrte erschrocken ab.
„Das wäre vermessen.
So fordere ich Gott nicht heraus." 7,10ff

„Ich wusste es", rief Jesaja erzürnt.
„Du willst kein Zeichen von Gott.
Du machst dir nichts daraus,
was Gott zu dir sagt.
Doch hört, ihr vom Königshaus:
Ihr verdrießt nicht nur Menschen,
sondern auch Gott.
Darum gibt Gott euch dies Zeichen:
Seht, eine junge Frau ist schwanger.
Einen Sohn wird sie gebären,
den wird sie Immanuel nennen. 7,14
Denn bevor das Kind lernt,
Gutes von Bösem zu unterscheiden,
kommt die Wende herbei:
Das Land wird veröden,
vor dem dir jetzt graut.
Die Königreiche Israel
und Syrien werden vergehen." 7,13ff

So sprach Jesaja.
Danach kehrte er Ahas den Rücken
und zog mit seinem Sohn wortlos davon.
Aber der Name seines Sohnes

stand wie eine stumme Frage im Raum:
König Ahas, warum fürchtest du dich?
Warum kehrst du nicht zu Gott um?
Hat er euch nicht ein Kind verheißen?
Sein Name soll euch ein Zeichen sein:
„Immanuel", das heißt „Gott mit uns!"
So will Gott mit euch sein.
Verlasst euch auf ihn allein!

– – –

Tobt, ihr Völker und erschreckt!
Hört ihr fernen Länder und Völker,
rüstet euch weiter zum Kampf!
Aber am Ende müsst ihr
das Feld räumen.
Tut euch zusammen
und schmiedet Pläne,
die doch zu nichts führen!
Denn hier ist Immanuel!
nach Jes 8,9f

Nachdem das Volk zu Jerusalem im Fokus prophetischer Anklage stand, ist es in den folgenden Kapiteln 7–11 der König als Repräsentant des Volkes Gottes. Die Erzählungen und Prophetenworte in diesem Abschnitt verweisen in die Zeit des sog. „syrisch-ephraimitischen Krieges" (734/733 v.Chr.). Syrien und das Nordreich Israel (hier nach seinem volkreichsten Stamm „Ephraim" genannt) haben sich verbündet, um sich gemeinsam gegenüber der Übermacht der Assyrer behaupten zu können. Aber Ahas, der König von Juda, weigert sich, ihrem Bündnis beizutreten. Er zieht es vor, sich lieber gleich dem assyrischen König Tiglat-Pileser III. (745–727) zu unterwerfen. Noch spielt Ahas nur mit diesem Gedanken. Da erfährt er von dem Plan der Nachbarvölker, ihn mit Gewalt vom Thron zu stürzen und in Jerusalem einen König nach ihrem Willen einzusetzen. Ihr Vorhaben versetzt ganz Jerusalem und vor allem den König in Panik. Denn mit seiner Absetzung wäre der Fortbestand des davidischen Königshauses und damit auch Gottes Zusage an David (2. Sam 7,16) gefährdet.

So ist es verständlich, dass nun Ahas Hilfe bei dem mächtigen Assyrer sucht. Aber dadurch stürzt er sein Volk in eine noch tiefere Krise. Denn das Bündnis mit den Assyrern hat seinen Preis. Faktisch kommt es einer freiwilligen Unterwerfung gleich (s. 2. Kön 16,7: „Ich bin dein Knecht"). Ahas muss nicht nur hohen Tribut zahlen, sondern seine Bündnistreue durch Übernahme assyrischer Gottheiten befestigen (2. Kön 16,10ff).

Auf diesem Hintergrund ist die eindringliche Mahnung Jesajas zu verstehen. Das Königshaus Davids wird nur überleben, wenn es sich ausschließlich auf den Herrn, den Gott Israels, verlässt. Realpolitisch mag die Entscheidung des Königs, sich den Assyrern zu unterwerfen, vernünftig sein. Aber Ahas, dem bei seiner Inthronisation der Würdename „Sohn Gottes" zugesprochen wurde, kann unmöglich Kompromisse mit anderen Herrschern und deren Gottheiten eingehen. Deshalb lautet die eindringliche Mahnung des Propheten: „Glaubt ihr nicht, so bleibt ihr nicht." (7,9) Damit fordert er den König zur Entscheidung auf und verlangt zusätzlich, seine Entscheidung durch ein erbetenes Zeichen zu befestigen. Aber der König entzieht sich der Entscheidung durch eine scheinheilige Ausrede (7,12: „So fordere ich Gott nicht heraus.").

Stattdessen setzt Gott selbst ein Zeichen. Das neugeborene Kind und sein vielsagender Name IMMANUEL bleibt zunächst ein Geheimnis: Von wem redet der Prophet? Wer ist die „junge Frau", die das Kind zur Welt bringt? (Das hebr. Wort alma bedeutet ursprünglich nur „junge Frau" und nicht zwingend „Jungfrau", wie es in der griechischen Übersetzung von Mt 1,23 heißt.) Gewiss ist nur, dass Gott im Verborgenen mit der Geburt dieses Kindes und seinem Namen ein hoffnungsvolles Zeichen für einen Neuanfang setzt. Damit rückt dieses prophetische Zeichen ins Zentrum der Geschichte Gottes, der aus unscheinbaren Anfängen seine große Geschichte zum Heil der ganzen Menschheit hervorgehen lässt (vgl. Gen 12,1ff / Ex 2,1 / 1. Sam 1ff / Lk 1f).

Aber vor allem zeigt der Name zeichenhaft Gottes „Mit-Sein" mit seinem Volk an, auch in dieser dunklen Stunde der Geschichte. Wie der Name Schear-Jaschub Gericht und Heil zugleich bedeutet, so gibt der Name Immanuel ein sichtbares Zeichen der Hoffnung in dunkler Zeit. Ursprünglich erinnert der Name zwar eher an triumphale Kriegs- und Siegeslieder (Jes 10,11). Aber in dieser Situation akuter Bedrohung wird er zum Zeichen der Hoffnung für Jerusalem, das sich in Angst verzehrt.

Das Matthäusevangelium stellt dieses Zeichen betont an den Anfang seines Evangeliums (Mt 1,23) und bekennt damit: Das Kind Jesus ist der verheißene Immanuel. Mit ihm setzt Gott einen Neuanfang in der Mitte der Zeit. Durch seine Geburt soll alle Welt erfahren: Gott ist mit uns!

„UNS IST EIN KIND GEBOREN"
Jesaja 8–9

Gott hatte Jesaja
ein großes Geheimnis anvertraut.
„Immanuel" – Gott mit uns,
sollte der Sohn heißen,
den Gott seinem Volk verheißen hatte.
Aber noch war das Kind nicht geboren.
Noch war die Gefahr nicht gebannt.
Noch lag lähmende Angst über der Stadt.

In jenen Tagen erhielt der Prophet
einen seltsamen Auftrag von Gott.
Er selbst berichtet darüber:

„Gott sprach zu mir:
Nimm dir eine Tafel
und schreibe groß darauf:
‚Raubebald-Eilebeute!'   8,1
Da nahm ich Tafel und Griffel
und schrieb unter Zeugen auf,
was Gott mir geboten hatte.
Darauf ging ich zur Prophetin
und zeugte mit ihr einen Sohn.
Und als er geboren war,
sprach Gott zu mir:
Nenne ihn Raubebald-Eilebeute!
Denn bevor dein Sohn rufen kann:
‚Lieber Vater!' und ‚liebe Mutter!',
werden die Assyrer die Könige
von Samaria und Damaskus besiegen,
ihre Städte ausrauben
und fette Beute davontragen.   8,2ff
Aber dein Volk zerfließt immer noch
in Angst vor diesen beiden.
Darum werden die Assyrer
auch in euer Gebiet einfallen
und das ganze Land überfluten.   8,6f

Aber fürchtet euch nicht vor ihnen,
sondern fürchtet den Herrn Zebaoth,
dass ihr nicht zu Fall kommt.   8,12ff
So schrieb ich alle Worte auf,
die Gott mir offenbart hatte,
gab sie an meine Jünger,
und ließ sie durch sie versiegeln,
als Mahnung und Trost
für künftige Tage.
Denn ich sagte mir:
Ich will auf den Herrn hoffen
und warten, bis er sein Wort erfüllt.
Hier stehe ich mit meinen Kindern,
die Gott mir anvertraut hat
als lebendige Zeichen der Hoffnung."   8,16ff

Und so geschah es.
Inzwischen hatten die Assyrer
große Teile des Nordreichs erobert.
Noch hielt Samaria den Feinden stand.
Aber wie lange noch?
Im Land griff die Angst um sich.
Bald würde auch Samaria
eine Beute der Feinde werden,
wie Gott gesagt hatte.
Aber was würde dann
aus dem Königreich Juda
und aus Jerusalem werden?
Noch lag seine Zukunft im Dunkeln.

In jenen Tagen
ließ Gott seinen Propheten schauen,
was noch kein Auge geschaut hatte:
Im Geist sah Jesaja schon
den König vor sich,

den Messias und Sohn Gottes,
den Gott David verheißen hatte.
Noch lag seine Ankunft im Dunkel.
Aber der Prophet stimmte schon jetzt
in froher Erwartung das Lied an,
das die Ankunft des Messias
in naher Zukunft ausrief.
Und so lautet das Lied:

> *E*s wird nicht dunkel bleiben
> über denen, die in Angst leben. 8,23
> Denn das Volk,
> das im Dunkel lebt,
> sieht ein großes Licht.
> Und über denen,
> die im Finstern wohnen,
> geht ein Licht auf. 9,1
>
> *D*u weckst lauten Jubel,
> du machst groß die Freude.
> Vor dir freut man sich
> wie zur Erntezeit
> und wie man jubelt,
> wenn man Beute austeilt. 9,2
>
> *D*enn du hast das schwere Joch
> auf ihrer Schulter zerbrochen
> und den Stock derer,
> die sie unterdrückt haben,
> wie damals, als die Midianiter
> das Land unterdrückten. 9,3
>
> *D*enn uns ist ein Kind geboren,
> ein Sohn ist uns gegeben.
> Und die Herrschaft ruht
> auf seiner Schulter.
> Und er heißt wunderbarer Rat,
> starker Gott, ewiger Vater, Friedefürst. 9,5
>
> *E*r wird auf dem Thron Davids sitzen,
> Gerechtigkeit und Frieden
> werden sein Land regieren.
> Und sein Friedensreich
> wird kein Ende haben.
> Der Herr Zebaoth wird es tun.
> Er wird nicht eher ruhen,
> bis er alles erfüllt hat. 9,6

Im Jahr 733 v.Chr. hat der Assyrerkönig Tiglat-Pileser III. große Teile des Königreichs Israel besetzt. Wie aus 8,23 hervorgeht, ist der Stamm Naftalis und Sebulons, das spätere „Galiläa", besonders davon betroffen. Es ist nur noch eine Frage der Zeit, dann wird Samaria fallen und das Ende des Nordreichs wird eingeläutet (722 v.Chr.). In diese besondere Situation hinein trifft die Gerichts- und Heilsbotschaft des Jesaja, die er durch eine ungewöhnliche Zeichenhandlung unterstreichen soll. Jesaja muss unter Zeugen mit der Prophetin (vermutlich seiner Frau) einen Sohn zeugen, der – wie zuvor sein Sohn Schear-Jaschub – als lebende Botschaft das baldige Ende des Nordreichs und seiner Hauptstadt Samaria ankündigen soll. In dem Symbolnamen des Sohnes spiegelt sich die Dramatik des Geschehens, von dem auch das Königreich Juda mit betroffen ist. Jesaja hält deshalb seine Botschaft schriftlich – ursprünglich im Ich-Bericht – fest, damit seine Schüler später, wenn die Ereignisse eintreffen, bezeugen können, dass der Prophet die Wahrheit gesagt hat.

Noch liegt die messianische Heilszeit in weiter Ferne. Aber Jesaja nimmt die Ankunft des Messias im Lied schon vorweg. Er ist der „Sohn", der das zerstörte Reich Israel wieder mit dem Königreich Juda zu einem Großreich vereinen wird (8,23). Er wird dem Krieg ein Ende machen und Freude wird einkehren, wenn er sein Volk rettet „wie am Tag Midians" (das heißt: wie zur Zeit der Richter nach dem Sieg Gideons über die Midianiter, Ri 7) und den Thron Davids besteigt (9,6). Der Antritt seiner Königsherrschaft wird von allen jubelnd mit dem Ruf begrüßt werden: „Uns ist ein Kind geboren, ein Sohn ist uns gegeben" (9,5), eine Formulierung, die ursprünglich zum Ritual bei der Thronbesteigung eines Königs gehört. Aber hier bei Jesaja steht sie in engem Zusammenhang mit der Ankündigung des neugeborenen Sohnes, des Immanuel, mit dem ein radikaler Neuanfang in der Geschichte des Volkes Gottes und seiner Könige markiert ist. Dieser Sohn ist der wahre „Gesalbte", d.h. der „Messias", in dem die wechselvolle und schuldbeladene Geschichte der Könige endlich zu ihrer Erfüllung kommen wird.

Die Würdenamen, die der verheißene König hier auf sich vereint, finden sich sonst nur noch in den Königspsalmen wieder (z.B. Ps 2; 72; 89; 110; 132) – und überbieten diese sogar noch. Sie gipfeln in der Bezeichnung „Starker Gott, ewiger Vater", die erahnen lässt, dass mit der Ankunft des Messias Gott selbst zu seinem Volk kommt.

DER FRIEDENSKÖNIG
Jesaja 10–12

Wie Gott durch Jesaja
vorausgesagt hatte,
so war es geschehen.
Samaria war gefallen.
Das Königreich Israel
existierte nicht mehr.
Die Assyrer drangen
immer weiter nach Süden vor.
In Jerusalem wuchs die Angst.

In dieser Zeit sprach Gott
durch seinen Propheten Jesaja:

„Fürchte dich nicht, mein Volk,
das auf dem Berg Zion wohnt!
Fürchte dich nicht vor den Assyrern
und ihrer Streitmacht!
Denn bald wird mein Zorn
sich gegen sie kehren. 10,24ff
Seht, von Norden her
rücken sie gegen Jerusalem vor. 10,32
Doch Gott der Herr
wird sie schlagen,
wie man einen Baum
mit der Axt schlägt." 10,33f

In jenen Tagen
dichtete der Prophet ein Lied,
das den wahren König verhieß,
der den Frieden auf Erden
herbeiführen sollte.
Noch lag seine Ankunft in weiter Ferne.
Aber im Lied kündete der Prophet
sein Kommen schon jetzt an,
als Trost und Hoffnung
in trostloser Zeit.

Und so lautet sein Lied:

Seht, ein junger Trieb wächst
aus dem Stamm Isais empor.
Ein Zweig bringt Frucht
aus seiner Wurzel hervor.
Auf ihm ruht Gottes Geist,
der Geist der Weisheit und Einsicht.
der Geist des Rates und der Kraft,
der Erkenntnis und Furcht Gottes. 11,1f

Er richtet nicht nach Ansehen
und hört nicht darauf,
was andere reden,
sondern wer bedrängt wird,
den wird er gerecht richten.
Wer aber Gewalt übt,
den wird er mit Worten vernichten. 11,3f
Treue und Gerechtigkeit sind der Gurt,
mit dem er sich schmückt.

Zu seiner Zeit werden
Wölfe bei Lämmern liegen
und Leoparden bei Böcken lagern. 11,5
Dann wird ein junger Hirte
Löwen und Kälber weiden.
Und Löwen werden Stroh fressen
wie die Rinder. 11,6f
Ein Säugling wird spielen
am Loch einer Viper,
und ein Kind wird seine Hand
in die Höhle der Natter stecken. 11,8
Zu der Zeit
wird es auf meinem heiligen Berg
keinen Fehltritt mehr geben.
Denn wie Wasser das Meer erfüllt,
so wird das Land erfüllt sein
von der Erkenntnis des Herrn. 11,9
Und der Trieb aus der Wurzel Isais
wird für alle Völker
ein Zeichen der Hoffnung sein. 11,10

*Dann wird die Feindschaft
zwischen Israel und Juda
ein Ende haben.
Und alle, die in Assyrien gefangen sind,
werden auf gebahnten Wegen
wieder in ihr Land zurückkehren,
wie einst, als das Volk Israel
aus Ägypten befreit wurde.* 11,16

— — —

Das Danklied der Befreiten

Zu der Zeit werden alle befreit
dieses Danklied anstimmen:

*„Ich danke dir, Herr!
Denn du warst erzürnt,
aber du hast mich getröstet.
Ja, Gott ist meine Rettung.
Ich bin sicher und fürchte mich nicht.*

*Denn Gott der Herr
ist meine Stärke.
In ihm finde ich Heil.
Von ihm will ich singen.
Auch ihr werdet mit Freude
Wasser schöpfen
aus den Quellen des Heils
und dieses Loblied anstimmen:* 12,1ff

*Dankt dem Herrn!
Macht seinen Namen bekannt!
Verkündet seine Taten
unter den Völkern!
Denn sein Name
ist über alles erhaben.
Darum juble und jauchze,
du Tochter Zion!
Denn Gott ist bei dir.
Der Heilige Israels ist groß
in deiner Mitte."* 12,4ff

Die messianische Verheißung in Kap 11 gehört wohl zu den bekanntesten und großartigsten Texten der Prophetie. Gegenüber den beiden vorangegangenen messianischen Texten in Kap. 7 und 9 wird der verheißene Messias noch viel umfassender beschrieben und übersteigt weit die Erwartung eines politischen Befreiers Israels. Die Beschreibung seiner Königsherrschaft verlässt sogar den konkret-geschichtlichen Raum und trägt deutlich endzeitliche Züge.

Dabei sollte aber nicht übersehen werden, wie stark auch dieser messianische Text in der Geschichte Israels verankert ist. Ausgangspunkt ist hier, wie auch in den vorangegangenen Kapiteln, die akute Bedrohung des Südreichs Juda durch die Assyrer (nach der Eroberung des Nordreichs und seiner Hauptstadt Samaria) und das Versagen Ahas, des Königs von Juda, der das Ansehen des davidischen Königtums so sehr beschädigt hat, dass der erwartete Messias hier nicht als König aus dem Haus Davids bezeichnet wird, sondern nur als „neuer Trieb aus dem Stamm Isais" (Davids Vater) umschrieben wird. Das Bild vom gefällten Baum macht deutlich: Eigentlich ist das Königtum schon gestorben, wie ein gefällter Baum, von dem nur ein Baumstumpf übrig geblieben ist (vgl. auch Jes 6,13). Aber Gott lässt aus ihm etwas ganz Neues hervorwachsen, das an den Ursprung des Königtums, bis zu David, ja, sogar bis zu dessen Vater Isai zurückführt. Dementsprechend werden auch die Eigenschaften des Messias nach dem Vorbild Davids beschrieben. Als „Messias", d.h. als „Gesalbter Gottes" ist er von Gottes Geist erfüllt (11,2f; vgl. 1. Sam 16,13). Weisheit, Einsicht, Erkenntnis und Gottesfurcht bzw. Demut zeichnen ihn aus. Sie allein verbürgen Gerechtigkeit und Frieden im eigenen Volk. Aber weit über das Vorbild Davids hinaus ist diese messianische Verheißung von einer geradezu „überbordenden" Erwartung erfüllt, die alle Erfahrung in der Geschichte sprengt. Erst am Ende führt diese Verheißung wieder in die geschichtliche Wirklichkeit zurück. Sie endet mit dem Ausblick auf die Gefangenen Israels, die in Assyrien festgehalten werden, und mit der Hoffnung auf deren Heimkehr in naher Zukunft.

Das folgende Danklied der Geretteten (12,1ff) nimmt dieses Ereignis im Lobpreis Gottes schon vorweg. Es schließt den 1. Teil (1–12) ab und bildet mit seinem Aufruf an alle Völker zugleich die Brücke zum 2. Teil des Buches, das Jerusalem im Horizont der Völkerwelt beleuchtet.

TEXTE AUS DER SPÄTZEIT: JERUSALEM IM VÖLKERSTURM JESAJA 13–39

BARFUSS UND NACKT
Jesaja 20

Zwanzig Jahre waren vergangen.
Inzwischen hatten die Assyrer
alle Länder im Westen besiegt,
auch das Land der Philister. 20,1
Nur dem Königreich Juda
wurde noch eine Schonfrist gewährt.
Dort regierte ein neuer König:
Hiskia, der Sohn des Ahas.
Aber auch er zahlte den Assyrern Tribut.

In jenen Tagen planten die Philister
einen Aufstand gegen die Assyrer,
die ihr Land besetzt hielten.
Sie verschworen sich mit Ägypten
und suchten auch König Hiskia
auf ihre Seite zu ziehen.

Aber Gott befahl dem Propheten Jesaja:
„Zieh deine Schuhe aus
und leg deinen Lendenschurz ab!
Geh auf die Straße
und zeig dich den Menschen
so wie du bist, barfuß und nackt." 20,2

Da hörte Jesaja auf Gott.
Drei Jahre lang zog er
durch Jerusalems Straßen,
so wie er war, barfuß und nackt,
als Zeichen und mahnende Botschaft
an alle, die sich Hilfe
von den Ägyptern erhofften.
Ihnen ließ Gott
durch seinen Propheten sagen:
Wie Jesaja, mein Knecht,
durch Jerusalem läuft,
barfuß und nackt,
so werden die Ägypter
mitsamt ihren Verbündeten
gefangen weggeführt werden,
schmählich geschändet. 20,3f
Dann wird die Bewohner von Juda
ein gewaltiger Schrecken erfassen,
weil sie sich auf die Ägypter
und ihre Verbündeten verlassen.
Und die Philister im Küstengebiet
werden sich bange fragen:
„Wo finden wir Hilfe und Rettung,
wenn unsere Verbündeten
so kläglich versagen?" 20,6

Und wie Gott gesagt hatte,
so traf es auch ein:
Im dritten Jahr sandte
der assyrische König Sargon II.
seine Truppen ins Land der Philister.
Sie schlugen den Aufstand blutig nieder 20,1
und führten viele Gefangene weg,
schändlich zugericht et,
barfuß und nackt.

– – –

So lautet die Botschaft des Propheten
an alle, die sich auf Ägypten verlassen:

Weh den Söhnen,
die sich mir widersetzen.
Sie schmieden ohne mich Pläne
und schließen Bündnisse
ohne mich ab.
Sie ziehen nach Ägypten
und suchen dort Hilfe,
doch mich fragen sie nicht. 30,1f
Sie sind ein widerspenstiges Volk,
falsche Kinder, die nicht hören wollen. 30,9

Aber so spricht Gott der Herr:
Wenn ihr doch umkehren
und stillhalten würdet,
dann würde euch geholfen.
Durch Stillhalten und Hoffen
würdet ihr stark sein.
Aber ihr wollt nicht,
sondern ihr wollt
auf Kriegsrossen dahinjagen.

Darum werden euch
eure Verfolger verjagen.
Tausende werden
vor einem einzigen fliehen,
bis niemand mehr übrig bleibt. 30,15ff

Aber Gott der Herr wartet darauf,
dass er euch gnädig ist.
Er will sich über euch wieder erbarmen.
Freuen dürfen sich alle,
die auf ihn hoffen! 30,18

Die hier beschriebene Situation geht auf das Jahr 713 v.Chr. zurück. Das ganze Gebiet im östlichen Mittelmeerraum, mit Ausnahme des Königreichs Juda, ist inzwischen von den Assyrern unterworfen und schuldet dem assyrischen König Tribut. Nur die Philister, allen voran die Stadt Aschdod, lehnen sich gegen die Fremdherrschaft auf und verweigern den geforderten Tribut. Sie sehen sich dazu durch ihr Bündnis mit Ägypten ermutigt, und versuchen auch den König von Juda auf ihre Seite zu ziehen. Aber Ägypten muss selbst vor der Großmacht Assyrien kapitulieren.

Auf diese Vorgänge spielt die Zeichenhandlung des Propheten an. Jesaja warnt den König und sein Volk, auf Ägypten und seine militärische Stärke zu setzen. Stattdessen mahnt er zum „Stillhalten und Hoffen" (30,15), d.h. allein auf Gottes Zusage und seine Hilfe zu vertrauen. In der Vergangenheit hat es Israel unzählige Male erfahren, wie Gott sein Volk vor der Übermacht seiner Feinde bewahrt hat.

Setzt aber das Volk Gottes auf Bündnisse oder eigene militärische Stärke, erfährt es die Umkehrung: „Tausend fliehen vor einem einzigen Verfolger" (30,17). Am Ende droht den Besiegten sogar noch die schmachvolle Behandlung durch die Siegermacht („barfuß und nackt", das heißt wörtl. „mit entblößtem Gesäß"). Die Assyrer galten in ihrem Umgang mit Besiegten als besonders brutal.

Die angefügten Prophetenworte sprechen eine ähnliche Situation in den Jahren 703–701 v.Chr. an, als sich Hiskia erneut militärische Hilfe von Ägypten gegen Assyrien erhoffte.

DER DROHBRIEF
Jesaja 36–37

Zehn Jahre gingen ins Land.
Inzwischen herrschte König Sanherib
über das assyrische Großreich.
Viele Vasallenstaaten nutzten
die Gunst der Stunde
und sagten sich von Assyrien los,
auch König Hiskia.

Da beschloss Sanherib,
dem Königreich Juda
den Garaus zu machen.
Mit einem gewaltigen Heer
fiel er ins Land Juda ein,
eroberte eine Stadt nach der andern
und nahm ihre Bewohner gefangen. 36,1
Nur Jerusalem blieb noch verschont.
Aber wie lange noch?
Schon marschierten die Assyrer

auf Jerusalem zu.
Eine Vorhut stand bereits
vor Jerusalems Toren,
angeführt von Rabschake,
einem hohen General der Assyrer. 36,2
Lähmende Angst ergriff
alle Bewohner der Stadt.
Stumm blickten die Männer
von der Stadtmauer
auf das feindliche Heer herab. 36,21

Da trat Rabschake
vor das verschlossene Tor
und rief zu den Männern hinauf:
„Ihr Männer von Jerusalem,
hört nicht auf euren König Hiskia.
Er betrügt euch, wenn er behauptet:
Euer Gott wird euch helfen.

Er kann euch nicht retten.
Oder glaubt ihr etwa,
euer Gott sei besser als die Götter
der anderen Völker?
Auch sie konnten nicht helfen."
Rabschake rief es so laut
in hebräischer Sprache,
dass alle es hörten. 36,13ff

Als aber König Hiskia davon erfuhr,
zerriss er seine Kleider
vor Trauer und Gram,
legte ein Trauergewand an,
eilte zum Tempel
und suchte Gott im Gebet.
Darauf sandte er seine Berater
zu dem Propheten Jesaja
und ließ ihm ausrichten:
„Sieh, wie dieser Assyrer Gott lästert!
Ob Gott der Herr es gehört hat?
Bete zum Herrn deinem Gott
und bitte ihn,
dass er die wenigen rettet,
die noch übrig geblieben sind!" 37,1ff

Jesaja aber ließ dem König sagen:
„Fürchte dich nicht
vor dem Hohn des Assyrers!
Denn so spricht der Herr:
Die Assyrer müssen wieder
unverrichteter Dinge abziehen." 37,6f

Doch bald darauf erhielt Hiskia
einen Drohbrief von Sanherib,
dem assyrischen König.
Darin stand geschrieben:
„Lass dich nicht betrügen!
Du verlässt dich auf deinen Gott
und sprichst:
Jerusalem wird nicht fallen.
Aber dein Gott kann dich nicht
aus meiner Hand retten." 37,10ff

Da nahm Hiskia den Brief,
eilte mit ihm zum Haus Gottes,
breitete den Brief vor Gott aus,
betete und schrie zu Gott:
„Herr Zebaoth, du Gott Israels,
du bist allein Gott
über alle Königreiche auf Erden.

Du hast Himmel und Erde gemacht.
Sieh, wie dieser König dich schmäht!
Herr, unser Gott, ich bitte dich:
Rette uns aus seiner Hand,
damit alle Königreiche
auf Erden erfahren,
dass du, Herr, allein Gott bist." 37,14ff

Doch als Hiskia noch betete,
kam ein Bote und meldete:
„Jesaja schickt mich zu dir.
Er lässt dir sagen:
Fürchte dich nicht!
Denn so lautet das Urteil,
das Gott über Sanherib spricht:
Zion verachtet dich.
Jerusalem schüttelt
das Haupt über dich.
Denn du hast den Herrn verhöhnt,
den heiligen Gott, der in Israel wohnt.
Darum spricht Gott:
Ich treibe dich wieder zurück,
auf demselben Weg,
auf dem du gekommen bist. 37,21ff
Und dies ist das Zeichen,
das dir Gott der Herr gibt:
Im dritten Jahr werdet ihr
wieder säen und ernten
und eure Früchte genießen.
Denn Gott wird alle retten,
die noch auf dem Berg Zion wohnen.
Kein Feind wird
in die Stadt kommen.
Denn so spricht Gott der Herr:
Ich will diese Stadt
schützen und retten." 37,30ff

Und wie der Prophet gesagt hatte,
so traf es auch ein:
Eine Seuche suchte in der Nacht
das feindliche Heerlager heim.
Panischer Schrecken erfasste alle Assyrer.
Viele Tausend starben in ihren Zelten.
Die anderen ergriffen eilig die Flucht.
Und noch ehe der Morgen anbrach,
waren alle Assyrer verschwunden. 37,36f

— — —

*Du Volk Zion,
das in Jerusalem wohnt,
du sollst nicht weinen.
Gott wird dir gnädig sein,
wenn du zu ihm rufst.
Er wird dir antworten,
sobald er dich hört.
In Zeiten der Angst und der Not
gibt er euch Wasser und Brot.
Er weist euch den Weg,
den ihr gehen sollt.* 30,19ff

*Denn der Herr Zebaoth
wird auf dem Berg Zion erscheinen
und für seine Stadt kämpfen.
Er wird sie beschirmen
wie ein Vogel mit seinen Flügeln.
Ja, er wird sie schützen und retten.
Er wird sie verschonen
und von ihren Feinden befreien.* 31,4f

Es ist ein besonders tröstliches Bild, das der Prophet hier entwirft: Jerusalem steht unter Gottes Schutz, komme, was mag. „Unter seinen Flügeln" findet es Zuflucht im Völkersturm. Gott selbst kämpft für sein Volk. Kein Herrscher dieser Welt kann gegen ihn antreten, mag er sich auch selbst wie ein Gott gebärden. Bezeichnend wird in diesem Zusammenhang Gott ausdrücklich als der „Herr Zebaoth" vorgestellt, das heißt: als „Herr der Heere" und König über alle Könige auf Erden. Das Heiligtum auf dem Berg Zion ist sein Thron. Dort hat er zugesagt, unter seinem Volk zu wohnen. An seiner Macht und Größe muss jede irdische Macht zerbrechen. Das ist die Botschaft des Propheten an das verzagte Volk, das angesichts der Übermacht seiner Feinde keinen Ausweg mehr sieht. Für dieses Volk gibt es nur einen Weg: die Flucht ins Gebet und im „Stillhalten und Hoffen" auszuharren (30,15), wie es das Beispiel Hiskias vorgibt. Dreimal wird in der Bibel von Jerusalems wunderbarer Rettung berichtet (vgl. 2. Kön 18f und 2. Chr 32). Sie findet zudem auch ihren Niederschlag in vielen Psalmen. Insbesondere Psalm 46, ein sog. „Zionslied", erinnert an den, der sich seinem Volk in den Stürmen des Lebens als Zuflucht und Hilfe erweist.

*Gott ist unsere Zuflucht und Stärke,
unsere Hilfe in den Nöten,
die uns bedrängen.
Darum fürchten wir uns nicht,
auch wenn die Welt erschüttert wird.
Denn der Herr Zebaoth ist mit uns.
Der Gott Jakobs ist unser Schutz.
nach Psalm 46*

SCHONFRIST
Jesaja 38–39

Gott hatte Jerusalem
durch ein Wunder gerettet.
Aber noch herrschte
kein Frieden im Land.
Das ganze Land Juda
war von den Assyrern besetzt.
Nur Jerusalem hielt ihnen noch stand.

Aber in jenen Tagen
wurde König Hiskia todkrank.
Da suchte Jesaja ihn auf
und verkündete ihm:
„So spricht der Herr:
Mach dich bereit!
Denn du wirst sterben." 38,1

Als Hiskia das hörte,
drehte er sich zur Wand,
weinte und flehte Gott an:
„Ach Herr, denke daran,
wie ich dir mein Leben lang diente.
Ich habe nur getan,
was deinem Willen entsprach." 38,2f

Da sprach Gott zu Jesaja:
„Kehre wieder zu Hiskia zurück
und teile ihm mit:
So spricht der Herr,
der Gott deines Vaters David,
der auch dein Gott ist:
Ich habe dein Gebet gehört
und deine Tränen gesehen.
Darum will ich deiner Lebenszeit
noch fünfzehn Jahre hinzugeben.
Ich will dich mitsamt dieser Stadt
beschützen und retten. 38,4ff

Und das ist das Zeichen,
das dir Gott der Herr gibt:
Siehst du die Sonnenuhr?
Ihr Schatten wandert heute
zehn Striche zurück,
damit du glaubst:
Was ich dir zugesagt habe,
will ich auch tun." 38,7f

Danach ließ Jesaja
eine Masse aus gepressten Feigen
auf Hiskias Geschwür legen. 38,21
Da besserte sich sein Zustand
zusehends von Stunde zu Stunde.
Nach drei Tagen war er völlig gesund.

Da glaubte Hiskia:
Gott hatte sein Gebet erhört.
Er würde seinem Leben
noch fünfzehn Jahre hinzugeben,
wie er durch seinen Propheten
zugesagt hatte.

Aber bald darauf meldete sich
bei Hiskia hoher Besuch an.
Gesandte aus dem fernen Babylon
waren gekommen, um ihn
im Auftrag ihres Königs zu grüßen.
Sie brachten Hiskia reiche Geschenke.
Denn der König von Babel
hatte von seiner Krankheit
und Genesung erfahren.
Da zeigte ihnen Hiskia
voller Freude und Stolz
all seine Schätze und Waffen. 39,1f

Doch plötzlich stand Jesaja vor ihm:
„Woher kommen diese Männer?"
„Aus Babylon", antwortete Hiskia.
„Ich habe ihnen alles gezeigt,
was ich besitze."
„Warum hast du das getan?",
rief Jesaja entsetzt.
„Darum höre,
was Gott zu dir spricht:
Sieh, bald kommen Tage,
da wird man alle diese Schätze
als Beute nach Babylon bringen.
Und alle deine Nachkommen
werden nach Babylonien verschleppt." 39,3ff
Wortlos ging er davon.
Er hatte dem König nichts mehr zu sagen.
Doch Hiskia dachte bei sich:
Wenn nur Frieden herrscht,
so lange ich lebe. 39,8

Dies ist das Danklied,
das der König anstimmte,
als er von schwerer Krankheit genas
und Gott ihm sein Leben neu schenkte:

Siehe, ich fand keinen Trost.
Mir war sehr bange.
Aber du hast dich zu mir geneigt
Du hast mich vor dem Abgrund bewahrt
und wirfst alle meine Sünden hinter dich.
Herr, die Toten preisen dich nicht.
Ich aber lebe und lobe dich.
Hört! Der Herr hat mir geholfen.
Darum wollen wir ihm
alle Tage im Haus des Herrn
unser Lied singen und spielen." 38,17ff

Dies ist der letzte Bericht aus dem Leben des Jesaja. Er ist betont ans Ende des 1. Jesaja gesetzt. Nachdem die Bedrohung durch die Assyrer vorerst abgewandt ist, gefährdet die lebensbedrohliche Krankheit Hiskias erneut die innere und äußere Sicherheit in Jerusalem. Auch jetzt erfährt Hiskia und mit ihm ganz Jerusalem Gottes wunderbare Rettung. Aber schon zeichnet sich für Jerusalem eine neue Bedrohung am politischen Horizont ab, die 100 Jahre später mit der Eroberung Jerusalems durch die Babylonier (587/6) und der Deportation ins babylonische Exil enden wird. Sie wird hier mit der Gesandtschaft aus Babylon bereits angedeutet.

Der Bericht wirkt ernüchternd und endet offen. Die Frage steht im Raum: Wie wird Gottes Wort durch seinen Propheten in Zukunft weiterwirken? Damit ist eine Brücke zum 2. Buch Jesaja (Deuterojesaja) hergestellt, das sich gezielt an die Juden im babylonischen Exil richtet. Der Trost, den Hiskia in seiner Krankheitsnot erfährt, klingt wie ein Präludium zu Jes 40–55, dem sog. „Trostbuch der Bibel": Der Gott Israels, der sein Volk im Ansturm feindlicher Völker nicht verlassen hat, wird sich auch im Exil seinem verzagten Volk als Herr über alle Herren offenbaren (38,22) und sein Volk nach langer Zeit des Schweigens wie Hiskia zu neuem Leben erwecken und zum Berg Zion heimbringen.

Von dieser großen Hoffnung zeugen die Visionen im folgenden Kapitel, die mitten in der Bedrohung Gottes Heilszeit ankündigen.

VISIONEN DER HEILSZEIT JES 2 / 11 / 19 / 25f / 35

In Jesajas Gerichts- und Heilsbotschaft sind prophetische Visionen und Lieder eingeflochten, die in leuchtenden Bildern den Anbruch der kommenden Heilszeit beschreiben und die in ihrer Art einzigartig sind. Es sind Bilder der Hoffnung, die weit über die nahe Zukunft hinaus Gottes Raum und Welt umspannenden Heilsplan offenbaren. Sie tragen die unverwechselbare Handschrift des Propheten Jesaja und haben wie kein anderes prophetisches Buch die Messiaserwartung und die Hoffnung auf den Anbruch des Reiches Gottes wachgehalten und bilden als solche die Grundlage für die endzeitliche Botschaft des Neuen Testaments.

Die Bilder, die Jesaja hier entwirft, zeichnen nicht etwa wirklichkeitsferne Utopien, sondern sind als Teil der Geschichte Gottes und seiner Erwählung zu verstehen, die Vergangenheit, Gegenwart und auch die ferne Zukunft umfasst. Die Fixpunkte, an denen sich Gottes Erwählungsgeschichte festmacht, sind

(1) das Volk Gottes, das Gott vor allen Völkern erwählt hat,

(2) David, der Gesalbte Gottes, das Urbild messianischer Hoffnung, und

(3) der Berg Zion, der Ort, den Gott zum Wohnsitz erwählt hat.

Auf sie gründen sich:
– die Vision vom Berg Zion, dem Ort, an dem Gott sein Heil aufrichten wird;
– die Vision vom endzeitlichen Frieden, der mit der Ankunft des Messias anbrechen wird, und
– die Vision vom neuen Gottesvolk, das Gott aus allen Völkern sammeln wird.

Diese Visionen sind als lebendige Zeugnisse der Hoffnung zu verstehen. Sie haben im Lauf der folgenden Jahrhunderte noch mehr Bilder der Hoffnung aus sich herausgesetzt, die Jesajas endzeitliche Botschaft noch erweitert und immer neu aktualisiert haben. Auch sie sind mit gutem Grund in das Buch Jesaja aufgenommen worden. Sind sie doch ein Indiz für die Lebendigkeit und Dynamik seiner Visionen, die niemals in starren Bildern erfasst werden können, sondern immer einen Überschuss an Erwartung in sich tragen! Das zeichnet die Visionen Jesajas in besonderer Weise aus: Auf der einen Seite bleiben sie ganz in der konkreten Geschichte verwurzelt, aber zugleich überbieten sie alles bisher Dagewesene. Ihre Erfüllung „zur letzten Zeit" wird zwar innerweltlich hier auf dieser Erde erwartet, aber andererseits lässt sich ihre Erfüllung nicht innerweltlich festlegen. Wann und wie sie sich erfüllen werden, ist allein Gottes Sache.

Insofern beinhalten diese prophetischen Visionen mehr als nur geschichtliche Vorhersagen. Sie sind als Zeugnisse göttlicher Offenbarung und als Bekenntnisse der Hoffnung auf den Einen Gott zu lesen, dem die Vergangenheit wie auch die Zukunft gehört: Wie sich Gott in der Vergangenheit seinem Volk Israel offenbart hat, so wird er sich auch in Zukunft als Herr der ganzen Welt offenbaren.

DAS NEUE GOTTESVOLK
Jesaja 2

Dies sind die Bilder
der neuen Welt Gottes,
die der Prophet Jesaja geschaut hat.   1,1
Sie offenbaren Gottes Heilsplan
mit seinem Volk,
mit der Menschheit
und mit der ganzen Schöpfung,
als Botschaft der Hoffnung
in stürmischer Zeit.

Am Ende der Tage wird Gott
Frieden schaffen unter den Völkern.
Dann werden viele Völker
zum Berg Zion kommen
und Gott, den Herrn suchen
und aus seinem Wort
Weisung empfangen.

Zu der Zeit
wird der Berg des Herrn
fest gegründet stehen,
höher als alle Berge auf Erden.   2,2

Dann werden sich viele Völker
aufmachen und sagen:
„Kommt, lasst uns
zum Berg des Herrn gehen,
zum Haus ihres Gottes,
und Weisung von ihm empfangen,
damit er uns lehre,
auf seinen Wegen zu gehen."
Denn vom Berg Zion
wird Gottes Weisung ausgehen.   2,3
Gott wird sein Recht
unter den Völkern aufrichten
und ihnen den rechten Weg weisen.
Dann werden sie ihre Schwerter
zu Pflugscharen schmieden
und Winzermesser aus Spießen machen.
Und sie werden für immer verlernen,
Kriege zu führen.   2,4

So kommt nun, ihr Kinder Israel!
Kommt alle zum Berg des Herrn
und lasst uns leben in seinem Licht!   2,5

Das Lied von der Wallfahrt der Völker zum Berg Zion ist betont an den Anfang von Jesajas öffentlicher Wirksamkeit gestellt. In einer bedrohten Welt und mitten unter einem Volk, das selbstvergessen eigene Wege geht, wird in diesem Lied der Blick auf das neue Volk Gottes gelenkt, das Gott aus vielen Völkern berufen und auf dem Berg Zion versammeln wird. Es ist dies der Ort, von dem Gott zugesagt hat, für immer unter seinem Volk zu wohnen (vgl. 1. Kön 8,13). Wie Gott einst am Gottesberg Sinai die Tora seinem Volk Israel offenbart hat, so wird er sich künftig auf dem Berg Zion allen Völkern offenbaren. Vom Zion geht Gottes Wort und Weisung in alle Welt aus. Er bildet die Mitte des neuen Gottesvolks. Alle, die zu ihm kommen, um sich in der Tora unterweisen zu lassen, zählen zum neuen Gottesvolk. Ihnen wird ein Leben in Frieden und Gerechtigkeit verheißen, das Gott allein herbeiführen kann und wird. Das eindrucksvolle Bild der Schwerter, die zu Pflugscharen verwandelt und zu friedlichen Zwecken genutzt werden (2,4; vgl. Mi 4,3), erinnert an den Uranfang der Menschheit, an das friedliche Zusammenleben (hebr. schalom) der ersten Menschen im Garten Eden.

Noch klingt es wie Zukunftsmusik, was in diesem ersten Lied anklingt. Aber indem der Prophet es schon hier und jetzt anstimmt, bricht die neue Zeit unter seinem Volk bereits an. So ist auch wohl die Aufforderung am Ende des Liedes zu verstehen: „Kommt, lasst uns leben im Licht des Herrn!" (2,5) Der Prophet hat dabei konkret das Volk in Jerusalem vor Augen. Diesem Volk kommt von Gott die Aufgabe zu, „Licht der Völker" zu sein (Jes 42,6). Das bedeutet für das angesprochene Volk, zuallererst selbst „im Licht Gottes" zu leben (das heißt konkret: sich im Rechtsraum seiner Gebote zu bewegen) und durch sein Vorbild auch andere einzuladen, ihr ganzes Leben in das Licht Gottes zu stellen.

DAS FRIEDENSREICH DES MESSIAS
Jesaja 11

Am Ende der Tage wird Gott
eine neue Zeit heraufführen,
da wird er einen König
nach seinem Willen erwählen,
der sein Volk gerecht regiert.
Mit ihm wird Gottes Frieden
in der Welt einkehren.
Und sein Friedensreich
wird kein Ende haben.

Zu der Zeit wird Frieden
unter allen Geschöpfen einkehren.
Dann werden Wölfe bei Lämmern lagern
und Leoparden bei Böcken ruhn.
Dann wird ein Hirtenjunge
Kälber und Löwen zur Weide treiben.
Und Löwen werden wie Rinder
Gras fressen.   11,6f

Zu der Zeit wird ein Säugling
sorglos am Loch der Otter spielen
und ein kleines Kind wird seine Hand
nach der Höhle der Natter ausstrecken. 11,7f

Auf meinem heiligen Berg
wird es keine Sünde mehr geben.
Denn wie Wasser das Meer erfüllt,
so wird das Land erfüllt sein
von der Erkenntnis des Herrn.   11,9
Und der Trieb aus der Wurzel Isais
wird ein Zeichen der Hoffnung
für die ganze Völkerwelt sein.   11,10

Dieses Bild malt das künftige Friedensreich des Messias in geradezu paradiesischen Farben. Wie ganz am Anfang der Schöpfung, so wird am Ende die Feindschaft zwischen allen Geschöpfen aufgehoben sein. Die neue Zeit wird mit dem Herrschaftsantritt des Messias eingeläutet. Er steht in einer besonderen Beziehung zu Gott. Sein „Geist" ruht auf ihm. Gott hat ihn mit allen Gaben des Geistes ausgestattet. Sie erweisen sich vor allem in seinem Erbarmen gegenüber den Armen und Rechtlosen im Volk Gottes. Dieses Bild des messianischen Friedensreichs hat Jesus vor Augen, wenn er gleich zu Anfang seiner öffentlichen Wirksamkeit verkündet: „Die Zeit ist erfüllt. Das Reich Gottes ist herbeigekommen. Kehrt um und glaubt an das Evangelium" (Mk 1,15). In seiner Botschaft ist der Anbruch der messianischen Heilszeit ausgerufen.

HEILUNG DER VÖLKER
Jesaja 19

Am Ende wird Gott der Herr
eine neue Zeit heraufführen.
Da wird alle Feindschaft
gegen Gott und sein Volk
ein Ende haben.
Auch die erbittertsten Feinde
werden von ihrem Hass geheilt werden
und mit Gottes Volk gemeinsam
Gott dienen und ehren.

Zu der Zeit wird es mitten in Ägypten
für den Herrn einen Altar geben
und an seiner Grenze
wird ein Steinmal für ihn errichtet
als Zeichen und Zeugnis für Gott
den Herrn Zebaoth in Ägypten. 19,19f
Wenn sie zum Herrn schreien,
dann wird er sie erretten.
Denn Gott der Herr wird sich
den Ägyptern bekannt machen.
Und sie werden den Gott Israels
als ihren Herrn ehren
und ihm dienen.
Dann werden sie sich **zu ihm bekehren**.
Und er wird ihre Bitte **erhören**
und sie heilen. 19,21f

An jenem Tag wird eine **Straße**
von Ägypten nach Assyrien führen,
sodass die Ägypter nach Assyrien
und die Assyrer nach Ägypten kommen.
Und beide, Ägypter wie auch Assyrer,
werden dem Herrn dienen.
An jenem Tag wird Israel
der Dritte in ihrem Bund sein,
ein Segen mitten auf Erden. 19,23f
Denn der Herr Zebaoth
wird sie segnen und sprechen:
Gesegnet bist du, Ägypten, mein Volk,
und du, Assur, meiner **Hände** Werk,
und du, Israel, mein Erbbesitz! 19,25

Diese Verheißung stellt alles in den Schatten, was für das Volk Gottes vorstellbar war. Ägypten galt von jeher als Erzfeind Israels. Insbesondere der Pharao galt als erklärter Feind Gottes. Mehrfach warnen die Propheten davor, mit Ägypten zu paktieren oder gar nach Ägypten zurückzukehren (z.B. Jes 31,1ff / Jer 42,13ff). Zur Zeit Jesajas kommt noch die akute Bedrohung Judas durch Assyrien hinzu (s. Jes 36f). Das Königreich Juda befindet sich, allein aufgrund seiner geografischen Lage, in der Zange zwischen beiden Großmächten und sieht sich von beiden Seiten massiv bedroht. Aber ausgerechnet am Beispiel dieser beiden Großmächte wird Gottes Plan mit der Völkerwelt offenbar. Nicht nur das Ende der Feindschaft zwischen den Völkern ist hier angesagt, sondern die Heilung der Völker! Das heißt: Gott selbst wird an den verfeindeten Völkern handeln und sie zur inneren Umkehr bewegen.

Im Vergleich zu Jes 2 ist hier noch eine deutliche Steigerung festzustellen. Die prophetische Vision von der Völkerwallfahrt zum Berg Zion wird noch überboten durch das Bild eines Jahwe-Altars auf heidnischem(!) Gebiet. Von diesen verfeindeten Völkern heißt es nicht nur: „Sie werden Schwerter zu Pflugscharen" machen, sondern Gott macht sie, vereint mit Israel, zu Hoffnungs- und Segensträgern für die ganze Völkerwelt! Eine Heilszusage, die alles übersteigt, was sich Israel jemals auszudenken vermochte, und die im Bild von der Heilung der Völker am Ende der Offenbarung (22,2b) sogar noch die Verheißung an Abraham überbietet (Gen 12,3: „In dir sollen gesegnet werden alle Geschlechter auf Erden").

FESTMAHL AUF DEM ZION
Jesaja 25–26

Am Ende der Tage wird Gott
alle Völker auf dem Zion versammeln
und ewige Freude wird
auf seinem Berg herrschen.

Denn der Herr Zebaoth
wird dort ein üppiges Festmahl
für alle Völker bereiten
mit köstlichen Speisen
und erlesenen Weinen. 25,6
Dann wird er die Hülle
von ihren Augen wegnehmen
und den Tod für immer verschlingen.
Er selbst wird ihre Tränen abwischen
und die Schmach aufheben,
die man seinem Volk angetan hat.
Gott hat es versprochen.
Er wird es auch tun.
Dann werden alle jubeln:

„Seht, das ist unser Gott,
auf den wir gehofft haben!
Denn er hat uns gerettet.
Freut euch und jubelt über sein Heil!" 25,7ff

An jenem Tag wird man im Land Juda
dieses Lied anstimmen:

> *Wir haben eine feste Stadt.*
> *Denn Gott umgibt sie*
> *mit Mauern und Schutzwehr.* 26,1
> *Öffnet die Tore der Stadt!*
> *Lasst das Volk einziehen,*
> *das dem Herrn Treue bewahrt!*
> *Du schenkst ihm Ruhe und Frieden.*
> *Denn er verlässt sich auf dich.* 26,2f
> *Darum vertraut stets*
> *auf Gott den Herrn!*
> *Denn er ist ein ewiger Fels."* 26,4

Die Vision vom Berg Zion als dem Ort endzeitlicher Sammlung aller Völker (s. 2,2ff) wird hier noch überboten durch das Bild des endzeitlichen Festmahls. Es erinnert an das Bundesmahl beim Bundesschluss am Sinai (Ex 24,9ff), wird aber hier auf alle Völker ausgeweitet und trägt die Merkmale eines königlichen Freudenmahls. Grenzenlose Freude wird herrschen, wenn selbst der Tod keine Macht mehr hat. Ein Bild, das die geläufige alttestamentliche Vorstellung vom Tod als endgültige Grenze des Lebens sprengt!

An dieser Vision wird deutlich, wie die Heilsbotschaft des Jesaja in den folgenden Jahrhunderten immer neue Bilder der Hoffnung freigesetzt hat. An ihrem Ende steht die großartige Vision des Sehers Johannes vom „neuen Himmel und der neuen Erde". Dann wird Gott für immer unter seinem Volk wohnen „und sie werden sein Volk sein. Und er selbst ... wird ihr Gott sein. Und Gott wird abwischen alle Tränen von ihren Augen, und der Tod wird nicht mehr sein" (Offb 21,3f).

Diese endzeitliche Vision von Gottes grenzüberschreitendem Handeln mündet in den universalen Lobpreis derer ein, die Gottes Rettung erfahren haben. Formal knüpft das Loblied an die Psalmen an (vgl. dazu das Zionslied Ps 48 und Ps 118,19ff), aber inhaltlich nimmt es den Jubel der endzeitlichen Gemeinde vorweg (so auch in Offb 4,8ff; 5,9ff; 15,1ff).

HEIMKEHR NACH ZION
Jesaja 35

Am Ende der Tage
wird Gott sein verstreutes Volk
aus seiner Gefangenschaft befreien.
Und unaussprechlicher Jubel
wird die ganze Schöpfung erfüllen,
wenn sein Volk heimkehrt zu Gott.

Dann wird die Wüste jauchzen
und die Einöde sich freuen.
Die Steppe wird jubeln
und blühen wie Lilien.
Sie wird blühen und jubeln,
jauchzen und sich freuen.
Denn alle sehen
die Herrlichkeit des Herrn,
die Pracht unseres Gottes.   35,1ff

Darum stärkt die müden Hände,
richtet auf die zitternden Knie!
Sagt den Verzagten:
Seid getrost! Fasst Mut
und fürchtet euch nicht!
Denn seht, da ist euer Gott.
Er kommt und heilt,
was man euch angetan hat.
Ja, er kommt und wird euch erretten.   35,3f

Zu der Zeit wird Gott
die Augen der Blinden auftun
und die Ohren derer,
die nicht hören wollen.
Dann werden die Gelähmten
wie ein Hirsch springen,
und die Zunge der Stummen
wird jauchzen und singen.
In der Wüste brechen
frische Quellen hervor
und Wasserbäche im dürren Land.
Der vertrocknete Sand
wird zum Teich.
Aus vertrockneter Erde
sprudeln Wasserquellen hervor.
Durch die Wüste
wird ein Weg führen.
Ein heiliger Weg wird es sein.
Kein Frevler darf ihn betreten.
Auch kein wildes Tier
darf darauf gehen.
So werden die Gefangenen,
die Gott erlöst hat,
nach Zion heimkehren mit Jauchzen.
Sie werden strahlen vor Freude
Alle Seufzer und Klagen
werden für immer verstummen.   35,5ff

Mit diesem überwältigenden Finale endet der Ausblick auf die künftige Heilszeit Gottes, der zugleich den Beginn der Heilszeit einläutet. Der letzte Akt in der Geschichte steht noch aus: die Heimkehr der deportierten Juden aus dem babylonischen Exil. Sie wird hier als universales endzeitliches Heilsereignis gepriesen, das alle geschichtliche Erfahrung weit hinter sich lässt. Die ganze Schöpfung wird in das Geschehen involviert und wird zum Zeugen der Offenbarung Gottes in unserer Welt: „Seht, da ist euer Gott!" Gott wird selbst einen Weg, einen „heiligen" Weg durch die Wüste schaffen. Feierlich, wie in einer festlichen Prozession, werden die Exulanten auf diesem Weg heimkehren. In Wirklichkeit wird es allerdings nur ein kläglicher Haufen sein, der im Jahr 536 v.Chr. den Weg in die Heimat antreten wird. Aber durch Gottes Schöpfermacht werden die „Blinden und Lahmen" Heilung und königliche Würde erfahren. „Jubel und ewige Freude" wird über ihnen strahlen, gleichsam als leuchtende Krone, die sie als Gottes geliebtes Volk auszeichnet.

Dieses Jubellied bildet die Brücke zur Botschaft des 2. Jesajabuches, das die Heimkehr aus dem babylonischen Exil ausruft. Hier wie dort ist es der Jubel, der heute schon im Blick auf die große Wende angestimmt werden darf – als Trost für alle, die im Strudel der Geschichte Gottes Wirken nicht mehr erkennen können. Ihnen gilt das Wort: „Stärkt die müden Herzen! Macht fest die wankenden Knie! Seht, da ist euer Gott!" Das ist der Trost, der am Anfang des 2. Jesajabuches fortklingt und immer weitere Kreise zieht: „Tröstet, tröstet mein Volk!" (40,1). Insofern kann die Heilsbotschaft von Jes 35 mit gutem Grund als Ouvertüre zu dem sog. „Trostbuch der Bibel" (Jes 40–55) betrachtet werden.

DIE PROPHETEN IM 7./6. JAHRHUNDERT v.Chr.

Der Prophet Jeremia

Der Prophet Jeremia ist der letzte große Prophet des Königreichs Juda. Als Sohn eines Priesters aus Anatot (im Stamm Benjamin) wird er dort im Jahr 627 v.Chr. zum Propheten berufen. Über vier Jahrzehnte wirkt er als Prophet in Jerusalem, länger als jeder andere Prophet. In dieser Zeit erlebt Jeremia den Untergang des Königreichs Juda und die Zerstörung Jerusalems durch die Babylonier unter König Nebukadnezar. Ein Großteil der Bevölkerung wird nach Babylon deportiert (597 und 587 v.Chr.). Doch Jeremia bleibt auch nach der Zerstörung im Land zurück. Er wird jedoch am Ende von seinen eigenen Landsleuten nach Ägypten verschleppt. Dort verliert sich seine Spur (um 580 v.Chr.).

Die Botschaft Jeremias ist eng mit seiner Person verknüpft. Von keinem anderen Propheten erfahren wir so viel über die Stationen seines Lebens wie über ihn. Kennzeichnend für seine Botschaft ist:

(1) die besondere geschichtliche Stunde, in die Jeremia hineingestellt wird. Sie prägt Jeremias Botschaft von Anfang an. Bereits die einleitenden Verse zeigen an, wie sich zu seiner Zeit die politische Situation unter den letzten Königen Judas dramatisch zuspitzt (1,2f). Das kleine Reich treibt zusehends auf seinen Untergang zu. Mächtige Völkerbewegungen erschüttern das Königreich. Sie bilden den Rahmen, in dem Jeremia zum „Propheten für die Völker" (1,5) berufen wird. Seine Berufung stellt seinen Auftrag in den weltpolitischen Horizont. Ihr Ausgangspunkt ist die akute Bedrohung von „Norden her" (1,5). Jeremia wird nicht müde, sie den geistlichen und politischen Führern seiner Zeit vor Augen zu halten. Das bedrohte Volk darf sich nicht falschen Illusionen hingeben. Es ist die Stunde des Gerichtes Gottes. Nur durch einen radikalen Neuanfang kann und wird Gott in seinem Volk Neues aufwachsen lassen (1,13).

(2) Kennzeichnend ist ferner der drastische Realismus von Jeremias Verkündigung. Der Prophet ist kein Träumer. Das unterscheidet ihn von den „falschen" Propheten (23,28). Er nimmt die äußere und innere Bedrohung seines Volkes überdeutlich wahr und benennt sie in aller Schärfe. Dazu bedient er sich häufig außergewöhnlicher Zeichenhandlungen, um das Volk aufzurütteln. Er stapft durch den stinkenden Unrat (19). Er schleppt ein Rinderjoch durch die Straßen (27ff) Er kauft noch in den letzten Tagen vor dem Untergang einen Acker (32). Jeremia konfrontiert seine Zuhörer so handgreiflich mit Gottes Wort, dass sie sich dem nicht entziehen können, und provoziert damit zunehmend ihren Widerstand.

(3) Aber das wichtigste Merkmal seiner Verkündigung ist die Person des Propheten selbst. Jeremia erleidet die Botschaft, die er zu verkündigen hat, zuallererst an sich selbst, und zwar in mehrfacher Hinsicht:
(a) **Jeremia leidet an der Gottvergessenheit seines Volkes**, das seinem Herrn den

Rücken gekehrt hat (2–10). Es ist die leidenschaftliche Klage Gottes, die hier mit der Klage des Propheten verschmilzt. Es ist das Leiden Gottes an seinem Volk, das der Prophet geradezu physisch mit erleidet: „Mich jammert von Herzen, dass mein Volk so zerschlagen ist" (8,21).

(b) **Jeremia leidet an Gott selbst**. Davon erzählen die Gebete Jeremias, die sog. „Konfessionen" (11 / 12 / 15,10ff / 17 / 18 / 20,7ff). Diese Gebete gehören zu den ergreifendsten Zeugnissen der Prophetie. Sie offenbaren das Ringen des Propheten mit Gott, den er nicht mehr verstehen kann. Das Schweigen Gottes stürzt ihn in immer tiefere Anfechtung und Zweifel an seinem Auftrag. Gott erscheint ihm wie eine „versiegende Quelle" (15,18), ja, wie ein Verführer, der ihn zu seinem Auftrag überredet hat, ja sogar wie sein Feind (2,7ff). Und dennoch kommt er von Gott nicht los, sondern schüttet seine Verzweiflung vor Gott aus. Auch in der tiefsten Erfahrung der Gottverlassenheit ist und bleibt Gott seine einzige Hoffnung. Und er erfährt, wie Gott auf sein Gebet antwortet.

(c) **Jeremia leidet am wachsenden Widerstand** der Menschen. Wie es ihm schon bei seiner Berufungsgeschichte angekündigt wurde (1,17ff), führt ihn sein Auftrag in immer tieferes Leiden. Seine Botschaft weckt den Widerspruch des Volkes, der Priester, der falschen Propheten und sogar des Königs. Von diesem Leidensweg erzählt die sog. „Barucherzählung" (37–45). Das Einzige, was Jeremia auf allen Stationen seines Leidensweges trägt und hält, ist der Zuspruch Gottes, den er bei seiner Berufung erhalten hat: „Fürchte dich nicht! Ich bin bei dir und will dich retten" (1,8 / 15,20).

So wird Jeremia zum lebendigen Zeichen der Hoffnung in einer Zeit, die unausweichlich auf den Untergang zugeht. Solange der Prophet lebt, solange er seine Stimme erhebt, ist das Volk noch nicht verloren. Mitten in der bedrückenden Geschichte des Niedergangs bricht neue Hoffnung auf. Sie findet im Buch Jeremia ihren sichtbaren Ausdruck in den Heilsworten in der Mitte des Buches (30–35) und gipfelt in der Verheißung des Neuen Bundes, den Gott mit seinem Volk schließen wird (31,31ff).

Das Buch Jeremia im Überblick:

1	Die Berufung Jeremias
2–10	Gottes Leiden an seinem Volk – Jeremias Gerichtsbotschaft
	2 Klage über die Untreue und Gottvergessenheit seines Volkes
	3–4 Aufruf zur Umkehr und Ankündigung der feindlichen Invasion
	5–6 Jerusalem ist reif zum Gericht
	7 Die Tempelrede: Kritik am falschen Gottesdienst
	8–9 Trauer und Klage über den Zustand des Volkes
11–20	Jeremias Leiden unter seinem Auftrag / Seine „Konfessionen"
	11–12 Der Anschlag der Leute von Anatot / Die 1. und 2. Konfession
	13–15 Der verdorbene Gürtel / Die Dürre / Die 3. Konfession
	16–17 Die Einsamkeit des Propheten / Die 4. Konfession
	18–20 Der zerbrochene Krug / Die 5. Konfession
26–29 / 36–45	Jeremias Leidensweg / Seine „Leidensgeschichte"
	26 Der Widerstand der Priester: ihre Reaktion auf die Tempelrede
	27–28 Der Widerstand der falschen Propheten: das zerbrochene Joch
	29 Jeremias Brief an die Verbannten in Babel
	36 Der Widerstand des Königs: die verbrannte Schriftrolle
	37–45 Die Barucherzählung: Jeremias letzte Jahre
30–33	Die Heilsbotschaft an Israel und Juda
	30 Die Verheißung der Wende: Heimkehr aus der Gefangenschaft
	31–32 Die Verheißung des neuen Bundes
	33 Die Verheißung der Wiederherstellung Jerusalems

DIE BERUFUNG
Jeremia 1

Dies sind die Worte von Jeremia,
dem Sohn des Priesters Hilkia,
den Gott in dunkler Zeit
zu seinem Volk sandte.
Jeremia stammte aus Anatot,
das nahe bei Jerusalem lag.
Dort erreichte ihn in jungen Jahren
der Ruf Gottes.
Er selbst berichtet darüber: 1,1f

Zur Zeit Josias,
des Königs von Juda,
geschah es, dass Gott zu mir sprach:
„Ehe du geboren wurdest,
habe ich dich gekannt.
Schon ehe ich dich
im Mutterleib formte,
habe ich dich zum Propheten
für die Völker ernannt." 1,5

Ich aber erwiderte:
„Ach Herr! Herr!
Ich kann nicht reden.
Ich bin noch zu jung!" 1,6

Aber der Herr sprach zu mir:
„Sage nicht: Ich bin zu jung,
sondern geh, wohin ich dich sende.
Und verkünde den Menschen,
was ich dir gebiete. 1,7
Fürchte dich nicht vor ihnen!
Denn ich bin mit dir.
Ich will dich erretten." 1,8

Danach streckte er seine Hand aus,
rührte meinen Mund an und sprach:
„Sieh, ich lege meine Worte
in deinen Mund.
Ich setze dich heute
über Völker und Königreiche.
Reiß aus und zerstöre,
reiß ein und verheere!
Bau auf und pflanze neu an!" 1,9f

Nicht lange danach
kam das Wort des Herrn
noch einmal zu mir:
„Jeremia, was siehst du?"
Ich sah mich um.
Da entdeckte ich einen Mandelzweig,
der blühte gerade auf:
„Ich sehe einen erwachenden Zweig." 1,11
„Ja", antwortete er,
„du hast richtig gesehen.
So will ich über mein Wort wachen,
bis es geschieht." 1,12

Danach kam das Wort des Herrn
noch einmal zu mir:
„Jeremia, was siehst du?"
„Ich sehe einen siedenden Kessel,
der neigt sich von Norden her.
Achtung! Gleich kocht er über
und ergießt sich über das Land." 1,13

„Ja", sprach der Herr, „von Norden her
kommt großes Unheil über alle,
die in diesem Land wohnen. 1,14
Ich will alle Völker und Königreiche
von Norden herbeirufen.
Sie werden bis vor die Tore
Jerusalems kommen
und alle Städte Judas belagern.
ICH bin es,
der Gericht hält in Juda.
Denn mein Volk hat mich verlassen.
Es opfert anderen Göttern und betet an,
was von Menschen gemacht ist.
Darum kommt solch großes Unglück
über das Land. 1,15f

So mach dich bereit, Jeremia!
Wirf deinen Mantel um
und geh zu den Menschen.
Sag ihnen alles, was ich dir sagen werde.
Erschrick nicht vor ihnen,
damit kein schlimmerer Schrecken
über dich kommt.
Denn ich mache dich heute
zur befestigten Stadt,
zur eisernen Säule
und zu einer Mauer aus Erz.

Könige, Fürsten und Priester
werden gegen dich kämpfen
und auch das übrige Volk.
Aber sie werden dich nicht
zu Fall bringen.
Denn ich bin bei dir.
Ich will dich bewahren und retten.
Ich, der Herr, verspreche es dir." 1,17ff

Da erkannte Jeremia:
Gott hatte ihn zum Wächter
über sein Volk gesetzt,
zur festen Säule
im Ansturm der Völker.
Er würde nicht eher ruhen,
bis sich sein Wort erfüllte.

Die Berufung Jeremias steht betont am Anfang seiner Geschichte. Damit steht von Anfang an fest: Jeremia ist als Prophet von Gott selbst legitimiert und dazu autorisiert, sein Wort zu verkünden. Das allein ermöglicht es ihm, seinen schweren, geradezu übermenschlichen Auftrag anzunehmen – trotz eigener Zweifel und trotz des massiven Widerstandes, den er erfahren wird. „Der Herr", das heißt Gott selbst, hat ihn bei seiner Berufung durch sein Wort dazu ermächtigt und auch Jeremias Einwand „Ich bin zu jung" (1,7) entkräftet. Diese Geschichte hält sich einerseits zwar erkennbar an das Schema einer prophetischen Berufungsgeschichte (mit den Elementen Berufung – Einspruch des Propheten – Beauftragung und Sendung). Zugleich aber zeigt sie an, was Jeremias Auftrag von allen anderen Propheten unterscheidet:

• Von „Mutterleib" an auserwählt – d.h.: Anders als etwa bei Amos steht Jeremias Auftrag schon vor seiner Geburt fest und umfasst sein ganzes Leben.

• Zum „Völkerpropheten" bestellt – d.h.: Sein Auftrag sprengt die Grenzen des kleinen Königreichs Juda und erstreckt sich auf die gesamte Völkerwelt seiner Zeit.

• „Du sollst ausreißen und einreißen" – d.h.: Jeremia wird autorisiert, nicht nur Gottes Gericht anzukündigen, sondern selbst „einzureißen", also trügerische Hoffnungen zu zerstören und dem sicheren Untergang des Volkes realistisch zu begegnen. Nur durch Anerkennung des Gerichts kann der Prophet zum Botschafter der Hoffnung werden, kann er „bauen und pflanzen".

• „Von Norden her" – d.h.: Das realistische Bild eines siedenden und überschäumenden Kessels, der sich von „Norden her" gefährlich neigt, wird zum Bild der drohenden babylonischen Invasion. Sie kennzeichnet durchgängig die Gerichtsbotschaft Jeremias.

Dieser radikale Auftrag Jeremias, der im wörtlichen Sinn an der Wurzel allen Übels ansetzen muss, wird auf massiven Widerstand stoßen. Auch dieser ist dem Propheten schon bei seiner Berufung vorausgesagt. Aber der Zuspruch Gottes, den Jeremia mit seiner Berufung erhält, wird ihn Zeit seines Lebens begleiten. Gott wird selbst über sein Wort „wachen". Das Bild des „erwachenden" Mandelzweigs – im Hebräischen ein Wortspiel – bekräftigt Gottes Zusage. Er wird seinen Boten durch alle Turbulenzen der Geschichte hindurch am Leben erhalten, wie er zugesagt hat. Es ist die Macht des Wortes Gottes, die der Prophet zuallererst an sich selbst erfahren wird, vernichtend und aufrichtend, mächtig und tröstend zugleich.

„ICH DENKE AN DEINE LIEBE"
Jeremia 2–4

Dies ist die Botschaft,
die Jeremia von Gott empfing
zur Zeit Josias, des Königs von Juda:
Geh nach Jerusalem
und predige dort vor allen Ohren:

So spricht der Herr:
Ich denke an deine Treue
in jungen Jahren
und an deine Liebe
in deiner Brautzeit.

Damals warst du mir heilig.
Wer dich antastete,   2,2
machte sich schuldig.   2,3
Doch eure Väter
sind von mir abgewichen.
Was habe ich ihnen getan?
Warum hingen sie lieber
leblosen Göttern an?   2,5
Warum fragten sie nicht mehr
nach dem Herrn,
der sie aus Ägypten befreit
und durch die Wüste geführt hat?
ICH war es, ich brachte euch
in ein baumreiches Land
und ließ euch seine Früchte genießen.
Aber ihr habt mein Land
durch eure Gräueltaten unrein gemacht.   2,6f

Geht und forscht nach
unter den Heiden!
Hat je ein Volk seine Götter
gegen andere Götter vertauscht?
Aber mein Volk hat den Herrn
in seiner Herrlichkeit
gegen einen Götzen vertauscht,
der doch nicht helfen kann.   2,10f

Entsetze dich, Himmel!
Denn mein Volk begeht
eine zweifache Sünde:
Sie verlassen mich,
die lebendige Quelle,
und graben sich Brunnen,
die rissig sind
und kein Wasser enthalten.   2,13

Ist denn Israel ein Sklave,
dass ihn jedermann ausbeuten kann?
Aber das alles hast du dir
doch selbst angetan.
Deine Untreue ist schuld daran!
Nun musst du erfahren,
wie bitter es ist,
den Herrn deinen Gott zu verlassen.   2,19

Ist es nicht so?
Wenn sich ein Mann scheiden lässt
und seine Frau einen anderen nimmt,
darf er sie dann wieder zur Frau nehmen?
Du aber hast es mit vielen getrieben.   3,1

Nun aber, da der Regen ausbleibt,
kommst du zu mir
und schämst dich nicht.   3,3
Jetzt rufst du mich an: „Mein Vater!
Mein Freund von Jugend an!
Willst du mir denn ewig böse sein?"   3,5

Hast du nicht gesehen,
wie es dem Reich Israel erging,
als sie von mir abfielen
und sich anderen Göttern hingaben?
Dennoch ist Israel gerechter
als das treulose Königreich Juda.   3,6ff

So mach dich auf, Jeremia!
Rufe diese Worte nach Norden hin aus:
„Kehre zurück, Israel!   3,12
Erkenne deine Schuld!
Denn du bist abgefallen von mir.
Aber ich will nicht ewig zürnen.
Denn ich bin gnädig, spricht der Herr.   3,13
Kehrt um, meine Kinder!
Denn ich bin euer Herr.
Ich will euch heimholen nach Zion
und will euch Hirten geben,
die euch mit Weisheit leiten."   3,14f

In jenen Tagen werden beide,
Israel und Juda, wieder
in das Land zurückkommen,
das ich ihren Vätern zugesagt habe.   3,17f
Dann werden sie umkehren und sagen:
„Sieh, wir kommen zu dir!
Denn du bist der Herr unser Gott.   3,22
Ja, es ist wahr:
Israels Rettung ist allein
der Herr unser Gott.   3,23
Wir aber haben ihn betrübt
und sind an ihm schuldig geworden,
von Anfang an bis zum heutigen Tag".   3,22ff

Darum spricht Gott der Herr zu Israel:
Willst du wirklich umkehren,
so kehre dich zu mir
und wirf deine gräulichen Götzen weg.   4,1
Denn so spricht der Herr
zu den Bewohnern Jerusalems
und zum Land Juda:
Fangt neu an! Pflügt Neuland
und sät frische Saat aus.   4,3

Jeremia

Sonst kommt bald von Norden her
großes Unheil über das Land.
Dann wird man in Jerusalem schreien:
„Weh uns! Wir sind verloren!
Denn ein Sturmwind fällt über uns her
und seine Rosse sind schneller als Adler!" 4,13
Ja, von Norden ertönt Kriegsgeschrei.
Ein Volk aus fernem Land
wird sich um Jerusalem lagern,
weil seine Bosheit zum Himmel schreit. 4,15ff

„Ach!", klagte Jeremia,
„wie ist mir so weh!
Mein Herz klopft im Leib.
Meine Ruhe ist plötzlich dahin.
Ich höre schon das Widderhorn
zum Kampf blasen
und wildes Schlachtgeschrei.
Ich sehe, das Unglück wird kommen.
Das ganze Land wird verheert.
Alle Hütten und Zelte werden zerstört.
Aber mein Volk begreift es nicht.
Sie tun weiter Unrecht
und sind ohne Einsicht. 4,19ff
Doch Gott der Herr spricht:
Wenn auch das Land zur Wüste wird,
so will ich es dennoch
nicht völlig vernichten.
Ich habe es gesagt.
Ich will es auch tun." 4,27f

Die Kapitel 2–6 bieten eine zusammenfassende Einführung in die Botschaft des Propheten aus der Frühzeit, vermutlich aus den Jahren 627–622 v.Chr. Es ist die Zeit vor der großen Kultreform durch König Josia auf der Grundlage des wiedergefundenen Gesetzbuches Moses (2. Kön 22 / 2. Chron 34). An erster Stelle steht dabei die Klage Gottes über die Untreue seines Volkes, das die Geschichte seiner Liebe missachtet und sich anderen Göttern zugewandt hat. Ähnlich wie zuvor Hosea zeichnet Jeremia die Gottvergessenheit des Volkes in drastischen Bildern. Sie ist unverzeihlich, weil durch das Verhalten des Volkes die Ehre Gottes verletzt und die Geschichte seiner Liebe missachtet wird. Sie ist zudem unverständlich, weil sich das Volk damit selbst seiner von Gott geschenkten Freiheit beraubt und sich durch fremde Götterkulte erneut versklaven lässt. Umso unbegreiflicher ist Gottes anhaltendes und leidenschaftliches Werben um sein Volk in Erinnerung an die Frühzeit Israels, die Zeit der ersten Liebe (2,2f). Wie ein in seiner Liebe getäuschter Ehemann, so gibt sich Gott gegenüber seinem Volk, das ihm untreu geworden ist. Sein Schmerz und seine Trauer zeigen ungewohnt menschliche Züge. Gott leidet vor allem an der Gleichgültigkeit seines Volkes, das sich offenbar gar keiner Schuld bewusst ist und daher mit offenen Augen in sein Unglück rennt (2,14ff). So verwandelt sich die Klage Gottes zunehmend in Anklage (3,9ff). Sie spitzt sich in dem dringlichen Ruf zur Umkehr zu (4,14) und endet in der Ankündigung des Gerichts. Es ist die von Norden drohende Katastrophe, die Jeremia schon bei seiner Berufung zeichenhaft vorausgesehen hat und die er nun in immer neuen und grelleren Bildern zeichnet. Noch ist nicht erkennbar, ob Jeremia hierbei schon die Babylonier vor Augen hat, die wenige Jahrzehnte später das Königreich Juda auslöschen werden. Aber Gottes Gericht ist für Jeremia auf jeden Fall unausweichlich. Er selbst erleidet es physisch schon vorweg, bevor er es öffentlich verkündet (4,19).

Diese Gottesrede ist vermutlich aus einzelnen Segmenten erwachsen und bildet die Grundlage zum Verständnis der besonderen Botschaft des Jeremia. In der vorliegenden Fassung ist sie allerdings wohl kaum öffentlich vorgetragen worden, sondern mutet eher wie eine abschließende Zusammenfassung im Stil einer Predigt an. An ihr fällt besonders auf:
– die Verschmelzung von Gottes- und Prophetenrede,
– die emotionale und poetische Sprache und
– die plastischen Bilder vom drohenden Unheil.

DER PRÜFER
Jeremia 5–6

Und der Herr sprach zu Jeremia:

Geht durch Jerusalems Gassen!
Forscht nach auf allen Straßen,
ob ihr einen Menschen findet,
der Treue hält und das Recht achtet.
So wollte ich euch gerne vergeben. 5,1
Denn obwohl sie schwören:
So wahr der Herr lebt!,
so schwören sie doch falsch. 5,2

„Ach Herr", klagte Jeremia,
„deine Augen sehen darauf,
ob die Menschen es ehrlich meinen.
Aber ihr Gesicht ist härter als Stein.
Sie wollen sich nicht zu dir bekehren. 5,3
Ich sagte mir:
Das einfache Volk weiß es nicht besser.
Denn niemand hat sie gelehrt,
Gottes Gebote zu halten
und auf seinen Wegen zu gehen.
Darum will ich zu den Großen gehen,
die im Volk in hohem Ansehen stehen,
denn sie kennen Gottes Recht
und seine Gebote.
Aber sie betrachten seine Gebote als Last,
als Joch, das sie tragen müssen.
So haben sie das Joch zerbrochen
und sich von Gott losgerissen.
Darum wird auch der Feind
wie ein Löwe über sie herfallen
und sie zerreißen.
Denn sie verharren in ihrer Schuld." 5,4ff

„Wie kann ich dir denn vergeben?",
spricht Gott der Herr.
„Deine Söhne haben mich verlassen
und schwören bei dem, der kein Gott ist. 5,7
Mein Volk ist treulos geworden.
Es bildet sich ein:
Was die Propheten reden,
ist nur leeres Geschwätz.
Gottes Wort ist nicht in ihnen.
Darum will ich von fern her
ein mächtiges Volk herbeirufen,
das wird all euren Besitz verzehren. 5,11ff

Aber auch zu jener Zeit
sollen sie nicht ganz ausgelöscht werden.
Wenn sie aber fragen:
Warum tut Gott uns dies alles an?,
dann sollst du zu ihnen sagen:
‚Weil ihr mich verlassen
und anderen Göttern gedient habt.' 5,15ff
Denn dieses Volk hört nicht auf mich.
Sie sind alle abgefallen von mir
und gehen eigene Wege. 5,23
Sie helfen den Armen und Waisen
nicht zu ihrem Recht. 5,28
Darum werden alle Bewohner
verschleppt werden.
Und Fremde werden ihre Frauen,
dazu ihre Äcker und Häuser besitzen. 6,11f
Denn sie alle, Kleine und Große,
sind nur auf ihren Gewinn aus.
Und auch die Priester und Propheten
decken den Schaden meines Volkes
nur obenhin zu.
Sie rufen immerzu: Friede! Friede!
Aber sie lügen.
Es herrscht kein Friede im Land." 6,12ff

„Aber dich", spricht der Herr,
„habe ich zum Prüfer bestimmt.
Du sollst mein Volk prüfen.
Wie der Silberschmied im Schmelzofen
echtes Silber vom Blei trennt,
so sollst du es mit meinem Volk tun.
Du sollst das Schlechte
vom Echten trennen.
Aber es wird dir nicht gelingen.
Denn mein Volk ist ganz verdorben.
Darum hat es Gott auch verworfen –
wie einen Klumpen Blei,
der sich nicht umschmelzen lässt." 6,27ff

– – –

Dies ist das Wort des Herrn,
das an den Propheten Jeremia erging.
Danach machte sich Jeremia auf
und zog nach Jerusalem,
wie Gott ihm befohlen hatte.
Er wanderte durch die ganze Stadt,

durch alle Straßen und Gassen.
Er suchte die Unterstadt auf,
wo die einfachen Leute lebten.
Er ging aber auch in die Oberstadt
zu den reichen und angesehenen Bürgern.
Aber weder hier noch dort
fand er Menschen,
die sich an Gottes Gebote hielten.

5,1ff

Gott öffnet dem Propheten die Augen für das schreiende Unrecht, das in Jerusalem und im Land Juda geschieht. Durch die Missachtung der Gebote Gottes ist der soziale Friede im Land zutiefst gefährdet. Hier liegt die Wurzel für Gottes Gericht, das Jeremia seinem Volk in aller Schärfe zu verkünden hat. Das unterscheidet Jeremia von den sog. „falschen Propheten", die den wahren Schaden des Volkes nicht aufdecken wollen (6,13f). Jeremia hingegen ist von Gott als „Prüfer" eingesetzt (6,27). Wie ein Silberschmied im Schmelzofen Blei schmilzt, um reines Silber zu gewinnen, so soll der Prophet prüfen, was vor Gott standhält. Das Ergebnis ist vernichtend: Nicht ein einziger Mensch kann vor Gott und seinem Gebot bestehen. Wie bei einer misslungenen Läuterung bleibt am Ende nur ein hässlicher Bleiklumpen zurück, wertloser Abfall. So ist es auch mit Gottes Volk. Gott müsste eigentlich das ganze Volk „verwerfen".

Stattdessen erhält Jeremia den Auftrag, das Volk in Jerusalem zur Umkehr zu rufen (7,1ff), obgleich das Ergebnis schon feststeht: Niemand wird umkehren! „Das Schmelzen war vergeblich" (6,29). „Alle sind von Grund auf verdorben" (6,28a). Jeremia muss zuallererst alles „ausreißen und einreißen", was die Menschen daran hindert, sich von Gott umschmelzen zu lassen (1,10). Aber nicht einmal dazu sind sie bereit.

So urteilt der Apostel Paulus in Anlehnung an Jeremia: „Da ist keiner, der gerecht ist, auch nicht einer. Da ist keiner, der nach Gott fragt, auch nicht einer. Sie sind allesamt abgewichen und verdorben" (Röm 3,11ff).

Aber auf dieser dunklen Folie tritt die frohe Botschaft von Gottes Gnade umso leuchtender hervor, nicht erst bei Paulus, sondern auch in der Verkündigung des Propheten Jeremia (vgl. dazu Jer 31,31ff).

DIE TEMPELREDE
Jeremia 7 und 26

Lange Zeit blieb es um Jeremia still.
Viele Jahre trat der Prophet
nicht an die Öffentlichkeit.
Noch ging es dem Volk erträglich.
Solange König Josia regierte,
herrschte noch Frieden im Land.

Aber nach Josias Tod
ging es mit Juda zusehends bergab.
Inzwischen herrschte sein Sohn
Jojakim über das Land Juda.

Zu dieser Zeit sprach Gott zu Jeremia:
Geh zum Tor am Haus Gottes
und predige dort mein Wort!

26,1

7,1f
26,2

Da machte sich Jeremia auf,
stellte sich in das Tor
am Vorhof des Tempels
und mit lauter Stimme rief er:

Hört, ihr Leute aus Juda,
die ihr zum Gottesdienst kommt!
Hört das Wort,
das Gott, der Herr, zu euch spricht:
Bessert euer Leben!
Lasst ab von euren bösen Wegen
und Taten!
Dann will ich an diesem Ort
bei euch wohnen!
Verlasst euch nicht auf Lügner,
die euch vorsagen:
„Hier ist der Tempel des Herrn!

7,3

Hier ist der Tempel des Herrn!
Hier ist der Tempel des Herrn!" 7,4
Sondern bessert euer Leben und Tun!
Sorgt, dass kein Unrecht geschieht!
Tut den Fremden, Waisen
und Witwen kein Unrecht
und vergießt nicht unschuldiges Blut!
Dann wird Gott für immer
unter euch wohnen. 7,5ff

Aber seht, was ihr tut:
Ihr verlasst euch auf Lügenworte
und hört nicht auf Gottes Gebote.
Ihr stehlt, mordet, brecht die Ehe
und vor Gericht sagt ihr falsch aus.
Ihr opfert dem Baal
und anderen Göttern. 7,8f
Darauf kommt ihr in mein Haus,
das nach meinem Namen genannt ist,
und sprecht: Hier sind wir sicher.
Aber danach macht ihr weiter wie vorher! 7,10
Was macht ihr aus meinem Haus?
Was ist es in euren Augen?
Eine Räuberhöhle?
Ein Versteck für Verbrecher?
Aber ich sehe es, spricht der Herr. 7,11
Nicht mehr lange,
dann wird dieser Tempel zerstört,
wie das Haus Gottes in Silo, Ps
weil ihr nicht auf mich hört. 78,60

Kaum hatte Jeremia geendet,
brach am Tor ein Tumult aus.
Die Priester und Tempelpropheten
stürzten sich auf ihn.
„Unerhört!", riefen sie wütend,
„Wie kannst du sagen:
Dieser Tempel wird bald zerstört?
Das musst du mit dem Leben bezahlen."
„Ja", schrien alle, „sterben musst du!" 26,7ff
Der ganze Vorhof war erfüllt
von ihrem Geschrei.
Der Lärm drang bis
zur Burg des Königs hinüber.
Und sogleich eilten die Richter
und Ratgeber des Königs herbei.
„Was ist geschehen?",
fragten sie die wütende Menge.
Sie setzten sich ins Gerichtstor,
um die Leute anzuhören. 26,8ff

Da brachten die Priester
und Tempelpropheten ihre Anklage vor:
„Der Mann muss sterben.
Denn er behauptet: Diese Stadt
mitsamt dem Tempel wird bald zerstört.
Ihr habt es mit eigenen Ohren gehört." 26,11

Doch Jeremia antwortete ruhig:
„Gott hat mich zu euch gesandt.
Er hat mir befohlen,
euch diese Botschaft zu sagen.
So bessert euer Leben
und hört auf den Herrn euren Gott!
Dann wird er das Unheil
von euch abwenden. 26,13
Ich bin zwar in eurer Gewalt.
Ihr könnt mit mir machen,
was euch gefällt.
Aber wenn ihr mich tötet,
macht ihr euch schuldig.
Denn Gott ist es,
der mich zu euch gesandt hat." 26,12ff

Da sprachen die Ältesten
zu dem versammelten Volk:
„Wenn wir Jeremia jetzt töten,
laden wir große Schuld auf uns. 26,19
Erinnert ihr euch
an den Propheten Micha?
Er lebte zur Zeit des Königs Hiskia.
Der sagte diesem Gotteshaus
auch Unheil voraus.
Aber der König und das Volk
hörten auf ihn.
Niemand dachte damals daran,
den Propheten zu töten.
Da wandte Gott das Unglück
von seinem Volk ab." 26,17ff

Als die Richter das hörten,
verkündeten sie:
„Dieser Mann hat nichts getan,
was den Tod verdient hat.
Denn was er gesagt hat,
hat er im Auftrag Gottes gesagt." 26,16

So ließen sie Jeremia ziehen.
Und niemand wagte noch,
Hand an den Propheten zu legen. 26,24

In dieser Erzählung – eine Kombination von Jer 7 und 26 – erfahren wir zum ersten Mal etwas über Jeremias öffentliches Auftreten und über die Reaktion auf seine Gerichtsbotschaft. Schauplatz ist der Tempel zu Jerusalem. Hier hält der Prophet seine berühmte „Tempelrede", vermutlich am Tor, das vom äußeren in den inneren Vorhof führt. Seine Rede ist auf den Anfang der Herrschaft Jojakims, des Sohnes Josias, datiert (608–598 v.Chr.). Ihr geht ein langes Schweigen des Propheten voraus. Als Grund seines Schweigens wird die Kultreform des Königs Josia vermutet (622 v.Chr.). Unter Berufung auf das Gesetzbuch Moses (= Deuteronomium) und insbesondere auf das sog. „Zentralisationsgesetz" (Dtn 12) hat Josia zuvor alle Kultstätten im Land zerstören lassen und den Tempel zu Jerusalem zur alleinigen Gottesdienststätte erhoben.

Hier, am Zentrum des Glaubens Israels, setzt Jeremia an. Seine Rede richtet sich nicht etwa gegen den Tempel an sich, sondern gegen das Verhalten der Menschen, die sich am Tempel in falscher Sicherheit wiegen. Diese verstehen sich als Gottes erwähltes Volk und betrachten den Tempel als Garanten ihrer Erwählung. Mit ihrem beschwörenden Ruf „Hier ist der Tempel des Herrn" (7,4) verlassen sie sich darauf, dass Gott mitten unter ihnen wohnt.

Dagegen hält ihnen Jeremia vor Augen: Gottes Gegenwart ist nicht an den Tempel gebunden. Er ist frei, sich von seinem Volk zurückzuziehen, wenn dieses seine Gebote verachtet, wenn es nicht das ganze Leben auf Recht und Gerechtigkeit baut und sich nicht der Armen erbarmt. Gottes Gericht macht auch vor diesem heiligen Ort nicht halt, wenn sein Volk ihn als „Räuberhöhle" missbraucht, in der die Reichen unter dem Schein der Frömmigkeit ungestört ihren dunklen Machenschaften nachgehen können.

Jeremias Tempelrede bedeutet für seine Hörer eine unerhörte Provokation, nicht nur, weil er den Missbrauch des Gottesdienstes anprangert und die Scheinfrömmigkeit seiner Besucher entlarvt. Was insbesondere die Priester empört, ist die Ankündigung der Zerstörung des Tempels. Ja, dass er es wagt, den Tempel mit dem Haus Gottes in Silo zu vergleichen, das vermutlich bei dem Einfall der Philister bis auf den Grund zerstört wurde (1. Sam 4 / Ps 78,60). Für sie ist es undenkbar, dass sich der heilige Gott jemals von seiner heiligen Stätte zurückziehen könnte. Nach ihrem Urteil bedeuten Jeremias Worte Gotteslästerung, auf die die Todesstrafe steht (26,11). Dass Jeremia dennoch vor der Volkswut und dem Zorn der Priester bewahrt bleibt, ist allein dem weisen Rat der Ältesten und dem Urteil der Richter zu verdanken. Hier bewahrheitet sich, was Jeremia bei seiner Berufung von Gott zugesagt wurde: „Sie werden gegen dich kämpfen, aber dennoch nichts gegen dich ausrichten; denn ich bin bei dir, dass ich dich errette, spricht der Herr" (1,19).

„WAS KANN MICH NOCH TRÖSTEN?"
Jeremia 7,16–9,23

Dies ist das Wort Gottes,
das an Jeremia erging,
nachdem dieser am Tor des Tempels
das Volk zur Umkehr gerufen hatte:

Siehst du nicht, was dieses Volk
auf allen Straßen Jerusalems
und in allen Gassen öffentlich treibt? 7,17
Die Kinder sammeln
Holz für ein Opfer.
Die Väter zünden es an
und die Mütter bringen das Opfer
für die Himmelskönigin dar. 7,18
Darum sollst du nicht
für sie beten
und nicht im Gebet
für sie eintreten.
Denn ich werde nicht
auf dich hören. 7,16

Denn so spricht der Herr Zebaoth
über dies Volk:
Als ich eure Väter aus Ägypten führte,
habe ich keine Opfer verlangt,
sondern ich habe ihnen geboten:
Hört auf mein Wort
und bleibt auf meinem Weg,
so will ich euer Gott sein
und ihr sollt mein Volk sein. 7,22f
Aber sie wollten nicht hören.
Auch jetzt hört mein Volk nicht,
sondern treibt es schlimmer
als seine Vorfahren. 7,26

Warum will sich dieses Volk
noch weiter abkehren?
Warum hält es noch immer
an seinem Irrtum fest?
Warum kehren sie nicht um? 8,5
Ein Storch weiß seine Zeit.
Die Taube, die Schwalbe
und auch der Kranich
kehren beizeiten heim.
Aber mein Volk
will meine Ordnung nicht wissen. 8,7

Was kann mich denn noch trösten
in meinem Schmerz?
Mein Herz in mir ist krank. 8,18
Aus fernem Land dringt der Schrei
meiner geliebten Tochter zu mir.
Sie ruft: Ist denn der Herr
nicht mehr Gott auf dem Berg Zion? 8,19
Es tut mir im Herzen weh,
wenn ich sehen muss,
wie mein Volk so zerschlagen ist. 8,21
Darüber bin ich entsetzt
und gräme mich.
Gibt es denn keine Salbe
für mein geplagtes Volk?

Warum werden seine Wunden nicht heil? 8,22
Ach, hätte ich doch genug Tränen
in meinen Augen!
Ich würde Tag und Nacht
ihre Toten beweinen. 8,23

Oder hätte ich eine Hütte
irgendwo in der Wüste!
Dann würde ich dorthin ziehen
und mein Volk verlassen.
Denn sie alle sind treulos. 9,1
Sie brechen die Ehe und üben Gewalt.
Ein Bruder überlistet den andern
und ein Freund verleumdet den andern. 9,2ff
Sie lügen und betrügen
und wollen nichts von mir wissen.
Darum will ich Jerusalem
und alle Städte
in Juda zur Wüste machen. 9,10

Wer ist so weise, dass er das versteht?
Ein Weiser rühme sich nicht,
dass er weise ist,
Ein Starker rühme sich nicht,
dass er stark ist.
Sondern wer sich rühmen will,
der rühme sich, dass er mich kennt
und weiß, dass ich der Herr bin,
der Gerechtigkeit und Barmherzigkeit
auf Erden übt. 9,22f

So sprach Gott der Herr zu Jeremia.
Seine Klage vermischte sich
mit der Klage seines Propheten.
Noch wiegte sich das Volk in Sicherheit.
Aber nicht mehr lange,
dann würde das Unglück eintreten,
das Gott seinen Propheten
schon jetzt schauen ließ. 9,24f

„Bessert euer Leben!" So hat Jeremia in seiner Tempelrede mehrfach dem Volk zugerufen. Aber sein Ruf ist verhallt. War nicht alles vergeblich? Nach der dramatischen Szene im Vorhof des Tempels gewähren die folgenden Kapitel einen Blick hinter den Vorhang. Sie lassen den Propheten am Schmerz Gottes um sein verlorenes Volk teilhaben. Dabei ist die Klage Gottes so eng mit der Klage Jeremias verwoben, dass beides nicht voneinander zu unterscheiden ist. Es ist die Klage über die Untreue des Volkes, das sich hartnäckig weigert, auf Gottes Gebote zu hören und fortwährend dessen Liebe verletzt. Es ist zugleich auch die Klage über den trostlosen Zustand seines Volkes. Sie nimmt das kommende Unheil schon vorweg. So menschlich nah und von Emotionen überwältigt offenbart sich Gott in seinem Leiden an seinem geliebten Volk, dass es mit unserer Vorstellung eines allmächtigen Gottes kaum vereinbar scheint.

Außer Jeremia hat nur noch Hosea Gottes Leiden an seinem Volk so eindrucksvoll dargestellt (Hos 5,11ff).

IN ANATOT
Jeremia 11–15

Jeremia war in Jerusalem
kein Unbekannter mehr.
Seit seiner Rede im Tempel
hatte er viele Feinde in der Stadt.
Aber auch zu Hause,
in seiner Heimatstadt Anatot,
war er nicht mehr willkommen.

Wenn er durch die Straßen ging,
trafen ihn überall gehässige Blicke.
Selbst seine Freunde und Nachbarn
zogen sich von ihm zurück.
Auch seine nächsten Verwandten
redeten hinter seinem Rücken.   12,6
Einige Männer drohten ihm sogar
auf offener Straße:
„Schweig endlich!
Rede nicht mehr von Gott!"
Sie nahmen sich sogar vor,
Jeremia heimlich zu töten.
Aber Gott warnte seinen Propheten.   11,18ff

In jenen Tagen
entstand dieses Klagegebet,
das Jeremias verzweifelte Lage verrät:

> „Der Herr offenbarte mir,
> was die Leute von Anatot
> gegen mich planen.
> Ahnungslos bin ich
> in ihre Fänge geraten,
> so ahnungslos wie ein Lamm,
> das zur Schlachtung geführt wird.
> Denn sie haben sich heimlich getroffen
> und miteinander beschlossen:
> ‚Kommt, wir legen ihn um!
> Wie einen Baum
> voller Saft und Kraft,

> so bringen wir ihn zu Fall
> und rotten ihn aus dem Land
> der Lebendigen aus.
> Sein Name soll für immer
> ausgelöscht sein.'   11,19
> Aber der Herr Zebaoth
> ist ein gerechter Richter.
> Herr, du prüfst Herz und Nieren.
> Nimm dich meiner Sache an!
> Lass nicht zu, dass mein Feind
> über mich triumphiert!"   11,20

„Ich will es tun",
sprach Gott zu seinem Propheten.
„Ich will die Leute von Anatot
zur Rechenschaft ziehen.
Bald kommt die Zeit,
da werden ihre Söhne
durchs Schwert umkommen
und ihre Töchter vor Hunger sterben."   11,22

Aber nichts geschah.
Die Leute von Anatot lebten
weiter so unbekümmert wie zuvor.
Verzweifelt wartete Jeremia darauf,
dass Gott endlich eingriff.
Er klagte und rang mit Gott im Gebet:

> „Ja, Herr, ich weiß:
> Wenn ich dich auch anklage,
> so behältst du am Ende doch recht.
> Aber ich begreife dich nicht:
> Warum geht es denen so gut,
> die nicht nach dir fragen?
> Sie leben sorglos dahin   12,1
> und kümmern sich nicht darum,
> wie es anderen ergeht.
> Du lässt sie wachsen

und Früchte ernten.
Du bist in ihrem Mund,
aber fern von ihren Herzen. 12,2
Mich aber, Herr, kennst du
und prüfst mein Herz.
Ich bitte dich: Sondere sie aus
und nimm sie hinweg! 12,3
Wie lange noch soll das Land
unter ihrem bösen Tun leiden?
Sieh, das Land trocknet aus.
Das Gras verdorrt auf der Weide.
Vieh und Vögel siechen dahin.
Wie lange noch?
Aber sie reden sich ein:
Gott weiß es nicht.
Er fragt nicht danach,
was aus uns wird." 12,4

Aber Gott sprach zu Jeremia:
„Wirst du schon müde,
wenn du mit dem Fußvolk gehst?
Wie willst du dann
mit schnellen Pferden Schritt halten?
Wenn du jetzt schon klagst,
wo du doch sicher bist,
wie willst du dann in Zukunft bestehen?
Sieh, du kannst nicht mehr
deiner eigenen Familie vertrauen.
Sie schreien hinter dir her.
Darum trau ihnen nicht,
wenn sie dir auch freundlich begegnen." 12,6

Da ahnte Jeremia:
Dies war erst der Anfang
seines einsamen Weges.
Ihm standen in Zukunft noch
viel größere Leiden bevor.

Mit Jeremias öffentlichem Auftritt am Tempel beginnt auch seine Leidensgeschichte. Unter seinen Widersachern stehen an erster Stelle seine früheren Freunde und Bekannte in seiner Heimatstadt Anatot. Ihr Komplott gegen Jeremia überrascht, da die Männer von Anatot in Kap. 1,18 gar nicht unter den Feinden Jeremias aufgeführt werden. Aber gerade an ihrem Beispiel wird deutlich: Kein Mensch kann sich von Schuld freisprechen. Alle, sogar die allernächsten Freunde und Verwandten müssen sich im Spiegel Jeremias und seiner Botschaft als Feinde Gottes erkennen. So ist auch Jeremias Klagegebet zu verstehen, das erste von insgesamt fünf Klagegebeten (= „Konfessionen"), die sich im Buch Jeremia finden. Formal handelt es sich hierbei um eine typische Feindklage, die inhaltlich etwa an Psalm 55 erinnert („Wenn mein Feind mich schmähte, so wollte ich es ertragen ... aber nun bist du es, mein Freund!" 55,13f), aber im 2. Teil des Gebets (12,1ff) wird deutlich: Hier geht es nicht nur um das persönliche Leid, das dem Propheten in seiner Heimatstadt widerfährt. Vielmehr stellt sich angesichts des erfahrenen Widerspruchs die grundsätzliche Frage nach Gott und seiner Gerechtigkeit. Warum lässt Gott zu, dass es den Gottlosen so gut geht und andere unter ihnen leiden müssen? Es ist die bekannte Theodizeefrage, die sogar einen Propheten wie Jeremia in eine tiefe existenzielle Krise stürzen kann. Aber Gottes Antwort zeigt auf: Gott ist keinem Menschen, auch nicht seinem Boten, Rechenschaft über sein Tun schuldig. Stattdessen offenbart Gott seinem Propheten, was ihn in Zukunft erwarten wird. Sein Weg wird ihn in immer tieferes Leiden und in immer größere Einsamkeit führen. Jeremia darf nicht einmal heiraten und Kinder zeugen (16,1f). Aber weil es Gottes Weg ist, muss und kann er ihn gehen – allen Widerständen zum Trotz.

Ob die Evangelisten den Weg Jeremias vor Augen hatten, als sie den Weg Jesu und den wachsenden Widerstand gegenüber seiner Person und Botschaft beschrieben, angefangen bei seiner Predigt in seiner Heimatstadt Nazareth (Lk 4,28f) bis hin zu seinem Gebet und seiner Gefangennahme im Garten Gethsemane (Lk 22,39–53 par)?

DER GÜRTEL
Jeremia 13–15

Zu jener Zeit sprach Gott
zu Jeremia: „Kauf dir
einen Gürtel aus Leinen.
Binde ihn um deine Hüften
und wandere damit zum Euphrat.
Dort sollst du den Gürtel
in einem Felsspalt verwahren."

Da machte sich Jeremia auf
und versteckte den Gürtel
in einem Felsspalt am Fluss,
wie Gott ihm befohlen hatte. 13,1ff

Nach vielen Tagen
holte Jeremia den Gürtel
wieder aus dem Felsspalt hervor.
Aber der Gürtel war ganz verdorben.
Er taugt nichts mehr,
sagte sich Jeremia.
Was soll ich mit ihm?
„Siehst du", sprach Gott.
„Genauso ergeht es mir
mit meinem Volk:
Ich habe es um mich gelegt
wie einen kostbaren Schmuck.
Aber nun taugt es nichts mehr,
so wenig wie dieser Gürtel." 13,6ff

Zur selben Zeit suchte
eine schwere Dürre das Land heim.
Alle Felder und Wiesen
waren von der Sonne versengt.
Verlassen und öde lag das Land da.

In allen Städten Judas
hungerten die Menschen
auf den Straßen und Gassen.
Sie kauerten auf der Erde,
seufzten und klagten.
Doch niemand gab ihnen
Wasser und Brot.

Selbst die Reichen
schickten ihre Knechte
auf die Suche nach Wasser.
Doch alle Brunnen waren längst leer.

Auch draußen auf den Feldern
verhüllten die Bauern ihr Haupt
vor Trauer und Schmerz. 14,1ff
Vergeblich suchte ihr Vieh
auf den vertrockneten Wiesen nach Gras. 14,5
Sogar die Wildesel
schnappten nach Luft.
Ihre Augen erloschen,
weil nichts Grünes mehr wuchs. 14,6

Da schrien die Menschen zu Gott.
Sie klagten und flehten ihn an:
„Ach Herr, wir haben unrecht getan.
Unsere Schuld klagt uns an.
Aber du bist die Hoffnung Israels,
sein Retter in Not.

Warum stellst du dich wie ein Fremder,
als ginge dich das alles nichts an?
Warum gibst du dich wie einer,
der uns nicht helfen kann?
Du bist doch unter uns,
und wir heißen nach deinem Namen.
Verlass uns nicht!" 14,7–9
Und sie baten Jeremia:
„Bete für uns!"

Aber Gott sprach zu Jeremia:
„Bitte nicht für sie! 14,11
Selbst wenn Mose oder Samuel
für sie einträten –
ich würde nicht auf sie hören. 15,1
Schick sie wieder weg
und richte ihnen aus:
‚Wer soll denn noch Mitleid
mit dir haben, Jerusalem? 15,5
Denn du hast mich verlassen
und bist abgefallen von mir.'" 15,6

So sprach Gott zu Jeremia.
Vergeblich wartete der Prophet
auf ein Trostwort von Gott.
Wie ein Verdurstender
schrie er nach ihm:

„Ach Herr, du weißt es.
Denke an mich!
Dein Wort verschlang ich,
sooft ich es empfing.
Ja, dein Wort ist für mich
Freude und Trost,
denn ich bin ja
nach deinem Namen genannt.   15,16ff
Sieh doch, einsam und gebeugt
komme ich daher.
Warum dauert mein Leiden so lang?
Warum ist meine Wunde so schlimm,
dass sie nicht heilen will?
Du bist für mich
wie eine versiegende Quelle,
die kein Wasser mehr geben will."   15,15ff

Doch während Jeremia noch klagte,
brach Gott sein Schweigen.
Er sprach zu Jeremia:

„Wenn du umkehrst zu mir,
kehre ich mich wieder zu dir.
Dann sollst du mein Prophet bleiben.
Mein Mund sollst du sein.
Denn ich mache dich heute
zur festen Mauer für dieses Volk,
zu einer Mauer aus Erz.
Wenn sie auch gegen dich anrennen,
werden sie dich dennoch nicht stürzen.
Denn ich bin bei dir.
Ich will dich bewahren und retten."   15,19f

Da schöpfte Jeremia Mut
und machte sich erneut auf den Weg,
um allen Gottes Wort weiterzusagen.

Mit dem verdorbenen Gürtel beginnt eine Reihe von Zeichenhandlungen, die Jeremia im Auftrag Gottes auszuführen hat. Sie sind bezeichnend für Jeremia, der auch nicht vor drastischen Symbolhandlungen zurückscheut (z.B. Jer 28). In diesem Fall richtet sich allerdings die Botschaft des Gürtels nur an den Propheten selbst. Der Gott Israels, der sich mit seinem Volk geschmückt hat wie mit einem kostbaren Schmuckstück, muss es verwerfen, weil es unbrauchbar geworden ist. Unter diesem Vorzeichen kann auch die Dürrekatastrophe nur als Gericht Gottes verstanden werden. Auch der Prophet wird von seinem Gericht miterfasst. Er leidet mit seinem Volk, darf aber nicht in Fürbitte für das Volk eintreten, obgleich die Fürbitte eigentlich zum Mittleramt des Propheten gehört.

Anders als etwa bei Abraham (Gen 18,16ff), Mose (Ex 32,31ff), Samuel (1 Sam 12,23) oder auch bei Amos (7,2.5) wird Jeremia ausdrücklich untersagt, in Fürbitte für sein Volk einzutreten. Selbst das Bußgebet des Volkes (14,7–9.19ff) ändert daran nichts. Es verrät keine echte Umkehr. Jeremia muss schweigen.
Aber noch härter trifft Jeremia das Schweigen Gottes. „Du bist mir wie eine Quelle geworden, die nicht mehr fließen will", so klagt Jeremia in seiner 3. Konfession (15,15ff). In dieser Klage drückt sich erneut der Zweifel an seinem Auftrag aus. Denn was ist ein Prophet, wenn Gott nicht mehr zu ihm spricht? Aber Gottes Antwort bestätigt den Propheten aufs Neue in seinem Amt – und zwar mit denselben Worten wie bei seiner Berufung (1,18f)!

DER KRUG
Jeremia 18–20

Bald darauf verbreitete sich
in Jerusalem das Gerücht:
Der König von Babylon
rückt mit seinem Heer nach Westen vor.
Aber noch ahnte niemand,
welche Gefahr der Stadt drohte.

In jenen Tagen sprach Gott zu Jeremia:
„Mach dich auf!
Geh in die untere Stadt
zum Haus des Töpfers!
Dort will ich dir mein Wort sagen." 18,1ff

Da suchte Jeremia den Töpfer auf.
Behutsam formten dessen Hände
aus feuchtem Ton ein Gefäß.
Aber der Ton entglitt ihm
zwischen den Fingern.
Da drückte der Töpfer
den Ton wieder zusammen
und machte daraus ein neues Gefäß,
das ihm besser gefiel. 18,4
Jeremia sah stumm zu.
Plötzlich war es ihm,
als hörte er Gottes Stimme:

Wie der Ton in des Töpfers Hand,
so seid ihr in meiner Hand.
Kann ich es mit diesem Volk
nicht ebenso machen?
Bald reiße ich ein Volk aus,
ja, ich reiße ein und zerstöre.
Doch wenn es umkehrt zu mir,
dann lasse ich das Unheil
nicht über sie kommen. 18,5ff
So geh nun zu den Leuten von Juda
und zu denen, die in Jerusalem wohnen!
Sag ihnen: So spricht der Herr:
Bald bricht ein großes Unglück
über euch alle herein.
Darum kehrt um!
Lasst ab von euren verkehrten Wegen!
Bessert euer Leben und Tun! 18,11
Aber sie werden dir antworten:
Nein, wir wollen so leben,
wie es uns selbst gefällt. 18,12

Wer hat je so gräuliche Taten gehört,
wie dieses Volk tut?
Schmilzt denn der Schnee so schnell,
wie mein Volk mich vergisst?
Aber ihr Land soll zur Wüste werden. 18,13ff
Ich will seine Bewohner zerstreuen
und will ihnen den Rücken kehren
und sie nicht mehr ansehen,
wenn das Unglück über sie kommt. 18,17

„Ach Herr", antwortete Jeremia,
„sie werden nicht auf mich hören.
Sie planen sogar einen Anschlag auf mich. 18,18
Herr, hilf! Hab acht auf mich
und höre, was diese gegen mich sagen! 18,19
Denke doch daran,
wie ich für sie eingetreten bin.
Ja, Herr, du kennst ihre Vorhaben.
Du weißt auch,
dass sie mich umbringen wollen." 18,18ff

Da sprach Gott zu Jeremia:
„Geh noch einmal zum Töpfer!
Kauf dir einen Tonkrug
und geh mit ihm
zu den führenden Männern der Stadt!
Fordere sie auf:
Kommt mit mir zum Tal Hinnom!
Dort sollst du ihnen die Worte sagen,
die ich dir verkünde." 19,1ff

Da tat Jeremia, was Gott ihm befahl.
Er führte die Männer zum Scherbentor
am äußersten Ende der Stadt.
Dahinter lag das Hinnomtal.
Aller Unrat der Stadt
war dort aufgehäuft.
Und mittendrin auf einer Anhöhe,
Tofet mit Namen, stand ein Altar,
der Baal geweiht war. 19,6
Ein übler Gestank wie von Leichen
stieg von ihm zum Himmel empor.
Auf diesem Altar wurden Baal
gräuliche Opfer dargebracht.
Man erzählte sich sogar,
an diesem Ort

würden auch Menschen geopfert.
Dort hielt Jeremia an.
Und mit drohender Stimme rief er:
„Ihr Könige von Juda
und ihr Bürger von Jerusalem,
hört alle her!
So spricht Gott der Herr: 19,3
Bald bricht über diesen Ort
ein furchtbares Unglück herein.
Es wird so schrecklich sein,
dass euch die Ohren gellen.
Denn mein Volk hat mich verlassen.
Es hat an diesem Ort
gräuliche Opfer dargebracht.
Darum wird dieses Tal
bald voller Leichen liegen.
Nicht mehr Hinnomtal,
sondern Tal des Todes
wird man es nennen." 19,3ff

Jeremia hob den Krug hoch
und zerschmetterte ihn
vor aller Augen.
„Seht her!", rief er.
„So spricht Gott der Herr:
Wie dieser Tonkrug
in tausend Stücke zerbricht,
dass er nicht wieder heil werden kann,
so will ich diese Stadt zerbrechen.
Und wie dieses unreine Tal,
sollen auch eure Häuser unrein werden,
sodass niemand mehr
darin wohnen wird." 19,10ff

So sprach Jeremia.
Danach ließ er die Männer stehen
und ging zum Vorhof des Tempels.
Dort rief er vor dem versammelten Volk:
„So spricht Gott der Herr Zebaoth:
Bald bricht ein großes Unheil
über die Stadt herein
und über alle Städte in Juda,
weil sie nicht auf mich hören." 19,14f

Aber kaum hatte er geendet,
packte ihn Pashur, der Priester
und Vorsteher des Tempels,
schlug ihm ins Gesicht,
ließ ihn festnehmen
und in den Block legen. 20,1f

Eine ganze Nacht lang
lag der Prophet gefangen,
in einen Holzblock geklemmt,
von allen Menschen verlassen.
Seine Hände und Füße schmerzten.
Aber niemand war da,
der auf ihn hörte.

In dieser Nacht wäre Jeremia
fast am Leben zerbrochen.
Er schrie, er rang mit Gott im Gebet.
Verzweifelt brach seine Klage
aus ihm hervor:

*„Herr, du hast mich verführt,
und ich ließ mich verführen.
Dein Wort hat mich gepackt.
Ich kann mich nicht wehren.
Alle spotten über mich.
Sie lachen mich aus.
Wenn ich predige,
muss ich schreien:
Unrecht! Gewalt!
Aber sie schütten nur ihren Hohn
über dein Wort aus.
Doch wenn ich mir vornehme:
Ich rede nicht mehr von Gott,
dann brennt es in meinem Herzen
wie loderndes Feuer.
Ich halte es nicht mehr aus.
Sogar meine Freunde
verschwören sich gegen mich.
Sie lauern mir auf.
Sie wollen sich an mir rächen.* 20,7ff

*Aber der Herr ist bei mir.
Wie ein starker Held
steht er mir bei.
Herr, auf dich verlasse ich mich.
Singt dem Herrn und lobt ihn!
Denn er rettet die Armen
vor ihren Verfolgern.
Aber verflucht ist der Tag,
an dem meine Mutter
mich geboren hat!
Warum bin ich aus dem Leib
meiner Mutter gekommen,
wenn ich doch mein Leben
in Elend und Schande
zubringen muss?"* 20,11ff

Am nächsten Morgen
wurde Jeremia endlich
von Pashur befreit.
Aber Jeremia sprach zu ihm:
„Pashur heißt du.
Doch Gott nennt dich ‚Grauen',
denn mit eigenen Augen wirst du
das Grauen erleben.

Bald wird dich der König von Babel
mit deiner ganzen Familie
nach Babel verschleppen." 20,6

So sprach Jeremia.
Von diesem Tag an wurde er nicht mehr
im Vorhof des Tempels gesehen. 36,5

Diese Doppelszene gibt ein eindrucksvolles Beispiel für Jeremias Leiden an seinem Auftrag. Sie zeigt zwei Schwerpunkte:
(1) Das Töpfergleichnis:
Im Bild des Töpfers wird dem Propheten plastisch die Freiheit Gottes vor Augen geführt. Wie dieser Töpfer, so ist Gott frei, sein missratenes Werk (d.h. sein Volk) wieder zu zerstören, um daraus Neues entstehen zu lassen, oder – wie es in Anlehnung an Jer 1,10 heißt – Gott kann „ausreißen" und „einreißen", aber auch „bauen" und „pflanzen", wie er möchte (18,7.9). Mit diesem Bild verbindet sich der dringliche Ruf zur Umkehr, den Jeremia im Auftrag Gottes dem Volk verkünden soll (18,11). Aber Jeremia muss die bittere Erfahrung machen: Das Volk wird sich nicht umwandeln lassen wie ein missratener Tonkrug.
Dieses Töpfergleichnis offenbart nicht nur die Souveränität und Freiheit Gottes, sondern vor allem seinen Schmerz über sein missratenes Werk. An diesem Schmerz hat auch der Prophet teil. Jeremia leidet mit Gott an der Gottvergessenheit und an dem Widerspruch des Volkes. Davon zeugt die 4. „Konfession" (18,18ff). Sie zeigt, wie Jeremias Botschaft den Propheten immer mehr isoliert.

(2) Der zerbrochene Krug:
Schauplatz dieser Zeichenhandlung ist das Tal Ben-Hinnom. Dieses Tal gilt zur Zeit Jeremias als Inbegriff der Unreinheit und Abgötterei. Es dient nicht nur als Mülldeponie, sondern vor allem als Opferstätte für den Molochkult, einen Totenkult, bei dem auch Menschenopfer keine Seltenheit sind. Für Jeremia bedeutet dies die schlimmste Form von Abgötterei. Allein schon der Name der Kultstätte („Tofet") weckt die Erinnerung an die „Gräuel", zu denen sich das Volk hat hinreißen lassen. An diesem Ort kündet Jeremia unter Zeugen das Gericht Gottes an. Ja, er unterstreicht die Endgültigkeit des Gerichts noch zusätzlich durch den zerbrochenen Krug.

Diese drastische Gerichtspredigt muss Widerspruch hervorrufen. Jeremia erlebt und erleidet ihn am eigenen Leib. Mit seiner Festnahme im Tempel beginnt der Leidensweg des Propheten, der ihn immer mehr in die Tiefe führen wird. Aber am Anfang des Leidensweges steht Jeremias 5. Klagegebet (20,7ff). Diese Klage ist das erschütterndste Zeugnis aus dem Mund des Propheten. In ihm offenbart Jeremia sein verzweifeltes Ringen mit Gott und sein Leiden an seinem Auftrag. Gott erscheint ihm als Feind, sein Leben scheint sinnlos. Der Mutterleib, Zeichen neuen Lebens und Erinnerung an Jeremias Erwählung (1,5), wird ihm zum Fluch. Wie Hiob (Hi 3,1ff) verflucht er den Tag seiner Geburt. Aber in seinem Ringen erfährt Jeremia die Macht des Wortes Gottes neu an sich selbst. Gegen alle eigenen Zweifel kann er dennoch bekennen: „Aber der Herr ist bei mir wie ein starker Held"(20,11).

Die vorliegende Erzählung enthält keine Zeitangabe. Aber die Gerichtsbotschaft, die zum ersten Mal explizit Babylon erwähnt, lässt auf die Zeit Jojakims schließen. In dieser Zeit schickt sich die babylonische Weltmacht an, nach ihrem Sieg über die Assyrer (612 v.Chr.) und die Ägypter (605 v.Chr.) unter ihrem König Nebukadnezar die Gebiete im Westen zu erobern. Aber König Jojakim scheint den Ernst der Stunde noch nicht zu erfassen. Stattdessen paktiert er mit den Ägyptern. Auf diesem Hintergrund ist Jeremias scharfe Kritik an Jojakim zu verstehen (Jer 22 und 36).

DIE SCHRIFTROLLE
Jeremia 36 und 22f

Um Jeremia war es still geworden.
Nur noch selten hörte man
seine Stimme in Jerusalems Gassen.
Sogar seine Freunde
hatten ihn längst verlassen.
Auch der Zugang zum Tempel
war ihm inzwischen verwehrt.
Zwar hielten viele
heimlich zu dem Propheten.
Aber öffentlich standen
nur noch wenige zu ihm.
Einer von ihnen war Baruch,
ein junger Mann, furchtlos und klug,
im Schreiben und Lesen geschult.
Er wurde Jeremias Schüler
und engster Vertrauter.

In jenen Tagen
sprach Gott zu Jeremia:
„Nimm eine Schriftrolle
und schreib darauf alle Worte,
die ich zu dir geredet habe,
vom ersten Tag an bis heute.
Vielleicht werden die Leute umkehren
von ihren verkehrten Wegen,
wenn sie die Worte hören.
Dann will ich ihre Sünde vergeben." 36,2f

Da rief Jeremia seinen Freund Baruch
und diktierte ihm alle Worte,
die er von Gott empfangen hatte,
Und er befahl ihm: „Du weißt,
ich darf das Haus Gottes
nicht mehr betreten.
Du aber geh und lies
dem versammelten Volk
alle Worte aus der Schriftrolle vor.
Vielleicht werden sie sich bekehren,
wenn sie die Worte hören,
bevor Gottes Gericht über sie kommt." 36,4ff

Und so geschah es:
Im fünften Regierungsjahr Jojakims
wurde ein Buß- und Fastentag ausgerufen.
Aus dem ganzen Land strömten
die Leute zum Tempel,
um vor Gott ihre Schuld zu bekennen.
Plötzlich erschien Baruch im Vorhof.
In seiner Hand hielt er die Schriftrolle.
Und vor allen Ohren las er vor,
was ihm Jeremia diktiert hatte. 36,9f

Da horchten die Leute auf,
als sie die Worte hörten.
Und einer von ihnen,
Michaja mit Namen,
lief schnell zum Königspalast.
Dort war gerade der Hofrat versammelt.
Aufgeregt meldete er den Ministern:
„Im Tempel, da ist einer,
der liest aus einer Schriftrolle vor.
Darin steht eine Botschaft von Gott."
„Was?", riefen die Minister entsetzt.
„Auf, holt den Mann her!
Wir müssen wissen,
was in der Schrift steht." 36,13f

Wenig später erschien Baruch
vor der versammelten Runde.
„Komm, setz dich und lies!",
befahlen sie Baruch.
„Lies alles, von Anfang bis Ende.
Wir wollen es hören." 36,15

Da begann Baruch zu lesen:

„Höre das Wort des Herrn,
du König von Juda,
mit all deinen Fürsten
und deinem Volk!
So spricht der Herr:
Schafft Recht!
Sorgt für Gerechtigkeit!
Helft den Unterdrückten,
Bedrängt nicht Fremde,
Waisen und Witwen!
Tut niemand Gewalt an!
Und lasst keinen Unschuldigen leiden!
Sonst will ich die Stadt des Königs
zur menschenleeren Wüste machen.
Fremde Völker
werden über sie herfallen

und es wird keinen König mehr geben. 22,2ff
Meinst du etwa, du seist König,
nur weil du dich
mit Zedern schmückst?
Du siehst nur auf deinen Gewinn,
vergießt unschuldiges Blut
und unterdrückst dein Volk mit Gewalt.
Darum spricht Gott der Herr
über Jojakim, den König von Juda:
Man wird seinen Tod nicht beklagen.
Wie ein Esel wird er begraben. 22,15
Ich habe es dir vorhergesagt,
als es noch gut um dich stand.
Aber du wolltest nicht hören.
O Land, Land, Land,
höre des Herrn Wort!" 22,29

Als aber die Minister die Worte hörten,
erschraken sie und riefen entsetzt:
„Das müssen wir dem König melden." 36,16
„Sag", fragten sie Baruch,
„woher weißt du das?
Wer hat es dir verraten?" 36,17
„Jeremia", antwortete Baruch.
„Gott hat es ihm offenbart.
Er hat mir alle Worte diktiert.
Und ich habe sie mit Tinte
auf diese Rolle geschrieben,
damit keines seiner Worte
verloren geht." 36,18

Da erschraken die Minister noch mehr.
Und sie drängten Baruch:
„Auf, gib die Schrift her!
Wir werden sie gut verwahren.
Du aber, lauf, was du kannst!
Versteck dich mit Jeremia!
Euer Leben ist in großer Gefahr." 36,19

Darauf eilten die Minister zu Jojakim,
und berichteten ihm von dem Vorfall.
Der saß gerade in seinem Winterpalast
und wärmte sich am offenen Feuer. 36,22

Da ließ der König die Schriftrolle holen.
Und Jehudi, sein Sekretär,
las ihm vor all seinen Ministern
die ganze Schrift vor,
auch alles, was dort
über den König ausgesagt war.
Aber der König verzog keine Miene.
Ungerührt nahm er die Rolle,
schnitt Stück um Stück davon ab
und warf es ins offene Feuer.
Den Ministern stockte der Atem.
Wie? Der König wagte es,
Gottes Wort zu verbrennen?
Einige flehten ihn an:
„O König, tu's nicht!
Vergreife dich nicht an Gottes Wort!"
Aber der König fuhr unbeirrt fort,
bis die ganze Rolle verbrannt war.
Doch niemand schrie auf.
Niemand zerriss seine Kleider.
Gottes Wort schien
für immer verstummt. 36,21ff

– – –

Aber nicht lange danach
sprach Gott zu Jeremia:
„Nimm eine neue Schriftrolle
und schreibe alle Worte darauf,
die der König verbrannt hat."
So diktierte Jeremia
noch einmal alle Worte,
die Gott ihm offenbart hatte. 36,28ff
Und er fügte noch
viele neue Worte hinzu,
Worte voller Verheißung,
auch dieses Wort:

Seht, einst kommt die Zeit,
da will ich dem Haus David
einen Nachkommen schenken.
Dieser wird ein weiser König sein
und das Land gerecht regieren.
Und er wird das Land retten. 23,1ff

Gottes Wort in schriftlicher Gestalt – das ist ein Novum in der Botschaft des Propheten. Das mindert aber nicht dessen Stoßkraft. Auch in schriftlicher Gestalt bleibt es aktuelles Gotteswort, das im Vollzug „geschieht" und seine Hörer ergreift, wo immer es gelesen und gehört wird. Dazu soll Jeremia die Worte aufschreiben (lassen), die an ihn ergangen sind: nicht nur als Erinnerung für spätere Generationen, sondern um die Dringlichkeit seiner Botschaft zu unterstreichen und seine Hörer mit allen Mitteln zu erreichen. Bleibt Jeremia der Weg der mündlichen Rede verwehrt, so wird Gottes Wort auf schriftlichem Weg dennoch sein Ziel erreichen, eben weil es Gottes Wort ist. Das ist die begründete Hoffnung, die den Propheten und seinen Schüler und Sekretär Baruch zur Feder greifen lässt. Aber das Unerhörte geschieht: Gottes Wort wird in den Flammen erstickt. Und keiner der Anwesenden erhebt die Totenklage! Das ganze Land müsste eigentlich vor Entsetzen aufschreien, weil Gottes Wort mutwillig zum Schweigen gebracht wird. Aber nichts geschieht. Spätestens an dieser Stelle wird die Dramatik dieser Erzählung offenbar: Der Widerstand richtet sich nicht nur gegen den Propheten, sondern gegen Gottes Wort selbst. Es ist die Leidensgeschichte dieses Wortes, seine „Passion", die der Leidensgeschichte Jeremias in den folgenden Kapiteln (37–45) vorangestellt wird. Angesichts der Unerhörtheit des Geschehens bleibt es unbegreiflich, dass Gott dennoch nicht aufhört, zu seinem Volk zu reden. Indem Gott seinen Propheten auffordert, noch einmal alle Worte aufzuschreiben, bleibt die Tür zur Umkehr immer noch offen, auch für den König, der sich bewusst gegen Gottes Wort gestellt hat.

Diese ungewöhnlich dramatische Erzählung erklärt, warum in der jüdischen Tradition die Verbrennung einer Torarolle zu den schlimmsten Verfehlungen zählt. Bei allen Pogromen, insbesondere in der NS-Zeit, wurde sie als zynische und grausame Waffe eingesetzt.

DAS JOCH
Jeremia 27–28

Nicht lange danach traf das Unglück ein,
das Jeremia vorausgesagt hatte.
Nebukadnezar, der König von Babel,
sandte sein Heer in das Land Juda
und belagerte Jerusalem.
In dieser Zeit starb Jojakim,
der König von Juda.
Sein junger Sohn Jojachin
wurde König an seiner statt.
Aber nach wenigen Monaten
musste sich Jojachin
dem König von Babel ergeben.
Der führte ihn gefangen nach Babel,
auch viele angesehene Bürger der Stadt,
Handwerker und hohe Beamte.
Und er ließ aus dem Tempel
alle Schätze nach Babylon bringen.
Danach machte er Zedekia,
Jojakims Bruder, zum König   2. Kön
über das Land Juda.   24

Seit diesen Tagen ging in Jerusalem
und im ganzen Land Juda die Angst um.
Auf einmal erkannten alle,
wie ernst ihre Lage war.
In dieser Zeit suchten viele ihr Glück
bei Wahrsagern, Zauberern
und bei Heilspropheten,
die ihnen bessere Zeiten verhießen.
Mit Sorge sah Jeremia,
wie sich die Menschen
auf deren falsche Versprechen verließen.

Da sprach Gott zu Jeremia: 27,2
„Mach dir ein Joch aus Holz!
Lege es auf deinen Nacken.
Geh damit zum Königspalast
und verkündige allen,   27,3f
die sich dort versammelt haben:

‚So spricht der Gott Israels:
Ich habe Menschen
und Tiere geschaffen.
Auch der König von Babylon
ist in meiner Macht.   27,5f
Darum hört nicht auf die Wahrsager,
Zauberer und Lügenpropheten!
Sie reden euch ein:
Ihr müsst dem König von Babel
nicht untertan sein.   27,9
Aber sie lügen.
Sie bereiten nur euren Untergang vor.

Wer sich aber unter das Joch
des Königs von Babylon beugt,
der darf in seinem Land bleiben.
Darum beugt euch unter sein Joch!
Hört nicht auf die falschen Propheten!
Denn ich habe sie nicht gesandt.'"   27,10ff

Von diesem Tag an schleppte Jeremia
ein schweres Joch durch die Straßen.
Er zog damit zum Königspalast   27,12
und auch zum Tempel.
Er sprach vor Priestern, Propheten
und vor versammeltem Volk:

„So spricht der Herr:
Hört nicht auf eure Propheten!
Sie reden euch ein:
Es wird nicht so schlimm sein.
Bald ist alles vorüber.
Dann kommen die geraubten Schätze
aus dem Haus Gottes wieder zurück.
Aber sie lügen.
Sind sie wirklich Propheten des Herrn,
dann sollten sie Gott darum bitten,
dass die restlichen Schätze
in Jerusalem bleiben.
Aber auch sie werden als Gefangene
nach Babylon weggeführt werden.
Dort müssen sie bleiben,
bis Gott die Wende herbeiführen wird."   27,16ff

Da trat einer vor, Hananja mit Namen,
der galt im Volk als großer Prophet.
Er stellte sich vor Jeremia auf
und mit gewaltiger Stimme
rief er über den Platz:

„So spricht der Herr der Gott Israels:
Ich habe das Joch zerbrochen,
das der König von Babel
auf euch gelegt hat.
Noch ehe zwei Jahre um sind,
wird König Jojachin
mit allen Gefangenen heimkehren.
Auch alle Schätze des Tempels
kommen wieder zurück."   28,2ff

„Amen! So sei es!", erwiderte Jeremia.
„Gott gebe es, dass du recht hast.
Doch höre, was ich hier
vor allen Ohren verkünde:
Alle Propheten vor mir
haben Unheil verkündet.
Wer aber Heil verkündet,
muss sehen, ob sich sein Wort erfüllt.
Nur dann hat Gott ihn wirklich
zu euch gesandt."   28,6ff

„Was fällt dir ein?",
rief Hananja empört.
Er stürzte sich auf Jeremia,
riss ihm das Joch vom Nacken,
schmetterte es zu Boden
und brach es mitten entzwei.
Und mit donnernder Stimme rief er:
„So spricht der Herr:
Wie dieses Joch,
so will ich das Joch zerbrechen,
das der König von Babel
auf euch gelegt hat.
Noch ehe zwei Jahre um sind,
wird Gott euch vom Joch befreien."   28,10f
Da schwieg Jeremia.
Er hatte Hananja nichts mehr zu sagen.
Stumm kehrte er allen den Rücken
und ging schweigend davon.   28,11b

Aber nicht lange danach
sprach Gott zu Jeremia:
„Geh und sag Hananja:
Gott hat dich nicht gesandt.
Du erzählst dem Volk Lügen.
Du wiegst es in falschem Frieden.
Darum spricht Gott der Herr:
Zerbrochen hast du das hölzerne Joch.
An seine Stelle wird nun
ein eisernes Joch treten.
Denn ein eisernes Joch
habe ich diesen Völkern
auf den Nacken gelegt.
Sie müssen alle dem König von Babylon
untertan sein und ihm dienen.
Aber du, Hananja,
wirst es nicht mehr erleben.
Denn du hast sie mit deinen Worten
vom Herrn abgewandt."   28,12ff

So sprach Gott zu Jeremia.
Noch im selben Jahr starb Hananja,
wie Gott der Herr gesagt hatte.   28,17

Mit dem Feldzug Nebukadnezars und der ersten Deportation der Juden (597/96 v.Chr.) verändert sich die politische Lage für das Königreich Juda grundlegend. Die neue, hochbrisante Situation findet ihren Ausdruck in der letzten Zeichenhandlung, die dem Propheten von Gott aufgetragen wird. Jeremia muss ein Joch tragen, wie es sonst Zugtiere tragen müssen. In der Reihe der Gleichnishandlungen bedeutet dies die größte Zumutung, sowohl für Jeremia selbst wie auch für seine Hörer. Mit dem Joch – eine Jochstange mit Zugseilen – wird dem Propheten die Last seines Volkes gleichsam physisch aufgebürdet. Der Prophet muss das künftige Schicksal seines Volkes vorweg am eigenen Leib erleiden. Die Botschaft, die sich damit verbindet, ist eindeutig: Unterwerft euch unter den König von Babylon! Jeremia wird nicht müde, sie vor dem König, vor Priestern und Tempelpropheten wie auch vor dem einfachen Volk zu wiederholen. Sogar die Könige der Nachbarvölker zählen zu seinen Adressaten (27,3), die um das Jahr 594 eine antibabylonische Koalition planen. Aber mit seiner Botschaft verletzt Jeremia den nationalen wie auch religiösen Stolz seiner Hörer, die sich als Gottes Volk für unantastbar halten. Am deutlichsten tritt dies in der Konfrontation Jeremias mit den sog. „falschen" Propheten zutage. Vermutlich handelt es sich dabei um eine große Zahl von Tempelpropheten. Jeremia entlarvt deren Heilsoptimismus und Hoffnung auf baldige Rückkehr der Deportierten als Illusion. Ihre Zuversicht entspringt im Unterschied zu Hiskia (2. Chron 32) nicht etwa ihrem Gottvertrauen. Sonst würden sie das Gebet suchen (27,18). Sondern sie weigern sich, ihre Situation als Gottes Gericht über sein Volk anzuerkennen. Ganz anders dagegen Jeremia. Er kann der Situation realistisch begegnen und sie als Gericht Gottes anerkennen, im Wissen, dass auch der König von Babylon dem Gott Israels untertan ist (27,5f). Das letzte Wort in der Geschichte wird Gott behalten.

Mit der Konfrontation Jeremia – Hananja spitzt sich die Situation noch weiter zu. Dabei geht es um die entscheidende Frage: Wer von beiden ist der wahre Prophet? Durch wen redet Gott? Wer darf mit Recht sagen: „So spricht der Herr"? Die Szene entbehrt nicht einer gewissen Theatralik und erinnert an die Konfrontation Elias mit den Baalspriestern auf dem Berg Karmel (1. Kön 18). Aber im Unterschied zu Elia erscheint hier Jeremia als Verlierer. Er hat in diesem Augenblick nicht einmal ein Wort Gottes, das er seinem Gegenspieler entgegenhalten könnte. Er muss warten, bis Gott erneut zu ihm spricht und sich sein Wort erfüllt.

DER BRIEF
Jeremia 29

Wie ein Verlierer
stand Jeremia vor dem Volk da.
In Jerusalem hatte niemand
auf seine Worte gehört.
Auch jetzt hörte das Volk lieber
auf die Stimme der Heilspropheten,
die es in falscher Sicherheit wiegten.
Sogar unter den Verbannten in Babylon
gab es selbst ernannte Propheten,
die den Gefangenen einredeten:
„Alles wird gut.
Bald werdet ihr wieder befreit.
Gott hat es uns prophezeit." 29,8f

Als Jeremia davon erfuhr, beschloss er,
an die Verbannten zu schreiben.
Und so lautet sein Brief,
den er an die Gefangenen
in Babylon sandte: 29,1

So spricht der Herr Zebaoth,
der über Himmel und Erde regiert:
Lasst euch nicht betrügen!
Hört nicht auf Wahrsager
und falsche Propheten!
Denn Gott hat sie nicht
zu euch gesandt. 29,8f

Sie reden euch ein:
Bald kommt ihr heim.
Aber es ist nicht wahr,
was sie sagen.
Stellt euch auf lange Zeit ein!
Darum baut Häuser in Babel
und wohnt darin!
Pflanzt Gärten
und genießt ihre Früchte. 29,5
Heiratet, zeugt Söhne und Töchter!
Gebt euren Söhnen Frauen
und euren Töchtern Männer!
Vermehrt euch
und werdet ein großes Volk!
*Setzt euch für die Stadt ein,
in die ihr weggeführt wurdet!
Suchet ihr Bestes
und betet für sie!
Denn wenn es ihr gut geht,
dann geht es auch euch gut.* 29,7
Denn so spricht der Herr:
Wenn siebzig Jahre um sind,
will ich euer Geschick wenden

Dann wird sich mein Wort erfüllen
und ich bringe euch wieder
an diesen Ort zurück. 29,10
*Denn ich weiß wohl,
was ich für Gedanken
über euch habe:
Gedanken des Friedens
und nicht des Leides.
Ich will euch Zukunft
und Hoffnung geben.* 29,11
*Ihr werdet mich anrufen,
und ich will euch erhören.
Ihr werdet mich suchen
und werdet mich finden.
Denn wenn ihr mich
von ganzem Herzen suchen werdet,
so will ich mich von euch finden lassen.* 29,12ff

So schrieb Jeremia
an die Verbannten.
Aber in Wahrheit war es Gott selbst,
der durch seinen Propheten
zu den Gefangenen in Babylon sprach.

Jeremias Auseinandersetzung mit der Heilsbotschaft bestellter Heilspropheten setzt sich in dem berühmten Brief Jeremias an die Verbannten in Babylon fort (29). Es ist ein Mahn- und Trostbrief zugleich. Denn auch bei den Exulanten in Babylon finden die falschen Heilsversprechen offene Ohren. Dagegen fordert sie Jeremia auf, sich realistisch auf eine lange Exilszeit einzustellen. Ja, sie sollen sogar für die verhasste Siegermacht beten (29,7), in der Gewissheit, dass auch Babylon Gottes Macht unterstellt ist. Inmitten einer heidnischen Umwelt sollen sie Zeichen der Hoffnung setzen, im festen Vertrauen auf Gottes Verheißung, dass er sein Wort erfüllen und seinem Volk Zukunft und Hoffnung geben wird.

GEFANGEN
Jeremia 21 und 37

Nach acht Jahren sagte sich
König Zedekia von Babylon los
und verbündete sich heimlich
mit dem ägyptischen König.
Als Nebukadnezar davon erfuhr,
rückte er mit seinem Heer
sofort gegen Jerusalem vor
und schickte sich an,
die Stadt zu erobern.

Nun war geschehen,
was Jeremia angekündigt hatte.
Jerusalem war ringsum belagert.
Alle Versuche,
den Belagerungsring zu durchbrechen,
waren vergebens.
Ungeduldig wartete der König
auf das ägyptische Heer,
das die Stadt befreien sollte.

Da dachte der König daran,
was Jeremia vorhergesagt hatte.
Und er schickte zwei seiner Berater
zu dem Propheten
und ließ ihm ausrichten:
„Bete für uns und bitte Gott,
dass er uns hilft!
Vielleicht tut er wieder ein Wunder
wie in früheren Zeiten." 21,2

Doch Jeremia antwortete
den Gesandten des Königs:
„Sagt eurem König
und seinen Großen am Hof:
So spricht der Herr:
Ihr sollt nicht länger eure Waffen
gegen die Babylonier erheben.
Denn ich bin es, der die Hand
gegen euch erhebt.
Das Gericht Gottes wird
ohne Erbarmen an euch ergehen.
Eine schwere Pest
wird die Stadt heimsuchen.
Wer aber Pest, Hunger
und Schwert überlebt,
wird in die Hände der Feinde gegeben." 21,3–7

Darauf sprach Jeremia
zu allem Volk in Jerusalem:

„So spricht der Herr:
Seht, ich lege euch heute den Weg vor,
der zum Leben führt oder zum Tod.
Wer in dieser Stadt bleibt,
wird umkommen.
Wer aber zu den Feinden überläuft,
wird sein Leben erhalten." 21,8f

Bald darauf verbreitete sich
in Jerusalem die Nachricht:
Das ägyptische Heer ist im Anmarsch.
Alle Babylonier sind abgezogen. 37,5
Da atmeten alle auf
und schöpften neu Hoffnung.

Aber das Wort Gottes
erging an Jeremia:
„Sag dem König von Juda:
Täuscht euch nicht!
Die Ägypter ziehen bald wieder ab;
dann kommen die Babylonier zurück
und brennen Jerusalem nieder." 37,7f

In jenen Tagen
machte sich Jeremia auf,
um in seiner Heimatstadt
im Stamm Benjamin
eine Erbsache zu klären.
Doch als er die Stadt verlassen wollte,
hielt ihn die Wache am Tor fest.
„Halt!", schrie der Wächter.
„Wohin willst du?
Ich weiß genau, was du vorhast.
Du willst zu den Feinden überlaufen."
„Nein! Das stimmt nicht!",
wehrte sich Jeremia.
„Glaub mir, ich bin kein Verräter.
Ich wollte doch nur …"
Aber der Wächter
hörte schon gar nicht mehr zu.
Er packte Jeremia am Kragen
und zerrte ihn vor den Hofrat.
„Seht den Verräter!", rief er.
„Ich habe ihn auf frischer Tat ertappt." 37,11ff

Da brach ein Sturm der Entrüstung los.
Die Minister riefen empört:
„Schlagt ihn zusammen!
Nehmt ihn gefangen!
Macht mit ihm kurzen Prozess!"
Sie winkten den Wachsoldaten,
die schleppten Jeremia hinaus,
peitschten ihn aus und warfen ihn
in ein feuchtes Kellerverlies. 37,16

Inzwischen rückte
das babylonische Heer
erneut gegen Jerusalem vor
und setzte seine Belagerung fort.
Da wurde dem König angst und bange.
Er ließ Jeremia aus seinem Verlies holen
und befragte ihn heimlich:
„Jeremia, hast du gehört?
Die Babylonier sind zurück.
Sie belagern uns wieder.
Sag, was geschieht nun mit uns?
Hast du eine Botschaft von Gott?"
„Ja", erwiderte Jeremia,
„du wirst dem König von Babel
in die Hände fallen." 37,17

Und er fügte hinzu:
„Mein König!
Warum sperrt man mich ein?
Ich habe niemandem Unrecht getan,
sondern stets nur gewarnt.
Und habe ich nicht Recht behalten?
Wo sind nun die Propheten,
die euch falsche Hoffnungen machten?
Darum flehe ich dich an:
Schick mich nicht wieder
in dieses feuchte Loch zurück.
Dort komme ich um." 37,20

Da befahl der König seiner Leibwache:
„Nehmt ihr ihn in eure Obhut!
Und gebt ihm jeden Tag
eine Ration Brot!"

Von diesem Tag an blieb Jeremia
bei den Soldaten im Wachthof.
Dort gab man ihm täglich
einen Laib Brot zu essen,
bis alles Brot in der Stadt
aufgebraucht war. 37,21

Mit dieser Geschichte beginnt die sog. „Barucherzählung", die vermutlich auf Baruch, den engsten Vertrauten und Weggenossen Jeremias, zurückgeht. In 9 Kapiteln erzählt sie von der letzten Phase im Leben des Propheten, das mit dem Ende des Königreichs Juda zusammenfällt. Die erste Erzählung gibt zunächst einen Einblick in die Situation Jerusalems während der 18-monatigen Belagerung durch die Babylonier. Dabei fällt auf: Je enger sich der Ring um Jerusalem schließt, je mehr die Hoffnung auf Rettung schwindet, desto mehr zieht sich auch das Netz für Jeremia zu. Es ist vor allem das Militär, das Jeremia zum Staatsfeind Nr. 1 erklärt und ihn unter dem Vorwand des Landesverrats („Wehrkraftzersetzung"!) ohne Verhandlung gefangennimmt. Damit ist Jeremia reiner Willkür ausgeliefert. Der König ist selbst zu schwach, sich gegenüber dem Militär durchzusetzen. Er erscheint zunehmend als hilflose Marionette. Sein Versuch, Jeremia zur Fürbitte zu bewegen, lässt keine echte Umkehr erkennen. Auch das heimliche Treffen mit Jeremia verrät keine Einsicht in seine aussichtslose Lage, sondern offenbart nur die wachsende Angst und Ohnmacht des Königs.

Ganz anders dagegen Jeremia. Je mehr sich der Ring um ihn zusammenzieht, je mehr seine Hände gebunden sind, desto klarer hebt sich seine Botschaft ab, die er unermüdlich verkündet, mahnend und tröstend zugleich. Er, den sie mundtot machen wollen, bewahrt auch in dieser Situation seine Souveränität und göttliche Autorität, obwohl er, menschlich betrachtet, am Ende ist.

IN DER ZISTERNE
Jeremia 38

Tage und Wochen vergingen.
Die Lage in Jerusalem
spitzte sich immer mehr zu.
In der ganzen Stadt gab es
kein Mehl und kein Brot mehr.
Die Wasservorräte gingen zu Ende.
Alle Zisternen waren geleert.
Schließlich schöpfte man
nur noch Schlamm aus den Brunnen. 38,6
Bald darauf brach eine Seuche aus.
Die Menschen starben in Massen. 21,6

Da zogen die Menschen zum Wachthof,
wo Jeremia gefangen gesetzt war.
Sie riefen durch das verschlossene Tor:
„Jeremia, gibt es noch Hoffnung?
Sag, was hat Gott mit uns vor?"

Doch Jeremia antwortete ihnen,
wie auch alle Tage zuvor:

„So spricht der Herr:
Wer in der Stadt bleibt,
wird durchs Schwert umkommen
oder durch Hunger oder die Pest.
Wer aber zu den Feinden überläuft,
wird sein Leben retten.
Denn so spricht der Herr:
Das babylonische Heer
wird in Kürze die Stadt einnehmen." 38,1–3

Jeden Tag rief Jeremia
dieselbe Botschaft durchs Tor.
Unermüdlich warnte er
und ermahnte Jung und Alt,
endlich auf Gottes Stimme zu hören.

Da wurde dem König gemeldet,
Jeremia hetzt das Volk auf.
Er stachelt die Leute an,
zu den Feinden überzulaufen.
Bring ihn endlich zum Schweigen.
Er richtet nur Unheil an
und raubt allen den Mut. 38,4

Aber der König zögerte noch.
Doch die anderen drängten so lange,
bis Zedekia nachgab.
„Macht mit ihm, was ihr wollt!",
meinte er schließlich.
„Ich kann euch nicht daran hindern.
Er ist in eurer Gewalt." 38,5

Da ergriffen sie Jeremia
und warfen ihn kurzerhand
in die leere Zisterne, die am Wachthof lag.
Endlich hatten sie ihren Feind
zum Schweigen gebracht!

Aber bald sprach es sich am Hof herum,
was mit Jeremia geschehen war.
Das hörte Ebed-Melech, ein Afrikaner
und Diener am Hof des Königs.
Entsetzt meldete er dem König:
„Mein König und Herr!
Sie haben Jeremia
in die Zisterne geworfen!
Dort wird er verhungern." 38,6ff

„Auf, hol ihn sofort heraus",
befahl der König,
„bevor es zu spät ist!
Nimm drei Männer mit dir,
die dir dabei helfen."
Da lief Ebed-Melech schnell
zur Kleiderkammer des Königs,
kramte alte Lappen hervor,
lief mit drei Helfern zu der Zisterne,
warf ein Seil in die Tiefe hinab
und rief: „Jeremia, gib acht!
Leg diese Lappen unter die Achseln
und binde das Seil darum.
Dann ziehen wir dich heraus." 38,10ff

So befreite Ebed-Melech
den Propheten aus der Zisterne.
Seit diesem Tag wagte niemand mehr,
Hand an Jeremia zu legen.
Der Prophet lebte unbehelligt
im Wachthof des Königs
bis zu dem Tag, da sich erfüllte,
was der Prophet vorhergesagt hatte.

– – –

Ruf aus der Tiefe:

Gott hilf mir!
Denn das Wasser geht mir
bis an die Kehle.
Ich versinke
tief und tiefer im Schlamm.
Ich bin am Ende.
Ich kann nicht mehr.
Mein Hals ist heiser,
meine Augen sehen nichts mehr.
Herr, sieh doch,
wie meine Feinde mich hassen.
Sie sind mehr, als ich zählen kann.
Ich aber rufe zu dir.
Höre mich, Gott!
Komm mir zu Hilfe!
Rette mich aus dem Schlamm,
Lass mich nicht ertrinken!
Wende dich nicht von mir ab,
denn mir ist angst.
Rette mich, bevor es zu spät ist.
Denn du, Herr, bist barmherzig.
Du hörst das Flehen der Armen
und verachtest deine Gefangenen nicht.
aus Psalm 69

Am Tiefpunkt seines Lebens erfährt der Prophet unerwartet Rettung. Ebed-Melech – sein Name bedeutet „Knecht des Königs" – nimmt als Eunuch und Leibdiener des Königs am Hof einen niedrigen Status ein – im Unterschied zu den ranghohen Hofbeamten, die Jeremia zu ihrem Todfeind erklärt haben. Dennoch gelingt es Ebed-Melech, sich gegen diese mächtige Riege beim König Gehör zu verschaffen. Sein Einsatz für den Propheten verrät ungeheuren Mut, den im Volk Gottes sonst keiner aufbringt. So wird dieser Afrikaner unwissend zum Handlanger Gottes, durch den er seinen Propheten am Leben erhält. Während sich im Volk Gottes niemand findet, der sich öffentlich zu dem Propheten bekennt, ist es ausgerechnet ein Fremder, durch den Gott an seinem Boten handelt und ihn aus Todesnot rettet.

Das Bild der Zisterne hat nachhaltig auch die Psalmen geprägt. Dort bezeichnet es die Scheol, den Ort der Todesnähe und zugleich äußerster Gottesferne. Dass Gott dennoch das Gebet „aus der Tiefe" hört und die Seinen aus der Tiefe des Todes ins Leben zurückholt, gehört zu den kostbaren Glaubenserfahrungen, die die Psalmen bezeugen (z.B. Ps 30 / 40 / 69 / 130).

DER ACKER
Jeremia 32 und 38

Die letzten Tage von Jerusalem
waren gekommen.
Die Belagerungswälle reichten schon
bis an die Mauern der Stadt.
Es war nur noch eine Frage von Tagen,
dann würden die Babylonier
die Stadt stürmen. 32,24

Drinnen in der Stadt
herrschte gespenstische Stille,
eine Stille wie vor dem Sturm.
Nur wenige Menschen
wagten sich noch auf die Straße.
Todesangst hatte alle erfasst.

Da traf sich König Zedekia
ein letztes Mal mit Jeremia.
An einem Seiteneingang des Tempels
wartete er heimlich auf ihn.
„Jeremia", bat er beschwörend,
„hast du ein Wort Gottes für mich?
Sag mir die Wahrheit!
Verbirg mir nichts!" 38,14
Doch Jeremia entgegnete:
„Sage ich dir die Wahrheit
dann tötest du mich.
Gebe ich dir aber einen Rat,
hörst du nicht auf mich." 38,15

Aber der König
hob beschwörend die Hand:
„Nein! So wahr der Herr lebt,
der uns das Leben gegeben hat:
Ich töte dich nicht.
Ich liefere dich auch nicht
an deine Feinde aus." 38,15f

„Dann will ich dir sagen,
was Gott zu dir spricht:
Ergib dich dem König von Babel!
Dann wirst du am Leben bleiben
mit deiner ganzen Familie.
Und auch deine Stadt
bleibt verschont." 38,17

„Aber ich fürchte", wandte Zedekia ein,
„man wird mich den Leuten ausliefern,
die zum König von Babel
übergelaufen sind.
Sie werden sich an mir rächen." 38,19

Doch Jeremia entgegnete:
„Nein, glaube mir:
Es wird nicht geschehen.
So hör doch endlich auf Gott!
Tu, was er sagt!
Dann wirst du am Leben bleiben.

Wenn nicht, dann bricht
ein furchtbares Unglück
über euch alle herein:
Alle Frauen und Kinder werden
den Feinden in die Hände fallen.
Auch du wirst ihnen nicht entrinnen.
Und diese Stadt wird niedergebrannt." 38,20ff

Da erkannte der König,
wie ernst es um ihn stand.
Er beschwor den Propheten:
„Verrate keinem Menschen,
was wir besprochen haben.
Sonst bringt man dich um!" 38,24

Schweren Herzens kehrte Jeremia
zum Wachthof zurück.
Da kam ein Mann auf ihn zu.
Hanamel war es,
ein Verwandter aus Anatot.
Er streckte Jeremia eine Rolle entgegen.
„Das ist ein Kaufvertrag.
Ich biete dir den Acker an,
der früher meinem Vater gehört hat.
Du hast als Erster das Recht,
ihn zu kaufen." 32,8

Jeremia verschlug es die Sprache.
Die Stadt trieb auf den Untergang zu.
Das ganze Land war von Feinden besetzt.
Und dieser Mann bot ihm
ein Grundstück zum Kauf an?
Doch plötzlich war es ihm,
als hörte er Gottes Stimme:
Kauf diesen Acker,
denn man wird in diesem Land
wieder Äcker und Weinberge kaufen. 32,8.15

Da willigte Jeremia in den Kauf ein.
Er zahlte den Kaufpreis
und schloss unter Zeugen
den Kaufvertrag ab.
Eine Abschrift der Kaufurkunde
gab er an seinen Sekretär Baruch.
Der verwahrte sie in einem Tonkrug
für künftige Zeiten. 32,9ff

Danach aber, als alles erledigt war,
zog sich Jeremia zurück
und suchte Gott im Gebet:

„Ach Herr, du großer Gott!
Du hast Himmel und Erde gemacht.
Nichts ist dir unmöglich.
Du hast deinem Volk
dieses Land gegeben,
aber es wurde dir ungehorsam.
Darum trifft uns jetzt dieses Unheil.
Sieh doch, die Wälle reichen schon
bis an die Mauern der Stadt.
Bald wird Jerusalem fallen.
Aber du befiehlst mir:
Kauf dir diesen Acker.
Wie soll ich das deuten?" 32,17ff

Da sprach Gott zu Jeremia:
„Ich bin der Herr über alles, was lebt.
Sollte mir etwas unmöglich sein?
Ja, es ist wahr: Diese Stadt
wird dem König von Babel übergeben,
und ihre Bewohner
werden in alle Länder zerstreut.
Nun aber spricht Gott der Herr:

*Ich will sie wieder
aus allen Ländern sammeln
und an diesen Ort zurückbringen.
Und sie sollen hier sicher wohnen.
Ich will ihr Gott sein,
und sie sollen mein Volk sein.
Ich will meinen ewigen Bund
mit ihnen schließen.
Und es soll mir eine Freude sein,
ihnen Gutes zu tun.
Ich will sie wieder
in dieses Land einpflanzen.
Ich habe es versprochen.
Ich will es auch tun."* 32,27ff

Dieses Wort schrieb Jeremia auf
und verwahrte es für künftige Zeiten.
Denn er zweifelte nicht daran,
dass Gott wahr machen würde,
was er ihm in dieser Stunde
anvertraut hatte.

Die Kapitel 32 und 38,14ff gehören zeitlich und inhaltlich eng zusammen. Sie offenbaren zum einen die aussichtslose Situation unmittelbar vor der Eroberung Jerusalems. Ein letztes Mal ergeht Jeremias eindringliche Mahnung an den König, sich zu ergeben. Aber wiederum verhallt sie wirkungslos. Zedekia, der sich zuvor schon gegenüber seinen Ministern als zu schwach erwiesen hat, ist auch jetzt zu schwach, entschlossen zu handeln und zu kapitulieren, um noch schlimmeres Unheil zu verhüten. Er will nicht anerkennen, dass einzig das Eingeständnis der Niederlage einen radikalen Neuanfang ermöglichen kann.

Aber in dieser dunklen Stunde leuchtet erstmals Hoffnung auf. Sie verbindet sich mit einer geradezu absurden Zeichenhandlung. Ausgerechnet zu einem Zeitpunkt, da die Juden ihr Land verlassen müssen, soll der Prophet Land kaufen. Als nächster Verwandter hat er zwar das Vorkaufsrecht (Lev 25,25; vgl. auch Rut 3+4), aber er wird das Land nie bebauen können. Dennoch schließt er einen feierlichen Kaufvertrag ab und lässt den Kaufbrief verwahren. Damit demonstriert er öffentlich und unter Zeugen, dass Gott seinem Volk in diesem Land noch Zukunft geben wird. Noch ist davon nichts sichtbar. Noch muss der Prophet Gericht predigen. Aber seine Botschaft lebt von der Zusage Gottes, dass auf diesem „verminten" Land neues Leben aufwachsen wird. Jetzt schon, noch vor Eintreten der Katastrophe, bricht es in seiner Botschaft auf. Nicht „ausreißen und einreißen" heißt das letzte Wort Gottes, sondern „bauen und pflanzen", wie es bereits in der Berufungsgeschichte angesagt war (Jer 1,10).

NACH ÄGYPTEN
Jeremia 39–45

Für Jerusalem war das Ende gekommen.
Schon achtzehn Monate lang
dauerte die Belagerung an.
Alle Kräfte waren verzehrt.
Seit Monaten gab es
kaum noch etwas zu essen.
Aber immer noch widerstand
die Stadt ihren Feinden.   52,4ff

Da gingen die Babylonier
zum offenen Angriff über.
An einem Tag im Juli
schlugen sie ein Loch in die Mauer
und brachen in die Stadt ein.
Tagelang wüteten sie in den Straßen,
zündeten die Häuser an
und rissen die Mauer ein.   39,8
Sie plünderten auch den Tempel
und brannten ihn nieder.   52,17ff
Und wer noch am Leben war,
den nahmen sie gefangen
und führten ihn ab.
König Zedekia aber floh heimlich
bei Nacht aus der Stadt.
Doch die Babylonier holten ihn ein
und brachten ihn zu Nebukadnezar.
Der ließ die Söhne Zedekias
vor seinen Augen töten.
Danach ließ er ihn blenden
und gefangen nach Babylon bringen.   39,4ff

Nur Jeremia wurde verschont.
Denn der König von Babel
hatte befohlen: „Lasst ihn frei!
Tut ihm kein Leid an!
Er ist ein großer Prophet."   39,11f
Da holten sie Jeremia
aus dem Wachthof,
lösten ihm die Fesseln
und brachten ihn zu Nebusaradan,
ihrem Oberbefehlshaber.
Der sprach zu Jeremia:
„Wie der Herr dein Gott gesagt hat,
so ist es gekommen.
Denn dein Volk hat nicht
auf die Stimme seines Gottes gehört.

Jeremia

Darum ist solch ein großes Unglück
über dies Volk gekommen. 40,2ff
Dir aber steht es frei:
Willst du mit uns nach Babylon ziehen?
Oder bleibst du lieber im Land
bei dem restlichen Volk?" 40,4

Jeremia beschloss zu bleiben.
Er blieb bei dem einfachen Volk,
das noch in dem verwüsteten Land lebte.
Nach und nach
kamen noch andere hinzu,
die zuvor in den Ländern ringsum
verstreut gelebt hatten.
Sie sammelten sich um Gedalja,
den Nebukadnezar als Statthalter
über das Land gesetzt hatte.
Unter seinem Schutz begannen sie,
das Land wieder zu bebauen. 40,7ff

Aber nicht lange danach wurde Gedalja
von seinen Landsleuten ermordet. 41,1f
Von nun an herrschte nur noch
Gewalt und Willkür im Land.

Da sah einer der Hauptleute
namens Johanan
seine Stunde gekommen.
Er scharte eine große Menge um sich.
„Folgt mir!", rief er.
„Zieht mit mir nach Ägypten!
Denn hier seid ihr nicht sicher
vor dem Zorn Nebukadnezars." 41,16ff

Das gefiel allen gut.
Sogleich machten sie sich auf den Weg,
Männer, Frauen und Kinder.
Doch bevor sie das Land verließen,
suchten sie Jeremia auf
und baten ihn um seinen Segen:
„Bitte Gott, dass er uns zeigt,
wohin wir gehen sollen
und was wir tun sollen!
Denn nur wenige von uns
sind noch am Leben geblieben." 42,2

„Ja", versprach Jeremia.
„Ich will Gott darum bitten.
Alles, was er mir sagt,
will ich euch verkünden.
Kein Wort will ich verschweigen." 42,4
Da antwortete Johanan und alle,
die mit ihm gekommen waren:
„Alles, was Gott uns gebietet,
das wollen wir tun.
Wir schwören es dir." 42,5f

Nach zehn Tagen aber rief Jeremia
Johanan zu sich und alle,
die sich um ihn geschart hatten,
und sprach:

„Hört, was Gott euch verkündet:
Wenn ihr in diesem Land bleibt,
will ich euch bauen
und nicht einreißen.
Ich will euch pflanzen
und nicht ausreißen.
Darum fürchtet euch nicht
vor dem König von Babel!
Denn so spricht der Herr:
Ich will bei euch sein.
Ich will euch helfen
und euch aus seiner Gewalt retten.
Doch wenn ihr das Land verlasst,
werdet ihr in Ägypten sterben.
Das ist seine Botschaft an euch.
Aber ihr wollt nicht auf sie hören." 42,8ff

„Du lügst!", schrie Johanan wütend.
„Gott hat nicht durch dich gesprochen.
Das hat dir Baruch eingeredet.
Leute, hört nicht auf ihn!
Folgt mir!
Ich führe euch sicher ans Ziel." 43,2ff

Da brachen alle auf,
Männer, Frauen und Kinder.
Vergeblich warnte sie Jeremia:
„Tut's nicht!
Ihr ladet große Schuld auf euch."
Aber sie wollten nicht hören.
Sie zwangen sogar Jeremia und Baruch,
mit ihnen nach Ägypten zu ziehen. 43,6

So kamen sie nach Tachpanhes,
das nah an der Grenze Ägyptens liegt.
Dort ließen sie sich nieder
und fingen wieder von vorne an.

Sie bauten Häuser,
legten Gärten und Felder an
und opferten den Göttern des Landes,
auch der Himmelskönigin,
wie in früheren Zeiten. 44,2ff
So hielten sie es viele Jahre.
Und sie redeten sich ein:
Was soll daran so schlimm sein?
Auch unsere Vorfahren
verehrten die Götter des Landes.
Und es ging ihnen gut.
Sie hatten immer genug Brot.
Warum sollten wir's jetzt
nicht ebenso halten? 44,15ff

So ging es mit denen zu Ende,
die Gott doch
vor dem Untergang
bewahrt hatte.
Nur ein kleiner Rest
kehrte nach Juda zurück.
Die anderen zogen es vor,
in Ägypten zu bleiben.
Dort verlor sich ihre Spur.
Ihre Namen sind längst vergessen.
Aber Jeremias Name
bleibt unvergessen.

Mehr als vierzig Jahre lang
war Jeremia Gottes Prophet.
Er verkündete Gottes Wort
an guten wie an schlechten Tagen.
Er mahnte und warnte sein Volk
vom ersten Tag an,
als Gott ihn zum Propheten berief.
Und obwohl niemand auf ihn hörte,
hörte er nicht auf,
Gottes Wort zu verkünden.
Sogar noch in Ägypten
rief er das Volk zu Gott zurück.
Sein Wort war seine Speise,
sein Trost an unerträglichen Tagen.
Er konnte nicht anders,
er musste das Wort weitersagen. 15,16
Wie ein Hammer, der Felsen zerbricht,
so schlug das Wort bei ihm ein. 23,29
Manchmal wollte er fast verzagen.
Und auch Baruch, sein Freund,
fragte sich manches Mal:
War nicht alles Reden vergeblich?
Haben wir uns nicht
umsonst abgemüht?
Doch Gott ließ ihm
durch Jeremia sagen:

Siehe, was ich gebaut habe,
reiße ich ein.
Und was ich gepflanzt habe,
reiße ich aus.
So mache ich es auch
mit meinem Land.
Und du erwartest Großes für dich?
Erwarte es nicht!
Aber dein Leben
wirst du als Beute erhalten,
wohin du auch ziehst. 45,4f

Mit der Eroberung Jerusalems und der zweiten Deportation der Juden ins babylonische Exil im Jahr 587/86 v.Chr. ist das Ende des Königtums besiegelt. Dieses Datum beschreibt den Tiefpunkt in der Geschichte Israels und zugleich seine größte Glaubenskrise. Bis heute wird am 9. Aw (im Juli oder August) an die Zerstörung Jerusalems erinnert und dieser Tag im Judentum als Buß- und Fastentag begangen. Ein weiterer Fastentag – am 3. Tischri (September oder Oktober) – gilt der Erinnerung an die Ermordung des Statthalters Gedalja, die alle Hoffnung auf eine Fortsetzung des jüdischen Staates endgültig zerstört. Von dieser Katastrophe berichtet die Bibel mehrfach ausführlich. Nicht nur die Königs- und Chronikbücher enden mit einem detaillierten Bericht über das dramatische Ende Jerusalems und die Zerstörung des Tempels, sondern auch das Buch Jeremia fügt am Schluss einen fast identischen Bericht an (52). Davon hebt sich allerdings die Darstellung in diesem Kapitel ab. Zwischen den Zeilen klingen durchaus versöhnliche Töne an. Nebukadnezar erscheint hier nicht als der brutale Sieger, der in Juda alles Leben zerstört. Abgesehen von der öffentlichen Demütigung und Bestrafung des besiegten Königs Zedekia hält sich Nebukadnezar als Sieger auffällig zurück. Er lässt bewusst eine Restbevölkerung im Land. Er gibt ihnen sogar ihre Äcker und Weinberge zurück. Anders als bei den Assyrern findet offenbar keine Zwangsumsiedlung oder Vertreibung statt. Auch herrscht im Land immer noch eine gewisse Ordnung, solange Gedalja als Statthalter das Land verwaltet. Sogar nach dessen Ermordung reagiert Nebukadnezar nicht, wie befürchtet, mit einer Vergeltungsaktion. Das Restvolk könnte, wenn auch unter eingeschränkten Bedingungen, durchaus in Frieden weiterleben, wenn es sich nicht selbst seine Zukunft zerstörte.

Das ist die vernichtende Botschaft dieser letzten Kapitel. Während der heidnische König und sein Oberbefehlshaber ausdrücklich die Macht Gottes und sein Handeln in der Geschichte anerkennen (40,2f), ist das Restvolk auch nach der Katastrophe nicht zur Einsicht und Umkehr bereit. Auch jetzt hören sie nicht auf den Propheten und folgen nicht Gottes Wort, sondern treiben in ihren sicheren Untergang. Nach Ägypten führt ihr Weg. Ausgerechnet in das Land, aus dem sie einst Gott befreit und sie zu seinem Volk gemacht hat! Damit fallen sie sinnbildlich auf den Nullpunkt ihrer Existenz zurück. Sie haben nichts aus ihrer Geschichte gelernt. Im Gegenteil: Mit ihrem unverminderten Eifer für andere Gottheiten berauben sie sich selbst ihrer Identität als Volk Gottes, die im 1. Gebot begründet ist: „Ich bin der Herr dein Gott, der dich aus der Sklaverei aus Ägypten geführt hat. Du sollst keine anderen Götter neben mir haben" (Ex 20,1).

Und Jeremia? Am Ende erscheint er nicht als Sieger, sondern als einer, der vergeblich sein Volk zur Umkehr gerufen hat. Er kann sich am Ende nicht einmal dem Volk widersetzen, das ihn und seinen Schüler Baruch zwingt, den Irrweg mitzugehen. Das Einzige, was Jeremia bleibt, ist das Wort Gottes, das ihn schon bei seiner Berufung getroffen hat (45,4; 1,10). Aber nun ist es Gott selbst, der über seinem Wort „wacht", bis es sich erfüllen wird.

DIE KÜNFTIGE HEILSZEIT

JEREMIA 30–33

Dies ist das Wort Gottes,
das Jeremia empfing,
als die Geschichte Gottes
mit seinem Volk zu Ende schien,
als Gott aufgehört hatte,
durch Jeremia zu seinem Volk zu reden.
Da offenbarte Gott seinem Propheten,
was er seinem Volk
für die Zukunft verhieß.
Jeremia schrieb alles in ein Buch auf,
als Zeichen der Hoffnung
für künftige Zeiten. 30,1f

DIE GROSSE WENDE:

Seht, es kommt die Zeit,
da will ich das Los
meines Volkes wenden. 30,3
Zu der Zeit
will ich das Joch zerbrechen,
das man dir auferlegt hat,
und will deine Fesseln zerreißen. 30,8
Darum fürchte dich nicht
und entsetze dich nicht.
Denn ich will dich
aus dem Land befreien,
das dich gefangenhält.
Du sollst in Frieden heimkehren
und sicher in deinem Land leben.
Dort soll dich niemand erschrecken. 30,10
Denn ich bin bei dir, spricht der Herr.
Ich will dich retten.
Mit allen anderen Völkern
will ich ein Ende machen,
nur nicht mit dir. 30,11
Denn so spricht der Herr:
Ja, es ist wahr:
Schlimm steht es mit dir.
Unheilbar ist deine Wunde.
Und niemand nimmt sich ihrer an. 30,12f
Aber ich will dich heilen. 30,17
Ich will das Schicksal
meines Volkes wenden
und mich über seine Häuser erbarmen.
Aus euren Städten
soll wieder froher Gesang dringen. 30,19
Und ein Herrscher soll
aus eurer Mitte kommen,
der vor mich tritt und euch vertritt.
Ja, ihr sollt mein Volk sein,
und ich will euer Gott sein. 30,22

HEIMKEHR NACH ISRAEL:

Zu der Zeit, spricht der Herr,
sollen alle Stämme Israels
mein Volk sein,
und ich will ihr Gott sein.
Ich habe ihnen mein Wort gegeben:
Mit ewiger Liebe
habe ich dich geliebt.
Darum bleibe ich auch
mit dir in Liebe verbunden. 31,3
Ja, ich will dich wieder aufbauen,
du Jungfrau Israel,
du wirst wieder geschmückt sein
und wieder mit der Pauke
aufrufen zum Tanz. 31,4
Und du wirst auf deinen Hügeln
wieder Weinberge pflanzen
und ihre Früchte genießen. 31,5
Denn so spricht der Herr:
Jubelt und freut euch
über Jakob, mein Volk!
Ruft laut:
„Der Herr hilft denen,
die übrig geblieben sind
von seinem Volk." 31,7
Sie werden weinend kommen,
aber ich will sie trösten und leiten.
Zu Wasserbächen führe ich sie
auf ebenem Weg,
sodass sie nicht fallen.
Denn ich bin Israels Vater. 31,9
Ist nicht Ephraim mein teurer Sohn,
mein geliebtes Kind?
Sein Leid zerreißt mir das Herz.
Ich muss mich seiner erbarmen. 31,20

DER NEUE BUND:

Seht, es kommt die Zeit,
da will ich mit Israel und Juda
einen neuen Bund schließen.   31,31
Nicht wie der Bund war,
den ich mit ihren Vorfahren schloss,
sondern das wird der Bund sein,
den ich mit ihnen schließe:
Ich lege mein Gesetz in sie hinein.
Ich schreibe es in ihr Herz.
Sie werden mein Volk sein,
und ich will ihr Gott sein.   31,32f
Und keiner wird mehr
den andern belehren und sagen:
„Erkennt den Herrn!"
Denn sie werden mich
alle erkennen, Kleine und Große.
Ich will ihnen vergeben.
Ihrer Schuld will ich
nicht mehr gedenken.   31,34

Ich will einen ewigen Bund
mit ihnen schließen
und will nicht aufhören,
ihnen Gutes zu tun.
Ich will ihnen Ehrfurcht ins Herz geben,
dass sie nicht von mir abweichen.
Und es wird mir eine Freude sein,
ihnen Gutes zu erweisen.
Und ich will sie wieder
in dieses Land einpflanzen.   32,40f

DAS NEUE JERUSALEM:

So spricht der Herr:
An diesem Ort, von dem ihr sagt,
er ist wüst, dass niemand mehr
darin wohnen kann,
wird man wieder Jubel hören,
die Stimme des Bräutigams
und die Stimme der Braut
und das Lied der Lobsänger:
„Preist den Herrn Zebaoth,
denn er ist gütig
und seine Gnade währt ewig."
Denn ich will ihr Schicksal wenden,
dass ihr Land wieder so herrlich wird,
wie es am Anfang war.   33,11

DER NEUE KÖNIG:

Seht, es kommt die Zeit,
spricht der Herr,
da will ich aus dem Stamm Davids
einen Spross hervorgehen lassen,
der im ganzen Land
für Recht und Gerechtigkeit sorgt.
Zu der Zeit soll Juda gerettet werden
und alle Bewohner Jerusalems
werden in Sicherheit wohnen.
Und man wird die Stadt nennen:
„Der Herr ist unsere Gerechtigkeit".
Denn so spricht der Herr:
Es soll dem Königshaus Davids
niemals an einem fehlen,
der auf dem Thron Israels sitzt.   33,14ff

Die Heilsbotschaft bildet die Mitte des Jeremiabuchs. Nicht erst am Ende, sondern inmitten einer Geschichte, die unaufhaltsam ihrem Untergang zutreibt, bricht sie unvermittelt hervor (30–33). In 4 Kapiteln wird ein Bild von Gottes Zukunft entworfen, das alle menschlichen Erwartungen übertrifft – und dennoch ganz in der Geschichte Israels verwurzelt ist. Nachdrücklich wird hier, noch häufiger als sonst, betont: „So spricht der Herr." Damit soll deutlich werden: Nicht der Prophet hat sich dieses Zukunftsbild ausgedacht, sondern Gott hat es selbst seinem Propheten offenbart, als Trost und Zeichen der Hoffnung für seine Zeitgenossen wie auch für spätere Generationen.

Kennzeichen der Heilsbotschaft Jeremias ist die große Wende, die Gott selbst herbeiführen wird. Sie beginnt nicht erst in ferner Zukunft, sondern da, wo Gott spricht: „Siehe, ich will." In seinem Wort bricht Gottes Zukunft schon hier und jetzt an. Aber sie wird sich erst erfüllen,

– wenn Gott das zerstreute Volk aus dem ehemaligen Königreich Israel wieder in sein Land zurückbringen wird (30,10ff);
– wenn das zerstörte Jerusalem wieder aufgebaut wird (33,6ff);
– wenn beide Völker, wieder zu einem Volk vereint, gemeinsam Gott in Jerusalem anbeten werden (31,6).

Aber die Mitte der Heilszusage bildet die Verheißung des Neuen Bundes, den Gott aufrichten wird. Dieser Bund hebt den alten Bund nicht auf, den Gott am Sinai mit seinem Volk geschlossen hat. Israel hat jedoch diesen Bund in seiner Geschichte immer wieder gebrochen und seine Gebote nicht gehalten. Nun aber wird Gott seinen Bundespartner so zubereiten, dass er seine Gebote, ursprünglich in Stein geschrieben, ins Herz der Menschen schreibt, sodass sie ihnen gerne folgen. So werden sie seine Vergebung erfahren und ein neues Leben beginnen. „Ich will ihr Gott sein und sie sollen mein Volk sein." Es ist die alte Sinai-Bundesformel, die hier mit neuem Leben gefüllt wird (vgl. auch Hes 36,26ff).

Die Verheißung der Vergebung auf der Grundlage des Neuen Bundes verbindet sich bei Jeremia mit Hoffnung auf den verheißenen Nachkommen aus dem Königshaus Davids, der sein Reich in Gerechtigkeit unter seinem Volk aufrichten wird. Mit Jesu Leiden und Sterben ist nach dem Zeugnis des Hebräerbriefs diese Verheißung ein für alle Mal erfüllt (Hebr 10,15ff).

DIE PROPHETEN IM 7./6. JAHRHUNDERT v.Chr.

Die Propheten Zefanja / Nahum / Habakuk / Obadja

Zu den prophetischen Schriften des 7./6. Jahrhunderts v.Chr. zählen auch die Schriften der sog. „Kleinen Propheten" Zefanja, Nahum, Habakuk und Obadja. Alle vier sind Zeitgenossen des großen Propheten Jeremia und stammen wie dieser aus dem Königreich Juda. Über die Person dieser Propheten ist sonst nichts bekannt. Aber ihre Schriften vermitteln in knapper Form einen repräsentativen Einblick in die Jahrzehnte vor und nach der Zerstörung Jerusalems und in die Bandbreite prophetischer Botschaft aus der Spätzeit des Königreichs Juda. Sie alle haben Einzug in das „Zwölfprophetenbuch" gefunden und stellen zusammen mit anderen „Kleinen Propheten" eine wichtige Ergänzung zu den großen Prophetenbüchern dar. Auch sie wurden in den folgenden Jahrhunderten noch erweitert und aktualisiert.

Unter den genannten Propheten ist an erster Stelle der Prophet Zefanja zu nennen. Sein Name bedeutet: „Jahwe hat schützend geborgen." Zefanjas Wirksamkeit fällt in die Frühzeit des Königs Josia, vermutlich noch vor der großen Kultreform im Jahr 622 v.Chr. Mit seiner sozialen Kritik und seiner Gerichtspredigt, die den „Tag des Herrn" in naher Zukunft erwartet, steht Zefanja noch ganz in der Tradition der frühen Propheten. Aber aus ihr bricht unvermittelt die Heilsbotschaft für Jerusalem hervor. Sie ist Ausdruck der großen Hoffnung, die der Prophet mit dem Regierungsantritt des jungen Königs Josia verbindet.

Der Prophet Nahum ruft Gottes Gericht über die Großmacht der Assyrer und ihre Hauptstadt Ninive aus. Nach dem Tod des assyrischen Großkönigs Assurbanipal im Jahr 626 v.Chr. verliert das assyrische Weltreich zunehmend an Einfluss. Auch Josia, der König von Juda, sagt sich von Assyrien los. Mit ihm verbindet der Prophet Nahum die Hoffnung auf Wiederherstellung des vereinten Königreichs Israel in seinen früheren Grenzen.

Der Prophet Habakuk fragt im Blick auf die weltpolitischen Umwälzungen seiner Zeit nach Gottes Wirken in der Geschichte. Zu seiner Zeit haben die Babylonier (d.h. die Chaldäer) die Assyrer besiegt und sind zur neuen Weltmacht aufgestiegen. Es ist nur noch eine Frage der Zeit, dann werden sie Jerusalem erobern und seine Bewohner nach Babylon deportieren (597 und 587 v.Chr.).

Die Botschaft des Habakuk beginnt mit einer ergreifenden Klage über den drohenden Ansturm der Chaldäer, die der Prophet an Gott selbst richtet. Auf sie antwortet Gott (im 2. Kapitel), indem er dem Propheten seine Gerechtigkeit offenbart. Hier steht das bekannte Wort, das Paulus in Röm 1,17 aufnimmt: „Der Gerechte wird aus Glauben leben" (2,4).
Die Schrift endet mit einem Psalmgebet, das in einer Vision Gottes Erscheinen am Ende der Tage ankündet und mit einem persönlichen Vertrauensbekenntnis abschließt.

Welcher Prophet sich hinter dem Namen Obadja verbirgt, bleibt ungewiss. Sein Name zeigt lediglich an, dass er sich wie alle Propheten, als „Knecht Jahwes" (äbäd Jahwe) versteht. Die Schrift, die sich nach ihm nennt, ist die allerkürzeste im Alten Testament. Ihr einziges Thema ist die Auseinandersetzung mit dem Nachbarvolk der Edomiter, die südöstlich von Juda wohnen und die nach dem Untergang des Königreichs Juda in das Land eingefallen sind und dem Restvolk in Juda stark zugesetzt haben. Aber am Ende steht die Verheißung für Jerusalem: „Die aus Jerusalem weggeführt wurden, werden wieder heimkehren und das Land besitzen. Und Gott wird als König über sie herrschen" (V. 20f).

DER PROPHET ZEFANJA

Dies ist das Wort des Herrn,
das an Zefanja erging
zur Zeit Josias, des Königs von Juda.

So spricht der Herr:
Ich will meine Hand ausstrecken
gegen alle, die in Jerusalem wohnen.
Werdet still vor dem Herrn eurem Gott! 1,7
Denn der „Tag des Herrn" ist nah,
an dem er Gericht halten wird.
Ein finsterer Tag wird es sein,
ein Tag des Zorns,
der Trauer und der Angst,
ein Tag, der widerhallt von Kriegsgeschrei. 1,15

Darum sammelt euch, bevor euch
der „Tag des Herrn" überrascht.
Sucht den Herrn, ihr Armen,
die ihr Gottes Gebot haltet!
Strebt nach Gerechtigkeit
und beugt euch unter Gott,
damit ihr an jenem Tag
vor seinem Zorn bewahrt bleibt. 2,1ff
Denn an jenem Tag
wird sich Gott an allen Völkern
als der Heilige erweisen
und alle Götter auf Erden vernichten.
Und es sollen ihn alle Völker anbeten. 2,11

Weh dir, Jerusalem!
Die herrische Stadt
will Gott nicht gehorchen
und ihm nicht vertrauen.
Ihre Herren sind alle
wie brüllende Löwen.
Und ihre Richter gleichen
reißenden Wölfen.
Aber Gott der Herr bringt es ans Licht. 3,1ff

So wartet, bis der Tag kommt,
da ich Gericht halten werde.
Dann will ich alle Völker richten
und sie von ihrer Bosheit reinigen,
dass sie mit reinen Lippen zu mir beten. 3,8f
Zu der Zeit will ich in deiner Stadt
alle am Leben erhalten,
die sich noch zu Gott halten,
die Schwachen und Verachteten im Volk. 3,12
Zur selben Zeit wird man
in Jerusalem rufen:

Fürchte dich nicht, Zion!
Sei nicht mutlos
und lass dein Hände nicht sinken!
Denn der Herr dein Gott
ist in deiner Mitte,
ein starker Retter in der Not.
Er wird sich über dich freuen
und dich freundlich ansehen.
In seiner Liebe
wird er dir vergeben
und in seiner Freude über dich
jubeln und jauchzen. 3,16f

Zu derselben Zeit will ich
eure Gefangenschaft wenden
und euch wieder heimbringen,
dass ihr wieder ein Ort werdet,
der Gottes Ruhm
unter den Völkern verkündet. 3,20
So spricht der Herr.

Zefanja

Ein heiliger Ernst liegt über diesem kleinen, aber gewichtigen Prophetenbuch. In ihm werden nicht nur die zentralen Themen der frühen Propheten Amos und Jesaja aufgenommen und fortgeschrieben, sondern in ihm offenbart sich Gott selbst als der Heilige, der sein Volk richtet und rettet zugleich. In der Rede vom „Tag des Herrn", die sich als Leitthema durch die ganze Schrift zieht, kommt die besondere Botschaft dieses Propheten zum Ausdruck. Es wird ein Tag des Gerichts sein, das zuerst an Jerusalem ergeht (2,14), das aber auch die ganze Völkerwelt erfasst (2,4ff). Aber im Mittelpunkt des Geschehens stehen die Armen und Entrechteten im Volk Gottes (hebr. anawim). Ihnen gilt Gottes besondere Zuwendung und Zusage. Sie sind der „heilige Rest" derer, die sich an Gottes Gebot halten und aus denen das neue Volk Gottes hervorgehen wird.

Das Wort des Propheten fordert das Volk zu einer Antwort heraus. Die geschichtliche Antwort ist in der Bundeserneuerung und großen Reformbewegung durch König Josia zu suchen. Vermutlich ist sie wesentlich durch Zefanja vorbereitet worden. Aber die Botschaft des Prophetenbuches reicht weit über die Zeit des Zefanja hinaus. Am Ende des Buches steht ein Wort Gottes, das alles in den Schatten stellt, was bisher über Gott ausgesagt worden ist. Es offenbart die Freude Gottes, der seinem Volk verheißt, für immer in seiner Mitte zu wohnen. Es ist die Freude des Vaters, der seine verlorenen Söhne und Töchter „heim"-sucht, um mit ihnen in ewiger Gemeinschaft zu feiern (vgl. Lk 15,22ff). Was für ein Bild: Der heilige Gott, vor dem am „Tag des Herrn" alle Völker zittern werden, „jauchzt und jubelt" – wie nach einem errungenen Sieg – über seine Stadt, die heimfindet zu ihm!

DER PROPHET NAHUM

Dies sind die Worte
des Propheten Nahum
aus dem Land Juda.
Nahum lebte zu der Zeit,
als die Großmacht Assyrien
an Macht und Einfluss verlor
und sich das Land Juda zunehmend
von seinen Fesseln befreite.

Gott der Herr
ist ein leidenschaftlicher Gott. 1,1
Er vergilt denen,
die sich gegen ihn stellen.
Langmütig und geduldig ist er.
Aber wer sich ihm widersetzt,
kann nicht auf Gnade hoffen. 1,3
Im Sturmwind kommt er daher.
Vor ihm zittern Berge und Meer
und die Erde mitsamt allen,
die darauf wohnen. 1,2
Er ist seinem Volk gnädig,
eine Fluchtburg in Zeiten der Not,
und kennt alle, die auf ihn trauen. 1,7
Er ist ihr Schirm und ihr Schutz,
wenn die Fluten sie überschwemmen. 1,7f
Er lässt nicht zu, dass das Unglück
wieder über sie kommt,
sondern macht ihrem Unglück ein Ende. 1,9

Denn so spricht der Herr
zu seinem Volk:

Ich will die Last, die du trägst,
zerbrechen und deine Fesseln zerreißen. 1,13
Aber zu deinen Feinden spricht er:
Ich will deinen Namen nicht mehr
der Nachwelt erhalten
und deine Götzen ausrotten.
Ja, ich will dir ein Grab machen.
Denn du hast dein Leben verwirkt. 1,14

Darum blick auf, du Land Juda!
Sieh, von den Bergen
eilen die Freudenboten zu dir,
die dir den Frieden verkünden.
Feiere wieder deine Feste
und erfülle vor Gott deine Gelübde
wie in früheren Tagen!
Denn dein Feind wird nicht mehr
durch dein Gebiet ziehen.
Er wird bald ganz und gar
vernichtet sein. 2,1

Aber du, stolze Stadt Ninive,
bewache deine Mauern und Tore!
Gib acht auf die Straße
und wappne dich
gegen das anrückende Heer!
In leuchtendem Rot rast es
auf schnellen Rossen und Wagen
wie die Blitze daher. 2,7
Der Palast vergeht vor Angst,
wenn er sie sieht.
Die Königin unter den Städten,
wird gefangen weggeführt. 2,8
Und ihre Häuser werden
geplündert und zerstört.
Wo ist nun der, der wie ein Löwe
über der Stadt gewacht hat? 2,12f
Darum spricht Gott über Ninive
dieses Wort: „Siehe,
ich will deine Wagen verbrennen
und deinen Raubzügen
ein Ende machen." 2,14
Aber Gott wird Israel wieder
in seiner alten Pracht erneuern. 2,3

Weh dir, du Stadt Ninive!
Du mörderische Stadt
voller Diebe und Räuber! 3,1
Hörst du die Peitschen knallen,
die stampfenden Rosse
und das Rasseln der Streitwagen,
die auf die Stadt zurollen?
Auf der Erde liegt verstreut
ein Meer von Toten umher. 3,2f
Das alles hast du dir
doch selbst zuzuschreiben.
Denn du bist wie eine Hure.
Mit deiner Hurerei hast du
die Völker bezaubert
und ihre Länder an dich gebunden. 3,4

Nahum

Doch nun spricht der Herr Zebaoth,
der Herr der himmlischen Heere:

Ich will deine Blöße aufdecken
und dich mit Unrat bedecken.
Ja, ich stelle dich
allen Völkern zur Schau,
so dass sie vor dir fliehen
und sagen: Verwüstet ist Ninive,
die einst so mächtige Stadt.
Wer kann sie noch trösten? 3,7

Ein Tröster soll der Prophet sein, wie sein Name „Nahum" anzeigt (wörtl. „getröstet"). Indessen erscheint seine Botschaft eher befremdlich als tröstlich. In harten Worten geißelt Nahum die Zustände in der berüchtigten Stadt Ninive, der Hauptstadt des assyrischen Großreichs, und kündigt ihr den nahen Untergang an. Was zuvor kein Mensch in Juda zu hoffen gewagt hat, zeichnet sich nun am Horizont der Geschichte als reale Möglichkeit ab: Die Großmacht Assyrien, für Israel Inbegriff gegengöttlicher Macht und brutaler Gewalt, wird von den Babyloniern, seinen Nachbarn im Süden, in naher Zukunft besiegt werden (612 v.Chr.). Nahum nimmt dieses Ereignis in seinen Visionen vorweg. Durch den Hymnus, den er seiner Botschaft voranstellt (1,2–8), bezeugt er: Gott ist es, der allein die Geschicke der Völker lenkt und die Wende in der Geschichte herbeiführt. Ihm gebührt daher auch allein die Ehre. Durch sein mächtiges Wort (1,12; 3,5) werden die realen Machtverhältnisse umgekehrt. Die übermächtigen Assyrer werden zu Fall kommen (2,4ff), aber das Volk Gottes, das den Weltmächten ohnmächtig ausgeliefert ist, wird Trost in Gottes Zusagen finden. Er wird seinem Volk das erlittene Unrecht erstatten und seinen Feinden „vergelten", was sie ihm angetan haben (1,2).

Hinter dieser Aussage steht die Vorstellung, dass alle Untaten am Ende auf den Täter – d.h. hier auf die Assyrer – zurückfallen werden. Nicht Schadenfreude spricht aus Nahums Gerichtsbotschaft, sondern das unerschütterliche Vertrauen in Gottes ausgleichende Gerechtigkeit.

Aber das letzte Wort ist noch nicht gesprochen. Vergeblich sucht man im Buch Nahum einen Aufruf zur Umkehr. Das wird erst das große Thema des Jonabuches sein, das die Gerichtspredigt aufnimmt und an Ninive richtet, nun aber in den Horizont göttlichen Erbarmens stellt. Das letzte Wort hat Gottes grenzüberschreitendes Erbarmen, das alle zur Umkehr ruft, Israel wie auch seine ehemals erbitterten Feinde (vgl. dazu Jona 4).

DER PROPHET HABAKUK

Dies ist es, was Gott Habakuk,
seinem Propheten, offenbarte,
als die Zukunft seines Volkes
noch im Dunkeln lag und es so schien,
als hüllte sich Gott in Schweigen.

Herr, wie lange noch
soll ich zu dir rufen,
aber du hörst nicht auf mich?
Wie lange soll ich noch schreien:
„Unrecht! Gewalt!"
Aber du greifst nicht ein?   1,1f
Warum muss ich hilflos zusehen,
wie Gewalt vor Recht siegt?
Niemand im Land
beachtet Gottes Gesetz.
Darum bekommt auch kein Gerechter
vor Gericht Recht.   1,4

So spricht Gott, der Herr Zebaoth:
Schaut, was sich unter den Völkern tut!
Seht hin! Ihr werdet's nicht glauben.
Denn in diesen Tagen wird es geschehen.   1,5
Ich will die Chaldäer aus Babylon rufen,
ein grimmiges Volk auf schnellen Pferden
und wilder als Wölfe.
Sie haben sich aufgemacht,
die ganze Welt zu erobern.
Angst und Schrecken
gehen vor ihnen her.
Wie ein Sturmwind,
so jagen sie daher.
Und ihre Kraft ist ihr Gott.   1,6–11

„Ach Herr", so antwortete der Prophet.
„Ich bitte dich, lass uns nicht sterben!
Lass dieses Volk für uns
nur eine Züchtigung sein.
Warum willst schweigend zusehen,
wenn dieses räuberische Volk
über dein Volk herfällt,
das sich doch zu dir hält?
Sollen denn die Gerechten
denen zum Opfer fallen,
die gnadenlos ganze Völker vernichten?   1,12ff
Sieh, ich stehe auf meinem Wachturm
und halte Ausschau,
wache und warte,
bis Gott mir Antwort gibt
auf meine Klage.   2,1

Hört, er hat es getan!
Gott hat zu mir gesprochen.
Er hat mir befohlen:
„Schreib auf eine Tafel,
was du geschaut hast,
damit alle es sehen.
Denn bald wird in Erfüllung gehen,
was ich euch zugesagt habe.   2,3
Und wenn es noch länger dauert –
warte nur! Es kommt gewiss!
Wer sich aber nicht daran hält,
kann nicht bestehen.
Doch wer sich im Glauben
an mich und mein Wort hält,
wird leben."   2,4

Herr, ich habe gehört,
was du in früheren Tagen getan hast.
Lass es unter uns wieder geschehen.
Denke an deine Barmherzigkeit
und gieße deinen Zorn
nicht über uns aus!   3,2
Aber ich will mich freuen,
was Gott der Herr für uns tut.
Jubeln will ich, denn er ist es,
der mich gerettet hat.
Ihm allein will ich vertrauen.
Er gibt meinen Füßen Kraft.
Leichtfüßig wie eine Gazelle
lässt er mich über Berge
und Höhen springen.   3,18

Habakuk

Das Buch Habakuk enthält weder Angaben zur Person des Propheten noch Hinweise auf sein öffentliches Auftreten. Stattdessen werden wir in ein Geheimnis hineingenommen, das sonst unserem Blick verwehrt ist. Wir werden zu Augen- und Ohrenzeugen eines einzigartigen Zwiegesprächs zwischen Gott und seinem Propheten. Der Prophet ringt mit Gott, er bestürmt ihn, dass er doch endlich sein Schweigen brechen möge. Und als er Gottes Antwort erhält – die Ansage vom Ansturm der Chaldäer (= der Babylonier), stürzt ihn diese Antwort in noch größere Anfechtung. Sollte das wirklich Gottes letztes Wort sein, dass er einen neuen Völkersturm über Gottes Volk hereinbrechen lässt (1,12ff)? Nein! Beharrlich hält der Prophet Gott im Gebet vor, was er seinem Volk zugesagt hat. Wie ein Wächter, der seinen Posten nicht verlässt, so beharrt der Prophet im Gebet auf Gottes Zusage und lässt nicht von ihm ab, bis er sie erhält. Und das Wunder geschieht – der Prophet bezeugt es vor allen: Gott hat zu ihm gesprochen. Er hat seine Zusage erneuert, die in dem einen Satz gipfelt: „Der Gerechte wird seines Glaubens leben"(Röm 1,17). So hat Luther diesen Satz übersetzt. Und so ist er als zentrale reformatorische Aussage bekannt geworden. Ursprünglich bedeutet er: Wer sich fest an Gottes Zusage hält – denn das heißt glauben (hebr. aman), gilt vor Gott als gerecht. Er gehört unauflöslich zu Gott und empfängt neues Leben durch ihn. Es ist die Erneuerung der Zusage, die Gott am Sinai durch seinen Bund besiegelt hat: „Ich bin dein Gott."

So gehören das Klagegebet des Propheten und sein Ringen mit Gott zu den zentralen Glaubenszeugnissen der Bibel, die – angefangen bei Jakobs Kampf mit Gott am Jabbok (Gen 32,25ff) bis hin zu Hiobs Ringen mit Gott – durch die Nacht des Todes zu neuem Leben führen. Nirgendwo kommt dies eindrucksvoller zum Ausdruck als in Psalm 22, dem Leidenspsalm Jesu. Am Ende steht die Gewissheit, von der auch der Psalm Habakuks singt: „Freuen und jubeln will ich über Gott. Denn er ist mein Heil" (3,18; vgl. Ps 22,16ff).

DER PROPHET OBADJA

Dies ist das Wort,
das Obadja geschaut hat.
So spricht der Herr über Edom:

Dein Hochmut hat dich betrogen.
Weil du oben in Felsklüften wohnst,
sagst du in deinem Stolz:
„Wer will mich zu Fall bringen?"   3
Aber Gott wird alle Weisheit
im Land Edom zunichtemachen.   8
Denn du hast zugesehen,
wie Fremde das jüdische Volk
weggeführt haben.
Ja, du hast sogar selbst mitgeholfen.   11
Du warst wie einer von ihnen.
Aber du sollst nicht mehr
auf die Juden herabschauen
und nicht mehr stolz über sie reden,
denn sie sind nicht deine Brüder.
Du sollst auch nicht mehr
an den Fluchtwegen auf sie lauern.
Denn der Tag des Herrn ist nahe,
der Tag des Gerichts,
an dem allen Völkern heimgezahlt wird,
was sie anderen angetan haben.

Aber auf dem Berg Zion   15
werden sie alle versammeln,
die am Tag des Gerichts
gerettet werden.
Und sie werden über die Edomiter,
Esaus Nachkommen, Gericht halten.
Und Gott wird König über sie sein.   21

Diese kürzeste aller prophetischen Schriften hat nur ein einziges Thema: Gottes Gericht an den Edomitern, weil sie sich auf die Seite der Sieger geschlagen haben und den besiegten Juden auf ihrem Weg in die Gefangenschaft übel mitgespielt haben. Als Nachfahren Esaus und Brudervolk Israels trifft sie darum besonders Gottes Strafgericht.
Die kleine Schrift erinnert stark an die Feindklagen in den Psalmen. Wie dort, so lässt auch hier der Prophet seiner Bitterkeit und seinen Rachegedanken freien Lauf. Aber am Ende findet er zu Gott zurück, der als König über alle Völker herrscht. Ihm allein steht es zu, über die Völker, auch über die Edomiter zu richten (21). Das letzte Wort Gottes heißt nicht Gericht, sondern Gnade. Davon erzählt das Buch Jona, das als Korrektiv der Schrift Obadja beigefügt wurde. Nur im vielstimmigen Chor der Propheten kann auch das einseitige Zeugnis dieses Propheten angemessen angehört werden.

Die Klagelieder

Die Klagelieder unterbrechen die Abfolge prophetischer Schriften und setzen damit eine markante Zäsur zwischen den prophetischen Schriften der Königszeit und der Exilszeit. Sie alle kreisen um die geschichtliche Katastrophe von 597 und 587/6 v.Chr., die mit der Zerstörung Jerusalems den tiefsten Einbruch in der Geschichte des Volkes Gottes bedeutet hat. Die Gerichtsbotschaft der vorexilischen Propheten hat sich damit auf furchtbare Weise bestätigt. Die Frage steht im Raum: Kann es nach dieser Katastrophe überhaupt noch Hoffnung auf einen Neuanfang geben?
Die Klagelieder geben darauf ihre eigene Antwort: Sie fordern dazu auf innezuhalten, sich der trostlosen Situation zu stellen und im Ringen mit Gott auf seine Antwort zu warten. Dabei findet ein bemerkenswerter Perspektivwechsel statt. Anders als etwa in den sog. „Konfessionen" Jeremias (Jer 11–20) klagt hier nicht der Prophet, sondern das „Restvolk" in Jerusalem, das inmitten von lauter Trümmern sein kümmerliches Leben fristet. Insofern ist auch der Titel „Klagelieder Jeremias" irreführend. (Er findet sich auch nicht in der Hebräischen Bibel, sondern geht auf eine Äußerung in 2. Chron 35,25 zurück.) Die Klagelieder sind das einzige Buch, das diesem Restvolk eine Stimme gibt und seiner Klage Ausdruck verleiht. Im vielstimmigen Chor der Zeugen Gottes ist ihre Stimme unverzichtbar:
– weil sie die Geschehnisse nicht aus der Sicht der Sieger, sondern der Leidtragenden schildern. Damit stellen sie ein wichtiges Korrektiv zu der Geschichte in der Geschichtsdarstellung dar;
– weil sie ihre Leiderfahrung nicht verdrängen, sondern ihr in Form kunstvoll gestalteter Klagelieder eine Sprache geben;
– weil sie im Gebet hinter dem richtenden Gott den gnädigen Gott erkennen und bezeugen.
Als „Klagelieder des Volkes" leben sie, wie auch die Volksklagen im Psalter (z.B. Ps 44 / 79 / 80), im Gottesdienst der Gemeinde bis heute fort und werden regelmäßig an den jüdischen Gedenktagen (in Erinnerung an die Zerstörung Jerusalems) öffentlich verlesen. In der Hebräischen Bibel finden sich daher die Klagelieder unter den sog. „Megillot", jenen Schriftrollen, die bestimmten Feiertagen zugeordnet sind.

Das Buch im Überblick:

Die Klagelieder enthalten insgesamt fünf jeweils kunstvoll gestaltete Klagegedichte (in Anlehnung an das hebräische Alphabet).
Kap. 1   „Wie verlassen liegt die Stadt!"
Kap. 2   „Der Herr hat's getan!"
Kap. 3   „Gottes Güte hat kein Ende."
Kap. 4   „Zions Glanz ist dahin!"
Kap. 5   „Bringe uns, Herr, zu dir zurück!"

„WIE VERLASSEN LIEGT DIE STADT"
Klagelieder 1

Viele Jahre lang hatte Jeremia
vor der drohenden Katastrophe gewarnt.
Nun war es geschehen.
Achtzehn Monate lang
hatte Nebukadnezar,
der mächtige König von Babel,
Jerusalem belagert.
Danach waren seine Soldaten
in die Stadt eingedrungen.
Der Tempel und alle Häuser
wurden in Schutt und Asche gelegt.
Und die Bewohner der Stadt
wurden in die Gefangenschaft
nach Babel geführt.
Nur noch ein kläglicher Rest
blieb in der Stadt zurück.   Jer 52
Weinend zogen sie
durch die menschenleeren Straßen
und stimmten traurig ihr Klagelied an:

Wie verlassen liegt die Stadt da!
Sie, die doch eine Fürstin
unter den Ländern war,
ist zur Witwe geworden!
In der Nacht weint sie.
Die Tränen fließen ihr
über die Wangen.
Und niemand ist da, der sie tröstet.
Öde und verlassen sind die Wege,
die zum Berg Zion führen.
Niemand kommt noch zum Fest.
Die Tore der Stadt stehen verlassen da.

Tieftraurig kommen alle daher.
Denn Gott hat Jammer und Not
über die Stadt gebracht.   1,5
Nichts ist geblieben von Zions Pracht.

Hört ihr die Tochter Zion klagen?
„Ach Herr, sieh doch,
wie verachtet ich bin!
Und ihr, die ihr vorübergeht,
schaut doch und seht den Schmerz,
den Gott mir zugefügt hat!
Schwer ist die Last meiner Sünden.
Der Herr hat mich in die Hand
meiner Feinde gegeben.   1,14
Darüber muss ich weinen.
Meine Augen fließen über von Tränen.
Denn alle meine Tröster sind fern.
Meine Kinder sind alle verloren.
Denn der Feind hat über uns gesiegt."   1,16

Zion streckt die Hände aus.
Doch niemand ist da, der sie tröstet.   1,17
Der Herr ist gerecht.
Denn ich habe nicht auf ihn gehört.
Hört her, alle Völker!
Seht meinen Schmerz!
Alle jungen Männer und Frauen
mussten in die Gefangenschaft gehen.   1,18
Ach Herr, sieh doch, wie bange mir ist!
Mir dreht sich mein Herz im Leib um,
weil ich nicht auf dein Gebot hörte.   1,20
Hör, wie ich seufze!

Welche Umkehrung: Die einst so stolze „Tochter Zion", Gottes geliebte und erwählte Stadt, ist zur Witwe geworden! Ihr Jubel ist verstummt. Stattdessen erhebt sie die Totenklage. Es ist ja nicht nur ein einzelner Mensch, der hier klagt, sondern die ganze Stadt ist, gleich einer Witwe, von der Trauer erfasst, sodass niemand sie trösten kann (1,16). Durch die Personifizierung Jerusalems geht ihre Klage noch mehr zu Herzen. Schlimmer als alle Zerstörung und alles erfahrene Leid ist das Gefühl der Gottverlassenheit, das sich in der Stadt breitmacht. Es kann von seinen Bewohnern nur als Strafe Gottes gedeutet werden (1,13ff). Aber am Ende eines leidvollen Prozesses finden die Menschen in Jerusalem in ihrer Klage zu Gott zurück. Vor ihm, den sie als Urheber ihres Leids erfahren haben, schütten sie ihr Herz aus (1,15) und bekennen ihm ihre Schuld. Dies ist der Anfang des Weges, der sie aus der Verzweiflung führen wird und der sie am Ende – inmitten aller Trostlosigkeit – Gottes Treue neu erfahren lässt (3,22f).

Klagelieder

„GOTTES GÜTE HAT KEIN ENDE"
Klagelieder 3

Ich bin der Mann,
den Gott ins Elend gestürzt hat.
Ich hoffte auf Licht,
doch um mich her ist es Nacht.   3,1

Gott hat die Hand gegen mich erhoben.
Tag für Tag stellt er sich gegen mich.
Er hat mich eingemauert
und in Ketten gelegt.
Er stopft sich die Ohren zu,
wenn ich zu ihm schreie.   3,8
Er hat meinen Weg blockiert
und mich in die Irre geführt.   3,9

Wie ein Bär, ja, wie ein Löwe
hat er in seinem Versteck
auf mich gelauert.   3,10
Er hat seinen Bogen gespannt
und seine Pfeile auf mich gezielt.   3,12
Alle, die mich sehen,
spotten und lachen über mich.   3,14

Mit Bitterkeit hat er mich erfüllt
und meinen Durst mit Wermut gestillt.   3,15
Meine Ruhe und mein Frieden
sind für immer dahin.
Vergessen ist all das Gute,
das ich in früheren Tagen erfuhr.   3,17f

Herr, denke doch daran,
wie elend und verlassen ich bin.   3,19
Du wirst es ja tun.
Darauf vertraue ich.   3,20

*Denn die Güte des Herrn
ist niemals am Ende.
Seine Barmherzigkeit
hört niemals auf,
sondern sie ist jeden Morgen neu.
Herr, deine Treue ist groß.*   3,22f
Darum will ich auf ihn hoffen.   3,24
*Er gibt mir Anteil an ihm.
Er wendet sich nicht
für immer von seinem Volk ab,
sondern in seiner Güte
erbarmt er sich wieder.*   3,31f

Herr, wir bekennen:
Wir haben schwere Schuld
auf uns geladen.
Darum hast du dich
in eine Wolke gehüllt,
sodass kein Gebet zu dir
hindurchdringen konnte.   3,42ff
Aber als ich zu dir schrie,
da hast du auf meine Stimme gehört.
Als ich deinen Namen anrief,
bist du zu mir
in die Tiefe herabgekommen
und hast zu mir gesprochen:
„Fürchte dich nicht!"
Ja, Herr, du hast dich
meiner angenommen
und mein Leben erlöst.   3,55ff

Herr, bringe uns wieder
zu dir zurück,
damit wir heimkehren zu dir!
Erneure unsere Tage,
wie sie zuvor waren!   5,21

Nun verdichtet sich die Klage des Volkes in einer Person! Ihre Klage erinnert in ihrer Intensität an die „Konfessionen" Jeremias, insbesondere an Jer 20,7ff, aber auch an die Lieder des „leidenden Gottesknechts" (Jes 53,3ff) und an den Leidenspsalm Jesu (Ps 22). Es scheint, als ziehe dieser eine Mensch, der hier spricht, alles Leid seines Volkes auf sich. Das trübt ihm den Blick auf Gott. Er kann Gottes Zuwendung nicht mehr erkennen. Darüber wird ihm Gott selbst zum Feind. In krassen Tierbildern beschreibt er (in der 3. Person) dessen zerstörerische Attacken, die sein Gottvertrauen zutiefst erschüttern. Und dennoch lässt er von Gott nicht ab. Wie Jakob ringt er mit ihm (Gen 32,25ff) und „krallt" sich im Gebet buchstäblich an ihn, bis er endlich zu der Gewissheit durchstößt: „Gottes Güte hat kein Ende". Seine „Güte" bzw. seine „Gnade" und „Barmherzigkeit" (hebr. chäsäd) ist der Schlüssel, der inmitten verzweifelter Klage die Tür zu neuer Gewissheit aufstößt. Sie ist allein in Gottes Zusage begründet, die er am Sinai seinem Volk bleibend gegeben hat: „barmherzig und gnädig, geduldig und von großer Gnade und Treue" (Ex 34,6f). Gott ist und bleibt auch in dieser gnadenlosen Zeit seinem Volk treu. Das ist die befreiende Botschaft dieses Liedes. Sie bildet das Herzstück des Buchs und rührt an den Kern reformatorischer Botschaft: Allein durch Gottes Gnade kann der Mensch am Nullpunkt seiner Geschichte wieder neu in Beziehung zu Gott treten. Folgerichtig mündet daher das Buch am Ende in den klassischen Buß- und Bittruf der Gemeinde ein: „Bringe uns, Herr, zu dir zurück, dass wir wieder heimkehren zu dir!" Es ist die Bitte an Gott, dass sein verlorenes Volk wieder heimfindet zu ihm. Er allein kann die Umkehr im Menschen bewirken.

In dieser Bitte klingt nicht nur das Leiden des Volkes Gottes an, das im „Elend", d.h. ohne Heimat in der Fremde leben muss, sondern die leidvolle Geschichte der ganzen Menschheit, die seit dem Sündenfall in der Gottesferne lebt. Am Ende dieser Geschichte steht die Hoffnung, dass Gott seine „verlorenen Schafe" zu sich heimführen kann und wird (vgl. Ps 119,176 / Lk 15,4ff)

DIE PROPHETEN IN DER EXILSZEIT

Der Prophet Hesekiel (Ezechiel)

Hesekiel, oder auch Ezechiel genannt, ist der einzige Prophet, der einen Einblick in die Frühzeit des babylonischen Exils und in das Leben der jüdischen Exulanten vermittelt. Ursprünglich war Hesekiel Priester am Tempel zu Jerusalem. Er wird aber im Jahr 597 v.Chr. mit der Oberschicht Jerusalems, zusammen mit dem jungen König Jojachin, nach Babylon deportiert (= 1. Deportation) und mit seinen jüdischen Leidensgenossen am Kanal Kebar südlich von Babylon angesiedelt. Dort beruft ihn Gott im Jahr 593 v.Chr. zum Propheten. Seine Botschaft richtet sich konkret an die Exulanten, aber darüber hinaus gilt sie dem Volk Israel insgesamt, obwohl das Königreich Israel zu Hesekiels Zeit gar nicht mehr existiert. Zwar besteht noch Jerusalem und das Königreich Juda unter babylonischer Oberhoheit. Aber Hesekiel sagt – ähnlich wie sein älterer Zeitgenosse Jeremia – Jerusalem den nahen Untergang voraus und mahnt die Exulanten, sich auf eine lange Exilszeit einzustellen (vgl. Jer 29). Mit der Zerstörung Jerusalems durch die Babylonier und der 2. Deportation seiner Bewohner im Jahr 587 v.Chr. ändert sich die Botschaft des Propheten. An die Stelle seiner Gerichtspredigt tritt die Weissagung von Gottes künftigem Heil, das in der endzeitlichen Vision vom neuen Jerusalem gipfelt. Hesekiels Wirksamkeit als Exilsprophet dauert vermutlich bis 571 v.Chr. (s. Hes 29,17). Danach verliert sich seine Spur.

Das Buch Hesekiel zeigt deutlich die besondere Handschrift des Propheten, ist aber in den folgenden Jahrhunderten noch fortgeschrieben worden. Wie schon der Name Hesekiel andeutet („Gott macht stark"), ist Hesekiel besonderen Härten ausgesetzt. Das schlägt sich in seiner herben und zum Teil schockierenden Botschaft nieder. Sie zeigt einen äußerst begabten, theologisch und literarisch gebildeten Menschen, der sich virtuos verschiedenster Sprachformen und ungewöhnlicher Bilder bedient. Dennoch ist Hesekiel kein Exzentriker, wie man ihm gerne nachsagt, wohl aber ein außergewöhnlicher Mensch in einer außergewöhnlichen Situation, Priester, Prophet, Seelsorger und Visionär zugleich.
– Als Priester setzt sich Hesekiel leidenschaftlich für Gottes Ehre ein. Im Zentrum seiner Verkündigung steht Gottes „Herrlichkeit" (kabod), in der sich Gott nicht nur im Tempel von Jerusalem, sondern nun auch im fremden Babylon offenbart (1ff).
– Als Prophet ist Hesekiel das „Wächteramt" aufgetragen (3,17). Ganz in der Linie der klassischen Prophetie soll der Prophet sein Volk, das „Haus des Widerspruchs", warnen und zur Umkehr rufen (18 und 33). Wenn er es nicht tut, fällt die Schuld auf ihn zurück. Er selbst hat die Schuld seines Volkes zeichenhaft am eigenen Leib zu tragen (4).
– Als Seelsorger geht der Prophet den einzelnen Menschen nach, denen, die nach Trost hungern, den „Verlorenen" und „Verletzten", aber auch denen, die unter der Erbschuld ihrer Vorfahren leiden. Ihnen spricht der Prophet zu: Jeder ist allein für sein eigenes Tun vor Gott verantwortlich (18,1ff) und nicht Opfer einer Kollektivschuld.

– Vor allem ist Hesekiel der Visionär, der in gewaltigen Bildern einen universalen Entwurf von Gottes Zukunft wagt und dessen Hoffnungsbilder alle bisher bekannten Visionen der Endzeit räumlich und zeitlich überbieten. So zum Beispiel in der Vision vom himmlischen Thronwagen (1ff), in der Vision von den wieder zum Leben erweckten Totengebeinen (37) und am Ende in der grandiosen Vision vom neuen Jerusalem und von der Heimkehr der Kabod Gottes in den Tempel (40–48). Diese Visionen haben in den folgenden Jahrhunderten die endzeitliche Erwartung nachhaltig geprägt und finden im Neuen Testament, vor allem in der Offenbarung des Johannes, ihren sichtbaren Niederschlag.

Aber nicht der Mensch Hesekiel steht letztlich im Mittelpunkt dieses Buches, auch nicht sein Adressat, das Volk Gottes. Vielmehr zielen alle Aussagen dieses Buches auf die eine immer wiederkehrende Botschaft hin: „Ihr sollt erkennen, dass ich der Herr bin." Diesem Ziel dient das ganze Buch. Am Ende wird sich Gott selbst als Herr offenbaren, als „Jahwe Adonai", wie ihn Hesekiel bezeichnet, als Herr über alle Herren, als Jahwe, der seinen Namen über seinem Volk ausgerufen hat. Als der, der war, der ist und der kommen wird in Herrlichkeit.

Das Buch im Überblick:

1–3	Die Berufung: Hesekiel schaut in einer Vision die Herrlichkeit Gottes und wird zum Propheten berufen, zum „Wächter" für das Volk Israel.
4–33	Die Gerichtsbotschaft
4–7	Der Prophet muss viele Tage und Wochen lang die aufgehäufte Schuldenlast seines Volkes tragen. Mit dieser Zeichenhandlung kündigt Hesekiel das nahe Gericht über Jerusalem an.
(8–10)	In einer Vision schaut der Prophet den gräulichen Götzendienst im Tempel zu Jerusalem und Gottes Gericht über die Götzendiener.
(11–14)	Gottes Gericht an der Führungsschicht, am König, an den falschen Heilspropheten und den Götzenanbetern in Jerusalem / Gottes Verheißung für das Volk im Exil (11,14ff)
15–17	Das Gleichnis von der treulosen Hure (16) (und die Gleichnisse vom unbrauchbaren Rebholz (15) und vom Zedernwipfel und Weinstock (17)).
18–20	Aufforderung zur Umkehr (18). Im Rückblick auf die Geschichte Israels zeigt Hesekiel auf: Das Volk ist von Anfang an seinem Gott untreu gewesen (20).
(21–24)	Weitere Lieder und Gleichnisse – vom Waldbrand (21), von den Hurenschwestern (23), vom rostigen Topf (24) – künden an, dass Gottes Gericht unmittelbar bevorsteht.
(25–32)	Völkersprüche gegen die Nachbarvölker Israels (25), gegen Tyrus (25–28) und gegen Ägypten (29–32)
33	Hesekiels Wächteramt und die Nachricht vom Fall Jerusalems

34–48	Die Heilsbotschaft
34–37	Heilszusagen für das Volk im Exil
34:	Gegen die falschen Hirten: Jahwe will sich selbst seiner verlorenen Herde annehmen. Er verheißt seinem Volk den wahren Hirten.
36:	Die Verheißung des neuen Bundes: Gott wird mit seinem Volk einen neuen Bund schließen und seinen Geist in ihr Herz geben.
37:	Die Vision vom Totenfeld und die Verheißung neuen Lebens: Jahwe wird seinen Lebensodem in die Totengebeine senden und neues Leben in ihnen erwecken.
(38–39):	Der endzeitliche Sieg über die Feinde
40–48:	Die Vision vom neuen Jerusalem

Die eingeklammerten Texte wurden nicht aufgenommen.

DIE BERUFUNG
Hesekiel 1–3

Dies berichtet Hesekiel,
der Sohn Busis, des Priesters,
von dem Tag seiner Berufung,
da Gott ihn zu seinem Propheten machte: 1,3

Es geschah in Babylon
in meinem dreißigsten Jahr.
Als ich unter den Gefangenen
am Fluss Kebar war,
da tat sich der Himmel
über mir auf
und ich schaute,
was mir Gott offenbarte: 1,1
Ein gewaltiger Nordwind stürmte
in einer mächtigen Wolke daher.
Loderndes Feuer war rings um sie her.
Und mitten im Feuer erschienen
vier Gestalten wie Menschen.
Jede Gestalt hatte vier Gesichter
und jeweils vier Flügel.
Ihre Beine glänzten
wie blitzendes Erz. 1,4ff
Ihre Flügel berührten einander
und ihre vier Gesichter sahen aus
wie das Gesicht eines Menschen,
wie der Kopf eines Löwen
und wie der eines Stiers und Adlers. 1,9f
Die Gestalten bewegten sich
nach allen Seiten und gingen,
wohin sie der Geist führte. 1,12
Dazu stand bei jeder Gestalt
ein Rad auf der Erde,
das war voller Augen ringsum.
Über den Gestalten aber
glänzte der Himmel wie ein Kristall.
Darüber erhob sich ein Thron,
darauf thronte einer,
der hatte die Gestalt eines Menschen,
von feurigem Lichtglanz umgeben. 1,26f
Wie der Regenbogen in den Wolken,
so strahlte die Herrlichkeit des Herrn
über ihm auf.

Als ich das sah,
fiel ich auf die Erde.
Doch eine Stimme rief:

„Du Menschensohn, steh auf!
Stell dich auf deine Füße!
Ich will mit dir reden." 2,1

Da regte sich wieder Leben in mir.
Und ich hörte die Stimme rufen:
„Du Menschensohn,
ich sende dich zum Volk Israel,
zu dem Volk, das gegen mich rebelliert.
Schon ihre Väter
haben sich von mir abgekehrt.
Auch ihre Kinder
haben ihre Herzen verhärtet
und ihre Ohren verstopft.
Zu ihnen sende ich dich.
Geh und sag ihnen:
So spricht Gott der Herr! 2,4
Ob sie auf dich hören oder auch nicht,
sage es trotzdem,
denn sie sind ein rebellisches Haus,
ein Volk, das mir widerspricht.
Dennoch sollen sie wissen,
dass ein Prophet unter ihnen ist. 2,5
Aber du, Menschensohn,
fürchte dich nicht! 2,6
Du bist zwar von Dornen
und Skorpionen umgeben.
Aber fürchte dich nicht
vor ihren Worten!
Denn sie sind ein rebellisches Haus,
ein Volk, das mir widerspricht. 2,6f
Darum höre,
was Gott der Herr zu dir spricht,
und widersprich nicht wie jene.
Tu deinen Mund weit auf und iss,
was ich dir gebe." 2,8

Da schaute ich auf und sah eine Hand,
die hielt mir eine Schriftrolle entgegen.
Sie war außen und innen
mit lauter Wehklagen beschrieben. 2,9
Und ich hörte,
wie Gott zu mir sprach:
„Du Menschensohn!
Iss diese Schriftrolle!
Nimm sie ganz in dich auf!"

Doch als ich sie aß,
schmeckte sie süß wie Honig. 3,1ff

Er aber sprach zu mir:
„Du Menschensohn!
Nun geh zum Volk Israel
und verkündige ihm mein Wort!
Nicht zu einem fremden Volk
mit fremder Sprache sende ich dich,
sondern zu meinem Volk Israel. 3,5f
Aber sie wollen nicht auf dich hören.
Denn sie haben Köpfe und Herzen
so hart wie Stein. 3,7
Du aber, sag ihnen ins Gesicht:
Gott der Herr spricht.
Zeig ihnen die Stirn!
Ich mache sie so hart wie Stein.
Wie ein Diamant, so hart soll sie sein,
härter als ein Kieselstein.
Darum fürchte dich nicht!
Denn sie sind ein rebellisches Haus,
ein Volk, das mir widerspricht. 3,8f
So geh zu dem Volk,
das hier in der Gefangenschaft lebt,
und verkündige ihm,
was Gott der Herr spricht.
Sie hören es oder hören es nicht." 3,10f

Dies ist das Wort des Herrn,
das Hesekiel bei seiner Berufung vernahm,
als die Hand des Herrn über ihn kam,
im babylonischen Land am Fluss Kebar,
geschehen im fünften Jahr,
nachdem König Jojachin
mitsamt seinen Großen
aus Jerusalem weggeführt worden war. 1,1f

Der Bericht von der Berufung Hesekiels zum Propheten ist in jeder Hinsicht einzigartig. Er folgt zwar formal dem vorgegebenen Schema einer Berufungsgeschichte (vgl. Ex 3 / Jes 6 / Jer 1) und ist wie die meisten Berufungsgeschichten im Ich-Stil verfasst. Er fällt aber hinsichtlich seines Umfangs und Inhalts aus dem gewohnten Rahmen.

(1) **Die einleitende Orts- und Zeitangabe**
weist bereits auf den außergewöhnlichen Ort der Berufung hin. Anders als etwa bei Jesaja oder Jeremia geschieht sie in heidnischer Umgebung, losgelöst von der Geschichte des Volkes Gottes im eigenen Land: am Fluss Kebar, gemeint ist wohl der Kanal Kebar südlich von Babylon, wo die gefangenen Juden in eigenen Siedlungen lebten und für die Babylonier arbeiten mussten, ausgerechnet dort, gleichsam auf „unheiligem Boden", geschieht das Unfassliche: „Der Himmel tut sich auf". Gottes „Herrlichkeit" offenbart sich Hesekiel inmitten einer bedrängenden Wirklichkeit. Was Hesekiel dort erlebt hat, so bekundet es die Einleitung, ist kein Traum, sondern so real, dass es genau datiert werden kann. „Im fünften Jahr" nach der ersten Deportation (597 v.Chr.), bei der nicht nur König Jojachin (1,2), sondern u.a. auch der Priester Hesekiel nach Babylon verschleppt worden ist, und „im dreißigsten Jahr" (gemeint ist vermutlich das 30. Lebensjahr des Propheten), das heißt, in einer Zeit, da für die Deportierten die Hoffnung auf baldige Heimkehr immer mehr schwindet, da beginnt Gott mit der Berufung des Propheten eine neue Geschichte.

(2) **Die Vision,**
die im Folgenden beschrieben wird, lässt sich kaum in Worte fassen. Der heilige Gott offenbart sich in seiner Macht und Herrlichkeit, aber nicht, wie erwartet, im Heiligtum zu Jerusalem, sondern in der „Gola", im heidnischen Babylon unter den jüdischen Weggefährten. Dort darf der Priester Hesekiel schauen, was sonst dem Menschen verwehrt ist. „Von Norden her", das bedeutet: vom Gottesberg, kommt Jahwe herab (vgl. Ex 19; Ps 68,16ff). Im „Sturmwind", Zeichen seines Geistwehens (hebr. ruach), kündigt sich sein Kommen an (vgl. 1 Kön 19,11ff). „Wolke" und „loderndes Feuer" deuten seine Gegenwart an, offenbar und verhüllend zugleich (vgl. Ex 3,2; 24,18). Vier Lichtgestalten zeigen seine heilige Nähe an (vgl. Jes 6,2), wobei die Zahl 4 für die gesamte geschöpfliche Welt steht, die der Macht Gottes untertan ist. Sie ist repräsentiert in den vier Gesichtern: Mensch, wilde, zahme und gefiederte Tierwelt. (Das Bild wird in der Offenbarung mit den Symbolen der vier Evangelisten aufgenommen; Off 4,7f.) Die vier Gestalten verbinden sich mit dem Bild des

"himmlischen Thronwagens", dessen Räder sich nach allen Seiten bewegen, „wohin der Geist sie treibt" (1,20).
Mit diesen Bildern kann Hesekiel nur von ferne andeuten, was hier geschieht: Der heilige Gott, der König, der über Himmel und Erde thront, verlässt sein Reich, um sich ihm, einem einzelnen Menschen in der Verbannung, zu offenbaren! In immer neuen Vergleichen („wie ein Mensch", „wie ein Regenbogen") versucht Hesekiel, das Geschehen begreiflich zu machen, das doch nicht begreifbar ist.

(3) **Die Berufung**
beginnt mit der Anrede „Du Menschensohn". Mit ihr wird der himmelweite Unterschied zwischen Gott und dem Menschen, zwischen dem Schöpfer und seinem Geschöpf betont. Sie spiegelt sich in der Reaktion Hesekiels: Von Gottes Offenbarung überwältigt, wirft er sich in Ehrfurcht auf sein Angesicht wie tot. Erst durch Gottes Machtwort: „Stell dich auf deine Füße!", wird er neu zum Leben erweckt und kann Gottes Auftrag empfangen.

Noch spricht Hesekiel nur verhalten von dem, der hier zu ihm spricht. Aber der Auftrag, den er empfängt, lässt keine Zweifel aufkommen: „So spricht Gott der Herr" (hebr. „Jahwe Adonai"). Das ist die Botschaft, die er im Auftrag Gottes den Menschen im Exil mitzuteilen hat. M.a.W.: Was auch der Prophet reden wird, es geschieht in der Vollmacht Gottes, der sich durch sein Wort auch unter den Exulanten als der Gott Israels offenbaren wird.

(4) **Die Sendung:**
Hesekiel wird zum „Volk Israel" gesandt. Das heißt: Sein Adressat ist nicht etwa eine politisch definierbare Größe, sondern es ist Gottes erwähltes Volk, das sich in ein „Haus des Widerspruchs" verwandelt hat. Sowohl für das Volk im Exil als auch für die Bewohner Jerusalems gilt: Dieses Volk ist unbelehrbar. Von Anfang an bis zu diesem Tag hat es gegen Gott rebelliert (20). Auch jetzt widersetzt es sich Gottes Gericht und ist nicht zur Umkehr bereit (s. 2,3ff und 3,7ff).

(5) **Der Offenbarungsempfang:**
Hesekiel empfängt keinen spezifischen Sendungsauftrag. Stattdessen empfängt er durch die Stimme (eines Engels? Vgl. Offb 10,9f) den Befehl, zuallererst das Wort Gottes, das er zu verkündigen hat, zu verschlingen, d.h. total und real in sich aufzunehmen, so dass Person und Botschaft nicht voneinander zu trennen sind (3,1ff). Dies verleiht seinem prophetischen Wort zusätzliche Autorität und Unantastbarkeit, unabhängig davon, ob es gehört wird oder auch nicht (2,4f). Hesekiel kann sich nicht mehr davon distanzieren, selbst dann nicht, wenn ihm die Härte seines Auftrags massiv zusetzen wird. Aber er wird auch erfahren, wie Gottes Wort in ihm wirkt und ihn stärkt „wie Honig". Von Gott mit „harter Stirn" ausgerüstet, kann er dem Widerspruch der Menschen begegnen.

DER WÄCHTER
Hesekiel 3,12–27

Nicht weit vom Fluss Kebar
lag die jüdische Siedlung Tel-Abib,
in der auch Hesekiel wohnte.
Dorthin kehrte er nun zurück.
Aber er schien völlig verstört.
Stumm setzte er sich zu den anderen.
Wie versteinert saß er da
und sprach tagelang kein Wort. 3,15

Endlich, nach sieben Tagen,
hörte Hesekiel eine Stimme.
Gott war es, der zu ihm sprach: 3,16

„Du Menschensohn!
Ich habe dich zum Wächter
für das Haus Israel gemacht.
Du sollst die Menschen
in meinem Namen warnen.
Was du aus meinem Mund hörst,

das sollst du ihnen verkünden.
Wenn sich ein Mensch
von mir abgekehrt hat,
dann sollst du ihn warnen.
Rufe ihn zurück
von seinen verkehrten Wegen!
Sonst rennt er in seinen sicheren Tod.
Tust du es nicht
und kehrt er nicht um,
dann droht ihm der Tod.
Aber dich trifft die Schuld.
Doch wenn du ihn warnst
und der andere hört nicht auf dich,
so trifft den anderen die Schuld.
Du aber hast dein Leben gerettet!" 3,17ff

So sprach Gott zu Hesekiel.
Doch als dieser noch lauschte,
spürte er auf einmal,
wie sich Gottes Hand auf ihn legte.
„Hesekiel", sprach Gott,
„geh in die Ebene hinaus!
Dort will ich mit dir reden." 3,22
Da machte sich Hesekiel auf
und wanderte in die Ebene hinaus.

Auf einmal strahlte
die Herrlichkeit Gottes über ihm auf,
genau so, wie sie ihm zuvor
am Fluss Kebar erschienen war.

Erschrocken fiel Hesekiel
auf sein Angesicht. 3,23
Doch Gott sprach:
„Du Menschensohn!
Geh zurück in dein Haus
und schließ dich dort ein!
Denn sie wollen dich fesseln,
sodass du nicht mehr
unter die Leute gehen kannst. 3,24f
Und deine Zunge soll
an deinem Gaumen kleben,
sodass du sie nicht mehr
zurechtweisen kannst.
Denn sie sind voller Widerspruch,
ein rebellisches Volk. 3,26
Aber wenn ich mit dir rede,
dann will ich deinen Mund öffnen,
dass du ihnen mein Wort verkündest:
So spricht der Herr!
Wer es hört, der höre es.
Wer es aber nicht hören will,
der lasse es sein.
Denn sie sind ein rebellisches Haus,
ein Volk, das mir widerspricht." 3,27

Da kehrte Hesekiel nach Tel-Abib zurück
und wartete auf den Tag,
da Gott ihm seinen Mund öffnete,
wie er ihm zugesagt hatte.

Ein tiefer Ernst liegt über dieser Szene. Hier geht es um Leben und Tod. Hesekiel erhält den Auftrag, sein Volk zu warnen und vor dem sicheren Tod zu bewahren. Als Wächter ist ihm das „Haus Israel" anvertraut, das Volk, dem auch jetzt noch Gottes Liebe und Erbarmen gilt, obwohl es sich in ein „rebellisches Haus" verwandelt hat. Wie ein Hirte seine Schafe bewacht und für den Verlust eines Schafes aufzukommen hat und wie ein Türhüter Verantwortung für seine Hausbewohner trägt, so soll Hesekiel über das Haus Israel wachen. Die Schwere seines Auftrags lässt sich an der Reaktion Hesekiels ablesen. Er selbst berichtet darüber: „Die Hand des Herrn lag schwer auf mir" (3,14). Bevor er seinen Auftrag ausführen kann, muss er selbst erst in die Abgeschiedenheit gehen, um sich für seinen schweren Auftrag zurüsten zu lassen. Dabei muss er den Widerspruch und das Unverständnis seiner Mitmenschen am eigenen Leib erfahren und widerspruchslos ertragen, wenn sie ihn fixieren wie einen, der von allen guten Geistern verlassen ist. Aber auch in dieser extremen Situation wird Hesekiel zum Gleichnis für sein Volk. Seine Fesseln zeigen zeichenhaft an, dass der Prophet ein „Gebundener" ist, allein an das Wort gebunden, das Gott durch ihn spricht.

DIE ZEICHEN
Hesekiel 4–5

Nach diesen Tagen sprach Gott
zu dem Propheten Hesekiel:

„Zeige dem Volk Israel,
was mit Jerusalem geschehen wird.
Nimm einen Ziegelstein,
leg ihn vor dich hin
und ritze darauf Jerusalem ein.
Zieh einen Belagerungsring
um die Stadt und schütte
einen Wall gegen sie auf
und stell ein Heerlager auf.
Dann nimm eine eiserne Platte,
stelle sie als Mauer
zwischen dich und die Stadt
und fang an, sie zu belagern!
Denn so wird es Jerusalem
in Kürze ergehen." 4,1ff

Da nahm Hesekiel
einen Ziegelstein und ritzte darauf
den Grundriss von Jerusalem ein,
Mauern, Türme und Tore.
Danach schüttete er aus Sand
einen Wall um die Stadt auf
und begann, die Stadt zu belagern.

Danach redete Gott noch einmal
zu Hesekiel und sprach:
„Auf diesem Volk
liegt eine schwere Schuld.
Von Anfang an, 430 Jahre lang,
hat es Schuld auf sich geladen.
Ich aber will seine Schuld
auf dich legen.
390 Tage lang sollst du
auf der linken Seite liegen
und die Schuld Israels tragen.
Danach sollst du 40 Tage lang
auf der rechten Seite
die Schuld Judas tragen,
für jedes Jahr je einen Tag.
Und ich lege dir Stricke an,
dass du dich nicht umdrehen kannst,
bis die Tage erfüllt sind.
So nimm einen Vorrat an Getreide, 4,4ff

Bohnen, Linsen, Hirse und Spelt.
Lege alles zusammen in ein Gefäß
und back daraus Brot!
Davon sollst du jeden Tag
nur einen kleinen Teil essen.
Und trink täglich
einen Becher Wasser dazu,
aber auf keinen Fall mehr.
Das Brot aber sollst du
auf Menschenkot backen.
Denn so muss das Volk Israel
unreines Brot essen,
wenn es im fremden Land leben muss." 4,9ff

„Ach Herr, Herr!",
rief Hesekiel erschrocken.
„Ich bin noch nie unrein geworden.
Von Jugend an habe ich noch nie
unreines Fleisch genossen.
Nun aber soll ich mein Brot
auf Menschenkot backen?" 4,14
„Dann nimm Kuhmist", sprach Gott.
„Doch höre, du Menschensohn,
was dieses Zeichen bedeutet:
Ich will den Bewohnern Jerusalems
all ihren Vorrat an Brot nehmen.
Sie werden Mangel leiden
an Wasser und Brot
und in ihrer Schuld
elend verschmachten." 4,16f

Da führte Hesekiel alles aus,
wie Gott es ihm befohlen hatte.
Er legte sich auf sein Lager
und stand nicht mehr auf,
schor auch weder Haare noch Bart,
430 Tage lang.
Dabei hatte er immer
das belagerte Jerusalem vor Augen.

Doch als die Tage um waren,
stand Hesekiel auf, wusch sich
und schor sein Haar.
Einen Rest vom Haar aber
verwahrte er in seinem Mantel. 5,1–4
Und da geschah es:

Auf einmal löste sich seine Zunge.
Hesekiel lief aus dem Haus
und rief laut hinaus:

„So spricht der Herr:
Wie ihr gesehen habt,
so wird es Jerusalem gehen.
Denn ihre Schuld wiegt schwer.
Ihre Bewohner haben es
schlimmer getrieben
als alle Völker ringsum.
Sie haben sich nicht
an meine Gebote gehalten. 5,5ff
Jerusalem, deine Gräueltaten
stinken zum Himmel!
Darum wirst du zur Wüste werden,
zum Spott unter den Völkern. 5,14
Dann werdet ihr erkennen,
dass ich der Herr bin.
Doch einige von euch
will ich am Leben erhalten." 6,7f

Dies verkündete Hesekiel den Judäern,
die in Babylonien verbannt waren.
430 Tage hatte er geschwiegen
unter der schweren Last,
die Gott auf ihn gelegt hatte.
Aber Hesekiel musste sie tragen.
Gott hatte ihn zum Wächter
über sein Volk gemacht.
Wenn es auch nur wenige waren,
die auf ihn hörten –
um dieser Menschen willen
durfte Hesekiel nicht schweigen.
Das Haar, das er
im Mantel verwahrt hatte,
war wie ein stummes Zeichen:
Ein Teil dieses Volkes
würde am Leben bleiben –
und umkehren zu Gott. 6,8f

Bisher hatte nur Gott geredet. Hesekiel selbst blieb stumm. Auch hier nimmt Hesekiel Gottes Befehl ohne Einspruch entgegen. Ein stummes Zeichen soll er setzen, ein Zeichen, das ohne Worte für sich selbst spricht. Faktisch sind es sogar drei Zeichenhandlungen, die dem Propheten aufgetragen werden. Diese bedeuten eine ungeheure Zumutung für den Propheten. Denn mit ihnen kündigt er nicht nur die kommende Katastrophe über Jerusalem an, sondern nimmt sie im Vollzug schon vorweg und ist selbst mit Haut und Haar in das Geschehen einbezogen.
• Schon das erste Zeichen lässt aufhorchen. Es erinnert an das Kriegsspiel von Kindern. Hesekiel soll mit Hilfe eines (ungebrannten) Ziegelsteins Belagerung spielen. Eine skurrile Situation, die vermutlich auch bei anderen Kopfschütteln auslöst, aber in Wahrheit die grausame Wirklichkeit vorabbildet.
• Das zweite Zeichen scheint noch krasser: 430 Tage lang – die Zahl erinnert an 430 Jahre Sklaverei in Ägypten (Ex 12,40) – soll Hesekiel unbewegt liegen und so symbolisch die Schuld seines Volkes tragen, die sich im Königreich Israel und Juda angehäuft hat, angefangen bei König Salomo bis in die Gegenwart. Die karge Speise weist auf die bevorstehende Hungersnot während der Belagerung Jerusalems hin. Niemand ist davon ausgenommen, auch nicht der Prophet, der sie jetzt schon vorweg erleidet.
• Das dritte Zeichen ruft erst recht beim Lesen Empörung hervor. Hesekiel soll sein Brot auf Menschenkot zubereiten. Zwar ist es zu jener Zeit durchaus üblich, mit Kuhmist zu heizen, aber Menschenkot verletzt alle Reinheitsgebote und bedeutet zumal für Hesekiel als Priester eine unzumutbare Provokation. Zum ersten Mal bricht Hesekiel sein Schweigen (4,14). Er klagt Gott sein Leid, und Gott gewährt ihm ein milderes Zeichen. Aber für Jerusalem gelten keine mildernde Umstände. Die Botschaft, die sich mit dem Zeichen verbindet, wird nicht revidiert. Jerusalem kann Gottes Gericht nicht entgehen. Nur ein geringer Rest wird gerettet werden (6,8f; vgl. Jes 6,13). Mit ihm fängt Gott eine neue Geschichte an. Dies deutet das verwahrte Haarbündel als stummes Zeichen der Hoffnung an (5,3).

„DU SOLLST LEBEN!"
Hesekiel 16

Dies ist die Botschaft,
die Gott der Herr an Jerusalem richtet,
die Stadt, die er wie eine Tochter
geliebt und erwählt hat
und die ihm dennoch untreu wurde:

Höre Jerusalem, denke daran,
woher du gekommen bist:
Du stammst aus dem Land Kanaan.
Dein Vater war ein Amoriter.
Deine Mutter gehört
dem Volk der Hetiter an. 16,3
Als du geboren wurdest,
war niemand da, der dir half.
Niemand schnitt deine Nabelschnur ab.
Niemand hat dich im Wasser gewaschen.
Niemand hat dich mit Salz eingerieben.
Niemand hat dich in Windeln gewickelt.
Niemand sah voller Mitleid auf dich
und hatte Erbarmen mit dir. 16,4f
Als du geboren wurdest,
kümmerte sich niemand um dich.
Man warf dich aufs Feld.
So wenig warst du geachtet.

Da ging ich an dir vorüber
und sah dich in deinem Blut liegen.
Ich aber sprach: „Du sollst leben!
Ja, leben sollst du!" 16,6
So zog ich dich groß
und du wuchst heran
und wurdest überaus schön.
Aber du warst immer noch
schutzlos und nackt. 16,7
Ich aber ging an dir vorüber
und sah dich in Liebe an,
denn die Zeit war gekommen,
um dich zu werben.
Und ich breitete meinen Mantel
über dich aus und schwor dir,
dass du mir für immer gehören solltest.

So schloss ich mit dir einen Bund. 16,8
Ich wusch und salbte dich
und schenkte dir kostbare Kleider
und Schmuck aus Silber und Gold 16,9
und setzte dir eine Krone aufs Haupt. 16,12
Unter allen Völkern
wurde deine Schönheit gerühmt.
Wie eine Königin warst du geehrt. 16,13f

Aber deine Schönheit hat dich verführt.
Du gabst dich der Hurerei hin
und botest dich jedem an,
der an dir vorüberging. 16,15
Du nahmst deinen Schmuck
und machtest dir Götzenbilder daraus. 16,17
Du brachtest ihnen Opfer dar
und bautest dir einen Hurenaltar.
An jeder Straßenecke botest du
deinen Körper an. 16,25
Und bei all deiner Hurerei
hast du nie an deine Jugend gedacht,
als du in deinem Blut lagst,
schutzlos und nackt. 16,22

Darum spricht Gott der Herr:
Ich will mit dir tun,
wie du getan hast,
als du meinen Bund gebrochen hast.

Ich aber will denken an meinen Bund,
den ich mit dir schloss,
als du noch jung warst.
Ich will einen ewigen Bund
mit dir aufrichten
und du sollst erfahren,
dass ich der Herr bin.
Dann wirst du dich schämen
und deinen Mund nicht mehr auftun,
wenn ich dir alles vergeben werde,
was du getan hast,
spricht Gott der Herr. 16,59ff

Dies ist eine äußerst gewagte Bildrede (Allegorie), Liebeserklärung und harsches Gerichtswort zugleich, adressiert an Jerusalem, die Stadt, die Gott vor allen anderen zum Wohnort erwählt hat. Gott selbst ist es, der hier zu Jerusalem spricht und der stolzen Stadt einen Spiegel vor Augen hält: Wer bist du in Wahrheit? Ein Findelkind mit zweideutiger Herkunft, verworfen, verachtet und als nicht lebenswert betrachtet, ohne Hoffnung, dein nacktes Leben zu retten! Aber Gott hat dich aus dem Dreck gezogen und über dir ausgerufen: „Du sollst leben!" Seinem Wort allein verdankst du deine Existenz. Mehr noch: Er hat dich großgezogen und sich an deiner Schönheit erfreut. Ja, er hat dich umworben wie ein Liebhaber seine Geliebte und um deine Hand angehalten. Wie in früheren Zeiten ein Bräutigam seinen Mantel(zipfel) über seine Braut gebreitet hat – als Zeichen der Übereignung (vgl. Rut 3,9) –, so hat er seinen Bund mit dir geschlossen und sich dir für immer versprochen: „Du sollst mein sein!" Und nicht genug: Er hat dich sogar mit königlichen Ehren ausgezeichnet (16,13).

Inniger und leidenschaftlicher kann die Liebe Gottes zu seinem Volk und insbesondere zu Jerusalem wohl kaum ausgedrückt werden wie in dem Bild des Vaters, Liebhabers und Ehemanns zugleich. Umso schärfer hebt sich davon die folgende Schilderung Jerusalems ab.

Gottes erwählte Stadt, mit der er sich für alle Zeit verbunden hat, entpuppt sich in Wahrheit als „Hure", die sich jedem öffentlich anbietet und sogar noch Geld dafür bietet. Jerusalem, getrieben von einem geradezu perversen Drang, sich anderen Gottheiten hinzugeben, verachtet fortgesetzt die Liebe seines Gottes und verletzt seine Ehre. Wenn schon auf Ehebruch die Todesstrafe steht, wie viel mehr beim Treuebruch Jerusalems gegenüber Gott!

Aber ganz unvermittelt nimmt das Drama der enttäuschten Liebe Gottes eine unverhoffte Wende. Gott „gedenkt" seines Bundes (16,60). Mag auch Jerusalem den Bund mit seinem Gott brechen, Gott steht dennoch zu seinem Bund und besiegelt ihn für alle Zeit. Gottes Treue steht in krassem Widerspruch zur Untreue seines Volkes. Dennoch, um seiner Ehre willen, vergibt Gott seinem Volk. Dies bedeutet keinen Freibrief für sein Volk, sondern den dringlichen Aufruf, endlich seine Schande zu erkennen („dass du dich schämst ..."). Anders kann es keinen Neuanfang geben.

Diese Bildrede zwingt uns dazu, unsere vertrauten Gottesbilder gründlich zu revidieren und uns das Drama der Liebe Gottes neu vor Augen zu halten, der selbst im Gericht dennoch am Bund mit seinem Volk festhält (vgl. dazu auch die Ausführungen zu Hosea 11).

„KEHRT UM!"
Hesekiel 18

Seit vielen Jahren lebten die Juden
bereits in der Verbannung.
Aber noch immer gab es
keine Hoffnung auf Heimkehr.
Da sank allen der Mut
und sie klagten:
„Wir kommen wohl nie mehr
in unsere Heimat zurück.
Und wer ist schuld daran?
Unsere Eltern! Unsere Vorfahren!
Sie haben unrecht getan.
Nun müssen wir dafür büßen.

Wie recht hat das Sprichwort:
Unsere Väter haben
saure Trauben gegessen
und wir haben davon
stumpfe Zähne bekommen." 18,2

Doch Hesekiel entgegnete:
„Was redet ihr euch da ein?
Hört, was Gott spricht:
So wahr ich lebe,
dieses Sprichwort soll nicht mehr
unter euch gelten.

Denn alle Menschen gehören mir,
spricht der Herr,
die Eltern ebenso wie die Kinder. 18,3f
Alle müssen für ihre Taten
selbst Verantwortung tragen!
Der Vater haftet nicht für den Sohn.
Und der Sohn haftet nicht für den Vater.
Jeden trifft nur seine eigene Schuld. 18,19ff
Wenn aber ein Mensch umkehrt,
wenn er sich an meine Gebote hält
und kein Unrecht mehr tut,
dann wird er am Leben bleiben. 18,21f
Oder glaubt ihr etwa,
ich hätte Gefallen an seinem Tod?
Nein, ich will, dass er umkehrt und lebt. 18,23
Wenn aber jemand
meine Gebote einhält,
aber danach tut, was ihm gefällt,
sollte der nicht die Folgen tragen?
Wie könnt ihr dann sagen,
mein Weg ist nicht recht?
Ihr tut unrecht, nicht ich. 18,25
Darum legt ab, was verkehrt ist!
Lasst euch im Geist
und im Herzen erneuern!
Denn so spricht der Herr:
Ich habe kein Gefallen an eurem Tod.
Darum kehrt um, so werdet ihr leben!" 18,31f

Da merkten die Leute:
Gott hatte in dieser Stunde
zu ihnen gesprochen.
Es ging um ihr Leben.
Sie waren persönlich gefragt.

Auf die leidenschaftliche Gottesrede in Kap 16 in Form einer Bildrede folgt nun eine Lektion über ein theologisch hoch brisantes Thema. Auf den ersten Blick wirkt die Rede abstrakt und lehrhaft, aber in Wahrheit gibt sie Antwort auf eine akute Frage, die das Volk im Exil zunehmend bewegt, je näher die endgültige Katastrophe rückt. Wer trägt schuld an unserem Unglück?, so lautet ihre unausgesprochene Frage. Oder salopp ausgedrückt: Warum müssen wir die Suppe auslöffeln, die uns unsere Vorfahren eingebrockt haben? (So ist das zitierte Sprichwort von den „sauren Trauben" zu verstehen.) Dahinter steht die Vorstellung vom Tun-Ergehen-Zusammenhang, die das Denken Israels und die Deutung seiner Geschichte entscheidend bestimmt hat und sich immer noch hartnäckig im Volk hält.

Aber damit macht Hesekiel nun entschieden Schluss. Jeder einzelne Mensch, so lautet seine revolutionäre Botschaft, ist vor Gott allein für sein eigenes Tun verantwortlich. Das heißt auch: Er kann sich weder hinter der Schuld seiner Vorfahren verstecken noch muss er sich als Opfer ihrer Schuldgeschichte begreifen. Vielmehr ruft der Prophet jeden Einzelnen mit Nachdruck hier und jetzt zur Umkehr auf.

Nicht nur in Kap 18, sondern auch in Kap 3 und 33 wird diese heiße Frage erörtert, aber nicht im Stil einer theoretischen Abhandlung, sondern mit einer erklärten seelsorgerlichen Absicht, die die Verbannten aus ihrer Erstarrung und Resignation befreien soll.

„Lasst euch im Geist und im Herzen erneuern!", ruft ihnen der Prophet am Ende dieses Kapitels zu. Aber noch steht die Frage im Raum: Wie kann das geschehen, wenn Gott selbst nicht den Menschen neu schafft? Erst in Kap 36,26 findet sich die befreiende Antwort Gottes: „Ich will euch ein neues Herz und einen neuen Geist in euch geben."

Hesekiel / Ezechiel

„ICH BIN DER HERR, EUER GOTT!"
Hesekiel 20

Im siebten Jahr ihrer Gefangenschaft
kamen die Vorsteher der Juden
zu Hesekiel, dem Propheten,
um Gott zu befragen und zu erfahren,
was nun aus ihnen würde. 20,1

Da sprach Gott zu Hesekiel:
„Du Menschensohn,
sage den Vorstehern:
Ich lasse mich von euch nicht befragen.
Erinnere sie an die Gräuel,
die ihre Vorfahren
von Anfang an taten. 20,2ff
Sag ihnen:
So spricht Gott der Herr:

Als ich Israel erwählte,
machte ich mich ihnen
in Ägypten bekannt.
Ich schwor ihnen:
Ich bin der Herr euer Gott.
Ich führe euch aus Ägypten
und bringe euch in ein Land,
da Milch und Honig fließt.
Darum macht euch nicht unrein
mit den Göttern Ägyptens,
sondern werft ihre Bilder weg!
Denn ICH bin der Herr, euer Gott. 20,5ff

Sie aber lehnten sich gegen mich auf
und gehorchten mir nicht. 20,8
Da wurde ich zornig über sie.
Aber dennoch verschonte ich sie,
damit mein heiliger Name
nicht vor den Heiden entweiht würde. 20,9

Danach führte ich sie aus Ägypten
und brachte sie in die Wüste.
Dort gab ich ihnen meine Ordnungen
und lehrte sie meine Rechte,
durch die der Mensch lebt,
der sich daran hält. 20,10f
Und ich gab ihnen den Sabbat
als sichtbares Zeichen,
damit sie erfahren sollten,
dass ICH der Herr, ihr Gott bin. 20,12

Aber auch in der Wüste
lehnten sie sich gegen mich auf.
Sie achteten nicht auf meine Gebote
und verachteten meine Gesetze.
Da wurde ich zornig auf sie.
Aber dennoch verschonte ich sie,
damit mein heiliger Name
nicht vor den Heiden entweiht würde. 20,13ff

Danach sprach ich zu ihren Kindern:
Macht euch nicht unrein.
Haltet euch fern von den Götzen,
die eure Vorfahren verehrt haben.
Denn ich bin der Herr euer Gott.
Lebt nach meinen Geboten!
Haltet euch an meine Gesetze
und heiligt meine Sabbate!
So werdet ihr erfahren,
dass ICH der Herr, euer Gott bin. 20,18ff

Aber auch ihre Kinder
hörten nicht auf mich
und hielten sich nicht an meine Gebote.
Da wurde ich zornig über sie
Dennoch verschonte ich sie,
damit mein heiliger Name
nicht vor den Heiden entweiht würde. 20,21ff

Auch sind mir eure Väter
untreu geworden,
als ich sie in das Gelobte Land brachte.
Auf allen Hügeln
und unter allen Bäumen
brachten sie ihre Opfer dar
und erzürnten mich
mit ihren gräulichen Taten.
Ja, bis zum heutigen Tag
treibt ihr es wie eure Väter:
Ihr macht euch unrein
mit euren gräulichen Götzen.
Wie wollt ihr mich da befragen?
So wahr ich lebe:
Ich lasse mich
von euch nicht befragen. 20,31
Wie ich mit euren Vätern
ins Gericht ging,

so will ich auch mit euch
ins Gericht gehen,
damit ihr erfahrt: ICH bin der Herr.   20,36ff

Aber so spricht Gott der Herr:
Es kommt der Tag,
da will ich euch wieder
in Gnaden annehmen,
aus allen Völkern
will ich euch sammeln
und wieder nach Israel bringen,
in das Land,
das ich euren Vätern versprach.
Dann wird es euch ekeln vor allem,
was ihr zuvor getan habt.
Und ihr werdet erfahren,
dass ICH der Herr bin,
wenn ich an euch handle,
damit allein mein Name geehrt wird."   20,41ff

So sprach Hesekiel zu den Verbannten,
die zu ihm gekommen waren,
um Gott zu befragen.
Gott offenbarte sich ihnen selbst
als der Herr, der heilige Gott,
der sein Volk nicht preisgab,
trotz allem, was dieses Volk
ihm angetan hatte.

Das Anliegen der Exulanten ist verständlich. Nach fast sieben Jahren Exil möchten sie endlich Auskunft über ihre Zukunft bekommen, vermutlich auch konkret das Datum ihrer Heimkehr erfahren. Deshalb kommt eine Abordnung zu Hesekiel, um von ihm ein Orakel zu erhalten, wie es in der Frühzeit der Propheten durchaus üblich war (vgl. z.B. 1 Sam 9,6). Umso mehr überrascht die schroffe Absage, die Hesekiel im Auftrag Gottes erteilen muss. Offenbar erkennen die Exulanten immer noch nicht den Ernst ihrer Situation und sind nicht bereit, darin Gottes Gericht über sein Volk anzuerkennen. Darum holt der Prophet im Namen Gottes weit aus. Er hält seinem Volk vor Augen, dass ihr Weg von allem Anfang an verfehlt war.

Dazu entwirft er ein Bild der Geschichte, das in seiner Kühnheit und Schroffheit seinesgleichen sucht (vgl. auch die Geschichtspsalmen 78 / 106). Die Heilsgeschichte stellt sich hier als fortgesetzte Unheils- und Ungehorsamsgeschichte dar. Nicht erst in der Wüste, sondern schon in Ägypten (!) hat sich das Volk an seinem Gott vergangen und damit seinen heiligen Namen entweiht. Und auch jetzt noch im Exil vergeht es sich gegen seinen heiligen Namen, indem es sich Gottes Gerichtshandeln entzieht. Gott hat sich am Sinai offenbart mit seinem Namen: „Ich bin Jahwe, dein Gott" (vgl. Ex 3,13ff; 20,2). In diesem Namen ist beides, Zuspruch und Anspruch, enthalten. Wer sich seinem Anspruch widersetzt, leugnet Gottes heilige Autorität. Aber zugleich darf er auf die Zusage Gottes hoffen, dass er sich als „mein Gott" offenbart hat und am Ende im Gericht seine Gnade erweisen wird.

Die feierliche, fast liturgische Sprache dieser Rede verrät die priesterliche Herkunft Hesekiels. Auch inmitten einer heidnischen Umwelt, fern vom Heiligtum in Jerusalem, bleibt Hesekiel Priester, der seinem Volk Gottes Heiligkeit vor Augen führt, „damit sie erfahren, dass ich der Herr, ihr Gott, bin."

„ICH WILL DAS VERLORENE SUCHEN"
Hesekiel 34

Zehn Jahre waren vergangen,
seitdem die ersten Gefangenen
nach Babylon verschleppt worden waren.
Inzwischen wurde Jerusalem erneut
von den Babyloniern belagert.
Es war nur noch eine Frage der Zeit,
dann musste die Stadt sich ergeben.
Dann würden auch die übrigen Bewohner
nach Babylonien verschleppt.
Bange wartete Hesekiel
auf Nachricht aus der belagerten Stadt.
Er hatte seit Wochen
kein Wort mehr gesprochen.
Sein Mund schien für immer verstummt.

Aber am 5. Tag des zehnten Monats
brachte ein Bote die Schreckensnachricht:
„Jerusalem ist gefallen!
Seine Bewohner sind alle zerstreut."   33,21
Da löste sich auf einmal
Hesekiels Zunge.   33,22
Entsetzt brach es aus ihm hervor:

„Weh den Führern Israels,
die alle versagt haben!
Weh den Hirten,
die sich nur selbst geweidet haben!   34,2
So spricht Gott der Herr:
Sollen die Hirten
nicht die Herde weiden?
Aber ihr wolltet
die Schafe nicht weiden!   34,3
Das Schwache stärkt ihr nicht.
Das Kranke heilt ihr nicht.
Das Zerschundene verbindet ihr nicht.
Das Verlorene sucht ihr nicht.
Und was stark ist,
tretet ihr mit Gewalt nieder.   34,4

Wie sind meine Schafe zerstreut,
spricht der Herr.
Sie haben keinen Hirten mehr.
Raubtiere fallen über sie her.
Sie irren umher
auf allen Bergen und Hügeln.   34,5f
Darum spricht Gott der Herr:

Ich will mich meiner Herde
selber annehmen und sie suchen.   34,11
Ich will meine Schafe weiden
und sie lagern lassen.   34,15
Ich will das Verlorene suchen
und das Verirrte zurückbringen.
Ich will das Zerschundene verbinden
und das Schwache stärken.
Was aber stark und fett ist,
will ich bewahren.
Ich will sie weiden, wie es recht ist.   34,16
Ja, ich will meiner Herde helfen,
dass keine Raubtiere mehr
über sie herfallen."   34,22

Nach Wochen kamen die Gefangenen
endlich aus Jerusalem an.
Wie verlorene Schafe,
die keinen Hirten mehr haben,
so trostlos kamen sie an.

Da hörte Hesekiel,
wie Gott zu ihm sprach:
„Ich will meiner Herde helfen.
Und ich will ihnen
einen einzigen Hirten geben,
der sie weiden soll,
einen Hirten wie meinen Knecht David.
Der wird sie weiden
und ihr Hirte sein.
Und ich will mit ihnen
einen Friedensbund schließen.
So werden sie sicher wohnen.
Und sie sollen erfahren,
dass ich, der Herr, bei ihnen bin.
Ihr sollt meine Herde sein.
Und ich will euer Gott sein."   34,23ff

Noch war der verheißene Hirte nicht da.
Es klang wie Zukunftsmusik,
was Gott seinem Volk versprach.
Aber in seinem Wort war er
schon jetzt seinem Volk nah:
der Hirte und Tröster,
der sein verzagtes Volk
trösten und leiten würde.

Mit diesem Kapitel ist die Wende von der Gerichtsbotschaft des Propheten zur Heilsbotschaft eingeläutet. Wie sich schon in den vorangegangenen Gerichtsreden andeutete, richtet sich der Blick immer mehr auf Gottes künftiges Heil, je bedrängender die Gegenwart erfahren wird. Aber erst mit dem Fall Jerusalems, als alle Hoffnung endgültig zerstört ist, bricht die Heilsbotschaft in vollem Umfang durch und kündet einen Neuanfang an, der alle menschlichen Vorstellungen und Erwartungen weit hinter sich lässt und den zweiten Teil des Hesekielbuchs in immer kühneren Bildern von Gottes künftigem Heil bestimmt. Dass dieser Teil ausgerechnet mit der berühmten Hirtenrede beginnt, ist sicher nicht zufällig. Spiegelt sich doch in dem Bild des Hirten die einzigartige Beziehung Gottes zu seinem Volk von allem Anfang an: Wie ein Hirte „hob er sie auf und trug sie alle Tage der Vorzeit" (Jes 63,9). Der Hirte und „Hüter Israels" (Ps 121,4) wachte über sein Volk zu allen Zeiten. Aber das Bild des Hirten erinnert auch an jene, denen Gott sein Volk anvertraut hat, an die geistlichen und politischen Führer, insbesondere an den König. Sie sollten im Auftrag Gottes das Volk leiten, aber sie haben alle versagt und ihren Auftrag zu eigenem Vorteil missbraucht. Sie klagt der Prophet im ersten Teil scharf an. Denn ihnen, nicht etwa den Feinden, lastet er das Unglück der aus Jerusalem Vertriebenen und Verschleppten an, die nun ohne Führung umherirren, „wie Schafe, die keinen Hirten haben" (Mt 9,36).

Aber dann schlägt im zweiten Teil plötzlich das Gerichtswort um: „Siehe, ich will mich meiner Herde selbst annehmen" (34,11). Mit seiner wiederholten Ankündigung lenkt Gott den Blick auf sich selbst, der sich in der Vergangenheit als der wahre Hirte an seinem Volk erwiesen hat und der auch in der Gegenwart allein die Wende herbeiführen kann und wird. Aber nicht etwa, wie die weltlichen Herrscher, durch demonstrative Machttaten, sondern dadurch, dass er sich der Gebeugten, Verletzten und Angeschlagenen annimmt und die, die ihnen Gewalt antun, auslöscht (so V. 16b nach der hebr. Textfassung).

Der dritte Teil öffnet den Blick in ferne Zukunft. Er stellt den einen wahren Hirten vor, den Gott für sein Volk bestimmt hat. Im Unterschied zu den Nachkommen Davids, den Königen über Juda, die fast alle als Hirten versagt haben, verheißt Gott den wahren Hirten. Mit seinem Kommen wird Gottes Friedensreich anbrechen (34,24f).

Wohl kein anderes Wort hat so nachhaltig die messianische Erwartung in den folgenden Jahrhunderten genährt wie die prophetische Verheißung vom Kommen des „Zweiten David", der sein Volk in Gerechtigkeit weiden wird (vgl. auch Jer 23,5ff). An dieses Wort knüpft das Wort Jesu in Joh 10 an, in dem Jesus die Führer seiner Zeit als falsche Hirten entlarvt und ihnen entgegenhält: „Ich bin der gute Hirte ... Der gute Hirte gibt sein Leben für die Schafe" (Joh 10,11).

EIN NEUES HERZ
Hesekiel 36

Jerusalem war erobert.
Babylon feierte seinen Sieg.
Im Triumphzug führten die Sieger
die gefangenen Juden durch Babel.
Das Volk auf der Straße
goss seinen Spott über sie aus.
„Ha! Seht Judas ewige Höhen!
Jetzt gehören sie uns!" 36,2

Da sprach Gott zu Hesekiel:
„Du Menschensohn,
wende dich zu den Bergen Israels
und ruf zu ihnen hinüber:

Hört, ihr Berge Israels,
so spricht Gott der Herr
zu den verlassenen Städten,
den Tälern, Bergen und Hügeln: 36,4
Ihr sollt wieder grünen
und Früchte tragen.
Denn ich will mich wieder
zu euch wenden
und ihr sollt wieder aufgebaut
und bewohnt werden. 36,8f
Ich will euch mehr Gutes erweisen
als jemals zuvor.
Und ihr sollt erfahren,
dass ich der Herr bin. 36,11
Dann wird der Hohn eurer Feinde
für immer verstummen." 36,15

Danach erging das Wort des Herrn
noch einmal an Hesekiel:
„Du Menschensohn, sag deinem Volk,
das meinen heiligen Namen
unter den Heiden entweiht hat:

So spricht Gott der Herr:
Ich will meinen großen Namen heiligen,
den ihr unter den Völkern
entweiht habt.
Und sie sollen erfahren,
dass ich der Herr bin,
wenn sie sehen,
wie ich an euch handeln werde. 36,23
Denn ich will euch sammeln
und wieder in euer Land bringen. 36,24
Ich will euch mit Wasser besprengen
und euch von eurer Schuld reinwaschen.
*Ich will euch ein neues Herz
und einen neuen Geist in euch geben.
Und ich will das versteinerte Herz
aus eurem Leib herausnehmen
und euch ein lebendiges Herz
aus Fleisch geben.* 36,26f
*Ich will meinen Geist in euch geben
und Menschen aus euch machen,
die nach meinen Geboten leben,
die meine Gesetze achten
und danach handeln.* 36,27
Und ihr sollt in dem Land wohnen,
das ich euren Vorfahren gab.
Ihr sollt mein Volk sein
und ich will euer Gott sein. 36,28

Ich will einen Friedensbund
mit ihnen schließen,
einen ewigen Bund.
Ja, ich will sie mehren
und mein Heiligtum
soll für immer unter ihnen sein.
Denn ich will unter ihnen wohnen
und will ihr Gott sein
und sie sollen mein Volk sein.
So werden die Völker erkennen,
dass ich der Herr bin, der Heilige,
der unter seinem Volk Israel wohnt." 37,26ff

So sprach Gott durch seinen Propheten,
als sein Volk ganz am Ende war.
Unter einem fremden Volk,
am Tiefpunkt seiner Geschichte,
fing Gott neu mit seinem Volk an
und gab ihm dieses große Versprechen.

„Ihr sollt mein Volk sein und ich will euer Gott sein" – diese Formulierung erinnert an den Bund, den Gott am Sinai mit seinem Volk geschlossen hat. Diesen Bund hat das Volk Israel in seiner Geschichte immer wieder gebrochen. Nun aber verheißt Gott seinem Volk einen neuen Bund, der den alten Bund nicht aufhebt, aber dessen Erfüllung ermöglicht. Anders als beim Sinaibund schafft Gott nun selbst in seinem Bundespartner einen neuen Geist und ein neues Herz, das ihm willig folgt und sein Leben nach Gottes Willen ausrichtet. Dabei wird offenbar: Es bedarf eines grundlegend neuen schöpferischen Aktes, damit der Mensch im Bund mit seinem Gott bestehen kann.

Die Verheißung des Friedensbundes in Hes 36 und 37 erinnert an Jeremia 31,31ff, hier allerdings mit der Steigerung, dass Gott durch seinen Geist den Menschen neu schaffen und für immer unter seinem Volk wohnen wird. Beide Texte berühren den Kern reformatorischer Botschaft: Aus eigener Kraft schafft der Mensch nicht die Umkehr zu Gott. Allein Gottes Geist wirkt die Umkehr in ihm und neues Leben aus ihm. Mit ihnen wird die Grundlage für das neue Gottesvolk geschaffen. Beide Texte bilden die Grundlage des neuen Gottesvolkes, das sich Gott selbst durch seinen Geist zubereiten wird. Die christliche Gemeinde sieht mit dem Pfingstereignis diese Verheißung erfüllt (Apg 2,38f).

NEUES LEBEN
Hesekiel 37

Dies ist die Vision,
die Hesekiel schaute,
als unter den Gefangenen
in Babylon alle Hoffnung dahin war
und alle Lebensgeister erloschen.
Zu der Zeit stimmten die Verbannten
dieses Klagelied an:
„Unsere Gebeine sind verdorrt.
Unsere Hoffnung ist dahin.
Es ist ganz und gar mit uns aus."   37,11

Damals, so berichtet Hesekiel,
kam die Hand des Herrn über mich
und führte mich im Geist
auf ein weites, ebenes Feld.
Dort lagen
lauter vertrocknete Knochen
über das Feld verstreut.   37,1f
Und ich hörte,
wie Gott zu mir sprach:
„Du Menschensohn!
Werden diese Gebeine
wohl wieder lebendig?"
„Ach Herr, mein Gott!",
stammelte ich.
„Du allein weißt es."   37,3

Und Gott der Herr sprach zu mir:
„Ruf laut über das Feld:
Hört, ihr vertrockneten Knochen,
was der Herr euch verkündet!
Ich will euch wieder Sehnen geben
und mit Fleisch und Haut überziehen.
Ich will meinen Atem in euch geben,
dass ihr wieder lebendig werdet.
So sollt ihr erfahren,
dass ich der Herr bin."   37,5f

Da rief ich laut über das Totenfeld:
„Hört, ihr vertrockneten Knochen!
Ihr sollt wieder leben.
Hört ihr? Leben sollt ihr!"
Und als ich so rief,
rauschte es seltsam.
Die Gebeine regten sich.
Sie rückten zusammen
und nahmen Gestalt an.
Aber es war noch
kein Leben in ihnen.   37,7f

„Komm!", rief ich.
„Komm, Lebensgeist!
Wehe von allen Seiten herbei!
Höre, was Gott dir gebietet!

Erfülle die Toten mit neuem Leben!" 37,9
Und sieh! Da kam wieder Leben
in die leblosen Körper.
Sie richteten sich auf.
Tausende füllten das Feld,
ein gewaltiges Heer. 37,10

Und wieder hörte ich,
wie Gott sprach:
„Du Menschensohn!
Diese Totengebeine sind mein Volk.
Sieh, wie sie jetzt klagen:
Unsere Gebeine sind verdorrt.
Unsere Hoffnung ist dahin.
Es ist ganz und gar mit uns aus. 37,11

Darum geh jetzt zu ihnen
und verkündige ihnen:
So spricht der Herr:
Ich will eure Gräber auftun
und mein Volk herausholen.
Ja, ich will euch
ins Land Israel zurückbringen 37,12
und meinen Lebensatem
in euch geben,
dass ihr wieder leben sollt.
Ich will euch wieder
in euer Land setzen.
Dann werdet ihr erfahren,
dass ich der Herr bin.
Ich sage es und tue es auch." 37,13f

Hesekiels Vision vom Totenfeld übersteigt alle Vorstellung und trägt geradezu surrealistische Züge. Zugleich aber ist sie so realistisch und detailliert beschrieben, dass sie nicht nur der Einbildung des Propheten zugeschrieben werden kann. Sie richtet sich vielmehr konkret an die Menschen im Exil, die sich selbst aufgegeben haben und sich lebendig schon wie tot fühlen. Darauf deutet die wörtlich zitierte Totenklage hin (37,11b). Diesen Menschen gilt die befreiende Botschaft: Gott kann durch seinen Schöpfergeist Tote zu neuem Leben erwecken, indem er – wie bei der Erschaffung des Menschen (Gen 2,7) – seinen Lebensatem bzw. „Odem" in sie einhaucht. So hat es auch Hesekiel bei seiner Berufung erfahren, als Gott ihn aus seiner Todesstarre befreite und mit neuem Leben erfüllte (Hes 2,2).

Diese Textstelle gehört zu den wenigen Zeugnissen des Alten Testaments, in denen die Auferstehung der Toten anklingt. Sie hat – weit mehr als etwa die Berichte von Totenauferweckungen (z.B. 1. Kön 17,19ff; 2. Kön 4,34) – die Auferstehungshoffnung geprägt. Aber die Botschaft dieser Vision gilt in erster Linie dem mutlosen Volk im Exil, das Gott durch seinen Propheten mit Hoffnung und neuem Leben erfüllt.

DIE NEUE STADT
Hesekiel 40–48

Schon 25 Jahre lebte Hesekiel
in der Verbannung. 40,1
Da zeigte Gott seinem Propheten,
was in ferner Zukunft
geschehen sollte.
Es war die letzte Vision,
die Hesekiel von Gott empfing.
Zu jener Zeit hatten die Juden
die Hoffnung auf Heimkehr
schon fast aufgegeben.
Jerusalem und sein Tempel
lagen noch immer in Trümmern,
wie an jenem Tag, da die Stadt
von den Babyloniern
zerstört worden war.
Doch Gott ließ seinen Propheten
die neue Stadt Gottes schauen.
Und der Prophet schrieb alles auf,
was Gott ihm offenbarte,
als Zeugnis der Hoffnung
für kommende Zeiten.

So schreibt Hesekiel,
der Priester und Prophet Gottes:

Am vierzehnten Jahrestag
nach der Eroberung Jerusalems
führte mich Gott im Geist
in das Land Israel
und stellte mich
auf einen sehr hohen Berg. 40,1f
Darauf war eine Stadt gebaut,
das neue Jerusalem.
Und ein Mann,
seltsam anzuschauen,
hielt eine Messlatte in der Hand.
Der sprach zu mir: Du Mensch!
Gib genau acht, was du siehst,
und verkünde es deinem Volk! 40,3f
Er führte mich
zum Osttor des Tempels
und maß das Tor aus
in seiner Breite und Tiefe.
Danach führte er mich
durch die Vorhalle
in den äußeren Vorhof des Tempels
und auch dort maß er alles aus,
Mauern und Tore,
auch die Tore und Stufen,
die zum inneren Vorhof führten. 40,6ff
Alles war maßgerecht gebaut.
Es fehlte an nichts.
Sogar die Geräte am Altar
waren vollzählig vorhanden. 40,38ff

Danach führte er mich
in das Innerste des Tempels.
„Das ist das Allerheiligste!", sprach er. 41,4
Aber der Raum war leer.
Die Herrlichkeit Gottes
erfüllte den Raum nicht mehr.

Zuletzt führte mich der Mann
zum Osttor hinaus.
Ich blickte nach Osten
in Richtung Babylon,
wo mein Volk noch verbannt war. 43,1
Da – plötzlich brach
von dort ein Orkan los.
Der Himmel riss auf.
Ein Licht strahlte auf.
Gottes Herrlichkeit tauchte die Erde
in gleißendes Licht,
wie einst am Fluss Kebar,
als Gott mir erschienen war.

Erschrocken warf ich mich
auf die Erde und betete an.
Da sah ich durch das Osttor,
wie Gottes Herrlichkeit
in den Tempel einzog.
Sein Glanz erfüllte das ganze Haus. 43,2ff

Und ich hörte eine Stimme
aus dem Innern des Tempels:
„Du Menschensohn!
Dies ist der Ort,
wo mein Thron steht.
Hier will ich für alle Zeit
unter meinem Volk wohnen. 43,7
Aber du, Menschensohn,
verkünde meinem Volk,
was du geschaut hast!
Dann werden sie sich schämen,
was sie mir angetan haben.
Schreib alles in einem Buch auf,
damit sie meine Ordnungen halten." 43,10f

Danach schaute ich auf und sah:
Unter der Tür des Tempels
floss ein Strom hervor,
der ergoss sich nach Osten. 47,1
Und der mich führte, sprach zu mir:
„Dieser Strom fließt zum Toten Meer.
Wo zuvor kein Leben mehr war,
da wächst neues Leben hervor.
Fische aller Art
füllen das Wasser mit Leben. 47,8ff
Und an den Ufern
wachsen üppige Bäume empor.
Sie bringen jeden Monat
neue Früchte hervor.
Ihre Blätter verwelken nicht.
Und wer diese Früchte genießt,
wird von seinen Leiden genesen." 47,12

Dies ist die Offenbarung,
die Gott seinem Propheten gab,
als er an den Wassern Babylons saß
und die Zukunft seines Volkes
noch vor ihm verschlossen lag.
Da ließ ihn Gott
die künftige Stadt schauen,
das neue Jerusalem,
und das Wasser des Lebens,
das aus der Stadt quillt.

Zwölf Tore führen in die Stadt,
in der Gott wohnen wird.
Dort wird sich Gott sein Volk
aus allen Völkern sammeln.

Sie werden sein Volk sein.
Und er wird ihr Gott sein.
Und sie werden die Stadt nennen:
„Hier ist der Herr!" 48,35

Die letzten Kapitel eröffnen den Ausblick auf das neue Jerusalem, das Gott seinen Propheten schauen lässt. Diese letzte Vision zeigt an, wie kunstvoll das Hesekielbuch komponiert ist. Anfang und Ende des Buchs stehen in erkennbarem Zusammenhang, wie folgende Beispiele zeigen:
• Hesekiel muss das belagerte Jerusalem im Grundriss auf einem Ziegelstein entwerfen (4,1ff). – Am Ende lässt ihn Gott das neue Jerusalem, wie es von Gott geplant und entworfen ist, „maßgerecht" schauen.
• In seiner ersten Vision (1,4ff) schaut Hesekiel Gottes Herrlichkeit fern vom Heiligtum in Jerusalem. In 11,23 verlässt die Herrlichkeit Gottes Jerusalem. In der letzten Vision kehrt sie an ihren ursprünglichen Ort der Offenbarung zurück. Gott bezieht wieder Wohnung unter seinem Volk.
• Hesekiel muss mit seinen Leidensgenossen im Exil leben, abgeschnitten vom übrigen Leben. Aber am Ende verheißt Gott ihm und seinem Volk neues Leben (37,1ff) und lässt ihn den Strom des Lebens schauen, der vom neuen Jerusalem ausgeht. Durch sein Wasser soll nicht nur Israel, sondern die ganze Völkerwelt genesen.
• „Du Mensch" bzw. „Menschensohn", so wird Hesekiel in seiner ersten wie auch in der letzten Vision angesprochen (2,1 und 40,4). Mit dieser Bezeichnung wird er in die Schuldgeschichte nicht nur seines Volkes, sondern der ganzen Menschheit eingebunden. Sein Name erinnert an den Sündenfall der ersten Menschen und an das Genießen der verbotenen Frucht (Gen 3,1ff). Aber am Ende darf Hesekiel die neue Welt Gottes schauen, ein neues „Paradies" und den Strom des Lebens mit Bäumen und Früchten, an denen der Mensch genesen wird.

Diese letzte Vision zeigt, dass die Zukunft Gottes nicht nur auf die Heimkehr der Deportierten und die Erneuerung des Gotteshauses zielt, sondern viel umfassender: auf die Erneuerung der gesamten Menschheit. In Anlehnung an Gen 2 wird hier ein neuer Garten Eden entworfen, in dem der Mensch in Frieden mit Gottes Schöpfung und in ewiger Gemeinschaft mit ihm leben wird.
So zeigt sich am Ende noch einmal eindrucksvoll, was Hesekiels Botschaft insgesamt kennzeichnet: seine Zusammenschau von Gottes Schöpfung und Heilsgeschichte, von Gottes Offenbarung im Kult wie auch im Leben jedes einzelnen Menschen, von Gottes vergangenem und zukünftigem Heilshandeln, das alle Zeiten umfasst. Bezeichnend lautet der letzte Satz des Buchs: „Hier ist der Herr!" Das ist letztlich das Ziel aller Geschichte, das Hesekiel mit seiner letzten Vision umfassend beschreibt. Sie wird in der Offenbarung des Johannes aufgenommen und sogar noch überboten. Denn in der neuen Welt Gottes – so heißt es am Ende der Offenbarung – wird es keinen Tempel mehr geben, „denn der Herr, der allmächtige Gott, ist ihr Tempel, er und das Lamm" (Offb 21,22).

DIE PROPHETEN IN DER EXILSZEIT

JESAJA 40–55

„Tröstet, tröstet mein Volk!" Mit diesem Fanfarenruf beginnt das Buch des sog. „Zweiten Jesaja". Wie schon die ersten Worte anzeigen, ist es vor allem ein Trostbuch. Es richtet sich an die Juden, die im Jahr 597 und 587 v.Chr. nach Babylonien verschleppt wurden und seitdem im Exil leben müssen. Mit jedem Jahr schwindet ihre Hoffnung auf baldige Befreiung und Heimkehr nach Jerusalem. Erst mit dem Erstarken der persischen Großmacht unter König Kyrus (ab 553 v.Chr.) ändert sich die politische Großwetterlage. Es ist nur noch eine Frage der Zeit, dann wird das babylonische Großreich von den Persern erobert werden. Im Jahr 539 v.Chr. ist es endlich soweit. Der persische König Kyrus nimmt Babylon ein. Aber noch bleibt ungewiss, was mit den deportierten Juden geschieht.

In dieser Zeit des politischen Umbruchs tritt jener Prophet auf, den man mit gutem Grund als „Zweiten Jesaja" (griech. Deuterojesaja) bezeichnet. Seine Botschaft knüpft erkennbar an die Botschaft des Ersten Jesaja an, der 150 Jahre zuvor in Jerusalem gewirkt hat. Auch er ist ein Botschafter des „Heiligen" und seiner weltumspannenden Macht. Aber von ihm wissen wir weder Namen noch Herkunft. Der Prophet tritt selbst ganz hinter dem Wort zurück, das er im Auftrag Gottes zu verkündigen hat. Seine Botschaft kreist um zwei große Themen:

(1) **Die Botschaft des Trostes**
Das Buch des Zweiten Jesaja ist das einzige prophetische Buch, das ausschließlich Heil verkündet, und zwar so umfassend und befreiend wie sonst kein anderes Buch. Schon im ersten Satz ruft es die große Wende aus, die Gott heraufführen wird. Mit seinem Wort des Trostes bricht die Wende schon hier und jetzt an. Es erweist zuallererst darin seine Kraft, dass es die Angefochtenen tröstet und sie aus ihrer Resignation befreit.

Kennzeichnend für seine Botschaft des Trostes sind
(a) die vielen Imperative: „Tröstet!", „Bereitet!", „Seht!" Hier wird deutlich: Diese Botschaft duldet keine Gleichgültigkeit. Sie bezieht ihre Hörer selbst in das Geschehen mit ein und macht sie zu Zeugen des anbrechenden Heils. Dabei scheut sich der Prophet nicht, Gottes Wort so werbend wie ein Marktschreier vorzutragen: „Kommt, kauft und esst!" (55,1ff).

(b) die vielen rhetorischen Fragen: „Wer misst die Wasser mit der hohlen Hand?", „Wer hat dies geschaffen?", „Mit wem wollt ihr mich vergleichen?", „Warum sprichst du denn: Mein Weg ist dem Herrn verborgen?" (40,12ff). Mit diesen Fragen sollen alle Zweifel widerlegt werden, die die Exilsgemeinde heimlich an Gottes Macht hegt.

(c) Entscheidend aber ist der konkrete Zuspruch: „Fürchte dich nicht!" Er ruft Gottes Heil über dem gefangenen Volk aus, nicht erst in ferner Zukunft, sondern hier und heute. Wo immer dieses Wort ergeht, ist die Befreiung schon gewiss.

(d) Die Botschaft des Trostes mündet daher am Ende jeweils in den Lobpreis Gottes ein. Darin ist dieses Buch den Psalmen verwandt: Was auch immer das Volk Gottes im Exil beschweren mag – es endet im Lob Gottes, der wahr machen wird, was er seinem Volk zugesagt hat. Ihm soll das verzagte Volk die Ehre geben, indem es in sein Lob einstimmt.

(2) **Die Botschaft der Befreiung**
Verkündet, „dass ihre Schuldknechtschaft ein Ende hat" (40,2). Das ist das andere große Thema des Zweiten Jesaja: Gott greift in das Räderwerk der Geschichte ein, um sein Volk heimzuholen. Zwar findet sich das Thema der Heimkehr auch bei anderen Propheten in vielfachen Aussagen. Aber neu ist die Ausschließlichkeit, mit der sich Gott in diesem Geschehen offenbart: „Ich bin der Erste und ich bin Letzte, und außer mir ist kein Gott" (44,6). Dieser Satz wird in dreifacher Hinsicht entfaltet:

(a) Gott ist der Herr über alles. Es gibt nichts in dieser Welt, weder in der Vergangenheit noch in der Zukunft, was ihm nicht untertan ist. Nichts kann Gottes Macht einschränken, also auch keine anderen vermeintlichen „Götter" oder Schicksalsmächte, denen sich das Volk im Exil ausgeliefert sieht. Schonungslos entlarvt der Prophet diese Mächte als „Nichtse", als stumme Götzen, als leblose „Klötze" (44,18 / 45,20). Ihnen stellt der Prophet Gottes lebendiges, schöpferisches Wort gegenüber. Durch sein Machtwort werden alle anderen Mächte entmachtet, die die Menschen in Angst und Unfreiheit halten. Allein in der Bindung an Ihn, den allein wahren Gott, kann Befreiung geschehen (vgl. 40,18ff / 41,4ff / 44,9ff).

(b) Gott ist der Schöpfer aller Dinge. Er ist vor allem der Schöpfer seines Volkes. Er hat Israel „geschaffen", indem er es vor allen anderen Völkern erwählt (41,9f) und ins Leben gerufen hat. Aber zugleich offenbart sich Gott auch als der Schöpfer aller Menschen und aller Geschöpfe, auch der Gestirne, die in Babylon göttlich verehrt werden. Während die verbannten Juden an der Macht ihres Gottes zu zweifeln beginnen und sich fragen, wie weit seine Macht reicht, ruft der Prophet die Zeiten und Welt umspannende Herrschaft Gottes aus. „Der Herr, der ewige Gott, der die Enden der Erde geschaffen hat" (40,28) und der die „Geschlechter von Anfang her" gerufen hat (41,4), beweist aber seine Schöpfermacht nicht nur an seiner Schöpfung (40,26), sondern vor allem darin, dass er sein müde gewordenes Volk wieder aufrichtet, sodass „sie auffahren mit Flügeln wie Adler" (40,31), und ihnen eine Zukunft verheißt, die er allein schaffen kann und wird: „Gedenkt nicht an das Vorige, denn ich will Neues schaffen" (43,18ff).

(c) Gott ist der Erlöser. Der Gott, der Israel aus Ägypten, aus der Sklaverei „losgekauft" und befreit hat, erweist sich auch heute und in Zukunft als der „Erlöser", der sein Volk wie einst aus der Fremdherrschaft freikauft und durchs „Wasser und Feuer" führt (43,2). Auch wenn die Befreiung aus dem babylonischen Exil und die Heimkehr nach Jerusalem noch aussteht, so ist sie doch im Wort des Propheten bereits im Kommen. Sie wird schon jetzt in Entsprechung zum Auszug aus Ägypten als „zweiter Exodus" und als das große Heilsereignis gepriesen, das nach Deutero-

Jesaja noch herrlicher und gewaltiger sein wird als jener erste Exodus. Die ganze Schöpfung wird in dieses Befreiungsgeschehen miteinbezogen, das endzeitliche Visionen weckt. Die Heimkehr verwandelt sich in der Botschaft des Propheten in eine feierliche Festprozession und Demonstration der Macht Gottes. Alle Welt soll erkennen, was Gott an seinem Volk tut, und ihm die Ehre geben (43,20 / 45,22 / 55,12f).

(3) **Die Botschaft vom Knecht Gottes**
Einen Kontrapunkt zu den Heilsworten des „Zweiten Jesaja" bilden die „Gottesknechtslieder", die an vier markanten Stellen seine Heilsbotschaft „unterbrechen" (42,1ff/ 49,1ff/ 50,4ff/ 52,13–53,12). Sie künden von dem Einen, den Gott senden wird und durch den Gott seinen Heilsplan verwirklichen wird. Anders als erwartet, erscheint er nicht in königlicher Pracht, sondern in „Knechtsgestalt". Sein Weg führt nicht zum Sieg, sondern ins Leiden. Aber gerade als Leidender wird er zum Zeugen Gottes in dieser Welt. Durch ihn wird Gott sich dieser Welt offenbaren.

So weist die Botschaft dieses „Trostbuchs" weit über sich selbst hinaus. Dabei wird offenbar: Die historische Rückführung der Exulanten ist nur der erste Akt eines universalen und endzeitlichen Heilsgeschehens, das noch immer auf seine Vollendung wartet.

Das Buch im Überblick:

Das Zweite Buch Jesaja richtet sich im ersten Teil (41–48) an die Exulanten in Babylon, im zweiten Teil (49–54) an die Restbevölkerung in Jerusalem. Beide Teile werden von einem Prolog (40,1ff) und Epilog (55,1ff) umrahmt. Insgesamt gliedert sich das Buch in 9 Textsegmente, die inhaltlich eng miteinander verbunden sind. Sie schließen jeweils mit einem Loblied ab. Die Gottesknechtslieder sind dagegen nur lose mit den anderen Texten verbunden und werden daher auch getrennt aufgeführt.

40,1–12:	„Zion, du Freudenbotin, erhebe deine Stimme mit Macht!" (Prolog)
40,12–42,13:	„Singt dem Herrn ein neues Lied"
42,14–44,23:	„Jauchzet, ihr Himmel, denn der Herr hat's getan!"
44,24–45,8:	„Träufelt, ihr Himmel, von oben …"
45,9–48,22:	„Mit fröhlichem Schall verkündigt dies …"
49,1–13:	„Jauchzet, ihr Himmel, freue dich, Erde!"
49,14–51,3:	„Ja, der Herr tröstet Zion …"
51,4–52,12:	„Seid fröhlich und rühmt miteinander …"
52,13–54,3:	„Freue dich mit Rühmen und Jauchzen …"
54,4–55,13:	„Berge sollen vor euch her frohlocken mit Jauchzen …" (Epilog)

Die Gottesknechtslieder:
42,1–9:	Erwählt
49,1ff:	Berufen
50,4–9:	Angefeindet
52,13–53,12:	Erniedrigt und erhöht

„TRÖSTET, TRÖSTET MEIN VOLK!"
Jesaja 40,1–11

Seit vielen Jahren lebten die Juden
im babylonischen Exil,
fern von ihrer Heimat Jerusalem.
Sie waren am Euphrat
in Lagerdörfern untergebracht,
abgeschnitten von der übrigen Welt.
Aber mit jedem Jahr
wuchs ihr Heimweh.
Voller Sehnsucht
sangen sie ihre Lieder:
„Wenn der Herr
die Gefangenen Zions erlösen wird,
werden wir wie die Träumenden sein."   Ps 126,1
Aber es erschien ihnen,
als hätte Gott sie vergessen,
als kehrten sie nie mehr
in ihre Heimat zurück.

Da erschien eines Tages
ein unbekannter Prophet
in ihrer Mitte.
Er verkündete den gefangenen Juden
die frohe Botschaft:

„Tröstet, tröstet mein Volk!",
spricht euer Gott.
„Verkündet Jerusalem:
Eure Strafe ist gesühnt,
eure Schuld ist bezahlt.
Die Zeit der Sklaverei
ist endlich vorbei."   40,1f

Horch! Eine Stimme ruft:
„Bahnt dem Herrn einen Weg
in der Wüste!
Macht in der Steppe
einen ebenen Weg unserem Gott!
Alle Täler sollen erhöht
und alle Berge niedrig werden.
Was krumm ist,
soll gerade werden,
und was hügelig ist,
soll eben werden.
Denn die Herrlichkeit des Herrn
wird offenbar werden."
Ja, alle Welt wird es sehen.
Denn der Mund des Herrn
hat es verkündet.   40,3ff

Horch, eine Stimme ruft: „Rede!"
Ich aber antwortete:
„Was soll ich reden?
Ist doch alles Leben wie Gras
und alles Gute
welkt wie eine Blume dahin.
Das Gras verdorrt.
Die Blume verwelkt,
wenn Gottes Wind darüber weht."
„Ja, es ist wahr", hörte ich,
„Gras verdorrt, Blumen verwelken.
Aber das Wort unseres Gottes
bleibt ewig bestehen."   40,6ff

Zion, du Botin der Freude,
steig auf einen hohen Berg!
Jerusalem, du Botin der Freude,
erhebe deine Stimme mit Macht!
Erhebe sie und fürchte dich nicht!
Verkünde den Städten in Juda:
„Seht, da ist euer Gott!"   40,9
Ja, Gott der Herr
kommt mit Macht.
Er herrscht mit starkem Arm
und wird seine Herde weiden.
Wie ein Hirte wird er sie führen.
Die Mutterschafe wird er leiten.
Aber ihre Lämmer wird er
auf dem Arm heimtragen
und in seinem Mantel bergen.   40,10f

Mit einer grandiosen Ouvertüre setzt die Botschaft des Propheten ein. Sie beginnt mit einem Prolog in der Welt Gottes. Aus der Ferne vernimmt der Prophet den Ruf Gottes: „Tröstet, tröstet mein Volk!" Er hört, wie der Herr des Himmels und der Erde seine himmlischen Heerscharen mobilisiert, um die große Wende einzuläuten und seinen Einzug in die Welt vorzubereiten. „Horch! Eine Stimme ruft: Bereitet dem Herrn einen Weg in der Wüste!" Eine ebene und schnurgerade Straße soll durch die Wüste führen, ähnlich wie die große Prozessionsstraße in Babylon, und Gottes Ankunft „in Herrlichkeit" vorbereiten. So will der Herr aller Herren Einzug in die Welt halten.

Was der Prophet hier vernimmt, ist so gewaltig, dass es an die Berufung des Propheten Jesaja (Jes 6) erinnert. Und in der Tat: Es ist die Stunde, da der Prophet im Exil seine eigene Berufung erfährt. Dieselbe Stimme, die er von ferne vernommen hat, ruft ihm nun zu: „Rede!" Überwältigt von dem Geschehen, in das Gott ihn eingeweiht hat, kann er nicht anders als seinem Volk weitersagen, was er selbst mit eigenen Ohren gehört hat.

Und so lautet die Botschaft, die der Prophet seinem Volk verkünden soll: In Gottes Welt ist die Wende schon ausgerufen. Während das Volk im Exil noch seufzt und klagt: „Wie lange noch?", hat Gott, der Herr über Himmel und Erde, seinen Einzug in die Welt schon vorbereitet. Ja, er schickt sogar schon seine himmlischen Boten nach Jerusalem voraus, dass sie auch in Jerusalem das Ende der Gefangenschaft und die baldige Heimkehr der Verbannten verkünden: „Der Frondienst ist beendet, die Schuld ist gesühnt" (40,2). Wie beim Freikauf eines Sklaven, so befreit Gott sein Volk aus der Sklaverei. Der Prophet soll diese befreiende Botschaft seinem verzagten Volk in der Verbannung weitersagen: „Tröstet, tröstet mein Volk!, spricht euer Gott."

Und er darf wissen: Weil es Gottes Wort ist, das er verkündet, wird es auch geschehen. Denn sein Wort ist ein *mächtiges* Wort. Gott setzt der Schmach seines Volkes ein Ende. Es ist zugleich auch ein *tröstliches* Wort: Gott spricht: „mein Volk". Damit bekundet er: Dieser klägliche Haufe, der sich von Gott verlassen sieht, ist und bleibt „sein" Volk. Es ist aber vor allem ein *verlässliches* Wort: Was Gott spricht, wird auch geschehen. Es kann nicht vergehen, denn: „Das Wort unseres Gottes bleibt ewig bestehen" (40,8).

Das ist der starke Trost, der schon im ersten Satz die Wende proklamiert. Das hebr. Wort für Trost („nicham") beinhaltet bereits die Wende. Sie beginnt nicht erst mit dem Datum der Heimkehr, sondern mit Gottes Einzug in die Welt. Das ist die frohe Botschaft, die der Prophet seinem Volk mitteilen soll, und zwar sowohl den Verbannten in Babylon als auch dem Restvolk in Jerusalem, das immer noch inmitten von Trümmern lebt. Es soll sich jetzt schon auf die Ankunft seines Gottes vorbereiten, der als König in Jerusalem einziehen wird. Ja, es soll ihn schon vorweg mit einem Jubellied begrüßen und die frohe Botschaft wie in einem Stafettenlauf in andere Städte weitertragen: „Verkünde den Städten in Juda: Seht, da ist euer Gott!" (40,9).

Erst ganz am Ende kommt die sehnlich erhoffte Heimkehr der Exulanten in den Blick. Erst jetzt wird offenbar, worauf letztlich die gesamte Inszenierung dieser „Ouvertüre" zielt: Gott wird sich wie ein Hirte seiner verlassenen Herde annehmen und sie heimführen (vgl. Hes 34,15f). Das Bild erinnert an den Exodus Israels aus Ägypten. Damals, so heißt es in Psalm 78,52f, ließ Gott „sein Volk aufbrechen wie Schafe und führte sie wie eine Herde in der Wüste und er leitete sie sicher ...". So wird es auch bei dem zweiten „Exodus" sein, wenn Gott sein Volk aus dem Frondienst Babylons befreien wird.

„ER GIBT DEM MÜDEN KRAFT"
Jesaja 40,12–31

Trostlos stand es damals
um das jüdische Volk im Exil.
Mutlos fragten sich viele:
Hat unser Gott denn die Macht,
uns aus der Herrschaft Babylons
zu befreien?
Sind die Götter Babylons
nicht viel mächtiger als unser Gott?
Der Herr, der Gott Israels
und Gott ihrer Vorfahren,
schien ihnen unendlich fern.
Sie spürten nichts mehr von seiner Macht.

In dieser Zeit kamen die Verbannten oft
zum Gottesdienst am Euphrat zusammen.
Gemeinsam stimmten sie dort
ihr Klagelied an:
„Verborgen ist mein Weg vor dem Herrn.
Mein Recht kümmert ihn nicht.
Gott sieht uns nicht an." 40,27
Mit hängenden Köpfen saßen sie da
und klagten einander ihr Leid.
Aber der Prophet Gottes
riss sie aus ihren dunklen Gedanken.
Er richtete sie auf
und öffnete ihnen die Augen
für Gottes Größe und Macht.

Und dies sind seine Worte,
die er an die Mutlosen richtete:

W er misst das Meer
mit der hohlen Hand?
Wer fasst den Himmel
mit seiner Spanne?
Wer misst den Staub der Erde?
Wer wiegt Berge und Hügel
mit seiner Waage? 40,12

W er gibt Gott einen Rat?
Wen fragt er selbst um Rat?
Siehe, die Völker sind nur
wie ein winziger Tropfen am Eimer.
Alle Völker sind vor ihm wie Nichts.
Sie sind null und nichtig. 40,17

S agt, mit wem wollt
ihr Gott vergleichen?
Was für ein Bild wollt ihr
von ihm machen?
Wisst ihr denn nicht?
Hört ihr denn nicht?
Ist es euch nicht
von Anfang an verkündet?
Gott thront über dem Erdkreis.
Er spannt den Himmel aus
und breitet ihn aus wie ein Zelt.
„Mit wem wollt ihr
denn mich vergleichen?",
spricht der heilige Gott. 40,18ff

S eht auf!
Blickt zu den Sternen hinauf!
Sagt, wer hat sie alle geschaffen?
Gott der Herr führt ihr Heer
vollzählig heraus.
Er ruft sie alle mit Namen.
Seine Kraft und Macht ist so groß,
dass kein Einziger von ihnen fehlt. 40,26

W arum klagst du dann, Israel:
„Mein Weg ist dem Herrn verborgen.
Mein Recht kümmert Gott nicht"?
Siehst du denn nicht?
Hast du nicht gehört?
Der Herr, der ewige Gott,
der die Enden der Erde geschaffen hat,
wird nicht müde noch matt.
Unerforschlich ist,
was seine Gedanken sind:
Er gibt dem Müden Kraft
und macht Kraftlose stark. 40,27ff
Junge Männer werden müde und matt.
Sie wanken und fallen.
Aber die auf den Herrn hoffen,
schöpfen neue Kraft.
Sie schwingen sich auf wie ein Adler.
Sie gehen und werden nicht müde.
Sie laufen und werden nicht matt. 40,30f

Das ist wahrhaftig kein billiger Trost, den der Prophet hier im Namen Gottes verkündet! Seine Predigt lässt erahnen, in welch tiefer Krise sich das Volk der Exulanten befindet. In der Konfrontation mit der Macht Babylons und seiner Götterwelt, insbesondere mit der Vielzahl seiner Gestirnsgötter, erfahren die Juden täglich ihre eigene Ohnmacht. Die Erinnerung an Jahwe, den Herrn, ihren Gott, der sie aus Ägypten geführt hat, verblasst immer mehr. Zweifel an seiner Macht kommen auf. Die Frage bricht auf: Wo ist Gott in dieser feindlich-heidnischen Umwelt zu finden? Hat unser Gott überhaupt die Macht, uns aus dem Machtbereich Babylons und seiner Götter zu befreien? Für viele steht es fest: Gott will oder kann uns nicht helfen. Dies drückt sich in der Klage des Volkes aus, die der Prophet wörtlich zitiert: „Mein Weg ist dem Herrn verborgen und mein Recht geht an meinem Gott vorüber" (40,27). Diese Worte sind vermutlich Teil eines Klagelieds, das die verbannten Juden in ihren Klagegottesdiensten „an den Wassern zu Babel" angestimmt haben (vgl. Ps 137).

Hier setzt der Prophet an. Er überschüttet seine Zuhörer mit einer Kette von Fragen, die formal alle an einen Rechtsstreit vor Gericht erinnern. Aber in Wahrheit will er ihnen durch seine Fragen den Blick für die wahren Machtverhältnisse schärfen, um sie aus ihrer Angst und Resignation zu befreien, die sie wie eine unsichtbare Fessel gefangen hält. In immer neuen Anläufen ruft er seine Hörer auf, von sich weg auf den zu schauen, der die ganze Welt und alle Mächte dieser Welt in seinen Händen hält. „Mit wem wollt ihr mich denn vergleichen?", fragt Gott durch seinen Propheten. Die Antwort darauf kann nur lauten: Gemessen an Gottes Größe und Macht erscheinen alle Völker wie winzige „Tropfen am Eimer". Selbst ihre Götter sind in Gottes Augen wie „Nichtse" – von Menschenhänden geschaffene Bilder ohne reale Macht (40,17ff).

So umfassend und ausschließlich hat zuvor noch kein Prophet Gottes Macht und Größe beschrieben wie Deuterojesaja. Ausgerechnet in einer Zeit, in der die Siegermacht Babylon triumphiert und Zweifel an der Macht des Gottes Israels aufkommen, proklamiert der Prophet dessen universale Herrschaft. Der Gott Israels offenbart sich als Herr über die ganze Völkerwelt, mehr noch, als Schöpfer des Himmels und der Erde. „Von allem Anfang an" war er da (40,21). Er ist es, „der die Enden der Erde geschaffen" hat (40,28). Ihm sind auch die Gestirne untertan, die die Babylonier göttlich verehren. Auch sie sind alle Geschöpfe aus seiner Hand, die seinem Ruf gehorchen müssen (40,26).

Welch ein Trost! Im Blick auf Jahwes Schöpfermacht verliert alles, was dem verzagten Volk Angst macht, seine zerstörerische Kraft. Das Volk im Exil darf wissen: Nichts auf dieser Welt ist von seiner Schöpfermacht ausgenommen!

Aber erst ganz am Ende dieses Kapitels wird offenbar, worauf letztlich die Beschreibung von Gottes Größe und Schöpfermacht zielt: Gott, der die Welt geschaffen hat, ist derselbe, der den Müden und denen, die am Boden liegen, Kraft gibt, „dass sie sich wieder aufschwingen wie Adler" (wörtl. wie Geier) und durch sein Wort gestärkt den Weg in die Freiheit wagen können (40,31). Das ist die Trostbotschaft, die dieses Buch gleich zu Anfang verkündet. Die Beschreibung von Gottes Größe und Macht gipfelt hier darin, dass er sich der Müden und Schwachen annimmt und sie aufrichtet (vgl. z.B. die Hymnen Ps 113,6f; 146,8).

„FÜRCHTE DICH NICHT!"
Jesaja 41

Wie ein Lauffeuer
breitete sich die Nachricht
unter den verbannten Juden aus:
„Bald sind wir frei!
Gott führt uns
in unsere Heimat zurück."
Aber bange fragten sich viele:
Wie soll das zugehen?
Wir sind viel zu schwach.
In den Augen der anderen
sind wir nichts als ein Wurm,
ein armseliger Haufe.
Und der Weg durch die Wüste
ist weit und voller Gefahren.
Wer hilft uns und hält uns,
dass wir nicht fallen?

Aber Gott hörte ihr Klagen.
Er sandte seinen Propheten
zu den Verzagten,
und ließ ihnen sagen:
„Fürchtet euch nicht!
Hört, was Gott zu euch spricht.
Wie einst bei Abraham,
so geht unser Gott euch auch heute
auf eurem Weg voran."

Und dies sind die Worte, die Gott
durch seinen Propheten spricht:

Wer war von Anfang an da?
Wer hat die Menschen
ins Leben gerufen?
Ich bin es, der HERR.
Ich bin der Erste
und bei den Letzten noch derselbe. 41,4

Wer hilft dem Menschen,
wenn er fällt?
Ein Mensch
hilft seinem Nächsten auf
und sagt zu ihm: „Steh fest!"
Ein Götzenmacher aber
nimmt den Goldschmied an die Hand.
Sie glätten das Blech
und nageln es fest,
damit der Götze nicht wackelt
und sagen zufrieden: „So steht er fest." 41,6f

Du aber Israel, mein Knecht,
Jakob, den ich erwählt habe,
du Nachkomme Abrahams,
den ich gerufen habe
von den Enden der Erde
und zu dem ich sprach:
Du sollst mein Knecht sein,
du bist es, den ich erwähle: 41,8f
Fürchte dich nicht!
Denn ich bin mit dir!
Weiche nicht ängstlich zurück.
Denn ich bin dein Gott.
Ich mache dich stark.
Ich helfe dir auch.
Ich halte dich fest,
mit starker Hand. 41,10

Denn ich bin der Herr, dein Gott,
der dich bei deiner rechten Hand fasst
und zu dir spricht:
Fürchte dich nicht! Ich helfe dir. 41,13
So fürchte dich nicht,
du Würmlein Jakob,
du armer Haufe Israel.
Ich helfe dir, spricht der Herr,
der heilige Gott.
Ich bin es, der dich erlöst. 41,14

Die Bedrückten und Armen
suchen vergeblich nach Wasser,
und ihre Zunge vertrocknet vor Durst.
Aber ich bin der Gott Israels.
Ich will ihre Klagen erhören
und will sie nicht verlassen.
Es sollen Wasserströme
auf kahlen Höhen hervorbrechen
und Quellen in Tälern sprudeln.
Die Wüste soll zum See werden
und die Steppe zur frischen Quelle.
Allerlei Bäume sollen dort wachsen,
damit alle Welt sieht:
ICH bin es, der Heilige Israels,
der dies alles geschaffen hat. 41,17ff

Singt dem Herrn ein neues Lied,
Singt sein Lob
bis an die Enden der Erde!
Das Meer und was im Meer lebt,
die Inseln und alle, die darauf wohnen,
sollen den Herrn loben.
Jubelt, ihr Wüsten und Städte
mitsamt ihren Dörfern.
Jauchzt, die ihr in Felsen haust!
Ruft von den hohen Bergen:
Gebt Gott die Ehre!
Verkündet seinen Ruhm
bis zu den fernen Inseln! 42,10ff

Dreimal wiederholt sich in diesem Abschnitt, wie auch in allen folgenden Kapiteln, der Ruf an das Volk: „Fürchte dich nicht!" (41,8.13f). Er erinnert an frühere Tage, als die Menschen ihre Klagen im Tempel vor Gott brachten und der Priester ihnen im Namen Gottes zusprach: „Fürchte dich nicht!". Aber nun im Exil, im Mund des Propheten, gewinnt dieser Ruf einen ganz neuen Klang. Unüberhörbar kündet er an: Achtung! Jetzt heißt es aufhorchen. Denn jetzt offenbart sich der heilige Gott. In seinem Ruf „Fürchte dich nicht!" kommt er selbst zu seinem verzagten Volk. So hat er sich in der Vergangenheit dem Stammvater Abraham offenbart (Gen 15,1). So wird später der Engel Gottes den erschrockenen Hirten von Bethlehem zurufen: „Fürchtet euch nicht!" (Lk 2,10). Wo immer sein Ruf ergeht, wo der heilige Gott in seinem Wort dem Menschen begegnet, da verwandelt sich Angst in Hoffnung, Klage in Lob.

Und so lautet das Heilswort, das Gott in dieser Stunde durch seinen Propheten verkündet: „Fürchte dich nicht! Ich bin mit dir. Ich halte dich fest." Es richtet sich an ein Volk, das seinen Halt verloren hat, ein verlorener Haufe im fremden Land, von seinen Feinden ständig gedemütigt und in den Staub getreten wie ein „Wurm" (vgl. Ps 22,7f). Aber mit „starker Hand" (wörtl. mit seiner „Rechten", d.h. mit seiner Tathand) hält Gott sein Volk fest, um es unterwegs sicher durch alle Gefahren zu führen. Und wie er einst Abraham durch unwegsames Gebiet nach Kanaan geführt hat (41,9), so wird er nun auf demselben Weg sein Volk führen und an seiner Hand halten.

Gemessen an der Größe Gottes und seiner Zusage erscheinen die Götter Babylons geradezu lächerlich, wie auch alle, die diese Götter herstellen. Denn diese Götter haben selbst keinen festen Halt. Wie sollen sie dann den Menschen, die sie verehren, einen Halt geben? Der Prophet bestreitet souverän ihre Macht. Stattdessen lenkt er den Blick allein auf den, der alles geschaffen hat und alles in seinen Händen hält, den „Heiligen Israels", der seine Größe gerade dadurch offenbart, dass er dieses klägliche Häuflein von Menschen als sein geliebtes Volk ehrt, das in Abraham von Ewigkeit her erwählt ist (41,8).

„ICH HABE DICH ERLÖST"
Jesaja 43

Noch immer wartete das Volk
vergeblich auf seine Befreiung.
Noch war es in Babylonien gefangen,
von der fremden Siegermacht
unterdrückt und versklavt.
Sehnsüchtig dachten die Juden
an die Zeit ihrer Vorfahren,
als Mose sie aus Ägypten führte.
Aber unter allen Verbannten
war kein zweiter Mose zu finden,
der das Volk in die Freiheit führte.
Weit und breit war kein Retter in Sicht,
der sie erlösen konnte.

Aber Gott sah ihre Not
und hatte Erbarmen mit ihnen.
Noch einmal sandte er
seinen Propheten
zu seinem geplagten Volk
und sprach durch ihn
sein erlösendes Wort.

So spricht der Herr,
der dich, Israel, geschaffen hat
und der dich gemacht hat:
Fürchte dich nicht!
Denn ich habe dich erlöst.
Ich habe dich
bei deinem Namen gerufen.
Du bist mein! 43,1
Wenn du durchs Wasser gehst,
will ich bei dir sein,
dass dich die Wasserströme
nicht überfluten.
Und wenn du durchs Feuer
des Leidens gehst,
sollst du nicht verbrennen.
Keine Flamme wird dich versengen. 43,2
Denn ich bin der Herr, dein Gott.
ICH, der Heilige Israels, bin dein Retter.
Ich gebe Ägypten, Kusch und Seba
als Kaufpreis für dich.
So teuer und wert bist du mir
in meinen Augen.
So liebe ich dich
vor allen anderen Völkern. 43,4f
Darum fürchte dich nicht.
Denn ich bin bei dir. 43,5
Ich, ich bin der Herr,
und außer mir ist kein Retter. 43,11

Ja, so spricht der Herr,
der im Meer einen Weg
und in brausendem Wasser
eine Bahn macht:
Denkt nicht mehr an frühere Zeiten!
Denn ich will Neues aufwachsen lassen.
Seht, schon bricht es hervor!
Erkennt ihr es nicht?
Ich bahne einen Weg durch die Wüste
und lasse Wasser im dürren Land fließen.
Die wilden Tiere werden mich preisen,
wenn ich meinem geliebten Volk
Wasser gebe inmitten der Wüste. 43,16ff

Endlich ist sie da, die erlösende Nachricht! Die Heimkehr der Verbannten steht unmittelbar bevor. Während die Gemeinde der Exulanten in ihren Klagegottesdiensten noch bang klagt: „Herr, wie lange noch?" und sich vergeblich nach einem Retter umschaut, ist die Rettung bei Gott schon beschlossene Sache (vgl. auch 40,1f): Im Perfekt ruft Gott die Rettung durch seinen Propheten über der Gemeinde aus: „Ich habe dich erlöst."
Es ist das sog. „prophetische Perfekt", eine Besonderheit der hebräischen Sprache, die Vergangenheit, Gegenwart und Zukunft umfasst. Es bedeutet:

(1) „Ich habe dich erlöst."
Der Satz erinnert an die große Rettungstat Gottes, an das Urdatum der Geschichte Israels: den Auszug aus Ägypten. Als „Erlösung" bezeichnet ihn der Prophet. Dieses Wort erinnert an den Loskauf von Sklaven. Wie damals, als Jahwe sein Volk aus der Sklaverei „freigekauft" hat, so kauft er nun sein versklavtes Volk erneut aus der Hand seiner Herren frei. Er zahlt sogar

einen hohen Kaufpreis dafür (Ägypten als „Lösegeld", 43,3). So viel wert ist ihm sein geliebtes Volk!

(2) „Ich erlöse dich."
Der Satz erinnert aber zugleich auch an die Leiden Israels in Ägypten und an seine Todesangst am Schilfmeer. Mit ihm verbindet sich der Trost für die angefochtene Exilsgemeinde: „Wenn du durchs Wasser" (der Angst) und „durchs Feuer (der Leiden) gehst, will ich bei dir sein." Jedem Einzelnen in dieser Exilsgemeinde gilt der Zuspruch hier und jetzt, ganz persönlich. Er ist eine versteckte Liebeserklärung Gottes an sein Volk, das er sich vorzeiten zum Eigentum erworben hat und auch jetzt nicht preisgeben wird.

(3) „Ich werde dich erlösen."
Die endgültige „Erlösung" wird aber erst eintreten, wenn Gott sein zerstreutes Volk heimführen wird. Dieses Ereignis steht zwar noch aus, aber der Prophet sieht es jetzt schon voraus und preist es vorweg als Heilsereignis von endzeitlichen Dimensionen. Ein zweiter Exodus wird es sein, analog zum ersten Exodus, nur ungleich herrlicher. Die ganze Schöpfung wird in das Geschehen mit einbezogen. Dann wird alle Welt erkennen, wie herrlich sich der Gott Israels an seinem Volk offenbart. Denn: „ICH, ich bin der Herr und außer mir ist kein Retter" (43,11).

„ICH BIN" – in diesen zwei Worten verdichtet sich die Botschaft Deuterojesajas:
Gott, der sich einst am Sinai mit seinem Namen Jahwe offenbart hat („ICH BIN, der ich bin"; Ex 3,14), wird auch in Zukunft derselbe sein („ICH werde sein, der ich sein werde"). Hier und jetzt aber begegnet er seinem Volk unmittelbar in seinem Wort: „ICH BIN DEIN GOTT". Diese Zusage findet ihren Widerhall im Danklied der Erlösten, zu dem jetzt schon, noch vor der Befreiung aufgerufen wird: „Das Volk, das ich mir bereitet habe, soll mein Lob verkünden." (43,21)

„IHR SEID MEINE ZEUGEN"
Jesaja 44,1–23

Gott hatte das Volk Israel
vor allen anderen Völkern erwählt,
damit es ihn vor aller Welt ehre.
Aber von diesem Volk war nur noch
ein kläglicher Rest übrig geblieben.
Die meisten von ihnen
lebten noch im Exil,
vergessen von der übrigen Welt.
Aber Gott offenbarte dem Propheten
seinen Plan mit diesem Volk,
das künftig Gottes Ruhm
vor aller Welt bezeugen sollte.

Und dies sind die Worte,
die der Prophet im Auftrag Gottes
zu den Verbannten in Babylon sprach:

So spricht der Herr,
der dich geschaffen hat
und der dir beisteht
von Mutterleib an:

Fürchte dich nicht, Israel,
mein Knecht, den ich erwählt habe: 44,1f
Ich will Wasser gießen
auf durstiges Land
und Ströme auf dürres Gebiet.
Ich will meinen Geist
auf deine Kinder gießen
und meinen Segen
auf deine Nachkommen,
dass sie wachsen sollen wie Gras
und wie Pappeln an Wasserbächen.
Der eine wird bekennen:
Ich gehöre dem Herrn.
Der andere wird sich nach Jakob,
seinem Stammvater, nennen. 44,3ff
Und wieder ein anderer
wird in seine Hand schreiben:
„Eigentum des Herrn"
und den Namen Israel tragen. 44,5

So spricht der Herr,
der König Israels und sein Erlöser:
Ich bin der Erste und der Letzte
und außer mir ist kein Gott. 44,6
Darum fürchtet euch nicht!
Habe ich es nicht schon
vor langer Zeit verkündet?
Ihr seid meine Zeugen.
Sagt: Gibt es einen Gott außer mir?
Ich weiß sonst keinen. 44,8

Wer sind die Menschen,
die sich einen Gott machen,
der doch nichts taugt? 44,10
Sie fällen Bäume im Wald.
Die Hälfte machen sie zu Brennholz
und wärmen sich an seinem Feuer.
Die andere Hälfte machen sie
zu ihrem Götzen, fallen vor ihm nieder
und rufen ihn an: Errette mich!
Denn du bist mein Gott. 44,17
Sie begreifen ja nichts.
Sie sind alle verblendet. 44,18

Israel, denke daran!
Denn du bist mein Knecht.
Dazu habe ich dich gebildet.
Israel, ich vergesse dich nicht.
Du hast zwar große Schuld
auf dich geladen,
aber ich hebe sie auf wie eine Wolke
und löse sie auf
wie den Nebel am Morgen.
So wende dich zu mir.
Denn ich erlöse dich! 44,21f

Jauchzt, ihr Himmel!
Denn der Herr hat´s getan.
Jubelt, ihr Tiefen der Erde!
Ihr Berge, jubelt und jauchzt
mitsamt allen Bäumen im Walde!
Denn der Herr hat sein Volk erlöst
und seine Majestät an ihm offenbart. 44,23

Mit dieser erneuten Heilszusage wird ein neues Thema eröffnet, das noch weit über die verheißene Heimkehr nach Jerusalem hinausreicht. Der Prophet spricht die Exilsgemeinde auf Gottes Zukunft mit seinem Volk an. Was jetzt nur als kümmerlicher Rest des einstigen Königreichs Israel und Juda erscheint, soll nach Gottes Willen den Stamm der künftigen Gemeinde der Heilszeit bilden. Wie die Söhne Jakobs, des Stammvaters Israels, sollen auch die Nachkommen der Juden im Exil zu Segensträgern für die Völkerwelt werden, sodass noch viele zu der neuen Gemeinde hinzukommen und sich dem Gott Israels verschreiben werden (genauer: sie werden in ihre Hand schreiben: „dem Herrn eigen", so wie ein Knecht den Namen seines Herrn in seine Hand ritzt und damit öffentlich bekundet, wem er gehört). Gott selbst ist es, der seine künftige Gemeinde durch seinen Geist ins Leben ruft und sie zum Zeugen der Völkerwelt macht. Sie hat den Auftrag, Gottes Alleinanspruch im Unterschied zu den Gottheiten anderer Völker zu bezeugen: „Ihr seid meine Zeugen! Ist auch ein Gott außer mir?" (44,8).

Diese Aussage bedeutet sogar noch eine Steigerung gegenüber dem Ersten Gebot, das nur die Verehrung anderer Götter verneint. Hier aber wird ausdrücklich betont: Es gibt gar keinen anderen Gott und außerdem werden die anderen Gottheiten als reines Machwerk von Menschen entlarvt. Dabei verfolgt er letztlich nur das eine Ziel, dass sich sein Volk von dem zerstörerischen Einfluss babylonischer Götter befreit und sich erneut dem allein wahren Gott des Himmels und der Erde zuwendet, der zu neuem Leben befreit. Aber allein durch Gottes Vergebung wird neues Leben möglich. So endet dieses Kapitel betont mit der Zusage seiner Vergebung: „Ich hebe deine Schuld auf wie eine Wolke und deine Sünde wie den Nebel" (44,22).

Im Jubellied der Gemeinde findet Gottes Zusage ihr Echo. Es ist die Vorwegnahme des künftigen Gotteslobs, das die Gemeinde der Endzeit anstimmen wird: „Ihr Berge, jubelt und jauchzt. Denn der Herr hat Jakob (d.i. Israel) erlöst!" (44,23).

„ICH, ICH BIN DER HERR"
Jesaja 44,24–48,22

Dies ist das Wort des Herrn,
das an den Propheten erging,
als sich Kyrus, der mächtige König
der Meder und Perser, anschickte,
die stolze Stadt Babylon zu erobern.
Zu der Zeit warteten Juden
immer noch auf ihre Befreiung.
Im Anblick der Mächte
zweifelten sie mehr denn je
an der Macht ihres Gottes.
Aber Gott sprach zu den Verzagten
durch seinen Propheten:

So spricht der Herr, dein Erlöser,
der dich von Mutterleib geformt hat.
Ich bin der HERR, der alles schafft,
der allein den Himmel ausbreitet
und ohne Hilfe die Erde befestigt. 44,24
Der die Vorhersagen der Wahrsager
und die Künste der Weisen
zunichte macht;
der aber wahr macht,
was seine Boten
zuvor verkündet haben. 44,25f
Der die Fluten der Tiefe austrocknet
und der zu Kyrus spricht:
„Mein Hirte bist du!
Du sollst meinen Willen ausführen.
Du sollst Jerusalem und seinen Tempel
wieder aufrichten." 44,27f

Denn so spricht der Herr
zu Kyrus, seinem Gesalbten,
dessen rechte Hand er ergriff
und dem er die Vollmacht gab,
Völker und Könige zu unterwerfen: 45,1
Ich will vor dir hergehen
und deinen Weg ebnen.
Ich will die ehernen Türen zerschlagen
und die eisernen Riegel zerbrechen.
Ich will dir verborgene Schätze geben,
damit du erkennst: ICH bin es,
der HERR, der Gott Israels,
der dich in seinen Dienst beruft. 45,2f
Ich tue es für mein Volk Israel,
das ich erwählt habe.

Darum habe ich dich
bei deinem Namen gerufen
und dich mit Ehrennamen geschmückt, 45,4
obwohl du mich nicht kennst,
damit alle Welt erfahre:
ICH bin der HERR
und außer mir ist kein Gott. 45,5

So wendet euch zu mir!
Lasst euch retten, ihr Enden der Erde!
Denn ich bin Gott
und außer mir gibt es keinen. 45,22
Babylons Götter sind alle gefallen.
Aber ihr, die ihr noch übrig seid
vom Volk Israel, hört mir zu:
Ich habe euch getragen
von Mutterleib an.
Und auch wenn ihr alt werdet,
bin ich noch derselbe.
Ich will euch tragen, bis ihr grau werdet.
Ich habe es getan und will es auch tun:
Ich will euch heben, tragen und retten. 46,3f
Denn ich bin der Herr, dein Gott,
der dich lehrt, was dir hilft,
und der dich auf dem Weg leitet,
den du gehen wirst. 48,17

Darum flieht alle aus Babel!
Singt und jubelt und ruft es hinaus
bis an die Enden der Erde:
Der Herr hat sein Volk Israel erlöst.
Er führte sie durch die Wüste
und gab ihnen Wasser.
Er spaltete den Felsen
und ließ Wasser hervorquellen,
so dass sie keinen Durst litten. 48,20

Denn so spricht der Herr:
Sie werden weder Hunger
noch Durst leiden.
Hitze und Sonnenglut
wird sie nicht plagen.
Denn ich will mich über sie erbarmen
und sie zu Wasserquellen führen.
Ich will die Berge vor ihnen ebnen
und den Weg für sie bahnen.

Seht, schon kommen sie von allen Seiten herbei, um heimzukehren. 49,10ff	*J*auchzet ihr Himmel, freue dich, Erde! Lobt ihr Berge und jubelt laut! Denn der Herr hat sein Volk getröstet und sich über ihr Elend erbarmt. 49,13

Mitten in den Heilszusagen des Propheten findet sich ganz unvermittelt dieses Lied auf Kyrus, den König der Meder und Perser. Kyrus zählt zu den mächtigsten Königen der Antike (559–529 v.Chr.). In einem ungeahnten Siegeszug gelingt es diesem Herrscher innerhalb weniger Jahre, sowohl das Reich der Meder und auch der Lyder (in Kleinasien) einzunehmen. Aber den Gipfel seiner Macht erreicht Kyrus durch seinen Sieg über die babylonische Weltmacht und die Eroberung Babylons (539 v.Chr.). Zu diesem Zeitpunkt ist noch ungewiss, was aus den Exulanten wird. Aber man spürt zwischen den Zeilen die Hochspannung, die alle erfasst hat. Die Sorge, von der Macht des persischen Königs überrollt zu werden, ist offenbar groß. Da tritt der Prophet auf und stellt mit wenigen Sätzen die wahren Machtverhältnisse klar. Gottes Macht ist weder mit einer himmlischen noch mit einer menschlichen Macht vergleichbar. In einer umfassenden Selbstvorstellung offenbart sich Jahwe, der Gott Israels als alleiniger Herr der Schöpfung und der Geschichte, als Herr über alle Herren dieser Welt.

Der Alleinanspruch Gottes, der schon in Jes 40 und 44 unmissverständlich erhoben wurde, wird hier konkret auf die Person des Kyrus bezogen, aber überraschend wird Kyrus hier nicht als Gegenspieler zu dem Gott Israels vorgestellt, sondern als Werkzeug Gottes, ja sogar als Messias („Gesalbter"), den Gott mit königlicher Vollmacht betraut und in seinen Dienst genommen hat. Die Formulierung: „der deine rechte Hand fasst" und „der dich bei deinem Namen gerufen hat" erinnert an das Ritual bei der Inthronisation eines Königs.

An diesem Kapitel wird eindrucksvoll deutlich: Der Gott Israels ist nicht nur der Herr seines Volkes, sondern auch Herr der ganzen Völkerwelt und vor allem Herr der Geschichte und Weltreiche. Sogar der mächtigste Herrscher der Welt – zudem ein Heide! – muss ihm gehorchen, um Gottes Heilsplan an seinem verbannten Volk auszuführen.

So wird die Heimkehr aus dem Exil zum Triumphzug und zu einer Demonstration der universalen Macht Gottes zum Heil seines Volkes. Im Lobpreis nimmt die Gemeinde dieses Ereignis schon vorweg (44,23).

„DER HERR TRÖSTET ZION"
Jesaja 49–54

Der Prophet hatte den Menschen im Exil
die frohe Botschaft gebracht.
Doch in Jerusalem lebten die Menschen
immer noch ohne Trost
und ohne Hoffnung dahin.
Zion – das war einst
der Ehrenname der Stadt,
die Gott vor allen anderen Städten
zum Wohnsitz erwählt hatte.
Aber von ihrem früheren Glanz
war nichts mehr geblieben.
Die Stadt lag in Trümmern.

Nur noch wenige Alte
sah man auf den Straßen.
Kein Kinderlachen erfüllte die Gassen.
Totenstille lag über der Stadt.
Es schien, als sei Jerusalem für immer
von Gott verlassen und vergessen.

Aber dies ist die Trostbotschaft,
die Gott durch seinen Propheten
der verlassenen Stadt verkündigen ließ,
noch ehe die deportierten Juden
den Heimweg antraten:

Warum klagt Zion:
„Der Herr hat mich verlassen,
er hat mich vergessen"?
Wie? Kann denn eine Mutter
ihr eigenes Kind vergessen,
das sie geboren hat?
Wird sie nicht all ihre Liebe
diesem Kind schenken?
Und sollte sie es dennoch vergessen,
so will ich doch dich nicht vergessen.
Denn ich habe deinen Namen
in meine Hände geschrieben.
Dein Bild steht immer vor mir. 49,14ff

Schau her, du Kinderlose,
du verlassene Stadt!
Alle, die dir genommen wurden,
kehren wieder zu dir zurück.
Sie werden die Stadt füllen,
bis dein Raum zu eng wird.
Deine Söhne werden auf den Armen
und deine Töchter auf den Schultern
zu dir gebracht. 49,18
Dann wird alle Welt erkennen,
dass ICH der Herr bin,
dein Retter und dein Erlöser. 49,26

Ja, der Herr tröstet Zion.
Er tröstet alle ihre Trümmer.
Ihr verwüstetes Land wird er
in ein blühendes Paradies verwandeln. 51,3
Dann wird die Stadt von Jubel
und Freudengeschrei erfüllt sein.
Lob- und Danklieder werden erklingen,
wenn alle, die er erlöst hat,
unter Jubel heimkehren nach Zion.
Tränen und Trauer
müssen verschwinden.
Und ewige Freude wird sie erfüllen. 51,11

Seht doch auf mich:
Ich bin euer Tröster.
Warum fürchtest du dich vor Menschen
und hast den Herrn vergessen,
der dich geschaffen hat?
Ich bin der Herr, dein Gott,
der Himmel und Erde geschaffen hat,
und der zu Zion spricht:
„Du bist mein Volk." 51,12ff

Wie groß wird die Freude sein,
wenn auf den Bergen Zions
der Friedensbote erscheint
und die frohe Botschaft verkündet:
„Dein Gott ist König!"
Schon rufen die Wächter Jerusalems
mit lauter Stimme sein Kommen aus.
Alle Augen werden ihn sehen,
wenn er unter Jubel einzieht
und auf dem Berg Zion erscheint. 52,7f

*Freut euch und jubelt alle zusammen,
ihr Trümmer Jerusalems!
Denn der Herr hat Jerusalem erlöst
und sein Volk getröstet.* 52,9

So fürchte dich nicht, Jerusalem!
Du sollst nicht zum Spott werden!
Denn der Herr hat dich zu sich gerufen
wie eine verlassene und tief traurige Frau,
wie die Geliebte der Jugendzeit,
die lange Zeit verstoßen war.
Wie könnte er sie länger verstoßen? 54,4ff
Er spricht zu dir:
Nur einen Augenblick lang
habe ich dich verstoßen.
Aber mit großem Erbarmen
will ich dich wieder heimholen.
Im Zorn habe ich mein Angesicht
eine kurze Zeit vor dir verborgen.
Aber mit ewiger Gnade
will ich mich über dich erbarmen.
Es soll wieder so sein
wie zur Zeit Noahs.
Damals schwor ich:
Nie mehr soll eine Flut
über die Erde kommen wie diese.
So gilt auch heute mein Schwur:
Nie mehr soll mein Zorn
über dich kommen.
*Berge mögen beben und weichen
und Hügel mögen wanken und fallen –
aber meine Gnade
soll nicht von dir weichen
und mein Friedensbund
soll niemals wanken,* 54,10
spricht der HERR, dein Erbarmer.

Der zweite Teil des „Trostbuches" richtet sich an Jerusalem, das immer noch zerstört ist. Dabei fällt auf, dass nicht die Bewohner Jerusalems angesprochen werden, sondern Gottes Trost gilt „Zion", d.h. jenem Ort, den er vor anderen erwählt hat. Gottes innige Beziehung zu diesem besonderen Ort drückt sich in seiner Personifizierung als „Tochter Zion", als „Braut" und „Geliebte" Gottes aus. In der Klage des Volkes haben sich diese Bilder ins Gegenteil verkehrt: Zion als verstoßene Frau, kinderlos und ohne Hoffnung auf Zukunft. So beschreiben z.B. die Klagelieder (Jeremias) die Situation nach der Zerstörung Jerusalems („Der Tröster, der meine Seele erquicken sollte, ist fern von mir. Meine Kinder sind dahin …"; Klgl 1,16). Diese Bilder nimmt der Prophet auf, um sie seelsorgerlich zu widerlegen und sogar noch zu überbieten:

• Gott vergisst seine Stadt nicht, so wenig wie eine Mutter ihr Kind vergisst. Ja, er hat sogar Zion in die Hände gezeichnet. Das heißt: Er hat ihren Namen und ihr Bild (bzw. ihren Grundriss) immer vor Augen (49,5ff).
• Gott „tröstet" ihre Trümmer, d.h. er verwandelt sie in einen blühenden Garten, wie den Garten Eden (51,3).
• Gott verwandelt die Trauer Zions in Jubel, wenn er der „kinderlosen" Stadt die entführten Söhne und Töchter zurückbringt (51,11ff).
• Gott zieht wieder als König in Jerusalem ein. Zion darf ihn bräutlich geschmückt und jubelnd empfangen (52,1ff).
• Gott kann Zion, seine erste Liebe, nicht vergessen, so wie ein Mann seine erste Liebe niemals vergisst (54,6).

In all diesen Bildern leuchtet Gottes Gnade auf, die ihren einzigen Grund in Gott selbst hat. Sein Bund, den er mit Noah wie auch mit dem ganzen Volk Israel geschlossen hat, ist der Garant seiner unverbrüchlichen Liebe, die sich in seinem grenzenlosen Erbarmen offenbart (54,8ff).

Jesaja 40–55

EIN „EWIGER BUND"
Jesaja 55

Mit einem leidenschaftliche Aufruf
endet die Botschaft dieses Propheten.
Wie ein Marktschreier
mischt sich der Prophet
unter das Volk,
das hungert und dürstet
nach einem tröstlichen Wort.
Mit lauter Stimme ruft er ihm zu:

Auf, ihr durstigen Seelen,
kommt alle zum Wasser!
Auch wenn ihr kein Geld habt,
kommt, esst und trinkt euch satt!
Kauft ohne Geld,
kauft, wonach euch verlangt.
Auch Wein und Milch
gibt es umsonst. 55,1

Warum kauft ihr Brot,
das in Wahrheit kein Brot ist?
Warum zahlt ihr Geld dafür,
obwohl es nicht satt macht?
Hört doch auf mich,
so werdet ihr Besseres haben,
meine köstlichen Gaben,
die ich zubereitet habe. 55,2

Hört, so werdet ihr leben!
Kommt her zu mir!
Denn wie vorzeiten mit David,
so will ich mit euch allen
einen ewigen Bund schließen.
Für alle Zeit
will ich euch gnädig sein. 55,3

Darum sucht Gott den Herrn,
solange er zu finden ist!
Ruft ihn an, solange er nahe ist!
Wendet euch wieder zu ihm.
Er wird euch vergeben
und sich über euch wieder erbarmen. 55,7

Denn so spricht der Herr:
Meine Pläne und Gedanken
sind nicht eure Gedanken.
Und eure Wege
sind nicht meine Wege.
Sondern wie der Himmel
viel höher ist als die Erde,
so sind auch meine Wege
höher als eure Wege
und meine Gedanken
höher als eure Gedanken. 55,8f

Denn wie Regen und Schnee
vom Himmel fällt
und nicht dorthin zurückkehrt,
sondern tränkt die Erde,
lässt Pflanzen wachsen
und Frucht hervorgehen,
Samen für neue Saat
und Korn für das tägliche Brot,
so wird auch mein Wort
nicht leer zurückkommen,
sondern es wird ausrichten,
wozu es ausgesandt wurde. 55,10f

Denn so spricht Gott der Herr:
Ihr sollt mit Freude
aus dem Land ausziehen,
das euch gefangen hält,
und auf eurem Weg
im Frieden geleitet werden.
Berge und Hügel sollen vor euch
in Jubel ausbrechen
und alle Bäume vor Freude
in die Hände klatschen.
Wo zuvor Dornsträucher standen,
sollen Zypressen wachsen
und Myrten statt Brennnesseln
die Erde bedecken.
So soll und wird es geschehen,
zur Ehre Gottes und als ewiges Zeichen,
dass Gottes Wort wahr ist
und niemals vergeht. 55,12f

Mit einem grandiosen Finale endet das zweite Buch Jesaja. Dabei schließt sich der Kreis. Wie im Prolog (40,1ff), so häufen sich auch hier am Ende die Imperative: „Kommt!", „Kauft!", „Hört!", „Sucht den Herrn!", „Ruft ihn an!" Es ist der dringliche Aufruf Gottes an sein Volk, seine Gnadenzusage ja nicht zu verpassen, sondern ganz real – wie Brot und Wasser – in sich aufzunehmen.

Wie ein Marktschreier ruft der Prophet seine Heilsbotschaft öffentlich aus, die darin gipfelt, dass Gott seinem Volk einen neuen Bund verheißt, der sogar noch den Bund Gottes mit David überbietet (55,3; vgl. Ps 89,34ff). Ein ewiger Bund wird es sein, ein Bund, der nicht nur dem Königshaus, sondern allem Volk die Fülle der Heilsgaben schenken wird („Wein" und „Milch" als Bild für die Heilsgaben des Landes und als Ausdruck überströmenden Segens, den Gott „umsonst" seinem Volk verheißt).

Aber mehr als alle sichtbaren Heilsgaben zählt Gottes Wort selbst, das im Wort des Propheten seinem Volk greifbar nahe kommt.

Welch eine Zusage: Der heilige Gott, dessen Gedanken und Wege alle menschliche Vorstellungskraft himmelhoch übersteigen (55,8f), lässt sich in seinem Wort so tief zu den Menschen herab! Mehr noch: Gott offenbart ihnen seinen göttlichen Heilsplan und verbürgt sich selbst mit seinem heiligen Wort dafür, dass er sich erfüllen wird. Bezeichnend endet daher das Buch mit dem Ausblick auf die Heimkehr seines Volkes aus dem Exil (55,12), die geradezu euphorisch begrüßt wird. Nicht nur das Volk Gottes, sondern auch die ganze Schöpfung wird in den endzeitlichen Jubel mit einstimmen, wenn Gott der Schöpfer und Erlöser, sein Volk heimführen wird.

Wohl keine andere Schrift des Alten Testaments hat die Einzigartigkeit und Wirkmacht des Wortes Gottes so eindrucksvoll bezeugt wie dieses Buch. Von Anfang bis Ende ist es durchzogen vom Lobpreis dessen, der durch sein mächtiges Wort alles geschaffen hat, der durch alle Zeiten hindurch die Geschicke der Völker lenkt und der in seinem Wort, wie einst, so auch hier und heute seinem angefochtenen Volk tröstlich nahe kommt. Wie bereits im Prolog, so wird auch in diesem Finale noch einmal eindrucksvoll die Einzigartigkeit und Macht dieses göttlichen Offenbarungswortes bezeugt und gepriesen. Gerade in dieser späten Phase der Geschichte, in der Deuterojesaja auftritt, gilt es festzuhalten, was die Glaubensgeschichte Israels von Anfang an bestimmt hat: Völker und Weltmächte kommen und vergehen, aber „das Wort Gottes bleibt ewig bestehen" (40,8).

DIE LIEDER VOM KNECHT GOTTES

Einen Kontrapunkt zu den Heilsworten bilden die vier Gottesknechtslieder, die die Heilsbotschaft des zweiten Jesajabuchs an vier markanten Stellen unterbrechen (42,1ff / 49,1ff / 50,4ff / 52,13–53,12). Sie künden von dem Einen, den Gott senden wird und durch den er seinen Heilsplan verwirklichen wird. An ihnen wird Gottes Weg offenbar, der so ganz anders ist, als es die Menschen erwarten. Nicht in königlichem Glanz, sondern in „Knechtsgestalt" tritt der auf, den Gott zu seinem Stellvertreter erwählt und dem er alle Macht übertragen hat.

Nicht laut umjubelt, sondern leise und verborgen wirkt er unter den Menschen (42,2). Sein Weg führt nicht von Sieg zu Sieg, sondern immer tiefer ins Leiden (50,6), ja bis in den Tod (53,8f). Und doch ist er der, durch den Gott sein Heil aller Welt offenbaren wird (53,11f).

Obwohl die Gottesknechtslieder im Zweiten Buch Jesaja nicht zusammenhängend vorgestellt werden, weisen sie, wie im Folgenden deutlich wird, einen inneren Zusammenhang auf.

ERWÄHLT
Jesaja 42,1–9

So spricht der Herr:

Seht, das ist mein Knecht,
an dem ich festhalte,
mein Erwählter,
an dem ich Gefallen habe.
Ich lege meinen Geist auf ihn.
Er wird mein Recht
zu den Völkern hinaustragen. 42,1
Er wird aber nicht schreien,
er wird auch nicht laut rufen.
Seine Stimme wird man
auf den Gassen nicht hören. 42,2
Das geknickte Rohr
wird er nicht zerbrechen,
und den glimmenden Docht
wird er nicht auslöschen.
In Treue trägt er das Recht
zu den Völkern hinaus. 42,3
Aber er selbst
wird nicht zerbrechen.
Und sein Leben
wird nicht verlöschen,
bis er Gottes Recht
auf der ganzen Erde aufrichtet.
Sogar die fernen Inseln
warten auf seine Weisung. 42,4

So spricht Gott der Herr,
der Himmel und Erde schuf
und alles, was darauf wächst,
der den Menschen
das Leben einhauchte
und seinen Geist in sie gab: 42,5

Ich habe dich gerufen.
Ja, ich halte dich an der Hand.
Ich behüte dich und mache dich
zum Bund für mein Volk,
und zum Licht für die Völker,
Den Blinden wirst du
die Augen öffnen.
Und die Gefangenen wirst du
aus dem Gefängnis befreien. 42,6f
Denn ich bin der Herr.
Was ich verkünde,
das wird auch geschehen. 42,8f

In diesem ersten Lied stellt Gott seinen Stellvertreter vor. Feierlich erklärt er vor allem Volk: „Siehe, das ist mein Knecht". Das heißt: Gott hat diesem einen alle Vollmacht übertragen, indem er seinen Geist auf ihn gelegt hat. Dieser Auftrag erstreckt sich über die Grenzen Israels hinaus. Aber anders als bei weltlichen Königen beweist er seine Macht darin, dass er leise auftritt und sich der „Geknickten" annimmt, deren Leben fast „ausgelöscht" ist. So verwirklicht Gott seinen Heilsplan auf Erden.
In der folgenden Strophe spricht Gott zu dem Auserwählten selbst und rüstet ihn für sein zweifaches Amt aus: Er soll nicht nur den Bund mit Israel erneuern, sondern allen Völkern „Licht" und Hoffnung bringen.

Was hier im Lied nur geheimnisvoll angedeutet wird, bezeugen die Evangelien als in Jesus erfüllt: Schon in dem Kind Jesus erkennt der greise Simeon prophetisch den, den Gott zum „Licht" für die Völker und zum Ruhm Israels gemacht hat (Lk 2,32). Und bei Jesu Taufe wird – in deutlicher Anlehnung an Jes 42 – bezeugt: Er ist es, auf dem Gottes Geist ruht, zu dem sich Gott als seinem Sohn und Auserwählten bekennt („Dieser ist mein geliebter Sohn, an dem ich Wohlgefallen habe"; Mt 3,17). Aber vor allem in Jesu Hinwendung zu den Schwachen und Erniedrigten erkennt Matthäus den wahren Knecht Gottes, wie er in Jes 42 verheißen ist (Mt 12,18-21).

Jesaja 40–55

BERUFEN
Jesaja 49,1–9

So spricht der Knecht,
den Gott erwählt hat:

Hört mir zu, ihr Inseln,
ihr fernen Völker, horcht auf!
Von Mutterleib an
hat der Herr mich berufen.
Er hat mich mit Namen gerufen,
als ich noch im Mutterschoß war. 49,1
In meinen Mund gab er mir Worte,
so scharf wie ein Schwert.
Wie ein spitzer Pfeil im Köcher,
so war ich bei ihm verwahrt. 49,2
Er aber sprach zu mir:
Du bist mein Knecht,
durch dich will ich
meine Macht und Größe
auf Erden bekannt machen. 49,3
Ich aber dachte bei mir:
Es ist doch umsonst, was ich tue.
Vergeblich vergeude ich meine Kraft.
Doch Gott der Herr gibt mir Recht.
Bei ihm ist mein Lohn. 49,4

Nun aber spricht der Herr,
der mich von Mutterleib
zu seinem Knecht gemacht hat
und der mich dazu bestimmt hat,
sein zerstreutes Volk heimzubringen:
Es ist nicht genug, dass du nur 49,5
mein Volk wieder aufrichtest,
denn ich habe dich auch
zum Licht für alle Völker gemacht.
Du sollst mein Heil
bis zu den Enden der Erde tragen. 49,6

Denn so spricht der Herr zu dem,
der von Menschen verachtet ist
und der unter Tyrannen leidet:
Könige und Fürsten sollen vor dir
in die Knie gehen und erkennen,
dass ICH es bin, der dich erwählt hat. 49,7
Am Tag des Heils
will ich dich erhören und retten.
Mit dir will ich meinen Bund schließen:
Du sollst mein Land wieder aufrichten.
Und den Gefangenen,
die im Dunkel leben müssen,
sollst du verkünden:
„Kommt heraus und tretet ins Licht!" 49,8

Dieses zweite Lied (49,1–6) enthält die Antwort des „Knechtes". Es erinnert an seine Berufung durch Gott. Aber wie schon von anderen Propheten bekannt, zweifelt auch er im Rückblick an seinem Auftrag („Ich aber dachte, ich arbeite vergeblich"; 49,4). Doch Gott bestätigt seinen Auftrag und weitet ihn sogar noch aus („dass du mein Heil seist bis an die Enden der Erde"; 49,6). Dieses Lied erinnert stark an das Leiden des Propheten Jeremia, der unter der Last seines Auftrags fast zerbricht (vgl. Jer 15,10–18 / 20,7–18). Aber hier wie dort erfährt der Prophet, wie Gott ihn aufs Neue stärkt und ihn in seinem Amt bestätigt.

ANGEFEINDET
Jesaja 50,4–9

So spricht der Knecht Gottes,
den Gott dazu bestimmt hat,
sein Recht aufzurichten:

Gott der Herr hat mir
die Zunge eines Jüngers gegeben,
dass ich die rechten Worte finde,
um mit Müden zu reden.
Jeden Morgen weckt er mein Ohr,
dass ich auf ihn höre, 50,4
wie ein Jünger hört.
Er hat mir das Ohr geöffnet.
Ich wehre mich nicht
und weiche nicht
vor meinen Widersachern zurück. 50,5
Ich hielt ihnen den Rücken hin,
wenn sie mich schlugen,
und meine Wange,
wenn sie über mich herfielen.
Wenn sie mich verspotteten
und mir ins Gesicht spuckten,
so verbarg ich vor ihnen
dennoch nicht mein Gesicht. 50,6

Aber Gott der Herr hilft mir.
Darum bleibe ich fest.
Ich werde nicht fallen.
Gott ist mir nahe 50,7
und spricht mich gerecht.
Wer will mein Recht anfechten?
Gott der Herr hilft mir.
Wer will mich verdammen? 50,8
Alle, die mir widerstehen,
werden vergehen wie ein Kleid,
das die Motten zerfressen. 50,9

Das dritte Lied (50,4–9), ebenso im Ich-Stil verfasst, schließt sich unmittelbar an. Fast seelsorgerlich beschreibt es den Auftrag des Propheten, mit den „Müden" zu reden (vgl. 40,29ff), aber auch seine Leiden, die aus seiner Verkündigung folgen. Es ist der Widerstand gegen Gott und sein Wort, das er am eigenen Leib erleiden muss. Es ist das Leiden Gottes an seinem Volk, das er hier stellvertretend erleidet. Er bezeichnet sich hier nicht als „Knecht", das heißt als Beauftragten in der Vollmacht Gottes, sondern viel bescheidener als „Jünger" bzw. „Schüler" seines Herrn. Der Weg der Selbsthingabe des Knechtes, der im vierten Lied beschritten wird, scheint hier bereits vorgezeichnet.

Jesaja 40–55

ERNIEDRIGT UND ERHÖHT
Jesaja 52,13–53,12

Am Ende spricht Gott:

Seht meinen Knecht!
Ihm wird es gelingen.
Er wird über alle erhöht.
Sein Anblick hat viele entsetzt.
So entstellt sah er aus,
nicht wie ein Mensch.   52,13f
Doch er wird es sein,
der alle Welt in Staunen versetzt.
Sogar Könige
müssen vor ihm verstummen.   52,15

Aber wem ist offenbar, was Gott tut?
Wer glaubt dem, was uns verkündet war?   53,1
Er wuchs auf dürrem Land auf.
Seine Gestalt war nicht schön,
nicht königlich anzusehen.
Nichts gab es, was uns an ihm gefiel.   53,2
Er wurde von allen gemieden.
So verachtet war er,
dass man das Gesicht vor ihm verbarg,
ein Mensch voller Schmerzen
und von Krankheit gezeichnet.   53,3

Wir hielten ihn für nichts.
Aber er trug unsere Krankheit.
Unsere Schmerzen lud er auf sich.
Wir dachten, er sei von Gott geplagt,
gequält und geschlagen.   53,4
Aber um unserer Schuld willen
ist er durchbohrt.
Um unserer Sünde willen
ist er zerschlagen.
Die Strafe liegt auf ihm,
damit wir Frieden hätten,
und durch seine Wunden sind wir geheilt.   53,5

Wir alle irrten umher wie Schafe.
Jeder sah nur auf seinen eigenen Weg.
Aber Gott der Herr warf die Sünde
von uns allen auf ihn.   53,6
Er wurde gequält,
aber er wehrte sich nicht.
Wie ein Schaf,
das zur Schlachtung geführt wird,
wie ein Lamm,
das vor seinen Scherern verstummt,
so öffnete er seinen Mund nicht.   53,7f
Er wurde vom Land
der Lebendigen abgeschnitten.
Aber er hat es getan für sein Volk.
Für seine Schuld hat er den Tod erlitten.
Man gab ihm ein Grab bei Verbrechern.
Seine Ruhestatt fand er bei Frevlern.
Er aber hatte kein Unrecht getan.
Kein unwahres Wort war jemals
aus seinem Munde gekommen.   53,8f

Aber der Herr fand Gefallen an ihm,
der doch mit Krankheit geschlagen war.
Er heilte den,
der sein Leben als Sühnopfer hingab.
Durch ihn führt Gott seinen Plan aus.
Ihm wird es gelingen.   53,10

Hört, was Gott spricht:
Vorbei ist die Qual!
Mein Knecht sieht das Licht.
Mit Gutem wird er gesättigt.
Durch seine Erkenntnis
macht mein Knecht, der Gerechte,
die Vielen gerecht.
Ihre Schuld nimmt er auf sich.
Darum will ich ihm auch
die Vielen zum Besitz geben.
Er wird seinen Platz
unter den Großen haben,
denn er gab sein Leben dahin.
Als Verbrecher ließ er sich töten.
So nahm er die Sünde vieler auf sich.
So trat er für die Schuldigen ein.   53,11f

Dies ist das Lied,
vom leidenden Knecht Gottes,
das Gott seinem Propheten
im Exil offenbarte.
Noch ist es ein Geheimnis,
wer dieser Knecht Gottes sein wird.
Aber im Lied wird schon jetzt offenbar,
was Gott durch seinen Knecht
zum Heil aller Menschen ausrichten wird.

Das vierte Lied (52,13–53,12) beschreibt den Weg des Gottesknechtes in die äußerste Tiefe bis hin zu seinem schmählichen Tod. In Wahrheit ist jedoch damit der Höhepunkt in Gottes Heilsweg erreicht. Zuvor aber kündet Gott den Antritt seiner Königsherrschaft in Jerusalem an. Jubelnd begrüßt ihn das Volk: „Dein Gott ist König!" (52,7).

Aber dann kommt plötzlich der Umschwung: Gott präsentiert dem Volk seinen Stellvertreter: „Seht meinen Knecht! Ihm wird es gelingen." Gegen alle Erwartung zeigt der Knecht keine Anzeichen königlicher Würde. Entsetzt wendet sich das Volk von ihm ab (52,14). So abstoßend erscheint er dem Volk. Nach menschlichem Ermessen lässt seine Erscheinung nur den Schluss zu: So entstellt kann nur einer aussehen, der sich gegen den König persönlich vergangen und seine verdiente Strafe von ihm empfangen hat. In einem Chorlied, wie es uns aus der griechischen Tragödie bekannt ist, drückt das Volk sein Entsetzen aus. Und dann kommt wieder ein Umschwung: Auf einmal erkennt das Volk: Der Knecht Gottes ist mehr als ein Stellvertreter Gottes mit königlichen und prophetischen Hoheitszeichen ausgestattet. Er ist das Opferlamm Gottes, das sich selbst „für uns" hingibt (53,7). Und wie der Sündenbock im Ritual des Versöhnungstages symbolisch die Sünde aller in die Wüste trägt (Lev 16,22), so nimmt er „unsere Schuld auf sich und trägt sie hinweg."

Das ist der Weg, den Gott wählt durch den Einen, durch den er sich der Welt offenbaren wird. Er führt nicht nur in die Tiefe menschlichen Leids, sondern in den Abgrund menschlicher Schuld. Aber der Tod hat nicht das letzte Wort. Am Ende steht die Botschaft der Hoffnung: Gott wird seinen Knecht aus dem Tod ins Leben zurückrufen. Durch seinen Tod wird „den Vielen" Gerechtigkeit und neues Leben geschenkt.

Noch bleibt es ein Geheimnis, wer dieser Knecht Gottes ist, durch den sich Gott aller Welt bezeugen wird. Aber im Blick auf den gekreuzigten Christus bekennt die erste Christengemeinde: Er ist der „Knecht" Gottes, von dem dieses Lied redet. Er ist das „Lamm Gottes", das die Sünde der Welt trägt" (Joh 1,29; vgl Apg 8,32ff). In ihrem bekannten Christushymnus bekennt sie sich ausdrücklich zu dem, der für uns „Knechtsgestalt" annahm. Von ihm heißt es (in deutlicher Anlehnung an Jes 53): „Er erniedrigte sich selbst und wurde gehorsam bis zum Tod, ja zum Tod am Kreuz. Darum hat ihn auch Gott erhöht und ihm einen Namen gegeben, der über alle Namen ist" (Phil 2,8f).

Die Propheten in nachexilischer Zeit

Mit der Befreiung der Juden aus dem babylonischen Exil durch den Perserkönig Kyrus (538 v.Chr.) und ihrer Heimkehr nach Juda ist die große Wende eingetreten, die der Zweite Jesaja seinem Volk im Exil angekündigt hat. Aber die Wirklichkeit, die die Heimkehrer in ihrer Heimat vorfinden, ist ernüchternd. Mit ihrer Heimkehr bricht nicht, wie erwartet, die verheißene Heilszeit an, sondern eine äußerst schwierige Phase des Wiederaufbaus und der Neukonstituierung der Jerusalemer Gemeinde unter persischer Oberhoheit, eine Zeit, die geprägt ist durch immer neue Rückschläge, Stagnation und Resignation.
Von dieser Zeit zeugen neben den Geschichtsbüchern Esra und Nehemia vor allem die Schriften der nachexilischen Propheten. Zu ihnen zählen:

- Jesaja 56–66, auch als „Dritter Jesaja" (Tritojesaja) bezeichnet (zw. 539–520 v.Chr.),
- Haggai, Sacharja (520 v.Chr.)
- Maleachi (ca. 450 v.Chr.).

Die Botschaft dieser nachexilischen Propheten richtet sich gezielt an Jerusalem und reagiert jeweils auf eine akute Krise innerhalb der Jerusalemer Gemeinde. In einer Zeit, da Jerusalem mit dem Ende des Königtums seine Bedeutung im Konzert der Völker verloren hat, lenken sie den Blick verstärkt auf das künftige Jerusalem, in dem Gott sein Friedensreich aufrichten wird. Ihre Visionen von der neuen Stadt Gottes, in der Gott mitten unter seinem Volk wohnen wird, bilden die Mitte ihrer Botschaft. Sie knüpfen an die Botschaft des zweiten Jesaja an, übertreffen diese aber noch in ihrer universalen Ausweitung und in ihrer endzeitlichen, zum Teil sogar apokalyptischen Bildhaftigkeit.

Übereinstimmend lassen sich an ihnen folgende Themenschwerpunkte aufzeigen:
– Gott wird den Rest des Volkes, der noch in der Diaspora zerstreut lebt, sammeln und nach Jerusalem heimbringen.
– Menschen aus allen Völkern werden zum Haus Gottes kommen und Ihm, dem König aller Könige huldigen.
– Gott wird durch seinen Geist für immer unter seinem Volk wohnen und Jerusalem zum Wahrzeichen ewigen Friedens machen.
– Noch ist die Heilszeit nicht angebrochen. Aber wenn der Messias kommt, dann wird Gottes Friedensreich sichtbare Gestalt annehmen.

Joel, Jona und Daniel
Unter den prophetischen Schriften nehmen die Bücher der Propheten Joel, Jona und Daniel eine Sonderstellung ein. Ihre Namen verweisen zwar in die Zeit klassischer Prophetie. Dementsprechend werden sie auch im Kanon mit gutem Grunde

in der Reihe prophetischer Bücher aufgeführt. Aber als literarische Zeugnisse sind sie jedoch erst nach den sog. nachexilischen Prophetenbüchern anzusiedeln (zwischen 400 und 150 v.Chr.) Sie werden daher auch hier betont am Ende aufgeführt. Was diese Bücher miteinander verbindet, ist der weltweite Horizont, in dem Gottes Wirken in der Geschichte erfahren und bezeugt wird und der zunehmende Einfluss der apokalyptischen Gedanken- welt auf die Botschaft der späten Prophetie. Als solche bilden diese Bücher sie eine Brücke zur apokryphen Literatur des 2. und 1. Jahrhunderts v.Chr. und eine unverzichtbare Grundlage zum Verständnis der Botschaft Jesu und der frühchristlichen Gemeinde.

Das Buch Joel (ca 4. Jh. v.Chr.) spannt den Bogen von der Gerichtsbotschaft der frühen Propheten bis hin zu den apokalyptischen Visionen der Spätzeit. Aufgrund seiner besonderen Themen (Tag des Herrn, Ausgießung des Geistes „über alles Fleisch" und die endzeitliche Vision vom Völkerkampf) stellt es eine Verbindung von prophetischer Botschaft und apokalyptischer Bildwelt dar.

Auch das Buch Jona hat seine literarische Endgestalt vermutlich erst im 4. Jahrhundert erfahren. In seiner Erzählung von dem Propheten Jona knüpft es an die Person des gleichnamigen Propheten Jona aus dem 8. Jh. an (2. Kön 14,25). Aber in seiner literarischen Ausgestaltung behandelt das Buch vor allem die grundlegende Frage nach dem prophetischen Auftrag Israels in der Völkerwelt. Das letzte Wort, so lautet die Antwort dieses Buchs, hat Gottes Erbarmen mit allen Menschen – und mit seinen Propheten. Insofern ist dieses Buch als abschließende Reflexion und Weiterführung prophetischer Botschaft zu verstehen.

Das Buch Daniel ist hier betont ans Ende gestellt. Seine Botschaft ist zum einen ganz in der konkreten Geschichte Israels verwurzelt, zum andern weist das Buch in seinen apokalyptischen Visionen weit über sich selbst hinaus. Wie kein anderes prophetisches Buch proklamiert es den Sieg Gottes über alle Weltreiche und den Anbruch Königsherrschaft Gottes in dieser Welt.

DIE PROPHETEN IN NACHEXILISCHER ZEIT

Jesaja 56–66

Die frühesten Zeugnisse nachexilischer Prophetie finden sich im 3. Buch des Jesaja (Jes 56–66). Hier spricht jener Prophet, der häufig als „Dritter Jesaja" bezeichnet wird. Über dessen Person ist allerdings nur wenig bekannt. Abgesehen von Jes 61, wo sich der Prophet über seinen prophetischen Auftrag selbst äußert, lassen sich Ort und Zeit seines Wirkens nur indirekt aus seiner Botschaft erschließen. Diese richtet sich gezielt an die nachexilische Gemeinde in Jerusalem und nimmt Bezug auf eine akute Krise, die den Frieden innerhalb der Gemeinde gefährdet. Die großen Visionen des „Zweiten Jesaja" sind zu jener Zeit offenbar schon verblasst. Stattdessen macht sich unter den Heimkehrern Enttäuschung und wachsende Unzufriedenheit breit, die sich in wiederholten Klagen äußert.

Hier greift der Prophet ein. In deutlichen Worten hält er der Gemeinde ihre innere Zerrissenheit und ihren Mangel an Solidarität vor (58,4ff) und ruft sie zur Rückbesinnung auf die großen Verheißungen Gottes auf, wie sie im „Trostbuch" des Zweiten Jesaja festgehalten sind (Jes 40–55). Die Heilsworte des „Dritten Jesaja" und deren Nähe zur Trostbotschaft des „Zweiten Jesaja" sind das entscheidende Merkmal seiner Botschaft. Aber neu ist an ihr die durchgängige Konzentration auf die Stadt Jerusalem, an der der Prophet Gottes Verheißung festmacht. Das neue Jerusalem wird zum Wahrzeichen des Friedens zwischen Gott und seinem Volk und zum Zeichen der Hoffnung für alle Welt werden.

Im Aufbau des Buchs spiegelt sich die Spannung zwischen dem gegenwärtigen Jerusalem und der Vision der neuen Stadt Gottes, zwischen Mahnrede und Trostwort. Den Kern bilden die Heilsworte in Kapitel 60–62. Um sie legen sich in konzentrischen Kreisen Mahnrede und Volksklage (58 / 59 und 63,7ff / 65,1ff). Sie bilden die dunkle Folie, auf der sich die Heilsworte umso tröstlicher abheben.

Das Buch im Überblick:

56–57 „Macht Bahn! Macht Bahn!"
Gott ruft sein Heil über der Welt aus.
58 / 60 „Steh auf! Werde licht!"
Gott offenbart seine „Herrlichkeit" über Jerusalem.
61 „Frohe Botschaft den Armen!"
Der Prophet und sein Auftrag
62–64 „Reiß den Himmel auf!"
Gebet für Jerusalem
65–66 Ausblick: „der neue Himmel und die neue Erde"

„MACHT BAHN! MACHT BAHN!"
Jesaja 57

Fast fünf Jahrzehnte lang
hatten die Juden im Exil gelebt.
Nun war endlich der Tag
ihrer Befreiung gekommen.
Voller Erwartung
zogen sie in ihre Heimat zurück.

Aber die Enttäuschung war groß,
als sie nach vielen Wochen
endlich Jerusalem erreichten.
Die Stadt lag noch immer in Trümmern.
Der Tempel war niedergebrannt.
Von seiner früheren Pracht
war nichts mehr geblieben.
Da verloren viele den Mut.
Und sie klagten:
„Gott hat uns verlassen.
Er hat sein Gesicht vor uns verborgen. 57,11
Es kümmert ihn nicht,
wie es uns geht."
Aber Gott ließ ihnen
durch seinen Propheten verkünden:

So spricht der Herr:
Macht euch bereit,
übt Gerechtigkeit,
denn mein Heil ist nah
und meine Gerechtigkeit
soll allen offenbar werden.
Alle Welt soll es sehen.

Keiner soll sagen:
Ich gehöre doch nicht dazu.
Denn mein Haus
soll ein Bethaus sein
für alle Völker. 56,7
Ich will mein Volk sammeln,
das in alle Welt zerstreut wurde,
und will noch viel mehr Menschen
hinzufügen, spricht der Herr euer Gott.

Macht Bahn! Macht Bahn!
Schafft einen Weg!
Räumt bei meinem Volk aus,
was meinem Kommen im Weg steht.
Denn so spricht der Heilige,
der ewig im Himmel thront
und der in der Tiefe wohnt,
bei denen, die geschlagen
und gedemütigt wurden: 57,14f

Ich habe ihre verkehrten Wege gesehen.
Aber ich will nicht mehr
über sie zürnen.
Ich will sie heilen,
sie leiten und trösten. 57,18
Und alle, die trauern und klagen,
sollen wieder Loblieder singen.
Frieden, Frieden für alle,
die in der Nähe und Ferne wohnen.
Ich will sie heilen, spricht Gott. 57,19

So ruft der Prophet Gottes Ankunft aus. Aber in Wahrheit ist es eine Stimme aus der Welt Gottes, die hier der Prophet vernimmt (vgl. dazu den Kommentar zu Jes 40,1). Sie ruft dazu auf, alle Hindernisse aus dem Weg zu räumen, die Gottes Kommen im Weg stehen. In einer Zeit, die gezeichnet ist vom Niedergang und von Trostlosigkeit, proklamiert er den Neuanfang, der alle Grenzen sprengt und der damit beginnt, dass der Herr des Himmels sein Reich verlässt und in die Tiefe menschlichen Elends herabkommt, um die Erniedrigten aus dem Staub zu erheben und die Fremden und Ausgegrenzten in die Gemeinschaft des Volkes Gottes aufzunehmen (56,3ff). Es ist dies der Weg, den Gott von Anfang an mit seinen Menschen gegangen ist. Es ist seine Weise, sich aller Welt zu offenbaren, indem er sich derer annimmt, die sich aus eigener Kraft nicht mehr aufrichten können.

Die Worte des Propheten erinnern an die Trostbotschaft in Jesaja 40,28ff. Sie verbinden sich hier mit der Zusage Gottes, für immer unter den „Gedemütigten" zu wohnen. Er wird die Schuld vergangener Jahrhunderte, die auf dieser Stadt und ihren Bewohnern lastet, tilgen und Frieden mit seinem Volk schließen. Jerusalem, die Stadt des Friedens, die immer noch von den Folgen

Jesaja 56–66

der Kriege und der Zerstörung gezeichnet ist, soll werden, was ihr Name verspricht: die Stadt des Friedens, von der aus die Botschaft des Friedens in alle Welt ausgeht. „Frieden, Frieden für alle, die in der Nähe und Ferne wohnen!" (57,19).

„STEH AUF! WERDE LICHT!"
Jesaja 58 und 60

Unter Jubel war das Volk
aus dem Exil heimgekehrt.
Aber inzwischen waren
die Jubellieder verstummt.
Die großen Zukunftsvisionen
waren verblasst.
Bald stellten sich in Jerusalem
wieder die alten Missstände ein
wie in früheren Jahren.
Viele Bewohner verarmten
und waren gezwungen,
sich selbst zu verkaufen.
Doch die Reichen fragten nicht danach,
wie es den Armen erging.
Sie sorgten nur für sich selbst
und für ihr eigenes Wohlergehen.
Wenn sie an den Fastentagen
zum Gottesdienst kamen,
stimmten sie freudlos ihr Klagelied an:
„Warum fasten wir,
aber du siehst es nicht an?
Warum tun wir Buße,
aber du willst nichts davon wissen?" 58,3

Aber Gott hörte ihr Klagen.
Er sandte seinen Propheten zu ihnen
und ließ ihnen sagen:
„Was ist das für ein Fasten,
das ihr hier treibt?
Ihr werft euch in Sack und Asche
und lasst euren Kopf hängen. 58,5
Glaubt ihr etwa,
Gott habe Gefallen daran?
Nein, so sollst du fasten,
so will es Gott von dir haben:
Gib denen die Freiheit zurück,
die zu Unrecht
unterdrückt und versklavt sind.
Teile dein Brot mit denen,
die dich um Brot bitten.

Nimm die in dein Haus auf,
die selbst kein Zuhause mehr haben.
Und wer dich um ein Kleid bittet,
dem gib, was er braucht!
Wenn du das tust,
dann wird es hell bei dir werden.
Wie die Morgenröte,
so wird dein Licht aufleuchten.
Und wie am Mittag,
so wird dein Dunkel erhellt." 58,10

So sprach der Prophet zu dem Volk,
das Gottes Gebote vergessen hatte.
Noch lag die Zukunft Jerusalems
und seiner Bewohner im Dunkeln.
Aber Gott ließ den Propheten
jetzt schon das künftige
Jerusalem schauen,
das alle menschlichen Erwartungen
weit übertraf.

Und so lautet die Botschaft,
die der Prophet im Auftrag Gottes
über Jerusalem aufrufen sollte:

Auf, Jerusalem!
Steh auf und werde licht!
Denn dein Licht kommt
und die Herrlichkeit des Herrn
strahlt über dir auf.
Denn sieh!
Finsternis bedeckt die Erde
und Dunkel die Völker.
Doch über dir geht sein Licht auf.
Und seine Herrlichkeit
leuchtet über dir auf. 60,1f
Völker und Könige werden
zu deinem Licht kommen
und zum Glanz, der über dir aufgeht. 60,3

Jesaja 56–66

Schau auf und sieh umher:
deine Söhne kommen von fernher
Und deine Töchter werden
auf den Armen zu dir getragen.
Strahlen wirst du vor Freude
und in Jubel ausbrechen,
wenn die Völker vom Meer
zu dir strömen und vor dir
ihre Schätze ausbreiten.
Sogar aus dem fernen Saba
werden sie Gold und Weihrauch
zu dir bringen und Gott preisen. 60,4ff

Fremde werden deine Mauern bauen,
und ihre Könige werden dir dienen.
Deine Tore werden offen stehen
bei Tag und bei Nacht.
Denn die Schätze der Völker
werden zu dir gebracht. 60,11
Ja, alle, die dich unterdrückt haben,
werden niederfallen vor dir. 60,14
Denn wie du zuvor verlassen warst,
so wirst du nun geschmückt sein
mit Ehre und Pracht.
Dann wirst du erkennen,
dass ICH der HERR bin,
dein Retter und dein Erlöser. 60,15f

Frieden und Gerechtigkeit
sollen in dir regieren,
und man wird im ganzen Land
von keinem Unrecht mehr hören. 60,17f
Zu der Zeit werden
weder Sonne noch Mond
über dir scheinen.
Denn der Herr, dein Gott,
wird dein ewiges Licht sein.
Und die Tage deiner Trauer
werden ein Ende haben. 60,19f

So ruft der Prophet über Jerusalem aus. Die „Tochter Zion", Gottes geliebte Stadt, hat ihren früheren Glanz verloren, nicht zuletzt durch die sozialen Missstände, die das Volk Gottes von innen her zersetzen und sich wie eine dunkle Wolke über die großen Verheißungen Gottes legen. Doch der Ruf des Propheten reißt die Dunkelheit auf, die über der Stadt liegt. Wie am ersten Schöpfungstag, als Gott sprach „Es werde Licht", so muss nun die Finsternis weichen, wenn Gottes Licht über der Stadt Gottes aufgeht. Ein neuer Schöpfungsmorgen bricht an, Vorzeichen des neuen Himmels und der neuen Erde, die Gott am Ende der Tage heraufführen wird. An jenem Tag wird alles von seiner „Herrlichkeit" (hebr. kabod) überstrahlt sein. Im Wort des Propheten leuchtet sie schon hier und jetzt über Jerusalem auf. In ihrem Licht wird offenbar, was geschehen wird,
– wenn das restliche Volk, das noch in der Fremde verstreut lebt, nach Jerusalem heimkehren wird;
– wenn fremde Völker und Könige nach Jerusalem kommen und Gott anbeten werden (60,3.10);
– wenn Gott für immer unter seinem Volk wohnen wird (60,19).

Das Bild, das der Prophet hier von der neuen Stadt Gottes zeichnet, wartet noch immer auf seine Erfüllung. Aber es hat im Lauf der Geschichte nichts von seiner Leuchtkraft verloren. Am Ende der Offenbarung nimmt der Seher Johannes das Bild der neuen Stadt Gottes auf und erweitert es sogar noch.
Und dennoch bleibt auch dieses Bild nur ein schwaches Abbild dessen, was einmal sein wird, wenn Gott für immer unter den Menschen wohnen wird. „Dann wird keine Nacht mehr sein, und es wird keine Leuchte und Sonne mehr geben. Denn Gott der Herr wird sie erleuchten und sie werden regieren von Ewigkeit zu Ewigkeit." (Offb 22,5)

„FROHE BOTSCHAFT DEN ARMEN!"
Jesaja 61

Gott hatte seinem Propheten
seinen Heilsplan offenbart.
Aber wer war dieser Mensch?
Wer hatte ihn dazu ermächtigt,
im Auftrag Gottes zu reden?
Über seiner Person
liegt ein tiefes Geheimnis.
Niemand kennt Namen
und Herkunft dieses Propheten.
Aber sein besonderer Auftrag hebt ihn
aus allen anderen Propheten heraus.
Nur einmal lüftet der Prophet
sein Geheimnis
und sagt über sich aus:

Gott der Herr hat seinen Geist
auf mich gelegt.
Er hat mich zum Propheten gesalbt
und mich zu den Menschen gesandt,
die in Armut und Elend leben.
Er hat mir den Auftrag gegeben,
den Armen frohe Botschaft zu bringen,
zerbrochene Herzen zu heilen,
Betrübte zu trösten
und den Gefangenen zu verkünden,
dass ich sie befreie von all ihrer Schuld
und von allem, was sie gefangen hält: 61,1
„Freut euch! Ihr seid frei!
Eure Trauerzeit ist vorbei.

Die Zeit der Gnade –
heute bricht sie unter euch an." 61,2
Darum legt euer Trauerkleid ab!
Schmückt euch zum Fest
und stimmt Loblieder an! 61,3
Denn was zuvor zerstört war,
soll wieder aufgebaut werden.
Fremde werden kommen
und euch zu Diensten sein. 61,4f
Ihr aber sollt Priester des Herrn sein
und ihm allein dienen. 61,6
Denn so spricht der Herr:
Ich bin der Herr,
der das Recht liebt
und Unrecht nicht duldet.
Ich will einen ewigen Bund
mit euch schließen.
Dann werden alle Völker erkennen:
Ihr seid Gottes gesegnetes Volk. 61,8f

Ich freue mich und bin fröhlich
in dem Herrn, meinem Gott.
Denn er hat mich mit seinem Heil
und mich mit Gerechtigkeit umhüllt.
Wie Braut und Bräutigam
so hat er mich geschmückt,
damit sein Name
vor allen Völkern gerühmt wird. 61,10f

Das 61. Kapitel bildet die Mitte der Heilsbotschaft des „Dritten Jesaja". Es stellt den vor, den Gott vor allen anderen erwählt und dazu bestimmt hat, seinen Heilsplan auszuführen. Dieser Prophet kündet die Heilszeit nicht nur an, sondern mit ihm bricht Gottes Zukunft bereits an. Das unterscheidet ihn von früheren Propheten: Sein prophetisches Amt zeigt deutlich messianische Züge. Als der „Gesalbte", auf dem „Gottes Geist ruht", steht es ihm zu, das Recht Gottes auf Erden aufzurichten (61,8; vgl. Jes 11,2 und 42,4). Aber der besondere Auftrag dieses Propheten besteht darin:
(1) den „Armen gute Botschaft" zu bringen, das heißt: Seine Botschaft gilt denen, die selbst keine Hoffnung mehr haben, den Armen und „Elenden", d.h. den Entrechteten und Unterdrückten (hebr. anawim). Über ihnen soll das „Jahr der Gnade" ausgerufen werden, das ihnen Schuldenerlass gewähren soll, und zwar nicht nur, wie es Lev 25,10ff vorgibt, alle „Jubeljahre" (d.h. 50 Jahre), sondern hier und heute!
(2) den „Gefangenen die Freiheit" zu verkündigen, das heißt: Das Volk, das aus der babylonischen Gefangenschaft befreit worden ist, ist im Begriff, durch Schuldknechtschaft in neue Unfreiheit zu geraten. Aber nicht als Sklaven, sondern als freie Kinder Gottes sollen sie nach Gottes Willen leben;
(3) „zu trösten alle Trauernden", d.h.: Der Trost

besteht vor allem in der Zusage Gottes, die verletzte Ehre Jerusalems wiederherzustellen, nicht nur seine Häuser und Mauern (61,4). Gott hält an seinem Bund fest: Jerusalem, das zerstört am Boden liegt, soll wieder aufleben und aufblühen (61,3), ein Segen für alle Welt (61,9).

Der Ich-Bericht des Propheten endet im Lobpreis. In ihm nimmt der Prophet den Chor der endzeitlichen Heilsgemeinde vorweg und rühmt jetzt schon Gottes Heil vor aller Welt. Damit weist diese Textstelle über sich selbst hinaus. Sie weckt die Hoffnung auf den „Gesalbten", den Messias, den Gott seinem Volk verheißen hat (s. Jes 9 und 11). So verwundert es nicht, dass im Lukasevangelium gerade diese Textstelle (Jes 61,1f) an den Anfang der Wirksamkeit Jesu gestellt ist. Bei seinem ersten öffentlichen Auftritt in der Synagoge von Nazareth – so erzählt Lk 4,14ff – verliest Jesus genau dieses prophetische Wort. Und er fügt vor versammelter Gemeinde hinzu: „Heute ist diese Schrift vor euren Ohren erfüllt" (Lk 4,21). Damit bezeugt er: Er ist der Gesalbte, auf dem Gottes Geist ruht, dazu gesandt, um „den Armen die frohe Botschaft" zu bringen. Mit ihm ist die Zeit des Heils, das „Jahr der Gnade" angebrochen.

„REISS DEN HIMMEL AUF!"
Jesaja 62 und 63

Der Prophet hatte seinem Volk
den Anbruch der Heilszeit
in naher Zukunft verkündet.
Doch bei vielen
stellten sich Zweifel ein.
Wie, wenn Gott sein Wort nicht erfüllte?
Wenn er sich für immer
von ihnen abgekehrt hatte?
Ungeduldig warteten sie darauf,
dass Gott endlich
sein Schweigen brach.
In ihren Klagegottesdiensten
brachten sie ihre Klage vor Gott:

> „Ach Herr, du bist es,
> der vorzeiten sein Volk erlöst hat!
> Du hattest Erbarmen mit ihm,
> und nahmst es auf deine Arme.
> Du trugst es durch die Fluten
> und führtest es durch die Wüste.   63,9.13
> So schau nun vom Himmel,
> von deiner heiligen Wohnung
> auf uns herab!
> Wo ist nun dein großes Erbarmen,
> dein Eifer und deine Macht?
> Warum stellst du dich so hart?   63,15
> Bist du doch unser Vater!
> „Unser Erlöser",
> das ist von jeher dein Name.   63,16f

> Warum lässt du zu,
> dass wir deine Wege verlassen?   63,17
> Kehr doch wieder zu uns zurück!
> Ach Herr! Reiß den Himmel auf!
> Wann kommst du endlich
> zu uns herab?"   63,19

So klagten sie gemeinsam
vor Gott ihre Not.
Aber es schien, als hätte sich Gott
für immer in Schweigen gehüllt.
Da ergriff der Prophet selber das Wort:

Reden muss ich, ja reden!
Weil es um Zion, Gottes Stadt, geht,
kann ich nicht schweigen.
Ich will Gott in den Ohren liegen,
bis der Tag des Heils anbricht,
bis seine Gerechtigkeit hervorbricht,
wie ein strahlendes Licht,
und sein Heil die Stadt erleuchtet
wie eine brennende Fackel.   62,1
Dann werden die Völker
deine Gerechtigkeit sehen
und alle Könige den Glanz,
der von dir ausgeht.   62,2
Jerusalem, du wirst eine schöne Krone
und ein Reif sein
an der Hand deines Gottes.

Dann wird man dich nicht mehr
die „Einsame"
oder die „Verlassene" nennen,
sondern „meine Freude".
„Meine Liebe" wird dein Land heißen.
Denn wie sich ein Bräutigam
über seine Braut freut,
so wird sich dein Gott über dich freuen. 62,3ff

O Jerusalem! Ich habe Wächter
auf deine Mauern gestellt.
die sollen Tag und Nacht rufen
und nicht mehr schweigen.

Hört, ihr Wächter Jerusalems!
Rufen sollt ihr und nicht ruhen!
Lasst eurem Gott keine Ruhe,
bis er Jerusalem wieder aufrichtet,
damit alle Welt sieht,
wie groß unser Gott ist.
Auf der ganzen Erde
soll man sein Loblied singen. 62,6ff

Kommt, zieht ein
durch die Tore der Stadt!
Bahnt dem Volk einen Weg!
Macht Platz! Macht Platz!
Räumt alle Steine hinweg!
Und verkündet der Tochter Zion:
Sieh, dein Heil kommt!
Er, dein Heiland, kommt zu dir!
Ein großes Volk geht vor ihm her.
Man wird sie das „heilige Volk" nennen,
das Volk, das er sich erkauft hat.
Und du, Jerusalem, wirst heißen:
„die nicht mehr verlassene Stadt". 62,10ff

Hier erscheint der Prophet nicht als Sprecher Gottes, sondern als Mittler zwischen Gott und seinem Volk. Leidenschaftlich legt er bei Gott Fürbitte für Jerusalem ein und bestürmt ihn geradezu, endlich seine Verheißungen wahr zu machen. Ja, er mobilisiert sogar die Wächter Jerusalems, dass sie mit ihm gemeinsam Gott „in den Ohren liegen". Aber in Wahrheit ist er selbst der Wächter, der über Gottes Verheißungen wacht und nicht eher ruht, bis Gott sie wahr macht.

So leidenschaftlich kann nur einer reden, der weiß, dass es hier nicht nur um die Zukunft des Volkes Gottes geht, sondern um Gottes Ehre. Sie steht auf dem Spiel, wenn andere Völker über Jerusalem, Gottes erwählte Stadt, spotten und sagen, sie sei „von Gott verlassen" (62,4). Aber am Ende bricht die Gewissheit durch: Gott macht seine Verheißung wahr! Die Wende steht unmittelbar bevor. Sie wird ganz ähnlich wie in Jes 40,1 ff beschrieben und zeigt, wie die Heilsbotschaft des „Zweiten Jesaja" unter veränderten Bedingungen in der Botschaft dieses Propheten fortlebt.

Dieses prophetische Plädoyer für Jerusalem steht in engem Zusammenhang mit der Klage des Volkes, das verzweifelt fragt: Wie lange hüllt sich Gott noch in Schweigen? Wann offenbart er sich endlich wieder seinem Volk wie in früheren Tagen? Das Bußgebet in Jes 63 gehört zu den kostbarsten Zeugnissen der nachexilischen Gemeinde (vgl. auch Neh 9). Es zeigt eindrucksvoll auf, wie dringlich das Volk in dieser Zeit Gottes Kommen herbeisehnt und es in seinen Klagefeiern einklagt. Eindringlich hält es Gott in seinem Gebet die Geschichte seiner Liebe und Fürsorge vor Augen, in dem kühnen Vertrauen, dass er sich auch jetzt nicht vor den Bitten seines Volks verschließen, sondern sich ihm aufs Neue offenbaren wird.

Im ersten Kapitel des Johannesevangeliums nimmt Jesus in der Begegnung mit Nathanael das Bild des verschlossenen Himmels auf und bezieht die Antwort auf seine Person: „Amen, ich sage euch: Ihr werdet den Himmel offen sehen und die Engel Gottes hinauf- und hinabfahren auf des Menschen Sohn" (Joh 1,51).

AUSBLICK
Jesaja 65 und 66

So wird es am Ende sein,
wenn Gott alles neu machen wird.
Alle Klagen werden verstummen.
Denn Gott der Herr spricht:

Ich will einen neuen Himmel
und eine neue Erde schaffen.   65,17
Alles, was war,
alles Elend und alles Leid
wird vergessen sein.
Darum freut euch,
jubelt vor Freude
und seht, was ICH, der Herr, schaffe.

Ich will Jerusalem
und alle, die darin wohnen,
zur Stadt der Freude machen.
Jubeln will ich über Jerusalem
und mich freuen über mein Volk.
In der ganzen Stadt wird man
kein Weinen und Klagen mehr hören.
Denn es wird keine Kinder mehr geben,
die nur wenige Tage leben.
Und auch keine alten Menschen,
die vorzeitig sterben,
sondern als jung gilt,
wer 100 Jahre alt wird,
und wenn einer früher stirbt,
gilt es als Fluch.   65,18ff

Sie werden Häuser bauen
und in ihnen wohnen.
Sie werden Weinberge pflanzen
und ihre Früchte genießen.
Ihre Arbeit wird
nicht mehr vergeblich sein.
Und die Kinder, die sie zur Welt bringen,
werden nicht vorzeitig sterben.
Denn es liegt Gottes Segen auf ihnen.
Ehe sie rufen, will ich antworten.
Und ehe sie reden, will ich sie hören.   65,21ff
Auf meinem heiligen Berg
wird keiner dem andern Gewalt antun.
Wolf und Schaf, Löwe und Rind
werden friedlich miteinander grasen.
Und die Schlange muss Staub fressen.
Sie darf keinem mehr schaden.   65,25

Hört alle, die ihr Jerusalem liebt!
Freut euch über die Stadt
und jubelt vor Freude!
Denn wie ihr zuvor
traurig über sie wart,
so freut euch nun mit ihr.   66,10
Denn so spricht der Herr:
Seht, ich breite Frieden über sie aus.
Wie ein Wasserstrom
ergießt er sich durch die Stadt.   66,12
Ihre Kinder trinken sich satt.
Sie werden auf den Armen getragen
und auf den Knien liebkost.
Wie eine Mutter ihr Kind tröstet,
so sollt auch ihr getröstet werden,   66,13
spricht Gott, der Herr.

So endet das große dreiteilige Werk, das insgesamt einen Zeitraum von über 200 Jahren umfasst und alle Höhen und Tiefen des Volkes Gottes beschreibt. Aber am Ende spricht Gott selbst. Er, der Heilige Israels, der sich am Anfang seinem Propheten als König, als der Herr Zebaoth, der Herr des Himmels und der Erde, offenbart hat (Jes 6), steht auch am Ende der Geschichte als König und Herr über alles. Wie er am Anfang Himmel und Erde durch sein Wort geschaffen hat (Gen 1,1), so wird er am Ende durch sein schöpferisches Wort einen neuen Himmel und eine neue Erde schaffen: die neue Welt Gottes, die alles in den Schatten stellt, was sich das Volk Gottes im Lauf seiner Geschichte jemals erhofft und erträumt hat. Und doch bleibt diese neue Welt im diesseitigen Raum der Geschichte verankert. Das Bild, das hier von der neuen Welt Gottes gezeichnet wird, zeigt auffallend realistische Züge. Seine Mitte bildet die Stadt Jerusalem als Ort der Verheißung, an dem Gott seinem Volk für immer Frieden schaffen wird. Dieser Friede wird ganz konkret und diesseitig erfahrbar:

– an einem gesegneten langen Leben;

– an dem friedevollen Miteinander der Generationen;

– am Segen, der auf der Arbeit der Menschen ruht;

– am Leben in einer Welt ohne Angst und Gewalt, die sich hier im Bild des Tierfriedens ausdrückt (vgl. Jes 11,6ff).

Vor allem aber wird das neue Jerusalem zum Inbegriff ewiger Gemeinschaft mit Gott,

– wenn alle heimkehren werden, die noch zerstreut sind;

– wenn Gott Menschen aus allen Völkern versammeln (66,22) und sie erneut als seine Boten in alle Welt senden wird;

– wenn sie ihn auf seinem heiligen Berg (Zion) gemeinsam anbeten und loben werden;

– wenn bei allen wieder Freude einkehren (65,18) und wenn Gott selbst wieder an seinem Volk Freude haben wird.

Nicht alle werden dazu kommen, auch dies wird nicht verschwiegen, aber sie sind im Licht der verheißenen neuen Welt Gottes wie fliehende Schatten, die früher oder später dem Licht weichen müssen (66,24).

Die Verheißung ewiger Gemeinschaft gipfelt in dem Zuspruch: „Ich will euch trösten, wie einen seine Mutter tröstet" (66,13). Mit diesem tröstlichen Bild, in dem Gott seinem Volk in Liebe nahe kommt, wird am Ende noch einmal eindrucksvoll deutlich, worauf dieses große und einzigartige Werk von Anfang bis Ende ausgerichtet war: „Tröstet, tröstet mein Volk, spricht euer Gott" (Jes 40,1). Es ist die Trostbotschaft ewiger Gemeinschaft mit Gott, die auf der letzten Seite der Bibel in der Vision vom „himmlischen Jerusalem" fortklingt. Dort heißt es von Gott: „Er wird bei ihnen wohnen, und sie werden sein Volk sein, und er selbst, Gott mit ihnen, wird ihr Gott sein. Und Gott wird alle Tränen von ihren Augen abwischen ..." (Offb 21,3f).

DIE PROPHETEN IN NACHEXILISCHER ZEIT

Die Propheten Haggai und Sacharja

Fast 20 Jahre sind seit der Heimkehr der Juden aus dem babylonischen Exil vergangen. Aber für die Heimkehrer erweist sich das Leben in der alten Heimat als äußerst schwierig. Die Volksgruppen, die sich inzwischen in Jerusalem angesiedelt haben, machen den Heimgekehrten das Leben schwer. Der Wiederaufbau des Tempels stagniert, weil die zugesagte Unterstützung durch den persischen König ausbleibt. Unruhen im persischen Großreich sorgen zusätzlich für Unsicherheit. Die Visionen der Heimkehrergeneration sind längst verblasst. Stattdessen sieht sich das Volk in Jerusalem vor unüberwindlichen Schwierigkeiten. Mutlosigkeit macht sich breit.
In dieser Zeit wachsender Resignation treten – fast zeitgleich – die Propheten Haggai und Sacharja in Jerusalem auf. Von ihnen berichtet auch das Buch Esra (5,1 und 6,14). Der Beginn ihrer Wirksamkeit kann jeweils genau auf August 520 bzw. Februar 519 v.Chr. datiert werden (Hos 1,1 und Sach 1,1). Beide Propheten haben von Gott den Auftrag erhalten, das resignierte Volk aus seiner Lähmung zu befreien und zum Neuanfang aufzurufen. Dies geschieht auf unterschiedliche Weise:

(1) Haggai
ist der Pragmatiker von beiden. Seine Kritik setzt am Tempelbau an, der seit Jahren nicht vorangeht, während die Privathäuser inzwischen längst fertiggestellt sind (1,4). Für Haggai bedeutet dieses Missverhältnis einen Skandal. Er sieht darin den Grund für den ausbleibenden Segen Gottes. Nachdrücklich fordert er den Statthalter Serubbabel und den Hohenpriester Jeschua, die beiden führenden Männer Jerusalems, auf, das unterbrochene Werk wieder aufzunehmen, und zwar ohne fremde Unterstützung (2,10ff), allein im Vertrauen auf Gottes Zusage (vgl. Esr 4). Dann, so verkündet Haggai, wird Gott seinen Segen nicht zurückhalten (2,19). Aber es dauert noch 5 Jahre, bis der 2. Tempel endlich fertiggestellt ist.

(2) Sacharja (= „Der Herr gedenkt")
holt noch umfassender aus als Haggai. Er sieht die Not in der Glaubenskrise begründet, die das Volk in Jerusalem mitsamt seiner Führung erfasst hat. Angesichts der Hindernisse, die sich wie ein Berg vor dem Volk auftürmen, erfahren die Menschen schmerzlich die eigene Ohnmacht. Aber Sacharja hält seinem mutlosen Volk entgegen: „So spricht der Herr Zebaoth: Erscheint dies auch unmöglich in euren Augen, sollte es darum auch unmöglich sein in meinen Augen?" (8,6). Mit allem Nachdruck öffnet er ihm den Blick für Gottes Macht. Nur von ihm her ist ein Neuanfang zu erwarten. Dies ist die Botschaft, die der Prophet in acht nächtlichen Visionen empfängt. Sie weihen den Propheten in Gottes universalen Heilsplan ein

Mit ihnen verbindet sich die Zusage Gottes an sein Volk: „Ich komme und will bei dir wohnen" (2,14). Er ist schon unterwegs. Die Vorbereitungen laufen in vollem Gang. Was den Menschen unmöglich scheint, macht Gott möglich durch seinen Geist (4,6). Diese Zusage gilt vor allem Serubbabel, der als Nachkomme Davids sowohl bei Haggai (2,20ff) als auch bei Sacharja die Hoffnung nährt, mit ihm könnte der verheißene Messias gemeint sein. Eine Hoffnung, die sich allerdings nicht bestätigt. Umso bedeutsamer ist die messianische Verheißung im zweiten Teil des Sacharja, die weit über die Zeit dieses Propheten hinaus die Hoffnung auf den kommenden Messias wachhält: „Siehe, dein König kommt zu dir, ein Gerechter und ein Helfer" (Sach 9,9).

Das Buch Sacharja im Überblick:

1–8   Das erste Buch Sacharja (um 520 v.Chr.)
      Acht Visionen künden Gottes Kommen
      und seinen Einzug im Tempel an (1–6,25)
      Sacharjas Fastenpredigt (7)
      Ausblick: Zehn Heilsworte für Jerusalem (8)
9–11 Das zweite Buch Sacharja (4. Jh.?)
      Der Friedenskönig
12–14 Das dritte Buch Sacharja (3. Jh.?)
      Gottes Herrschaft über alle Welt

DER PROPHET HAGGAI

„MEIN GEIST SOLL UNTER EUCH BLEIBEN"
Haggai 1 und 2

Im zweiten Regierungsjahr
des persischen Königs Darius
kam der Prophet Haggai
im Auftrag Gottes
zu Serubbabel,
dem Statthalter von Juda,
und zu dem Hohenpriester Jeschua
und verkündete ihnen: 1,1

„So spricht Gott, der Herr Zebaoth,
Herr der himmlischen Heere:
Dieses Volk sagt:
Es ist noch nicht Zeit,
das zerstörte Haus Gottes
wieder neu zu errichten.
Wie? Aber ihr findet es an der Zeit,
dass ihr selbst in Häusern wohnt,
mit getäfelten Wänden geschmückt?
Doch Gottes Haus
liegt noch immer in Trümmern!   1,2ff

Seht doch, wie es euch ergeht:
Ihr bestellt eure Felder,
aber sie bringen nur wenig Ertrag.
Ihr esst genug
und werdet dennoch nicht satt.
Ihr trinkt viel
und könnt doch nie genug bekommen.
Ihr tragt warme Kleider,
aber sie wärmen euch nicht.
Und euer sauer verdientes Geld
verliert sich in löcherigen Beuteln.   1,5f

Denkt doch darüber nach,
warum es euch so ergeht!,
spricht Gott, der Herr Zebaoth.
Auf, holt Holz aus den Bergen
und baut mein Haus wieder auf!
So sollt ihr mich ehren.
Dann will ich mich
an euch herrlich erweisen.   1,7f

Denn ihr habt wohl viel erwartet,
aber nur wenig geerntet.
Und was ihr eingebracht habt,
das habe ich weggeblasen.   1,9
Warum?, so fragt ihr.
Weil mein Haus noch immer
in Trümmern liegt
und sich alle beeilen,
erst ihr eigenes Haus zu bauen.   1,19
Deshalb hält der Himmel
Tau und Regen zurück.
Und die Erde lässt
den Samen nicht aufgehen."   1,10

Dies verkündete der Prophet Haggai
vor Jeschua und Serubbabel
und vor versammeltem Volk.
Da hörten die beiden auf ihn,
denn sie spürten:
Aus seinen Worten sprach Gott.
Das Volk aber erschrak
über die Worte.
Doch Haggai tröstete sie:
„Fürchtet euch nicht!
Gott ist mit euch."   1,12ff

Da schöpften alle neuen Mut
und mit Gottes Hilfe
packten sie gemeinsam
das große Werk an.   1,14

Aber kaum war ein Monat vergangen,
da verließ alle wieder der Mut.
Sie dachten an den früheren Tempel
und seine vergangene Pracht.
Nie mehr würde der Tempel
so schön werden wie früher.
Da ließ Gott ihnen
durch seinen Propheten sagen:

Haggai

„Wer unter euch erinnert sich noch
an den alten Tempel in seiner Pracht?
Ja, ihr habt recht:
Dagegen sieht der neue Tempel
wie nichts aus. 2,3
Aber nun, Serubbabel,
und du, Hoherpriester Jeschua,
und ihr alle, die ihr hier wohnt,
schöpft Mut!
Denn ich bin mit euch!,
spricht der Herr Zebaoth. 2,4
Was ich vorzeiten zugesagt habe,
als ich euch aus Ägypten führte,
das soll auch bleiben:
Mein Geist soll unter euch bleiben.
Fürchtet euch nicht!" 2,4f

Und der Prophet fügte hinzu:
„Nur noch eine ganz kurze Zeit,
spricht der Herr, dann will ich
Himmel und Erde bewegen.
Dann werden alle Völker
ihre Schätze zu diesem Haus bringen.
Und der neue Tempel soll
noch viel herrlicher werden,
als der erste Tempel
in seiner Pracht war." 2,6–9

So sprach der Prophet Haggai
zu seinem verzagten Volk.
Von diesem Tag an
setzten alle mit vereinten Kräften
die Arbeit am Haus Gottes fort,
bis das große Werk vollendet war.
Und Gott segnete ihre Arbeit,
vom ersten bis zum letzten Tag. 2,18f

„Mein Geist soll unter euch bleiben," das ist die zentrale Aussage dieses kleinen Prophetenbuches. Auf den ersten Blick liest es sich nur wie eine schlichte Motivationsübung, aber in Wahrheit führt es auf die geheime Mitte in der Botschaft der nachexilischen Propheten. In einer Zeit vermeintlicher Gottesferne, da der Tempel noch nicht wiederhergestellt ist (520–515 v.Chr.) und demzufolge auch kein Gottesdienst am Tempel stattfinden kann, scheint Gottes Zusage, unter seinem Volk zu wohnen, unerreichbar fern. Aber durch seinen Geist wohnt Gott schon hier und jetzt unter seinem Volk. Seine Präsenz wird daran erkennbar, dass er sein verzagtes Volk mit neuem Mut und neuer Tatkraft erfüllt. Nicht die aufrüttelnden Ermahnungen des Propheten lassen die Menschen aufhorchen, sondern die Zusage Gottes, die allen gleicherweise gilt: nicht nur den Amtsträgern in der Gemeinde, sondern auch dem einfachen Fußvolk. Das ist die neue, revolutionäre Botschaft der späten Propheten, angefangen bei Jes 44,2 bis hin zu Joel 3,1ff!

DER PROPHET SACHARJA

SACHARJA 1–8

„ICH WILL BEI DIR WOHNEN"
Sacharja 1–6

Dies sind die acht nächtlichen Visionen,
die der Prophet Sacharja geschaut hat
zur Zeit des persischen Königs Darius
im zweiten Jahr seiner Herrschaft:

I

Es geschah im 11. Monat,
da sah ich in der Nacht,
einen Mann vor mir,
der ritt auf einem roten Ross.
Ihm folgten noch mehr Rosse,
rote, braune und weiße.
Ich fragte: „Wer sind diese?
Und was bedeuten sie?"
Er sprach zu mir:
„Gott der Herr hat sie ausgesandt,
dass sie die Erde erkunden." 1,8ff
Und die auf den Rossen ritten,
gaben zur Antwort:
„Wir haben alle Länder durchzogen.
Wohin wir auch kamen,
war es ruhig und still." 1,11
Aber der Mann auf dem roten Ross
hob ein Klagelied an: „Herr Zebaoth,
Herr der himmlischen Heere!
Wie lange noch?
Wann wirst du dich wieder
über Jerusalem und das Juda erbarmen?
Sieh, schon 70 Jahre währt dein Zorn."
Aber Gott tröstete ihn
mit freundlichen Worten. 1,12f
Da erkannte ich:
Gott hatte seinen Engel
zu mir gesandt.
Und der Engel wandte sich zu mir
und sprach:
„Verkünde allen dies Wort:
So spricht der Herr Zebaoth:
Mein Zorn richtet sich nicht
gegen Jerusalem,
sondern gegen die Völker,
die es zerstört haben." 1,14f

Ich will mich wieder
über Jerusalem erbarmen.
Mein Haus soll dort wieder aufgebaut
und die Stadt mit der Messschnur
neu ausgemessen werden,
spricht der Herr Zebaoth.
Denn der Herr wird Zion wieder trösten
und Jerusalem aufs Neue erwählen." 1,16f

II

Danach erschienen vier Hörner
vor meinen Augen
und vier Schmiede,
die die Hörner abschlagen sollten. 2,1ff
„Was bedeutet das?", fragte ich.
Da sprach der Engel zu mir:
„Diese Hörner verkörpern
die Macht jener Völker,
die Juda und Jerusalem
zerstreut haben.
Aber die Schmiede werden
ihnen die Hörner abschlagen,
die sie gegen Juda gerichtet haben.
So können sie
keinen Schaden anrichten." 2,4

III

Danach schaute ich auf
und sah einen Mann,
der hatte eine Messschnur in der Hand. 2,5
„Wohin gehst du?", fragte ich.
„Nach Jerusalem", antwortete er.
„Ich will die Stadt
in ihrer Länge und Breite ausmessen." 2,6
Da kam noch ein Engel hinzu,
der sprach:
„Sag dem jungen Mann:
Es soll um Jerusalem her
keine Mauern mehr geben.
Denn bald werden dort
noch viel mehr Menschen wohnen,
sodass die Stadt sie kaum fasst. 2,7f

Sacharja

Ich aber will sie beschützen
und eine feurige Mauer um sie her sein,
spricht der Herr. 2,8
Du aber juble und jauchze,
du Tochter Zion!
Denn so spricht der Herr:
Sieh, ich komme zu dir,
und will bei dir wohnen. 2,14

Zu der Zeit werden viele Völker
zu Gott dem Herrn kommen,
und sie sollen mein Volk sein.
Ich will in ihrer Mitte wohnen." 2,15

IV

Danach ließ mich Gott der Herr
den Hohenpriester Jeschua schauen,
der stand vor dem Engel Gottes.
Zu seiner Rechten aber stand Satan,
der klagte ihn an. 3,1
Aber der Engel sprach zu Satan:
„Der Herr weise deine Klage ab, Satan!
Ja, er, der Jerusalem erwählt hat,
weise sie ab!
Ist dieser nicht wie ein Holzscheit,
das aus dem Feuer gerettet wurde?" 3,2
Und der Engel befahl:
„Nehmt sein beschmutztes Gewand
und legt ihm ein reines Gewand an!"
Und er sprach zu ihm: „Sieh!
So nehme ich deine Schuld von dir."
Darauf setzten sie Jeschua
einen neuen Kopfbund aufs Haupt,
zum Zeichen, dass er von Gott
als rechtmäßiger Priester eingesetzt war. 3,5

V

Darauf schlummerte ich ein.
Aber der Engel weckte mich wieder.
„Was siehst du?", fragte er mich. 4,1f
„Ich sehe einen goldenen Leuchter
mit sieben Lichtern", erwiderte ich,
„und rechts und links einen Ölbaum.
Aber was hat das zu bedeuten?"
„Weißt du das nicht?", fragte er.
Nein, ich wusste es nicht. 4,2ff
Da sprach der Engel zu mir:
„Richte dieses Wort an Serubbabel,
den Statthalter von Jerusalem, aus:
So spricht der Herr Zebaoth,
der Herr der himmlischen Heere:
Es wird weder durch Heeresmacht
noch durch Menschenkraft geschehen,
sondern durch meinen Geist. 4,6
Denn wer bist du, großer Berg,
dass du dich vor Serubbabel erhebst?
Am Ende musst du doch
vor ihm weichen.
Er wird am Haus Gottes
den Schlussstein einsetzen,
und alle werden ihm zujubeln:
Seine Hände
haben den Grundstein gelegt.
Er wird das große Werk auch vollenden.
Denn wer immer verächtlich
auf seinen geringen Anfang geschaut hat,
wird doch mit Freude den Schlussstein
in Serubbabels Hand sehen." 4,7ff

Ich aber fragte zurück:
„Doch was bedeuten die beiden Ölbäume
und die beiden goldenen Röhren,
aus denen goldenes Öl fließt?" 4,11f
„Weißt du das nicht?", fragte der Engel.
Nein, ich wusste es nicht.
Er antwortete:
„Das sind die beiden Gesalbten,
die Gott auserwählt hat,
dass sie ihm dienen." 4,13f

VI–VIII

Noch weitere Bilder ließ Gott
den Propheten in dieser Nacht schauen.
Sie alle zeigten an:
Gott hatte sein Volk nicht verlassen.
Er würde auch in Zukunft
unter seinem Volk wohnen.
In den Visionen Sacharjas
kündete sich sein Kommen schon an. 5f

In acht nächtlichen Visionen offenbart Gott seinem Propheten die Zukunft, was er über Jerusalem bestimmt hat. Während seine Bewohner noch klagen „Wie lange noch?", sind in Gottes Welt schon alle Vorbereitungen für seine Ankunft getroffen. Ein Spähtrupp hat bereits alle Länder der Erde erkundet. (= 1. Vision). Noch bewegt sich nichts. Grabesstille liegt über der Erde. Nichts deutet auf den nahen Aufbruch Gottes hin. Aber in dem Wort, das Gott seinem Propheten verheißt, ist er schon gegenwärtig. Sein Kommen ist beschlossene Sache: „Ich will mich wieder über Jerusalem erbarmen." (1,16) Das soll der Prophet denen verkünden, die sich von Gott bestraft glauben (1,12) und die angesichts der Übermacht anderer Völker nur ihre eigene Ohnmacht sehen. Gott ist schon dabei, den Völkern ihre tödlichen Waffen zu zerstören (= 2. Vision). Ihre Macht wird mit den Hörnern wilder Tiere verglichen. Aus allen vier Himmelsrichtungen haben sie das Volk Gottes bedrängt. Aber nun haben sie ihre Stoßkraft verloren. Sie stehen dem Kommen Gottes nicht mehr im Weg.

Auch in Jerusalem werden schon alle Vorbereitungen für einen Neuanfang getroffen (= 3. Vision). Die Stadt wird neu vermessen. Eine neue Mauer soll die Stadt schützen. Aber mit Gottes Ankunft werden alle Maße gesprengt. Noch viel mehr Menschen werden zum Volk Gottes hinzukommen. Gott selbst wird die Stadt durch seine himmlischen Heerscharen schützen. Sie sind die „feurige Mauer", durch die kein Feind hindurchdringen kann (2,9; vgl. 2. Kön 6,17).

Das soll der Prophet denen verkünden, die sich von Gott bestraft glauben (1,12) oder an seiner Macht zweifeln. Ja, die Stadt, die keinen König mehr hat, soll mit eigenen Augen sehen, wie Gott unter Jubel als König in die Stadt einziehen und darin wohnen wird (2,14). Er regiert jetzt schon sichtbar durch seine Stellvertreter, den Hohenpriester Jeschua und den Statthalter Serubbabel (= 4. und 5. Vision). Sie sind es, die Gott erwählt hat (4,11ff). Als Gesalbte Gottes stehen sie in der Tradition der frühen Könige und Priester und repräsentieren als Doppelspitze Gottes bleibende Zuwendung zu seinem Volk. So wie Gott – im Bild einer himmlischen Gerichtsverhandlung – dem Priester die Unreinheit, d.h. seine Schuld, wegnimmt und ihn neu für sein Amt ausrüstet (3,4), so wird das Volk, von Gott gereinigt, ihm dienen (vgl. Jes 6,5ff). Und wie Serubbabel als Nachkomme Davids mit Gottes Geist erfüllt wird, so wird sein Geist auch bleibend unter seinem Volk wohnen (vgl. Hag 2,5).

Die beiden folgenden Visionen beziehen sich auf die Jerusalemer Gemeinde, die Gott reinigen wird. Er wird diejenigen mit einem Fluch belegen, die seine Gebote missachten und sein Volk spalten (5,1ff = 6. Vision). Er selbst wird dafür sorgen, dass die Sünde, die alles verseucht, aus ihrer Mitte entfernt bzw. entsorgt wird, so wie man Giftmüll entsorgt (5,5ff = 7. Vision). Am Ende wird er seine Streitwagen in alle Welt senden und alle Völker zur Verantwortung ziehen für alles, was sie seinem Volk angetan haben (6,1ff = 8. Vision).

Vieles an den beschriebenen Bildern mag fremdartig und rätselhaft erscheinen und zeigt deutlich apokalyptische Züge (z.B. die apokalyptischen Reiter, der Deuteengel, die Hörner wilder Tiere). Aber ihre Botschaft ist eindeutig: Der Herr Zebaoth, der „Herr der himmlischen Heere" – so lautet sein Name durchgängig bei Sacharja – setzt Himmel und Erde in Bewegung, um in seinem Volk einen neuen Anfang zu schaffen. Die apokalyptischen Bilder bleiben geerdet und in der konkreten Geschichte des Volkes verwurzelt (s. 3f). Als solche sind und bleiben sie zentraler Bestandteil prophetischer Botschaft.

Sacharja

AUSBLICK
Sacharja 8

So wird es im neuen Jerusalem sein,
wie es Gott durch seinen Propheten
verheißen hat:

Niemand wird klagen und sagen:
Gott hat uns verlassen.
Denn so spricht der Herr Zebaoth:
Ich bin für meine Stadt
in Liebe entbrannt.
Ich kehre wieder zu ihr zurück
und will in ihr wohnen.
Sie soll einen neuen Namen bekommen:
„Stadt meiner Treue"
will ich sie nennen. 8,1ff

Niemand soll klagen und fragen:
Wo sind die Kinder und Alten geblieben?
Denn so spricht der Herr Zebaoth:
Auf den Plätzen der Stadt
sollen wieder Kinder spielen
und alte Männer und Frauen sitzen,
die sich auf ihren Stock stützen. 8,4f
Denn so spricht der Herr Zebaoth:
Erscheint es auch unmöglich,
in euren Augen,
sollte es mir deshalb unmöglich sein? 8,6

Niemand soll voll Ungeduld fragen:
„Wann kommen die endlich zurück,
die immer noch verstreut
in der Fremde leben?"
Denn so spricht der Herr Zebaoth:
Ich will mein Volk
aus den Ländern befreien,
in denen sie gebunden waren.
Vom Osten und Westen
will ich sie heimbringen,
dass sie für immer
in Jerusalem wohnen.
Und sie sollen mein Volk sein.
Und ich will ihr Gott sein. 8,7

Niemand soll seufzen und klagen:
Ist doch all unsere Mühe umsonst!
Denn so spricht der Herr Zebaoth:
Packt an! Stärkt eure Hände!

War auch in früheren Zeiten
die Arbeit der Menschen vergeblich
und herrschte kein Frieden im Land,
so sollt ihr doch in Frieden säen
und die Früchte des Weinstocks
in Frieden genießen. 8,9
Wie euer Volk unter anderen Völkern
als verflucht galt,
*so will ich euch erlösen,
dass ihr ein Segen sein sollt.
Fürchtet euch nur nicht
und stärkt eure Hände!* 8,13

Niemand soll sich einreden und sagen:
Gott straft uns,
wie er unsere Väter gestraft hat.
Denn so spricht der Herr Zebaoth:
Wie ich in früheren Jahren
eure Vorfahren heimgesucht habe,
so will ich in künftigen Tagen
Jerusalem Gutes erweisen.
Fürchtet euch nur nicht,
sondern haltet meine Gebote!
Wenn ihr Gericht haltet am Tor,
dann sorgt, dass es gerecht zugeht! 8,14ff
Frieden soll herrschen in euren Toren!
Darum sagt nur die Wahrheit!
Schmiedet keine Pläne,
die anderen Schaden zufügen!
Und legt keinen Meineid ab!
Denn das ist mir zuwider.
Setzt euch stattdessen
für Wahrheit und Frieden ein.
Dann werden eure Fastentage
in Freudentage verwandelt werden. 8,14–19

Zu der Zeit werden sie von allen Seiten
zum Haus Gottes kommen
und ihn anbeten.
Denn so spricht der Herr Zebaoth:
Aus allen Ländern und Städten
werden sie zusammenkommen
und einander zurufen: „Kommt,
lasst uns nach Jerusalem ziehen
und den Herrn Zebaoth,
den Gott Israels suchen." 8,20

Dann wird Jerusalem für alle Völker
ein Zeichen der Hoffnung sein.
Denn so spricht der Herr Zebaoth:
Zu der Zeit werden zehn Männer
aus allen Völkern und Sprachen
sich um einen einzigen Mann
aus dem Volk Gottes scharen,
ihn am Zipfel seines Gewandes packen
und ihn anflehen und sagen:
„Lass uns mit dir gehen,
denn wir hören, dass Gott mit euch ist." 8,23

Juble, du Tochter Zion!
Jauchze, du Stadt Jerusalem!
Denn sieh, dein König kommt zu dir.
Gerecht und siegreich ist er.
Doch kommt er nicht stolz daher,
sondern ein Eselsfüllen ist sein Reittier. 9,9

Mit einer zehnfachen Verheißung Gottes endet der erste Teil des Sacharjabuchs. Mit ihr gibt Gott durch seinen Propheten Antwort auf die Fragen, die unausgesprochen die Gemeinde bewegen. Er eröffnet den Ausblick auf die künftige Heilszeit, die Jerusalem verheißen ist, nicht erst in ferner Zukunft, auch nicht im himmlischen Jerusalem, vielmehr wird Gottes Zukunft mit Jerusalem ganz diesseitig und konkret beschrieben:
– Die Fastentage, die an die Zerstörung Jerusalems erinnern, werden in Festtage verwandelt (8,19).
– Alte und Junge werden wieder Jerusalems Plätze beleben (8,4f).
– Das übrige Volk, das noch in der Diaspora lebt, wird nach Jerusalem heimkehren (8,7).
– Menschen aus anderen Völkern werden, von Sehnsucht nach dem lebendigen Gott erfüllt, zum Haus Gottes pilgern und ihn dort anbeten (8,22; vgl. Jes 56,6; Apg 8,27).

Aber über all diesen konkreten Verheißungen steht Gottes Zusage, wieder unter seinem Volk zu wohnen, und „sie sollen mein Volk sein und ich will ihr Gott sein". Der Wortlaut dieser Zusage erinnert an den Bund, den Gott einst am Sinai mit seinem Volk geschlossen hat (Lev 26,11 u.ö.). Sie bleibt auch jetzt unter veränderten Bedingungen gültig. Das zehnfache „Denn so spricht der Herr Zebaoth" unterstreicht die bleibende Gültigkeit seiner Heilszusagen. Zugleich öffnet es den Blick für Gottes Zukunft, die noch aussteht. Noch bleibt offen, wann die Heilszeit anbrechen wird und wer sie heraufführen wird. Erst der zweite Teil des Buchs (9ff) lenkt den Blick auf den Messias, der auf einem Esel als König in Jerusalem einziehen wird (9,9). Das Bild erinnert an die Könige Israels, die in Kriegszeiten auf einem Pferd, in Friedenszeiten aber auf einem Maultier nach Jerusalem einzogen und dort unter dem Jubel des Volkes als König begrüßt wurden. Zugleich aber verbindet sich mit diesem Bild die Hoffnung auf den einen, durch den die Königsherrschaft Gottes auf der Erde verwirklicht wird. „Der Herr wird König sein über alle Länder" – so heißt es im letzten Kapitel des Sacharja (14,9). Mit dem Einzug Jesu nach Jerusalem hat diese Verheißung sichtbare Gestalt angenommen.

DIE PROPHETEN IN NACHEXILISCHER ZEIT

Der Prophet Maleachi

Die Schrift des Propheten Maleachi bildet den Abschluss des Zwölfprophetenbuchs, der sog. „Kleinen Propheten". Durch ihre besondere Stellung im Kanon bildet sie die Brücke zum Neuen Testament. In ihr werden abschließend Anfragen an die prophetische Botschaft gebündelt und auf die kommende messianische Zeit ausgerichtet. Die Schrift geht auf einen Propheten zurück, der in der Nachfolge von Haggai und Sacharja vermutlich in der 1. Hälfte des 5. Jahrhunderts in Jerusalem gewirkt hat. Dabei bleibt offen, wer sich hinter dem Pseudonym Maleachi (d.h. „mein Bote") verbirgt. Sicher ist nur, dass sich dieser Prophet als Bote Gottes versteht, der seiner Zeit eine zentrale Botschaft von Gott zu übermitteln hat. Es ist die Zeit nach Fertigstellung des 2. Tempels (515 v.Chr.), an den sich hohe Erwartungen geknüpft hatten. Aber die Vollendung des Tempels führt nicht zur erhofften Umkehr des Volkes. Enttäuschung macht sich breit. Zweifel kommen auf, wie ernst es Gott mit seinen Verheißungen meint. Sie nähren die alte und immer neue Frage nach Gottes Gerechtigkeit. Genau betrachtet sind es sechs typische Anfragen an Gottes Gerechtigkeit, die der Prophet in seiner Schrift behandelt:
1. Woran erkennt man, dass Gott ein liebender Gott ist?
2. Warum vertreten ihn seine Diener so schlecht?
3. Was geht es Gott an, wie wir leben?
4. Ist Gott gerecht, warum geht es dann den Schlechten so gut?
5. Warum sieht Gott nicht, wie schlecht es uns geht?
6. Was bringt es, wenn wir uns an Gottes Gebote halten?

Auf diese Anfragen und Zweifel geht Maleachi ein. Dazu bedient er sich der Form des Dialogs, der an die Disputationen zeitgenössischer Weisheitslehrer erinnert. In sechs Redeeinheiten hält er dem Volk vor Augen:
1. Gottes Liebe gilt bleibend Israel, wie er verheißen hat. Aber seine Herrschaft erstreckt sich über die ganze Welt (= 1. Rede: 1,2–5).
2. Die Priester haben sich nicht als würdige Nachkommen Levis erwiesen und sind mit ihrem halbherzigen Opferdienst unglaubwürdig geworden (= 2. Rede: 1,6–2,9).
3. Die Ehe mit fremden Frauen wird nicht grundsätzlich verurteilt, aber hier geht ihr voraus, dass die erste Frau verstoßen wurde. Damit verstoßen die Männer gegen Gottes Gebot, das sich mit dem 6. Gebot für den Schutz und die Würde der entrechteten Frauen einsetzt (= 3. Rede: 2,10–16).
4. Die Frage nach Gottes Gerechtigkeit (die sog. Theodizeefrage) fordert von Gott Rechenschaft über sein Tun. Aber in Wahrheit ist es Gott, der uns zur Rechenschaft zieht (= 4. Rede: 2,17–3,5).
5. Der Grund für die wirtschaftliche und soziale Ungleichheit im Volk ist nicht bei Gott zu suchen, sondern im Verhalten der Menschen. Die Halbherzigkeit, mit der sie die in der Tora geforderten Abgaben erstatten, bedeutet in Gottes Augen Betrug an Gott und an ihren Mitmenschen (= 5. Rede: 3,6–12).

6. Gottes Heil bleibt auch in Zukunft die Hoffnung Israels. Sie ist begründet in der Tora und in seiner Verheißung (= 6. Rede: 3,13–21).

So nimmt der Prophet seine Zuhörer als erwähltes Volk Gottes in die Verantwortung und bereitet sie damit für das Kommen des Messias vor. Als „Bote Gottes" mit besonderem Auftrag kündet er den an, der als Bote und „Wegbereiter" dem Messias vorangehen wird.

Das Neue Testament sieht in der Person Johannes des Täufers diese Verheißung erfüllt. Als letzter Prophet des Alten Bundes nimmt dieser die Gerichtsbotschaft des Propheten Maleachi auf und kündet mit seinem Kommen zugleich die Ankunft des verheißenen Messias an.

Das Buch Maleachi im Überblick:

1. Rede: „Ich habe euch lieb"	1,2–5
2. Rede: „Wo ist meine Ehre?"	1,6–2,9
3. Rede: „Haben wir nicht einen Vater?"	2,10–2,16
4. Rede: „Ich sende meinen Boten"	2,17–3,5
5. Rede: „Ich wandle mich nicht"	3,6–3,12
6. Rede: „Ich will mich erbarmen"	3,13–3,21

„ICH HABE EUCH LIEB"
Maleachi 1 und 2

Dies ist sdas Wort Gottes,
das er durch den Propheten Maleachi
seinem Volk verkündigen ließ:

Ich habe euch lieb, spricht der Herr:
Von jeher habe ich euch geliebt.
Ihr aber sagt:
„Woran erkennen wir,
dass du uns liebst?"
Gott spricht:
Ist nicht Esau
Jakobs älterer Bruder?
Dennoch habe ich nicht Esau,
sondern Jakob geliebt.
Und wenn die Edomiter,
Esaus Nachkommen, klagen:
„Unser Land ist ganz zerschlagen,
aber wir bauen es wieder auf",
so werden sie es
dennoch nicht schaffen.
Ihr aber werdet
mit eigenen Augen sehen,
wie sich Gott
über Israels Grenzen hinaus
in seiner Herrlichkeit offenbart.   1,2ff

— — —

Und dies ist das Wort Gottes,
das er durch seinen Boten Maleachi
den Priestern verkündigen ließ:

Ihr kennt das Gebot:
„Ein Sohn soll seinen Vater ehren
und ein Knecht seinen Herrn."
Ihr nennt mich zwar Vater,
aber wo ist meine Ehre?
Ihr nennt mich zwar Herr,
aber ihr kennt keine Ehrfurcht.
Meinen Namen achtet ihr nicht.
Ihr aber erwidert:
„Wieso missachten wir deinen Namen?"   1,6
Gott spricht:
Weil ihr mir Opfer darbringt,
die allesamt unrein sind.
Ihr aber erwidert:
„Wieso sind sie unrein?"

Weil eure Opfer nicht makellos sind.
Schließt doch den Tempel
und zündet keine Opfer mehr an!
Glaubt ihr denn,
Gott habe Gefallen daran?   1,7ff
Unter allen anderen Völkern
wird mein Name geehrt,
nur nicht von euch.   1,11

Hört, ihr Priester:
Ich habe vorzeiten meinen Bund
mit dem Stamm Levi geschlossen.
Ich habe ihren Priestern geboten,
sie sollten das Volk lehren,
keine Sünde zu tun.
Denn die Priester
sind Boten des Herrn.
Sie sollen Gottes Gebote bewahren.
Aber ihr Priester seid alle
vom rechten Weg abgewichen
und habt meinen Bund gebrochen.
Darum werdet ihr auch
vom Volk nicht geachtet.   2,4ff

— — —

Dies ist das Wort,
das der Prophet Maleachi
den Männern von Jerusalem und Juda
im Auftrag Gottes verkündigen sollte:

Haben wir nicht alle
ein und denselben Vater
und sind geschaffen
durch einen Gott?
Warum sind wir dann
einander nicht treu
und missachten den Bund,
den Gott mit unseren Vorfahren
geschlossen hat?
Im ganzen Land
geschehen gräuliche Dinge.
Ihr verletzt,
was Gott lieb und heilig ist.
Ihr nehmt euch Frauen,
die fremde Götter verehren.   2,10ff
Ihr klagt und fragt unter Tränen:

„Warum sieht Gott
unsere Opfer nicht an?"
Weil du deiner ersten Frau
untreu geworden bist,
obwohl sie deine Ehefrau war.
Gott selbst war Zeuge
zwischen euch beiden.

Kein Mann
der einen Rest von Verstand hatte
hat so etwas jemals getan.
Denn er will ja Nachkommen haben,
die Gott geheiligt sind.
Wer aber seine erste Liebe verstößt,
der lädt große Schuld auf sich.
Darum gebt acht
und haltet euren Frauen die Treue.   2,12ff

Dieser Prophet ist eine Entdeckung! Auf den ersten Blick scheint seine Botschaft nicht mehr dem Niveau klassischer Prophetie zu entsprechen. Und in der Tat: Stellenweise wirken seine Reden trocken und lehrhaft. Aber bei näherem Betrachten stellt man fest: Dieser Prophet greift abschließend noch einmal die zentrale Frage auf, die sich verborgen durch das ganze Alte Testament gezogen hat.
Es ist die Frage nach Gottes Erwählung, d.h. konkret: die Frage, ob Gott gerecht handelt, wenn er die einen erwählt und die anderen nicht. Diese Frage greift Maleachi mit dem ersten Satz auf: „Ich habe euch lieb!" Damit widerlegt er gleich zu Anfang alle Zweifel und Anfragen an Gott und zeigt anhand der Geschichte Gottes den Weg seiner Liebe auf: angefangen bei der Erwählung Jakobs, des Erzvaters Israels, bis hin zu dem Bund, den er mit seinem Volk geschlossen hat (2,10f). Aber auch die besondere Stellung Levis unter den Stämmen Israels wird ausdrücklich erwähnt (2,4).
An dieser Geschichte wird offenbar: Gott steht bleibend zu seinem Volk. Er ist es, der „Bund und Treue hält ewig und der nicht preisgibt das Werk seiner Hände".
Dieser Geschichte seiner Liebe verdankt Israel seine Würde und seine besondere Stellung unter den Völkern. Aber aus ihr erwächst auch die besondere Verantwortung, die Israel im Konzert der Völker zukommt.
Deshalb sieht sich Maleachi hier veranlasst, noch einmal alle Argumente, die gegen Gottes Treue sprechen könnten, aufzuführen und zu widerlegen. Dazu bedient er sich – anstelle der klassischen Form prophetischer Rede (mit Anklage und Ankündigung) – einer Redeform, die mit Rede und Gegenrede an die Disputationsreden zeitgenössischer Weisheitslehrer erinnert.

Dies geschieht im Buch Maleachi in Form von 2 x 3 Redesequenzen. Im ersten Teil bezieht sich der Prophet in seiner Argumentation vor allem auf die Tora (Kap 1 und 2). Der zweite Teil hingegen weist in die Zukunft. Mit der Ankündigung der messianischen Zeit und ihres „Vorboten" öffnet das Buch das Tor zum Neuen Testament (Kap 3).

„SIEHE, ER KOMMT!"
Maleachi 3

Dies ist das Wort, das der Prophet
an jene richtete,
die sich bitter beklagten:
„Gott handelt nicht recht.
Die Schlechten haben es gut,
aber den Frommen geht es schlecht.
Wie lange zögert sich
Gottes Strafgericht noch hinaus?"   2,17

Hört, ihr Leute von Jerusalem
und ihr vom Land Juda!
Ihr macht es Gott schwer
mit eurem Gerede.   2,17
Denn so spricht der Herr Zebaoth,
der Herr der himmlischen Heere:
Bald kommt er selbst zu euch,
er, nach dem ihr selbst.
Ganz plötzlich wird er
im Tempel erscheinen.
Gott spricht:
Ich sende meinen Boten voraus.
Der soll den Weg für mich bahnen.
Doch wer erträgt den Tag,
wenn er kommt?
Wer wird vor ihm bestehen?
Ja, ich komme zu euch
und will Gericht über euch halten.   3,1ff

– – –

So spricht Gott der Herr
durch seinen Boten Maleachi zu allen,
die sich von Gott betrogen glauben.

Ich bin der Herr.
Ich ändere mich nicht.
Doch ihr hört nicht auf,
mich zu täuschen.
Betrüger seid ihr,
wie euer Ahnvater Jakob.
Darum kehrt endlich um,
so will ich mich zu euch kehren.
Doch ihr fragt: „Warum?"
Weil es nicht recht ist,
wie ihr mich betrügt!
Ihr aber sagt:
„Womit betrügen wir dich?"

Mit euren Opfergaben!
Bringt den zehnten Teil eurer Ernte
– nicht weniger! – zum Opferaltar.   Num
So steht es im Gesetz Moses geschrieben.   18,21
Dann werdet ihr erleben,
wie sich der Himmel auftut
und sich mein Segen auf euch ergießt,
sodass alle Völker es sehen
und euch glücklich preisen.   3,6ff

– – –

Und dies ist das letzte Wort,
das Gott durch seinen Propheten spricht:

Ihr geht mit mir hart ins Gericht.
„Wozu?", fragt ihr.
„Ist es doch umsonst,
dass wir Gott dienen
und seine Gebote einhalten.
Die sich nicht daran halten,
die haben es gut!"   3,13f
Aber wer sich zu Gott hält,
hat diesen Trost:
Gott sieht und hört, was sie sagen.
Es ist alles aufgezeichnet bei ihm.

Denn so spricht der Herr Zebaoth,
der Herr der himmlischen Heere:
An jenem Tag
will ich mich über sie erbarmen,
wie sich ein Vater
über seine Kinder erbarmt.
Und sie sollen mir auf ewig gehören.   3,16f
Denn es kommt der Tag,
da wird alle Welt gerichtet werden.   3,19
Doch über euch, die ihr zu mir gehört,
wird meine Gerechtigkeit strahlen
wie die Sonne am Morgen.
In ihrem Licht
werdet ihr Heilung erfahren.
Ja, ihr werdet vor Freude
jubeln und in die Luft springen
wie junge Kälber,
die in unbändiger Freude
den neuen Morgen begrüßen.   3,20

Die drei letzten Reden richten den Blick nach vorne auf die Endzeit aus. Anders als etwa bei den vorexilischen Propheten sind Maleachis endzeitliche Bilder von apokalyptischen Vorstellungen bestimmt. Mit dem Kommen des Messias bricht der Tag des Gerichts an. Sein (Vor-)bote ist schon unterwegs, um ihm den Weg zu bahnen. Offen bleibt, wer mit dem „Boten" gemeint ist: Ist es der Prophet, der den Namen „mein Bote" trägt? Fest steht, dass die Ankunft des Messias überraschend sein wird und dass er im Tempel zum Gericht antreten wird. Aber das Gericht bricht schon hier und jetzt an, wo das Volk seinem Gott schlicht den Gehorsam verweigert, den die Tora gebietet. Maleachi macht den Gehorsam am „Zehnten" fest, d.h. am zehnten Teil der Ernteerträge, die (nach Lev 27,30ff u.ö.) den Priestern am Haus Gottes zustehen. Wer diesen Anteil zurückhält, betrügt Gott und umgeht sein Gebot (3,7f). Darum kann auch Gottes Segen nicht auf ihm ruhen.

Das ganze Kapitel steht im Zeichen des kommenden Gerichtstages. Aber aus ihm bricht unvermittelt die Botschaft des Heils hervor. Wie die Sonne am Morgen, so kündet sich ein neuer Schöpfungstag an, ein Tag ungestümer Freude, weil es ein Tag ist, an dem Gottes „Gerechtigkeit" zum Ziel kommen wird und alle erkennen werden, dass seine Gerechtigkeit richtet und rettet zugleich.

EPILOG

Dies ist das Wort,
das Gott seinem Volk Israel
durch seine Propheten verkündet:
Vergesst nicht, was er am Sinai
durch Mose geboten hat!
Und seht und vergesst nicht,
was er euch heute verspricht:

Ich sende den Propheten Elia zu euch.   3,22f
Der wird das Herz der Väter
zu ihren Söhnen hinwenden
und das Herz der Söhne zu ihren Vätern,   3,24
ehe „der Tag des Herrn"
über euch kommt.

Diese letzten Sätze sind als Schlusswort zum Gesamtwerk der prophetischen Schriften zu verstehen. Durch sie wird abschließend noch einmal die Bandbreite aufgezeigt, in der sich die klassische Prophetie bewegt hat. Sie wird hier zum einen durch Mose repräsentiert, dem Bundesmittler und Lehrer der Tora, zum andern durch Elia, der in der jüdischen Tradition als Vorbote der messianischen Zeit gilt (vgl. dazu auch Sir 48,10). Er wird in den Evangelien mit Johannes dem Täufer gleichgesetzt (s. Mt 11,14; 17,10ff; Mk 9,11ff u.ö.). Bezeichnend endet das letzte Buch des Alten Testaments mit dem Ausblick auf diesen Vorboten, der zur Umkehr aufrufen wird, bevor der „Tag des Herrn" anbricht. Von ihm heißt es am Ende: „Er wird das Herz der Väter zu ihren Kindern bekehren ..." M.a.W.: Er wird Frieden zwischen den Generationen schaffen und Alt und Jung miteinander versöhnen. Es sind dies genau dieselben Worte, die Lukas betont an den Anfang seines Evangeliums von Jesus Christus stellt (Lk 1,16f). Damit bezeugt er: Mit der Geburt Johannes des Täufers ist die Heilszeit schon angebrochen. Er ist der letzte Prophet in der Reihe alttestamentlicher Propheten und zugleich der Wegbereiter des Messias, der allen den Frieden bringen wird. Was Gott vorzeiten durch seine Propheten verheißen hat, ist in ihm erfüllt.

DIE PROPHETEN IN NACHEXILISCHER ZEIT

Der Prophet Joel

Das Buch Joel enthält - außer seinem programmatischen Namen (Joel = Jahwe ist Gott) - keine Angaben über Zeit und Person des Propheten. Obwohl diese kleine Schrift in ihrer vorliegenden Fassung vermutlich erst aus dem 4. Jahrhundert v.Chr. stammt, wird sie im Kanon mit guten Gründen den frühen Propheten Amos und Hosea zugeordnet. Sie knüpft erkennbar an deren Gerichtsbotschaft an. Einerseits liest sie sich wie ein Kommentar zu diesen beiden Prophetenbüchern, indem sie deren Gerichtsbotschaft gebündelt vorträgt. Andererseits lenkt sie in kühnem Vorgriff den Blick auf Gottes Zukunft mit seinem Volk. Die große Wende, die bei Amos und Hosea am Ende angekündigt wird, findet im Buch Joel konkrete Gestalt in der Vision vom neuen Volk Gottes, das Gott durch seinen Geist schaffen wird (Joel 3,1ff).

Allerdings findet sich bei Joel – im Unterschied zu Hosea und Amos kein konkreter Hinweis auf historische Ereignisse. Ausgangspunkt ist vielmehr eine Heuschreckenplage, eine Naturkatastrophe von geradezu apokalyptischen Ausmaßen. An ihr zeigt der Prophet exemplarisch die Bedrohung des Volkes Gottes aller Zeiten auf. Die Beschreibung der Heuschrecken und ihrer aggressiven zerstörerischen Macht ruft die Erinnerung an die Plagen Ägyptens, an Krieg und Gewalt wach. In dramatischer Zuspitzung zeichnet der Prophet ein endzeitliches Szenarium, das die reale Erfahrung weit übersteigt. In ihm kündet sich für den Propheten das Gericht Gottes über alle Welt an, der „Tag des Herrn", ein Tag des Grauens und der „Schrecken". Darum ruft der Prophet Joel, wie auch seine Vorgänger Amos und Hosea, in dringlichen Worten zur inneren Umkehr auf: „Zerreißt eure Herzen und nicht (nur) eure Bußgewänder" (2,13). Denn „Gott ist ein gnädiger Gott", wie er seinem Volk am Sinai zugesagt hat (Ex 34,6f). Und doch weiß der Prophet aus der Erfahrung der Geschichte: Keiner wird umkehren!

Aber das ist die revolutionäre Botschaft, die Joel seinem Volk verkündigen soll: Mitten im Grauen des kommenden Gerichts wird Gott die Wende herbeiführen und sich sein künftiges Volk zubereiten. Alles Volk (wörtl. „alles Fleisch") ist dazu berufen, d.h. konkret: alle, die „den Namen des Herrn anrufen" (3,5). Sie werden vor dem Gericht nicht bewahrt, aber Gott wird sie in den Schrecken des Gerichts bewahren. Als Gerettete werden sie durch Gottes Geist zu neuem Leben erweckt. Durch seinen Geist zu einem Volk geeint, werden die alten überkommenen Grenzziehungen zwischen Menschen aufgehoben. Alle, Söhne und Töchter, Alte und Junge, ja sogar Knechte und Mägde, werden mit prophetischen Gaben ausgestattet werden. Sie repräsentieren die Gemeinde der Endzeit, die ihre Mitte in Gott selbst hat (3,21). Der prophetische Auftrag, der bisher nur an Einzelpersonen ergangen war, geht hier auf das Gottesvolk in seiner Gesamtheit über! Alle erhalten mit der Geistausgießung den Auftrag, Gottes Licht unter die Völker zu bringen.

DER „TAG DES HERRN"
Joel 1–4

Dies ist das Wort,
das Joel, der Sohn Petuels,
von Gott empfing:

Hört, ihr Vorsteher des Volkes
und ihr Bewohner des Landes!
Ist solch ein großes Unglück
schon jemals geschehen?
Erzählt euren Kindern davon
und lasst es ihre Kinder
und Nachkommen wissen:
Was die Raupen übrig ließen,
das haben die Heuschrecken gefressen.
Und was von ihnen übrig blieb,
das haben andere Insekten gefressen. 1,2ff
Sie rücken an wie ein Kriegsvolk,
mächtig und groß an Zahl.
Ihre Zähne sind wie die eines Löwen.
So fressen sie das ganze Land kahl. 1,6f

Weh uns!
Denn der Tag des Herrn ist nah!
Wie ein furchtbares Unglück,
so bricht er über das Land herein.
Gott der Allmächtige
sucht uns heim. 1,15
Das Land trocknet aus.
Vor Durst schreit das Vieh.
Auf den vertrockneten Weiden
verschmachten Rinder und Schafe. 1,18
Ach Herr, ich rufe dich an.
Denn das Feuer frisst
Auen und Wälder. 1,19f

Auf, blast die Posaune zum Krieg,
zittert vor Angst, ihr Bewohner!
Denn der „Tag des Herrn" ist nahe,
ein finsterer und düsterer Tag.
Ein gewaltiges Volk fällt über uns her,
mächtiger als alle Völker auf Erden.
Feuer geht vor ihm her
und verzehrt alles, was lebt. 2,1ff
Wie schnelle Rosse, so stürmen sie
über Hügel und Berge daher.
Sie steigen über die Mauern
und erobern die Städte.

Wie ein Dieb,
so fallen sie über die Häuser her
und dringen durch alle Fenster.
Vor ihrem Heer zittert das Land. 2,4ff
Sonne, Mond und Sterne
verlieren den Schein.
Und Gott der Herr
wird vor seinem Heer donnern.
Ja, der Tag des Herrn
kommt mit Gewalt.
Wer kann ihn ertragen? 2,11

Doch auch jetzt noch
ruft und lockt euer Gott:
„Kehrt um!"
Wendet euch wieder zu Gott!
Zerreißt als Zeichen der Reue
nicht nur euer Gewand,
sondern zerreißt eure Herzen
und bekehrt euch zu Gott!
Denn er ist und bleibt,
was er seinem Volk zugesagt hat:
ein barmherziger und gnädiger Gott,
geduldig und voller Güte. 2,13

Darum fürchte dich nicht, liebes Land!
Sondern tröste dich und sei fröhlich!
Denn Gott hat Großes mit dir im Sinn.
Auch ihr Tiere auf dem Feld,
fürchtet euch nicht.
Denn die Steppe wird wieder grünen,
die Bäume werden wieder Früchte tragen.
Und ihr werdet reiche Ernte einfahren. 2,21f
Ja, ich will euch alle Jahre erstatten,
die die Heuschrecken verzehrt haben.
Dann werdet ihr euren Gott loben.
Und ihr werdet erkennen,
dass ich, der Herr, euer Gott bin
und sonst keiner mehr. 2,25ff

Wenn aber der „Tag des Herrn" kommt,
der große und furchtbare Tag,
an dem sich Sonne und Mond verdunkeln, 3,4
dann wird es geschehen:
Alle, die den Namen des Herrn anrufen,
werden gerettet werden. 3,5

Joel

An jenem Tag, spricht der Herr,
will ich meinen Geist ausgießen
auf alles, was lebt:
auf eure Söhne und Töchter,
auf Alte und Junge,
Knechte und Mägde.
Eure Söhne und Töchter
werden Propheten sein.
Wer alt ist, wird Träume deuten.
Und die jungen Leute
werden Visionen haben.
Sogar eure Knechte und Mägde
werden von Gottes Geist erfüllt sein. 3,1f
Und ihr sollt erkennen,
dass ich, der HERR, unter euch wohne. 4,17ff

Es ist ein unheimliches Szenarium, das der Prophet Joel hier entwirft. Der „Tag des Herrn", das künftige Gericht Gottes über alle Welt, wirft seine langen Schatten voraus. Naturkatastrophen wie die Heuschreckenplage und die folgende Dürrezeit sind für Joel deutliche Anzeichen: Das Ende steht unmittelbar bevor. Leidenschaftlich ruft er zur Umkehr auf, bevor es zu spät ist: „Zerreißt eure Herzen und nicht nur eure Kleider!" (2,13). Doch unvermittelt bricht aus seiner Drohbotschaft die frohe Botschaft durch: „Fürchte dich nicht, liebes Land! Denn Gott der Herr tut Großes an dir!" (2,21). Mitten in den Schrecken des drohenden Gerichts sagt Gott seinem Volk eine Fülle von Heilsgaben zu (2,23ff). Sie gipfeln in der Verheißung der „Geistausgießung" auf alles Volk (wörtl: „auf alles Fleisch").

In verschwenderischer Fülle schüttet Gott seinen Geist über alle aus, Große und Kleine, Alte und Junge, Knechte und Mägde. Persönliche und gesellschaftliche Barrieren werden aufgehoben. Nicht nur ein Einzelner, sondern das ganze Volk Gottes wird in all seiner Verschiedenheit und Vielfalt berufen und gewürdigt, Gottes Prophet zu sein. Durch die Gabe des Geistes werden sie alle mit der Gewissheit erfüllt, Gott anzugehören und auch künftig am „Tag des Herrn" im drohenden Völkersturm als sein Volk bewahrt zu bleiben.

Das ist ein ganz neuer Ton, der in diesem Wort des Propheten anklingt! Während sich zur selben Zeit der Schriftgelehrte Esra bemüht, die alten Ordnungen im Volk Gottes wiederherzustellen (Esr 9ff), ersteht hier das Bild des neuen Gottesvolkes, das Gott durch seinen Geist schaffen wird und das seine Mitte in Gott selbst hat.

Die Ausgießung des Geistes, die hier der Prophet Joel in seiner Vision ankündigt, hat sich nach dem Zeugnis der Apostelgeschichte (2,16ff) am ersten Pfingsttag der Christen in Jerusalem erfüllt.

DIE PROPHETEN IN NACHEXILISCHER ZEIT

Das Buch Jona

Das Buch Jona stellt ein literarisches Meisterwerk dar. Es knüpft an die Tradition der klassischen Prophetenerzählungen an und erzählt von dem Propheten Jona, dem Sohn Amittais, der im frühen 8. Jahrhundert v.Chr. im Königreich Israel zur Zeit des Königs Jerobeam II. gelebt hat (2. Kön 14,25). Zu jener Zeit war das kleine Königreich Israel durch die Großmacht der Assyrer bedroht. Ihr König Tiglat-Pileser III. residierte in der Stadt Ninive, die im Zentrum der Jonaerzählung steht. Dies erklärt, warum das Buch Jona im Zwölfprophetenbuch unter den frühen Propheten aufgeführt wird, obwohl es seine Endgestalt vermutlich erst im 4. Jahrhundert erhalten hat. Kunstvoll verbindet es in seiner Erzählung die Frage nach dem Auftrag des Propheten mit der grundlegenden Frage nach Israels Auftrag im Konzert der Völker und endet mit einer Frage an den Propheten bzw. an das Volk Israel. Es ist die Frage nach dem Verhältnis von Gottes Gerechtigkeit und seiner Barmherzigkeit, von der die prophetische Botschaft durchgängig bestimmt ist. Hier wird sie ausdrücklich auch auf die heidnischen Völker und am Ende sogar noch auf die Tiere ausgeweitet (4,11).
Die Antwort gibt die Erzählung selbst: Am Beispiel der feindlichen Großmacht Assyrien, die für Israel als Inbegriff widergöttlicher Macht galt, wird aufgezeigt: Gottes Heilswille ist universal. Seine Barmherzigkeit endet nicht an den Grenzen Israels, so wahr der Gott Israels Schöpfer und Herr aller Menschen ist. Und sie hört auch nicht auf, wenn der Bote Gottes versagt. Diese Botschaft richtet sich nicht nur an Jona, sondern an alle, die sich zu Gottes Volk zählen, damals wie heute. Sie sollen am Beispiel der Jonaerzählung erkennen, wie „gnädig, barmherzig und geduldig" Gott mit seinen Geschöpfen ist und was ihr besonderer Auftrag in dieser Welt ist.

DER PROPHET JONA
Jona 1 und 2

Dies ist die Geschichte von Jona,
dem Propheten, den Gott
in die große Stadt Ninive sandte.
Gott sprach zu Jona:
„Auf, geh nach Ninive:
und kündige der Stadt
mein Strafgericht an.
Denn ihre Verdorbenheit
ist vor mich gekommen." 1,1f

Aber Jona dachte nicht daran,
in die Stadt Ninive zu gehen,
das im Land der Assyrer,
Israels Erzfeinden, lag.
So machte er sich auf und davon
und floh nach Jafo am Meer.
Dort bestieg er ein Schiff,
das westwärts nach Tarsis fuhr,
bis ans andere Ende des Meers. 1,3

Da ließ Gott einen Sturm kommen.
Ein gewaltiges Unwetter brach los.
Die Wellen schlugen ins Schiff,
sodass das Schiff fast zerbarst.
Die Schiffsleute schrien vor Angst.
Sie beteten zu ihren Göttern
und warfen ihre Ladung ins Meer.
Aber Jona merkte von alledem nichts.
Er lag unten im Schiff und schlief. 1,4f

Da kam der Kapitän zu ihm herab,
rüttelte ihn wach und schrie:
„Wie kannst du jetzt schlafen?
Steh auf! Ruf deinen Gott an!
Vielleicht kann dieser uns retten!" 1,6
Indessen warfen die anderen
das Los, um zu erkunden,
wer schuld an dem Sturm war.
Da traf Jona das Los. 1,7
„Sag uns", fragten sie Jona,
„Wer bist du? Woher kommst du?
Und was ist dein Beruf?
Kannst du uns sagen,
warum dieses große Unglück
über uns kommt?" 1,8

Jona antwortete:
„Ich bin ein Hebräer und fürchte Gott,
der alles geschaffen hat, den Himmel,
die Erde und auch das Meer.
Vor ihm bin ich geflohen." 1,9

Da fragten die Schiffsleute entsetzt:
„Warum hast du das getan?
Was sollen wir nun mit dir machen?" 1,10
„Werft mich ins Meer!", schlug Jona vor.
„Dann hört der Sturm sicher auf."
Aber die Matrosen zögerten noch. 1,11f
Vergeblich suchten sie mit Rudern
das Land zu erreichen.
Schließlich wussten sie sich
nicht mehr zu helfen.
Sie schickten ein Stoßgebet 1,13
zu dem Gott Jonas: „Ach Herr!
Lass uns nicht alle untergehen
nur wegen dieses einen Menschen!
Vergib uns, wenn wir ihn
jetzt ins Meer werfen müssen."
Dann warfen sie Jona ins Meer. 1,14

Und siehe da:
Der Sturm tobte nicht mehr.
Auf einmal war es ganz still um sie her.
Da fürchteten sich die Schiffsleute
noch viel mehr vor dem Gott Jonas,
der sie gerettet hatte.
Sie beteten ihn an und gelobten,
ihm ein Dankopfer zu bringen. 1,15f

Jona aber verschlangen die Fluten.
Er sank und sank immer tiefer,
bis auf den Meeresgrund.

Aber Gott sah auf Jona.
Er schickte einen großen Fisch,
der verschlang ihn mit Haut und Haar. 2,1
So rettete Gott seinen Propheten,
der vor ihm geflohen war.

— — —

Und dies ist das Danklied,
das Jona anstimmte,
als er im Bauch des Fisches saß:

In meiner Angst rief ich zu Gott.
Da erhörte er mich
und rettete mich aus dem Tod.
Herr, du hast es getan,
du warfst mich in die Tiefe des Meeres.
Die Fluten verschlangen mich.
Wellen gingen hoch über mich her,
sodass ich glaubte,
du hättest mich für immer verstoßen.
Aber du, Herr, mein Gott,
hast mein Leben gerettet
und mich vor dem Verderben bewahrt.
Darum will ich dir
mein Gelübde erfüllen
und meinem Gott ein
Dankopfer bringen,
der mich gerettet hat.

Jona 2,3–10

In den ersten beiden Kapiteln steht die Person Jonas und seine Rettung im Vordergrund. Seine Geschichte wird betont schlicht erzählt, aber zugleich so vielsagend formuliert, dass die Unerhörtheit der Geschichte zwischen den Zeilen anklingt.

• Unerhört ist der Auftrag, den Jona von Gott erhält. Ninive, bekannt als Hauptstadt der Weltmacht Assyrien, vor der alle Völker zittern, aber auch berüchtigt aufgrund seines moralischen Verfalls, der hier ganz knapp, aber vielsagend angedeutet wird und bei den Lesenden die Erinnerung an Sodom wachruft (Gen 18,21), ist für Israel der Inbegriff des Bösen. Für den Propheten Jona bedeutet die Sendung nach Ninive eine doppelte Zumutung. Ist er doch nach seinem Verständnis als Prophet nur zum Volk Israel gesandt.

• Unerhört, wenn auch verständlich, ist die Flucht des Propheten. Um seinem Auftrag zu entgehen, flieht Jona in die entgegengesetzte Richtung, sinnbildlich bis ans Ende der Welt (Tarsis steht hier für die Küste im äußersten Westen). Aber ein Prophet, der sich seinem göttlichen Auftrag entzieht, hat sich selbst ad absurdum geführt. Sein selbst gewählter Weg führt ihn nur noch weiter von Gott weg und zieht ihn immer mehr in die Tiefe, ausgedrückt durch das immer wiederkehrende Wörtchen „hinab": Jona läuft nach Jafo „hinab" (1,3). Er steigt in den Bauch des Schiffes „hinab" (1,5). Am Ende sinkt er in die Tiefe des Meeres „hinab" (2,7).

• Aber unerhört ist vor allem sein Verhalten im Gegensatz zur Schiffsmannschaft. Während sich Jona im Bauch des Schiffes vor Gott versteckt und nur auf äußeren Druck sein Bekenntnis zu dem Gott Israels vorträgt („Ich bin ein Hebräer und fürchte Gott"; 1,9), erkennen die heidnischen Schiffsleute die Macht seines Gottes und erweisen ihm durch ihr ehrfürchtiges Gebet und durch ihr Opfer die Ehre, die ihm der Prophet Jona versagt hat!

Aber am Tiefpunkt seines verfehlten Weges – bildlich gesprochen: auf dem Grund des Meeres – holt Gott seinen Propheten wieder ins Leben zurück. Zu seiner Rettung gebraucht er einen „Fisch". Dieser „Fisch" wird meist als „märchenhafter" Zug der Erzählung gedeutet. Aber hier erinnert der „Fisch" an die Meeresungeheuer, die nach Gen 1,21 Teil seiner Schöpfung sind. In Ps 104,26 heißt es sogar: Gott „spielt" mit ihnen. Ein eindrucksvolles Zeugnis für Gottes Schöpfermacht, der sich sogar solcher Tiere bedient, um seinen Boten wieder auf den rechten Kurs zu bringen.

Das angefügte „Danklied des Jona" bringt zum Ausdruck, was das Volk Gottes zu allen Zeiten erfahren und bezeugt hat: „Hätte ich Flügel der Morgenröte und gelangte bis ans äußerste Meer, so würde auch dort deine Hand mich leiten und deine (starke) Rechte mich halten" (Ps 139,9f).

„Ich will nicht mehr!", klagte Jona.
„Lieber will ich tot sein als leben."   4,6ff

Doch Gott sprach zu Jon,a:
„Meinst du etwa,
du beschwerst dich mit Recht?
Nur wegen der Staude?"
„Ja, mit Recht!", schimpfte Jona.   4,9

Da sprach Gott zu Jona:
„Sieh, du nimmst dir zu Herzen,
was mit der Staude geschieht,
die in einer Nacht kommt
und in der anderen wieder vergeht.

Du hast sie weder gehegt noch gepflegt.
Und dennoch tut es dir weh,
wenn sie eingeht.
Wie sollte es mir nicht wehtun,
was aus Ninive wird?
Mehr als 120000 Menschen
leben in dieser Stadt
und ebenso viele Tiere.
Sollte ich mir nicht
zu Herzen nehmen,
was mit ihnen geschieht?"   4,9ff

Der 2. Teil der Jonaerzählung fordert das Volk Gottes zu radikalem Umdenken heraus. Was dem Glauben Israels unmöglich schien, erscheint wider Erwarten als reale Möglichkeit: Der Ruf des Propheten zur Umkehr verhallt nicht im Leeren wie zuvor bei Amos oder Jesaja (Am 4,4ff; Jes 6,10). Während sich das Volk Gottes weiterhin dagegen sperrt, zu Gott umzukehren, ist es ausgerechnet der assyrische König, ein heidnischer Herrscher mit gottgleichen Machtbefugnissen, der dem Ruf Gottes gehorcht. Als Zeichen seiner Reue steigt er vom Thron und hüllt sich, sichtbar vor allen, in Sack und Asche.

Aber noch unerhörter ist die Umkehr, die in Gott selbst stattfindet. Wider Erwarten wendet er das angesagte Strafgericht über Ninive ab und statuiert an dieser heidnischen Stadt ein Exempel seiner grenzüberschreitenden Gnade. Dies bedeutet für das religiöse Denken Israels eine unerhörte Provokation. Sie drückt sich in dem Protest Jonas aus: Wie kann Gott so einfach sein Wort brechen und sein angekündigtes Gericht zurückziehen? Den Zorn Gottes, den er zuvor an sich selbst erfahren hat (1,4ff), kehrt er nun um in seinen Zorn auf Gott. Er kann und will nicht dessen Gnadenerweis an einem heidnischen Volk verstehen und akzeptieren. Um seinem Zorn Nachdruck zu verleihen, zitiert er die sog. „Gnadenformel" aus Exodus 34,6f („gnädig, gütig, barmherzig und voller Geduld"; Jona 4,2) – und widerlegt sich doch damit selbst. Denn mit diesen Worten hat sich Gott seinem Volk offenbart und mit ihm einen Neuanfang gesetzt, nachdem es den Bund mit Gott gebrochen hat.

An diese Gnadenformel wird im Lauf der Geschichte Israels immer wieder erinnert. Sie bildet die Grundlage des Glaubens Israels (vgl. Ps 103,8). Darauf gründet sich allein seine Hoffnung: nicht dass Gott unwandelbar ist, sondern dass er sich in „gnädiger Inkonsequenz" derer erbarmt, die sein Erbarmen nicht verdient haben – allein aus Gnade. Zu ihnen zählt an erster Stelle der Prophet Jona selbst. Beispielhaft wird an ihm aufgezeigt, wie der Prophet mehr als alle anderen der Gnade Gottes bedarf. Obwohl der Prophet eine Strafrede Gottes verdient hätte, begegnet ihm Gott mit werbenden Worten. Seine Frage am Ende des Buches schließt alle mit ein, die Gottes Gnadenhandeln nicht verstehen oder akzeptieren wollen, und lädt dazu ein, selbst ihre Antwort auf die Botschaft von Gottes grenzüberschreitendem Erbarmen zu finden.

JONA IN NINIVE
Jona 3 und 4

Drei Tage und drei Nächte
war Jona im Bauch des Fisches, 2,1
betete und dankte Gott,
der ihn gerettet hatte.
Danach spuckte ihn der Fisch ans Land. 2,11

Und Gott sprach zu Jona:
„Auf, geh in die Stadt Ninive
und verkünde ihr, was ich dir sage!"
Da hörte Jona auf Gott.
Er stand auf und zog nach Ninive,
wie Gott ihm geboten hatte.
Ninive aber war sehr groß.
Drei Tage brauchte es,
um die Stadt zu durchqueren. 3,1ff

Als Jona in die Stadt kam,
sah er mit Entsetzen,
wie es dort zuging.
Laut rief er den Leuten von Ninive zu:
„Ihr Leute, gebt acht:
Nicht mehr lang,
dann wird eure Stadt untergehen.
In 40 Tagen ist es so weit." 3,4
Da erschraken alle,
als sie das hörten.
Und sogleich legten sie
ein Bußgewand an
und ließen in der ganzen Stadt
einen Buß- und Fastentag ausrufen. 3,5

Das hörte der König.
Erschrocken erhob er sich
von seinem Thron,
legte seinen Purpurmantel ab
und befahl allen Bewohnern der Stadt:
„Dies gebietet der König:
Ab sofort ist es
weder Menschen
noch Tieren erlaubt,
etwas zu essen oder zu trinken.
Alle Bewohner der Stadt
sollen sich in ein Trauergewand hüllen
und laut zu Gott beten.
So kehrt nun um
von eurem verkehrten Tun!

Denn vielleicht lässt sich Gott
noch umstimmen,
sodass wir nicht sterben müssen." 3,6ff

Und so geschah es:
Als Gott sah,
wie sich die Menschen
von ihren bösen Taten abkehrten,
ließ er das Unheil nicht kommen
und tat nicht, was er angedroht hatte. 3,10

Doch Jona packte der Zorn.
Er klagte Gott an:
„Ach Herr, ich wusste es ja:
Du lässt dich umstimmen.
Darum lief ich auch weg.
Denn so bist du immer:
gnädig, gütig, barmherzig
und voller Geduld.
Und was du ankündigst,
tust du doch nicht!
Ich will nicht mehr leben.
Lieber will ich tot sein." 4,1ff

Aber Gott sprach zu Jona:
„Meinst du etwa,
du beschwerst dich mit Recht?"
Doch Jona antwortete nicht.
In grimmigem Zorn
kehrte er Ninive den Rücken
und baute sich eine Hütte,
draußen vor der Stadt.
Dort wartete er ab,
was nun mit Ninive geschah. 4,4f

Als Jona so dasaß und wartete,
entdeckte er eine Rizinusstaude,
die rankte sich an seiner Hütte hoch.
Da legte sich Jonas Zorn.
Wie gut!, dachte er bei sich.
Nun habe ich wenigstens Schatten.
Aber am nächsten Morgen
war die Staude verwelkt.
Die Sonne brannte
wieder auf Jona herab
wie an den Tagen zuvor.

Das Buch Daniel

Das Buch Daniel wird in der christlichen Bibel unter den prophetischen Büchern aufgeführt. In der Hebräischen Bibel erscheint es dagegen erst am Ende unter den Spätschriften. Dies liegt vor allem in seiner Zweiteilung begründet. Im ersten Teil (1–6) blickt es auf die Zeit des babylonischen Exils (597–538 v.Chr.) zurück, in der das Volk Gottes seine tiefste Krise in der Geschichte erfahren hat. Im 2. Teil (7–12) lenkt es den Blick auf Gottes Zukunft und richtet sich insbesondere an die bedrängte Gemeinde der Juden zur Zeit der Makkabäerkriege (169–165 v.Chr.).

In dieser späten Zeit hat das Buch vermutlich auch seine literarische Endgestalt erfahren. Das lässt sich daraus erschließen, dass ein Großteil des Buches in aramäischer Sprache verfasst ist (2,46–7,28). Aber sein Ursprung reicht weit in die Vergangenheit zurück und macht sich an der historischen Person Daniels fest. Daniel war nach Hes 14,14 ein Zeitgenosse des Exilspropheten Hesekiel und wird im Buch Daniel als „herausragender Geist" am babylonischen Königshof vorgestellt (5,12). Er gilt in der jüdischen Überlieferung nicht nur als Mann mit besonderen prophetischen Gaben, sondern auch als vorbildlicher „Weiser", der auch unter fremden Herrschern die Gebote und Weisungen seines Gottes befolgt hat (s. Dan 1,8 und 6,11). Vor allem aber zählt er, wie auch seine Freunde, zu den großen Märtyrern des Volkes Gottes, die mutig Königen entgegentraten und dabei sogar ihr eigenes Leben riskiert haben (s. Dan 3,17ff / Hebr 11,33f). Darüber hinaus gilt Daniel auch als Visionär. Insbesondere die großen apokalyptischen Visionen im zweiten Teil des Buchs werden auf ihn zurückgeführt.
Diese Visionen wollen als Trostbotschaft in Zeiten der Verfolgung gehört werden. Wie die Erzählungen von Daniel in Kap 1–6, so bezeugen auch die Visionen in Kap 7–12 (im Ich-Bericht) die Macht Gottes, der sich als Herr der Geschichte und Herr über Könige und Völker offenbart hat, und der sein bedrängtes Volk inmitten einer heidnischen und feindlichen Umwelt wunderbar bewahrt und bewahren wird. Dies gilt für die Zeit des babylonischen Exils (im 6. Jh. v.Chr.) ebenso wie für die Makkabäerkriege (im 2. Jh. v.Chr.) und für künftige Zeiten der Unterdrückung und Verfolgung.
So richtet sich das Buch – weit über die jeweilige geschichtliche Situation hinaus – als Trostbuch an alle, die um ihres Glaubens willen verfolgt werden. Im Aufblick zu dem Gott Israels, im Bekenntnis zu ihm, dem König über aller Könige, und im Ausblick auf sein kommendes Reich, das mit der Ankunft des „Menschensohns" anbrechen wird, haben Juden und Christen zu allen Zeiten in diesem Buch Trost und Hoffnung erfahren. Die Wirkungsgeschichte dieses Buches und seiner Botschaft ist enorm. Sie lebt in der Verkündigung Jesu fort, insbesondere in den Endzeitreden und ihrer Rede vom „Menschensohn, der kommen wird in den Wolken" (Mk 13,26ff). Und sie findet ihre Fortsetzung in den endzeitlichen Bildern der Offenbarung des Johannes. Durch seine kühne Deutung der Weltgeschichte und seine damit verbundene Trostbotschaft hat dieses Buch über viele Jahrhunderte hinweg die Christenheit geprägt und in Zeiten extremer Bedrohung gestärkt und ermutigt.

Das Buch im Überblick:

Daniel 1–6:   Die Geschichte von Daniel
              Daniel in Babylon (1)
              Daniel kommt als Gefangener an den Hof des Königs von Babel
              Der Traum des Königs (2)
              Daniel deutet den Traum von den vier Weltreichen
              Im Feuerofen (3)
              Daniels Freunde widersetzen sich dem Befehl des Königs
              Wahnsinn (4)
              Daniel deutet den Traum vom Weltenbaum
              Mene Tekel (5)
              Daniel deutet die Schrift an der Wand
              In der Löwengrube (6)
              Daniel widersteht dem Befehl des Königs Darius

Daniel 7–12: Visionen der Zukunft
              Vom Kommen des Menschensohns (7–8)
              Daniels Bußgebet (9–10)
              Ausblick (11–12)

DANIEL IN BABYLON
Daniel 1

Dies ist die Geschichte von Daniel,
dem Gefangenen aus dem Land Juda,
der in jungen Jahren nach Babylon kam
und dort sein Leben lang
unter fremden Königen diente.
Seine Geschichte beginnt mit dem Tag,
als König Nebukadnezar von Babel
die Stadt Jerusalem eroberte
und viele seiner Bewohner
nach Babylon wegführen ließ.
Unter ihnen ließ der König
die besten und klügsten auswählen,
junge Leute von gutem Wuchs
und aus vornehmem Haus.
Drei Jahre lang sollten sie Unterricht
in babylonischer Sprache erhalten,
um danach am Hof des Königs zu dienen. 1,3f
Und der König befahl
seinem Kämmerer:
„Man tische ihnen täglich das Beste auf,
Wein von meinem Wein
und Speise von meiner Speise." 1,5

Da wählte Aschpenas,
der Kämmerer des Königs,
die Besten unter den Gefangenen aus.
Zu ihnen zählten auch Daniel
und seine Freunde
Hananja, Mischaël und Asarja.
Aschpenas gab ihnen neue Namen,
die sie nicht mehr an ihre Herkunft
aus dem Land Juda erinnern sollten.
Daniel wurde Beltschazar genannt.
Und seine Freunde erhielten die Namen
Schadrach, Meschach und Abed-Nego. 1,6f

Aber Daniel hatte sich vorgenommen,
auch am Hof des Königs
allein auf seinen Gott zu hören
und seine Gebote zu achten.
So bat er Aschpenas:

„Erlaube uns, dass wir nichts
von den Speisen des Königs essen,
auch nicht von seinem Wein trinken.
Unser Gesetz verbietet es uns." 1,8

„Wie?", erwiderte Aschpenas entsetzt.
„Ihr weist den Wein des Königs
und seine Speisen zurück?
Ihr bringt mich um Kopf und Kragen,
wenn der König das hört." 1,10
Aber Gott gab es,
dass der Kämmerer wohlwollend blieb. 1,9
Zehn Tage lang ließ er
Daniel und seine Freunde gewähren.
In dieser Zeit nahmen die vier
nur Wasser und Gemüse zu sich.
Und als zehn Tage um waren,
sahen sie kräftiger aus als alle,
die von den Speisen des Königs aßen. 1,12ff

Von diesem Tag an nahmen die vier
nur noch Wasser und Gemüse zu sich.
Und Gott gab ihnen große Weisheit
und Wissen in allen Fragen.
Daniel aber verlieh er zusätzlich
die Gabe, Träume zu deuten
und in die Zukunft zu schauen. 1,16f
Nach drei Jahren aber wurden
Daniel und seine Freunde
vor den König geführt.
Da fand sie der König
zehnmal klüger als alle seine Gelehrten 1,19f
und nahm sie in seinen Dienst.

So wurden Daniel und seine Freunde
Diener des mächtigen Nebukadnezar.
Von nun an sollten sie ihm allein dienen.
Aber in Wahrheit dienten sie allein
dem Herrn ihrem Gott,
dem alle Herrscher dieser Welt
untertan sind.

Wie bezeugt sich Gott in einer gottfremden Welt? Das ist die Frage, die das Buch Daniel von Anfang an bestimmt. Die Antwort dieses ersten Kapitels lautet:
• Gott bezeugt sich zum einen im Gehorsam Daniels und seiner Freunde, die sich auch in heidnischer Umwelt strikt an ihre jüdischen Reinheits- und Speisevorschriften halten (1,12; vgl. Lev 11 und Tob 1,10). Auf diese Weise bekennen sie sich in einer Welt, die von einer Vielzahl von fremden Göttern bestimmt ist, zu Jahwe, dem Gott Israels, der geboten hat, keine anderen Götter neben sich zu ehren, und sei es auch nur durch den Verzehr von Speisen, die den Göttern Babylons geweiht waren. Ihre Verweigerung ist demnach nicht als Ausdruck ängstlicher Gesetzlichkeit zu verstehen, sondern als mutiges Bekenntnis zum 1. Gebot als Mitte und Grundlage in allen Lebensbereichen. Obwohl ihnen durch ihre neuen Namen ihre jüdische Identität genommen ist und sie äußerlich dem Herrschaftsanspruch des babylonischen Königs und seiner Götter unterworfen werden, bleiben sie dennoch ihrem Gott treu (vgl. die Bedeutung ihrer ursprünglichen Namen: Daniel: „Gott ist Richter" / Hananja: „Jahwe hat Gnade gegeben" / Mischaël: „Wer ist wie Gott?" / Asarja: „Jahwe hat geholfen").
• Gott bezeugt sich ferner durch den sichtbaren Segen, der auf Daniel ruht und sich konkret in seiner Weisheit und Gabe der Traumdeutung zeigt.
• Gott bezeugt sich aber auch darin, dass Daniel „Gnade" vor dem Kämmerer findet (1,9). Als „Ober-Eunuch" und Vertrauter des Königs hat dieser Kämmerer eine herausragende Position am Hof. Auch die unverhoffte Erhebung der jüdischen Gefangenen zu persönlichen Dienern des Königs zeigt Gottes verborgenes Wirken in der höfischen Welt Babylons.

Diese Erzählung zeigt auffällige Parallelen zur Josefserzählung und dessen Erhöhung am Hof des Pharao, aber auch zu der Geschichte der Jüdin Ester am persischen Hof. In allen drei Erzählungen wird offenbar, wie sich Gott in heidnischer Umwelt an und durch seine Diener bezeugt.

DER TRAUM DES KÖNIGS
Daniel 2

In jener Zeit hatte
König Nebukadnezar einen Traum.
Der erschreckte ihn so,
dass er alle Gelehrten des Landes,
Wahrsager, Sterndeuter
und Traumdeuter,
zu sich bestellte und ihnen befahl:
„Ich hatte einen seltsamen Traum.
Sagt mir, was er bedeutet." 2,1ff

Aber die Gelehrten antworten:
„Der König lebe ewig!
Er erzähle uns erst seinen Traum.
So wollen wir ihn deuten." 2,4

„Wie?", fiel ihnen der König ins Wort.
„Habt ihr meinen Befehl
nicht verstanden?

Erst sollt ihr mir meinen Traum sagen.
Danach sollt ihr ihn deuten.
Dann will ich euch reich beschenken.
Wenn ihr's aber nicht tut,
werdet ihr in Stücke gehauen,
und eure Häuser werden
in Schutt und Asche gelegt." 2,5f

Aber die Gelehrten erwiderten:
„Kein Mensch kann das tun,
was der König befiehlt,
ausgenommen die Götter.
Und kein König auf Erden
ist so groß und so mächtig,
dass er so etwas Großes
von uns erwarten kann." 2,10f

Da beschloss der König
in grimmigem Zorn,
alle Gelehrten töten zu lassen,
auch Daniel und seine Freunde. 2,12f
Als aber Daniel davon erfuhr,
eilte er sofort zum König.
Mutig trat er vor ihn
und bat ihn um eine Frist,
so wollte er ihm den Traum deuten. 2,16
Dann lief er zurück in sein Haus,
rief seine Freunde und bat sie:
„Bitte, betet mit mir!
Bittet den Gott des Himmels,
dass er sich über uns erbarmt
und uns den Traum offenbart!" 2,17f

Und da geschah es:
Als Daniel zu Gott betete,
sah er in der Nacht auf einmal
den Traum des Königs vor sich.
Und er rief:

>   *„Gelobt sei Gott!*
>   *Gepriesen sei sein Name*
>   *von Ewigkeit zu Ewigkeit.*
>   *Denn bei ihm allein*
>   *ist Weisheit und Stärke.*
>   *Er weiß Zeit und Stunde.*
>   *Er setzt Könige ab*
>   *und setzt Könige ein.*
>   *Er offenbart, was verborgen ist.*
>   *Denn bei ihm ist alles Licht.*
>   *Gott, meiner Väter, ich danke dir,*
>   *dass du unser Gebet erhört hast*
>   *und mir das Geheimnis des Königs*
>   *offenbart hast."* 2,19ff

Danach eilte Daniel sofort zum König,
um ihm den Traum zu erzählen.
„Ja, es ist wahr", sagte er.
„Kein Mensch kann wissen,
was der König geträumt hat.
Aber es gibt einen Gott im Himmel,
der Geheimnisse offenbart.
Er hat dem König im Traum gezeigt,
was am Ende der Tage geschieht.
Auch mir hat es Gott offenbart,
damit ich dem König ansagen kann,
was in Zukunft geschieht. 2,27ff

Und das, o König, hast du geträumt:
Ein Bild stand vor dir, gleißend hell
und erschreckend anzusehen.
Es hatte die Gestalt eines Menschen.
Sein Kopf war ganz aus Gold.
Brust und Arme waren aus Silber,
die Hüften aus Bronze,
die Beine aus Eisen und die Füße
zur Hälfte aus Eisen und aus Ton. 2,31ff
Da rollte ein Stein vom Berg herab
und zermalmte das Bild.
Der Stein aber wurde größer und größer,
bis er am Ende die ganze Erde ausfüllte. 2,34f

Und so lautet die Deutung des Traums:
Du, König, gleichst dem goldenen Haupt.
Gott im Himmel hat dir alle Macht
und Ehre auf Erden gegeben.
Aber nach dir kommt
ein neues Reich auf,
das gleicht dem Silber
und ist nicht so stark wie dein Reich.
Das dritte Königreich
wird noch schwächer sein.
Aber das vierte Reich
wird hart sein wie Eisen.
Danach wird das Reich geteilt werden.
Aber zu der Zeit wird Gott im Himmel
sein Reich auf Erden aufrichten,
ein Reich, das niemals untergeht.
Es wird alle Königreiche zermalmen
und ewig bestehen." 2,36ff

Als der König das hörte,
fiel er vor Daniel nieder und sprach:
„Nun weiß ich:
Euer Gott ist größer
als alle Götter
und alle Könige auf Erden.
Denn nur er kann
Geheimnisse offenbaren."
Darauf machte er Daniel zum Herrn
über das ganze Land Babel
und setzte ihn über alle Gelehrten
und Ratgeber am Hof des Königs. 2,46ff
Seine Freunde aber setzte der König
als Statthalter in der Provinz ein. 2,49

Der Traum des Königs bildet das Vorspiel zu den Visionen Daniels im 2. Teil des Buches und zeigt, wie eng beide Teile miteinander verzahnt sind. Schon hier taucht die Frage nach Gottes Macht in der Welt auf, angesichts der Übermacht gegenwärtiger und künftiger Weltreiche. Die Deutung des Traums durch Daniel gibt die Antwort darauf. Sie lautet, kurz gefasst: Weltreiche kommen und gehen, aber das Reich Gottes bleibt ewig bestehen. Es wird am Ende alle Weltreiche und ihre Herrscher überleben. Was in der Gegenwart noch vielen verborgen ist, wird am Ende aller Welt offenbar werden. Das ist die besondere Botschaft apokalyptischer Geschichtsschau, die sich in den späten Schriften des Alten Testaments zunehmend durchsetzt und vor allem in den apokryphen Schriften zum Alten Testament an die Stelle prophetischer Verheißungen tritt.

Zu einem Zeitpunkt, da das Volk Gottes im Konzert der Weltmächte seine Bedeutung verloren hat, bekennt es sich unbeugsam zu dem unsichtbaren Gott, der verborgen die Geschichte der Menschheit und ihrer Machthaber lenkt. Das ist der starke Trost, der auch aus diesem Traumbild spricht: Am Ende werden sich alle Mächtigen dieser Welt vor Gott, dem Herrn über alle Herren, beugen müssen. Er ist es, der allein über Himmel und Erde regiert (2,47). Dabei ist es nicht entscheidend, auf welche Weltreiche sich das Traumbild im Einzelnen bezieht. Sicher ist nur, dass es sich auf reale Geschichte bezieht, wobei das goldene Haupt an den Glanz des babylonischen Weltreichs erinnert, während das „eiserne" Reich an das Weltreich Alexander des Großen und die teils tönernen, teils eisernen Füße auf die Teilung und den Verfall seines Weltreichs anspielen. Mit dieser Traumdeutung ist ein Geschichtsbild entworfen, das das Geschichtsverständnis nachhaltig geprägt hat. Es bekennt Gott als den Herrn der Geschichte, nicht nur in der Gegenwart, sondern auch im Blick auf das künftige Weltgeschehen, das dadurch seine Schrecken verliert.

DAS STANDBILD DES KÖNIGS
Daniel 3

Bald darauf ließ König Nebukadnezar
im Tal Dura ein Standbild errichten,
ein Götterbild, riesig groß,
zwanzig Meter hoch und ganz aus Gold.
Darauf schickte er seine Boten
durch sein Königreich,
zu Fürsten und Würdenträgern,
zu Statthaltern, Richtern und Räten,
und ließ ihnen verkünden:
„Kommt zum Tal Dura
und weiht mit mir das Bild ein!" 3,1f

Da strömten sie von allen Seiten herbei,
die Fürsten und Würdenträger,
die Statthalter, Richter und Räte.
Aus dem ganzen Reich kamen sie an
und versammelten sich im Tal Dura.
Auch Daniels Freunde waren dabei. 3,3

Kaum hatten sie sich dort versammelt,
da rief der Herold des Königs
laut in die Menge:
„Ihr Völker und Leute
aus so vielen Ländern, hört her!
Hört, was euch der König verkündet.
Gleich spielen die Posaunen,
Harfen und Trompeten,
Zithern und Flöten.
Dann fallt sofort nieder
und betet das Bild an!
Denn so lautet der Befehl
des mächtigen Nebukadnezar.
Wer sich aber weigert,
wird in den Feuerofen geworfen." 3,4ff
Erschrocken blickten alle
auf den riesigen Ziegelofen,
der ganz nah bei dem Bild stand.

Hohe Flammen schlugen
aus dem Ofen heraus.

In diesem Augenblick ertönte Musik
und sogleich fielen alle
vor dem goldenen Bild nieder.
Nein, nicht alle! Drei blieben stehen:
Schadrach, Meschach und Abed-Nego.

Da wurde dem König gemeldet:
„Drei Männer aus dem jüdischen Volk
befolgen nicht des Königs Gebot."
„Wie?", schrie der König empört.
„Wer sind diese Männer?
Führt sie zu mir!"   3,7ff

Kaum standen die drei vor dem König,
schrie der König sie an: „Wie?
Ihr wollt mein Bild nicht verehren?
Aber ich will es noch einmal
mit euch versuchen. Gebt Acht!
Gleich spielt die Musik wieder.
Dann fallt sofort nieder
und betet das Bild an!
Sonst werdet ihr
in den Feuerofen geworfen.
Dann wollen wir sehen,
wer der Gott ist,
der euch aus meiner Hand rettet."   3,14f

Aber die Freunde erwiderten:
„Nein, großer König Nebukadnezar!
Wir fallen nicht nieder.
Denn wir glauben gewiss:
Wenn unser Gott will,
kann er uns aus deiner Gewalt
und aus dem Feuerofen erretten.
Wenn er es aber nicht tut,
so sollst du dennoch wissen,
dass wir nicht deinen Gott ehren
und auch sein Bild nicht anbeten."   3,16ff

Da schäumte der König vor Wut.
„Wie? Ihr wagt es,
mir nicht zu gehorchen?"
Und er befahl seinen Soldaten:
„Heizt den Ofen noch siebenmal stärker!
Fesselt die Männer
und werft sie ins Feuer!"   3,19f

Und so geschah es.
Die Soldaten warfen
die drei Männer ins Feuer
mitsamt ihren Mänteln und Hüten,
an Händen und Füßen gebunden.
Haushohe Flammen
schlugen den Soldaten entgegen,
sodass sie auf der Stelle verbrannten.   3,21f

Doch plötzlich rief der König entsetzt:
„Wie? Haben wir nicht drei Männer
ins Feuer geworfen?
Aber nun sehe ich vier!
Sie gehen unversehrt im Feuer umher.
Und der vierte – er sieht aus,
als sei er ein Sohn der Götter!"   3,24f
Und sogleich lief er zum Ofen
und rief durch die verschlossene Tür:
„Schadrach, Meschach, Abed-Nego,
ihr Diener Gottes, des Höchsten,
kommt wieder heraus!"

Und wirklich: Da kamen sie
aus dem Feuerofen hervor,
so wie sie gekleidet waren,
in ihren Mänteln und Hüten.
Nichts war an ihnen verbrannt,
nicht ein einziges Haar.
Sie rochen auch nicht verbrannt.
Nichts, gar nichts war ihnen geschehen.   3,26f

Da rief der König,
sodass alle es hörten:
   „Gelobt sei der Gott Schadrachs,
   Meschachs und Abed-Negos.
   Er hat seinen Engel gesandt
   und seine Diener gerettet,
   die ihm vertraut haben.
   Denn sie wollten sonst
   keinen anderen Gott ehren,
   als allein ihren Gott.
   So ist nun dies mein Gebot:
   Wer diesen Gott nicht ehrt,
   der soll sterben und sein Haus
   soll zum Schutthaufen werden.
   Denn es ist kein anderer Gott,
   der so rettet wie er."   3,28ff

Diese Geschichte ist ungewöhnlich plastisch und lebendig erzählt und in ihrer Dramatik kaum zu überbieten. Sie beschreibt den König in seiner grenzenlosen Machtfülle. Um seine Macht sichtbar zu demonstrieren, lässt er ein überdimensionales Standbild errichten – vermutlich ein Götterbild. Der öffentlich angeordnete Huldigungsakt gilt zwar angeblich der Gottheit, zu deren Ehren das Bild errichtet wurde (3,14), aber in Wahrheit dient er dem König dazu, sich der Loyalität seiner Untertanen zu versichern. Möglicherweise will der König durch das inszenierte Spektakel auch sein düsteres Traumbild (2,31ff) vergessen machen. Und wie in allen totalitären Staaten, so begeben sich auch hier Menschen, die sich dem Alleinanspruch der Herrschenden widersetzen, in Lebensgefahr.

Aber gerade in höchster Gefahr wird Gottes Größe und Macht offenbar. Indem die drei Freunde sich dem Befehl des Königs widersetzen und sich sogar im Angesicht des Todes strikt an das 1. Gebot halten, bezeugen sie sichtbar vor allen: Es gibt nur einen Gott. Das lässt sie furchtlos auch dem drohenden Tod entgegensehen, weil sie darauf vertrauen: Unser Gott kann auch aus dem Tod retten (3,17). So erweisen sich diese drei als wahre Märtyrer (wörtl: „Zeugen"), das heißt: als Menschen, die durch ihren Widerstand und seine möglichen Folgen furchtlos den Gott des Lebens bezeugen.

In diese Erzählung sind in der griechischen Textvorlage (Septuaginta) noch zwei Texte eingefügt worden: Das Gebet des Asarja und der Lobgesang der Männer im Feuerofen. Aus ihnen spricht die Erfahrung, die Menschen in Zeiten schwerster Verfolgung und im Angesicht des Todes immer wieder gemacht und bezeugt haben: „Wenn du durchs Feuer des Leidens gehst, sollst du nicht verbrennen. Keine Flamme wird dich versengen. Denn ich bin der HERR dein Gott" (Jes 43,1 ff).

WAHNSINN
Daniel 4

So berichtet Nebukadnezar,
König von Babylon,
und Herrscher über ein riesiges Reich:

Ich, Nebukadnezar,
lag auf meinem Bett im Königspalast
und ruhte mich aus. 4,1
Da schreckte mich ein Traum auf.
Ich sah ein Bild vor mir,
das mich in tiefe Unruhe stürzte.
Sofort ließ ich alle Gelehrten rufen,
die sich auf Träume verstanden. 4,2f
Aber keiner von ihnen
konnte meinen Traum deuten.
Zuletzt aber trat Daniel vor mich,
der nach meinem Gott Bel
auch Beltschazar genannt wird.
Zu ihm sprach ich:
„Daniel, wie ich weiß,
wohnt der Geist der Götter in dir.
Und dir ist kein Geheimnis verborgen.
So deute mir, was ich im Traum schaute. 4,4ff

Und dies war mein Traum:
In der Mitte der Welt stand ein Baum,
reich an Blättern und Früchten.
Sein Wipfel reichte bis an den Himmel
und seine Zweige erstreckten sich
bis zu den Enden der Erde. 4,7f
Alle Tiere des Feldes
fanden Schutz in seinem Schatten.
Und er bot Nahrung für alle. 4,9

Doch da ertönte die Stimme
eines Engels vom Himmel herab:
‚Fällt diesen Baum!
Schüttelt seine Blätter ab
und verstreut seine Früchte! 4,11f
Lasst nur den Stumpf stehen!
Fesselt ihn mit eisernen Ketten.
Reißt ihm das Herz aus
und nehmt ihm seinen Verstand!
Lasst ihn unter den Tieren
im Gras dahinvegetieren. 4,12f
Denn so ist es über ihn beschlossen,

damit alle Welt erkennt,
dass der Höchste allein Macht hat
über alle Königreiche auf Erden.' 4,14
Dies sah ich im Traum.
Aber du, Beltschazar,
kannst mir den Traum deuten.
Denn der Geist der heiligen Götter
wohnt in dir." 4,15

So sprach ich zu Daniel.
Der aber erschrak zu Tode,
als er meinen Traum hörte.
„Ach mein Herr", antwortete er.
„Möge deine Feinde treffen,
was du im Traum geschaut hast! 4,16
Der Baum, das bist du!
Und was im Himmel
über ihn beschlossen wurde,
das hat der Höchste über dich,
mein Herr und König, beschlossen. 4,17ff
Aber wie der Baumstumpf,
so bleibt auch dein Reich erhalten,
wenn du dich unter Gott beugst. 4,23
So höre auf meinen Rat:
Lass ab von deinem verkehrten Tun.
Übe Gerechtigkeit und Barmherzigkeit.
Dann wird dein Reich lange bestehen." 4,24

Hier endet Nebukadnezars Bericht.
Aber zwölf Monate danach traf ein,
was der König im Traum geschaut hatte: 4,26
Eines Abends ging der König,
wie gewohnt,
auf dem Dach seines Palastes
auf und ab.
Stolz blickte er auf seine Stadt herab
und sprach zu sich selbst:

„Das ist die mächtige Stadt Babel,
die ich zu meiner Ehre erbaut habe." 4,27
Doch in diesem Augenblick
rief eine Stimme vom Himmel herab:
„Höre, König Nebukadnezar:
Dein Reich wird dir genommen.
Man wird dich aus der Gemeinschaft
der Menschen ausstoßen.
Und du wirst wie ein Tier leben,
so lange, bis du erkennst,
dass der Höchste Macht hat
über alle Königreiche auf Erden.
Er gibt seine Macht, welchem er will." 4,28f

Und so geschah es:
Der König verlor seinen Verstand
und wurde von den Menschen verstoßen.
Lange Zeit lag er draußen im Freien
auf der Erde und fraß Gras
wie die Rinder.
Sein Haar hing wild herab
und seine Nägel
wurden wie Vogelkrallen. 4,30

Danach aber, so setzt Nebukadnezar
seinen Bericht fort,
blickte ich zum Himmel auf.
Da kehrte mein Verstand wieder zurück.
Man setzte mich wieder
in mein Amt ein.
Und mein Königreich
wurde noch prächtiger als zuvor. 4,31ff
Darum preise ich
den König des Himmels.
Denn was er tut, das ist recht,
und seine Wege sind wahr.
Er bringt die Stolzen zu Fall. 4,34

So spricht der Gott Israels zu Menschen, die ihn nicht kennen: Er offenbart sich ihnen durch Träume und Visionen. Und er sendet seine Boten zu ihnen, die ihnen den Blick für Gottes Macht öffnen inmitten einer gottfeindlichen Welt. So wurde es schon von Pharao in Ägypten berichtet. Ihm öffnete Gott die Augen durch Josef, den Gefangenen, dem er die Gabe der Weisheit und Traumdeutung verlieh. Und so ist es auch hier: Daniel wird zum mutigen Zeugen Gottes vor dem heidnischen König, vor dem alle Welt in die Knie geht. Er sagt ihm nicht nur, wie die Magier des Königs, die Zukunft voraus, sondern fordert ihn auf, sich vor dem Herrn über Himmel und Erde zu beugen. Damit ist klargestellt, wer der wahre Herrscher dieser Welt ist, vor dem alle Knie sich beugen müssen (Jes 45,23 / vgl. Phil 2,10).

Das ist die besondere Botschaft der Apokalyptik, die sich hier verhüllend und offenbar zugleich in Traumbildern äußert, als Trost für alle, die an Gottes Macht zweifeln, und als Mahnung für die, die, wie hier der König von Babel, sich selbst an die Stelle Gottes setzen wollen. So erinnert Nebukadnezars Vision vom „Weltenbaum" an den „Turmbau zu Babel". Hier wie dort setzt Gott dem Größenwahn der Menschen eine Grenze. Aber nicht, um die Menschen zu schrecken und kleinzuhalten, sondern damit alle, Hohe und Niedrige, ihm am Ende die Ehre geben. Darauf zielen letztlich alle apokalyptischen Visionen, sei es hier im Buch Daniel oder sei es in der Offenbarung des Johannes (z.B. Offb 5,9ff; 7,10ff; 11,15ff; 15,3f; 19,6f). So steht auch hier am Ende dieses ungewöhnlichen Berichts der Lobpreis Gottes, „denn was er macht, ist richtig und wahr". Auf sein Tun ist Verlass.

MENE TEKEL
Daniel 5

Mehr als vierzig Jahre regierte
König Nebukadnezar in Babylon.
Nach ihm bestiegen mehrere Könige
in schneller Folge den Thron.
Der letzte König, Nabonid mit Namen,
verzichtete auf die Herrschaft
und zog sich in die Einsamkeit zurück.
An seiner Stelle setzte er
Belsazar über das babylonische Reich.
Aber unter dessen Herrschaft
verfiel das Reich mehr und mehr.
In Babylon machte sich Angst breit.
Denn im Osten rüstete sich bereits
der persische König zum Krieg.
Es war nur noch eine Frage der Zeit,
dann würde er mit seinen Soldaten
auch Babylon erobern.

In jenen Tagen, so erzählt man,
gab Belsazar im Königspalast
ein prächtiges Festmahl.
Tausend Gäste waren geladen.
Alles, was Rang und Namen hatte,
Fürsten, Minister und hohe Beamte,
stellten sich zum Fest ein.
Alle aßen und tranken sich voll.   5,1
Belazar trank munter mit.
Doch in Wahrheit spülte er
nur seine Angst hinunter.
„Freunde!", rief er,
schon sichtlich betrunken.
„Uns kann nichts geschehen.
Unsere Götter sind stärker
als die Götter anderer Völker."
Und zum Beweis ließ er
die heiligen Geräte holen,
die König Nebukadnezar vor Jahren
aus dem Tempel der Juden
erbeutet hatte,   5,2
kostbare Kannen,
Becher und Pfannen
aus Silber und Gold.
Er nahm eine goldene Schale,
ließ sie mit Wein füllen
und trank triumphierend aus ihr.   5,3
Auch seine Fürsten,

Frauen und Nebenfrauen
tranken daraus und sangen dazu
ihr Loblied auf die Götter von Babel,
allesamt leblose Götter
aus Silber und Gold,
aus Holz und aus Stein.
So entweihten sie
das Gerät aus dem Tempel der Juden
und verhöhnten den lebendigen Gott. 5,4

Plötzlich wurde Belsazar ganz blass. 5,6
An der weißen Wand
erschien eine Hand!
Sie schrieb seltsame Zeichen,
Worte, die niemand verstand. 5,5
Belsazar starrte gebannt auf die Wand.
Er zitterte am ganzen Leib.
Seine Beine versagten.
Hilflos stammelte er:
„So helft mir doch!
Ist denn niemand hier,
der mir die Schrift deuten kann?
Wo sind denn meine Gelehrten?
Wo sind meine Wahrsager?
Holt sie sofort her!
Sagt ihnen:
Wer mir die Schrift deutet,
den will ich hoch ehren.
Einen purpurnen Mantel
soll er bekommen,
dazu eine Kette aus Gold.
Und er soll neben mir
der Dritte im Königreich sein." 5,6f

Und schon eilten sie alle herbei,
Wahrsager und weise Gelehrte.
Mitten in der Nacht kamen sie an
und suchten die Schrift zu deuten.
Aber so sehr sie sich mühten,
es gelang ihnen nicht.
Da erschrak Belsazar noch viel mehr.
Alle Farbe wich aus seinem Gesicht. 5,8f

Als aber die Königinmutter hörte,
was geschehen war, kam sie,
um ihren Sohn zu trösten:
„Warum sorgt sich der König?
In diesem Land lebt ein Mann,
der hat den Geist der heiligen Götter:
Daniel aus dem Land Juda.

Er überragt alle an Weisheit
und versteht sich darauf,
Träume zu deuten
und dunkle Rätsel zu lüften.
Schon König Nebukadnezar
hat auf ihn gehört und ihn
über alle seine Gelehrten gesetzt.
Darum höre auf meinen Rat:
Lass Daniel rufen!" 5,10ff

Da führten sie Daniel zu ihm.
„Bist du Daniel?", fragte der König.
„Einer der Gefangenen aus Juda?
Ich habe von deiner Weisheit gehört.
Darum ließ ich dich rufen.
Sag, kennst du die Schrift?
Kannst du sie lesen und deuten?
Meine Gelehrten konnten es nicht.
Aber du kannst offenbar mehr.
Wenn du mir diese Schrift deutest,
sollst du einen Königsmantel bekommen,
dazu eine Kette aus Gold.
Und du sollst neben mir
der Dritte im Königreich sein." 5,13ff

Doch Daniel erwiderte:
„Behalte deine Geschenke für dich
oder schenke sie einem anderen.
Ich brauche sie nicht.
Ich will dir aber trotzdem sagen,
was diese Worte bedeuten.
Höre, Belsazar!
Du hast gegen Gott,
den Herrn des Himmels, gesprochen
und hast die Gefäße entweiht,
die zu seinem Tempel gehören.
Ja, du hast sogar daraus getrunken,
du und deine Frauen und deine Fürsten.
Ihr alle habt daraus getrunken.
Dazu habt ihr eure Götter gepriesen,
allesamt leblose Götter aus Gold,
Silber und Bronze,
aus Eisen, aus Stein und aus Holz,
tote Götter, die doch nicht hören.
Aber den Gott, der dein Leben
und deine Wege in seiner Hand hat,
den hast du nicht geehrt.
Darum hat er diese Hand geschickt
und diese Worte für dich geschrieben. 5,23f

Und so lauten die Worte:
MENE MENE TEKEL U-PARSIN.
MENE, das bedeutet: ‚gezählt'.
Die Tage deiner Herrschaft sind gezählt.
TEKEL, das bedeutet: ‚gewogen'.
Dein Leben wurde wie Gold
auf der Waage gewogen,
aber zu leicht gefunden.
U-PARSIN, das bedeutet:
‚Das Königreich wird zerteilt
und den Persern gegeben.'" 5,25

Da merkte Belsazar,
wie ernst es um ihn
und sein Königreich stand.
Und er befahl: „Ehrt Daniel!
Legt ihm einen Purpurmantel um!
Hängt eine goldene Kette
um seinen Hals!
Und verkündet im ganzen Reich,
dass er der Dritte im Königreich sei." 5,29

Und wie Daniel vorhergesagt hatte,
so traf es auch ein:
Bald darauf nahmen die Perser
die Stadt Babylon ein.
Belsazar aber wurde noch
in derselben Nacht umgebracht.

Diese Erzählung ist ein eindrucksvolles Beispiel für den Niedergang des babylonischen Weltreichs. Das Festbankett zeigt die wachsende Dekadenz im Reich an, gepaart mit großtuerischem Gehabe, hinter der sich offenbar eine tiefe Angst vor der Zukunft verbirgt. Das Festbankett erinnert an die Feier des babylonischen Neujahrsfestes, das jährlich 11 Tage lang zu Ehren Marduks, des höchsten Gottes von Babylon, gefeiert wurde. Es gehörte zum Ritual dieses Festes, dass sich die hölzernen und steinernen Götterbilder Babels vor Marduk verneigen mussten. In diesem Zusammenhang ist auch die Verhöhnung des jüdischen Gottes durch den Missbrauch der heiligen Geräte vorstellbar. Dadurch zeigt diese Erzählung eine zusätzliche Pointe: Ein Herrscher, der sich anmaßt, sich wie ein Gott aufzuspielen, erweist sich in Wahrheit als Schwächling, hilflos und vor Angst wie gelähmt.

Diesem Herrscher wird Daniel, „ein Gefangener aus dem Land Juda", gegenübergestellt. Dieser „Gefangene" wagt es, dem König mutig und kompromisslos die Wahrheit ins Gesicht zu sagen.

Von Belsazar, der in dieser Erzählung irrtümlich als König vorgestellt wird, ist bekannt, dass er lange Zeit, stellvertretend für seinen Vater Nabonid, als Prinzregent die Geschicke Babylons bestimmt hat (daher erklärt sich auch die Formulierung: „der Dritte im Königreich"). Umso unangemessener erscheint sein Machtgehabe, das zuletzt ein unrühmliches Ende findet, sei es durch eine Palastrevolution, sei es durch eine feindliche Invasion.

IN DER LÖWENGRUBE
Daniel 6

Danach übernahm König Darius
die Herrschaft über Babylon.
120 Statthalter
verwalteten sein riesiges Reich.
Daniel aber überragte sie alle
an Weisheit und Klugheit.
Deshalb nahm sich Darius vor,
Daniel über alle seine Fürsten
und Statthalter zu setzen. 6,1ff

Als aber die Fürsten am Hof erfuhren,
was Darius plante, suchten sie,
Daniel beim König anzuschwärzen.
Doch sie fanden nichts Unrechtes an ihm,
denn Daniel war dem König
treu ergeben. 6,5

Da dachten sich die Fürsten
eine List aus.
Sie eilten zum König,
verneigten sich und sprachen
mit schmeichelnder Stimme:
„Lang lebe der König! 6,7
Wir, die Fürsten und Statthalter
und alle Würdenträger am Hof,
bitten den König um eine Gunst:
30 Tage lang
soll man im ganzen Königreich
nur ihn allein ehren
und sonst keinen Menschen
und keinen Gott.
Darum erlasse der König dieses Gebot.
Wer sich aber nicht daran hält,
wird zu den Löwen
in die Grube geworfen." 6,8f

Da fühlte sich Darius geschmeichelt
und erließ umgehend ein Gesetz,
das allen Untertanen verbot,
einen anderen Gott oder Menschen
außer ihm zu verehren.
Dabei bedachte er aber nicht,
dass sein Verbot auf Daniel zielte.
Denn Daniel betete dreimal am Tag.
Morgens, mittags und abends
kniete er am offenen Fenster,
das in Richtung Jerusalem wies,
betete, lobte und dankte seinem Gott. 6,10f

Aber die Fürsten und Minister
lauerten Daniel heimlich auf.
Kaum hatte Daniel gebetet,
wie auch alle Tage zuvor,
eilten sie zum König und sprachen:
„Lang lebe der König!
Hat er nicht geboten:
Niemand darf zu einem Gott beten?
Wer sich aber nicht daran hält,
wird zu den Löwen geworfen?"
„Ja, das ist wahr", sagte der König.
„Und niemand darf das Gesetz
der Meder und Perser aufheben." 6,12f

„Dann muss Daniel sterben.
Denn dieser Gefangene aus Juda
achtet weder den König
noch sein Gebot.
Er betet täglich dreimal
zu seinem Gott." 6,14

Da merkte der König,
dass sie ihm eine Falle gestellt hatten.
Vergeblich suchte er, Daniel zu retten.
Aber die Fürsten gaben nicht nach.
„Der König hat es geboten.
Also muss er es tun.
Denn das Gesetz der Meder und Perser
darf niemand aufheben,
auch nicht der König." 6,15f

Da blieb Darius keine Wahl.
Als es Abend wurde,
ließ er Daniel rufen.
Schweren Herzens sprach er zu ihm:
„Daniel, dein Gott,
dem du stets dienst,
der helfe dir jetzt."
Und schon ergriffen sie Daniel,
schleppten ihn zum Garten des Königs,
warfen ihn dort in die Löwengrube
und rollten davor einen großen Stein. 6,17

Daniel

Dann wurde es Nacht.
Aber der König fand keinen Schlaf.
Er aß und trank nichts,
bis endlich der Morgen anbrach.
Noch im Morgengrauen
eilte er in den Garten
und rief in die Grube hinab: „Daniel,
du Diener des lebendigen Gottes!
Hat dich dein Gott, dem du stets dienst,
auch vor den Löwen bewahren können?" 6,19ff

Da hörte er Daniels Stimme:
„Ja, lang lebe der König!
Mein Gott hat seinen Engel gesandt.
Der hat den Löwen
den Rachen verschlossen.
Denn ich bin unschuldig.
Ich habe nichts Unrechtes getan." 6,23

„Habt ihr gehört? Daniel lebt!",
rief der König erleichtert.

„Holt ihn sofort aus der Grube!"
Da zogen sie Daniel heraus.
Und voll Staunen sahen alle
mit eigenen Augen:
Daniel war unverletzt!
Nichts war ihm geschehen. 6,24

Darauf gab der König
in seinem ganzen Reich
und in allen Sprachen bekannt:
„Dies ist mein Gebot:
Ehrt Daniels Gott!
Und achtet ihn mehr als unsere Götter!
Denn er ist der lebendige Gott.
Sein Reich besteht ewig
und seine Herrschaft hört niemals auf.
Er ist ein Gott, der rettet und hilft
und tut große Wunder
im Himmel und auf der Erde.
Dieser Gott hat Daniel
vor den Löwen bewahrt." 6,26ff

An dieser letzten und bekanntesten Erzählung aus dem Danielzyklus wird abschließend eindrucksvoll deutlich, in welcher Gefahr sich die Exilsjuden unter den wechselnden Herrschern Babylons befinden. Auch nach jahrzehntelanger Assimilation sehen sie sich dem Fremdenhass ausgesetzt (6,14). Die Situation, die hier beschrieben wird, verweist in die Zeit nach der Eroberung Babylons durch den persischen König Kyrus (ab 538 v.Chr.). Wie aus 6,1f zu entnehmen ist, hat dieser über das besiegte babylonische Reich einen gewissen „Darius aus Medien" als Unterkönig eingesetzt, der seinerseits das Reich in 120 Bezirke (Satrapien) eingeteilt hat. Er ist nicht zu verwechseln mit dem persischen König Darius d. Großen (521–486 v.Chr.), der in Dan 9,1 erwähnt wird! Obgleich Darius Daniel wohlgesonnen ist, verschärft sich in dieser Zeit seine Situation am Hof. In diesem Fall sind es die Höflinge, die Daniel ausschalten wollen, sei es aus persönlichem Neid, sei es aus Hass gegenüber dem Juden Daniel, der durch seinen Glauben und seine Herkunft immer noch ein Fremder am Hof bleibt. Ihr intriganter Plan, Daniel auszuschalten, trifft den Nerv seines Glaubens.

Daniel, der einerseits bemüht ist, sich loyal gegenüber dem Herrscher zu verhalten (6,5.23), muss sich nun entscheiden, wem er mehr gehorcht: dem Gebot des Königs oder Gottes Gebot. In der Einhaltung der jüdischen Gebetszeiten „dreimal am Tag" und in der Ausrichtung seiner Gebete auf den (immer noch zerstörten) Tempel in Jerusalem bekennt er, wer der wahre Gott und König ist.
Der König wirkt dagegen geradezu hilflos und wie eine Marionette seiner Hofbeamten. Wider Willen muss er seinen besten Minister den Löwen ausliefern. Aber am Ende bekennt sich dieser heidnische Herrscher öffentlich zu dem Gott Israels, ungeachtet dessen, dass unter Medern und Persern ein gültiges Gesetz nicht annulliert werden durfte, auch nicht vom König persönlich (vgl. Est 8,8).
So bezeugt sich der Gott Israels inmitten einer heidnischen Umwelt: durch die Rettung seines Dieners „aus dem Rachen des Löwen" (vgl. Hebr. 11,33) und durch das Bekenntnis eines heidnischen Weltherrschers zu dem Gott Israels.

VISIONEN DER ZUKUNFT

DER MENSCHENSOHN
Daniel 7

Dies ist der Traum Daniels,
den er zur Zeit Belsazars geschaut hat,
aufgeschrieben für künftige Zeiten,
als Trost für alle,
die in harter Bedrohung leben:

Ich, Daniel, sah ein Bild in der Nacht:
Vier gewaltige Winde
wühlten das Meer auf.
Aus ihm stiegen nacheinander
vier Tiere herauf, unheimlich anzusehen.
Aber das vierte Tier
war das schrecklichste von allen.
Es hatte zehn Hörner,
fraß wild um sich
und redete großmaulig daher. 7,7f
Und einer, der auf dem Thron saß,
hielt Gericht über sie alle. 7,9f

Da erschien auf einmal eine Gestalt
wie der Sohn eines Menschen.
Er kam mit den Wolken des Himmels
und trat vor den Thron.
Und der, der auf dem Thron saß,
übergab ihm alle Macht und Ehre
und die Herrschaft über alle Völker.
Sein Reich besteht ewig.
Und seine Herrschaft vergeht nie. 7,13f

Ich aber erschrak
und bat einen von denen,
die um den Thron standen,
mir dies alles zu deuten. 7,15f
Er sprach:
Diese vier Tiere sind vier Königreiche,
die künftig die Erde beherrschen. 7,17
Aber das vierte Königreich
wird schlimmer sein
als alle Königreiche zuvor.
Sein König wird den Höchsten verlästern
und alle vernichten,
die sich zu ihm bekennen.
Doch am Ende wird ihn Gott richten
und seine Macht ganz vernichten. 7,23ff
Dann wird alle Macht und Herrschaft
den Seinen gegeben.
Und alle Mächte dieser Welt
müssen ihm dienen. 7,27

Das 7. Kapitel markiert den Wendepunkt im Buch Daniel. Ab jetzt ist der Blick ganz auf die Zukunft der Weltgeschichte gerichtet. Sie wird in apokalyptischen Bildern gezeichnet, die in die Spätzeit der Prophetie verweisen.
Kennzeichnend für die apokalyptische Schau ist, dass sie verhüllt und offenbar zugleich ist (Apokalypse heißt wörtlich „Enthüllung", „Offenbarung"). Das heißt: Einerseits geschieht die Darstellung künftiger Geschichte eher verhüllend und bewegt sich durchweg in rätselhaften mythischen Bildern. Damit verweigern sich die Visionen jeder vorschnellen Gleichsetzung mit bestimmten geschichtlichen Ereignissen. Andererseits ist die Botschaft dieser Vision unüberhörbar. Sie lehrt, die Weltgeschichte im Horizont der Welt Gottes zu sehen und offenbart, (1) wer in Wahrheit die Welt regiert und wem alle Herrscher dieser Welt untertan sind;
(2) wer das letzte Wort in der Geschichte hat und den Sieg über alle widergöttlichen Mächte davontragen wird;
(3) wer allein von Gott befugt ist, die Zukunft der Geschichte zu deuten. Weder Daniel noch irgendein Mensch ist dazu autorisiert, sondern allein der Engel Gottes (der sog. „Deuteengel"), der Daniel in Gottes Geheimnisse einweiht (7,16).
Und so lautet die Deutung der ersten Vision im 7. Kapitel: In Zukunft werden noch gewaltigere Herrscher kommen. Sie werden sich göttliche Macht anmaßen. Aber sie werden alle nachein-

ander ihre Macht verlieren, auch jener unheimliche furchterregende Herrscher, der einem Tier mit zehn Hörnern gleicht, in dem sich alle gegengöttliche Gewalt verdichtet. Aus ihm wird am Ende ein noch furchtbarerer Herrscher hervorgehen. Aber auch er kann vor Gottes Richterthron nicht bestehen, sondern wird für immer vernichtet werden. Seine Beschreibung erinnert an Antiochus IV. Epiphanes (175–164 v.Chr.), der durch seine Schändung des jüdischen Tempels als Inbegriff aller gottfeindlichen Mächte galt (vgl. 9,27). Sie gilt aber darüber hinaus für jede Zeit der Tyrannei.

Aber nach Überwindung aller gegengöttlichen Mächte wird am Ende der „Menschensohn" kommen, dem Gott alle Vollmacht und Ehre überträgt. Er, der nicht von „unten" ist, sondern „mit den Wolken des Himmels" (7,13) – d. h. aus Gottes Welt – kommt, wird Gericht über die Welt halten und Gottes Reich und sein Recht auf Erden aufrichten. Noch bleibt es in diesem Kapitel ein Geheimnis, wer dieser „Menschensohn" ist. Aber in der Verkündigung Jesu wird offenbar: Er ist es, der „mit den Wolken des Himmels kommen" und Gericht über die Welt halten wird (z.B. Mk 8,38; 13,26f).

DANIELS BUSSGEBET
Daniel 9–10

Bald traf ein,
was Daniel im Traum geschaut hatte.
Babel wurde von den Persern erobert.
Ein Königreich löste das andere ab.
Inzwischen herrschte Darius,
der mächtige König der Perser,
über ein riesiges Weltreich,
das noch viel größer war
als das babylonische Reich.
Aber Jerusalem
lag noch immer in Trümmern.
Wie lange noch?, fragte sich Daniel.
Er forschte nach in der Schrift
des Propheten Jeremia.
Darin fand er einen Brief
an die verbannten Juden in Babel.   9,1f
Dort las er:
„So spricht der Herr:
Wenn siebzig Jahre um sind,
wird sich mein Wort erfüllen.
Dann bringe ich euch wieder   Jer
an diesen Ort zurück."   29,10

Inzwischen waren schon mehr
als siebzig Jahre vergangen.
Aber noch nichts deutete darauf hin,
dass sich Gottes Wort bald erfüllte.
Auch der „Menschensohn",
den Daniel im Traum geschaut hatte,
schien noch in weiter Ferne.

Da legte Daniel ein Sackgewand an,
warf sich Asche aufs Haar
zum Zeichen der Buße,
fastete und sprach dieses Gebet:

Ach Herr!
Du großer und heiliger Gott!
Du hältst deinen Bund
und bist denen gnädig,
die dich lieben
und deine Gebote halten.

Aber wir haben unrecht getan.
Wir haben uns von dir gelöst
und deine Gebote verachtet.
Wir haben nicht
auf deine Propheten gehört,
die in deinem Namen geredet haben.

Du, Herr, bist gerecht.
Aber wir müssen uns heute schämen,
wir, die hier leben,
und auch die anderen,
die du in alle Länder zerstreut hast.
Wir sind an dir schuldig geworden.
Ja, wir alle müssen uns schämen,
dass wir nicht auf dich gehört haben,
unsere Könige, Fürsten und Vorfahren.
Aber Herr, unser Gott, bei dir
ist Barmherzigkeit und Vergebung.   9,4ff

So höre nun das Gebet,
das dein Knecht vor dich bringt.
Schau auf dein Heiligtum,
das so zerstört ist.
Sieh, wie es um die Stadt steht,
die nach deinem Namen genannt ist.
*Denn wir liegen vor dir
mit unserem Gebet.
Wir vertrauen nicht
auf unsere Gerechtigkeit,
sondern auf deine große
Barmherzigkeit.* 9,16ff

Ach Herr, höre!
Herr, sei uns gnädig
und führe dein Werk aus!
Tu es und warte nicht länger!
Um deine Ehre geht es, o Gott!
Denn dein Volk
ist nach deinem Namen genannt. 9,19

Lange Zeit lag Daniel auf der Erde.
Schon ging es auf den Abend zu.
Dies war die Zeit,
da man früher am Tempel
das Spätopfer dargebracht hatte. 9,21
Da stand auf einmal
ein Bote Gottes vor ihm.
„Daniel", sprach er,
„Gott hat mich zu dir gesandt.
Schon als du anfingst zu beten,
gab Gott die Antwort auf dein Gebet.
Höre, Daniel!
Denn du bist von Gott geliebt. 9,23
Achte auf jedes Wort, damit du verstehst,
was dir Gott offenbart:
Nicht siebzig Jahre müssen vergehen,
sondern siebzig mal sieben Jahre,
bis eure Schuld gesühnt ist. 9,24
Dann wird Jerusalem
wieder aufgebaut werden.
Ja, dann wird sich erfüllen,
was euch zuvor verkündet war." 9,25

Da erkannte Daniel,
wer vor ihm stand:
Gott hatte den Engel Gabriel
zu ihm gesandt,
damit er ihm seinen Plan offenbarte. 9,21

Mit Daniels Bußgebet werden die Visionen des Danielbuches geerdet und in die Geschichte des Volkes Gottes zurückgeholt. Weder die gegenwärtigen noch die zukünftigen Herrscher dieser Welt haben letztlich das Sagen, sondern allein Jahwe, der Gott Israels, der auch in dieser späten Zeit zu seinem Bund steht, den er mit seinem Volk geschlossen hat. Daniel, der hier stellvertretend für sein Volk eintritt und seinen Gott um Vergebung bittet, stellt sich mit seinem Gebet in die Schuldgeschichte seines Volkes hinein. Darin steht er ganz in der prophetischen Tradition. Sein stellvertretendes Bußgebet knüpft nicht nur an das Bußgebet des Propheten Jeremia (Jer 14) an, sondern auch an die große Volksklage im dritten Buch Jesaja (Jes 63,7ff). Auch seine Nähe zu den großen Bußgebeten in Esra 9 und Nehemia 9 ist unverkennbar. Im Bekenntnis der eigenen Schuld und im Vertrauen „nicht auf unsere Gerechtigkeit, sondern auf deine große Barmherzigkeit" (9,18) bleibt Daniels Gebet ganz in der Glaubensgeschichte Israels verwurzelt.

Im Licht dieses Gebetes sind auch die folgenden Kapitel zu betrachten, in denen die Träume und Visionen Daniels noch weiter ausgeführt und konkretisiert werden. Sie können hier nicht einzeln aufgeführt werden. Aber ihre übereinstimmende Botschaft lautet, dass Gott in den künftigen Kriegen und Bedrohungen durch gottfeindliche Mächte die Seinen nicht verlässt, sondern sie hindurchträgt. Komme, was mag – Daniel bzw. Gottes Volk ist und bleibt „von Gott geliebt" (9,23). Das ist die Botschaft des Trostes, die sich hinter der Ankündigung des Engels Gabriel (10,19) verbirgt. Mit der Nennung Gabriels eröffnet die zum Teil so schwer erschließbare Botschaft des Danielbuches am Ende eine Tür zum Neuen Testament. In der Ankündigung der Geburt Johannes des Täufers und der Geburt Jesu durch den Engel Gabriel, bricht die Hoffnung auf Gottes Neuanfang durch, der alles in den Schatten stellen wird, was jene apokalyptischen Visionen nur „von ferne" geschaut haben (Lk 1,19.26ff).

Daniel

AUSBLICK
Daniel 11 und 12

Auch künftig werden
schwere Leidenszeiten
über Gottes Volk hereinbrechen.
Tyrannen werden die Menschheit
mit Angst und Schrecken erfüllen.
Furchtbare Kriege
werden die Länder erschüttern. 11,1ff
Es wird eine Zeit
großer Bedrängnis sein,
eine Zeit, wie sie nie zuvor war. 12,1

Zu jener Zeit wird Michael,
der Oberste unter den Engeln Gottes,
aufstehen und für Gottes Volk eintreten.
Alle, die zu ihm gehören,
werden gerettet werden. 12,1

Und viele, die in der Erde schlafen, 12,2
werden aufwachen,
damit sie ewiges Leben
oder ewiges Verderben empfangen.
Aber die, die Gottes Wort lehrten
und den rechten Weg wiesen,
werden leuchten wie der Himmel
und glänzen wie die Sterne
immer und ewig.

Auch alle, die in dunklen Zeiten
sein Wort erstrahlen ließen
und vielen den rechten Weg wiesen,
werden leuchten wie die Sterne
und niemals vergehen. 12,3

Am Ende werden Daniels Visionen in den weiten Horizont des göttlichen Heilsplans gestellt. Anders als in der letzten Vision (10f), die geschichtliche Ereignisse in naher Zukunft anspricht, geht der Blick am Ende weit darüber hinaus und richtet sich auf Gottes Ewigkeit, in der die bewegte Geschichte der Menschheit endlich zum Ziel kommen wird. Nicht Friedhofsruhe ist der Menschheit am Ende verheißen, sondern Leben in der Gemeinschaft mit Gott. Noch ist es ein Geheimnis. Noch wagt das Buch Daniel nicht, wie etwa Jesaja, diese Zukunft in Bildern zu beschreiben. Noch bleibt offen, wer am Ende zum Volk Gottes gehört. Aber mit seiner Botschaft von der Auferstehung der Toten wagt er sich weiter vor, als sich fast alle Zeugen des Alten Testaments gewagt haben. Zusammen mit der Vision vom neu belebten Totenfeld in Hes 37 bildet es den Kern neutestamentlicher Auferstehungshoffnung, die im Glaubensbekenntnis verankert ist: „Auferstehung der Toten und das ewige Leben."

III. DIE BOTSCHAFT DER LEHRBÜCHER

Gott hat in der Geschichte auf vielfache Weise zu seinem Volk gesprochen. Davon zeugen die Geschichtsbücher wie auch die prophetischen Schriften. Aber sein Wort kann nicht ohne Antwort des Menschen bleiben. Sie geschieht, wo immer sich das Volk zu seinem Gott bekennt, sein Gebot befolgt und im Lobpreis Gottes große Taten besingt.

Im Kanon des Alten Testaments findet die Antwort des Menschen zudem ihren besonderen Ausdruck in den sog. „Lehrbüchern". Dieser Name ist allerdings missverständlich. Man vermutet unter dem Titel trockene und abstrakte Lehre. Aber in Wahrheit enthalten die Lehrbücher vorwiegend poetische Texte, die im weitesten Sinn als Antwort auf Gottes vorlaufendes Wort zu verstehen sind. Zu ihnen gehören ganz verschiedenartige Schriften, wie etwa das Buch der Sprüche, der Prediger (Kohelet) und das Hohelied. Aber auch das Buch Hiob und vor allem der Psalter mit seinen 150 Psalmen gehören dazu. Was diese unterschiedlichen Schriften miteinander verbindet, ist die Tatsache, dass sie am Ende einer langen Geschichte stehen, wobei die Erinnerung an die Geschichte des Volkes Gottes mehr und mehr verblasst ist (ausgenommen in den Psalmen) und stattdessen das Leben des einzelnen Glaubenden stärker in den Blick genommen wird. Sein Leben vor Gott wird in den genannten Schriften von verschiedenen Seiten beleuchtet:

(1) Leben im Alltag und in der praktischen Umsetzung von Gottes Gebot. Davon handelt das **Buch der Sprüche**.

(2) Leben in der Annahme der geschöpflichen Grenzen, die dem Menschen gesetzt sind, und die daraus erwachsene Lebenseinstellung. Das ist das große Thema des **Predigers (Kohelet)** und, wenn auch verhalten, im **Hohenlied**.

(3) Leben in Anfechtung angesichts extremer Leiderfahrung, die den Blick auf Gott verdunkelt. Davon legt das **Buch Hiob** ein erschütterndes Zeugnis ab.

(4) Leben in der Anbetung – zuletzt als klarer Kontrapunkt zu den genannten Schriften. Dazu laden die 150 Lieder und Gebete des **Psalters** ein.

Fast alle der genannten Schriften werden der sog. **Weisheitsliteratur** zugeordnet, mit Ausnahme des Psalters. Aber auch er enthält 25 weisheitliche „Lehrpsalmen" aus späterer Zeit (z.B. Ps 19 und 119). Die Weisheitslehre hat ihre Blüte im 3. Jahrhundert v.Chr. und wurde durch bestimmte Weisheitsschulen gelehrt. Kennzeichnend ist ihre Zuwendung zum realen Leben, ihre Begründung in den Erfahrungen des Einzelnen, aber vor allem ihre Ausrichtung auf Gottes Schöpfermacht und auf die Gabe seiner Tora. Das unterscheidet diese sog. „Lehrbücher" von anderen Zeugnissen altorientalischer Weisheitsliteratur. Was sie zusätzlich auszeichnet, ist ihre innere Dynamik, ihre Fähigkeit, sich angesichts der Realität immer neu zu hinterfragen und zu korrigieren. Dies lässt sich bereits an der Abfolge der genannten Schriften aufzeigen:

zu (1): **Das Buch der Sprüche** beleuchtet vor allem das Leben des Einzelnen und seinen Gehorsam gegenüber der Tora in lebenspraktischen Fragen. Dabei wird scharf zwischen den „Frommen" und „Gottlosen", zwischen den „Weisen" und „Toren, zwischen dem „Guten" und „Bösen" getrennt, wobei sich beides an der Erfüllung der Tora bemisst. Dabei gehen die Sprüche mehrheitlich von der optimistischen Vorstellung aus, dass jeder Mensch fähig ist, Gutes zu tun, wenn er nur will, und dass er dafür auch seinen „gerechten" Lohn bekommt.

zu (2): Diese einfache Gleichung wird vom **„Prediger" (Kohelet)** entschieden hinterfragt. In seinen Augen ist das vermeintlich Gute ebenso fragwürdig wie das Schlechte, weil es dem Tod und der Vergänglichkeit nicht standhält. Dies veranlasst den Prediger aber nicht zu resignieren, sondern das Leben in seiner Begrenzung zwischen Geborenwerden und Sterben anzunehmen und in seiner ganzen Diesseitigkeit als Gabe Gottes zu bejahen.

Dazu gehört auch das Ja zur geschöpflichen Liebe zwischen Mann und Frau, wie sie im **Hohenlied** ihren poetischen Ausdruck findet.

zu (3): Aber sowohl die Antwort der Spruchweisheit wie auch die des Kohelet werden durch das **Buch Hiob** überholt und radikal infrage gestellt.
Das Buch zeigt in Hiob einen Menschen, dessen Leben durch übermenschliches Leid bis auf die Grundfesten seiner Existenz und seines Glaubens erschüttert wird. Angesichts einer solchen Grenzerfahrung muss jeder Versuch, rational Gottes Handeln am Menschen erklären zu wollen, wie es die Spruchweisheit vorgibt, scheitern, ebenso wie auch der Rat des Kohelet, sich in den Grenzen des Lebens zu „bescheiden". Die Antwort Hiobs auf das erfahrene Leid geschieht in Form einer leidenschaftlichen Klage, im anhaltenden Ringen um eine Antwort Gottes. Erst am Ende des Buches wird offenbar: Die Suche des Menschen nach einer Antwort auf sein Leid läuft letztlich ins Leere, wenn sich ihm Gott nicht selbst offenbart, wie er sich zuvor in der Geschichte offenbart hat und sich immer neu in seiner Schöpfung offenbart.

zu (4): Am Ende aber führen alle diese Erfahrungen einzelner Menschen in die Gemeinschaft der Gemeinde Gottes zurück. Sie wird durch den **Psalter**, das Gesangbuch der nachexilischen Gemeinde, repräsentiert. Seine 150 Psalmen, in vielen Jahrhunderten entstanden, zeugen von den vielfältigen Erfahrungen von Menschen mit ihrem Gott. Im gottesdienstlichen Lobpreis bleibt Gottes Wort und Wirken in der Geschichte auch in dieser Spätzeit lebendig – und bleibt es bis heute. Zu Recht trägt daher der Psalter den hebr. Namen sefer tehillim, das heißt: „Buch der Lobpreisungen". Es enthält die vielstimmige Antwort auf Gottes Wort, das immer neu dort ergeht, wo Menschen seinen Namen preisen. In diesem Lobpreis sind alle Fragen, Zweifel und Klagen des Menschen umschlossen.

LEBENSWEISHEIT

Das Buch der Sprüche

Das Buch der Sprüche gehört zu den klassischen Zeugnissen der Weisheitsliteratur. Es enthält eine Fülle von Sinn- bzw. Merksprüchen und Sprichwörtern (hebr. meschalim). Diese wurden in den Weisheitsschulen der Königszeit gelehrt und gewissenhaft gesammelt. So fanden sie in nachexilischer Zeit Eingang in das Buch der Sprüche. Als Begründer weisheitlicher Spruchdichtung gilt König Salomo (965–926 v.Chr.), dessen Weisheit in Israel sprichwörtlich war (1. Kön 5,10). Auf ihn gehen die zwei größten Sammlungen im Buch der Sprüche zurück (Spr 10–22,16 und 25–29). Dagegen sind die Weisheitssprüche Agurs (30) und die bekannte „Lobrede auf die weise handelnde Frau" (31) wohl erst in nachexilischer Zeit hinzugefügt worden. Aus derselben Zeit stammt auch der einleitende Teil des Buchs, der eine grundlegende Einführung in die Weisheitslehre bietet (1–9).

Das Ziel weisheitlicher Spruchdichtung liegt in der Ermahnung zur „Furcht Gottes", das heißt konkret: in der Erziehung zu einem vorbildlichen Lebenswandel im Gehorsam gegenüber Gottes Gebot. Dies gilt als Voraussetzung und Grundlage für ein glückliches und erfolgreichen Leben. Ein „Tor" ist, wer sich nicht daran hält. Er stürzt sich selbst ins Unglück. Wahre Weisheit bedeutet demnach: nicht vom Weg der Gebote abweichen, „weder zur Rechten noch zur Linken"!

An diesen Aussagen lässt sich die Stärke, aber auch die Grenze weisheitlicher Ermahnung ablesen. Ihre besondere Stärke liegt in ihrer pädagogisch-didaktischen Ausrichtung. Ihre Grenze aber hat sie dort, wo sie die Gebote isoliert von ihrem Ursprung in Gott und von der Geschichte des Volkes Gottes betrachtet und diese stattdessen als starre Normen und Gesetze interpretiert werden. Kein anderer als Jesus, der selbst vielfach an die Spruchweisheit anknüpft, hat nachdrücklich vor dieser Gefahr gewarnt (z.B. Mt 23,16ff).

Das Buch im Überblick:

1. <u>Wege zur Weisheit</u>
   Zehn Reden zu weisem Lebenswandel (1–7)
   1. Höre! (1,8–19)
   2. Erforsche! (2,1–22)
   3. Vergiss nicht! (3,1–12)
   4. Sei wachsam! (3,21–35)
   5.–10. Weiche nicht vom Weg ab! (4,1–7,27)

2. Vom Geheimnis der Weisheit
   Die Weisheit spricht (8f)

3. Lebensweisheiten
   Die Sprüche Salomos (10–22,16 und 25–29)

4. Am Ende
   Die Sprüche Agurs und Lemuels (30/31)
   Lobrede auf die Weisheit der Frau (31)

WEGE ZUR WEISHEIT
Sprüche 1–7

Dies sind die Sprüche Salomos,
die Weisheit und rechtes Tun lehren,
damit die Unverständigen
Recht und Gerechtigkeit üben
und ein gottgefälliges Leben führen.
Wer klug und weise sein will,
höre mir zu: 1,1ff

Gottesfurcht ist der Anfang der Weisheit.
Alle Weisheit ist gegründet in Gott.
Wer ihn ehrt
und ihm in Ehrfurcht begegnet,
ist weise und klug,
nicht wie die Verächter,
die auf Weisheit nichts geben
und nicht danach leben. 1,7

1. HÖRE!

Mein Sohn,
höre auf deinen Vater
und tu, was er fordert.
Weiche nicht aus,
wenn deine Mutter etwas befiehlt.
Denn das ehrt dich
und ziert dein Haupt wie eine Krone. 1,8f
Aber höre nicht auf jene,
die dich auf falsche Wege locken.
Sie haben nur Böses im Sinn
und scheuen vor Gewalt nicht zurück. 1,10ff

Doch höre auf die Stimme der Weisheit.
Mitten im lauten Getümmel der Stadt
ist ihre Stimme auf den Straßen
und Plätzen zu hören.
Sie ruft allen zu: „Wie lange noch
wollt ihr spotten ohne Verstand?
Lasst euch zurechtweisen!
Dann will ich meinen Geist
auf euch gießen
und euch mein Wort offenbaren.
Wenn ihr euch aber weigert,
wenn ihr nicht auf meinen Rat hört,
wird großes Leid über euch kommen.
Dann werden sie nach mir rufen,
aber keine Antwort bekommen.
Ja, sie werden mich suchen,
aber nicht finden." 1,20ff

2. ERFORSCHE!

Mein Sohn,
wenn du meine Gebote hältst
und auf Weisheit achtest,
wenn du sie suchst wie Silber
und nach ihr forschst
wie nach einem kostbaren Schatz,
dann wirst du begreifen,
was Gottesfurcht heißt,
und seinen Willen erkennen.
Denn Gott ist es,
der Weisheit und Verstand gibt.
Er lässt es denen gelingen,
die aufrichtig sind, 2,7
und hält seine Hand über denen,
die ihm treu dienen.
Er behütet alle, die Gutes tun
und bewahrt ihren Weg. 2,1–8

3. VERGISS NICHT!

Mein Sohn,
vergiss meine Weisung nicht
und halte meine Gebote.
Das wird dir langes Leben
in Frieden bescheren. 3,1ff
Verlass dich auf den Herrn, deinen Gott,
und nicht auf deinen Verstand,
sondern hab ihn immer vor Augen,
so wird er dich den rechten Weg führen. 3,5f
Und sei nicht ungeduldig,
wenn er dich zurechtweist.
Denn wen der Herr lieb hat,
den weist er zurecht. 3,11f

Glücklich ist der Mensch,
der zur Weisheit gelangt
und Einsicht gewinnt!
Denn die Weisheit
ist mit nichts zu vergleichen.
Sie ist edler als Perlen
und schenkt langes Leben,

Reichtum und Ehre.
Auf ihrem Weg ist Freude
und Friede auf ihrem Pfad.
Bedenke: Gott hat die Erde
durch Weisheit gegründet
und mit Verstand den Himmel
über die Erde gespannt.   3,13–20

4. SEI WACHSAM!

Mein Sohn, sei wachsam!
Achte auf meine Lehre!
Lass sie nicht aus den Augen!
Dann wirst du deinen Weg sicher gehen
und dich nicht auf dem Weg stoßen.
Wenn du dich niederlegst,
wirst du dich nicht fürchten.
Und wenn du liegst,
wirst du in Frieden schlafen.
So fürchte dich nicht
vor plötzlicher Gefahr.
Denn der Herr ist deine Zuversicht.
Er wird deinen Fuß behüten,
dass er nicht in die Falle gerät.   3,21–26

Sträube dich nicht,
wenn dich jemand um etwas bittet!
Weigere dich nicht, ihm Gutes zu tun.
Schick niemanden weg und sag nicht:
„Geh und komm morgen wieder,
dann will ich dir geben,
was du verlangst."   3,28
Führe gegen deine Nachbarn
nichts Böses im Schild!
Zieh niemanden vor Gericht,
der dir nichts getan hat!
Sei nicht neidisch auf andere,
die sich mit Gewalt durchsetzen.
Folge ihnen nicht auf dem Weg!   3,27ff

5. WEICHE NICHT VOM WEG AB!

Höre, mein Sohn, auf meine Rede!   4,10
Ich will dich auf den Weg
der Weisheit führen
und dich auf rechtem Pfad leiten.
Halte fest, was du gelehrt wurdest,
und weiche nicht davon ab!
Lass dich nicht auf den Weg
von Menschen locken,
die nicht nach Gott fragen.   4,14
Denn ihr Weg liegt im Dunkel.
Aber der Pfad der Gerechten
leuchtet wie das helle Licht,
das am Morgen anbricht.   4,18f
Lüge und lästere nicht!
Und weiche nicht vom rechten Weg ab,
weder zur Rechten noch zur Linken!   4,24
Lass dich auch nicht verführen
durch die Frau eines anderen.   5,1ff
Denn Gott sieht die Wege von allen,
und es ist nichts verborgen vor ihm.   5,21

Du Fauler, geh zur Ameise!
Sieh, was sie tut, und lerne von ihr!
Sie sammelt ihre Vorräte im Sommer.
Du aber liegst faul im Bett.
Bedenke: Wenn du noch länger schläfst,
wird die Armut wie ein Dieb
über dich kommen.   6,6ff

Sechs, ja sieben Dinge
sind Gott ein Gräuel:
Augen, die auf andere herabschauen,
eine Zunge, die Unwahres sagt,
Hände, die unschuldiges Blut vergießen,
Füße, die eilen, andern zu schaden,
Zeugen, die vor Gericht falsch aussagen,
und Menschen, die Streit stiften
unter Geschwistern.   6,16ff

Mein Sohn,
höre auf das Gebot deines Vaters
und weiche nicht ab
von den Ermahnungen,
die deine Mutter dich lehrt.   6,20
Denn das Gebot
ist dein Licht auf deinem Weg.
So wirst du davor bewahrt,
dass dich die Frau deines Nachbarn
oder eine Fremde verführt.   6,23f
Darum bewahre meine Gebote
und hüte meine Weisungen
wie deinen Augapfel.
Schreibe sie in dein Herz!
Dann wirst du leben.   7,1f

Mit diesen Mahnreden werden im ersten Teil die Grundlagen der Weisheitslehre gelegt. Sie beginnen jeweils mit der Anrede „Mein Sohn", was auf eine typische Lehrsituation schließen lässt. In 10 „Lektionen" weist der Weisheitslehrer seinen Schüler an, den Weg zur Weisheit zu entdecken und selbst zu beschreiben. Dabei wird deutlich: Die Weisheitslehre versteht sich als Mahnung und praktische Anweisung zu einem sinnerfüllten und ethisch korrekten Leben. Entscheidende Voraussetzung dafür ist die „Furcht des Herrn", die Umsetzung des Ersten Gebots im Lebensvollzug. Luther hat es in seiner Auslegung zum 1. Gebot auf die klassische Formel gebracht: „Wir sollen Gott über alle Dinge fürchten, lieben und vertrauen." Damit sind klare Prioritäten gesetzt: In allem, was der Mensch denkt und tut, soll er seinen Gott ehren und ihm die erste Stelle in seinem Leben einräumen. Dies wird ganz praktisch daran erkennbar, ob er sich in allen Fragen des Lebens an die Zehn Gebote hält, auch in der Beziehung zwischen Mann und Frau. Weil sie als Spiegel für das Verhältnis Gott und Mensch dienen, wird diesem Thema hier besonders viel Raum eingeräumt (6,20ff).

Gott kommt in den Mahnreden nur indirekt zur Sprache. Stattdessen spricht die Weisheit, die in personifizierter Gestalt einer Frau vorgestellt wird (1,20ff). Durch sie wird ein wichtiges Gegengewicht zu der sonst ausschließlich an Männern orientierten Lehrsituation hergestellt.

VOM GEHEIMNIS DER WEISHEIT
Sprüche 8–9

Hört ihr die Stimme der Weisheit?
Sie wartet an der Straße,
wo die Wege sich kreuzen,
und an den Toren der Stadt,
Dort steht sie und ruft laut hinaus:

Ihr Männer ohne Verstand,
euch rufe ich zu:
Nehmt endlich Verstand an!
Werdet klug und weigert euch nicht.
Nehmt zu Herzen,
was ich euch verkünde.
Denn was ich rede, ist gut,
und was mein Mund spricht,
ist wahr und gerecht.
Es ist nichts Falsches in meinen Worten. 8,5ff
Achtet meine Weisung mehr als Silber
und Erkenntnis höher als kostbares Gold.
Denn Weisheit ist besser als Perlen.
Nichts auf der Welt ist ihr gleich. 8,10f

Ich, die Weisheit,
wohne nah bei der Klugheit.
Bei mir findet ihr guten Rat.
Wer Gott fürchtet und ehrt,
der hasst das Böse.

Stolz und Hochmut,
böse Taten und Lügen
sind mir zuwider.
Ich habe Verstand und Macht
und weiß auch stets guten Rat.
Durch mich regieren Könige
und sprechen Mächtige Recht.
Wer mich liebt, den liebe auch ich.
Und wer mich sucht, findet auch mich. 8,12ff

Ich war von Anfang an da.
Noch ehe die Welt erschaffen war,
war ich schon da.
Als Gottes geliebtes Kind
war ich täglich um ihn.
Ich war seine Freude und Lust.
Auf seiner Erde durfte ich spielen
und mich an den Menschen erfreuen. 8,22ff

So hört nun, meine Söhne, auf mich!
Glücklich sind alle,
die meine Wege bewahren,
die täglich an meiner Tür wachen
und an meinem Tor warten!
Denn wer mich findet, findet das Leben
und findet Gefallen bei Gott.

Sprüche

Wer mich aber nicht findet,
verfehlt sein Leben,
und wer mich hasst,
findet den Tod. 8,32ff

So ruft die Stimme der Weisheit
und lockt alle mit werbenden Worten.
Sie wohnt in einem Haus,
mit sieben Säulen geschmückt.
Dort hat sie ein reiches Mahl zubereitet.
Der Tisch ist schon gedeckt.
Die Mägde sind ausgesandt,
die Gäste zum Mahl einzuladen.
Den Menschen ohne Verstand
ruft sie zu:
„Kommt, kehrt bei mir ein!
Esst von dem Brot
und trinkt von dem Wein,
den ich bereitet habe.
Legt eure Torheit ab,
dann werdet ihr leben.

Nehmt doch Verstand an
und wählt den Weg der Klugheit!
Denn Gottesfurcht
ist der Anfang der Weisheit.
Und wer den Heiligen erkennt,
der hat Verstand." 9,1–10

Die Torheit aber gleicht einer Frau,
die keine Scham kennt.
Wild und verführerisch
sitzt sie vor ihrem Haus
auf erhabenem Stuhl
und lockt alle an,
die an ihr vorübergehen.
„Kommt", ruft sie,
„kehrt bei mir ein!
Gestohlenes Wasser schmeckt süß.
Und verbotenes Brot schmeckt fein."
Aber nur die Törichten hören auf sie.
Sie ahnen nicht,
dass nur Tote dort wohnen. 9,13ff

Diese einzigartige Rede in Form eines kunstvoll aufgebauten Gedichtes bildet die heimliche Mitte des Buchs. In ihr stellt sich die Weisheit, wie auch schon in 1,20ff, als Person vor, und zwar in Gestalt einer Frau, die durch ihre gewinnenden Worte einen neuen Ton innerhalb der oft spröden Spruchweisheit anschlägt und ein deutliches Korrektiv zu der sonst männlich geprägten Lehrsituation darstellt.

Das Geheimnis der Weisheit wird in drei Strophen entfaltet:
• In der 1. Strophe tritt die Weisheit werbend auf. Nachdrücklich fordert sie dazu auf, doch endlich Verstand anzunehmen und auf die Stimme der Weisheit zu hören (8,4ff).
• In der 2. Strophe zeigt sie den Wert und die Früchte der Weisheit auf (8,12ff).
• Aber erst in der 3. Strophe gibt sie darüber Auskunft, worin ihre Einmaligkeit besteht (8,22ff). Ihr Ursprung bei Gott vor Erschaffung der Welt verleiht ihr jene einzigartige Bedeutung als Mittlerin zwischen Gott und Mensch, die in jüdischer Tradition sonst einzig der Tora zukommt. Im Zeugnis des Neuen Testaments ist sie allein Jesus Christus vorbehalten. Von ihm heißt es in den großen Christushymnen des Neuen Testaments: Er ist das wahre Wort Gottes, das im Anfang bei Gott war (Joh 1,2). „Er ist der Erstgeborene vor der ganzen Schöpfung" und „in ihm ist alles geschaffen" (Kol 1,15f). „In ihm hat er uns (schon) erwählt, ehe der Grund der Welt gelegt war ..." (Eph 1,4).

Das Gedicht endet bezeichnend mit einer Mahnung in Verbindung mit einer Seligpreisung (8,32.34). Dabei wird erneut deutlich, dass sich der Mensch zwischen zwei Wegen zu entscheiden hat: zwischen dem Weg des Lebens und dem Weg, der in den Tod führt. Der Gedanke wird im folgenden Kapitel fortgeführt und in der kontrastierenden Bildrede von Frau Weisheit und Frau Torheit, die zum Gastmahl laden, noch plastisch unterstrichen. Das Bild nimmt Jesus im Gleichnis vom großen Gastmahl auf (Lk 14,15ff), hier allerdings mit der befreienden Botschaft, dass Gottes Einladung weiter reicht und nicht nur Kluge und Törichte in Israel, sondern alle Menschen erreicht.

LEBENSWEISHEITEN
Sprüche 10–22,16

Dies sind die Sprüche Salomos,
gesammelt und aufgeschrieben für alle,
die ein weises Leben führen wollen, wie Gott es gefällt.

Ein weiser Sohn erfreut seinen Vater,
aber ein dummer bereitet der Mutter Kummer.

Unrecht erworbenes Gut rettet nicht.
Aber Gerechtigkeit rettet vom Tod.   10,2

Lässige Hände machen arm.
Aber fleißige Hände machen reich.   10,4

Hass stiftet Streit.
Aber die Liebe deckt Fehltritte zu.   10,12

Das Warten der Gerechten bringt Freude.
Aber die Hoffnung der Gottlosen vergeht.   10,28

Der Segen der Frommen bringt eine Stadt hoch.
Aber der Mund der Gottlosen bringt sie zu Fall.   11,11

Eine aufrichtige Frau erfährt Ehre.
Wer aber Aufrichtigkeit hasst, ist eine Schande.   11,16

Wer barmherzig ist, tut sich selbst Gutes.
Wer aber hartherzig ist, schadet sich selbst.   11,17

Einer teilt reichlich aus und hat doch immer mehr.
Ein anderer geizt und wird doch immer ärmer.   11,24

Wer reichlich gibt, dem wird reichlich gegeben.
Und wer reichlich tränkt, wird reichlich getränkt.   11,25

Lügenmäuler sind Gott ein Gräuel.
Aber die Ehrlichen finden Gefallen bei Gott.   12,22

Ein Kluger trägt seine Klugheit nicht zur Schau.
Aber ein Tor posaunt seine Torheit hinaus.   12,23

Der Faule will und kriegt's doch nicht.
Aber die Fleißigen kriegen genug.   13,4

Das Licht der Gerechten brennt hell.
Aber die Lampe der Gottlosen erlischt.   13,9

Wer das Wort Gottes missachtet, trägt auch die Folgen.
Wer aber das Gebot achtet, wird auch belohnt.   13,13

Wer seinen Nächsten verachtet, begeht Sünde.
Aber wohl denen, die sich über die Armen erbarmen.   14,21

Wer den Herrn fürchtet und ehrt, wohnt sicher.
Gott wird auch seine Kinder beschirmen.   14,26

Die Furcht Gottes ist eine Quelle des Lebens.
Sie befreit von den Stricken des Todes.   14,27

Wer einen Armen verletzt, verhöhnt dessen Schöpfer.
Wer sich aber über Arme erbarmt, der ehrt Gott.   14,31

Gerechtigkeit macht ein Volk groß.
Aber die Sünde stürzt es ins Verderben.   14,34

Eine sanfte Antwort lindert den Zorn.
Aber ein harsches Wort ruft ihn hervor.   15,1

Besser ein Gericht Kraut, mit Liebe gekocht,
als ein gemästeter Ochse mit Hass.   15,17

Das Herz des Menschen denkt sich seinen Weg.
Aber der Herr lenkt allein seinen Schritt.   16,9

Wer sich zugrunde richten will, wird zuvor stolz.
Denn Hochmut kommt vor dem Fall.   16,18

Wer Gutes mit Bösem vergilt,
aus dessen Haus wird das Böse nicht weichen.   17,13

Wer den Schuldigen gerecht spricht,
aber nicht den Gerechten, ist Gott ein Gräuel.   17,15

Ein fröhliches Herz tut auch dem Leib gut.
Aber ein betrübter Geist lässt die Glieder verdorren.   17,22

Der Name des Herrn ist wie eine feste Burg.
Wer sich dorthin flüchtet, ist geborgen.   18,10

Faulheit macht müde.
Und wer nichts tut, muss Hunger leiden.   19,15

Wer das Gebot bewahrt, rettet sein Leben.
Wer es aber nicht beachtet, wird sterben.   19,16

Wer sich über Arme erbarmt, leiht dem Herrn.
Der wird ihm seine guten Taten vergelten. 19,17

Jeder Mensch hält seinen Weg für richtig.
Aber Gott der Herr prüft ihre Herzen. 21,2

Wer seine Ohren verstopft und nicht hört,
wenn die Armen zu ihm schreien,
wird auch nicht erhört, wenn er selbst um Hilfe ruft. 21,13

Der 3. Teil des Buches enthält Spruchsammlungen, die großenteils auf König Salomo und seine Weisheitsschule zurückgeführt werden. In ihnen findet sich eine Fülle von Lebensweisheiten, die in Merk- bzw. Denksprüche gefasst sind. Diese Merksprüche (hebr. meschalim) weisen alle eine gemeinsame charakteristische Form auf. Kennzeichnend ist ihre Prägnanz, mit der jeweils eine allgemeine Wahrheit pointiert durch einen Zweizeiler ausgedrückt wird. Meist ist dieser als Gegensatzpaar so formuliert (= „antithetischer Parallelismus"), dass dadurch die jeweilige Pointe noch deutlicher hervortritt.

Inhaltlich kreisen die Merksätze der Spruchsammlungen meist um alltägliche Themen, z.B. arm und reich, fleißig und faul, weise und töricht. Sie vermitteln Lebensweisheiten, die zwar allgemein menschliche Erfahrungen wiedergeben, aber hier eindeutig an der Tora festgemacht werden. An ihr entscheidet sich, wer zu den „Klugen" und wer zu den „Toren" zählt, wobei „Torheit" nicht nur mit „Dummheit" gleichzusetzen ist. Torheit bedeutet viel grundsätzlicher die bewusste Missachtung der Gebote Gottes, damit aber auch die eigenmächtige Preisgabe der eigenen, einzig tragfähigen Lebensgrundlage. Ein Tor ist, wer dies gegen besseres Wissen tut. Der Gehorsam gegenüber Gottes Gebot – als Ausdruck gelebter Frömmigkeit bzw. „Gottesfurcht" – ist demnach auch in diesem 3. Teil Grund und Mitte aller Weisheit. Ihr sind alle anderen Lebensweisheiten unterzuordnen.

Was die Abfolge der einzelnen Merksätze betrifft, so lässt sich in den Sprüchen Salomos kein erkennbarer Aufbau feststellen. Wie eine Perlenschnur reiht sich Spruch an Spruch, oft nur durch ein Stichwort assoziativ miteinander verbunden – ein Hinweis darauf, dass diese Sprüche häufig mündlich weitergegeben wurden. Solche Merksprüche waren auch noch zur Zeit Jesu lebendig und in rabbinischer Lehrtradition rege im Umlauf. Auch in den Reden Jesu findet sich eine große Anzahl ähnlicher Merksprüche, scheinbar nur assoziativ aneinandergereiht, aber sachlich als Auslegung der Tora miteinander verbunden (vgl. dazu Mt 6f; 18 und 23). Auch die ethischen Anweisungen in den neutestamentlichen Briefen wie auch die sog. „christlichen Haustafeln" zeigen vielfache Bezüge zu den Sprüchen auf (vgl. z.B. Röm 12; Eph 6,22ff; Kol 3,18ff u.ö.).

Sprüche

AM ENDE
Sprüche 30–31

Dies sind die Worte **Agurs**,
des Weisen aus Massa:

Ich habe mich bemüht, o mein Gott,
ich habe mich wirklich bemüht.
Doch nun bin ich am Ende.
Ich bin mit meiner Klugheit gescheitert.
Menschliche Einsicht habe ich nicht.
Ich habe auch nicht gelernt,
weise zu sein.
Denn unmöglich ist es,
den heiligen Gott zu ergründen.   30,1ff

Wer stieg je zum Himmel hinauf
und kam wieder auf die Erde herab?
Wer hat den Wind mit Händen gefasst
und die Wasser in ein Tuch eingebunden?
Wer hat die Enden der Erde gesetzt?
Wie heißt er? Und wie heißt sein Sohn?
Weißt du es?   30,4

Alle Worte Gottes sind lauter und klar.
Er ist ein Schild für alle,
die Schutz bei ihm suchen.
Auf sein Wort ist Verlass.
Niemand füge ihm ein Wort hinzu.
Sonst werden seine Worte geprüft.
Am Ende steht er als Lügner da.   30,5f

Zwei Dinge erbitte ich,
Herr, von dir,
ehe ich sterbe.
Ich bitte dich:
Schlag meine Bitte nicht ab!
Nimm alle Falschheit von mir!
Nach Armut und Reichtum
frage ich nicht.
Gib mir aber so viel an Nahrung,
wie du mir bestimmt hast.
Ich könnte dich sonst verleugnen
und sagen:
„Wer ist denn der Herr?"
Oder ich könnte sogar
ans Stehlen geraten
und deinem Namen Unehre machen.   30,7ff

Es gibt vier Tiere auf Erden,
die sind die Kleinsten von allen.
Und doch sind sie klüger
als alle Weisen.

An erster Stelle die *Ameisen*:
Sie sind nur ein schwaches Völkchen.
Doch schaffen sie im Sommer
ihre ganze Nahrung herbei.
Dann die *Klippdachse*.
Auch sie sind ganz schwach.
Doch bauen sie ihr Haus in die Felsen.
Auch die *Heuschrecken*
sind nur ein schwaches Volk ohne König.
Dennoch zieht ihr Heer geordnet
zum Kampf aus.
Und zuletzt die *Eidechsen*.
Man kann sie mit Händen fangen,
so klein und unbedeutend sind sie.
Und dennoch findet man sie
sogar in Königspalästen.   30,24ff

Darum halte deinen Mund zu.
Überlege erst, was du sagst oder tust!
Und prüfe genau,
ob du dich nicht selbst überschätzt.   30,32

— — —

Und dies sind die Worte **Lemuels**,
des Königs von Massa,
die ihn seine Mutter gelehrt hat:

Du mein geliebter Sohn,
von Gott erbeten.
Lass dich nicht durch Frauen verführen
und geh nicht den Weg,
auf dem auch Könige zu Fall kommen!
Gib dich nicht dem Wein hin.
Denn dies steht einem König nicht an.
Er könnte sonst über dem Wein
das Recht der Rechtlosen vergessen
und sich das Leiden der Armen
nicht mehr zu Herzen nehmen.
Du aber, tu deinen Mund auf
für die Stummen,
die selbst keine Stimme haben!

Nimm dich ihrer an!
Lass Gerechtigkeit walten
und schaffe den Armen
und Rechtlosen Recht. 31,1–9

– – –

So endet das Buch der Sprüche.
Das letzte Wort aber gilt den Frauen,
die Haus und Hof
mit Weisheit und Umsicht verwalten.
Unter allen Menschen auf Erden
gebührt ihnen das höchste Lob:

Wem solch eine Frau geschenkt ist,
der hat einen kostbaren Schatz,
kostbarer als edle Korallen.
Ihr Mann verlässt sich auf sie.
Sie sorgt dafür,
dass ihm nichts fehlt.
Ihr Leben lang tut sie ihm Gutes
und nichts, was ihm schadet.
Die Arbeit geht ihr leicht
von den Händen.
Wie ein Handelsschiff schafft sie
von weither Nahrung herbei.
Schon vor Anbruch des Tages
ist sie auf den Beinen
und sorgt für Knechte und Mägde
und alle, die im Haus dienen.
Von dem Ertrag ihrer Arbeit
kauft sie sich Land
und pflanzt einen Weinberg darauf.
Auch teilt sie gerne an andere aus,
die selbst nichts haben. 31,20
Sie sorgt sich nie
um den kommenden Tag. 31,25
Und wenn sie spricht,
kommen aus ihrem Mund
weise und freundliche Worte. 31,26
Sie schaut stets nach dem Rechten
und teilt ihr Essen nicht mit den Faulen.
Ihre Söhne stehen vor ihr auf
und preisen sie glücklich.
Auch ihr Mann überschüttet sie
mit lobenden Worten:
„Es gibt wohl viele tüchtige Frauen.
Doch du übertriffst sie alle!" 31,29
Denn Schönheit bedeutet nichts.
Aber eine Frau, die den Herrn fürchtet,
die verdient Lob.
Man wird sie in der ganzen Stadt rühmen.

Zu den „Sprüchen Salomos" sind am Ende noch diese drei Texte hinzugefügt worden. Sie stellen eine wichtige Ergänzung zu den „Sprüchen Salomos" dar, indem sie das einseitige Welt- und Menschenbild der Spruchweisheit behutsam korrigieren.

(1) Dies geschieht zum einen durch die Weisheitssprüche Agurs (Spr 30), eines sonst unbekannten Weisen aus Massa, irgendwo im Osten von Israel. Seine Sprüche sind von der Einsicht bestimmt, dass letztlich alles Mühen des Menschen vergeblich ist. Der Mensch kann Gottes Wege und Weisheit nicht ergründen. Er kann sich nur an das Wort Gottes halten, das ihm offenbart ist (30,5f). Er kann auch nicht aus eigener Kraft ein untadeliges Leben führen, sondern nur demütig Gott darum bitten (30,7ff). Auch der Blick in die Natur, die selbst in den kleinsten Lebewesen Gottes unergründliche Weisheit offenbart (30,24ff), lehrt den Menschen, in Demut die eigenen Grenzen der Erkenntnis anzunehmen.

Mit dieser neuen Erfahrung leitet das Buch der Sprüche am Ende bereits zu der Botschaft eines Kohelet (Prediger) und Hiob über, die ihrerseits eine Weiterführung weisheitlicher Lehre darstellt.

(2) Der zweite Text handelt von der Unterweisung eines Königs durch seine Mutter. Als solcher bildet auch er ein bemerkenswertes Gegengewicht zu der sonst am Vater bzw. am Lehrer orientierten Weisheitslehre.

(3) Überraschend ist aber vor allem der Schluss. Er endet mit einer Lobrede auf die Frau, die mit Weisheit ihrem Haus vorsteht. Das Bild dieser Frau ist zwar stark idealisiert, aber mit ihm wird das negative Frauenbild in den Sprüchen Salomos (z.B. in 5,1ff / 19,13) abschließend korrigiert. Es wäre allerdings missverständlich, wollte man im Bild dieser Frau nur das Ideal einer „tüchtigen Hausfrau" sehen, wie es die Überschrift mancher Bibelausgaben irrtümlich

vorgibt. Diese Frau verkörpert vielmehr die Weisheit in Reinform, nun aber ganz realistisch und mit prallem Leben gefüllt. Als solche bildet sie die irdische Entsprechung zu der verklärten Darstellung der Weisheit in Gestalt einer Frau, die nach Kap 8 vor aller Welt bei Gott war. Die Lobrede auf die weise Frau führt dagegen die Weisheit in die Wirklichkeit zurück, „erdet" sie gleichsam und verhindert damit, dass sich das Nachdenken über die Weisheit in Spekulationen verliert. Weisheit bleibt in dieser Lobrede ganz konkret und diesseitig erfahrbar, mitten im Alltag einer Frau, der nach damaligem Verständnis zwar in der Öffentlichkeit und insbesondere im politischen Leben wenig Beachtung geschenkt wurde, der aber in hellenistischer wie auch in jüdischer Vorstellung große Bedeutung im Haus zukommt. Als Frau des Hauses steht sie im Zentrum des Geschehens, Ehefrau, Mutter, Arbeitgeberin und Unternehmerin zugleich. Mit ihrem liebevoll gezeichneten Bild vollzieht sich am Ende des Buchs eine enorme Aufwertung der Frau, die von Liebe und Achtung gezeichnet ist. Sie findet auf anderer Ebene ihre Fortsetzung im Hohenlied der Liebe.

LEBENSERFAHRUNG

Das Buch des Kohelet (Prediger)

Dieses Buch zählt zu den spätesten Zeugnissen des Alten Testaments. Seine Abfassung war vermutlich erst 200 v.Chr. abgeschlossen. Noch zur Zeit Jesu war seine Aufnahme in den Kanon des Alten Testaments umstritten und wurde erst 90 n.Chr. endgültig entschieden. Aus heutiger Sicht jedoch nimmt das Buch unter den Lehrbüchern des Alten Testaments einen wichtigen Platz ein und ist zum Verständnis der Weisheitsliteratur unverzichtbar. In der Anordnung der Bücher folgt (in christlichen Bibelausgaben) der „Prediger" unmittelbar auf das Buch der Sprüche. Dies erklärt sich zum einen daraus, dass sich beide Bücher auf König Salomo berufen. Zum andern bezieht sich der Prediger inhaltlich unmittelbar auf die Spruchweisheit und setzt sich kritisch mit deren Menschenbild auseinander.

Über die Person des Predigers ist nur wenig bekannt. Sein Name Kohelet (dt. „Gemeindeleiter") deutet darauf hin, dass er vermutlich eine verantwortliche Stellung innerhalb der jüdischen Gemeinde innehatte. Außerdem findet sich im Anhang des Buchs noch eine wichtige Information zu seiner Person: „Kohelet war nicht nur ein weiser Gelehrter, sondern lehrte auch das einfache Volk ... und dichtete viele Sprüche" (Koh 12,9f). Kohelet versteht sich demnach als Weisheitslehrer. Aber zugleich sieht er sich aufgrund eigener Erfahrung veranlasst, die traditionelle Weisheitslehre kritisch zu hinterfragen, sofern diese nicht mit seiner eigenen Erfahrung übereinstimmt. Angesichts der Endlichkeit des Menschen kommt er zu dem Schluss, dass letztlich all sein Mühen, sei es gut oder böse, nichtig ist und „wie ein Windhauch, so flüchtig". Seine ernüchternde Erkenntnis treibt den Prediger aber nicht in die Resignation, auch nicht in fatalistische Ergebung in sein Schicksal, sondern zur Annahme der geschöpflichen Grenzen, die dem Menschen gesetzt sind, sowohl hinsichtlich seiner Erkenntnis als auch in Bezug auf seine Lebenserwartung. Innerhalb dieser vorgegebenen Grenzen sieht der Prediger den Raum gegeben, in dem der Mensch sein Leben als Gottes Gabe und Aufgabe bejahen und gestalten kann und soll. „Carpe diem" – Nutze die Zeit und freu dich am Leben, das Gott dir zugeteilt hat! Das ist die Folgerung, die der Prediger aus seiner Einsicht in die Endlichkeit des Menschen zieht. Sie hat aber keine Abkehr von Gott zur Folge. Vielmehr bleibt der Prediger in der Bejahung seiner Geschöpflichkeit seinem Schöpfer verantwortlich. „Gottesfurcht" ist und bleibt auch für ihn die leitende Lebensaufgabe.

Das Buch im Überblick:

1–2	„Alles Leben ist nichtig"
	1. Gedicht: Über die Vergänglichkeit
3–4	„Alles hat seine Zeit"
	2. Gedicht: Über die Zeit
6,10–9,6	Was ist Weisheit?
	Anfrage an die Spruchweisheit
11–12	„Freu dich des Lebens!"
	3. Gedicht: Über Alter und Tod

ALLES LEBEN IST NICHTIG
Kohelet 1–2

So sprach der Prediger,
der Sohn Davids,
der König in Jerusalem war: 1,1

Alles Leben ist nichtig
und wie ein Windhauch so flüchtig.
Was hat denn der Mensch davon,
dass er sich Tag für Tag müht?
Ein Geschlecht löst das andere ab.
Eines vergeht, ein anderes kommt.
Aber die Erde bleibt, wie sie ist,   1,3f
Die Sonne geht auf und geht unter.
Der Wind dreht nach Süden,
dann dreht er wieder nach Norden.
Am Ende kehrt er wieder zurück.   1,5ff
Alle Flüsse fließen ins Meer.
Aber das Meer wird deshalb nicht voller.
Sie fließen und fließen
und kehren am Ende wieder
zu ihrem Ursprung zurück.
So ist es auch mit den Menschen: 1,7
Sie reden und reden
und kommen doch nicht zu Ende.
Sie sehen und sehen doch nicht genug.
Sie hören und hören doch nicht genug.   1,8
Was früher war, wird wieder geschehen.
Was vorzeiten gemacht wurde,
wird wieder gemacht.
Denn es geschieht nichts Neues
unter der Sonne.   1,9

Ich war König zu Jerusalem
und hatte mir vorgenommen,
alle Weisheit der Welt zu erforschen
und zu erfahren,
warum Gott den Menschen
solch sinnlose Mühe auferlegt hat.   1,12f
Ich sah auf alles,
was unter der Sonne geschieht.
Doch es war alles ganz nichtig,
nur wie ein Windhauch so flüchtig.   1,14
Ich hatte mehr Weisheit
als alle Herrscher zuvor
und wollte noch weiser sein.
Aber dann merkte ich,
dass auch meine Weisheit nichts war,
nur wie ein Windhauch,
nichtig und flüchtig.   1,17
Denn wo viel Weisheit ist,
da ist auch viel Kummer und Gram.
Und wer viel erkannt hat,
muss auch viel leiden.   1,18

Da nahm ich mir vor:
Ich will einfach nur
genießen und leben.
Aber auch das war nichtig und flüchtig.
Großes hab ich geleistet:
Ich baute Häuser,
legte Weinberge an,
pflanzte Gärten
mit fruchtbaren Bäumen
und baute Teiche,
um sie zu bewässern.
Ich besaß viele Dienerinnen und Diener
und mehr Reichtümer als alle,
die vor mir in Jerusalem waren.
Aber als ich auf die Mühe sah,
die damit verbunden war,
erkannte ich:
Auch dies war alles ganz nichtig,
nur wie ein Windhauch, so flüchtig.   2,1–11

Da sagte ich mir:
Wenn es mir genauso ergeht
wie den Menschen,
die ohne Verstand dahinleben,
warum habe ich mich dann
um Weisheit bemüht?
Denn auch das war nichtig.
Als ich das sah,
hatte ich keine Lust mehr zu leben.
Alles, was unter der Sonne geschah,
hatte ich leid, denn ich sah:
Alles war nichtig
und wie ein Windhauch so flüchtig.
Wie konnte ich wissen,
ob ich weise war oder auch nicht?
Wie sollte ich über das herrschen,
was ich mit so viel Mühe
erworben hatte?
Denn auch das war nichtig.   2,15ff

Da wollte ich fast verzweifeln,
als ich daran dachte,
wie ich mich abgemüht hatte.
Denn alles, was der Mensch schafft
und mit Weisheit erwirbt,
muss er am Ende
einem andern vererben.
Was hat er dann von all seiner Mühe,
von seinen Sorgen
und schlaflosen Nächten?
Auch sie sind nichtig. 2,20ff

Ist es da nicht besser,
wenn ein Mensch isst und trinkt
und seine Arbeit mit frohem Mut tut?
Auch das kommt von Gott.
Denn wer kann ohne ihn
sein Essen genießen? 2,24f

Der Prediger setzt mit einem kunstvoll gestalteten Gedicht ein. Sein Thema ist die Vergänglichkeit und Hinfälligkeit all dessen, was der Mensch plant oder unternimmt, sei es ein König wie Salomo oder ein ganz normaler Mensch. Dennoch darf man hinter diesen Aussagen keine Weltverneinung und resignative Grundhaltung vermuten. Es ist vielmehr die Einsicht in den Lauf der Welt, dem sich der Prediger beugt. Auch der Mensch hat am Werden und Vergehen teil, am Kommen und Gehen. Diese Erkenntnis bewahrt ihn davor, sich selbst in seiner Bedeutung zu überschätzen und seine geschöpflichen Grenzen überschreiten zu wollen. Am Beispiel von König Salomo, dessen Weisheit sprichwörtlich war, wird deutlich: Auch er muss eingestehen, dass nicht nur sein Reichtum, sondern auch sein Streben nach Weisheit letztlich „eitel", das heißt unbeständig und ohne dauerhaften Wert ist.

ALLES HAT SEINE ZEIT
Kohelet 3 und 4

Dies ist die Erfahrung, die der Prediger
mit allen Menschen teilt:

Alles hat seine Zeit.
Und alles, was unter dem Himmel
auf Erden geschieht,
hat seine bestimmte Stunde:

Geboren werden und Sterben
hat seine Zeit.
Pflanzen und ausrotten
hat seine Zeit. 3,2

Töten und heilen
hat seine Zeit.
Abbrechen und aufbauen
hat seine Zeit. 3,3

Weinen und lachen
hat seine Zeit.
Klagen und fröhlich tanzen
hat seine Zeit. 3,4

Steine wegräumen
und Steine sammeln
hat seine Zeit.
Einander liebkosen
und nicht mehr liebkosen –
auch das hat seine Zeit. 3,5

Verlieren und suchen
hat seine Zeit.
Aufbewahren und wegwerfen
hat seine Zeit. 3,6

Zerreißen und wieder zunähen
hat seine Zeit.
Schweigen und reden
hat seine Zeit. 3,7

Lieben und hassen
hat seine Zeit.
Sich streiten und wieder versöhnen
hat seine Zeit. 3,8

Prediger / Kohelet

Du magst dich mühen,
wie du auch willst.
Aber am Ende
hast du doch nichts davon.   3,9
Denn Gott hat den Menschen
Arbeit gegeben,
damit sie all ihre Mühe
darauf verwenden.
Er hat alles zur rechten Zeit
wohl gemacht.
Auch hat er den Menschen
ein Verlangen nach der Ewigkeit
ins Herz gelegt.
Aber er kann weder ihren Anfang
noch ihr Ende ergründen.   3,11

Da sah ich ein,
dass es für Menschen
nichts Besseres gibt,
als sich am Leben zu freuen.
Denn wer mit Freude isst und trinkt
und tut seine Arbeit mit frohem Mut,
der ist eine Gabe Gottes.   3,13
Aber alles, was Gott tut,
das besteht ewig.
Ihm kann nichts hinzugefügt werden.   3,14
So hat es Gott weise geordnet,
damit man ihn ehrt.

Aber ich sah auch Menschen,
die verweigerten Gott die Ehre.
Sie fragten auch nicht
nach Recht oder Unrecht,
sondern lebten dahin wie das Vieh.
Darum wird es ihnen
auch wie dem Vieh ergehen.   3,16ff
Denn der Mensch
hat nichts den Tieren voraus.
Alles Leben ist vergänglich
und wird wieder zu Staub.   3,19f
Darum kann ein Mensch
nichts Besseres machen,
als seine Arbeit mit Freuden tun.
Denn dies hat ihm Gott zugewiesen.   3,22

Wer aber allein ist
und hat weder Kinder noch Bruder,
der fragt sich: „Wozu alle Mühe?
Für wen mache ich das
und gönne mir selbst nichts Gutes?
Ist doch alles umsonst, was ich tue!"
Darum ist es besser,
zu zweit zu sein als immer allein.
Kommt einer von beiden zu Fall,
so hilft ihm der andere auf.
Doch wehe, wenn einer allein ist!
Wenn er fällt,
hilft ihm kein anderer auf.   4,8ff

Dieses Kapitel enthält das zweite große Weisheitsgedicht und den wohl bekanntesten Text aus dem Buch des Predigers. In ihm wird über die Zeit als unveränderliche Bestimmung für den Menschen nachgedacht, doch nicht in Form einer philosophisch-theoretischen Abhandlung, sondern als Ergebnis eigener Wahrnehmung und Erfahrung. In 7 Strophen schreitet der Dichter jeweils vier Bereiche menschlichen Lebens ab. Und je weiter er fortschreitet, desto mehr wächst in ihm die Einsicht, dass alles vorherbestimmt ist, Kommen und Gehen, Werden und Vergehen, Freuden und Leiden. Gott hat in seiner Weisheit allem Leben seine Zeit zugemessen. Kein Mensch kann selbstherrlich über sie verfügen. Man kann sich nur in Gottes Schöpfungsordnung fügen. In ihr hat die Zeit ihren festen Ort von Gott zugewiesen bekommen, noch vor Erschaffung von Mensch und Tier. Sie gilt daher gleicherweise für beide, Mensch und Tier. Wer sie bejaht und damit auch seine Endlichkeit bejaht, gibt Gott die Ehre (3,14). Er allein ist ewig.

Prediger / Kohelet

WAS IST WEISHEIT?
Kohelet 6,10–8,17

So fragt der Prediger
jene Lehrer der Weisheit,
die nur trockenes Wissen vermitteln
und nicht aus eigener Erfahrung reden:

Wer weiß, was ein Mensch
im Leben am nötigsten hat?
Ist doch sein Leben nur kurz
und schwindet dahin wie ein Schatten!
Oder wer kann ihm sagen,
was danach kommt? 6,12

Sie lehren:
„Es ist besser,
auf die Mahnung eines Weisen
als auf das Loblied von Toren zu hören." 7,1ff
Aber bedenke: Auch die Weisen
werden durch Bestechung verdorben.
Ihr Gewinn, unrecht erworben,
macht sie zu Toren.
Ihr Ende ist noch nicht gewiss. 7,7f

Sie lehren:
„Früher war alles viel besser.
Wie kommt es, dass es heute
nicht mehr so ist?"
Aber so soll man nicht fragen.
Es zeugt nicht von Weisheit. 7,10
Besser ist es, eine Sache
vom Ende her zu betrachten,
als ihren Anfang zu rühmen. 7,8

Sie lehren:
„Weisheit ist so viel wert
wie ein reiches Erbe.
Denn wie das Geld,
so gibt dir Weisheit sicheren Schutz.
Sie kann dein Leben erhalten." 7,12

Aber schau genau hin
und sieh, was Gott tut!
Wer kann geradebiegen,
was er gekrümmt hat?
Darum freu dich,
wenn dein Tag gut ist. 7,13

Doch bedenke:
Auch den schlechten Tag
hat Gott geschaffen.
Du weißt nicht,
was in Zukunft geschieht.
Es ist allein Gottes Sache.

Sie lehren:
„Wer Gottes Gebote hält,
dem wird es gut gehen."
Aber ich habe auch anderes gesehen:
Menschen, denen es schlecht ging,
obwohl sie Gottes Gebote hielten,
und andere, die nicht nach Gott fragten,
und dennoch lange Zeit glücklich lebten. 7,15

Sie lehren:
„Wer sein Leben lang weise lebt,
der bleibt vor Versuchung bewahrt."
Aber kein Mensch ist so weise,
dass er immer nur Gutes tut
und nie einen Fehltritt begeht. 7,19ff

Ich wollte Weisheit lernen wie sie.
Aber ihre Weisheit wurde mir fremd. 7,23
So forschte ich weiter
und suchte mehr zu verstehen. 7,25
Aber am Ende habe ich
nur dies eine als wahr erkannt:
Gott hat die Menschen geschaffen,
wie es gut und recht ist.
Sie aber haben alles verkehrt
und sich in viele Künste verirrt. 7,29

Sie lehren:
„Wer Wissen hat,
hat auch Macht über die Menschen."
Aber in Wahrheit hat allein
der König das Sagen.
Sein Wort hat die Macht.
Niemand darf ihm widerstehen
und fragen: „Was machst du?" 8,4

Sie glauben:
Wer Gottes Gebot achtet,
den trifft kein Unheil. 8,5

Doch in Wahrheit weiß niemand,
was geschehen wird
und wie es geschehen wird. 8,7
Auch ich kenne die Lehre:
„Wer Gott fürchtet und ehrt,
dem wird es gut gehen.
Wer aber sein Gebot übertritt,
wird nicht lange leben." 8,13
Aber das ist nicht wahr.

Ich kenne Menschen,
die halten sich an Gottes Gebot.
Und dennoch geht es ihnen so schlecht,
als hätten sie nur Böses getan.

Und umgekehrt kenne ich Menschen,
die fragen nicht nach Gottes Gebot.
Dennoch geht es ihnen so gut,
als hätten sie in ihrem Leben
nur Gutes getan. 8,14

Daraus zog ich den Schluss,
dass es für den Menschen
nichts Besseres gibt, als fröhlich
das Essen und Trinken zu genießen.
Denn das schenkt ihm Gott,
für alle Mühsal des Lebens,
an allen Lebenstagen,
die er unter der Sonne lebt. 8,15

Aber durch Wissen kann der Mensch
keine Erkenntnis erlangen,
mag er sich auch Tag und Nacht mühen
und seinen Augen keinen Schlaf gönnen.
Denn kein Mensch kann ergründen,
was unter der Sonne geschieht,
was Gott allein wirkt.
Je mehr er forscht und sich müht,
desto weniger wird sich ihm
das Geheimnis Gottes erschließen.
Und wenn auch der Weise glaubt:
Ich hab es erkannt –
so wird er es doch nicht erkennen. 8,16f

Die Kapitel 7–9 setzen sich kritisch mit der traditionellen Schulmeinung der Weisheitslehre auseinander und zeigen deren Schwachstellen auf. Dabei ist es nicht immer einfach, die vorgetragene Lehrmeinung von der persönlichen Meinung Kohelets zu unterscheiden. Bei genauerer Betrachtung schälen sich insgesamt 8 Anfragen heraus, die Kohelet an die traditionelle Weisheitslehre stellt:

(1) Dort gibt sich der Weise durch sein Wissen über andere Menschen erhaben. Aber Kohelet stellt fest: Auch die Weisen sind anfällig für Bestechung und Korruption. Wer weiß, ob es ihnen bis an ihr Lebensende gelingt, durch ihren Lebenswandel ein Vorbild für andere zu sein? (7,7ff).

(2) Dort vertritt man traditionelle Lehrmeinungen und verklärt frühere Zeiten. Aber Kohelet sieht darin kein Zeichen von Weisheit. Er rät, sich für die Weiterentwicklung der Weisheitslehre offenzuhalten, anstatt sich nur auf die Anfänge zu fixieren (7,10).

(3) Dort lehrt man: Weisheit garantiert ein sicheres Leben, noch mehr als Reichtum. Aber Kohelet setzt dagegen: Niemand weiß, was auf ihn zukommt. Nicht nur die guten, sondern auch die schlechten Zeiten kommen von Gott (7,11–14).

(4) Dort gilt die Regel: Wer sich an das Gesetz hält, wird mit Wohlstand und langem Leben belohnt. Aber Kohelet weiß aus Erfahrung: Oft ist es umgekehrt: Glück und Unglück eines Menschen ist nicht berechenbar. Es ist allein Gottes Sache, jedem das Seine zuzuteilen, sei es Glück oder Unglück (7,15–18).

(5) Dort wird behauptet: Wer weise lebt, ist vor Gefahr sicher. Aber Kohelet fragt zurück: Wer kann behaupten, dass er sein Leben lang weise handelt? (7,19ff).

(6) Dort wird Wissen gelehrt. Aber Kohelet setzt gegen theoretisches Wissen die Erfahrung, die aus eigener Wahrnehmung entspringt (7,23ff).

(7) Dort vertritt man die Meinung: Wissen ist Macht. Doch Kohelet warnt: In Wirklichkeit beansprucht noch immer der Herrscher die Macht (8,1ff).

(8) Dort lehrt man: Wer Gottes Gebot treu beachtet, wird von Unglück verschont. Aber für Kohelet geht die Rechnung nicht auf. Er stellt fest: Auch viele Fromme werden vom Unglück heimgesucht. Und umgekehrt leben viele Gesetzesübertreter im Glück (8,5ff).

Abschließend stellt Kohelet fest: Niemand, auch kein Weisheitslehrer, kann durch sein Wissen Gott erkennen oder Gottes Geheimnis in der Schöpfung ergründen. Doch andererseits wird der Mensch durch diese scharfe Grenzziehung von allem Tun- und Forschenmüssen befreit und darf sich ganz dem Leben in seiner Diesseitigkeit und Endlichkeit zuwenden und es dankbar als Gottes Gabe annehmen.

FREUE DICH AM LEBEN!
Kohelet 9–12

So geh nun deinen Weg!
Genieße mit Freude dein Brot
und lass dein Herz
beim Wein stets guter Dinge sein!
Trag festliche Kleider
und salbe dein Haupt mit Öl ein. 9,7f

Freue dich am Leben,
jeden Tag, den Gott dir beschert!
Genieße das Leben
mit deiner Frau, die du liebst,
solange euch Gott
das ach so flüchtige Leben gewährt!
Denn dies ist der Lohn
für all deine Mühe.
Pack mutig das Werk an, das zu tun ist,
und tu es mit all deiner Kraft,
solange du kannst.
Denn wenn der Tod kommt,
kannst du nicht mehr. 9,9f

Kein Mensch kann sagen,
welches Unglück noch kommt. 11,2
Wie du nicht wissen kannst,
welchen Weg der Wind nimmt
oder wie ein Kind im Mutterleib wächst,
so wenig kannst du vorhersagen,
was Gott tun wird. 11,5
Darum freue sich ein alter Mensch
an jedem Tag, den er lebt.
Aber er denke auch
an die dunklen Tage,
die noch kommen werden.
Denn sein Leben ist nur noch ein Hauch. 11,8

Aber du, der du noch jung bist,
freue dich an deiner Jugend
und tu, was dir Freude bringt!
Doch vergiss nicht,
dass du für alles, was du tust,
deinem Gott Rechenschaft schuldest. 11,9
Denke schon in frühen Jahren
an Gott, deinen Schöpfer,
der dich ins Leben gerufen hat.
Denn bald werden Tage kommen,
von denen du sagst:

„Sie gefallen mir nicht." 12,1
Wenn die Augen trübe werden,
wenn der Mund zu zittern beginnt,
wenn das Ohr die Stimmen
nur noch ganz leise vernimmt,
wenn am Ende
der silberne Lebensfaden abreißt,
wenn die gefüllte Schale aus Gold
in tausend Stücke zerbricht,
wenn der Eimer voll Wasser
an der Quelle zerschellt
und das Rad am Brunnen
in die Tiefe des Todes fällt – 12,6
dann ist es so weit.
Denn der Weg des Menschen
führt am Ende dorthin,
wo er für immer bleibt. 12,5
Sein Leib wird wieder zu Staub.
Aber sein Geist kehrt
am Ende zu dem zurück,
der ihm am Anfang des Lebens
seinen Odem eingehaucht hat. 12,7

— — —

Ja, es ist wahr:
Alles Leben ist flüchtig,
nicht mehr als ein Hauch. 12,8

NACHWORT:

Das letzte Wort aber gilt dir,
wenn du dies alles liest. 12,9
Nimm meinen Rat an
und lass dich warnen:
Es werden so viele Bücher geschrieben.
Lies nicht zu viel darin
und grüble nicht lange darüber!
Das ermüdet dich nur. 12,12
Sondern ehre Gott
und halte alle seine Gebote.
Das gilt für alle Menschen
und ist die Mitte von allem.
Das andere aber überlass Gott!
Er wird alles ans Licht bringen,
es sei gut oder böse. 12,13ff

Nach der langen theoretischen Auseinandersetzung mit der Spruchweisheit (6,10–8,27) kehrt der Prediger wieder an seinen Ausgangspunkt zurück. Es ist die Erfahrung der Endlichkeit, vor der niemand die Augen verschließen kann und darf. So wird am Ende noch einmal ganz konkret die Realität des Alterns und des Todes vor Augen geführt. Aber zugleich wird ihr die Härte genommen, einmal dadurch, dass sie in ein wunderschönes poetisches Bild gekleidet wird, das in dieser Übertragung nur angedeutet werden kann; zum andern aber durch die Gewissheit, dass über aller Vergänglichkeit Gott als der Schöpfer allen Lebens steht. Der, der am Anfang allen Lebens steht, der dem Menschen den Lebensodem eingehaucht hat (vgl. Gen 2,7), ist derselbe, in dessen Hand der Mensch sein Leben zurückgibt. In diesem festen Vertrauen darf sich der Mensch hier und jetzt, in der begrenzten Spanne zwischen Leben und Tod, d.h. in der Zeit, die Gott ihm zumisst, seines Lebens freuen.

LEBENSGLÜCK

Das Hohelied

Das Hohelied ist in der Hebräischen Bibel überschrieben: „Lied der Lieder – für Salomo". Wie auch Kohelet und das Buch der Sprüche ist es Salomo gewidmet, dem Urheber weisheitlicher Dichtung. Dennoch nimmt es unter den Lehrbüchern eine Sonderstellung ein. Es enthält eine Sammlung von Liedern, in denen Salomo selbst ausgiebig zu Wort kommt. Sie alle kreisen ausschließlich um die Liebe zwischen Mann und Frau. Gott wird in diesen Liedern nur ein einziges Mal erwähnt (8,6). Darin stimmt das Hohelied mit dem Buch Ester überein (s. Einleitung zu Ester). Beide Schriften zählen zu den Spätschriften des AT. Und beide finden sich in der Hebräischen Bibel unter den sog. Festschriften (Megillot), die an bestimmten Festtagen verlesen wurden. Ihre Aufnahme in den Kanon war bei beiden lange umstritten. Aber als „Lieder zur Hochzeit" und als Lesung am Pessachfest hatte das Hohelied seinen festen Ort innerhalb der jüdischen Gemeinde gefunden.

In der christlichen Tradition wurde das Hohelied vor allem allegorisch gedeutet, das heißt: die natürliche Liebe zwischen Mann und Frau wurde als Bild für die bräutliche Liebe Gottes zu seinem Volk und für die Gemeinde als Braut Christi verstanden. Obwohl dieses Bild durchaus biblisch begründet ist (vgl. z.B. Hos 2,21 / Offb 21,2; 22,17), so geht doch bei solcher Deutung leicht der ursprüngliche Sinn der insgesamt 26 Liebeslieder verloren. In erster Linie zeugen sie von der natürlichen Liebe zwischen Mann und Frau. Sie wird in so paradiesischen Farben gemalt, dass sie an die ursprüngliche Gemeinschaft von Mann und Frau im Garten Eden erinnern. Auf diesem Hintergrund liest sich das Hohelied wie eine späte Auslegung zu Gen 2. Es ist die geschöpfliche Liebe, der hier wie dort ein Denkmal gesetzt wird. In ihrer blumigen Beschreibung schwingt im Hohelied die tiefe Freude mit, dass Mann und Frau nach Gottes Willen füreinander geschaffen sind. Dieser innere Zusammenhang zwischen Gen 2 und dem Hohelied klingt bei jeder Trauung an, wenn die Einsetzungsworte verlesen werden: „Darum wird ein Mann seiner Frau anhangen und sie werden ein Fleisch sein" (Gen 2,24).

In seinem Ja zur geschöpflichen Liebe als Gabe Gottes drückt das Hohelied zugleich auch ein klares Nein gegenüber jeglicher Vergötzung der Sexualität aus, wie sie etwa im Baalskult praktiziert wurde. In seinen Wechselgesängen zwischen Mann und Frau vermittelt das Hohelied nicht nur Poesie auf hohem sprachlichem Niveau. sondern es schafft durch diese Kunstform einen Raum, in der Liebe und Achtung ihren adäquaten Ausdruck finden kann. Dadurch bildet das Hohelied auch ein Korrektiv zum traditionellen Rollenverständnis der Frau in einer patriarchalischen Gesellschaft und erinnert in seiner lebensfrohen Sinnlichkeit an den „weiten Raum", den die Bibel in ihren vielfältigen Zeugnissen eröffnet, indem sie Gottes Zuwendung zum Menschen auf vielfache Weise preist, und sei es, wie hier, allein durch die innige Liebe zweier Menschen.

Auf diesem Hintergrund wird auch verständlich, warum das Hohelied die Mystik des Mittelalters wie auch die Erbauungsliteratur des 17. / 18. Jahrhunderts nachhaltig beeinflusst hat. Es ist die innige Liebe zu Jesus, die nach einer adäquaten Sprache sucht. Das Hohelied leiht ihr die Worte.

HOCHZEITSLIED
Hohelied 4–5

ER:
Wie schön bist du, meine Freundin,
wunderbar schön!
Unter dem Schleier verborgen
blicken deine Augen wie Tauben.
Dein Haar wallt herab
wie eine Ziegenherde,
die von den Bergen Gileads wallt. 4,1
Deine Zähne glänzen weiß
wie frisch geschorene Schafe.
Deine Lippen leuchten
wie Scharlach, so rot,
und dein Mund lächelt mir zu. 4,2f

Du bist so schön, meine Freundin,
Es ist kein Makel an dir. 4,7
Komm mit mir!
Steig herab von den Bergen!
Denn mein Herz gehört dir,
du, meine Schwester,
meine geliebte Braut! 4,9
Wie wunderbar ist deine Liebe!
Sie schmeckt süßer als Wein.
Von deinen Lippen fließt Honigseim.
Und deine Kleider duften
wie die Zedern vom Libanon. 4,10f

Ach, meine Schwester Braut,
du bist wie ein verschlossener Garten,
wie eine Quelle, die Wasser zurückhält.
Aber aus dir wächst ein Garten
voller verlockender Früchte hervor.
Du selbst bist die Quelle im Garten.
ein Brunnen, der nicht versiegt. 4,12ff

SIE:
Nordwind, erwache!
Komm, Südwind, komme herbei!
Wehe durch meinen Garten
und verströme würzigen Duft.
Komm, Geliebter,
komm zu mir in den Garten
und pflücke die köstlichen Früchte,
die dich in meinem Garten erwarten. 4,16

ER:
Ja, ich bin schon da,
meine Schwester, geliebte Braut.
Ich pflücke die Myrrhe, den Balsam,
und koste aus der Wabe den Honig.
Ich sauge die Milch und den Wein
in vollen Zügen in mich hinein. 5,1a

Auf, meine Freunde, feiert mit mir!
Esst und trinkt
und lasst euch an der Liebe berauschen. 5,1b

SIE:
Komm, mein Geliebter,
lass uns aufs Feld gehen
und die Nacht im Freien verbringen. 7,12
Dann wollen wir in der Frühe
zu den Weinbergen wandern.
Da will ich dir meine Liebe schenken. 7,13
Ach, wärst du mein Bruder,
dann dürfte ich dich vor allen küssen
und niemand nähme Anstoß daran. 8,1
Dann würde ich dich
in unser Haus führen, in die Kammer,
in der mich meine Mutter gebar.
Dort wollte ich dich bewirten
mit Apfelmost und köstlichem Wein – 8,2
Ach, er ist ja schon da!
Seine rechte Hand umfängt mich
und seine linke hält meinen Kopf. 8,3
Ich beschwöre euch,
ihr Töchter Jerusalems,
dass ihr unsere Liebe nicht stört!

Drücke mich auf dein Herz wie ein Siegel
und wie ein Siegel auf deinen Arm!
Denn stark wie der Tod ist die Liebe,
feurig und heiß ihre Glut.
Niemand kann sie auslöschen.
Ihr Feuer lodert hell auf,
hell wie die Flamme des Herrn.
Selbst Ströme von Wasser
können die Flamme nicht löschen. 8,6f

Obwohl die einzelnen Liedsequenzen nur lose verbunden sind, so ist doch in ihrer Abfolge eine deutliche Dynamik zu erkennen. Dieser Abschnitt markiert den Höhepunkt in der Liebe der beiden. In immer neuen Bildern wird die Leidenschaft und das heiße Verlangen der Liebenden gezeichnet. Und doch gleiten die Bilder nirgendwo ins Triviale ab. Sie bleiben in ihrer ganzen Sinnlichkeit erstaunlich verhalten. Man weiß sich in den Garten Eden versetzt, man hat seine verlockenden Früchte buchstäblich vor Augen und atmet seine verführerischen Düfte – und weiß doch zugleich, dass dies nur Metaphern sind, die der innigen Liebe der beiden Ausdruck geben.

Erst das Ende macht offenbar, worin das Geheimnis der Liebe besteht. „Stark wie der Tod ist die Liebe", denn: „ihr Feuer lodert hell auf wie die Flamme des Herrn." Das bedeutet: In der Flamme der Liebe zeigt sich gleichnishaft Gottes Gegenwart an. Wie sich Gott einst Mose am brennenden Dornbusch offenbart hat (vgl. Ex 3,2), so ist er auch in der Liebe zweier Menschen ganz nah. Der letzte Satz erinnert an das „Hohelied der Liebe" bei Paulus (1. Kor 13). Was hier noch unbestimmt über das Geheimnis der Liebe ausgesagt ist, findet bei Paulus seine klare Bestimmung durch die Liebe Christi, die Gott durch seinen Geist in unser Herz gießt (Röm 5,5ff).

LEBENSKRISE

Das Buch Hiob

Was bleibt einem Menschen, wenn ihm alles genommen wird, worauf er sein Leben gebaut hat? Wenn die weise Ordnung seines Lebens aus dem Lot gerät? Wenn Gott selbst dem Menschen zur Frage wird und ihm als Feind begegnet?
Dieser Frage stellt sich das Buch Hiob, und zwar so radikal und unausweichlich wie sonst kein anderes Buch der Bibel. Das Buch erzählt die Geschichte vom Schicksal Hiobs, eines Weisen, dessen Leben von einem Tag auf den anderen aus den Fugen geraten ist. In seinem Mund gerät die Frage nach Gott zu einem Protest gegen alle, die sich und andere mit „vernünftigen" Lösungen trösten wollen, und zu einem existenziellen Aufschrei, der nicht eher verstummt, bis Gott selbst antwortet.
Es sind die alten und immer neuen Menschheitsfragen, die in diesem Buch angerührt werden:
1. Warum müssen Unschuldige leiden?
2. Was ist der Sinn des Leidens?
3. Warum schweigt Gott?
Das Buch Hiob behandelt diese Fragen in Form mehrerer Dialogrunden zwischen Hiob und seinen Freunden und verbindet diese mit einer Rahmenerzählung, die von dem persönlichen Schicksal Hiobs erzählt. Auf diese Weise nimmt das Buch uns mit auf einen Weg, auf dem die Rätsel des Lebens und Leidens zwar nicht gelöst werden, aber an dessen Ende Gott selbst dem Menschen begegnet. Auf diesem Weg lernen wir Hiob von verschiedenen Seiten kennen.

1. Hiob der Weise
So wird uns Hiob in der einleitenden Erzählung vorgestellt: „fromm, rechtschaffen und gottesfürchtig", d.h. als ein Mensch, der mit Gott lebt und nach seinen Geboten handelt, und deshalb sichtbar Gottes Segen erfährt. Aber Hiob muss an seinem eigenen Leib erfahren, dass diese Rechnung nicht aufgeht. Kaum bricht das Unglück über ihn herein, bricht auch die Frage nach dem Warum auf, die seine Freunde mit weisen Reden über den Sinn des Leidens beantworten wollen. Aber Hiob wehrt sich vehement gegen ihre vermeintliche Weisheit (13,5: „Wollte Gott, dass ihr geschwiegen hättet, dann wäret ihr weise geblieben."). Im Unterschied zu seinen Freunden kann Hiob keinen Sinn in seinem Leiden erkennen. Erst am Ende, als sich Hiob unter Gott beugt und ihm recht gibt, wird deutlich: Wahre Weisheit wird daran erkennbar, dass sich der Mensch unter Gott, seinen Schöpfer, stellt und ihm in guten wie auch in schweren Zeiten auf alle Fälle recht gibt.

2. Hiob der Leidende
Hiob leidet nicht nur an seinen Schicksalsschlägen. Er leidet vor allem an Gott, den er in seinem Tun nicht mehr begreifen kann, den er sogar zunehmend als seinen Feind erfährt (6,4: „Die Pfeile des Allmächtigen stecken in mir", vgl. 16,9ff). Im Unterschied zu seinen Freunden ist er sich seiner Unschuld bewusst. Er klagt Gott an. Aber gerade in seinem Klagen klammert er sich an Gott und hält trotz aller Leiden

an ihm fest. Erst die Antwort Gottes bringt ihn zum Verstummen. Gott offenbart sich ihm in seiner Schöpfermacht. Er hat allein die Macht, Hiobs Leiden ein Ende zu machen (38,11). Im Licht der Antwort Gottes erkennt Hiob, wie unangemessen seine Klage war. Dennoch gibt Gott Hiob gegenüber seinen Freunden recht (42,7).

3. Hiob der Knecht Gottes

„Hast du auch achtgehabt auf meinen Knecht Hiob?" (1,8). So fragt Gott Satan in der einleitenden Szene. Als „Knecht Gottes" erweist sich Hiob durch seinen Dienst der Fürbitte für seine Kinder (1,5) und für seine Freunde (42,8: „Mein Knecht Hiob soll für euch Fürbitte tun!"). Seine Fürbitte verbindet Anfang und Ende der Hiob-Erzählung.

Aber nicht nur in gesunden Tagen, sondern auch im Leiden bleibt Hiob der Knecht Gottes. Er, der in den Tagen seines Glücks der Fürsprecher seiner Kinder war, braucht nun selbst einen Fürsprecher bei Gott (17,3ff). Sein Leiden erinnert an den „leidenden Gottesknecht", der uns in Jes 53, als der „Allerverachtetste" und „Unwerteste voller Schmerzen und Krankheit" vorgestellt wird, erniedrigt, aber von Gott rehabilitiert.

So öffnet das Buch Hiob den Blick auf den Einen, der „Knechtsgestalt" annahm und „sich selbst erniedrigte bis zum Tod am Kreuz" (Phil 2,6ff), zum Trost für alle, die glauben, in ihrem Leiden von Gott verlassen zu sein.

Das Buch Hiob im Überblick

1–2: Rahmenerzählung – Teil I:
Hiobs Leiden und der Prolog im Himmel
3–23: Die Reden Hiobs und seiner drei Freunde
    3–11: Hiobs Klage und die „weisen" Antworten der Freunde
    12–20: Hiobs Anklage und der Widerspruch der Freunde
    21–27: Hiobs Verzweiflung
28–37: Erweiterungen
(28: Lied von der Weisheit)
29-31: Hiobs letzte Rede: Plädoyer für seine Unschuld
(32-37: Die „weisen" Reden Elihus: Zurechtweisung Hiobs)
38–41: Die Antwort Gottes aus dem Wettersturm:
42: Rahmenerzählung – Teil 2:
Hiobs Schuldbekenntnis – Seine Rechtfertigung durch Gott –
Hiobs Fürbitte für seine Freunde und seine Genesung –
Hiobs Segen

HIOB
Hiob 1

Im Land Uz, weit im Osten,
lebte vorzeiten ein Mann,
der hieß Hiob,
ein Mann ohne Tadel und fromm.
Er suchte Gott zu gefallen
und hielt sich von allem Bösen fern.
Hiob war gesegnet mit Kindern
und zahlreichen Herden.
Er hatte sieben Söhne und drei Töchter.
7000 Schafe und 3000 Kamele,
auch zahllose Eselinnen und Rinder,
dazu viele Knechte und Mägde.
Und er war reicher als alle,
die im Osten wohnten. 1,1–3

Von Zeit zu Zeit feierten Hiobs Söhne
mit ihren Schwestern ein Festmahl. 1,4
Doch Hiob blieb ihrem Fest fern.
Während seine Töchter und Söhne
fröhlich tranken und aßen,
betete Hiob für sie.
Und wenn das Festmahl zu Ende war,
brachte er für sie Brandopfer dar.
Denn Hiob sagte sich:
Vielleicht haben sich meine Söhne
von Gott losgesagt.
Ich will Gott bitten, dass er ihnen vergibt. 1,5

Aber in jenen Tagen,
so erzählt man sich,
traten die „Gottessöhne"
vor den Thron Gottes.
Auch Satan mischte sich
unter die himmlischen Wesen.
„Wo kommst du her?", fragte Gott.
„Ich streifte auf der Erde umher",
gab Satan zur Antwort.
Gott sprach: „Hast du auch
auf meinen Knecht Hiob geachtet?
Denn keiner ist so wie er,
ein Mann ohne Tadel und fromm,
gottesfürchtig und meidet das Böse." 1,6ff

„Wen wundert das?", erwiderte Satan.
„Hiob tut es ja nicht umsonst.
Du hast ihn reich gesegnet
und sein ganzes Hab und Gut
beschützt und vermehrt. 1,9f
Aber strecke deine Hand aus
und nimm ihm seinen Besitz.
Ich wette, dann wird er sich
von dir lossagen." 1,11
Da sprach Gott der Herr:
„Sieh, alles, was Hiob gehört,
sei in deiner Hand.
Aber taste ihn selbst nicht an!" 1,12
Da zog Satan ab, um mit Hiob
sein teuflisches Spiel zu treiben.

— — —

Nicht lange danach brach das Unglück
mit Gewalt über Hiob herein.
An diesem Tag hatte der älteste Sohn
seine Geschwister zum Festmahl geladen.
Hiob saß indessen in seinem Haus
und betete, wie gewohnt, für seine Kinder.

Da kam ein Knecht zu Hiob gerannt.
Schon von Weitem rief er:
„Ach, mein Herr!
Furchtbares ist geschehen!
Deine Rinder pflügten das Land.
Die Eselinnen grasten friedlich daneben.
Auf einmal fielen wilde Horden
aus Saba über sie her.
Sie erschlugen deine Knechte
und raubten alle Eselinnen und Rinder.
Nur ich allein bin entkommen,
damit ich's dir sage." 1,14f

Doch als der Knecht noch redete,
kam ein Schafhirte gelaufen.
„Ach, mein Herr!", rief er Hiob entgegen.
„Ein Unwetter brach
über deine Herden herein.
Alle Schafe mitsamt ihren Hirten
wurden vom Blitz erschlagen.
Nur ich allein bin entkommen,
damit ich's dir sage." 1,16

Doch als er noch redete,
kam noch einer an.

Hiob

Atemlos rief auch er:
„Ach, mein Herr!
Alle deine Kamele sind weg!
Die Chaldäer überfielen uns
von drei Seiten, raubten die Kamele
und töteten deine Knechte
mit dem Schwert.
Nur ich bin entkommen,
damit ich's dir sage." 1,17

Als dieser noch redete,
kam schon wieder ein Bote gelaufen.
Entsetzen lag auf seinem Gesicht.
„Aus!", schrie er. „Es ist aus!
Alle deine Kinder sind tot.
Wir saßen fröhlich beim Festmahl
im Haus deines ältesten Sohnes.
Auf einmal fegte ein Wirbelsturm
über das Haus.
Da stürzte das Dach ein
und begrub deine Kinder
unter den Trümmern.
Nur ich bin entkommen,
damit ich's dir sage." 1,18f

Da sprang Hiob auf,
zerriss sein Gewand
und schor seinen Kopf kahl
in Trauer und unsäglichem Schmerz.
Doch kein Fluch kam über seine Lippen.
Stumm warf er sich auf die Erde
und betete an. 1,20

Danach sprach Hiob:
„Nackt und bloß bin ich aus dem Schoß
meiner Mutter gekommen.
Nackt gehe ich auch wieder dahin.
Der Herr hat's gegeben.
Der Herr hat's genommen."
Und er fügte hinzu:
„Der Name des Herrn sei gelobt." 1,21

So beugte sich Hiob unter Gott
und ließ nicht von ihm ab,
auch nicht am Tag seines Unglücks. 1,22

„Es war ein Mann im Lande Uz" – mit diesen Worten wird Hiob als ein Mann vorgestellt, dessen Name und Herkunft sich präziser historischer und geographischer Bestimmung entziehen. Das „Land Uz" ist irgendwo jenseits des Jordan im heidnisch-aramäischen Gebiet zu suchen, d.h. außerhalb des israelischen Territoriums und somit auch außerhalb der Geschichte des Volkes Israel. Mit dieser Geschichte verbindet Hiob lediglich sein Name, der in Hes 14,14.20 neben Noah und Daniel genannt wird und der in jüdischer Tradition als ein „Gerechter" der Frühzeit (saddiq) gilt, d.h. als jemand, der sich an Gottes Gebote hält und durch ein vorbildliches Leben bewährt. Dies ist gemeint, wenn Hiob wiederholt als „fromm und aufrichtig" gerühmt wird, als „gottesfürchtig und meidet das Böse". Damit verbindet sich die traditionelle Vorstellung, dass der „Gerechte" bzw. Fromme auch immer der Gesegnete ist, wobei der Segen Gottes am Kinderreichtum wie auch am materiellen Reichtum festgemacht wird (vgl. Dtn 7,13). Dieser enge Zusammenhang von Frömmigkeit und Segen bildet die theologische Grundlage der sog. „Weisheitsliteratur", der neben den Sprüchen und einigen Psalmen auch das Buch Hiob angehört.

Aber anders als dort wird diese theologische Weisheit im Buch Hiob gleich zu Anfang infrage gestellt. Sie zerbricht am persönlichen Schicksal Hiobs, das in Kap 1 und 2 vorgestellt wird. Damit verbindet sich die grundlegende Frage nach der Gerechtigkeit Gottes. Sie stellt sich verschärft durch den „Prolog im Himmel", der die Hiobserzählung gleichsam „überblendet". In dieser Szene geht es um die entscheidende Frage: Hat Gott noch alles in der Hand? Oder ist Hiob nur ein Spielball zwischen ihm und Satan? Die „Wette", die Satan mit Gott abschließt, zeigt auf: Hier geht es nicht nur um das persönliche Schicksal eines einzelnen Menschen. Es ist vielmehr die uralte Menschheitsfrage nach Gottes Gerechtigkeit, die hier am Fall Hiobs exemplarisch verhandelt wird. Sie deutet sich bereits im Namen „Hiob" (dt. „Wo ist der Vater?") an und findet ihre erste Antwort in Hiobs Reaktion, als aus allen vier Himmelsrichtungen die „Hiobsbotschaften" auf ihn einstürmen (1,13ff): Hiob hält trotz allem an Gott fest und gibt ihm die Ehre.

HIOBS LEIDEN
Hiob 2

Mit einem Schlag
hatte Hiob alles verloren.
Nichts war ihm geblieben
von seinem Reichtum und Glück.
Nur sein nacktes Leben konnte er retten.
Aber es sollte noch schlimmer kommen.
Und auch diesmal hatte Satan
die Hand im Spiel.

Nicht lange danach, so erzählt man,
trat Satan wieder vor Gottes Thron.
Da stellte Gott Satan zur Rede:
„Wo kommst du her?"
„Von der Erde", erwiderte Satan.
„Ich habe alle Länder durchstreift."
Gott sprach: „Hast du auch
auf meinen Knecht Hiob geachtet?
Denn es ist kein anderer wie er;
fromm und aufrichtig,
gottesfürchtig und meidet das Böse.
Du wolltest, dass ich ihm schade,
aber umsonst.
Hiob hält immer noch an mir fest." 2,3

„Kein Wunder!", erwiderte Satan listig.
„Er selbst kam ja ungeschoren davon.
Was gibt ein Mensch nicht alles
für sein Leben!
Noch ist Hiob gesund.
Aber ich wette:
Wenn's hart auf hart kommt,
wenn du ihm auf den Leib rückst,
dann sagt er sich endgültig von dir los."
„Versuch es!", sprach Gott.
„Er ist in deiner Hand.
Aber schone sein Leben!" 2,4ff

Kaum hatte Gott das gesagt,
war Satan verschwunden,
um seinen teuflischen Plan auszuführen.

Bald darauf wurde Hiob schwer krank.
An seinem ganzen Körper
zeigten sich böse Geschwüre.
Von Kopf bis Fuß gab es an ihm
keine gesunde Stelle.

Hiob war schrecklich entstellt
und litt entsetzliche Schmerzen.
Er saß in der Asche,
von anderen Menschen geschieden.
Mit einer Scherbe
schabte er seine wunde Haut. 2,7f
Selbst seine eigene Frau
ertrug den Anblick nicht mehr.
Täglich setzte sie Hiob zu:
„Hältst du noch immer
an deinem Gott fest?
Gib ihm den Abschied
und mach deinem Leben ein Ende!" 2,9

Doch Hiob wies sie zurück:
„Wie kannst du so reden?
So reden nur Leute ohne Verstand.
Hast du das Gute vergessen,
das wir von Gott empfangen haben?
Sollten wir nicht auch das Leid
aus seiner Hand nehmen?" 2,10

– – –

Bald sprach es sich
im ganzen Land herum:
Hiob, der viel gepriesene Hiob,
ist ein geschlagener Mann.
Als aber Hiobs Freunde hörten,
was mit Hiob geschehen war,
machten sie sich gleich auf den Weg,
um Hiob zu trösten:
Elifas von Teman,
Bildad von Schuach
und Zofar von Naama.
Alle drei galten als weise und fromm.
Sie hatten mit Hiob schon
manch tiefe Gespräche geführt.
Doch als sie Hiob von ferne sahen,
erkannten sie ihn nicht wieder.
So entstellt sah er aus.

Da erhoben die Freunde
lautes Klagegeschrei.
Sie rissen ihre Gewänder entzwei
und streuten Asche aufs Haupt
vor Gram und Entsetzen.

> Sprachlos vor Schmerz
> setzten sie sich zu Hiob nieder.
> Sieben Tage und Nächte
> harrten sie stumm bei ihm aus
> und brachten in ihrem Schmerz
> kein tröstendes Wort heraus.
>
> 2,11ff

Das teuflische Spiel mit Hiob geht in die 2. Runde. Nachdem das erste „Experiment" fehlgeschlagen ist und Hiob nicht, wie erwartet, Gott verflucht bzw. sich von ihm losgesagt hat, erfolgt der direkte Angriff auf Hiobs Leib und Leben, nun aber so radikal und total, dass er Hiob bei lebendigem Leib absterben lässt, ausgegrenzt aus der Gemeinschaft der Lebenden und aufgefressen vom Schmerz. Die Steigerung gegenüber dem 1. Kapitel ist unübersehbar. Dort widerfuhr Hiob zwar unerhörtes Leid. Doch hier ist es sein ganz persönliches Leiden, das sein Leben unerträglich macht, nicht nur für den Betroffenen selbst, sondern auch für alle, die hilflos zusehen müssen. Die Frage drängt sich auf: Warum lässt Gott diesen Menschen so leiden? Wer ist schuld an seinem Leiden?

Hiobs Frau sieht die Schuld bei Gott. Darum gibt es für sie nur eine Konsequenz: „Sag Gott ab und stirb!" (wörtlich ironisch: „Gib Gott deinen Abschiedssegen!"). Es ist die typische Reaktion eines Menschen, der Gott für das Leiden Unschuldiger verantwortlich macht und ihm darum die Gefolgschaft aufkündigt.

Ganz anders dagegen Hiob. Er hält an Gott fest, obwohl er in seinem Leiden keinen Sinn erkennen kann und Gott ihm zunehmend fremd wird. Das ist das menschliche Drama Hiobs, das durch das „himmlische Vorspiel" zusätzlich an Schärfe gewinnt. Es macht deutlich: Das Drama beginnt nicht erst mit Hiobs Unglück, sondern es hat seinen Ursprung bei Gott selbst. Ein zweites Mal gewährt die Erzählung in diesem Kapitel einen Blick „hinter den Vorhang" in Gottes Welt. Sie zeigt Gott in seiner königlichen Macht, umgeben von seinen himmlischen Heerscharen (vgl. 1. Kön 22,19) und mitten unter ihnen Satan. Auch er ist Gott untertan und ihm Rechenschaft schuldig. Gott stellt ihn in dieser Szene zur Rede. Er klagt ihn sogar an: „Du hast mich bewogen, Hiob umsonst zu verderben" (2,3). Heißt das etwa, dass Hiobs Unglück auf Gott selbst zurückgeht? Heißt es etwa auch, dass Hiobs Unglück, das Gott zugelassen hat, seinen Sinn und Zweck verfehlt hat (wörtl. „umsonst" / hebr. „hinnam")? Eine unheimliche Vorstellung, die das Leid Hiobs noch unerträglicher erscheinen lässt! Aber zugleich zeigt diese Szene auf, wie Gott mit Satan um Hiob ringt. Satan hat nur so viel Macht, wie sie ihm Gott gewährt. Das letzte Wort über Hiob behält sich Gott vor: „Schone sein Leben!"(2,6). Das ist der Trost, der über Hiobs Leidensweg steht: Gott der HERR wird auch im tiefsten Leid seine Hand über Hiob halten und sein Leben bewahren. Nicht zufällig wird in der einleitenden Erzählung der Gottesname Jahwe gebraucht. Hiobs Gott ist derselbe Gott, der sein Volk Israel durch alle Leiden hindurch geführt und bewahrt hat!

Am Ende kommen Hiobs Freunde ins Blickfeld. Ihre Namen werden nur im Buch Hiob erwähnt. Darum ist auch ihre Herkunft nicht eindeutig zu bestimmen. Vermutlich handelt es sich um vornehme Stammesfürsten aus den Ländern des Ostens. Wie aus den folgenden Reden der Freunde hervorgeht (4ff), gelten sie aufgrund ihrer theologischen Einsichten als „Weise" und genießen vermutlich wie Hiob im Volk hohes Ansehen. Diese drei kommen von weither, um Hiob zu trösten (wörtl. „zum Aufatmen" zu bringen). Dies geschieht auf mehrfache Weise:
- Sie trauern mit Hiob, d.h., sie zerreißen ihr Gewand und werfen Aschenstaub in die Luft bzw. auf ihren Kopf.
- Sie setzen sich zu Hiob auf die Erde, d.h. sie begegnen ihm auf Augenhöhe.
- Sie harren sieben Tage lang schweigend bei Hiob aus.

Der Besuch der Freunde leitet zum Hauptteil des Buches über, der im Unterschied zur einleitenden Prosaerzählung ausschließlich aus Dialogen zwischen Hiob und seinen Freunden (in gebundener Sprache) besteht.

HIOBS KLAGE
Hiob 3

Nach sieben Tagen
brach Hiob endlich sein Schweigen.
Wie ein Sturzbach,
so drang die Klage aus ihm hervor: 3,1f

Verflucht sei der Tag,
da ich geboren wurde,
und die Nacht, da man verkündete:
Ein Mensch wurde gezeugt!   3,3
Jener Tag – er soll finster sein.
Und Gott frage nicht nach ihm!   3,4
Und jene Nacht – sie soll verflucht sein!   3,8
Sie soll nicht das Morgenlicht sehen.   3,9
Denn sie hat nicht den Schoß
meiner Mutter verschlossen.
Sie hat nicht das Leid
vor mir verborgen.   3,10

Warum bin ich nicht gestorben
bei meiner Geburt?
Warum bin ich nicht umgekommen,
sobald ich aus dem Mutterleib kam?   3,11
Warum wurde ich danach
auf den Schoß genommen
und an der Brust der Mutter gestillt?   3,12
Besser wäre ich tot
und läge im Frieden
bei Königen und Fürsten,
die sich Grüfte erbauen,   3,13f
wie eine Totgeburt,
die man verscharrt,
als hätte sie nie gelebt,
und wie Kinder,
die nie das Licht der Sonne erblickten.   3,16
Im Tod sind sie alle gleich,
Kleine wie Große,
und Sklaven werden im Tod
endlich von ihren Herren befreit.   3,19

Warum schenkt Gott
den Leidenden Licht?
Warum schenkt er denen das Leben,   3,20
die auf den Tod warten
und sich freuen,
wenn sie ein Grab fänden?   3,21f
Warum gibt er ihnen Leben,
obwohl er ihren Weg verbaut hat?   3,23
Mein Seufzen ist mein tägliches Brot.
Und mein Schreien bricht
wie Wasser aus mir hervor.   3,24
Das Unglück, vor dem mir graute,
das hat mich selbst getroffen.
Seitdem finde ich keinen Frieden mehr.
Meine Ruhe ist für immer dahin.   3,25f

Mit einer erschütternden Klage setzt der Hauptteil des Hiobbuchs ein. Hier erscheint Hiob nicht mehr als der stille Dulder und glaubensstarke Held wie in den ersten Kapiteln. Erst nach langem Schweigen findet er seine Sprache wieder. In leidenschaftlichen Worten bricht seine Verzweiflung aus ihm hervor. Aber seine Klage wendet sich nicht gegen Gott. Auch vermeidet Hiob, Gott direkt anzusprechen. Stattdessen verwünscht er (in der ersten Strophe) den Tag seiner Geburt und, noch radikaler, die (Hochzeits)nacht, da er empfangen und mit „Jauchzen" begrüßt wurde (3,3). Damit verneint Hiob nicht nur sich selbst als Geschöpf, sondern auch das gesamte Schöpfungswerk Gottes, das wieder ins Chaos zurückzufallen droht. Mit seinem persönlichen Leid steht für ihn die ganze Schöpfung zur Disposition. Daraus folgt für Hiob (in der 2. Strophe) die drängende Frage nach dem Warum seines Lebens, verbunden mit einer tiefen Todessehnsucht und der grundlegenden Frage nach dem Sinn allen Leidens in dieser Welt.

„Warum gibt Gott den Leidenden das Leben?", so fragt Hiob (3,20). Erst jetzt bringt er in seiner Klage Gott ins Spiel. Aber Hiob erwartet keine Antwort von Gott. Vielmehr bleibt er bis zum Ende hoffnungslos im eigenen Elend stecken.

Mit dieser Klage stellt Hiob alles auf den Kopf, was die sog. „Erfahrungsweisheit" ihn gelehrt hat und was sonst in den Schöpfungspsalmen anklingt. Dort staunt der Beter über Gottes wunderbare Werke (z.B. Ps 139,14: „Wunderbar sind deine Werke und das erkennt meine Seele wohl"). Hier herrscht dagegen das Grauen über die Abgründe, die sich in der Schöpfung auftun. Dort wird zum Lobpreis des Schöpfers aufgerufen (z.B. Ps 104,1ff). Hier verkehrt sich der Lobpreis in eine Hymne auf den Tod, der von Hiob als Erlösung von allem Leiden gepriesen wird (3,17ff).

HIOB UND DIE FREUNDE
Hiob 4–19

Stumm hatten die Freunde
Hiobs Klage verfolgt.
Nun waren sie entschlossen,
nicht länger zu schweigen.
Zuerst sprach **Elifas von Teman**,
der Älteste unter den dreien.
Er begann eine lange Rede,
wohlgeformt und mit Weisheit gespickt:

„Vielleicht willst du nicht,
dass ich jetzt zu dir rede.
Aber wie könnte ich anders? 4,2
Wie viele Menschen hast du
mit deinen Worten getröstet!
Wie oft hast du andere aufgerichtet,
wenn sie verzagen wollten,
und hast Schwache gestärkt. 4,3f
Doch nun, da es dich trifft,
wirst du selbst verzagt. 4,5
Ist es kein Trost für dich,
dass du dich zu den Frommen
und Gottesfürchtigen zählst? 4,6
Wann kam jemals einer um,
der unschuldig war
und nur Gutes getan hat? 4,7
Ich würde mich an Gott wenden
und ihm dein Leid klagen. 5,8
Wohl dem Menschen,
den Gott zurechtweist!
Darum begehre nicht auf,
wenn dich der Allmächtige züchtigt. 5,17
Denn er verletzt und verbindet.
Seine Hand zerschlägt und sie heilt. 5,18
Aber am Ende wird er dich retten.
Dann wird wieder der Friede
in dein Haus einkehren. 5,24
Deine Kinder werden sich
wie das Gras mehren. 5,25

Du wirst ein hohes Alter erreichen
und danach wie eine reife Garbe
zu Grabe getragen. 5,26
So ist es.
Denn so haben wir es erforscht.
Darum höre auf meine Worte!" 5,27

„Ach ihr", rief **Hiob** voll Unmut. 6,2
„Wenn ihr wüsstet,
wie schwer mein Leid wiegt
und wie es aussieht in mir.
Darum kann ich nur stammeln. 6,3
Denn die Pfeile des Allmächtigen
stecken in mir! 6,4
Wenn Gott mich doch töten wollte. 6,9
So hätte ich diesen Trost,
dass ich sein Wort nicht verleugnet habe.
Ich wollte fröhlich springen
trotz meiner furchtbaren Qualen. 6,10
Wie soll ich dieses Leben
noch länger ertragen?
Was erwartet mich noch?
Ist etwa meine Kraft aus Stein
oder mein Leib aus Erz gemacht? 6,12
Wo finde ich Hilfe und Rat? 6,13
Die mir am nächsten stehen,
ziehen sich von mir zurück.
Sie sind wie ein Bach,
der kein Wasser mehr führt. 6,15ff
So seid auch ihr für mich geworden.
Lehrt mich, so will ich schweigen!
Wenn ich unrecht getan habe,
so sagt es mir doch! 6,24
Seht doch, wie verzweifelt ich bin! 6,26
Mein Fleisch verfault
bei lebendigem Leib.
Ohne Hoffnung
sind meine Tage vergangen. 7,5f

Ist doch mein Leben nur ein Hauch. 7,7
Wie eine Wolke, so fährt es dahin
und kommt nicht wieder zurück. 7,9
Darum will ich reden,
denn mir ist sehr angst.
Ich will klagen,
denn betrübt ist meine Seele in mir. 7,11
Wenn ich dachte,
mein Bett soll mich trösten,
so hast du mich noch im Schlaf
mit Träumen erschreckt. 7,13f
Lieber wollte ich tot sein
als diese Leiden länger ertragen. 7,15
Ich vergehe! Ich will nicht mehr leben.
O Gott, lass ab von mir!
Was ist der Mensch,
dass du ihn so beachtest? 7,16f
Warum blickst du nicht weg?
Warum lässt du mir keine Ruhe? 7,19
Du Hüter der Menschen,
was habe ich dir denn getan?
Warum greifst du mich an?
Warum vergibst du mir nicht?
Nicht mehr lange,
dann bin ich unter der Erde.
Dann suchst du mich,
aber umsonst.
Ich bin nicht mehr da." 7,20f

Da mischte **Bildad** sich ein. 8,1ff
„Hör auf!", rief er entsetzt.
„Wie kannst du so reden?
Hast du vergessen?
Was Gott tut,
ist immer richtig und gut. 8,3
Wenn du zu Gott betest,
wenn du es lauter und aufrichtig tust,
dann wird er dich wieder
zurechtbringen.
Ja, noch viel mehr wird er dir geben. 8,6
Denn wer fromm und aufrichtig ist,
den lässt Gott nicht fallen. 8,20
Wer sich aber gegen ihn auflehnt,
kann nicht bestehen.
Sein Leben wird bald vergehen." 8,22

„Ich weiß! Ich weiß!", unterbrach **Hiob**.
„Kein Mensch kann mit Gott streiten. 9,1ff
Gott ist immer im Recht.
Er ist weise und mächtig. 9,4

Alles ist ihm untertan. 9,5ff
Wer will ihn verklagen
und zur Rechenschaft ziehen? 9,12ff
Ich bin unschuldig!
Ich will nicht mehr leben. 9,21f
Mich ekelt vor meinem Leben. 10,1
Gott, verdamme mich nicht!
Warum ziehst du mich vor Gericht? 10,2
Du weißt, dass ich unschuldig bin. 10,7
Deine Hände haben mich gebildet.
Doch nun willst du mich verderben? 10,8
Höre auf! Blicke weg von mir!
Lass mich aufatmen, ehe ich sterbe!" 10,20f

„Ach, dummes Geschwätz!",
warf **Zofar**, der dritte Freund, ein.
Und auch er fing an,
eine weise Rede zu halten. 11,1ff

Doch **Hiob** fiel ihm ins Wort:
„Ihr glaubt wohl,
ihr hättet die Weisheit gepachtet?
Ich habe auch so viel Wissen
und bin nicht schlechter als ihr. 12,2f
Lügenredner seid ihr,
nutzlose Ärzte! 13,1ff
Hättet ihr doch geschwiegen!
Dann wärt ihr weise geblieben. 13,5
Wollt ihr denn Gott verteidigen
mit euren verlogenen Reden?
Glaubt ihr denn,
ihr könntet ihn täuschen? 13,8f
Schweigt endlich und lasst mich reden!
Komme, was mag. 13,13
Was soll's? Er wird mich doch töten.
Ich habe ja nichts zu hoffen.
Doch ich will meine Wege
vor ihm verantworten. 13,15
Ich bin zum Rechtsstreit gerüstet.
Ich weiß, dass ich Recht behalte. 13,18ff
Ach Gott,
erschrecke und ängstige mich nicht! 13,21
Lass mich reden und antworte mir!
Zeige mir meine Schuld!
Warum verbirgst du dich vor mir?
Warum begegnest du mir,
als sei ich dein Feind? 13,22ff
Ach, könnte ich mich doch
bei den Toten verstecken,
bis sich dein Zorn gelegt hat!

Dort würde ich warten,
bis du mich rufst.
Dann würdest du
meine Schuld bedecken
und bei dir verwahren." 14,13ff

„Alles leere Worte!", wandte **Elifas** ein. 15,1f
„Wie blähst du dich auf!
Du rühmst dich doch, weise zu sein!
Dein eigener Mund
verdammt dich, nicht ich. 15,6ff
Bist du als Erster vor allen geboren?
Kennst du Gottes verborgenen Plan?
Hast du die Weisheit
allein an dich gerissen?
Was weißt du, was wir nicht wissen? 15,7ff
Wie kann ein Mensch vor Gott
rein und gerecht sein? 15,14
Ist er doch von Grund auf verdorben!" 15,16

„Hör auf!", rief **Hiob** dazwischen.
„Ich kann's nicht mehr hören.
Leidige Tröster seid ihr!
Eure leeren Trostworte –
ich mag sie nicht mehr. 16,1ff
Ich lebte in Frieden.
Da hat Gott mich gepackt.
Er hat mich zerschlagen
und zur Zielscheibe gemacht. 16,12
Aber auch jetzt noch ist mein Zeuge
und Fürsprecher im Himmel. 16,19

Du, Gott, sei mein Bürge!
Wer tritt sonst für mich ein? 17,3
Worauf soll ich denn hoffen?
Wer sieht noch Hoffnung für mich?" 17,15

Danach ergriff **Bildad** das Wort
und tadelte Hiob mit scharfen Worten. 18,1ff

Hiob aber fuhr fort:
„Wie lange noch plagt ihr mich
und peinigt mich mit euren Worten? 19,1f
Seht endlich ein,
dass Gott mir unrecht getan hat! 19,6
Er hat meinen Weg vermauert.
Er hat mich zerbrochen
und all meine Hoffnung zerstört. 19,8ff
Alle ekeln sich vor mir,
selbst meiner Frau bin ich zuwider. 19,17
Ich bin nur noch Haut und Knochen. 19,20
Erbarmt euch über mich,
erbarmt euch, meine Freunde!
Denn die Hand Gottes
hat mich getroffen.
Warum lasst ihr nicht von mir ab? 19,21ff

Aber ich weiß: mein Erlöser lebt.
Als Letzter wird er sich
über dem Staub erheben. 19,25
Und ich werde ihn sehen.
Meine Augen werden ihn schauen,
wenn ich von meinem
geschundenen Leib erlöst bin."

Die Freunde wollen Hiob trösten. Aber je länger sie reden, desto mehr entfernen sie sich innerlich von Hiob und seiner akuten Not. Ihre Reden geraten zu Lehrvorträgen, wobei sie das Leid Hiobs in ihr theologisches System einzubauen suchen, anstatt es in seiner Härte und Unerklärlichkeit stehen zu lassen und mit Hiob auszuhalten. In der Konfrontation mit dem realen Leid eines Menschen erscheinen ihre vermeintlich richtigen Erkenntnisse zynisch und sogar falsch. Zynisch, weil sie distanziert, gleichsam von der Zuschauertribüne aus, vorgetragen werden und nicht in der „Arena des Leids" erprobt sind. Sie erweisen sich zudem auch als falsch, weil sie Gottes Handeln in einen Kausalzusammenhang pressen wollen, der mit Hiobs Leiderfahrung nicht vereinbar ist.

Die theoretische Grundlage der Freundesreden ist eine „weisheitlich" geprägte Theologie. Was darunter zu verstehen ist, lässt sich am deutlichsten an der Grundsatzrede des Elifas von Teman aufzeigen (4–5). Ihr Hauptmerkmal ist die Behauptung eines rational einsichtigen Zusammenhanges zwischen „Tun und Ergehen", Ursache und Folge. Das heißt, auf Hiob bezogen: Wenn er „fromm" und „gottesfürchtig" ist, hat er nichts zu befürchten (wobei „Gottesfurcht" seine Beziehung zu Gott und „Frömmigkeit" seine Beziehung zum Mitmenschen anzeigt 4,6). Wenn aber eine verborgene Schuld auf ihm liegt, dann soll er sich an Gott wenden, und Gott wird ihn rehabilitieren und segnen wie zuvor. Demnach ist nicht nur Hiobs Leid, sondern auch Gottes Gnade und Segen konditional vom Verhalten des Menschen abhängig. In diesem Rahmen kann das Leid nur als „Züchtigung" und pädagogische „Zurechtweisung" Gottes gedeutet werden. Folgerichtig endet die lange und zum Teil ausschweifende Rede des Elifas mit einer Seligpreisung: „Wohl dem Menschen, den der Herr zurechtweist!" (5,17)

Die Reden der anderen Freunde fügen gedanklich nichts grundsätzlich Neues hinzu. Auch sie kreisen in immer neuen Variationen um den Tun-Ergehen-Zusammenhang, der ihr Gottesbild bestimmt.

Ganz anders dagegen Hiob. Obwohl er sich selbst zu den sog. „Weisen" zählt, hat die weisheitliche Lehre durch sein Leid tiefe Risse bekommen. Vehement widerspricht Hiob seinen Freunden, die Gottes Handeln immer neu zu rechtfertigen suchen, aber in ihrer Argumentation stagnieren. Hiob hingegen behauptet ihnen gegenüber das Recht, sein Leid vor Gott einzuklagen, nicht in frommer Ergebenheit, sondern im Aufschrei eines Verzweifelnden. Seine Klage durchläuft im Verlauf des Gesprächs einen bemerkenswerten Prozess. In Kap. 3 hat seine Klage und Warumfrage noch keinen Adressaten. Erst im 7. Kapitel stößt Hiob zum Du vor: „Warum machst du mich zur Zielscheibe für deine Anschläge?" (7,20) Zunehmend erfährt er Gott als seinen Feind, dem er nicht entrinnen kann (16,7ff/19,6ff). Er klagt ihn an, beteuert seine Unschuld und fordert zum Rechtsstreit auf (13,18ff u.ö.). Aber zugleich erkennt er, dass sich vor Gott in seiner Allmacht keiner freisprechen kann (10,1ff). So radikal sieht er sich Gott ausgeliefert, dass er sich am Ende nur ihm allein ausliefern kann und möchte – in der paradoxen Hoffnung, dass sein Richter zugleich sein Fürsprecher ist (16,19), ja, dass der, der ihm sein Leben zerstört hat, ihn am Ende erlösen wird. In einem kühnen Vorgriff wagt Hiob sogar, hinter die Grenze des Todes zu blicken (14,13ff) – im Kontext des Alten Testaments ein Novum – und sich gegen seine eigene Verzweiflung an Gottes Macht zu erinnern, die sogar die Macht des Todes sprengen kann (19,25ff). Damit erreicht das Drama Hiob seinen Höhepunkt. Aber für Hiobs Person ist noch lange keine Wende in Sicht.

HIOBS LETZTE REDE
Hiob 27–31

Viele Tage vergingen.
Die weisen Reden der Freunde
quälten sich endlos dahin.
Schließlich wussten die Freunde
nichts mehr zu sagen. 32,1
Sie mussten erkennen:
Hiob ließ sich nicht
durch ihre Worte belehren.
Zuletzt ergriff Hiob das Wort.
In einer beschwörenden Rede
gab er noch einmal Rechenschaft
über sein Leben und Leiden.

Und dies sind die Worte,
durch die Hiob das Gespräch
mit seinen Freunden beschloss:

So wahr Gott lebt,
der mir mein Recht verweigert hat,
und der Allmächtige,
der mich betrübt hat: 27,2
Solange noch Leben in mir ist,
beteure ich meine Unschuld. 27,3ff
Nicht einen Tag meines Lebens
hält mein Gewissen mir vor. 27,6
Ach, wäre es doch wieder
wie in früheren Zeiten! 29,2
Damals war Gott mir so nah.
Ich war in der Blüte des Lebens
und lebte in seinem Licht.
Der Allmächtige war mit mir.
Er bewahrte mein Haus.
Ich war von Kindern umgeben
und hatte Überfluss
an Milch und an Öl. 29,3ff

Wenn ich zur Versammlung
in die Stadt kam,
nahm ich meinen Platz am Tor ein.
Die Jungen rückten ehrerbietig zur Seite,
und die Alten erhoben sich vor mir. 29,7f
Sogar die Führer der Stadt verstummten,
wenn ich zu reden begann. 29,9
Wer mich reden hörte,
pries meine Worte.
Und wer mich sah,
sang ein Loblied auf mich. 29,11
Ich half den Witwen und Waisen,
denen niemand sonst half. 29,12
Ich galt als Vater der Armen.
Der Rechtlosen nahm ich mich an. 29,16
So dachte ich,
lange in Würde zu leben,
wie ein Baum, der nicht welk wird. 29,18ff
Denn alle hörten auf mich
und achteten meinen Rat.
Wenn ich sie freundlich ansah,
fassten sie Mut. 29,24
Und wenn ich zu ihnen kam,
empfingen sie mich wie einen König
und boten mir den Ehrenplatz an. 29,25

Nun aber lacht man mich aus.
Junge Leute, deren Väter nichts taugen,
singen ihr Spottlied auf mich.
Sie verachten mich
und reden gemein über mich. 30,1–9
Ja, sie scheuen sich nicht einmal,
vor mir auszuspucken. 30,10
Sie rotten sich gegen mich zusammen
und tun mir Gewalt an. 30,12
Schrecken umgibt mich.
Mein Ruhm und mein Glück
sind für immer dahin,
wie eine Wolke am Himmel.
Tage des Elends
sind über mich gekommen.
Es zerfließt meine Seele in mir. 30,15f
In der Nacht
quälen mich bohrende Schmerzen. 30,17
Ich liege im Dreck und bin selbst
nur noch Asche und Staub.
Ich schreie zu dir,
aber du antwortest mir nicht.
Ich stehe da,
aber du beachtest mich nicht. 30,19f
Du hast dich für mich verwandelt
in einen grausamen Feind
und kämpfst mit Gewalt gegen mich. 30,21
Ich weiß, du wirst mich
ins Totenreich stoßen. 30,23
Aber wird man nicht unter Trümmern

die Hand noch zu dir ausstrecken?
Wird man nicht in der Not schreien? 30,24
Ich wartete auf Gutes,
doch Böses kam über mich.
Ich hoffte auf Licht,
aber es wurde Nacht um mich her. 30,26
In mir kocht es.
Tage des Elends haben mich überfallen. 30,27
Ich schreie laut.
Meine Haut ist schwarz und verfault.
Meine Gebeine sind alle vertrocknet.
Mein Harfen- und Flötenspiel
hat sich in Klage verwandelt. 30,28ff
Ja, wenn ich unrecht gehandelt hätte,
was hätte ich dann von Gott zu erwarten?
Sieht Gott nicht alle meine Wege
und zählt alle meine Schritte? 31,4

Habe ich jemals
gelogen oder betrogen?
Gott prüfe mich auf der Waage.
Er weiß, dass ich keine Schuld trage. 31,5f

Habe ich jemals
den rechten Weg verlassen? 31,7
Habe ich jemals etwas begehrt,
was mir nicht gehört?
Habe ich nach der Frau
meines Nachbarn geschielt?
Ja, das wäre ein schweres Unrecht,
das vor den Richter gehört. 31,9ff

Habe ich das Recht
meiner Knechte und Mägde
mit Füßen getreten?
Sind sie nicht ebenso
von Gott erschaffen wie wir? 31,13ff

Habe ich den Armen,
den Witwen und Waisen Hilfe versagt?
War ich nicht wie ein Vater für sie?
Habe ich ihnen jemals Gewalt angetan?
Dann träfe mich mit Recht Gottes Strafe. 31,16ff

Habe ich auf Gold
und meinen Reichtum vertraut
oder die leuchtenden Himmelslichter
wie Götter verehrt?
Auch das wäre ein Unrecht,
das vor den Richter gehört. 31,24ff

Habe ich mich stolz
über meine Feinde erhoben,
wenn ein schweres Unglück sie traf? 31,29
Habe ich nicht allen
von meinem Fleisch abgegeben?
Und habe ich jemals
einem Fremden die Tür gewiesen? 31,30f

Habe ich meine Fehler
aus Angst vor anderen versteckt? 31,33f
Hab ich Land und Leute
ausgebeutet und sträflich geschunden? 31,38ff
So soll das Land seine Früchte versagen
und nur noch Dornen und Disteln tragen.

Ach, hätte ich einen, der mich anhört!
Hier ist meine Unterschrift.
Der Allmächtige antworte mir!
Oder hätte ich die Anklageschrift
meines Verklägers! 30,35
So wollte ich sie auf die Schulter nehmen
und wie eine Krone tragen! 30,36
Ich wollte Gott über alle Schritte
Rechenschaft geben.
Mit erhobenem Haupt, wie ein Fürst,
so wollte ich ihm begegnen. 30,37

So sprach Hiob.
Dann schwieg er.

Hiobs Schlussrede erinnert an das Plädoyer eines Verteidigers vor Gericht. Im Unterschied zu den ersten Reden Hiobs, die in Form leidenschaftlicher Klage das Leid Hiobs vor seinen Freunden und vor Gott ausgebreitet haben, zeichnet sich im Verlauf des Gesprächs immer deutlicher der Rechtsanspruch Hiobs ab. Hiob beteuert seine Unschuld vor seinen Freunden und fordert Gott zum Richtspruch heraus, obwohl er zugleich weiß, dass kein Mensch vor Gott sein Recht einfordern kann. Diese Spannung tritt in Hiobs abschließender Rede noch einmal in aller Schärfe hervor:

(1) Einmal durch die Gegenüberstellung von Hiobs einstigem Glück und jetzigem Unglück. Erst an dieser Stelle wird ausdrücklich gesagt, was Hiobs Leben bisher ausgezeichnet hat: sein weiser Rat (29,21ff), sein Eintreten für die Armen, Rechtlosen und Fremden (29,12ff), seine Autorität und sein Ansehen bei Jung und Alt (29,7ff), das bei den Volksversammlungen am Tor der Stadt seinen sichtbaren Ausdruck findet. Hiob verkörpert hier das Ideal eines wahren „Weisen", der sein Leben an der Tora ausrichtet (s. Ex 22,20ff) und auf dem sichtbar Gottes Segen ruht (29,2ff).

Dazu steht Hiobs jetziges Leiden in krassem Widerspruch, das an dieser Stelle noch eine letzte Zuspitzung erfährt. Denn Hiob leidet nicht nur an seinen unerträglichen Schmerzen, sondern an den Demütigungen, die ihm der Mob auf der Straße zufügt. Der ehemals hoch Geehrte wird zum Spielball ihres infamen Spiels (wie auch der Beter in Psalm 59,4.7). Aber noch grausamer erscheint es Hiob, dass Gott zu alledem schweigt. Dennoch lässt Hiob auch jetzt, am Tiefpunkt seines Lebens, nicht von Gott ab, sondern verharrt im „Du" (30,20ff).

(2) Im 31. Kapitel wird die Spannung noch zusätzlich verschärft, indem Hiob ein umfassendes Unschuldsbekenntnis ablegt. An 10 Punkten führt er mögliche Verfehlungen gegenüber der Tora auf, die er alle ausdrücklich verneint. Dabei beschwört er aufs Neue seine Treue gegenüber der Tora, die ihn als „Gerechten" ausweist (d.h. als jemand, der im Einklang mit Gottes Willen steht). Es wäre allerdings missverständlich, wollte man seine Unschuldsbeteuerung als selbstgerechte Überheblichkeit deuten. Vielmehr stellt sich Hiob damit dem Gericht Gottes. Mit seinen letzten Worten fordert er Gott ausdrücklich zum Richtspruch heraus. Seine offizielle Unterschrift unter seine Erklärung hört sich wie ein Ultimatum an, mit dem Hiob Gott aus seiner Reserve locken will. Es ist dies sein „letztes" Wort (wobei das hebr. Wort „taw" sowohl Unterschrift bedeutet als auch den letzten Buchstaben im Alphabet bezeichnet). Danach kann Hiob nur noch schweigen und warten, bis Gott endlich sein Schweigen bricht.

Das Buch Hiob dehnt die Zeit des Schweigens noch zusätzlich, indem es in Kap. 32–37 einen weiteren Redegang einfügt, der sich über 5 Kapitel erstreckt. Diese Kapitel enthalten drei umfangreiche Reden *Elihus*, eines jüngeren, bisher unerwähnten Gesprächspartners. Aber Elihus Monologe über Gott und die Welt erreichen nicht mehr Hiobs Ohr, genauso wenig wie zuvor die Reden der Freunde. Sie lassen die Zeit des Wartens nur noch unerträglicher erscheinen.

DIE ANTWORT
Hiob 38–42

Tage und Wochen gingen dahin.
Doch nichts geschah.
Es schien, als bliebe Gott
für alle Zeit stumm.

Endlich brach Gott sein Schweigen.
Ein gewaltiges Unwetter
brach über Hiob herein.
Und Gott sprach aus den Wolken
zu Hiob: 38,1

„Wer wagt es,
von Gott zu reden
mit Worten ohne Verstand?
Auf, Hiob, raffe dich auf!
Weiche nicht aus!
Tritt vor mich!
Ich will dich fragen: lehre du mich! 38,2f

Wo warst du,
als ich die Erde gründete?
Antworte, wenn du so klug bist! 38,4

Wer hat das Meer
mit Toren verschlossen,
als es aus der Erde hervorbrach? 38,8

Wer hat es in Wolken gekleidet
und in Dunkel gehüllt
wie in Windeln,
als ich mit meinem Damm
seine Grenze bestimmte
und setzte ihm Riegel und Tore
und sprach:
‚Bis hierher und nicht weiter
sollst du kommen.
Hier sollen sich
deine stolzen Wellen legen.'? 38,9ff

Hast du den Morgen heraufgeführt?
Hast du die Meerestiefen ergründet?
Weißt du,
wie weit sich die Erde erstreckt?
Und weißt du,
woher Licht und Finsternis kommen?
Sag, weißt du das alles? 38,12ff

Wer lenkt das Wetter,
den Hagel, den Regen und Schnee?
Wer lenkt den Lauf der Gestirne?
Und wer kann die Wolken zählen?
Kannst du es? 38,22ff

Kannst du die Tiere ernähren?
Weißt du ihre Zeit, wann sie brüten?
Wer gibt jedem Tier seine Art?
Kannst du es? 38,39ff

Hast du das Pferd geschaffen
in seiner Stärke und Kraft?
Fliegt der Falke
durch deine Weisheit empor?
Hast du dem Adler befohlen,
sich in die Lüfte zu schwingen
und in den Felsen zu wohnen? 39,19ff
Wer will dem Allmächtigen sagen,
was er zu tun hat?
Wer Gott zurechtweist,
der antworte mir!" 40,2

„Ach Herr, ich bin zu gering!",
antwortete Hiob erschrocken.
„Was soll ich antworten?
Ich will meinen Mund halten. 40,4
Ich habe zweimal geredet.
Doch nun will ich schweigen." 40,5

Und wieder hörte Hiob,
wie Gott im Sturm zu ihm sprach:

„Auf, Hiob!
Schlinge deinen Mantel
fester um dich!
Ich will dich fragen: Lehre du mich! 40,7
Wie wagst du es, Mensch,
mich anzuklagen?
Willst du mich schuldig sprechen
und selbst recht behalten? 40,8
Hast du einen Arm wie Gott?
Kannst du mit deiner Stimme
donnern wie er?
Wo ist deine Hoheit und Macht? 40,9f
Schau dir die Urwelttiere an

in ihrer unbändigen Kraft!
Ich war es, der sie vorzeiten schuf. 40,15ff
Kannst du sie zähmen? 40,25ff
Kannst du es wagen,
dich ihnen entgegenzustellen?
Wer darf es dann wagen,
sich mir entgegenzustellen?
Niemand unter dem Himmel!" 41,3

So sprach Gott aus den Wolken.
Hiob aber stand da,
wie vom Donner gerührt.
„Ach Herr", stammelte er.
„Was soll ich dir sagen?
Nun erkenne ich,
dass du alles vermagst.
Nichts ist dir zu schwer. 42,2
Wie verkehrt war alles,
was ich über dich sagte!
Es war mir zu hoch.
Mein Verstand reichte nicht aus. 42,3b
*Ich hatte dich nur
vom Hörensagen gekannt.
Aber nun hat dich
mein Auge gesehen.* 42,5
Herr, ich bekenne mich schuldig.
Es ist mir leid.
Ich werfe mich vor dich
in Asche und Staub." 42,6

So bekannte Hiob
vor Gott seine Schuld.
Aber seine drei Freunde brachten
kein Wort der Reue über die Lippen.
Da sprach Gott zu Elifas:
„Groß ist mein Zorn über dich
und deine zwei Freunde.
Was ihr von mir geredet habt,
ist nicht wahr.
Anders als mein Knecht Hiob.
So bringt ein Brandopfer dar

und bittet meinen Knecht Hiob,
dass er für euch Fürbitte tut.
Dann will ich seine Bitte erhören,
und euch verschonen."

Da betete Hiob für seine Freunde
und Gott erhörte sein Gebet. 42,7ff
Doch als Hiob noch betete,
wurde es zusehends besser mit ihm.

— — —

Bald sprach es sich
in der ganzen Gegend herum:
Hiob, der sterbenskrank war,
ist vom Tode genesen.
Da kamen sie von allen Seiten
zum Festmahl,
Freunde, Verwandte, Bekannte
und brachten Hiob reiche Geschenke. 42,10ff

Von diesem Tag an
segnete Gott seinen Knecht Hiob
noch mehr als zuvor.
Hiob erhielt alles doppelt zurück, 42,12
Schafe, Kamele, Esel und Rinder.
Noch einmal wurden ihm
zehn Kinder geschenkt,
darunter drei Töchter.
Hiob gab ihnen klangvolle Namen:
Jemima, Kezia und Keren-Happuch. 42,14
Im ganzen Land gab es
keine schöneren Mädchen als sie.
Und Hiob gab auch ihnen ein Erbteil
wie ihren Brüdern. 42,15

Hiob lebte noch 140 Jahre.
Er sah seine Enkel und Urenkel
und auch deren Kinder heranwachsen.
Danach starb er, alt und lebenssatt,
nach einem erfüllten Leben. 42,16f

Endlich geschieht der ersehnte Durchbruch: Gott antwortet auf Hiob, aber ganz anders, als erwartet. Gottes Antwort erscheint in den Augen eines Trost suchenden Menschen unbegreiflich hart und niederschmetternd. Es scheint, als fege Gott mit seinen Worten über Hiob hinweg, als nehme er dessen Verzweiflung gar nicht wahr. Und dennoch ist es gerade diese Gottesrede, die Hiob aus dem Gefängnis seiner Fragen befreit und einen schöpferischen Neuanfang schafft.

Dabei ist ein Vierfaches festzuhalten:

(1) **Gott offenbart sich durch sein Wort.**
Das heißt: Der heilige Gott kommt in seinem Wort Hiob ganz nah, erschreckend und tröstlich zugleich. Wie einst am Sinai (Ex 19) spricht er aus dem Wettersturm, Zeichen seiner Nähe und Heiligkeit zugleich. Was Hiob mit seinen Anklagen und Fragen nicht erzwingen konnte, das tut Gott. Diese Erfahrung hat das Volk Israel im Lauf seiner Geschichte als Grunderfahrung immer neu bezeugt: „Unser Gott kommt und schweigt nicht" (Psalm 50,3). Aber hier erfährt es ein Mensch, der außerhalb der Geschichte Israels steht! Im Unterschied zu den vorangegangenen Kapiteln ist es nicht „Gott" (Eloah), sondern Jahwe, der „Herr", der sich hier durch sein Wort offenbart, wie er sich einst Mose mit seinem Namen offenbart hat (Ex 3).

(2) **Gott offenbart sich als der Schöpfer.**
In einer Kette von Gegenfragen stellt er Hiob zur Rede und zeigt ihm den himmelweiten Unterschied zwischen ihm, dem Schöpfer des Himmels und der Erde, und seinem Geschöpf auf. Alles auf dieser Welt, Sichtbares und Unsichtbares, ist seiner Schöpfermacht unterstellt. In diesem Horizont muss Hiob erkennen, wie unangemessen sein Ringen mit Gott ist. „Siehe, ich bin zu gering", sagt Hiob über sich selbst, d.h. er bezeichnet sich als „Leichtgewicht" im Ringkampf mit dem ungleich Stärkeren. Aber gerade darin liegt der Trost für Hiob, den sonst kein Trost erreicht: Der Gott, der die Erde fest gegründet hat (38,4ff, vgl. Ps 75,4), der den Chaosfluten geboten hat: „Bis hierher und nicht weiter" (38,11), und der jedem Gestirn und jedem Tier seine Ordnung zugewiesen hat (38,31ff / 39,1ff), der hat auch die Macht, seinen Knecht vor dem Absturz ins Chaos zu bewahren. In Hiobs Klage (Kap 3) schien Gottes Schöpfungsordnung für immer aus dem Lot geraten. Hier darf er sich nun von der Schöpfermacht Gottes neu umfangen wissen. Auch die zerstörerischen Mächte der Natur, sogar die Fabelwesen aus grauer Vorzeit, Behemoth und Leviathan (40,15ff; 40,25ff), verlieren ihre Schrecken. Auch sie sind, wie die 2. Gottesrede aufzeigt (Kap. 40/41), Geschöpfe aus Gottes Hand (vgl. Ps 104,26) und seiner Schöpfermacht unterworfen.

(3) **Gott rechtfertigt Hiob.**
In der Begegnung mit dem lebendigen Gott kann Hiob nur verstummen (d.h. wörtl. seine Hand auf seinen Mund legen; 40,4b), um am Ende zu bekennen: „Ich spreche mich schuldig in Sack und Asche." Dies bedeutet nicht etwa nur ein reumütiges Eingeständnis eigener Fehlerhaftigkeit. Es drückt vielmehr die völlige Preisgabe aller eigenen Versuche aus, sich selbst zu behaupten. Hiob hat Gott „geschaut". Dies löst bei ihm eine revolutionäre Umkehr (hebr. nicham) in seinem Denken aus (42,6). Aber gerade im Verzicht auf die eigene Rechtfertigung erfährt er Gottes Rechtfertigung und mit ihr den Beginn neuen Lebens, noch ehe er von seinem Leiden erlöst ist.

Ganz anders dagegen seine Freunde. Über sie fällt Gott das Urteil: „Sie haben nicht recht von mir geredet" (42,7). Trotz ihrer weisen Reden über Gott bleibt ihnen die Weisheit Gottes verschlossen, der nicht die Frommen „belohnt", sondern diejenigen rechtfertigt, die ihren Irrweg erkennen und vor Gott bekennen – allein aus Gnade!

(4) **Gott bekennt sich zu Hiob.**
Das Ende des Buches erzählt von Hiobs Rehabilitierung, die sich an sichtbaren Zeichen göttlichen Segens festmacht: seine Wiederaufnahme in die Gemeinschaft (42,11), sein vermehrter Reichtum an Vieh, sein Kinderreichtum, zwar gleich an Zahl wie zuvor, aber mit vermehrter Beachtung der Töchter, die sogar mit in das Erbe einbezogen werden, was sonst nur möglich war, wenn keine Brüder als Erben vorhanden waren

Hiob

(vgl. Num 27,1ff: die Töchter Zelofhads). Aber auch Hiobs hohes Alter gilt als Zeichen göttlichen Segens.

Damit schließt sich im letzten Kapitel der Bogen, der im einleitenden Erzählteil mit dem Prolog im Himmel eröffnet wurde. Am Ende steht fest: Gott bekennt sich zu seinem Knecht Hiob. Was zu Anfang wie ein übles Spiel zwischen Gott und Satan schien, erweist sich am Ende als souveräner Akt Gottes, der „das Werk seiner Hände" nicht preisgibt.

Das ist die tröstliche Botschaft dieses Buches, das alle traditionellen Vorstellungen über Gott überwindet. Es richtet sich an alle, die selbst in der „Arena des Leidens" mit Gott ringen: Das letzte und entscheidende Wort spricht Gott!

LOB UND ANBETUNG

Der Psalter

Der Psalter beschließt in diesem Buch die Reihe der alttestamentlichen Schriften. Als Gebetbuch der nachexilischen jüdischen Gemeinde und auch der frühchristlichen Gemeinde bildet er die Brücke zwischen Altem und Neuem Testament. Er enthält eine Sammlung von insgesamt 150 Psalmgebeten verschiedener Herkunft. Ein Teil der Psalmen verweist in die frühe Königszeit. 71 Psalmen werden David persönlich zugeschrieben. Oft werden sie sogar mit einer bestimmten Situation in Davids Leben in Verbindung gebracht. Andere Psalmen stammen dagegen aus dem Kreis der Tempelsänger (z.B. der Söhne Korach und Asaf) und sind zum Teil erst in nachexilischer Zeit entstanden. Seine endgültige Gestalt hat der Psalter vermutlich erst um 200 v.Chr. erhalten. Er steht somit am Ende eines langen Wachstumsprozesses. In den Psalmen fließen die verschiedensten Erfahrungen zusammen, die das Volk Gottes im Lauf seiner langen Geschichte vor Gott gebracht hat: Glück und Leid, Verzweiflung und Zuversicht, Todesangst und Lebensfreude, einsame Zeiten und Stunden in der Gemeinschaft vor Gott. Aber alle Psalmen haben eines gemeinsam: Sie sind Ausdruck einer persönlichen Beziehung zu Gott und zeugen alle, auch die Klagespsalmen, von einem unerschütterlichen Vertrauen auf Gott, der, wie in der Vergangenheit, so auch in Zukunft, sein Volk nicht verlassen wird. Das erklärt auch, warum der Psalter bis heute für den jüdischen wie auch den christlichen Glauben von zentraler Bedeutung ist und in ihrem Gottesdienst ein unverzichtbarer Bestandteil ist.

Folgende Merkmale zeichnen den Psalter – im Unterschied zu anderen Gebetssammlungen – aus:

1. Der Psalter – Antwort auf Gottes Wort
Der Psalter versteht sich als vielstimmiges Echo auf Gottes Reden. Zu Recht bezeichnet ihn daher Martin Luther als „Kleine Biblia", d.h. als Spiegel und Bündelung der zentralen Heilsbotschaft des Alten Testaments. Alle Erfahrungen, die das Volk Israel im Lauf seiner langen Geschichte mit Gott gemacht hat, sind in den Psalter und seine Gebete eingeflossen. Wie sich Gott in der Geschichte seines Volkes durch sein Wort offenbart hat, so ist der Psalter als Antwort darauf zu verstehen. Das wird schon äußerlich daran erkennbar, dass der Psalter in Entsprechung zu den 5 Büchern Mose auch in 5 Bücher eingeteilt ist. Darin kommt zum Ausdruck: Gottes Wort und die Antwort des Menschen stellen eine unauflösliche Einheit dar. Dies gilt nicht nur für den Psalter im Ganzen, sondern auch für jedes einzelne Psalmgebet. Im Unterschied zu anderen vorgeformten Gebeten erschöpft es sich nicht in Bitte und Dank, sondern bleibt auch in seiner literarischen Gestalt immer Ausdruck eines lebendigen Dialogs zwischen Gott und Mensch. Es lebt von der Gewissheit, dass Gott selbst im Gebet des Menschen gegenwärtig ist und zu ihm spricht. Diese Gewissheit drückt sich in den drei Grundformen des Psalmgebets aus: Klage, Vertrauen und Lob. Alle drei Formen gründen sich auf Gottes Zusage, an die im Psalm erinnert wird.

2. Der Psalter – „Buch der Lobpreisungen"
Der Psalter wird oft auch als Gesangbuch der Gemeinde bezeichnet. Alle verschiedenen Psalmengattungen haben in diesem Gesangbuch ihren festen Ort: Klage- und Loblieder, Geschichtspsalmen und Schöpfungspsalmen, Königspsalmen (z.B. Ps 2 / 89) und Weisheitspsalmen (z.B. 1 / 110), Zionslieder (z.B. Ps 46 /48) und Wallfahrtslieder (z.B. Ps 121 / 122). Sie alle sind im Raum der Gemeinde verwurzelt und enden meist im gemeinsamen Gotteslob. Schon die griechische Bezeichnung „Psalter" bringt dies zum Ausdruck. Sie bedeutet: „ein Lied, zum Psalter gesungen" (wobei unter Psalter ein Saiteninstrument zu verstehen ist). Aber noch treffender drückt es die hebräische Bezeichnung aus: „sefer tehillim", das heißt: „Buch der Lobpreisungen". Daraus geht hervor: Alle Psalmen zielen letztlich auf den Lobpreis Gottes. Auch jene, die nicht sichtbar über die Klage hinaus zum Lob durchstoßen (z.B. Ps 88), münden am Ende in das „große Halleluja" ein, das in den Hymnen Psalm 146–150 angestimmt wird. Und damit auf dem Weg durch die Psalmen dieses Ziel immer vor Augen bleibt, endet jedes der 5 Psalmbücher bezeichnend mit einem angefügten Lobpreis (Ps 41,14 / 72,18f / 89,53 / 106,48 / 150,6).
Dass der Psalter wirklich auch als Gesangbuch gebraucht wurde, bestätigt die gebundene Sprachform. Der prägnante und geschliffene Stil der Psalmen weist diese als hochwertige literarische Zeugnisse aus. Ihr gemeinsames Merkmal ist – im Urtext wie auch in der Luther-Übersetzung – der Sprachrhythmus und der Parallelismus der Satzglieder, eine im Hebräischen geläufige Form der Poesie. Manche Psalmen lassen ihre Strophen außerdem noch in der Abfolge des hebräischen Alphabets beginnen (z.B. Ps 119 / 145). Das war in nachexilischer Zeit eine gebräuchliche Form der Poesie, die aber in der deutschen Fassung nur schwer wiederzugeben ist.

3. Der Psalter – ein Weg
Die Psalmgebete zeichnen sich durch ihre außergewöhnliche Dynamik aus. Als Zeugnisse einer leidenschaftlichen Sehnsucht nach Gottes Nähe sind sie immer in Bewegung und nehmen die Betenden mit auf den Weg, den die Psalmen selbst vorgeben. Es ist vor allem der Gebetsweg zahlreicher Klagepsalmen, der aus anfänglicher Gottesferne und Verzweiflung am Ende zum Lob Gottes durchbricht. Das Volk Israel hat es selbst auf seinem Weg durch die Geschichte immer wieder erfahren, wie Gott sein Volk aus der Gefangenschaft in die Freiheit, aus dem Tod zum Leben geführt und Klage in Lob verwandelt hat. Viele Psalmen sind ein Spiegel dieses Weges, den Gott mit seinem Volk gegangen ist und auch mit jedem einzelnen Menschen geht.
Nicht nur die großen Geschichtspsalmen zeugen davon (z.B. Ps 66 / 78 / 105f / 136), sondern auch die individuellen Lob- und Danklieder (z.B. Ps 30 / 34 / 138). Sie berichten von Gottes Rettungshandeln im persönlichen Leben und deuten es als Teil der großen Rettungsgeschichte Gottes.
Auch der Psalter in seinem Gesamtaufbau gibt einen Weg vor: Am Anfang überwiegen die Klagepsalmen. Zu ihnen zählt auch Psalm 22, der, mehr als alle anderen Klagepsalmen, alles Leid der Menschheit in sich vereint, um am Ende zum universalen Lobpreis vorzustoßen. Es ist der Psalm, den Jesus am Kreuz gebetet hat. Zum Ende hin sind die Hymnen vorherrschend (z.B. Ps 113–118, das sog. „Hallel" und die Halleluja-Psalmen am Ende des Psalters: Ps 146–150). Sie verweisen in den Raum der Gemeinde und sind im Gottesdienst – meist im Wechsel zwischen dem Chor der Tempelsänger und der Gemeinde – angestimmt worden. Ein eindrucksvolles Beispiel für den Wechsel von persönlichem Lob und gemeinsamem Lob Gottes bietet Psalm 118, der seinen festen Platz in der Passaliturgie hat und am Anfang des Leidensweges Jesu steht.

4. Der Psalter – ein Schutzraum
Der Psalter eröffnet einen Raum, in dem der Mensch im Gespräch mit seinem Gott zur Ruhe finden kann. Psalm 1 stellt bildlich das Tor zu diesem Raum dar. Er lädt alle ein, sich auf den Weg des Psalters zu begeben und in ihm dem lebendigen Gott zu begegnen. So betrachtet ist der Psalter einem Raum vergleichbar, in dem sich die Gemeinde zum Gottesdienst versammelt, um Gott die Ehre zu geben. Überdies stellt auch das Psalmgebet einen Zufluchtsort dar, zu dem sich der Einzelne in seiner Angst flüchten und darin Geborgenheit erfahren kann. Dies gilt insbesondere für die Vertrauenspsalmen (z.B. Ps 27 / 31). Sie zeugen von einem tiefen Gottvertrauen, das sich auf Gottes Zusage gründet und sich in immer neuen Vertrauensbekenntnissen Ausdruck verschafft. Dazu bedienen sich die Vertrauenspsalmen einer Bildsprache, die aus der Bildwelt des Tempels entnommen ist. Wie der Tempel dem Schutzsuchenden Asyl zu gewähren hat, so bieten viele Psalmen symbolisch einen „Schutzraum", in dem sich die Betenden bergen können. Ein eindrucksvolles Beispiel stellt das immer wiederkehrende Bild des Schutzes „unter dem Schatten seiner Flügel" dar (Ps 57). Es erinnert an die goldenen Cherubim im Allerheiligsten des Tempels, die ihre Flügel über der Bundeslade ausbreiten. Ein sprechendes Bild für die Geborgenheit, die ein Mensch in Gottes Nähe erfährt! Diese Erfahrung gibt den Betenden Mut, wieder aus dem Schutzraum herauszutreten und sich den Herausforderungen ihres Lebens aufs Neue zu stellen (Ps 121).

5. Der Psalter – das Gebetbuch Jesu

Wie aus vielen Worten Jesu und Szenen aus seinem Leben hervorgeht, hat sich Jesus ganz in die Tradition der betenden Gemeinde gestellt. Jesus hat den Psalter nicht nur gekannt, sondern mit ihm gelebt. Dies wird an vielen Beispielen deutlich: Jesus lehrt seine Jünger das Vaterunser, das die Fortführung der Psalmgebete darstellt (s. Ps 145). Er erinnert im Gespräch mit den Pharisäern an Psalm 110 (Mk 12,35–37 par) und bezeugt damit seine messianische Vollmacht. Er stimmt mit seinen Jüngern am Vorabend seines Todes den „Lobgesang" an (Ps 113–118), der zur jüdischen Pessachliturgie gehört. Er betet am Kreuz Psalm 22 und spricht noch im Tod mit seinem Vater: „In deine Hände befehle ich meinen Geist" (Ps 31,6). Aber Jesus ist mehr als nur der vorbildliche Beter der Psalmen. Mit ihm, so bezeugen es die Evangelien, ist erfüllt, was die Psalmen prophetisch angekündigt haben: Er ist Gottes Sohn (Mk 1 / Ps 2,7). „Der Stein, den die Bauleute verworfen haben, ist zum Eckstein geworden", auf den sich der Bau der Gemeinde gründet (Mk 12,10 / Ps 118,22).

6. Der Psalter – eine Schule des Gebets

Der Psalter ist in mehr als zwei Jahrtausenden nicht veraltet, sondern als Gebetbuch zu allen Zeiten lebendig geblieben. Auch heute will er neu entdeckt und buchstabiert werden. Seine Aneignung kann auf vielfache Weise geschehen, sei es:
durch lautes Rezitieren und Memorieren,
im meditierenden Gespräch mit einzelnen Psalmen,
im stillen Gebet
oder durch Fortschreibung der Psalmen.
Dabei sollen die Texte des Psalters nicht ersetzt, sondern gerade in ihrer Aussagekraft neu erfasst werden.

Der Psalter im Überblick:

Das „Tor" zum Psalter:	Ps 1 und 2	
Das 1. Buch:	Ps 3–41	(Davidpsalmen)
Das 2. Buch:	Ps 42–72	(Korachpsalmen: 42–49 / Psalm Asafs: 50/ Davidpsalmen: 51–72)
Das 3. Buch:	Ps 73–89	(Asafpsalmen: 73–83 / Korachpsalmen: 84–89/ Davidpsalm: 86)
Das 4. Buch:	Ps 90–106	(„Gebet des Mose" u.a.: 90 ff / Jahwe-Königspsalmen 93–100 / Davidpsalm u.a.: 101–106)
Das 5. Buch:	Ps 107–145	(„Hallel": 113–118 / Lehrpsalm: 119 / Wallfahrtspsalmen: 120–134 / Davidspsalmen: 138–145)
Der Schlusschor:	Ps 146–150	(„Halleluja-Psalmen")

Im Folgenden wird an ausgewählten Psalmen der Weg nachgezeichnet, den der Psalter selbst vorgibt, und exemplarisch verschiedene Zugänge zur Erschließung der Psalmen und ihrer besonderen Botschaft gewählt. Auf diesem Weg sind verschiedene Psalmfassungen entstanden: die einen in deutlicher Anlehnung an die Textfassung von Martin Luther (I), andere hingegen in Form einer weiterführenden Psalmmeditation (II). Sie sind als Anregung zu verstehen, selbst einen eigenen Zugang zum Psalter zu finden.

GLÜCKWUNSCH — PSALM 1

Dieser Psalm bildet, zusammen mit dem messianischen Psalm 2, das „Portal" zum Psalter. Er eröffnet einen „Raum", in dem die Gemeinde zu allen Zeiten zusammen kommt, um Gott die Ehre zu geben. Psalm 1 enthält die Einladung an alle, in diesen Raum einzutreten und sich unter den Chor derer zu mischen, die mit ihren Liedern und Gebeten Gott loben. Sie alle preist der Dichter des Psalms glücklich (hebr. 'aschre, dt: „glückselig sind" oder: „wohl denen"), im Gegensatz zu jenen, die der Psalm als „Gottlose" oder als „Frevler" bezeichnet (hebr. rescha'im). Damit sind jene Menschen gemeint, die in ihrem Leben Gott aus dem Blick verloren haben und sich einreden, ohne ihn auskommen zu können. Aber ohne Gott – so der Psalm – trocknet der Mensch aus und lässt sich ziellos wie „Spreu im Wind" treiben. Nur wer mit Freude in Gottes Wort lebt, erfährt täglich dessen Leben spendende Kraft, wie ein Baum, dessen Wurzeln tief ins Wasser reichen. Die Gegenüberstellung zwischen „Gerechten" und „Gottlosen" erinnert an die Sprüche Salomos und weist diesen Psalm, ähnlich wie auch Ps 19 und 119 als Weisheitspsalm aus. Auf den ersten Blick erscheint der Psalm wie eine schroffe Absage an alle Andersdenkenden. Aber in Wahrheit ist er als dringliche Einladung zu verstehen, doch ja nicht den Weg zu verpassen, der zum Leben führt. Mit werbenden Worten malt der Psalm den Weg derer vor Augen, die Gottes Wort und Weisung nicht nur kennen, sondern darin leben, die sein Wort Tag und Nacht memorieren und wie auf einem Stück Brot so lange kauen, bis es süß schmeckt (vgl. Ps 19,11). So stellt er gleich zu Anfang jeden Menschen vor die entscheidende Frage: Welchen Weg wähle ich? Aus welcher Quelle ziehe ich meine Kraft? Das Bild des Baums, der am Wasser gepflanzt ist, gibt die Antwort bereits vor: Es gibt nur einen Weg, der unter Gottes Verheißung steht. Alle anderen Wege führen ins Leere.

Damit klingt bereits in den ersten Sätzen ein Leitmotiv des Psalters an, das in immer neuen Variationen aufgenommen wird: Bei Gott ist „die Quelle des Lebens" (36,10). Nach seinem Wort „dürstet" der Mensch (63,2), „wie der Hirsch lechzt nach frischem Wasser" (42,2).

PSALM 1   GLÜCKWUNSCH

I

Glücklich ist der Mensch,
der nach Gott fragt,
der nicht dem Weg folgt,
den die Sünder betreten.
und nicht bei den Spöttern wohnt.

Glücklich ist der Mensch,
der nach Gott fragt,
der sich an seinem Wort freut
und in ihm forscht
bei Tag und bei Nacht.

Der ist wie ein Baum,
an Wasserbächen gepflanzt,
der seine Frucht bringt
zu seiner Zeit.
Und was er anfängt,
das gelingt ihm wohl.

Aber so sind die Menschen nicht,
die Gottes Weisung verachten.
Sie sind wie Spreu,
vom Winde verweht.
Ihr Tun und Planen vergeht.
und hält nicht stand im Gericht.

II

Ihr Glücklichen, freut euch!
Seid alle willkommen
im Kreis derer, die Gott lieben
und mit Liedern ihn loben.

Freut euch mit allen,
die in seinem Wort leben
und darin forschen
bei Tag und bei Nacht.

Wie ein Baum am Wasser,
so ziehen sie daraus Kraft.
Sie wachsen und reifen
und bringen bleibende Frucht.

Nicht wie jene, die vergessen,
wem sie ihr Leben verdanken.
Wie Spreu, vom Winde verweht,
geht ihr Leben dahin, ohne Sinn.

Du aber bleibe auf Gottes Weg.
Gib ihm die Ehre!
Lob ihn mit deinen Liedern
und folge seiner Spur!

MEIN GOTT, WARUM? — PSALM 22

Mit Psalm 22 wird gleich zu Anfang ein Klagepsalm vorgestellt, der die ungeheure Spannung zwischen äußerster Verzweiflung und verzweifelter Hoffnung im Gebet erleidet und dennoch nicht im namenlosen Leid stecken bleibt, sondern am Ende aus einsamer Klage zum universalen Lobpreis durchdringt. In diesem Psalm wird nicht nur das Geschick eines einzelnen Menschen vorgestellt. Vielmehr scheint es, als vereine der erste Teil des Psalms alle Leiden der Menschheit in sich, während der 2. Teil im Lobpreis alle vorstellbaren Grenzen zeitlich und räumlich sprengt.

Ausgangspunkt ist die eine alles entscheidende Frage, mit der alles Leben steht und fällt: „Mein Gott, mein Gott, warum hast du mich verlassen?" Es ist die Erfahrung der Gottverlassenheit, die die Situation des Beters so aussichtslos erscheinen lässt und seine Klage in eine unerhörte Anklage verwandelt. Aber dennoch wendet er sich in seiner Klage nicht von Gott ab, sondern hält an ihm fest. „Mein Gott!" („eli"), ruft er und appelliert mit dieser Anrede an Gottes Zusage, die er seinem Volk am Sinai gegeben hat: „Ich bin der Herr, dein Gott" (Ex 20,2). Ja, er erinnert ihn, was er in früheren Tagen für sein Volk getan hat: „Unsere Vorfahren hofften auf dich."

Aber gerade dadurch tritt der schreiende Widerspruch zwischen Gottes vergangenen Heilstaten und seinem gegenwärtig erlittenen Schweigen noch schärfer hervor, und die Beschreibung der eigenen Situation erscheint noch unerträglicher. Ein Mensch, der kein Mensch mehr ist, dem alle Merkmale einer menschlichen Existenz genommen sind, der sich als Opfer menschlicher Willkür und Aggression (hier in Tiermetaphern ausgedrückt) erlebt, der nicht demütig bitten, sondern nur noch seine Klage herausschreien kann – das ist der Mensch, der uns in diesem Klagepsalm begegnet.

Aber mitten in tiefster Anfechtung, in der Erfahrung äußerster Gottverlassenheit tritt die Wende ein. Sie verdichtet sich hier in einem einzigen Satz: „Du hast mich erhört" (22,22). Gott hat gehört! – Das ist das unbegreifliche Wunder, das die Klagepsalmen in immer neuen Wendungen besingen. Auch wenn sich äußerlich nichts an der Situation des Menschen sichtbar verändert hat, so ist doch die Wende schon eingetreten, wo immer ein Mensch erfährt: Gott hat sich ihm zugekehrt. Auf ihn und seine Zusage gründet sich allein sein Vertrauen. Das ist auch der Grund seines überschwänglichen Jubels, in den der Psalm am Ende einmündet. Es ist, als ob sich mit einem Mal der Horizont weite. Zeitliche und räumliche Grenzen werden gesprengt, wo das Lob Gottes angestimmt wird. Der einzelne Mensch erfährt sich im Lobpreis selbst als Teil der weltweiten gegenwärtigen und zukünftigen Gemeinde Gottes, die sein Lob anstimmt.

Dieser Klagepsalm gehört, ebenso wie das Lied vom leidenden Gottesknecht (Jes 52 / 53), zu den bedeutsamsten Texten des Alten Testaments. Es ist das Gebet, das Jesus am Kreuz gebetet hat: „Eli, eli lama asabtani" (Mk 15,34 / Mt 27,46). Der Weg der Klage – aus tiefster Gottverlassenheit zum universalen Gotteslob – ist sein Weg, den er mit seinem Leiden, Sterben und Auferstehen selbst gegangen ist und den er am Ende der Tage zum Heil aller Welt vollenden wird.

PSALM 22

I

**Mein Gott, mein Gott!
Warum hast du mich verlassen?**
Ich schreie zu dir.
Aber Hilfe ist ferne.
Ich rufe bei Tage,
aber du antwortest mir nicht.
Ich rufe bei Nacht
aber Ruhe finde ich nicht. 2f

Du, Herr, bist heilig,
der du im Heiligtum wohnst
und über den Lobgesängen Israels thronst.
Ja, Herr, du bist es,
auf den unsere Vorfahren hofften.
Du hast sie befreit.
Zu dir schrien sie,
und ihnen wurde geholfen. 4ff

Ich aber bin ein Wurm
und kein Mensch mehr.
Die Leute lachen mich aus,
wenn sie mich sehen.
Sie schütteln den Kopf,
reißen den Mund auf und rufen:
„Gott soll ihm helfen!
Er hat ja Gefallen an ihm." 7ff

Ja, Herr, du warst es,
der mich aus dem Mutterleib zog.
der mich geborgen hat
an der Brust meiner Mutter.
Herr, sei jetzt nicht ferne von mir.
Denn Angst überfällt mich.
Und niemand ist da,
der mir hilft. 10ff

Meine Feinde bedrohen mich
wie gewaltige Stiere.
Wie massige Büffel,
so gehen sie auf mich los.
Wie ein brüllender Löwe,
reißen sie ihr Maul auf
und stürzen sich auf mich,
um mich zu verschlingen. 13f

Ich aber bin leer
und ausgegossen wie Wasser.
Mein Herz schmilzt wie Wachs dahin.
Meine Knochen haben sich alle gelöst.
Meine Kehle ist trocken.
Die Zunge klebt mir am Gaumen.
Denn du wirfst mich zu Boden
und legst mich in den Staub
wie einen Toten. 15f

Wie eine Meute hungriger Hunde,
so umringen sie mich.
Sie haben meine Kleider genommen
und mir Hände und Füße durchbohrt.
Ich kann alle meine Knochen zählen.
Sie aber schauen auf mich herab
und sehen zu,
wie ich leide. 17f

Aber du, Herr, sei nicht ferne!
Komm, du starker Gott,
komm und stehe mir bei!
Warte nicht länger!
Rette mich und befreie mich
aus dem Rachen des Löwen. –
Ja, du hast es getan!
Du hast mich erhört! 20ff

Alle sollen es hören,
was Gott an mir getan hat.
Rühmen will ich seinen Namen
im Chor der Gemeinde.
Hört alle, die ihr Gott ehrt!
Seht, was Gott an mir getan hat!
Er hat mein Elend gesehen.
und hat mein Schreien gehört. 23ff

Die in Elend und Not leben,
sollen satt werden,
und die den Herrn suchen,
werden ihn finden.
Dann wird es geschehen,
dass alle Welt sich zu ihm bekehrt.
Denn Gott der Herr
wird über alle Völker regieren.
Alle, die in der Erde schlafen,
werden aus den Gräbern steigen
und vor ihm die Knie beugen.
Und unter allen Nachkommen
wird man erzählen,
was Gott getan hat. 27ff

DER HERR IST MEIN LICHT UND MEIN HEIL — PSALM 27

Psalm 27 ist ein bekannter Vertrauenspsalm. Kennzeichnend ist sein Bekenntnis der Hoffnung, gesprochen von einem Menschen, dessen Leben extrem bedroht ist. Er erinnert an David, der sich auf seiner Flucht vor König Saul tödlichen Gefahren ausgesetzt sah. Ihnen setzt der Psalm – allen feindlichen Angriffen zum Trotz und trotz großer innerer Ängste – sein „Dennoch" entgegen.

Im kühnen Vertrauen birgt sich der Beter in Gottes Wort und Zusage wie in einer Schutzburg, jenen alten Stadtburgen vergleichbar, die den Bewohnern bei feindlichen Angriffen Zuflucht gewährt haben. Sie waren meist oberhalb der Stadt auf einem Felsen erbaut. Darauf bezieht sich das andere Bild: der erhöhte Fels, der den Fliehenden Schutz vor ihren Verfolgern und festen Grund unter den Füßen verspricht. In diesem Fall steht das Bild für das Zelt Gottes, das den Verfolgten Asyl gewährt. Hier, im Schutzraum Gottes, finden sie Hilfe und Schutz vor ihren Verfolgern. Darum endet der Psalm mit einem Lobgelübde. Anstelle eines Tieropfers versprechen die Geretteten, im Heiligtum Gott ein Lobopfer zu bringen und ihm vor der Gemeinde ihr Loblied zu singen (vgl. Ps 50,13f).

Als authentisches Zeugnis, aus der Tiefe der Angst geboren, haben Menschen zu allen Zeiten diesen Psalm 27 wie auch das das folgende Vertrauenslied Psalm 31 – und ähnlich auch Psalm 91 – als starken Trost erfahren. Vor allem in Zeiten innerer und äußerer Bedrohung hat dieser Psalm vielen Menschen Trost und Halt gegeben.

PSALM 27

I

Der Herr
ist mein Licht und mein Heil –
vor wem sollte ich mich fürchten?
Der Herr ist meine Schutzburg –
vor wem sollte mir grauen?
Wenn mich meine Feinde
verschlingen wollen,
werden sie selber zu Fall kommen.
Wenn sich auch ein ganzes Heer
gegen mich stellt –
so fürchte ich mich doch nicht.
Denn Gott schützt und deckt mich
in seinem Zelt und stellt mich
auf einen hohen Felsen.
Darum will ich ihm Lob opfern
und ihm mein Loblied
in seinem Heiligtum singen.

Herr, höre mich,
wenn ich zu dir rufe.
Denn du hast gesagt:
Ihr sollt mein Angesicht suchen.
Darum suche ich dein Angesicht.
Ja, Herr, du bist meine Hilfe.
Verlass mich nicht!
Denn mein Vater und meine Mutter
verlassen mich,
aber Gott nimmt mich auf.
Herr, zeige mir den Weg
und leite mich auf deinem Weg!
Verlass mich nicht,
wenn mich meine Feinde bedrängen!
Aber ich bin gewiss:
Ich werde am Leben bleiben.
Mit eigenen Augen werde ich sehen,
wie gut es Gott mit uns meint.
Darum hoffe auf den Herrn!
Fasst Mut und hofft auf den Herrn!

MEIN TROST

II

Das ist mein Trost,
wenn Nacht mich umgibt:
Gott ist mein Heiland,
mein Tröster, mein Licht.
Was kann mich noch schrecken?
Ich fürchte mich nicht.

Das ist mein Trost,
wenn Angst mich erstickt.
Wenn sie mich festhält
mit tödlichen Klauen,
wenn sie mich anfällt
wie ein feindliches Heer.
Gott birgt mich und hält mich.
Vor wem sollte mir grauen?

Das ist mein Trost,
wenn ich keinen Ausweg mehr seh:
Gott, du kennst meinen Weg.
Dir will ich vertrauen.
Dir sing ich mein Lied
auch in dunkelster Nacht.
Herr, du bist meine Hoffnung.
Du hast Licht
in mein Dunkel gebracht.

Das ist mein Trost,
wenn mir graut
vor dem kommenden Tag.
Herr, sei nicht ferne von mir!
Bleibe mir nahe,
wenn mich alle verlassen.
Mein Gott, sei mein Licht!
Verlasse mich nicht!
Weise mir deinen Weg
und geh du selber voran.
Bring mich dort hin,
wo ich für immer
bei dir zu Hause bin.

MEINE ZEIT IN DEINEN HÄNDEN — PSALM 23

Das ist kein billiger Trost, den dieser Davidspsalm vermittelt. Er ist der Hilfeschrei eines Menschen, der hin- und hergeworfen ist zwischen Verzweiflung und Hoffnung. Ihm entspricht im Psalm der ungewöhnliche Wechsel von der Bitte (V. 1–5) zur Klage (V. 10–14). Es scheint, als falle der Beter immer neu in seine alten Ängste zurück (V. 11–17). Die einzige Hoffnung, an die er sich klammern kann, ist Gott selbst. Wie ein Ertrinkender schreit er zu Gott: „Rette mich durch deine Gerechtigkeit!" (31,1).

Aber wie ist dieses Wort zu verstehen? Kein Geringerer als Martin Luther ist an diesem Psalmwort fast zerbrochen. Er hat sich an dem Begriff „Gerechtigkeit" so lange gerieben, bis er endlich zu der Gewissheit durchstieß: Gottes Gerechtigkeit meint nicht etwa Gottes strafende Gerechtigkeit, vor der sich der Mensch fürchten müsste, sondern seine Bundestreue: Gott steht zu seinem Bund, den er mit seinem Volk geschlossen hat und hält an seiner Zusage fest. Daran erinnert der Psalm. Darauf gründet sich allein das Vertrauen des Beters, das dieser Psalm in wunderbaren Bildern ausdrückt: „Du bist mein Fels, meine Burg (V. 4). „In deine Hände befehle ich meinen Geist" (V. 6), „Du stellst meine Füße auf weiten Raum."(V. 9). „Meine Zeit in deinen Händen." Aus ihnen spricht die Gewissheit des Beters, allen Widrigkeiten zum Trotz, sein eigenes Leben in Gottes Händen zu wissen.

Nicht nur Menschen wie David oder Martin Luther haben dies von sich selbst bekannt, sondern an erster Stelle ist Jesu zu nennen, der am Kreuz, einer alten jüdischen Tradition folgend, in Anlehnung an Psalm 31,6 sein Leben mit den Worten in Gottes Hände zurücklegte: „Vater, ich befehle meinen Geist in deine Hände" (Lk 23,46). Durch Jesu Anrede „Vater" ist allen der Zugang zu Gott dem Vater erschlossen.

PSALM 31 — MEINE ZEIT IN DEINEN HÄNDEN

I

Herr, ich vertraue auf dich.
Lass mich nicht im Stich!
Komm und säume nicht:
Höre auf mich!
Hilf mir und rette mich!
Auf deine Gerechtigkeit
verlasse ich mich.

Denn du bist mein Fels
und meine Burg.
Bei dir bin ich geborgen.
Ich bin gefangen in ihrem Netz.
Aber du wirst mich befreien.
Du hast es versprochen.
Auf dich hoffe ich.

Herr, du treuer Gott!
In deine Hände lege ich
mein Leben und meinen Geist.
Denn du hast mich erlöst.
Du gibst mich nicht
in die Hand meiner Feinde.
Du schenkst mir weiten Raum.

Herr mein Gott, sei mir gnädig!
Denn mir ist angst.
Leib und Seele sind matt.
Meine Kraft ist verfallen.
Die andern spotten über mich.
Ich aber hoffe auf dich.
Meine Zeit steht in deinen Händen.

II

Herr, mein Fels,
ich vertraue auf dich.
Lass mich nicht fallen.
Höre auf mich!
Du hast es versprochen.
Dir will ich vertrauen.

2f Wenn Angst um sich greift,
wenn der sichere Grund
unter den Füßen weicht,
will ich auf dich schauen.
Dein Wort steht fest wie ein Fels.
Ich kann darauf bauen.

Herr, meine Burg!
4f Zu dir flüchte ich mich.
Du hast mir zugesagt:
Bei dir bin ich geborgen.
Wenn ich verstrickt bin
in tausend Sorgen.
Wenn sie mich umgeben
wie ein feindliches Heer,
wenn ich verzweifelt rufe:

6ff Ich kann nicht mehr!
So weiß ich mich dennoch
in deinen Händen geborgen.

Herr, mein Gott und Vater,
darum hoffe ich auf dich.
Im Leben und Sterben
10ff gilt deine Zusage für mich.
Du hast mich erlöst,
du machst mein Herz weit.
In deine Hände lege ich
mein Leben und meine Zeit.
Keine Macht dieser Welt
kann mich aus deiner Hand reißen.
Dir will ich gehören
in Zeit und in Ewigkeit.

ICH WILL DEN HERRN LOBEN ALLEZEIT — PSALM 34

Psalm 34 ist ein klassisches Danklied und wird auch als „berichtender Lobpsalm" bezeichnet. Er berichtet im 1. Teil von der Rettung Davids aus Todesangst: „als sich David vor dem Philisterkönig Abimelech wahnsinnig stellte und dieser ihn von sich trieb" (1. Sam 21,11ff). Aber nicht die Rettung an sich ist Gegenstand des Danklieds, sondern das Wunder, dass der Gott Israels auf das Gebet der Notleidenden hört. Wie David, so haben es viele vor ihm und nach ihm in Todesnot erfahren: „Als einer im Elend rief, hörte der Herr." Im Danklied geben sie Gott zurück, was sie selbst erfahren haben. Ihr Dank ist demnach nicht Ausdruck ihrer Dankbarkeit, sondern ein Akt. Im Akt des Dankens „erhebt" der Beter seinen Gott, der ihn „erhoben" und aus seiner Not befreit hat. In der Hebräischen Bibel steht hier das Wort „barach", d.h. wörtl. „segnen". Darin steckt die unerhörte Aussage: Der Erniedrigte und von Gott Erhöhte segnet Gott, das heißt: Er macht den groß, der ihn groß gemacht hat. Aber zugleich richtet sich sein Danklied an die ganze Gemeinde. Auch sie soll sich daran erinnern, was Gott für sein Volk getan hat. „Schmeckt und seht", wie Gott sein Volk aus der Gefangenschaft in Ägypten befreit, wie sein Engel sich am Schilfmeer schützend vor sie gestellt hat und wie er ihnen in der Wüste Wasser und Brot gab (Ex 14,19 / 15,22ff / 16,4ff). Die Erinnerung an die Rettungsgeschichte Israels klingt auch in diesem persönlichen Danklied noch nach.

PSALM 34

I

Ich will den Herrn loben allezeit.
Sein Loblied soll immer
in meinem Mund sein.
Rühmen will ich den Herrn,
dass es die Notleidenden hören
und sich daran freuen.
Preist mit mir den Herrn
und lasst uns gemeinsam
seinen Namen erhöhen.
Denn als ich Gott im Gebet suchte,
antwortete er mir und rettete mich
aus meinen Ängsten.
Wer zu ihm aufblickt,
wird nicht beschämt werden.
Sein Gesicht
wird strahlen vor Freude.
Als er im Elend zu Gott rief,
hörte der Herr
und rettete ihn aus seinen Nöten.
Gottes Engel stellt sich schützend
vor alle, die ihn ehren,
und hilft ihnen heraus.
Schmeckt und seht,
wie gütig Gott der Herr ist.
Gut haben es alle,
die ihm vertrauen.

SCHMECKT UND SEHT!

II

Alle Tage will ich den Herrn preisen
und seinen Namen zu jeder Zeit ehren.
Alle, die im Elend sitzen,
sollen es hören
und sich mit mir freuen.
Denn Gott hat mein Gebet erhört
und mich aus meinen Ängsten befreit.

Alle Tage will ich den Herrn preisen
und seinen Namen zu jeder Zeit ehren.
Hört es, ihr Gebeugten!
Lasst eure Köpfe nicht hängen!
Blickt auf zu ihm und lasst euch
erleuchten von seinem Licht!
So wird bei euch Freude einkehren!

Alle Tage will ich den Herrn preisen
und seinen Namen zu jeder Zeit ehren.
Denn der Herr hilft allen,
die gefangen sind in Elend und Not.
Sein Engel führt sie heraus
Er gibt den Hungernden
in der Wüste Wasser und Brot.
Schmeckt und seht:
So gütig ist unser Gott!

WO IST NUN DEIN GOTT? — PSALM 42 / 43

Dieser Klagepsalm gehört zu der Gruppe der Korachpsalmen (42–49). Er erstreckt sich über zwei Kapitel und zeigt, wie auch die folgenden Psalmen, eine starke Orientierung am Tempel als dem Ort, an dem Gott zugesagt hat, unter seinem Volk zu wohnen. Fern vom Haus Gottes und seinen Gottesdiensten leben zu müssen, bedeutet für diesen Menschen den Tod. So schreit er seine Sehnsucht nach Gott hinaus und kleidet sie in ergreifende Bilder. Wie ein Verdurstender und wie ein verendendes Tier (42,2), ja, wie ein Ertrinkender (V. 8), schüttet er sein Herz vor Gott aus und klammert sich in seiner Verzweiflung an ihn. Aber zugleich ist ihm Gott so fern gerückt, dass seine Klage einem Selbstgespräch gleicht. „Was betrübst du dich, meine Seele, und bist so unruhig in mir?" Und dennoch bleibt Gott seine einzige Hoffnung: „Harre auf Gott, denn ich werde ihm noch danken, dass er ... meine Hilfe und mein Gott ist" (V. 6). Auch in der Erfahrung äußerster Gottesferne hält er daran fest, dass Gott sich ihm zukehren wird. So mündet am Ende seine verzweifelte Klage in die Bitte an Gott ein: „Sende dein Licht und deine Wahrheit, dass sie mich leiten und bringen zu deinem heiligen Berg und zu deiner Wohnung" (43,3).

PSALM 42 / 43

I

Wie der Hirsch lechzt
nach frischem Wasser,
so schreit meine Seele, Gott, zu dir. 2
Meine Seele dürstet nach Gott,
nach dem lebendigen Gott.
Wann komme ich wieder dorthin,
wo ich sein Angesicht schaue? 3

Bei Tag und bei Nacht
vergieße ich Tränen,
weil man mich täglich
verspottet und fragt:
„Wo ist nun dein Gott?" 4

Ich denke zurück an die Tage,
da ich mit der Schar der Pilger
zum Haus Gottes zog
und mit ihnen gemeinsam
Lob- und Danklieder sang. 5

Warum betrübst du dich, meine Seele,
und bist so unruhig in mir?
Hoffe auf Gott. Ja, hoffe auf ihn!
Denn ich werde ihm noch danken,
dass er meine Hilfe und mein Gott ist! 6

Betrübt ist meine Seele in mir.
Mein Gott, aus weiter Ferne
denke ich voller Sehnsucht an dich.
Alle deine Wasserfluten
gehen über mich her. 7f

Ich bete zu Gott, meinem Fels:
Warum hast du mich vergessen? 10
Es ist keine Kraft mehr in mir.

Und die mich hassen,
sagen täglich zu mir:
Wo ist nun dein Gott? 11

Warum betrübst du dich, meine Seele,
und bist so unruhig in mir?
Hoffe auf Gott! Ja, hoffe auf ihn!
Denn ich werde ihm noch danken,
dass er meine Hilfe und mein Gott ist! 12

Gott, nimm dich meiner an!
Rette mich vor denen,
die mir Böses antun wollen.
Führe du meine Sache!
Warum hast du mich verstoßen? 43,1f

Sende dein Licht und deine Wahrheit,
dass sie mich leiten und führen
zu deiner Wohnung.
Dort will ich jubeln
und dir auf der Harfe danken. 43,3f

Warum betrübst du dich, meine Seele,
und bist so unruhig in mir?
Hoffe auf Gott! Ja, hoffe auf ihn!
Denn ich werde ihm noch danken,
dass er meine Hilfe und mein Gott ist! 43,5

GOTT, WO BIST DU?

II

Gott, wo bist du?
Ich suche dich.
Du Quelle des Lebens,
Ich dürste nach dir.
Wie ein Hirsch,
der Wasser sucht
am ausgetrockneten Bach,
so schreie ich nach dir.
Meine Kraft ist am Ende.
Nicht wie ein Mensch,
wie ein verendendes Tier,
so fühle ich mich,
ausgetrocknet und leer.

Gott, wo bist du?
Warum bist du so fern?
Wann kehrst du dich
endlich wieder zu mir?
Sieh doch auf mich!
Sieh meine Tränen!
Bei Tag und bei Nacht
weine ich,
so bekümmert bin ich.
Denn ich höre,
wie andere über mich spotten:
Gott hat ihn verlassen.

Gott, wo bist du?
Ich denke zurück an frühere Tage.
Da warst du mir wunderbar nah.
Da bist du mir begegnet
in deinem Wort.
Da habe ich gemeinsam
mit allen dein Lob gesungen.
Doch nun bin ich einsam,
von allen verlassen.
Ruhelos ist mein Herz
und voller Trauer.
Mein Gott,
warum hast du mich vergessen?
Wie lange soll ich ertragen,
dass andere zu mir sagen:
Wo ist nun dein Gott?

Aber du, Gott, bist mein Fels.
An dir halte ich fest.
Und wenn das Unglück
über mich kommt
wie eine tödliche Flutwelle,
so bist du es,
der in den Wellen zu mir kommt.
Darum hoffe ich auf dich, mein Gott.
Bei dir kommt meine Seele zur Ruhe,
Bei dir finde ich Hilfe und Trost.
Mein Gott, ich danke dir.

HERR, ICH VERTRAUE AUF DICH!   PSALM 71

Dies ist das persönliche Gebet eines alten Menschen, der seine Situation vor Gott ausbreitet. Im Vordergrund steht die Bitte an Gott, ihn auch im Alter nicht zu verlassen.

Aus ihr spricht die Zuversicht, dass Gott ihn auch in zunehmendem Alter und in körperlicher Schwachheit nicht verlassen wird. Sie gründet sich auf die Erfahrung, die der Beter von Jugend an mit seinem Gott gemacht hat.

In seiner Schwachheit und der Einsamkeit des Alters flüchtet er sich zu Gott und sucht Schutz bei ihm. Aber keine Klage kommt über seine Lippen, sondern er ist schon im Voraus gewiss, dass Gott ihm beistehen wird: „Sei mir ein starker Hort, zu dem ich immer fliehen kann, der du zugesagt hast, mir zu helfen" (V. 3). Das ist das Geheimnis, das ihn im Alter trägt und ihm die Kraft schenkt, auch die kommenden Generationen im Gebet vor Gott zu bringen.

PSALM 71

I

**Herr, ich vertraue auf dich.
Lass mich nicht fallen!**
Ich bitte dich:
Neige deine Ohren zu mir
und höre auf mich.
Rette mich und hilf mir heraus!
Du bist mein Fels
und meine Burg:
Sei mir ein starker Hort,
zu dem ich jederzeit fliehen kann!
Denn du hast zugesagt,
mir zu helfen.
Ja, du bist meine Hoffnung
von Kindheit an.
Auf dich habe ich mich verlassen
vom ersten Augenblick an –
Du hast mich aus dem Leib
meiner Mutter gezogen.
Von Jugend auf hast du mich gelehrt.
Täglich rühme ich dich
und erzähle von deinen Wundern.
Verlass mich auch nicht,
wenn ich alt und grau werde,
bis ich allen, die nach mir kommen,
von deinen Wundern erzähle.
Denn ich bin
durch Todesängste gegangen,
aber du hast mir neu
das Leben geschenkt.
Darum soll dir mein Loblied erklingen.
Meine Lippen und meine Seele,
die du erlöst hast,
sollen dir fröhlich singen.

2

3
4

5f

7

17f

20

22ff

GEBET IM ALTER

II

Mein Gott,
ich blicke zurück auf mein Leben.
Seitdem ich denken kann,
warst du für mich da.
Schon bei meiner Geburt
warst du mir nah.
Auf dich habe ich mich
zu allen Zeiten verlassen.
Doch nun bin ich alt.
Ich frage mich:
Was wird aus mir,
wenn mich die Kräfte verlassen?
Wenn ich mir fremd werde
und wenn andere über mich lachen?
Wenn mein Glaube zerbricht?
Mein Gott, verlass mich nicht!
Zu dir flüchte ich mich
mit all meinen Fragen.
Denn ich vertraue darauf:
Du wirst mich tragen.
Du hast auch im Alter
für mich einen Weg.
Gib mir die Kraft,
dass ich dir danke,
solange ich lebe,
und meinen Enkeln
von deinen Wundern erzähle.

WIE LIEBE ICH DEINE WOHNUNG! — PSALM 84

Auch dieses Lied gehört zur Gruppe der Korachpsalmen. Es wurde von Pilgern auf dem Weg zum Tempel nach Jerusalem angestimmt. Aus ihm spricht die große Sehnsucht der Pilger nach Gottes Haus und nach der Geborgenheit in Gottes Gegenwart. Dort im Vorhof des Tempels (V. 3), in der Gemeinschaft mit all denen, die mit ihnen Gottes Lob anstimmen, wissen sich die Pilger endlich am Ziel ihrer Reise. Dort, so hoffen sie, wird sich ihnen Gott offenbaren als „Sonne und Schild" (V. 12), als Licht und Leben spendende Kraft und als Schutzwehr (vgl. Ps 27,1).

Aber der Weg zum Heiligtum ist lang und beschwerlich. Er führt über Durststrecken, die an die Wüstenzeit Israels erinnern. Doch auf dem Weg werden sie durch Gott gestärkt und erleben unterwegs Gottes Wunder, wie einst das Volk Israel in der Wüste. Das dürre Tal wird ihnen zum Quellgrund (V. 7, vgl. Ex 15,27 / 17,6). Erschöpfte Pilger schöpfen neue Kraft (V. 8) Der Psalm preist alle glücklich, die sich auf diesen beschwerlichen Weg begeben haben, um eine Zeit lang in Gottes Nähe zu leben: „Wohl denen, die in deinem Haus wohnen! Denn ein Tag in deinen Vorhöfen ist besser als sonst tausend" (V. 5.11).

Was hier im Blick auf Israel und Gottes Gegenwart im Tempel ausgesagt ist, gewinnt im Licht des Neuen Testaments neue Leuchtkraft: Durch die Menschwerdung Gottes in Jesus, so bezeugt es das Johannesevangelium, wohnt Gott mitten unter den Menschen. Seine Gegenwart ist nicht an einen bestimmten Ort gebunden (s. Joh 4,23f). Durch ihn ist allen Menschen der Weg zu Gott erschlossen.

PSALM 84 — IN GOTTES NÄHE

I

Wie liebe ich deine Wohnung,
Herr mein Gott!
Wie sehne ich mich danach,
in deinem Vorhof zu stehen!
Ich juble dir zu
mit Leib und Seele,
du lebendiger Gott.
Denn bei dir hat der Vogel ein Haus
für seine Jungen gefunden
und die Schwalbe ein Nest:
deine Altäre, Herr Zebaoth,
mein König und mein Gott.
Alle, die in deinem Haus wohnen,
sind glücklich zu preisen,
auch alle Pilger,
die zu deinem Haus kommen.
In vertrockneten Tälern
finden sie Quellen.
Und mit frischen Kräften gestärkt
wandern sie zum Berg Zion.
Herr, Gott Zebaoth, höre mein Gebet!
Denn ein Tag in deinen Vorhöfen
ist besser als sonst tausend Tage.
Gott der Herr ist Sonne und Schild.
Alle, die sich auf ihn verlassen,
sind glücklich zu preisen.

II

Wie gut zu wissen, o Gott:
Du wohnst nicht nur im Himmel,
hier auf unserer Erde
baust du dein Haus.
Mitten unter uns Menschen
lässt du dich finden.

Wie gut zu wissen, o Gott:
Du bist uns ganz nah.
Zu dir dürfen wir kommen
mit all unserer Sehnsucht.
Unser ruheloses Herz
findet Ruhe bei dir.

Wie gut zu wissen, o Gott:
Ich irre nicht ziellos umher.
Ich weiß einen Ort,
da bin ich geborgen
gleich Vögeln im Nest:
In deinem Haus
bin ich geborgen bei dir.

Wie glücklich sind Menschen,
die von Herzen dich suchen,
die nicht danach fragen,
was andere über sie sagen,
die mutig den Aufbruch wagen
und heimkehren zu dir.

Wie glücklich sind sie,
wenn sie auf Durststrecken erfahren,
wie wunderbar du sie führst.
Du gibst den Müden Kraft.
Du richtest sie auf, wenn sie fallen,
und stillst ihren Durst.

Wie glücklich sind wir,
wenn wir am Ende dich schauen
und daheim sind bei dir.
Dann ist unsre Sehnsucht gestillt.
Herr, bring uns dahin,
wo wir gemeinsam dich loben:
Du, Herr, bist Sonne und Schild.

KÖSTLICH IST ES, DEM HERRN ZU DANKEN — PSALM 92

Dieses Danklied rühmt Gottes Güte und Treue, die ein Mensch im Lauf seines langen Lebens vielfach erfahren hat. Es ist ein Hymnus, der nicht nur von einer konkreten Rettungstat erzählt, wie z.B. Psalm 34, sondern zusammenfassend Gottes Größe im eigenen Leben, wie auch in der Schöpfung und in der Geschichte seines Volkes beschreibt.

Gottes Größe offenbart sich aber vor allem darin, dass er, der Schöpfer des Himmels und der Erde, sich des einzelnen Menschen annimmt, dass er ihn aus dem „Staub" erhebt und ihn würdigt, Gottes Ruhm zu besingen. Der Psalm beschreibt dies mit den beiden Leitbegriffen „Güte" bzw. „Gnade" (chäsad) und „Treue" bzw. „Wahrheit" ('ämunah). Es ist Gottes Gnade, dass sich der Gott des Himmels zu den Menschen herabneigt, dass er in ihre Welt kommt und in Treue zu seinem Wort steht.

Das ist der Grund des nie verstummenden Jubels. Er richtet sich sowohl an Gott als auch an die versammelte Gemeinde. Mit seinem Singen und Beten gibt der Beter Gott im Dank zurück, was er selbst von ihm empfangen hat. Dabei erfährt er, wie er selbst durch sein Danklied aufgerichtet wird und im Danken seine wahre Bestimmung und Würde als Mensch empfängt.

PSALM 92   MEIN DANKLIED

I   II

Köstlich ist es, dem Herrn zu danken und deinem Namen, du Höchster, ein Loblied zu singen.	Dir will ich singen, mein Gott. Täglich soll mein Danklied erklingen, am lichten Morgen und im Dunkel der Nacht.
Am Morgen will ich deine Güte und am Abend deine Treue besingen	Denn deine Treue ist groß.
Psalter und Harfe sollen erklingen.	Deine Gnade lässt mich nicht los.
Denn du, Herr, lässt mich fröhlich von deinen mächtigen Taten singen.	In hellen wie auch in dunklen Stunden bist du mir nah.
Herr, wie groß sind deine Werke! Wie tiefgründig sind deine Gedanken! Wer kann sie begreifen? Menschen, die dich nicht kennen, verdorren wie Gras.	Dir will ich singen, mein Gott. Täglich soll mein Danklied erklingen. Mein Gott, wie bist du so groß! Wie kann ein Mensch deine Taten und deine tiefen Gedanken ermessen?
Aber du, Herr, bist der Höchste. Du bleibst immer und ewig.	Viele Menschen wähnen sich groß und sind doch klein, vergängliche Wesen, gleich einem Grashalm, der in der Hitze verdorrt.
Alle, die sich gegen dich kehren, wirst du zerstreuen. Aber mir hast du Kraft gegeben. Ich muss mich nicht fürchten.	Doch du, Gott, bist ewig und hoch über alle erhaben.
Denn wer sich zu Gott hält, wird grünen wie ein Palmbaum. Er wird wachsen wie eine Zeder vom Libanon.	Dir will ich singen, mein Gott. Täglich soll mein Danklied erklingen. Mein Gott, wie groß ist die Gnade, die du mir kleinem Menschen gewährst? Wie kann ich es fassen, dass du mich so achtest und ehrst?
So ergeht es auch denen, die verwurzelt sind im Haus Gottes. Wenn sie auch alt werden, werden sie dennoch grünen, fruchtbar und frisch sein, dass sie verkünden: Gerecht ist der Herr. Mein Fels ist er. Kein Unrecht ist an ihm zu finden.	Du richtest mich auf, wenn ich falle. Du hebst mich zu dir empor. Du machst mich mutig und stark, dass ich fröhlich mein Lied für dich singe.
	Dir will ich singen, mein Gott. Täglich soll mein Danklied erklingen. Mein Gott, schenk mir die Gnade, dass ich dich lobe, solange ich lebe. Und wenn ich alt bin und hoch betagt, wenn meine Lieder verstummen, wenn meine Stimme versagt, wenn ich fürchte zu fallen, so weiß ich mich dennoch von dir gehalten. Denn du bist mein Fels. Du gibst auf mich Acht. Mein Gott, bleib mir nahe auch im Dunkel der Nacht!

LOBE DEN HERRN, MEINE SEELE! — PSALM 103

Dieser Hymnus berührt das Zentrum des Evangeliums! Er besingt in drei Strophen Gottes Gnade, die er seinem Volk am Sinai über alles Erwarten zuteil werden ließ und die David, dem dieser Psalm zugeschrieben wird, selbst überwältigend erfahren hat. Das Lied kulminiert im Lobpreis der Vergebung. Dass Gott seinem Volk die Sünde vergibt, dass er ihm einen Neuanfang schenkt, obwohl es den Bund mit Gott gebrochen hat (Ex 32ff), das ist das unbegreifliche Wunder, das durch alle Strophen dieses Psalms hindurch klingt. Es zieht im Verlauf des Psalms immer weitere Kreise und erfasst schließlich alle Bereiche des Lebens, am Ende übersteigt es sogar Raum und Zeit. So unbeschreiblich groß ist Gottes Gnade, dass sie offenbar mit Worten eines Menschen gar nicht erfasst werden kann. Darum wird in diesem Hymnus der ganze Kosmos aufgerufen, mit in den Lobpreis einzustimmen.

Eigentlich ist mit dem ersten Satz schon alles gesagt. Nirgendwo wird die Frohe Botschaft in der Bibel so treffend und prägnant erfasst wie in diesem einleitenden Satz: „Lobe den Herrn, meine Seele, und was in mir ist, lobe seinen heiligen Namen!" Dieser Satz lenkt von Anfang an den Blick auf den, der sich den Menschen am Sinai mit seinem Namen bekannt gemacht hat (Ex 3 und 20). In seinem Namen ist schon die ganze Geschichte seiner Gnade und Zuwendung zum Menschen im Kern enthalten. Daher kann der Beter und allen voran David, sein wichtigster Gewährsmann, gar nicht anders: Er muss zu Gottes Lob aufrufen. Sein Aufruf gilt zuallererst ihm selbst. Er richtet ihn an „meine Seele". Das hebräische Wort für Seele (näphäsch) bezeichnet konkret die Kehle, das heißt den Sitz der Stimme und damit im übertragenem Sinn den Sitz des Lebens. Das Lob Gottes soll also Ausdruck meines ganzen Lebens sein und mich mit allen Lebewesen verbinden, die Gott zu seinem Lob geschaffen hat.

In drei Schritten wird im folgenden Gottes Gnade beschrieben:

(1) Gottes Gnade im Zuspruch der Vergebung (3–5):
Gott erweist seine Gnade darin, dass er den Menschen, der durch seine Sünde von ihm getrennt ist, in die Gemeinschaft mit Gott zurück holt, ja, dass er den, der sich wie ein Toter in äußerster Gottesferne, quasi schon in der Totenwelt wähnt, aus der „Grube", d.h. aus der Tiefe des Todes, ins Leben zurückholt.

(2) Gottes Gnade in der Geschichte Israels (6–13):
Gott hat am Sinai durch Mose den Bund mit seinem Volk erneuert, nachdem das Volk ihn eigenwillig mit der Anbetung des „Goldenen Kalbs" gebrochen hat (Ex 32): „Herr, Herr, barmherzig und gnädig, geduldig und von großer Güte!" Mit diesen Worten hat sich Gott aufs Neue seinem Volk zugekehrt und sich ihm als der gnädige Gott offenbart (Ex 34,6). Daran erinnert der Psalm mit den Worten: „Barmherzig und gnädig ist der Herr, geduldig und von großer Güte" (V. 8) und übertrifft sie sogar noch: Gottes Gnade kennt keine zeitlichen und räumlichen Grenzen.

(3) Gottes Gnade „von Ewigkeit zu Ewigkeit" (V. 17ff).
Im letzten Teil weitet sich der Lobpreis auf den ganzen Kosmos aus. Die sichtbare und auch die unsichtbare Welt Gottes werden vom Lob seiner Gnade erfasst. In diesem universalen Horizont erfährt der Mensch, eigentlich nur ein verwehender Hauch (V. 14ff), seine Bestimmung und seine unvergängliche Würde: Er wird im letzten Satz dieses Hymnus aufgerufen, mit der ganzen Schöpfung, ja, sogar mit dem Chor der Engel Gottes, in den Lobpreis seiner Gnade einzustimmen: „Lobe den Herrn, meine Seele!" (V. 22).

AUS VOLLER KEHLE

II

Loben will ich den Herrn
Aus voller Kehle, mit Leib und Seele,
will ich meinem Gott singen.
Rühmen will ich seinen heiligen Namen.
Niemals will ich vergessen,
was er mir Gutes getan hat.

ER deckt meine Schuld zu
und heilt, was mein Leben zerstört.
ER rettet mich aus dem tödlichen Sog
und ruft mich ins Leben zurück.
ER hebt mich heraus
und stattet mich aus
mit fürstlichen Ehren.
Gnade und Barmherzigkeit
heißt die Krone, die er mir verleiht.
ER erfüllt mich mit Freude
und mit frischer Kraft.
Wie ein junger Adler im Aufwind
weiß ich mich von ihm getragen.

Loben will ich den Herrn.
Aus voller Kehle, mit Leib und Seele,
will ich meinem Gott singen.
Rühmen will ich seinen heiligen Namen.
Niemals will ich vergessen,
was er seinem Volk Gutes getan hat.

ER gab seinem Knecht Mose
seine Wege bekannt
und offenbarte am Sinai
sein göttliches Recht.
Nicht Tod, sondern Leben,
so lautet sein göttlicher Wille.

Denn ER ist ein barmherziger Gott,
gütig und von großer Geduld.
ER straft nicht, wie wir es verdient hätten,
sondern so hoch, wie sich der Himmel
über die Erde erstreckt,
so breitet ER seine Gnade über uns aus.
Und so weit wie der Morgen
vom Abend entfernt ist,
so hat ER unsere Schuld
von uns entfernt.
Wie ein Vater,
der sich über seine Kinder erbarmt,
so hat ER sich über uns alle erbarmt,
über alle, die ihn lieben und ehren.
Denn Er weiß: Wir Menschen
sind in Wahrheit nur Staub,
wie welkes Gras, vom Winde verweht.
Aber Gottes Gnade wird nicht vergehen.
Sie gilt allen, die in seinem Bund stehen.
Er ist allein König und Herr.
Er herrscht über Himmel und Erde.

Darum lobt Ihn,
ihr starken Engel im Himmel.
Rühmt seinen Namen,
ihr himmlischen Heere,
die seine Befehle ausführen!
Lobt Ihn alle Geschöpfe,
die er geschaffen hat zu seiner Ehre!
Auch ich zähle dazu.

Loben will ich den Herrn
mit Leib und Seele.
Aus voller Kehle
will ich mit allen Geschöpfen
meinem Gott singen
und niemals vergessen,
was er uns Gutes getan hat.

DANKT DEM HERRN, DENN ER IST GUT! — PSALM 118

Dieser Psalm gehört zu dem sog. „Hallel" (Ps 113–118), das heißt zu jenen Festliedern, die ursprünglich an den großen Wallfahrtsfesten am Tempel angestimmt wurden, und die bis heute an den großen jüdischen Festtagen, insbesondere am Pesachfest, fortleben. Psalm 118 beschließt den Zyklus mit einer kompletten Festliturgie. An ihr lässt sich ungefähr ablesen, wie die Festfeier am Tempel vermutlich stattgefunden hat.

Schauplatz ist der äußere Vorhof des Tempels. Dort hat sich eine große Gemeinde versammelt. Viele Festpilger sind von weither angereist und bitten nun, gemeinsam mit der Jerusalemer Gemeinde, um Einlass in den Tempel, d.h. genauer: in den inneren Vorhof des Tempels, wo sich auch der Brandopferaltar befindet.

Beide Vorhöfe sind durch ein Tor getrennt. Auf den Stufen davor hat sich der Chor der Leviten aufgestellt und begrüßt das versammelte Volk mit seinen Festliedern. Nach der einleitenden Dankliturgie erfolgt der feierliche Einzug der Pilger durch das Tor in den inneren Vorhof. Er geschieht in Form eines Wechselgesangs zwischen den Priestern und der einziehenden Gemeinde.

Dieser Psalm ist in doppelter Hinsicht bemerkenswert: Zum einen verbindet er liturgische Elemente mit persönlichen Zeugnissen und Erfahrungen einzelner Festbesucher, die den strengen liturgischen Ablauf aufbrechen. Zum andern verbindet er den Rückblick auf Gottes Heilstaten in der Vergangenheit mit dem Ausblick auf die Ankunft des Messias und steht somit im Brennpunkt der Heilsgeschichte.

Formal besteht der Psalm aus zwei Teilen. Der erste Teil enthält ein Danklied der Gemeinde, vorgetragen von einzelnen Stimmen im Wechsel mit den Tempelsängern. In ihm klingt nicht nur der Dank für die Rettung einzelner in Notsituationen an. Vielmehr ist es ein Siegeslied, das hier angestimmt wird, ein Triumphlied im Namen Gottes über den Tod und seine zerstörerische Macht. Triumphierend endet so der erste Teil des Psalms mit dem Protest gegen den Tod: „Ich werde nicht sterben, sondern leben und des Herrn Werke verkündigen" (118,17). Und wie zur Bekräftigung fügt am Ende noch eine Stimme hinzu: „Der Herr züchtigt mich schwer, aber er gibt mich nicht dem Tod preis." Es ist der Zwischenruf eines Einzelnen, der, vermutlich nach schwerer Krankheit, nun die ganze Gemeinde an seiner erlösenden Erfahrung teilhaben lässt (vgl. Jes 38,9ff).

Der 2. Teil des Psalms besteht aus einem liturgischen Wechselgesang zwischen Priestern und einziehender Gemeinde. Er beginnt mit der Bitte der Gemeinde um Einlass (V. 19). Allen, die zuvor feierlich erklärt haben, nach Gottes Geboten zu leben, öffnet sich das Tor. Sie werden eingeladen, durch die „Tore der Gerechtigkeit" in den inneren Vorhof einzutreten, um dort ihr Dankopfer vor Gott zu bringen. Der Psalm nennt sie „die Gerechten", weil sie sich ausdrücklich zu dem Gott Israels und zu seinen Geboten bekennen (vgl. Ps 24,3ff).

Aber darüber hinaus stößt der Psalm noch eine ganz neue Tür auf. Vielsagend weist er im Bild des „Ecksteins" auf den hin, auf dem das Volk Gottes in Zukunft gegründet sein wird (V. 22). In dem Kultruf „Hosianna!" (dt. „O Herr hilf, o Herr lass wohl gelingen!") und in dem folgenden Wort: „Gelobt sei, der da kommt im Namen des Herrn!" (V. 25f) klingt schon, wenn auch noch verhalten, die Hoffnung auf den Messias an, den Gott seinem Volk verheißen hat. Dieser wird nicht nur die Tore des Tempels öffnen, sondern, viel umfassender, allen Menschen den Zugang zu Gott eröffnen. Jahr für Jahr endet daher bis heute die Feier des Passamahls mit dem Ausblick auf das Kommen des Messias. Von ihm bezeugt das Neue Testament: Der

Messias ist schon gekommen. In Jesus hat dieser Psalm Israels seine Erfüllung gefunden. Er war es, der mit der großen Schar der Pilger am Passafest nach Jerusalem einzog, begleitet vom Jubel des Volkes: „Hosianna! Gelobt sei, der da kommt im Namen des Herrn!" (Mk 11,9 par). Er war es auch, der am Vorabend vor seinem Tod mit seinen Jüngern den „Lobgesang", das heißt eben jene Psalmen 113–118 angestimmt hat (Mk 14,26 par), die am Ende in den österlichen Ruf einmünden: „Ich werde nicht sterben, sondern leben und des Herrn Werke verkündigen" (V. 17). So endet auch Jesu Weg mit seinem österlichen Triumph über den Tod.

PSALM 118

1. Vor dem Tor

Chor der Leviten:	**Dankt dem Herrn, denn er ist gut**	
	und seine Gnade währt ewig.	1
Vorsänger:	So soll das Volk Israel sagen:	
	Seine Gnade währt ewig.	2
Gemeinde	**Ja, seine Gnade währt ewig.**	
Vorsänger:	So sollen die Priester sagen:	3
Priester:	Ja, seine Gnade währt ewig.	
Vorsänger:	So sollen alle sagen, die den Herrn ehren!	
Gemeinde:	**Ja, seine Gnade währt ewig.**	4

Stimme
aus dem Volk: (1) Als mir angst war, rief ich zum Herrn,
da erhörte er mich und befreite mich. 5
Der Herr ist mit mir, darum fürchte ich mich nicht.
Was können Menschen mir tun? 6
(2) Der Herr ist mit mir und hilft mir. 7
Wer sich auf Ihn verlässt, ist nicht verlassen.
Und wer ihm vertraut, ist gut beraten. 8

Gemeinde: **Ja, gut ist es,**
Gott dem Herrn zu vertrauen
und nicht dem Rat von Fürsten zu trauen! 9

Stimme
aus dem Volk: (3) Meine Feinde umgeben mich.
Von allen Seiten bedrängen sie mich. 11
Wie Bienen schwirren sie um mich her.
Aber im Namen Gottes des Herrn
will ich sie abwehren. 12
(4) Sie stoßen mich um
und wollen mich zu Fall bringen. 13
Aber Gott der Herr hilft mir.
Er ist meine Hoffnung und meine Hilfe.
Ihm singe ich mein Lied. 14

Chor der Leviten: Singt mit Freude sein Lied!
In allen Häusern soll sein Lied erschallen.
Denn seine starke Hand siegt.

Gemeinde: **Ja, seine starke Hand siegt!** 15f

Stimme
aus dem Volk: (5) Ich werde nicht sterben.
Leben will ich und allen verkünden,
was Gott an mir getan hat. 17
Er hat mich heimgesucht.
Aber er hat mein Leben erhalten. 18

2. Einzug in den Tempel

Stimme aus dem Volk:	Tut mir die Tore der Gerechtigkeit auf! Lasst mich durch sie einziehen und Gott dem Herrn danken.	19
Priester:	Das ist das Tor des Herrn. Die Gerechten werden dort einziehen:	20
Stimme aus dem Volk:	Ich danke dir, Gott. Du hast mich erhört und hast mir geholfen.	21
Priester:	Der Stein, von den Bauleuten verworfen, ist zum Eckstein geworden.	22
Alle:	Das ist vom Herrn geschehen und ein Wunder vor unseren Augen.	23
Priester:	Dies ist der Tag, den Gott uns geschenkt hat. Freut euch an ihm und seid fröhlich darin!	24
Alle:	**Hosianna! Herr hilf! O Herr gib Gelingen!**	25
Priester:	Gelobt sei, der im Namen des Herrn kommt! Gesegnet sei er! Wir segnen euch vom Hause des Herrn her.	26f
Alle:	Der Herr ist Gott allein. Er lasse sein Licht über uns leuchten. Schmückt euch mit Zweigen! Tanzt fröhlich den Reigen bis zum Altar!	27
Einer:	Du bist mein Gott. Dir will ich danken. Mein Gott, dich will ich preisen.	28
Alle:	**Dankt dem Herrn! Denn er ist gut und seine Gnade währt ewig!**	29

REISESEGEN — PSALM 121

Wie schon der vorhergehende Psalm 118 anzeigte, ist das fünfte Buch der Psalmen (Ps 107–145) zunehmend vom Lobpreis Gottes in der großen Gemeinde erfüllt. Er findet seinen Ausdruck in einer großen Zahl von Hymnen (z.B. Ps 107 / 111f / 113ff / 135 / 136 / 146–150). Sie alle besingen Gottes Größe und Macht, die er in seiner Schöpfung und in der Geschichte offenbart hat und bilden die Mitte eines jeden Gottesdienstes.

Aber daneben findet sich in diesem letzten Buch eine Gruppe von Psalmen, die ein deutliches Gegengewicht zu den großen Hymnen bilden. Es sind die sog. Wallfahrtslieder 120–134. Wie schon ihr Name andeutet, verweisen auch sie in den Raum der Gemeinde. Auch sie lenken den Blick auf die Besucher, die zu den großen Wallfahrtsfesten nach Jerusalem pilgern. Doch im Unterschied zu den Hymnen, spricht aus ihnen die Stimme des einfachen Volkes. In ihren Liedern klingen die Erfahrungen und Sorgen des Alltags an, die diese Menschen mit auf ihre Reise begleiten. Aber zugleich spricht aus ihnen das schlichte Vertrauen, dass Gott sein Volk segnen (127), ihm Frieden schenken (125 / 128 / 133) und es auf allen seinen Wegen behüten wird (127).

Der bekannteste Wallfahrtspsalm ist Psalm 121, der den Pilgern Gottes Schutz und Segen auf ihrer Reise zuspricht. Dabei bleibt es offen, ob dieser Psalm auf dem Weg zum Tempel gesungen wurde oder, wie im Folgenden vorausgesetzt wird, vor Antritt der Heimreise. Die Ungewissheit des Weges, auf dem viele Gefahren für die Pilger lauern, wirft ihre Schatten voraus. Aber in ihrem Lied erinnern sie sich an die Zusage Gottes, die sie im Tempel durch den Priester erfahren haben. Sie wird nun, vor Antritt der Heimreise, erneut bekräftigt, sei es durch einen Priester oder sei es auch durch Weggefährten, die mit ihnen gemeinsam den Gottesdienst am Tempel besucht haben.

PSALM 121 — DER HERR BEHÜTE DICH!

I

Ich hebe meine Augen auf zu den Bergen
von welchen mir Hilfe kommt.
Meine Hilfe kommt vom Herrn,
der Himmel und Erde gemacht hat.

Er wird deinen Fuß nicht gleiten lassen;
und der dich behütet schläft nicht.
Siehe, der Hüter Israels
schläft noch schlummert nicht.

Der Herr behütet dich;
der Herr ist dein Schatten
über deiner rechten Hand,
dass dich des Tages die Sonne nicht steche
noch der Mond des Nachts.

Der Herr behüte dich vor allem Übel,
er behüte deine Seele;
der Herr behüte
deinen Ausgang und Eingang
von nun an bis in Ewigkeit.

(Nach der Übersetzung Martin Luthers 1912)

II

Ich blicke in die Zukunft hinaus.
Berge türmen sich vor mir auf.
Ich kann keinen Weg sehen.
Aber ich vertraue darauf:
Meine Hilfe kommt von dem Herrn.
Er ist mein Schöpfer und Helfer.
Er hat Himmel und Erde gemacht.

Ja, der Herr ist deine Hilfe.
Er, der Himmel und Erde gemacht hat,
wird dich auf deinem Weg führen
und deinen Fuß
vor dem Fallen bewahren.
Er ist dein Hirte und Hüter,
der über dir wacht.

Sieh, dein Hirte und Hüter
hält seine Hand über dir.
Er schützt dich
in der Hitze des Tages
und im Dunkel der Nacht.
Weder Sonne noch Mond
dürfen dir schaden.

Ja, Herr, du bist meine Hilfe.
Du wirst mich bewahren,
wie du zugesagt hast!
Segne und behüte alle,
die den Weg mit dir wagen.
und nimm sie am Ende auf
in dein ewiges Haus.

DU BIST DA — PSALM 138 / 139

Die großen Hymnen im letzten Buch der Psalmen werden noch durch eine weitere Gruppe von Psalmen unterbrochen, die allesamt David zugeschrieben werden (Ps 138–145). Sie unterscheiden sich von den Hymnen, die alle zum gemeinsamen Lob Gottes in der Gemeinde aufrufen, durch ihren ganz persönlichen Ton. Es scheint, als komme in ihnen noch einmal alles auf den Prüfstein, was in den Hymnen bekenntnishaft von Gott ausgesagt wurde. Man spürt ihnen ab, dass sie, wie auch die Davidspsalmen 55ff aus persönlicher Anfechtung erwachsen sind. Aber am Ende stoßen auch sie zu der Gewissheit durch: „Du kennst mich. Du siehst mich. Du bist da, wohin auch mein Weg mich führt." Auch wenn es scheint, als sei die Erinnerung an den Gott Zions und an die Loblieder, die zu seiner Ehre angestimmt wurden, inzwischen verblasst, so steht doch für den Beter fest: Gott ist bei ihm, wohin auch sein Weg ihn führt (Ps 139). Er hört das Gebet derer, die in ihrer Angst gefangen sind (138,3.7). Seine rettende Hand reicht sogar in die Tiefe des Todes (139,8ff).

Die beiden folgenden Psalmmeditationen zu Ps 138,7 und 139,1–12 sind als Einladung zu verstehen, eine eigene Antwort auf das Zeugnis dieser beiden Psalmen zu formulieren.

PSALM 138

> „Wenn ich dich anrufe, so erhörst du mich
> und gibst meiner Seele große Kraft.
> Wenn ich mitten in der Angst wandle,
> so erquickst du mich
> und reckst deine Hand
> gegen den Zorn meiner Feinde
> und hilfst mir mit deiner Rechten."
> Psalm 138,3.7

„DU ERHÖRST MEIN GEBET"

II

Dank sei dir, Gott,
Du hörst mein Gebet.
Dich rufe ich an.
Deinen heiligen Namen
hast du uns gegeben.
Wo ist ein Gott,
der sich so herrlich
an seinen Kindern erweist,
wenn sie zu ihm rufen?

Dank sei dir, Gott,
Du hörst mein Gebet.
Du hast zugesagt:
Rufe mich an in der Not,
so will ich dich retten.
Du hast es getan.
Dein Wort erfüllt mich
mit neuer Kraft,
wenn ich zu dir bete.

Dank sei dir, Gott,
Du hörst mein Gebet.
Alle Welt soll es hören,
wie unbegreiflich du bist.

Du hörst die Menschen,
auf die niemand sonst hört,
die selbst zu schwach sind,
dich um Hilfe zu bitten.
Du beugst dich zu ihnen herab.

Dank sei dir, Gott,
du hörst mein Gebet.
Ich habe es ja im Leben
schon unzählige Male erfahren.
Als ich vor Angst fast verging,
als ich keinen Ausweg mehr sah,
als ich in meiner Not zu dir schrie,
da kamst du mir nah
und hast mir geholfen.

Dank sei dir, Gott,
Du hörst mein Gebet.
Mit deinem starken Arm
hast du dein Volk Israel
aus tiefen Wassern gezogen.
Dein Arm hält auch mich.
Ihm vertrau ich mich an.
Keine Macht dieser Welt
soll mich aus deiner Hand reißen.

PSALM 139

„Führe ich gen Himmel, so bist du da.
Bettete ich mich bei den Toten,
so bist du auch da.
Nähme ich Flügel der Morgenröte
und bliebe am äußersten Meer,
so würde auch dort deine Hand mich führen
und deine Rechte mich halten."
Psalm 139,8ff

„DEINE HAND HÄLT MICH"

II

Herr, du kennst mich.
Du siehst in mein Herz.
Ob ich sitze oder aufstehe –
du weißt es.
Ob ich unterwegs bin
oder am Boden liege –
du siehst es.
Du kennst alle meine Wege.
Ob ich mit dir rede
oder keine Worte mehr finde –
du hörst mich.
Von allen Seiten umgibst du mich
und hältst deine Hand über mir.
Du bist da,
wohin auch mein Weg mich führt.
Wenn ich zum Himmel aufsteige,
bist du auch da.
Wenn ich bei den Toten ruhe,
bist du auch da.
Wenn ich ans Ende der Welt fliege,
so bist du auch da.
Und wenn ich am Ende fürchte,
dass ich fallen werde,
so vertraue ich darauf,
dass deine Hand mich hält.
Wenn ich sage:
Dunkel soll mich umhüllen
und Nacht statt Licht um mich sein,
so ist auch das Dunkel
nicht dunkel bei dir.
Und die Nacht leuchtet wie der Tag.

DICH WILL ICH LOBEN IMMER UND EWIG — PSALM 145

Dieser Hymnus beschließt das 5. Buch der Psalmen. Er übersteigt alles, was zuvor über Gott ausgesagt wurde. Die Beschreibung seiner Königsherrschaft sprengt alle denkbaren zeitlichen und räumlichen Vorstellungen. Aber Gottes höchster Ruhm ist, dass er die Fallenden hält, die Niedergeschlagenen aufrichtet, die Hungernden speist und auf die Hilfeschreie derer hört, die in Not und Elend leben (145,14ff). Es ist dies das große Thema der Hymnen (z.B. Ps 113,7 / 147,2). Aber in diesem Psalm findet es noch eine zusätzliche Steigerung: Gott, der König aller Könige, beugt sich zu den Armen und Elenden herab. Darin will Gott geehrt werden, dass er der barmherzige und gnädige Gott ist. Bezeichnend knüpft daher dieser Psalm, wie zuvor auch Psalm 103, an die Gnadenformel von Ex 34 an: „Gnädig und barmherzig ist der Herr, geduldig und von großer Güte." Dieses Wort ist der Grund der Hoffnung, der in allen Hymnen des Alten Testaments anklingt und eine Brücke zu den neutestamentlichen Hymnen herstellt (z.B. Lk 1,46ff / 1,68ff). Gottes Weg in die Tiefe der Menschheit, so beschreibt es der Christushymnus in Phil 2,1ff, hat in der Person Jesu konkrete Gestalt angenommen!

So ist erklärlich, dass gerade dieser Psalm 145 eine reiche Rezeptionsgeschichte vorzuweisen hat. Schon innerhalb des Alten Testaments lassen sich zahlreich Bezüge zu den Spätschriften des Alten Testaments, insbesondere zur Botschaft des Danielbuches herstellen. Aber vor allem lebt dieser Hymnus in der Botschaft Jesu fort. Auch das „das Gebet Jesu" zeigt vielfache Bezüge zu diesem Psalm auf.

PSALM 145

I

Vorbeter:
Du mein Gott und König,
dich will ich loben immer und ewig.
Täglich will ich dich preisen
und deinen Namen heiligen
immer und ewig.

Chor:
Der Herr ist groß
und sehr zu loben.
Seine Größe ist unerforschlich.

Vorbeter:
Herr, unser Gott,
unsere Enkel sollen dich preisen
und deine großen Taten verkünden.
Sie sollen reden von deiner Pracht
und erzählen, was du an ihnen getan hast.

Chor:
Der Herr ist barmherzig und gnädig,
geduldig und von großer Güte
und erbarmt sich über alle seine Werke.

Vorbeter:
Herr, unser Gott,
alle deine Werke sollen dich loben
und von deiner Macht reden.
Denn dein Reich ist ein ewiges Reich
und deine Herrschaft währt
immer und ewig.

Chor:
Der Herr ist treu und hält,
was er verspricht.
Der Herr hält alle, die fallen,
und richtet Niedergeschlagene auf.

Vorbeter:
Alle Augen warten auf dich.
Und du gibst ihnen ihre Speise
zur rechten Zeit.
Du tust deine Hand auf
und erfüllst alles, was lebt,
nach deinem Wohlgefallen.

Chor:
Der Herr ist gerecht in all seinem Tun.
und gnädig in all seinen Werken.
Der Herr ist all denen nahe,
die ihn mit Ernst anrufen.
Er hört ihr Schreien und hilft ihnen.
Der Herr behütet alle, die ihn lieben.
Wer ihn aber hasst,
der gehört nicht zu ihm.

Vorbeter:
Mein Mund soll den Herrn loben
vor aller Welt und alles, was lebt,
lobe seinen heiligen Namen
immer und ewig!

HALLELUJA!

PSALM 150

Mit einem letzten Aufruf zum Lobe Gottes endet die Reise durch den Psalter. Er findet in den Psalmen 146–150, sein krönendes Finale. Wie in einem Oratorium schwillt in ihnen der Lobpreis Gottes immer mehr an, bis er in Psalm 150 mit einem vielstimmigen Schlussakkord endet. Am Ende stimmt alles, was lebt, in das „Halleluja" ein. Der Lobpreis erfasst alle Bereiche des Lebens, ja, die ganze Schöpfung ist vom Lob Gottes erfüllt, das in den Lobliedern der Gemeinde und in den Instrumenten der Leviten am Tempel sein vielfaches Echo findet. Es ist ein Lied, das keiner Worte mehr bedarf, weil alles vom Lob Gottes erfüllt ist und in ihm zu seiner wahren Bestimmung gelangt.

„Alles, was lebt (wörtl. „Alles, was Odem hat"), lobe den Herrn!" Mit diesen Worten endet der Psalter. Mit ihnen schließt sich der Kreis. Der Mensch erfährt sich im Lobpreis Gottes als Teil der Schöpfung, zu Gottes Lob geschaffen. Von ihm heißt es in Gen 2,7: „Gott blies ihm den Odem des Lebens in seine Nase." Gott ist es, der dem Menschen, wie auch allen anderen Lebewesen, den Atem des Lebens eingehaucht hat, damit er ihn mit seinem Leben lobe. Denn loben heißt: leben vor Gott. Ursprung und Ziel allen Lebens ist in dem Aufruf zum Lob Gottes enthalten. In ihm klingt schon der Lobpreis an, den in der Offenbarung des Johannes – die Gemeinde der Erlösten am Ende der Tage vor Gottes Thron anstimmen wird:

„Amen, Lob und Ehre und Weisheit und Dank und Preis und Kraft sei unserm Gott von Ewigkeit zu Ewigkeit!" (Offb 7,12).

HALLELUJA

II

Lobt Gott in seinem Heiligtum,
da er, der Heilige, unter uns wohnt.
Lobt Ihn in Himmelshöhen,
da der König über alle Könige thront.
Lobt und preist ihn für alles,
was er an uns getan hat!
Lobt und preist seine Macht!
Preist seine Größe und Pracht!

Preist IHN, blast in eure Posaunen!
Preist IHN, greift in die Saiten!
Preist IHN, tanzt mit Pauken im Reigen!
Preist IHN mit Harfen und Flötenspiel!
Preist IHN, lasst helle Zimbeln erklingen!

Alles, was lebt, lobe den Herrn!
Denn Gott hat allen den Atem des Lebens
in ihr Leben gegeben,
damit sie IHN loben und preisen,
solange sie leben.
Denn Loben schenkt Leben,
Leben vor Gott.

AUSKLANG

FREUDE AN GOTTES WORT
Psalm 119

Glücklich sind alle,
die aus Gottes Wort leben
und ihr Leben lang
seinen Weisungen folgen. 1

Glücklich sind sie,
wenn sie im Herzen
seine Worte bewahren
und seinen Weg suchen. 2

Auch ich will mich
an deine Weisungen halten.
Ich danke dir für dein Wort.
Lass es mich niemals vergessen! 7f

Denn wie sollte ein Mensch
sonst seinen Weg finden,
wenn er nicht von Jugend an
deiner Wegweisung folgt? 9

Herr, ich danke dir für dein Wort.
Ich bitte dich: Lehre mich,
es recht zu verstehen,
damit ich es allen verkünde. 12f

Dein Wort erfüllt mich mit Freude.
Bei ihm finde ich Rat.
Lass mich den Weg finden,
den mich dein Wort weist. 24.27

Denn das ist mein Trost,
dass dein Wort mich erquickt. 50

Jedes Wort, das du sprichst,
ist mir kostbarer als Silber und Gold. 72

Als ich ganz unten war,
da hat mich dein Wort
in meinem Elend getröstet.
Ich will es nie mehr vergessen. 92

Wie hab ich dein Wort so lieb!
Täglich sinne ich darüber nach.
Es ist das Licht auf meinem Weg.
wenn ich selbst keinen Weg sehe. 105

Wenn mich Angst und Not überfällt,
macht mich dein Wort wieder froh.
Wie einer, der reiche Beute erhält,
bin ich reich, weil du zu mir hältst. 143.162

Denn wer deinem Wort folgt
und auf deine Weisungen hört,
findet Frieden in dir
und wird nicht zu Fall kommen. 165

Herr, lass mich leben vor dir!
Denn ich bin wie ein verlorenes Schaf,
Ich bitte dich: Suche mich
und bringe mich heim zu dir. 175f

Gottes Weisung und Wort – so bekennt es dieses Gebet – ist kein starres Gesetz, sondern Quelle des Lebens, Trost und Wegweisung auf dem langen und oft mühsamen Weg unseres Lebens. Sein Wort gilt es in allen Lebenslagen neu zu bewähren. Der Psalm schreitet betend gleichsam alle Stationen seines Lebens ab und macht dabei die befreiende Entdeckung, dass Gottes Wort ihn auf allen Wegstrecken begleitet und ihn vor dem Fallen bewahrt hat. Wie sich Gott einst Mose durch sein Wort offenbart hat, so lädt dieses Gebet zu allen Zeiten dazu ein, Gottes Wort als Quelle der Freude neu zu entdecken.

Bezeichnend endet der Psalm mit dem Stoßgebet: „Ich bin ein verirrtes Schaf – suche mich!" Wer sich so in Gottes Wort zu Hause weiß wie dieser betende Mensch, kann sich dennoch nicht rühmen, über Gottes Wort und Weisung zu verfügen. Er bedarf immer neu der Unterweisung durch Gott selbst. Kein Weisheitslehrer, der sich rühmt, die Tora in- und auswendig zu kennen, kann ihm dies ersetzen.

Dieser längste aller Psalmen trägt den Namen „Das güldene ABC". Er gliedert sich im hebräischen Original in 22 Abschnitte zu je 8 Versen, die jeweils mit demselben Buchstaben beginnen, entsprechend der Abfolge des hebräischen Alphabets. Durch seinen kunstvollen Aufbau lädt der Psalm dazu ein, meditierend den Weg des Gebets zu beschreiten und sich dabei der Freude an Gottes Wort immer gewisser zu werden.

SCHAUPLÄTZE DES ALTEN TESTAMENTS

1. Zu Gen 12 ff: Der Weg Abrahams und Saras

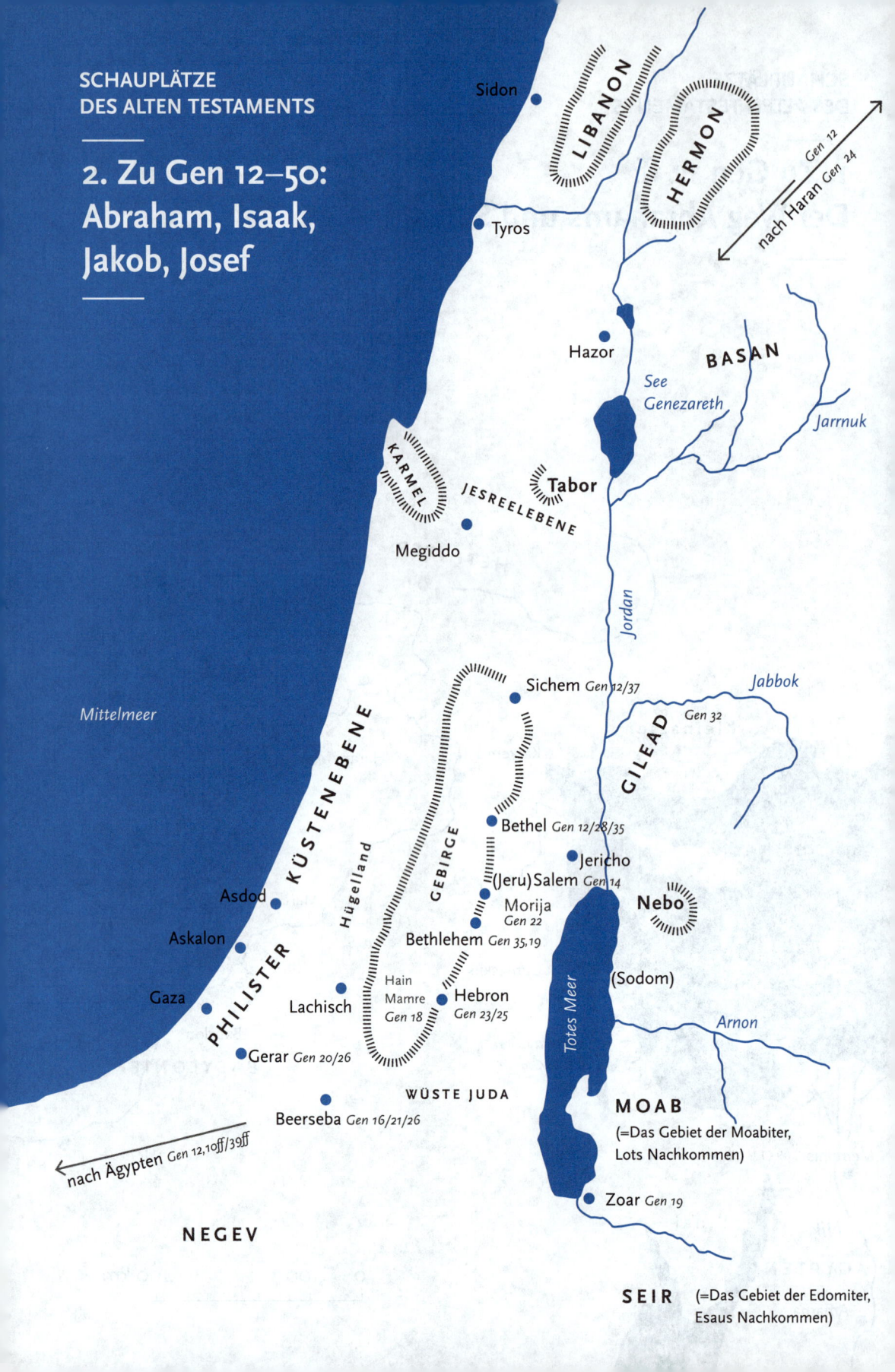

SCHAUPLÄTZE DES ALTEN TESTAMENTS

2. Zu Gen 12–50: Abraham, Isaak, Jakob, Josef

- Sidon
- LIBANON
- HERMON
- nach Haran Gen 24
- Gen 12
- Tyros
- Hazor
- BASAN
- See Genezareth
- Jarrnuk
- KARMEL
- JESREELEBENE
- Tabor
- Megiddo
- Jordan
- Sichem Gen 12/37
- Jabbok
- GILEAD Gen 32
- Mittelmeer
- KÜSTENEBENE
- Hügelland
- GEBIRGE
- Bethel Gen 12/28/35
- Jericho
- (Jeru)Salem Gen 14
- Morija Gen 22
- Nebo
- Asdod
- Askalon
- Bethlehem Gen 35,19
- Hain Mamre Gen 18
- Hebron Gen 23/25
- (Sodom)
- Totes Meer
- Gaza
- PHILISTER
- Lachisch
- Arnon
- Gerar Gen 20/26
- WÜSTE JUDA
- Beerseba Gen 16/21/26
- nach Ägypten Gen 12,10ff/39ff
- MOAB (=Das Gebiet der Moabiter, Lots Nachkommen)
- Zoar Gen 19
- NEGEV
- SEIR (=Das Gebiet der Edomiter, Esaus Nachkommen)

SCHAUPLÄTZE
DES ALTEN TESTAMENTS

3. Zum 2. bis 5. Buch Mose: Auszug aus Ägypten und Israels Wanderung durch die Wüste

SCHAUPLÄTZE
DES ALTEN TESTAMENTS

4. Zu Josua/Richter/Rut/ 1. Samuel 1–8: Die Frühzeit Israels

○ Städte, die von den Israeliten nicht erobert wurden

● Städte, die von den Israeliten erobert, aufgesiedelt oder neu gegründet wurden

Der Stamm Dan wohnte ursprünglich im Süden Israels und wanderte erst später in den Norden (Ri 18)

Mittelmeer

Sidon
PHÖNIZIER
Tyros
DAN
Dan *Ri 18*
ASSER
NAFTALI
Hazor *Ri 4*
See Genezareth
SEBULON
Tabor *Ri 4*
ISSACHAR
EBENE JESREEL
Quelle Harod *Ri 7*
Megiddo
Jesreel
Beth-Schean
MANASSE *Ri 6*
Sichem *Ri 9*
GILEAD
Jordan
Jabbok
Silo *1. Sam 1–3*
Ri 4 EPHRAIM
Bethel
Ai? *Jos 7*
Rabbat Ammon
1. Sam 8 Rama
Mizpa
Jos 9 Gibeon
1. Sam 7
Gilgal *Jos 4*
Jericho *Jos 6*
AMMON *Ri 1*
Ri 13–16 Ekron
BENJAMIN
Asdod
Gath
DAN
Jerusalem
Askalon
JUDA
Bethlehem
Ri 19 / Rut 1–4
GAD (RUBEN) *Jos 22*
PHILISTER
Richter 13,16; 1. Samuel 4.6
KALEB
Hebron
Ri 16 Gaza
Debir *Ri 1*
Arnon
Beerseba
SIMEON
MOAB *Rut 1*
AMALEKITER *Ri 6*
EDOM

SCHAUPLÄTZE DES ALTEN TESTAMENTS

5. Zu 1./2. Samuel und 1./2. Könige: Die Zeit der Könige

PHÖNIKIEN
- Sidon
- Zarpath *1. Kön 17*
- Tyros
- Dan

HERMON

- Damaskus *2. Kön 5*

SYRIEN (ARAM)

- Endor *1. Sam 28*
- Schunem *2. Kön 4*
- Jesreel *1. Kön 21*

KARMEL *1. Kön 18*

GILEAD

- GILBOA *1. Sam 31*
- Jabesch *1. Sam 11*
- Ramot *1. Kön 22*
- Samaria *2. Kön 6/7, Am 3f*
- Dotan *2. Kön 6*

ISRAEL

- Sichem *1. Kön 12*

AMMON

- Bethel *Am 4f, 1. Kön 13 / 2. Kön 2*
- Anatot *Jer 1*
- Jericho *2. Kön 2*
- Gibeon *1. Kön 4*
- Gibea *1. Sam 13*
- Gilgal *1. Sam 11,15*
- Jerusalem *2. Sam 5ff, 1. Kön 7*

PHILISTER
- Asdod
- Askalon
- Gaza
- Gat *1. Sam 21*
- Bethlehem *1. Sam 16*
- Adullam *1. Sam 22*
- Hebron *2. Sam 1ff*
- Tekoa *Am 1*
- Engedi *1. Sam 24*
- Maon *1. Sam 25*

MOAB

- Beerseba

JUDA

1. Kön 19 Wüste Juda

zum Berg Horeb

EDOM

SCHAUPLÄTZE
DES ALTEN TESTAMENTS

6. Die Eroberungsfeldzüge der Weltmächte (Assyrer/Babylonier/Perser)

·······> 1. Assyrische Invasion: Ende des Königreichs Israels 722 v. Chr.

——> 2. Ägyptischer Feldzug unter Pharao Necho / Tod Josias des Königs von Juda bei Megiddo († 609)

– – > 3. Babylonischer Eroberungszug unter Nebukadnezar:
605 v. Chr.: Sieg der Babylonier über die Ägypter bei Karkemisch
597/587 v. Chr.: Eroberung Jerusalems und Deportation nach Babylonien

——> 4. Eroberung Babylons durch den Perserkönig Kyros: 539 v. Chr.

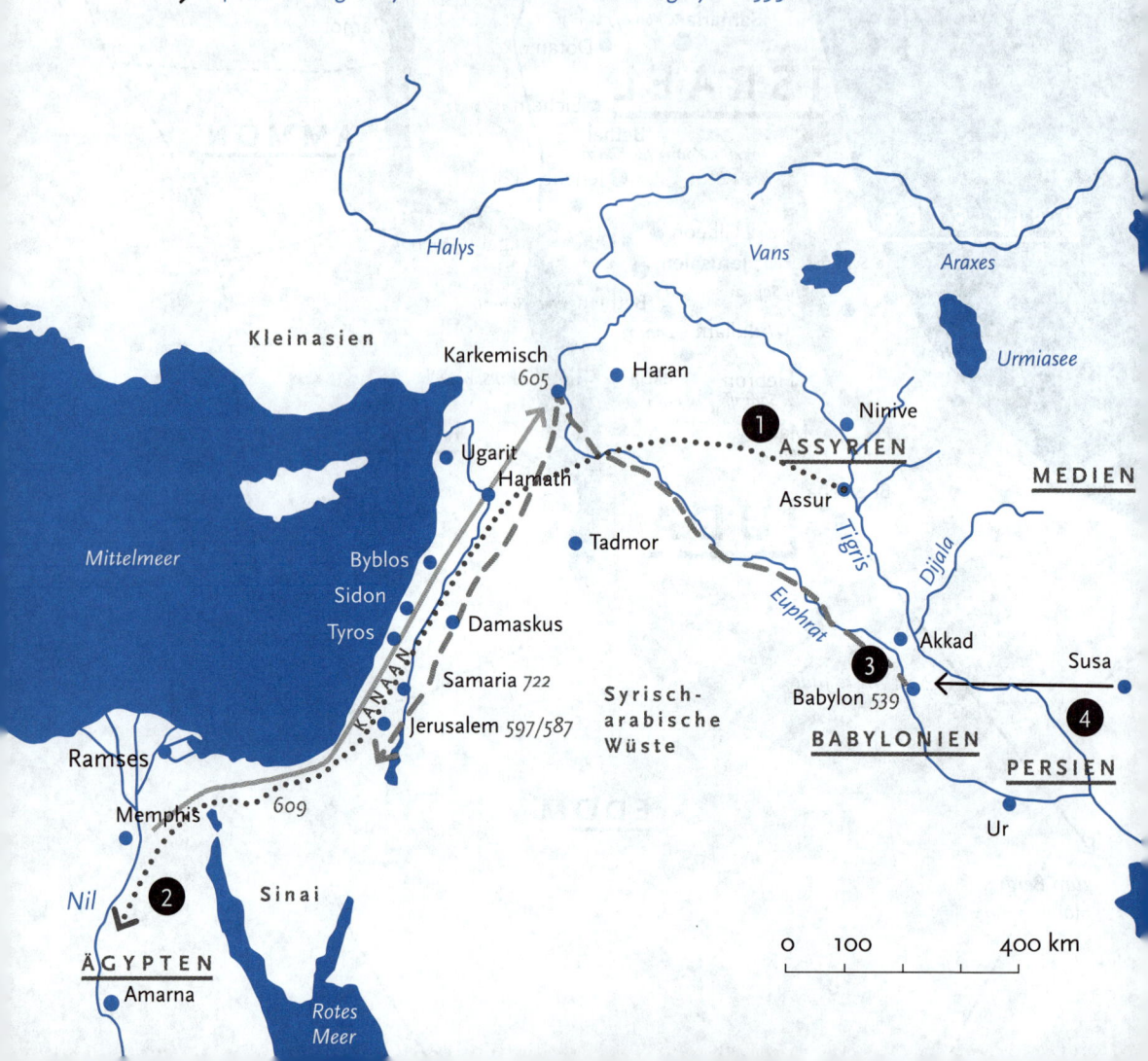

ZEITTAFEL

SAUL 1012–1004

DAVID 1004–965

SALOMO 965-926, Reichsteilung 926

	JUDA	REGIERUNGSJAHRE		ISRAEL	
	Rehabeam 926–910	17	20	Jerobeam 926–907	
	Asa 908–868	40	23		
			11	Omri	
	Joschafat 868–847	17	19	Ahab 871–852	ELIA
	Joram				
	Ahasja	5	5	Joram	ELISA
	Atalja	6			
			28	Jehu 845–818	
DIE SYRER/ ARAMÄER	Joasch 840–801	39			
Ben-Hadad,			16		
König von Damaskus	Amazja	14			
801			15		
	Asarja (Usja)	40			
			40	Jerobeam II 787–747	
DIE ASSYRER					AMOS
Tiglat Pileser III.		5			HOSEA
König von Assur	Ahas 736–725	17	10		
745–727	JESAJA 736 733 Syr.-ephraim. Krieg		9	Hoschea	
Sargon	MICHA Hiskia 725–697	29			
König von Assur				722 Ende des	
721–705	701 Belagerung Jerusalems			Königreichs Israel	
Sanherib					
König von Assur	Manasse 969–642	55			
721–705					
	Amon				
DIE BABYLONIER/ CHALDÄER	Josia 639–609	31			
	622 Auffindung des Gesetzbuches				
Nebukadnezar	Joahas				
König von Babylon	JEREMIA 627 Jojakim	10			
604–562	598 Jojachin	10			
	HESEKIEL 593 Zedekia				
DIE PERSER	587/86 Ende des Königreichs Juda				
Kyros	DEUTERO-				
König von Persien	JESAJA EXIL				
558–529	HAGGAI 538 Heimkehr				
Darius I.	SACHARJA				
521–486	515 Einweihung des Tempels				
Xerxes (Ahasveros)					
König von Persien	UM 450 Esra				
485–465	Nehemia